U1054055

CHINA COPYRIGHT YEARBOOK

中国版权年鉴 2011

中国版权年鉴编委会 编

中国人民大学出版社
·北京·

2010 年 10 月 14 日，由中国法学会、中国版权协会和中国人民大学主办的中国著作权法律百年国际论坛在北京举行。全国人大常委会原副委员长许嘉璐，新闻出版总署署长、国家版权局局长柳斌杰，中国人民大学校长纪宝成出席论坛开幕式并致辞。

2010 年 11 月 18 日，第三届中国国际版权博览会暨 2010 国际版权论坛在北京国家会议中心开幕。全国人大常委会副委员长陈至立等出席开幕式。新闻出版总署署长、国家版权局局长柳斌杰在开幕式上致辞。来自 60 多个国家和地区的版权及相关产业领域代表与会。

2010年11月18日，由国家版权局、世界知识产权组织主办，第三届中国国际版权博览会组委会承办的全球原创金曲演唱会暨世界知识产权组织版权金奖颁奖典礼在北京国家会议中心拉开帷幕。新闻出版总署署长、国家版权局局长柳斌杰（左一），世界知识产权组织总干事弗朗西斯·加利（右一）为2010“世界知识产权组织版权金奖（中国）”作品奖获得者颁奖。

2010年11月18日，由世界知识产权组织（WIPO）与国家版权局共同主办的第四届国际版权论坛在北京举行。新闻出版总署副署长、国家版权局副局长阎晓宏作了题为“音乐畅响未来”的演讲。

2010 年 2 月 26 日，推进企业使用正版软件工作部际联席会议第四次全体会议在北京举行。国家版权局、工信部、财政部、商务部、国资委、银监会、证监会、保监会、全国工商联九部委相关负责人出席。新闻出版总署署长、国家版权局局长柳斌杰（左三）主持会议并针对 2010 年软件正版化工作提出四点意见。

2010 年 11 月 30 日，全国打击侵犯知识产权和制售假冒伪劣商品专项行动领导小组办公室与国务院新闻办公室在北京联合召开新闻发布会，商务部副部长、全国专项行动领导小组办公室主任姜增伟（左一），工业和信息化部副部长杨学山（中），新闻出版总署副署长、国家版权局副局长阎晓宏（右一）向媒体重点介绍了中国推进软件正版化的有关情况。

2010 年 7 月 9 日，新闻出版总署署长、国家版权局局长柳斌杰（右一）在北京会见了世界知识产权组织助理总干事特雷沃尔 · C · 克拉克一行。

2010 年 7 月 9 日，国家版权局和世界知识产权组织在北京联合举办《加强版权保护对中国南通家纺产业发展的影响调研报告》新闻发布会。新闻出版总署副署长、国家版权局副局长阎晓宏（右三），世界知识产权组织助理总干事特雷沃尔 · C · 克拉克（左三）出席发布会。

2010 年 4 月 22 日，全国“扫黄打非”工作小组组织 31 个省（区、市）同时举行 2010 年侵权盗版及非法出版物集中销毁活动。新闻出版总署副署长、国家版权局副局长阎晓宏（中）主持销毁活动启动仪式。

2010 年 3 月 5 日，新闻出版总署副署长、国家版权局副局长阎晓宏（左一）与日本文化厅代表在北京签署了《中华人民共和国国家版权局与日本国文化厅版权战略合作备忘录》。

2010 年 1 月 8—11 日，以“版权——智胜之道”为主题的第五届全国作品版权（书稿）交易会在北京图书订货会期间举办。本届版权交易会由北京图书订货会组委会主办，中国版权保护中心、中华版权代理总公司承办。

2010 年 1 月 23 日，国家版权局与中国—欧盟知识产权保护项目（二期）在哈尔滨市联合举办了民间文学艺术保护国际研讨会。来自中国和欧盟的 70 余位知识产权专家学者围绕民间文学艺术立法保护议题进行讨论。

2010 年 1 月 25 日，中国音像著作权集体管理协会举行第二次会员大会，共有来自全国的 56 家会员代表参加了大会。会上，音集协常务副理事长、总干事王化鹏（左二）作了工作报告，会员代表审议并通过《全国卡拉 OK 著作权使用费分配方案》、《工作报告》和《2008 年度财务报告》。

2010 年 1 月 26 日，由中国摄影著作权协会、北京国际版权交易中心共同主办的 2009—2010 中国摄影版权年会在北京国际版权交易中心举行。会上，著名摄影家陈勃先生（右一）在 1959 年拍摄的《梅兰芳》以 3 万元成交。

2010 年 3 月 23 日，国家版权局在北京举行新闻发布会，宣布首届海峡版权（创意）产业精品博览交易会将于 5 月 18 日在福建省会福州开幕。新闻出版总署副署长、国家版权局副局长阎晓宏（中）出席新闻发布会。

2010 年 4 月 15 日，由国家版权局、山东省版权局主办的全国青少年版权保护读书活动暨版权保护知识竞赛颁奖仪式、“绿书签行动 2010”山东·青岛启动仪式在青岛市举行。

2010 年 5 月 25—26 日，由国家版权局主办、中国图书进出口（集团）总公司承办的 2010 第十届 BIBF 北京国际版权贸易研讨班在北京举行，新闻出版总署副署长、国家版权局副局长阎晓宏出席开班仪式并讲话。本届研讨班的主题为“数字时代的版权与贸易”。

2010 年 6 月 9—10 日，国家版权局在云南省昆明市举办了 2010 年基层版权执法培训工作会议。这是国家版权局自 2009 年开展基层版权执法培训活动以来，第四次举办以地市级版权执法人员为主要培训对象的版权执法业务培训活动。

2010年6月29日，由北京大学国家数字版权研究基地和中国人民大学国家版权贸易基地联合主办的“2010新文化·新媒体·新版权峰会”在北京大学博雅国际会议中心举行。新闻出版总署副署长、国家版权局副局长阎晓宏出席并致辞。

2010年8月27—28日，由国家版权局主办、中国新闻出版报社承办的版权相关热点问题媒体研讨班第二期在北京举办。新闻出版总署副署长、国家版权局副局长阎晓宏（左二）出席研讨班并致辞。

2010年9月15日，国家版权局在北京召开2010“剑网行动”视频网站主动监管工作会议，对“剑网行动”视频网站主动监管工作进行了部署。国家版权局版权管理司司长王自强，公安部、工业和信息化部相关代表出席会议。

2010年9月26日，由国家版权局、文化部、教育部、全国“扫黄打非”办公室联合举办的全国图书馆版权保护工作会议在北京举行。

2010年10月26日，中国作家协会与北京市高级人民法院合作签约暨中国作家协会著作权纠纷调解委员会成立仪式在北京举行。新闻出版总署副署长、国家版权局副局长阎晓宏（左一）与中国作家协会副主席陈建功在仪式上为著作权纠纷调解委员会成立揭牌并向到会的委员颁发聘书。

2010年10月28日，由新闻出版总署、国家版权局指导，中国版权协会、海峡两岸商务协调会主办的第三次海峡两岸版权保护研讨会在北京举行，来自海峡两岸的100多名专家和业内人士参与研讨。

2010 年 11 月 19 日，由中国人民大学国家版权贸易基地创办的国家版权交易网（www.copyrightmall.com）正式开通。

2010 年 12 月 4 日，由中国版权协会主办的 2010 中国版权年会在深圳举行，主题是“三网融合与版权保护”。中国作协副主席陈建功、上海新闻出版（版权）局局长焦扬等 12 人被评为 2010 年中国版权产业风云人物，当当网、南方报业集团等 13 家单位获 2010 年中国版权产业最具影响力企业称号。

2010 年 12 月 26 日，中国文字著作权协会与中国人民大学书报资料中心、中华语文著作权集体管理协会在北京签署相互代表协议。

中国版权年鉴

2011

（总第三卷）

中国版权年鉴编委会　编

中国人民大学出版社
·北京·

图书在版编目（CIP）数据

中国版权年鉴．2011/《中国版权年鉴》编委会编．—北京：中国人民大学出版社，2011.12
ISBN 978-7-300-15043-7

Ⅰ.①中… Ⅱ.①中… Ⅲ.①版权-中国-2011-年鉴 Ⅳ.①D923.41-54

中国版本图书馆CIP数据核字（2011）第271650号

中国版权年鉴2011（总第三卷）
中国版权年鉴编委会　编

出版发行	中国人民大学出版社		
社　　址	北京中关村大街31号	**邮政编码**	100080
电　　话	010－62511242（总编室）		010－62511398（质管部）
	010－82501766（邮购部）		010－62514148（门市部）
	010－62515195（发行公司）		010－62515275（盗版举报）
网　　址	http：//www.crup.com.cn		
	http：//www.ttrnet.com（人大教研网）		
经　　销	新华书店		
印　　刷	涿州市星河印刷有限公司		
规　　格	210 mm×297 mm　16开本	**版　　次**	2012年2月第1版
印　　张	34.5 插页35	**印　　次**	2012年2月第1次印刷
字　　数	1 108 000	**定　　价**	300.00元
广告经营许可证	京海工商广字第0086号		

版权所有　侵权必究　　印装差错　负责调换

《中国版权年鉴》编纂委员会

名誉主任： 任建新　原中共中央书记处书记、中央政法委书记、
最高人民法院院长、全国政协副主席

顾　　问： 宋木文　原新闻出版署署长、国家版权局原局长
于友先　原新闻出版署署长、国家版权局原局长
刘　杲　原新闻出版署副署长、国家版权局原副局长
沈仁干　国家版权局原副局长

主　　任： 柳斌杰　新闻出版总署署长、国家版权局局长

副 主 任： 阎晓宏　新闻出版总署副署长、国家版权局副局长
付双建　国家工商行政管理总局副局长
杨铁军　国家知识产权局副局长
陈雨露　中国人民大学校长
陶　骅　中共中央宣传部出版局局长
于慈珂　新闻出版总署（国家版权局）版权管理司司长

委　　员（按姓氏笔画为序）：
才　华　国家广播电影电视总局法规司司长
马　宁　中国互联网协会秘书长
王　炬　中国音像协会会长
王化鹏　中国音像著作权集体管理协会总干事
王国庆　新闻出版总署新闻报刊司司长
王野霏　北京市版权局副局长
牛维麟　中国人民大学党委常务副书记
艾立民　新闻出版总署财务司司长
朱　兵　全国人大教科文卫委员会文化室主任
朱永德　中国电影著作权协会理事长
朱昌平　宁夏回族自治区版权局局长

余昌祥　新闻出版总署人事司司长
肖占鹏　天津市版权局副局长
吴尚之　新闻出版总署出版管理司司长
吴绍阶　重庆市版权局副局长
邹　忭　中国软件联盟常务副理事长
张洪波　中国文字著作权协会总干事
张建华　国务院法制办教科文卫司司长
张福海　新闻出版总署对外交流与合作司司长
张毅君　新闻出版总署科技与数字出版司司长
陈　伟　工业和信息化部软件服务业司司长
林　涛　中国摄影著作权协会副总干事
罗东川　最高人民法院研究室副主任、应用法学研究所所长
周慧琳　新闻出版总署反非法和违禁出版物司司长
屈景明　中国音乐著作权协会总干事
胡宪武　吉林省版权局局长
段桂鉴　中国版权保护中心主任
姚　红　全国人大法工委民法室主任
贺耀敏　中国人民大学出版社社长
钱永红　广东省版权局副局长
彭　翊　中国人民大学国家版权贸易基地执行主任
韩永进　文化部政策法规司司长

《中国版权年鉴》特约编辑

（按姓氏笔画为序）

于晓白　最高人民法院知识产权庭审判长
马云虹　云南省版权局版权处处长
马继超　中国音像著作权集体管理协会副总干事
王丹若　中国文字著作权协会办公室主任
王少朋　工业和信息化部软件服务业司处长
王少杰　浙江省版权局版权处处长
王兴凤　山东省版权局版权处主任科员
王志广　甘肃省版权局版权处副主任科员
王建华　文化部政策法规司法规处处长
王泽平　河南省版权局版权处主任科员
左　丽　陕西省版权局版权处主任科员
左图强　重庆市版权局版权处处长
史文霞　中国电影著作权协会副秘书长
付成久　青海省版权局版权处主任科员
冯献省　北京市版权局版权处处长
刘　俐　国家广播电影电视总局法规司办公室主任
刘义成　中国版权协会副秘书长
孙　雷　全国人大教科文卫委员会文化室处长
孙　悦　中国版权保护中心《中国版权》杂志执行主编
孙金海　天津市版权局版权处调研员
朱严政　中国音乐著作权协会信息宣传部主任
狄月清　山西省版权局版权管理处主任科员
李冬群　河北省版权局版权处主任科员
杨波久　辽宁省版权局版权处处长
杨建新　新疆维吾尔自治区版权局版权处主任科员

吴安宁　安徽省版权局版权处处长
邱鸿程　黑龙江省版权局版权处副处长
何红庆　宁夏回族自治区版权局版权处处长
宋　亮　湖南省版权局版权处主任科员
张百忍　西藏自治区版权局版权处处长
张宏涛　江西省版权保护中心副主任
张万富　四川省版权局版权处处长
金武卫　国务院法制办教科文卫司一处处长
周　鑫　广西壮族自治区版权局版权处副处长
郑凌辉　湖北省版权局版权处副处长
侯健江　中国摄影著作权协会副总干事
姚云贵　贵州省版权局版权处助理调研员
徐　海　江苏省版权局版权处处长
凌立华　广东省版权局版权处助理调研员
韩　璐　中国版权保护中心办公室
曾伯林　海南省版权局版权处主任科员
薛亚清　吉林省版权局版权处处长
薛　彬　上海市版权局版权管理执法处处长

《中国版权年鉴》编辑部

主　　编： 阎晓宏
执行主编： 牛维麟　王自强
执行副主编： 孟　超　彭　翊
编辑部主任： 李方丽
执行编辑： 步　雯　汪思聪
责任编辑： 王宏霞　薛　锋
装帧设计： 池海玉

编 纂 说 明

一、《中国版权年鉴》由国家版权局组织编纂，中国人民大学出版社和中国人民大学国家版权贸易基地编辑出版，是我国唯一全面系统反映中国版权创造、运用、保护和管理基本概貌的大型专业性工具书。本年鉴于2009年创刊，逐年编纂、连续出版、每年一卷，2011年卷为第三卷。

二、全书主要汇辑2010年全国版权保护与版权相关产业发展的综合概况、动态信息、文献资料和统计数据。

三、本卷年鉴采用分类编辑法。根据2010年我国版权创造、运用、保护和管理的基本情况与主要特点，采用类目、分目和条目三个层次的结构，以文章、条目、条文和图表的形式表述。全书共设16个部类，分列38个分目或次分目。

1. 特载：刊登国家版权局发布的《版权工作“十二五”规划》和九部委联合下发的《关于金融支持文化产业振兴和发展繁荣的指导意见》。

2. 专文：刊载国家版权局局长柳斌杰在2011年全国版权工作会议上的报告《抓住机遇　开拓创新　全面开创版权“十二五”工作新局面》与国家版权局副局长阎晓宏在中国著作权法律百年国际论坛上的演讲《中国版权制度的实施与展望》。

3. 版权工作概览：全面记录2010年我国各级版权行政管理部门、版权司法审判机构及版权管理与社会服务组织开展的版权工作概况。

4. 版权扫描：全面记载2010年全国性的版权纪事，以及与版权相关的立法、司法、行政管理、宣传教育、交流研讨、社会管理与服务、国际交流与合作等方面的动态信息。

5. 版权相关产业与贸易：反映2010年我国新闻出版、广播影视、计算机软件、动漫、网络游戏等版权相关产业与图书版权贸易发展的基本状况与发展趋势。

6. 典型案件选编：刊登2010年度由最高人民法院公布的有关著作权司法保护典型案件，2010—2011“剑网行动”十五大典型案件，2010年打击侵权假冒专项行动版权执法十大案件，以及地方版权行政执法案件。

7. 法律法规及规章文件：汇辑2010年2月26日第十一届全国人民代表大会常务委员会第十三次会议审议通过的修正版《著作权法》和国家版权局等机构印发的有关版权工作的规章文件。

8. 表彰评奖：主要介绍2010年世界知识产权组织版权金奖（中国）获奖单位，全国版权界受到表彰的优秀人物和先进单位。

9. 理论研究：集中反映2010年我国版权领域的学术研究成果，主要内容包括2010

年著作权法研究综述、学术论文摘编和索引、版权相关图书简介和索引等。

10. 统计资料：收集 2010 年与版权管理和版权贸易有关的统计资料和数据。

11. 名录：刊登国家与地方版权行政管理部门、版权管理与社会服务组织、版权协会、著作权集体管理组织、版权代理公司，以及国家级版权贸易基地最新的通讯联络信息。

12. 港澳台版权信息：主要记录 2010 年港澳台地区版权法律制度和版权管理相关的信息。

13. 国际版权动态：介绍 2010 年国外版权法律制度发展的最新动向，包括立法与行政、重大案件及业界动态。

14. 全国知识产权学院简介：简要介绍全国各地成立的知识产权教学与研究机构。

15. 索引：采用内容分析和主题词检索的方式，按汉语拼音字母顺序编制本卷内容的主题索引。

16. 宣传广告：以彩色图文展现 2010 年版权管理相关的重要活动，并宣传展示版权示范园区和基地及版权相关企事业单位。

四、本卷年鉴中所载内容无特别说明外，均按时间先后顺序排列；涉及各省（自治区、直辖市）的内容，均以全国行政区划为序。因组稿条件有限，本卷年鉴未包含香港、澳门特别行政区和台湾省的版权工作概况和相关统计数据。

五、本卷年鉴配备双重检索系统：书前刊有详细目录，书后备有内容索引。

六、本卷年鉴中全国版权统计数据由中国新闻出版研究院提供，未包括香港、澳门特别行政区和台湾省的资料；各省（自治区、直辖市）版权局的统计数据由该局领导确认。

七、本卷年鉴同时出版电子版（光盘），采用多媒体和全文检索技术，并随年鉴附赠。

八、本卷年鉴在组稿和编辑过程中，得到了国家版权局版权管理司、新闻出版总署文秘处档案室、地方版权局版权处，以及其他版权相关单位的大力支持和帮助，在此一并谨致谢意。

九、因编辑部人员的水平和能力所限，本卷年鉴中定存有疏漏与错误之处，诚请版权界同仁和广大读者给予批评、指正。

目　　录

特　　载

版权工作“十二五”规划　3
关于金融支持文化产业振兴和发展繁荣的指导意见　9

专　　文

抓住机遇 开拓创新 全面开创版权“十二五”工作新局面——在 2011 年全国版权工作会议上的报告　柳斌杰　15
中国版权制度的实施与展望——在中国著作权法律百年国际论坛上的演讲　阎晓宏　23

版权工作概览

2010 年全国版权工作　29
2010 年全国版权行政管理工作　国家版权局版权管理司　29
2010 年中国版权司法保护工作　最高人民法院知识产权审判庭　32

2010 年地方版权工作　35
北京市　赵晓鹏　35
天津市　张露娜　李文娣　37
河北省　李冬群　39
山西省　狄月清　郝子谋　41
内蒙古自治区　郭锦云　43
辽宁省　石　帅　44
吉林省　姜俊玉　46
黑龙江省　邱鸿程　48
上海市　吴瑾君　王　骞　49
江苏省　谭松枝　52
浙江省　王少杰　54
安徽省　吴安宁　57
福建省　郑开辟　59
江西省　万　静　61
山东省　王兴凤　62
河南省　王泽平　64

湖北省 胡　磊 66
湖南省 宋　亮 68
广东省 张同英　凌立华 70
广西壮族自治区 周　鑫 73
海南省 曾伯林 74
重庆市 许家伟 75
四川省 王志坚 77
贵州省 王丽莎 78
云南省 马云虹 79
西藏自治区 次　仁 82
陕西省 沙庆超　李林杰 84
甘肃省 夏　玲 86
青海省 付成久 87
宁夏回族自治区 张秀年 88
新疆维吾尔自治区 杨建新 90

2010 年版权社会服务组织工作 92
中国版权保护中心 韩　璐 92
中国版权协会 刘义成 94
中国音乐著作权协会 左　佳 97
中国音像著作权集体管理协会 马继超 99
中国文字著作权协会 张洪波 100
中国摄影著作权协会 林　涛 103
中国电影著作权协会 史文霞 105
中国互联网协会网络版权联盟 靳彦学 108
中国软件联盟 李　赜 109

版权扫描

版权纪事 113

版权界动态 127
立　法 127
《中华人民共和国著作权法》修改决定通过 127
国家版权局颁布《著作权质权登记办法》 127

司　法 127
海淀区法院对百度 MP3 歌词搜索侵权案作出一审判决 127
北京市高级人民法院公布北京 2009 年知识产权诉讼十大案例 127
《中国法院知识产权司法保护状况（2009 年）》白皮书发布 128
最高人民法院公布 2009 年中国法院知识产权司法保护十大案件 128
北京市高级人民法院印发《关于审理涉及网络环境下著作权纠纷案件若干问题的指导意见》 128
《关于为加快经济发展方式转变提供司法保障和服务的若干意见》发布 129
最高人民法院发布侵犯知识产权和制售假冒伪劣商品典型案例 129

北京第一中级人民法院5年受理涉外知产案件2 691件 129

行政管理 129

2010年全国版权工作会议召开 129
国家版权局通报第五次打击网络侵权盗版专项行动情况 130
国家版权局首次召开著作权集体管理工作会议 130
司法部出台《关于贯彻落实〈国家知识产权战略纲要〉的意见》 131
国家知识产权战略实施工作部际联席会议第二次会议召开 131
国家版权局部署上海世博会版权保护工作 131
第二批“全国软件正版化工作示范单位”受表彰 132
国家版权局与香港海关签订《打击网络盗版合作互助安排》 132
世博会反盗版快速反应机制建立 132
国家版权局印发《2010年上海世界博览会版权保护工作方案》 133
国家版权局召开2010年版权重点工作专题会议 133
国家版权局举办世博会版权保护工作有关情况通报会 134
北京确立首批正版音像产品销售示范单位 134
三部委联合发布2009年中国知识产权发展状况 134
湖南就版权登记与相关企业座谈 134
国家版权局493万元重奖反侵权盗版有功单位和个人 135
北京部署推进企业软件正版化工作 135
2010打击网络侵权盗版“剑网行动”启动 135
江苏昆山推进旅游饭店行业软件正版化 136
山东召开“剑网行动”工作会议 136
全国图书馆版权保护工作会议 136
江苏表彰软件正版化及执法先进 136
国务院印发《国务院办公厅关于进一步做好政府机关使用正版软件工作的通知》 137
国务院决定开展打击侵犯知识产权专项行动 137
广州组织召开亚运会版权保护工作会议 138
全国打击侵犯知识产权和制售假冒伪劣商品专项行动领导小组全体会议召开 138
全国打击侵犯知识产权和制售假冒伪劣商品专项行动新闻发布会召开 138
三部门部署打击侵犯知识产权和制售假冒伪劣商品专项行动 138
文化部发布关于清理整治违规网络音乐网站的通知 139
北京市召开政府机关软件正版化专项检查和整改工作动员大会 139

宣传教育 139

成都市版权局与电视台共同策划版权知识节目 139
爱普生与北京大学联办媒体知识产权研修班 139
《知识产权法专题判解与学理研究丛书》出版 140
重庆举办首期版权贸易培训班 140
北京市举行“迎世博反盗版专项行动”动员大会 140
温家宝要求坚定不移地实施国家知识产权战略 140
江苏昆山举办版权保护专题讲座 141
上海发布全国首份版权产业报告 141
全国青少年版权保护知识竞赛落幕 141
吉林省建版权保护教育基地 142

2010 年知识产权宣传周活动启动 142
中国首家知识产权司法保护官方网站开通 142
实用设计版权展举行 142
深圳文博会版权贸易发展高峰论坛举行 143
2010 中国软件信息服务业知识产权论坛举行 143
新版国家知识产权战略网正式上线运行 143
南通家纺版权保护调研报告新闻发布会 143
首届数字出版与版权管理培训班举办 144
保护知识产权公益宣传活动在长城举办 144
河北石家庄举办软件正版化培训 144
2010 年世界知识产权组织版权金奖（中国）颁出 144
2010 中国版权产业风云人物与最具影响力企业评选活动举行 145
CPCC“2010 十大中国著作权人”评选活动举行 145

交流研讨 146
首届中国国际影视动漫版权保护和贸易博览会举行 146
国家版权局举办民间文艺保护国际研讨会 146
2010 知识产权南湖论坛举办 146
2010 中国知识产权高层论坛举行 147
2010 互联网知识产权保护论坛举行 147
银行业软件正版化经验交流会召开 147
海峡两岸签署知识产权保护合作协议 148
2010 新文化·新媒体·新版权峰会举行 148
阎晓宏会见海基会知识产权交流参访团 148
2010 年图像行业版权保护论坛举行 149
北京召开刑事打击网络侵权盗版专题研讨会 149
首期版权相关热点问题媒体研讨班开班 149
第二期版权相关热点问题媒体研讨班举办 150
2010 数字环境下新媒体版权保护与合作研讨会召开 150
中央国家机关青年知识产权论坛举办 150
2010 大陆、香港、澳门和台湾反盗版经验交流研讨会 151
广东省第二届珠三角地区版权工作联席会议召开 151
中国著作权法律百年国际论坛举行 151
第三次海峡两岸版权保护研讨会举行 152
中国版权维权高峰论坛举办 152
2010 中国版权年会举行 152

社会管理与服务 153
第五届全国作品版权交易会举办 153
长沙成立音乐音像著作权保护协会 153
《全国卡拉 OK 著作权使用费分配方案》获通过 153
2009—2010 摄影版权年会举行 153
中国百家音像企业举行反盗版大行动启动仪式 153
标准出版机构自律维权发展联盟第三次理事会探讨多种打盗维权方式 154
中国电影著作权协会成立 154

全国版权交易共同市场第一届理事会召开 155
上海版权服务中心、上海版权纠纷调解中心挂牌 155
首个版权金融俱乐部成立 155
沈阳文化知识产权交易所成立 155
全国网络视频版权监测及调查取证服务平台启动 155
天津成立全国首家国际知识产权交易平台 155
安徽省版权交易中心成立 156
苏州首创正版软件在线租赁平台 156
中国国际影视动漫版权交易网启动 156
中国作家协会著作权纠纷调解委员会成立 156
首家出版社版权工作站在辽宁成立 157
国家版权交易网正式开通 157
全国首家音乐产权交易中心在沪成立 157
中国人民大学国家版权贸易基地工作受肯定 157
中国文著协与中华语著协签署相互代表协议 157

国际交流与合作 158
中日签订关于著作权及著作邻接权战略合作备忘录 158
2010 中日版权保护交流活动在北京举行 158
WIPO 落实发展议程地区研讨会在成都举行 158
中美专家热议互联网版权保护 159
阎晓宏会见环球音乐集团法律总顾问理查德·康斯坦德 159
2010BIBF 国际版权贸易研讨班 159
第六届中韩版权研讨会在首尔举办 160
柳斌杰会见世界知识产权组织助理总干事克拉克 160
阎晓宏会见韩国文化体育观光部金映灿 160
中英签署版权战略合作协议 161
世界知识产权组织调研福建版权产业发展状况 161
阎晓宏会见维多利亚·埃斯皮内尔 162
阎晓宏出席美国大使知识产权对话活动 162
王岐山会见世界知识产权组织总干事加利和商业软件联盟总裁霍利曼 163
刘淇会见世界知识产权组织总干事加利 163
第三届中国国际版权博览会举办 163
中日著作权研讨会倡议合作开拓市场 163
2010（第四届）国际版权论坛举办 164

版权相关产业与贸易

2010 年中国出版产业发展报告 徐升国 167
2010 年中国广播影视产业发展报告 国家广播电影电视总局发展研究中心 173
2010 年中国软件产业发展报告 工业和信息化部电子知识产权中心 188
2010 年中国动漫产业发展报告 牛兴侦 192
2010 年中国网络游戏产业发展报告 易观国际 204
2010 年全国图书版权贸易分析报告 张洪波 215

典型案件选编

2010 年中国著作权司法保护典型案件 225

一、华盖创意（北京）图像技术有限公司诉中国外运重庆有限公司侵犯著作权纠纷再审案 225

二、李长福诉中国文史出版社侵犯著作权纠纷再审案 226

三、万代株式会社诉汕头市澄海区泓利电子玩具实业有限公司、黄士成侵犯著作权纠纷上诉案 228

四、李强诉于芬侵犯著作权纠纷案 228

五、白广成诉北京稻香村食品有限责任公司著作权权属、侵权纠纷案 228

六、何瑞东诉李向华、天津理想慧天科技发展有限公司侵犯著作财产权纠纷上诉案 229

七、保定双狐软件有限公司与三河环波软件有限公司计算机软件著作权权属上诉纠纷案 229

八、北京世纪飞乐影视传播有限公司与上海掌上灵通公司、中国移动通信集团山西有限公司、上海蔚蓝公司著作权纠纷案 230

九、中国音乐著作权协会诉于莹侵犯著作权纠纷案 231

十、微软公司诉大众保险股份有限公司侵犯著作权纠纷案 232

十一、叶兆言诉北京大学出版社、陈彤、南京先锋图书文化传播有限责任公司侵犯著作权纠纷上诉案 232

十二、湖南快乐阳光互动娱乐传媒有限公司诉舟山市定海博缘网吧侵犯著作权纠纷上诉案 233

十三、京滨株式会社诉福建省友力化油器有限公司、重庆凯尔摩托车制造有限公司、李艳超侵犯著作权纠纷上诉案 234

十四、广州市喀什图制衣有限公司诉广州市杰晖服装有限公司、朱固民侵犯著作权纠纷案 234

十五、北京网尚文化传播有限公司诉海口正合网吧侵犯著作权纠纷案 235

十六、陈建诉富顺县万普印务有限公司侵犯著作权纠纷案 235

十七、张恒诉陕西攀峰实业有限公司、王建军侵犯著作权纠纷案 236

2010—2011“剑网行动”十五大典型案件 237

一、安徽滁州“骑士音乐网”侵犯著作权案 237

二、上海盛大网络《冒险岛》游戏外挂案 237

三、江苏 9CAX 网站侵权盗版案 237

四、江苏徐州“万松中文网”文字作品侵权案 237

五、湖南常德孙斌等私服侵权盗版案 237

六、河南开封天晴数码网络游戏外挂案 237

七、江苏淮安“中国宽频网”侵权盗版案 237

八、浙江杭州世纪联线公司侵权案 237

九、河南杜新贵通过网络销售盗版图书案 237

十、四川“天籁村音乐网”音乐作品侵权案 237

十一、湖北《中华英雄》外挂案 237

十二、江苏徐州“小说 520 网”文字作品侵权案 238

十三、北京“悠视网”侵犯著作权案 238

十四、"一听音乐网"侵犯影视作品著作权案 238
十五、杭州麦达公司侵犯信息网络传播权案 238

2010 年打击侵权假冒专项行动版权执法十大案件 239
一、安徽滁州"骑士音乐网"侵犯著作权案 239
二、江苏 9CAX 网站非法提供软件案 239
三、江苏徐州"万松中文网"文字作品侵权案 239
四、江苏无锡鞠文明等侵犯著作权案 240
五、天津何震宇、刘冰销售盗版光盘案 240
六、上海盛大网络《冒险岛》游戏"外挂"侵权案 240
七、山东泰安非法印刷、销售《语文报》案 241
八、河北廊坊"9·20"批销盗版图书案 241
九、浙江杭州麦达公司文字作品侵权案 241
十、北京"悠视网"影视作品侵权案 242

2010 年地方版权行政执法典型案件 243
天津市 243
河北省 243
内蒙古自治区 244
吉林省 244
上海市 246
江苏省 248
浙江省 250
安徽省 251
江西省 253
山东省 253
河南省 254
湖北省 254
湖南省 256
广东省 257
四川省 259

法律法规及规章文件

法律法规 265
中华人民共和国著作权法 265

规章文件 272
著作权质权登记办法 272
中华人民共和国国家版权局公告（2010 年第 1 号）（节选） 274
中华人民共和国国家版权局公告（2010 年第 2 号） 277
中华人民共和国国家版权局公告（2010 年第 3 号） 278
关于印发 2010 年全国版权工作会议报告和 2010 年版权工作要点的通知（国版发［2010］1 号） 278

关于印发《2010 年上海世界博览会版权保护工作方案》、《2010 年上海世界博览会反盗版快速反应机制》的通知（新出字［2010］97 号） 287
国务院办公厅关于印发打击侵犯知识产权和制售假冒伪劣商品专项行动方案的通知（国办发［2010］50 号） 290
关于报送《新闻出版总署、国家版权局、全国“扫黄打非”工作小组办公室关于打击侵犯知识产权和制售假冒伪劣商品专项行动实施方案》的函（新出字［2010］465 号） 292
关于开展“世界知识产权组织创意金奖（中国）”评选推荐活动的通知（国版办字［2010］43 号 296
关于开展 2010（第三届）全国大学生版权征文活动的通知（国版办字［2010］44 号） 297
关于印发《2010 年打击网络侵权盗版专项治理“剑网行动”方案》的通知（［2010］新出明电 22 号） 299
新闻出版总署、国家版权局、全国“扫黄打非”工作小组办公室关于开展打击侵犯知识产权和制售假冒伪劣商品专项行动及进一步做好使用正版软件工作的通知（［2010］新出明电 39 号） 302
关于开展政府机关软件正版化督导检查工作的通知（商秩电［2010］2908 号） 305

表彰评奖

世界知识产权组织版权金奖（中国） 311
2009 年度查处侵权盗版案件有功单位及个人 312
2010 年“全国软件正版化工作示范单位” 318
2010CPCC 十大中国著作权人 322
2010 中国版权产业风云人物 325
2010 中国版权产业最具影响力企业 327
第三届全国大学生版权征文获奖名单 331

理论研究

追问百年——2010 年著作权法研究综述 337

2010 年版权（著作权）论文摘编 350
著作权史 350
关于“中国古代因何无版权”研究的几点反思 李 琛 350
知识产权制度是创造者获取经济独立的权利宪章 刘春田 351
《大清著作权律》关键词辨析 韦 之 351

著作权法概述（包括知识产权法哲学） 352
论民法基本原则在知识产权法上的应用 齐爱民 352
论二元知识产权体系 齐爱民 353
知识产权请求权的限制 李 扬 353
著作权正当性的危机与出路 刘铁光 354
版权制度的后现代反思 熊文聪 355

"知识创作物未保护领域"之思维模式的陷阱 [日]田村善之 356

著作权的对象（客体） 356
表达的实质与表达的形式——对版权客体的重新解读 卢海君 356
作品概念的科学建构及其在著作权法上的意义 王 坤 357
浅议民间文学艺术作品的著作权保护 郭 禾 357
论影视作品的法律关系 曲三强 358
论"春晚"在著作权法中的定性 王 迁 359
论古典名著的著作权保护 胡 辉 359

著作权的归属 360
著作权归属中存在的问题 侯仰坤 360
著作权法中投资者视为作者的制度安排 熊 琦 361

著作权的内容（包括邻接权） 362
著作人格权制度的反思与重构 王 坤 362
对发表权诸问题的再认识 衣庆云 362
论作品修改权 刘有东 364
网络环境下广播组织权的法律保护 胡开忠 364
我国著作权法上的传播权整合 梅术文 365
著作权抑或邻接权——综艺晚会网络直播版权的法理探析 刘春田 熊文聪 366
广播组织权利限制制度探讨 相 靖 367
论著作权语境下的获取权 彭学龙 368

著作权的利用和限制 369
美国合理使用制度立法模式成因评析——以美国宪法为研究路径 马 宁 369
合理使用的法律属性——使用者的权利、著作权的限制还是其他 朱 理 370
著作权出质登记制度若干问题研究 高圣平 370
著作权质押的困境和出路 谢黎伟 371
德国《著作权法》中报酬请求权制度及其启示 冯晓青 李 薇 372
数字环境下的版权补偿金制度 张 今 372

著作权的救济 373
日本著作权间接侵害的典型案例、学说及其评析 李 扬 373
知识产权的重叠保护与侵权责任 刘 平 374
违法作品之著作权探究——兼论我国《著作权法》第四条之修改 杨延超 375
论著作权技术措施的例外 熊 琦 375

2010年版权（著作权）论文索引 377

2010年版权相关图书简介 394

2010年版权相关图书索引 408

统计资料

2010年全国版权合同登记情况统计 417

2010 年全国作品自愿登记情况统计 418
2010 年全国输出版权汇总表 419
2010 年全国引进版权汇总表 419
2010 年全国版权输出情况统计 420
2010 年全国版权引进情况统计 421
2010 年全国图书版权输出地情况统计 422
2010 年全国图书版权引进地情况统计 423

名　录

版权行政管理部门 427
版权社会管理和社会服务机构 430
著作权集体管理组织 431
版权协会 432
版权代理公司 434
国家版权贸易基地 435

附录一：港澳台版权信息

香　港 439
五家银行联同香港知识产权署推广知识资本管理 439
香港版权法最新修订研讨会协助机构了解使用版权的责任 439
香港海关与国家版权局首次就打击网络盗版签订合作互助安排 439
香港庆祝世界知识产权日 440
粤港举行研讨会加强知识产权事务交流 440
“我承诺”行动之《叶问前传》电影放映会举行 440
香港“复制及分发罪行”条文生效 441
粤港保护知识产权合作专责小组召开第九次会议 441
2010 年度国际知识产权执法会议在香港举行 441

澳　门 442
澳门讨论《修改著作权及有关权利的法律制度》 442
内地与港澳知识产权研讨会在澳门举行 443

台　湾 443
台湾地区“立法院”通过“学习障碍”等视、听觉认知障碍者合理使用著作规定 443
台湾地区“立法院”通过“文化创意产业发展法草案” 444
台湾地区“立法院”通过有关“二次公播”、“广告音乐”及著作权中介团体相关授权争议的“法案” 444
台湾举办“海峡两岸知识产权保护合作协议”倡导说明会 444

附录二：国际版权动态

2010 年国际著作权法制发展综述 449

2010 年国际版权动态 454

立法与行政 454

澳数字电视广播修正案强化卫星转播版权许可 454

印度版权法修正案提交联邦上院审议 454

英国《2010 年数字经济法案》颁布 谨慎推行“三振出局”规则 455

《新西兰版权法》92a 修订后议会一读获全体同意 457

卢旺达知识产权新法和新政保障版权合理使用 457

加拿大版权法新草案再度规定“反规避”条款 458

美国《数字千年版权法》修订 弱化“反规避”条款 460

日本提出解决访问控制技术措施规避问题 462

捷克政府拟修订著作权法削弱知识共享行为 462

英国政府知识产权战略咨询委员会一项调查称非法下载不会危害合法销售 463

俄罗斯警方向 BT 网站和用户宣战 463

希腊警方逮捕 6 名 BT 网站管理员 464

ACTA 泄露，各国热议“三振出局”规则 464

美国发布 2010 年《特别 301 报告》 中国继续留在优先观察国家名单中 466

日本 2010 年知识产权推进计划强化文化产业增长 469

世界知识产权组织成员国研讨广播信号盗版问题 469

英国“三振出局”法案运行费用 75%由版权人支付 470

WIPO 成员国研讨著作权的限制和例外问题 471

《反假冒贸易协定》最新文本强化反盗版执法 谈判各国均表示反对“三振出局” 472

重大案件 473

法国版权机构标志构成侵权 473

陪审团认定对 Oink 网文件共享的刑事指控不成立 473

“海盗湾”无视荷兰法院判决 474

澳联邦法院认为白页和黄页不享有版权 475

美一大学生因分享 37 首歌曲被判 2.775 万美元赔偿 475

加拿大盗版电影网站“maVen”成员被判入狱两个半月 476

西班牙法院宣布文件共享和链接网站合法 477

立陶宛一名 BT 用户被法院宣判无罪 477

日本法院判决更换佛像头部侵害著作权 478

Viacom 诉 YouTube 案：对《数字千年版权法案》“明知或应知”作宽松解释 479

首次销售原则受到重大挑战 480

美国法院判定竞选中借用他人作品用于讽刺不构成合理使用 481

业界动态 482

美国国际知识产权联盟支持政府参加泛太平洋伙伴关系协定谈判 482

欧洲广播联盟呼吁简化在线内容版权许可 483

美国新兴网络电视网站面临法律风险 484

RealNetworks 与电影公司和解并停售 DVD 复制品 484
国际唱片业协会放弃封锁“海盗湾” 485
俄罗斯出版商被罚 2.5 亿美元 485
美国唱片业协会批评美国版权法“根本不起作用” 485
巴西民间组织联合呼吁政府规范文件共享 486
谷歌首席经济学家建言：高成本导致版权交易“摩擦” 486

附录三：全国知识产权学院简介

北京大学知识产权学院 491
重庆知识产权学院 491
复旦大学知识产权研究中心 492
华东政法大学知识产权学院 492
华南理工大学知识产权学院 493
华中科技大学知识产权系 493
暨南大学知识产权学院 494
上海大学知识产权学院 494
同济大学知识产权学院 495
武汉大学知识产权高级研究中心 495
西安交通大学知识产权研究中心 496
西北大学知识产权学院 496
厦门大学知识产权研究院 497
湘潭大学知识产权学院 497
中国人民大学知识产权学院 498
中国社会科学院知识产权中心 499
中国政法大学民商经济法学院知识产权法研究所 499
中南财经政法大学知识产权研究中心 500
中山大学知识产权学院 500

索　　引

本卷年鉴所载内容的主题索引 505

宣传广告

2010 年版权工作展示
广告

Contents

Features

"The 12th Five-Year Plan" for Copyright Work 3

Guidance on Financial Support for Promoting Invigoration and Development of Culture Industry 9

Special Articles

Grasp the Opportunities and Make Innovations to Fully Create a New Situation of "The 12th Five-Year Plan" for Copyright Work—the Report addressed at 2011 National Copyright Work Conference Liu Binjie 15

Implementation and Prospects of China's Copyright System—the Speech addressed at the International Forum on the Centennial of China Copyright Legislation Yan Xiaohong 23

An Overview of Copyright Work

The National Copyright Work in 2010 29

The National Copyright Administrative Work in 2010
Copyright Management Department, National Copyright Administration of PRC 29

China Judicial Protection of Copyright in 2010
Intellectual Property Division, Supreme People's Court of PRC 32

Local Copyright Work in 2010 35

Beijing Zhao Xiaopeng 35
Tianjin Zhang Luna, Li Wendi 37
Hebei Province Li Dongqun 39
Shanxi Province Di Yueqing, Hao Zimou 41
Inner Mongolia Autonomous Region Guo Jinyun 43
Liaoning Province Shi Shuai 44
Jilin Province Jiang Junyu 46
Heilongjiang Province Qiu Hongcheng 48
Shanghai Wu Jinjun, Wang Qian 49
Jiangsu Province Tan Songzhi 52
Zhejiang Province Wang Shaojie 54
Anhui Province Wu Anning 57
Fujian Province Zheng Kaipi 59

Jiangxi Province Wan Jing 61
Shandong Province Wang Xingfeng 62
Henan Province Wang Zeping 64
Hubei Province Hu Lei 66
Hunan Province Song Liang 68
Guangdong Province Zhang Tongying, Ling Lihua 70
Guangxi Zhuang Autonomous Region Zhou Xin 73
Hainan Province Zeng Bolin 74
Chongqing Xu Jiawei 75
Sichuan Province Wang Zhijian 77
Guizhou Province Wang Lisha 78
Yunnan Province Ma Yunhong 79
Tibet Autonomous Region Ci Ren 82
Shaanxi Province Sha Qingchao, Li Linjie 84
Gansu Province Xia Ling 86
Qinghai Province Fu Chengjiu 87
Ningxia Hui Autonomous Region Zhang Xiunian 88
Xinjiang Uygur Autonomous Region Yang Jianxin 90

Copyright Work by Social Service Organizations in 2010 92
Copyright Protection Center of China Han Lu 92
Copyright Society of China Liu Yicheng 94
Music Copyright Society of China Zuo Jia 97
China Audio-Video Copyright Association Ma Jichao 99
China Written Works Copyright Society Zhang Hongbo 100
Images Copyright Society of China Lin Tao 103
China Film Copyright Association Shi Wenxia 105
Copyright Union of Internet Society of China Jin Yanxue 108
China Software Alliance Li Ze 109

Copyright Scanning

Copyright Events 113

Trends in Copyright Undertakings 127
Legislation 127
The Revision Decision of *Copyright Law of the People's Republic of China* Was Ratified 127
National Copyright Administration of PRC Promulgated the *Measures for Registration of Copyright Pledges* 127

Judicial Activities 127
Haidian District Court Made the First-Instance Judgment on the Case of Baidu MP3 Lyrics Search Infringement 127
Beijing Superior People's Court Released the Top 10 Intellectual Property Cases in 2009 127

The White Paper of *Intellectual Property Protection by Chinese Courts* (*2009*) Was Released 128
The Supreme People's Court of PRC Released the Top 10 Cases of Intellectual Property Protection by Chinese Courts in 2009 128
Beijing Superior People's Court Issued the *Guidance on Several Issues in the Trial of Copyright Disputes under the Network Environment* 128
Several Opinions on Providing Judicial Guarantee and Services for Accelerating the Transformation of the Economic Development Mode Was Released 129
The Supreme People's Court of PRC Released the Typical Cases of Intellectual Property Infringement and Fake and Inferior Commodities Manufacturing and Marketing 129
Beijing No. 1 Intermediate People's Court Accepted 2, 691 Foreign-Related Intellectual Property Cases in 5 years 129

Administrative Management 129
2010 National Copyright Work Conference Was Held 129
National Copyright Administration of PRC Notified the Achievements of the 5th Special Campaign to Crack Down on Internet Piracy and Copyright Infringement 130
National Copyright Administration of PRC Held the Copyright Collective Management Work Conference for the First Time 130
Ministry of Justice Enacted the *Opinion on Implementing the Outline of the National Intellectual Property Strategy* 131
The Second Inter-Ministry Joint Meeting on the Implementation Work of the National Intellectual Property Strategy Was Held 131
National Copyright Administration of PRC Deployed the Copyright Protection Work of Shanghai World Expo 131
The Second Group of "National Model Collectives of Implementing the Official Editions of Software" Received the Awards 132
National Copyright Administration of PRC and Hong Kong Customs and Excise Department Signed the Agreement of *Cooperation and Mutual Assistance Arrangement on Cracking Down on Internet Piracy and Copyright Infringement* 132
The Rapid Anti-Piracy Response Mechanism of World Expo Was Established 132
National Copyright Administration of PRC Issued the *Work Program on Copyright Protection of* 2010 *Shanghai World Expo* 133
National Copyright Administration of PRC Held the 2010 Special Conference on Significant Work of Copyright 133
National Copyright Administration of PRC Held the Seminar on World Expo Copyright Protection Work 134
Beijing Municipal Government Determined the First Group of Model Collectives of Marketing the Official Editions of Audio-Video Products 134
Three Ministries and Commissions Jointly Released China Intellectual Property Development Situation in 2009 134
Hunan Government Engaged in Informal Discussion with the Relevant Enterprises about Copyright Registration 134
National Copyright Administration of PRC Awarded the Meritorious Collectives and Individuals Cracking Down on Infringement and Piracy with RMB 4. 93 million 135
Beijing Municipal Government Deployed the Work on Promoting the Implementation of Official Editions

of Enterprise Software 135
2010 "Sword Campaign" Cracking Down on Internet Piracy and Copyright Infringement Was Launched 135
Kunshan, Jiangsu Province Promoted the Implementation of Official Editions of Software in Tourist and Hotel Industry 136
Shandong Held "Sword Campaign" Work Conference 136
Nationwide Libraries Copyright Protection Work Conference Was Held 136
Jiangsu Province Granted the Model Collectives of Implementing Official Editions of Software and Copyright Enforcement with Awards 136
The State Council Issued the *Notice of General Office of the State Council on Further Promoting Government Organizations to Implement the Official Editions of Software* 137
The State Council Initiated Its Special Campaign to Crack Down on Intellectual Property Infringement 137
Guangzhou Organized and Held the Asian Games Copyright Protection Work Conference 138
The Plenary Meeting of the Leading Group for Nationwide Special Campaign to Crack Down on Intellectual Property Infringement and Fake and Inferior Commodities Manufacturing and Marketing Was Held 138
Press Conference for Nationwide Special Campaign to Crack Down on Intellectual Property Infringement and Fake and Inferior Commodities Manufacturing and Marketing Was Held 138
Three Departments Deployed the Special Campaign to Crack Down on Intellectual Property Infringement and Fake and Inferior Commodities Manufacturing and Marketing 138
Ministry of Culture Issued the *Notice on Clearing and Regulating Illegal Online Music Websites* 139
Beijing Municipal Government Held the Mobilization Meeting for Special Check and Rectification on Official Editions of Software Implementation of Government Organizations 139

Publicity and Education 139
Chengdu Copyright Administration and Local TV Station Jointly Organized the Copyright Knowledge Programme 139
Epson and Peking University Jointly Held the Workshop for Media Intellectual Property 139
Book Series of Intellectual Property Law Special Topics Analysis and Theoretic Research Was Published 140
Chongqing Held Its First Copyright Business Training Class 140
Beijing Municipal Government Held the Mobilization Meeting for "Special Campaign to Meet the World Expo and Crack Down on Piracy" 140
Premier Wen Jiabao Demanded to Implement the National Intellectual Property Strategy Unswervingly 140
Kunshan, Jiangsu Province Held the Special Lecture on Copyright Protection 141
Shanghai Municipal Government Issued the First Copyright Industry Report in China 141
Nationwide Teenager Copyright Protection Knowledge Contest Ended 141
Jilin Province Built Educational Base for Copyright Protection 142
2010 Intellectual Property Week Was Launched 142
China's First Official Website for Judicial Protection of Intellectual Property Was Put into Operation 142
Practical Design Copyright Fair Was Held 142
Copyright Business Development Summit Forum of Shenzhen International Cultural Industries Fair Was Held 143
2010 Forum on Intellectual Property of China Software Information Service Industry Was Held 143
The New Edition National Intellectual Property Strategy Website Was Officially Put into Operation 143
Press Conference for Investigation Report of Copyright Protection on the Textile Market in Nantong 143
The First Digital Publishing and Copyright Management Training Class Was Held 144

The Public Service Activity of Intellectual Property Protection Was Held in the Great Wall 144
Shijiazhuang, Hebei Province Held the Training for Official Editions of Software Implementation 144
2010 Copyright Gold Award of World Intellectual Property Organization (China) Was Awarded 144
2010 Selection Contest for Man of the Hour and the Most Influential Enterprises in China Copyright Industry Was Held 145
CPCC Selection Contest for "2010 Top 10 China Copyright Owners" Was Held 145

Exchanges and Discussions 146
The First China International Animation Copyright Fair Was Held 146
National Copyright Administration of PRC Held the International Seminar on Folk Art Protection 146
2010 South Lake Forum on Intellectual Property Was Held 146
2010 China Intellectual Property High Level Forum Was Held 147
2010 Forum on Internet Intellectual Property Protection Was Held 147
Symposium on the Implementation of Official Editions of Software in Banking Industry Was Held 147
The Mainland and Taiwan Signed the Cooperation Agreement on Intellectual Property Protection 148
2010 New Culture • New Media • New Copyright Summit Was Held 148
Yan Xiaohong Met with the Intellectual Property Exchange Delegation of Straits Exchange Foundation 148
2010 Forum on Copyright Protection in Image Industry Was Held 149
Beijing Municipal Government Held the Symposium on Criminally Cracking Down on Internet Piracy and Copyright Infringement 149
The First Seminar for Media on Copyright-Related Hot Issues Was Opened 149
The Second Seminar for Media on Copyright-Related Hot Issues Was Opened 150
2010 Seminar on New Media Copyright Protection and Cooperation under the Digital Environment Was Held 150
The Intellectual Property Forum of Youth in Central State Organs Was Held 150
2010 Symposium on Anti-Piracy Experience in Mainland, Hong Kong, Macao and Taiwan Was Held 151
The Second Joint Conference for Copyright Work in Pearl River Delta Region, Guangdong Province Was Held 151
International Forum on the Centennial of China Copyright Legislation Was Held 151
The Third Cross-Strait Copyright Protection Seminar Was Held 152
China Copyright Protection Summit Forum Was Held 152
2010 China Copyright Annual Conference Was Held 152

Social Management and Services 153
The Fifth Nationwide Works Copyright Trade Fair Was Held 153
Changsha Established Its Music and Audio-Video Copyright Protection Association 153
The Plan of Nationwide Karaoke Copyright Royalties Allocation Was Passed 153
2009—2010 China Images Copyright Annual Conference Was Held 153
Hundreds of Audio-Video Enterprises in China Held the Launching Ceremony for Anti-Piracy Campaign 153
The Third Council Meeting of the Standard Publishing Organizations Self-Regulation and Copyright Protection Alliance Discussed about Several Anti-Piracy and Copyright Protection Ways 154
China Film Copyright Association Was Established 154
The First Council Meeting of the Common Market for Nationwide Copyright Trade Was Held 155
Shanghai Copyright Service Center and Shanghai Copyright Dispute Mediation Center Were Listed 155
The First Copyright Finance Club Was Established 155

Shenyang Culture Intellectual Property Exchange Was Established 155
The Service Platform for National Online Video Copyright Monitoring and Survey Was Launched 155
Tianjin Established China's First International Intellectual Property Exchange Platform 155
Copyright Exchange Center of Anhui Province Was Established 156
Suzhou Established the First Online Lease Platform for Official Editions of Software 156
China International Animation Copyright Trading Website Was Put into Operation 156
The Copyright Dispute Mediation Committee of Chinese Writers Association Was Established 156
The First Copyright Work Station of Publishing Firm Was Established in Liaoning Province 157
The National Copyright Trading Website Was Officially Put into Operation 157
China's First Music Copyright Exchange Center Was Established in Shanghai 157
The Work of National Copyright Business Base of Renmin University of China Gained Praise 157
China Written Works Copyright Society and Chinese Oral & Literary Copyright Collective Management Association Signed a Mutual Representative Agreement 157

International Exchanges and Cooperation 158
China and Japan Signed the Strategic Cooperation Memorandum on Copyright and Neighboring Right of Copyright 158
2010 China-Japan Copyright Protection Exchange Activity Was Held in Beijing 158
The Regional Seminar on WIPO Development Agenda Enforcement Was Held in Chengdu 158
Experts from China and U. S. Engaged in Intense Discussion on Internet Copyright Protection 159
Yan Xiaohong Met with Richard Constant, Advocate General of Universal Music Group 159
2010 BIBF International Copyright Business Seminar Was Held 159
The Sixth China and South Korea Copyright Seminar Was Held in Seoul, Korea 160
Liu Binjie Met with Clark, Assistant Director General of WIPO 160
Yan Xiaohong Met with Kim Young Chan, the Representative of Ministry of Culture, Sports and Tourism of the Republic of Korea 160
China and UK Signed Copyright Strategic Cooperation Agreement 161
WIPO Investigated the Development Situation of Copyright Industry in Fujian Province 161
Yan Xiaohong Met with Victoria Espinel 162
Yan Xiaohong Attended the Activity of Intellectual Property Dialogue with U. S. Ambassador 162
Wang Qishan Met with Cary, Director General of WIPO, and Holliman, President of Business Software Alliance 163
Liu Qi Met with Cary, Director General of WIPO 163
The Third China International Copyright Expo Was Held 163
China-Japan Copyright Seminar Proposed to Cooperate to Exploit the Market 163
2010 (The Fourth) International Copyright Forum Was Held 164

Copyright-Based Industries and Copyright Trade

Development Report of China Publishing Industry 2010 Xu Shengguo 167
Development Report of China Broadcasting, Film and Television Industry 2010
Development Research Center, the State Administration of Radio, Film and Television 173
Development Report of China Software Industry 2010
Electronics Intellectual Property Center, Ministry of Industry and Information Technology 188

Development Report of China Animation and Cartoon Industry 2010 Niu Xingzhen 192
Development Report of China Online Game Industry 2010 Analysis International 204
Analysis Report of China Book Copyright Trade 2010 Zhang Hongbo 215

Typical Cases of Copyright Infringement

Typical Cases of China Copyright Judicial Protection in 2010 225

1. The Retrial Case of Getty Images China v. Sinotrans Chongqing Company 225
2. The Retrial Case of Li Changfu v. China Literature and History Press 226
3. The Appeal Case of BANDAI Co., Ltd. v. Shantou Chenghai Hongli Toys Co., Ltd. and Huang Shicheng 228
4. The Case of Li Qiang v. Yu Fen 228
5. The Case of Bai Guangcheng v. Beijing Daoxiangcun Foodstuff Co., Ltd. 228
6. The Appeal Case of He Ruidong v. Li Xianghua and Tianjin Lixiang Huitian Technology Development Co., Ltd. 229
7. Baoding Shuanghu Software Co., Ltd. v. Sanhe Aroundwave Software Co., Ltd. 229
8. Beijing Century Feile Television Communications Co., Ltd. v. Shanghai Linktone Ltd., China Mobile Communications Corporation Shanxi Company and Shanghai Weilan Co., Ltd. 230
9. The Case of Music Copyright Society of China (MCSC for Short) v. Yu Ying 231
10. The Case of Microsoft Corporation v. Dazhong Insurance Co., Ltd. 232
11. The Appeal Case of Ye Zhaoyan v. Peking University Press, Chen Tong and Nanjing Pioneer Book Culture Communications LLC 232
12. The Appeal Case of Hunan TV Entertainment Interactive Media Ltd. v. Zhoushan Dinghai Boyuan Cyber Bar 233
13. The Appeal Case of KEIHIN Co., Ltd. v. Fujian Youli Carburettor Co., Ltd., Chongqing Kaier Motorcycle Manufacturing Co., Ltd. and Li Yanchao 234
14. The Case of Guangzhou Kashitu Clothing Co., Ltd. v. Guangzhou Jiehui Clothing Co., Ltd. and Zhu Gumin 234
15. The Case of Beijing Net Movie Holdings Ltd. v. Haikou Zhenghe Cyber Bar 235
16. The Case of Chen Jian v. Fushun Wanpu Printing Co., Ltd. 235
17. The Case of Zhang Heng v. Shaanxi Panfeng Industry Co., Ltd. and Wang Jianjun 236

Top 15 Typical Cases of "Sword Campaign" During 2010-2011 237

1. Copyright Infringement by "www.5474.com" in Chuzhou, Anhui Province 237
2. MapleStory Game Plug-in by Shanda Interactive Entertainment Ltd. 237
3. Copyright Infringement and Piracy by "9CAX" in Jiangsu 237
4. Written Works Infringement by "www.wws1986527.any2000.com" in Xuzhou, Jiangsu Province 237
5. Private Server Copyright Infringement and Piracy by Sun Bin in Changde, Hunan Province 237
6. Online Game Plug-in by TQ Digital Entertainment Co., Ltd. in Kaifeng, Henan Province 237
7. Copyright Infringement and Piracy by China Broadband in Huaian, Jiangsu Province 237
8. Copyright Infringement by Century Online Network Technology Co., Ltd. in Hangzhou, Zhejiang Province 237
9. Selling Pirated Versions of Books via Internet by Du Xingui in Henan Province 237
10. Music Works Infringement by "www.6621.com" in Sichuan Province 237
11. "Hero of China" Game Plug-in in Hubei Province 237

12. Written Works Infringement by "www. shuoshuo520. com" in Xuzhou, Jiangsu Province 238
13. Copyright Infringement by Beijing UUSee 238
14. Films and Television Programs Infringement by "www. 1ting. com" 238
15. Information Network Transmission Right Infringement by Hangzhou MetaData Co. , Ltd. 238

Top 10 Cases in the Course of Special Campaign to Crack Down on Copyright Infringement and Piracy in 2010 239
1. Copyright Infringement by "www. 5474. com" in Chuzhou, Anhui Province 239
2. Copyright Infringement and Piracy by "9CAX" Website in Jiangsu Province 239
3. Written Works Infringement by "www. wws1986527. any2000. com" Website in Xuzhou, Jiangsu Province 239
4. Copyright Infringement by Ju Wenming in Wuxi, Jiangsu Province 240
5. Selling Pirated Versions of Optical Disk by He Zhenyu and Liu Bing in Tianjin 240
6. MapleStory Game Plug-in by Shanda Interactive Entertainment Ltd. 240
7. Illegally Printing and Selling Chinese Language Newspaper in Taian, Shandong Province 241
8. The "9 • 20" Case of Wholesale Selling Pirated Versions of Books in Langfang, Hebei Province 241
9. Written Works Infringement by Hangzhou MetaData Co. , Ltd. in Zhejiang Province 241
10. Films and Television Programs Infringement by Beijing UUSee 242

Typical Cases of Local Copyright Administrative Enforcement in 2010 243
Tianjin 243
Hebei Province 243
Inner Mongolia Autonomous Region 244
Jilin Province 244
Shanghai 246
Jiangsu Province 248
Zhejiang Province 250
Anhui Province 251
Jiangxi Province 253
Shandong Province 253
Henan Province 254
Hubei Province 254
Hunan Province 256
Guangdong Province 257
Sichuan Province 259

Laws and Regulations and Rules Documents

Laws and Regulations and Departmental Rules 265
Copyright Law of the People's Republic of China 265

Rules Documents 272
Measures for Registration of Copyright Pledges 272
Announcement of National Copyright Administration of the People's Republic of China

([2010] No. 1) 274
Announcement of National Copyright Administration of the People's Republic of China ([2010] No. 2) 277
Announcement of National Copyright Administration of the People's Republic of China ([2010] No. 3) 278
Notice on Issuing the Report of 2010 National Copyright Work Conference and Key Points for Copyright Work in 2010 278
Notice on Issuing the *Work Program on Copyright Protection of 2010 Shanghai World Expo* and the *Rapid Anti-Piracy Response Mechanism of 2010 Shanghai World Expo* 287
Notice of the General Office of the State Council on Combating the IPR Infringement and Counterfeits 290
The Application Letter for Issuing the *Notice of the General Administration of Press and Publication, the National Copyright Administration and the Office of the National Work Group for "Combating Pornography and Illegal Publications" on Combating the IPR Infringement and Counterfeits and Further Strengthening the Administration of the Authorized Software Usage* 292
Notice on Carrying out the Selection Activity of "2010 Innovation Gold Award of World Intellectual Property Organization (China)" 296
Notice on Carrying out the 2010 (the Third) National Copyright Essay Selection Contest for College Students 297
Notice on Issuing the *Scheme of "Sword Campaign" to Crack Down on Internet Piracy and Copyright Infringement in 2010* 299
Notice of the General Administration of Press and Publication, the National Copyright Administration and the Office of the National Work Group for "Combating Pornography and Illegal Publications" on Combating the IPR Infringement and Counterfeits and Further Strengthening the Administration of the Authorized Software Usage 302
Notice on Carrying out the Supervision and Check Work on the Official Editions of Software Implementation of Government Organizations 305

Honors & Awards

Copyright Gold Award of World Intellectual Property Organization (China) 311
Meritorious Collectives and Individuals Cracking Down on Infringement and Piracy in 2009 312
"National Model Collectives of Implementing the Official Editions of Software" 2010 318
CPCC Top 10 Chinese Copyright Owners 2010 322
Famous People in China's Copyright Industry 2010 325
The Most Influential Enterprises in China's Copyright Industry 2010 327
Winners List of the Third National Copyright Essay Selection Contest for College Students 331

Theoretical Research

A Hundred Years of History—A Review on Copyright Law Studies in 2010 337

Extracts of Theses on Copyright in 2010 350
Intellectual Property History 350

Several Reflections on the Research of "Why Ancient China Did Not Have Copyright" Li Chen 350
Intellectual Property System Is the Charter of Rights for Creators to Gain Economic Independence Liu Chuntian 351
Analysis on the Key Words in the Copyright Law of Qing Dynasty Wei Zhi 351

The Overview of Copyright Law (Including the Philosophy of Intellectual Property Law) 352
On Application of the Fundamental Principles of Civil Law in Intellectual Property Law Qi Aimin 352
On Binary Intellectual Property System Qi Aimin 353
Restrictions on the Claim of Intellectual Property Li Yang 353
Crisis and Outlet of the Justification of Copyright Liu Tieguang 354
Post-Modern Reflections on the Copyright System Xiong Wencong 355
Conceptual Fallacies behind the Idea of "an Area without Protection of Intellectual Works" Yoshiyuki Tamura 356

Objects of Copyright (Object) 356
The Essence and Form of Expression—Reinterpreting the Object of Copyright Lu Haijun 356
Scientific Construction of Works' Concept and Its Significance in the Copyright Law Wang Kun 357
Copyright Protection of Folk Literary and Art Works Guo He 357
Legal Relationship of Film Works Qu Sanqiang 358
Characterization of "Spring Festival Gala" in Copyright Law Wang Qian 359
Copyright Protection of Classical Masterpieces Hu Hui 359

Ownership of Copyright 360
Problems in Ownership of Copyright Hou Yangkun 360
Institutional Arrangement of Seeing the Investor as the Author in Copyright Law Xiong Qi 361

Contents of Copyright (Including Neighboring Rights) 362
Reflection and Reconstruction of the System of Personality Right of Copyright Wang Kun 362
Rethinking the Issues about the Right of Publication Yi Qingyun 362
Right to Revise the Works Liu Youdong 364
Legal Protection of Right of Broadcasting Organizations under the Network Environment Hu Kaizhong 364
Integration of Right of Communication on China's Copyright Law Mei Shuwen 365
Copyright or Neighboring Right—Legal Analysis on Network Broadcast Copyright of Comprehensive Evening Party Liu Chuntian, Xiong Wencong 366
Discussion on the Limitation of the Right of Broadcasting Organizations Xiang Jing 367
Access Right in the Context of Copyright Peng Xuelong 368

Usage and Restriction of Copyright 369
Causes Analysis of the Legislation Model of US Fair Use System—Researching on the Basis of Constitution of the United States Ma Ning 369
The Legal Nature of Fair Use—Users' Rights, Limitation on Copyright or Some Other Matters Zhu Li 370
Research on Several Issues of Registration System for Copyright Pledge Gao Shengping 370
The Dilemma of Copyright Pledge and Its Solutions Xie Liwei 371

Right of Claiming Reward in German Copyright Law and Revelation Thereof Feng Xiaoqing, Li Wei 372
Copyright Compensation System under the Digital Environment Zhang Jin 372

Remedy of Copyright 373
Typical Cases, Theories and Review on Indirect Copyright Infringement in Japan Li Yang 373
Overlapping Protection and Tort Liability of Intellectual Property Liu Ping 374
Analysis of the Copyright of Illegal Works—On the Amendment of Article IV of *China Copyright Law* Yang Yanchao 375
Exemption of Copyright Technological Measures Xiong Qi 375

Index to Theses on Copyright in 2010 377

Brief Introduction to Copyright-Related Books in 2010 394

Index to Copyright-Related Books in 2010 408

Statistic Data

2010 Statistics of Nationwide Copyright Contracts Registrations 417
2010 Statistics of Nationwide Voluntary Registrations of Works 418
2010 Summary Sheet of Nationwide Exported Copyright 419
2010 Summary Sheet of Nationwide Imported Copyright 419
2010 Statistics of Nationwide Copyright Exportation Situation 420
2010 Statistics of Nationwide Copyright Importation Situation 421
2010 Statistics of Nationwide Book Copyright Exportation Destinations 422
2010 Statistics of Nationwide Book Copyright Importation Source Countries 423

Directory

Copyright Administrative Management Departments 427
Copyright Social Management and Social Service Institutions 430
Copyright Collective Management Organizations 431
Copyright Associations 432
Copyright Agencies 434
National Copyright Trade Bases 435

Appendix I: Copyright Information of Hong Kong, Macao and Taiwan

Hong Kong 439
Five Banks Jointly Cooperated with Hong Kong Intellectual Property Department to Generalize Intellectual Capital Management 439
The Assist Organization of Seminar on the Latest Amendments to Hong Kong Copyright Law Assisted Relevant Organizations in Learning about the Liability of Copyright Usage 439

Hong Kong Customs and Excise Department and National Copyright Administration of PRC Signed the Cooperation and Mutual Assistance Arrangement for the First Time on Cracking Down on Internet Piracy and Copyright Infringement 439
World Intellectual Property Day Was Celebrated in Hong Kong 440
Guangdong and Hong Kong Cooperation Joint Conference Strengthened the Level of Intellectual Property Awareness 440
The Legend Is Born Film Screening of "I Promise" Action Was Held 440
Hong Kong's Article on "Reproduction and Distribution Crimes" Took into Effect 441
The Ninth Meeting of Guangdong and Hong Kong Group on Protection of Intellectual Property Rights Was Held 441
Hong Kong Hosted 2010 International Intellectual Property Law Enforcement Conference 441

Macao 442
Macao Strengthened the Legislation on Internet Copyright Protection 442
Mainland China, Hong Kong SAR and Macao SAR Intellectual Property Symposium Was Held in Macao 443

Taiwan 443
Taiwan Legislative Yuan Passed the Provisions on Fair Use of Works for the Visual and Auditory Cognitive Disabled People with "Learning Disability" 443
Taiwan Legislative Yuan Passed the *Draft of Cultural and Creative Industry Development Law* 444
Taiwan Legislative Yuan Passed the Act on the Relevant Authorization Disputes of "Second Public Broadcasting," "Advertisement and Music" and Copyright Intermediaries 444
Mainland and Taiwan Would Establish the Official Platform for Intellectual Property 444
Cross-Strait Intellectual Property Protection Cooperation Achieved Great Progress
Cross-Strait Intellectual Property Protection Exchange and Cooperation Developed Rapidly

Appendix II: Trends of International Copyright

A Review on the Legal System Development of Overseas Copyright in 2010 449

Trends of International Copyright in 2010 454
Legislation and Administration 454
The Amendment to Macao Digital Television Broadcasting Strengthened the Copyright License of Satellite Transmission 454
The Amendment to India Copyright Law Was Submitted to the Rajya Sabha for Approval 454
UK Released *2010 Digital Economic Bill* and Prudently Carried out the Rule of "Three Strikes and You're Out" 455
The Amendment to Article 92A of New Zealand Copyright Law Obtained Unanimous Consent from the Parliament 457
The New Law and New Deal of Intellectual Property in Rwanda Guaranteed the Fair Use of Copyright 457
The New Draft of Canada Copyright Law Formulated the Article of "Anti-Circumvention" Again 458
U. S. Amended the Digital Millennium Copyright Act and Weakened the Article of "Anti-Circumvention" 460
Japan Planned to Propose the Regulations on the Circumvention Issues of Access Control

Technological Measures in 2011 Congress 462
The Government of Czech Republic Planned to Amend the Copyright Law So As to Reduce Knowledge Sharing Actions 462
A Survey of UK Intellectual Property Strategy Advisory Committee Claimed That Illegal Downloads Would not Jeopardize Legal Sales 463
The Police of Russia Declared War at BT Websites and Their Users 463
The Police of Greece Arrested 6 Administrators of BT Websites 464
ACTA Was Leaked; Various Countries Engaged in Intense Discussion on the Rule of "Three Strikes and You're Out" 464
U. S. Released 2010 *Special 301 Report*; China Will Remain on the Priority Watch List 466
Japan's 2010 Intellectual Property Advance Plan Strengthened the Increase of Culture Industry 469
Member States of WIPO Called for Issues of Broadcast Signal Piracy 469
75% of the Implementation Cost of UK "Three Strikes and You're Out" Bill Was Paid by Copyright Owners 470
The Member States of WIPO Engaged in the Issues of Limitation and Exemption to Copyright 471
The Newest Version of Anti-Counterfeiting Trade Agreement Strengthened Anti-Piracy Enforcement; All the Countries Attending the Negotiation Objected to the Rule of "Three Strikes and You're Out" 472

Important Cases 473
The Symbol of France Copyright Institute Committed Copyright Infringement 473
The Jury Denied Criminal Charges on Oink Website for File Sharing 473
"Pirate Bay" Ignored the Judgment of Dutch Court 474
The Federal Court of Australia Ruled That White Page and Yellow Page Had No Copyright 475
Federal U. S. Court Ordered a College Student to Compensate $27,750 for File Sharing 37 Songs 475
Members of Canadian Film Pirated Website "maVen" Were Sentenced to Two and a Half Months' Imprisonment 476
Spanish Court Declared the Legitimacy of File Sharing and Interlinking Websites 477
One BT User in Lithuania Was Declared Innocent by the Court 477
Japanese Court Claimed Changing the Head of Buddha as Copyright Infringement 478
Viacom Sued YouTube for Making Easing Explanation on "Clearly Know or Should Know" of *Digital Millennium Copyright Act* 479
The First Sale Doctrine Faced Significant Challenges 480
Using Others' Works for Irony during Election Campaign Was Not Counted as Fair Use 481

News and Outlook in Copyright Industry 482
International Intellectual Property Alliance of U. S. Supported the Government to Attend the Trans-Pacific Partnership Negotiation 482
European Broadcasting Union Called on Simplifying the Copyright License for Online Contents 483
The Emerging IPTV Websites in U. S. Faced Legal Risks 484
RealNetworks and Film Companies Made Reconciliation: Stopped Selling DVD Copies 484
International Federation of the Phonographic Industry Gave up Blockading "Pirate Bay" 485
Publishers in Russia Were Fined $ 250 Million 485
Recording Industry Association of America Criticized That U. S. Copyright Law "Did Not Even Work" 485
Non-Governmental Organizations in Brazil Jointly Called on the Government to Standardize File

Sharing 486
The Chief Economist of Google Stated: High Cost Led to Copyright Trade "Friction" 486

Appendix III: Brief Introduction to Intellectual Property Schools and Institutes throughout the Country

Intellectual Law School of Peking University 491
Intellectual Property Institute of Chongqing 491
Intellectual Property Research Center of Fudan University 492
Intellectual Property School of East China University of Political Science and Law 492
Intellectual Property School of South China University of Technology 493
Intellectual Property Department of Huazhong University of Science and Technology 493
Intellectual Property School of Ji'nan University 494
Intellectual Property School of Shanghai University 494
Intellectual Property Institute of Tongji University 495
Intellectual Property Advanced Research Center of Wuhan University 495
Intellectual Property Research Center of Xi'an Jiaotong University 496
Intellectual Property School of Northwest University 496
Intellectual Property Research Institute of Xiamen University 497
Intellectual Property Institute of Xiangtan University 497
Intellectual Property School of Renmin University of China 498
Intellectual Property Center of Chinese Academy of Social Sciences 499
Intellectual Property Law Research Institute, School of Civil, Commercial and Economic Law, China University of Political Science and Law 499
Intellectual Property Research Center of Zhongnan University of Economics and Law 500
Intellectual Property School of Sun Yat-Sen University 500

Index

Subject Index Carried by This Almanac 505

Publicity and Advertisement

An Exhibition of the Copyright Work in the Year of 2010
Advertisement of Work Units and Departments Related to Copyright

版权

特载

TE ZAI

版权工作“十二五”规划

“十二五”时期是全面建设小康社会的关键时期，是深化改革、加快转变经济发展方式的攻坚阶段，版权保护对促进经济发展和文化繁荣的作用将更加突出。为进一步提高我国版权创造、运用、保护和管理能力，全面提升版权工作整体水平，根据《中华人民共和国国民经济和社会发展第十二个五年规划纲要》及《国家知识产权战略纲要》，编制本规划。

一、“十一五”时期版权工作取得显著成就

“十一五”时期，版权工作坚持以邓小平理论和“三个代表”重要思想为指导，深入贯彻落实科学发展观，以“提高自主创新能力，建设创新型国家”为目标，积极推进实施《国家知识产权战略纲要》，各项工作取得了显著成效。

（一）法律政策体系不断完善。“十一五”时期，我国加入了《世界知识产权组织版权条约》和《世界知识产权组织表演和录音制品条约》两个国际互联网公约；全国人大常委会审议通过了著作权法修正案；国务院颁布了《信息网络传播权保护条例》、《广播电台电视台播放录音制品支付报酬暂行办法》等行政法规，制定了《国家知识产权战略纲要》；国家版权局修订颁布《著作权行政处罚实施办法》，印发《国家版权局关于贯彻国家知识产权战略纲要的实施意见》；北京、上海、山东等十多个省（自治区、直辖市）制定了有关版权保护的地方法规、政府规章，出台了贯彻《国家知识产权战略纲要》的区域版权战略规划，我国版权保护的法律、法规和政策体系不断完善，为版权事业的健康发展提供了基本制度保障。

（二）版权执法监管力度不断加大。“十一五”时期，各级版权行政管理部门在加强日常监管的基础上，连续五年开展打击网络侵权盗版专项治理行动、连续三年开展打击非法预装计算机软件专项治理行动、连续五年开展推进企业使用正版软件工作，北京奥运会、上海世博会、广州亚运会等重大活动期间启动了版权保护快速反应机制，收到了良好执法效果。据统计，“十一五”时期，各级版权行政管理部门共行政处罚 49 416 起侵权盗版案件，移送司法机关案件 1 653 件，取缔违法经营单位 128 493 家，查获地下窝点 3 507 个，收缴各类盗版品 3.17 亿册（张），有效震慑了侵权盗版分子。推进企业使用正版软件工作成效显著，全国 129 个中央大型企业总部全部实现了软件正版化，12 200 多个大中型企业实现了使用正版软件的工作目标。据国内外有关机构调查统计显示，我国软件盗版率大幅下降，软件版权保护环境明显改善。

（三）版权公共服务和社会参与体系基本建立。“十一五”时期，以中国版权保护中心为代表的集软件和一般作品登记、合同备案、版权质押登记为一体的公共服务体系逐步形成，全国软件和一般作品的登记量分别由 2006 年的 23 000 余件和 152 000 余件上升到 2010 年的 81 000 余件和 370 000 余件；批准成立中国音像著作权集体管理协会、中国文字著作权协会、中国摄影著作权协会和中国电影著作权协会等 4 个集体管理组织，形成了文字、音乐、音像、电影和摄影等比较完备的著作权集体管理体系；推动建立了一批集版权评估、版权质

押、版权投融资、版权交易为一体的常态性版权贸易平台，不断完善了版权运用的市场机制。

（四）版权宣传培训机制日益完善。“十一五”时期，版权宣传培训工作成效显著，基本形成了以“4·26世界知识产权日”以及重大节庆活动为载体，各种新闻媒体广泛参与的版权保护宣传普及工作机制。针对领导干部、执法人员、著作权人、版权经营者等为培训对象的版权培训制度基本建立。据调查，我国国民的版权认知度逐年上升，已从2006年的60.6%上升到2010年的75%，全社会保护版权的法律意识不断提高。

（五）国际交流与合作不断加强。“十一五”时期，我国加强了与世界知识产权组织、世界贸易组织和亚太经合组织的交流与合作，构建了与美、欧、日、韩、澳等发达国家在版权保护问题上的对话与磋商机制，发展了与泰国、越南、巴西等发展中国家的传统友谊，我国版权保护外部环境逐步改善。

二、“十二五”时期版权工作面临的发展环境

从国际看，随着科学技术的迅猛发展和经济全球化的不断深入，知识产权已经成为提高国家核心竞争力的战略资源，成为国际经贸交易的重要载体，知识产权越来越成为提高国家核心竞争力的关键因素，保护知识产权已经成为世界各国的基本共识。但是，世界各国、各地区在建立怎样的知识产权国际新规则、制定怎样的知识产权保护标准等问题上仍存在分歧，发展中国家和发达国家围绕知识产权的斗争越来越激烈。特别是我国经济、文化的快速发展和国际声望的不断提高，与美欧发达国家经济低迷形成鲜明对比，美欧国家为转嫁危机、转移国内矛盾，将知识产权政治化，并以此为由不断向我施压。可以预料，在今后相当一段时期内，我国将面临着来自美欧国家知识产权保护问题的巨大压力和严峻挑战。

从国内看，进入新世纪以来，党中央、国务院高度重视包括版权在内的知识产权工作，明确提出“提高自主创新能力，建设创新型国家”的战略构想，颁布《国家知识产权战略纲要》，将知识产权作为国家发展战略来推进，知识产权保护工作在全党全国工作大局中的地位得到更大提升。随着我国版权保护制度的不断完善，我国的版权事业和版权相关产业不断发展，目前，中国版权相关产业对国民经济的经济贡献已占国内生产总值的近7%；北京、上海等经济发达地区版权相关产业增加值占其国内生产总值比例高达9%～12%，接近甚至超过美欧国家的整体水平，版权保护促进经济发展和文化繁荣的作用日益突出。但同时，我国目前侵权盗版现象还比较普遍，有的地区和领域甚至还比较猖獗。侵权盗版不但严重损害著作权人的合法权利，破坏市场经济秩序，阻碍经济发展和文化繁荣，而且严重影响我国市场诚信体系建设、破坏对外开放的投资环境，损害国家的对外国际形象。

总的来说，版权工作是否有效到位，已经不是简单的知识产权问题，而是涉及党和国家的工作大局。版权工作必须站在维护国家利益和工作大局的高度，紧紧跟踪国际版权发展动态和国内版权保护状况，积极稳妥地处理和应对国内、国际版权事务，为提高民族创新能力、建设创新型国家做出积极贡献。

“十二五”时期，版权工作既面临着难得的机遇，又面临着巨大的挑战，机遇大于挑战，版权工作仍处于大有可为的重要战略机遇期。各级版权行政管理部门要按照《中共中央关于制定国民经济和社会发展第十二个五年规划的建议》明确提出的“实施知识产权战略，完善知识产权法律制度，加强知识产权创造、运用、保护、管理”的要求，全面审视、科学规划“十二五”版权工作并认真加以实施，全面提高我国的版权工作水平，为促进国民经济又好又快发展、推动社会主义文化大发展大繁荣、建设创新型国家和全面建设小康社会服务。

三、“十二五”时期版权工作的指导思想和主要目标

（一）指导思想

高举中国特色社会主义伟大旗帜，以邓小平理论和“三个代表”重要思想为指导，深入

贯彻落实科学发展观，认真贯彻落实《国家知识产权战略纲要》，按照激励创造、有效运用、依法保护、科学管理的方针，着力完善版权法律制度，加大版权执法力度，强化公共服务功能，增强版权保护意识，加强国际交流合作，积极努力营造良好的版权法治环境、市场环境、文化环境，大幅度提升版权的创造、运用、保护和管理能力，促进版权相关产业又好又快发展，推动经济、文化和科技事业的发展与繁荣，为建设创新型国家和全面建设小康社会服务。

（二）主要目标

“十二五”时期，版权工作要同我国经济社会发展水平基本相适应，版权法律和政策体系更加完备，版权监管体制和机制更为健全，版权法治和社会环境进一步改善，版权公共服务体系和功能进一步加强，版权相关产业进一步发展。通过激励创新与加强保护，版权创造、运用、保护和管理能力不断增强。大力支持具有鲜明民族特色、时代特点的优秀作品创作，培育一批有重大影响的版权相关产业和版权企业，版权相关产业经济贡献占国内生产总值的比重明显提高，版权的国民认知度达到80%以上，侵权盗版行为明显减少，版权保护的社会环境和版权相关产业发展的市场环境明显改善，为我国进入创新型国家行列打下坚实基础。

四、“十二五”时期版权工作的重点任务

（一）强化版权服务功能，完善公共服务和社会参与体系

1. 加强公共服务体制机制建设，完善版权公共服务体系。进一步加强版权公共服务机构的组织建设，强化版权公共服务的职能，增强版权公共服务队伍素质，规范版权公共服务行为，不断开发、扩充新的版权公共服务项目，切实提高版权公共服务水平。探索构建国家基础版权信息公共服务平台，为相关部门和社会公众提供更多的版权相关信息和咨询服务。

2. 创新版权公共服务形式，提高版权公共服务能力。为降低版权交易成本，避免版权市场风险，促进版权成果的广泛运用，更好地服务于版权相关产业发展，要大力推进作品登记、著作权合同登记备案和版权质押登记等工作，修改完善《作品自愿登记试行办法》和著作权合同登记备案办法，统一登记标准，规范登记流程，完善登记制度，进一步扩大作品登记、合同备案和质押登记的范围和登记数量。“十二五”时期，软件和其他作品登记量年平均增长8%～20%，至“十二五”末，计算机软件年登记量达到10万～12万件左右，其他作品年登记量达到60万～80万件左右。

3. 大力发挥集体管理组织、行业协会和版权中介机构的作用。在版权市场化程度日益提高的条件下，要充分发挥集体管理组织、行业协会和版权中介机构在版权运用过程中的市场主体作用。“十二五”时期，各级版权行政管理部门要进一步确立集体管理组织、版权行业协会、中介机构等组织的市场主体地位，进一步规范其市场行为，支持其依法开展业务活动，为其发展创造条件，使其在版权市场化中的作用得到提升，为推动版权相关产业发展、实现版权市场价值做出贡献。

4. 适应版权保护新形势，探索建立版权争议调解机制。版权争议调解机制是化解平等民事主体纠纷，减轻司法审判和行政执法压力，实现社会和谐的重要手段。“十二五”时期，要依法推进版权争议调解机制建设，支持有条件的中央级行业协会、经济发达省（自治区、直辖市）和中心城市建立一批有公信力的版权争议调解机构，在全国形成与司法审判、行政执法有机衔接的版权争议民事调解机制和版权民事调解网络。

（二）鼓励版权创造运用，促进版权相关产业健康发展

1. 建立完备的版权相关产业统计制度。完善现行版权统计制度，突出版权统计工作的科学性、有效性，为制定版权相关产业发展政策提供基础数据。“十二五”时期，国家版权局和有条件的省（自治区、直辖市）版权局，要积极推进版权相关产业对国民经济贡献（年度）统计调查工作，完善版权相关产业对经济贡献的统计调查方法，及时了解和反映版权相关产业的发展动态，为制定版权相关产业发展政策提供理论依据。

2. 推动建立公开、公平、公正的“最具价值版权产品”评估、评选、奖励制度。根据

《国家知识产权战略纲要》关于“支持具有鲜明民族特色、时代特点作品的创作，扶持难以参与市场竞争的优秀文化作品的创作”的要求，推动建立“最具价值版权产品”奖励制度，奖励市场价值和文化价值俱佳的优秀作品。“十二五”时期，每年扶持一批优秀作品的创作和市场运用，增强民族优秀作品的市场竞争力。

3. 加强版权贸易的基础性建设。积极探索构建综合性的版权要素市场，大力推动版权贸易。“十二五”时期，在全国东、西、南、北、中支持有条件的省（自治区、直辖市）和中心城市建立一批“行为规范、标准统一”的集交易、评估、质押、投资、融资等功能为一体的综合性版权交易平台，制定相关规则，提供版权信息，促进实体和网上版权贸易交易活动；支持办好北京国际图书博览会、全国图书交易博览会、中国国际版权博览会、中国国际广播影视博览会、中国（南京）国际软件博览会等大型版权贸易展会，形成常态化和定时定点相结合的版权交易市场机制，促进版权保护成果的广泛运用。

4. 推进版权示范城市、示范单位和示范园区（基地）建设。充分发挥各版权示范主体在版权保护工作中的引导和示范作用，切实增强我国版权相关产业的自主创新和市场竞争能力。各级版权行政管理部门要积极推动本级人民政府开展版权示范城市、示范单位和示范园区（基地）建设，“十二五”时期，培育推出5～10个全国版权示范城市、3～5个国家版权贸易基地、5～10个国家版权相关产业基地、3～5个国家科研教学基地和100个全国版权保护示范单位，树立全国版权示范典型。同时，鼓励各级政府加大对版权创造和运用的投入，努力促使财政、金融、税收、进出口等有关优惠政策引入版权产业基地和示范园区，推动建立版权发展基金，进一步促进版权相关产业发展。

5. 鼓励企业制定版权战略长远规划，加强版权创造人才培养，提高自主版权作品开发能力，优化版权产业生产与传播方式，将企业版权发展规划与国家相关产业发展规划相结合，争取国家的政策支持。

（三）完善宣传培训机制，提高公众版权保护意识

1. 逐步建立起政府主导、新闻媒体支持、社会公众广泛参与的版权宣传普及教育常态机制。充分利用“4·26知识产权宣传周”、“世界图书和版权日”以及国家重大节庆或纪念日，借助版权博览会等各种大型活动平台，集中开展形式多样的版权宣传普及活动，形成强大的版权宣传声势。利用新闻媒体的传播优势，开设形式多样的版权知识专题、栏目与讲座，打造版权宣传阵地。同时积极争取教育主管部门，将版权知识纳入国民教育体系，坚持版权保护宣传普及工作从青少年抓起。

2. 广泛开展版权培训活动，不断增强全社会的版权保护意识。“十二五”时期，各级版权行政管理部门要加大版权培训力度，国家版权局要开展全国省会城市和中心城市的政府分管领导、省级和市（地）级版权局领导以及市（地）级版权基层执法人员的轮训工作；各地版权行政管理部门要加强与有关版权行业组织和协会的合作，积极开展著作权人、权利人组织、经营企业主版权知识培训；争取将知识产权相关知识纳入各级党校和行政学院培训内容，切实增强各级领导干部、基层执法人员、著作权人、企业经营者的版权保护意识，提高版权相关产业市场主体的版权创造、运用、保护和管理能力。

3. “十二五”时期，各级版权行政管理部门要采取多种形式，开展“版权干部工程、版权孩子工程、版权人才工程、版权公益宣传工程”，使版权保护意识“进党校、进学校、进园区、进社区”。同时，加强对权利人、使用者集中的各种社会团体、组织等的版权知识宣传，逐步在全社会形成“尊重知识、尊重劳动、尊重创作、尊重版权”的良好社会氛围。

（四）完善法律政策体系，加强版权执法监管能力

1. 进一步完善版权法律制度。“十二五”时期，要扎实推进《著作权法》全面修改以及《著作权法实施条例》等行政法规的修改工作，加快《民间文学艺术作品著作权保护条例》立法工作，修改《作品自愿登记试行办法》，起草《教科书法定许可付酬办法》，充分发挥法律制度建设在加强版权保护、维护市场秩序、促进版权相关产业健康发展方面的基础保障作用。

2. 逐步完善版权行政执法体制。各级版权、文化综合执法和知识产权等部门要认真贯彻落实中央有关行政综合执法改革精神，在各自职责权限范围内，认真落实版权行政执法和市场监管责任。国家版权局要制定《版权行政执法指导意见》，理顺版权行政执法工作机制。充分发挥中央和省级版权行政管理机构的版权管理组织、部署、协调、指导和监督检查职责，支持享有版权行政执法职能的文化和经济综合执法机构开展版权执法工作。各文化和经济市场行政执法机构作为本行政区的版权执法主体，应明确版权行政执法职责、配备相应的版权执法力量、履行版权行政执法责任，贯彻落实中央和省级版权行政管理部门的工作部署和任务要求，把版权行政执法工作落到实处。

3. 坚持"日常监管与专项行动"相结合的版权管理工作机制。加强"日常监管"，建立执法常态机制，一要拓宽工作面，既惩治传统领域的侵权盗版行为，也打击网络和数字环境下的侵权盗版行为；二要有效利用各种执法资源，充分发挥版权、文化和经济市场综合执法等行政执法部门和"扫黄打非"综合协调部门的作用，并积极争取公安、工信、广电等部门的支持和配合，形成打击侵权盗版合力；三要多途径执法，既要应权利人的投诉开展执法活动，也要对违法行为主动进行查处，特别是要善于动员社会力量，通过举报机制有效打击侵权盗版行为。深入开展"专项行动"，集中打击阶段性问题突出的侵权盗版行为。"十二五"时期，每年至少组织一次全国性的针对软件、互联网等领域侵权盗版的专项治理行动，着力解决重点地区、重点领域存在的突出问题，做好关键案件的查处；建立执法查处案件的曝光平台，警示不法分子，教育社会公众。同时，根据国家重点工作的调整及侵权盗版形式的变化，及时开展其他有针对性的版权保护专项执法工作。

4. 运用技术手段，提高版权保护工作管理水平。"十二五"时期，要逐步建设统一、规范的数字网络国家版权监管平台，支持各地建立符合实际需要的版权监管平台，利用电信、文化、新闻出版、广播电视等相关部门的监管技术功能，为版权行政执法提供数据服务、证据支持和技术保障；探索建立版权行政执法与刑事司法"网上衔接、信息共享"工作机制；进一步建立完善投诉、举报案件快速办理反应机制；进一步完善版权行政执法机关向公安机关移送版权刑事案件的工作机制，加大版权刑事保护力度；探索建立版权保护预警应急机制。

5. 广泛动员社会力量参与打击侵权盗版违法犯罪行为。"十二五"时期，要进一步完善查处案件和举报奖励工作机制，发挥好打击侵权盗版举报中心的作用，激发版权执法人员和社会公众开展打击侵权盗版工作的积极性，依靠各方力量共同打击侵权盗版。支持行业协会、中介机构等建立各类版权保护联盟、协作体等反盗版机制。

6. 充分发挥涉外权利认证机构在打击侵权盗版方面的作用。加强对境外著作权人组织和相关行业协会在华权利认证机构的监督管理和业务指导，进一步规范涉外版权认证行为，使其充分发挥在为权利人和作品使用者依法服务、协助行政及司法机关打击侵权盗版、维护市场正常秩序等方面的积极作用。

7. 全面推进政府部门和企业使用正版软件工作。各级版权行政管理部门要加大使用正版软件的工作力度，大力推进政府部门和企事业单位软件正版化。"十二五"时期，要全面实现中央、省、市（地）、县四级党委、政府、人大、政协和群团机关软件正版化专项检查和整改的工作目标，推动建立软件资金保障、政府采购、资产管理等长效机制以及各级国家机关使用正版软件情况的定期报告制度；确保中央和省级国有企业（含所属下属企业）全面完成软件正版化工作目标，外商投资和民营企业的软件正版化工作，在努力实现大型企业软件正版化基础上，逐渐向中小企业延伸。各级版权行政管理部门要组织好软件正版化的相关培训、检查验收、评比表彰，使政府部门和企业的软件正版使用率大幅提升，我国软件保护的市场环境发生根本好转。

（五）强化国际应对体系，切实维护国家根本利益

1. 加强与世界知识产权组织（WIPO）、世界贸易组织（WTO）、亚太经合组织

(APEC)等与版权有关的国际组织之间的合作。在构建国际版权新秩序过程中，特别是针对WIPO正在开展的制定“民间文学艺术保护”、“广播组织条约”、“表演者条约”等版权保护新规则，以及在发展议程、执法等重大议题上，积极反映我诉求，主动掌握话语权，争取有利于我发展的国际知识产权环境；积极参与WTO、APEC等多边框架下的知识产权议题的对话与磋商，严格按照有关国际公约及我国国内法的相关规定处理重大版权议题，切实维护国家利益。

2. 积极推进版权双边交流与合作。加强中美、中欧、中日、中澳、中俄等重要版权双边关系沟通，本着“加强沟通、积极合作、消除误解、求同存异”的原则，妥善处理与美欧发达国家在经贸关系中的版权保护问题，化解知识产权争端，争取有利于我发展的双边国际环境。

3. 建立和完善版权国际应对工作机制。跟踪了解国际版权保护发展新动向，特别是美欧发达国家版权保护的新情况和新趋势，及时掌握涉外版权工作动态。加强与外交、商务、专利、商标、海关、文化等部门及立法、司法部门的联系沟通，研究对策、统一口径，建立健全国际应对预案制度、请示报告制度、突发事件应对制度，形成有效的涉外版权国际应对联动机制。

4. 加强版权国际应对事务专业队伍建设。“十二五”时期，要进一步加强版权涉外队伍建设和人才培养，打造一批政治素质强、业务水平高、研究能力强，外语基础好、熟悉国际国内版权保护制度的专业版权业务骨干。同时，要充分利用社会资源，发挥专家学者的专业技能，建立由高校、科研机构等专业机构为主体的应对国际版权事务的咨询团队，为积极做好应对版权国际事务提供人才支持和智力保障。

五、“十二五”时期版权工作的保障措施

（一）高度重视《版权工作“十二五”规划》的实施工作。各级版权行政管理部门要把贯彻落实《版权工作“十二五”规划》作为“十二五”时期一项重要工作，并结合各地实际，制订符合本地区特点的版权工作“十二五”规划，保证“十二五”时期各项版权重点工作的有效落实。

（二）创造条件保证《版权工作“十二五”规划》的顺利实施。各级版权行政管理部门要争取本级党委、政府和宣传部门的支持，协调好与相关部门的工作关系，把版权工作纳入当地经济社会发展总体规划和全局工作的重要日程，加大政府对版权保护和版权相关产业的投入力度，确保版权行政管理机构、人员、经费等方面政策的落实，不断提高版权保护能力和版权相关产业实力，全面实现《版权工作“十二五”规划》，为促进经济、文化和社会发展服务。

（三）加强调查研究，为有效实施《版权工作“十二五”规划》打好基础。研究制定实施《版权工作“十二五”规划》的指导、协调、评估、奖励机制；研究制定科学实施《版权工作“十二五”规划》的相关政策；充分调动社会资源和各种力量参与版权保护工作，保障“十二五”规划的有效落实。

（四）加强版权人才队伍建设，为科学实施《版权工作“十二五”规划》提供智力支持。加强对各级版权行政管理部门执法人员的培训工作，探索建立版权从业人员执业资格准入和培训制度，不断提高版权行政管理、执法队伍的综合素质，提升行政执法水平。加强版权贸易、市场运用和涉外版权人才队伍建设，组建版权人才库、专家库，造就一支具有世界眼光和现代版权理论的高层次人才队伍，为科学实施《版权工作“十二五”规划》，全面提升版权工作整体水平服务。

关于金融支持文化产业振兴和发展繁荣的指导意见

银发［2010］94号

各省、自治区、直辖市党委宣传部，中国人民银行上海总部、各分行、营业管理部、各省会（首府）城市中心支行，各省、自治区、直辖市财政厅（局）、文化厅（局）、广播影视局、新闻出版局、银监局、证监局、保监局，各政策性银行、国有商业银行、股份制商业银行、中国邮政储蓄银行：

为贯彻落实《国务院关于印发文化产业振兴规划的通知》（国发［2009］30号）精神，进一步改进和提升对我国文化产业的金融服务，支持文化产业振兴和发展繁荣，现提出以下指导意见：

一、充分认识金融支持文化产业发展的重要意义

（一）文化产业快速发展迫切需要金融业的大力支持。金融是现代经济的核心，在全面建设小康社会、加快现代化建设的进程中，金融引导资源配置、调节经济运行、服务经济社会，对国民经济的持续、健康、稳定发展具有重要作用。文化产业是国民经济的重要组成部分，近年来，中央实施重要战略部署和政策措施，深化文化体制改革，加快发展文化产业，文化产业呈现出良好的发展态势，正成为经济发展新的增长点，在保增长、扩内需、调结构、促发展中发挥着重要作用。加大金融业支持文化产业的力度，推动文化产业与金融业的对接，是培育新的经济增长点的需要，是促进文化大发展大繁荣的需要，是提高国家文化软实力和维护国家文化安全的需要。各金融部门要把积极推动文化产业发展作为一项重要战略任务，作为拓展业务范围、培育新的盈利增长点的重要努力方向，大力创新和开发适合文化企业特点的信贷产品，努力改善和提升金融服务水平，促进我国文化产业实现又好又快发展。

二、积极开发适合文化产业特点的信贷产品，加大有效的信贷投放

（二）推动多元化、多层次的信贷产品开发和创新。对于处于成熟期、经营模式稳定、经济效益较好的文化企业，要优先给予信贷支持。积极开展对上下游企业的供应链融资，支持企业开展并购融资，促进产业链整合。对于具有稳定物流和现金流的企业，可发放应收账款质押、仓单质押贷款。对于租赁演艺、展览、动漫、游戏，出版内容的采集、加工、制作、存储和出版物物流、印刷复制，广播影视节目的制作、传输、集成和电影放映等相关设备的企业，可发放融资租赁贷款。建立文化企业无形资产评估体系，为金融机构处置文化类无形资产提供保障。对于具有优质商标权、专利权、著作权的企业，可通过权利质押贷款等方式，逐步扩大收益权质押贷款的适用范围。

（三）积极探索适合文化产业项目的多种贷款模式。对于融资规模较大、项目较多的文化企业，鼓励商业银行以银团贷款等方式提供金融支持。探索和完善银团贷款的风险分担机制，加强金融机构之间的合作，有效降低单个金融机构的信贷风险。对处于产业集群或产业链中的中小文化企业，鼓励商业银行探索联保联贷等方式提供金融支持。

三、完善授信模式，加强和改进对文化产业的金融服务

（四）完善利率定价机制，合理确定贷款期限和利率。各金融机构应在风险可控、商业可持续原则的基础上，根据不同文化企业的实际情况，建立符合监管要求的灵活的差别化定价机制。针对部分文化产业项目周期特点和风险特征，金融机构可根据项目周期的资金需求和现金流分布状况，科学合理确定贷款期限。对于列入国家规划重点支持的文化产业项目或企业，金融机构在有效防范风险的基础上可适当延长贷款期限。

（五）建立科学的信用评级制度和业务考评体系。各金融机构在确定内部评级要素，设计内部评级指标体系、评级模型和计分标准的过程中，应充分考虑文化企业的特点，建立和完善科学、合理的信用评级和信用评分制度。要充分借鉴外部评级报告，建立内外部评级相结合的评级体系。要进一步改进和完善业务考评程序和考核方法，建立专门针对文化产业金融服务的考评体系，将加强信贷风险管理和积极促进文化产业发展相结合，建立正向激励机制。在落实工作责任和考核整体质量及综合回报的基础上，对中小文化企业的贷款项目，根据实际情况和有关规定追究或免除有关责任人的相应责任，做到尽职者免责，失职者问责。

（六）进一步改进和完善对文化企业的金融服务。各金融机构要增强服务意识，设立专家团队和专门的服务部门，主动向文化企业提供优质的金融服务。对于国家重点支持的文化企业和项目，要优化简化审批流程，提高贷款审批效率。在满足金融机构授信客户准入标准的前提下，可对举办培训的企业和接受培训的人员予以信贷支持。银行业金融机构与非银行金融机构应积极加强合作，综合利用多种金融业务和金融产品，推出信贷、债券、信托、基金、保险等多种工具相融合的一揽子金融服务，做好文化企业从初创期到成熟期各发展阶段的融资方式衔接。

（七）积极开发文化消费信贷产品，为文化消费提供便利的支付结算服务。各金融机构应积极培育文化产业消费信贷市场，通过消费信贷产品创新，不断满足文化产业多层次的消费信贷需求。可通过开发分期付款等消费信贷品种，扩大对演艺娱乐、会展旅游、艺术品和工艺品、动漫游戏、数字产品、创意设计，图书、报刊、音像制品、电子出版物、网络出版、数字出版等出版产品与服务、印刷、复制、发行，高清电视、付费广播电视、移动多媒体广播电视、电影产品等综合消费信贷投放。加强网上银行业务推广，提高软件、网络及计算机服务，设计服务和休闲娱乐等行业的网络支付应用水平。进一步发挥人民银行支付清算和征信系统的作用，加快完善银行卡刷卡环境，推动文化娱乐、广播影视、新闻出版、旅游广告、艺术品交易等行业的刷卡消费，促进文化市场的繁荣发展。

（八）继续完善文化企业外汇管理，提高文化产业贸易投资便利程度。便利文化企业的跨境投资，满足文化企业对外贸易、跨境融资和投资等合理用汇需求，提高外汇管理效率，简化优化外汇管理业务流程，促进文化企业提高外汇资金使用效率，降低财务成本，提高我国文化企业核心竞争力。

四、大力发展多层次资本市场，扩大文化企业的直接融资规模

（九）推动符合条件的文化企业上市融资。支持处于成熟期、经营较为稳定的文化企业在主板市场上市。鼓励已上市的文化企业通过公开增发、定向增发等再融资方式进行并购和重组。探索建立宣传文化部门与证券监管部门的项目信息合作机制，加强适合于创业板市场的中小文化企业项目的筛选和储备，支持其中符合条件的企业上市。

（十）支持文化企业通过债券市场融资。支持符合条件的文化企业通过发行企业债、集合债和公司债等方式融资。积极发挥中债信用增进投资股份有限公司等专业机构的作用，为中小文化企业通过发行短期融资券、中期票据、集合票据等方式融资提供便利。对符合国家政策规定的中小文化企业发行直接债务融资工具的，鼓励中介机构适当降低收费，减轻文化企业的融资成本负担。对于运作比较成熟、未来现金流比较稳定的文化产业项目，可以以优

质文化资产的未来现金流、收益权等为基础，探索开展文化产业项目的资产证券化试点。

（十一）鼓励多元资金支持文化产业发展。发挥保险公司机构投资者作用和保险资金融资功能，在风险可控的前提下，鼓励保险公司投资文化企业的债权和股权，引导符合条件的保险公司参与文化产业投资基金。适当放宽准入条件，鼓励风险投资基金、私募股权基金等风险偏好型投资者积极进入处于初创阶段、市场前景广阔的新兴文化业态。

五、积极培育和发展文化产业保险市场

（十二）进一步加强和完善保险服务。在现有工作基础上，各保险机构应根据文化企业的特点，积极开发适合文化企业需要的保险产品，并按照收益覆盖风险的原则合理确定保险费率。对于宣传文化部门重点扶持的文化企业和文化产业项目，应建立承保和理赔的便捷通道，对于信誉好、风险低的，可适当降低费率。加快培育和完善文化产业保险市场，提高保险在文化产业中的覆盖面和渗透度，有效分散文化产业的项目运作风险。

（十三）推动保险产品和服务方式创新。各保险机构应在现有保险产品的基础上，探索开展知识产权侵权险，演艺、会展、动漫、游戏、各类出版物的印刷、复制、发行和广播影视产品完工险、损失险，团体意外伤害保险等适合文化企业特点和需要的新型险种和各种保险业务。鼓励保险公司探索开展信用保险业务，弥补现行信用担保体制在支持服务业融资方面的不足。进一步加强和完善针对文化出口企业的保险服务，对于符合《文化产品和服务出口指导目录》条件，特别是列入《国家文化出口重点企业目录》和《国家文化出口重点项目目录》的文化出口企业和项目，保险机构应积极提供出口信用保险服务，鼓励和促进文化企业积极参与国际竞争。

六、建立健全有利于金融支持文化产业发展的配套机制

（十四）推进文化企业建立现代企业制度，完善公司治理结构。按照创新体制、转换机制、面向市场、增强活力的原则，推动文化企业建立现代企业制度，引入现代公司治理机制和现代企业财务会计制度，规范会计和审计流程，提高信息披露透明度，增强财务管理能力，为金融支持文化产业发展奠定良好的制度基础。

（十五）中央和地方财政可通过文化产业发展专项资金等，对符合条件的文化企业，给予贷款贴息和保费补贴。支持设立文化产业投资基金，由财政注资引导，鼓励金融资本依法参与。

（十六）建立多层次的贷款风险分担和补偿机制。鼓励各类担保机构对文化产业提供融资担保，通过再担保、联合担保以及担保与保险相结合等方式多渠道分散风险。研究建立企业信用担保基金和区域性再担保机构，以参股、委托运作和提供风险补偿等方式支持担保机构的设立与发展，服务文化产业融资需求。探索设立文化企业贷款风险补偿基金，合理分散承贷银行的信贷风险。

（十七）完善知识产权法律体系，切实保障各方权益。抓紧制定和完善专利权、著作权等无形资产评估、质押、登记、托管、流转和变现的管理办法，根据《中华人民共和国物权法》修订有关质押登记规定。积极培育流转市场，充分发挥上海文化产权交易所、深圳文化产权交易所等交易平台的作用，为文化企业的著作权交易、商标权交易和专利技术交易等文化产权交易提供专业化服务。进一步加强对文化市场的有效监管和知识产权保护力度，完善各类无形资产二级交易市场，切实保障投资者、债权人和消费者的权益。

七、加强政策协调和实施效果监测评估

（十八）加强信贷政策和产业政策的协调。制定并定期完善《文化产业投资指导目录》，发布更新文化产业发展的项目信息。加大对符合产业政策导向的文化企业的信贷支持，对纳入《文化产业投资指导目录》“鼓励类”的文化产业项目，金融机构优先予以信贷支持，对

“限制类”的文化产业项目要从严审查和审批贷款。

（十九）建立多部门信息沟通机制，搭建文化产业投融资服务平台。建立文化企业投融资优质项目数据库，通过组织论坛、研讨会、洽谈会等形式，加强文化项目和金融产品的宣传、推介，促进银、政、企合作，对纳入数据库并获得宣传文化部门推荐的优质项目，金融机构应重点支持。

（二十）加强政策落实督促评估。人民银行各分支机构会同同级宣传文化、财政、银监、证监、保监等部门，根据本指导意见精神，结合辖区实际，制定和完善金融支持文化产业发展的具体实施意见或办法，切实抓好贯彻实施工作。各金融机构要逐步建立和完善金融支持文化产业发展的专项统计制度，加强对文化产业贷款的统计与监测分析。人民银行各分支机构可根据辖区实际情况，建立金融支持文化产业发展的专项信贷政策导向效果评估制度。

中央宣传部
中国人民银行
财政部
文化部
广电总局
新闻出版总署
银监会
证监会
保监会
二○一○年三月十九日

版权

专文

ZHUAN WEN

抓住机遇　开拓创新　全面开创版权“十二五”工作新局面

——在2011年全国版权工作会议上的报告

（2011年1月12日）

新闻出版总署署长、国家版权局局长　柳斌杰

这次全国版权工作会议，是在“十一五”、“十二五”交替之际召开的一次重要会议。这次会议的主要任务是，全面贯彻党的十七届五中全会、中央经济工作会议和全国宣传部长会议精神，回顾总结“十一五”时期和2010年版权工作取得的成绩和经验，明确“十二五”时期版权工作的基本思路、目标任务和重大措施，安排部署2011年工作任务。

一、“十一五”时期版权工作回顾

“十一五”时期，版权工作坚持以邓小平理论和“三个代表”重要思想为指导，深入贯彻落实科学发展观，大力实施《国家知识产权战略纲要》，各项工作取得了显著成绩。

（一）版权法律体系不断完善

“十一五”时期，我国先后制定、修改了一系列版权法律、法规、规章和相关政策，版权法律体系进一步完善。我国加入了《世界知识产权组织版权条约》和《世界知识产权组织表演和录音制品条约》两个国际互联网条约，全国人大常委会审议通过了《著作权法》修正案，国务院先后颁布《信息网络传播权保护条例》、《广播电台电视台播放录音制品支付报酬暂行办法》、《国家知识产权战略纲要》等行政法规和重要政策文件，国家版权局修订颁布了《著作权行政处罚实施办法》、《著作权质权登记办法》、《关于贯彻国家知识产权战略纲要的实施意见》等一批部门规章和政策性文件，《民间文学艺术作品著作权保护条例》、《作品自愿登记办法》、《著作权资产评估指导意见》等法规、规章和政策性文件的制定、修订工作也取得了重大进展。此外，地方性著作权立法工作得到进一步加强，北京、上海、山东等十余个省市制定了有关版权保护的地方法规、政府规章，湖北、福建、广东、新疆等地结合版权工作实际出台了贯彻《国家知识产权战略纲要》的区域版权战略。

（二）版权执法监管力度不断加大

“十一五”时期，各级版权行政管理部门坚持日常监管与专项治理相结合，连续多年开展打击网络、软件预装、图书馆等领域侵权盗版专项治理行动，探索运用技术手段打击侵权盗版行为，坚持不懈推进软件正版化工作，版权执法监管成效显著。2006—2009年，全国版权行政执法部门共执法检查经营单位243万家，取缔违法经营单位6.6万家，查获地下窝点2 780个，办结行政处罚案件3.7万起，移送司法机关案件1 115件，收缴各类侵权盗版制品2.8亿件。其中，在连续五年开展的打击网络侵权盗版专项行动中，共查办网络侵权盗版案件2 621件，关闭1 198个专门从事侵权盗版的非法网站，行政罚款481.2万元，没收服务器、计算机硬件设备719台，移送司法机关重大案件91起，网络版权保护秩序明显改善。自2006年全面推进企业使用正版软件工作以来，推进企业使用正版软件工作部际联席会议和各地软件正版化工作领导小组共举办培训班850余次，参训企业数量达2.6万家，培训人员近5.2万人，列入软件正版化工作目标企业18 282家，经过验收已完成软件正版化企业12 262家，129个中央大型企业总部全部实现软件正版化。软件正版化工作推动了民族软件产业的健康发展。

（三）版权相关产业蓬勃发展

“十一五”期间，各级版权行政管理部门始终把

促进版权相关产业发展作为版权保护的重点工作来抓，我国版权相关产业已经进入快速发展期。根据国家版权局与世界知识产权组织合作开展的“中国版权相关产业的经济贡献”调研显示，“十一五”期间我国版权相关产业健康快速发展，其中2006年中国版权相关产业的增加值达13 489亿元，占当年国内生产总值的6.4%；北京市2009年版权相关产业的增加值达1 489亿元（占其当年生产总值的12.39%），上海等地版权相关产业成为当地的支柱产业和新的经济增长点，版权相关产业对国民经济的贡献日益凸显。为促进版权相关产业的快速发展，各级版权行政管理部门扎实推进全国版权示范城市、示范单位、示范园区（基地）创建工作，积极培育版权保护示范典型，杭州、成都等地被评为全国版权示范城市，中国人民大学科技文化园区、北京大学“国家数字版权研究基地”、中关村科技园区雍和园、北京国际版权交易中心等单位被评为国家版权局版权示范单位、示范园区（基地），江苏、福建两省培育了“南通家纺”、“德化陶瓷”等在国际国内有重大影响力的版权保护促进经济发展的先进典型，为发挥版权保护示范作用，促进版权相关产业发展打下坚实基础。

（四）版权公共服务和社会参与体系基本建立

“十一五”时期，以中国版权保护中心为主要主体、以作品登记和合同登记备案为主要内容的版权公共服务体系不断完善，服务范围不断拓展，服务质量不断提高，2006—2009年，全国作品登记1 917 450件，年平均增长170%，其中软件登记168 813件，年平均增长45%；著作权集体管理体系基本形成，相继建立了中国音像著作权集体管理协会、中国文字著作权协会、中国摄影著作权协会和中国电影著作权协会，加上1992年成立的中国音乐著作权协会，我国基本形成了包括音乐、音像、文字、摄影、电影等较为完备的著作权集体管理组织体系，为维护著作权人的合法权益，保障文学、艺术和科学作品的合法传播，满足广大公众的文化需求提供了制度保障；版权运用的市场机制逐步建立，北京、上海等有条件的地区相继建立了集版权评估、版权质押、版权投融资、版权交易为一体的常态性版权贸易平台，版博会、书博会、软博会和游戏动漫博览会等版权交易活动频繁开展，为促进版权作品的有效运用、推进版权相关产业的健康发展提供了良好的市场交易环境。

（五）社会公众版权保护意识显著增强

全国各级版权行政管理部门不断创新版权宣传普及工作机制，以“4·26”世界知识产权日以及重大节庆活动为基本载体的常态化版权宣传教育机制基本形成，各级版权行政管理部门充分利用这一平台，采取多种形式，面向不同社会群体广泛开展版权宣传活动，宣传手段和宣传方式不断创新，宣传效果不断提高；针对党政领导干部、版权执法人员、企事业管理人员版权培训取得新突破，2009年首次将版权培训专题列入中组部的培训抽调计划，与中组部联合举办“国家版权工作专题研究班”，来自全国各中心城市分管版权工作的副市长参加了研究班培训，2010年国家版权局集中培训了省级和中心城市版权局长，基层执法人员的业务培训已经常态化。“十一五”期间，全社会的版权保护意识明显提升，据调查，我国国民的版权认知度从2005年的60.6%已上升到2009年的74.6%。

（六）版权工作面临的国际环境明显改善

“十一五”期间，我国版权国际合作进一步加强，巩固了以世界知识产权组织（WIPO）、世界贸易组织（WTO）为主的多边合作关系，积极参与有关国际重大版权问题的磋商和版权新条约的制定；建立、发展了中美、中欧、中日、中澳等与发达国家的双边对话磋商机制以及中秘、中越、中巴等与发展中国家的交流合作沟通机制；积极应对WTO对华贸易政策审议，妥善处理亚太经合组织（APEC）知识产权磋商等多边工作。在处理国际版权多、双边关系中，坚持加强沟通、求同存异、消除误解、互利共赢的原则，注重反映发展中国家的诉求，坚决维护国家利益，得到了国际社会和广大发展中国家的高度赞许和充分肯定，为营造良好的知识产权国际环境做出了贡献。

2010年，是认真总结“十一五”、科学谋划“十二五”的重要一年。一年来，版权工作围绕中心、服务大局，创新思路、突出重点，圆满完成了各项工作任务。这一年，我们集中力量抓了四件大事。

第一，在贯彻落实中央决策部署、服务党和国家工作大局方面取得新的成绩。一是积极应对中美知识产权争端，配合立法部门做好《著作权法》的修订工作。二是按照国务院部署，集中开展打击侵犯知识产权和制售假冒伪劣商品专项行动，做好印刷复制生产源头治理、出版物市场治理、打击网络侵权盗版和政府机关软件正版化工作。目前，挂牌督办的55起重大案件已依法宣判5起，34起进入司法程序，查破大要案件工作取得初步成效。中央、地方政府机关软件正版化检查整改工作扎实推进，

31家中央国家机关和青岛市市、区两级机关已完成检查整改工作。在推进企业使用正版软件工作方面，列入软件正版化工作目标企业2 856家，经过验收已完成软件正版化企业1 621家，257家企业获得第二批“全国软件正版化工作示范单位”称号，30家企业开始了软件资产管理试点工作。三是认真抓好世博会、亚运会专项保护工作，积极应对世博会会歌、吉祥物、中国馆场馆设计等热点问题，对世博会召开期间发生的侵犯世博会相关作品著作权案件及时采取紧急执法措施。上海市版权局联合市相关部门成立“世博会参展者知识产权服务中心”，为参展者作品登记提供绿色通道，依法维护世博会有关作品的合法权益。在世博会打击盗版音像制品专项行动中，以上海、江苏、浙江、北京、广东为重点，各地版权执法部门共取缔非法摊点2 933个，收缴盗版音像制品494万张，立案查处音像盗版案件370余起，依法处理了北京东方新感觉音像出版社、学苑音像出版社、吉林音像出版社、北京碟中碟科技发展有限公司、北京新天地娱乐科技有限公司。版权系统95个集体和个人获得国家8部委联合表彰。广州亚运会版权保护工作借鉴世博会版权保护成功经验，建立珠三角联动机制，为亚运会的成功顺利举办提供了有效保证。

第二，在强化行政执法、提升行政执法能力和水平方面取得突出成效。一是深入开展打击网络侵权盗版专项治理“剑网行动”。在行动第一阶段，各地版权执法部门已查处“音乐在线”、“翠微居网”等204起侵犯著作权案件，正在立案查处157起，其中“江苏中国宽频网”等30起涉嫌构成犯罪的案件移送公安机关。同时加强主动监管，对悠视网、VeryCD等15家大型网站视频作品传播进行实时监控。二是创造性地推行区域联防协作机制，与香港海关签署《打击网络盗版合作互助安排》，与台湾地区智慧财产部门就落实《海峡两岸知识产权保护合作协议》后续工作启动版权协助机制。苏、浙、沪建立长三角版权执法协作机制，广东建立粤港澳知识产权案件协作处理机制，增强了区域版权执法的针对性和实效性。三是加强自身建设，不断提高行政执法能力。国家版权监管平台（一期工程）投入运行，首次实现了国家版权局与各省（自治区、直辖市）版权局的互联互通。各地针对基层版权、公安人员开展了多种形式的执法培训，有效推动了基层执法水平的提高。开展打击侵权盗版案件有功单位和有功个人表彰活动，表彰有功单位172个、有功个人175名，奖励金额近500万元，涵盖了各级版权执法部门及新闻出版、“扫黄打非”、公安、电信、海关、文化等部门。

第三，在加强宣传教育、完善公共服务体系建设方面取得重要进展。一是制定了《版权工作“十二五”规划》，并将有关内容纳入到《国家“十二五”时期文化体制改革和发展规划纲要》中。二是规范作品登记工作，提出“统一登记机关、统一登记程序、统一登记编号、统一登记证书、统一查询体系”的“五统一”要求，为著作权人提供便捷、高效的服务。三是进一步加强对著作权集体管理组织的监督管理，向社会公告《电影作品著作权集体管理使用费收费标准》和《电影作品著作权集体管理使用费转付办法》，促进了电影作品著作权集体管理活动的开展。四是进一步提高社会公众版权保护意识。各级版权行政管理部门围绕“4·26知识产权宣传周”、中国建立著作权制度100周年和新中国著作权法颁布20周年等主题，广泛开展版权宣传普及工作。国家版权局举办了“百城联动——正版共赢计划”、“绿书签行动2010——拒绝盗版，从我做起”、“全国青少年版权保护读书活动暨版权保护知识竞赛颁奖典礼”等系列活动，上海组织全市大型电脑商场、数码广场开展“不销售、不预装、不使用盗版软件”主题宣传活动，辽宁设立了全国首个出版单位版权工作站——辽海出版社版权工作站，海南在电视台新闻频道和少儿频道播放版权保护动漫宣传片，新疆在“七坊街创意产业园区”设立首个版权工作站等。各地从不同层面、不同角度进一步扩大了版权宣传，在全社会营造出“尊重知识、尊重劳动、尊重创作、尊重版权”的良好舆论氛围。

第四，在创造良好环境、促进版权相关产业快速健康发展方面呈现崭新面貌。国家版权局成功举办“第三届中国国际版权博览会”，并在博览会期间与世界知识产权组织合作举办“全球原创金曲演唱会暨世界知识产权组织版权金奖颁奖典礼”，对14个为版权保护和产业发展做出突出贡献的人物和企业进行表彰奖励，进一步提升了中国版权保护的国际形象。首届中国·福州海峡版权（创意）产业精品博览交易会在福建福州成功举办，总成交额超过1亿元，进一步推动了海峡两岸版权和文化产业的交流与合作。上海以及中国作家协会、中国版权协会等地区和行业协会成立著作权调解机构。上海在全国率先发布《上海版权产业报告（2004—2007年）》，成立了版权服务中心、版权纠纷调解中心，筹建版权综合信息网，搭建版权资源与信息发布平台，为促进版权相关产业发展提供优良服务。贵州积极推动民间文艺作品的登记工作，支持民族民间文化产业的发展。

回顾“十一五”时期的版权工作，我们深深体会到，做好版权工作，必须以科学发展观为指导，结合中国国情，创造性地开展工作。一是要立足全局有远见，始终坚持围绕中心，从党和国家工作大局思考版权工作，从服务经济社会长远发展部署版权工作，从中国国情出发，维护国家根本利益。二是要发挥优势服好务，着力提升版权的创造、运用、保护和管理水平，充分发挥版权工作在提高自主创新能力、建设创新型国家和促进社会主义文化大发展大繁荣中的重要作用。三是要善于统筹抓全局，注意版权涉及面广、点多线长的特点，坚持立法、执法、服务、管理并举，维护良好的市场经济秩序，切实保护著作权人的权益。四是要突出重点求实效，集中力量抓大事、抓关键环节，并针对不同地区的特点和优势分类指导，找准围绕中心的着力点、服务大局的结合点，有效发挥作用。五是要加强协作聚合力，积极协调各方面关系，科学配置各方面资源，充分调动各方面工作积极性，形成工作合力，谋求工作主动，切实解决重点难点问题，全面扎实推进各项工作。六是要提升能力上水平，着力强化人员素质建设和工作基础建设，提高监管效能和服务水平，保持昂扬向上、拼搏奉献、奋发有为的精神风貌，不断开创版权工作的新局面。

在肯定成绩的同时，还要看到存在的差距和不足。比如：我国还处于社会转型期，市场经济还不完善，在推动版权的创造、运用、保护和管理等方面还存在着不少的问题，有些问题还比较突出，矛盾也还比较尖锐。在激励创造方面，优秀的原创作品还不多，创新能力不强，质量不高，还不能适应文化大发展大繁荣的需求。在促进运用方面，版权社会服务体系还不太健全，智力成果的运用及商品化、产业化和市场化程度不高。在执法监管方面，行政执法体制机制不够顺畅，刑事执法工作机制还不够健全，侵权盗版现象仍很严重，侵权行为人受到刑事制裁的还为数不多，严重破坏了版权保护的市场环境，阻碍了版权相关产业的发展，损害了我国知识产权保护的形象，再加上国际版权纠纷日益增多，版权保护的国际压力不断增大，版权工作任重道远。

二、深刻认识国内外形势新变化，准确把握“十二五”时期版权工作总体思路

“十二五”时期是全面建设小康社会的关键时期，是深化改革开放、加快转变经济发展方式的攻坚时期。深刻认识并准确把握国内外形势新变化新特点，科学制定版权工作“十二五”规划，对于继续抓住和用好我国发展的重要战略机遇期，促进版权为经济社会长期平稳较快发展服务，意义重大。

（一）深刻认识国内外形势新变化新特点，不断增强做好版权工作的责任感和紧迫感

从国内看，中国将继续推进经济与社会的双重转型，以科学发展为主题，以加快转变经济发展方式为主线，努力完成中国经济社会从外需向内需、从高碳向低碳、从强国向富民的三大转变。在转变经济发展方式和调整产业结构过程中，版权作为知识产权的重要部分，已经成为国家发展的战略资源和国际竞争的核心要素，成为建设创新型国家的重要支撑。版权保护对服务于全面实现小康社会，进一步深化对外开放，推进国民经济又好又快发展，促进社会主义文化大发展大繁荣，提高国家软实力和综合竞争力，都具有不可替代的作用。要从国家战略、区域战略和产业战略的高度，全面审视、科学规划“十二五”版权工作，通过加快推进版权战略的实施，实现版权事业和版权相关产业的科学发展，为提高国家自主创新能力和核心竞争力服务。

从国际上看，随着经济全球化的不断深入和科学技术的迅猛发展，世界各国的核心竞争力越来越表现为对智力资源和智慧成果的创造、培育能力，表现为对知识产权的拥有、运用能力。同时，国际金融危机影响深远，世界经济增长速度减缓，全球需求结构出现明显变化，围绕市场、资源、人才、技术、标准等的竞争更加激烈，知识产权问题已经成为处理国际经贸关系不可回避的重要问题，同时也沦为欧美等发达国家实行贸易保护、对我施压的重要工具。而版权问题已经成为西方发达国家攻击我知识产权保护的首要问题。特别是以美国为首的发达国家，为缓解自身国内矛盾、扭转国内经济颓势，更是把知识产权问题政治化，不断以版权问题对我施压。因此，版权保护工作的好坏，已经不单纯是知识产权问题，而且涉及国家的工作大局和根本利益。妥善处理好版权问题，有利于改善我知识产权保护国际形象，有利于我对外经济贸易安全，有利于改善国家发展的外部环境。

从版权支撑的产业群来看，受版权保护的智力成果，作为一种具有财富属性、产品属性和高附加值属性的重要生产要素和基本资源，支撑着新闻出版、广播影视、文学艺术、广告设计、工艺美术、计算机软件、信息网络等数量众多的产业群，而发

展版权相关产业对坚持科学发展、转变经济发展方式、促进经济又好又快发展、推进社会主义文化大发展大繁荣有着十分重要的现实意义。但针对传统媒体中的图书、音像、软件以及新兴媒体的音频、视频、游戏、动漫、软件等领域的侵权盗版活动还普遍存在，已严重危及这些产业群的长远发展。必须扩充和完善版权保护手段，为版权相关产业快速发展提供良好的版权环境。

总的看，版权工作面临的机遇前所未有，面临的挑战艰巨复杂。我们一定要把思想和行动统一到党中央、国务院决策部署上来，深刻认识版权工作在建设创新型国家、推动经济又好又快发展、繁荣社会主义先进文化、维护国家利益中的重要作用，不断增强做好版权工作的责任感、使命感和紧迫感，抓住机遇，迎接挑战，战胜挑战。

（二）准确把握“十二五”时期版权工作的总体思路，更加扎实有效地推进各项工作

第一，准确把握“十二五”时期版权工作的指导思想。“十二五”时期，版权工作要高举中国特色社会主义伟大旗帜，以邓小平理论和“三个代表”重要思想为指导，深入贯彻落实科学发展观，认真贯彻落实《国家知识产权战略纲要》，按照“激励创造、有效运用、依法保护、科学管理”的方针，着力完善版权法律制度，加强版权执法力度，强化公共服务功能，增强版权保护意识，积极营造良好的版权法治环境、市场环境、文化环境，大幅度提升版权的创造、运用、保护和管理能力，促进版权相关产业又好又快发展，推动经济、文化和社会事业的发展与繁荣，为建设创新型国家和全面建设小康社会服务。

第二，准确把握“十二五”时期版权工作的目标任务。“十二五”期间，版权保护要同我国经济社会发展水平基本相适应，版权法律制度更加完备，版权监管机制与执法体制更为健全，版权法治环境进一步改善，版权公共服务体系和功能进一步加强，版权相关产业得到进一步发展。通过激励创新与加强保护，作品的创造、运用、保护和管理能力不断增强，支持具有鲜明民族特色、时代特点的优秀作品创作，培育一批有重大影响的版权相关产业和版权企业，版权相关产业产值占国内生产总值的比重明显提高，国民的版权认知度达到80%以上，侵权盗版行为明显减少，版权保护社会环境和版权相关产业发展市场环境得到明显改善，为我国进入创新型国家行列打下坚实基础。

第三，准确把握“十二五”时期版权工作的重要举措。要深入贯彻落实《国家知识产权战略纲要》，进一步加强版权工作“六大体系”建设，全面提升我国版权创造、运用、保护和管理能力。全面推进作品登记和著作权合同登记备案等工作，构建国家基础版权信息公共服务平台，发挥集体管理组织、版权行业协会、中介机构主体地位作用，依法推进争议调解机制建设，强化版权服务功能。构建综合性版权要素市场，推动版权示范城市、示范单位和示范园区（基地）建设，建立“最具价值版权产品”奖励制度和完备的版权相关产业统计制度，鼓励企业制订长远规划，促进版权相关产业健康发展。完善版权保护法律制度，理顺版权行政执法体制，规范权利认证机构的管理，坚持日常监管与专项行动相结合、注重运用技术手段并广泛动员各方力量坚决打击各类侵权盗版行为，积极推进软件正版化工作，加强版权执法监管能力建设。建立政府主导、新闻媒体支持、社会公众广泛参与的版权宣传普及教育常态机制，广泛开展版权培训活动，提高公众版权保护意识。加强与世界知识产权组织、世界贸易组织、亚太经合组织等与版权有关的国际组织之间的合作，推进中美、中欧、中日、中澳、中俄等重要版权双边关系的发展，完善版权国际应对工作机制，加强版权国际应对专业队伍建设，强化国际应对体系。

三、科学谋划2011年工作，开创“十二五”时期版权工作新局面

2011年是“十二五”开局之年，科学谋划、认真做好2011年工作，对于“十二五”时期版权工作具有重要意义。2011年，版权工作要深入学习贯彻党的十七大和十七届三中、四中、五中全会精神，以邓小平理论和“三个代表”重要思想为指导，按照“高举旗帜、围绕大局、服务人民、改革创新”的总要求，紧紧围绕科学发展这个主题和加快转变经济发展方式这条主线，以着力实施版权工作“十二五”规划为抓手，全面推进版权工作六大体系建设，为促进文化大发展大繁荣、建设创新型国家和全面建设小康社会服务。

（一）围绕中心、服务大局，坚决完成专项行动各项任务

当前，全国正在开展为期半年的打击侵犯知识产权和制售假冒伪劣商品专项行动，党中央、国务院对开展此次专项行动高度重视，认真贯彻落实党中央、国务院的工作部署，是当前版权战线“围绕中心、服务大局”工作的重中之重。2010年11月，温家宝总理亲自出席国务院召开的全国知识产权保

护与执法工作电视电话会议，对专项行动进行部署；随后，王岐山副总理又多次主持召开会议，对扎实开展专项行动提出了具体要求。可以说，这次专项行动是历年来保护知识产权范围最广、力度最大、要求最高的知识产权重大行动。新闻出版（版权）行政管理部门在专项行动中承担着生产源头治理、加强市场监管、打击网络侵权盗版、加强与刑事司法衔接、推进政府机关软件正版化和加强宣传等多项任务，责任重大，使命光荣。各级版权行政管理部门要充分认识做好专项行动对打击侵权盗版、维护市场秩序、改善投资环境、促进产业发展、树立国家良好国际形象的重要意义，把圆满完成专项行动各项任务作为当前版权工作的重中之重，集中力量解决突出问题，坚决完成国务院部署的各项工作任务，使我国的版权保护提升到一个新的水平。

在专项行动中，各级版权行政管理部门要紧紧抓住印刷复制源头、市场流通领域和网络传播渠道等重要环节，坚持把查破大要案件作为有力抓手，强化行政处罚工作，推动重点案件行政执法与刑事司法的有效衔接，加大刑事打击力度。对符合刑事立案标准、涉嫌犯罪的案件要及时移送公安机关，对情节严重、影响恶劣的案件要联合有关部门挂牌督办，推动快诉快审快判，依法严惩犯罪分子。要认真做好重点地区查缴侵权盗版制品的集中销毁活动，以及专项行动重大活动、重要成果的宣传工作，及时总结专项行动成功经验特别是大要案查处经验。

认真贯彻落实《国务院办公厅关于进一步做好政府机关使用正版软件工作的通知》精神，按照“检查细化软件需求、切实落实采购经费、统一谈判集中采购、加强软件使用和资产管理、做好软件售后服务”等五项要求，扎实推进政府机关软件正版化检查整改工作。目前政府机关软件正版化检查整改工作开局良好，31 家中央国家机关和青岛市市、区两级机关已完成检查整改工作目标，但工作任务仍十分艰巨。各级版权行政管理部门要切实发挥版权部门职能作用，切实做好牵头推进工作，制定工作计划，采取有效措施，加大工作力度，确保本地区检查整改工作按时完成；国家版权局要会同工信部、商务部、国管局等有关部门，加强对政府机关软件正版化工作的督导检查，确保中央国家机关和地方政府机关分别于 2011 年 5 月底前和 10 月底前按时完成软件正版化检查整改工作。

要按照温家宝总理在全国知识产权保护与执法工作电视电话会议上有关“加强知识产权法制建设，及时修改著作权法”的讲话精神，把《著作权法》的修订放在工作的重要位置，加强与有关部门协调配合，做好修法的调研准备工作，积极推动《著作权法》及其相关配套法规的修订。

（二）紧紧围绕科学发展这个主题和加快转变经济发展方式这条主线，全面加强版权工作

版权是实现经济可持续增长和产业结构升级发展的战略性资源，在经济社会发展中具有不可替代的作用。各级版权行政管理部门要将版权工作置于推动科学发展、加快转变经济发展方式的工作大局之中，切实抓紧抓好。要强化版权服务功能，完善公共服务和社会参与体系，创新版权公共服务形式，增强版权公共服务能力。加大作品登记、合同登记备案、版权质押登记工作力度，提高作品登记、合同登记备案和版权质押登记的质量和数量。

加强版权贸易基础性建设，积极探索构建综合性的版权要素市场，鼓励民营资本和社会力量参与版权贸易，支持版权代理、版权评估、版权投融资活动，支持办好 2011 年北京国际图书博览会、全国图书交易博览会、中国国际版权博览会等大型版权贸易展会，促进版权成果的转化运用。推动建立“最具价值版权产品”评估、评选和奖励制度，鼓励优秀作品创作和运用。充分发挥集体管理组织、行业协会、涉外版权认证机构和版权中介机构的作用，加强对其监督管理和业务指导，进一步规范其市场行为，支持其依法开展业务活动，建立科学、合法、规范的集体管理和作品授权使用的市场秩序。推动建立版权争议调解机制，继续支持中央有关行业协会和有条件的省（自治区、直辖市）成立版权调解机构，基本形成与司法和行政有机衔接的版权争议民事调解机制。继续开展“版权相关产业的经济贡献”调研（2009 年度），支持有条件的省（自治区、直辖市）和中心城市开展版权相关产业对国民经济贡献的调研工作，完善版权产业统计制度。推动版权示范城市、示范单位、示范园区（基地）建设，培育一批版权示范主体，为促进版权相关产业发展营造良好氛围，促进版权相关产业健康快速发展。

（三）严厉打击侵权盗版行为，进一步加大版权行政执法力度

版权行政执法是我国知识产权保护制度的显著特点和优势，各级版权行政管理部门作为版权行政执法的法定主体，必须肩负起打击侵权盗版、维护版权市场秩序的重要责任。要认真贯彻落实中央关于文化市场综合执法改革的精神，适应文化市场综合执法改革要求，理顺版权行政执法工作机制，把版权行政执法责任落到实处。要坚持专项治理与日

常监管相结合，继续开展2011年打击网络侵权盗版专项行动，加大执法力度，深挖大案要案，坚决打击软件、影视、音乐、文字等方面网络侵权盗版行为，加强对视频网站、手机媒体重点企业的主动监管。积极开展计算机预装盗版软件的市场治理，加大对重点软件产品的市场监管力度。要广泛动员社会力量参与打击侵权盗版，通过举报、查处侵权盗版案件奖励机制最大限度动员各种力量参与到打击侵权盗版行动中来。充分发挥涉外权利认证机构在打击侵权盗版方面的作用。认真开展国家版权监管平台（二期）开发建设相关工作，支持各地根据实际需要建设监管平台，提高版权行政管理与执法的科学化水平。要加大推进企业使用正版软件工作力度，扩大使用正版软件的企业范围，确保中央（央企三级）和省级国有大型企业（总部）年内全面完成软件正版化；要充分发挥行业协会在企业软件正版化工作中的积极作用，加快推进外资、民营企业软件正版化工作；新闻出版行业要率先垂范认真做好新闻出版企业的软件正版化工作；版权管理部门要积极推进企业软件资产管理试点工作，巩固软件正版化工作成果，积极探索建立使用正版软件的长效机制。国家版权局要研究制定《版权行政执法指导意见》，加强版权行政执法工作的总体部署，明确文化市场综合执法机构的版权执法责任，加强对文化市场综合执法机构的指导、监督和协调、检查，保障版权执法工作顺利开展。

（四）扎实推进版权宣传普及工作，不断提升全社会的版权意识

加强版权宣传普及、提高全社会版权意识是提高我国版权保护水平的治本之策，是版权保护的一项基础工作。在版权保护问题上，如果领导不重视、自己不作为、舆论不支持、企业不自律、公众不理解、权利人不主动，全社会没有形成自觉意识，我国版权保护的状况就不可能发生根本变化。因此，各级版权行政管理部门要把版权宣传普及作为常态性的基础性工作来抓。要以《著作权法》实施20周年为契机，采取多种形式，深入不同社会群体开展版权公益宣传。要加强版权培训工作，针对领导干部、著作权人、版权相关企业经营者等不同主体广泛开展版权培训，继续做好基层版权执法培训和企业软件正版化培训，提高版权创造、运用、保护和管理能力。各级版权行政管理部门要采取多种形式，深入学校、社区及权利人、使用者集中的各种社会团体、组织等，加强版权公益宣传工作。要大力推广成都市广泛开展“版权干部工程、版权孩子工程、版权人才工程、版权公益宣传工程”的经验，使版权保护“进党校、进学校、进园区、进社区”。通过坚持不懈的努力，不断改善版权保护社会环境，提高我国的版权保护水平，为经济发展和文化繁荣营建良好的版权保护社会环境。

（五）稳妥应对涉外版权事务，着力改善版权国际环境

当前，抢占制定版权保护新规则话语权已经成为发展中国家和发达国家斗争的焦点，发达国家以知识产权问题向发展中国家施压逐步常态化，做好知识产权国际应对已经成为版权工作的一项事关党和国家工作大局的重要任务。对此我们要有清醒认识，注意准确把握尺度和分寸，要坚持“有理、有利、有节”的原则，加强沟通、平等磋商、互惠互利、实现共赢，最大程度地维护国家利益。要不断强化国际应对体系，一是加强多边合作，积极参与世界知识产权组织重大议题的讨论和制定国际版权新规则事务，积极推进世界知识产权组织在华开展版权保护优秀案例示范点调研，认真应对世界贸易组织、亚太经合组织有关版权议题。二是积极推进双边交流，做好第21届中美商贸联委会已确定的各项后续工作，落实《中美版权战略合作备忘录》的实施计划，推进中美在推广正版软件、互联网版权保护方面的交流与合作；落实《中英版权谅解备忘录2010—2011年工作计划》；积极参与中国欧盟知识产权合作项目二期相关活动；落实中日和中韩版权合作备忘录框架下相关工作；进一步发展其他版权双边关系及与台、港、澳地区的版权合作关系。三是完善版权国际应对工作机制，及时跟踪了解国际版权保护发展新动向，特别是美欧发达国家版权保护的新情况和新趋势，及时掌握涉外版权工作动态，加强部门协调和沟通，及时研究对策，提高版权国际应对能力。四是加强国际应对专业队伍建设，充分利用社会资源，发挥专家学者的专业技能，建立由高校、科研机构等专业机构为主体的应对国际版权事务的咨询团队，为版权涉外应对事务提供人才支持和业务咨询。

（六）切实加强人才队伍建设，为开创版权工作新局面提供可靠保障

要以开展“创先争优”活动为契机，以版权人才能力建设为核心，进一步加强版权人才队伍建设。加强对地方版权行政管理部门和执法人员的培训工作，不断提高版权行政管理、执法队伍的综合素质，进一步提升管理和执法水平。进一步加强版权贸易、市场运用和涉外版权人才队伍建设，探索建立版权

从业人员职业资格准入和培训制度，着手组建版权人才库、专家库，努力造就一支版权理论基础深厚、版权实践经验丰富、具有世界眼光的高层次人才队伍，为全面提升版权工作整体水平服务。

2011 年版权工作面临的形势更加复杂，任务更加繁重，机遇更加难得，我们一定要高举中国特色社会主义伟大旗帜，以邓小平理论和“三个代表”重要思想为指导，深入贯彻落实科学发展观，以科学发展为主题，以加快转变经济发展方式为主线，求真务实，开拓创新，全面推进版权工作六大体系建设，为促进经济发展和文化繁荣做出新的更大的贡献。

中国版权制度的实施与展望

——在中国著作权法律百年国际论坛上的演讲

（2010年10月14日）

新闻出版总署副署长、国家版权局副局长　阎晓宏

一

今年是我国版权史上非常值得纪念的一年：100年前，中国第一部著作权法——《大清著作权律》诞生；20年前，新中国第一部著作权法颁布实施。虽然早在中国宋朝时期，就出现了版权的萌芽，但现代意义的版权制度却是在1905年沈家本先生考察列国法律制度后引入的，这比英国的《安娜法》晚了200年。《大清著作权律》的诞生，开启了中国版权史的一个新时代。尽管这部版权法命运多舛，实施一年便寿终正寝，但它的结构编制、权利种类、救济模式、权利限制以及经由这部法律所张扬的权利理念都深深地影响着之后的历史。

新中国的版权法律体系建设是改革开放以后开始启动的。在新中国成立后相当长一段时间里没有"版权"的概念，更没有版权制度，作者的创作得不到法律保护。1979年，开始草拟版权法；1990年，《中华人民共和国著作权法》颁布实施，结束了中国在版权保护方面长期没有专门法律的状况。此后，我们先后颁布实施了《著作权法实施条例》、《计算机软件保护条例》、《著作权集体管理条例》、《信息网络传播权保护条例》和《广播电台电视台播放录音制品支付报酬暂行办法》，建立了既具有中国特色又符合国际规则、既适应市场经济要求又体现新技术发展的比较完备的版权制度。中国的版权制度具有以下几个特点：

一是与国际规则相衔接。在1990年中国《著作权法》颁布实施后，我们积极加入国际版权相关条约，先后加入了《世界版权公约》、《伯尔尼保护文学艺术作品公约》、《录音制品公约》、《世界贸易组织与贸易有关的知识产权协定》、《世界知识产权组织版权条约》及《世界知识产权组织表演和录音制品条约》等主要的版权国际公约，积极履行国际义务，并且两次修订著作权法。可以说，中国版权法律体系已达到了国际通行的版权保护标准，是与国际版权规则相衔接的。

二是实施司法与行政并行的版权双重保护体系。这是中国版权制度的一个显著特点和基本优势。由于我们实施版权保护的时间还不长，法制基础较为薄弱，市场经济还不完善，且处于社会转型期，大量在市场存在的侵权盗版行为如都通过司法途径解决，几乎很难实现。因此，大规模的侵权盗版行为由行政机关进行查处，对有些疑难复杂的案件采取民事诉讼救济措施，既可以实现复合保护、有效发挥各自的优势，又可以促进行政机关依法行政、提高水平；既发挥了司法保护在版权保护中的基础性、主导性作用，又有利于发挥行政执法及时、快捷、高效的优势。从长远看，司法保护要发挥主导作用，但现阶段行政保护还应该加强。实践表明，版权双重保护制度符合我国的国情和发展现状，对有效打击侵权盗版活动、保护权利人的合法权益、维护版权市场秩序都发挥了重要而积极的作用。

三是充分关注新技术带来的著作权问题。虽然中国的版权保护时间较短，但我们与各国一样面临着数字网络技术给版权制度带来的诸多问题。对此我们充分关注，积极应对：2001年修订了《著作权法》，增设了信息网络传播权；2006年5月国务院颁布《信息网络传播权保护条例》，对信息网络传播权的保护作出了详细的规定；2007年6月，《世界知识产权组织版权条约》（WCT）和《世界知识产权组织表演和录音制品条约》（WPPT）在中国正式生效；同时，中国政府不断加强法律的有效实施，严厉打击网络环境下的侵权盗版活动。

四是以人为本，体现社会对弱势人群的关怀。中国《著作权法》对"将已发表的作品改成盲文出版"、"通过信息网络向盲人提供已发表的文字作品"

等情况规定了合理使用；同时规定了为扶助贫困，通过信息网络向农村地区的公众免费提供中国公民、法人或者其他组织已经发表的种植养殖、防病治病、防灾减灾等与扶助贫困有关的作品和适应基本文化需求的作品时，对权利人的权利进行了一定的限制。这些规定都体现了中国的国情，体现了中国政府为增进残疾人、边远贫困人群的福利所作的努力。当前，世界知识产权组织正在为视障人士更便利地获得作品制定示范性文件，中国积极参与、大力支持WIPO在这方面的努力。令我们感到欣慰的是，这一问题在中国已得到初步解决。

二

与西方版权保护300年的历史相比，中国版权保护的历史还很短。在30年前，几乎很少人知道“版权”的概念；经过30年的发展，现在“版权”已成为社会生活中频率非常高的一个流行词语，引起了全社会的关注。从整体上看，我国的版权制度实施情况良好：打击各类侵权盗版成效显著，2000—2009年，执法部门共查处案件8.3万起，收缴各类盗版制品7.1亿多件；2005年以来，我们连续五年开展打击网络侵权盗版专项治理，共查办网络侵权盗版案件2 621件，依法关闭1 198个侵权盗版网站，移送司法机关案件91起；2009年全国法院系统共审理版权民事案件15 000多件、刑事案件86件，其中番茄花园网站盗版微软Windows软件案等得到广泛关注和好评；音乐、音像、文字、摄影、电影等领域的著作权集体管理组织也相继建立，正在积极开展工作，实施情况良好，社会公众对集体管理也逐步接受并认可。

中国在推动版权保护方面取得的成绩也得到国际社会的肯定。世界知识产权组织加利总干事认为“中国在知识产权方面取得的成就不仅表现在专利、商标的申请以及版权作品的创作方面位居世界前列，而且在通过保护、运用知识产权促进经济社会发展方面也取得显著成效”。前总干事鲍格胥博士曾经评价：“中国在不到20年的时间，走过了发达国家上百年的历程。”

当然，我们也要清醒地认识到，中国只是在立法层面、制度建设层面走过了这个历程，实现了与国际规则接轨，在版权保护水平、社会公众的版权意识方面与发达国家还有较大差距。我们要用历史的眼光来看待这一问题。欧美发达国家也都经历了版权制度逐渐成熟这一过程。在英国《安娜法》产生的时期，欧洲、美国翻译、盗印作品成风。美国、加拿大、荷兰、比利时一些出版商大量盗印英国、法国的图书，英法的很多出版商因此而破产。世界上第一部国际版权公约——《伯尔尼公约》就是在这样的背景下，在雨果、左拉、狄更斯等大文豪积极推动下缔结的。忘掉历史、忽视发展阶段的一味指责是利己主义的，是不客观的。我们认为，不能用超现实、超阶段的眼光看待版权保护，认为中国现在就要达到发达国家的保护水平，这既不可能，也不现实。同样，我们也不能用自然主义的态度对待版权保护，不能对侵权盗版进行姑息，任其自然，也不可取。这既损害创作者的积极性，也会损害国家利益和公众利益。加大保护力度仍然是当前版权工作的重点，我们要不断加以总结、改进和提高。

基于此，中国政府把知识产权上升到国家发展战略层面，出台了《知识产权战略纲要》。在加大版权保护方面，专门设立了打击侵权盗版行为奖励资金，开展了一系列卓有成效的行动。在版权的宣传、推动版权资源交易、软件正版化等方面，还投入大量行政资源开展了富有中国特色的、创新型的实践活动。

——举办“中国国际版权博览会”，通过版权专题研讨、优秀版权作品展览展示、项目推介、版权投融资等形式，推动版权产业的交流、交易和成果展示，得到了全社会和国际知识产权界的广泛关注，吸引了40多个国家和地区的版权相关产业以及50多个相关国际组织参展，成为中国版权产业国际交流的品牌盛会。

——积极推动建立版权交易平台和版权价值评估体系，构建规范快捷、低成本、方便权利人和使用者双方进行交易的良性机制，推动版权智力成果的运用及商品化、产业化，在北京、上海等地分别建立了北京朝阳国际版权交易中心、北京雍和科技园国际版权交易中心、上海产权交易所版权交易中心等，交易活动活跃，如北京雍和科技园国际版权交易中心得到银行100亿元授信，开业至今实现交易近10亿元。

——大力推进软件正版化工作，在基本完成政府部门软件正版化后，以国家版权局牵头建立了九部委推进企业软件正版化联席会议，在大型国企、外资企业开展企业使用正版软件工作。截至2010年2月，全国共有1.5万家企业基本完成使用正版软件工作目标，129家中央企业集团总部已经全部实现了正版化，推进企业使用正版软件工作取得阶段性成果。

——举办“守望我们的精神家园：版权保

护——百名歌星大型演唱会”，这是继20世纪80年代国际和平年百名歌星演唱会、90年代世界环保年百名歌星演唱会之后，又一场百名歌星参与的盛大主题活动。通过这种公众喜闻乐见的方式宣传版权、提高版权意识，有上亿听众通过转播收听了演出的实况。

——开展版权保护中学生主题教育活动，向全国大中城市的300余万名中学生发放了版权保护宣传图书，通过读书活动、知识竞赛、版权专家对话等，在青少年中掀起了宣传普及版权知识的新热潮。这可能是世界上人数最多的一次版权宣传教育活动。

这些活动是我们在新时期推动版权事业发展的新实践，在国际范围来看也是具有创新性的，对营造良好的知识产权社会氛围产生了十分重要的作用。

三

中国的版权制度起步晚，从著作权法颁布到现在也只有20年时间，在发展过程中也还有很多问题：如侵权盗版问题、创新不足问题、公众认识问题等。这些问题，有些是发展时间短而存在的阶段性问题，有些是法律体系应予完善的制度性问题，有些是技术进步带来的新问题。有的是我们自身发展中的问题，也有各国所共同面临的问题。这都需要我们具体分析，实事求是，结合实际情况逐步解决。

知识产权制度的最终目的应该是让更多人受益，有益于人类社会健康、可持续的发展。因此，我们要构建的版权制度应该是有利于作品的创造与保护，有利于促进作品的传播与使用，我们不赞成版权保护绝对化，更不能使版权制度成为知识传播的壁垒。众所周知，版权并非是一种绝对性的知识财产所有权，相反，它体现的是一种动态的平衡。一方面，它赋予了作者一系列适当的权利，鼓励他们更多地创造和传播原创性的作品；另一方面，它又吸引着后续作者及受众以专有权以外的一切方式使用既有的作品，由此促进公共教育和文化的创造。我们应立足于知识产权法哲学层面来思考制度构建问题：我们应该完善什么、修订什么、限制什么、保护什么。如版权保护限期问题，是不是越长越好，值得我们从鼓励创新、又使更多人受益的角度来思考。大家都主张很好地平衡作品的保护和作品的使用问题，就应当在国际法的框架下，从实际出发，勇于探索、勇于创新，在版权制度设计与实践中使这一原则得以体现。

我们也关注知识产权如何有助于缩小知识鸿沟，让发展中国家和最不发达国家更多地参与其中，共同受益于创新和知识经济。我们必须强调，加强知识产权保护的努力应该是促进而不是阻碍各国尤其是发展中国家发展经济、消除贫困。保护知识产权不能离开各国的国情。中国是一个发展中国家，有13亿人口，大多数在农村，地区发展很不平衡，人均GDP刚刚达到3 000美元，面临着很多发展问题。让贫困人口得益于知识和创新，进而享受发展的机会，是一种道义责任和社会责任。目前，世界知识产权组织正在组织发展议程、民间文艺、传统知识等议题的讨论，我们关注并积极支持这些议题取得进展，希望以此来推动发展中国家从中获益。

当前，中国提出建设创新型国家、全面实施国家知识产权战略，这把知识产权工作摆到了更加突出的位置，提出了更紧迫、更高的要求，也为中国知识产权事业的长足发展提供了难得的机遇。版权作为知识产权的重要组成部分，在建立创新型国家过程中必将发挥更大的作用，并在以下四个领域取得突破性进展。

第一，版权法律制度将更加完备。考虑到《著作权法》自1990年颁布实施以来，只有2001年为加入WTO和2010年进行了局部修改，20年来尚未进行一次全面修订，我们将根据新技术的发展和实践的需要，积极推动《著作权法》的全面修订和著作权法配套法规规章的适时出台。完备的版权法律体系必将为各类文学、艺术和科学作品的创作、管理、保护和运用提供坚实的保障。

第二，版权保护将实现根本性好转。当前，版权工作的主要矛盾凸现在执法方面。今后，我们将进一步加强司法和行政保护的衔接，强化刑事打击力度，提高版权管理和执法能力，突出重点打击以营利为目的的集团性的侵权盗版犯罪活动，使侵权盗版行为得到基本遏制，版权市场环境得到显著改善。最终我们将形成刑事、民事、行政以及社会调解机构四位一体的完备的版权保护体系。

第三，版权智力成果作为重要的生产要素和财富资源在促进文化等相关产业发展中的作用将更加显著。作品的创作将更加丰富，作品的交易和使用将更加便捷，版权智力成果的应用和转化将更加广泛，新闻出版、广播影视、文学艺术、文化娱乐、广告设计、工艺美术、计算机软件、信息网络等版权相关产业对国民经济的贡献率将进一步提高。版权社会服务体系将更加完善，一大批适应市场经济需要的版权中介组织、行业协会和各类集体管理组织将在推动版权智力成果的运用及商品化、产业化和市场化过程中发挥更大作用。

第四，版权保护将根植于人们的内心，成为公民自觉的法律习惯和良好的道德规范。社会公众对版权保护的认识水平和道德观念是一个远比法律和执法更为艰巨的任务和更为重要的问题。随着社会的发展、人们生活水平的提高和版权意识的不断普及，版权保护社会意识将得到很大提升，全社会将形成“尊重知识、尊重劳动、尊重人才、尊重版权”的良好氛围。

版权工作概览

BAN QUAN GONG ZUO GAI LAN

2010年全国版权行政管理工作

国家版权局版权管理司

2010年是“十一五”的收官之年，是谋划“十二五”发展规划的重要一年。全国各级版权行政管理部门以党的十七大及十七届四中、五中全会精神为指导，按照中央的统一决策部署，认真贯彻落实《国家知识产权战略纲要》，较好地完成了各项版权重点工作。推动法律法规修订和政策制定，版权法律体系进一步完善；落实国务院的整体部署，版权行政执法工作取得明显成效；推进版权服务体系建设，版权相关产业进一步发展；举办丰富多彩的版权宣传活动，公众版权意识进一步提升；积极参与国际事务，版权国际合作与应对进一步深入，版权创造、运用、保护和管理工作全面推进。

一、版权法律体系进一步完善

国家版权局配合立法部门完成《著作权法》的修订工作，2010年2月26日，全国人大常委会第十三次会议审议通过了《著作权法》修正案；根据《中华人民共和国物权法》以及新修订的《中华人民共和国著作权法》有关质权的规定，2010年11月25日，国家版权局颁布了《著作权质权登记办法》；2010年12月29日，中国资产评估协会颁布了《著作权资产评估指导意见》；《民间文学艺术著作权保护条例》、《作品自愿登记办法》、《教科书法定付酬办法》等法规、规章的修订、制定工作也取得了积极进展；制定《版权保护“十二五”规划》，并将其有关内容纳入《国家“十二五”时期文化体制改革和发展规划纲要》。

二、版权行政执法工作取得明显成效

2010年，国家版权局认真贯彻落实《2010年中国保护知识产权行动计划》，创新执法手段，理顺工作机制，加大执法力度，以开展打击侵犯知识产权和制售假冒伪劣商品专项行动、世博会及亚运会版权保护和“剑网行动”、推进软件正版化等工作为重点，加强行政执法和市场监管，继续保持对侵权盗版行为的高压态势，取得了明显成效。

一是集中开展了打击侵犯知识产权和制售假冒伪劣商品专项行动。2010年10月初，国务院做出在全国范围内开展为期半年的打击侵犯知识产权和制售假冒伪劣商品专项行动的重大决策，国家版权局联系公、检、法对大案要案进行联合督办。目前，挂牌督办的55起重大案件已依法宣判5起，34起进入司法程序，查破大要案件工作取得初步成效。

二是全面推进政府机关和企业使用正版软件工作。2010年，中央、地方政府机关软件正版化检查整改工作扎实推进，31家中央国家机关和青岛市市、区两级机关已完成检查整改工作。在推进企业使用正版软件工作方面，列入软件正版化工作目标企业2 856家，经过验收已完成软件正版化企业1 621家，257家企业获得第二批“全国软件正版化工作示范单位”称号，30家企业开始了软件资产管理试点工作。

三是继续开展打击网络侵权盗版专项治理“剑网行动”。2010年，国家版权局连续第六年开展打击网络侵权盗版专项治理“剑网行动”，向各地版权局（行政执法总队）移转案件801起。在行动第一阶段，各地版权执法部门已查处“音乐在线”、“翠微居网”等204起侵犯著作权案件，正在立案查处157起，其中“江苏中国宽频网”等30起涉嫌构成犯罪的案件移送公安机关。在加强执法的同时，国家版权局将主动监管网站作为规范行业秩序的重要手段，将56视频网、悠视网、VeryCD网等15家网站列入主动监管名单，进行作品实时监控，并取得了实效。

四是认真抓好世博会、亚运会专项保护工作。积极应对世博会会歌、中国馆场馆设计等热点问题，对世博会召开期间发生的侵犯世博会相关作品著作权案件及时采取紧急执法措施。上海市版权局联合市相关部门成立“世博会参展者知识产权服务中心”，为参展者作品登记提供绿色通道，依法维护世博会有关作品的合法权益。在世博会打击盗版音像制品专项行动中，以上海、江苏、浙江、北京、广东为重点，各地版权执法部门共取缔非法摊点 2 933 个，收缴盗版音像制品 494 万张，立案查处音像盗版案件 370 余起，依法处理了北京东方新感觉音像出版社、学苑音像出版社、吉林音像出版社、北京碟中碟科技发展有限公司、北京新天地娱乐科技有限公司。版权系统 95 个集体和个人获得国家 8 部委联合表彰。广州亚运会版权保护工作借鉴世博会版权保护成功经验，建立珠三角联动机制，为亚运会的成功举办提供了有效保证。

五是创造性地推行区域联防协作机制。与香港海关签署《打击网络盗版合作互助安排》，与台湾地区智慧财产部门就《海峡两岸知识产权保护合作协议》后续工作启动版权协助机制。苏、浙、沪建立长三角协作机制，广东建立粤港澳知识产权案件协作处理机制，增强了区域版权执法的针对性和实效性。

六是加强自身建设，不断提高行政执法能力。国家版权监管平台（一期工程）投入运行，首次实现了国家版权局与各省（自治区、直辖市）版权局的互联互通。各地针对基层版权、公安人员开展了多种形式的执法培训，有效推动了基层执法水平的提高。开展打击侵权盗版案件有功单位和有功个人表彰活动，表彰有功单位 172 个、有功个人 175 名，奖励金额近 500 万元，涵盖了各级版权执法部门及新闻出版、“扫黄打非”、公安、电信、海关、文化等部门。

三、版权服务体系建设进一步推进

2010 年，国家版权局积极开展作品登记相关调研工作，为进一步做好作品登记工作打下基础。2010 年，中国软件著作权登记量达 81 966 件，连续 5 年保持高速增长态势，整个“十一五”期间，中国软件著作权登记量从 2006 年的 2 万余件逐年递增到 8 万余件，翻了两番，平均年增速达 37%，5 年累计总量已达 24 万余件，是“十五”期间的四倍。2010 年全国作品自愿登记量达 371 328 件，其中，各地作品自愿登记总量为 359 871 件，中国版权保护中心作品自愿登记量为 11 457 件，均实现了逐年递增。

进一步规范了著作权集体管理组织的业务活动，对 5 家著作权集体管理组织进行了工作核查，向社会公告《电影作品著作权集体管理使用费收费标准》和《电影作品著作权集体管理使用费转付办法》，促进了电影作品著作权集体管理活动的开展。

进一步促进了全国创建版权示范城市工作的开展，授予成都市“全国版权示范城市”称号，批准厦门、苏州、昆山创建“全国版权示范城市”的申请。大力支持各中央级版权相关协会及有条件地区探索建立版权调解机制，上海以及中国作家协会、中国版权协会等地区和行业协会成立了著作权调解机构。举办了“第三届中国国际版权博览会”、首届“中国·福州海峡版权（创意）产业精品博览交易会”等大型展会，以展会经济促进版权产业发展。

四、版权宣传活动更加丰富多彩

国家版权局举行了视频版权保护“百城联动——正版共赢计划”启动仪式；启动“绿书签行动 2010——拒绝盗版，从我做起”版权保护系列宣传活动；与世界知识产权组织共同宣传被世界知识产权组织评为“优秀版权示范点”的南通家纺经验，合作开展“世界知识产权组织版权金奖（中国）”评选表彰活动；在青岛市四方区四十一中学和莱西市第二实验小学相继举办“全国青少年版权保护读书活动暨版权保护知识竞赛”颁奖典礼；在第 17 届北京国际图书博览会和第 62 届法兰克福书展期间继续设立中国版权服务站，编辑印制中英文版《中国版权服务指南手册》、举办英文版“中国版权概况”专场视频播放会；与中国人民大学开展《著作权法》诞生百年暨新中国《著作权法》颁布二十周年论坛及出版中外版权文集活动。

五、版权保护教育培训工作进一步拓展

国家版权局相继举办了两期“版权相关热点问题媒体研讨班”、“版权工作专题研修班”及两期“版权经理人、代理人培训班”，分别对主要媒体、全国省会和中心城市版权局主管副局长及全国版权经理人、代理人进行了有针对性的培训；举办主题为“数字环境下的版权与贸易”的 2010BIBF 北京国际版权贸易研讨班（第十届），推动数字环境下的版权贸易发展；在云南、新疆、北京举办了三期版权执法培训班，对基层版权、公安执法人员 450 余人进行了集中培训。

六、版权保护国际交流合作进一步深入

积极参与世界知识产权组织（WIPO）有关国际重大版权问题的磋商和版权新条约的制定，积极应对WTO对华贸易政策审议，妥善处理亚太经合组织知识产权磋商等多边工作。加强与国际组织的合作，与世界知识产权组织在京共同举办第四届国际版权论坛以及全球原创金曲演唱会暨版权金奖（中国）颁奖典礼；组织世界知识产权组织南通示范点调研项目成果全球发布会及报告首发式，并积极推进世界知识产权组织在华继续设立版权保护优秀案例示范点。

着重做好中美、中英、中欧、中日、中韩等重要双边关系的沟通磋商工作，积极拓展其他双边关系，营造良好的对外知识产权环境。与英国知识产权局签署《中华人民共和国国家版权局和英国知识产权局版权战略合作协议》；与日本文化厅签署了《中华人民共和国国家版权局与日本国文化厅版权战略合作备忘录》（部长级）；积极参与中澳、中哥自由贸易区谈判及中俄经贸分委会知识产权工作组会议准备工作；与香港海关签署《打击网络盗版合作互助安排》；积极参与两岸知识产权议题磋商，为“海峡两岸知识产权保护合作协议”的签署及执行工作提供保障。

2010 年中国版权司法保护工作

最高人民法院知识产权审判庭

2010 年，各级人民法院严格履行宪法和法律赋予的职责，积极主动服务党和国家工作大局，紧紧围绕“社会矛盾化解、社会管理创新、公正廉洁执法”三项重点工作，深入贯彻国家知识产权战略，大力加强知识产权司法保护，公正高效地审理了一大批著作权纠纷案件，为促进经济发展方式转变、建设创新型国家提供了有力的知识产权司法保障。

一、全国法院审理著作权纠纷案件的基本情况

2010 年，全国地方法院共新收和审结知识产权民事一审案件 42 931 件和 41 718 件，比上年增长 40.18% 和 36.74%，其中著作权纠纷案件 24 719 件，比上年增长 61.54%；著作权行政案件 2 件，同比下降 50%。

2010 年，全国地方法院知识产权民事案件一审结案率从 2009 年的 85.04% 上升到 2010 年的 86.39%；上诉率从 2009 年的 48.82% 上升到 2010 年的 49.65%；再审率从 2009 年的 0.33% 下降到 2010 年的 0.27%；上诉案件改判发回重审率从 2009 年的 6% 下降到 2010 年的 4.57%。

2010 年，全国地方法院知识产权一审民事纠纷案件审限内结案达到 97.93%；最高人民法院知识产权庭全年共新收各类知识产权案件 313 件，加上 2009 年旧存的 50 件，共有各类在审案件 363 件。共审结各类知识产权案件 317 件，结案率为 87.33%。

面对著作权民事纠纷案件数量迅猛增加给人民法院审判工作带来的巨大压力，人民法院坚持以执法办案为第一要务，加强对新情况、新问题的调研，突出审判重心，创新审判方式，加强监督指导，审判质量和效率不断提高，为促进新商业模式的发展和文化创意产业的繁荣发挥了重要作用。

二、加强涉及网络著作权纠纷案件的专题调研，及时有效地解决了司法实践中出现的突出问题

人民法院审理的各类著作权案件中，不仅涉及较为复杂的具体法律适用问题，还涉及相关经济、社会和文化领域的价值判断与司法导向问题。特别是一些与互联网有关的典型案件具有影响力大、法律适用争议大、社会关注度高等特点。自 1999 年人民法院开始受理网络著作权纠纷，至今网络著作权纠纷已成为人民法院受理的著作权纠纷案件中的主要类型，如果说著作权纠纷案件占据了全部知识产权案件的半壁江山，那么涉及网络的著作权纠纷案件又占了著作权案件的一半以上，如天津法院系统 2010 年受理的网络著作权纠纷案件，占全部著作权纠纷案件的 80%以上。

在新的科技经济背景之下，如何平衡著作权人及相关权利人的利益与相关互联网产业的创新发展以及社会公众获得相关信息的权利之间的利益关系，更好地实现《著作权法》关于促进作品的创作与传播的立法目的，是人民法院审理相关著作权案件所面临的最大挑战。为此，各地法院都加强了网络著作权保护问题的调研工作，北京市高级人民法院制定了《关于网络著作权纠纷案件若干问题的指导意见（一）（试行）》。浙江省高级人民法院制定了《关于审理网吧侵犯信息网络传播权纠纷案件若干问题的指导意见（试行）》、《关于知识产权民事诉讼案件中公证证据的审查与认定的指导意见》。重庆市法院以“互联网与著作权和谐共存之法律路径探索——网络著作权冲突与平衡的实证分析与理论探索”作为 2010 年重点调研课题，对相关问题进行了深入探讨。山东、湖南等省高级人民法院针对网络环境下公证保全证据问题及时向相关部门提出了司法建议。

2010 年，最高人民法院组织全国相关法院有针对性地开展各种包括网络环境下著作权司法保护的专题调研活动，并就未经行政许可的境外作品的著作权保护问题、网吧侵犯著作权纠纷问题[①]在调研的基础上提出了审判指导意见。最高人民法院知识产权庭“网络环境下著作权的司法保护”课题于

① 2010 年 11 月 25 日发布了《关于做好涉及网吧著作权纠纷案件审判工作的通知》，明确了该类案件的审理原则和具体标准。

2010年6月经最高人民法院批准立项前后，课题组分别在汕头、杭州、重庆、昆山、天津、北京等地召开多次由法官及立法、行政执法部门、法律专家、技术专家、相关权利人、互联网企业、著作权集体管理组织等参加的座谈会或研讨会（包括国际研讨会），内容涉及信息网络传播权的界定及其权利内容；非交互式信息网络传播行为的定性；技术中立的具体把握原则；侵犯信息网络传播权的构成要件及责任承担；信息网络传播权的权利限制与利益平衡；侵犯信息网络传播权的赔偿标准；直接侵权行为人的信息披露等审判实践中迫切需要解决的问题。最高人民法院奚晓明副院长参加了在天津召开的座谈会，并对调研工作提出了要求。在调研的基础上，最高人民法院课题组已完成《关于网络环境下著作权的司法保护的调研报告》，根据预定计划，课题组还将对相关问题再进行深入研究，待条件成熟后实现调研成果的转化，为统一网络环境下著作权司法保护的尺度、公正高效地审理网络环境下著作权案件奠定基础。

三、贯彻实施国家知识产权战略，积极推动知识产权审判体制和工作机制的改革和完善

2010年，人民法院积极推动知识产权审判体制和工作机制的改革与完善，知识产权审判体系进一步优化。由知识产权审判庭统一受理知识产权民事、行政和刑事案件（即“三审合一”）的试点工作稳步推进。2010年7月，最高人民法院在江苏昆山市召开“知识产权审判庭集中审理知识产权民事、行政和刑事案件试点工作座谈会”，来自中央有关部门和部分开展“三审合一”试点法院的代表参加了会议。截至2010年12月底，全国已有5个高级法院、49个中级法院和42个基层法院开展了相关试点。

2010年1月，最高人民法院发布《关于调整地方各级人民法院管辖第一审知识产权民事案件标准的通知》和《关于印发基层人民法院管辖第一审知识产权民事案件标准的通知》，全面调整、统一明确了各级人民法院知识产权民事案件级别管辖标准，各级人民法院之间的审判职能划分更加科学合理。进一步优化全国法院知识产权审理格局，适当增加管辖一般知识产权案件的基层法院，鼓励中、基层法院开展跨地区划片集中管辖。截至2010年12月底，已有101个基层法院具有审理著作权纠纷在内的一般知识产权案件管辖权。

2010年4月，最高人民法院与中国科学技术协会联合签署了知识产权司法保护合作备忘录，钟南山、袁隆平等11位两院院士受聘担任首批最高人民法院科学技术咨询专家，标志着人民法院在完善知识产权纠纷解决机制、提高知识产权司法保护水平方面又上了一个新台阶。上海、江苏、青海、河北、浙江、广西、山西等地高级人民法院积极探索建立和完善案件技术事实查明机制，建立技术专家咨询库，试行专家陪审员和专家证人制度，这些机制和制度的建立在解决专业技术难题方面发挥了重要重要作用，提高了知识产权案件的审判质量。

充分发挥知识产权司法职能作用，为国家重大活动的成功举办提供公正高效的司法保障。人民法院积极主动为上海世博会、广州亚运会和亚残运会提供知识产权司法保障和服务，依法保障了国家重大活动的顺利开展。最高人民法院组成专门调研组，赴上海市高级人民法院和上海世博会事务协调局就世博知识产权司法保护问题进行调研，指导相关地方法院妥善审理相关知识产权案件。上海市高级人民法院出台了《关于审理涉世博民商事、知识产权案件适用法律若干问题的意见》，明确了涉世博知识产权纠纷法律适用标准，制定了知识产权审判服务保障世博工作方案，指导上海市浦东新区人民法院专门设立世博法庭。广州市中级人民法院与亚组委及其法律顾问单位举办“加强亚运会知识产权保护座谈会”，全面了解亚运会知识产权保护的司法需求，并就加强亚运会知识产权保护提出司法建议。

2010年“4·26”世界知识产权日宣传周期间，最高人民法院召开新闻发布会，首次发布了《中国法院知识产权司法保护状况（2009年）》白皮书（中英文本），向国内外全面、公开介绍知识产权司法保护状况，彰显了中国保护知识产权的决心和信心。推行《最高人民法院知识产权案件年度报告》发布制度化，创新知识产权审判业务指导方式。发布2009年中国法院知识产权司法保护十大案件和50件典型案例名单。各地法院也通过不同形式评选出当地的知识产权典型案例和优秀案例，发挥典型案例示范效应。

最高人民法院积极办好“中国知识产权裁判文书网”和最高人民法院网知识产权司法保护子网站，及时向社会传送人民法院系统最新、最快、最权威的司法保护知识产权的资讯，及时向社会公开知识产权司法保护的动态和信息，增进社会公众对知识产权司法保护的理解与认同。

四、强化调解工作，努力创造和谐的知识产权保护环境

人民法院认真执行最高人民法院下发的《关于进一步贯彻“调解优先、调判结合”工作原则的若干意见》，注重规范调解工作，正确处理调判关系，坚持在拓展调解领域、规范司法调解程序、注重调解质量和提高调解效率上下工夫。将调解工作贯穿于审判的各个环节，积极创新调解方式，不断完善诉讼与非诉相衔接的纠纷解决机制，努力从根本上化解矛盾。

2010 年全国知识产权民事一审案件平均调解撤诉率为 66.76%，同比上升 5.68 个百分点。上海、天津等地高级人民法院出台了进一步加强知识产权民事纠纷调解的指导性意见。广东、河北、四川、河南、广西、贵州等地高级人民法院，北京市第二中级人民法院，福州市中级人民法院，佛山市中级人民法院等不断探索和总结出了一整套规范化的调解方法。在立足于寻求各方当事人利益平衡点的同时，使相当数量的著作权纠纷案件得到了公正高效的审理。天津市高级人民法院审理的原告微软公司诉被告某汽车模具公司侵犯计算机软件著作权纠纷案，一审判决被告停止侵权并赔偿原告经济损失 9 万元。原告上诉后，二审通过诉讼调解，帮助当事人设计了一个互利双赢的调解方案，即被告在规定的时间内采购 40 套 Windows 7 Professional 专业版和 10 套 Office Standard 2010 标准版，完成正版化，并将赔偿损失额降至 5 万元，双方当事人欣然接受。佛山市顺德区法院在审理音著协诉某酒店卡拉 OK 营业场所的 48 件著作权纠纷案件中，主动积极与权利人和有关行业组织进行沟通，提供大量的调解工作，强化经营者的知识产权意识，使其认识到其行为构成侵权的同时，做好工作，要求其在赔偿数额上作出一定的让步，给经营者留出生存空间，以此推动相关行业经营模式的转变，使其健康有序发展。经过努力，最终使双方当事人就全部案件达成和解，原告撤回起诉。

2011 年是国家实施“十二五”规划的开局之年，“十二五”规划纲要对知识产权制度建设和知识产权保护提出了更高的要求，面对新形势、新任务、新挑战，人民法院将紧紧围绕加快转变经济发展方式这条主线，坚持执法办案为第一要务，进一步提高知识产权司法保护能力和水平，努力推动知识产权审判事业再上新台阶，为促进自主创新能力和国家核心竞争力的提高提供更有力的知识产权司法保障。

2010年地方版权工作

北　京　市

2010年，北京市版权局认真贯彻落实北京市委、市政府关于2010年新闻出版（版权）工作的指示要求，紧紧围绕服务首都经济建设大局，积极宣传普及《著作权法》，推进文化创意产业发展，大力推进企业使用正版软件及正版示范体系建设工作，在版权普法保护、企业软件正版化、正版产品示范体系建设、促进版权产业发展等多个方面取得了显著成效。

一、采取多种形式，深入开展版权普法宣传工作

加强普法宣传教育，提高广大群众的版权保护意识，是首都知识产权战略实施的重要内容，也是首都知识产权战略实施的一项基础性工作。针对全球金融危机对我国，特别是对首都的经济影响，加强普法宣传教育，提高广大市民的版权保护意识，大力发展文化创意产业，培育首都新的经济增长点，显得尤为重要，为此，北京市版权局组织专人设计制作了版权保护宣传画册、版权保护环保袋、版权知识小卡包等版权宣传资料。2010年4月，紧紧结合“4·26”世界知识产权纪念日，采取多种形式、多种手段，有效组织了版权普法宣传活动。

2010年4月20日，2010年首批“正版产品销售示范单位”授牌仪式在东方新天地FAB精彩无限集团有限公司王府井店举行。北京市版权局副局长王野霏、市音像制品分销行业协会会长李艳军等有关同志及50余家音像制品销售企业代表出席了仪式。在授牌仪式上，市版权局对获得2010年首批“正版产品销售示范单位”称号的20家音像产品销售单位进行了通报表彰，并为它们颁发了“正版产品销售示范单位”标牌。市音像制品分销行业协会秘书长李丰宣读了北京市音像制品销售行业“迎世博，拒盗版，守法经营”倡议书。北京市京南卫星图书城总经理车中华、FAB精彩无限集团总裁张鸿成分别代表音像经营者及受表彰单位先后发言。市音像制品分销行业协会代表音像经营单位与市版权局签订了“迎世博，拒盗版，守法经营”责任书。

4月21日，北京市版权局在中关村海龙大厦组织了“保护版权，鼓励创新，我们在行动”大型版权宣传活动。市版权局、中关村科技园管委会、市工商局海淀分局、海淀区商委、海淀区法院、海淀区文委、海淀街道中关村西区环境综合管理办公室、中关村电子产品贸易商会等相关部门领导出席了活动。海龙电子城总经理高伟华先生宣读了“保护版权，鼓励创新，我们在行动”倡议书，号召大家保护版权，抵制盗版，诚信经营；厂商代表与卖场代表分别签订了“保护版权，推广正版”责任书；上海中标软件有限公司副总裁郭涛和闪联信息技术工程中心有限公司产品事业部总监陈占波作为厂商代表分别发言，表示将积极响应保护版权的号召，为创造中关村地区良好的市场环境做贡献；中关村电子产品贸易商会副会长齐波及海淀区文委主任刘明星先后发言，对版权保护工作表示坚决支持。

4月22日，北京市版权局与国家版权局版权管理司共同组织了“视频版权保护，正版共赢活动启动仪式”。全国部分省市版权管理部门及维权365网、北京盛事骄阳文化传媒有限公司等业内社会中介组织200余人参加了仪式。市版权局宣布了北京市首届十佳版权维权律师评选结果，北京盛事骄阳文化传媒有限公司与部分网吧协会签订了加强视频版权保护，实现正版共赢战略合作协议。市版权局就如何实现正版共赢目标，对网络行业企业进行了业务培训。

宣传周期间，共向市民发放《著作权法普法手册》、《提高公众版权意识》图册等宣传资料一万余份，并开展街头咨询宣传活动，现场解答群众的版权法律问题。此次活动，宣传了版权保护法律法规，提高了市民版权意识，普及了识别盗版制品知识，对于提高广大市民购买和使用正版产品自觉性，拒绝盗版，净化首都版权市场环境具有重要作用。

二、突出重点，稳步推进，狠抓企业软件正版化工作

根据国务院九部委《关于推进企业使用正版软件工作的实施方案》（国权联［2006］2号）文件精

神及国家版权局《2010 年推进企业使用正版软件工作计划》的要求，市版权局组织有关人员先后深入全市相关政府管理部门，国外企业社会中介机构及国有、外资相关企业对计算机软件使用情况进行了广泛调研，在认真分析、准确掌握情况的基础上，研究制定了《北京市 2010 年推进企业使用正版软件工作方案》，确定了 100 家以外商投资企业为重点的北京市 2010 年使用正版软件企业名单。6 月 11 日“北京市 2010 年推进企业使用正版软件工作动员部署会”在北京举行，100 余家中外企业代表参加了会议，市使用正版软件工作联席会议办公室主任、北京市版权局副局长王野霏对推进软件正版化工作进行了部署，市使用正版软件工作联席会议副主任、北京市版权局局长冯俊科出席会议并做了动员讲话。商业软件联盟及中国软件联盟的专家做了软件资产管理和与正版化相关的法律法规的培训。市使用正版软件工作联席会议办公室先后组织 30 余人次深入企业指导和督促软件正版化落实工作，分两批次向有关企业发出使用盗版软件侵权风险提示函 100 余份。11—12 月办公室组织 6 个检查组对 100 家使用正版软件企业落实情况统一进行了检查验收。参加 2010 年使用正版软件活动的 100 家企业累计采购正版软件 1.749 6 亿元，有效提高了企业使用正版软件水平，健全了企业软件管理制度，提升了企业知识产权保护意识及自觉抵制盗版和使用正版软件自觉性，净化了软件市场环境，规范了软件市场秩序。

三、培育社会诚信意识，推进版权市场“蓝天工程”建设

在前几年开展工作基础之上，北京市版权局在全市版权产品销售领域继续开展了“正版产品销售示范单位”评选工作。在广泛宣传动员的同时，与市音像制品分销行业协会共同组织 2010 年首批 20 家“正版产品销售示范单位”授牌仪式，进一步扩大了“正版产品销售示范单位”数量和社会影响，截至 2010 年年底，全市累计已有 400 余家图书音像销售单位被评为北京市“正版产品销售示范单位”。组织了加强视频版权保护，实现正版共赢活动，向网络信息传播单位发出了“加强自律，抵制盗版”倡议书，制定颁发了信息网络传播著作权公示指导意见及信息网络传播著作权公示办法。加强了重点热点领域版权监管和正面引导工作，为北京市民购买使用正版产品，提供了放心可靠的购物场所，提高了市民版权意识，在首都文化市场弘扬了正气，规范了市场秩序，挤压了盗版制品市场空间。

四、围绕促进版权产业发展，开展了版权产业“涌泉工程”研究

在认真学习领会市委刘淇书记 2010 年 4 月 26 日考察中关村知识产权企业时提出的加强知识产权保护，重点促进产业发展讲话精神基础上，围绕解决企业发展资金需求，推动产业发展的问题，局领导亲自带队，组织版权管理处、版权保护处、版权保护中心有关人员，先后赴市金融局、北京商业银行、中关村创新科技园区、搜狐、优酷、国家版权贸易基地等金融管理部门及版权企业进行了广泛调研，并与金融管理监管、科研机构等有关单位围绕版权价值评估、质押、融资问题进行了多次座谈。组织了版权价值评估、质押、融资问题专题研究，制订了北京市版权价值评估、质押、融资办法草案，一批版权项目先后在雍和园版权交易中心落地，包括动漫、影视、图书、音乐等领域的版权作品挂牌项目已达近 1 000 个，实现交易额超过 2 亿元。6 月 2 日，北京产权交易所、北京东方信达资产经营总公司、北京东方雍和国际版权交易中心联合北京银行、国家开发银行、中国工商银行、中国农业银行、中国建设银行、交通银行、上海浦东开发银行、中信信托、北京东方文化资产经营公司等 12 家金融投资单位，在北京东方雍和国际版权交易中心启动了“北京文化金融中介服务平台”。北京银行为东方雍和国际版权交易中心金融信贷服务对象提供了意向性专项授信额度 100 亿元人民币。歌华大厦、雍和大厦、雍和航星科技园、卡拉 OK 版权运营中心、中华版权代理总公司等 20 多家重点版权贸易和版权服务类企业入驻雍和园，初步实现了产业集聚发展的态势，为版权产业发展提供资金支持奠定了基础。

五、积极搭建版权贸易平台，推动版权输出“远航工程”

8 月 30 日—9 月 3 日，北京市版权局组织北京出版集团有限责任公司、燕山出版社、北京科学技术出版社、北京版权代理有限公司等八家市属出版单位共同组成北京版权贸易区，联合参加了第十七届北京国际图书博览会。为参展出版机构摊位费提供了 50%的补贴，在国展二层最佳位置选定了面积 144 平米的展示区。书展期间，各参展单位精心组织了包括人文、教育、科技、少儿、健康等题材在内的近千种图书参展，其中许多是近年来的获奖图书、“十一五”国家重点图书，全方位地展示了首都出版业近年来取得的可喜成果和版权贸易的整体形象。五天的展期中，北京展区共接待国内外客商和读者观众近千人，达成版权贸易协议或形成交易意向近 50 项，其中签订版权输出合同 6 项，推动了首都出版界与国际出版业的交流与合作。11 月 8—21 日，市版权局积极协调组织了第三届北京国际版权博览会。博览会以“交流、合作、创新、发展”为主旨，充分发挥文化软实力在宏观经济中的重要作用，以“国际版权论坛”、“产业展览”、“主题活动”和“文化演出”四大板块，包括中国版权产业权威信息发布会、“电影、电视和数字媒体论坛”、中国网络文学节、中国国际数字音乐节、中国国际数字娱乐节、中国国际影像文化节、中国文化产业项目投融资洽谈会等七项主题活动，全面展示了版权经济的广阔前景。世界知识产权组织总干事加利，国家新闻出版总署署长柳斌杰，北京市委常委、宣传部长、副市长蔡赴朝及来自世界 30 多个国家和地区的版权管理部门高级官员、国际行业协会、知名企业和专家学者一千多位中外嘉宾出席博览会。

（赵晓鹏）

天 津 市

2010 年，在国家版权局和天津市委、市政府的领导下，天津市版权局坚持以邓小平理论为指导，牢固树立科学发展观，开拓创新，不断探索新形势下版权管理工作的新思路和新方法，在推进版权法制体系建设、加强版权行政执法、组织版权宣传教育培训、拓展版权对外合作等几个方面开展工作，进一步改进管理和服务方式，推进文化产业发展与繁荣，版权管理工作取得显著成效。

一、积极推进版权法制体系建设

天津市版权局着力制订版权保护长期规划，引导版权产业健康发展。版权局与知识产权局、工商局等单位合作，编印出版了《天津市知识产权战略纲要》一书，并起草、修改、制定《天津市知识产权战略纲要实施方案》；起草、修改、制定《天津市知识产权“十二五”规划——版权发展专项规划》。为进一步加大版权保护工作力度，认真做好 2010 年上海世界博览会版权保护工作，制定《2010 年上海世界博览会期间天津市版权保护工作方案》，建立了快速反应机制，进一步加强日常监管和服务，为举办成功的世博会营造良好的版权保护环境。

二、切实加强版权行政执法

天津市版权局注重职责的履行和职能作用的发挥，积极营造一个良好的市场经营秩序。

按照新闻出版总署《关于开展打击盗版音像制品专项行动的通知》（[2010] 新出密电 20 号）精神和部署，为进一步规范天津市音像制品市场经营秩序，与市文化市场行政执法总队共同制定并向区县下发了《天津市关于开展打击盗版音像制品专项行动方案》，进一步明确各区县与市版权局、市文化市场行政执法总队的工作目标和任务，市版权局与市文化市场行政执法总队联合有关部门和区县开展版权行政执法 3 次，市文化市场行政执法总队积极做好市场巡查工作。在此次专项行动中，查处 1 个正规音像店，收缴非法音像制品 420 种、444 张。联合南开区文化局、公安局对古文化街进行检查，收缴 1 名游商违法音像制品 1 500 余张；查处 1 个销售盗版教辅图书案，收缴图书 967 册；查处销售非法图书黑批发窝点 2 个。

为了加强网络环境下的版权行政执法和监管工作，保护权利人合法权益，按照国家版权局、公安部、工业和信息化部《2010 年打击网络侵权盗版专项治理“剑网行动”方案》（[2010] 新出明电 22 号）精神，天津市版权局牵头，与市文化市场行政执法总队、市公安局、市通信管理局联合召开通气协调会，制定《2010 年天津市打击网络侵权盗版专项治理“剑网行动”方案》。由市版权局、市文化市场行政执法总队、市公安局、市通信管理局联合成立“天津市打击网络侵权盗版专项治理工作领导小组”，统一部署涉及全市的主要任务，协调解决专项治理行动中的重大问题，指导各区县、各有关部门开展相关工作，对国家版权局移交的案件联合督办。领导小组各成员单位明确责任处室（部门）和联系人。领导小组办公室设在天津市版权局版权处，承担日常工作。本次专项治理行动主要围绕网络音频视频及文学网站，网络游戏、动漫、软件以及上海世博会、广州亚运会相关作品为重点领域，对天津北方网、天津热线、酷天津等大网站进行检查，并对其提出自查要求。各区县版权局对辖区内的网站进行检查并要求各网站整改。对国家版权局转来的“剑网行动”举报材料两件，多次与市文化市场行政执法总队联系分析案情，并将工作进展情况汇报国家版权局，最终，对当事人作出行政处罚。

为扎实推进天津市企业软件正版化工作，天津市版权局先后组织培训三期，受训人次近 500 人。调动技术力量与相关部门组成联合检查组，对天津市部分甲级勘察设计企业软件正版化情况进行了督导检查。2010 年第一季度对列入范围的勘察设计企业软件正版化工作进行了检查验收，并对提出整改要求的企业进行反复不断的宣传动员，通过“诫勉谈话”、协会辅助等工作方式促进工作落实。按照

“方案”及阶段性工作任务安排，积极与相关部门做好工作协调和工作调研，提出新的工作目标，有计划、有步骤地稳步推进企业软件正版化工作。

为贯彻落实《国务院办公厅关于印发打击侵犯知识产权和制售假冒伪劣商品专项行动方案的通知》（国办发［2010］50 号）和新闻出版总署、国家版权局、全国“扫黄打非”工作小组办公室联合下发的《关于开展打击侵犯知识产权和制售假冒伪劣商品专项行动及进一步做好使用正版软件工作的通知》（［2010］新出明电 39 号）精神，按照天津市政府统一部署，天津市版权局认真组织开展“双打”专项行动，召开工作会议，建立专门机构，制定实施方案，周密部署，精心安排，狠抓落实，使“双打”专项行动取得阶段性成效。截至 2010 年年底，各区县版权局组织开展大规模拉网式检查，总计出动执法人员 900 余人次、执法车辆 150 余辆次，共检查音像制品经营单位、图书制品经营单位、印刷企业、网吧等文化娱乐场所 620 余家，收缴盗版图书制品 4 300 余册，收缴盗版光盘 15 000 余张，共取缔无照经营盗版图书的书摊 37 处，取缔无照经营盗版光盘的音像店 17 家，联合公安部门依法拘留非法销售人员 6 人。加大对重大案件的查处力度，对天津市公安南开分局学府街派出所查获盗版光盘 5 万余张进行鉴定，对涉嫌盗版光盘出具了鉴定意见，并向国家版权局做了汇报，此案件已列入国家五部委督办的 11 件大案之一，现已结案。天津市版权局在“双打”专项行动中，遏制了音像市场的违法经营行为，有效加强了音像市场的知识产权保护工作，得到天津市领导的认可和国务院督察组的好评。

三、创新工作方式，开展版权宣传

天津市版权局创新思路，搞好对接，强化版权工作的宣传效果。2010 年，天津市版权局把加强社会公众版权保护意识教育作为首要职责和使命，不断探索版权宣传工作的新方式，选准受众点，使宣传工作更加贴近群众、贴近生活、贴近实际，并在宣传方式的生动化、宣传渠道的多样化、宣传效果的明显化等方面下工夫，营造良好的版权保护氛围，提高全社会的版权法律意识，引导人们自觉树立版权保护意识。

“4·26”世界知识产权日宣传活动期间，天津市版权局与天津市平山道小学、实验中学联合举办了保护版权主题教育以及“绿书签行动 2010”签名活动，发放了“保护版权，使用正版，拒绝盗版”的绿书签 1 000 余张。同时向两所学校分别赠送了《天津市中学生“我与版权”征文活动优秀作品选》200 本。

6 月 1 日，借助《中华人民共和国著作权法》颁布实施 20 周年纪念日之际，天津市版权局联合天津市教委、共青团天津市委员会，组织召开“今日读正版书　未来做诚实人”颁奖暨赠书仪式，通过媒体多角度报道，使青少年版权主题教育活动的受众面进一步扩大。

为加大表彰奖励力度，有效调动版权保护工作积极性，天津市版权局联合天津市教委、共青团天津市委员会，对天津市青少年版权保护教育活动优秀组织者 12 个单位、20 名个人进行了表彰。希望受表彰的单位和个人以此为新的起点，再接再厉，与时俱进，使天津市的青少年版权保护教育工作再上新水平。

2010 年 12 月 15 日，按照市政府办公厅统一安排，参加了“公仆走进直播间”电台直播节目。在这期节目中，天津市版权局将为期半年的“打击侵犯知识产权和制售假冒伪劣商品”专项行动作为主题，宣讲“双打”专项行动的意义，打击的重要领域、重要内容、重点产品。介绍了版权局的工作职责、著作权基本内容和《著作权法》的实施情况，就侵权盗版的危害、如何识别正版和盗版出版物、软件正版化工作等热点问题与听众进行了交流互动，增强了版权保护意识，取得了良好的社会效果。

另外，天津市版权局与天津市高级人民法院、天津市公安局治安总队共同参加“天津市卡拉 OK 版权许可集体签约暨授牌大会”，并在会上做“尊重知识　尊重版权”的宣传讲话。

四、完善版权服务，促进版权贸易交流

组织天津市 12 家出版单位参加第十七届北京国际图书博览会，取得丰硕成果。此次博览会天津展团的版权贸易总量为 176 项，版权引进 73 项（达成意向 64 个、签订合同 9 个），版权输出 103 项（达成意向 93 个、签订合同 10 个）。版权输出量大幅提高，首次形成版权贸易顺差，成为天津市参加北京国际图书博览会的一大亮点。

认真做好涉外合同审核登记及著作权解答咨询等日常工作。审核登记图书涉外版权合同 159 个；复录加工合同 14 个；审核电子社出版物合同 1 个。审核引进境外软件认证 10 个。解答著作权法律咨询 200 多件。

参加由市委宣传部组织牵头，筹建“天津北方文化资产交易所”的摸底调研工作，为“天津北方文化资产交易所”的筹建提供版权交易的相关资料，并提出交易所中版权交易部分的可行性意见。

（张露娜　李文娣）

河 北 省

2010年，河北省版权行政部门认真贯彻国家关于知识产权工作的整体部署和实施知识产权战略的总体要求，在省委、省政府的正确领导下，紧紧围绕版权保护主题，服务省内经济大局，在版权保护等方面取得了明显的成绩。

一、高度重视宣传工作，不断加大宣传力度

2010年，全省各级版权行政部门以知识产权宣传周为契机，积极谋划和实施知识产权保护活动。省版权局按照局领导要求，认真编辑并精心印制了3 000份内容丰富而实用的版权保护宣传册，于4月份保护知识产权宣传周期间走上街头向群众散发，并现场热情回答群众提出的各类版权问题30多个。4月初，结合工作实际，省版权局制订了为企业服务的“识版权、送温暖”活动计划，并专门下发通知，要求各地版权局充分利用宣传周的有利时机组织属地企业，为其讲解版权知识，促其树立正版意识，提高企业使用正版软件的自觉性。宣传周期间，各设区市版权局按照省局要求统一行动，以会议、座谈、讲座等方式，大力宣传《著作权法》，在企业中产生了良好的效果。为了很好地宣传河北省几年来的版权保护成果，省版权局积极派人参与撰写《河北省保护知识产权状况白皮书》的相关内容，客观全面地介绍全省版权保护现状，出色地完成了任务，得到省保护知识产权工作组办公室的充分肯定。4月20日，省版权局参加了省政府新闻办召开的白皮书新闻发布会，并就版权保护问题回答了媒体记者的提问，省内各大新闻媒体播发、刊发了发布会的消息，达到了宣传的目的。由于长期坚持不懈的宣传，全省公众的版权意识普遍提高，省局版权处也由此获得了新闻出版总署颁发的“五五普法教育先进单位”称号。

二、大力推进企业及政府部门软件正版化工作

根据年度工作计划，2010年年初，省版权局组织对河北省首批开展软件正版化工作的企业进行了抽查，及时汇总了情况并向国家版权局进行了汇报；2—3月省局主动与2010年本省第二批开展正版化工作的160家企业中的省农村信用社、衡水建设银行、保定长城汽车公司、承德热力集团等单位联系，详细了解有关情况，谋划推进对策；为谋划全省企业软件正版化工作，3月份省版权局结合全省实际，拟定了《河北省2010年推进企业使用正版软件工作计划》，在征求各成员单位意见并报经省领导同意后向有关单位和各设区市进行了印发，对工作进行了布置；10月下旬，石家庄市版权局举办了企业软件正版化会议暨版权服务培训班，省版权局应邀出席会议并进行了指导。为推动软件正版化工作，11月25日，省版权局专门召开了省直第二批40家企业软件正版化工作会议，对企业负责人进行了软件资产管理及软件技术等方面的培训，对企业的正版化工作提出了要求，作为河北省首个获得“全国软件正版化工作示范单位”称号的代表，华北制药（集团）有限责任公司在会上做了典型发言，引起了与会企业代表的强烈反响。一年来，全省版权部门针对企业举办了4次培训，参训企业240余家，参训人数350人，检查企业达到35家，有力地促进了工作的开展。

在推进企业开展软件正版化工作的同时，河北省继续巩固政府部门软件正版化成果。在完成省直单位数据库软件采购任务后，省版权局积极筹备后续的省直单位使用正版软件培训会议，并于6月7—11日在石家庄市召开两期培训班，共对71家省直单位的114名相关负责人和技术人员进行了培训，现场向各单位发放了集中采购的正版数据库软件359套。全国开展打击侵犯知识产权和制售假冒伪劣商品专项行动开始后，根据《国务院办公厅关于进一步做好政府机关使用正版软件工作的通知》（国办发［2010］47号）和新闻出版总署（国家版权局）有关文件精神，按照省领导批示要求，省版权局代省政府起草了有关通知，在征求省使用正版软件工作领导小组各成员单位意见并报送省政府同意后，12月16日，省政府办公厅正式向各设区市、县政府和省政府各部门印发了《关于在全省开展政府机关使用正版软件检查和整改工作的通知》，同时向省委、省人大、省政协各部门和省法院、省检察院、省各人民团体进行了抄送。

三、积极开展打击侵犯知识产权和制售假冒伪劣商品专项行动与打击网络侵权盗版专项治理“剑网行动”

2010年10月下旬和11月，国家版权局和省版权局相继开展打击侵犯知识产权和制售假冒伪劣商品专项行动后，省版权局高度重视，迅速传达贯彻了国务院电视电话会议精神和相关文件要求，并认真开展了相关工作：一是迅速成立了组织机构，组成了由省版权局长李晓明为组长的全省新闻出版（版权）系统专项行动领导小组，抽调省局内相关处室的业务骨干组成了专项行动办公室，并安排了集中办公场所，明确了工作重点和要求。二是参与研究、制定了全省专项行动实施方案，制定了省新闻出版局专项行动实施方案。省专项行动领导小组办公室根据国务院通知精神起草了全省专项行动实施方案后，河北版权局派人参加了有关会议，研究并参与了方案的修改工作；根据国务院和新闻出版总署的通知和会议精神，着手制定了省新闻出版系统专项行动实施方案，向省委宣传部进行了汇报，并上报给新闻出版总署专项办和省专项办。三是及时召开了全省会议，对全省的专项行动工作进行了部署。11 月 25 日，经过认真筹备，版权局在石家庄市召开了河北省新闻出版局打击侵犯知识产权和制售假冒伪劣商品专项行动工作会议，全省新闻出版、版权和“扫黄打非”部门负责同志参加了会议。会议传达了国家版权局、新闻出版总署和省版权局有关专项行动的会议精神，下发了版权局制定的专项行动实施方案，李晓明局长在会上做了部署，提出了要求。各市新闻出版（版权）局局长进行了表态发言，针对专项行动表达了行动的决心和信心。四是积极参与省专项办组织的统一行动。12 月上旬，接到省专项行动领导小组关于开展“雷雨”集中打击行动的通知后，省版权局立即制定了针对新闻出版、版权和“扫黄打非”领域的“雷雨”集中打击行动通知，及时下发到各设区市，要求其结合本地的重点领域开展检查工作，按期完成检查并及时上报数据和信息。

2010 年 7 月下旬，国家版权局组织开展打击网络侵权盗版专项治理“剑网行动”后，河北省版权行政部门全力投入此项工作中，省局主动监管省内网站 20 个，接收通过邮件发来的投诉信函近 20 多封，对被投诉的 76 个网站进行了详细核查，相关情况及时向国家版权局或投诉人进行了反馈。

四、不断加大执法技能培训和各类侵权盗版案件的查处力度

多年来，河北省高度重视版权执法队伍建设。2010 年，在国家版权局建设版权监管平台过程中，省版权局积极配合系统建设人员的调研工作，结合省级单位实际应用提出一些合理化建议，共同研究解决方案；之后，又积极参加国家版权监管平台应用培训，熟悉系统的操作应用，提高了网络环境的版权监管能力。6 月份，省局按照国家版权局的要求，组织省内各设区市版权执法人员参加了“2010 年基层版权执法培训班”，通过近距离聆听专家、教授授课，执法人员的业务能力有了进一步提高，为打击网络侵权盗版专项治理“剑网行动”的顺利开展奠定了基础。

河北省各级版权行政部门非常重视上海世博会、广州亚运会的版权保护工作。世博会期间，省版权部门按照事先制定的知识产权保护方案，通过部门协作机制和快速反应机制，查处了一起网上售卖世博会吉祥物“海宝”的案件，及时关闭了侵权网站。由于行动积极，工作出色，省版权局和省局版权处李冬群同志在国家知识产权局、公安部等八部委组织的“世博会知识产权保护专项行动先进集体和先进个人”评比活动中分别被评为先进集体和先进个人。

2010 年年初，保定市文化市场行政执法大队根据举报对保定市某装订厂进行检查，现场发现装订的《中华人民共和国药典（2010 年版 · 三部）》半成品 800 册，《中华人民共和国药典（2010 年版 · 二部）》散页约 70 令，经计算总价 322 500 元。依据相关法律法规，将该案移交保定市公安局立案侦查。任丘市版权局执法人员根据举报查获晨光书店销售盗版《四库全书》案，依据《著作权法》等法律法规对晨光书店作出没收全部非法出版物、罚款 1 万元的行政处罚。

6 月份，在接到某权利人投诉后，省局及时处理了《杀破狼》等四部电影被侵权案，对涉嫌侵权的衡水某科技公司提出了警告。之后，省局版权处协助省扫黄办落实国家版权局《关于查缴〈六人行〉、〈名侦探柯南〉等盗版音像制品的通知》精神，将有关情况及时进行了汇总上报。7 月份，针对省会多家大型超市销售盗版音像制品问题，省局指定石家庄市版权局调查处理，并及时给予了跟踪指导；与此同时，在国家版权局统一部署下，省局指导各市版权局开展了图书馆作品使用情况的检查工作，并重点对河北农业大学、唐山师范学院图书馆进行了检查。7—9 月份，根据国家版权局要求，省局两次协助国家版权局和北京市公安局收集了关于北京新天地公司侵权盗版案的有关证据，并圆满完成任务。10 月份，省局督促邯郸市版权局调查处理了美雅印刷公司侵犯融源印务有限公司美术作品案，对当地的陶瓷印花版权进行了有力的保护。在持续的打击网络侵权盗版专项治理“剑网行动”中，省局先后自办和指导石家庄市、秦皇岛市和廊坊市版权局查处国家版权局下发的网络侵权盗版案件 10 起，有效地遏制了网络侵权盗版案件的发生。其中，实施行政处罚的 4 起案件分别是：（1）“必杀客”网站私服侵权案，处理结果：关闭非法网站，没收非法所得 3 000 元，没收涉案服务器一台，处以三倍罚款 9 000 元。（2）“君子堂”网站文字作品侵权案，处理结果：责令停止侵权行为，罚款5 000元，没收涉案服务器一台。（3）读写书店（汇文书店）网上销售盗版图书案，处理结果：责令停止非法销售行为，罚款11 000元。（4）东博书店网上销售盗版图书案，处理结果：责令停止非法销售行为，罚款15 000元。

五、热情为社会公众和各类产业单位提供版权服务

全心全意提供版权服务是各级版权行政部门的职责。2010年，省版权局先后为河北美术出版社、河北教育出版社、省医学情报研究所、衡水习三内画公司、邢台日报社、省内多名作者等单位和个人解答、解决有关版权问题，三次参加河北人民广播电台“阳光热线”节目，现场回答听众提出的版权问题。一年来，省版权局面向各出版社，为省内出版单位审核登记引进版权的图书出版合同24份。为做好版权服务，省版权局主动参加国际图书博览会、中国版权年会等会议，为省内出版单位和文化产业出谋划策，提供版权帮助。12月初，在深圳市举办的中国版权年会上，省版权局推荐的河北省吴桥县杂技团从全国上千家参评的版权企业中脱颖而出，荣获“2010中国版权产业最具影响力企业奖”。这是省版权局长期以来为鼓励省内优秀版权产业创新节目，提升运用版权手段保护企业自身利益，促进企业发展所付出努力的最好例证，不仅显示了河北省在版权创新和版权保护方面的成绩，同时也将对本省版权产业的发展起到良好的示范带动作用。

（李冬群）

山　西　省

2010年，山西省版权局按照“提高自主创新能力，建设创新型国家”的要求，坚持重点突出、统筹兼顾的原则，积极拓展版权宣传范围，着力加强版权监管力度，全面提高版权服务质量，为实现山西省委、省政府提出的转型跨越发展营造了良好的版权保护环境。

一、加强版权宣传教育，版权社会影响有新力度

2010年，山西省版权局围绕“创新——将世界联系在一起”这一主题，以纪念中国第一部《大清著作权律》制定和施行100周年、《中华人民共和国著作权法》颁布实施20周年、“4·26”世界知识产权日创建10周年和我国保护知识产权第7个宣传周为契机，大力开展版权法律法规宣传教育。

1．开展多部门联合宣传

通过协调商定，山西省版权局会同省知识产权局、省高院、省公安厅、省工商局和太原海关等部门，于4月19日在迎泽大街开展了知识产权知识、著作权保护知识宣传咨询活动。当日发放《著作权法》、《版权保护手册》、《信息网络传播权保护条例》、《计算机软件保护条例》、反盗版宣传画等资料5 000余份，接受版权保护、版权投诉咨询800余人次。

2．举行知识产权宣传周启动仪式

4月20日下午，山西省版权局、山西省知识产权局、太原理工大学在太原理工大学体育馆共同举行了“山西省版权局2010年保护知识产权宣传周启动暨太原理工大学版权工作站揭牌仪式”。省城各大新闻媒体对活动进行了详细报道，社会反响强烈，收到了良好的宣传效果。

3．组织“版权保护万人签名活动”

宣传活动期间，山西省版权局执法人员详细讲解关于版权的法律法规，开展以“支持阳光工程建设，推进版权保护工作”为主题的版权保护万人签名活动，号召社会各界积极加入版权宣传保护的行列。

4．开展版权保护主题演讲比赛

山西省版权局、山西省知识产权局、太原理工大学在太原理工大学共同组织了“版权在我身边”主题演讲比赛。理工大学500多名师生积极参加活动，12名老师和学生参加了演讲比赛，对版权保护提出了自己的见解。

5．实施版权宣传“五进”活动

4月22日上午，省版权局与市、县版权部门三级联动，在平遥古城开展“知识产权与传统文化”宣传咨询活动，着重宣传讲解了非物质文化遗产方面的保护问题，共有包括民间工艺美术家在内的约600名群众参加咨询活动，发放宣传新版《著作权法》、主题宣传资料共计1 300余册，得到了古城人民和广大游客朋友的赞誉。

为加强基层群众的版权保护意识，发动广大群众自觉保护正版、打击侵权盗版的积极性，使版权工作真正进入社区，省、市版权局在太原市480多个社区开展“版权进社区”活动，向各社区的宣传专栏张贴版权宣传资料，解答社区群众各类版权问题。

此外，山西省版权局还在太原理工大学举行了“知识产权与大学生”宣传咨询活动，制作各类展板30余块，赴山西省版权局重点企业进行版权宣传，到太原市高新区开展版权专题讲座，深入解答版权实际应用过程中存在的问题，为广大民众答疑解惑，版权保护观念不断深入人心。

二、创新版权工作形式，版权监管工作有新举措

为了深入打击侵权盗版行为，维护著作权人的合法权益，山西省版权局在认真总结2009年版权工作的基础上，加强对全省重点市、县中心区域、信息传播领域制作、复制、出版和销售环节的侵权盗版行为的打击力度，特别是网络侵权盗版行为。坚决严肃查处严重危害社会、损害社会公共利益的侵权盗版大案要案，为版权创造、运用、保护、管理提供良好的社会和市场环境。

1. 提高科技运用，严格监控侵权盗版现象

认真落实国家版权局《国家版权监管平台客户端设备使用管理规定》，于5月10日启动版权监管服务平台，充分利用“12390”电话举报平台，严密监控各类侵权盗版现象，为打击侵权盗版违法行为提供技术支持。

2. 加强部门协作，形成合力打击侵权盗版

山西省版权局充分发挥版权、公安、电信联动执法的优势，坚持大案必查、小案不漏的原则，严肃对待每一个案件举报与线索，提高办案效率，在快侦快破、细侦细破上下工夫。为了做好《语文报》案件的侦破工作，山西省版权局积极与山东省版权局、晋城市版权局、小店区公安局联系，副局长王吉敏亲自带领专案组赶赴山东省调查《语文报》被盗版案件。在山东省版权局的帮助下，专案组与山东省公安厅及聊城市公安局经侦部门进行了沟通，交换了各自掌握的案件信息。山东省的有关方面也非常重视此案，指派了专业骨干负责侦察。

3. 突出工作重点，保护重点领域版权

（1）继续加强互联网版权执法力度。

重点部署打击网络侵权盗版专项治理“剑网行动”，坚决做到发现必打、举报必打，提高版权行政执法效率。为加强网络环境下的版权行政执法和监管工作，打击各类网络侵权盗版行为，山西省版权局根据国家版权局安排，于2010年8月起协调公安、工信部门成立山西省“剑网行动”联合领导小组，共同开展了打击网络侵权盗版专项治理“剑网行动”。各市依据《山西省2010年打击网络侵权盗版专项治理“剑网行动”方案》精神，陆续对专项行动作出具体工作安排，开展对版权相关法律法规与政策的宣传，引导企业开展自查自纠，确定主动监管网站，积极收集案件线索。全省各市共确定160余个主动监管网站，并进行了严格的检查。此次行动中，山西省版权局共查办3起国家级重点案件、2起省级重点案件，成功办结“8点报”网站文字作品涉嫌侵权案和“孝义之窗”网站网络涉嫌侵权案，其余案件也相继侦破。

（2）积极发挥大专院校版权工作站的作用。

加强对高校师生的版权服务工作，积极查找高校学术侵权问题，遏制学术研究领域的侵权盗版行为，严肃大中专院校学术氛围。

（3）做好世博会期间版权保护工作。

深入贯彻落实国家版权局关于“打击侵权盗版音像制品专项行动”的工作要求，集中清理整顿山西省版权局音像制品市场，保证世博会顺利举行，山西省版权局根据国家版权局的相关安排，组织全省各市县开展了“打击侵权盗版音像制品专项行动”，全省共出动执法人员2 193人次，取缔非法窝点14个，收缴敏感盗版音像制品76 843张，立案查处案件34起，全面净化了山西省版权局音像出版物市场。世博会期间山西省版权局未发生一起与世博会有关的侵权盗版案件。

（4）加强城市、学校图书馆版权日常监管工作。

版权处通过多种形式，加大《关于加强图书馆著作权保护工作的通知》和《关于进一步加强图书馆著作权保护工作的通知》的落实工作，对山西医科大图书馆版权保护工作进行整顿，督促各地市开展图书馆版权专项检查工作，提高了山西省版权局图书馆的版权管理和版权保护水平，将版权保护向社会更深层次延伸。

（5）开展报刊社《著作权法》执行情况检查。

为切实做好《著作权法》的社会监管工作，维护良好的版权保护环境，山西省版权局对全省77家报社、199家期刊社2009年度执行《著作权法》的情况进行检查，重点检查了各报社、期刊社建立版权工作站的情况，执行《著作权法》的情况，所使用作品是否依法署名，是否依法支付稿酬，有无因侵犯著作权被举报、投诉等情况，全面规范了报刊社、期刊社的著作权保护工作，并建了版权工作站。

（6）开展打击侵犯知识产权和制售假冒伪劣商品专项行动。

为贯彻落实全国知识产权保护与执法工作电视电话会议精神，严厉打击各种侵权盗版违法行为，切实在全省版权保护领域抓出明显成效，于11月起在全省新闻出版行业开展打击侵犯知识产权和制售假冒伪劣商品专项行动，以严肃查处一批影响恶劣的侵犯著作权大案要案，曝光一批违法违规企业，取缔无证印刷、无证发行的黑窝点为目标，旨在形成打击侵犯著作权行为的高压态势，全面提升版权保护水平，使山西省版权局的版权保护工作进入全国先进行列。

三、督促使用正版软件，软件正版化工作有新进展

巩固企业软件正版化成果，积极稳妥地推进企业使用正版软件工作，有计划、分步骤地实现大中型企业的软件正版化是版权工作的长期目标。2010年，山西省版权局积极开展企业软件正版化工作情况调查，详细了解各地企业软件正版化工作的实际进展情况，企业软件正版化工作正在全省煤矿、冶金、文化新闻出版285家大中型企业全面推进。

积极落实国家关于进一步做好政府软件正版化工作的精神，在巩固2005年以前政府机关软件正版化工作成果的基础上，在省政府的统一领导下积极部署开展山西省政府软件正版化工作，将政府机关软件正版化工作的推进范围扩大到各级党政机关、人大、政协、法检两院、事业单位、民主党派、人民团体和财政供养的其他单位。

四、坚持理论联系实际，公共服务体系有新突破

山西省版权局在努力完成各项行政工作任务的同时，注重热情接待来访群众，提供咨询服务。全局同志积极提高版权服务水平，加强版权登记宣传和版权法律法规的学习，对动漫产业相关作品出台登记优惠政策，截至2010年年底，共完成包括作品著作权登记131件、版权贸易登记备案35件，赴吕梁等市开展版权培训7次，接待群众咨询180余人次，参与第十七届北京国际图书博览会，达成版权引进意向16项、输出意向57项，为群众提供了优质、高效的版权服务。

（狄月清　郝子谋）

内蒙古自治区

2010年，内蒙古自治区版权局创新工作方式，紧紧围绕版权局总体工作大局，贯彻执行国家版权工作的各项方针政策，以培养和提升内蒙古自治区良好版权环境、促进自治区版权相关产业繁荣发展为目标，在版权各项领域中开展了卓有成效的工作。

一、加强版权法律制度建设

经过长期不懈的努力，2010年6月26日，《内蒙古自治区著作权管理办法》正式生效实施。该管理办法的实施，填补了自治区长期以来没有地方性著作权管理规范性文件的空白，进一步适应了著作权管理的地方性、民族性特点，为内蒙古自治区版权保护、版权公共服务、地方性著作权相关产业的发展提供了制度支持，必将推动自治区版权工作开创新的局面。

二、加强版权执法干部队伍建设

2010年3月份，版权管理处组织参加了国家版权协会举办的执法培训班。11月份，借召开全区版权工作会议之机，专门请国家版权局的领导同志到会就版权法律法规及实务做了专题讲座的和培训，并与内蒙古自治区人民政府法制办联合举办了首届为期2天的版权执法及版权产业培训班。此外，2010年3月份、11月份先后召开了两次工作会议，进行执法培训和工作部署。这些工作会议、培训活动的组织和举办，大大提升了内蒙古自治区版权干部队伍的版权管理水平和执法水平，也提高了版权干部队伍的版权工作意识和积极性，加强了版权执法干部队伍的组织性和纪律性。

三、加强了版权工作宣传力度

围绕“4・26”知识产权宣传周开展了包括悬挂栅栏横幅、报纸开辟专版、上街宣讲版权知识等多项宣传活动，召开《内蒙古自治区著作权管理办法》颁布实施新闻发布会，接受媒体采访，在电视台、《内蒙古法制报》宣讲解读《内蒙古自治区著作权管理办法》。每次专项行动期间，都在有关媒体发布消息，公布举报奖励办法，及时公布查处的典型案件，为自治区版权工作营造了良好的工作环境，提高了版权在社会中的认知度，宣传了内蒙古版权工作的积极成果，为自治区文化大区建设宣传造势。

四、开展了多次打击侵权盗版专项行动

2010年内蒙古自治区展开了多次针对侵权盗版的专项行动。包括2010年3月份查处侵权盗版音像制品专项行动，2010年4月份查处《六人行》、《名侦探柯南》盗版音像制品专项行动，2010年打击网络侵权盗版专项治理“剑网行动”，2010年世博会（上海）、第16届亚运会（广州）版权保护专项治理行动，以及已经开始的打击侵犯知识产权和制售假冒伪劣商品专项行动。专项行动的有效开展，有效地遏制了大规模的侵权盗版行为，改善了自治区的版权环境。

五、积极组织推荐自治区先进集体和先进个人参加各种评奖活动

组织推荐了包头市新闻出版局参加第二届中国政府出版奖评选（结果未定）。组织推荐了内蒙古蒙科立软件有限责任公司参加国家版权协会组织的2010年度版权产业最具影响力企业评选活动，与深圳冰川网络技术有限公司共同被评为2010年中国版权产业新锐奖（获此奖的仅2个单位），同时，内蒙古自治区版权局被评为优秀组织奖（获此奖项的共5个省市区局）。组织推荐了内蒙古自治区版权局、吴刚毅（呼和浩特市文化市场办）等参加了知识产权局、公安部、海关总署、工商总局、版权局、高检院、贸促会、新闻办联合开展的世博会知识产权保护专项行动评选先进活动，已确定版权局和吴刚毅分获先进集体和先进个人。

（郭锦云）

辽　宁　省

2010年以来，辽宁省版权局以科学发展观为统领，以贯彻落实《国家知识产权战略纲要》为动力，以提高工作水平为目标，紧紧围绕局党组提出的促进产业繁荣和经济发展的工作理念，创新方式，突出重点，向纵深方向深入发展。

一、推进制度创新，法律体系建设有新进展

印发《辽宁省新闻出版局　省版权局行政执法监督规定》。为贯彻落实《辽宁省行政执法监督规定》，做好全省新闻出版、版权行政执法部门执法监督工作，辽宁省版权局制定《辽宁省新闻出版局　省版权局行政执法监督规定》，要求全省各级新闻出版、版权行政执法人员认真学习，严格遵照执行。

召开《出版管理条例》、《音像制品管理条例》修订座谈会。《出版管理条例》、《音像制品管理条例》的修订起草工作是关系新闻出版、版权全行业发展、管理的基础性工作。通过在大连理工大学出版社召开第二届大连地区版权管理工作座谈会，就两个条例修订条款的具体细节与各出版社进行商讨，形成最终意见上报新闻出版总署（国家版权局）。

选聘执法监督员。根据《辽宁省新闻出版局　省版权局行政执法监督规定》，为做好行政执法的社会监督工作，在全省范围内开展选聘新闻出版、版权行政执法监督员工作。首批聘任8人为全省新闻出版、版权行政执法监督员，均为辽宁省各民主党派驻会（副）主委（均是省政协副秘书长职务）。选聘执法监督员工作是省版权局依法行政工作的一项重大举措。获聘的执法监督员将对全省版权（新闻出版）部门文明执法、依法行政、人员纪律、廉洁自律、政风行风建设以及遵守职业道德等方面实施全方位监督，有效确保全省版权（新闻出版）行政执法部门及行政执法人员严格依法行政。

二、强化监管力度，版权执法与监管水平有新提高

重点开展世博会版权保护工作。世博会开幕前，在全省范围内组织开展以世博会版权保护为重点的打击盗版音像制品专项行动，通过对全省各地文化、新闻出版市场及图书经营单位进行检查，共收缴盗版音像制品2万余张，盗版图书1千多册。印发《辽宁省世博会版权保护专项行动实施方案》，并组织召开2010年全省版权重点工作专题会议，强调以世博会版权保护为重点强化本年度版权执法工作。世博会期间，赴阜新、大连、丹东等地进行世博会版权保护专项督导检查，通过对当地新华书店、大型图书城、小型和个体音像店等出版物市场的音像、软件销售情况进行检查，确保当地版权保护工作力度。

切实加强图书馆著作权保护工作。通过约谈、实地检查等方式，对驻沈几家大专院校图书馆予以检查指导。联合大连市局、大连市文化市场综合执法总队通过抽检图书、查看进货单、听取汇报等方式，对大连市图书馆进行检查。对国家版权局督办的沈阳农业大学图书馆著作权侵权一案进行实地检查，询问相关负责人，查找版权工作漏洞，责令其限期整改，有效提高了全省图书馆的版权管理和版权保护水平。

严厉打击网络侵权盗版活动。结合国家版权局等三部门联合开展的2010年打击网络侵权盗版专项治理“剑网行动”，在全省范围内组织开展2010年辽宁省打击网络侵权盗版专项治理行动。通过协调通信部门，先后查办国家版权局移转的大连智捷网络侵权案、RAR1网络侵权案、YPAY支付网游戏作品侵权案；指导文化执法部门查办都乐迷网站著作权侵权案等多个网络侵权案件，关闭非法网站3个，没收服务器1台，罚款10万余元，对网络侵权盗版行为产生了巨大的威慑作用。

积极推进企业软件正版化工作。充分发挥辽宁省使用正版软件工作领导小组的作用，制定《2010年辽宁省推进企业使用正版软件工作计划》，在全省版权重点工作会议上，进一步强调要积极稳妥推进软件正版化工作，结合振兴老工业基地的实际情况，选择重点行业，完成量化工作。赴大连进行企业软件正版化工作督导检查，积极推动当地软件正版化工作的顺利开展。

部署打击侵犯知识产权和制售假冒伪劣商品专项行动。根据国务院、省政府有关知识产权保护与执法工作电视电话会议精神，按照国务院、新闻出版总署、省政府打击侵犯知识产权和制售假冒伪劣商品专项行动（以下简称“专项行动”）相关文件内容，成立辽宁省新闻出版局专项行动领导小组，制定并印发专项行动实施方案。组织召开全省新闻出版、版权专项行动会议，研究部署在全省范围内开展专项行动。赴盘锦、营口等地开展专项行动督导检查，通过听取汇报、实地检查等方式，重点检查当地长途客运站、学校周边、大型电子商城以及正规书店出版物市场情况，严厉查处侵权盗版行为，确保本次专项行动取得实效。

三、密切联系实际，公共服务和社会参与体系有新突破

作品版权登记数量有新突破。通过对阜新玛瑙市场和沈阳音乐学院版权工作站版权产业发展情况进行考察调研，进一步了解全省版权产业分布情况，强化著作权人版权保护意识，宣传作品版权登记的重要意义。全年普通作品版权登记 4 800 件，较 2009 年增长 352%；新增著作权合同备案登记 22 件。

设立葫芦岛作品登记处。在葫芦岛市局设立全省第一个作品登记工作点，挂“辽宁省版权局葫芦岛作品登记处”牌子，具体负责承办本辖区内作品自愿登记的受理、初审、报批、代发证件、统计、备案等工作。这是全省版权保护工作的一项创新之举，也是建立健全作品登记制度的一项重大举措，开创了全省作品版权登记工作由省独办到省市联动的新局面。

设立辽宁省版权局辽海出版社版权工作站。“辽宁省版权局辽海出版社版权工作站”是辽宁省版权局设立的第五个版权工作站，也是全国首次在出版单位设立版权工作站。辽宁省版权局将利用版权工作站这个平台，在辽海出版社版权业务的开展中引入版权保护机制，帮助出版社解决有关法律与政策问题，加大打击盗版教辅教参力度，有效维护辽海出版社的合法权益，不断提高出版社的创新能力和版权创造的整体水平。辽海出版社版权工作站的成立突破了原有在大专院校、产业园区设立版权工作站的格局，将辽宁版权部门的职能进一步延伸至出版前沿，全省版权公共服务体系出现新的突破。

四、创新工作思路，版权社会影响有新提升

扎实开展本年度“4·26”知识产权宣传周活动。宣传周前，制定并下发实施方案，发布 10 个宣传周活动口号，统一部署本届宣传周活动；在全省版权重点工作会议上进一步强调本届宣传周的重要性，要求全省各级版权部门要以纪念中国第一部《著作权法》颁布 100 周年及新中国《著作权法》颁布 20 周年为契机，以本届“4·26”知识产权宣传周为平台，采取多种形式，集中宣传辽宁版权保护工作的举措和成绩，努力在全省范围内营造良好的版权保护氛围。宣传周期间，通过联合举办知识产权状况新闻发布会，联合省“扫黄打非”办公室开展集中销毁侵权盗版制品、版权法律现场咨询、散发版权宣传册、现场作品登记等活动，有效提高社会公众版权保护意识，进一步扩大版权工作的影响力。

召开第二届大连地区版权管理工作座谈会。组织大连 5 家出版单位在大连理工大学出版社召开座谈会，围绕数字和网络环境下版权保护、版权贸易的法律纠纷等主题展开讨论，有效解决转企改制后各出版单位如何谋发展、如何规避业界版权法律纠纷等实际问题。

组织省内出版单位参加第十七届北京国际图书博览会。为省内出版单位提供良好的展示平台，促进省内出版单位更快速地开拓国际市场，拓展全省版权贸易的空间。全年引进境外图书合同 500 件，较 2009 年同期增长 44.5%；版权输出 89 种。

五、加强教育培训，版权队伍建设有新力度

开展全省新闻出版行政执法证件年检注册工作。通过各部门自检和省局统一核查，对全省新闻出版行政执法人员一年来的依法行政情况进行评价并记入档案。全年年检执法证件 878 个，合格 780 个，注销 98 个；新办执法证件 95 个。

组织省内版权法规培训。组织大连地区部分编辑人员在大连理工大学出版社举办版权法规培训班，围绕新闻出版的管理法规、有关著作权的法律知识等问题进行解读，增进培训人员对版权相关知识的了解，树立依法出版的法律意识。

积极推进 2009 年度全国查处侵权盗版案件有功单位及个人的评选表彰工作。经过精心组织、认真研究，推荐全省在 2009 年查处侵权盗版案件工作中作出突出贡献的 6 家单位和 5 名个人参选。最终，2 家单位荣获有功单位二等奖，4 家单位荣获有功单位三等奖，5 人获有功个人三等奖。

总体看，2010 年辽宁版权工作按照局党组的部署，围绕法制体系、政府行政管理体系、公共服务与社会参与体系、内部工作体系，抓重点，攻难点，出亮点，较好地促进了版权事业的繁荣和版权产业的发展，为 2011 年创新工作打下良好的基础。

（石　帅）

吉 林 省

2010 年是"十一五"的收官之年，是吉林省新闻出版产业发展较快的一年，也是全省版权工作取得较大进展的一年。全省各级版权管理部门认真贯彻落实吉林省委、省政府和国家版权局的工作部署，以科学发展理念为统领，锐意进取，通力合作，使全省版权工作取得了长足的进步。

一、强化宣传针对性，拓宽宣传领域，版权宣传工作成效明显

全省各级版权管理部门始终把版权宣传工作作为版权工作的先导，充分利用各类媒体搞活动态宣传；以纪念世界知识产权日为契机，开展街头宣传；借助专项治理行动，策划专题宣传。多种宣传方式促进了版权整体工作的顺利开展，提高了社会公众的版权保护意识。

1. 以纪念世界知识产权日为契机，大力开展街头宣传

为纪念世界知识产权日，全省各级版权管理部门不同形式地组织了多场次的街头宣传活动。2010 年 4 月 26 日上午，吉林省版权局与长春市版权局等有关单位在重庆路街心花园组织开展了以"创造·保护·发展"为主题的纪念"世界知识产权日"系列宣传活动，现场设立了"版权咨询调解处"，发放宣传单 2 600 多份，宣讲《著作权法》，现场解答广大群众的法律咨询 20 多人次，较好地宣传了《著作权法》。

2. 以"版权保护教育基地"为依托，加强对在校大学生的版权宣传教育

在纪念"世界知识产权日"期间，吉林省版权局与东北师范大学、吉林师范大学、长春工业大学、吉林艺术学院四个"版权保护教育基地"联合开展了版权宣传教育活动，为在校师生赠送了《著作权常用法律法规汇编》，免费进行作品登记。这些活动的开展，充分发挥了"版权保护教育基地"的宣传教育功能，加强了对在校大学生的版权保护宣传教育，使版权宣传教育真正走进了大学校园，做到了版权保护"正本清源"。

3. 以各类新闻媒体为宣传主阵地，加强版权动态宣传

在《中国新闻出版报》、《新文化报》、人民网、中国新闻出版网、中国吉林网、省政府网站、新浪新闻中心等各类新闻媒体发表稿件 40 余篇。版权执法工作经验、版权产业服务平台建设、加强"版权保护教育基地"宣传教育功能等重点工作都被《中国新闻出版报》做了详细报道。2010 年 7 月 15 日，《中国新闻出版报》以《吉林版权执法经验谈：创新版权执法方式带来权威效应》为题，以一个整版的篇幅对吉林省版权执法经验进行了详细报道。吉林省版权宣传的五种做法，被国家版权局确定为版权宣传的示范模式。

二、加大执法力度，总结执法经验，版权执法监管效能逐步提高

针对版权保护工作面临的新形势，吉林省版权局不断总结经验，加大打击力度，始终保持了对侵权盗版行为的高压态势。2010 年，国家版权局分别在宁波、新疆、北京组织召开了三次"基层版权执法培训工作会议"，吉林省版权局在三个培训会上做了版权执法工作的经验交流。吉林省版权执法工作的十种做法，得到了国家版权局的充分肯定并在全国推广。

1. 开展了打击生产经营领域使用盗版计算机软件专项行动

根据国家版权局等九部委推进企业使用正版软件工作部际联席会议精神，及省推进企业使用正版软件工作领导小组的工作要求，吉林省版权局下发了《关于加强企业软件正版化工作的通知》，要求各相关企业、设计院所要分阶段实现软件正版化。为了加大推进力度，吉林省版权局对省内部分设计院所进行了集中执法检查。根据局党组及吉林省版权局的工作要求，多家设计院积极主动地进行了自查及整改，上报了自查报告及整改方案，实现了软件正版化。

2. 开展了打击网络侵权盗版专项治理"剑网行动"

为贯彻落实国家版权局、公安部、工业和信息化部联合下发的《2010 年打击网络侵权盗版专项治理"剑网行动"方案》要求，吉林省版权局于 2010 年 7—10 月联合省公安厅、省通信管理局组织开展了打击网络侵权盗版专项治理"剑网行动"。局党组及全省各级版权管理部门高度重视，分级成立了专项行动办公室，制定了可行性方案，采取了有效措施，主动监管大型网站 57 家，其中重点监管 20 家，查处各类网络侵权案件 22 起，有力地打击了网络侵权盗版的非法行为，促进了全省互联网产业的健康发展。"剑网行动"开展后，吉林省版权局将延吉市 o2sky 网站侵权案件作为重点督办案件，多次补充、收集证据，积极配合法院审理工作，最终使得犯罪嫌疑人受到了法律的制裁。2010 年 7 月 28 日，延吉市法院依法判处犯罪嫌疑人朴君有期徒刑3年，缓期3年执行，并处罚金2万元整，彰显了吉林省打击网络侵权盗版的决心和力度。

3. 开展了打击盗版音像制品专项治理行动

2010年3月份，吉林省版权局在全省范围内开展了一次严厉打击盗版音像制品专项治理行动，下发了《关于开展打击盗版音像制品专项行动的通知》。专项行动中，全省共出动检查人员1 000多人次，执法车辆150多台次，查获盗版音像制品及盗版图书40 000多盘（册），取缔非法摊点40多个，查处游商8人，有效遏制了盗版音像制品在某些区域蔓延泛滥的势头。

4. 建立了世博版权保护快速反应机制

根据国家版权局《2010年上海世界博览会版权保护工作方案》的要求，在上海世博会召开期间，吉林省版权局制定了《关于做好世博会期间版权保护工作实施方案》，全省各级版权管理部门强化了社会监管，建立起快速反应机制，查处了清华少儿外语学校侵犯世博会会标“海宝”著作权一案，实现了对世博会侵权盗版活动群治群防，给世博会的成功举办营造了良好的版权保护氛围。

5. 落实省政府打击侵犯知识产权和制售假冒伪劣商品专项行动，开展打击侵权盗版专项治理行动

根据省政府《吉林省打击侵犯知识产权和制售假冒伪劣商品专项行动方案》的通知要求，结合吉林省版权管理工作的具体情况，吉林省版权局制定了《关于开展打击侵权盗版专项治理行动方案》，从2010年11月至2011年6月，全省范围内开展打击侵权盗版专项治理行动，对贩卖盗版图书、盗版教材、教辅，非法制售盗版音像电子制品，非法预装盗版计算机软件，非法印刷复制和非法加印，生产经营领域非法使用盗版计算机软件，互联网侵权盗版等违法行为进行严肃查处。截至2010年年底，全省各级版权管理部门及版权管理部门共出动执法人员1 500多人次，取缔非法摊点40多个，收缴盗版图书13 700多册，收缴盗版音像制品、软件51 800多张，移交司法机关案件2起，取得了明显治理成效。

三、优化服务方式，建立健全版权产业发展服务平台，版权服务水平大幅提升

吉林省版权局始终秉承版权管理工作要为社会发展服务的理念，在日常工作中不断优化服务方式，提升服务能力和水平。2010年，吉林省版权局通过实地调研，打造了四个版权产业发展服务平台，以更好地维护权利人的合法权益，助力全省版权产业快速发展。

1. 建立著作权法律服务平台，为著作权人提供专业性法律服务

吉林省版权局在“著作权咨询调解办公室”的基础上，进一步完善吉林省版权产业法律咨询及纠纷调解中心的各项工作制度，制定了工作细则，积极开展了著作权法律咨询及纠纷调解工作。全年累计接待各类著作权法律咨询1 200余人次，调解著作权法律纠纷10余起。为了更好地为著作权人服务，经过吉林省律师协会推荐，结合吉林省各出版单位基本需求情况，吉林省版权局初步遴选了13位优秀律师作为吉林省著作权法律服务律师库成员，为吉林省企业提供各类专业性法律服务。

2. 建立著作权法律宣传教育平台，为在校师生提供法律宣传教育服务

吉林省版权局以“版权保护教育基地”为平台，与吉林大学、东北师范大学、吉林师范大学、长春工业大学、吉林艺术学院等五所大学联合开展了多种形式的宣传教育活动，深入宣传普及《著作权法》及相关法律法规，让广大青年学生了解版权保护的有关法律知识，认识版权保护的重要意义，树立版权保护意识。

3. 建立著作权维权服务平台，为著作权人提供维权服务

2010年吉林省版权局积极引导组织著作权相关企业单位及个人组成吉林省“反盗版联合战线”。依托“反盗版联合战线”广泛开展版权保护有关活动，扩大版权保护范围，第一时间为权利人提供法律保护，切实维护著作权人的合法权益。对于侵权盗版现象较为严重的特殊行业及领域，吉林省版权局将加强正面引导，突出榜样示范，强化行业自律，让版权保护成为企事业单位及公民的一种自觉、自律行为。

4. 建立版权产业发展动态信息服务平台，为相关版权产业提供信息服务

吉林省版权局整理了吉林省各类版权产业相关单位信息数据、近三年来的各类作品自愿登记信息、外版图书引进信息，累计录入各类数据1 650条，并实现信息化管理，较好地完成了年度版权统计工作，全年累计接受作品著作权自愿登记、计算机软件登记和引进外版图书登记及外版图书合同审查备案登记937件。2010年5月上旬，经过系统设计，首次面向传统的新闻出版、广播影视、计算机软件、网络信息服务、文学艺术、文化娱乐等相关单位以及新兴的版权产业单位，组织开展了关于各类版权产业相关单位基本数据普查工作。共发放调查函437件，起草了《吉林省版权产业调查报告》，调查报告2万多字，数据翔实，覆盖面广泛，得到了局领导的充分肯定。

四、加大推进力度，促进全省软件正版化工作深入开展

1. 国家督导组对吉林省企业软件正版化工作给予了充分肯定

2010年1月份，接待由国家版权局版权管理司副司长王志成等7人组成的企业软件正版化督导检查组到吉林省进行企业软件正版化工作检查。吉林省版权局在长白山宾馆组织召开了汇报会，胡宪武局长做了重要讲话，董维仁副局长做了工作汇报，吉林省财政厅、国资委、工业和信息化厅等小组成员单位领导参加了会议。检查组对长春吉大正元信息技术股份有限公司、中国太平洋人寿保险股份有限公司吉林省分公司进行了实地检查，并对吉林省企业软件正版化工作给予了充分肯定。

2. 进一步加强了对企业软件正版化工作的督导检查

2010年3月，吉林省版权局向各相关企业下发了《关于加强企业软件正版化工作的通知》，要求各企业成立软件正版化工作领导小组，负责指导推进、督促落实、监督考核等具体工作，并在规定期限内做好包括自查、整改等工作。目前，多数企业在吉林省版权局的督导下，上报了自查报告及整改方案，并实现了软件正版化。

3. 召开了全省企业软件正版化工作会议

为了进一步推动企业软件正版化工作的深入开展，2010年8月13日，吉林省版权局在东师会馆组织召开了“吉林省企业软件正版化工作会议”。全省80余家企业100余名代表参加了会议。此次会议对前阶段工作进行了总结，对第二批次需要实现软件正版化的企业进行了具体工作部署，较好地推进了吉林省第二阶段企业软件正版化工作的开展。会后，各相关企业进行了自查和整改，并上交了自查报告及整改方案，基本实现了软件正版化。

4. 进一步推进政府机关软件正版化工作

根据《国务院办公厅关于进一步做好政府机关使用正版软件工作的通知》及国家版权局《关于开展打击侵犯知识产权和制售假冒伪劣商品专项行动及进一步做好使用正版软件工作的通知》精神，结合吉林省实际情况，吉林省版权局开展了进一步推进政府机关使用正版软件工作，将《关于开展省直机关使用正版软件情况调查的通知》发给了全省88家省直机关，开展了第一阶段的调查摸底工作。

（姜俊玉）

黑龙江省

2010年，黑龙江省各级版权行政管理部门以科学发展观为指导，认真贯彻落实国家版权局和省政府有关版权工作的部署，积极开展版权保护工作，在版权宣传、版权执法、推进企业使用正版软件等方面取得了显著成绩。

一、多种形式开展版权宣传工作

结合各项版权工作的进展，在广播电台、电视台、报纸、网站等新闻媒体进行宣传。《黑龙江晨报》、《哈尔滨日报》、《新晚报》多次综合报道了本省版权工作的开展情况；黑龙江省电视台、哈尔滨市电视台多次跟踪报道全市开展打击侵权盗版专项行动情况，在省纠风办、黑龙江省人民广播电台联合举办的“行风热线”节目中制作专题宣传。

2010年4月22日，黑龙江省暨哈尔滨市“扫黄打非”工作领导小组举行盗版及非法出版物销毁大会，省版权局同时组织全省启动“打击侵权盗版、保护知识产权”的签名和“拒绝盗版、从我做起”绿书签派发活动。4月26日，与省知识产权局、省工商局等部门在防洪纪念塔广场，联合举办以“创造·保护·发展”为主题的知识产权宣传周活动。组织各市、地版权行政管理部门加入“百座城市、千家网站”版权保护联动体系。

二、参与制定《黑龙江省知识产权战略实施纲要》工作

按照省政府的有关工作部署，省版权局参与了《黑龙江省知识产权战略实施方案》专题制定和相关专题讨论会；参加黑龙江省商业与对外贸易知识产权运用与保护课题研究组研究工作会；完成承担起草的涉及《黑龙江省知识产权战略实施纲要》（以下简称《纲要》）的四个部分内容和七项专题任务。

根据《纲要》工作小组的统一安排，完成版权专题报告，为《黑龙江省外经贸领域知识产权发展现状、存在问题及对策分析》、《商贸流通业知识产权运用于保护问题研究》提供著作权部分相关资料，并对《纲要》定稿多次提出建设性意见。

三、积极开展版权贸易工作

向各市地新闻出版（版权）局和出版单位下发征求意见通知，并走访部分市地和出版单位，对加强和改进版权贸易工作进行调研。针对本省多年来图书版权贸易“走出去”增长缓慢的问题，走访出版单位，发放调查表，摸清全省从2005年以来的图书版权贸易底数；根据各出版单位上报“走出去”图书产品，编制了黑龙江省版权贸易图书产品中英文对照目录，派人参加法兰克福书展并向国外出版商推荐优秀出版物。

四、加大版权执法力度，查处侵权盗版案件

2010年，全省各级版权行政管理部门对28 132个经营单位进行了执法检查，查缴盗版图书、音像制品、电子出版物356 817件，有力打击了侵权盗版活动。

1. 开展打击网络侵权盗版专项治理行动“剑网行动”

从2010年3月到10月，按照国家有关部门的统一部署，省版权局与省公安厅、省通信管理局联合组织全省开展净化网络、打击网络侵权盗版专项行动。各地和有关部门主动监管网站178家，协调查证网络备案信息45起，关闭网站6个。协调处理齐齐哈尔大学、齐齐哈尔医学院等侵权案件7起。

2. 开展打击假冒伪劣商品和侵犯知识产权专项治理行动

根据国办发［2010］47号文件精神，省版权局与省商务厅、省工商局、省知识产权局等十几个部门联合部署，全省从12月起开展打击假冒伪劣商品和侵犯知识产权专项治理行动。各地版权管理部门高度重视，积极开展版权执法检查。新闻媒体对这次专项行动进行了跟踪报道，产生了良好社会影响。

3. 加强日常监管，公布典型案例

省版权局十分重视加强对市场的日常监管工作，各级版权管理机关积极对辖区图书、音像制品、计算机软件、电子出版物批发、零售单位进行执法检查，及时查处侵权盗版案件。在全国有较大影响的哈尔滨“3·07”非法经营、侵犯著作权案也在2010年8月进行一审宣判，六名涉案犯罪嫌疑人被判处十二年以下不等的有期徒刑，该案经媒体曝光后，在社会产生很大影响，极大震慑了侵权盗版分子。

五、推进软件正版化工作

1. 百家企业软件正版化工作情况

按照《黑龙江省软件正版化工作方案》的部署，完成国家版权局软件正版化先进企业评比工作。中国农业银行黑龙江分行、齐重数控装备股份有限公司、黑河辰能西沟水电有限责任公司、交通银行哈尔滨分行、中国工商银行黑龙江分行等5家企业被评为软件正版化示范企业。

2. 新闻出版行业正版软件工作情况

对新闻出版单位、出版物印刷企业、地市级以上新华书店和民营书刊批发单位推进软件正版化。三次下发企业使用软件情况调查表，进行电话督导，摸清有关企业软件使用情况。召开动员会、培训会，聘请专业人员对企业资产管理部门负责人进行培训，将软件作为资产纳入资产管理。全省600余家新闻出版企业对正版软件进行了自主选择、自行采购和更换，85%的企业完成情况较好。

3. 进一步推进政府使用软件正版化

《国务院办公厅关于进一步做好政府机关使用正版软件工作的通知》（国办发［2010］47号）下发后，按照文件要求，制定《黑龙江省关于进一步做好政府机关使用正版软件工作实施方案》，并上报省政府批准，确定了到2011年10月底前，全面完成省、市（地）、县三级政府机关使用正版软件的工作目标。

六、其他版权管理工作

组织协调文化厅、教育厅、“扫黄打非”办公室等部门开展图书馆著作权保护工作；指导哈尔滨市新闻出版（版权）局在平房动漫基地开展著作权作品现场登记工作；鉴定或组织相关人员鉴定出版物2 000余种，其中侵权出版物100余种；受理作品自愿登记205件，办理涉外图书版权贸易合同45份。

（邱鸿程）

上 海 市

2010年，上海市版权局以做好世博会版权保护与服务工作为中心目标，坚持一手抓版权保护，一手抓版权产业发展服务的工作方针，着力加强版权执法，大力推进版权公共服务体系建设，通过开展世博会出版物市场整治与版权保护专项治理行动，组织实施版权净化工程以及“剑网行动”等，使侵权盗版现象得到有效遏制，版权保护综合治理工作取得显著成效，为世博会成功举办，促进版权产业繁荣发展，为上海建设“四个中心”、实现“四个率先”作出了积极贡献。

一、主动对接，开创世博版权保护新纪元

1. 抓源头、广布网，世博会版权市场环境得到有效净化

有效整合公安、城管、城交、文化执法、海关等全市行政力量，以音像、出版物市场专项治理行动，世博会反盗版护城工程，打击软件和网络侵权专项行动为抓手，精心组织落实各项任务，通过严堵入沪渠道、严查销售窝点，使本市的侵权盗版现象得到遏制，市场整治工作成效明显。

2. *突出重点，快速反应，切实保护世博会相关版权*

围绕世博会中国馆、主题歌、“海宝”等有关作品的版权争议问题，市版权局严把法律关、事实关，在深入调研、充分论证的基础上，本着有理、有利、有节的原则，协调解决了争议，有效制止了舆论恶意炒作，维护了世博会版权保护工作大局。

为进一步加强对世博会相关作品的网络版权保护，确保与世博会有关的作品不被网络非法传播，市版权局联合市通管局、市公安局、市文化市场行政执法总队等五部门，充分利用市网络版权综合治理领导小组的工作机制，齐抓共管，确定 30 多家网站作为巡查重点对象，实行全天候监控。世博会举办期间，本市未发生一起非法传播世博会开幕式、主题馆日、闭幕式等重要活动的视频节目。

3. *主动服务，提高效率，大力构建世博会版权服务平台*

市版权局联合世博局、市知识产权局等部门成立“世博会参展者知识产权服务中心”，集中为上海世博会的各类参展者、参与者提供版权服务。市版权局多次召开专题座谈会，向参展商讲解作品登记及版权保护的相关知识。为给世博会参展者提供高效便捷的作品登记服务，经国家版权局同意，为海外参展商开辟作品登记“绿色通道”，在世博会知识产权服务中心设立专门窗口，委派专人，统一受理作品登记。联合江浙两省版权管理部门，邀请区域内最优秀的版权法律专家，共同组建长三角区域版权法律专家咨询组，在世博会期间，为世博会举办地和分论坛所在地提供版权法律咨询服务。

二、推进制度创新，服务体系建设有新进展

1. *加强版权质押融资制度建设*

市版权局积极参与市促进知识产权质押融资工作联席会议的各项具体工作。为贯彻落实《关于本市促进知识产权质押融资工作的实施意见》关于进一步完善版权质押制度的要求，市版权局支持鼓励有关单位开展版权资产评估体系和评估方法的研究，制定《计算机软件著作权的评估研究》，联合出台《上海市知识产权质押评估实施办法（试行）》和《上海市知识产权质押评估技术规范（试行）》，在全国率先建立包括版权在内的知识产权质押评估管理体系，填补知识产权质押评估领域的制度空白。

2. *探索建立版权纠纷诉调对接机制*

为有效化解版权纠纷，促进社会和谐稳定，市版权局和市高级人民法院积极探索上海版权纠纷调解工作的新机制，共同推动建立版权纠纷诉讼与非诉讼相衔接的矛盾纠纷解决机制，出台《关于开展著作权纠纷委托调解工作的意见（试行）》。根据该意见，诉至本市法院的各类版权纠纷在法院收到起诉状之后、正式立案前或者立案后、开庭审理前或者开庭审理后、法院判决前，经双方当事人同意，本市法院可以将纠纷委托上海版权纠纷调解中心进行调解，也可邀请上海版权纠纷调解中心参与法院主持的调解。诉调对接机制的建立为当事人提供了和谐解决矛盾的便利通道，有助双方当事人及时、高效地解决版权纠纷。

3. *制定《版权服务优秀项目（案例）评展办法》*

为激励版权服务机构进一步提升工作效能和服务质量，促进版权服务的项目化、特色化，市版权局制定了《版权服务优秀项目（案例）评展办法》，涉及优秀服务、推广运用、创新促进和宣传保护四方面。市版权局试点在五家版权服务工作站和两个中心（版权交易中心和版权服务中心）开展首次评展活动，五家版权服务工作站和两个中心共申报 22 个项目。经过评审，选出 14 个优秀项目，进一步推动了本市版权服务业的健康发展。

4. *成立上海版权服务中心、上海版权纠纷调解中心*

结合上海建设“四个中心”和国际化大都市目标，2010 年 5 月挂牌成立上海版权服务中心。该中心打破以往的组织框架，按照高效、便捷的原则，设计了全新的组织机构和工作思路，即四个机构、五大职能。四个机构是：上海版权保护协会，中国音乐著作权协会上海办事处，上海版权纠纷调解中心，上海版权代理有限公司；五大职能是：版权登记，版权集体管理，版权纠纷调解，版权综合信息，版权代理。上海版权服务中心成立以来，通过开展法律宣传、登记服务、信息服务等工作，为权利人提供“一条龙”服务，有效保护了著作权人的合法权益，有效提升了上海版权服务业的整体水平。2010 年，共办理作品登记 2 636 件、版权合同备案 202 件，代理涉外作品登记 125 件、软件著作权登记 262 件。

三、聚焦新业态，版权监管水平有新提高

1. *创新行政执法模式，严厉打击网络侵权活动*

为提高上海市文化领域行政执法效能，经市政府常务会议通过，决定自 2010 年 7 月 1 日起，本市著作权行政执法权集中由市文化市场行政执法总队行使，市版权局负责对版权行政执法的协调、监督、指导工作。

根据国家版权局有关“剑网行动”的统一部署与要求，市版权局以市网络版权综合治理领导小组名义，召开市“剑网行动”专题工作会议，明确有关部门的职责与分工，全面、迅速动员部署，认真组织相关网站开展自查自纠工作。根据有关自查自纠情况，进一步明确上海市主动监管网站名单。联合市文化市场行政执法总队对其中五家重点网站进行现场执法检查，对发现有违法情况的，依法进行了查处，并要求其限期整改。

在加大网络版权监管与执法力度的同时，积极引导本市有关互联网企业开展版权自律。在市版权局的协调下，盛大网络、起点中文网、PPS、PPLIVE、激动网等八家企业作为共同发起人，就建立本市互联网行业自律公约达成共识，自觉抵制网络侵权盗版行为，共同创造良好的网络行业发展环境。

2. 重点击破，积极稳妥推进企业使用正版软件工作

在2010年企业使用正版软件推进工作中，明确以本市金融行业等为重点推进领域，联合市证监会、银监会、保监会三部门，对本市60余家金融服务机构进行软件正版化专题培训，取得了良好效果。

在国有大中型企业软件正版化推进工作方面，与市国资委合作举办两期培训班，并分批对重点推进企业的软件使用情况进行监督检查，对检查中发现问题的企业明确提出要求与整改意见。

联合市期刊协会，对上海市620家期刊企业发放《软件使用调查表》，重点检查有关管理软件以及操作系统、办公软件、杀毒软件使用情况和合法授权情况。

3. 注重实效，有力推进图书馆版权保护工作

根据国家版权局、文化部、教育部和全国“扫黄打非”工作小组办公室联合下发的《关于加强图书馆著作权保护工作的通知》要求，联合市文化市场行政执法总队，对上海市部分高校开展图书馆版权保护专项执法检查行动。检查中，向校方明确提出要深刻领会中央有关加强图书馆版权保护工作的指示精神，高度重视图书馆版权保护工作，完善版权管理机制，切实做好对学生的版权保护宣传与培训工作，同时，根据检查中发现的问题，及时对相关高校提出整改要求。组织本市有关高校参加图书馆版权保护培训，进一步提高图书馆行业对版权保护重要性的意识，提升防范侵权盗版的管理水平和实际操作能力。

四、立足产业发展，版权公共服务能力有新提升

1. 创国内先河，发布《上海版权产业报告（2004—2007年）》

在全国率先完成并发布《上海版权产业报告（2004—2007年）》，该报告以世界知识产权组织的分类为依据，以国家版权局核心版权产业统计行业分类为参考，与《国民经济分类标准》相对应，结合上海版权产业特点，科学合理地设置上海版权产业统计范围内容和指标体系。确定上海版权产业具体产业分类由核心版权产业、相互依存的版权产业、部分版权产业3大类、27中类、171小类构成。同时，在权威统计数据的基础上，结合国内外相关研究成果确定版权产业统计项目的统计成分，统计分析上海版权产业的增加值、就业人数和进出口贸易额等经济贡献。根据《上海版权产业报告（2004—2007年）》，“十一五”期间，上海版权产业发展迅速，整体保持了比较稳定的持续增长和发展，上海版权产业对国民经济增加值占GDP的9%左右，2007年对就业的贡献已达到8.41%，远高于全国其他地区，处于较高发展水平。

2. 加强版权贸易的基础性建设，推动版权贸易持续发展

通过鼓励、支持、资助本市出版单位、代理机构参加国内外重大书展等文化展会，充分发挥展会资源的集合、联动效应，促进优秀文化产品的传播，2010年，全市各出版社开展了涉及1 396种图书的涉外版权贸易活动，其中引进1 133种图书，与2009年相比减少了171种，下降13.11%；输出263种，同比增加了31种，增幅达13.36%。总体上，2010年图书版权输出和引进数量由以往的“双增长”发展为“一增一减”，这说明上海图书版权贸易更趋理性，引进质量不断提高，“走出去”战略取得明显成效。

指导上海版权交易中心提升版权交易能力，创新版权交易品种。2010年，上海版权交易中心实现3 000个版权项目挂牌，涉及全国25个省（市、区），挂牌金额500亿元，完成融资、版权转让、咨询服务等各类版权综合交易29亿元。研发的全国首个半标版权交易产品“艺术品产权组合1号”成功挂牌，投资总额为2 500万元人民币，5个工作日全部发售完毕，最后一笔溢价10%。

3. 先行先试，推动版权质押融资

根据市新闻出版（版权）局与交通银行股份有

限公司上海市分行签订的合作备忘录，交通银行股份有限公司上海市分行给予意向性授信总额度100亿元用于支持上海市新闻出版及版权产业的发展。市版权局一方面积极推动银行方面对有大量版权资产的企业进行重点扶持和“试验”，引导银行将版权作为质权对企业放贷；另一方面，积极探索畅通版权质押渠道，尝试突破著作权质押合同登记制度的有关法律瓶颈。

五、贴近实际，版权宣传普及有新成效

1. 在“4·26”知识产权宣传周期间开展版权宣传教育活动

以“4·26”知识产权宣传周为契机，通过召开以“加强软件版权保护和繁荣软件产业”为主题的座谈会、启动“绿书签”发放仪式，联合PPTV、土豆网、新民网、东方财富网等主流网络媒体开展“保护版权，尊重创新，让世博更精彩”网络在线答题活动，宣传版权产业在经济发展中的作用，普及版权法律知识。

2. 全国百家出版单位版权保护宣言活动

为净化文化市场，营造一个尊重知识、鼓励创新、倡导公平的产业发展环境，组织开展全国百家知名出版社签署《共担文化使命，守护书香家园——2010上海书展版权保护宣言》活动，号召出版界从自身做起，激励原创，切实提高维权意识。活动得到全国130多家知名出版单位响应。

3. 上海市民版权认知度调查活动

为宣传普及版权知识，进一步提升市民的版权保护意识，上海书展期间，进行上海市民版权认知度调查活动，切实了解当前市民对版权的认知程度和对版权管理工作的认可程度，从而为下一步如何开展版权保护社会宣传活动、如何加强版权保护提供有益参考。

（吴瑾君　王　骞）

江　苏　省

2010年，全省版权工作紧紧围绕工作大局，突出工作重点，创新工作方式，大力提高版权管理和服务水平，着力推动版权产业发展和科技文化创新，为全省“两个率先”作出了积极贡献。

一、抓好典型宣传，服务产业发展，“南通经验”成为版权兴业的全球样本

积极做好“南通经验”的总结和宣传工作。《中国新闻出版报》、《中国知识产权报》和《中国版权》杂志分别刊发文章介绍南通家纺市场版权保护调研报告。4月20—21日，省委宣传部组织新闻采访团赴南通进行重大典型的采访报道。《新华日报》在头版刊发了报道，并配发评论员文章，江苏人民广播电台、江苏卫视、《扬子晚报》、《现代快报》、《江南时报》、《南京晨报》、江苏教育电视台和中国江苏网分别对南通家纺市场版权保护的经验进行了集中报道。2010年第6期《中国作家纪实》在头版发表了题为《明珠出海耀中天》的报告文学。

7月9日，世界知识产权组织和国家版权局在京联合发布《加强版权保护对中国南通家纺产业发展的影响调研报告》（以下简称《调研报告》），向全球推广南通在家纺市场版权保护方面的成功做法，让全世界共享中国江苏的“南通经验”，这也是世界知识产权组织首次在一个国家特定地区和行业进行专项调研并发布报告。世界知识产权组织总干事加利和国家版权局局长柳斌杰分别为《调研报告》作序。受加利先生的委托，世界知识产权组织助理总干事克拉克先生专程来华参观考察南通家纺市场，并出席《调研报告》发布会。新华社、中央人民广播电台、中央电视台、《人民日报》等对南通经验和模式进行了专题报道，日本NHK电视台、《南华早报》等其他10多家中外媒体专题作了采访报道。7月13日，中央电视台在《焦点访谈》栏目推出《版权“织”出生命线》专题报道。

二、加强版权监管，提高执法水平，打击侵权盗版和社会监管工作成效明显

认真部署打击侵犯知识产权和制售假冒伪劣商品专项行动。11—12月，为认真贯彻落实全国知识产权保护和执法工作电视电话会议和国务院办公厅《关于印发打击侵犯知识产权和制售假冒伪劣商品专项行动方案的通知》，《关于进一步做好政府机关使用正版软件工作的通知》，省委、省政府办公厅《关于进一步做好使用正版软件工作的通知》精神，紧急下发了《关于开展打击侵犯知识产权和制售假冒伪劣商品专项行动及进一步做好使用正版软件工作的通知》和《关于进一步做好政府机关使用正版软件工作的实施意见》，确定了专项行动的重点内容、重点对象和重点地区，明确了政府机关使用正版软件工作的方法步骤、完成时限和具体要求。根据省政府统一安排，省版权局带队对苏中、苏北三市进行了执法督查。

认真抓好上海世博会的版权保护工作。3月8日—4月30日，在全省范围内开展了为期1个多月的版权保护专项行动，对全省的音像出版单位、光盘复制企业、图书发行企业进行了专项检查。

根据国家版权局、公安部、工业和信息化部关于打击网络侵权盗版专项治理“剑网行动”方案的通知精神，精心组织，主动监管，共查处网络侵权盗版案件70件，关闭网站69家，没收服务器等设备6台，其中4起案件移送公安机关追究刑事责任，抓获犯罪嫌疑人12名。徐州、淮安、镇江、扬州、南通、无锡、昆山等地在这次专项行动中工作有力，表现突出。

认真抓好版权执法培训和表彰工作。在淮安市召开了全省版权工作会议，传达全国版权重点工作专题会议精神，部署2010年江苏省版权重点工作，对版权执法人员进行了培训。在昆山召开了全省版权执法先进表彰暨“剑网行动”汇报会，听取了各市版权局关于“剑网行动”开展情况的汇报，还就版权执法中的难点、热点问题进行了交流和培训。全省受国家版权局表彰的2009年度查处侵权盗版案件有功单位13家、有功个人9名，奖金总额29.6万元，居于全国前列。

2010年全省共查办行政处罚案件163件，移送公安机关14件，检查经营单位66 399个，取缔违法经营单位2 191个，查获地下窝点2个，收缴各类侵权盗版制品312万册（张），罚款76.38万元。

三、科学规划部署，加强教育培训，使用正版软件工作稳步推进

按照国家部际联席会议和九部委联合下发的文件精神，省使用正版软件工作领导小组办公室下发了《江苏省2010年推进企业使用正版软件工作计划》，确定了年内全省完成200家企业的目标，并召开领导小组办公室会议对工作进行了分解部署。举行“江苏省企业软件正版化行动”启动仪式，对南京60多家企业进行了使用正版软件培训。对权利人投诉的30余家企业进行上门宣传教育或执法检查，成功调解10起，调解金额达163万元，为企业节约成本110万元。召开全省软件正版化示范单位表彰暨培训工作会议，总结全省正版化工作取得的阶段性成果，讲评近年来各地正版化工作开展的情况，表彰第二批被国家九部委评为“软件正版化工作示范单位”的11家企业和被江苏省九厅局评为“软件正版化工作示范单位”的18家企业，对来自无锡、苏州、昆山、常熟和太仓等地的50多家企业代表进行了软件正版化培训。全省各地共举办企业使用正版软件培训班27期，参加培训企业1 183家、1 832人次；完成自查自纠企业447家，列入年度阶段性目标企业316家，完成检查验收228家，督查企业385家，查处企业5家。苏州市搭建软件正版化工作服务平台和正版软件租赁平台，全年推进102家企业完成软件正版化。淮安市制定了《推进企业软件正版化工作考评奖励办法》。

四、加强调查研究，抓好基础工作，版权服务体系建设不断完善

认真抓好版权保护调研工作。对东海水晶市场版权保护状况进行调研，形成了调研报告。调研报告被《中国知识产权报》和《中国版权》杂志刊载。对泰州国家医药城的版权保护和使用正版软件工作进行了调研。与省文联共同举办了“第四届江苏省文学艺术界保护知识产权论坛暨编剧著作权保护研讨会”，探索新形势下维护编剧权益的方法、途径和措施。昆山市被国家版权局列为全国四个版权优秀案例示范调研点之一。

大力开展争先创优活动。认真落实《江苏省版权示范城市、示范单位和示范园区（基地）创建管理办法》，大力开展创建全国版权保护示范城市、示范单位和示范园区（基地）活动。组织专家对苏州市、昆山市的版权工作进行了书面评审和现场考察，两市符合版权示范城市的申报条件，省局批准苏州市、昆山市为“江苏省版权示范市”，并上报国家版权局争创“全国版权示范城市”，国家版权局近日已正式批准。南通家纺市场被省商务厅、省知识产权局、省版权局授予“知识产权交易中心”示范点。

不断健全版权服务体系。认真做好作品登记和合同登记备案工作。全省受理一般作品登记7 591件，同比增长20%；计算机软件著作权登记6 092件，同比增长26%；著作权合同登记852份，同比增长29.6%。其中，著作权引进图书合同备案登记563份，涉外软件和电子出版物合同登记10份，复制境外出版物登记161种，一般著作权合同备案118份。在全国均居于前列。苏州市出台实施评选奖励优秀版权、版权登记全额资助、重大版权推广运用计划等激励政策和搭建刺绣版权许可交易平台。

五、加大宣传教育力度，精心组织三大会展，全面展示版权产业发展成果

认真做好版权宣传工作。全年在《中国新闻出版报》、《中国知识产权报》、《新华日报》、《中国版权》杂志和新华网、中国新闻出版网、中国知识产权网、国家版权局内部交流网等媒体发表文章和信息60余篇。全年共编发《江苏版权》11期，140多万字。

大力开展“保护知识产权宣传周”活动。“4·26”期间，紧紧围绕“创新——将全世界联系在一起”这一主题，举行“‘打击侵权盗版，保护知识产权’签名暨‘绿书签’发放活动”。宣传周期间，全省共发放宣传资料 35 000 余份。

精心组织三大会展。组织 17 家单位参加第十七届北京国际图书博览会。江苏展团共有展台 27 个，参展图书 2 119 种，签订版贸合同和意向 530 项，位居全国第二。签约合同总量为 174 项，位居全国第一。其中引进 83 项，居全国第一；输出 91 项，首次实现了贸易顺差，取得了历史性突破。中共中央政治局常委李长春，在国务委员、国务院秘书长马凯和新闻出版总署署长柳斌杰等陪同下，对江苏展台进行视察。组织南京、苏州、昆山、东海等地 20 多家企业参加了第三届中国国际版权博览会。江苏省参展团队人员最多、展台面积最大，展品丰富多彩，全方位展示了江苏版权管理、服务和版权产业发展的情况，成为博览会上最吸引人的展区，中央电视台《新闻联播》节目报道了昆山市“版权引领转型”的情况。苏州浩辰软件、苏州市公安局分别被世界知识产权组织授予版权金奖（中国）——推广应用奖和保护奖，新闻出版总署副署长、国家版权局副局长阎晓宏视察了江苏展台，对江苏版权工作给予高度评价。协助做好第五届中国（南京）国际软件产品博览会相关工作，重点做好展会期间的《著作权法》普及宣传、执法监督以及软件作品登记和相关咨询工作。

（谭松枝）

浙 江 省

2010 年，浙江省版权局在省委、省政府的领导和国家版权局的指导下，以服务创业创新、转型升级为目标，继续加大版权保护力度，完善版权服务，促进版权相关产业发展。

一、继续组织推进企业软件正版化，落实开展政府机关软件正版化专项检查和整改工作

2010 年年初开始，省使用正版软件工作领导小组办公室（设在省版权局）继续会同省经信委、省建设厅、省工商局、省旅游局等部门，在省软件、勘察设计、广告、饭店等行业协会的积极辅助下，对首批骨干企业软件正版化工作进行督促指导，分 4 批对杭州、宁波、温州、金华等地近 20 家列入 2009 年度首批重点行业软件正版化名单的骨干企业进行了抽查。

6 月份全省推进重点行业企业软件正版化工作会议在杭州召开，会议表彰了杭州东信北邮信息技术有限公司等 68 家“浙江省企业软件正版化工作示范单位”。会议要求各地继续根据 2009 年省七部门联合下发的《浙江省推进重点行业软件正版化工作实施方案》，组织开展 2010 年重点行业企业软件正版化工作。省使用正版软件工作领导小组办公室确定了 122 家 2010 年全省第二批重点行业推进软件正版化工作骨干企业名单，要求在 2010 年年底之前基本完成软件正版化任务。

下半年，省使用正版软件工作领导小组办公室又与省经信委、银监局、证监局、保监局等有关部门反复沟通协商，并召开专题会议，研究确定了今后 2～3 年全省企业软件正版化工作计划。12 月 16 日，省使用正版软件工作领导小组办公室、省版权局、省经信委、浙江银监局、浙江证监局、浙江保监局联合下发了《浙江省 2011 年至 2012 年度推进企业软件正版化工作实施方案》，对未来两年全省企业软件正版化工作作出安排。

按照《国务院办公厅关于进一步做好政府机关使用正版软件工作的通知》（国办发［2010］4 号）和省政府办公厅《关于开展全省政府机关使用正版软件专项检查和整改工作的通知》（浙政办发［2010］155 号）要求，各级政府机关要对本单位使用正版软件情况进行专项检查，重点检查办公软件、杀毒软件使用情况。凡是使用未经授权的非正版软件的要及时进行整改，并按照政府采购相关规定购买正版软件。省版权局作为这项工作的具体牵头部门，将对全省各地、各部门的情况进行汇总，并会同经信、财政、商务等部门对各地、各部门的整改工作进行督促检查。在明确各级政府、各部门主要负责同志作为第一责任人的前提下，建立健全各级政府使用正版软件工作机构，充分发挥牵头部门的职能作用，确保 2011 年 9 月底前完成省级政府机关和市、县（市、区）政府机关软件正版化专项检查和整改工作。

二、组织开展打击侵犯知识产权和制售假冒伪劣商品专项行动，营造良好的社会环境

1. 组织开展打击网络侵权盗版专项治理“剑网行动”

7 月份开始，根据国家版权局、公安部、工业和信息化部制定的《2010 年打击网络侵权盗版专项治理“剑网行动”方案》要求，省版权局会同省公安厅、省通信管理局部署开展了全省打击网络侵权盗版专项行动。11 月，根据新闻出版总署、国家版权局、全国“扫黄打非”工作小组办公室《关于开展打击侵犯知识产权和制售假冒伪劣商品专项行动及进一步做好使用正版软件工作的通知》要求，将“剑网行动”延续到 2011 年。截至 2010 年 12 月 31

日，全省各级版权行政管理部门共受理上级移交和自行收集到的案件线索共138件，其中国家版权局交办的案件91件，各级版权行政管理部门自行收集47件。138个案件已经全部结案。其中，行政处罚48件，共计没收违法所得2 700元，罚款336 200元；关闭违法网站51家；移交公安机关案件2件，即杭州世纪联线网络技术有限公司侵权案、嘉兴刘小勇盗版光盘案，犯罪嫌疑人将被依法追究刑事责任。省版权局年底还直接查处了杭州迈达电子有限公司涉外侵权案。

2. 组织开展打击盗版音像制品专项行动，建立世博会版权行政执法快速反应机制

根据国家版权局3月4日在上海召开的"世博会版权保护专项工作会议"精神，3月5日上午，省版权局及时将专项行动任务向杭州、宁波、绍兴、湖州、嘉兴和义乌市文化广电新闻出版局作了重点部署。3月10日国家版权局《关于开展打击侵权盗版音像制品专项行动的通知》下达后，浙江省版权局当天即将《通知》转发给全省各设区市和义乌市文化广电新闻出版局，并根据浙江省的实际情况，确定杭州、宁波、绍兴、嘉兴、湖州和义乌市为浙江省专项行动和世博会版权保护的重点地区。各地根据《通知》精神和《浙江省世博会版权保护专项行动实施方案》的具体要求，结合实际，对专项行动进行具体部署落实。专项行动期间，共计出动执法人员2 249人次，检查音像制品经营场所1 109家，取缔各类非法摊点53个，收缴各类非法音像制品30 501张，立案调查8件。

根据省委、省政府和新闻出版总署、国家版权局的有关要求，4月16日，省版权局向各市文化广电新闻出版局发出通知，要求各地在上海世博会筹备和举办期间，建立版权行政执法快速反应机制，并就世博会版权保护范围、案件处理时效、重大案件报送制度以及确定快速反应机制负责人、联络员等问题作了具体部署。快速反应机制要求在接获明确的有关世博版权侵权案件线索后，24小时之内由所在地版权行政管理部门提出调查处理意见；对于检查中发现的案件、权利人的投诉或其他有效举报，在3个工作日内确定处理意见。

3月底，省版权局还积极协助国家版权局在宁波召开了以世博版权保护为主题的"2010年版权重点工作专题会议"。由于各级各有关部门部署周密，准备充分，工作到位，上海世博会期间，全省没有发生严重世博版权侵权事件。浙江省版权局被国家版权局等部委授予"2010年世博会知识产权保护专项行动先进集体"荣誉称号。

三、组织开展了"4·26"知识产权宣传周活动，版权社会宣传运用新形式推出新内容

"4·26"知识产权宣传周期间，全省版权行政管理部门按照《2010年浙江省"知识产权宣传周"活动方案》的要求，开展了形式多样的版权宣传活动。杭州市以第六届国际动漫节为平台开展版权保护和宣传，拨出专项经费为参展动漫作品进行版权登记并集中展示，设立版权咨询小组提供现场服务。宁波市抓住所属县（市、区）学校参加"全国青少年版权保护知识竞赛"取得优异成绩的契机，组织开展了奖品奖牌发放活动。衢州市组织举办了"知识产权系列讲座"，吸引了众多企业和机关工作人员。全省其他许多市、县（市、区）也通过报纸、广播电视、网络、版权宣传展板、宣传手册、手机公益短信、免费咨询等形式开展了丰富多彩的版权宣传活动。此外，省版权局还积极参与了在南京召开的"长三角地区知识产权发展与保护新闻发布会"。

为了进一步加强和改进版权社会宣传，扩大受众面，增强宣传效果，省版权局经过认真筹划，于11月上旬同时推出了以"保护正版、打击盗版"为主题的公交车车体广告和机场候机大厅平面广告。三条公交线路分别从杭州市中心辐射至城西文教区、城东下沙文教区、城南滨江文教区，萧山国际机场平面广告位于候机大厅醒目位置。由于推出时间适逢全国开展打击侵犯知识产权和制售假冒伪劣商品专项行动，使得版权广告起到了很好的宣传配合作用。

四、指导绍兴中国轻纺城开展花样版权保护工作，浙、苏、鲁、粤四大纺织品市场建立版权保护合作机制

浙江绍兴、江苏南通、山东潍坊、广东佛山是我国最具影响力的四大纺织品集散中心，其涉及家纺、床上用品、印花布、窗帘窗纱等纺织品的版权保护问题一直是困扰市场提升发展的核心难题之一。为加强四地版权保护协作和版权执法力度，2008年下半年，绍兴县委、县政府在省版权局的具体指导下，出台了浙江省首个纺织品花样版权登记保护规范性文件《中国轻纺城花样登记保护办法》，设立了绍兴县中国轻纺城花样版权登记管理保护办公室。2009年起，该办公室受浙江省版权局委托开展作品登记受理、初审和代发作品登记证书工作，并积极开拓工作思路，寻求花样版权保护的新模式、新途径。经浙江省版权局等有关各方较长时间的协调努力，4月12日，浙江省绍兴县中国轻纺城知识产权保护领导小组、绍兴县中国轻纺城花样版权登记管理保护办公室、江苏省南通市版权局、南通市通州区川姜镇知识产权管理办公室、山东省潍坊市文化市场综合执法局、潍坊市纺织服装联盟、广东省佛山市版权局、广东省家用纺织品行业协会在绍兴中国轻纺城签署了《浙江绍兴、江苏南通、山东潍坊、广东佛山纺织品市场版权保护与合作协议》，正式建立浙、苏、鲁、粤跨区域纺织品市场版权保护合作机制，此举开创了我国跨省开展纺织品市场版权保护与合作的先河。协议主要内容包括：建立四地联席会议制度、四地市场版权宣传协作制度、作品登记证据优先采信制度、版权侵权案件协查制度、四地版权管理机构花样登记资料库信息互查共享制度、四地联合举办花样创意大赛制度、四地协作信息通报制度等。协议以合作共赢为宗旨，力求实现四地版权保护一体化，为共同探索并逐步建立纺织品市场版权保护与合作新机制开创一条示范性的道路。在省版权局的悉心指导下，经过几年的努力，中国轻纺城花样版权保护初步形成了“行政保护、司法保护、仲裁调解、行业自律”四位一体的保护机制。9月19—20日，国家版权局王自强司长专程到绍兴中国轻纺城考察调研，对几年来纺织品市场开展花样版权登记管理保护工作予以高度评价和充分肯定。

五、继续推进全省新闻出版业“走出去”工作

1. 组团赴韩国、日本举办“浙江版权贸易图书展”

6月30日—7月9日，由省版权局、省政府新闻办组织的浙江省版权贸易代表团一行14人，分别在韩国、日本举办了“浙江版权贸易图书展”。代表团以省新闻出版局（版权局）副局长单烈为团长，成员分别来自省内各有关出版社、发行单位、图书外贸公司、印刷复制企业。书展期间，浙江出版界与韩国、日本两国的出版界人士进行了广泛的交流和版权贸易的业务洽谈。通过宣传、交流和业务洽谈等活动，使浙江出版界与韩国、日本的出版界同仁加深了相互了解，加强了合作，增进了友谊。

浙江代表团在日本的活动，受到日本主流媒体的重视与关注。7月8日，每日新闻社记者专访单烈团长，对浙江出版贸易发展情况作了报道，使“浙江版权贸易图书展”代表团在日本的活动引起了社会的关注。

2. 组团参加第十七届北京国际图书博览会

第十七届北京国际图书博览会于8月30日—9月3日在北京国际展览中心举行。浙江省14家图书出版社及浙江印刷集团有限公司、浙江华硕国际贸易有限责任公司以历年来最大的规模和最强的阵容参加了本届博览会，1 500多种浙版图书在本届博览会上展出。博览会期间，李长春、路甬祥、罗富和等党和国家领导同志亲临浙江展台视察，充分肯定了浙江出版“走出去”工作。本次博览会上，浙江展团还组织了多项中外出版、文化交流活动，吸引了众多国内外参展商。据不完全统计，博览会期间，各出版社与美国、德国、英国、韩国、越南、中国台湾等十几个国家和地区的出版机构达成版权贸易和合作出版协议、意向250多项。一批浙版图书进入欧美主流图书市场，其中包括浙江人民出版社与剑桥大学出版社合作的“中国非物质文化遗产丛书”、浙江教育出版社与美国麦格劳-希尔合作的《商务实用汉语》、浙江大学出版社与德国斯普林格合作的“中国科技进展丛书”等等。

12月23日，省新闻出版局、省版权局在杭州召开全省新闻出版业“走出去”工作总结表彰会，对2009年以来在全省新闻出版业“走出去”工作中成绩突出的先进单位和先进个人进行表彰。全省各主要新闻出版、印刷复制和发行单位的负责人共60余人参加了会议。会议表彰了浙江大学出版社等5家“走出去”工作先进单位和孔则吾等7位先进个人，先进单位和先进个人代表在会上作了交流发言。2010年，省版权局还对有关单位的6个版权输出项目和5个重点版权项目给予资助。

六、组织举办了全省版权行政执法培训班

为了进一步加大全省版权行政执法力度，规范版权行政执法程序，提高版权行政执法水平，省版权局于10月中下旬组织举办了两期（南、北片）全省版权行政执法培训班。各市、县（市、区）文化市场行政执法机构分管版权执法的领导和具体从事版权执法的主管人员共200多人参加了培训。省新闻出版局（版权局）副局长单烈参加开班仪式并做了题为《做好版权行政执法工作，为建设创新型社会服务》的专题讲授。其他有关专家分别就《版权（著作权）法律法规及其特点》、《著作权执法案例分析》、《网络侵权案件查处中几个突出问题》、《行政执法如何避免和应对行政诉讼》等进行了讲解。学员们上课专心致志，考试严肃认真。大家表示，此次培训内容系统全面，操作性、针对性强，通过培训，大家既增强了做好版权行政执法工作的信心，也掌握了许多版权方面的业务知识，受益匪浅。

七、完成了《浙江省版权保护和版权产业发展“十二五”规划》调研起草工作

按照省政府的安排和要求，需要在《浙江省“十二五”知识产权发展规划》的框架下，制定包括版权在内的知识产权保护“十二五”子规划。下半年开始，在回顾梳理“十一五”规划落实情况的基础上，经过进一步调查研究，结合五年来版权保护和版权产业发展新的状况，省版权局起草了《浙江省版权保护和版权产业发展“十二五”规划》。新的五年发展规划，既考虑了与“十一五”发展规划的衔接，保持工作的连续性，又尽可能结合新的形势需要和发展预期，提出较为明确的未来五年版权保护和促进版权产业发展的目标、重点与措施。

八、切实做好著作权合同登记、备案和作品登记等重要日常工作

2010年，省版权局共核准登记出版境外图书合同154件；办理涉外音像制品、电子出版物、图书和计算机软件合同登记530件；办理著作权合同备案34件。

2010年浙江省各类作品版权登记数量激增，达到创记录的11 051件，比2009年增长62.16%，仅次于北京居全国第二。计算机软件登记数量为6 398件，继续居全国第四。作品登记数量是企业和社会公众版权意识强弱的重要标志之一，也从一个侧面反映了当地版权保护的状况。浙江省申请作品登记的著作权人绝大部分为企业或经营业者，更加体现了版权保护对于版权产业发展的促进作用。

九、省版权协会工作取得新成绩

省版权协会下设的浙江版权服务中心具体承担着全省除计算机软件之外各类作品版权登记的受理、审核、发证工作，2010年，面对作品登记数量激增的状况，协会通过加强内部管理，规范工作流程，既努力提高办事效率，又确保服务质量，取得了令人满意的成绩。2010年，省版权协会还召开理事大会，举办会员单位联谊活动，组织开展作品审读、协助省版权局举办版权培训班，与部分兄弟省市版权协会进行业务交流，编印了三期会刊。协会的工作受到了广大会员单位的肯定与好评。

（王少杰）

安　徽　省

2010年，安徽省版权工作按照“激励创造、有效运用、依法保护、科学管理”的知识产权保护方针和“宣传、打击、引导、服务”的版权管理工作思路，加强版权执法力度，强化服务功能，增强版权保护意识，积极营造良好的版权法治环境、市场环境、文化环境，进一步提升本省版权创造、运用、保护和管理能力，促进版权相关产业又好又快发展，为建设创新型国家和创新型安徽服务。安徽省版权局先后荣获“2010年世博会知识产权保护专项行动先进集体”、“安徽省2010年扫黄打非先进集体”等荣誉称号。

一、建章立制、明确职责，创新执法部门合作机制

根据国家有关部门的统一部署，结合本省实际，分别制定了《安徽省开展2010年打击网络侵权盗版专项治理“剑网行动”实施方案》、《安徽省2010年上海世界博览会版权保护工作方案》、《安徽省新闻出版局、安徽省版权局、安徽省“扫黄打非”办公室打击侵犯知识产权和制售假冒伪劣商品专项行动实施方案》。根据方案的不同特点，对相应的版权保护工作提出了具体详尽的要求，既有分工的侧重，又有时间上和内容上的衔接。

通过制定实施方案、召开专题会议、与重点市版权局责任领导签订责任书、分管领导亲自带队检查等形式，调动了各有关部门的工作积极性，按照属地管理和谁主管谁负责的原则，严格落实责任制和责任追究制，确保专项行动领导到位、责任到位、任务到位、措施到位。

创新部门合作机制，建立与公安部门的长效合作关系。为巩固版权行政执法部门与公安刑事司法部门长期良好的协作关系，2010年4月29日，安徽省版权局联合安徽省公安厅治安总队举行了“打击侵权盗版合作协议签字仪式”，通过书面形式明确了双方将在打击侵权盗版的培训、执法、信息沟通、宣传表彰等方面建立长期的全面协作关系，加强行政执法与刑事司法衔接，进一步提升执法合力，建立了统一协调、相互协作的打击侵权盗版长效合作机制。

2010年7月9日，安徽省版权局、安徽省公安厅首次共同举办了全省打击网络侵权盗版理论与实务培训班。此次培训共有全省各个地市80余名来自执法一线的版权和公安执法人员参加。通过此次培训，明确版权执法工作重点，增强了一线工作人员的执法水平和法律意识，为版权保护工作顺利开展奠定了基础。

二、完善版权运用市场机制，大力促进版权的创造和运用

组织安徽出版集团下属的8家出版社以及安徽

新华印刷公司、安徽旭日光盘公司、安徽新华发行集团下属的安徽新华音像出版社，加上中国科技大学出版社、合肥工业大学出版社及安徽大学出版社等三家高校出版社共14家出版单位参加了第十七届北京国际图书博览会，版权贸易再创佳绩。在本届博览会新闻出版总署举行的“中国图书对外推广计划精品展”和“‘十一五’期间中国新闻出版业‘走出去’成果展”中，皖版图书再奏凯歌，分别有30种和700多种出版物入选。在为期5天的博览会中，“出版皖军”在版权输出方面，也尽展风采。本届博览会安徽省共签约输出合同197项，较去年同期增长了28%，高于全国平均增幅。

2010年8月9日，安徽省版权局与合肥市产权交易所共建的“安徽省版权交易中心”揭牌运营。安徽省版权交易中心的主要任务是：组织开展文字、美术、摄影、音乐、影视、动漫、游戏、设计、艺术及软件等版权的许可使用和转让及与版权相关权益的交易。版权交易中心不仅是安徽省文化体制改革的重要交易平台，也是安徽省文化资源要素大市场的重要组成部分。2010年，已完成版权交易项目6宗，实现成交额达2.4亿元人民币。

三、查处大案要案，严厉打击侵权盗版行为

截至12月底，依法查处21起侵权盗版案件。其中，太和县利用网络贩卖盗版光盘案和滁州骑士音乐网侵权案都是以侵犯著作权罪判处被告人有期徒刑并处罚金的案件。案件的成功查处彰显了版权管理部门、司法机关打击侵犯著作权犯罪的坚定立场。骑士音乐网侵犯著作权案是全国“扫黄打非”办公室、国家版权局、公安部、最高人民法院、最高人民检察院联合挂牌督办的全国首批十五起重点案件之一，是其中唯一的网络侵犯音乐著作权类型案件，也是“剑网行动”中安徽省唯一被国家相关部门挂牌的大要案；同时又是在全国开展打击侵犯知识产权专项行动中行政执法、司法有效衔接，严厉打击网络音乐侵权盗版活动的典型案例。

四、主动监管，专项整治与日常监管相结合

安徽省确定49家重点网站进行主动监管，实时监控未经许可擅自传播世博会相关作品的行为，对存在相关作品上传行为的网站进行了现场检查，并提出明确整改要求。特别对世博会中国国家馆日、世博会闭幕式、广州亚运会开闭幕式和赛程转播等活动视频传播情况进行了重点监控。

安徽作为上海世博会的重点辐射地区之一，毗邻世博会及分论坛举办地。根据中央“六个确保”的统一要求和国家版权局的统一部署，安徽省版权局专门成立了世博版权保护工作领导小组；召开了“反盗版　迎世博”专题工作会议；制定下发了《安徽省关于做好2010年上海世博会版权保护工作的通知》，确保工作部署到位；与6个重点市版权局签订了“2010年世博会版权保护工作责任书”；同时积极协调公安、交通、铁路、民航、邮政、旅游等部门建立反侵权盗版快反协调机制，守好入沪大门、筑牢“护城河”，确保世博会版权保护工作各项任务的有效落实，为世博会版权保护工作交出了合格答卷。

组织开展了全省2010年打击网络侵权盗版专项治理“剑网行动”、坚决制止各类学校使用盗版图书专项治理行动、教材教辅读物市场专项检查以及打击盗版音像制品专项行动，进行网络和出版物市场的集中整治。在版权执法中坚持“早部署、早检查、早落实”，灵敏掌握各类信息，深入开展矛盾纠纷滚动排查，及时梳理发现存在的不稳定因素，切实化解各类矛盾，及时消除版权隐患。

截至2010年12月底，全省版权系统受理举报30余起；共查处侵权盗版案件21起；移交公安机关案件4起；出动检查人员8600人次，对辖区内出版物经营场所进行了拉网式检查和告知；检查出版物经营场所5000余个，收缴各类非法盗版图书和音像制品40万余册（盘），取缔无证店摊50多个。

五、创新工作方式，加大督查力度，推进全省企业软件正版化工作

2010年，安徽省推进企业使用正版软件工作，通过制定方案、下发整改通知书、实行诫勉谈话、联合检查督导、由点到面整体推进、培训宣传引导、发挥各地作用等创新工作方式，加大推进力度。重点对工程勘察设计行业、部分大型企业和上市公司、部分中小金融机构等行业的软件正版化进行推动，取得了明显成效，较好地完成了年初确定的300家工作目标。

六、营造良好版权执法氛围，提高全民版权保护意识

围绕“3·15”消费者权益日、“4·26”知识产权宣传周等重要日期，集中开展了一系列内容丰富、形式多样的著作权法律法规宣传普及教育活动和纪念活动。

参与新型网络手机媒体的法治宣传。作为安徽省网络文化建设和管理工作领导小组的成员单位，参加启动全省万家网站《文明办网自律宣言》活动。活动持续三个月，主要参与对象是各类网站、手机报和网络运营商，对这类新型的媒体，在产业发展的同时，更需要加强执法监督，从源头遏制违法萌芽。

发布安徽省 2009 年度十大版权侵权盗版案件。会同安徽省知识产权局、安徽省高院、合肥海关等单位举行 2009 年知识产权典型案件新闻发布会，面向企业召开知识产权专家座谈会，并向媒体公开发布安徽省 2009 年度十大侵权盗版案件，其中“一点智慧”软件作品网络盗版案被列为国家版权局发布的 2009 年度全国十大侵权盗版案件之一。

依托版权教育基地，开展系列宣传教育活动。以安徽省版权教育基地为依托，安徽省版权局与中国科技大学在安徽省版权教育基地共同举办了“净化数字版权环境”知识产权宣传周系列活动的宣传活动，包括“知识产权进高校、万名大学生联合签名反盗版”活动、“绿书签行动”、知识产权博士论坛、知识产权网络知识竞赛等。

（吴安宁）

福　建　省

2010 年，在省委、省政府和国家版权局的正确领导下，全省版权工作积极进取，开拓创新，制定了版权“十二五”规划，举办了首届中国 · 福州海峡版权（创意）产业精品博览交易会和产业高峰论坛，加大了版权宣传力度，提升了版权监管水平，促进了版权产业发展，为海峡西岸经济又好又快发展作出了贡献。

一、完成制定版权发展规划

1. 制定版权“十二五”规划

根据省新闻出版局制定福建省新闻出版业“十二五”发展规划的计划部署和进度安排，版权处完成了《福建省版权保护“十二五”规划》，针对本省版权保护和产业发展的实际情况，从区域战略和产业发展的高度，制定下一个五年规划，提升福建省版权创造、运用、保护和管理的能力，有利于全省版权事业的发展，有利于提升企业自主创新能力，有利于营造版权保护的良好社会环境，推动经济建设又好又快发展。

2. 制定《福建省版权战略纲要》

2008 年 6 月，《国家知识产权战略》发布。2009 年 7 月 15 日，《福建省版权战略研究报告》正式定稿；2010 年 1 月 30 日，福建省人民政府发布了《关于贯彻国家知识产权战略纲要的实施意见》，福建版权战略是其重要内容之一。

在《福建省版权战略研究报告》的基础上，省版权局进一步征求意见，修改补充，量化指标，完善措施，制定出操作性更强的《福建省版权战略纲要》，从福建总体发展的战略高度确定了版权创造、运用、保护和管理的指导方针，是指导福建省至 2020 年版权工作的纲领性文件，它的制定和实施将进一步推动全省版权事业的全面发展，为建设创新型省份和推动海峡西岸经济区建设提供更加有力的支撑。

二、突出特色，加大版权宣传力度

1. 成功举办首届福州海峡版权（创意）产业精品博览交易会

2010 年 5 月，首届中国 · 福州海峡版权（创意）产业精品博览交易会成功举办。据初步统计，本届版博会签约及拍卖总成交额超过 1 亿元，参观人数近 40 万人次，收到良好的社会和经济效益，得到新闻出版总署（国家版权局），福建省委、省政府领导的充分肯定以及来自全国各地嘉宾、客商的广泛好评，对加强两岸版权交流，进一步促进福建省版权产业发展，提高公众版权保护意识，引导企业走创新之路有重要意义。

2. 迎接世界知识产权组织（WIPO）来闽调研版权产业发展状况

2001 年起，省版权局积极扶持、努力培植了德化典型，被国家版权局树立为“德化经验”，德化县被国家版权局确定为“版权保护示范单位”，这是全国第一家县级版权保护示范单位，并引起世界知识产权组织的关注。经与世界知识产权组织、国家版权局多次沟通交流，积极推荐，今年 5 月，世界知识产权组织决定择期前来本省对德化陶瓷产业发展情况进行考察。此后，省版权局领导高度重视，组织整理了《版权保护促进德化陶瓷产业发展情况报告》，并编印成册；同时，投入经费，组织、拍摄制作了《德化陶瓷版权保护》专题片，在世界知识产权组织来闽考察调研时分发并播放。2010 年 10 月 11—13 日，世界知识产权组织创意产业司代司长迪米特 · 根切夫、美国经济学家联合会首席经济师史蒂夫 · 赛维克及国家版权局、商务部有关领导、国内部分高校知识产权专家一行 8 人来德化调研考察版权保护促进当地陶瓷产业发展情况。通过此次考察调研，世界知识产权组织官员对德化版权保护促进陶瓷产业发展的做法高度赞赏，表示将尽快把德化列入正式调研项目，争取成为向发展中国家推荐的版权保护促进产业发展示范案例。

省版权局即时将世界知识产权组织来德化调研的有关情况向省领导作了书面报告，得到省领导的高度重视和肯定。

此外，福建省各级版权管理部门还以“4·26”知识产权宣传周为平台，积极开展形式多样的宣传活动，扩大公众对版权保护的认同感和参与度。省版权局参加了全省知识产权保护新闻发布会和在五一广场举行的主题为“增强法治观念，保护知识产权”的法制宣传活动，并和相关设区市版权局以厦门“9·8”投洽会、莆田“艺博会”为平台，现场设立版权服务台，调解版权纠纷，受理版权登记和提供法律咨询。福州结合软件正版化工作，厦门通过“鹭岛书香”活动，开展版权宣传，营造良好的社会氛围。

三、拓展领域，促进版权产业发展

2010年，省市版权管理部门继续把发展版权产业作为一项重要工作，一手抓版权管理，打击侵权盗版；一手抓版权保护，促进产业发展。

1. 举办两岸版权产业高峰论坛

2010年5月18日下午，作为首届中国·福州海峡版权（创意）产业精品博览交易会的配套活动之一，“版权创意与发展方式转变”高峰论坛在福州举行。海峡两岸的专家和企业家就“版权创意与经济发展方式转变”这一主题展开讨论。新闻出版总署、国家版权局、中国版权协会、福建省台办的有关领导，福建省直相关部门和福州市的有关领导，部分省市版权管理部门代表，福建省各设区市版权局负责人，各参展团队及参展企业负责人，版权保护重点企业代表，福建省部分高校师生及新闻媒体记者，共300多人参加了当天的论坛。

2. 继续深入调研版权产业

近年来，福建省加强版权保护，促进版权产业发展的做法和成效引起有关部门与领导的高度关注。在2010年初省政协十届三次会议上，民建福建省委员会《关于推进我省版权产业发展的建议》的提案被省政协列入重点提案。作为重点提案的主办单位，省版权局积极配合省政协做好提案的调研工作。为此，2010年4月和8月，省政协副主席、省新闻出版局（版权局）局长郭振家带领省政协重点提案委员会、省直有关部门以及民建福建省委同志，分别赴福州、厦门、泉州以及上海、浙江、江苏等地进行调研，走访版权相关企业，举行座谈和交流，听取意见与建议。之后，版权处及时撰写书面调研报告，提出扶持版权产业发展的对策措施，得到省委省政府的高度重视。

四、突出重点，提高版权管理水平

坚持日常监管和专项治理相结合，不断拓宽监管思路，创新监管方式，突出执法重点，版权行政执法和社会监管工作取得了明显成效，版权执法和监管水平有了新的提高。据统计，2010年福建省各级版权管理部门共受理查处侵权案件64件，移送司法机关2件，收缴各种侵权盗版制品48.9万件，有力地打击了盗版分子的嚣张气焰。

1. 开展世博会知识产权保护专项行动

根据国家版权局的通知精神，版权局领导高度重视，对专项行动作出批示，要求立刻行动，认真落实，力争取得阶段性成果。省版权局在接到文件后，第一时间内以机要件的形式向各设区市下发通知，部署各设区市开展专项行动。据统计，全省共出动执法人员3 423人次，检查1 037次，检查经营单位363家，查处案件138起，收缴盗版品30 077张/片，有力打击了盗版不法分子的嚣张气焰。

福州市组织执法人员对音像市场进行拉网式检查，对发现销售盗版音像制品的行为进行严厉查处。配合公安部门，对涉嫌触犯刑律的嫌疑人依法刑事拘留4人，有效打击了侵权盗版行为。厦门、南平、三明、漳州等设区市也结合各地实际情况，会同“扫黄打非”领导小组办公室、文化市场稽查队等部门，对重点区域的音像制品发行、零售经营单位进行摸底检查。

省版权局根据通知精神，加强对全省音像出版单位进行指导，强化出版物的选题管理，对涉及世博会的选题弄清版权来源，确保在出版源头上把好关，充分尊重著作权人的合法权益。

2. 开展打击网络侵权盗版专项治理“剑网行动”

根据国家版权局、公安部、工业和信息化部的通知要求和统一部署，福建省于2010年8—10月组织开展2010年打击网络侵权盗版专项行动。

7月27日，版权局与省公安厅、省通信管理局取得联系，成立“剑网行动”工作领导小组，专门负责网络侵权盗版执法和督查有关工作，组织全省开展此次专项行动。8月4日制定并下发了开展“剑网行动”的实施方案，明确专项治理行动四个阶段的具体实施步骤和工作重点，切实按照国家局的要求开展专项治理。

全省各设区市公布了举报电话和邮箱，确定了主动监管的网站名单。在省通信管理局的协助下，确定对全省38家网络接入服务商进行检查和指导。根据国家局移送的案件线索及本省各设区市接到的举报，对29家涉嫌侵权的网站进行查处。

3．继续推进软件正版化工作

2010年6月，福建省版权局以联席会议办公室的名义，起草了福建省2010年推进软件正版化工作实施方案征求意见稿，在各成员单位反馈意见的基础上，制定并下发了《2010年福建省推进企业使用正版软件工作实施方案》（闽企软联［2010］1号）。根据今年的实施方案，全省将确定105家企业开展软件正版化工作，在国资企业和上市公司中各确定10家企业开展软件资产管理试点工作；同时，在各设区市继续推进网吧行业软件正版化工作。

同时，省版权局加大对非法预装盗版软件的行为进行查处，对使用盗版软件严重的企业进行督查。福州、厦门等设区市版权局对当地的电脑城、大型超市卖场等电脑集中销售点进行检查，强化经营者的版权意识，规范经营企业的销售行为，建立有序竞争、合法经营的市场环境。

五、完善版权公共服务体系建设

1．做好作品版权登记工作

2010年，版权产业呈现出良好发展态势，行业版权意识普遍提高，作品登记数量大幅增加，侵权盗版现象逐步减少。2010年，在省版权局自愿登记的作品达10 253件，比2009年增长49.7%，再创历史新高。同时，根据《新闻出版总署（国家版权局）和福建省人民政府共同推进海峡西岸经济区新闻出版业建设合作协议》，省版权局率先直接受理登记除计算机软件之外的台、港、澳作品的版权，大大方便了台、港、澳作品权利人在闽行使版权，在全国开了先河。2010年6月18日，省版权局在厦门举行了首次在闽台湾作品版权登记颁证仪式，省版权局党组书记陈秋平为台湾权利人颁发了登记证书。

2．筹备成立版权协会

成立版权协会，对建立行业自律制度，自觉抵制侵权盗版，完善版权工作机制，加快版权产业发展，意义重大。为此，福建人民出版社等5家发起单位共同提出了设立福建省版权协会的建议，并得到了省新闻出版局（版权局）党组的认同和支持。

在成立省版权协会的基础上，省版权局进一步完善全省版权中介组织建设，形成一个迅速发现、举报、调查盗版活动，鉴别盗版制品，协助配合版权行政机关和司法部门打击盗版行为的行动机制，更加有效地维护著作权人的合法权益，促进版权产业的健康发展。

总之，2010年福建省版权工作紧紧抓住“三个结合”，即加强版权保护与促进经济发展相结合，打击侵权盗版与鼓励创新相结合，宣传版权法律知识与宣传版权产业发展相结合，在加强版权管理，强化版权执法，大力发展版权产业，促进地方经济发展等方面做了一些有益的探索，取得了一些成绩和经验。

（郑开辟）

江 西 省

2010年江西全省各级版权行政部门认真贯彻落实科学发展观，按照“宣传、维权、发展”的工作思路，开拓创新，务实奋进，服务全省建设鄱阳湖生态经济区工作大局，在大力宣传普及版权保护知识、严厉打击侵权盗版行为、努力探索版权保护长效机制、积极推进软件正版化、探求版权服务地方特色产业发展方式等方面做了大量的工作。

全省各级版权行政部门将宣传普及版权法律、法规知识作为重要的基础性工作，以“4·26”世界知识产权日宣传活动为主题，在全省范围内组织开展了一系列形式多样的宣传活动，营造了“尊重知识、尊重创新、尊重版权”的浓厚氛围。经新闻出版总署和国家版权局推荐，江西省版权局作为特邀嘉宾出席了中央电视台“‘4·26’CCTV-12‘绿书签’行动”晚会，展示景德镇陶瓷产业版权保护工作情况，江西省版权保护工作首次登上了中央电视台专题节目。为配合景德镇陶瓷产业全国版权示范基地创建活动，在景德镇举办“陶瓷精品作品展览暨陶瓷作品版权登记”现场活动，将景德镇历年来获得版权作品登记的陶瓷精品集中展出，对展出的陶瓷精品制作画册并公开出版。

严厉打击侵权盗版行为，保持主动出击、严格监管的态势。以开展专项行动和查处侵权盗版重点案件为突破口，牢牢掌握主动权，组织开展了打击网络侵权盗版的“剑网行动”、“图书馆著作权保护专项检查”、“打击侵犯知识产权和制售假冒伪劣商品专项行动”，查缴侵权盗版复制品，查办重点案件，加大市场监管整治力度。据统计，全年共出动执法人员1 122人次，检查各类出版经营单位1 768家（次），收缴各类侵权盗版制品41万件，查办各类侵权盗版案件59起。在开展专项行动中，将深挖线索，依法严厉查处大案要案作为突破口，重拳出击，部门联动，成功查获江西南昌“9·01”侵犯著作权案，经司法机关审判，将涉案当事人移送司法机关，并判处刑罚，有力地震慑了侵权盗版违法犯罪活动。

为进一步贯彻落实《国家知识产权战略纲要》，加快建设创新型国家，保护和提高自主创新能力，不断推进全省企业使用正版软件工作，根据推进企业使用正版软件工作部际联席会议印发的《2010 年推进企业使用正版软件工作计划》的要求，结合本省工作实际，制定 2010 年推进全省企业使用正版软件工作安排，将推进企业软件正版化作为建设鄱阳湖生态经济区和建设创新型国家的重要内容，以重点行业、重点企业为中心，坚持“政府指导监督，企业自主采购”的工作方法，将行业主管部门的监督指导和版权部门执法监管密切结合起来，坚持“依次推进，扩大成果，不断深入”的工作原则，进一步加大了对勘察设计行业软件正版化的监督检查力度，在继续做好甲级院软件正版化工作的同时，向乙级院推广扩大。大力推进印刷、网吧行业软件正版化的宣传工作，不断增强企业的版权保护意识，不断优化本省版权保护环境。

为充分发挥版权工作在保护景德镇陶瓷产业创新，提升陶瓷产品核心价值，促进地方特色产业在经济发展中的重要作用，更好地为陶瓷企业服务，2010 年江西省正式向国家版权局申报景德镇陶瓷产业国家级版权保护示范基地，并将此项工作列为 2010 年全省版权工作的重中之重，集中力量，抓紧落实。按照国家版权局制定的《创建国家级版权示范城市、示范基地（园区）、示范单位管理办法》的要求，省版权局和景德镇市版权局共同组织开展了对景德镇陶瓷产业版权保护的调查摸底工作，为研究制定陶瓷产业版权保护的政策、措施提供基础性依据。在省版权局、景德镇市政府的高度重视下，景德镇市版权局从大力加强版权制度建设、深入宣传普及版权知识、严格规范版权市场秩序、提升版权保护工作地位等方面入手做了大量工作，使陶瓷业内对版权保护的认识有了显著提高，一批具有较强版权保护意识、较强自主创新能力的陶瓷骨干企业、陶瓷专业高等院校、陶瓷科研所成为景德镇陶瓷业版权保护的骨干力量。

江西省以对外版权输出为龙头，主动谋划，积极落实出版物“走出去”战略，大力促进赣版图书版权输出工作。采取倾斜扶持措施，实施“图书对外推广”计划，积极为江西省出版单位搭建版权贸易平台。通过积极参加国际性书展、国际版权贸易博览会等活动，传播、推广中华优秀传统文化，打造赣版精品图书，加强了与国际间的出版交流和合作，提升了江西省出版产业的竞争力。2010 年，江西省共引进出版物版权 157 种，输出出版物版权 109 种。本省三个出版社共五种图书荣获“第九届（2009 年度）输出版、引进版优秀图书”，江西美术出版社的《白明的青花世界》（法文版）、人民出版社的《战争背后的男性荷尔蒙》（韩文版）、二十一世纪出版社的《我们无处安放的青春》（台湾版）和《大漠荒颜》（越南版）荣获输出版权优秀图书奖，二十一世纪出版社从法国引进的《不一样的卡梅拉》荣获引进版权优秀图书奖，版权贸易呈现以质为重、质量并举的良好发展态势。

为突出近年来江西省版权工作对江西经济社会发展所作出的贡献，在首届鄱阳湖生态文化节上，设立了一个“版权产品展区”，以“版权助推江西发展”为主题，通过主题鲜明、特色突出、布局合理、设计新颖的版权保护展览，集中反映了江西省版权工作对经济社会发展发挥的积极推动作用。

（万　静）

山　东　省

2010 年，全省各级版权行政管理部门在国家版权局的指导支持下，坚持以深入学习实践科学发展观为统领，认真实施《国家知识产权战略纲要》，紧紧围绕“管理、发展、建设”的工作思路，突出行政监管、宣传教育、促进发展三个重点，加强版权行政管理，加大打击侵权盗版的执法力度，营造了有利于版权保护的社会舆论环境，较好地完成了各项工作任务。

一、加大执法力度，打击侵权盗版成效显著

2010 年，全省各级版权部门在加强日常监管的基础上，开展专项治理行动，加大执法力度，收到了良好的执法效果。全年共检查经营单位 40 330 家，取缔违法经营单位 995 家，查获地下窝点 61 个，办结行政处罚案件 632 起，移送司法机关案件 30 件，收缴各类侵权盗版制品 1 081 383 件。

1. 开展打击网络侵权盗版专项治理“剑网行动”

省版权局、公安厅、通信管理局成立“全省打击网络侵权盗版专项治理工作领导小组”，负责协调解决专项治理行动中的重大问题，督办重大案件，指导各市开展工作。8 月 19 日，召开全省 2010 年打击网络侵权盗版专项治理“剑网行动”工作会议，全面安排山东省开展打击网络侵权盗版专项治理“剑网行动”。

2. 开展打击侵犯知识产权和制售假冒伪劣商品专项行动

根据《山东省人民政府办公厅关于印发山东省打击侵犯知识产权和制售假冒伪劣商品专项行动实

施方案的通知》的部署，省新闻出版局、省版权局、省“扫黄打非”办公室制定了《关于开展打击侵犯知识产权和制售假冒伪劣商品专项行动及进一步做好使用正版软件工作的通知》，决定自 2010 年 10 月起在全省开展打击侵犯知识产权和制售假冒伪劣商品专项行动。一是加大对印刷复制企业的源头监管，开展印刷业专项整治行动。新闻出版（版权）执法部门会同“扫黄打非”、公安、工商、质检等部门，结合正在开展的印刷业专项整治行动，从 2010 年 11 月开始，对印刷复制各类出版物、印刷品、光盘、计算机软件及包装装潢、商标标识标签的企业进行了专项检查，严厉查处非法印刷复制和非法加印、出售标识标签等印刷品的行为。全省共检查各类印刷企业 6 500 多家次，查缴非法印刷、盗版盗印的出版物及相关印刷品 172 000 余册（份），查处违规违法案件 23 起，取缔地下印刷窝点 4 个。二是加大对图书、软件、音像制品的市场监管，开展图书、软件、音像制品集中整治行动。从 2010 年 11 月起开展了对图书、软件、音像制品市场的集中检查整治工作。各市版权行政部门和执法部门按照行动部署，采取错时检查、延时检查、反复检查、明察暗访等方式对出版物市场加强监管，采取拉网式方法对繁华街区、旅游景点、交通枢纽、学校周边等区域进行重点检查。全省共检查经营出版物店档摊点 8 600 多个（次），查缴各类非法、盗版出版物 35 万余册（张），清理取缔无证照经营者和游商地摊 380 余个。组织开展了高速公路服务区出版物经营点集中清查行动，共查缴各类非法盗版报刊、图书、音像制品 4 800 余册（盘），对 13 个无证经营摊点责令其限期办理出版物经营许可证，对 12 个销售非法出版物的无证经营摊点依法予以取缔。三是强化打击网络侵权盗版工作力度，继续开展 2010“剑网行动”。协调公安、通信部门继续开展好 2010 年打击网络侵权盗版专项治理“剑网行动”，维护互联网版权环境。加大了对视频网站和电子商务网站的治理力度，严厉打击通过网络传播侵犯著作权影视作品，通过互联网、通信网络和电视网络销售侵犯著作权商品等行为，集中办理大案要案，确保工作取得实效。重点查办了 5 起重点案件，一是淘宝网琅琅书屋店涉嫌侵权案。聊城市文广新局对石某开设琅琅书屋淘宝网店销售盗版图书案进行了行政处罚，没收盗版图书和 3 台电脑，罚款 5 000 元，吊销其出版物经营许可证。二是淘宝网八月雪 33 书店涉嫌侵权案。聊城市文广新局对郭某开设的八月雪 33 书店销售盗版图书案进行了行政处罚，依法扣押了其用于作案的 1 台电脑主机，罚款 3 000 元，吊销其出版物经营许可证。三是淘宝网读书俱乐部会员店涉嫌侵权案。聊城市文广新局执法人员对程某开设的读书俱乐部会员店销售盗版图书案进行了行政处罚，没收盗版图书和用于作案的 2 台电脑主机、1 台打印机。四是淘宝网以文会友书店涉嫌侵权案。聊城市文广新局对逯某开设的以文会友书店涉嫌销售盗版图书案进行了执法检查，发现该书店已于 11 月 5 日被淘宝网封闭。五是泰安市王某等非法制售盗版《语文报》案。2010 年 11 月 12 日，泰安市公安局泰山分局治安大队成功破获一起非法印刷、销售盗版《语文报》案，当场查缴盗版刊物 16 万余份，抓获涉嫌侵犯著作权的犯罪嫌疑人 14 人。目前，王某等三人已被提起公诉。

二、注重宣传教育，全社会版权保护意识明显增强

1. 组织开展了“保护知识产权宣传周”活动

要求各市版权局根据省局年初下发的《〈2010 年版权工作要点〉的通知》部署，全力做好“4·26”世界知识产权日宣传周的相关工作，结合网络专项行动和本地实际，通过多种渠道、多种形式，采取生动活泼、通俗易懂的方式，宣传版权保护对提高民族自主创新能力、建设创新型国家的重要作用，增强宣传教育活动的影响力，提高公众的版权保护意识。在活动期间，各市组织开展了市场执法检查，严厉打击各类侵犯版权的违法活动，采取多种宣传形式，大力宣传国家保护知识产权的方针政策、原则立场、法律法规、工作成效和先进经验，掀起学习宣传《著作权法》的高潮，在全省形成了“尊重知识、鼓励创作、保护版权、促进发展”的良好社会氛围。

2. 组织参加“全国青少年版权保护知识竞赛”活动

全省 138 所学校，5 万多名中小学生参加答卷，成为此次参赛学校和学生最多的省份。国家版权局、《中国新闻出版报》于 2010 年 4 月份在山东省举办了颁奖活动。全省有 20 多所学校获得组织奖，500 多人获奖，获奖数量名列全国第一。山东省版权局获得国家版权局优秀组织奖。

3. 认真做好世博会、亚沙会的版权保护工作

大力宣传著作权法律法规，依法维护世博会有关作品的合法权益，并有 1 人被国家八部委表彰为“2010 年世博会知识产权保护专项行动先进个人”。对第三届亚洲沙滩运动会会徽进行了版权登记。

三、加强督查调度，软件正版化工作进展迅速

1. 全面开展打击企业使用盗版软件行为

2010年初，省版权局制定了《山东省推进企业使用正版软件工作计划》，会同经信委、财政、国资委等部门加强调度、检查，打击企业使用盗版软件行为。

2. 积极开展政府机关和企业使用正版软件工作

2010年11月，制定下发了《山东省新闻出版局、山东省版权局、山东省“扫黄打非”工作领导小组办公室关于开展打击侵犯知识产权和制售假冒伪劣商品专项行动及进一步做好使用正版软件工作的通知》，全面部署政府机关和企业使用正版软件工作。到2010年12月31日，青岛市已率先完成了软件正版化工作。

3. 14家企业被评为第二批“全国软件正版化工作示范单位”

2010年年初，山东省兖矿集团有限公司等14家单位软件正版化工作成效显著，自觉使用正版软件，被评为第二批“全国软件正版化工作示范单位”。

四、认真做好版权日常行政管理工作，版权产业蓬勃发展

1. 切实开展好作品登记和版权合同登记工作

全年共办理作品登记1 734件，涉外版权贸易合同登记175项。

2. 受理群众投诉，维护著作权人的合法权益

全年共受理各类咨询、投诉案件30余起，涉及网络、计算机软件、图书盗版侵权等方面，并全部办结。

（王兴凤）

河 南 省

2010年，河南省版权管理工作深入贯彻落实《国家知识产权战略纲要》和《河南省知识产权战略纲要》，按照激励创造、有效运用、依法保护、科学管理的方针，认真扎实地做好版权监管执法工作，积极推动版权相关产业健康发展，努力营造“尊重创造、尊重劳动、尊重知识、尊重版权”的社会氛围，圆满完成了年度各项工作任务。

一、版权监管执法工作

全省共立案查处各类著作权侵权盗版案件376起，查缴各类侵权盗版出版物47.6万件，查扣各类侵权盗版设备90余套件，取缔非法经营单位、摊点737个，铲除黑窝点11个，关闭非法网站29个，收缴非法网站服务器及相关设备138件，移送司法机关案件5起，12人被追究刑事责任。

1. 认真做好上海世博会、广州亚运会的版权保护工作

为配合做好上海世界博览会版权的保护工作，充分展示河南省尊重版权、保护版权的良好形象，根据国家版权局的安排部署，结合全省实际情况，认真制定了《河南省世博会版权保护实施方案》、《河南省世博会反盗版快速反应机制》，省、市两级都成立了上海世博会版权保护工作领导小组，加强了对世博会版权保护工作的组织领导。同时，加大了对出版物市场、互联网传播等的监管力度，做到关口前移，打防结合，收到了明显效果。全省实现了上海世博会版权重大侵权盗版零案件的目标，为举办一届成功、精彩、难忘的世博盛会提供了良好的版权环境，省版权局被国家版权局、公安部、国家知识产权局等八部委表彰为2010年上海世界博览会版权保护先进单位。为做好广州亚运会、亚残运会的版权保护工作，河南省认真借鉴上海世博会版权保护的成功经验，科学筹划，严密组织，完善机制，创新方法，确保了亚运会、亚残运会版权保护工作的圆满完成。

2. 继续扎实开展打击网络侵权盗版专项治理“剑网行动”

根据国家版权局、公安部、工业和信息化部《2010年打击网络侵权盗版专项治理“剑网行动”方案》的统一部署，自2010年7月至2011年2月，在全省范围内扎实开展了打击网络侵权盗版专项治理“剑网行动”。专项行动中，认真借鉴了前几年开展此项行动的成功经验和好的做法，加强了对省内各大网站以及以传播影视、音乐、网游、动漫、软件下载等为主要内容网站的主动监管，加大对网络销售侵权盗版出版物行为的打击力度。“剑网行动”中，全省共查处各类网络侵权盗版案件101起，移送公安机关3起，查扣非法网站服务器及相关设备39台，查缴涉案盗版图书2.8万册，网络环境下的侵权盗版行为得到有力打击。为确保“淘宝网店”系列侵权案件的顺利查办，郑州市成立了由省版权局和郑州市版权、公安、文化市场综合执法等有关部门组成的专案组，拨出专项办案经费20万元，历时6个月，共查办网络侵权案件89起，移送公安机关3起，有力地打击了网络侵权盗版行为，维护了省会城市版权保护的良好形象。

3. 积极开展侵权盗版音像制品专项整治行动

按照国家版权局的统一部署和《关于查缴〈六

人行〉、〈名侦探柯南〉等盗版音像制品的通知》要求，省版权局加大对音像制品的有效监管，在全省范围内认真组织开展打击音像制品及计算机软件侵权盗版集中整治，针对《六人行》、《名侦探柯南》等侵权盗版音像制品和盗版软件进行集中清缴，严厉打击侵权盗版违法行为。此次行动中，共查缴各类盗版音像制品、软件1.2万张，使市场秩序得到了进一步规范。

4. 着力开展打击侵犯知识产权和制售假冒伪劣商品专项行动

按照国务院和省政府的统一部署，结合新闻出版工作实际，自2010年11月上旬开始，省版权局、省新闻出版局、省"扫黄打非"办联合在全省新闻出版系统，认真扎实地组织开展打击侵权盗版专项行动。专项行动期间，成立了专项行动工作领导小组，设立了领导小组办公室，制定了《河南省新闻出版局、河南省版权局、河南省"扫黄打非"工作领导小组办公室打击侵犯知识产权和制售假冒伪劣商品专项行动实施方案》，明确了相关组成单位的职责、任务和分工，建立了检查督导机制，加强了与公安、工商、通信、交通等部门的协调与配合，紧紧抓住源头、流通、存储、销售等关键环节，严厉打击侵权盗版违法行为，积极维护权利人的合法权益和社会公共利益。为确保专项行动各项工作落到实处，省局把专项行动开展情况列为年度工作考评重要内容，加大检查督导力度。2010年12月下旬，省新闻出版局组成8个督导组，分别由局领导带队，对全省18个省辖市文化广电新闻出版局的专项行动开展情况进行了督导检查，及时发现和纠正行动中存在的问题，有力地促进了专项行动的深入开展，积极为社会公众的文化生活提供一个良好的版权环境。

5. 查处侵权盗版大案要案取得新突破

2010年，河南省各级版权行政部门强化对重点环节、重点领域、重点内容、重点部位的监管执法，加强对印刷复制源头企业、物流企业及销售商家的有效监管，坚持把查办大案要案作为打击侵权盗版突破口，成功查处了"9·03"重大盗印出版物案、"9·14"重大盗印图书案、"拥抱明天tb"网店销售盗版图书案、天晴网络游戏外挂侵权案等一批情节严重、影响恶劣、群众反映强烈的侵权盗版重大案件，有力地打击了不法分子的嚣张气焰。

二、版权行政执法培训工作

2010年是河南省全面落实政府机构改革方案的重要一年。针对机构改革后全省版权行政监管、执法单位调整面广、人员调整幅度大、监管执法的能力和水平亟待提高的实际情况，省版权局组织了全省版权普法执法培训班，18个省辖市和32个县、区的版权行政管理部门的主管领导、业务部门负责人和部分执法人员等140余人参加了培训。省新闻出版局局长、省版权局局长詹玉荣在培训班上作了重要讲话，对全省版权监管执法工作提出了要求。省版权局还邀请了国家版权局和省内有关专家，就如何查处侵权盗版案件，尤其是如何查处网络环境下的侵权案件进行了授课，培训效果非常明显。

在加大本省版权管理业务培训力度的同时，省版权局还组织了部分省辖市版权监管、执法部门的有关人员参加了国家版权局在新疆召开的全国2010年基层版权执法培训工作会议，组织人员参加了全国省会城市版权部门主管领导版权工作研修班。

三、版权普法宣传工作

2010年，省版权局认真组织开展"4·26"知识产权宣传周活动，局机关、出版学校部分人员参加了由省政府组织的"河南省知识产权宣传周暨河南省实施知识产权战略成果展"，现场提供相关法律咨询，受理投诉举报，发放《著作权法律法规选编》、《作品著作权登记指南》、《著作权行政投诉指南》等宣传资料。同时，在全省认真组织开展普法宣传"进学校、进机关、进社区、进乡村"活动。利用广播电视、报刊等传统新闻媒体进行广泛宣传，充分发挥网络媒体覆盖范围广、传播速度快的特殊优势，通过主体晚会、知识竞赛、专题讲座、案例剖析、公益广告、编排文艺节目等多种形式，加大普法宣传教育力度。各省辖市版权行政部门以"4·26"知识产权宣传周为主要平台，积极开展了集体签名、集中销毁收缴的侵权盗版出版物、发放"绿书签"等形式多样的普法宣传活动，针对党政领导干部、版权执法人员、企事业单位管理人员等重点对象加强宣传教育。积极参加国家版权局组织的"百城联动——正版共赢"、"绿书签行动——拒绝盗版，从我做起"等系列活动。同时，各级版权部门把普法宣传纳入版权工作年度规划，贯穿于全年度工作始终，确保普法宣传工作制度化、常态化、规范化，积极营造"尊重知识、尊重劳动、尊重创造、尊重版权"的良好社会氛围。

四、推进软件正版化工作

一是大力推进企业软件正版化工作。先后召开了河南省企业软件正版化工作第三次联席会议、全省推进企业使用正版软件工作暨第二批企业软件正版化工作总结表彰大会，认真总结了2009年以来本省企业软件正版化工作，安排部署了全省第三批企业软件正版化工作的任务目标，对 22 个“全国软件正版化示范单位”、27 个“全省企业正版化示范单位”和 5 个获得“全省企业软件正版化组织奖”的省辖市进行了表彰。积极构建和完善“行政推动、协会辅助、行业推进、积极稳妥”的工作模式，有力地推动了企业软件正版化工作的顺利进行。二是积极推进政府机关软件正版化工作。根据国务院和河南省政府的部署与要求，先后制定下发了《河南省人民政府办公厅关于进一步做好政府机关使用正版软件工作的通知》、《关于开展政府机关软件正版化督导检查工作的通知》，进一步明确了政府机关软件正版化工作的方法步骤、完成时限和相关部门的职责分工。同时，充分发挥牵头部门的作用，加强与相关部门的协调沟通，积极推动政府机关软件正版化工作，为省、市、县三级政府机关软件正版化工作按时完成提供了保障。

五、版权公共服务及版权产业发展情况

在推动产业发展方面，按照国家版权局的部署，深入开展争创全国版权示范城市、示范单位、示范园区（基地）活动。推荐郑州软件园作为河南省首批版权示范园区典型，参加国家版权保护“三个示范”的评选，积极推动和引领版权产业健康快速发展。2010 年，河南省的新闻出版、动漫制作、计算机软件、美术创作等新兴版权产业发展迅速，钧瓷、汝瓷等传统特色版权产业发展速度明显加快。全省新闻出版业总产值达到 270 亿元，实现增加值 87 亿元；大象出版社的“大象电子书”已经投放市场；《独脚乐园》成为中国十大动漫品牌之一，《河南手机报》订阅用户突破 120 万户；2010 年北京图书订货会和第二十届全国图书交易博览会期间，河南省参展团订货码洋分别突破 2 000 万元、2 300 万元；汝州市成功举办了首届“中国国际汝瓷文化节”和“汝瓷文化宝岛行”，汝瓷产业年销售收入超过 1.5 亿元；以画虎著称的民权县王公庄村 2010 年销售收入由 2009 年的 3 100 万元上升为 5 300 万元，增幅为 70.9%，成为远近闻名的小康村，多次被中央电视台等各大新闻媒体宣传报道。在公共服务方面，作品著作权登记工作实现了申请、受理、审核、公示网络化服务，增设了郑州、开封、洛阳三个版权登记工作站，为社会公众提供方便快捷的公共服务，全年完成从海外、境外引进的版权贸易合同的审核登记 190 件，比 2009 年增长了 59.7%。

（王泽平）

湖　北　省

2010 年湖北省各级版权行政管理部门认真贯彻落实中央和省委、省政府关于加强知识产权保护的战略部署，严厉打击侵权盗版行为，积极推进企业使用正版软件，热忱提供版权公共服务，大力宣传著作权法律，有效维护了正常的市场经济秩序和权利人的合法权益，促进了版权产业繁荣发展。

一、大力推进版权法规制度建设，为增强版权创造、保护、管理与运用能力提供制度保障

《湖北省知识产权战略纲要》发布后，作为《纲要》制定成员单位和主要的知识产权工作部门，湖北省版权局在《湖北日报》发表了深入贯彻《纲要》的专题稿件。局领导参加了《纲要》颁布新闻发布会，向媒体介绍了全省版权产业的相关情况及推动版权产业发展的相关措施。在《湖北省知识产权战略纲要》贯彻实施动员大会上，省版权局作了《贯彻实施〈纲要〉　促进版权产业又好又快发展》的专题发言。争取省政府同意，将《湖北省著作权管理办法》列为政府规章修订计划。结合湖北实际，制定了湖北省版权业“十二五”规划。

二、加强版权行政执法和社会监管，严厉打击各类危害公共利益的侵权盗版行为

坚持日常监管与专项行动相结合，严厉打击侵权盗版行为，有效维护了著作权人的合法权益和正常的市场经济秩序。

（1）切实做好世博会版权保护工作。按照总署《2010 年上海世界博览会版权保护工作方案》制定了实施方案，建立了世博会期间联系畅通的值守体系和反盗版快速反应机制。湖北省版权局版权处被国家知识产权局、国家版权局等八部委评为“世博会知识产权保护专项行动先进集体”。

（2）开展了打击盗版音像制品专项行动。根据总署《关于查缴〈六人行〉、〈名侦探柯南〉等盗版音像制品的通知》精神，组织力量对市场进行认真清理，到荆门、宜昌、潜江、仙桃等地现场指导查缴工作。全省共收缴总署要求查缴的 17 种盗版光盘中的 11 个品种 19 个版本计 529 盘，为上海世界博览会营造了良好的版权保护氛围。

（3）加强图书馆著作权保护。按照《关于加强图书馆著作权保护的通知》的要求，湖北省局于 2010 年 7 月 13—14 日组织工作人员对湖北省图书馆、武汉大学图书馆、华中科技大学图书馆等几个主要的图书馆进行了检查。未发现存在未经授权复制或通过信息网络传播他人作品的违法行为。

(4)按照国家版权局、公安部、工业和信息化部《关于印发〈2010年打击网络侵权盗版专项治理"剑网行动"方案〉的通知》要求，精心部署，认真实施，"剑网行动"取得了积极成效。据统计，全省共对43家互联网企业和网站进行了主动监管，办结网络侵权案件近20起，关闭网站10余家，扣押、没收服务器9台。移送公安机关侦办大案4起，抓获犯罪嫌疑人4人。

1)主动监管，防患未然。省版权局制定下发了《关于加强对互联网企业和网站主动监管的通知》，省、市版权部门确定了全省和各地具有较大影响的主动监管网站43家，组织引导其开展"先授权、后传播"自查自纠活动。从8月下旬至9月中旬，各地版权局对列入主动监管网站进行了检查督导。督查组通过听取汇报、现场浏览网站内容、查验授权合同等方式，了解掌握了主动监管网站的作品传播情况。

2)突出重点，狠抓办案。历时数月，到襄樊、咸宁、荆门、黄冈、鄂州、宜昌、武汉、潜江等地查办国家版权局交办的网络侵权案件。办结了国家版权局交办的两批共11起网络侵权案件。

(5)认真组织开展"保护知识产权专项行动"。贯彻落实全国全省知识产权保护与执法工作电视电话会议精神，按照新出明电［2010］39号精神，制定印发了《关于开展打击侵犯知识产权和制售假冒伪劣商品专项行动及进一步做好使用正版软件工作的通知》，明确了各级新闻出版（版权）单位、"扫黄打非"办在专项行动中的主要工作任务，提出了具体要求，成立了湖北省专项行动领导小组及相关机构，专项行动期间已查办案件30多起。

(6)汇总2009年度湖北省查处的侵权盗版案件，共遴选出50多起案件，向国家版权局推荐办案有功单位及有功个人69个，充分展现了湖北省查办侵权盗版案件的成绩。最终，13个单位、11名个人被评为2009年度查处侵权盗版案件有功单位及个人，受到国家版权局表彰奖励，奖金额共计31.4万元，获奖数居全国前列。

(7)应公安机关及基层版权管理部门请求，对数起涉嫌侵犯著作权罪案件的900多种音像制品和394种图书作出侵权复制品认定，为打击侵权盗版违法犯罪行为提供了准确依据。

三、进一步推进企业使用正版软件工作，为软件企业的发展营造良好环境

制定印发了《湖北省2010年推进企业使用正版软件工作计划》。坚持正面引导，增强服务意识，加大执法力度，积极稳妥地推进，全年对约300家企业的300多名信息管理部门负责人进行软件正版化培训，仅省级和武汉、襄樊两市就有65家大型企业列入年度目标企业并对其进行了检查验收，企业使用正版软件工作取得了新成果。

(1)认真组织，积极推进第三批企业的软件正版化工作。遵循"阶段性目标"原则，省使用正版软件工作领导小组办公室会同省国资委、商务厅、证监局、保监局、银监局确定了2010年全省31家省级第三批推进使用正版软件企业，发出《关于做好推进省级第三批企业使用正版软件工作的通知》，提出了具体要求，作出了相应部署。各企业上报了自查报告，领导小组办公室已对各企业进行了检查。

(2)市州企业软件正版化工作取得阶段性成果。在抓好省级企业正版化工作的同时，以武汉市、襄樊市等省内主要工业城市为重点，加大对市州企业软件正版化工作的指导力度。武汉市版权局联合市卫生局、旅游局、工商局，在卫生、酒店、广告设计三个行业，切实推进软件正版化工作。至2010年5月底，相关单位采购正版软件3 000多套（件），采购资金近1 000万元。2010年武汉市版权局还确定了14家大中型企业为推进使用正版软件企业，与省版权局联合召开了培训动员会。襄樊市使用正版软件工作领导小组确定了20家企事业单位作为重点推进使用正版软件企业，并认真制定了细致周全的检查验收方案。黄石、荆州版权局工作主动、积极，分别确定了10家和8家新一批推进企业，形成了整体推进的格局。

一些企业主动开展软件正版化工作，起到良好带动作用。东风汽车有限公司、中盐宏博集团有限公司、烽火通信科技股份有限公司、名幸电子（武汉）有限公司、江通动画股份有限公司、湖北省工程咨询公司、湖北省农村信用社联合社等七家企业被授予第二批"全国企业软件正版化工作示范单位"称号。

(3)严格执法，严厉打击软件侵权盗版行为。根据软件权利人投诉，省版权局检查了武汉市区域的中煤国际武汉设计院、马应龙、东湖高新、精伦电子等近二十家企业软件使用情况，提出正版化要求。派员到荆门、襄樊检查了荆门热电厂、荆门市规划设计院、襄阳轴承集团等十多家企业软件正版化情况，到黄石对几家设计单位使用侵权设计软件进行查证，对涉嫌使用盗版CAD软件企业提出整改要求，相关单位已购置更换正版软件或提出了正版化方案。仅省核查的企业就购置更换各类正版软件732套。

（4）宣传、推荐优秀软件，促进软件产业的发展。软件正版化工作改善了市场环境，促进了软件产业的发展。省版权局定期在局政务网上公示国产软件许可合同；宣传、推介优秀国产软件，促进民族软件产业的发展。一些软件生产企业纷纷在湖北省设立分公司，销售业绩都有不同程度增长。微软公司将武汉办事处升格为武汉分公司。该公司大中华区渠道业务管理事业部总经理博约翰一行专程到湖北省版权局拜访，对湖北所做的软件版权保护工作表示感谢。知名正版软件销售企业湖北连邦创新软件公司的销售有了明显增长，2010年已实现销售额3 500多万元。金山WPS湖北销售代理商武汉思通天下公司销售业绩全国排名第一。

国产软件如金山WPS的销售增长明显。中国葛洲坝集团公司与金山软件达成战略合作并签订了WPS Office场地授权协议。武汉钢铁公司公司购置了2 000套金山WPS，东风汽车公司、中国一冶、湖北省成套招标有限公司等大型企业也选购了大量该软件。

四、热忱提供公共服务，促进版权作品的创造、传播

（1）作品登记数量快速增长。省版权局继续加大版权登记宣传力度，使更多著作权人了解版权登记的作用。采取与中介机构合作、授权基层局代办登记等措施，扩大登记量。作品自愿登记达652件，较上年增长159%。全省计算机软件著作权登记数1 846件，居全国第九。

（2）积极推动著作权集体管理工作。经与中国文字著作权协会会商，设立了中国文字著作权协会湖北代表处。中国文字著作权协会与《特别关注》杂志社签订《报刊“法定许可”稿酬收转协议》。大家文摘报社通过湖北代表处收转稿酬事宜正在商洽。这表明文字作品的集体管理在湖北省进入实际运作阶段。支持中国音像著作权集体管理协会在湖北的委托收费单位湖北天合公司开展工作，该公司代为收取的卡拉OK行业版权使用费逾600万元，列全国第六。

（3）促进版权创造与运用。加强调查研究，省版权局深入江通动画股份有限公司、中望软件公司指导企业建立版权资源创造、运用的工作机制，实现知识产权的市场价值。与华中文化产权交易所联系、沟通，帮助其建立版权交易系统，开展版权作品交易业务。武汉市局主动促进版权相关产业发展，与中国人民银行武汉分行共同制定了“版权质押贷款操作指引”。知音集团被评为2010年中国版权产业最具影响力企业奖。2010年全省输出图书版权145种，引进图书版权129种，首次实现输出大于引进。

五、开展多种形式的版权宣传工作，提高公众版权保护意识

普及著作权法律知识，提升社会公众的版权意识，是开展版权工作的基础。省版权局组织了“上海世博会知识产权知识竞赛”答题活动，荣获“世博会知识产权知识竞赛”组织奖。公布了2009年度十大侵权盗版案件。《湖北日报》、《新闻出版报》、《长江日报》、《长江商报》、新浪网、中国新闻网、网易、荆楚网等媒体用较大篇幅进行了报道，在社会上引起强烈反响。基层版权行政管理机关积极开展版权宣传活动。4月26日世界知识产权日当天，咸宁市版权局在市区中心举办保护知识产权宣传活动，发放宣传单及相关宣传资料300余份，近千名群众到展台咨询。

在国家版权局举办的“青少年版权保护读书活动暨版权保护知识竞赛”中，全省19人获一等奖，113人获二等奖，176人获三等奖，同时19个单位获组织奖。获奖数高居全国第二。襄樊、咸宁等市版权局抓住宣传时机，到获奖人数较多的学校举办颁奖活动，激励中小学生尊重创造，拒绝盗版。

（胡　磊）

湖　南　省

2010年，湖南版权工作坚持以邓小平理论和“三个代表”重要思想为指导，深入学习落实科学发展观，全面贯彻实施《国家知识产权战略纲要》和《湖南省知识产权战略实施纲要》，创新工作方式，提高服务管理水平，圆满完成了各项任务。

一、围绕中心大局，落实重点任务

2010年重大事件多，社会热点多，世博、亚运等重大活动相继举办，中美商贸会谈、《著作权法》修订等热点引人关注，中央部署了一系列专项治理和集中行动加强版权保护工作。全省各级版权行政管理部门认真贯彻落实中央决策，进一步强化版权执法和日常监管，切实为党和国家工作大局服务、为版权领域的中心任务服务，取得了较好成绩。

一是认真抓好世博、亚运专项版权保护工作，净化版权保护环境。各地制定具体行动方案并组织实施，建立健全反盗版快速反应机制，从快打击各类版权违法活动，确保重点区域、重点部位、重点时段发生的侵权盗版案件得到快速及时的处理。株洲市在世博期间加大对视频直播网站的监管，迅速制止了5起侵犯世博作品版权网络传播行为。郴州市在亚运期间在高速公路加设亚运安检站，一举查获运往广东的7万多张盗版音像光盘，有效制止了盗版制品进入流通渠道。

二是加强图书馆版权保护工作，会同教育、文化、“扫黄打非”等部门，多次组织对省内部分大学图书馆使用作品情况进行专项检查，衡阳、株洲等地在检查中查缴图书馆上架的盗版出版物5万余册。同时，指导图书馆建立健全版权管理工作制度，组织相关高校图书馆负责人参加国家版权局举办的工作培训，在全省高校图书馆馆长会议上对50多家高校图书馆馆长进行版权管理和保护方面的讲座培训，收到了良好效果。

三是积极开展打击网络侵权盗版“剑网行动”，不断巩固和完善与公安、通信管理部门协作联动的网络专项治理机制，形成打击网络侵权盗版强大合力，共立案查处各类网络侵权案件22起，查获用于侵权服务器23台，组织全省70余家主要大型门户和知名网站开展作品使用自查自纠，主动监管网站93家，发放整改通知书20余份，提出整改意见300多条，卸载涉嫌违规作品8 000多部。组织部分网站负责人进行版权法律知识培训，帮助被监管网站建立作品使用管理制度，形成先获得授权、再使用传播的良好秩序。

四是按照国务院部署，集中开展打击侵犯知识产权和制售假冒伪劣商品专项行动，牵头做好印刷复制生产源头治理、出版物市场治理等工作。截止到2010年12月底，全省共组织检查印刷复制企业700余家，处理违法违规企业50余家，清查无证印刷和地下窝点4个。积极开展对出版物市场的日常巡查和明察暗访，全省共出动检查人员2.7万余人次，检查出版物市场、店档1.1万多个次，查缴盗版图书54万多册、盗版音像制品8.2万多张、盗版软件1.5万余张。

五是加大了大案要案的查处力度。先后查处了中央五部门挂牌督办的罗颖、吴飞私服侵权2起刑事案件，国家版权局交办魔域中文网侵犯文字作品等5个重大案件和本省自行确定的9个重点案件。其中，协调省、市、县三级公安、检察部门共同查处的罗颖、吴飞私服案，是迄今为止国内查获的案值最大的一宗网络游戏侵权盗版案件，已抓获犯罪嫌疑人9名，检察部门已经提起了公诉，进入刑事审判程序。

六是继续大力推进软件正版化工作。2010年列入软件正版化工作目标的企业有329家，已经通过检查验收的企业有139家。同时，启动了湖南省新一轮政府软件正版化工作，与省经信委、财政厅、省机关事务管理局等相关职能部门研究探讨了省、市、县三级政府机关软件正版化工作措施，拟定了实施方案。由于各项治理整顿工作出色，2010年湖南省有5个市州版权部门、7位执法人员分别被国家版权局授予查处侵权盗版案件有功单位和有功个人的称号；2个市州版权局、1位执法人员分别被评为全国世博知识产权保护先进集体和先进个人；9家企业被评为第二批全国企业软件正版化示范单位。

二、围绕发展主题，拓展服务领域

从满足企业版权运用和管理的实践出发，出台了一系列的措施服务版权企业的发展。

1. 改进和完善版权登记，鼓励作品的开发创作

把作品登记作为激发创作者的热情、维护权利人利益，以及实施《湖南省知识产权战略实施纲要》的一项基础性工作来抓。一年来，在充分征求省内主要版权企业和律师、相关行业协会、中介机构代表意见，调研了解北京、上海、广东、江苏、福建、湖北等省市作品登记情况的基础上，优化登记程序，进一步提高登记效率，平均登记时间由原来的30天减少为20天左右，并开通登记绿色通道，对于一些时效性要求高的权利人，做到了即来即办；优化登记内容，进一步提高登记质量，妥善解决了作品转让和权利变更登记的问题，为促进作品使用奠定了基础，例如帮助天舟科教公司清理和登记70个种类400部作品，为其顺利上市提供支持。2010年，共登记各类作品337件，作品的开发创作呈现较好的发展势头。

2. 加强对企业的指导服务，促进版权的有效管理

将梦洁家纺、金鹰网和宏梦卡通等15家企业，确定为对口联系的重点版权企业，将醴陵陶瓷业确定为重点指导的版权行业，开展“一对一”帮扶工作，由分管局领导负责牵头组织人员深入上述企业和行业进行调研，了解企业作品创作和版权登记、管理、使用情况，指导帮助企业建立健全版权资产开发管理制度，形成开发版权、拥有版权、经营版权、保护版权并重的经营模式。

3. 积极推进版权贸易，促进作品的转化和运用

促进以图书、报刊为主的版权贸易，大力实施“走出去”战略。2010年累计引进版权337项，输出版权163余项，不但输出数量较2009年增长

50%，而且输出的国家和地区也从以往的港澳台地区和东南亚国家，扩大到美国、欧盟等 10 多个国家、地区，逐步进入西方主流社会。在版权合作方面也取得突破性进展，开展对外版权合作 29 项，收到良好的社会效益和经济效益，湖南出版集团被评为全国“版权输出先进单位一等奖”。积极推进版权贸易平台建设，支持湖南省产权交易市场建设版权交易系统拓宽版权交易范围，促进版权市场价值的实现。

4. 全力打造湖南版权企业品牌

积极推介湖南省版权企业参加世界知识产权组织和国家版权局、中国版权协会组织的各种品牌评选活动，其中，中南传媒获评“中国版权最具影响力企业”。

三、围绕宣传普法，加强版权文化建设

加强法制宣传是做好版权工作的思想基础，只有广大干部群众特别是各级领导自觉学习《著作权法》，掌握《著作权法》，运用《著作权法》，版权工作才有了坚实的思想基础和社会基础。

一是利用“4·26”知识产权宣传周开展大型广场活动，在全省组织开展了“绿书签 2010 行动”，发放版权保护宣传资料和“绿书签”近 2 万份，组织签署 30 余家门户网站发布版权自律宣言和订立反盗版承诺书。

二是运用新手段、新方式开展特色宣传。在《著作权法》颁布 20 周年之际，设计制作了 3 000 多册以“版权创造财富”为主题的宣传邮册，寄赠全省各级党政领导和兄弟省市版权局，形象地展示版权保护对经济发展的巨大促进作用，同时向外推介了湖南优秀版权企业。各市州也不断创新工作方式，衡阳市利用手机平台向全市发布版权保护短信 6 万多条，并通过在衡阳政府门户网站的在线访谈，与众多网民就版权保护工作进行互动；怀化将知识产权保护编排成通俗易懂的文艺节目，利用演出车赴各地巡回表演，取得了良好效果，提高了社会公众对版权的认识度。

三是面向广大执法人员和机关干部进行法制培训。组织市州执法干部赴乌鲁木齐参加国家版权局举办的第三期基层执法培训班。协调省普法办将《信息网络传播权保护条例》编入了 2010 年度干部学法读本。

四是推动“版权保护宣传进校园”活动，岳阳、常德和娄底向当地中学赠送版权知识读本《版权我懂》3 000 册，并在校园举办以版权保护为主题的班队活动，促进了青少年版权意识的提高。

（宋　亮）

广　东　省

2010 年，在广东省版权局党组织的领导下，按照全面落实科学发展观，建设法治社会与和谐、创新型广东的要求，强化版权行政管理，维护版权产品市场秩序，开展了以下几项重点工作：

一、开展著作权保护宣传和基层工作站建设

1. 组织开展广东省 2010 年“保护著作权宣传周”系列活动

认真制定“保护著作权宣传周”活动计划，组织全省版权行政管理部门开展形式多样的版权法律知识宣传普及活动和打击著作权侵权盗版行为专项行动。在局政务信息网上设立“版权保护在广东”专栏。编印、分发《版权知识笔记本》13 800 本，并及时做好宣传周活动的总结工作。广东省版权局版权管理处被新闻出版总署评定为全国新闻出版系统“五五”普法先进单位。

2. 开展第二批版权基层工作站的建设

2010 年 4 月份，由条件相对成熟的广州市版权协会、深圳市版权协会、佛山市文艺创作研究室、东莞市出版印刷业协会、云浮市云城区文化广电新闻出版局、肇庆版权局、揭阳市版权局建立版权基层工作站。全省共建立了 9 个版权基层工作站。

3. 积极做好有关展览会版权服务工作站的工作

首届及第二届中国国际影视动漫版权保护和贸易博览会在东莞举办，受博览会组委会的邀请，广东省版权局版权管理处和东莞市版权局组建了中国国际动漫影视版权保护和贸易博览会“版权服务工作站”。首届博览会受理参展作品著作权登记申请 237 项，接受版权业务咨询 160 多人次；派发“广东省版权局著作权知识宣传活页”、《版权保护学生笔记本》、“版权保护知识书签”、《东莞动漫》共 10 000多套（张）。第二届博览会收到参展企业的著作权免费登记申请 108 份，受理各类咨询 30 多宗，派发各类宣传资料近 20 000 份。上述两届博览会均实现了版权纠纷零投诉。此外，还派员参加了 2010 年（春）（秋）两届深圳国际家纺布艺展览会和第七届中国国际中小企业博览会知识产权服务工作站的工作。

4. 召开广东省版权工作会议暨版权基层工作站现场会

4 月 20—23 日在中山组织召开了 2010 年广东省版权工作会议暨版权基层工作站现场会。会议宣读了雷于蓝副省长肯定本省版权工作的批示，总结了

2009年全省版权工作并布置了2010年全省版权重点工作。会上对第二批5个版权基层工作站进行了授牌，并向被中山市有关行业协会评为“最具价值版权产品”的6个产品颁发了证书；省新闻出版局信息中心与7家作品登记代办机构互换了协议书。会议代表还参观考察了中山市2个试点版权基层工作站的运作情况。

5. 规范作品著作权自愿登记工作

从2010年1月1日起，由广东版权局信息中心全面负责广东省的作品著作权自愿登记工作，进一步完善和规范作品自愿登记制度；批准了广东省版权保护联合会、深圳市版权协会、汕头市文化广电新闻出版服务中心、佛山市文艺创作研究室、东莞市出版印刷业协会、云浮市云城区文化广电新闻出版局、揭阳市印刷复制协会、肇庆市版权局、惠州慈云图书馆作为广东省作品登记代办机构，使本省作品登记工作与保护版权、服务版权产业、促进创新发展有机结合起来，进一步提高广东省版权相关企业的创新实力和作品产业化能力。

二、开展“剑网行动”，打击侵犯知识产权行为，做好各方面的版权保护工作

1. 召开全省推进企业使用正版软件工作情况通报会并继续推进软件正版化工作

3月2日召开了省推进企业使用正版软件工作联席会议成员单位成员和联络员会议，会上再一次明确各自的工作职责，沟通了情况。4月9日召开了广东省推进企业使用正版软件工作情况通报会。会上通报了2009年省推进企业使用正版软件工作的情况，讨论通过了省推进企业使用正版软件工作联席会议办公室起草的《2010年广东省推进企业使用正版软件工作计划》。

2. 开展打击网络侵权盗版专项治理“剑网行动”

从2010年7月26日开始，组织部署广东省各地级以上市版权行政管理部门开展了打击网络侵权盗版专项治理“剑网行动”。广东省版权局及时转发了国家版权局、公安部、工业和信息化部有关开展打击网络侵权盗版专项治理“剑网行动”的方案，成立了广东省打击网络侵权盗版专项治理“剑网行动”办公室。国家版权局交办的150宗案件中目前已移转查处的有101宗，其中已作出行政处罚决定的20宗，正在调查过程中的有58宗。

3. 召开广东省打击侵犯知识产权和制售假冒伪劣商品专项行动重点地区工作会议

11月11日在广东省版权局18楼会议室召开了广东省打击侵犯知识产权和制售假冒伪劣商品专项行动重点地区工作会议。制定了《广东省新闻出版局（版权局）、广东省“扫黄打非”工作领导小组办公室关于打击侵犯知识产权和制售假冒伪劣商品专项行动实施方案》，成立了打击侵犯知识产权和制售假冒伪劣商品专项行动领导小组及其办公室（办公室设在版权管理处），并将相关情况上报至国家版权局和省领导。

4. 陪同“版权保护促进产业发展联合调研组”赴中山市古镇镇调研灯饰的版权保护工作

为推广江苏南通家纺市场版权保护经验，同时继续推动版权优秀案例示范调研点的调研工作，12月14日，国家版权局版权管理司、全国人大教科文卫委、商务部条法司等相关部门和华东政法大学的负责同志、学者以及广东省版权局相关人员对中山市古镇镇版权基层工作站及古镇灯饰市场进行了考察。并与中山市政府和相关部门领导、古镇镇党政领导、行业协会及企业代表等共同研讨如何从灯饰行业的版权保护入手，推动产业优化升级。调研组认为，中山灯饰的版权保护工作特色鲜明，将来可把经验推广到全国乃至世界各版权产业集群区域。

5. 对图书馆著作权保护工作的情况进行抽查

为加大版权保护力度，依法进一步加强对图书馆使用和传播作品行为的管理，根据省版权局、省文化厅、省教育厅、省“扫黄打非”工作领导小组办公室《转发关于加强图书馆著作权保护工作的通知》和2010年6月8日广东省版权局组织召开的联合抽查图书馆著作权保护工作筹备会议的要求，省版权局联合省文化厅、省教育厅、省“扫黄打非”办对广州图书馆、华南农业大学图书馆、南方医科大学图书馆进行了抽查、检查。

6. 做好世博会、亚运会及亚残运会的版权保护工作

4月，广东省版权局在全省范围内开展了世博会知识产权保护专项行动，制定了《广东省新闻出版局（版权局）2010年上海世界博览会版权保护工作方案》并印发到省内地级以上市版权行政管理部门；及时转发国家知识产权局、公安部、海关总署、工商总局、版权局、高检院、贸促会、新闻办等八部委联合印发的《关于开展2010年世博会知识产权保护专项行动的通知》，成立了世博会版权保护工作组，建立了快速反应机制。广东省版权局版权管理处被国家八部委评定为“世博会知识产权保护专项行动先进集体”。

为认真做好广州亚运会的版权保护工作，为广

州亚运会的成功举办营造良好的版权保护环境，省版权局转发了新闻出版总署（国家版权局）《关于印发〈2010 年广州亚运会版权保护工作方案〉的通知》，成立了亚运会及亚残运会版权保护工作组，并建立了快速反应机制。

三、召开 2010 年版权工作相关会议，参与国际会议，推动粤港版权保护合作

1. 指导召开 2010 年广东省珠三角地区版权工作联席会议

为了更好地贯彻落实《国家知识产权战略纲要》和《珠江三角洲地区改革发展纲要》，整合珠三角地区版权行政管理资源，提高版权保护协作和版权公共服务水平，促进版权工作全面合作，推动版权产业发展，2010 年广东省珠三角地区版权工作联席会议于 2010 年 10 月 12 日在深圳召开，讨论并原则通过了《广东省著作权行政执法立案操作指南（试行）》。

2. 参加 2010 年度国际知识产权执法会议

2010 年 10 月 18—21 日，钱永红副局长带队赴香港参加了由国际刑警组织与香港海关联合主办的 2010 年度国际知识产权执法会议。会上，国际刑警组织、世界海关组织、世界知识产权组织、中华人民共和国海关总署、中华人民共和国公安部、香港特别行政区海关等国家和地区相关组织机构的代表围绕“同心协力打击有组织罪行”这一会议主题发表讲话，让与会者了解世界各地的相关从业人员在保护知识产权方面所作的贡献。会议还通过举办实务工作坊，分小组探讨版权、海关、警方等知识产权相关部门及版权权利人如何更紧密地联合起来，为有效打击日益严重的有组织和跨国侵犯知识产权的犯罪活动寻求方法与途径。

3. 参加粤港保护知识产权合作专责小组第九次会议，与香港海关建立点对点的协作机制

1 月 20 日，广东省版权局与香港海关在版权局 18 楼会议室召开了工作会议。会上钱永红副局长提出三点建议：一是加强双方人员培训的互动交流与合作；二是拟订合作备忘录；三是建立联系机制，委任专责联络员，以加强广东省版权局与香港海关在知识产权执法上的信息交流。

4 月 26 日出台了“粤港保护知识产权合作专责小组”框架内香港海关与广东省版权局“粤港知识产权案件协作处理机制”，并确定了联络员制度。

四、协助起草编制广东省知识产权“十二五”规划

从 2010 年 4 月起，根据广东省知识产权“十二五”规划编制工作方案的要求，全面总结和分析了全省“十一五”期间版权工作情况及面临的主要矛盾和挑战，研究提出了“十二五”发展目标、主要任务和政策措施。起草编制工作已基本完成。

五、与微软（中国）有限公司相关人员进行会谈

10 月 28 日，与微软（中国）有限公司相关人员进行会谈。在会谈中，广东省版权局表明了积极支持软件正版化、维护著作权人利益、保护版权、打击各类侵权盗版违法活动的态度，同时考虑到广东各地区发展不平衡的实际情况，在推进软件正版化的进程中，实行循序渐进、规范运行、稳步推进的策略。

六、考察华东地区版权发展，并参加中国国际版权博览会

1. 赴华东考察版权产业园区发展和版权基层工作站建设情况

为加快广东省版权基层服务机构建设，提高版权行政管理部门服务版权产业的能力和水平，继续推进广东省“版权兴业工程”，6 月 21—26 日，钱永红副局长带领广州、深圳、佛山、东莞、云浮市版权局相关人员及上述地市版权基层工作站的同志赴华东的江苏、上海、浙江等 3 省（市）进行版权产业园区发展和版权基层工作站建设情况专题调研活动，实地学习、观摩和借鉴兄弟省（市）在推进版权产业园区以及版权基层工作站加强版权管理与服务工作方面的好经验、好做法。

2. 组团参加第三届中国国际版权博览会

2010 年 11 月 18 日，广东省版权局受第三届中国国际版权博览会组委会的邀请，组团赴京参加了本次博览会的版权产业展览。在 180 平米的特装展位上，广东代表团展出了广东省版权兴业示范基地、广东省版权基层工作站、争创版权示范城市、最具价值版权产品以及中国国际影视动漫版权保护和贸易博览会板块。本次展会上中山金龙游乐设备有限公司、中山市世宇动漫科技有限公司、中山市琪琅灯饰厂有限公司、中山市哥尼斯灯饰照明有限公司、中山市环宇灯饰电器有限公司、广东原创动力文化发展有限公司等积极参与，使得广东代表团在本次展会上显得与众不同，主要亮点集中在最具价值版权产品展示区域展出的中山古镇的灯饰产品、中山港口镇的世界首创 4D 游戏机、广州原创动力文化发展公司的喜羊羊和灰太狼“公仔”等产品，吸引了来自世界各地的版权界人士的关注。

在广东省版权局的统一组织和深圳市版权基层

工作站的协助下，广州市版权局、深圳市市场监督管理局、东莞市版权局、省版权保护联合会、东莞松山湖管委会、深圳市版权协会、中山古镇版权基层工作站、中山港口版权基层工作站等单位都安排了相关工作人员出席本次博览会。

2010年11月18—21日期间，广东参展项目将广东省的版权保护工作和取得的成就展示给了全国乃至全世界的版权界，传递"兴版权产业、建文化强省"的理念。新闻出版总署副署长、国家版权局副局长阎晓宏，原新闻出版署署长（国家版权局局长）于友先，国家版权局原副局长、中国版权协会理事长沈仁干，国家版权局版权管理司司长王自强，新闻出版总署法规司司长于慈珂等领导及其他省市版权局的领导同志在广东省版权局副局长钱永红、版权管理处处长张同英的陪同下参观了广东省的参展项目，并对广东省近年来开展的版权管理工作给予了充分肯定。

（张同英　凌立华）

广西壮族自治区

2010年，广西版权工作围绕中心、服务大局、创新思路、突出重点，紧紧围绕促进经济社会发展和文化繁荣，不断推动版权工作向纵深发展，圆满完成了各项目标任务，得到了国家新闻出版总署、国家版权局领导的表扬和肯定。这一年，广西版权局主要做了如下几个方面的工作。

一、贯彻落实党中央和国务院的部署，服务大局工作取得成绩

一是按照国务院部署，集中开展打击侵犯知识产权和制售假冒伪劣商品专项行动，做好印刷复制生产源头治理、出版物市场治理、打击网络侵权盗版和政府机关软件正版化工作。至2010年12月，全区印刷管理部门和各市相关部门在专项行动中出动检查人员2 926人次，检查印刷经营场所553家次。查处无证经营点46家，收缴"六合彩"资料100多册、非法盗版出版物237册。同时加大对图书、软件、音像制品的市场监管，重点抽查了14个市49家音像制品零售企业和2家光盘复制企业。

二是强化执法，加大对大案要案的查办力度。第一是开展打击盗版音像制品行动。全区共出动执法人员1 500多人次，收缴盗版音像制品26 000多张，取缔游商地摊15个，对12个音像批发零售企业进行了重点检查。第二是持续开展"剑网行动"。全区各级版权部门与公安、通信管理、网络运营商等部门紧密配合，充分发挥各自优势，强化主动监管和适时监控，采取主动深入重点网站现场查看等措施，加强了对全区确定主动监管的近300家网站的监控。广西版权局对国家版权局移转的案件"www.hszw.com文字作品涉嫌侵权案"依法进行了查处，并对该案侵权人进行了行政处罚；版权局组织指导梧州市版权局依法查处了关闭涉及侵权盗版的中国联通梧州分公司网站露天影院（www.wzvod.com.cn）和梧州丽港宽频影院（www.gxvod.cn）。同时，组织指导梧州市版权局责令中国电信梧州分公司自营门户网站鸳江热线（www.wzptt.gx.cn）关闭老、旧链接9个，对涉及友情链接、无法审核监控及具有站外搜索、下载软件、视频音频功能的相关频道及业务进行了全面关闭。

三是重拳出击，查办侵权盗版的大案要案。广西版权局协同自治区"扫黄打非"办组织指导来宾市文化新闻出版局、来宾市公安局，查获两个非法出版物和侵权盗版窝点，查获非法和侵权盗版出版物约16万册，涉及100多个品种。目前，此案已列为全国重点督办的大案深查彻究，公安部门正在网上通缉犯罪嫌疑人。版权局还协同自治区"扫黄打非"办查获钦州市灵山县周晴和音像店涉嫌销售盗版的音像制品案，现场查扣涉嫌盗版音像制品3 981张。目前版权局和自治区"扫黄打非"办正在协同自治区公安厅，由公安厅指导该市公安局争取立案处理。

二、强化策划和宣传教育工作，组织发动自治区102家图书馆向全国同行发出"拒绝盗版，保护典藏"自律倡议书

2010年，广西版权局进一步全面强化了图书馆正版化工作的管理和著作权保护工作。版权局联合区文化厅、教育厅以及"扫黄打非"工作领导小组办公室建立了联动工作机制，全面部署开展了全区图书馆著作权保护和正版化工作的自查自纠工作。同时，组织各市全面展开了对所在市图书馆的正版化工作检查。这些工作的扎实开展，有效推动了自治区图书馆著作权保护工作。2010年12月初，广西大学图书馆和广西图书馆等102家图书馆负责人联合签名向全国同行发出"拒绝盗版，保护典藏"的自律倡议。倡议书公开后引起了全国媒体关注。《中国新闻出版报》、《中国知识产权报》、人民网、搜狐网、新浪网和网易等20多个国内知名媒体相继报道了这个新闻。广西的主流媒体《南国早报》、《当代生活报》、广西人民广播电台、南宁人民广播电台和广西新闻网等新闻媒体也都对广西扎实推进图书馆著作权保护工作进行了宣传报道。

三、全面做好党政机关和企业使用正版软件工作

为认真贯彻落实全国知识产权保护与执法工作电视电话会议和国务院办公厅《关于进一步做好政府机关使用正版软件工作的通知》精神，在广西，2006年已经基本完成区、市两级政府机关使用正版软件工作的基础上，版权局请示自治区人民政府，建议由自治区党委办公厅和自治区人民政府办公厅两办发出《关于进一步做好全区党政机关使用正版软件工作的通知》，要求全区各级机关进一步开展使用软件正版化工作；建议按国家新闻出版总署和国家版权局要求，将此项工作范围扩大推进到全区县级以上党政机关，各人民团体，人大、政协、法院、检察院、民主党派等机关。要求已经完成使用正版软件工作的区、市两级政府机关要开展自查自纠，进行补漏、完善，尚未开展此项工作的机关单位要抓紧开展；建议上述工作要在2011年9月底以前完成。同时，版权局积极协调自治区财政厅落实经费，确保使用正版软件推进工作的完成。在做好政府机关使用软件正版化工作的同时，进一步推进做好企业使用正版软件工作。2010年全区共有130家企业推进了使用软件正版化工作。

四、大力营造良好的版权舆论环境

一是做好广西知识产权宣传周宣传工作。围绕2010年广西知识产权宣传周暨"4·26"世界知识产权日庆祝活动，推出"加强版权保护，报务社会经济发展"宣传墙报；组织在2009年全国青少年版权保护知识竞赛中获奖的学生代表进行颁奖活动；在南宁市朝阳广场开展版权咨询宣传活动；协同自治区"扫黄打非"工作领导小组办公室在南宁市五象广场举行了2010年广西侵权盗版及非法出版物销毁行动，全区共销毁侵权盗版及非法出版物200多万件，《人民日报》、《广西日报》、《南国早报》、广西电视台等区内外多家媒体在现场进行了报道。

二是积极开展版权宣传进社区活动和多种形式的版权宣传活动，教育提升全民版权保护意识，形成了全区良好的版权工作环境。

三是进一步做好版权保护的常态性宣传和教育工作。

五、加强出版合同登记备案管理和作品自愿登记

2010年全区共办理涉外图书版权贸易合同登记备案370份。全区共办理著作权作品自愿登记117件，较好地维护了权利人的利益。

（周　鑫）

海　南　省

2010年，海南省版权局以邓小平理论和"三个代表"重要思想为指导，深入贯彻科学发展观，认真落实国家版权局和省委省政府的工作部署，积极履行版权行政管理职能，加大版权行政执法力度，努力推进软件正版化工作，完善公共服务体系，大力宣传版权法律知识，营造良好的版权保护环境。

一、大力加强版权保护

1. 组织实施上海世博会和广州亚运会版权保护工作

海南省版权局根据新闻出版总署《关于印发〈2010年上海世界博览会版权保护工作方案〉、〈2010年上海世界博览会反盗版快速反应机制〉的通知》（新出字［2010］97号）要求，结合海南实际，制定了《海南省2010年上海世界博览会版权保护工作实施方案》。3月，省版权局与省文化市场稽查总队按照实施方案的要求，以海口市的解放西路、DC电脑城和明珠广场及三亚市的解放路为重点区域进行了仔细检查，同时要求各市县文化市场稽查大队开展侵权盗版市场清理。9月，按照国家知识产权局、中央外宣办、国家版权局等联合下发的《关于加强2010年广州亚运会知识产权保护工作的通知》（国知发协字［2010］113号）要求，省版权局将文件转发至各市县文体局和省文化市场稽查总队，要求各单位严格查处市场上出现的有关广州亚运会的盗版制品，做好广州亚运会知识产权保护工作。经统计，行动期间全省共出动检查执法人员8 074人次，检查音像制品经营场所6 929家（次），打掉盗版音像制品地下窝点1个，清理盗版音像制品经营地摊18处，处罚音像制品经营店铺13家，收缴盗版音像制品近万张。

2. 开展海南2010"剑网行动"

省版权局与省公安厅、省通信管理局等相关单位成立了打击网络侵权盗版专项治理"剑网行动"工作领导小组，按照国家统一部署，从2010年7月下旬至10月底在全省范围内开展了打击网络侵权盗版专项治理行动。治理行动期间，省版权局共组织检查10次，检查了15家网站，主动监管网站9家，处理国家版权局转来案件3件：责令1家网站停止侵权，取消1家网站备案地，列入黑名单，另有1家经查为虚拟备案，实际备案地在湖南。"剑网行动”期间，在全省主要网站未发现未经授权传播上海世博会和广州亚运会作品的行为。

3. *开展图书馆著作权保护行动*

根据国家版权局、教育部等单位联合发文要求，省版权局以省内各高校图书馆和省图书馆、海口市图书馆、三亚市图书馆为重点，于7月14日发文要求其开展图书馆著作权自查自纠，重点是论文的转载。省版权局组织检查组对各图书馆的自查报告进行对照检查，未发现存在不经授权使用作品行为。

4. *加强侵权盗版日常监管*

加强盗版图书音像制品电子出版物、互联网经营场所侵权盗版、非法预装计算机软件等日常监管，切实维护版权市场秩序。全年海南省出动执法人员1万多人次，检查互联网经营场所1 000余家（次），责令改正188家（次），立案调查156件，结案77件，警告79家（次），责令停业整顿20家（次），罚款54.06万元。

二、积极推进软件正版化工作

1. *加强指导督查，推进企业软件正版化工作*

由省政府副秘书主持召开了省使用正版软件工作领导小组会议，会议听取了领导小组办公室对上年企业软件正版化工作开展情况的介绍，传达了国家推进企业使用正版软件工作联席会议精神。领导小组成员首先肯定了本省企业软件正版化工作开展取得的成效，同时就存在的问题展开了讨论，一致认为需要加大推进力度，加强部门协调，最大限度发挥行业主管单位的作用，深入开展企业调研，逐步扩大正版化范围。会议对2010年企业软件正版化工作计划草案进行了审议，决定在草案计划完成18家企业的基础上再增加12家，最后形成《海南省2010年企业软件正版化工作计划》印发各有关单位。省使用正版软件工作领导小组办公室通知列入企业派员参加软件正版化培训，由省版权局和工信厅对参培人员做了软件著作权知识和软件资产管理及相关技术知识讲析，增强了参培人员的版权保护自觉意识。10—12月初，领导小组办公室牵头，组织省版权局、省工信厅、省商务厅、省工商联、省国资委分别对列入计划的企业开展指导、督查，截至2010年年底，列入计划的16家企业完成了软件正版化工作。

2. *贯彻国办文件精神，启动政府机关软件正版化检查和整改工作*

（1）及时转发国办发［2010］47号文，提出贯彻要求。2010年11月8日，根据省政府王扬俊副秘书长的批示，省版权局、省工信厅对国务院办公厅下发的《关于进一步做好政府机关使用正版软件工作的通知》（国办发［2010］47号）草拟了贯彻落实意见。11月16日，省政府办公厅根据省版权局、省工信厅意见，下发了《海南省人民政府办公厅转发国务院办公厅关于进一步做好政府机关使用软件工作的通知》。《通知》要求：全省政府机关要提高认识，形成保护知识产权的自觉意识；落实主要负责同志为第一责任人，成立工作小组，制定工作方案，抓好整改工作；同时做好软件正版化工作经费预算，列入年度财政预算安排等。

（2）制定实施方案，落实软件正版化工作要求。11月26日，海南省使用正版软件工作领导小组办公室制定了《海南省政府机关使用正版软件工作实施方案（2010—2011年）》，通过党政网发至全省各政府机关。方案明确了工作目标：各政府机关成立领导小组，全面做好海南省政府机关使用正版软件检查和整改工作，更好地带动全社会形成保护知识产权，抵制盗版软件，使用正版软件的良好氛围。《方案》对调查摸底、召开全省推进政府机关使用正版软件工作会议、举办培训班、落实整改措施、检查督导和总结表彰等均作了具体安排。

（3）组织调查摸底，做好自查工作。12月27日，以省使用正版软件工作领导小组名义通过党政网发出《关于填报政府机关使用软件情况调查表的紧急通知》，催促各单位填报。截至2011年1月底，省级政府部门和各市县政府部门自查工作基本完成。

三、广泛开展版权保护宣传

海南省版权局以“4·26”世界知识产权日宣传周为契机，向公众开展版权保护知识宣传。省版权局组织了广场版权保护知识宣传活动，开展版权知识现场咨询活动；与省知识产权局共同开展第六届科技活动月，接受公众的现场咨询，并发放版权知识小册子。9—10月，在海南广播电视台新闻频道和少儿频道播放省版权局制作的版权保护动漫宣传片，向海南公众宣传版权保护知识，提升版权保护意识。

四、努力做好版权社会服务

省版权局用心服务，认真把关，依法办理，耐心做好法律法规方面的咨询，严格做好作品登记和涉外图书出版合同备案工作，全年共登记作品153件，受理涉外图书出版合同备案170件。

（曾伯林）

重　庆　市

在国家版权局和市委、市政府的正确领导下，重庆市版权局优化监管，强化服务，发展产业，较好地完成了各项目标任务，为创建知识产权保护模范城市作出了积极贡献。

一、优化监管

一是开展打击盗版音像制品专项行动。在全市范围内开展打击盗版音像制品专项行动，对违规音像制作、发行单位和游商地摊兜售盗版音像制品行为进行严厉打击。各区县（自治县）文广新局出动版权执法人员 3 520 余人次，检查音像制品经营场所 2 200 余个，取缔游商地摊 120 余家，收缴盗版音像制品 37 130 余张，其中包括宫崎骏等涉外权利人的盗版音像制品近 200 张，有效净化了重庆市版权保护环境。

二是建立“上海世博会反盗版快速反应机制”。提高世博会召开期间重庆市版权执法快速反应能力，对辖区内侵犯音像制品、软件版权和网络侵权盗版案件及时采取措施予以纠正与查处，对世博会会旗、会歌、会标、吉祥物、展馆建筑设计、演出表演等重点作品的版权进行重点保护。

三是开展打击网络侵权盗版专项治理。会同市公安局、市通信管理局、市文化市场行政执法总队，在全市范围内开展了为期 3 个月的打击网络侵权盗版专项治理“剑网行动”。依法查处网络侵权盗版案件 14 件，其中行政处罚 3 件，关闭网站 6 个，移送公安机关刑事案件 1 件，有力地打击了网络侵权盗版行为，促进了重庆市互联网产业健康有序发展。

四是开展打击侵犯知识产权和制售假冒伪劣商品专项行动。加大对印刷复制企业的源头监管，对近 200 家直管印刷企业进行专题法规培训，针对委托印刷、包装印刷品承接、特殊产品承印、标识标签证照印制等作了法规解读和案例分析。加大对市内视频网站和电子商务网站的监督力度，打击通过网络传播侵犯著作权影视作品，通过互联网、通信网络和电视网络销售侵犯著作权商品等行为。

五是推进政府机关使用正版软件。以市政府办公厅名义出台《关于进一步做好政府机关使用正版软件工作的意见》，要求市和区县两级政府机关在 2004—2005 年市和区两级政府初步实现使用正版软件的基础上，全面推进使用正版软件。市和区县两级政府机关对本单位使用正版软件情况进行专项检查，重点检查操作系统、办公软件、杀毒软件使用情况。

六是推进企业软件正版化。积极稳妥地推进第四批 75 家企业软件正版化的宣传培训、统筹推进、督导检查工作，推进重点为国有企业、外资企业、民营企业、上市公司以及银行、证券等行业，有力促进企业信息化建设，带动民族软件产业发展。

七是加强图书馆版权保护工作。会同市教委等部门加强对图书馆的版权监管，提高本市大学图书馆、公共图书馆及其“数字图书馆”防范侵权盗版的管理水平和实际操作能力。

二、强化服务

一是加强制度建设。草拟《重庆市作品登记管理办法》、《重庆市著作权合同备案办法》、《重庆市版权资产评估指导意见》、《重庆市著作权质押合同登记办法》、《重庆市版权公开交易管理办法》等规章制度。

二是改进服务机制。在市作协建立版权服务工作站，为市作协所属报纸杂志社和作家上门提供版权服务。优化作品登记、法律服务、版权交易、教育培训“四个上门”服务机制，为版权相关企业提供便捷、高效的版权服务。全年走访大中型企业 153 家，开展现场服务 157 次，派出工作人员约 270 人次。

三是提高服务效率。在网站和登记大厅公示作品登记指南，优化登记流程，严格形式审查，缩短办证周期。全年办理普通作品登记 456 件，同比增长 17.8%；办理计算机软件著作权登记 467 件，同比增长 27.9%，有力促进本市文化和科技的发展繁荣。

四是加强服务指导。指导版权中介组织依法开展版权保护工作，引导其积极开展版权代理、版权交易、调解版权纠纷等社会化服务，提高权利人和权利人组织的自我管理能力。

三、促进发展

一是抓版权兴业。扎实推进“百家重点企业版权保护工程”，深入重庆恩菲斯软件有限公司、重庆中天国际信息技术有限公司、重庆软博科技有限公司等重点企业调研，切实解决软件企业版权保护、软件资产管理等法律问题。加强对重庆北部新区国家数字出版基地、綦江版画版权兴业基地的服务和扶持力度，通过版权保护和版权服务促进高新企业步入自主创新、有序运行和持续发展的良性轨道。

二是抓版权贸易。积极协调解决制约重庆出版集团等重点新闻出版单位“走出去”的问题，争取到 12 万元国际市场开拓资金，扶持重点企业拓展国际版权贸易市场。2010 年全市新闻出版单位开展版权贸易 224 项，比上年同期增长 9.8%，其中引进图书版权 184 项，输出 40 项。举办重庆首期版权贸易培训，邀请荷兰乐思跨文化出版资讯公司专家前来授课，组织全市新闻出版单位和版权中介机构的68位学员参训。组团参加第十七届北京国际图书博览会，达成版权输出意向126项，签订版权输出协议3项，达成版权引进意向65项，成功地向世界展示了重庆出版界的实力和风采；组团参加第六十二届法兰克福国际书展，达成图书版权引进意向12项，版权输出意向15项。

四、加强宣传

在渝中区解放碑中心广场举办声势浩大的“4·26”知识产权宣传周活动，展出以“迎世博、反盗版”为主题的大型宣传展板5块，发放宣传资料800余册（张），接受咨询约150人次，接受版权预登记13件，深受大学生和市民欢迎。在南岸区珊瑚实验小学开展青少年版权保护知识专题讲座，全校4 000多名师生在现场或通过视频直播听取了讲座。参与举办纪念《著作权法》颁布20周年暨《著作权法》基础理论研讨会，与来自全国各地的100多位专家研讨当前《著作权法》基础理论领域的重要课题。中央政府门户网站、《中国新闻出版报》、《中国知识产权报》、《重庆日报》等中央和市级媒体20余次报道重庆市版权工作情况。

（许家伟）

四　川　省

2010年，四川省版权局围绕推进版权法制体系建设、加强版权行政执法、组织版权宣传培育培训、拓展版权对外合作等工作重点，按照激励创造、有效运用、依法保护、科学管理的方针，全面贯彻落实国家和四川省知识产权战略纲要，以鼓励版权创造、发展版权产业、促进版权运用、加强版权保护、强化版权管理为工作重点，积极营造良好的版权法治环境、市场环境、文化环境，大幅度提高四川省版权创造、运用、保护和管理能力。

一、开展著作权法律法规宣传普及工作

全省各级版权行政管理部门在“4·26”知识产权宣传周期间，充分发挥媒体宣传、街头咨询、海报墙报等多种形式，开展著作权法律法规宣传活动。发布全省知识产权保护白皮书，举行了著作权侵权案件公开审理等活动。宜宾、南充等市举办了“打击盗版、支持正版、保护知识产权”万人签名和现场咨询、资料发放活动。阿坝、甘孜等地开展了“知识产权进校园”，举办了“知识产权高校专题讲座”等活动。

加强展会版权保护，维护权利人合法权益，推动会展经济健康发展。四川省版权局和成都市版权局在第20届书博会现场联合设立版权工作站，公布版权服务及侵权投诉电话，为参展企业及与会工作人员提供版权法律服务，及时受理和解决有关版权纠纷，并向来自全国各地的参展代表发放了版权相关法律法规和版权保护宣传资料。同时，组成检查组，加强展场巡视，对现场存在的侵犯版权的行为，及时予以制止。书博会期间，版权工作站接受版权咨询百余起，受理和解决版权投诉2件。西部博览会期间，四川省版权局与省知识产权局、省工商局等联合设立知识产权服务站，接受企业举报，实施博览会版权等知识产权监督。

2010年11月，在四川省版权局的支持和指导下，由四川大学、西南财经大学、四川师范大学、西南交通大学、四川省社科院等单位联合主办的“期刊数字化出版与版权保护论坛”在成都举行。会议就数字环境下的期刊出版和有关的版权问题进行了探讨，发表了《保护期刊版权，反对学术不端行为》成都宣言。

为提高新闻从业人员的版权意识，宣传版权的法律法规，四川省版权局举办了全省编辑记者资格培训和继续教育培训，开设著作权法律法规讲座。上半年共举办了2期培训班，受训400余人；为进一步规范版权执法工作，保证版权执法工作的公开、公正、透明，举办全省版权行政执法工作培训会。

二、完成试点企业软件正版化工作检查验收

四川省政府推进使用正版软件工作领导小组成立五个检查验收组，对省属联系试点企业进行了检查验收；对部分市州的正版化工作情况进行了督查。2009年，在四川遭受特大地震灾害的情况下，省、市企业克服地震灾害和国际金融危机的严重影响，完成第二批试点企业186家，实施正版软件替换5.51万套，企业累计投入资金3.2亿元。其中，省属42家企业投入资金2.56亿元，完成正版软件替换18 133套；18个市（州）确定的144家试点企业投入资金0.64亿元，完成正版软件替换46 636套。

2010年3月，国家版权局、工业与信息化部等9部门联合发文授予全国257家企业“全国软件正版化工作示范单位”称号，本省泸州老窖、川润股份、华西能源等9家企业获此荣誉。

三、积极推动版权产业建设

积极推动版权产业园区和基地的建设是以产业基地和园区为载体，促进版权产业集中聚集发展，是版权产业快速、高效发展的重要途径，也是解决四川版权产业集中度不高的重要方式。成都积极发挥了在西部的辐射带头作用，在动漫游戏产业园区、软件产业园区的基础上，建立起了成都版权交易所，2010年6月接受国家版权局的验收，创建成为全国首家“版权保护示范城市”，目前正在努力申请创建“成都数字音乐版权保护园区”。这些园区的建设，将积极推动版权产业的快速发展，有效地整合四川省的版权资源，形成先进技术以及资金和人才的聚集，有力地推动全省版权产业的迅速发展。

四、加强版权行政执法

2010年年初，四川省开展了一系列的版权保护专项行动，包括“剑网行动”和“打击侵犯知识产权和制售假冒伪劣产品专项行动”，在上海世博会期间，全省还建立了上海世博会版权保护机制，成立了全省世博会版权保护联络小组，并向全省明传电报查处侵权案件。在全省网络版权行政执法“剑网行动”中，国家版权局下达由本省办理的网络案件5起（其中重点案件2起），接受省内权利人举报的网络案件8起，除个别案件还在公安机关继续调查外，其他案件已基本结案。全省共查处侵权盗版案件343起，端掉制售盗版窝点44个，移送公安、检察院案件18起，有力地打击和震慑了侵权盗版活动。

2011年4月18日，四川省版权局向社会公布了全省“2010年度版权行政执法典型案件”评选结果。“6621天籁村音乐网侵犯著作权案”等8个案件入选。通过典型案件的评选和公布，扩大宣传效果，规范全省版权行政执法，提高执法水平。2010年9月底，召开了“全省版权工作暨版权行政执法培训会议”，对全省获得“2009年度全国版权行政执法有功集体和个人”的23个单位和个人进行了表彰。

五、开展版权服务，促进版权产业发展

2010年上半年，四川省图书版权贸易进出口合同登记在册共94件，其中，引进版权合同61件，输出版权合同33件。

促进海外版权合作，推动亚洲文化交流，“东亚人文100”国际出版工程落户四川。4月24日，为推进东亚出版界的版权贸易和出版合作，促进东亚文化交流，由中国大陆、香港、台湾以及日本、韩国三国五地出版人发起的“东亚出版人会议”在蓉召开，“东亚人文100”国际出版工程正式启动。这个工程选编了100种20世纪中叶以来东亚地区思想文化经典书籍，将编译成中、日、韩3种语言版本，计划三年内陆续在各国（地区）出版。经过多位大学教授、专家两年多的精心挑选，100种书目已基本确定。其中，中国大陆、日本、韩国的图书各26种，香港地区7种，台湾地区15种。中国大陆入选图书如翦伯赞的《中国史纲要》、李泽厚的《美的历程》等，确定首批出版20种。中文简体版方面由一石文化公司负责版权联络和版权合约的谈判，由新华文轩、四川教育出版社签署出版合同。

在2010年第十七届北京国际图书博览会上，意向输出图书版权103种，签订输出协议10种、引进协议2种。截至10月底，已进行版权贸易合同备案135种。其中，引进版权73种，输出版权62种。有38种图书入选“中国图书对外推广计划”推荐书目。9种图书荣获第9届全国输出版、引进版优秀图书。

2010年1月7日，四川省版权局、四川省勘探设计协会、四川省版权协会联合在蓉召开“全省工程勘察设计及建筑作品版权保护座谈会”，研究建筑作品、建筑工程设计图纸、建筑模型等作品的版权保护工作，推进四川建筑作品创新。中铁二院建筑设计院、水电七局工程局、中国建筑西南设计院、四川省建筑设计院、成都市建筑设计院等30多家大中型工程勘探建筑设计单位负责人共47人参加会议。会议认为：建筑设计、建筑作品、建筑模型等受版权保护作品的转让、许可，在四川版权产业中占有重要的经济地位，2007年对四川GDP的增加值为14亿元。当前，建筑设计行业存在的服务对象知识产权意识较为淡漠、行业内知识产权管理办法操作性差、市场竞争环境差等因素影响了四川建筑设计的创新，影响了对四川经济发展的贡献，影响了建筑设计大师的成长。与会者还就建筑作品的自愿登记问题、建筑设计合同版权保护条款问题、项目招标中设计维权问题等进行了讨论。与会者表示，今后将加强与版权管理部门的合作，提高工程勘探建设设计行业的版权保护意识，制定完善行业的版权保护制度，打击侵权抄袭行为，促进设计创新。

在全省版权产业单位的大力支持配合和有关研究单位的努力下，完成了《四川版权战略研究》规划；在鼓励创新和推动产业发展方面，2010年，四川省版权事务中心完成作品登记356件，四川省版权协会完成软件登记代理服务103件，成都市版权局、版权事务中心办理作品和软件计1 900余件，支助作品创作90余万元。

（王志坚）

贵 州 省

贵州省版权局2010年在国家版权局领导下，认真贯彻落实各项工作任务，取得较好成绩。

一、加强监管，加大版权行政执法力度

（1）根据新闻出版总署关于《2010年上海世界博览会版权保护工作方案》（新出字［2010］97号）文精神，制定了《贵州省2010年上海世界博览会版权保护工作方案》。把打击未经许可擅自复制、发行盗版音像制品的行为，特别是涉外音像制品盗版行为作为工作重点，采取行之有效的工作措施和监管方式，全面深入、扎实有效地开展各项专项行动，严厉打击盗版音像制品经营活动，确保重点区域、重点部位、重点时段不发生侵权音像制品版权违法行为。2010年全省各级版权行政管理部门，共检查经营单位3 817家（次），取缔违法经营单位690个，查缴各类盗版制品160万余件（张、册）。为2010年上海世界博览会的成功举办营造良好的版权保护氛围。

（2）建立上海世博会反盗版快速反应机制。全省各级版权行政管理部门在加强日常监管和市场清理的基础上，集中做好打击盗版图书和音像制品电子出版物、打击网络侵权盗版、打击非法预装计算机软件等专项治理工作，查处了《越狱》、《六人行》等一批点名盗版音像制品。切实维护版权市场秩序，有效净化版权保护环境。

（3）根据新闻出版总署《2010打击网络侵权盗版专项治理“剑网行动”方案》精神，结合贵州省实际情况，由省版权局、省公安厅、省通信管理局联合开展2010打击网络侵权盗版专项治理“剑网行动”。完善多部门联合执法机制，采取教育和打击相结合、自查自纠与抽查督查相结合、主动监管和集中执法相结合的综合治理方式，严厉打击各类网络侵权盗版行为，加强制度建设，建立长效监管机制，确保专项治理和产业发展相互促进、相互提高，不断净化网络版权，保护社会环境，规范网络版权传播秩序，推动互联网产业健康发展。行动期间查处案件8件，其中查处1件并罚款1万元；7件关停服务器。

二、提高认识，切实做好版权公共服务

（1）积极开展作品自愿登记工作。严格审查登记作品内容，缩短登记办理周期，2010年共办理著作权作品登记118件，在2009年43件的基础上增长了174.4%，其中登记非物质文化遗产类作品32件。特别是对上海世博会贵州参展作品加强保护，为贵州省一批参博展品提供优先、快速的版权登记，并为展会提供版权保护咨询服务。

（2）加强软件正版化工作。2010年办理微软侵权投诉案7起和欧特克侵权投诉案3起。省版权局根据行政处罚程序，对投诉的公司进行调查、取证，同时也对各公司做耐心细致的说服教育工作，经过多方共同努力，促成双方达成共识，最终7家撤诉，3家还在办理中。

（3）完成版权监管平台建设。2010年3月，版权局版权监管平台安装完毕并进行试运行。到总署关闭前运转情况良好，正常接收国家版权局下发的各类文件，并开始通过版权监管平台处理版权工作事务。

三、高度重视，加大版权宣传力度

以“4·26”知识产权宣传周为契机，采取多种宣传形式，营造良好的版权保护社会氛围。并于2010年4月23—29日开展以打击盗版、净化市场，读黔版图书，爱多彩贵州为主题的“世界图书日、世界知识产权日”读书宣传活动。4月26日与省知识产权局、省公安厅、省工商局等共同组织在贵阳市人民广场开展宣传活动，发送新版《中华人民共和国著作权法》单行本500余册。

四、参加培训，提高执法人员综合业务能力

组织市、州、地执法人员共10人参加了新闻出版总署版权管理司举办的“2010年基层版权执法培训”学习。提高版权行政管理、执法人员的综合素质，提高版权执法人员在新形势下的版权执法能力和软件专业知识水平。

五、表彰情况

（1）根据2010年5月26日《国家版权局关于表彰奖励2009年度查处侵权盗版案件有功单位及个人的决定》（国版发［2010］3号），贵州省贵阳市文化市场稽查支队获2009年度查处侵权盗版案件有功单位（三等奖），贵阳市文化市场稽查队蒋平同志获2009年度查处侵权盗版案件有功个人（三等奖）。

（2）贵州省版权局版权处和贵阳市文化市场稽查大队分别获得由国家知识产权局、公安部、海关总署、工商总局、版权局、高检院、贸促会、新闻办颁发的2010年世博会知识产权保护专项行动先进集体。

（王丽莎）

云南省

2010年，在省委、省政府的正确领导下，全省版权工作者深入学习实践科学发展观，认真贯彻党的十七大、十七届四中及五中全会精神和省委八届九次、十次全委会精神，按照“提高自主创新能力，建设创新型国家”的要求，以落实《云南省人民政府关于贯彻国家知识产权战略的实施意见》为动力，以提高版权工作水平为目标，切实转变管理职能，以求真务实的精神，加强版权法律知识的普及和宣传，促进全社会公众版权意识的提高；加大版权行政监管和执法力度，严厉打击各种侵权盗版活动，认真维护著作权人的合法权益，积极营造良好的文化市场秩序；增进服务意识，努力提高和改善服务水平，积极保护知识产权，大力促进自主创新及和谐文化的发展；认真编制“十二五”版权工作规划，推进版权工作有序开展。主要工作表现在以下几个方面。

一、法律体系和版权行政管理体系建设进一步加强

（1）著作权法律体系建设日益完善。现阶段，我国已经形成了由“一法四条例”及六个国际公约为核心，以部门规章和地方法规、政府规章为补充的较为完备的版权法律体系。

在云南省的法治建设过程中，云南省政府法制办对包括著作权行政处罚在内的行政处罚自由裁量权进行了细化，为今后著作权行政执法工作提供了更公正、准确、具体的法律依据。为贯彻《国家知识产权战略纲要》和《云南省人民政府关于贯彻国家知识产权战略的实施意见》，2010 年，云南省人民政府办公厅印发了《关于贯彻国家知识产权战略实施意见任务分解方案的通知》，对今后 5 年版权工作的发展目标、专项任务等提出了具体要求。目前，云南省版权部门拟着手准备推进地方性相关法规、规章的制定工作，为版权事业的健康发展提供基本制度保障。

（2）版权行政管理体系建设不断加强。目前，云南省已经初步形成了省版权局以及州市、县版权局的层级版权行政管理体系。2010 年昆明市加挂了版权局牌子，使云南省加挂版权局牌子的州、市增加到 12 个，部分州、市还将版权行政管理机构延伸到了县区一级。尚未挂版权局牌子的 4 个州、市新闻出版局也设立了版权管理兼职人员。2010 年 3 月，根据国家关于文化市场综合行政执法改革的要求，本省组建了云南省文化市场综合行政执法总队，各州、市也将成立文化市场综合行政执法队伍。本省版权执法机构逐渐向基层纵向延伸，版权行政管理队伍不断扩大，版权行政执法体制逐步健全。

二、版权宣传培训工作成效明显，公众版权意识有所提高

（1）宣传形式多样，效果明显。2010 年，云南省共开展各种大型版权宣传活动 7 次，印制、发送各种版权保护宣传品 10 000 余份。特别是“4·26”知识产权宣传周期间，通过开展广场、校园版权咨询，市场执法检查，加强报纸、电视台等媒体宣传报道，校园反盗版“绿书签”签名等丰富多样的系列活动，大力宣传著作权法律法规和版权保护工作。以《著作权法》颁布 20 周年纪念日为契机，召开相关行业座谈会，政府法制办、省知识产权局及省大型国有企业代表、著作权权利人代表共计 60 余人参加了座谈会，并从著作权地方立法保护、行政保护、司法保护、版权保护给企业及权利人带来的积极作用等不同角度、不同层面谈感受、提建议，取得圆满成功，受到与会代表的一致好评。云南电视台、《云南日报》、《知识产权报》、《云南信息报》等新闻媒体对本次座谈会进行了全面的报道，进一步营造了学习《著作权法》、宣传《著作权法》、实施《著作权法》、保护版权的良好氛围。

由于在组织部分中小学开展的青少年版权保护读书活动暨版权保护知识竞赛活动中表现突出，2010 年云南省版权局和官渡一中等 3 所学校被国家版权局授予优秀组织奖，参加活动的部分学生还分别获得一、二、三等奖。

（2）扎实抓好培训，取得实效。2010 年，云南省共组织各类版权培训 5 次。特别是国家版权局在昆举办基层执法培训班，北京、天津、河北、内蒙古、新疆、吉林、辽宁、黑龙江、山东、山西、云南共 11 省（区、市）的版权行政管理人员和版权执法人员计 130 余人参加了培训。云南省文化市场行政执法总队和各州、市的版权行政执法人员得到高水平的培训机会，为今后加强本省版权行政执法工作打下基础。

三、大力强化监管，版权监管执法水平有新提高

（1）各级版权行政管理部门坚持日常监管与专项治理相结合，始终保持对打击侵权盗版的高压态势，云南省版权工作把软件、网络、音像电子出版物、教材教辅等作为监管和执法的重点领域。2010 年共查处版权侵权案件 439 件，其中移送处理 26 件，检查经营单位 43 002 个，查获地下窝点 29 个，收缴各类盗版制品 586 704 件，行政罚款共计人民币 242 900 元，取缔违法经营单位 423 个，维护了出版物市场的良好秩序。

（2）为做好上海世博会期间版权管理工作，制定了世博会打击盗版音像制品专项行动方案和 2010 上海世博会版权保护工作实施方案，特别针对查缴《六人行》、《名侦探柯南》等盗版音像制品为主要内容，对本省的音像批发和部分零售市场进行检查，对涉嫌侵权的音像制品予以暂扣，后经核实，对确属侵权的音像制品予以没收，并对侵权经营者给予警告。经过开展专项行动，云南省在世博会期间未发生重大的版权侵权案件，有效维护了国家的良好形象。

（3）积极开展“剑网行动”，严厉打击网络侵权盗版活动。2010年7月，按照国家版权局、公安部、工业和信息化部《关于印发〈2010年打击网络侵权盗版专项治理“剑网行动”方案〉的通知》要求，云南省版权局、云南省公安厅、云南省通信管理局密切协同，研究制定了《云南省2010年打击网络侵权盗版专项治理“剑网行动”实施方案》，认真组织，周密部署，在全省范围内开展了打击网络侵权盗版专项治理行动。全省各级版权行政管理部门，上下联动，主要针对网络音频视频及文学网站，网络游戏、动漫、软件以及上海世博会、广州亚运会相关作品等重点领域，共对本省有影响的56家重点网站进行了主动监管，严厉查处侵权盗版网站，震慑和打击了各类网络侵权盗版行为。同时，通过宣传和服务，指导、帮助本省网站建立起依法使用作品的制度，完善“先授权、后使用”的作品使用机制。

（4）周密部署，及时在新闻出版（版权）领域开展打击侵犯知识产权和制售假冒伪劣商品专项行动。根据《新闻出版总署、国家版权局、全国“扫黄打非”工作小组办公室关于打击侵犯知识产权和制售假冒伪劣商品专项行动及进一步做好使用正版软件工作的通知》和《云南省打击侵犯知识产权和制售假冒伪劣商品专项行动实施方案》要求，结合云南省新闻出版、版权、“扫黄打非”工作实际，制定了《云南省新闻出版局、云南省版权局、云南省“扫黄打非”工作小组办公室关于开展打击侵犯知识产权和制售假冒伪劣商品专项行动及进一步做好使用正版软件工作实施方案》，成立云南省新闻出版（版权）领域打击侵犯知识产权和制售假冒伪劣商品专项行动领导小组，周密部署，明确任务，协作联动，切实做好省新闻出版（版权）领域知识产权保护工作。昆明、保山、曲靖等地积极行动，已经取得专项行动的阶段性成绩，为全面完成专项行动的各项任务打下基础。

四、积极推进软件正版化工作

按照国务院办公厅《关于进一步做好政府机关使用正版软件工作的通知》（国办发［2010］47号）和《打击侵犯知识产权和制售假冒伪劣商品专项行动方案》（国办发［2010］50号）的要求，云南省在过去开展软件正版化工作的基础上，遵照文件要求，总结经验，采取措施，加强领导，周密安排，有序推进省政府机关使用正版软件工作深入开展。主要开展了以下工作。

（1）加大对专项行动的宣传力度，切实提高对软件正版化工作的认识。为认真做好这项工作，省政府于2010年11月30日专门召开电视电话会议，安排部署相关工作。各新闻媒体广泛宣传，为顺利推进此项工作打下坚实思想基础。

（2）周密部署，切实加强对软件正版化工作的组织领导。收到国务院办公厅《关于进一步做好政府机关使用正版软件工作的通知》（以下简称《通知》）后，为切实贯彻落实《通知》要求，扎实开展好此项工作，云南省人民政府办公厅及时翻印并向全省下发了《通知》，要求云南省各级政府部门认真学习，并结合各地实际，按照《通知》要求积极推进此项工作。2010年11月份，云南省人民政府召开电视电话会议，部署云南省打击侵权知识产权和制售假冒伪劣商品专项行动，并及时印发了《云南省打击侵权知识产权和制售假冒伪劣商品专项行动实施方案》，提出“各级政府机关要对使用计算机软件情况开展自查自纠，进一步加大软件正版化工作力度”。2010年12月10日，根据《新闻出版总署、国家版权局、全国“扫黄打非”工作小组办公室关于打击侵犯知识产权和制售假冒伪劣商品专项行动及进一步做好使用正版软件工作的通知》和《云南省打击侵权知识产权和制售假冒伪劣商品专项行动实施方案》的要求，云南省版权局拟定了《云南省新闻出版局、云南省版权局、云南省“扫黄打非”领导小组办公室关于开展打击侵犯知识产权和制售假冒伪劣商品专项行动及进一步做好使用正版软件工作实施方案》，并以明电的形式向全省下发。方案对全面做好政府机关和企业使用正版软件工作从目标任务、职责分工、时间安排等7个方面做出了具体安排，明确要求各级主管部门要在将各级政府主要负责同志作为政府机关使用正版软件的第一责任人的前提下，认真制定本行政区的实施方案，协助本级政府扎实推进使用正版软件工作。各州、市按照要求，详细制定了专项行动方案，并把政府软件正版化工作列入重要内容积极推进。

（3）上下联动，稳妥推进企业使用正版软件工作。按照省人民政府《云南省推进企业使用正版软件工作实施方案》的要求，坚持“以大型企业为重点，以国有、外商投资、民营大型企业在先，中小企业在后”依次推进的原则，逐步扩大工作领域，有计划、分步骤，积极稳妥推进企业使用正版软件工作。云南省各级版权行政管理部门上下联动，共同做好推进企业使用正版软件工作。2010 年，本省共有 70 余家企业的 150 余人参加培训，昆钢集团公司、云南建工集团等近 100 家大中型企业完成软件正版化工作，其中 70 余家企业软件正版化工作已经通过检查验收。云天化集团有限公司、云南铜业集团有限公司、昆明星耀集团实业有限公司、云南省农村信用社联合社、曲靖市商业银行等单位还在 2010 年荣获“全国软件正版化工作示范单位”；在企业中营造了尊重知识、鼓励创新的良好风气，也促进了国内软件产业的发展。

五、创新工作思路，促进版权保护

（1）探索建立版权纠纷调解制度，成效明显。针对多起软件公司的软件侵权投诉，以宣传、教育、调解为主要手段，尽量化解侵权纠纷，防止侵权纠纷激化和扩大，最终使投诉方和被投诉方通过平等协商、谈判，达成共识，妥善解决了侵权争议，既保护了权利人的合法权益，又帮助企业避免了法律诉讼，为企业树立了尊重知识产权的良好形象。尽量从版权工作角度减少了社会不和谐因素。实践证明行政调解作为行之有效的解决纠纷的方法之一，在现阶段版权保护工作中取得了好的效果。

（2）建设“云南省数字版权管理系统”，提高版权管理工作水平。随着社会的进步和科技的发展，数字环境下的侵权盗版活动呈现出传播面广、传播速度快、侵权影响恶劣的特点，传统的版权保护监管手段已经不能适应新的需要，为有效保护知识产权，打击侵权盗版，维护市场秩序，保障文化的自主创新动力，维护民族文化大省和强省的形象，云南省版权局积极开展了“数字版权管理平台”的建设工作。现阶段，此项工作正在稳步推进中。“数字版权管理平台”的建设将充分发挥技术手段在版权行政监管和执法中的作用，大大提高版权行政监管和行政执法的效率。

（3）深入开展调研工作，为完善版权管理体制和促进地方版权产业发展奠定基础。对昆明高新技术开发区的软件园就云南软件产业情况进行调研，了解本省的软件产业现状，为下一步培育软件产业市场打下基础。深入出版单位，对图书、音像出版业版权贸易进行了调研，研究、分析复杂经济形势对版权贸易的影响情况，探讨对策，为促进版权贸易发展提供决策依据。

六、加大宣传和培训力度，提高公众对版权的认知度

2010 年，云南省以“4·26”知识产权宣传周为契机，共开展或参加各种大型宣传培训活动 12 次，印制、发送各种版权保护宣传品 10 000 余份，进一步营造了学习相关法律法规、保护版权的良好氛围，公众版权意识进一步提高。

七、密切联系实际，切实做好版权公共服务

登记、备案等公共服务工作取得突破性进展。作品登记工作是版权行政管理部门的一项重要公共服务工作，为鼓励作品的创作和使用，云南省加大作品登记工作宣传力度，开设作品登记绿色通道，提高登记工作效率，尽量缩短登记审核时间，为权利人提供优质、快捷的服务。2010 年，共登记作品 341 件，登记数量比 2009 年增长 42%，保护了权利人的合法权益；云南省共完成图书引进合同备案登记 105 件，是 2009 年的 2 倍，严把图书版权引进合同关，降低出版单位在图书引进过程中的版权纠纷风险，同时提高出版单位版权自律守法意识；全年共接待版权咨询 1 000 余人次；对大案、要案涉嫌版权侵权制品进行版权鉴定，共鉴定音像制品 100 余盘（张）、图书 20 余册。

（马云虹）

西藏自治区

2010 年，西藏自治区版权局在自治区党委、政府的领导和国家版权局的指导下，深入学习贯彻落实科学发展观，按照激励创造、有效运用、依法保护、科学管理的工作方针，紧紧围绕自治区党委、政府的中心工作，采取有效措施，强化监管力度，提高服务水平，扎实开展各项工作，为西藏的经济发展、社会局势稳定作出了新的贡献。

一、加强法制宣传，开展形式多样、内容丰富的版权普法宣传工作

抓好版权法律法规宣传工作，培养社会公众版权保护意识是版权行政管理部门的职责和使命。2010 年，各级版权行政管理部门，以纪念中国第一部《著作权法》颁布 100 周年以及新中国《著作权法》颁布 20 周年为契机，以“3·15”消费者权益日、“4·26”知识产权宣传周和“4·26”法制宣传日等作为平台，转变宣传方式，采取集中宣传、开展讲座、发送手机信息等多种方式，大力宣传我国党和政府保护知识产权的方针和政策，大力宣传在自治区党委、政府的坚强领导和高度重视下西藏版权保护工作取得的喜人成就。同时结合在我区发生的苯教《丹珠尔》大藏经侵权盗版案、“9·27”教辅读物侵权盗版案等典型案件，以案释法，大力宣传著作权法律法规。按照全国“扫黄打非”工作领导小组办公室的统一部署，在拉萨等中心城市开展以发放“绿书签”、张贴“绿书签”宣传海报和“绿书签”走进校园等为主要内容的“绿书签”一列宣传活动。全年共出动宣传人员1 270多人次，发放《中华人民共和国著作权法》等法律法规宣传册2 400册，发放“绿书签”和“绿书签”宣传画5 259个（张）。通过开展形式多样、内容丰富的版权普法宣传工作，社会公众版权保护意识不断提高。

二、强化行政执法和市场监管，有力打击各种侵权盗版行为

版权执法和市场监管是版权保护工作的重要手段。一年来，西藏自治区版权局根据国家版权局的工作部署，认真组织各项专项行动，有力打击各种侵权盗版行为，切实维护著作权人的合法权益。

1. 开展打击网络侵权盗版专项治理“剑网行动”

根据国家版权局、公安部、工业和信息产业部《关于印发〈2010年打击网络侵权盗版专项治理“剑网行动”方案〉的通知》精神，制定并下发《西藏自治区2010年打击网络侵权盗版专项治理“剑网行动”方案》，协调相关部门，扎实有效地开展“剑网行动”各项工作。组织区内主要网站开展“先授权，后传播”的自查自纠工作，督促各网站建立互联网传播作品机制。加强对区内音视频、文学网站、动漫游戏网站及电子商务网站的监管，严厉打击未经著作权人许可非法上传、传播他人作品的违法行为，有力维护互联网传播秩序。

2. 做好上海世博会、广州亚运会期间的版权保护工作

根据国家版权局《关于做好2010年上海世博会相关作品版权保护工作的通知》精神，西藏版权局向自治区各主要网站下发了《关于做好2010年上海世博会相关作品版权保护工作的通知》（藏权字［2010］14号），要求各网站认真贯彻《中华人民共和国著作权法》、《世界博览会标志保护条例》等法律法规，开展对世博会相关作品的传播情况的自查自纠工作。严禁未经许可擅自传播世博会相关作品。同时指派专人加强对“西藏新闻网”、“西藏之声”等五家重点网站的时时监管，加大对世博会相关作品特别是中国国家馆日、世博会闭幕式等活动视频传播情况的检查。与此同时，汇总世博会相关作品传播情况，及时向各网站进行通报，要求及时删除。根据新闻出版总署（国家版权局）《关于印发〈2010年广州亚运会版权保护工作方案〉的通知》（［2010］新出明电35号）精神，向全区新闻出版行政管理部门下发了《关于加强2010年广州亚运会版权保护工作的通知》（藏权字［2010］17号），及时建立广州亚运会反盗版快速反应机制，注重收集侵权盗版信息工作，积极与公安、工商及工业与信息化部门联系，集中开展广州亚运会版权保护专项行动，打击未经许可擅自印制、制作、销售、传播使用亚运会会徽、会歌、吉祥物、申亚标志等作品行为。结合专项行动，加强对出版物、计算机软件市场和互联网网站的监管，查缴各类侵权盗版出版物，切实维护亚运会重点作品的合法权益，进一步规范我区出版物市场。

3. 认真开展打击侵犯知识产权和制售假冒伪劣商品专项行动

按照国务院、新闻出版总署的工作部署，自治区新闻出版（版权）局及时召开专题会议，认真研究我区专项行动工作，同时成立专项行动工作领导小组，为专项行动提供组织保障。制定并下发《关于开展打击侵犯知识产权和制售假冒伪劣商品专项行动方案的通知》（藏新出明电［2010］28号），全面部署我区打击侵犯知识产权和制售假冒伪劣商品专项行动。按照自治区新闻出版局的工作部署，各地（市）立即行动起来，采取有力措施，认真开展专项行动。各级新闻出版行政管理部门积极协调公安、工商等部门加强对印刷复制企业的源头治理，重点检查印刷复制企业执行各项制度情况，查处非法印刷复制和非法加印、出售商标标识等印刷品以及非法复制计算机软件和影视音像制品行为。各级“扫黄打非”工作办公室组织协调文化市场、工商、公安等相关部门，加大对图书、软件、音像制品市场监管，加大对繁华市（镇）区、旅游景点、交通枢纽、学校周边等地区的巡查力度，加强对节假日、夜晚等游商地摊活跃时段的巡查和打击力度，取缔游商地摊；检查正规出版物批销市场销售教辅材料、计算机软件、影视音像制品等出版物情况，检查出版物销售市场执行监督举报制度情况。通过开展专项行动，严厉打击各种侵权盗版、侵犯知识产权行为，进一步净化我区出版物市场环境。

4. 全力查处侵犯著作权重大案件

自治区新闻出版（版权）局、自治区“扫黄打非”领导小组办公室，根据著作权人的举报，协调公安、检察、法院等部门全力查处西藏“9·27”批销盗版教辅图书案。该案被全国“扫黄打非”工作小组办公室、新闻出版总署、国家版权局、最高人民法院、最高人民检察院列为打击侵犯知识产权和假冒伪劣商品专项行动挂牌督办的第一批案件，目前案件已进入司法程序。

截至2010年12月底，在各项专项行动中，累计出动执法人员2 126人次，累计检查出版物批发、零售、租赁店铺340家，音像制品销售场所792家，共查缴各类盗版图书、畅销书、工具书以及盗版音像制品15 769件；检查计算机软件销售门店30家，收缴盗版软件2 736件；行政处罚违规销售店铺13家，取缔非法游商摊点30个；清查在我区备案的各类网站1 541家，对全区各主要网站传播的16 783个作品（音频、视频、网络文学）著作权授权情况进行检查，下发整规通知5个，删除未经著作权人许可擅自传播的各种作品7 853个。通过对市场的整治行动，有力打击了侵犯知识产权和制售假冒伪劣商品的行为，销售盗版国外大片、国内电视连续剧音像制品泛滥势头得到有效遏制，制售盗版图书、计算机软件、音像制品的状况得到显著改善，出版物市场经营秩序明显好转。

三、充分发挥组织协调作用，扎实推进政府机关使用正版软件工作

为贯彻落实《国务院办公厅关于进一步做好政府机关使用正版软件工作的通知》（国办发［2010］47号）精神，自治区版权局积极与自治区财政、工信和商务等部门协调，起草《西藏自治区人民政府办公厅关于进一步做好政府机关使用正版软件工作的通知》并呈自治区人民政府下发。2010年12月，自治区人民政府办公厅下发《西藏自治区人民政府办公厅关于进一步做好政府机关使用正版软件工作的通知》（藏政办发［2010］703号），全面部署了我区政府机关软件正版化工作。根据自治区人民政府的工作部署，自治区版权局指导全区各级人民政府开展相关工作，要求各级政府按照软件光盘、使用手册和授权序列号三齐的标准，对计算机操作系统软件、办公软件和杀毒软件进行全面检查，了解掌握政府机关计算机软件使用情况，指导各地（市）新闻出版（版权）行政管理部门开展相关工作，有力推动政府机关使用正版软件各项工作。

四、履行工作职责，加强日常版权管理工作

在开展各项专项行动的同时，自治区版权局认真履行工作职责，加强日常版权管理工作。一是做好国家版权监管平台设备安装、运行工作。根据国家版权局的工作部署，做好国家版权监管平台硬件设备安装、管理及运行管理工作，选派人员参加国家版权监管平台运行培训工作，安装监管平台软件，指导有关人员做好登录和运行工作。二是认真组织开展“世界知识产权组织版权创意金奖（中国）”评选等评选表彰推荐工作，积极向有关部门推荐我区优秀作品、先进集体和先进个人，全方位展示西藏版权保护工作取得的成就。三是加强日常监管，组织人员对全区出版物市场进行检查，摸清侵权盗版出版物情况，提出专项治理意见。四是提高服务意识，增强工作的主动性，加强宣传教育工作，积极开展登记工作，全年共登记7个作品。

（次　仁）

陕　西　省

2010年，陕西省版权局深入贯彻落实科学发展观，开拓进取，在版权宣传、版权保护、版权管理、版权服务等方面积极推进，取得明显工作成效。

一、加强版权普法宣传，营造版权保护氛围

（1）认真开展版权宣传，提高社会各界版权保护意识。参与筹备并参加“陕西省知识产权保护状况新闻发布会”，向40多家海内外媒体介绍陕西省版权保护工作。

（2）与陕西省、西安市知识产权局、工商局、公安厅等部门联合在西安市大雁塔北广场，开展“4·26”世界知识产权日宣传活动，散发材料，接受采访，解答咨询，宣传陕西省版权保护工作和我国版权保护法律制度。参加“绿书签进商场、进校园”活动和“全省侵权盗版及非法出版物集中销毁”活动。

（3）多渠道、多形式开展培训，促进相关领域骨干人员版权法律意识和管理能力的提高，以点带面，推进工作。为中国音像著作权集体管理协会陕西站召集的卡拉OK设备经营商讲授卡拉OK版权保护知识。为陕西省广电局组织的全省广电系统行政执法人员讲授广电影视所涉及的版权问题。为陕西省公务员局举办的“公务员礼仪培训班”介绍版权保护法律知识。为西安市版权局举办的软件商户版权法律法规培训班讲授软件版权保护法律知识。举办“数字出版与版权实务培训班”。举办“陕西省版权管理人培训班”，讲授版权法律基础知识和版权管理事务。组织陕西省版权行政管理人员参加国家版权局举办的基层版权培训班。

（4）编辑、撰写有关宣传材料。编印《著作权法律法规汇编》。撰写《陕西年鉴》、《2009年陕西省知识产权保护状况》、《中国版权年鉴》有关版权工作的稿件。

二、加强版权保护，严厉打击侵权盗版，积极稳妥推进企业软件正版化工作

（1）根据国家版权局统一部署，在全省组织开展打击盗版音像制品专项行动。行动期间，协调陕西省"扫黄打非"办、省市公安部门，集中力量对西安赛格电脑城进行执法检查，当场收缴15家商户正在贩卖的盗版音像制品和软件24 000余张。随后，依照法定程序，迅速实施行政处罚。省内主要媒体予以采访报道，震慑了销售盗版违法活动，在社会上产生了良好影响。

（2）落实国家版权局上海世博会版权保护有关要求，印发《陕西省2010年上海世博会版权保护工作实施方案》和《陕西省2010年上海世博会反盗版快速反应机制》，在全省建立了上海世博会版权保护的行政执法网络和机制。指导并参加西安市版权局举办的音像制品流通领域商家"迎世博拒盗版，净化市场"活动。

（3）根据国家版权局统一部署，在全省组织开展打击网络侵权盗版专项行动"剑网行动"，建立监管机制，查处侵权案件，取得一定成效。

（4）组织部署全省图书馆开展著作权保护专项检查。

（5）贯彻落实国家版权局、陕西省政府关于开展打击侵犯知识产权和制售假冒伪劣商品专项行动要求，组织在全省开展打击侵权盗版专项行动。

（6）依法办案，严肃查处侵权案件。对阿纳克斯（西安）数码软件公司侵权安装软件、陕西志信电子商务公司网上销售侵权复制品、西北政法大学学生高艺销售侵权复制品、陕西晶锐互娱网络技术有限公司侵权复制软件实施行政处罚。核实上海盛大网络发展有限公司代理人投诉并通知省通信管理局关闭非法运营的"樱桃冒险岛"私服。圆满处理河北作者与我省《城市金融报》转载稿酬纠纷。指导并参加西安市版权局对东新科贸电脑城等市场的行政执法检查，查缴盗版制品千余件。为霍松林先生、陕西党建杂志、太白文艺出版社、陕西师大出版社、陕西省史志办、杨凌示范区新闻出版局、西安电子科技大学出版社等提供法律咨询50人次。

（7）为方便群众举报侵权盗版，有效扩大案源，确保版权行政执法覆盖，通过《陕西日报》、《华商报》等媒体，公布陕西省版权局侵权盗版举报电话。

（8）结合陕西省实际，制定《处理侵权盗版举报工作制度》，完善举报查处制度。

（9）贯彻国家有关推进企业软件正版化要求，结合陕西省实际，印发《2010年陕西省推进企业使用正版软件工作计划》，明确正版化工作的目标、措施和要求，对全省全年工作进行安排。

（10）发出《关于推荐我省2010年推进使用正版软件企业的函》，协调企业主管部门推荐并筛选今年开展正版化工作的企业。把国有大中型企业作为正版化重点之一，与陕西省国资委协商省属大型企业推进企业正版化工作并制定工作方案。

（11）与陕西省国资委联合组织省属大型企业对黑龙江、辽宁省推进企业正版化工作进行考察学习。

三、加强版权管理，保障版权工作有序推进

（1）为完善版权行政部门与作品创作和传播单位版权工作互动机制，提高单位自我保护能力，消除侵权盗版隐患，印发《关于在作品创作和传播单位建立版权管理人制度的通知》，明确版权管理人制度的具体规定，并在全省重要作品创作和传播单位认真落实执行。

（2）贯彻落实国家版权局关于创建版权示范基地、园区和城市有关要求，结合陕西省版权保护实际，指导西安市开展版权示范城市创建工作，以提升各界对版权工作的认识，提升城市知识产权整体形象，提升版权工作在全市各项工作中的位置。西安市正在积极开展申报创建工作。

（3）根据国家版权局《关于开展"世界知识产权组织创意金奖（中国）"评选推荐活动的通知》精神，在全省组织开展评选推荐活动，对有关部门推荐报送的奖项名单，依照评选标准进行认真评审。按照"严格挑选，优中选精"的原则，推荐纪录片《大明宫》、电视剧《上门女婿》、电视剧《大秦帝国》第一部《裂变》、现代秦腔剧《柳河湾的新娘》、大型4D秦腔交响诗画《梦回长安》、网游《大秦帝国online》、《中华节庆文化动漫博览园》等作品或创作主体参加"世界知识产权组织创意金奖（中国）"的评选。

（4）积极研究探讨版权融资方式，与陕西省银监局、陕西省知识产权局等部门联合印发《陕西省知识产权质押贷款管理办法（试行）》，为发展版权产业提供融资政策依据。

四、加强版权贸易，服务产业发展

（1）积极做好第十七届北京国际图书博览会参展工作。周密部署，精心策划，组织陕西省出版单位参会。陕西省展区共9个展位，突出以传统的中国红为设计风格，展位庄重大方，受到参展人员的赞赏。陕西展团在本届展会上共签订版权输出意向20个，版权引进意向61个。西安交大出版社的《图解中医按摩》、陕西师大出版社的《杜拉拉升职记》等受到许多出版商的青睐，纷纷洽谈版权引进。签订数字版权输出意向2个，签约意向较往届有所增加。

（2）积极开展版权贸易调研。近年来，民营图书公司积极进军图书版权贸易，形成一定的市场和品牌优势，为了总结经验，开阔视野，推动陕西省图书版权贸易进一步发展，陕西省版权局深入出版产业一线，对西安荣信文化产业发展有限公司进行调研。调研组通过实地考察、召开专题座谈会、查阅相关档案资料等方式，对荣信公司在品牌经营、版权贸易、引进—吸收—消化—输出等方面的一些做法进行了深入的分析梳理，形成调研报告。

(3) 制定《陕西省出版外国图书合同登记办理规程》，规范涉外版权贸易合同办理内容和程序。

(4) 全年登记作品 125 件，审核涉外版权贸易合同 221 件。

(5) 积极支持市场主体拓展版权贸易业务，批复设立陕西飞扬版权贸易有限责任公司，推动我省版权贸易全面开展。

（沙庆超　李林杰）

甘　肃　省

2010 年，在局党组的正确领导和分管局长的直接领导下，在相关单位和机关处室的大力协同与积极支持下，甘肃省版权处认真贯彻局党组的工作部署，扎实有效地开展了版权保护工作，现将 2010 年履职及廉政情况概括为五个方面汇报如下。

一、开展多种形式的版权保护宣传活动

根据国家和省上要求，会同省上 25 个相关部门在全省组织开展了为期一周的全省“保护知识产权宣传周”系列活动。围绕我国现代版权制度建立 100 周年，《著作权法》颁布 20 周年，突出世博主题，以音像制品、电子出版物、软件、计算机网络为重点，在兰州组织兰州市文化出版局、局系统编印发企业、局机关干部结合实际开展多种形式宣传，中央驻甘及省、市各大新闻媒体积极参加并进行了宣传报道。各市州也同时结合本地实际，积极开展了活动。

二、积极推进软件正版化工作

1. 企业软件正版化

对辖区内国有企业、外商投资企业和民营企业的布局、数量以及使用软件的相关情况进行了普遍摸底调查，推荐了第一批正版化企业名单；5 月召开了联席会议协调会；6 月由领导小组及省版权局、工信委、国资委等九部委联席会议组织，在兰州举办了第一批重点企业软件正版化工作培训会。第一批 50 家大中型企业主管负责人及信息管理人员参加了培训；11 月按照方案确定的目标任务，联合局机关科数处、反非处、报刊处、出版处及相关成员单位组成联合检查组对第一批重点企业进行了抽查、督导，依照国家版权局确定的指标，全省第一批重点企业中兰州铁道设计院、兰州有色冶金院、兰石集团、国芳百货集团等 10 家国有、民营大中型企业已按期完成了相关正版软件采购工作。2010 年，甘肃省市政工程设计院经省版权局推荐，荣获全国软件正版化工作示范单位称号。

2. 政府软件正版化

根据国家和省上关于政府机关软件正版工作精神及局领导要求，起草了全省政府使用正版软件工作方案，并拟成立以省政府相关领导为组长，各相关部门负责人为成员的政府使用正版软件工作领导小组，领导小组办公室设在省版权局。

三、进一步加强版权行政执法与社会监管工作

1. 专项行动

(1) 8 月，会同省公安厅、省通信管理局联合下发了全省打击网络侵权盗版“剑网行动”方案，于 8—11 月在全省组织开展了为期 3 个月的专项治理行动。并通过国家版权局监管平台，发布了全省网络专项行动投诉举报电话和邮箱。行动期间，共收到各类投诉举报近 20 件，所有案件均依法做了处理。其中“天翼文学网站”、“甘肃宽频网站”侵权案件检查结果已向国家版权报告。

(2) 8 月上旬，会同省教育厅、省文化厅、省“扫黄打非”办下发了《关于加强全省图书馆著作权保护工作通知》，根据通知要求，各市州积极组织对所属图书馆开展专项检查。为全面深入了解图书馆著作权保护状况，9 月上旬，版权处联合反非处、“扫黄打非”办，对省图书馆、兰州大学图书馆等版权保护状况进行了调研。这是版权保护首次深入图书馆这一重要的作品使用领域，非常有意义。

(3) 11 月，根据总署和省政府办公厅要求，以省新闻出版局、省版权局、省“扫黄打非”办三部门名义起草下发了《关于开展打击侵犯著作权行为专项行动的通知》，《通知》决定以印刷复制企业源头治理，图书、软件、音像制品的市场监管，打击网络侵权盗版和软件正版化工作为重点，在全省范围内开展为期半年的专项行动，领导小组办公室设在版权处。目前，各项工作已按照《通知》分工全面推进。

2. 其他案件查处情况

(1) 据权利人举报，检查 10 家涉嫌使用盗版 Corel 软件的单位，已全部依法处理。

(2) 根据微软公司投诉，向国芳百货公司下达《行政建议书》，要求其自查整改。现国芳百货已依法对所属软件进行了全面清理整改。

（3）根据投诉，向“甘肃宽频”网站下达《行政建议书》，要求其就涉嫌网络侵权行为进行自查整改。此案已依法处理。

（4）根据沈鹤（艺名小沈阳）投诉，先后向本省11家发行单位下达《行政建议书》，要求各单位就投诉进行答复，现各案已依法处理回复。

（5）通过移转函形式，就甘肃省某著名画家作品被某酒厂侵权案进行移转处理，并积极就相关事务提供咨询。

四、抓住时机，积极服务甘肃经济发展

（1）根据省版权局“版权保护要积极参与展会”的工作思路，创造性地开展工作：提出了“版权保护伴参博”口号，按照属地管理原则，在省市确定了由主管副局长为责任人的工作机制，起草了《甘肃省版权局上海世博版权保护工作实施方案》，并印发各市州文化出版局。方案主要部署了畅通举报、投诉渠道，动员公众积极参与世博版权保护；加强与公安、工商、通信部门的联系，建立起有效协作机制，对重大案件和集中问题，实施联合执法；对网络传播实施24小时不间断监控、无空白监管；积极向省参博组委会提交了《甘肃省版权局关于将世博版权保护纳入省参博工作的建议报告》；建立省参博版权保护工作站，开通甘肃“参博绿色通道”，为本省参博作品提供作品登记、合同签订、事务咨询、纠纷调解、侵权查处等高效、便捷的法律服务和执法保护等等。

由于领导重视、措施得力，全省各地在世博期间版权秩序空前良好。5月10日，甘肃省“版权保护伴参博”工作情况，由《中国新闻出版报》头版刊出。版权处、兰州文化执法支队一名队员分获全国世博版权保护先进集体、个人。

（2）积极开展作品登记工作，至去年底全省作品登记共计226件。其中，甘肃百通影视发展有限公司一次性登记近180件，成为本省自开展作品登记工作以来，单个版权企业作品登记数量最多的一年，也是年登记总量最多的一年。

（3）按照甘肃省版权战略规划部署，积极与读者集团联系，指导帮助读者集团建立版权管理制度，现读者集团已建立了由专人负责的企业内部版权管理制度。

（4）积极提供法律咨询，从版权创作、运用各环节深化版权服务。上半年经版权处咨询的《伏羲》漫画作品，以52集大型动画系列片形式被读者集团列为重点项目。

（5）为“读者”电纸书的成功出版提供法律咨询。

（6）积极协调全省相关部门，支持《黄河母亲》作者就山西、山东省内非法复制《黄河母亲》雕塑案进行诉讼维权。

（7）为甘肃音像出版社花儿录制出版合同把关咨询。

（8）经过大量调研，多次座谈、请示，已按要求于8月份，就成立甘肃版权协会事宜，全部完成了《甘肃省版权保护协会章程》等五份所需材料。

五、党风廉政建设

按照省委以及局党组的部署，积极组织所在党支部参加了局系统各项学习活动，认真贯彻党风廉政建设责任制的要求，在工作中坚持依法行政、廉洁行政，在查处侵权盗版案件中，严格按照执法程序办事，有效地维护了政府和公务人员的良好形象。

（夏　玲）

青　海　省

2010年，青海省版权局在省委、省政府的领导和国家版权局的指导下，深入贯彻落实科学发展观，按照“宣传、打击、引导、服务”的总体工作思路，围绕职能，顾全大局，搞好服务，促进发展，在著作权保护、法律法规宣传、打击侵权盗版等方面取得了明显成效。

一、加强宣传，提升公众版权意识

围绕提升公众版权意识，营造尊重知识、尊重创造的良好氛围，加大版权宣传力度。“4·26”知识产权宣传周宣传活动期间，更换制作版权法律法规宣传展板10块，全年组织参加版权宣传活动4次，接受群众版权知识咨询200余人次，发放《中华人民共和国著作权法》、《计算机软件保护条例》、《信息网络传播权保护条例》、《卡拉OK经营行业著作权许可使用及服务手册》、《企业使用正版软件指南》、《著作权常识问答》等版权法律法规知识宣传资料4 000余份。使版权宣传工作在宣传内容、宣传广度和宣传范围上均比上年有了较大的提高，受到了社会公众的广泛欢迎，取得了良好的社会效果。

二、强化监管，严厉打击侵权盗版行为

（1）3月18日，根据群众举报，对西宁长途汽车站二楼图书摊点涉嫌销售盗版图书《藏区人文与地理》（共计24本）进行了检查，并根据检查结果及相关证据依法对藏田图书有限公司给予了警告和没收盗版图书《藏区人文与地理》的行政处理。

（2）根据新闻出版总署《关于印发〈2010年上

海世界博览会版权保护工作方案〉及〈2010 年上海世界博览会反盗版快速反应机制〉的通知》(新出字〔2010〕97 号)精神，为进一步做好全省版权保护工作，制定了青海省《2010 年上海世博会版权保护工作及反盗版快速反应机制实施方案》，积极开展了上海世博会期间的版权保护专项行动。期间，通过日常巡查、暗访抽查、举报突查等有效措施加大了对重点区域文化市场检查的力度，有效维护了市场经营秩序。4 月 9 日，由吴解勋、张承伟副厅长带队，会同厅文化市场处、省“扫黄打非”办工作人员对涉嫌出售盗版音像制品的西宁市胜利路西部电子城和原声音像总汇等卖场和音像店进行了突击检查。查缴盗版音像制品 1 000 余盘，为世博会成功举办营造了良好的文化氛围。

(3) 5 月 10 日，根据中国音像著作权集体管理协会的投诉，及时下发通知，要求西宁市文化广播电视局对西部好迪乐、英皇国际娱乐会所等八家娱乐场所依法进行了查处。同时组成联合检查组对西宁市 31 家卡拉 OK 经营场所是否取得经营行业著作权许可使用证书进行了全面督促和摸查。

(4) 联合省公安厅、省通信管理部门部署开展了 2010 年打击网络侵权盗版专项治理“剑网行动”，在全省互联网企业和网站认真查找和消除网络侵权盗版隐患。联合省教育厅开展了图书馆著作权保护专项检查，分别对省图书馆和青海大学、青海师范大学及青海民族大学三所高校图书馆的版权保护工作情况进行了专项检查，均未发现涉嫌侵权违规问题。贯彻落实全国知识产权保护与执法工作电视电话会议精神，在全省范围内部署开展为期半年的打击侵犯知识产权和制售假冒伪劣商品集中整治专项行动，并提出五项具体措施，确保知识产权保护专项行动全面实施。

(5) 根据国家版权局《关于发布〈国家版权监管平台（一期工程）运行管理办法（试行)〉的通知》精神，及时对版权监管平台设备进行了安装调试，并指定专人负责，做到专物专用，通过平台及时上报省版权局自行受理案件的处理信息，确保了信息的及时性和有效性。

(6) 加大对出版物市场、软件市场、电子城等经营场所的日常监管和执法力度，全年会同省“扫黄打非”办、省公安厅、省工商局等部门，对西宁市胜利路电子商城、古城台数码广场、华联超市音像销售区、原声音像批发中心等音像电子出版物销售场所进行集中检查（5 次)。对内容低俗、侵权盗版严重的进行了严厉打击，依法查缴。据统计，2010 年全省共出动执法人员 4.9 万多人次、检查各类经营场所 6.5 万多家（次)，查缴盗版出版物 4.9 万余件、盗版教材教辅 8 000 多件，有力地打击了侵权盗版行为，维护了著作权人的合法权益。

三、克服困难，推动政府机关和企业软件正版化工作

根据国务院推进企业使用正版软件工作部际联席会议《关于印发〈2009 年推进企业使用正版软件工作总结〉、〈2010 年推进企业使用正版软件工作计划〉和〈推进企业使用正版软件工作部际联席会议第四次全体会议纪要〉的通知》(国版联〔2010〕2 号)精神，结合本省实际，制定了青海省关于 2010 年推进企业使用正版软件工作计划，以企业为重点，加大推进企业使用正版软件工作的宣传力度，举办了西宁市网吧使用正版软件培训班一期，159 家网吧负责人参加了培训。部署开展了全省政府机关使用正版软件专项检查工作。

四、加强培训，提高版权行政执法能力

为提升基层版权行政执法人员版权管理和保护水平，积极争取并先后派 10 人参加了由国家版权局等举办的四期版权知识培训班。联合其他处（办）举办了一期有 190 人参加的全省文化市场、版权执法人员及“扫黄打非”骨干人员培训班，取得了较好的宣传普及和培训效果。

五、强化服务意识，认真做好版权登记工作

进一步改进工作作风，强化服务意识，提高服务水平，重视版权的法律咨询和版权纠纷的调解工作。对电话或前来咨询版权法律知识的，做到热情接待，耐心解释；对上级主管部门转办和个人投诉的案件，做到及时受理，认真调查，妥善处理，认真做好版权登记工作，全年登记版权保护作品 23 件，调处转办函 1 件，投诉举报案 3 件，接受来人、来电、来函和版权咨询 200 余人次。

(付成久)

宁夏回族自治区

2010 年，宁夏版权局在自治区党委、政府和国家版权局的领导下，深入学习贯彻落实科学发展观，紧紧围绕中心工作，服务大局。依照《著作权法》、《著作权法实施条例》等相关的法律法规，加大宣传力度，强化版权行政管理工作，完善版权管理制度；积极推进软件正版化工作，坚决打击侵权盗版行为，调解处理版权纠纷，维护权利人合法权益。宁夏版权局版权管理处被评为“五五”普法先进集体。

全年共鉴定非法书报刊46种，光盘23种。受理作品自愿登记35件。检查经营单位1 300余家，查缴侵权盗版及非法出版物近14万件，其中非法音像制品70 117张（盘），盗版出版物2万余张（册）。

一、推进软件正版化

按照国家2009年企业软件正版化工作会议精神，结合地区软件正版化工作的实际，在巩固工作成绩的基础上，全面推进宁夏装饰企业和机械制造行业软件正版化工作，涉及企业近300家。在有计划、分步骤稳步推进企业软件正版化工作的同时，进一步强化企业使用正版软件的监管，取得了良好的效果。5月12日，国家版权局、工业和信息化部、财政部、商务部、国资委、银监会、证监会、保监会、全国工商联发布《关于授予大庆油田有限责任公司等257家企业“全国软件正版化工作示范单位”称号的决定》，宁夏有4家入选，分别是宁夏银行、宁夏电力公司、宁夏共享集团有限责任公司、银川卧龙变压器有限公司。

二、集中销毁非法出版物活动

2010年4月22日在银川市光明广场举行了全国集中销毁侵权盗版及非法出版物活动。集中销毁的侵权盗版制品及非法出版物共计11.45万件，其中盗版及非法图书2.16万册，盗版及非法音像制品7.99万盘，非法报刊1.3万张。

三、开展“剑网行动”专项治理

与宁夏公安厅、自治区通信管理局联合部署开展打击网络侵权盗版专项治理“剑网行动”。此次专项治理行动的工作目标是：围绕网络音频、视频及文学网站，网络游戏、动漫、软件以及上海世博会、广州亚运会相关作品等重点领域，加强对重点网站的主动监管力度，以查破办结一批大案要案为目标，查处一批网络侵权盗版案件、关闭一批侵权网站、处理一批违法犯罪人员，有力维护健康、规范的网络传播秩序，探索建立互联网版权保护长效工作机制，进一步促进互联网产业繁荣发展。

安排部署五市新闻出版、版权、“扫黄打非”部门在新闻出版、版权系统开展打击侵犯知识产权和制售假冒伪劣商品专项行动及进一步做好使用正版软件工作。具体为：

（1）对印刷复制各类出版物、印刷品、光盘、计算机软件及包装装潢、商标标识标签的企业进行专项检查，严厉查处非法印刷复制和非法加印、出售标识标签等印刷品的行为。

（2）集中开展对图书、软件、音像制品市场的巡查工作。

（3）在实现政府机关软件正版化工作的基础上，继续做好对政府机关使用正版软件情况的督查工作；按照《2010年推进企业使用正版软件工作计划》，继续做好企业培训、软件资产管理试点等工作。

（4）继续开展好2010年打击网络侵权盗版专项治理“剑网行动”，维护好互联网版权环境。

四、开展宣传培训活动

4月26日，在银川光明广场参加“4·26”世界知识产权日宣传活动。活动以散发宣传资料、保护版权“绿书签”、招贴画、开展现场咨询等形式，展示自治区近年来打击侵权盗版、保护知识产权的成果，让群众了解与著作权有关的知识。

在宁夏广电总台新闻广播《与法同行》节目中，自治区新闻出版（版权）局副局长海军同志对新《著作权法》进行系统阐释，有效地扩大了版权在社会生活中的影响力，提高了广大公众的版权保护意识。

5月27日，在自治区广电局举办的“全区广播影视系统管理工作人员培训班”上，自治区新闻出版（版权）局版权管理处处长何红庆同志就《著作权法》实际操作进行辅导讲授。

为在2009年国家版权局举办的“全国青少年版权保护读书活动暨版权保护知识竞赛”中取得良好成绩的单位和个人进行颁奖，并借助竞赛活动的影响力，加强对青少年进行知识产权宣传，让广大青少年了解版权保护的有关知识，认识版权保护的意义，提高中小学生自觉抵制侵权盗版的法律意识，营造良好的版权保护氛围。

五、开展调研活动

全年开展了两次调研活动，并根据调研形成了有针对性、高质量的调研报告，为版权及“扫黄打非”工作打下良好的基础。

一是2010年4月中下旬，自治区“扫黄打非”办公室主任、自治区新闻出版局党组副书记、副局长海军，自治区“扫黄打非”办公室副主任、自治区工商局副局长王峰带队赴吴忠市、盐池县、石嘴山市、惠农区、中卫市、中宁县、固原市、西吉县，对“扫黄打非”工作行动部署、宣传教育、案件查办、组织协调、日常监管、专项行动、制度建设、经费投入、队伍建设以及当前“扫黄打非”斗争亟待解决的困难和问题进行深入细致的调研。通过听取汇报、查看资料、召开座谈会、检查出版物市场经营单位等方式，开展“找问题、找瓶颈、找突破”活动，掌握当前宁夏“扫黄打非”工作的新情况、新特点、新变化，为领导决策提供依据，为下一步有效监管、主动出击、精确打击非法出版物和非法出版活动夯实基础。

二是 2010 年 9 月 14—21 日，宁夏新闻出版局派出版权工作考察组，由党组副书记、副局长海军带队对四川、云南、贵州省的版权相关产业和版权保护工作进行了考察学习。考察组撰写了考察报告，报告总结了三省版权保护工作的经验，对宁夏版权工作进行了规划，提出了建议。

六、编辑出版版权相关图书

编辑出版《著作权案例评析》一书，选用 60 余个著作权人在实际生活中容易发生纠纷的著作权案例，不仅受到了区内公众的好评，而且得到学院的青睐，成为宁夏司法警官学校的辅导教材，同时作为交流材料，得到了其他省市的认可，也获得了自治区依法治区领导小组、国家版权局的肯定。

（张秀年）

新疆维吾尔自治区

2010 年，新疆版权工作在自治区党委和人民政府的正确领导下，在国家版权局的大力支持下，克服人员少、任务重、头绪多的诸多困难，紧紧围绕局中心工作，在版权宣传、打击侵权盗版、版权管理和服务等方面开展了一些创新性实践活动，尤其是在中央召开新疆工作座谈会后，认真学习领会会议精神，将贯彻落实会议精神作为促进新疆版权工作的重大机遇，认真思考，精心谋划，取得了一定的成绩。

一、深入调研，科学规划，新疆版权战略制定取得新突破

新疆版权战略作为自治区知识产权战略主要的子课题之一，既要体现自治区版权保护和版权产业现状，又要针对现状和问题提出解决的办法与思路，同时制定相应的目标和措施。对新疆今后一段时期的版权产业的发展具有很强的指导意义。自治区版权局承担新疆版权战略的制定和研究工作历时近一年。2010 年 1 月，自治区版权局对新疆版权战略进行了最后的讨论和修改，并形成定稿。2 月 8 日，自治区知识产权战略制定领导小组组织相关部门的专家对新疆版权局组织制定的《新疆版权战略》进行了结题验收。与会专家听取汇报、研读战略后，一致认为版权局草拟制定的《新疆版权战略》调研数据详尽，对新疆版权产业的基本情况描述准确，对新疆版权保护存在的问题分析透彻，提出的措施和战略目标条例清晰，操作性强，《新疆版权战略》顺利通过验收。为了加强对新疆版权战略的宣传，《新疆新闻出版》杂志对《新疆版权战略》进行了详细解读；在自治区党校对全区知识产权管理部门调训的“知识产权研修班”上，版权局派遣人员专门就版权战略进行了解读，取得了预期的效果。

二、加大力度，拓宽渠道，《著作权法》宣传普及取得新成效

版权保护工作依赖于良好的版权保护环境和全社会的版权意识，《著作权法》及其相关法律法规的宣传始终是版权管理部门的基础性工作。2010 年自治区版权局的宣传工作以“4·26”知识产权宣传周为重点，以向相关产业和创作者群体有针对性地宣传为亮点，来拓展宣传的范围和层次。

在“4·26”知识产权宣传周中，向各地州发放版权保护知识宣传资料，通报表扬各地州参加“全国青少年版权保护读书活动及版权保护竞赛”活动获得优秀组织奖的 12 家单位，和获得个人三等奖的 49 名个人。张新泰副局长在自治区知识产权战略纲要颁布新闻发布会上介绍新疆版权战略情况。4 月 27—28 日，自治区版权局牵头组织自治区公安厅、工商局开展专项执法联合行动，针对乌鲁木齐市音像、电子出版物零售、批发及繁华的街道等重点地区，进行全面整治和清理，共收缴盗版音像制品、电子出版物 10 608 张，其中涉外盗版音像制品 7 600 多张、口袋本图书 99 册、恐怖类图书 4 册。此外，还深入中学宣传《著作权法》，对乌鲁木齐市十三中《中学素质拓展课程》一书予以作品登记并在该校首发。自治区版权局在大学生知识产权知识竞赛中担任评委，向大学生解答版权相关问题。

为扩大《著作权法》的宣传面，自治区版权局抓住各种机会宣传普及《著作权法》，一是在局培训中心举办各类培训班为学员讲解《著作权法》；二是通过在新广行风热线中就版权问题向公众进行解答，进一步提高了社会公众的版权意识；三是通过开展一些大型活动，并经过媒体广泛宣传，以案说法，使版权工作成为社会关注的热点。2010 年 7 月 13 日，自治区版权局在水磨沟区“7 坊街”创意产业集聚区举行了版权工作站揭牌仪式。这是新疆版权局创新工作方式、面向基层创作者提供版权服务的一个新举措，也是新疆版权局在全疆建立的第一家提供版权法律咨询、维权服务和作品登记服务的版权工作站，在全疆形成了一定的影响，吸引了社会的关注。

此外，自治区版权局全年共编发《新疆版权简报》7 期，在各类媒体上发布版权工作消息 15 篇。

三、以人为本，强化服务，提高质量和增强效率有新举措

版权是一项民事权利，但是从维权的角度来看，权利人、传播者、社会公众在维权方面更愿意通过版权行政管理部门进行维权。作品登记是版权局直接面向著作权人服务的一项工作，也是2010年加强服务的重点方向。自治区版权局积极向著名作者、创意产业基地、作者群体加大宣传和服务力度，缩短作品登记周期，提高作品登记工作效率，使作品登记数量有了较大幅度的提高，截至11月5日，已登记各类作品450多件，比2009年全年增加120件。为推动作品登记工作，8月30日，自治区版权局举办自治区首次作品登记工作座谈会，邀请自治区文联领导及文联所属作协、美协、音协、摄影家协会的负责人和自治区知名作家、作曲家、摄影家、画家，新疆珠宝玉石首饰行业协会的负责人和中国玉雕大师，以及新疆“7坊街”创意产业集聚区的管理人员和入驻艺术家参加座谈。

此外，在服务基层、服务各界著作权人上下工夫。关心基层执法人员，积极组织申报2009年度全国打击侵权盗版有功集体和个人；对自治区发改委提出的关于翻译费标准的问题做了详细的书面解答，为其提供了帮助；多次请示国家版权局，妥善解决新疆青少年出版社使用琼瑶作品问题，以确保青少年出版社能依法合理使用琼瑶作品，充分利用了著作权法对少数民族文字出版的优惠条款。在协助国家版权局举办“2010年基层版权执法培训工作会议”时，从自治区版权行政管理人员对版权培训的需求出发，积极争取名额，使出版物市场稽查队、乌鲁木齐市及所属区版权执法人员17人得到系统培训。同时，为更好为各族群众服务，克服“7·5”事件之后网络管制的困难，及时与国家版权局及相关软件公司联系，在自治区网络恢复正常的第一时间，正式接入国家版权局“版权监管平台”。

四、严格执法，严厉处罚，打击侵权盗版工作有新进展

随着技术的发展，版权执法面临着严峻的考验，高科技、网络化环境下的版权执法，是版权管理部门的一个难题。2010年，新疆版权局紧紧抓住“4·26”集中执法、世博会专项执法、“剑网行动”专项治理、图书馆著作权保护等重点，通过严格执法，净化了市场，遏制了侵权行为，同时也锻炼了队伍。特别是自治区版权局在“剑网行动”中的执法工作受到了国家版权局的赞扬。

在4月27—28日世博专项执法期间，共出动车辆7台次、人员27名，对36家音像店及11家学校周边书店、书屋进行执法，收缴盗版音像制品、电子出版物10 608张，其中涉外盗版音像制品7 600多张、口袋本图书99册、恐怖类图书4册。8—10月的“剑网行动”中，查处侵权网站4家，没收服务器3台，主动监管4家大型门户网站，查处一起网络大案并上报国家版权局，获国家版权局专项经费4万元，举行表彰奖励座谈会，对2个先进集体和8名先进个人予以表彰。图书馆著作权保护工作中，会同自治区教育厅、文化厅、自治区“扫黄打非”办等部门拟发了《关于加强图书馆著作权保护的通知》，并与以上部门组成联合检查组，对自治区图书馆、乌鲁木齐市图书馆、新疆大学图书馆等8家图书馆在采购、传播电子资源中的版权保护情况进行了抽查。在KTV使用正版内容执法中，根据音集协（著作权人）的投诉，要求和指导乌鲁木齐市新闻出版局（版权局）做好15家KTV有偿使用音乐作品的工作。

五、积极筹备，扎实推进，企业的软件正版化工作呈现新局面

企业软件正版化工作是一项推进难度大、涉及面广的工作。为做好这项工作，并将工作向全疆范围延伸，自治区版权局向各地州市发出了《关于报送第二批软件正版化企业名单的通知》。向全区勘察设计企业发出了《关于对勘察设计企业正版软件使用情况进行抽查的通知》，并会同住房和城乡建设厅设计处组成检查组，对19家乙、丙级勘察设计企业的CAD软件使用情况进行了检查并对检查情况进行通报。在大型企业软件正版化遇到困难时，积极想办法，请政府协调，督促中华联合保险公司完成了软件正版化工作。同时，作为自治区软件正版化领导小组办公室，起草了《自治区2010—2011年度企业软件正版化工作计划》，完成了对前期企业软件正版化工作的总结，根据正版化领导小组成员工作变动情况，报请政府调整了软件正版化领导小组成员，并协调相关部门确定2010—2011年度推行软件正版化企业50多家，组织召开了自治区企业软件正版化总结表彰大会，部署了2010—2011年度企业软件正版化工作，对50多家推行软件正版化企业相关人员进行了培训。积极鼓励地州市开展软件正版化工作，并且帮助伊犁州新闻出版局（版权局）举办文化娱乐行业正版化培训班，并对其正版化工作提出要求。2010年，新疆电力公司、乌鲁木齐有色冶金设计院有限责任公司、新疆教育出版社、新疆自治区新华书店、自治区农信社、新疆宏源证券等6家企业获得国家版权局颁发的“全国软件正版化示范单位”称号。

（杨建新）

2010年版权社会服务组织工作

中国版权保护中心

2010年，中国版权保护中心（以下简称“中心”）以科学发展观为指导，坚持不懈地进行改革创新，不断加强科学管理体系建设，着力强化核心业务建设，积极开拓新媒体数字版权服务新领域，努力实现版权服务新项目开发和服务方式创新上的实质性突破。中心服务体系日趋完备，服务能力不断提升，自营收入快速增长，整体发展实力进一步增强。2010年全年共实现上缴国库软件著作权登记费2 400万元，比去年2 084万元增长15%；自营收入2 500万元，比去年1 920万元增长30%，较2007年480万元增长五倍，实现了“十一五”期间的跨越式快速发展。

一、版权公共服务

（一）以信息化建设为着力点，不断提高版权公共服务的规范化和标准化水平

2010年，中心调整了信息化领导小组和领导小组办公室成员，加强了信息化工作的组织保障，加快推进各项目实施：中心克服困难自筹资金开发建设的“著作权登记管理信息系统”（二期）工程已完成系统开发并进入试运行阶段，进一步满足了著作权登记工作内部业务管理和外部用户查询需求；“版权公共信息服务平台”的开发工作已经完成，该平台的建设有利于更好地促进优秀作品的网上交易、传播和作品价值的挖掘。

2009年中心版权登记大厅实现了一站式窗口服务。2010年，中心结合申请者的实际需求，建立起登记大厅自动排号和查询系统。该系统同时实现了对服务人员进行满意度即时测评、业务流程、收费标准、疑难问题解答和相关法律法规的查询等多方面的服务，大大方便了申请者，提升了登记大厅信息化管理水平。作为总署创先争优活动“党员示范窗口”，中心把党员示范服务落实到实践中，真正实现了柳斌杰署长提出的“版权登记大厅的服务要比照银行营业大厅，做到规范有序，井井有条”的要求。

（二）提高专业素养，提升服务品质，著作权登记量再创新高

2010年，中心共完成计算机软件著作权登记81 966件，同比增长20.69%；软件著作权转让合同登记129件；软件著作权专有许可合同登记150件；软件著作权质押合同登记205件；软件登记事项变更或补充登记5 001件；查询软件登记档案10 260件；司法机关查调档65件；法院查封软件11件；软件源代码封存保管7件。

完成各类作品著作权登记11 457件/系列，涉及作品93 538件，同比增长53%；著作权合同备案502件/系列，涉及作品1 957个；邻接权67件/系列，涉及作品120个；各类作品变更登记42个，涉及作品61件；著作权质押合同登记77件，著作权质押合同注销登记17件，各类变更、撤销、撤回登记144件，完成公检法机关、行政管理部门和社会公众查询业务288件次。

（三）数字版权公共服务体系建设取得创新性重大突破

针对以新媒体为核心的数字版权产业发展中的关键问题，中心按照新闻出版总署和国家版权局的战略部署，坚持不懈地进行数字版权公共服务的技术创新、模式创新和机制创新。在对国内外互联网版权保护模式研究与探索的基础上，创造性地提出了以DCI（digital copyright identifier，数字版权唯一标识符）体系为核心的数字版权公共服务新模式。通过数字作品版权登记体系给每件数字作品赋予唯一的DCI码，使互联网上所有数字作品都具有一个唯一的身份标识，可以此开展国内国际版权的登记、交易及费用结算、信息检索、知识产权管理等工作，为互联网版权问题提供了切实解决方案。在此基础上，中心与北京市西城区人民政府合作，发挥各自优势，共同建设以DCI体系为核心的国家数字版权产业功能服务园区“国家数字版权产业基地”，并签署正式战略合作协议。

针对新媒体产业中的版权风险防控问题，中心研究开发了嵌入式版权服务方案。通过嵌入式的方式，将以数字作品版权登记为核心的版权服务，模块化地嵌入企业既有的相关互联网内容运营平台上，为包括电信运营商在内的广大从事数字版权运营的企业提供全方位、多功能的版权服务支持。

（四）建设互联网版权保护新机制

针对互联网版权保护问题的日益凸显和产业发

展对快速维权机制的迫切需要，中心立足版权公共服务职能，积极打造互联网版权保护新机制。依托中心版权证明服务的公信力，通过与相关技术公司合作，利用国际领先的影视作品数字指纹识别技术，开发建设了CPCC网络视频版权保护监测及调查取证服务平台。平台在试运行服务期间，共发送电子邮件通知函75次，书面通知函8封，出具监测报告16份，共计删除侵权链接38 322条，获得委托人的好评。

面对严重的“私服”、“外挂”现象给网游产业发展带来的损害，在新闻出版总署科技与数字出版司、公安部十一局和工信部的大力支持下，中心发起成立中国网络游戏版权保护联盟，帮助网游企业维护自身合法利益，促进我国原创网络游戏产业健康发展。

二、版权市场服务和社会服务

（一）国际版权交易中心逐步发展成熟

经过两年多时间的积极探索，国际版权交易中心已发展成为成熟的版权交易平台和文化金融中介服务平台，拓展了超过30个信息披露渠道以及覆盖超过10 000个机构的定向征询网络；整合了文字授权、影视授权、动漫授权、游戏授权、艺术授权等多个专项平台；实现在动漫、影视、图书、音乐等领域挂牌项目近1 000个，交易额超过2亿元。

交易中心积极发挥“桥梁”作用，推动版权产业与金融机构的对接。设立了国内第一只版权权益私募基金——厚德雍和资本，发起成立了首家版权金融俱乐部，搭建了“北京文化金融中介服务平台”，并通过此平台获得了北京银行100亿元专项授信额度。通过一系列创新型业务的开拓，交易中心在版权和金融行业内的影响不断扩大，日益成为引领国内版权交易和版权金融发展的权威平台，引起社会广泛关注。

（二）找准行业需求，立足专业优势，提供培训服务

2010年中心举办了首届数字出版与版权管理培训班、软件及其他作品著作权登记实务培训班、首届全国版权经纪人/代理人专业实务培训班（共举办两期）和2010年软件正版化培训班。培训班把握产业特征，紧贴行业需求，课程设计全面系统，培训内容丰富实用，得到了总署领导和参训学员的一致好评。

（三）成功举办第五届全国作品（书稿）版权交易会

中心承办的第五届全国作品（书稿）版权交易会在北京图书订货会期间举行，本次交易会主题是“版权——智胜之道”，强调广大著作权人的创新能力在知识经济时代的重要性。在交易会上，中心共举办了12场版权贸易主题活动，收集书稿200余部、外版图书版权信息100余部，现场受理了150多位作家的版权代理信息；达成版权合作意向270多项，交易量同比增长200%。

（四）继续推动“中国原创动漫作品版权保护工作项目”

中心将“动漫版权服务周”品牌植入各动漫展会以及深圳文博会和北京文博会，开展多站式窗口服务，先后在深圳、上海、东莞、北京等地的动漫相关展会设立版权服务站，期间与中国动画学会、歌华集团、深圳文化产权交易所等机构签署合作协议。

三、版权宣传

（一）策划实施大型宣传活动，服务国家版权工作大局

受国家版权局委托，中心承接了在第十七届北京国际图书博览会和第六十二届法兰克福国际书展开设“中国版权服务站”的工作，并创新策划实施了“我眼中的中国版权”问卷调研活动。该调研活动仅面向境外版权界相关机构开展，以全英文界面展示，为我国版权立法、司法和行政事业发展提供了宝贵的意见和建议，将成为今后一段时期制订我国“走出去”配套政策及完善版权制度的重要参考依据。

（二）依托专业优势，打造常态化版权宣传和交流平台

“CPCC十大中国著作权人年度评选”和“CPCC中国版权服务年会”已成为业内知名的常态化版权宣传和交流平台。2010 CPCC十大中国著作权人年度评选活动自启动以来，社会反响良好，广大著作权人踊跃报名参加。2010 CPCC中国版权服务年会于2011年1月举办。本届年会以“新媒体 新模式 新未来”为主题，由以展示推广数字版权公共服务新体系为主线的五大项内容组成。人民网和新浪财经对年会开幕式和具体分项目进行了网上现场直播。

（三）加大宣传工作力度，树立中心品牌形象

中心进一步密切了与人民网、央视网、新浪财经等各大主流媒体和行业媒体的联系与沟通，建立了多角度、全方位的宣传网络，大力传播版权公共服务理念和数字版权公共服务新模式。同时，各媒体通过在线访谈、网络直播、网站专题等多种形式，及时报道中心各项重大活动，中心的社会影响力不断扩大。

四、版权产业和政策研究

（一）为著作权登记和质押制度的制定提供理论支持

中心认真做好新闻出版总署委托的关于完善著作权登记工作的相关课题研究。《完善软件著作权登记制度》课题已完成了研究报告初稿，正在进行修改完善；《著作权质押合同登记办法》课题已完成，为相应规章的制定提供了科学的理论支持。

（二）区域版权产业研究和版权价值评估工作取得重大进展

在国家统计局普查中心和海关总署有关部门的大力配合下，中心与深圳市版权局合作，完成了《区域版权产业经济贡献调查分析体系》课题研究工作的阶段性成果——《深圳经济中的版权产业》报告。该报告在大量的统计数据和实地调研基础上，调查研究了深圳市版权产业的基本概况和发展态势，勾勒出深圳市版权产业的发展轮廓，在增加值、就业和出口等方面核算了深圳市版权产业对地区经济的贡献水平。

在国家版权局的直接领导下，中心积极开展了版权价值评估相关领域的调研，形成了《版权价值评估专项研究报告》等阶段性成果，并积极推动《财政部　新闻出版总署（国家版权局）关于加强版权资产评估管理工作若干问题的通知》的制定工作。在《版权公共信息服务平台》的建设中，将版权价值评估典型案例数据库纳入建设范围，采集国内外版权领域典型的价值评估案例，整理分析了版权价值评估所需数据与信息，构建了版权价值评估指标体系中的核心能力指标、外部环境指标等关键因素。

（三）接手负责中国标准录音制品的编码服务和管理工作

根据新闻出版总署的批复，中心接手承担中国音像制品的国际标准编码（ISRC）中心业务，全面负责中国标准录音制品的编码服务和管理工作。在大量的研究和准备工作基础上，编写了《ISRC 工作流程和管理方案》，研究了适合中国国情的 ISRC 申领流程，进行了模拟仿真，并已完成了 ISRC 申领信息系统开发工作，为 2011 年申领做好了准备。

（四）“软件资产管理项目”研究取得丰硕成果

中心承担的国家版权局委托的“软件资产管理项目”进展顺利，2010 年已起草完成了《软件资产管理实施方案》、《软件资产管理项目内外部培训计划》等文件二十多份，形成近 15 万字的制度体系文件。在“软件资产管理项目专家论证会”上，项目的准备工作和相关文档得到了来自九部委的领导和专家们的一致好评。目前，该项目的相关工作正在有序推进，《软件资产管理指南》手册的编写工作已基本完成，预计将于年内出版，面向企业的试点工作即将于 2011 年全面展开。

五、国际交流与合作

（一）不断深化与韩国、俄罗斯等国的版权合作关系

2010 年，中心围绕 2009 年与韩国著作权委员会签署的修订后的《版权协作合作意向书》，不断深化双方在卡通、网络游戏、软件等领域的版权合作，多方面促进两国版权贸易和文化交流。韩国文化体育观光部事务官全炳和和韩国著作权委员会组长李正宰、金朱硕 2 月份来中心访问时，对双方的合作成果表示肯定和赞赏。受国家版权局委托，第六届“中韩著作权研讨会”也于 6 月 8—11 日在韩国首尔如期召开。

中心与俄罗斯版权相关机构保持良好的合作关系。在第十七届北京国际图书博览会书展期间，受俄罗斯妇女基金会的委托，中心举办了俄罗斯布克文学奖获得者奥莉加来中国的一系列文化交流活动和新书推荐项目，收到了良好的社会反响。

（二）对外版权贸易和交流成绩显著

2010 年，中心将国内的畅销书《货币战争》（1、2）的版权成功输出到西班牙、波兰和德国，将国内保健类图书《跟按摩师学养生》等 11 本图书的版权输出到韩国；不断加强与欧美国家出版社的合作，引进英国 OWEN 出版社《探索系列》图书 64 本，FUTURE《动漫》杂志，澳大利亚畅销书《快乐人生》等图书 5 本，美国 Rocky Nook《风光摄影》等图书 6 本，德国 HEEL 出版社《手表年鉴》一刊和 4 本摄影书，以及德国 FinanzBuch 出版社 15 本金融类图书。

（韩　璐）

中国版权协会

2010 年，中国版权协会深入学习贯彻科学发展观，按照国家版权局的工作部署安排协会工作，努力发挥协会的职能作用，进一步拓展了工作思路，创新工作理念和工作方法，为推动版权产业的发展做了大量工作。

一、搭建行业交流平台

（一）主办 2010“版权之春——首都版权界新春联谊会”

1 月 25 日，由中国版权协会、中国版权保护中

心、北京市版权局、中国音像著作权集体管理协会、中国文字著作权协会、中国摄影著作权协会、中国电影著作权协会、中国作家协会作家权益保护委员会办公室、北京市版权保护协会等单位联合主办的“版权之春——首都版权界新春联谊会”在北京举行。首都版权界400余人参加联谊会，国家版权局副局长阎晓宏出席并致辞。

联谊会上，中国版权协会理事长沈仁干代表各主办方致欢迎辞。与会人士广泛交流、畅叙友情，表示将携手努力为版权保护事业发展贡献力量。

（二）与福建省人民政府联合主办海峡版权（创意）产业精品博览交易会

5月18—22日，由新闻出版总署、国家版权局指导，福建省人民政府、中国版权协会主办，福州市人民政府、福建省新闻出版局承办的首届中国·福州海峡版权（创意）产业精品博览交易会在福州市海峡国际会展中心举办。

5月18日上午，版权（创意）产业精品博览交易会开幕。福建省政协主席梁绮萍，新闻出版总署副署长、国家版权局副局长阎晓宏，福建省政协副主席、省版权局局长郭振家，中国版权协会理事长沈仁干等出席开幕式并颁奖。本次版博会共评出429件获奖作品。《108将》等34件作品荣膺金奖，《花好月圆》等73件作品获银奖，《生机勃勃》等119件作品获铜奖，《春颂祥和》等203件作品获优秀奖。

作为海峡两岸版权（创意）产业的一大盛会，本届展会以版权、创意、精品、交易为特色，汇集了海峡两岸动漫、工业设计、建筑设计、漆艺、石雕、木雕、陶艺等行业著名企业以及业内专家，集中展示各类具有版权价值的创意精品。展馆总面积11 000多平方米，有300多家国内外企业参加展出，展出各类版权精品1 300多件。据初步统计，本届版博会签约及拍卖总成交额超过1亿元，参观人数近40万人次，成为福建“海交会”夺目的亮点，实现了特色版权交流与科技经贸互动、文化产业与经贸产业同台展示的目的，达到了预期的效果。

（三）举办各省、市版权保护协会秘书长座谈交流会

10月19—21日，各省、市版权保护协会秘书长座谈交流会在西安召开。会议交流了各级版权保护协会的工作情况和经验，以提升版权协会的工作水平，进一步发挥好版权协会的职能作用，更加有成效地开展工作，为版权保护事业的发展作出贡献。北京市、上海市、河北省、江苏省、广州市、长沙市、大连市等省市的版权保护协会认真总结了工作情况和经验。他们的工作体现出五大特点：一是加强协会自身建设；二是加大宣传普及《著作权法》的力度，不断提高公众版权保护意识；三是打击侵权盗版有作为，维护著作权人合法权益见成效；四是搭建多种工作平台，积极为会员单位、著作权人服务；五是借助社会力量，积极开展维权工作。

（四）主办第五届文博会“文化创意产业项目推广与资源开发推介会”

11月18日，由中国版权协会、中国动漫集团、文博会组委会办公室共同主办的第五届文博会“文化创意产业项目推广与资源开发推介会”在北京召开。

组委会办公室收到全国29个省区市报送的近一千个文化创意产业项目，仅收录到文博会《项目册》的就有224个项目，推介项目金额1 800多亿元。会上推出了一大批来自海内外的重点文化创意产业项目，签约金额约5亿元人民币。

（五）举办“2010中国新媒体盛典暨第三届新媒体节”

11月17—21日文博会期间，由文博会组委会办公室、石景山区人民政府、新媒体节组委会主办，新传媒产业联盟、中国电子商会、中国版权协会、中国知识产权研究会等单位联办的“2010中国新媒体盛典暨第三届新媒体节”在北京石景山举办。

第三届新媒体节以“新媒体·新融合·新世界”为主题，期间1 800人次参加了新媒体节各项活动，近80位嘉宾作了精彩演讲，被业界喻为新媒体奥斯卡的中国新媒体领军榜推出本年的30位年度人物和12项品牌大奖。本届新媒体节主要活动包括2010中国新媒体产业大会主题报告会、2010中国新媒体专家年会暨新媒体教育论坛、2010新媒体营销年会暨中国企业品牌传播论坛、2010中国新媒体投资年会暨首届中国团购行业大会、新媒体领军榜颁奖典礼、2010中国数字新媒体产业融合发展论坛和极具特色的新媒体项目发布推介会等分项活动，受到业界的广泛好评。

（六）举办第三届中国版权年会

12月4日，以“三网融合与版权保护”为主题的2010中国版权年会在深圳举行，这是中国版权协会主办的第三届年会。新闻出版总署副署长、国家版权局副局长阎晓宏，中国版权协会顾问、原新闻出版署署长、国家版权局原局长宋木文，中国版权协会理事长、国家版权局原副局长沈仁干，中国版权协会副理事长、中国作家协会副主席陈建功，深圳市副市长袁宝成，著名作家苏叔阳等出席会议。

会上，中国版权协会为获得 2010 年中国版权产业风云人物和 2010 年中国版权产业最具影响力的企业、2010 年中国版权产业新锐奖称号的 12 位个人和 15 家企业举行了颁奖仪式。

二、版权保护宣传教育

（一）开展行业自律活动，推动互联网版权保护

1 月 20 日，由国家版权局支持、中国版权协会主办的《中国互联网行业版权自律宣言》（以下简称《宣言》）发布仪式在北京举行。新闻出版总署（国家版权局）、公安部、工业和信息化部有关部门领导，中国版权协会、北京市版权局、中国互联网协会等行业组织和境内外相关权利人组织的负责人，101 家互联网企业领导和 40 家媒体记者共 180 人参加了发布仪式。搜狐网董事局主席兼首席执行官张朝阳代表 101 家网站宣读了自律宣言。人民网、央视网、新华网等 101 家网站代表在版权自律宣言书上签字。国家版权局版权管理司司长王自强、中国版权协会常务副理事长张秀平、中国互联网协会秘书长马宁等分别致辞。

《宣言》是搜狐、优酷等多家网站自愿发起，在国家版权局、北京市版权局的大力支持和引导下，在中国版权协会的协调下形成的，凝聚着众多网站和各级相关部门的心血和智慧。《宣言》的基本原则是遵守版权法律法规，遵守互联网行业的管理规定，为互联网健康发展创造良好环境。

（二）举办“尚德电力杯”第四届中国青少年创意大赛

7 月 23—30 日，由中国教育协会、国家工商行政管理总局商标局、中国版权协会共同主办的“尚德电力杯第四届中国青少年创意大赛”总决赛在江苏省泰州中学举行。

创意大赛以“普及知识产权教育，实施国家知识产权战略，培养创新型人才”为宗旨，“关注环保、支持教育、鼓励创新”为核心价值，是一项国内规模最大的青少年低碳创意赛事，于 3—6 月在全国举办了 37 场区域选拔赛，参与规模高达 150 万中小学生，产生了百万项知识产权成果，活动覆盖 24 个省份，培养发明创新教育教师 2 000 余人，指导开展创新教育的学校 2 000 多所，培养学生产生发明创造并申请获得国家专利和国家著作权登记 2 万余项。

（三）举办首届中国大学生创意创业大赛暨知识产权教育活动

2010 年 7 月 24 日，由中国版权协会、中国高等教育学会联合主办的首届中国大学生创意创业大赛暨知识产权教育活动总决赛在上海举行。这次大赛的目的是鼓励当代大学生运用知识产权创业，提升创新能力和创业水平，促进国家知识产权战略实施，提升大众知识产权意识，为建设创新型国家贡献核心力量。从全国百所高校选拔出来的 59 个代表队近 250 名学生参与了全国总决赛。大赛组委会为本届大赛的优秀获奖作品提供创意创业万元大奖和免费申请国家专利证书以及著作权证书的奖励。

三、版权交流研讨

（一）举办“中国著作权法律百年国际论坛”，纪念中国著作权法律百年和新中国《著作权法》颁布 20 周年

为回顾中国著作权制度的百年历程，10 月 14 日，由中国法学会、中国版权协会和中国人民大学主办的“中国著作权法律百年国际论坛”在北京举行，最高人民法院原院长任建新为论坛题词：“总结百年历史经验，完善知识产权法制。”全国人大常委会原副委员长、组委会主任许嘉璐出席并作主题演讲，新闻出版总署署长、国家版权局局长柳斌杰出席并致辞，中国人民大学校长、组委会执行主任纪宝成出席论坛开幕式并致欢迎辞。世界知识产权组织总干事弗朗西斯·加利特别为论坛发来祝贺视频，国家新闻出版总署副署长、国家版权局副局长阎晓宏，中国版权协会理事长、组委会副主任沈仁干等出席了开幕式。来自亚洲、欧洲、北美 10 个国家和中国大陆、香港、台湾、澳门地区的 400 余名中外知识产权界专家、学者，世界 500 强企业驻华机构知识产权总监、外国驻华使馆知识产权专员等出席论坛。

（二）推进海峡两岸版权保护交流

由新闻出版总署、国家版权局指导，中国版权协会与海峡两岸商务协调会共同主办的“第三次海峡两岸版权保护研讨会”于 2010 年 10 月 27—29 日在北京举行。

研讨会以“推进版权保护、鼓励创新创造、促进产业发展、共谋两岸福祉”为宗旨。在研讨会上国家版权局版权管理司司长王自强作了《大陆版权法律救济概况》的专题演讲；台湾版权主管部门官员刘太强作了《台湾打击侵权盗版概况介绍》。研讨会就“数字出版版权保护”与“发挥著作权集体管理组织作用，推进版权保护”两个专题进行研讨与交流。来自两岸版权主管部门官员、版权专家、著作权集体管理组织代表、版权产业代表等共 12 人进行了专题演讲。通过研讨，参会人员对两岸数字出版的概况与发展、发挥著作权集体管理组织职能作用、推进版权保护等方面有了较为全面深入的了解。

（三）发起中日版权保护交流活动

由中国音像协会、中国版权协会和日本内容产品海外流通促进机构（CODA）共同发起的2010中日版权保护交流活动于3月19—20日在北京举行。

2010中日版权保护交流活动共分“2010中日版权保护交流活动”新闻发布会、2010中日版权保护（北京）研讨会、版权保护普法宣传日等三部分。

在新闻发布会上，国家版权局版权管理司巡视员许超介绍了我国政府对海外作品的保护政策和措施。在研讨会上，国家版权局版权处处长段玉萍，日本内容产品海外流通促进机构常务理事永野行雄，中国版权协会常务理事、协会法律事务委员会常务副主任、律师马晓刚等就双方普遍关注的“中国的版权行政管理及执法”、“日本在海外的版权保护”、“使用海外作品需要注意的问题”等多个热点问题进行深入探讨。

（刘义成）

中国音乐著作权协会

2010年，虽然国际金融危机的后续影响仍旧存在，但随着我国经济的持续回暖，国内音乐市场的发展也在持续稳定向好。在这样的大环境下，中国音乐著作权协会（以下简称“音著协”）继续秉承“一个走出、两个适应”的工作方针，既踏实做好基本工作，又准确把握机遇，稳步拓展业务，积极参与国家大型活动，热心参与国际版权交流，注重提升社会及国际影响。

一、会员发展与管理

（一）会员发展

2010年，音著协会员发展工作的重点依然是提高会员质量，吸纳知名且高产的创作者及在业界颇具影响力的出版商加入，同时也努力争取会员数量的提升。2010年，音著协共发展新会员365人，会员总人数达到6 154人。

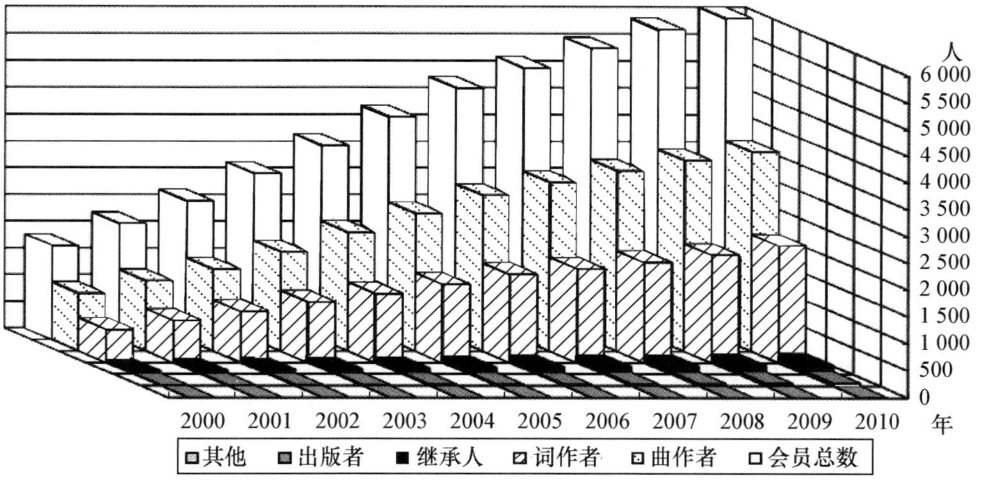

音著协会员发展统计图

（二）会员管理与服务

2010年，音著协力求提高和完善会员管理与服务方面的工作，着重加强了会员IPI申请和DIVA系统的录入工作。在会员服务方面，音著协做了很多新尝试，充分利用短信群发系统，为会员送祝福、送温暖；升级会员银行卡功能，方便会员使用分配专用银行卡，得到广大会员的一致好评。

（三）音乐作品资料管理

2010年，音著协继续完善、充实音乐作品资料库，为会员申请并获取ISWC编码的音乐作品总量已达7.6万余首；DIVA系统中，音著协管理的音乐作品已达到20.5万首。

二、音乐作品许可使用工作

（一）表演权许可工作

2010年，音著协收取表演权许可使用费约3 356.4万元，许可工作稳步发展，各项工作都取得了新的进展，圆满完成上海世博会音乐著作权许可工作以及与广州亚运会组委会、中国商业联合会的版权合作，取得积极的社会效应。

（二）背景音乐许可工作

2010年，音著协继续推进、扩展“版权＋服务”的许可收费模式，稳固原有大型连锁企业，重点开拓区域型连锁企业（或小型连锁企业、品牌连锁企业），加强对尚未解决版权问题的个别大型连锁企业的攻势。通过与中国商业联合会签约，建立新的沟通渠道，寻找更便捷的收费方式。

（三）现场表演许可工作

2010年，音著协现场表演许可工作平稳进行，积极探索新的工作模式，利用各种资源，扩大商业性演出许可工作的地域范围。目前，新设地方代理已逐步开展许可工作并取得了一定的成效，为有效维护会员表演权益增加了支持力度。

在小演出许可方面，音著协以重点演出场馆为监控对象，对各月演出信息进行统计并推进后续工作。通过诉讼促使某演出单位与音著协签订《小演出一揽子协议》。同时，为拓展现场表演许可工作，音著协积极利用外部资源，先后发展福建、山东省内的地方合作伙伴，进行当地的现场表演许可工作，使现场表演的许可范围有所增加。以湖北省、东北三省为试点区域，与专业版权工作团队进行合作，有望利用专业团队的丰富经验与资源对此区域开展工作。

（四）复制权许可工作

随着社会经济的不断发展，新视听技术和使用方式的出现不断地冲击着著作权集体管理组织传统的复制权业务市场。2008年，奇声电子、夏新电子等一批大中型家用DVD点歌机项目退出市场。2010年，步步高、金正等知名品牌点歌机也因为市场萎缩而相继退出，停止了生产和销售。面对外部的严峻形势，音著协认真分析，对复制权许可工作做出了统一安排和规划，一方面坚守原有业务及大项目阵地；另一方面开拓创新，建立专人侧重负责项目的业务模式；同时尝试进入互联网电视内置市场，并已取得了一定成效。2010年，复制权许可收益为911.55万元，比上一年度略有上升。

（五）广播权许可工作

2010年是广播权许可工作具有里程碑意义的一年。2010年1月1日，《广播电台电视台播放录音制品支付报酬暂行办法》（以下简称《办法》）正式实施，音著协广播权许可业务进入实质操作阶段。《办法》实施后，音著协通过细致的准备、调查、收集工作，经过各方面共同努力，与中央电视台进行了多次深入的沟通与探讨，达成了《关于音乐作品一揽子使用的合作协议》，并最终于2010年9月21日完成签约，开启了中国广播组织音乐付酬的历史元年。

与此同时，音著协延续了同中央人民广播电台（以下简称“央广”）的协商工作，双方不仅针对央广自身的音乐付酬问题进行探讨，同时也为解决以央广代表的、由全国百余家各级电台组成的广播联盟的付酬问题商定适宜的付费模式。

2010年，音著协以多种方式积极与各级广播组织建立对接机制，就一揽子解决广播组织使用音乐作品所涉著作权问题进行深入沟通。

（六）2010年上海世博会音乐著作权许可授权情况

2010年1月，音著协正式从北京派员常驻上海世博会，协调落实音乐著作权保护方案。音著协与上海世博会事务协调局（以下简称“世博局”）的合作模式在世博会历史上是开创性的。

双方的合作模式可简单概括为：音著协发许可，世博局给支持，相关主体付费。截至2010年12月31日，音著协在上海世博会上共向组织者、参展者、其他参与者（含商业单位、演出团体）发放音乐作品著作权许可93份，进行音乐著作权备案68份，共涉及78个参展者，约占参展者总数（约260个，含国家、国际组织、城市、省区市、企业等参展者）的30%。除组织者外，获得许可的参展者有43个，含国家/地区展馆24个、国际组织展馆7个、城市案例展馆6个、企业展馆1个、省区市展馆5个。此外，获得许可的商业单位有19个，演出团体有14个，涉及演出279场。以上许可涉及不少于23个与音著协签约的海外同类协会管理的音乐作品，占音著协签约协会总数的48%。

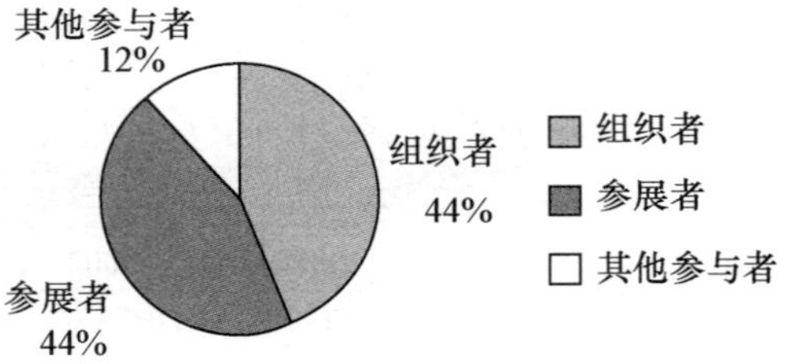

收取著作权使用费情况

三、音乐作品许可使用费分配

2010年，音著协面向会员及相关音乐著作权人共进行了5次分配，共计分配3 519万元。在按照分配计划进行分配工作的同时，音著协调整了分配报表的形式，使会员能更清晰地了解分配情况；改善了分配查询的方法，使得会员能更方便地查询自己的分配金额。

四、音乐作品诉讼维权工作

2010年，音著协共办理民事诉讼案件40件，索赔和追回著作权使用费达人民币1 629 185.70元，待执行款为125 191.50元，诉讼花费总支出为228 887.90元，继续保持了较高的诉讼效率。

其中，比较成功的典型案件有：音著协针对

"百度"侵权上载、传播会员作品（歌词）牟利提起诉讼一案，历经两级法院审理，终以胜诉落幕，开创了音乐行业权利人在面对"百度"的维权诉讼中获胜的先例；针对TCL集团的某款侵权网络电视机展开了百万标的的诉讼，受到多家平面及电视媒体的关注报道，对复制权许可工作的开展起到了有力的舆论支撑和推动作用；为配合背景音乐许可维权工作，总部还指导或派员参与了地方办事处多起针对商家侵权播放背景音乐的诉讼，其中，深圳新一佳超市被判赔数额高达每首单曲万元，引起了业界、媒体以及广大公众的高度关注。

（左　佳）

中国音像著作权集体管理协会

2010年是中国音像著作权集体管理协会（以下简称"协会"）发展的关键一年，协会在发展会员、发挥协调服务作用、诉讼维权、规范收费和分配等方面做了大量工作。

一、会员资料的发展与完善

协会在总结以往发展会员工作的经验基础上，在2010年工作中，进一步完善入会合同，规范会员入会程序。在2010年共发展新会员17家。截止到2010年年底，协会共有会员75家，涉及权利人153家，授权MV作品数量111 236首，比去年增长了32.9%。

2010年1月25日，音集协在北京召开了第二次会员大会，来自全国56家会员单位的代表参加了会议。新闻出版总署（国家版权局）的领导出席了会议。大会由协会理事长张振华主持。常务副理事长兼总干事王化鹏做了《工作报告》，大会审议并通过了《工作报告》、《2008年度财务报告》、《全国卡拉OK著作权使用费分配方案》以及两个任免理事的决议。

二、许可工作进展突出

截至2010年12月31日，卡拉OK版权收费到账金额总计约11 141万元。据统计，协会全年共签订著作权使用许可合同2 982份，涉及约2 500个卡拉OK经营者。中国大陆地区除西藏自治区未设协会的办事机构外，其余地区均已设立协会的办事机构，负责卡拉OK许可收费工作。开展业务的22个省、2个自治区、4个直辖市里，3个省、市收费超过1 000万元，其中广东以约2 438万元居首位，上海以约1 228万元位列第二，浙江省以1 007万元列第三位。

在数字音乐领域，协会进行了积极探索，与有关方面进行合作，在建立音乐曲库、探讨数字音乐商业模式和开展数字音乐版权收费方面开展了积极有效的工作。

三、积极开展诉讼维权工作

2010年，协会分别在8个省市针对KTV侵权提起了373例行政投诉，大大促进了卡拉OK许可工作。

2010年上半年，协会共对湖南、陕西、广东等地7家KTV提起了违约诉讼。其中除一例以判决结案外，其余均以撤诉结案。

在广州，协会开展了针对卡拉OK歌厅的维权工作，主要以委托当地律师事务所的方式进行。截至12月31日，协会已向110家卡拉OK歌厅发出律师函，已取证42家，提起诉讼5家。已经签订和解协议的店家共计6家。

特别值得一提的是，在某些律师的怂恿下，个别没有入会的权利人对已经支付协会著作权使用费的使用者提起法律诉讼。2010年协会共处理了40起非会员诉讼案件。在这些案件中，协会通过各种渠道和相关法院领导及主审法官进行了充分沟通，促使司法界充分理解并支持协会工作，在相关法律问题上提出了对《著作权法》的正确理解并得到了部分法院的支持，但还存在很多问题。这些以营利为目的的恶意诉讼，对我国刚刚建立的著作权集体管理制度造成极大的冲击，也是协会目前面临的非常严峻的问题。

协会还积极开展工作，联系全国政协委员，向全国政协提交修改《著作权法》的提案，赋予唱片公司广播权和表演权，并对此进行了广泛的宣传。

四、完成了第一次正式分配工作

协会于2010年1月25日召开会员大会，通过《卡拉OK著作权使用费分配方案》。经过反复的调查论证，并与协会的理事及各方面的权利人代表、相关机构和政府主管部门广泛沟通，《全国卡拉OK著作权使用费分配细则》在6月23日协会第一届第三次理事会上获得了通过。9月，协会按照《细则》的规定，将收取的2007—2009年度卡拉OK著作权使用费14 015万元进行了分配，会员对这次分配工作给予了充分肯定。

五、海外交流与合作

（一）与西班牙音乐表演者协会交流、会谈

2010年4月15日，西班牙音乐表演者协会（AIE）总裁路易斯·科沃斯（Luis Cobos）、总经理何塞·路易斯·塞维利亚诺（Jose Luis Sevillano）

先生到协会进行访问，协会总干事王化鹏、副总干事刘文和、法律许可部副主任张松参加会谈。国家版权局版权管理司国际处向非凡也一同参加了会谈。

会谈中，双方就共同关心的问题进行了友好的交流与深入探讨。双方表示在今后的工作中加强联系与沟通。

（二）与世界知识产权组织相关部门交流、会谈

2010 年 5 月 20 日，世界知识产权组织（WIPO）文化与创意产业部版权发展服务司代理司长高航在国家版权局版权管理司国际处处长邓玉华、胡萍的陪同下到协会进行访问，协会总干事王化鹏，副总干事马继超、刘文和，法律许可部副主任张松参加会谈。

会谈中，双方就人员培训、中国集体管理组织面临的机遇与挑战等问题进行了交流与深入探讨。双方表示今后在人员培训等方面加强联系与沟通。

（三）参加第三次海峡两岸版权保护研讨会

2010 年 10 月 27—28 日，协会受邀参加第三次海峡两岸版权保护研讨会。协会总干事王化鹏，副总干事马继超、刘文和出席了本次研讨会。王化鹏总干事向与会台湾版权界代表介绍了协会的基本情况和最新的工作动态，并就双方共同关心的问题进行了深入交流。双方都表示愿意进一步加强合作，维护著作权人合法权益，促进版权事业发展。

六、认真处理财务工作

协会财务人员认真学习和研究相关国家政策，积极和北京朝阳区地税局及税务所充分沟通，克服多重困难，在 2010 年完成了权利人营业税及附加的退税问题，解决了令人困惑多年的集体管理组织会员双重纳税的问题。2010 年 12 月，协会完成了向主管税务机关申请办理会员分配著作权使用费营业税退还工作，避免了会员著作权使用费的双重纳税，实现了协会为权利人服务的宗旨，最大限度地保护权利人的合法权益。

七、版权宣传教育工作

（一）定期递送协会简报

2010 年，协会对简报进行了改版，丰富了内容，并定期完成向政府主管部门和相关机构递送。协会将简报的发行范围扩大到全国版权行政管理部门和司法系统，加强了相关部门对协会工作的了解，更好地促进协会工作的开展。

（二）参加第三届中国国际版权博览会

2010 年 11 月 18—21 日，协会参加第三届中国国际版权博览会。在博览会上，协会通过宣传片、展板和宣传手册相结合的形式，向国内外嘉宾全面展示了协会成立以来在发展会员、曲目登记、信息公示、授权许可、维权诉讼、推动立法、对外交流等方面的基本情况及工作成果。

（马继超）

中国文字著作权协会

2010 年，在国家版权局（新闻出版总署）的领导下，中国文字著作权协会（以下简称“协会”）按照国家版权局的整体部署和对著作权集体管理组织的要求，继续加强协会内部组织建设、制度建设和业务布局工作，主要在报刊教材稿酬收转、法律服务和深入调研数字版权等方面做了大量基础性工作，为今后开展有关数字新媒体业务做好了准备。

一、组织建设

协会在已经设立许可与法律部、会员部、办公室和财务部等部门基础上，单独设立了收转分配部，指派三人专门从事法定许可稿酬收转与分配工作。另外，为了顺应新形势的发展需要，以许可与法律部为基础，成立了数字版权认证中心，面向数字出版企业开展数字版权认证工作。

在新闻出版总署有关司局的支持和指导下，进一步规范和完善内部管理制度和业务操作规程，基本实现了报刊教材稿酬收转、汇编作品授权、法律维权服务、数字版权认证、版权贸易等业务操作的标准化、程序化，针对会员、公众、使用者的咨询，件件有回复。通过定期编发简报、电子邮件等形式与会员保持经常性的沟通和互动。

协会秘书处严格按照有关法律法规、协会章程以及新闻出版总署的要求，本着为会员和其他著作权人负责的精神，遵循努力使权利人利益最大化的服务宗旨，认真履行稿酬收转的法定职能，采取多种形式，加大稿酬分配力度，同时，通过培训、业务交流等形式，提高员工素质，严格纪律，通过统一名片、宣传材料等视觉形象设计，展示协会的整体对外形象。自行编写、印刷《文字作品版权保护使用手册》5 000 余册，向会员和其他著作权人以及使用者免费发放，产生了良好的社会影响。

二、认真履行法定职能，加大稿酬分配力度

根据有关法律法规和国家版权局 2009 年发布的《关于明确中国文字著作权协会“法定许可”使用费收转职能的复函》，协会是向著作权人转付报刊转载和教材“法定许可”情况下使用文字作品稿酬的法

定机构；同时依据入会合同，管理会员难以管理和控制的复制权、信息网络传播权、广播权、法定许可获酬权、汇编权等。

（一）会员发展与管理

会员是协会的立业之本。我们充分发挥发起单位和社会热心人士的作用，大力发展会员。全年共发展会员2 000多名，会员总数已达4 000多人，同时掌握6万多条作者信息。其中不乏著名作家、院士、学部委员、著名记者、文化名人、网络写手，如国学大师季羡林、语言学家吕叔湘、现代著名作家茅盾和著名诗人、翻译家罗洛的权利人、儿童文学作家金波等。会员授权协会管理的作品共计2万余部（篇）。

（二）报刊转载稿酬收转

协会走访多家出版社和报刊社，介绍协会承担的报刊转载和教科书法定许可稿酬收转的法定职能与业务范围。全年签约报刊社160多家：《家庭》、《疯狂英语》、《特别关注》、《略知一二》、《中国减灾》、《新语文学习》、《校园歌声》、中国人民大学书报资料中心等。至今已有近200家文摘类报刊向协会交纳转载稿酬。

（三）教科书法定许可稿酬收转

目前，国家版权局的《教科书“法定许可”付酬办法》尚未出台，只有为数不多的教育出版社主动向协会支付稿费。人民教育出版社、高等教育出版社、山东教育出版社等积极贯彻执行《著作权法》，主动参照1999年国家版权局颁布的《出版文字作品报酬规定》的标准支付教科书转载文字作品的稿费。协会已与上述出版社签署教科书法定许可稿酬收转协议，人民教育出版社已经交纳2009年教科书稿费120多万元。

（四）收取版权使用费

2010年全年，协会共收取版权使用费246万元，其中报刊和教科书法定许可使用费160万元；法律服务28万元；汇编作品37万元；国际版权贸易21万元。

（五）报酬分配

报酬分配是协会的重要工作，是协会保持并加强与作者和有关单位经常性联系的重要环节，也是发展会员的重要途径。2010年分配工作已步入正轨，分配数额和效率较去年均有大幅度提高。协会专门设立收转分配部，安排三名专职人员，通过主动联系作者、主动核实转载信息和主动上门送稿酬等“三主动”的方式，分配稿酬。全年分配稿酬159.8万元，其中教科书法定许可约76万元；报刊转载1.5万元，法律服务28万元，汇编作品约33.3万元；国际版权贸易21万元。本年度平均分配率为64.95%，其中教科书法定许可分配率为64.96%，汇编作品分配率为90%，法律服务和国际版权贸易分配率为100%，而报刊转载分配率较低的主要原因是报刊社提供的信息不齐备，工作量较大。

（六）汇编作品

协会利用长期积累的会员和作者信息，为高等教育出版社、人民卫生出版社、机械工业出版社、上海大学出版社、当代世界出版社、二十一世纪出版社、春风文艺出版社、万卷出版公司等数十家出版单位解决百余种汇编作品的作者授权问题，涉及作品2 000多篇，获取授权准确率达85%以上，包括冰心、巴金、郭沫若、林语堂、余光中、汪曾祺、季羡林、茅盾、金波、周作人等近千位作者。既维护了著作权人的合法权利，也保证了图书的顺利出版，支持了出版社的工作，受到双方的好评。

三、关注数字版权，开拓新业务

（一）布局数字新媒体业务

为适应数字化时代的产业需求，协会高度重视并追踪关注数字出版产业的发展趋势和商业模式，积极与中国移动、中国电信、中国联通等运营商联系，扎实推进数字新媒体授权业务。目前已经与中国联通运营商开展手机阅读授权业务，会员的近100种图书在联通手机平台上运营。并与汉王、盛大文学、超星等数字出版企业达成战略合作协议。利用协会会员的资源优势，与数字出版企业探讨解决海量作品数字版权授权的新模式。尤其是数字版权认证得到有关企业的认可。协会跟多家数字出版企业或数字出版集成商达成了“预付保底版权费+分成”的结算方式，可以较好地保障会员的利益，得到广大会员的支持和理解。这也是协会积极面向产业界，面向数字新媒体，为产业界服务、为会员争取利益的重要方向。

同时，协会也在积极与海外大型电子书平台洽谈合作，通过国际合作，向国外推广中国权利人的数字作品，开辟中国出版“走出去”的新路径，从国外收取数字版权使用费，并为国内使用者提供国外同类组织的授权，推动版权的国际合作。在不久的将来，国外数字版权授权收入将成为国内作品数字版权收入的新来源。

（二）调研图书馆限量复制业务

为满足全国高校图书馆补充缺藏核心学术图书，完善馆藏体系的需要，协会与教育部高等学校图书情报工作指导委员会、中印集团数字印刷公司多次洽谈、协商，准备开展“图书馆限量复制绝版书项目”。协会协助高校图工委取得作者或出版社的复制权，解决馆藏图书限量复制的版权问题。这是一个长期项目，对于规范国内复制权的管理具有重要的促进作用，可以在一定程度上改善国内对复制权管理和保护的缺失状态。此项目涉及绝版图书 2 万种，复制权使用费预计近千万元。

（三）版权贸易

协会发挥海外优势，为中国少年儿童出版社、人民日报出版社从俄罗斯引进《七个小矮人学校》阶梯游戏丛书（66 种）、《改革家赫鲁晓夫》等版权。《七个小矮人学校》阶梯游戏丛书（66 种）已经出版，销售势头良好。协会还代理俞伯平、朱光潜、冯友兰等著名作家向日本、新加坡输出图书版权。

与此同时，协会还协助会员完成了《林海雪原》等影视剧改编权的谈判、合同起草和签约，为权利人争取到了比较满意的结果。协会专业的服务受到了著作权人以及使用单位的高度评价。

四、法律服务

（一）调处版权纠纷

协会全年成功调解版权纠纷 191 件，协议赔偿金额 100 余万元，被侵权作品包括小说、论文、剧本等，侵权单位有出版单位、网络、电视台等。其中，为中国社科院及中央编译局多位翻译家追讨稿费 28 万元，为医学工作者追究抄袭剽窃等学术不端行为维权 173 件，赔偿金额 90 余万元。目前，调解已经成为协会解决著作权人与侵权人版权纠纷的主要方式，逐渐得到社会的认可。

（二）代表中国著作权人与谷歌谈判

2009 年 9 月以来，为了维护中国广大著作权人的合法权益，在国家版权局（新闻出版总署）领导和有关部门的大力支持下，协会代表中国广大作家和出版社与美国谷歌公司进行了三轮谈判，组织国内众多著名作家、出版人对谷歌侵权行为予以声讨，国内外媒体给予大量报道。协会向谷歌维权事件，引起国际社会的普遍关注。

2010 年 1 月 9 日，在国内外声势浩大的媒体舆论压力和广大著作权人的强烈声讨声中，谷歌公司向协会提交了非法扫描收录中国 21 万种图书的清单，并通过协会向中国作家协会提交了致中国作家的公开道歉信。这是谷歌公司在全球遭遇的“版权门”事件中首次做出明确的表态。这是协会在对谷歌维权行动中取得的两项重要成果。

双方原计划 2010 年 1 月 12 日举行第四轮谈判，公布和解方案和赔偿时间表，谷歌将通过协会向中国著作权人进行巨额赔偿，并开展合作，每年通过协会获得中国图书授权，并支付版权费。但是，原定谈判当日谷歌单方面推迟谈判。3 月 23 日，谷歌公司宣布退出中国内地，搜索服务业务转至香港。至此事件暂时告一段落。海内外媒体对该维权行动给予了高度关注和大量报道。新闻出版总署、国家版权局、国务院新闻办、中国版权协会、国际复制权组织联合会等有关单位领导和著名作家张抗抗、毕淑敏等，多次肯定协会在与谷歌谈判和引导媒体宣传方面做出的努力。

协会还根据谷歌版权事件给中国数字出版产业带来的影响，多次向新闻出版总署提交了关于我国发展数字出版产业如何解决版权问题的建议，受到高度重视。协会向谷歌的维权行动，被《中国新闻出版报》和《中国版权》杂志评为“2009 年中国版权十大事件”之一。

（三）结成联盟向百度维权

针对目前百度文库利用网络共享空间鼓励网民肆意上传受版权保护的文字作品，大规模侵犯广大文字作品著作权人复制权和网络传播权且著作权人投诉不断的情况，协会联合盛大文学、磨铁图书、互动百科网以及有关出版社、文化公司，共同发起对百度文库侵权盗版的声讨，产生了良好的社会效果。协会已经向国家版权局和北京市版权局做了汇报，北京市版权局专门召开会议进行研究部署。协会在网络维权方面的协调作用已经显现。

五、版权宣传活动

为提升社会影响力和公信力，协会积极与有关单位合作，主办、参与主办或协办一些重要版权宣传活动。如 1 月与盛大文学联合主办的“网络文学版权保护研讨会”并共同发起“反盗版宣言”，5 月与汉王科技共同举办“书报刊数字化发展高峰论坛”，11 月参与协办第三届中国国际版权博览会主要活动——“中国网络文学节”，12 月与互动百科网等有关单位举办了“2010 知识中国盛典”。

8 月，在黑龙江省农垦总局的大力配合以及黑龙江省作家协会、黑龙江省新闻出版局（版权局）的支持下，协会策划、组织了“情系黑土地，保护著作权——知青作家龙江行”活动，组织了郑万隆、陈爱民、刘进元、李龙云等 8 位著名知青作家、编剧回访黑龙江农垦系统，在哈尔滨举行了启动仪式和“文学作品版权保护座谈会”。通过座谈、讲座、采访等形式介绍文学创作体会，数字网络环境下文学作品的创作、传播与版权保护情况，并发放《文字作品版权保护简明手册》，宣讲《著作权法》，宣传协会，产生了良好社会影响。

12月，协会在北京举办了“数字环境下文学作品的推广与版权保护”座谈会。北京市作家协会党组书记李青等20余家地方作协和专业作协领导、代表出席了会议。协会会长陈建功、常务副总干事张洪波、新闻出版总署版权管理司段玉萍处长和北京市版权局王野霏副局长分别做了专题讲座。与会代表们共同讨论了如何在地方和专业作协发展协会会员、维护作家权益、加强数字版权保护等问题。

此外，协会还继续配合国家版权局，积极参与组织《教科书“法定许可”付酬办法》的调研工作；参加了北京图书订货会、北京国际图书博览会、中国数字出版博览会、中国国际版权博览会、修法调研会等。

六、国际交往与合作

在国外，著作权集体管理是比较成熟的版权制度，是衡量一个国家版权保护水平的重要标志。集体管理组织在为会员推广作品、维护著作权益方面发挥了重要作用。在国家版权局支持下，协会已经与国际复制权组织联合会（IFRRO）、美国、英国、加拿大、澳大利亚、挪威、俄罗斯等国家以及我国香港、台湾地区的集体管理组织建立了正式联系。

2010年2月，国际复制权组织联合会批准协会为其准会员。在国际复制权组织联合会的资助和支持下，协会派员参加了该组织在英国和加拿大举办的著作权集体管理专项培训班和在美国举行的年度大会。

2010年12月，协会与台湾地区中华语文著作权集体管理协会签订相互代表协议，开展向台湾授权复制权的收费业务。

七、参与修法的推动工作

在2010年“两会”期间，协会联合其他版权相关协会，配合政协委员、人大代表，提出了修改《著作权法》的意见和建议，并向全国政协和全国人大提交了《尽快完善著作权法，加快集体管理组织发展的建议》的提案和议案。其中，通过协会会长陈建功、常务理事张抗抗等知名人士提交的提案获得良好的社会影响，通过宋鱼水代表提交的建议被列为全国人大的正式议案，被新闻出版总署评为优秀提案和议案。

2010年，协会会长、全国政协委员、中国作家协会副主席陈建功被中国版权协会评为“2010年中国版权产业风云人物”。协会常务副总干事张洪波荣获新闻出版总署“百名有突出贡献的新闻出版专业技术人员”称号。

（张洪波）

中国摄影著作权协会

2010年，中国摄影著作权协会（以下简称“摄著协”）在新闻出版总署、国家版权局的领导下，本着服务为本、开拓创新的理念发展会员，积极推动修改《著作权法》，开展教科书法定许可专项调查，通过举办各种活动扩大摄著协在社会上的影响，认真做好为会员维权等多项工作。

一、发展会员工作

2010年，摄著协通过各种方式大力发展会员，会员总数比2009年增加了73%。2010年初，在总结2009年发展会员工作经验基础上，根据摄影家反馈的各种意见，协会对入会文件进行了认真细致的讨论，邀请协会常务理事、社科院法学所专家周林同志对加入摄著协的入会合同进行了修改。这次修改入会文件主要是将权利人授权给协会的内容进行细化，由权利人自主选择授权项目。除此之外，还将大家普遍反映使用不方便的《摄影作品登记表》改成《摄影作品著作权合同附件》，把《中国摄影著作权协会入会须知》和《填表须知》两个文件合并成一份文件，方便权利人登记作品，简便了摄影家加入协会的程序。

为了塑造摄著协的社会形象，协会还精心设计并印制了精美的《中国摄影著作权协会会员证》，从细节入手树立摄著协良好的形象，吸引广大摄影家入会。

二、积极建议修改《著作权法》

摄著协自筹备和成立以来，始终把建议修改《著作权法》作为一项重要工作来做。2010年3月，摄著协会同中国文字著作权协会起草了《加快著作权集体管理组织建设和发展的建议》，在著名作家张抗抗和著名法官宋鱼水的支持下，分别提交给全国政协十一届三次会议和十一届全国人大三次会议。这个建议提案引起了社会的广泛关注，数十家媒体竞相报道，提案的内容被报纸、期刊和网站纷纷刊载。与此同时，协会还以内部简报的方式向新闻出版总署和国家版权局通报“两会”提案的舆情，为呼吁修改《著作权法》起到了积极推动作用。

三、开展版权宣传工作，扩大摄著协社会影响力

（一）举办“中国摄影著作权协会2009—2010版权年会”

1月26日，摄著协举办了“中国摄影著作权协会 2009—2010 版权年会”，版权、出版、法律、企业界和来自十几个省市摄影家协会的负责同志及首都 50 余家媒体的记者共 400 余人出席了这次年会。会上，协会通过竞买方式将 10 余位摄影家的作品进行交易，总交易额达到 10 万元。

（二）举办为玉树地震赈灾摄影作品义卖、义捐、义购活动

青海玉树发生地震后，摄著协立即筹划通过义卖摄影作品援助灾区。在不到 72 小时内，摄著协组织 18 位著名摄影家的 67 幅摄影作品、2 本摄影画册，联合北京国际版权交易中心于 4 月 19 日在京广中心举办了“灾难有界、大爱无疆——为玉树地震赈灾摄影作品义卖会”。这次赈灾义卖获得善款共计 264 700 元，于 20 日全部捐往青海玉树灾区。

5 月 14 日，协会再次联合中国摄影家协会等单位举办了“心向玉树、奉献爱心——摄影作品义捐义购”活动，12 位中国摄影家协会副主席和来自北京、山西、辽宁、福建、广东和新疆的数十位摄影家捐出他们的摄影作品，使义购活动获得善款 47 万余元，并通过中国青少年发展基金会捐往玉树地震灾区助学。

（三）获得“世界知识产权组织版权金奖”

中国摄影著作权协会始终把摄影著作权保护、摄影作品推广和使用、支持摄影作品创作作为一项整体工作来做。摄著协筹创期，正逢中国南方百年不遇冰冻灾害、汶川地震、北京举办奥运会等重大历史事件。为了体现摄影家在国家重大事件面前所表现出的社会责任感与使命感，结合摄著协参与举办北京国际版权博览会之契机，协会与北京国际版权交易中心筹划举办了“2008 感动中国——全国摄影大展”。2010 年，配合国家版权局和世界知识产权组织版权金奖评选活动，协会从展览中编辑和选送的一组《汶川地震》系列图片，获得了世界知识产权组织最高奖——版权金奖。在 11 月 18 日由世界知识产权组织和国家版权局举行的全球原创金曲演唱会暨世界知识产权组织版权金奖颁奖典礼上，协会接受了新闻出版总署署长、国家版权局局长柳斌杰和世界知识产权组织总干事加利颁发的金牌。这是摄著协在版权保护工作中第一次同时得到新闻出版总署、国家版权局和世界知识产权组织的奖励。

四、普法宣传和维权工作

（一）做好法律宣传和研讨工作

2010 年，摄著协加大了法律宣传和维权工作的力度，为纪念“4·26”世界知识产权日，举办了法律知识讲座。5 月，协会还与北京市高级人民法院联合举办了“摄影作品侵权案件损害赔偿标准研讨会”，邀请摄影家、法学界、司法界以及摄影图片经营商 40 余人出席研讨会，会议就摄影创作的经济考量、商业图片创作与一般摄影创作的区别以及摄影作品侵权损害赔偿问题等展开研讨。

（二）帮助会员开展维权工作

2010 年，摄著协在做好著作权集体管理工作的同时，还努力为会员维权。通过协商、诉讼的方式共处理 19 名会员的投诉，涉及侵权单位 63 家、摄影作品 610 余幅，为 10 位摄影权利人挽回侵权损失 19 余万元。如江苏美术出版社侵权使用会员李江树 3 幅作品，协会为李江树争取赔偿 3 万元；侯波、徐肖冰两位会员被内蒙古出版社侵权使用摄影作品，协会为他们追回赔偿 8 万元。

五、开展教科书法定许可使用收费业务工作

2010 年 1 月，国家版权局召开著作权集体管理工作会议，阎晓宏局长在会上提出，著作权集体管理组织要把工作重点从筹备、组建转向收费和分配工作上来。王自强司长也明确要求摄著协要把教科书和汇编类法定许可使用收费工作做起来。按照版权局的指示和要求，结合协会开展法定许可使用调研工作，协会首先针对九年义务教育教科书使用摄影和美术作品进行了专项调查。调查发现，一些国家级的教育出版社 2009 年所发行的九年义务教育教科书均使用了摄影和美术作品，使用作品数量非常多，其中著名摄影家的代表作品如陈正清的《开国大典》、吕厚民的《志愿军归国》、张俊的《雷锋》、钱嗣杰的《万隆会议期间的周恩来》等全部收在其中。

为了做好教科书法定许可使用收费工作，配合国家版权局《教科书法定许可使用付酬办法》调研，10 月 14 日，由国家版权局版权管理司和中国文联主办、摄著协承办的“教科书法定许可使用付酬研讨会”在北京召开，来自全国 22 家重点教材出版社的总编辑和相关部门负责人出席会议。会上，摄著协结合调研实际向各出版社通报了九年义务教育教科书使用摄影和美术作品的情况，与大家共同探讨法定许可使用收费面临的问题和解决办法。

通过这次会议，协会与一些出版社建立了直接沟通渠道，开始了使用收费前期教材汇总和使用图片数量的统计工作，这项工作将成为摄著协开展著作权集体管理业务工作的起始点。

（林　涛）

中国电影著作权协会

在新闻出版署总署（国家版权局）和国家广播电影电视总局、民政部的直接领导和正确指导下，在会员单位的积极参与和大力支持下，经过协会工作人员的艰苦努力，2010年中国电影著作权协会（以下简称“协会”）在宣传、调研、维权、许可等方面开展了大量的工作，取得了可喜的成绩。

一、依法完成协会由行业维权组织转变为著作权集体管理组织的全部法定程序，取得了合法开展电影著作权集体管理业务的主体资格

（一）召开了中国电影著作权协会第一届会员大会

根据新闻出版总署2010年新出人［2010］17号文件的批复精神，经请示国家广电总局和民政部同意，中国电影著作权协会第一届会员大会于2010年4月16日在北京召开。63家会员单位中有55家会员单位的法定代表人或其委托的全权代表出席了会议。新闻出版总署副署长、国家版权局副局长阎晓宏，国家广电总局党组成员、副局长张丕民出席了大会开幕式并发表重要讲话；原中国电影版权保护协会理事长朱永德做了筹备工作报告。

大会表决通过了《中国电影著作权协会章程》；原则通过了《电影作品著作权集体管理使用费收取标准》和《电影作品著作权集体管理使用费转付办法》；选举产生了中国电影著作权协会领导班子，总署批准提名的朱永德等24名理事候选人全部高票当选。理事会选举朱永德为理事长、法定代表人，阎晓明、韩三平、明振江、刘丽娟、高峰、王中军、张伟平、于冬、李国民、冯麟为副理事长，李国民为秘书长（兼）。由理事长、副理事长和秘书长组成协会常务理事会。理事会任命冯麟、史文霞为副秘书长。

（二）《中国电影著作权协会章程》在民政部完成变更登记

根据《社会团体登记管理条例》，经民政部审核，第一届会员大会通过的《中国电影著作权协会章程》于2010年4月29日完成变更登记，并在民政部网站上公告。

（三）《社会团体法人登记证书》（副本）、《中国电影著作权协会章程》、《电影作品著作权集体管理使用费收取标准》和《电影作品著作权集体管理使用费转付办法》由国家版权局进行公告

依据《中华人民共和国著作权法》和《著作权集体管理条例》的规定，协会上报国家版权局申请公告的《社会团体法人登记证书》（副本）、《中国电影著作权协会章程》、《电影作品著作权集体管理使用费收取标准》和《电影作品著作权集体管理使用费转付办法》，经国家版权局2010年7月30—8月8日公示后，于2010年10月13日通过其官方网站予以公告。

至此，中国电影著作权协会完成了所有的法定程序，可以正式开展著作权集体管理业务。

二、开展专项调查研究，为政府主管部门制定方针政策、实行科学决策提供咨询，为协会扎实稳妥开展电影著作权集体管理工作做好充分准备

（一）关于网吧影视节目服务商的调研

为落实第一届会员大会关于首先在网吧和长途汽车领域开展著作权集体管理业务的决定，协会与各地相关政府主管部门、网吧协会和网吧业主广泛接触，深入沟通，对诸如处理好协会（权利人代表）、网吧业主（使用者）和网吧影视节目服务商（中介平台）之间的关系等普遍性问题进行了深入调研。

2010年1月12日、13日，协会分别邀请中凯和网尚、网乐、上海宽娱等四家网络公司负责人到协会座谈，就中国电影著作权协会向网吧收取电影作品著作权使用费有关问题交换意见，探讨合作的可能性。2010年11月9日，“中国电影著作权协会收取电影著作权使用费相关问题座谈会”召开，会议探讨中国电影著作权协会与网吧电影版权服务商的合作问题。

年内，协会还与各大影视节目服务商就合作模式进行了多次交流，并形成共识，签署了《中国电影著作权协会与网吧影视节目服务商座谈会纪要》。协会还通过官网公布了《中国电影著作权协会关于与“网吧影视平台”合作的认可标准》。“光音网视”、“中凯五洲回响”、“网乐”、“上海宽娱英雄宽频”、“网尚”等几家大平台商均应协会要求签署了《网吧影视平台承诺书》。目前，协会驻福建省首席代表已经与多家平台服务商达成合作意向，并在协会主导下确定了合作方案。这都为今后顺利开展收费工作创造了有利条件。

（二）关于网吧使用电影作品和电视剧作品情况的调研

协会在对北京、上海、南京、杭州四个城市的网吧进行抽样调查后得出如下数据：（1）网吧内观看电影和电视剧的时长（人数×时间）占上网总时长的19.6%；（2）观看电影的时长占上网总时长的

15.19%；（3）在所有观看电影和电视剧的时长中，观看电影的占 79.04%，观看电视剧的占 20.96%。

（三）关于在通过网络传播的电影片中有无公映许可证状况及所占比例的调研

按照国家广电总局领导指示，协会对网络上传播的电影作品有无公映许可证的情况进行了初步调查，并形成调研报告，上报国家广电总局领导及相关部门。

协会以抽样调查的方式对 2010 年 1 月份“迅雷看看”、“PPS 网络电视”、“电影天堂”、“56 视频”、“优酷网”、“激动网”、“腾讯网”、“土豆网”、“搜狐”、“新浪”等 10 家主要网站的网友点击量排名前 50 位的电影作品名录进行整理分析。

经整理，10 家网站排名前 50 位的作品（除去重复的影片）共 356 部。其中初步确定有公映许可证的影片 152 部，所占比例大约为 42.70%；基本确定没有公映许可证的影片为 204 部，所占比例大约为 57.30%。

（四）关于建立网络数字电影供片、交流和支付平台的调研

2010 年，协会参与广电总局组织的应对网络 2.0 时代新挑战的专题调研。在充分调研的基础上，协会撰写了《关于建立网络电影供片和收费平台的建议》报送国家版权局和国家广电总局领导。广电总局赵实副局长亲自主持了由电影局及相关电影企事业单位负责人参加的座谈会。协会除与电影制片企业负责人交换意见外，还与“优酷”、“土豆”、“盛世骄阳”等多家网络公司进行探讨，收到了他们的书面意见；为弄懂技术问题，又请清华大学教授来协会讲课，陆续收集了“清华同方”、“大盛国际”和“维阔信息”等公司提供的技术资料；此外，还专程赴厦门考察“美亚柏科”、“中证信息安全研究所”开发的“数字知识产权保护平台”，又向北京“源泉科技”等网络资讯公司请教监控等相关知识。

结合美国电影网站 HuLu（呼噜）已推行新片、大片必须按次收费的模式，在调研基础上，协会于 2010 年 11 月再次向国家广电总局电影局提交《网络数字电影供片、交流和支付平台策划书》。

（五）将网吧和视频网站使用电影作品的调研情况提供给相关司法和行政机关，为其决策提供参考

通过参加有关部门组织的专题座谈会、提交书面材料等形式，协会就网吧侵权使用电影作品、网络侵权使用电影作品以及著作权集体管理与著作权保护等问题向最高法院、北京市高院、上海市第一中级人民法院以及公安部和商务部等单位提供相关调研情况，供其决策参考。

三、加强宣传，扩大协会在业界的影响，提高广大群众的知识产权意识

（一）消除负面影响，树立良好形象

2010 年 4—11 月，也就是协会成立之后到收费标准等相关文件的公告期间，一些媒体针对协会收费的主体资格以及收费的合法性、合理性等问题不够专业的、误解的报道频频出现，给协会造成十分恶劣的影响。对此，协会一方面积极、坦诚地与媒体沟通，通过正面交流答疑解惑，努力消除媒体的误解，并在 10 月份开通了协会的官方网站，建立自己的信息发布平台，向公众客观公正地宣传协会工作；另一方面，协会通过简报、专报等形式向国家版权局和国家广电总局、文化部等汇报情况，以便使国家主管部门和中央领导了解协会的真实情况，支持协会为保护电影著作权而进行的探索和尝试。在相关主管部门的指导和帮助下，经协会的不懈努力，一些媒体负面宣传的消极影响已日渐消除。

（二）打造媒体宣传平台，扩大协会影响力

协会通过业内的报纸和杂志，发布《欢迎加入中国电影著作权协会》的入会邀请，先后有 7 家新会员与协会签订授权委托书和集体管理合同。协会还通过《中国电影报》、《中国新闻出版报》和《中国知识产权报》发布公告，邀请非会员单位的电影作品权利人（包括受让方）到协会登记作品权利，以便协会将可能收到的著作权使用费及时转付给相关权利人。

（三）召开“剑网·2010——打击网络侵权盗版电影作品新闻发布会”

为了配合国家“剑网行动”，7 月 30 日，协会在北京召开“剑网·2010——打击网络侵权盗版电影作品新闻发布会”。会员单位包括大盛国际传媒（北京）有限公司、华谊兄弟传媒股份有限公司、保利博纳电影发行有限公司等代表有关电影作品权利方发言。

（四）参加“版权相关热点问题媒体研讨班”

8 月 20 日，协会理事长应邀出席国家版权局举办的“版权相关热点问题媒体研讨班”，向广大媒体介绍协会概况及近期工作进展，并就媒体关心的热点问题予以回应。

（五）协办“国际影视与新媒体论坛”

11 月 20 日，由第三届中国国际版权博览会主办，协会与美国电影协会协办的“国际影视与新媒体论坛”在北京国家会议中心召开。国家版权局、国家广电总局和工信部的有关领导以及众多版权界和相关产业界的专家学者出席论坛并发言。

（六）编印《中国电影著作权协会向网吧、长途汽车收取电影作品著作权使用费指导手册》

针对少数媒体的误导和部分公众的误解，协会编印了《中国电影著作权协会向网吧、长途汽车收取电影作品著作权使用费指导手册》，就网吧、长途汽车的电影作品著作权使用费收费问题给予说明和指导。

四、扎实做好向网吧及长途汽车收取电影作品著作权使用费的前期准备工作

（一）制定收费方针，稳步推进收费工作

2010年10月，国家版权局公告协会收费标准等文件，协会即可以正式开始向网吧和长途汽车收取著作权使用费。经研究，协会制定了如下收费方针：以法律法规为准绳，以和谐稳定为前提，依靠各级政府主管部门指导和监督，普法宣传工作先行，努力平衡和保障各方合法利益，认真化解各类已发和未发矛盾，区分各地不同情况，先搞好试点再逐步推行，宁可少收缓收，务求稳妥扎实。

（二）进行实地调研，探讨收费方案

协会前往包括内蒙古、辽宁、吉林、湖南、湖北、上海、广东、浙江、江苏、福建、云南、四川、重庆和陕西14个省（自治区、直辖市）实地调研，与当地的政府主管部门、行业协会、有关单位和业主座谈，了解网吧和长途汽车播放影视作品的使用情况、经营情况和收费情况，听取他们对协会收取著作权使用费的各种看法，探讨收费实施方案及可行性论证。

（三）聘任地方首席代表，解决工作中的实际问题

经过一定时间的准备之后，协会在江苏省、广东省、福建省、云南省选定了首席代表，并签署了聘任协议。签约之后，四省代表在工作中碰到了许多新问题，包括与网吧影视平台服务商、代理商的关系，城域网的覆盖范围扩大等等，这些都是之前未曾预料到的。为着手解决这些问题，协会放缓了签约脚步。2010年12月，协会在大连聘任了首席代表。其余地区也将在新一年稳扎稳打，逐步推进。

（四）争取相关行政主管部门的理解和支持

协会积极与相关使用者所在行业的行政主管部门进行沟通，汇报工作，争取相关部门的理解和支持。协会分别于2010年9月和2011年1月以书面形式向文化部文化市场司做了汇报。文化部文化市场司的领导于2010年10月邀请协会领导当面交换意见。通过协会的主动汇报，协会工作得到了文化部领导的理解与支持。此外，协会还于2010年11月主动向交通部道路运输司做了书面汇报。

五、通过行政监管和司法救济，依法维护电影作品著作权

（一）借助司法手段，协助会员单位维权

电影《叶问2》在院线上映不久，即遭网络疯狂盗播。协会协助会员单位大盛国际传媒（北京）有限公司（以下简称“大盛国际”）调查取证并共同起诉上海隐志网络科技有限公司（电驴网（www.verycd.com））侵犯该片著作财产权。经主审法官调解，双方于2011年1月达成和解协议：电驴网在其网站首页以及《中国电影报》发表道歉声明，并赔偿经济损失28万元。

为了净化网吧市场，协会对北京网聚上网服务中心、杭州世纪联线网络技术有限公司、上海翱宏网络技术有限公司涉嫌侵权使用影片《沂蒙六姐妹》向法院提起诉讼，经调解最终达成和解。

（二）通过行政监管，加强对电视台侵权盗播行为的管理

自2006年以来协会连续对省级和省会城市以及计划单列市的播放电影节目的电视频道进行监播并开展维权活动，取得了明显成果。2010年，协会向7家电视台发出函件，要求对方说明涉嫌侵权播出电影作品一事。从2010年开始，协会还对河北地区部分市、县级电视台进行播放电影节目的监测，并已对承德电视台涉嫌侵权盗播会员单位八一电影制片厂的《大决战Ⅲ：平津战役（上）》、《大决战Ⅲ：平津战役（下）》两部电影作品提起诉讼。

（三）协助相关行政主管部门做好打击网络侵权盗版工作

在2010年全国打击网络侵权盗版专项治理“剑网行动”期间，协会积极准备相关材料，向国家版权局申请行政处罚未经著作权人许可大量侵权盗版电影作品的网络公司。同时，对权利人普遍反映的拥有大量不具有国家广电总局颁发的《信息网络传播视听节目许可证》或未履行备案手续的侵权盗版电影作品的网络公司，协会还向国家广电总局提出申请，要求按照国家广播电影电视总局和中华人民共和国信息产业部共同发布的《互联网视听节目服务管理规定》，对此类网络公司进行行政处罚。目前，部分涉案公司已被查封，一些公司的法定代表人被批捕。

六、开展国际交流，加强与国际同类组织的联系

（一）加强与海外相关组织的联系，建设良好合作关系

2010年3月初，影著协分别获得中国电影导演

协会和中国电影文学学会及其会员签订的授权委托书，代表相关权利人与西班牙著作人和音乐人协会签订了著作权代理协议。

协会还继续保持与国际影音作品集体管理协会的合作，并收到了国际影音作品集体管理协会代为收取的2008年加拿大有线电视使用会员单位的电影著作权使用费共计150.38欧元。

同时，协会与香港电影制作发行协会建立联系，通过书信的方式介绍各自协会的主要业务活动，并探讨进一步加强交流合作的可能性。

（二）与世界知识产权组织进行交流和合作

2010年5月，协会接待了世界知识产权组织文化与创意产业部版权发展服务司代理司长高航的来访，并就中国集体管理组织的发展情况、面临的问题和所需的帮助与其交流看法。

（史文霞）

中国互联网协会网络版权联盟

2010年，中国互联网协会网络版权联盟（以下简称“网络版权联盟”）以建设网络版权保护机制为重点，积极参与版权保护和司法方面的交流与研讨，在推动网络版权的保护方面取得了重要进展。

一、网络版权保护机制建设

（一）召开“第二届网络影视发展CEO联席会”

2010年3月29日，网络版权联盟与中国广播电视协会电视制片委员会在人民网联合召开了“第二届网络影视发展CEO联席会”。网络版权联盟秘书长石现升先生、电视制片委员会常务副会长兼秘书长张明智先生出席并共同主持此次联席会。双方行业协会代表及所属会员代表深入研究并探讨制定互联网视频行业的合作与发展规范。互联网视频业者与电视制片单位的高层领导也悉数出席。双方行业协会代表决定，向社会公众公布《互联网影视版权合作及保护规则》。

（二）发布实施《互联网影视版权合作及保护规则》

2010年4月26日，中国互联网协会网络版权联盟石现升秘书长与中国电影著作权协会朱永德理事长、中国广播电视协会电视制片委员会张明智秘书长联合签订了《互联网影视版权合作及保护规则》。这一规则的签订为推动互联网播出影视节目的规范发展，推进影视节目的网络版权保护，建立有序的电影电视节目网络播出版权交易市场奠定了基础。参与本次签约的共有18家互联网企业、21家电视制片方和华谊兄弟、天津电影制片厂等多家影视制作单位。本次签约仪式发布会在“CCTV-12绿书签行动，分享正版生活”节目中播出。

（三）召开《黑名单发布实施细则》征求意见座谈会

2010年5月21日，在《互联网影视版权合作及保护规则》发布实施后，为进一步明确《规则》中关于黑名单发布的相关事宜，网络版权联盟起草了《黑名单发布实施细则（征求意见稿）》，并召集10余家互联网企业召开座谈会，了解企业对《黑名单发布实施细则》的看法。

二、版权保护交流研讨

（一）召开“网络视频合作座谈会”

2010年4月1日，网络版权联盟联合首都广播电视节目制作业协会主办“网络视频合作座谈会”。本次座谈会的目的在于推动互联网播出广播电视节目的规范发展，建立有序的广播电视节目网络播出版权交易市场，促进电视制片和网络播出两个行业的平衡发展。会议现场还设置了高端对话环节，由电视制片单位和互联网企业双方针对网络视频迅速发展形势下产业发展的新形势、新挑战和新机遇，共同探讨双方共赢模式以及产业融合的发展方向，以更好地促使整个行业趋向有序化、合法化的发展。

（二）出席“互联网版权运营风险防范培训班暨研讨会”

2010年4月15日，网络版权联盟出席由辽宁省互联网协会主办的“互联网版权运营风险防范培训班暨研讨会”，并同中国互联网违法和不良信息举报中心向辽宁省互联网协会会员单位做了系统的运营风险防范培训。会议由辽宁省互联网协会副理事长兼秘书长贾林主持，辽宁省互联网协会理事长赵德利、辽宁省通信管理局副局长陈竹秋出席了会议。此外，辽宁省外宣办、广电局、法学会及各个运营商60余位代表也出席了此次会议。

三、司法交流研讨

（一）组织讨论《北京市高级人民法院关于网络著作权纠纷案件若干问题的规定》

2010年1月14日，北京市高级人民法院民三庭委托中国互联网协会网络版权联盟组织电信运营企业及国家网络电视台、百度、新浪、网易、腾讯、搜狐、阿里巴巴、盛大集团、迅雷、土豆等二十余家互联网企业与北京各级人民法院代表共同就《北京市高级人民法院关于网络著作权纠纷案件若干问题的规定（第一稿）》（以下简称《规定》）进行交流、讨论。会议由北京市高级人民法院知识产权庭庭长陈锦川致辞，审判长张雪松主持。研讨会上，电信运营企业及互联网企业针对《规定》涉及的具体条款提出了书面意见并发表了各自观点。到会法官与互联网企业代表还进行了互动沟通。随后网络版权联盟协助市高院组织了三次有针对性的技术研讨，了解企业业务发展，调研各大电信运营商及互联网公司建议，并从行业组织的角度发表相关意见。

2010年6月12日，北京市高级人民法院高院民三庭历经半年时间，在参考各方意见基础上颁布实施《北京市高级人民法院关于网络著作权纠纷案件若干问题规定（试行）》。此《规定》一方面加强了对著作权的保护，同时也为规范网络服务提供者的经营行为提供了指导意见。

（二）召开“2010年互联网知识产权保护论坛”

2010年4月21日，北京市高级人民法院知识产权庭联合网络版权联盟，在“4·26”知识产权宣传周期间，举办了“2010年互联网知识产权保护论坛”。北京市高级人民法院知识产权庭、北京市第一中级人民法院、北京市第二中级人民法院等法院的相关领导和中国联通、百度、新浪网等互联网企业的代表参加了论坛。北京市高级人民法院知识产权庭庭长陈锦川、中国互联网协会网络版权联盟秘书长石现升、中国互联网协会调解中心办公室主任王斌做重要发言。百度、新浪网、腾讯网、优酷网和网尚文化公司分别进行主题发言，对互联网的新兴技术及在发展过程中所面临的法律问题进行了介绍。

（三）召开“互联网电视搜索技术提供商法律责任座谈会”

2010年6月24日，中国互联网协会网络版权联盟与中国互联网协会调解中心共同举办“互联网电视搜索技术提供商法律责任座谈会”。此次会议主要面向法院介绍互联网电视搜索技术，并进行交流。参加会议的有国家广电总局政策法规司法律事务所所长许秀忠、北京大学王继明教授、中国政法大学费安玲教授、最高人民法院、北京市高级人民法院、北京市第一中级人民法院、北京市第二中级人民法院、各基层法院法官、中国互联网协会网络版权联盟代表、中国互联网协会调解中心代表、互联网电视搜索技术提供商代表及权利人代表。本次会议各方代表对于互联网电视的发展前景给予了肯定，并就互联网电视搜索技术的内容及发展过程中所面临的法律问题展开讨论。

四、国际交流合作

2010年11月15—22日，中国知识产权代表团赴美参加中美商贸联委会知识产权工作组副部级会议，多家中国互联网企业也随同出访。为配合此次中美之行，网络版权联盟编撰出刊《中国互联网品牌企业知识产权报告》。本次组织出访的企业有阿里巴巴、百度、新浪网、淘宝网、酷6网、乐视网、星光互动，这是互联网企业高层首次赴美参加中美知识产权政府间会议，具有开创意义。

（靳彦学）

中国软件联盟

2010年，中国软件联盟（以下简称“软件联盟”）继续以软件正版化为工作重点，配合国家版权局、工信部及推进企业使用正版软件工作部际联席会议工作，根据国权办［2009］5号文件对“积极开展面向软件应用企业的软件版权、法律软件资产管理制度的指导”、《国务院办公厅关于进一步做好政府机关使用正版软件工作的通知》（国办发［2010］47号）工作文件要求的精神，开展了一系列工作。

一、配合相关行政主管部门工作，积极推进软件正版化

（一）参加北京市推进企业使用正版软件工作部署会

根据国务院九部委《关于推进企业使用正版软件工作的实施方案》及国家版权局《2010年推进企业使用正版软件工作计划》的要求，北京市使用正版软件工作联席会议办公室于6月11日举行了“北京市2010年推进企业使用正版软件工作部署会”。100余家在京中外企业代表参加了部署会，北京市版权局冯俊科局长为参会企业做了动员讲话，北京市版权局王野霏副局长对推进软件正版化工作进行了具体的部署。

会上，软件联盟常务副理事长兼全国推进企业使用正版软件工作部际联席会议办公室专家邹忭给与会代表进行了软件资产管理和与正版化相关的法律法规的培训，受到与会代表的欢迎。

（二）协办广州市企业软件正版化工作培训会议

根据国家推进企业使用正版软件工作部际联席会议《关于印发〈2010年推进企业使用正版软件工作计划〉的通知》和《广东省2010年推进企业使用正版软件工作计划》要求，2010年8月13日，由广州市版权局主办，广州市版权协会、商业软件联盟和中国软件联盟在广州共同协办了广州市企业软件正版化工作培训会议。会上，广州市软件正版化工作有关负责人向企业阐述了国家推进企业使用正版软件的法律与政策，介绍了广州市推进企业使用正版软件工作的要求，并对软件资产管理知识进行了介绍与讲解。60 多家企业代表参加了培训。

（三）参加上海市金融系统软件正版化工作研讨会

为贯彻国家版权局、工业和信息化部、商务部、财政部等九部委下发的《关于推进企业使用正版软件工作的实施方案》的精神，上海市推进企业使用正版软件联席会议办公室于 11 月 30 日召开了“上海市金融服务行业 IT 风险降低研讨会”。中国软件联盟常务副理事长兼全国推进企业使用正版软件工作部际联席会议办公室专家邹忭在会上表示：“国家推动企业实施软件正版化，其最终受益者是企业本身。对于信息化程度较高的金融行业而言，软件正版化将更利于企业防范风险，提升自身竞争力。”

（四）合作举办 2010 年度沈阳市企业正版化工作会议

2010 年 12 月 16 日，软件联盟与沈阳市版权局、沈阳市版权保护协会合作，共同在沈阳承办了 2010 年度沈阳市企业正版化工作会议。辽宁省版权局、沈阳市版权局、沈阳市中级人民法院的领导出席，金山软件等数十家知名软件企业代表出席会议。联盟秘书长孙彦到会，就软件正版化的法律问题、对产业发展的意义做了主题发言。

（五）与中国勘察设计协会合作，推进勘察设计行业正版化工作

2010 年，软件联盟与中国勘察设计协会合作，分别在呼和浩特、成都、上海三地举办“通过三维协同一体化方案加快推进勘察设计行业软件正版化工作经验交流会”，积极推进勘察设计行业正版化工作。在软件正版化的同时提高设计效率和质量，推进行业信息化和技术进步。

二、参加交流、研讨，为企业软件正版化提供咨询意见

（一）参加国产 CAD 协同解决方案助力软件正版化工作研讨会

2010 年 10 月 21 日，国产 CAD 协同解决方案助力软件正版化工作研讨会在苏州市举行。国家版权局版权管理司王志成副司长、中国勘察设计协会郑春源司长、中国软件联盟常务副理事长邹忭以及中国勘察设计协会计算机委员会、苏州浩辰软件股份有限公司等单位出席了本次会议。软件联盟与与会代表围绕“行业信息与正版化工作”展开讨论。

（二）召开国产办公软件正版化应用座谈会

为配合新一轮政府使用软件正版化工作，2010 年 12 月 16 日，软件联盟联合金山软件公司在北京召开了国产办公软件正版化应用座谈会，财政部、文化部等国家部委信息化部门的负责同志参加了会议。座谈会上，软件联盟常务副理事长邹忭表示，“国家这些年软件正版化力度非常大，许多国产软件都得到非常大的发展，而且我们国产软件的产品质量、服务水平有了非常大的提高。”这次座谈会为解决国产办公软件如何支持政府软件正版化工作的问题起了很大的推动作用。

三、做好软件正版化宣传教育工作

（一）定期编辑《CSA 通讯—软件正版化解决方案简报》

2010 年，软件联盟围绕推进企业使用正版软件的工作需要，定期编辑《CSA 通讯—软件正版化解决方案简报》（以下简称《简报》）。《简报》中除介绍软件联盟的工作动态外，还大量刊发软件企业、软件用户在软件正版化工作中的成功案例，介绍软件正版化的经验。《简报》免费向各省市版权部门、国资委、工商联等政府部门和有关企业邮寄，对宣传企业软件正版化工作，起到了良好的效果。

（二）参加第十一期人民网 IP 沙龙活动

2010 年 4 月 19 日，第十一期人民网 IP 沙龙活动举行，与会嘉宾一同探讨企业软件正版化的话题，国家版权局版权管理司执法处处长赵秀玲、软件联盟常务副理事长邹忭、商业软件联盟中国区总监兼首席代表姚欣、上海市知识产权研究所所长游闽键作为主讲嘉宾出席了本期沙龙。日本电子计算机软件著作权协会所长魏锋通过网络视频连线参与了讨论。此外，中国互联网协会副理事长、前中国专利局局长高卢麟，东灵通公司总裁税亚东，苏州浩辰软件公司常务副总裁梁海霞等来自企业和相关领域的 20 多位代表出席了本期沙龙。

（三）参加中国版权年会，就三网融合下著作权保护问题进行探讨

2010 年 12 月 3—6 日，软件联盟秘书长孙彦在深圳参加了 2010 中国版权年会，就三网融合环境下著作权保护问题与与会代表进行了交流、讨论，并就软件正版化问题与部分企业代表进行了探讨。

（李　赜）

版权扫描

BAN QUAN SAO MIAO

版权纪事

［编者按］ 本专栏用条文的形式，记载了2010年我国版权行政管理部门开展全国性版权保护工作的主要活动。纪事以月、日为序；同一时间有多个条文，在首条写明时间，后面的条首则用“◇”号表示同一时间发生的事情。

1 月

2009年12月30日—2010年1月3日 由国家广播电影电视总局和广东省人民政府共同主办的首届中国国际影视动漫版权保护和贸易博览会在东莞举行。博览会以影视动漫产业为中心，以版权保护和版权交易为主题，共吸引参展企业450家，达成动漫版权交易成交意向120项，成交总金额高达82亿元。

4日 北京市朝阳区人民法院审理李象群与苏西黄咖啡屋有限公司著作权纠纷案件。清华大学美术学院教授、雕塑家李象群因北京苏西黄咖啡屋有限公司擅自将其雕塑作品临摹成油画，并用作经营性宣传图片而诉至法院。法院一审判处苏西黄公司赔偿雕塑家李象群经济损失及合理费用共计3.5万元。

8日 上海市文化市场综合执法10周年纪念大会举行。会上强调，2010年上海将进一步落实迎世博反盗版护城工程，重点在公路道口堵截非法音像制品，严厉打击储运、批发违法音像制品的经营行为。通过文化执法机构配合公安机关查处大案要案，强化司法震慑作用。

8—11日 以“版权——智胜之道”为主题的第五届全国作品版权交易会在北京图书订货会期间举办。本届版权交易会由北京图书订货会组委会主办，中国版权保护中心、中华版权代理总公司承办。共举办了12场版权贸易主题活动，收集书稿200余部、外版图书版权信息100余部，现场受理了150多位作家的版权代理信息，达成版权合作意向270多项，交易量同比增长200%。

10日 针对百度文库的侵权行为，中国文字著作权协会与盛大文学在北京联合主办了“网络文学版权保护”研讨会，发表百余位作家签名的《反盗版宣言》，呼吁广大作家联合起来起诉百度。

12日 中国文字著作权协会副总干事张洪波表示，原定12日举行的第四轮谈判因谷歌方面要求推迟举行。此前，谷歌公司代表1月7日下午发来邮件，向中国作家道歉，并于1月9日向中国作协提交了正式签字文本。谷歌公司称拟定在3月底前把处理方案及相关协议的框架确定下来，争取在第二季度把各方的法律、实施和操作细节商定并正式签署协议。

14日 国家版权局召开2010年全国版权工作会议，新闻出版总署署长、国家版权局局长柳斌杰在书面报告中回顾了2009年的版权工作，并对2010年的版权工作提出要求。他指出，版权工作整体上进入了以促进经济、文化发展为重点，“鼓励智力创造、提高创新能力，提供公共服务、促进有效运用，打击侵权盗版、维护市场秩序，完善市场机制、促进产业发展”的新阶段。

◇ 中国版权保护中心发布2009年国家计算机软件著作权登记统计数据。据统计，2009年我国各类申请软件登记总量70 965件，同比增长49.75%，其中，软件著作权登记量67 912件。办理完成软件著作权转让和专有许可合同登记182件，变更或补充登记2 752件，计算机软件著作权质押合同登记119件。按照软件登记人所在地区统计，全国软件著作权登记数量列前5位的省市分别为北京、广东、上海、浙江和江苏。

15日 由北京市版权局主办的京津沪音像制品版权刑事保护研讨会在北京召开。本次研讨会旨在总结著作权行政执法和刑事司法保护相衔接的先进经验，共同研讨如何在现有法律框架内更好地运用法律制度加强著作权刑事保护力度。

◇ 由北京大学新闻与传播学院与精工爱普生公司共同主办的第三届“爱普生·北大知识产权新闻报道研修班”结业仪式在北京大学经济研究中心举行。来自新华社、中央电视台、《南方周末》、《中国新闻出版报》等20家媒体的学员拿到了结业证书。

20日 国家版权局首次召开著作权集体管理工作会议。新闻出版总署副署长、国家版权局副局长阎晓宏强调，著作权集体管理组织的工作要适应新形势的要求，要从筹备、组建转入正常运行状态，依法开展各项工作。

◇ 人民网、新华网等 101 家网站在国家版权局签署《中国互联网行业版权自律宣言》。《宣言》由多家网站自愿发起，在国家版权局、北京市版权局的支持和引导下，经中国版权协会协调而产生。《宣言》中提到，对于处于公映档期、热播期间的影视作品应当采取技术措施限制用户上传。

◇ 国家版权局在北京通报了 2009 年第五次打击网络侵权盗版专项行动最新情况。专项行动期间，各地共对 3 130 家重点网站实施主动监管，各级版权行政执法部门及公安、工信部门共查办网络侵权案件 558 件，关闭非法网站 375 个，采取责令删除或屏蔽侵权内容的临时性执法措施 556 次，罚款总计 133.75 万元，没收服务器 163 台。此外，向司法机关移送 25 起涉嫌构成刑事犯罪的重大案件。

◇ 优酷正式推出视频版权合作管理系统，以大规模的购买与合作为基础，加以严密的技术监管体系，促进视频版权治理，全面屏蔽用户上传的侵犯第三方版权的视频内容。凭借版权合作系统，版权方可以通过优酷全面贯穿“内容——平台——营销”的产业链条。这是视频网站在正版化建设方面首次提出的全面保障措施。

◇ 长沙市音乐音像著作权保护协会成立大会暨长沙市卡拉 OK 版权许可使用授牌仪式举行。湖南省版权局副局长黄赞佳表示，协会的成立标志着长沙音乐音像行业的成熟。

23 日 国家版权局与中国—欧盟知识产权保护项目（二期）在哈尔滨市联合举办了民间文学艺术保护国际研讨会。来自中国和欧盟的 70 余位知识产权专家学者围绕民间文学艺术立法保护议题进行讨论。此次研讨会对国家版权局提速民间文艺作品著作权立法工作提出了许多建设性意见。

25 日 中国音像著作权集体管理协会举行第二次会员大会，共有来自全国的 56 家会员代表参加了大会。会上，音集协常务副理事长、总干事王化鹏作了工作报告，会员代表审议并通过《全国卡拉 OK 著作权使用费分配方案》、《工作报告》和《2008 年度财务报告》。

26 日 由中国摄影著作权协会、北京国际版权交易中心共同主办的 2009—2010 中国摄影版权年会在北京国际版权交易中心举行。作为摄影作品的传播者、使用者和创作者，以《中国新闻出版报》为代表的 20 余家单位以及 200 余名摄影家，在现场发起了“尊重版权　成就伟业　从我做起　拒绝侵权”摄影版权保护倡议。

2 月

1 日 韩国文化体育观光部事务官全炳和，韩国著作权委员会组长李正宰、金朱硕等对中国版权保护中心进行了访问。

2 日 北京新闻出版工作年度会议在北京举行。新闻出版总署副署长孙寿山到会并讲话。北京市新闻出版局局长冯俊科介绍了北京版权登记和版权贸易不断增长的情况。

◇ 为贯彻实施《国家知识产权战略纲要》，充分发挥司法行政工作在实施国家知识产权战略和保护知识产权工作中的职能作用，司法部出台了《落实〈国家知识产权战略纲要〉意见》。

3 日 广西桂林市版权保护协会召开年会，表彰了 11 家版权保护先进单位和 12 个版权保护先进个人。

◇ 视频网站优酷网和土豆网在北京达成版权合作战略协议，联合宣布正式推出“网络视频联播模式”。

4 日 湖南省版权工作会议在长沙召开。会议通报了 2009 年度湖南省新闻出版系统荣获全国性表彰奖励的情况，表彰奖励了 2009 年度湖南省新闻出版、版权工作先进集体和先进个人。

5 日 由中国音像协会等联合主办的中国百家音像企业反盗版大行动启动仪式在北京西单大悦城举行。该行动分为 3 个阶段：2 月 5 日启动，3 月 15 日消费者权益保护日形成高潮，4 月 26 日世界知识产权日落幕。

7 日 来自陕西西安、宝鸡、咸阳、渭南、铜川、商洛、杨凌示范区以及甘肃天水市的文化及相关主管部门的代表，在陕西省宝鸡市共同签署了《关中—天水经济区文化合作与发展战略框架协议》，并通过了《关中—天水经济区文化合作与发展共同宣言》，“七市一区”联手推进文化产业合作与发展，共建人才、版权、演出、图书、会展等文化专业市场。

9 日 成都市新闻出版（版权）局邀请四川省市版权专家就建设世界现代田园城市背景下实施“版权兴市”战略进行专题论证。成都计划今年完成创建全国首个版权示范城市，并申请创建全国版权综合配套改革试验城市。这是我国首个提出“版权兴市”方略的城市。

10日 国务院总理温家宝主持召开国务院常务会议，会议讨论并原则通过《中华人民共和国著作权法修正案（草案）》。草案规定了作品登记制度，明确了著作权质押登记部门。会议决定，该草案经进一步修改后，由国务院提请全国人大常委会审议。

◇ 全国人大常委会委员长吴邦国在人民大会堂主持召开全国人大常委会第三十八次委员长会议，会议建议，十一届全国人大常委会第十三次会议继续审议《国防动员法（草案）》、《保守国家秘密法（修订草案）》；审议国务院关于提请审议《行政监察法修正案（草案）》的议案、关于提请审议《著作权法修正案（草案）》的议案等。

22日 北京海淀区法院对中国音乐著作权协会诉百度MP3歌词搜索侵权案作出一审判决，判令百度停止通过快照等形式提供包括《爱我中华》在内的50首歌曲的歌词，赔偿原告经济损失5万元。

26日 中华人民共和国第十一届全国人民代表大会常务委员会第十三次会议通过《全国人民代表大会常务委员会关于修改〈中华人民共和国著作权法〉的决定》，以中华人民共和国主席令形式予以公布，自2010年4月1日起施行。

◇ 由国家版权局、工信部、财政部、商务部、国资委、银监会、证监会、保监会、全国工商联九部委相关负责人出席的推进企业使用正版软件工作部际联席会议第四次全体会议在北京举行。新闻出版总署署长、国家版权局局长柳斌杰主持会议并针对2010年软件正版化工作提出四点意见。

27日 由中国大百科全书出版社举办的“知识产权法专题判解与学理研究丛书”出版座谈暨学术研讨会在北京举行。中国审判研究会知识产权审判理论专业委员会发来贺词，称这套丛书是“我国知识产权实务研究历史上里程碑式的巨著”。

3　月

1日 国家知识产权战略实施工作部际联席会议第二次会议在北京召开。会议全面总结了2009年全国知识产权战略实施工作开展情况，研究部署了2010年有关工作，审议并原则通过《2010年国家知识产权战略实施推进计划》和《2010年中国保护知识产权行动计划》。

◇ 江苏省知识产权公共服务平台（www.jsipp.cn）升级改造完成并正式启用。新平台是集专利信息检索、知识产权咨询、教育培训、战略研究、法律援助、知识产权评估、专利交易等多种功能于一身的“一站式”知识产权信息服务平台。

4日 国家版权局在上海召开世博会版权保护专项工作会议，部署落实世博会前和世博会期间版权保护和市场执法整治工作。

◇ 京版十五社反盗版联盟全体成员单位在京召开2009年工作年会。

5日 新闻出版总署副署长、国家版权局副局长阎晓宏在北京签署了《中华人民共和国国家版权局与日本国文化厅版权战略合作备忘录》。

9日 2010年卡拉OK文化娱乐场所音像版权许可使用工作在上海率先展开，卢湾区卡拉OK文化娱乐场所代表集体签订“先许可、后使用、再缴费”的许可使用公约。

◇ 湖南教育出版社编辑的国家课程标准高中数学实验教科书以及初中数学教科书电子版（繁体版）在台北正式与台湾地区师生见面。这是台湾首次引进大陆版基础教育数学教科书。

11日 国家版权局、工信部、财政部、商务部、国资委、银监会、证监会、保监会、全国工商联等九部委联合下发《关于授予大庆油田有限责任公司等257家企业“全国软件正版化工作示范单位”称号的决定》。

15日 国家版权局与日本文化厅有关代表在东京签订了关于著作权及著作邻接权的战略合作备忘录，这标志着中日两国关于著作权保护的合作进入新阶段。国家版权局版权管理司司长王自强与日本文化厅长官玉井日出夫出席了当天的备忘录签订和交换仪式。

◇ 来自天津东方之珠、皇冠明珠等20家文化娱乐场所代表集体签订了卡拉OK版权著作权许可使用合同，获得了《卡拉OK经营行业著作权许可使用证书》。天津市新闻出版（版权）局、天津市公安局、天津市高级人民法院及行业协会、娱乐企业代表参加了签约仪式。

19日 国家版权局与香港海关首次就打击网络盗版行为签订合作互助安排，以加强网络环境中的版权保护。

◇ 北京市文化市场行政执法总队（北京市文化市场管理工作领导小组、北京市“扫黄打非”工作领导小组办公室）在北京会议中心召开“北京市迎世博反盗版专项行动”动员大会。北京市“扫黄打非”工作领导小组决定从2010年3月至2010年10月开展北京市迎世博反盗版专项行动。

19—20日 由中国音像协会、中国版权协会和日本内容产品海外流通促进机构（CODA）共同发起的 2010 中日版权保护交流活动在北京举行。

23 日 国家版权局举行新闻发布会，宣布首届海峡版权（创意）产业精品博览会将于 5 月 18 日在福建福州开幕。海峡版权（创意）产业精品博览交易会将在今后四年间每年举办一届。

24 日 第一届新媒体数字版权管理高峰论坛在北京五洲大酒店举行。国家广播总局科技司副司长王联、国家版权局管理司副司长王志成等主管部门领导，以及中央电视台副台长何宗就、中央电视台总工程师丁文华等出席论坛并致辞。

25 日 由国务院新闻办公室、新闻出版总署联合主办，时代出版传媒公司承办的“中国图书对外推广计划”工作小组第六次工作会议在安徽合肥召开，国家新闻出版总署党组成员、纪检组长宋明昌在会上指出，据初步统计，2009 年我国图书版权贸易逆差进一步缩小为 1∶3.3。

29 日 国家版权局印发《2010 年上海世界博览会版权保护工作方案》，从服务、监管、宣传、表彰四方面加大对世博会版权保护的力度。

◇ 由世界知识产权组织（WIPO）、国家知识产权局主办，成都市政府承办的世界知识产权组织落实发展议程地区研讨会在成都市开幕。国家知识产权局局长田力普、世界知识产权组织副总干事杰弗里奥·尼亚马以及成都市委副书记、市长葛红林出席开幕式并致辞。

30—31 日 国家版权局在浙江宁波召开 2010 年版权重点工作专题会议，就世博会版权保护、全面开展版权作品登记等重点工作进行了部署，并发布了《2010 年上海世博会版权保护工作实施方案》和世博会反盗版快速反应机制。

4 月

1 日 《全国人民代表大会常务委员会关于修改〈中华人民共和国著作权法〉的决定》施行。《决定》将《著作权法》第四条修改为：“著作权人行使著作权，不得违反宪法和法律，不得损害公共利益。国家对作品的出版、传播依法进行监督管理。”此外增加一条，作为第二十六条：“以著作权出质的，由出质人和质权人向国务院著作权行政管理部门办理出质登记。”

◇ 2010 年春季首都电视节目推介会在北京怀柔举行，网络视频传播机构首次集体以电视节目购买方的身份参与推介会的实际业务交易，并与节目制作方就“网络制播合作”展开座谈。制作业协会与中国互联网协会网络版权联盟签署了《互联网版权信息公告》合作备忘录，力争建立起针对网络版权的信息公告制度，进一步规范网络版权的购买。

2 日 中国版权协会理事长、原国家版权局副局长沈仁干，中国版权协会副理事长、中国版权保护中心党委书记张秀平，中国版权协会项目管理中心主任郑钰等一行到访优酷进行调研。

7 日 为贯彻实施《国家知识产权战略纲要》，充分发挥司法行政工作在实施国家知识产权战略和保护知识产权工作中的职能作用，司法部出台了《落实〈国家知识产权战略纲要〉意见》。

12 日 全国“扫黄打非”办公室、新闻出版总署、国家版权局以及中央电视台在京共同启动了 2010 绿书签行动。今年的主题是“加入绿书签，分享正版生活”，行动将配合迎世博“扫黄打非”专项行动的深入开展，积极为上海世博会营造良好的文化市场环境和社会文化氛围。绿书签行动是为“4·26”世界知识产权日专门打造的年度主题活动，2010 年是活动开展的第三年。

◇ 我国四大著名纺织品集散中心——浙江绍兴、江苏南通、山东潍坊、广东佛山纺织品市场版权保护与合作协议签约仪式在绍兴市柯桥举行。这意味着浙、苏、鲁、粤四省纺织产业顺应知识产权战略发展需要，突破跨地区版权保护瓶颈，建立起跨区域纺织品市场版权保护协作机制，从根本上实现了四地版权保护一体化。

15 日 新闻出版总署（国家版权局）在京召开世博会版权保护工作有关情况通报会，新闻出版总署版权管理司司长王自强在会上通报了自今年 3 月以来截至 4 月初，由新闻出版总署（国家版权局）联合公安、文化市场行政执法等部门在全国开展的打击盗版音像制品专项行动的初步成果和世博会版权保护工作情况。

◇ 以“创新与知识产权让世博会更精彩”为主题的 2010 年上海知识产权宣传周举行开幕仪式。

◇ 由国家版权局、山东省版权局主办的“绿书签行动 2010”山东·青岛启动仪式、全国青少年版权保护读书活动暨版权保护知识竞赛颁奖仪式在山东青岛举行。

16 日 北京市高级人民法院发布了 2009 年知识产权诉讼十大案例。与往年著作权案件占多数不同，今年有四件商标侵权及不正当竞争案，所占比重大，涉及餐饮、服装、IT 等不同行业。

◇ 电影界第一家也是唯一一家著作权集体管理组织——中国电影著作权协会成立大会暨第一届

会员大会在京举行。新闻出版总署副署长、国家版权局副局长阎晓宏，国家广播电影电视总局副局长张丕民等出席并讲话。大会以无记名投票方式选举产生了协会第一届理事会。

◇ 欧洲国际表演者联合会主席、拉美表演者协会主席、西班牙表演者协会主席路易斯·科沃斯先生访问了中国版权保护中心。

17—18日 为期两天的2010知识产权南湖论坛在中南财经政法大学知识产权研究中心举行，研讨会围绕“经济全球化背景下知识产权制度完善与战略推进”这一主题展开讨论。

19日 北京市高级人民法院印发《关于审理涉及网络环境下著作权纠纷案件若干问题的指导意见(一)(试行)》。

◇ 最高人民法院、中国科学技术协会知识产权司法保护合作备忘录签署仪式和最高人民法院特邀科学技术咨询专家聘任仪式在北京举行，最高人民法院院长王胜俊和中国科学技术协会主席韩启德出席。

20—26日 中宣部、国家版权局、国家知识产权局等25部门在全国开展2010年全国知识产权宣传周活动，宣传周活动的主题是：创造　保护　发展。

20日 2010年中国知识产权高层论坛在北京开幕。全国人大常委会副委员长路甬祥、国际展览局秘书长洛塞泰斯分别为论坛发来贺信，国家知识产权局局长田力普、国家版权局副局长阎晓宏、国家工商总局副局长付双建在论坛开幕式上致辞。

◇ 最高人民法院发布了《中国法院知识产权司法保护状况(2009年)》白皮书(中英文本)，这是最高人民法院首度以年度保护状况的形式向社会发布人民法院知识产权司法保护状况。

◇ 2010年北京首批正版音像产品销售示范单位授牌仪式在东方新天地FAB精彩无限集团有限公司王府井店举行，北京市版权局副局长王野霏等出席授牌仪式。

◇ 山西省2010年保护知识产权宣传周活动启动。启动仪式上，太原理工大学版权工作站挂牌成立，这是山西省首个高校版权工作站。

21日 最高人民法院公布了2009年中国法院知识产权司法保护10大案件和50件典型案例，这是最高人民法院在开展2010年“知识产权宣传周”活动期间的内容安排之一。

22日 全国“扫黄打非”工作小组组织31个省(区、市)同时举行2010年侵权盗版及非法出版物集中销毁活动。新闻出版总署副署长、国家版权局副局长阎晓宏主持销毁活动启动仪式。

◇ 吉林师范大学版权协会成立仪式举行。吉林师范大学邀请《著作权法》方面的专家，为全体协会成员做了题为《创意产业与版权保护》的专题讲座。

23日 由北京市海淀园管委会、海淀园工委、海淀区人民法院、海淀区人民检察院、海淀区知识产权局、海淀区文化委员会主办的“倡廉洁、守法纪、做表率”主题活动启动暨“保护知识产权　防范侵权风险”动漫光盘首发仪式在北京举行。

◇ 全国版权交易共同市场在北京召开第一届理事会。本次会议讨论了《全国版权交易共同市场章程》，表决通过了第一届理事会成员，推举出第一届理事会理事长，并制定了共同市场2010年工作计划。

◇ 第二届长三角地区知识产权发展与保护状况新闻发布会在南京举行。

24日 全国“扫黄打非”工作小组副组长、新闻出版总署署长、国家版权局局长柳斌杰在成都世纪城新国际会展中心向参加书博会的数百名读者代表发出倡议，推广“2010绿书签行动”，并向现场读者发放了“绿书签”。新闻出版总署副署长、国家版权局副局长阎晓宏，四川省副省长黄彦蓉等出席“2010绿书签行动”推广活动。

26日 中国互联网协会网络版权工作委员会、中国电影著作权协会、中国广播电视协会电视制片委员会三大协会联合发布《互联网影视版权合作及保护规则》。

◇ 为规范著作权出质行为、维护著作权交易秩序，根据相关法律，国家版权局对原《著作权质押合同登记办法》进行了修改，并更名为《著作权质权登记办法(征求意见稿)》，公开征求社会各界意见。

◇ 最高人民法院在北京正式开通知识产权司法保护网站(www.court.gov.cn/zscq)，是第一家由最高人民法院审判业务庭主办的网站，也是人民法院宣传知识产权司法保护成果的首家官方网站。

◇ 北京国际版权交易中心举办的“智慧产权的春天——实用设计版权展”在北京开展。此次展览由北京国际版权交易中心联合多家实用设计网站以及众多国内知名设计师共同举办，展示内容涉及家居、办公用品、生活必需品和装饰品，展览持续至5月14日。

27日 由银监会信息中心、推进企业使用正版软件部际联席会议办公室主办的银行业软件正版化经验交流会在北京召开。推进企业使用正版软件部际联席会议办公室主任、国家版权局版权管理司司长王自强在会上肯定了银监会在推进银行业软件正版化中所做的努力。

28 日 全国法院知识产权审判工作座谈会在河南洛阳召开。最高人民法院要求，人民法院当前特别要注意有关保护信息网络传播权的专门法与即将施行的侵权责任法在适用上的衔接问题，准确认定网络服务提供者的侵权责任。

29 日 国家知识产权局、国家工商行政管理总局、国家版权局在国新办新闻发布厅联合召开 2009 年中国知识产权发展状况新闻发布会。国家知识产权局副局长甘绍宁、国家工商总局商标局局长李建昌和国家版权局版权管理司巡视员许超出席发布会并回答记者提问。

5 月

10 日 《2009 年度中国软件产业盗版率调查报告》发布，报告显示，2009 年相对于软件产业整体产值的价值盗版率由 2008 年的 15%下降为 12%；按当年安装的应付费计算机软件套数计算，盗版率由 2008 年的 47%下降为 45%。此项调查是国家知识产权局委托互联网实验室和超元实验室共同进行的一项课题。

11 日 上海召开全市版权工作会议，回顾 2009 年以来上海的版权工作。新闻出版总署副署长、国家版权局副局长阎晓宏，上海市副市长赵雯出席会议并讲话。上海市新闻出版局（版权局）局长焦扬作工作报告。

◇ 由上海市新闻出版局、上海市版权局主管的上海版权服务中心、上海版权纠纷调解中心揭牌并正式运行。新闻出版总署副署长、国家版权局副局长阎晓宏，上海市副市长赵雯，国家版权局版权管理司司长王自强，上海市委宣传部副部长宋超分别为上海版权服务中心、上海版权纠纷调解中心揭牌。

◇ 湖南省版权局召开版权登记和保护工作座谈会，宏梦卡通、蓝猫卡通、山猫卡通、天闻动漫、天舟科教、鼎翰文化、梦洁家纺、金鹰网等知名版权企业以及湖南省软件协会和知识产权律师代表参加会议。

14 日 第六届文博会文化产业交易战略合作签约仪式在深圳文化产权交易所举行。中国版权保护中心、北京歌华文化发展集团、深圳文化产权交易所有限公司等三家机构共同签署了版权“合作协议”。

15 日 版权贸易发展高峰论坛举行。新闻出版总署副署长、国家版权局副局长阎晓宏出席论坛并发言。

18 日 最高人民检察院、公安部联合印发《最高人民检察院、公安部关于公安机关管辖的刑事案件立案追诉标准的规定（二）》，对公安机关经济犯罪侦查部门管辖的 86 种经济犯罪案件的立案追诉标准作出了规定，其中对有关知识产权的违法刑事案件立案标准作了进一步明确。

19 日 由成都博瑞投资控股集团和西南联合产权交易所等共同发起组建的成都文化产权交易所（成都版权交易中心）正式挂牌成立，其交易对象为文化物权、债权、股权、知识产权等各类文化产权，这是继上海、深圳之后全国第三家、西部第一家综合性文化产权交易所。

25 日 新闻出版总署副署长、国家版权局副局长阎晓宏在北京会见来访的环球音乐集团法律总顾问理查德·康斯坦德一行。双方就加强网络环境下音乐版权保护等问题进行了深入探讨。阎晓宏表示，随着网络环境的日益规范，中国音乐产业将迎来一个新的发展机遇期。

◇ 我国首个版权金融俱乐部——“ICE 版权金融俱乐部”今日在北京揭牌。俱乐部由中关村科技园区雍和园管委会、北京市东城区金融服务办公室、北京东方雍和国际版权交易中心有限公司共同设立。来自国家开发银行、工商银行、北京银行、浦发银行、北京产权交易所等金融机构，以及中国广播电视协会电视制片委员会等文化产业机构的代表成为 ICE 版权金融俱乐部的首批会员。

◇ 文化部发布《2009 年中国网络音乐市场年度市场报告》。报告称，2009 年我国网络音乐总体市场规模已经达到 20.1 亿元人民币，网络音乐还面临盗版、商业模式不清晰等问题。我国网络音乐市场发展中存在的主要问题是版权保护、在线音乐的商业模式和无线音乐的闭环式发展。

25—26 日 由国家版权局主办、中国图书进出口（集团）总公司承办的第十届 2010 BIBF 北京国际版权贸易研讨班在北京举行，新闻出版总署副署长、国家版权局副局长阎晓宏出席开班仪式并讲话。本届研讨班的主题为数字时代的版权与贸易。

26 日 国家版权局决定对在 2009 年查处侵权盗版案件工作中作出突出贡献的安徽省合肥市公安局治安支队等 169 家有功单位、王敬浩等 173 名有功个人给予表彰和奖励，获奖单位涵盖了各级版权执法部门及新闻出版、“扫黄打非”、公安、电信、海关、文化、出版物市场监管等与版权行政执法工作有密切联系的相关部门，颁发奖金 493.1 万元。

31 日 世界贸易组织公布的关于中国过去两年来贸易政策情况的报告称，过去两年来，中国继续保持渐进式的经济开放政策，逐步推进其国际贸易和投资体制的自由化。报告同时称，中国继续改进其相关法律框架，并加强对知识产权的保护。中国已把促进创新列为一项重要发展战略，并日益认识到保护知识产权对促进国内创新的重要性。

6 月

3 日 由国家工商总局和法国海关总署、法国工业产权局联合主办的中法打击侵权研讨会在国家工商总局举行。这是国家工商总局与国外有关机构共同举办的第一个研讨国外海关及邮政部门打击侵权方面内容的会议，也是国家工商总局与法国国家反仿冒委员会在更广领域和更高层面开展务实合作的一个良好开端。国家工商总局国际合作司负责人和法国国家反仿冒委员会秘书长机构——法国工业产权局负责人先后在开幕式上致辞。

◇ 2010 中国软件信息服务业知识产权论坛在北京展览馆举行。论坛以“创新、发展、保护”为主线，围绕软件知识产权问题研究、软件企业自主创新典型案例解读与分析、软件企业知识产权管理实务、企业知识产权战略规划与部署四个主题展开。

4 日 京版十五社反盗版联盟成立 10 周年庆祝大会在人民卫生出版社举行。联盟 26 家成员单位的主要负责人和打盗维权人员共 40 余人出席会议。

5 日 值《国家知识产权战略纲要》颁布实施两周年之际，为配合国家知识产权战略实施工作开展，加大国家知识产权战略实施工作宣传力度，全面改版后的国家知识产权战略网（www.nipso.cn）正式上线运行。

8 日 由中国版权保护中心主办，国际版权交易中心和杭州阜博通影音传播科技有限公司提供运营技术支持的“全国网络视频版权监测及调查取证服务平台”在国际版权交易中心举行启动发布会。

9—10 日 国家版权局在云南省昆明市举办了 2010 年基层版权执法培训工作会议。这是国家版权局自 2009 年开展基层版权执法培训活动以来，第四次举办以地市级版权执法人员为主要培训对象的版权执法业务培训活动。今年的培训分三批，来自北京、天津、河北、山西、内蒙古、黑龙江、吉林、辽宁、新疆和云南 10 个省（区、市）各级版权与文化市场行政执法队伍一线的百余名执法人员参加了培训。

9—11 日 由中国版权保护中心主办，国际版权交易中心协办的“首届全国版权经纪人/代理人专业实务培训班”在北京举办。共有来自北京、上海、深圳等全国 21 个省、自治区、直辖市以及台湾和香港地区的 125 家知识产权代理机构、版权法律服务机构、出版单位、民营文化工作室、音乐影视公司的 148 名代表参加培训。

10 日 第六届中韩版权研讨会在首尔 COEX 会议中心举办。本次活动是受国家版权局和韩国文化观光部的委托，由中国版权保护中心和韩国著作权委员会主办，北京东方雍和国际版权交易中心承办。该项活动每年在中韩两地轮流主办，之前已经连续举办了五届，本届的主题是“数字化信息时代，中韩版权产业实质性合作的模式探索”。

◇ 人民网人民微博软件著作权登记证书颁发仪式在北京举行，中国版权保护登记中心为人民微博颁发软件著作权登记证书。这是国内首个进行著作权登记的微博软件系统。

◇ 天津滨海国际知识产权交易所在天津成立，这是国内首家国际化、专业化、市场化的知识产权柜台交易平台。

18 日 在福建省厦门新闻出版局（版权局）举行的“在闽台湾作品版权登记颁证仪式”上，远东动画、五花马动漫、首映创意等 5 家动漫企业成为首批在福建获得版权登记的中国台湾企业，这也是福建省版权管理部门第一次向中国台湾企业颁发版权登记证书。

23—24 日 国家版权局在新疆乌鲁木齐市举办了 2010 年基层版权执法培训工作会议。百余名来自广东、福建、浙江、江苏、上海、河南、湖北、广西和新疆 10 个省（区、市）各级版权与文化市场行政执法队伍的一线执法人员参加了培训。

24 日 由信达财产保险股份有限公司开发，北京东方雍和国际版权交易中心独家代理的我国首个著作权交易保证保险产品发布。该产品的核心风险保障除了涵盖被保险人的版权交易损失外，还包含因涉及侵权诉讼所产生的法律费用。

26 日 由北京国际版权交易中心与 751D·park 共同主办的 2010 摇滚与流行原创演出季开场。主办方对参与演出的原创作品进行版权交易，充分体现了原创作品的市场价值。

29 日 海峡两岸关系协会会长陈云林与海峡交

流基金会董事长江丙坤在重庆举行两会领导人第五次会谈。双方签署了《海峡两岸经济合作框架协议》和《海峡两岸知识产权保护合作协议》。

◇ 由北京大学国家数字版权研究基地和中国人民大学国家版权贸易基地联合主办的“2010 新文化·新媒体·新版权峰会”在北京大学博雅国际会议中心举行。

◇ 国家知识产权战略实施两周年宣传活动总结会在京举行。国家知识产权局保护协调司有关负责人对国家知识产权战略实施两周年宣传活动进行了总结。

7 月

6 月 30 日—7 月 9 日 由浙江省版权局、浙江省政府新闻办组织的“浙江版权贸易图书展”在韩国、日本举办。代表团一行 14 人，以浙江省新闻出版局（版权局）副局长单烈为团长，成员分别来自省内各有关出版社、发行单位、图书外贸公司、印刷复制企业。书展期间，浙江出版界与韩国、日本两国的出版界人士进行了广泛交流和版权贸易业务洽谈。

1 日 《中华人民共和国侵权责任法》正式实施。根据该法，著作权、专利权、商标专用权和发现权作为民事权益的组成部分被列入民事主体合法权益的保护范围，知识产权侵权行为产生后，被侵权人可要求侵权人依法承担侵权责任。

◇ 中国版权保护中心公布统计数据：截至 6 月 30 日，2010 年上半年全国计算机软件著作权登记共 35 062 件，同比增长 24.02%。其中游戏类软件著作权登记量增速最为迅猛，同比增长 73.5%。我国软件著作权登记量在连续 3 年保持高速增长后，继续保持上升态势。

9 日 国家版权局和世界知识产权组织在北京联合举办《加强版权保护对中国南通家纺产业发展的影响调研报告》新闻发布会。新闻出版总署副署长、国家版权局副局长阎晓宏，世界知识产权组织助理总干事特雷沃尔·C·克拉克出席发布会。新闻出版总署署长、国家版权局局长柳斌杰在北京会见了世界知识产权组织助理总干事特雷沃尔·C·克拉克一行。

13 日 最高人民法院正式发布《人民法院工作年度报告（2009 年）》，《年度报告》指出，2009 年，各级法院共审结各类民事、刑事、行政知识产权案件 3.614 万件，同比上升 29.65%。其中，共审结各类知识产权民事案件 3.050 9 万件，同比上升 29.73%。在知识产权民事案件中，审结著作权案件 1.518 万件，审结专利权案件 4 524 件，审结商标权案件 6 975 件，审结包括虚假广告等在内的各类不正当竞争案件 1 287 件。人民法院知识产权司法保护工作对于激励自主创新、实现技术突破、打造知名品牌、掌握自主知识产权，从而应对国际金融危机给我国实体经济造成的不利影响，具有重要作用。

15 日 由百家坚持正版经营的音像企业以及百名歌手和影视创作人员共同发起的国内首家民间反盗版联合组织“抵制盗版联合体”在北京宣布成立。“抵制盗版联合体”的官方网站同时上线。

20 日 浙江东阳唐德影视制作有限公司以《永不消逝的电波》等 6 部电视剧作品的应收账款和《金大班》等 5 部热映电视剧作品的版权为质押，通过中国银行浙江省分行的“影视通宝”业务获得了 3 900 多万元的授信融资。这是国内首例影视公司用电视剧作品的应收账款和版权质押从银行融资。

21 日 国家版权局、公安部、工业和信息化部联合召开新闻通气会，标志着为期 3 个多月的 2010 年打击网络侵权盗版专项治理“剑网行动”在全国正式启动，通气会上同时发布了《2010“剑网行动”侵权盗版案件举报奖励办法》。

28 日 由中国版权保护中心（CPCC）主办的“2010 十大中国著作权人年度评选”活动正式启动，本年度的评选活动重点针对在转变经济发展方式过程中版权业所涌现出的新模式、新典型进行深度挖掘，旨在传播“转变方式、赢在版权”的主题和理念。

◇ 中国版权保护中心在北京向华谊兄弟传媒股份有限公司颁发了电影《唐山大地震》著作权登记证书。电影《唐山大地震》由华谊兄弟传媒股份有限公司出品，是中国著名导演冯小刚的首部现实主义灾难片。

30 日 新闻出版总署副署长、国家版权局副局长阎晓宏在北京会见了以台湾地区知识产权部门负责人王美花为团长的海基会知识产权交流参访团一行。双方就如何落实《海峡两岸知识产权保护合作协议》后续执行工作交换了意见。

◇ 粤港保护知识产权合作专责小组在香港举行第九次会议。专责小组决定加强合作，进一步提高两地公众和企业对知识产权的保护意识。专责小组 2010—2011 年度合作计划包括：鼓励有产品内销的在粤港资企业申请广东省著名商标；为粤港两地企业举办知识产权研讨会、培训班和交流活动；为两地执法人员举办知识产权专题培训活动。

◇ 中国电影著作权协会在京召开“剑网·2010——打击网络侵权盗版电影作品新闻发布会”。大盛国际传媒（北京）有限公司、华谊兄弟传媒股份有限公司、保利博纳电影发行有限公司等有关电影作品权利方在会上发言。

31日 由中国摄影著作权协会、北京国际版权交易中心联合主办的摄影作品交易会在北京举行。黄其昆、姜平、李德林等著名摄影家携代表作品参与了此次活动。

8 月

6日 北京市版权局召集工商管理、文化综合执法大队以及相关网站，研究建立侵权网站“黑名单”制度，同时宣布针对网络音频、视频及文学网站、网络游戏、动漫、软件等重点领域，开展查处网络侵权盗版的“剑网行动”。

◇ 由中国版权协会主办、华盖创意（北京）图像技术有限公司承办的2010年图像行业版权保护论坛在北京举行。这是为推动图像行业版权保护和产业发展而首次在国内举办的论坛。

◇ 江苏省昆山市文化广电新闻出版局（版权局）和昆山市旅游局在昆山共同举办了旅游饭店行业软件正版化工作培训会。28家旅游饭店的代表参加，来自商业软件联盟（BSA）的专家对与会代表进行了软件资产管理的培训。

12日 以“数字网络环境下的版权保护”为主题的一人一书（OPOB）高峰论坛在上海书展期间召开。上海新闻出版局局长焦扬等领导以及盛大文学总裁吴文辉等业界人士出席论坛。论坛上，OPOB基金与上海版权服务中心签订了共同治理版权保护合作的框架协议。

13日 由北京市第一中级人民法院主办、北京大学知识产权学院和国家数字版权研究基地协办的与互联网有关的著作权案件审判实务研讨会在北京中关村召开。本次研讨会讨论的是网络环境下著作权保护的新课题，分为四大主题，包括：网络服务提供者行为的侵权认定；破坏技术措施和删除、更改权利管理信息的法律责任；网络著作权案件管辖以及网站经营者主体的确定；救济方式。

14日 2010全国摄影艺术展览主办单位中国摄影家协会在官方网站发布公告，针对原金质收藏作品《明天的现实》作者侯谢涉嫌剽窃一事作出正式回应，取消《明天的现实》金质收藏作品资格。

15日 由中国文字著作权协会和黑龙江省农垦总局主办的“情系黑土地·保护著作权——知青作家龙江行”活动在黑龙江省哈尔滨市启动。“文学创作及著作权保护”座谈会作为知青作家龙江行的首站活动同时召开。

19—20日 由北京市版权局举办的刑事打击网络侵权盗版专题研讨会召开。

20—21日 由中国版权保护中心主办、中国出版工作者协会版权保护工作委员会协办的首届数字出版与版权管理培训班在北京举行。新闻出版总署副署长阎晓宏出席开班仪式并讲话。

25日 国家知识产权战略实施工作部际联席会议第四次全体会议在北京召开。国务院办公厅、28家联席会议成员单位联络员、工作联系人共80余人参加会议。

26日 江苏省版权综合服务中心信息平台（一期）在南京开通，这标志着全国首个省级版权公共服务和行政监管一体化的信息平台正式建立。

26—27日 国家版权局和公安部联合在北京举办了2010年基层版权执法培训工作会议。新闻出版总署副署长、国家版权局副局长阎晓宏在开幕式上阐明了新时期我国版权工作的形势和任务，要求集中做好版权执法工作，有效提高版权保护水平。

27日 中国版权保护中心与韩国著作权委员会在北京召开中韩网络游戏及视频版权保护座谈会，来自中韩两国版权界的30多名代表参加了会议。

27—28日 由国家版权局主办、《中国新闻出版报》报社承办的版权相关热点问题媒体研讨班第二期在北京举办。新闻出版总署副署长、国家版权局副局长阎晓宏出席研讨班并致辞。

29日 中国人民大学国家版权贸易基地举办第14期版权人沙龙，来自全国17家出版社的版权贸易专家齐聚一堂，话题聚焦新形势下如何做好版权贸易工作。

30日 第九届（2009年度）输出版、引进版优秀图书评选在北京揭晓。新闻出版总署副署长、国家版权局副局长阎晓宏在颁奖典礼上致辞并为获奖者颁奖。

◇ 《化圆为方——俄罗斯处女作奖作品集》新书发布会暨媒体见面会在第十七届北京国际图书博览会上举行。该作品集是在中国版权服务站的积极推动下，通过中华版权代理中心引进版权，由人民文学出版社翻译出版的中文版俄语小说集。这是中国首次引进俄罗斯“处女作奖”获奖作品。

9　月

1 日　由全国音频、视频及多媒体系统与设备标准化技术委员会制定的数字版权管理（DRM）术语标准《信息技术——数字版权管理——术语》形成草案，并开始征求意见。一旦制定为国家标准，它将成为我国制定数字版权管理及其他各类标准的基础。

2 日　中央国家机关青年知识产权论坛在北京举办。中央国家机关工委副书记俞贵麟，国家知识产权局局长田力普，新闻出版总署副署长、国家版权局副局长阎晓宏，国家工商总局副局长刘玉亭出席论坛并致辞。

3 日　作为中国举办的规模最大、最有影响力的国际文化展会之一的第十七届北京国际图书博览会闭幕。本届图博会共达成中外版权贸易协议 2 379 项，比去年增长近两成。其中版权引进与输出之比为 1∶1.46，中国图书版权输出增长超过 20%。

◇　在英国出访的新闻出版总署署长、国家版权局局长柳斌杰与英国知识产权大臣朱迪斯·威尔考克斯男爵在伦敦签署了《中华人民共和国国家版权局和英国知识产权局版权战略合作协议》。该协议的签署，标志着中英两国版权交流与合作进入了常态化、制度化阶段。

5 日　中国大陆、香港、澳门和台湾反盗版经验交流研讨会在台湾南投县召开。会议由台湾著作权保护基金会主办，美国电影协会协办。来自全国“扫黄打非”办公室、中宣部、公安部、海关总署以及北京、上海、安徽、广东等地“扫黄打非”部门、文化执法部门有关负责人组成的大陆代表团，与台湾及香港相关机构的负责人专题交流了反盗版经验，深入研讨了《海峡两岸经济合作框架协议》（ECFA）下的反盗版工作。

15 日　2010“剑网行动”视频网站主动监管工作会议在北京召开，国家版权局对“剑网行动”视频网站主动监管工作进行了部署。此次纳入监管的 15 家网站视频在线提供的影视作品占目前市场份额的 80%以上，国家版权局向社会公布的各网站主动监管影视作品数量达上千部。

◇　为充分整合版权界优势资源，真正打造国家级版权相关产业要素市场和版权贸易高端服务平台，中国人民大学国家版权贸易基地聘请了 15 位顾问并颁发了聘书。这 15 位顾问分别是：中国版权协会理事长沈仁干、中国人民大学知识产权学院院长刘春田、中国软件行业协会副理事长赵小凡、中国音像协会副会长王炬、中国音像著作权集体管理协会常务副理事长兼总干事王化鹏、中国电影著作权协会理事长朱永德、中国文字著作权协会常务副总干事张洪波、高等教育出版社社长李朋义等。

18 日　由新闻出版总署与越南通信和传媒部主办，广西新闻出版局和越南出版局承办的 2010 年中国图书展销会暨版权贸易洽谈会在河内国际会展中心开幕。

19 日　新汇文化娱乐集团（上海国家音乐产业基地）副总裁臧彦彬访问了中国人民大学国家版权贸易基地，双方就音乐作品版权价值评估、音乐作品版权交易、中国文化“走出去”等问题进行了深入探讨。

20 日　中国音乐著作权协会总干事屈景明荣任国际作者和作曲者协会联合会（CISAC）亚太委员会副主席。CISAC 是一个非政府、非营利性的国际组织，其主要活动是：推动作者权利的保护，协调和帮助各协会的活动，促进协会间的合作，充当国际研究和信息中心。

21 日　参加 2010 年加拿大“中国·河北文化周”的河北出版传媒集团下属河北阅读传媒公司在美国华盛顿与美国 CAM 出版社签订了版权合作协议。河北文化周代表团成员、中国驻美国大使馆教育处有关负责人出席了签约仪式。

◇　中央电视台与中国音乐著作权协会音乐付酬签约仪式在北京举行。国家广电总局、国家版权局、央视和音著协的相关领导及众多影视界、音乐界和法律界有关人士出席了此次签约仪式。双方代表共同签署了合作协议，音著协向央视颁发了《音乐作品使用许可证》。

23 日　由新闻出版总署主办，广西新闻出版局和印度尼西亚联通书局共同承办的中国图书展销会暨版权贸易洽谈会在印尼首都雅加达正式开幕。

26 日　由国家版权局、文化部、教育部、全国“扫黄打非”办公室联合举办的全国图书馆版权保护工作会议在北京举行。四部门再次呼吁全国图书馆增强版权保护意识，坚持先获得授权再使用原则，及时纠正未经许可复制、数字化传播行为，在行业内加强著作权法律法规宣传教育和行业自律。

26—27 日　纪念《著作权法》颁布 20 周年暨《著作权法》基础理论研讨会在西南政法大学召开。国家版权局原副局长沈仁干、新闻出版总署法规司司长于慈珂等出席会议，与来自全国各地的参会代表和西南政法大学师生共同探讨《著作权法》理论研究领域的重要课题，畅谈《著作权法》颁布 20 年来版权事业取得的辉煌成就。

27日 为期三天的广西出版传媒集团与越南教育出版社版权贸易洽谈会在南宁拉开帷幕。当天会议上，双方签署了《广西出版传媒集团、越南教育出版社版权贸易战略合作协议》。

27—29日 北京法院系统召开知识产权审判工作会议，这次会议是继1998年和2001年北京市法院知识产权审判工作会议后，北京市高级人民法院召开的第三次知识产权审判工作会议。会议回顾总结了2002年以来北京法院的知识产权司法审判工作，并对新形势下法院知识产权审判工作的新任务进行了部署。

30日 中国国际影视动漫版权交易网在广东东莞举行挂牌启动仪式。动漫原创企业与动漫衍生品企业之间的版权交易及合同签订可以通过该网站进行。

10 月

6日 人民出版社在法兰克福国际书展中国展台先后与美国圣智学习出版集团、英国陶瑞斯出版公司签署协议，两部论述当代中国的权威书籍《中国开放30年：增长、结构与体制变迁》与《中国模式研究》将由上述两家公司翻译出版英文版，在全球出版发行。

8日 中国国际出版集团副总裁齐平景与来自奥地利的BACOPA公司代表就版权贸易、图书销售等问题进行了友好洽谈。双方就外文社出版的四种中医图书版权达成合作意向。同时，他们还就中国国际出版集团驻德机构、中国图书贸易公司和奥地利的BACOPA公司三方订货、扩大销售渠道等项目达成意向。

9日 湖北华中文化产权交易所揭牌仪式在武昌举行。华中文交所是华中地区首家以版权、文化物权、债权、股权等为交易对象的专业化市场平台。

10日 法兰克福国际书展上，中国国际出版集团与来自美国、英国、加拿大、德国、意大利等国家的出版商开展合作交流，就版权贸易、合作出版等达成多项成果，其中版权输出达438项。

11—13日 世界知识产权组织（WIPO）创意产业司代司长迪米特·根切夫、美国经济学家联合会首席经济师史蒂夫·斯维克及商务部、国家版权局有关领导、国内部分高校知识产权专家一行8人到福建省厦门、德化调研福建版权产业发展状况。2005年，德化被国家版权局授予“全国版权保护示范单位”称号，这是全国第一家县级版权保护单位，“德化经验”自此在全国推广。

12日 广东省珠三角地区版权工作联席会议在深圳召开。广东省版权局钱永红副局长围绕亚运会版权保护问题、打击网络侵权盗版“剑网行动”、图书馆版权保护、企业软件正版化、北京国际版权贸易博览会等2010年全省版权工作的开展和部署情况发表讲话。

14日 由中国法学会、中国版权协会和中国人民大学主办的中国著作权法律百年国际论坛在北京举行。全国人大常委会原副委员长许嘉璐，新闻出版总署署长、国家版权局局长柳斌杰，中国人民大学校长纪宝成出席论坛开幕式并致辞。

18日 国务院办公厅发出《国务院办公厅关于进一步做好政府机关使用正版软件工作的通知》，要求政府机关进一步做好使用正版软件工作，并在全国开展使用正版软件专项检查工作。《通知》要求中央国家机关软件正版化专项检查和整改工作于2011年5月底前完成，省、市（地）、县级政府机关软件正版化专项检查和整改工作于2011年10月底前完成。各地区、各部门要将完成情况及时报送新闻出版总署（国家版权局）汇总后报国务院。

◇ 原创动力制作的动画片《喜羊羊与灰太狼之羊羊快乐的一年》与迪士尼签约，将通过迪士尼拥有的播放渠道在亚太区52个国家和地区播映。

19日 国务院总理温家宝主持召开国务院常务会议，决定开展打击侵犯知识产权和制售假冒伪劣商品专项行动。会议决定，从2010年10月底开始，在全国开展为期半年的打击侵犯知识产权和制售假冒伪劣商品专项行动。

◇ 中美著作权产业界代表座谈会在中国人民大学举办。座谈会由中国人民大学知识产权学院院长刘春田教授和美国商会高级主管史蒂夫·特普（Steve Tepp）主持。来自中美知名版权相关企业、中国音乐著作权协会、中国电影著作权协会和中国文字著作权协会等机构的代表共20余人出席。代表们围绕著作权作品面临的新挑战、著作权保护的障碍以及如何采取有效措施防止盗版等问题交换意见，分享经验。

20—21日 国际作者和作曲者协会联合会亚太委员会会议召开。中国音乐著作权协会总干事屈景明当选为该委员会副主席。同时，来自澳大利亚音著协和日本音著协的代表分别当选为该委员会主席和另一位副主席。

21日 新闻出版总署副署长、国家版权局副局长阎晓宏在北京会见了来华访问的美国总统奥巴马的知识产权执法高级协调员维多利亚·埃斯皮内尔女士一行。双方就中美两国在版权领域的交流合作等有关问题交换了意见。

26 日 在武汉市文化产业项目签约仪式上，动画片《阿特的奇幻之旅》制作方湖北盛泰文化传媒有限公司与中国国际电视总公司正式签署海外版权代理发行协议，《阿特的奇幻之旅》的海外版权将由中国国际电视总公司全权代理，标志着湖北动漫正式进军国际市场，迈开品牌国际化发展的第一步。

◇ 中国作家协会与北京市高级人民法院合作签约暨中国作家协会著作权纠纷调解委员会成立仪式在北京举行。新闻出版总署副署长、国家版权局副局长阎晓宏与中国作家协会副主席陈建功在仪式上为著作权纠纷调解委员会成立揭牌并向到会的委员颁发聘书。中国作协党组成员、书记处书记杨承志和北京高院党组副书记、副院长王振清在仪式上签署合作协议。

◇ 新闻出版总署、国家版权局、全国“扫黄打非”工作小组办公室下发《关于开展打击侵犯知识产权和制售假冒伪劣商品专项行动及进一步做好使用正版软件工作的通知》，同时成立了打击侵犯知识产权和制售假冒伪劣商品专项行动领导小组。

28 日 由中国版权协会和海峡两岸商务协调会主办的第三次海峡两岸版权保护研讨会在北京举行，来自海峡两岸的 100 多名专家和业内人士参与研讨。本次研讨会旨在推动落实《海峡两岸知识产权保护合作协议》，促进两岸在版权保护领域的交流与合作。

◇ 江苏省苏州市刺绣作品版权许可交易平台启动仪式在苏州高新区镇湖举行。江苏省版权局副局长傅杰三、苏州市政协副主席府采芹、苏州市知识产权局（版权局）局长刘春奇、苏州高新区党工委副书记胡振明共同启动了平台。

◇ 辽宁省版权局辽海出版社工作站正式挂牌，这是全国首家出版社版权工作站。

◇ 中国人民大学国家版权贸易基地联合中国广电协会电视制片委员会召开影视作品版权价值评估研讨会，就影视作品的版权价值评估体系进行首轮专家论证。受中国资产评估协会委托，这套价值体系由中国人民大学国家版权贸易基地负责建设，并将成为“国家版权定价中心”平台的一部分。

11 月

1 日 四川大学、四川省社会科学院、西南民族大学、西南财经大学、西南交通大学等联合发表宣言——《保护期刊版权，抵制学术不端行为联合宣言》，宣扬期刊版权保护，共同抵制学术不端行为。

4 日 首批获准电子书业务资质企业负责人座谈会召开，新闻出版总署副署长孙寿山表示，总署将进一步加大对电子书领域侵权盗版和违法违规行为的打击力度。

5 日 广州市版权局组织召开广州亚运会版权保护工作会议，部署亚运会版权保护工作。广州市知识产权、版权、工商行政管理、公安、电信、亚组委办公室、文化执法总队和佛山、东莞、汕尾 3 个亚运会协办城市领导及相关部门负责人参加了会议。

5—6 日 “第二届内容产业与知识产权国际研讨会暨第二届中澳知识产权论坛”在华东政法大学举办。此次论坛由华东政法大学、国家数字版权研究基地与澳大利亚昆士兰科技大学联合主办。为期两天的会议针对三网融合背景下数字内容产业的政策和法律问题等议题进行了讨论。

8 日 广东省南方文化产权交易所（南方国际版权交易所）在广州举行挂牌仪式，标志着广东省文化产权交易平台正式搭建。

9 日 文化部下发了《全国文化市场知识产权保护专项执法行动方案》，要求从 2010 年 11 月开始至 2011 年 3 月，在全国范围内开展文化市场知识产权保护专项执法行动。

10 日 新闻出版总署副署长、国家版权局副局长阎晓宏在北京出席美国大使知识产权对话活动时强调，国家版权局正在不折不扣地落实中国政府当前部署开展的全国打击侵犯知识产权和制售假冒伪劣商品专项行动中的相关工作。在此背景下，中美双方讨论互联网版权保护问题具有现实意义。国家版权局坚持旗帜鲜明地打击各类网络侵权盗版，对恶意的、规模性的侵权盗版行为将坚决追究其刑事责任。阎晓宏在对话活动中发表了题为《加强合作、共同应对互联网版权保护挑战》的演讲。

12 日 国家广播电影电视总局下发《广播影视知识产权战略实施意见》，该《意见》明文表示，总局将实施打击侵犯知识产权的专项行动。17 日《意见》开始初见成效，因为版权问题，一些知名视频网站上的热门美剧几乎在一夜之间全部消失。已购买版权的网站将可以继续播放相关美剧，包括《实习医生格蕾》等热门剧仍可在网上观看。

13 日 由新闻出版总署 2009 年立项、科技与数字出版司主持、中国版权保护中心承担的《区域版权产业经济贡献调查分析体系》课题研究工作的阶段性成果《深圳经济中的版权产业》报告评审会在中国版权保护中心召开。中国版权协会理事长沈仁干出席并主持了评审会。

16 日　中共中央政治局委员、国务院副总理王岐山在北京主持召开了全国打击侵犯知识产权和制售假冒伪劣商品专项行动领导小组全体会议。王岐山强调，各地区、各有关部门要认真落实温家宝总理在全国知识产权保护和执法工作电视电话会议上的重要讲话精神，针对国内外广泛关注、涉及群众切身利益的突出问题，明确打击的重点，狠抓工作落实，务求专项行动取得实效。

16—18 日　商业软件联盟（BSA）总裁兼首席执行官罗伯特·霍利曼（Robert Holleyman）对华进行了为期两天的访问，与中国政要、行业协会等就知识产权议题进行了商讨。他还应世界知识产权组织（WIPO）及国家版权局的邀请，参加了第三届中国国际版权博览会和 2010 年国际版权论坛。霍利曼对中国政府自 10 月中旬起开展的打击侵犯知识产权和制售假冒伪劣商品专项行动表示欢迎。

17 日　台北展团连续第三年以 4 000 平米的“台北文化创意主题馆”亮相北京文博会，展览现场将首度设立“版权保护工作站”，两岸合作为参展商提供版权保护法律法规和政策咨询。

18 日　第三届中国国际版权博览会在北京国家会议中心开幕。全国人大常委会副委员长陈至立等出席开幕式。新闻出版总署署长、国家版权局局长柳斌杰在开幕式上致辞，来自 60 多个国家和地区的版权及相关产业领域代表参会。

◇　由世界知识产权组织（WIPO）与国家版权局共同主办的第四届国际版权论坛在北京举行。本届论坛以音乐为主题，旨在关注发展迅速且利润巨大的音乐市场，并针对版权保护、贸易、投融资等方面进行多角度、全方位的交流。新闻出版总署副署长、国家版权局副局长阎晓宏作了题为《音乐畅响未来》的演讲。

◇　由新闻出版总署、世界知识产权组织主办，第三届中国国际版权博览会组委会承办的全球原创金曲演唱会暨世界知识产权组织版权金奖颁奖典礼在北京国家会议中心拉开帷幕。此次活动以“保护正版，传承经典”为主题，来自中国、意大利、美国、法国等国家的艺术家用形式多样的原创音乐为大家带来了一场音乐盛宴，希望能聚集全社会的力量扩大影响，支持原创，保护合法音乐作品。

19 日　由中国国际版权博览会组委会主办、中华全国律师协会知识产权专业委员会协办的中国版权维权高峰论坛在国家会议中心举办。

◇　第三届中国国际版权博览会中日著作权研讨会在国家会议中心举行开幕式，双方倡议合作开拓市场。

◇　世界知识产权组织总干事弗朗西斯·加利被中国人民大学授予名誉法学博士学位。

◇　中国人民大学国家版权贸易基地创办的国家版权交易网（www. copyrightmall. com）正式开通。

20 日　由第三届中国国际版权博览会主办，中国电影著作权协会与美国电影协会协办的“国际影视与新媒体论坛”在北京国家会议中心召开。新闻出版总署、国家版权局版权管理司司长王自强，国家工业和信息化部信息化推进司司长徐愈，中国电影著作权协会理事长朱永德，美国电影协会亚太区总裁艾里善等出席论坛。

25 日　国家版权局令第 8 号公布《著作权质权登记办法》，并于 2011 年 1 月 1 日正式施行。同时，1996 年 9 月 23 日国家版权局发布的《著作权质押合同登记办法》废止。

26 日　北京汉仪科印信息技术有限公司 2010 新字体发布会在北京举行。发布会以“造有神之字 传中华文化”为主题，向社会各界推出 11 款风格各异的新中文字体（包含国际简体、繁体共 19 款字库）。新闻出版总署副署长、国家版权局副局长阎晓宏在出席发布会时表示，对字库行业的版权保护需要引起高度重视，并不断加大保护力度。

30 日　全国打击侵犯知识产权和制售假冒伪劣商品专项行动领导小组办公室与国务院新闻办在北京联合召开了新闻发布会。商务部副部长、全国专项行动领导小组办公室主任姜增伟，工业和信息化部副部长杨学山，新闻出版总署副署长、国家版权局副局长阎晓宏向媒体重点介绍了中国推进软件正版化的有关情况。

12　月

1 日　新锐数字出版平台“一起写网”联合中国 20 多家顶级出版机构，推出“中南·天闻杯”华语写作大赛活动。本次大赛获得中南出版传媒集团倾情支持和赞助，大赛与中国人民大学国家版权贸易基地主办的首届中国版权拍卖大会联合进行。

4 日　2010 中国版权年会在深圳举行，年会由中国版权协会主办，主题是“三网融合与版权保护”。在本次年会上，中国作协副主席陈建功、上海新闻出版（版权）局局长焦扬等12人被评为2010年中国版权产业风云人物，当当网、南方报业集团等13家单位获“2010年中国版权产业最具影响力企业”称号。

7日 为帮助中国消费者更好地了解正版软件的价值，保护自己的电脑和个人数据，微软中国联手合作伙伴在北京宣布并正式开展覆盖全国消费者的正版软件推广活动——“真！就不一样”。

8日 全国首家音乐产权交易中心在上海挂牌成立，中心为音乐产业的发展提供以交易为核心的包含投融资、产权评估、法律服务、版权保护、公关推介、信息咨询等多方面服务。

9日 新闻出版总署副署长、国家版权局副局长阎晓宏就中国人民大学国家版权贸易基地近期工作进展及工作计划做出重要批示。批示指出：中国人民大学国家版权贸易基地成立以来，依托学校资源优势，在版权价值评估、版权交易、版权理论与实践研究等方面，积极开展了一系列很有影响的活动，为版权工作的全局起到了积极的推动作用，工作也很有亮点。

13日 文化部发布通知，决定集中清理音乐天空网、123wma音乐网、9Ku音乐网等237家涉嫌从事违规经营活动的网络音乐网站。文化部要求被点名的237家网络音乐网站限期进行整改，立即停止互联网文化活动，并删除含有国家法律法规禁止内容或者未取得著作权人合法授权的网络音乐产品。对未进行整改或者整改未达到要求的，文化部门将会同有关部门依法予以取缔。

14日 版权保护促进产业发展联合调研组在广东省版权局副局长钱永红的陪同下，赴中山市古镇镇调研灯饰的版权保护工作。调研组与古镇镇党政领导、行业协会、企业代表等共同研讨如何从灯饰行业的版权保护入手，推动产业优化升级。

26日 中国文字著作权协会与中华语文著作权集体管理协会在北京签署相互代表协议。根据协议，从2011年起，中华语著协将在我国台湾地区首先面向高校和社会复印店收取大陆书刊版权使用费，并有权向拒不支付者展开诉讼。此举意味着大陆作者明年有望收到来自台湾的版权使用费。

版权界动态

◆ 立　法

【《中华人民共和国著作权法》修改决定通过】 2010年2月10日，国务院总理温家宝主持召开国务院常务会议，会议讨论并原则通过《中华人民共和国著作权法修正案（草案）》，并决定该草案修改后由国务院提请全国人大常委会审议。

2月26日，中华人民共和国第十一届全国人民代表大会常务委员会第十三次会议审议通过《全国人民代表大会常务委员会关于修改〈中华人民共和国著作权法〉的决定》，以中华人民共和国主席令形式予以公布，自2010年4月1日起施行。

根据该决定，《中华人民共和国著作权法》作如下修改：

一、将第四条修改为："著作权人行使著作权，不得违反宪法和法律，不得损害公共利益。国家对作品的出版、传播依法进行监督管理。"

二、增加一条，作为第二十六条："以著作权出质的，由出质人和质权人向国务院著作权行政管理部门办理出质登记。"

修改后的《著作权法》共六章六十一条。其分别为总则，著作权，著作权许可使用和转让合同，出版、表演、录音录像、播放，法律责任和执法措施，附则。

（版权年鉴编辑部）

【国家版权局颁布《著作权质权登记办法》】 2010年11月25日，国家版权局令第8号公布《著作权质权登记办法》（以下简称《登记办法》），并于2011年1月1日施行。同时，1996年9月23日国家版权局发布的《著作权质押合同登记办法》废止。

此次《登记办法》的颁布，主要有三个方面的背景：其一为《物权法》第二百二十七条规定："以注册商标专用权、专利权、著作权等知识产权中的财产权出质的，当事人应当订立书面合同。质权自有关主管部门办理出质登记时设立"；其二为2010年2月26日修订《著作权法》时增加了第二十六条："以著作权出质的，由出质人和质权人向国务院著作权行政管理部门办理出质登记"；其三，2008年6月5日发布的《国家知识产权战略纲要》明确要求"进一步完善版权质押制度"。基于以上三个方面的背景，《著作权质权登记办法》既是落实《物权法》和《著作权法》的要求，也是贯彻实施《国家知识产权战略纲要》的要求。

《登记办法》要求登记机构建立《著作权质权登记簿》，记载出质人和质权人的基本信息、著作权质权合同的主要内容、著作权质权登记号、登记日期、登记撤销情况、登记变更情况、登记注销情况等相关信息，以供社会公众查询。

2010年12月13日，国家版权局发布2010年第3号公告，决定委托中国版权保护中心办理著作权质权登记工作。

（版权年鉴编辑部）

◆ 司　法

【海淀区法院对百度MP3歌词搜索侵权案作出一审判决】 2010年2月22日，北京海淀区法院对中国音乐著作权协会诉百度MP3歌词搜索侵权案作出一审判决，判令百度停止通过快照等形式提供包括《爱我中华》等50首歌曲的歌词，赔偿原告经济损失5万元。

中国音乐著作权协会总干事屈景明表示，百度公司没有经过许可，就在其网站上对音著协会员作品提供了多种形式的歌曲、歌词的网络浏览和传播服务。从2005年起，音著协就一直与百度联系协商解决音乐著作权的问题，但协商未果，遂进入司法程序。2008年2月，中国音乐著作权协会向北京市海淀区法院正式提起诉讼，要求百度公司停止侵权行为，并公开道歉，赔偿《爱我中华》等50首歌曲的著作权使用费共计人民币100万元。

（资料来源：中国知识产权报　作者：姚文平）

【北京市高级人民法院公布北京2009年知识产权诉讼十大案例】 2010年4月16日，北京市高级人民法院公布了北京2009年知识产权诉讼十大案例。

与往年相比，2010年发布的十大案例涉及面广，涵盖了知识产权民事诉讼领域的多种类型。此十大案例分别是："耶莉娅"商标侵权及不正当竞争案；微软 Windows XP、Office 2003 专业版计算机软件著作权侵权案；“可搬式屏幕装置”实用新型专利侵权案；范曾《十二生肖图》著作权侵权案；“防火隔热卷帘”发明专利侵权案；《大话股神》信息网络传播权侵权案；“马克华菲”有奖征集著作权侵权案；“半畝園”商标侵权及不正当竞争案；“神州数码”驰名商标侵权案和“雪莲”商标侵权及不正当竞争案。

（资料来源：中国新闻出版报　作者：邹　韧）

【《中国法院知识产权司法保护状况（2009 年）》白皮书发布】　2010 年 4 月 20 日，最高人民法院发布了《中国法院知识产权司法保护状况（2009 年）》白皮书（中英文本），这是最高人民法院首度以年度保护状况的形式向社会发布人民法院知识产权司法保护状况。白皮书指出，从 1985 年至 2009 年，人民法院共审结知识产权民事一审案件 166 408 件，审结知识产权行政一审案件 6 387 件；从 1997 年至 2009 年，共审结知识产权刑事一审案件 14 509 件。

白皮书全面回顾总结了人民法院 2009 年的知识产权司法保护工作，对改革开放 30 年以来的知识产权司法保护工作也进行了简要介绍。其中指出，伴随着中国改革开放的步伐，自 20 世纪 70 年代末 80 年代初中国知识产权事业起步以来，中国法院的知识产权司法保护事业从无到有，由弱到强，不断发展，逐渐建立起了能够基本适应国家发展需要、履行国际条约义务、体系比较完整的中国特色社会主义知识产权司法保护制度，成为中国司法事业的重要组成部分。

白皮书指出，2009 年，中国知识产权案件数量增多、新类型案件增多、重大疑难案件增多、案件审理难度加大，其中知识产权民事案件增幅明显，远超过其他类型民商事案件的增幅。

（资料来源：中国知识产权报　作者：魏小毛）

【最高人民法院公布 2009 年中国法院知识产权司法保护十大案件】　2010 年 4 月 21 日，最高人民法院公布了 2009 年中国法院知识产权司法保护十大案件和 50 件典型案例。

2009 年中国知识产权司法保护十大案件中包括民事案件 8 件、刑事案件 1 件、行政案件 1 件。其中，最高人民法院终审裁判案件 3 件、高级人民法院终审裁判案件 6 件、基层人民法院终审裁判案件 1 件。这十大案件分别是：

（1）正泰集团股份有限公司诉施耐德电气低压（天津）有限公司、宁波保税区斯达电气设备有限公司乐清分公司侵犯实用新型专利权纠纷上诉案；

（2）江汉石油钻头股份有限公司诉天津立林钻头有限公司、幸发芬侵犯商业秘密纠纷上诉案；

（3）武汉晶源环境工程有限公司诉日本富士化水工业株式会社、华阳电业有限公司侵犯发明专利权纠纷上诉案；

（4）宝马股份公司诉深圳市世纪宝马服饰有限公司、傅献琴、家润多商业股份有限公司侵犯商标专用权及不正当竞争纠纷案；

（5）上海三联（集团）有限公司、上海三联（集团）有限公司吴良材眼镜公司诉苏州市吴良材眼镜有限责任公司、苏州市吴良材眼镜有限责任公司观前店、吴林泉、周彩珍侵犯商标专用权及不正当竞争纠纷上诉案；

（6）山东鲁锦实业有限公司诉鄄城县鲁锦工艺品有限责任公司、济宁礼之邦家纺有限公司侵犯商标专用权及不正当竞争纠纷上诉案；

（7）北京长地万方科技有限公司诉深圳市中佳讯科技有限公司、凯立德欣技术（深圳）有限公司、深圳市凯立德计算机系统技术有限公司、佛山市劲力汽车用品有限公司南海分公司侵犯著作权纠纷上诉案；

（8）北京黄金假日旅行社有限公司诉携程计算机技术（上海）有限公司、上海携程商务有限公司、河北康辉国际航空服务有限公司、北京携程国际旅行社有限公司虚假宣传纠纷上诉案；

（9）佛山市圣芳（联合）有限公司诉中华人民共和国国家工商行政管理总局商标评审委员会、第三人强生公司商标撤销行政纠纷再审案；

（10）成都共软网络科技有限公司、孙显忠、张天平、洪磊、梁焯勇侵犯著作权罪案。

2009 年中国知识产权司法保护 50 件典型案例中包括知识产权民事案件 46 件、知识产权行政案件 3 件和知识产权刑事案件 1 件。知识产权民事案件中有专利侵权案件 5 件、植物新品种侵权案件 1 件、著作权侵权案件 11 件、商标侵权案件 16 件、不正当竞争案件 10 件、知识产权合同案件 3 件。知识产权行政案件包括专利授权确权案件 2 件和商标授权确权案件 1 件。

（资料来源：人民法院报）

【北京市高级人民法院印发《关于审理涉及网络环境下著作权纠纷案件若干问题的指导意见》】
2010 年 5 月 19 日，北京市高级人民法院印发《关于审理涉及网络环境下著作权纠纷案件若干问题的指导意见》（以下简称《意见》）。

《意见》指出，网络服务提供者构成对信息网络传播权的侵犯、承担侵权的民事责任，应具备违法行为、损害后果、违法行为与损害后果具有因果关系和过错四个要件。《意见》对信息网络传播行为的判断及其法律调整，网络技术、设备服务提供行为的法律性质、服务提供者的过错判断及其法律适用提供了指导意见，并对技术措施、网站经营者的认定进行了阐释。

（版权年鉴编辑部）

【《关于为加快经济发展方式转变提供司法保障和服务的若干意见》发布】 2010年7月1日，最高人民法院在北京发布了《关于为加快经济发展方式转变提供司法保障和服务的若干意见》（以下简称《意见》）。

《意见》要求各级人民法院加强对重点领域知识产权的司法保护，促进战略性产业发展；加大对关键核心技术自主知识产权的保护力度，促进新能源、新医药、新材料、环保等高新技术产业发展，维护企业的核心竞争力。

《意见》指出，人民法院要妥善审理各类知识产权案件，保障和服务推动自主创新。要加强对驰名商标、农产品地理标志以及战略性新兴产业和现代服务业商标权的保护，促进自主品牌的形成和品牌经济的发展。

《意见》还要求各级法院妥善审理反垄断和不正当竞争案件，制止科技开发和技术转让中的垄断行为，防止滥用知识产权限制创新，维护公平竞争的市场秩序；加强对新闻出版、广播影视、文学艺术、文化娱乐、广告设计、工艺美术、计算机软件、信息网络等领域的著作权保护，依法惩处假冒商标、专利和侵犯著作权等侵犯知识产权的犯罪行为，促进文化创新，繁荣文化市场。

《意见》还指出，各级法院要妥善审理与经济结构调整相关案件，保障和服务经济结构优化和调整；妥善审理消费者权益纠纷案件、城乡结构调整中引发的各类纠纷案件、服务领域的各类纠纷案件、金融纠纷案件；妥善审理相关破产、强制清算案件，保障实现淘汰落后、过剩产能，推动实现产业转型升级的经济发展目标等。

（资料来源：中国知识产权报　作者：魏小毛）

【最高人民法院发布侵犯知识产权和制售假冒伪劣商品典型案例】 2010年11月25日，最高人民法院下发《关于充分发挥刑事审判职能作用，依法严惩侵犯知识产权和制售假冒伪劣商品犯罪的通知》，同时还发布了6起侵犯知识产权和制售假冒伪劣商品的典型案例。

这6起典型案例分别为：由广东省东莞市中级人民法院一审的被告人黄从霖、丁乒、张志民等15人，被告单位深圳鼎圣国际货运代理有限公司销售伪劣产品案，主犯黄从霖、丁乒均被判处有期徒刑15年并处罚金；由山东省青岛市中级人民法院审理的被告人郑承来、崔成权销售假冒注册商标的商品案，主犯郑承来（韩国籍）因销售假冒的“万艾可”、“希爱力”药品被判处有期徒刑2年、罚金人民币50万元并驱逐出境；由北京市朝阳区人民法院一审的被告人杨昌君销售假冒注册商标的商品案，被告人杨昌君因在秀水街市场销售假冒名牌男女式包被判处有期徒刑3年6个月，罚金人民币1万元；由福州市晋安区人民法院一审的被告人金伏宋假冒注册商标案，被告人金伏宋因生产、销售假冒的碳粉被判有期徒刑4年，并处罚金人民币15万元；由四川省成都市中级人民法院一审的被告人堀茂侵犯商业秘密案，法院判处堀茂有期徒刑2年5个月，并处罚金人民币50万元；由江苏省常熟市人民法院审理的王佳豪侵犯著作权案，被告人王佳豪以营利为目的，未经著作权人许可，将他人享有著作权的音乐作品上传网络，为互联网用户提供试听等服务，情节严重，王佳豪被判处有期徒刑6个月，缓刑1年，并处罚金人民币1.5万元，追缴犯罪所得。

（资料来源：中国知识产权报　作者：魏小毛）

【北京第一中级人民法院5年受理涉外知产案件2 691件】 2010年12月2日，北京市第一中级人民法院向社会公布了近5年来的10起涉外知识产权典型案例以及该院审理涉外知识产权案件的总体情况。从2006年到2010年10月，一中院知识产权庭共受理各类涉外知产案件2 691件，占全庭总收案数的28.4%，起诉标的额高达3.3亿元，受理案件数量也从2006年的241件增加到截至2010年10月的1 367件，案件数量增幅高达470%。

（资料来源：中国新闻出版报　作者：常　鸣）

◆ 行政管理

【2010年全国版权工作会议召开】 2010年1月14日，国家版权局召开全国版权工作会议，新闻出版总署署长、国家版权局局长柳斌杰在书面报告

中回顾了 2009 年的版权工作，并对 2010 年的版权工作提出要求。他指出，版权工作整体上进入了以促进经济、文化发展为重点，“鼓励智力创造、提高创新能力，提供公共服务、促进有效运用，打击侵权盗版、维护市场秩序，完善市场机制、促进产业发展”的新阶段。

柳斌杰在《版权工作报告》中表示，2009 年，中国的版权工作继续推进制度创新，版权战略制定和法律体系建设有新进展；大力强化监管，版权监管执法水平有新提高；坚持服务大局，促进版权产业发展有新举措；密切联系实际，公共服务和社会参与体系有新突破；创新工作思路，版权社会影响有新力度；维护国家利益，版权国际交流合作呈现新局面。总体而言，较好地促进了版权事业的繁荣和版权产业的发展，为 2010 年创新版权工作打下了良好的基础。

柳斌杰指出，2010 年，是新中国第一部著作权法律颁布 20 周年。经过 20 年的努力，中国版权事业不断进步，版权创造、运用、保护和管理的社会环境极大改善，版权工作面临着难得的发展机遇。2010 年的版权工作，要紧紧抓住激励创造、有效运用、依法保护、科学管理四个核心环节，扎实推进。要继续鼓励创造，提高版权的创新能力；有效运用，促进版权产业的繁荣发展；依法保护，净化版权市场的运行环境；科学管理，提升版权行业管理水平。

新闻出版总署副署长、国家版权局副局长阎晓宏在主持讨论时指出，《国家知识产权战略纲要》已明确了包括版权在内的知识产权“鼓励创造、有效运用、依法保护、科学管理”的基本方针，新闻出版总署党组提出了全面推进版权工作六大体系建设的战略任务。在我国向新闻出版强国迈进的进程中，版权保护仍然是版权工作的重点，但不是全部。中国版权制度在经历了法律建立阶段、法律实施阶段之后，现在已经进入全面推进阶段。新的形势要求版权工作者在加强行政执法和市场监管、完善版权市场机制和版权服务体系、做好版权宣传培训、加强版权对外交流等方面继续发挥优势，积极贯彻《版权工作报告》，力争新突破，作出新成绩，推动中国版权产业又好又快发展。

来自全国各省（区、市）新闻出版局分管版权工作的副局长，以及部分著作权集体管理组织负责人就《版权工作报告》和 2010 年全国版权工作要点进行了讨论。

（资料来源：中国新闻出版报　作者：方　圆）

【国家版权局通报第五次打击网络侵权盗版专项行动情况】　2010 年 1 月 20 日，国家版权局在北京通报了 2009 年第五次打击网络侵权盗版专项行动的最新情况。

专项行动期间，各地共对 3 130 家重点网站实施主动监管，各级版权行政执法部门及公安、工信部门共查办网络侵权案件 558 件，关闭非法网站 375 个，采取责令删除或屏蔽侵权内容的临时性执法措施 556 次，罚款总计 133.75 万元，没收服务器 163 台。此外，向司法机关移送 25 起涉嫌构成刑事犯罪的重大案件。

（资料来源：中国知识产权报　作者：姚文平）

【国家版权局首次召开著作权集体管理工作会议】　2010 年 1 月 20 日，国家版权局首次召开著作权集体管理工作会议。新闻出版总署副署长、国家版权局副局长阎晓宏强调，著作权集体管理组织的工作要适应新形势的要求，要从筹备、组建转入正常运行状态，依法开展各项工作。阎晓宏对做好下一步的著作权集体管理工作提出了六点要求：

一是各著作权集体管理组织要把建立规范、透明、公正、高效的著作权集体管理制度作为基础工作来抓。要进一步完善制度，制定和执行好章程、授权合同、收取分配使用费办法等，要进一步规范管理行为，按时召开理事会、常务理事会、会员大会，重大事项由常务理事会和会员大会决定，及时发布相关信息，主动接受有关行政部门和社会公众的监管和监督，以实际行动争取著作权人和社会公众的支持和理解。

二是各著作权集体管理组织要依法开展收费工作。在收费工作中不能专注于眼前利益，任何收费形式都不能与集体管理组织的性质和章程相冲突，坚决反对用不正当的方式收费。著作权集体管理组织是非营利机构，不能有任何营利行为。

三是各著作权集体管理组织要依法开展分配工作。分配办法要经过会员大会和理事会审议通过，要公开透明。著作权集体管理组织收取的版权使用费除扣除必要的管理成本外，必须全部分配给权利人，并且，管理成本还要逐年下降。著作权集体管理组织要树立对会员负责、对社会负责的精神，只有获得权利人的支持，才能保证集体管理工作的健康有序开展。

四是各有关政府部门要继续大力支持各著作权集体管理组织的工作。著作权行政管理部门对集体管理组织依据《著作权集体管理条例》提出的申请事项要及时办理，保证集体管理活动顺利进行。

五是政府监管工作要到位。国家版权局相关职能部门要加强对著作权集体管理组织的管理与监督，认真履行监管职责。各著作权集体管理组织也要主动向政府部门汇报工作，接受政府主管部门的监管，建立规范、透明、公正、高效的著作权集体管理制度。

六是要加强对集体管理工作的宣传力度，要善待、善用、善管媒体，做好与媒体的沟通协调工作。

国家版权局版权管理司司长王自强主持会议并介绍了2009年集体管理工作的有关情况和2010年的工作部署。中宣部、文化部、国家广电总局、民政部、中国文联等部门有关负责人出席会议。中国音乐著作权协会、中国音像著作权集体管理协会、中国文字著作权协会、中国摄影著作权协会、中国电影著作权协会等5家著作权集体管理组织的主要负责人参加了会议。

（资料来源：中国新闻出版报　作者：方　圆）

【司法部出台《关于贯彻落实〈国家知识产权战略纲要〉的意见》】 2010年2月2日，为贯彻实施《国家知识产权战略纲要》，充分发挥司法行政工作在实施国家知识产权战略和保护知识产权工作中的职能作用，司法部出台了《落实〈国家知识产权战略纲要〉意见》（以下简称《意见》）。

《意见》指出，要积极为知识产权的创造、运用、保护和管理提供法律服务。要引导律师积极为中国申请人对外专利申请服务，促进自主知识产权水平的提高。为核心版权产业的发展、植物新品种开发和高水平集成电路布图设计提供法律支持。为商业秘密、地理标志、遗传资源、传统知识和民间文艺的有效保护和合理利用提供法律服务。通过代理专利商标等知识产权的注册及复审申请，通过法律程序确认有关知识产权，促使更多自主知识产权成果的产生。要引导律师通过协助市场主体办理专利、商标、版权等知识产权的转让和许可，审查知识产权的转让和许可合同，推动创新成果投入实际应用，促进市场主体对知识产权的有效运用。要引导律师通过提供服务健全，完善由专利、商标、著作权、商业秘密等知识产权构成的保护体系，全方位地保护市场主体创新成果。同时，还要引导律师充分发挥专业优势，通过为市场主体制定知识产权战略方案，提供知识产权风险预警和防范措施分析，参与企业技术引进、知识产权项目开发可行性论证等法律服务，协助知识产权拥有者加强对知识产权的管理力度，提高企业的核心竞争力。

《意见》提出，要充分认识实施国家知识产权战略的重大意义。《意见》对充分发挥司法鉴定工作在推进国家知识产权战略实施中的重要作用，切实做好知识产权法制宣传教育工作，大力加强知识产权法律人才培养，切实加强组织领导等方面提出了指导意见。

（资料来源：中国知识产权报　作者：赵建国）

【国家知识产权战略实施工作部际联席会议第二次会议召开】 2010年3月1日，国家知识产权战略实施工作部际联席会议第二次会议在北京召开。会议全面总结了2009年全国知识产权战略实施工作开展情况，研究部署了2010年有关工作，审议并原则通过《2010年国家知识产权战略实施推进计划》和《2010年中国保护知识产权行动计划》。

联席会议召集人、国家知识产权局局长田力普对2009年全国知识产权战略实施工作的开展情况作出说明。他指出，2009年，通过认真落实《2009年国家知识产权战略实施推进计划》，各部门共开展完成计划措施220项，制定修订有关知识产权法规和规范性文件54项，出台主要政策措施82项，开展执法行动23项，建立公共服务平台28个。通过推动地方知识产权战略实施，18个省、自治区、直辖市出台了地方知识产权战略或实施意见，积极服务区域特色经济发展。

《2010年国家知识产权战略实施推进计划》确定2010年战略实施的主要工作任务是：全面落实《国家知识产权战略纲要》部署，鼓励知识产权创造和运用，依法加强知识产权保护，夯实知识产权战略实施工作基础，促进知识产权战略资源作用的充分发挥，着力推动经济发展方式转变和经济结构调整。并根据任务要求，明确了重点工作，从九方面提出具体措施。《2010年中国保护知识产权行动计划》围绕“完善制度，加强执法，突出专项，推进协调，强化宣传，规范管理”方针，从十方面提出具体措施。

28家联席会议成员单位的14名部级领导及联络员共80余人参加了会议。

（资料来源：中国知识产权报　作者：梁心新　付明星）

【国家版权局部署上海世博会版权保护工作】 2010年3月4日，国家版权局在上海召开世博会版权保护专项工作会议，部署落实世博会前和世博会期间版权保护和市场执法整治工作。会议要求各地要高度重视世博会版权保护和市场整治工作，为世博会成功举办营造良好的知识产权保护环境。

新闻出版总署副署长、国家版权局副局长阎晓宏主持会议并讲话。他要求各地高度重视，精心组织，按照职责分工依法从重从快打击盗版侵权违法行为，同时要在建好世博会期间版权保护快速反应机制的基础上加强世博会版权保护的宣传教育工作，在全社会形成良好的版权保护舆论氛围。

会议要求，立即在全国范围组织开展世博会版权保护专项执法行动，上海、江苏、浙江、北京、广东等地作为重点地区要做好精密部署。会议还对世博会版权保护专项执法行动的各阶段目标任务、各地区各部门的责任分工、专项执法行动的重点地区和重点环节等作了具体的部署，提出了明确的要求。其中包括，一、在世博会前重点对出版物市场特别是音像制品市场开展为期 20 天的清理整治，对出版制作发行单位进行专项检查，对盗版侵权行为进行严厉查处，涉及犯罪的要坚决追究刑事责任；二、在整个世博会期间，要建立版权保护和执法的快速反应机制和统一的指挥体系，形成各地联动，版权、新闻出版、公安、文化执法等各相关部门密切合作的世博会版权保护工作机制。

（资料来源：解放日报　作者：姜小玲）

【第二批“全国软件正版化工作示范单位”受表彰】　2010 年 3 月 11 日，国家版权局、工信部、财政部、商务部、国资委、银监会、证监会、保监会、全国工商联等九部门联合下发《关于授予大庆油田有限责任公司等 257 家企业“全国软件正版化工作示范单位”称号的决定》。

此次表彰活动是由九部门联合组成的推进企业使用正版软件工作部际联席会议（以下简称“部际联席会议”）组织开展的。部际联席会议于 2007 年 2 月经国务院批准成立，由国家版权局牵头。部际联席会议制度建立后，各行业、各地区软件正版化工作取得重要进展。为了将企业软件正版化工作向纵深推进，进一步发挥使用正版软件先进企业的示范作用，部际联席会议决定对软件正版化工作表现突出的单位给予表彰。

2007 年 12 月，经部际联席会议研究决定，授予中国移动等首批 166 家企业“全国软件正版化工作示范单位”荣誉称号。2009 年 5 月，部际联席会议办公室启动了第二批“全国软件正版化工作示范单位”的评选表彰工作。评审小组根据机构是否健全、是否建立使用正版软件管理制度、有无清晰的软件使用管理体系等评选标准，对各部门、各地报送的 352 家企业参评材料进行了逐一审查。经过认真的初评、复评、终审，共有 257 家企业获得“全国软件正版化工作示范单位”称号，占实际参评企业总量的 73%。

（资料来源：中国新闻出版报　作者：赖名芳）

【国家版权局与香港海关签订《打击网络盗版合作互助安排》】　2010 年 3 月 19 日，国家版权局与香港海关首次就打击网络盗版行为签订合作互助安排，以加强网络环境中的版权保护。国家版权局版权管理司司长王自强与香港海关助理关长谭耀强代表双方签订该合作互助安排。

在合作互助安排下，国家版权局与香港海关同意在各自的法律、权限、能力和资源的范围内，在打击网络盗版方面紧密合作，并提供行政互助，以保护网络环境中版权拥有人的合法权益。同时，双方代表会安排定期会晤，商讨打击网络盗版的合作及互助细节，并就有关事宜交换意见。

（资料来源：香港海关网站）

【世博会反盗版快速反应机制建立】　2010 年 3 月 29 日，国家版权局印发《2010 年上海世博会反盗版快速反应机制》。

根据快速反应机制，世博会期间，国家版权局负责组织、协调、指导全国的执法工作，日常工作由国家版权局版权管理司、上海市版权局共同承担。与此同时，发挥国家版权局反盗版举报中心、各地版权部门举报平台的职能作用，动员社会各方面人士积极举报各种侵犯世博会版权违法行为。各地版权执法部门和世博会版权工作服务站将本地、本站收集到的案件线索及时报送国家版权局，突发事件或紧急事态立即报送。国家版权局对案件线索进行分析研判，部署各地版权部门快速查处。

各地版权执法机构对国家版权局移送的和本地收集到的案件线索及时采取紧急执法措施予以有效制止或纠正。根据快速反应机制采取紧急执法措施后，不影响版权执法部门根据侵权情况依法采取常规程序对其给予没收违法所得，罚款，没收主要用于侵权的材料、工具、设备等其他行政处罚。版权执法部门作出行政处罚后，应及时向国家版权局报送。

国家版权局在全面掌握各地案件的基础上，对重点案件进行连续跟踪、重点督办。各地版权部门对办案中遇到的紧急事态、重大阻碍应即时报告。

对于情节严重、涉嫌构成犯罪的侵权盗版案件，各地版权部门应及时向公安机关移送，加大刑事打击力度。

（资料来源：中国新闻出版报 作者：方 圆）

【国家版权局印发《2010年上海世界博览会版权保护工作方案》】 2010年3月29日，国家版权局印发《2010年上海世界博览会版权保护工作方案》（以下简称《方案》），从服务、监管、宣传、表彰四方面入手，进一步加大对世博会版权保护的力度。

在版权服务方面，《方案》指出，国家版权局将联合世博局设立世博会版权工作服务站，做好对世博会参展者的版权法律咨询、受理投诉举报、版权使用授权、调解纠纷等版权服务。国家版权局与世博局将共同建立世博会相关作品信息库，通过国家版权局网站及世博会官方网站将作品信息进行公开并不断更新。中国版权保护中心将联合世博会版权工作服务站为世博会相关作品登记提供高效便捷的服务。此外，国家版权局将组织国内版权业界专家，成立世博会版权专家顾问组，为世博会组织者提供版权业务指导等服务。由上海牵头，以上海、江苏、浙江为主，联合其他地区版权部门组建法律咨询组，为世博会举办地和分论坛所在地提供有关版权法律咨询。国家版权局将协调各著作权集体管理机构和中外权利人组织建立版权使用授权绿色通道，支持世博会版权工作服务站统一对世博会相关版权使用者提供版权使用授权服务。

在强化监管方面，为加大对世博会会旗、会歌、会标、吉祥物、展馆建筑设计、演出表演等重点作品的版权保护力度，《方案》要求上海及世博会分论坛举办城市要建立日常执法联动机制。国家版权局和各地版权部门建立世博会反盗版快速反应机制。及时收集世博会版权案件线索，采取高效便捷程序进行快速查处，对重大案件查处实行全程跟踪和重点督办，从严、从快打击各类世博会版权违法活动。发挥国家版权局反盗版举报中心、各地版权部门举报平台的职能作用，动员广大社会群众积极举报各种侵犯世博会版权违法活动，实现对世博会重点区域、重点部位、重点时段侵权盗版活动的群防群治。

在宣传和表彰方面，《方案》要求各地版权部门围绕“4·26”知识产权宣传周等活动平台，发挥世博会版权工作服务站的窗口作用，集中宣传中国版权保护的举措和成绩。国家版权局将建立版权重大信息新闻发布制度，集中发布世博会版权保护中的重点工作、重大案件和重要事件，及时反映世博会版权保护各项政策和积极成果。国家版权局将针对世博会版权保护重点工作和查处的重大案件，及时进行总结表彰；明确世博会版权案件举报奖励标准，调动广大社会群众举报世博会版权案件的积极性和主动性；世博会反盗版案件将被列为“2010年度打击侵权盗版案件有功单位及个人”的评选重点。

（资料来源：中国新闻出版报 作者：方 圆）

【国家版权局召开2010年版权重点工作专题会议】 2010年3月30—31日，国家版权局在浙江宁波召开2010年版权重点工作专题会议，就世博会版权保护、全面开展版权作品登记等重点工作进行了部署，并发布了《2010年上海世博会版权保护工作实施方案》和世博会反盗版快速反应机制。

国家版权局副局长阎晓宏在会上指出，做好世博会版权保护工作，对于切实履行中国保护世博会知识产权的庄严承诺、大力展示我国保护知识产权的良好形象、为世博会成功举办营造良好社会氛围具有十分重要的意义。要按照中央“六个确保”的要求，以强烈的政治责任感和紧迫感，迅速进入临战状态，认真做好上海世博会版权保护工作。

阎晓宏表示，上海世博会会期长、参观人数多，版权保护的任务艰巨，既涉及世博会本身作品的版权保护，更涉及市场环境、网络环境的净化，总体保护难度将高于北京奥运会。要在借鉴北京奥运会版权保护成功经验的基础上，创新工作方法，拓展工作领域，既要加大版权执法力度，严厉打击侵犯世博版权行为，同时也要通过加强公共服务和宣传教育等手段，积极营造良好的知识产权保护氛围。为实现这一目标，新闻出版总署（国家版权局）部署了两个阶段的行动：第一阶段为3月初在全国范围内部署开展为期一个月的打击盗版音像制品专项行动，第二阶段为5月1日—10月31日实施《2010年上海世博会版权保护工作实施方案》，建立世博会反盗版快速反应机制。阎晓宏强调，各地版权部门要加强领导、提高认识，明确责任、加强协调，要通过扎实的工作，切实保护世博版权，履行国际承诺，为举办一届精彩、成功、难忘的世博会贡献力量。

国家版权局版权管理司副司长王志成在会上介绍了《2010年上海世博会版权保护工作实施方案》的内容，并通报了目前市场治理情况。

此次会议还就作品版权登记进行了专题座谈。新闻出版总署法规司司长于慈珂在会上就《中华人民共和国著作权法》第二次修订的有关情况进行了介绍。国家版权局版权管理司司长王自强在会上就著作权登记的有关问题提出建议：一要扩大作品登记的工作覆盖面；二要积极倡导各省、自治区、直辖市版权局支持有条件的省会城市和中心城市，特别是在版权产业发展比较聚集的地区开展这项工作；三要简化登记程序，提高登记效率；四要妥善解决收入问题；五要加强登记信息保存工作。

（资料来源：中国新闻出版报　作者：方　圆）

【国家版权局举办世博会版权保护工作有关情况通报会】　2010年4月15日，国家版权局在北京举办世博会版权保护工作有关情况通报会。国家版权局版权管理司司长王自强在会上通报了自2010年3月以来，由国家版权局联合公安、文化市场行政执法等部门在全国开展的打击盗版音像制品专项行动的初步成果和世博会版权保护工作情况。

根据前期调查得到的相关信息显示，涉嫌侵权盗版光盘共计20个品种、233个节目，涉及10家音像出版单位、6家光盘复制单位和3家制作发行单位。截至4月初，各地版权执法部门先后出动执法人员20.971 6万人次、检查音像经营场所6.551 7万家，共取缔非法摊点3 238个、收缴盗版音像制品307.109 2万张、立案查处音像盗版案件404起。

通报会由新闻出版总署版权管理司副司长王志成主持。

（资料来源：中国新闻出版报　作者：哈妮帕）

【北京确立首批正版音像产品销售示范单位】　2010年4月20日，2010年北京首批正版音像产品销售示范单位授牌仪式举行。北京市版权局副局长王野霏等出席授牌仪式。获得此次正版音像产品销售示范单位称号的20家单位由北京市音像制品分销行业协会从全市音像店中评选产生。北京市版权局对此进行了通报表彰，并向有关单位颁发了“正版产品销售示范单位”标牌。在授牌仪式上，受表彰单位做出承诺：将严格遵守北京市《正版产品销售示范单位管理办法》，反对和抵制盗版产品的销售。

（资料来源：中国新闻出版报　作者：哈妮帕）

【三部委联合发布2009年中国知识产权发展状况】　2010年4月29日，国家知识产权局、国家工商行政管理总局、国家版权局在国务院新闻办公室新闻发布厅联合召开2009年中国知识产权发展状况新闻发布会。国家知识产权局副局长甘绍宁、国家工商行政管理总局商标局局长李建昌、国家版权局版权管理司巡视员许超出席发布会并回答记者提问。发布会由国务院新闻办新闻局局长郭卫民主持。

在司法保护方面，2009年，全国检察机关共查办涉及侵犯知识产权犯罪案件1 256件、批准逮捕2 119人，起诉1 535件、2 695人。全国地方法院共新收和审结知识产权民事一审案件3.06万件和3.05万件，共审结涉及知识产权侵权的刑事案件3 660件。

在推进知识产权立法工作方面，国家版权局提出并积极推动《中华人民共和国著作权法》的修订，加快了《民间文学艺术著作权保护条例（草案）》的起草工作。在进一步加强知识产权行政执法保护和司法保护工作方面，国家版权局继续开展打击网络侵权盗版专项治理行动，共查办网络侵权案件541件。

在积极推进企业软件正版化工作方面，2009年全国列入年度完成使用正版软件工作目标的企业达到5 127家，完成检查验收企业3 053家。为此，各地版权部门还举办各类培训班308个，培训企业和人员创历史新高，分别达到10 565家、19 415人。

在稳步推进知识产权试点示范工作方面，国家版权局先后批准成都、青岛两市创建“全国版权示范城市”，完成了《版权示范城市、示范单位和示范园区（基地）管理办法》的起草工作。

在加强知识产权国际合作与交流方面，国家版权局积极参与世界知识产权组织的有关民间文艺、发展议程、版权常设会议等议题的相关工作，协调并组织参加世界知识产权组织跨区域知识产权高层论坛。

（资料来源：中国新闻出版报　作者：赖名芳）

【湖南就版权登记与相关企业座谈】　2010年5月11日，湖南省版权局召开版权登记和保护工作座谈会，宏梦卡通、蓝猫卡通、山猫卡通、天闻动漫、天舟科教、鼎翰文化、梦洁家纺、金鹰网等知名版权企业以及湖南省软件协会和知识产权律师代表参加会议。

湖南省版权局副局长黄赞佳在会上表示，做好版权登记工作，对于证明版权归属、保护企业合法权益、促进版权贸易、增强企业创新能力，以及推动“两型”社会建设和加速经济转型具有重要意义。与会人员对进一步完善版权登记和保护工作提出了建议：一是进一步充实登记信息。统一全国版权登记证书样式，将版权交易和变更，以及美术作品样本等信息纳入版权登记证书记载内容。二是加大政策扶持力度。出台版权登记资助办法，加大对重点行业、重点企业和重点作品登记的资助力度。三是加快版权登记信息化建设。搭建网络登记平台，简化登记流程，网上公示登记结果。四是加强版权法制培训。请版权专家为企业讲授版权法律知识，以及版权登记和贸易实务，提升企业员工版权法律意识。五是加强对企业的指导，帮助企业建立健全版权管理制度，提高版权管理和保护水平。

（资料来源：中国新闻出版报　作者：湘　文）

【国家版权局493万元重奖反侵权盗版有功单位和个人】　2010年5月31日，国家版权局决定对在2009年查处侵权盗版案件工作中作出突出贡献的安徽省合肥市公安局治安支队等169家有功单位、王敬浩等173名有功个人给予表彰和奖励，获奖单位涵盖了各级版权执法部门及新闻出版、“扫黄打非”、公安、电信、海关、文化、出版物市场监管等与版权行政执法工作有密切联系的相关部门，颁发奖金493.1万元。这是国家版权局自2008年斥资奖励打击侵权盗版有功单位和个人后开展的第三次大规模表彰奖励活动。

经国务院批准，国家版权局自2008年起对举报和查处侵权盗版的有功集体和个人给予表彰和物质奖励。为此，国家版权局还设立了专门用于打击侵权盗版活动的奖励基金，以重点奖励举报及查处重大侵权盗版行为的有功单位及个人，资金由国家财政专项下拨。为保证奖励工作合法、有序、公开、有效开展，国家版权局于2007年9月专门制定颁布了《暂行办法》及实施细则，成立了由新闻出版总署署长、国家版权局局长柳斌杰任主任，新闻出版总署副署长、国家版权局副局长阎晓宏任副主任的打击侵权盗版举报、查处奖励资金管理委员会。

2008年5月，国家版权局首次对在2006—2007年度打击侵权盗版、查处重大案件工作中作出突出贡献的重庆市版权局等120家有功单位及94名有功个人给予表彰和奖励，并颁发了329.5万元奖金；2009年8月，国家版权局对在2008年查处侵权盗版案件工作中作出突出贡献的奥运反盗版工作组等173家有功单位及166名有功个人给予表彰，并颁发了650余万元奖金。2010年2月，国家版权局下发了《关于推荐2009年度查处侵权盗版案件有功单位及个人的通知》，截至2010年3月底，共收到各地、各部门推荐材料528份。国家版权局根据《暂行办法》及其实施细则等相关文件确定的评选原则和评选标准，结合案情、案件办理结果等详细指标进行了认真的初评和复评，有效保证了评选表彰工作的权威性和严肃性。

（资料来源：中国新闻出版报　作者：赖名芳）

【北京部署推进企业软件正版化工作】　2010年6月11日，根据国务院九部委《关于推进企业使用正版软件工作的实施方案》及国家版权局《2010年推进企业使用正版软件工作计划》的要求，北京市使用正版软件工作联席会议办公室举行了2010年推进企业使用正版软件工作部署会。

会上，北京市版权局副局长王野霏对推进软件正版化工作进行了具体部署。2010年，北京市将继续全面推动企业使用正版软件工作，加强宣传教育，加强行业监管，加大执法力度。各级文化行政执法部门将继续开展打击盗版软件的专项行动，通过查办典型案例与表扬先进、批评落后等措施积极推动企业软件正版化工作。

来自商业软件联盟和中国软件联盟的专家还对与会代表进行了软件资产管理及与正版化相关法律法规的培训，100余家在京中外企业的代表参会。

（资料来源：中国新闻出版报　作者：邹　韧）

【2010打击网络侵权盗版“剑网行动”启动】　2010年7月21日，根据《2010年中国保护知识产权行动计划》的部署，国家版权局、公安部、工业和信息化部联合召开新闻通气会，为期3个多月的2010年打击网络侵权盗版专项治理“剑网行动”在全国正式启动，这也是继2005年以来开展的第六次打击网络侵权盗版专项行动。针对此次行动，三部门作出了积极应对和全面部署，确定了巩固机制、快速反应、发动群众、集中打击、源头治理的整体思路及五大工作重点，同时还发布了《2010“剑网行动”侵权盗版案件举报奖励办法》。

2010“剑网行动”分为工作部署、自查自纠与收集案源、集中治理、督查总结四个阶段。工作重点有五个：一是收集案源，中央及各地充分发挥网络举报平台、举报电话作用收集案件线索。二是集中执法，对大案要案的集中查处，做到突出重点、精确打击。三是主动监管，各地相关部门对重点互联网企业和网站加强主动监管和现场检查。四是开展行业自律工作，紧紧依托版权协会、网络行业协会、著作权集体管理组织等社会组织，积极引导互联网企业开展自查自纠，规范网络经营行为。五是对举报、查处案件的奖励及网络专项行动的宣传。

对于举报的案件线索，一经查实，就按照《2010“剑网行动”侵权盗版案件举报奖励办法》的条件和标准及时发放奖励，并及时做好整个专项行动的宣传工作。

2010“剑网行动”由负责专项治理行动的版权部门牵头工作，协调公安、工信等部门开展工作，负责组织清理网上侵权信息，组织案件线索的收集、行政查处、涉嫌犯罪案件的移送，加强主动监管并开展专项治理行动的宣传和奖励工作。公安机关则负责加大对网络环境下侵权盗版犯罪案件的线索收集、立案查处工作，强化打击侵权盗版犯罪的主体地位和阵地意识，加强主动侦查和移送起诉工作。通信管理部门则主要配合版权、公安部门开展打击网络侵权盗版工作，协助开展网络侵权盗版案件调查取证工作，协助提供查处网络侵权盗版案件涉及网站的备案信息，对经版权、公安部门查处且侵权盗版情节严重的网站依法吊销经营许可证或者注销备案，同时责令关闭网站，并通知相关网站接入服务商停止为其提供互联网接入服务，组织开展行业自律活动。

（资料来源：中国新闻出版报　作者：邹　韧）

【江苏昆山推进旅游饭店行业软件正版化】 2010年8月6日，江苏省昆山市文化广电新闻出版局（版权局）和昆山市旅游局在昆山共同举办了旅游饭店行业软件正版化工作培训会。28家旅游饭店的代表参加培训，来自商业软件联盟（BSA）的专家对与会代表进行了软件资产管理的培训。

此次活动旨在全面推进昆山市旅游饭店业的软件正版化工作，进一步提升旅游饭店行业诚信形象，由此更好地带动全社会形成“尊重他人知识产权即保护自身合法权益”的理念与风尚。

（资料来源：中国新闻出版报　作者：王　云）

【山东召开“剑网行动”工作会议】 2010年8月19日，山东省2010年打击网络侵权盗版专项治理“剑网行动”工作会议在济南召开。

会议按照国家版权局、公安部、工业和信息化部的部署，安排山东省开展打击网络侵权盗版专项治理“剑网行动”的工作任务，并邀请国家版权局相关负责人和法律专家讲授了版权基础知识和网络版权行政执法的有关知识。会议要求，此次行动要突出网站监管、网吧监管、案件查处三个重点，加强对打击网络侵权盗版专项治理工作的组织领导，加强部门之间的执法配合，加强版权行政管理和行政执法队伍建设，建立和完善网络专项治理的工作体制和机制，确保打击网络侵权盗版专项治理工作取得成效。

同时，会议为获得全国查处侵权盗版有功单位和个人以及获得软件正版化示范单位的企业颁发了奖牌和证书。

（资料来源：中国新闻出版报　作者：于晓林）

【全国图书馆版权保护工作会议】 2010年9月26日，由国家版权局、文化部、教育部、全国“扫黄打非”办公室联合举办的全国图书馆版权保护工作会议在北京举行。四部门再次呼吁全国图书馆增强版权保护意识，坚持先获得授权再使用原则，及时纠正未经许可复制、数字化传播行为，在行业内加强著作权法律法规宣传教育和行业自律。江苏、湖南、广东、辽宁、广西、北京、天津等21个省（区、市）40家公共图书馆、大学图书馆的相关负责人出席会议。

国家版权局版权管理司司长王自强在讲话中强调，在版权保护方面，绝大多数图书馆都能够依法使用他人作品，但部分图书馆确实存在着非法复制、未经授权即进行数字化传播等侵权盗版问题。对于数字图书馆版权问题，王自强分析说，数字图书馆具有一定的营利性质，其运行方式在本质上也不属于联合国教科文组织所称的公益性图书馆，这一领域的版权问题与传统图书馆有很大不同。个别单位以数字图书馆的名义非法复制、使用他人作品，损害了著作权人的合法权益，在社会上造成了一定的负面影响。希望有关方面加强自律和行业管理，严格贯彻落实《中华人民共和国著作权法》，维护行业整体形象。

全国“扫黄打非”办公室专职副主任、新闻出版总署反非法和违禁出版物司司长周慧琳在会上指出，图书馆大量购入和使用盗版图书损害了著作权人和出版单位的合法权益。为此，全国“扫黄打非”办公室已经把加强图书馆著作权保护工作作为打击侵权盗版出版物工作的任务之一，纳入“扫黄打非”工作整体部署。

（资料来源：中国新闻出版报　作者：赖名芳）

【江苏表彰软件正版化及执法先进】 2010年9月26日，江苏省使用正版软件工作领导小组办公室、江苏省版权局在昆山召开了全省软件正版化示范单位表彰暨培训工作会议。

会议总结了全省正版化工作取得的阶段性成果，

讲评了2010年以来各地正版化工作开展的情况，表彰了第二批被国家九部门评为“软件正版化工作示范单位”的11家企业和被江苏省九厅局评为“软件正版化工作示范单位”的18家企业；并对来自无锡、苏州、昆山、常熟和太仓等地的50多家企业代表进行了软件正版化培训。

9月27日，江苏省版权局在昆山召开了版权执法先进表彰暨“剑网”专项行动汇报会议。会上，为受国家版权局表彰的2009年度查处侵权盗版案件的13家有功单位和9名有功个人颁发了奖状及奖金；听取了各市版权局关于“剑网”专项行动开展情况的汇报。会议还就版权执法中的难点、热点问题进行了交流和培训。

（资料来源：中国新闻出版报　作者：谭松枝）

【国务院印发《国务院办公厅关于进一步做好政府机关使用正版软件工作的通知》】 2010年10月18日，国务院办公厅发出《国务院办公厅关于进一步做好政府机关使用正版软件工作的通知》（以下简称《通知》），要求政府机关进一步做好使用正版软件工作，并在全国开展使用正版软件专项检查工作。《通知》要求中央国家机关软件正版化专项检查和整改工作于2011年5月底前完成，省、市（地）、县级政府机关软件正版化专项检查和整改工作于2011年10月底前完成。各地区、各部门要将完成情况及时报送新闻出版总署（国家版权局）汇总后报国务院。

《通知》要求各地在开展使用正版软件专项检查工作中，各级政府机关要对本单位使用正版软件情况进行一次专项检查，重点检查办公软件、杀毒软件使用情况。新闻出版（版权）部门会同有关部门对部分地区、单位进行重点抽查。使用非正版软件的，要及时进行整改。对需要的正版软件，要安排必要的资金并按照政府采购相关规定购买。各单位购置、更换计算机办公设备必须同时安排必要的软件购置资金。要认真落实有关要求，将软件作为资产纳入部门资产管理体系，加强软件的资产管理。其他国家机关使用正版软件的检查和整改工作，参照上述要求执行。《通知》还要求要切实落实预装正版操作系统软件的规定。各级政府机关购买的计算机办公设备必须符合预装正版操作系统软件的要求，各单位更新计算机操作系统软件必须使用正版产品。

（资料来源：中国新闻出版报　作者：赖名芳）

【国务院决定开展打击侵犯知识产权专项行动】 2010年10月19日，国务院总理温家宝主持召开国务院常务会议，决定从2010年10月底开始，在全国开展为期半年的打击侵犯知识产权和制售假冒伪劣商品专项行动。

会议强调，专项行动要以保护著作权、商标权、专利权和植物新品种权等为重点内容，以新闻出版产业、文化娱乐业、高新技术产业、农业为重点领域，以产品制造集中地、商品集散地、侵犯知识产权和制售假冒伪劣商品案件高发地为重点地区，加大执法力度，严肃查处侵权、假冒、盗版的大案要案，曝光一批违法违规企业，大力净化市场环境，增强企业诚信守法经营意识，形成自觉抵制假冒伪劣商品的社会氛围，积极营造知识产权保护的良好环境。一要加大生产源头治理力度。严厉查处非法印刷、复制各类出版物、印刷品、光盘、计算机软件及包装装潢、商标标识等行为。严格审查生产企业资质，坚决取缔无证生产。加强农产品种子品种真实性鉴定，打击无证和“套牌”生产、销售授权品种等行为。二要加强市场监管。查处侵犯注册商标的违法行为，制止恶意抢注商标。加强图书、软件和音像制品市场巡查，严厉打击盗版和专利侵权、假冒行为。加强对商贸流通企业的管理和规范。加大对制售假冒伪劣药品、扰乱药品生产经营秩序行为的打击力度。三要强化进出口环节和互联网等领域的知识产权保护。加强口岸监管，加大对进出口侵犯知识产权企业的处罚力度。继续做好重要展会知识产权保护工作。严厉打击互联网侵权盗版和利用互联网、通信与电视网络销售侵犯知识产权、假冒伪劣商品的行为。四要加大刑事司法打击力度。强化行政执法和刑事司法的有效衔接，重点查办一批情节严重、影响恶劣的知识产权案件。五要确保政府机关使用正版软件。各级政府机关都要将正版软件购置经费纳入财政预算和国有资产管理，购买的计算机办公设备必须符合预装正版操作系统软件的要求，更新计算机软件必须使用正版产品，落实监督责任，开展专项检查。机关工作人员要带头使用正版软件。六要加强知识产权保护宣传，增强舆论引导的针对性、实效性。

会议要求各地区、各有关部门加强组织领导和督促检查，制定实施方案，严格落实责任，密切协调配合，畅通举报渠道，强化社会监督，确保专项行动取得实效。要坚持执法的严肃性、行动的有效性和工作的持续性，把打击侵犯知识产权和制售假冒伪劣商品作为一项长期任务坚持不懈地抓紧抓好。

（资料来源：中国文化报）

【广州组织召开亚运会版权保护工作会议】 2010年11月5日，广州市版权局组织召开广州亚运会版权保护工作会议，部署亚运会版权保护工作。广州市知识产权、版权、工商行政管理、公安、电信、亚组委办公室、文化执法总队和佛山、东莞、汕尾三个亚运会协办城市领导以及相关部门负责人参加了会议。

会议要求重点做好五个方面的工作：一是成立广州市亚运会版权保护工作协调小组，负责统一组织协调行动；二是在全市开展护亚运版权树广州形象活动，为亚运会营造良好的社会氛围和版权市场环境；三是建立亚运会版权联合执法机制，联手维护亚运版权；四是组织开展版权日常巡查活动，及时发现和查处侵权盗版行为；五是做好亚运会版权保护公共服务工作，动员社会各界和广大民众共同关注和保护亚运版权。

广东省版权局副局长钱永红在会上强调，要充分认识亚运会版权保护所面临的形势，加大工作力度；要把重点放在查处侵犯亚运版权行为上，加大维护力度；要汇集各方力量共同保护亚运版权，加大协调力度。广州市政府副秘书长赵南先要求各区、县级市版权局、市政府相关部门和行业协会切实加强协调，形成工作合力。

（资料来源：中国新闻出版报　作者：魏晓薇）

【全国打击侵犯知识产权和制售假冒伪劣商品专项行动领导小组全体会议召开】 2010年11月16日，中共中央政治局委员、国务院副总理王岐山在北京主持召开了全国打击侵犯知识产权和制售假冒伪劣商品专项行动领导小组全体会议。王岐山强调，各地区、各有关部门要认真落实温家宝总理在全国知识产权保护和执法工作电视电话会议上的重要讲话精神，针对国内外广泛关注、涉及群众切身利益的突出问题，明确打击重点，狠抓工作落实，务求专项行动取得实效。

王岐山指出，在全国开展为期半年的打击侵犯知识产权和制售假冒伪劣商品专项行动，是党中央、国务院的重大决策部署，各地区、各部门要高度重视，明确本地区、本系统专项行动的重点任务和重点目标，加强生产源头和流通环节整治，集中力量解决突出问题。要组织开展重点检查和突击抽查，及时受理举报投诉，加大执法力度，提高执法效能。对符合刑事立案标准、涉嫌犯罪的案件，行政执法机关要及时移送公安机关，对涉嫌犯罪的依法立案侦查。对情节严重、影响恶劣的案件要挂牌督办，快审快判，依法严惩犯罪分子。要加强专项行动活动的报道，形成打击声势，震慑不法分子，营造自觉抵制侵犯知识产权和假冒伪劣商品的社会氛围。

此外，王岐山还要求各级政府机关要发挥示范作用，带头使用正版软件，对使用非正版软件的行为要自查自纠，带动全社会软件正版化水平的提高。王岐山强调，各地区、各有关部门要加强组织领导，强化督促检查，密切协作配合，把国务院的各项要求落实到最基层。

（资料来源：中国知识产权报）

【全国打击侵犯知识产权和制售假冒伪劣商品专项行动新闻发布会召开】 2010年11月30日上午，全国打击侵犯知识产权和制售假冒伪劣商品专项行动领导小组办公室与国务院新闻办在北京联合召开新闻发布会，会上，商务部副部长、全国专项行动领导小组办公室主任姜增伟，工业和信息化部副部长杨学山，新闻出版总署副署长、国家版权局副局长阎晓宏向媒体重点介绍了中国推进软件正版化的有关情况。

此次专项行动将软件正版化工作列为重点任务之一，主要工作任务是实现“两个目标”、“一个推进”和“一个提升”。阎晓宏就实现“两个目标”、“一个推进”和“一个提升”进行了详细解释。“两个目标”是中央国家机关软件正版化专项检查和整改工作于2011年5月底前完成，省、市（地）、县级政府机关软件正版化专项检查和整改工作于2011年10月底前完成。“一个推进”是企业软件正版化工作得到有力推进。“一个提升”是通过为期半年的专项行动，政府部门巩固并全面完成正版化工作，建立起软件资金预算、采购、使用、国有资产管理的长效机制，使软件版权保护环境实现一个很大的提升。

（资料来源：中国新闻出版报　作者：赖名芳）

【三部门部署打击侵犯知识产权和制售假冒伪劣商品专项行动】 2010年11月，新闻出版总署、国家版权局、全国“扫黄打非”工作小组办公室紧急下发《关于开展打击侵犯知识产权和制售假冒伪劣商品专项行动及进一步做好使用正版软件工作的通知》（以下简称《通知》），要求各地在新闻出版、版权领域加大对印刷复制企业源头和图书、软件、音像制品的市场监管，强化打击网络侵权盗版工作力度，全面做好政府机关和企业使用正版软件工作，切实加大对侵犯著作权违法行为的刑事打击力度，督办一批大案要案。此次专项行动中，北京、广东、浙江、河南、河北、江苏、福建、山东、上海、甘肃、广西、新疆、辽宁、江西等14个省区市是重点检查地区。

根据《通知》，“扫黄打非”办公室将组织协调新闻出版、版权、文化执法、公安、工商、城管、交通运输等部门，结合已开展的保世博、迎亚运等专项行动，从2010年11月至2011年1月集中开展对图书、软件、音像制品市场的巡查工作。“扫黄打非”办公室在专项行动期间将协调公安、检察、法院建立完善侵犯著作权重大案件协调机制，依法及时侦查、起诉、审判一批侵犯著作权大案要案。全国“扫黄打非”办公室、新闻出版总署、国家版权局将联合挂牌督办一批涉案标的大、犯罪情节严重、社会影响恶劣的侵权盗版大案要案，限时于2011年2月底前办结。

与此同时，三部门还联合成立了打击侵犯知识产权和制售假冒伪劣商品专项行动领导小组，新闻出版总署署长、国家版权局局长、全国“扫黄打非”工作小组副组长柳斌杰担任组长；新闻出版总署副署长、全国“扫黄打非”工作小组副组长兼办公室主任蒋建国，新闻出版总署副署长、国家版权局副局长阎晓宏担任副组长；领导小组办公室设在新闻出版总署版权管理司，司长王自强兼办公室主任。

（资料来源：中国新闻出版报　作者：赖名芳）

【文化部发布关于清理整治违规网络音乐网站的通知】　2010年12月13日，为进一步规范网络音乐市场秩序，按照全国打击侵犯知识产权和制售假冒伪劣商品专项行动及全国文化市场知识产权保护专项执法行动的部署，文化部发布了关于清理整治违规网络音乐网站的通知。

通知列出了违规音乐网站的名单，要求名单中的音乐天空网、123wma音乐网、9Ku音乐网等237家网站于2011年1月10日前，自行进行整改，立即停止互联网文化活动，并删除含有国家法律法规禁止内容或者未取得著作权人合法授权的网络音乐。整改合格的，可按照《互联网文化管理暂行规定》的要求到省级文化行政部门进行许可申请或备案登记。对未进行整改或者整改未达到要求的，文化部门将会同有关部门依法予以取缔。

通知同时要求，此次未被列入名单的违法网络音乐网站也要按照《互联网文化管理暂行规定》及通知精神进行整改，经批准或备案的网络音乐网站要依法从事互联网文化活动，不得经营提供含有国家法律法规禁止内容或者未取得著作权人授权的网络音乐，违者将依法予以查处。

（资料来源：中国文化报　作者：隗瑞艳）

【北京市召开政府机关软件正版化专项检查和整改工作动员大会】　2010年12月24日，北京市政府机关软件正版化专项检查和整改工作动员大会召开。会上，北京市版权局副局长王野霏传达了国务院及市政府《关于打击侵犯知识产权和制售假冒伪劣商品专项行动》文件精神。北京市版权局局长冯俊科代表北京市使用正版软件工作联席会议，就北京市政府机关软件正版化专项检查和整改工作进行了广泛动员，要求大家一要提高认识，深刻领会做好政府机关软件正版化工作的重要性和必要性，二要明确责任，三要狠抓落实，四要建章立制。

根据《北京市政府机关软件正版化专项检查和整改工作方案》，北京市政府各部门将于2011年6月30日前完成自查整改工作，区（县）政府及所属部门于2011年7月31日前完成自查整改工作。

（资料来源：中国新闻出版报　作者：王坤宁）

◆ 宣传教育

【成都市版权局与电视台共同策划版权知识节目】　2010年1月初，成都市版权局与成都电视台少儿频道共同策划的七期《陈岳叔叔讲版权》节目连续播出。以电视节目的形式对青少年进行版权知识的宣传和教育，这在全国尚属首创。

《陈岳叔叔讲版权》系列节目以版权知识为切入点，以连续的七个原创童话故事为基础，以生动形象、通俗易懂、寓教于乐的表现形式，向广大青少年普及版权小常识。节目包括《淘淘的学位论文》、《熊猫律师的座谈会》、《森林书店的争议》、《森林电影院》、《熊猫家族网站》、《电脑罢工事件》、《森林晚会的闹剧》等七个主题童话故事，内容涉及文字、影视、软件、音乐等各类作品版权保护知识。

该节目的策划与播出，是成都市“版权孩子工程”的重要内容之一，也是成都市创建全国版权示范城市的重要措施之一。

（资料来源：中国新闻出版报　作者：古隆媛）

【爱普生与北京大学联办媒体知识产权研修班】2010年1月15日，由北京大学新闻与传播学院与精工爱普生公司共同主办的第三届“爱普生·北大知识产权新闻报道研修班”结业仪式在北京大学经济研究中心举行。来自新华社、中央电视台、《南方周末》、《中国新闻出版报》等 20 家媒体的学员拿到了结业证书。

此次研修班旨在提升媒体从业者的知识产权专业水平，从而推动全社会知识产权观念的普及。北京大学新闻与传播学院常务副院长徐泓表示，举办此次研修班就是要在媒体和专家、学者、政府官员、企业之间搭建相互学习、交流的平台，从而提升主流媒体在报道这一特殊复杂话题时的专业水准。

在两个月的研修期间，学员围绕知识产权理论知识、相关政策、企业运作、年度热点案例分析、媒体报道技巧等进行了学习与探讨。同时，研修班还开展了针对首都主流平面媒体的实证研究，并发布了《2009 年中国知识产权报道年度观察报告》。

（资料来源：中国新闻出版报　作者：邹　韧）

【《知识产权法专题判解与学理研究丛书》出版】 2010 年 2 月 27 日，由中国大百科全书出版社出版的《知识产权法专题判解与学理研究丛书》出版座谈暨学术研讨会在北京举行。

这套丛书以知识产权法学理分类构建知识产权案例研究体系，打破了按照知识产权部门法格局的传统研究模式；与此同时，进行案例类型化研究，跳出了我国知识产权案例研究长期处于个案研究的框框；此外，案例研究与学理研究同步，具有理论与实务高度结合的特点；本书案例典型，涵盖了数以千计的各类知识产权案例。丛书首批出版综合卷、权属（1、2 册）、合同、著作权侵权（1、2 册）等共 12 册，约 800 万字，205 名作者参与。中国审判研究会知识产权审判理论专业委员会发来贺词，称这套丛书是“我国知识产权实务研究历史上里程碑式的巨著”。

（资料来源：中国新闻出版报　作者：王坤宁）

【重庆举办首期版权贸易培训班】 2010 年 3 月 17 日，以国际版权贸易及出版合作为主题的重庆首期版权贸易培训在重庆举行。荷兰乐思跨文化出版资讯公司创始人 Dr. Mattias Wahls、重庆出版集团国际版权合作部部长张兵一就国际版权贸易的发展趋势、合作渠道和操作实务等专业问题为学员作了精彩讲解。来自重庆市新闻出版单位和版权中介机构的 68 位学员参加了首期培训。

（资料来源：中国新闻出版报　作者：许家伟）

【北京市举行“迎世博反盗版专项行动”动员大会】 2010 年 3 月 19 日，北京市“迎世博反盗版专项行动”动员大会在北京会议中心召开。会议公布了《关于开展北京市迎世博反盗版专项行动工作方案》，宣读了《北京市出版行业迎世博拒绝盗版、守法经营倡议书》。北京市 18 个区县的部分企业负责人当场签订《北京迎世博反盗版专项行动责任书》。

全国“扫黄打非”办公室专职副主任、新闻出版总署反非法和违禁出版物司司长周慧琳，国家版权局版权管理司副司长王志成，中宣部出版局副巡视员张凡及北京市委宣传部常务副部长陈启刚出席会议并发言。会议由北京市新闻出版局副局长梁成林主持。来自北京市公安、工商、城管、各区县的有关负责人及新闻出版行业单位、经营单位、报刊零售公司等单位的代表约千人参加大会。

王志成在大会上向与会代表介绍了此次专项行动开展的背景、部署和进展情况。他说，此次专项行动以清理盗版音像制品为主，同时对涉及的图书、光盘以及世博会的授权产品进行清理，对一些重点音像电子出版单位、重点制作单位和重点公司及其责任人进行重点清查。以上海、浙江、江苏、北京、广东五省市以及世博会论坛举办城市杭州、宁波、南京、苏州、无锡为重点地区，在全国范围内展开，形成联动。在进行清理活动的同时，建立世博会期间打击侵权盗版行为的快速反应机制。此次专项行动分为两个阶段：第一阶段为世博会开幕前的市场整治阶段。这个阶段要求各地对市场进行检查清理，对出版单位、制作单位、涉案公司及责任人依法严肃查处。新闻出版总署（国家版权局）还要对各地开展情况组织检查验收。第二阶段为世博会版权保护阶段。

（资料来源：中国新闻出版报　作者：哈妮帕）

【温家宝要求坚定不移地实施国家知识产权战略】 2010 年 4 月 1 日出版的《求是》杂志刊登了中共中央政治局常委、国务院总理温家宝的重要文章——《关于发展社会事业和改善民生的几个问题》。温家宝在文章中指出，要坚定不移地实施国家知识产权战略，大力营造保护知识产权的法制、市场和文化氛围，大力提升知识产权的创造、运用、保护和管理能力，不断提高经济发展的质量和效益。

温家宝在谈到用科技的力量推动经济发展方式转变时指出，要加强知识产权的创造、运用和保护。他强调，保护知识产权就是保护创新的原动力。加强知识产权保护，是激励创新、推动经济发展方式转变的必然要求，也是提升对外开放水平、加快结构调整的迫切需要。

温家宝强调要大力推动自主创新。自主创新是经济结构调整和经济发展方式转变的中心环节。特别是要提高原始创新能力和关键核心技术创新能力。只有形成强大的原始创新能力，才能在突飞猛进的科技革命中把握先机；只有具备强大的关键核心技术创新能力，才能在日益激烈的世界经济科技竞争中抢占制高点并赢得主动权。原始创新源于基础研究，基础研究需要花费心血长年积累，需要脚踏实地潜心钻研，需要敢冒风险艰辛探索。我们要目光远大，选择若干对国家长远发展具有带动作用的领域进行前瞻性部署，比如加强生物、纳米、量子调控、气候变化、空天海洋等领域重大基础研究。同时，要紧紧扭住科技为经济社会发展服务的中心任务，加快实施国家重大科技专项，着力突破制约经济社会发展的关键技术问题，满足我国当前和长远发展对科技的紧迫需要。

（资料来源：国家知识产权局网站）

【江苏昆山举办版权保护专题讲座】 2010年4月1日，江苏省昆山市新闻出版局在市委党校举办版权保护与经济发展专题讲座，特邀国家版权局版权管理司司长王自强授课。本次讲座是全市领导干部菜单式选学课程之一，来自各区镇、相关部门的200多名文化、科技领导干部和100多名园区、企业代表参加了学习。

王自强从版权的法律概念、版权在国民经济发展中的重要作用、加强版权保护是转变经济发展方式和落实科学发展观的必然要求、版权保护与地方特色经济等方面，对版权及其相关产业的历史渊源、发展现状和未来前景进行了全面解读，并结合江苏南通家纺、福建德化瓷器等版权产业典型案例，以翔实的数据解析了加强版权保护对促进转型升级，增强后发优势的重要意义。

（资料来源：中国新闻出版报　作者：昆　菊）

【上海发布全国首份版权产业报告】 2010年4月12日，《上海版权产业报告（2004—2007年）》正式对外发布，这份版权产业报告的面世，标志着上海拥有了一份权威的版权产业发展指南。

《上海版权产业报告（2004—2007年）》以世界知识产权组织的分类为依据，以国家版权局核心版权产业统计行业分类为参考，与《国民经济分类标准》相对应，结合上海版权产业特点，设置了上海版权产业统计范围内容和指标体系。确定了上海版权产业具体产业分类由核心版权产业、相互依存的版权产业、部分版权产业3大类、27中类、171小类构成。同时，在权威统计数据的基础上，结合国内外相关研究成果确定了版权产业统计项目的统计成分，统计分析了上海版权产业的增加值、就业人数和进出口贸易额等经济贡献。

《上海版权产业报告（2004—2007年）》指出，从2004年至2007年，上海版权产业的增加值从669.51亿元人民币上升到1 085.81亿元人民币，占当年上海GDP的比重从8.29%上升到8.91%；上海版权产业的从业人数从60.75万人上升到76.45万人，占当年上海全社会各行业从业人数的比重从7.26%上升到8.41%；上海口岸与版权产业相关的海关商品出口额从294.37亿美元上升到545.50亿美元。上海版权产业的发展状况呈现出六大特点：保持比较稳定的持续增长和发展、相比于全国及其他国家处在较高发展水平、核心版权产业的发展潜力高于非核心版权产业、核心版权产业的优势产业比较突出、新兴的核心版权产业发展比较迅速、上海口岸版权产业相关的海关商品出口优势比较明显。

《上海版权产业报告（2004—2007年）》在全面分析上海版权产业的发展状况及其对国民经济的贡献的基础上，指出上海版权产业具有进一步提升的空间。上海版权产业与发达国家相比仍有较大的发展潜力，发展速度仍需进一步加速。

目前世界主要发达国家都已经对本国版权产业展开了系统的评估和统计。如美国于2009年底发布了《2007年美国版权产业报告》。

（资料来源：中国新闻网）

【全国青少年版权保护知识竞赛落幕】 2010年4月15—16日，国家版权局在山东青岛举行全国青少年版权保护读书活动暨版权保护知识竞赛颁奖仪式。此次竞赛活动由国家版权局在2009年“4·26”世界知识产权日期间启动并由《中国新闻出版报》承办。共收到来自全国21个省（区、市）557所中小学校的有效答题卡24万多份。经过认真阅评，1 600名中小学生最终分获一、二、三等奖，青岛市版权局等203家单位获得优秀组织奖。

此外，青岛市文化市场行政执法局、青岛市“扫黄打非”领导小组办公室等单位同期举行了“山东·青岛绿书签行动2010”活动启动仪式，在全国率先拉开了“4·26”世界知识产权日宣传周活动的序幕。国家版权局版权管理司副司长董维仁，山东省版权局副局长郭爱玲，青岛市委常委、宣传部长王伟，青岛市委宣传部常务副部长吕振宇，青岛市文化市场行政执法局局长徐增敏，副局长赵秀军等出席仪式。

（资料来源：中国新闻出版报　作者：方　圆）

【吉林省建版权保护教育基地】　2010 年 4 月 22 日，吉林省版权局与吉林师范大学团委、政法学院、校学生社团联合会共同在吉林师范大学田家炳教育书院举行了吉林师范大学版权协会成立仪式。吉林师范大学邀请《著作权法》方面的专家，为全体协会成员做了题为《创意产业与版权保护》的专题讲座。此举是吉林省版权局建立版权保护教育基地的重要内容之一。

2009 年 3 月，吉林省版权局、共青团吉林省委联合下发了《关于在全省建立版权保护教育基地的通知》，决定在吉林省大中专院校联合开展建立版权保护教育基地的活动。用 3 年时间在全省大中专院校中分批次建立起网点式版权保护教育基地。当年，东北师范大学、吉林师范大学、长春工业大学、吉林艺术学院等 4 所高校先行建立了版权保护教育基地并作为试点。

2010 年 4 月 23 日，东北师范大学版权保护教育基地举办了“迎世博——版权百科知识大讲堂”活动。活动邀请东北师范大学知识产权领域相关专家做了关于世博会版权保护各项政策和积极成果的讲座。4 月 25 日，该校政法学院法律服务团举行了版权案例模拟法庭活动。

吉林省版权局积极支持各高校版权保护教育基地开展系列活动，分别向东北师范大学、吉林师范大学、长春工业大学、吉林艺术学院 4 个版权保护教育基地赠送了《著作权常用法律法规汇编》，并对版权保护教育基地的在校师生作品进行免费登记。

（资料来源：中国新闻出版报　作者：姜俊玉）

【2010 年知识产权宣传周活动启动】　2010 年 4 月 26 日是第 10 个世界知识产权日。为在全国范围内做好知识产权宣传工作，中宣部、国家版权局、国家知识产权局等二十五个部门于 4 月 20—26 日在全国开展 2010 年全国知识产权宣传周活动。宣传周活动的主题是：创造·保护·发展，旨在通过深入开展知识产权宣传普及活动，增强全社会的知识产权意识，促进中国知识产权事业又好又快发展，为建设创新型国家营造良好的舆论氛围和有利条件。

2010 年 2 月 22 日，国家版权局等部门联合发布《关于开展 2010 年全国知识产权宣传周活动的通知》，要求加强知识产权宣传工作。宣传周的工作重点包括：宣传国家知识产权战略实施的各项规划、工作措施、目标任务和取得的成绩；宣传以“尊重知识、崇尚创新、诚信守法”为核心理念的知识产权文化；宣传中国在知识产权保护方面的原则立场、专项行动、典型案例以及取得的阶段性成果；宣传中国知识产权优势企业在应对金融危机中的经验和做法。

2010 年知识产权宣传周活动的参与单位增加了中国科学技术协会，增至 25 家。在宣传周活动期间，二十五个部门结合各自工作领域的特点组织了系列特色活动：国家版权局组织世博会版权保护系列宣传活动，继续开展“绿书签”活动；最高人民法院发布《中国法院知识产权司法保护状况（2009 年）》白皮书（中英文本）、2009 年中国法院知识产权司法保护十大案件和 50 件典型案例、《最高人民法院知识产权案件年度报告（2009）》；国家工商总局将发布《中国商标战略年度发展报告》、发布 2009 年度商标侵权假冒典型案例；国家知识产权局在 4 月 26 日当天，举办开放日活动，并通过电信运营商向广大手机用户发送知识产权公益短信息；中宣部协调全国“扫黄打非”办公室，在全国开展集中销毁侵权盗版制品及非法出版物活动。

（资料来源：中国新闻出版报　作者：方　圆）

【中国首家知识产权司法保护官方网站开通】　2010 年 4 月 26 日，最高人民法院在北京正式开通“知识产权司法保护”网站（www. court. gov. cn/zscq），该网站是第一家由最高人民法院审判业务庭主办的网站，也是人民法院宣传知识产权司法保护成果的首家官方网站。

“知识产权司法保护”网站主要栏目包括中国动态、开庭公告、裁判文书、司法解释和指导性文件、知识产权战略实施以及调查研究，并将“中国知识产权裁判文书网”、“知识产权司法保护网”、“中国知识产权网”以及“国家知识产权网”等作为该网站的重点链接。

（资料来源：中国知识产权报　作者：魏小毛）

【实用设计版权展举行】　2010 年 4 月 26 日—5 月 14 日，北京国际版权交易中心举办的“智慧产权的春天——实用设计版权展”开展。

本次展览以原创为根本，哇嚷网、麦极网、幻响神州、爱国者、金山等机构以及10余名独立设计师应邀参展，共展出600余件创意实用设计展品，涉及家居、办公用品、生活必需品和装饰品。

（资料来源：中国新闻出版报 作者：方 圆）

【深圳文博会版权贸易发展高峰论坛举行】

2010年5月15日，第六届深圳文博会期间，由新闻出版总署、国家版权局主办，深圳市市场监督管理局承办的版权贸易发展高峰论坛在深圳举行。

新闻出版总署副署长、国家版权局副局长阎晓宏出席论坛时表示，文化产业是以各类版权作品为资源、建立在版权作品规模复制和广泛传播基础上的产业形态，其发展很大程度上与版权保护水平相关，因此，文化产业与版权的关系密不可分，没有版权作品就没有文化产业。他表示，长期以来，国家版权局不仅不断加大版权执法力度，注重为产业发展营造良好环境，同时也把版权服务产业发展工作放在十分重要的位置。国家版权局于近年积极推动建立了一批版权贸易基地、与版权产业发展相关的版权研究基地以及著作权集体管理机构，开展了创建版权示范城市活动，目的就是为了搭建一个更加公平、便捷、低成本的版权贸易平台，并在实践中发挥积极的作用。但版权贸易仍面临很多困难和问题，特别是如何对海量的作品进行梳理，作出价值评估，在公开、透明的平台上进行交易，仍然是当前亟须解决的问题。

世界知识产权组织副总干事王彬颖在演讲中，从版权贸易发展命题本身、版权产业和版权贸易的关系、版权贸易发展机制带来的挑战和问题三方面入手，分析了国际版权产业的发展趋势。她认为，从版权的产生、保护到版权贸易，是无形资产向有形资本的转变过程，是知识产权质的变化，并指出我国的版权贸易潜力巨大、空间非凡、任务艰巨。

国家版权局版权管理司司长王自强、广东省版权局副局长钱永红、深圳市副市长卓钦锐以及来自中国电影著作权协会、文字著作权协会等著作权集体管理组织代表、版权界专家学者、相关产业企业代表参加论坛并发言。

（资料来源：中国新闻出版报 作者：方 圆）

【2010中国软件信息服务业知识产权论坛举行】

2010年6月3日，第十四届中国国际软件博览会期间，由中国软件行业协会承办的2010中国软件信息服务业知识产权论坛在北京展览馆举行。

论坛以“创新、发展、保护”为主线，围绕软件知识产权问题研究、软件企业自主创新典型案例解读与分析、软件企业知识产权管理实务、企业知识产权战略规划与部署四个主题展开。来自国家有关部委负责人及产业界人士参会。近百位专家、学者及企业家积极讨论了我国软件服务业知识产权现状、问题以及未来发展方向，以推动我国软件信息服务业的自主创新。各地软件企业和知识产权服务机构人员等共200余人参加了论坛。

（资料来源：中国新闻出版报 作者：方 圆）

【新版国家知识产权战略网正式上线运行】

2010年6月5日，值《国家知识产权战略纲要》颁布实施两周年之际，为配合国家知识产权战略实施工作开展，加大国家知识产权战略实施工作宣传力度，全面改版后的国家知识产权战略网（www.nipso.cn）正式上线运行。

国家知识产权战略网由知识产权战略联席会议办公室主办，于2005年7月开通。新版网站主要分为10个版块：重要新闻、媒体聚焦、国家战略、部委动态、区域战略、行业战略、知识产权保护、国际动态、战略研究、战略专题。

（资料来源：中国知识产权报 作者：汪玮玮）

【南通家纺版权保护调研报告新闻发布会】

2010年7月9日，国家版权局和世界知识产权组织（WIPO）在北京联合发布《加强版权保护对中国南通家纺产业发展的影响调研报告》。新闻出版总署副署长、国家版权局副局长阎晓宏，江苏省副省长曹卫星与WIPO助理总干事克拉克等出席发布会。

南通家纺市场积极引入版权保护机制，率先走出一条利用版权保护促进产业发展的新路，得到WIPO和国家版权局的高度关注，WIPO高级官员多次进行实地考察。2007年，国家版权局在南通召开了全国版权产业发展先进典型经验现场交流会，2008年南通家纺市场荣获WIPO“版权创意金奖”。2009年3月WIPO和国家版权局正式启动南通家纺市场版权保护调研项目，在此基础上形成《加强版权保护对中国南通家纺产业发展的影响调研报告》，于2010年底获得WIPO审查通过，并由WIPO总干事弗兰西斯·加利和国家版权局局长柳斌杰分别作序，有中、英文两个版本。

阎晓宏在发布会上表示，“南通经验”的重要启示是，在中国未来的发展中，只有坚持走创新之路，才能摆脱粗放式、以资源消耗为特征的增长方式；只有鼓励创新、加强知识产权保护，才能有效运用包括版权在内的各类智力成果，最终实现科学发展目标。

克拉克在发布会上说，南通家纺产业版权保护调研项目的成功实施，说明版权保护促进地方发展、产业繁荣、人民富裕的经验与做法不仅对中国广大地区和发展中国家有重要意义，而且为全世界作出了积极的贡献。WIPO 将向发展中国家介绍和推广，让其他国家受益。

国家版权局版权管理司司长王自强主持新闻发布会。江苏省版权局局长徐毅英介绍了调研报告形成过程。中宣部、外交部、商务部、国家版权局、国家工商总局、国家知识产权局、最高人民法院、中国作协等部门人士及 40 余家中外媒体参加新闻发布会。

（版权年鉴编辑部）

【首届数字出版与版权管理培训班举办】 2010 年 7 月 28—29 日，由中国版权保护中心主办、中国出版工作者协会版权保护工作委员会协办的首届数字出版与版权管理培训班在北京举办。

新闻出版总署副署长阎晓宏出席开班仪式并讲话。他指出，数字出版的核心问题之一就是版权的授予与使用。数字出版的内容资源要按照法律规定和市场原则来获得和使用，要通过规范的版权交易、使用来规范数字出版秩序。他强调，数字出版具有海量、快捷、绿色和低成本等特点，国家非常重视数字出版产业的发展。如今，越来越多的传统出版社进入数字出版领域，传统出版社要重视版权的管理和使用，特别要重视复制权和信息网络传播权的使用和管理，提高数字环境下的版权管理能力。

来自新闻出版总署科技与数字出版司、中国人民大学新闻学院新媒体研究所、英国企鹅集团、万方数据有限公司技术研究院、中国出版集团数字传媒有限公司、高等教育出版社数字技术中心等单位的专家为学员授课。来自各出版集团数字出版公司、出版社数字出版中心以及民营文化工作室、数字技术企业从事数字出版相关工作的近 80 名学员参加了学习。

（资料来源：中国新闻出版报　作者：廖小珊）

【保护知识产权公益宣传活动在长城举办】 2010 年 9 月 21 日，由北京市文化市场行政执法总队与北京市文联共同主办，以享受健康文化、共筑心灵长城为主题的保护知识产权公益宣传活动在北京八达岭长城举行。

主办方通过滚动播放活动专题片，设置“12318”举报电话现场受理和义务法律咨询台，为游客解答知识产权相关法律问题，同时还邀请一些民间艺术家进行传统技艺展示，以增强民众的知识产权保护意识。此外，主办方还搭建了“拒绝盗版、从我做起”的百米长卷，国内外游客纷纷在上面签名，表示支持正版。

北京市音像制品分销行业协会秘书长李丰宣读了北京市音像行业保护知识产权拒绝盗版倡议书，倡议全市行业经营者加强自律，经营正版，为首都文化市场营造良好的版权保护氛围。市文化执法总队向 45 位艺术家颁发了特约文化监督员证书。

（资料来源：中国新闻出版报　作者：哈妮帕）

【河北石家庄举办软件正版化培训】 2010 年 11 月 4 日，河北省石家庄市使用正版软件工作领导小组、市版权局在石家庄市图书馆报告厅联合组织全市上百家企业进行软件正版化的宣传培训。参会企业涉及石家庄市各行各业，覆盖面广。

此次培训以软件著作权保护为核心内容，对相关著作权保护的法律、法规进行了讲解，并分析了石家庄市正版软件使用的现状，提出了石家庄市软件正版化工作面临的问题和解决办法，指导各企业推进信息化管理，维护自身权益，建筑核心竞争力。

（资料来源：中国新闻出版报　作者：石家庄市版权局）

【2010 年世界知识产权组织版权金奖（中国）颁出】 为表彰鼓励为版权保护和版权产业发展做出突出贡献的人物和企业，提升中国版权保护的国际形象，国家版权局借助世界知识产权组织（WIPO）已经建立的对各成员国知识产权领域的表彰机制，与其合作开展了“世界知识产权组织版权金奖（中国）”评选表彰活动。表彰对象由国家版权局推荐，报送世界知识产权组织后以其名义进行表彰。该奖项已经纳入国家版权局和世界知识产权组织的长期合作项目，每两年举办一次，2008 年为第一届，共评选出 6 名人物奖和 6 名企业奖。2010 年，国家版权局与世界知识产权组织继续合作举办“世界知识产权组织版权金奖（中国）”评选表彰活动，并设置了“作品奖/创作奖”、“推广运用奖”、“保护奖”三个奖项、14 个授奖对象，以便在版权的创造、运用、保护和管理各个环节发掘树立先进典型。

为做好此次评奖工作，国家版权局成立了以柳斌杰署长为主席，由 18 人组成的“世界知识产权组织版权金奖（中国）推荐委员会”，并在版权管理司成立了推荐委员会办公室。按照WIPO评奖的惯例要求，推荐委员会办公室制定了推荐规则和程序，拟定了推荐标准，并通过向各地版权局、相关行业组织和协会等共44家单位发出《关于开展“世界知识产权组织版权金奖（中国）”评选推荐活动的通知》，广泛征求相关部门的推荐意见。截至2010年8月30日，共收到推荐材料作品奖/创作奖类64份、推广运用奖类17份、保护奖类16份。经推荐委员会办公室认真筛选，并征求相关行业主管部门的意见，筛选出10个作品奖/创作奖、5个推广运用奖、4个保护奖作为备选对象。根据评奖程序，推荐委员会办公室于2010年10月9日在国家版权局召开了“世界知识产权组织版权金奖（中国）评选推荐委员会会议”，讨论确定推荐名单。经过充分、民主的讨论，以举手表决和无记名投票方式评选出了6个作品奖/创作奖、4个推广运用奖和4个保护奖。2010年11月18日，国家版权局、世界知识产权组织主办了盛大的全球原创金曲演唱会暨世界知识产权组织版权金奖颁奖典礼，为获奖对象颁奖。

获得2010年“世界知识产权组织版权金奖（中国）”作品奖/创作奖的是：《中国读本》（图书类）、“汶川大地震”系列摄影作品（摄影类）、《俏花旦·集体空竹》（杂技类）、《建国大业》（电影类）、《喜羊羊与灰太狼》（动画片类）、QQ软件（软件类）；获得推广运用奖的是：金盾出版社、苏州浩辰软件股份有限公司、深圳华强文化科技集团股份有限公司、中国工商银行股份有限公司；获得保护奖的是：北京市高级法院知识产权庭、上海市文化市场行政执法总队、北大方正集团有限公司、江苏省苏州市公安局。

（版权年鉴编辑部）

【2010中国版权产业风云人物与最具影响力企业评选活动举行】 为树立中国版权产业发展的典型，表彰一批为中国版权产业发展作出卓越贡献的领军人物，促进中国版权产业发展，中国版权协会自2008年开始举办中国版权产业风云人物与最具影响力企业评选活动。2010年12月4日，在深圳举行的2010中国版权年会上，中国版权协会举办了“2010中国版权产业风云人物”与“2010中国版权产业最具影响力企业”颁奖仪式。

获得“2010中国版权产业风云人物”奖的是：中国作协副主席、中国现代文学馆馆长陈建功，北京市高级人民法院知识产权庭庭长陈锦川，上海市新闻出版（版权）局局长焦扬，上海文广新闻传媒集团总裁、上海第一财经传媒有限公司董事长黎瑞刚，高等教育出版社社长李朋义，广东省版权保护联合会会长刘扳盛，中国出版集团公司总裁聂震宁，著名作家苏叔阳，京华时报社社长兼总编辑吴海民，江苏广电总台（集团）台长、总经理周莉，新华社党组成员、副社长兼常务副总编辑周锡生，中国版权协会副理事长、中国电影著作权协会理事长朱永德；获得“2010中国版权产业最具影响力企业”奖的是：北京当当网信息技术有限公司、北京完美时空网络技术有限公司、北京中科红旗软件技术有限公司、广州精彩企业集团有限公司、广东中山市古镇镇生产力促进中心、广州中望龙腾软件股份有限公司、河北省吴桥县杂技团、湖北知音期刊出版实业集团有限责任公司、南方报业传媒集团、深圳市腾讯计算机系统有限公司、深圳雅昌（企业）集团有限公司、中国人民大学出版社、中南出版传媒集团股份有限公司。

本年度的评选活动新增“2010年中国版权产业新锐奖”，获奖者为内蒙古蒙科立软件有限责任公司、深圳冰川网络技术有限公司。

（版权年鉴编辑部）

【CPCC“2010十大中国著作权人”评选活动举行】 中国版权保护中心（CPCC）“十大中国著作权人年度评选”活动创办于2008年，2010年度的评选活动于2010年7月28日启动，本年度的评选活动重点针对在转变经济发展方式过程中版权业所涌现出的新模式、新典型进行深度挖掘，旨在传播“转变方式、赢在版权”的主题和理念。评选的主要依据包括：著作权人的版权保护意识、作品价值、著作权人的社会影响力。

经过组委会初评和专家评审会评选，最终评出“2010十大中国著作权人”，并于2011年1月16日在CPCC版权服务年会上举办了颁奖仪式。获得“2010十大中国著作权人”的是（排名不分先后）：人民网股份有限公司、北京网元圣唐娱乐科技有限公司、南方分级阅读文化传媒有限公司、海润影视制作有限公司、华谊兄弟传媒股份有限公司、广州华多网络科技有限公司、北京世纪彩蝶动画制作有限公司、佛山市顺德区孔雀廊娱乐唱片有限公司、小柯（柯肇雷）、许斐。

除十大著作权人外，2010年度新增了专家特别提名奖与版权先锋奖。获得专家特别提名奖的是杭州玄机科技信息技术有限公司、吴带生、郑珑；获得版权先锋奖的是中国联合网络通信有限公司北京分公司。

（版权年鉴编辑部）

◆ 交流研讨

【首届中国国际影视动漫版权保护和贸易博览会举行】 2009 年 12 月 30 日—2010 年 1 月 3 日，首届中国国际影视动漫版权保护和贸易博览会在广东东莞举行，本届博览会由国家广电总局和广东省人民政府共同主办，以影视动漫产业为中心，以版权保护和版权交易为主题，共吸引参展企业 450 家，达成动漫版权交易成交意向 120 项，成交总金额高达 82 亿元。为期 5 天的展会共吸引了近 45 万观众入场参观。

博览会期间，广东省版权局、东莞市版权局在博览会现场成立工作站，对参展作品进行著作权登记服务。共受理参展作品著作权登记申请 237 项，接受版权业务咨询 160 多次，派发宣传资料 3 万多套。20 家原创动漫企业及相关版权运营机构、衍生产品企业还共同发起签署了 2010 年动漫企业版权保护自律宣言，呼吁全社会对动漫版权的开发与保护营造良好的环境，推动动漫产业有序健康发展。

（资料来源：中国知识产权报　作者：顾奇志）

【国家版权局举办民间文艺保护国际研讨会】 2010 年 1 月 23—24 日，由国家版权局和中国—欧盟知识产权保护项目（二期）主办的民间文学艺术保护国际研讨会在哈尔滨召开。来自国家版权局、中国—欧盟知识产权保护项目、全国人大、文化部、国务院法制办、各大学法学院、报纸杂志及司法实务等部门的 60 多位专家学者参加了研讨会。

研讨会上，国家版权局管理司司长王自强对民间文学艺术保护的意义、目的和理由进行了深入阐述。与会的国内外专家学者就“民间文学艺术保护立法模式”、“民间文学艺术保护对象和权利内容”、“民间文学艺术的权利主体和使用管理”和“民间文学艺术保护的国际发展”等问题各抒己见，进行了深入的分析讨论。著名知识产权专家、中南财经政法大学校长吴汉东教授认为，民间文学艺术保护意义重大，希望通过本次会议的交流，最快跟踪国际民间文学艺术保护的发展，为中国的相关制度设计提供借鉴。

（资料来源：光明日报）

【2010 知识产权南湖论坛举办】 2010 年 4 月 17—18 日，为期两天的“2010 知识产权南湖论坛”国际研讨会在中南财经政法大学知识产权研究中心举行，研讨会围绕“经济全球化背景下知识产权制度完善与战略推进”展开讨论。研讨会由中南财经政法大学、国家知识产权局协调司、中国法学会知识产权法研究会和全国律师协会知识产权专业委员会联合举办，中南财经政法大学知识产权研究中心和法学院共同承办。

此次研讨会首次采用大会主题发言与四个分论坛讨论相结合的形式进行。分论坛主题分别为：完善中国商业秘密保护制度，完善中国网络知识产权制度，推进中国品牌战略实施，绿色产业发展与知识产权政策选择。与会代表分别就《著作权法》、《商标法》的修订问题，商业秘密保护等知识产权理论问题，以及知识产权战略推进、文化产业发展战略、品牌战略、《专利法》实施等知识产权实务问题展开深入讨论。

在“完善中国网络知识产权制度”分论坛中，与会代表对涉及“孤儿作品”的著作权归属、“避风港”原则在视频分享网站版权侵权案件中的运用、深层链接服务行为直接侵权的认定标准、网络服务提供者侵权责任、信息网络传播权的困境、日本网络著作权最新动向等网络版权热点问题进行了研讨，探讨了网络环境下版权制度的新发展。

代表们建议，为在权益保护和科技发展之间寻求新的平衡，需在信息网络传播权制度中建立一个既能促进信息网络技术发展又能保护权利人权益的新制度，追究信息网络中的侵权责任以救济权利。

参加“绿色产业发展与知识产权政策选择”分论坛的与会代表认为，应优化中国的知识产权政策，将产业之法与创新之法结合起来，以知识产权制度与政策激励创新，以技术创新推动产业创新，大力发展新能源、新材料、生态旅游等绿色产业，构建资源节约型与环境友好型的绿色产业体系，促进经济更好更快发展。

来自最高人民法院、国家保护知识产权领导小组办公室、国家版权局等政府部门的代表；美国、德国、日本、韩国、澳大利亚、印度等国家及中国香港、澳门、台湾等地区的代表；北京大学、中国人民大学、中国政法大学、华中科技大学、同济大学、中山大学等的知识产权专家、学者，以及各大企业、律师事务所的实务界人士等 300 余人参加了研讨会，规模为历届之最。

（资料来源：中国新闻出版报　作者：哈妮帕）

【2010 中国知识产权高层论坛举行】 2010 年 4 月 20 日，2010 年中国知识产权高层论坛在北京开幕。本届论坛由国家知识产权局、国家工商总局、国家版权局联合主办，中国贸促会协办，主题为“建立平衡有效的知识产权制度”。全国人大常委会副委员长路甬祥、国际展览局秘书长洛塞泰斯分别为论坛发来贺信，国家知识产权局局长田力普、国家版权局副局长阎晓宏、国家工商总局副局长付双建在论坛开幕式上致辞。

路甬祥在贺信中呼吁，在尊重各国国情的基础上，充分考虑各国所处的发展阶段、经济发展水平和可承受能力，兼顾各方利益，建立平衡有效的知识产权制度。

阎晓宏在致辞中表示，加强世博会版权保护是 2010 年的重点工作。2010 年 3 月，按照中央领导的指示精神，国家版权局协调公安部、各地文化市场综合执法部门，开展了以世博会版权保护为主题的打击盗版音像制品专项行动。行动重点明确、快捷有力，音像市场版权环境得到了初步净化，对制作、销售盗版音像制品的违规单位和侵权盗版犯罪分子起到了较大的震慑作用。截至 4 月 13 日，各地版权执法部门先后出动执法人员 21 万人次、检查音像经营场所 6 万多个，共取缔非法摊点 3 434 个、收缴盗版音像制品 309 万张、立案查处音像盗版案件 417 起。国家版权局已会同公安、文化等部门，启动了世博会反盗版快速反应机制，世博会版权保护工作已经全面就绪。

阎晓宏表示，国家版权局在加强版权执法的同时，还将进一步推进作品登记制度的完善，大力促进版权的市场化，建立方便作品使用的畅通渠道和版权交易平台，引导和支持市场主体采取版权转让、许可、质押等方式实现版权的市场价值，推进版权产业的发展；在推动著作权集体管理方面，在初步形成覆盖音乐、音像、文字、摄影、电影等领域比较完备的著作权集体管理体系的基础上，将积极支持集体管理组织、行业协会、代理机构等中介组织发挥作用；将大力推动网络环境下的作品版权保护工作，同时推动建立网络环境下作品的有序高效、低成本使用的授权机制；在一些重点城市、重点领域（如网络、软件、电影、图书等），将推动建立版权纠纷调解协调机构，以缓解行政执法、司法部门的压力。

此次论坛共设五个分议题：知识产权与经济社会发展、充分发挥专利制度激励创新的作用、全球化背景下商标保护的执法与合作、数字环境下的版权保护新趋势、展会知识产权保护与利益平衡。国务院有关部委、各国驻华使馆、地方知识产权局、外商机构、国内外知名企业及中介机构的代表、知名学者等 350 余人出席论坛。

（资料来源：中国新闻出版报　作者：方　圆）

【2010 互联网知识产权保护论坛举行】 2010 年 4 月 22 日，为探讨解决如何加强互联网领域知识产权司法保护、有效调解网络知识产权纠纷、提高行业版权自律意识等现实问题，“尊重创新、能动司法、共创和谐——2010 互联网知识产权保护论坛”在北京国际版权交易中心举行。

论坛由北京市高级人民法院知识产权庭、中国互联网协会网络版权工作委员会主办。北京市高级人民法院知识产权庭庭长陈锦川、中国互联网协会网络版权工作委员会秘书长石现升在会上致辞。来自司法界、行业协会、网站以及其他媒体的嘉宾围绕互联网知识产权保护这个主题分别从各自的角度进行了坦诚、深入的交流。

中国互联网协会调解中心办公室主任王斌女士简要介绍了调解中心的发展情况以及在网络知识产权纠纷调解方面发挥的重要作用。北京市高级人民法院知识产权庭张冬梅法官对《北京市高级人民法院关于网络著作权纠纷案件若干问题的规定》进行了法条说明。来自北京市第一、第二中级人民法院知识产权庭及北京市朝阳区、海淀区人民法院知识产权庭的法官们分别结合司法实践和案例就信息存储空间提供者主观过错认定、网络服务提供者侵权损害赔偿责任、加框链接侵权、竞价排名与商标权保护等问题进行了讲解和探讨。来自百度、新浪、腾讯、优酷、网尚等互联网企业的业界人士也结合自身特点，逐一阐述了在网站和网络产品知识产权保护上的法律认识、具体做法及知识产权纠纷。

（资料来源：版权网　作者：牛禄青）

【银行业软件正版化经验交流会召开】 2010 年 4 月 27 日，由银监会信息中心、推进企业使用正版软件部际联席会议办公室主办的银行业软件正版化经验交流会在北京召开。推进企业使用正版软件部际联席会议办公室主任、国家版权局版权管理司司长王自强在会上肯定了银监会在推进银行业软件正版化中所作的努力。

据王自强介绍，自 2007 年开始，银监会结合银行业实际，将软件正版化纳入银监会信息科技工作规划，先后完成国有商业银行、外资银行、股份制商业银行等大型银行的软件正版化工作，并涌现出一批在全国具有示范意义的软件正版化先进单位。在2007年和2010年的示范单位评选中，共有57家银行业金融机构被评为“全国软件正版化工作示范单位”，占示范单位总数的1/7。

王自强希望银行业积极稳妥地推进中型银行业金融机构的软件正版化工作，认真制定好银监会和银行业金融机构软件正版化的中长期规划；充分发挥自身优势，探索符合中国银行业实际的软件资产管理制度；巩固和完善信息化和正版化相结合的创新推进机制，为企业软件正版化工作提供可资借鉴的长效推进模式。

会议由银监会信息中心主任吴跃主持。中国工商银行、包头市商业银行作为“全国软件正版化工作示范单位”代表介绍了正版化工作经验。中国软件联盟常务理事长邹忭介绍了软件资产管理等内容。全国各银监局软件正版化负责人以及300余家法人银行业金融机构代表参加了会议。

（资料来源：中国新闻出版报　作者：赖名芳）

【海峡两岸签署知识产权保护合作协议】 2010年6月29日，海峡两岸关系协会会长陈云林与海峡交流基金会董事长江丙坤在重庆举行两会领导人第五次会谈。双方签署了《海峡两岸经济合作框架协议》和《海峡两岸知识产权保护合作协议》。陈云林表示，两岸知识产权保护合作协议的签署将有效解决两岸间的商标抢注、专利仿冒、网络盗版等亟须解决的问题。

根据两岸知识产权保护合作协议，双方同意本着平等互惠原则，加强专利、商标、著作权及植物新品种权（植物品种权）等知识产权保护方面的交流与合作，协商解决相关问题，提升两岸知识产权的创新、应用、管理及保护水平；双方同意依各自规定，确认对方专利、商标及品种权第一次申请日的效力，并积极推动做出相应安排，保障两岸人民的优先权权益；双方同意推动相互利用专利检索与审查结果、品种权审查和测试等合作及协商。

同时，根据该合作协议，双方将建立执法协处机制，依各自规定妥善处理下列知识产权保护事宜：打击盗版及仿冒、保护驰名（著名）商标、强化水果及其他农产品虚伪产地标识（示）之市场监管及查处措施等。双方可相互提供必要的资讯，并通报处理结果。此外，协议还就保护品种、业界合作、认证服务、业务交流、工作规划等方面达成了一致。

2010年9月11日，海峡两岸关系协会与台湾海峡交流基金会互致函电，通报双方已完成相关准备工作，确认《海峡两岸知识产权保护合作协议》于9月12日生效。

（资料来源：中国知识产权报）

【2010新文化·新媒体·新版权峰会举行】 2010年6月29日，由北京大学国家数字版权研究基地和中国人民大学国家版权贸易基地联合主办的“2010新文化·新媒体·新版权峰会”（以下简称“峰会”）在北京大学博雅国际会议中心举行。新闻出版总署副署长、国家版权局副局长阎晓宏，中国出版集团董事长聂震宁，北京大学副校长刘伟，中央电视台前台长、中国文联前副主席杨伟光以及书法界泰斗欧阳中石，著名学者易中天等嘉宾出席会议。来自出版、传媒、文化、新媒体和投资等领域的各界精英齐聚，共同探讨新时期数字版权问题。

阎晓宏在致辞中指出，在国家大力支持和推动下，知识产权保护的进程比较好，但是也存在不尽如人意的问题。这里有两个原因，一方面由于我们国家知识产权立法和实践时间非常短，不像西方国家有几百年历史；另一个原因是在技术进步条件下，原来的版权问题还没有解决，现在又出现新的版权问题，特别是网络环境下版权问题又非常突出。阎晓宏对峰会提出很高的期望，希望通过这种形式让版权保护尤其是数字版权保护深入人心。

峰会分为主题演讲与圆桌论坛两个环节。杨伟光、易中天、方正集团高级副总裁方中华、中银国际投行部执行总经理陈杭等嘉宾分别就“三网融合对我国文化出版业的影响”、“新媒体将怎样改变我们”、“数字出版的喜与忧”、“出版业如何借助资本快速实现产业数字化升级”等话题进行演讲，探析出版业快速、健康发展的道路。圆桌论坛由北京大学文化产业研究院副院长向勇主持，易中天、步非烟、陈黎明、文钊、徐志勇、李丰、谢志宁、屈辰晨等人参与讨论，对于数字出版的未来都发表了各自的观点。

（版权年鉴编辑部）

【阎晓宏会见海基会知识产权交流参访团】 2010年7月30日上午，新闻出版总署副署长、国家版权局副局长阎晓宏在北京会见了以台湾地区知识产权部门负责人王美花为团长的海基会知识产权交流参访团一行。双方就如何落实《海峡两岸知识产权保护合作协议》后续执行工作交换了意见。

阎晓宏在会见中表示，知识产权保护是两岸人民高度关切的议题。近年来，随着两岸关系不断向前发展，两岸在知识产权特别是版权领域的交流与合作日益增多，这不仅符合社会发展、时代发展的大趋势，而且也非常符合两岸人民的需求和利益。我们要本着务实的态度和原则，认真抓好《海峡两岸知识产权保护合作协议》所涉及的项目，确保这些项目能够扎扎实实地落实，惠及两岸人民。

阎晓宏介绍了大陆在版权保护方面取得的成绩，并就著作权集体管理制度的实施情况作了详细说明。他指出，对使用的创新成果进行保护，已成为大家的共识。两岸双方要本着务实的态度加强合作，尽快建立包括著作权认证机制在内的多项合作机制，以确保大陆和台湾地区著作权权利人的利益不受损害。一旦发生盗版侵权现象，双方应该建立快速反应查处机制。他希望双方在广泛磋商的基础上，尽快在认证流程、沟通渠道、资讯互换等方面达成合作共识。

王美花对新闻出版总署（国家版权局）为推动两岸版权交流与合作所作出的努力表示赞赏，并就如何落实《海峡两岸知识产权保护合作协议》后续执行工作谈了自己的观点和看法。她希望双方多进行沟通交流，力争近期尽快落实执行层面的一些具体问题。她对双方更加紧密的合作充满了希望和期待。

（资料来源：中国新闻出版报　作者：冯文礼）

【2010年图像行业版权保护论坛举行】 2010年8月6日，由中国版权协会主办、华盖创意（北京）图像技术有限公司承办的2010年图像行业版权保护论坛在北京举行。这是为推动图像行业版权保护和产业发展而首次在国内举办的论坛。论坛以图像行业的版权保护现状及思考为主题，探讨了图像行业生存、版权保护现状及困境，并呼吁业界权利人积极寻求司法、行政解决途径。

论坛上，图像业界人士、行业组织代表、专业律师等发表了《影像的震撼力量》、《图像产品在国际重大赛事中的人文价值》、《图像行业产权保护的现状与思考》及《目前图像版权保护的法律现状》等专题演讲，向与会者展示了图像作品的社会价值与人文价值，同时希望使用者对图像作品版权给予最基本的尊重和保护。

与会嘉宾在讨论时认为，维权只是手段，目的是为了促进文化创意产业的健康发展，维权单靠某一方的力量是远远不够的，需要社会各界的努力。图像行业要充分利用行政监管来进行维权，同时充分发挥著作权集体管理组织的作用。此外，图像行业自身也要注重行业自律。

中国版权协会理事长沈仁干，最高人民法院知识产权庭原庭长蒋志培，国家版权局版权管理司、北京市高级人民法院、中国版权协会、国家工商总局广告管理部门、广告协会、图像行业相关企业、中国摄影协会的代表，以及知名摄影师、图像知识产权相关律师等约70人参加了本次论坛。

（资料来源：中国新闻出版报　作者：哈妮帕）

【北京召开刑事打击网络侵权盗版专题研讨会】 2010年8月19—20日，由北京市版权局举办的刑事打击网络侵权盗版专题研讨会在北京召开。

此次研讨会邀请了北京市司法机关、教学科研机构、国内外权利人组织的相关专家、学者，就刑事打击网络侵权盗版的理论和务实等问题进行了研讨，以期为国内其他地区的司法、执法部门利用刑事司法手段，开展打击网络侵权盗版行为提供可借鉴的经验。研讨会上，日本唱片业协会事务局长高杉健二、CODA事务局长永野行雄等还分别介绍了日本刑事打击网络音乐盗版和网络盗版的经验等。

北京市版权局表示，将积极推动网络版权的刑事司法保护进程，并将其视为打击网络侵权盗版专项治理“剑网行动”的重要内容。

（资料来源：中国新闻出版报　作者：王坤宁）

【首期版权相关热点问题媒体研讨班开班】 2010年8月20—21日，由国家版权局主办、新闻出版报社承办的版权相关热点问题媒体研讨班第一期在北京举办。与会者一致认为，在版权纠纷的报道工作中应坚持理性思考、客观报道、还原事实的态度。

研讨班上，国家版权局版权管理司司长王自强介绍了我国版权保护概况，还从我国版权保护现状、版权制度和版权实践等方面入手，以卡拉OK版权收费等热点事件为例分析了媒体应当如何看待版权纠纷和热点问题。王自强说，媒体在构建版权保护新秩序的过程中起着重要的作用。因此，媒体在报道版权纠纷事件过程中应当理性思考、客观报道、还原事实，而不应一味为吸引眼球，跟风炒作、推波助澜、不自觉地站到利益主体一方而造成偏离法律法规的舆论谬误。

在为期两天的研讨中，来自不同领域的专家、学者、法律工作者也分别从各自领域，结合一些热点事件，深入分析了媒体在报道中应避免的报道误区，并与来自新华社、《中国日报》、中央电视台、中央人民广播电台以及新浪、网易、新华手机报等媒体的50余位编辑记者共同探讨了应该如何做好著作权纠纷案报道等问题。

（资料来源：中国新闻出版报　作者：方　圆）

【第二期版权相关热点问题媒体研讨班举办】 2010年8月27—28日，由国家版权局主办、中国新闻出版报社承办的版权相关热点问题媒体研讨班第二期在北京举办。

新闻出版总署副署长、国家版权局副局长阎晓宏出席研讨班并致辞。他表示，近年来，我国在版权的制度化建设、市场执法、产业发展等方面取得了长足进展，这与媒体的大力关注和支持是分不开的。媒体的报道有助于推动社会公众对事实本身的了解，有助于提升全民版权认识水平，也会使版权管理部门进行反思，进而对自身工作进行改进。版权工作和媒体之间紧密依存，在媒体的支持、关注下，版权工作事半功倍。他表示，希望通过此次交流，能帮助媒体进一步加强对版权保护的宣传特别是加强对热点问题的引导，从而更好地推进我国的版权事业。国家版权局作为版权管理部门，愿意接受媒体的监督，希望媒体主张正义、还原事实、追求公正，帮助提高版权行政管理部门的执法和监管水平。

在研讨班上，国家版权局版权管理司司长王自强介绍了我国版权制度的历史沿革、新中国版权保护状况，并指出我国版权保护面临着“外有压力、内有需求”的形势。一方面，经济全球化的不断深化，对中国知识产权保护提出了更高要求；另一方面，版权产业在国民经济中的地位和作用日益凸显，科学技术的迅猛发展对版权保护制度形成了新的挑战。

来自新华社、中央电视台、中国国际广播电台、新浪网等媒体的40余名编辑、记者就版权在调整产业结构、转变经济增长方式方面的作用和意义以及电影作品版权费收取等热点问题进行了研讨。

（资料来源：中国新闻出版报　作者：方　圆）

【2010数字环境下新媒体版权保护与合作研讨会召开】 2010年8月27日，由中国国际影视节目展组委会主办、北京盛世骄阳文化传播有限公司协办、韩国著作权委员会及韩国文化产业振兴院支持的2010数字环境下新媒体版权保护与合作研讨会在北京举行。

研讨会围绕“三网融合下会派生的新的版权问题”；“三网融合的推动下，影视产业新媒体业务如何取得重大发展”；“新媒体对传统影视产业的贡献”、“如何推动新媒体影视节目正版化”；“新媒体在影视产业市场的发展现状；存在的问题以及这些问题的解决途径”；“在三网融合的推动下，新媒体未来发展方向”等议题进行了深入的讨论。

研讨会的一个重要环节是2010中国新媒体产业颁奖活动。央视网、新浪网、搜狐网、腾讯网、奇艺网、迅雷、酷6网、乐视网八大平台，凭借2010年上半年在维护新媒体绿色网络环境，推进境内外影视剧正版化进程等方面的卓越贡献，被授予了“年度影视节目新媒体突出贡献奖”。而“年度最优秀打击盗版正版维权先进机构”则由盛世骄阳获得。

（资料来源：中国新闻出版报　作者：哈妮帕）

【中央国家机关青年知识产权论坛举办】 2010年9月2—3日，中央国家机关青年知识产权论坛在北京举办。中央国家机关工委副书记俞贵麟，国家知识产权局局长田力普，新闻出版总署副署长、国家版权局副局长阎晓宏，国家工商总局副局长刘玉亭出席论坛并致辞。

阎晓宏在致辞中指出，智力成果的创造与运用，已成为当前推动经济社会发展的最重要动因。中央提出建设创新型国家，这是历史的必然，是实现科学发展的必经阶段。当前，我们国家与创新型国家的标准还有相当差距，要实现这一目标，我们必须依靠自主创新能力的提高，依靠知识产权的创造、使用、管理和保护。版权作为知识产权的重要组成部分，不仅是文化事业、文化产业繁荣发展的战略性、基础性资源，而且在社会需求和技术进步的推动下，版权的权利种类越来越多，运用领域也更为广泛，版权对经济的贡献率也越来越高。阎晓宏回顾了我国版权事业发展的历程，指出我国版权工作虽然起步较晚，但成就巨大。近年来，随着新技术的迅猛发展，互联网环境下的版权问题日益突出，如何在互联网条件下有效保护版权，如何在保护版权的同时便捷地推广使用作品，这都亟待从立法和执法层面作出解答。

阎晓宏表示，国家版权局与公安部、工信部联合开展的打击网络侵权盗版“剑网行动”目前已收集到案件线索700多条，有关部门将加大行政和刑事处罚力度，在查办网络侵权大案、要案方面2010年将有大的突破。他希望从事知识产权工作的青年朋友牢记使命、勇于担当，认清国情、放眼世界，立足社会、面向大众，开拓性地做好知识产权工作。

田力普在致辞中说，国际金融危机后，国际上围绕知识产权的争议、纠纷成为常态，国内企业在国际上面临更为激烈的竞争。此次论坛的召开给中央国家机关从事知识产权工作的青年提供了相互交流、相互学习的机会，非常及时和必要。刘玉亭在讲话中表示，商标战略是国家知识产权战略的重要组成部分，目前，商标战略的实施工作正在扎实推进。俞贵麟认为，青年知识产权论坛可以加强各部门从事知识产权工作的青年之间的横向交流，引导青年学以致用，提高业务水平。

最高人民法院、最高人民检察院以及科技部、工信部、公安部、商务部等十二个部门有关负责人、机关党委书记、机关团委书记及青年代表约120人参加了论坛。

（资料来源：中国新闻出版报　作者：方　圆）

【2010大陆、香港、澳门和台湾反盗版经验交流研讨会】　2010年9月5日，大陆、香港、澳门和台湾反盗版经验交流研讨会在台湾南投县召开。本次会议由台湾著作权保护基金会主办，美国电影协会协办。来自全国“扫黄打非”办公室、中宣部、公安部、海关总署以及北京、上海、安徽、广东等地“扫黄打非”办公室、文化执法部门的有关负责人组成的大陆代表团，与台湾及香港相关机构的负责人专题交流了反盗版经验，深入研讨了《海峡两岸经济合作框架协议》（ECFA）下的反盗版工作。

此次反盗版经验交流研讨会是大陆及台港澳相关部门研讨侵权盗版特点及趋势，交流打击侵权盗版执法中遇到的问题及各自经验的一个平台和固定机制，自2007年开始每年在大陆及台港澳轮流举办，2010年由台湾方面主办。ECFA中明确提出，加强知识产权保护与合作，建立协处机制打击盗版，推动业务主管部门人员进行工作会晤、考察参访、经验和技术交流、举办研讨会等。如何落实好ECFA中有关打击侵权盗版的规定，是这次会议研讨的一个重点。

研讨会上，大陆代表团介绍了“扫黄打非”部门打击侵权盗版出版物、公安机关打击侵权盗版犯罪、海关部门打击盗版光盘走私、地方开展打击侵权盗版执法等方面的情况；台湾参会方介绍了台湾打击盗版现状、台湾电影著作权查缉实务等方面的情况；香港参会方介绍了侦破地下跨国（地区）加密传输电影发布群源头伺服器等方面的情况；应邀参加会议的日本文化产品海外流通促进机构负责人介绍了该机构有关开展盗版揭发活动的情况。

会议还就网络时代侵权盗版的新特点和应对策略、大陆及台港澳反盗版经验交流平台的制度化建设等方面进行了讨论。通过这次研讨会，大陆及台港澳进一步密切了反盗版工作的联系，沟通了打击侵权盗版的最新信息，分析了工作中遇到的新难点，研究了具体应对的对策，特别是就ECFA框架下加强打击侵权盗版工作进行了深入探讨，初步提出在以往比较务虚的基础上，建立健全信息通报、案件协查等机制，进一步把大陆及台港澳反盗版经验交流机制做实。

（资料来源：中国新闻出版报　作者：赖名芳）

【广东省第二届珠三角地区版权工作联席会议召开】　2010年10月12—13日，广东省第二届珠三角地区版权工作联席会议（以下简称“联席会议”）在深圳召开。广州、深圳、珠海、佛山、惠州、东莞、中山、江门和肇庆市版权局领导、执法人员以及版权基层工作站和相关行业协会的负责人及工作人员共80余人参加了会议。

联席会议上，广东省版权局副局长钱永红围绕亚运会版权保护问题、打击网络侵权盗版“剑网行动”、图书馆版权保护、企业软件正版化、北京国际版权贸易博览会等2010年全省版权工作的开展和部署情况发表讲话。

本次联席会议讨论并原则通过了《珠三角地区著作权行政执法立案操作指南（试行）》，并在深圳市大梅沙原创音乐基地举行现场会，以了解深圳市原创音乐产业发展状况。

（资料来源：深圳市市场监督管理局）

【中国著作权法律百年国际论坛举行】　2010年10月14—15日，为回顾中国著作权制度的百年历程，由中国法学会、中国版权协会和中国人民大学主办的中国著作权法律百年国际论坛在北京举行。全国人大常委会原副委员长许嘉璐，新闻出版总署署长、国家版权局局长柳斌杰，中国人民大学校长纪宝成出席论坛开幕式并致辞。最高人民法院原院长任建新为论坛题词：“总结百年历史经验，完善知识产权法制。”世界知识产权组织总干事弗朗西斯·加利特别为论坛发来祝贺视频。

许嘉璐在致辞中说，一百年前颁布的《大清著作权律》说明中国政府已经重视知识产权法律。新中国成立后，特别是近三十年来愈发重视对私权和公权的尊重。《著作权法》的起草、修订和颁布，从立法上保障了中华民族的创造力。我们深深懂得在科技迅猛发展、经济全球化势头强劲的今天，保护知识产权，就是保护社会前进的动力。我国政府坚持不懈地进行知识产权知识的普及和宣传，打击盗版、盗印等大规模治理活动从未停止过，各级法院还专门设立了知识产权法庭。这一系列举措表现了中国政府和中国人民保护知识产权问题的诚意以及走向法治社会的决心。

柳斌杰在致辞中指出，当今世界，知识产权保护已成为世界各国的基本共识。虽然新中国的著作权制度还不够完善，但中国政府提出了坚持科学发展观、建立创新型国家的战略构想，制定了《国家知识产权战略纲要》，要把知识产权保护作为国家的基本战略来推进。这证明，在新的历史条件下，中国政府将大力实施版权战略，加大著作权保护的力度，进一步推进改革开放，建设创新型国家，推动国民经济又好又快发展，促进社会主义文化大发展大繁荣。

新闻出版总署副署长、国家版权局副局长阎晓宏在论坛上作了题为《中国版权制度的实施与展望》的演讲。最高人民法院副院长奚晓明，《大清著作权律》主持人沈家本的嫡孙、我国古籍专家沈厚铎，中国人民大学法学教授刘春田，德国马普学会知识产权法、竞争法与税法研究所研究员阿道夫·迪茨等分别在论坛上演讲。论坛开幕式由中国版权协会理事长沈仁干主持。

来自亚洲、欧洲、北美十个国家和中国大陆、香港、台湾、澳门地区的400余名中外知识产权界专家、学者，世界500强企业驻华机构知识产权总监，外国驻华使馆知识产权专员等出席论坛。在为期两天的论坛期间，中外学者、专家将就著作权制度的历史、发展与国际形势等专题进行广泛讨论。

（资料来源：中国新闻出版报　作者：赖名芳）

【第三次海峡两岸版权保护研讨会举行】　2010年10月27—29日，由中国版权协会和海峡两岸商务协调会主办的第三次海峡两岸版权保护研讨会在北京举行，来自海峡两岸的100多名专家和业内人士参与研讨。据主办方有关负责人介绍，本次研讨会旨在推动落实《海峡两岸知识产权保护合作协议》，促进两岸在版权保护领域的交流与合作。

中国版权协会理事长沈仁干表示，一年一次的海峡两岸版权研讨会不仅要务实，如探讨两岸加强合作，联手打击侵权盗版活动等问题；也要务虚，如研究从孔夫子到孙中山的中国传统文化和哲学思想，研究辛亥革命以来的中国文化发展史、法制发展史，研究欧、美、日等发达国家和地区的版权法律制度，进而建设具有中华民族哲理的现代版权理论。

海峡两岸商务协调会副会长廖治德则表示，两岸2010年签署的《海峡两岸经济合作框架协议》（ECFA）的主要目的，就是使两岸经贸关系进一步提升，为两岸在和平发展条件下进一步融合创造良好的物质基础。同理，在版权保护领域也是如此，两岸的交流合作将进一步促进相关产业的发展。

（资料来源：中国文化报　作者：曲晓燕）

【中国版权维权高峰论坛举办】　2010年11月19日，由中国国际版权博览会组委会主办、中华全国律师协会知识产权专业委员会协办的中国版权维权高峰论坛在国家会议中心举办。

论坛充分整合版权管理机构、司法机构、法律研究机构、法律咨询服务机构和版权交易机构等诸多行业资源，一方面通过盘点过去一年市场上侵权盗版事件以及成功维权事件总结经验教训，另一方面详细分析相关的法律、案例、争论以及利益纷争等，重点在于推动以版权保护为核心的法律机制，推动各领域版权交易市场发展，为权利人和版权使用方打造全方位的服务平台。

嘉宾们分别从数字时代下国内版权司法保护现状、数字时代国内版权法律制度的完善、数字时代侵权取证的严峻考验和电子公证在版权保护领域中的应用等方面进行演讲。

论坛上，北京国际版权交易中心与北京现代音乐学院共同签署了《版权保险箱合作协议》。

新闻出版总署法规司司长于慈珂、最高人民法院知识产权庭审判长于晓白及相关法律专家、学者、律师等参加了高峰论坛。

（资料来源：中国新闻出版报　作者：邹　韧）

【2010中国版权年会举行】　2010年12月4日，由中国版权协会主办的2010（第三届）中国版权年会在深圳举行，本次年会的主题为“三网融合与版权保护议题”。

新闻出版总署副署长、国家版权局副局长阎晓宏，原新闻出版署署长、国家版权局局长宋木文，中国版权协会理事长沈仁干，中国作协副主席陈建功，深圳市副市长袁宝成等出席会议。

阎晓宏在会上表示，三网融合必将对今后的互联网产业发展产生重大影响，他希望三网融合与版权保护的议题在理论上取得实质性的进展。沈仁干认为，三网融合将有利于解决作品在互联网上传播的版权问题。他主张采取著作权集体管理模式来解决网络海量授权问题。

会上，中国版权协会为获得2010年中国版权产业风云人物荣誉的个人和2010年中国版权产业最具影响力的企业、2010年中国版权产业新锐奖称号的12名个人和15家企业举行了颁奖仪式。中国版权保护中心主任段桂鉴与深圳市市场监督管理局局长徐友军还进行了《深圳经济中的版权产业》专家鉴定评审结果交接。

国家版权局版权管理司司长王自强以及近300名来自版权理论界、法律界、学术界、产业界的代表及部分省（区、市）版权行政机构相关负责人出席大会。

（资料来源：中国新闻出版报　作者：赖名芳）

◆ 社会管理与服务

【第五届全国作品版权交易会举办】 2010年1月8—11日，以“版权——智胜之道”为主题的第五届全国作品版权交易会在北京图书订货会期间举办。本届版权交易会由北京图书订货会组委会主办，中国版权保护中心、中华版权代理总公司承办。共达成版权合作意向270多项，交易量同比增长200%。

本届作品版权交易会共举办了12场版权贸易主题活动。《首席学习官》、《恋爱有序》、《遗留在半空的爱情雨》、《谱在弦上的约定》等原创图书均采取版税率竞拍方式确定最终出版方。

本届交易会共收集书稿200余部、外版图书版权信息100余部；现场免费发放《版权推荐书目》500册；向广大作者免费发放《书稿版权交易指南》1 300余册；免费接待各类现场版权知识和法律咨询2 000多人次；现场受理了150多位作家的版权代理信息。

（资料来源：新华网　作者：璩　静）

【长沙成立音乐音像著作权保护协会】 2010年1月20日，长沙市音乐音像著作权保护协会举行成立大会。该协会是长沙市音乐、音像行业著作权人和作品使用者共同成立的社会团体，是湖南省首个行业著作权保护协会，主要为会员提供著作权许可证办理、法律咨询和协助维权等服务，现有会员70人。

湖南省版权局副局长黄赞佳出席成立大会并讲话。他表示，湖南省版权局将支持该协会独立自主地开展工作。他要求协会切实加强对会员的服务维权工作，大力开展宣传培训，提升行业素质，扩大社会影响，同时加强与管理部门的联系，充分发挥协会的桥梁纽带作用。

（资料来源：中国新闻出版报　作者：杨志峰）

【《全国卡拉OK著作权使用费分配方案》获通过】 2010年1月25日，在中国音像著作权集体管理协会会员大会上，备受社会关注的《全国卡拉OK著作权使用费分配方案》获得权利人代表通过。自2007年卡拉OK版权费启动收费至2009年，音集协3年共计收费1.7亿余元，按照分配方案，权利人与音集协各获得50%的收益。

（资料来源：中国知识产权报　作者：姚文平）

【2009—2010摄影版权年会举行】 2010年1月26日，“尊重版权　成就伟业——2009—2010摄影版权年会”在北京国际版权交易中心举行。年会由中国摄影著作权协会、北京国际版权交易中心共同主办，中国版权协会理事长沈仁干，中国文联副主席、书记处书记李牧等出席并致辞。知名摄影家以及各界人士共计300余名嘉宾出席。

会上展出了6位摄影家的60余幅优秀摄影作品，包括陈勃的《梅兰芳》，李仲魁的《结婚登记处》，袁毅平的《乡村“四清”》，吕厚民的《毛主席在庐山》，茹遂初的《分得土地的农民高举土地证，欢呼土改胜利完成》，陈雷生的《胜利归来》，刘铁生的《邓小平》，刘全聚的《共青团中央在五七干校》，梁达明的《黑白风光》，于志新的《新疆丝妇女》等经典作品。

作为摄影作品的传播者、使用者和创作者，以《中国新闻出版报》为代表的20余家单位以及200余名摄影家，在现场发起了“尊重版权　成就伟业　从我做起　拒绝侵权”摄影版权保护倡议。同时，中国摄影著作权协会宣布正式开通摄影著作权维权平台，并与重庆书迷图书有限公司达成摄影作品许可使用合同，签署长期合作协议。

（版权年鉴编辑部）

【中国百家音像企业举行反盗版大行动启动仪式】 2010年2月5日，中国百家音像企业反盗版大行动启动仪式在北京西单大悦城举行。启动仪式由中国音像协会等联合主办。仪式启动当天，北京市民和网友在活动现场欣赏高清蓝光影片，并踊跃参与盗版光碟销毁和盗版盘免费换正版盘活动。来自中宣部、新闻出版总署、文化部等国家有关部委和社会各界嘉宾 300 余人在反盗版大行动签名支持板上签名声援。中国唱片总公司、上海新索音乐公司、广东四星文化传播公司等 100 家音像企业的代表共同宣誓："自觉尊重智力劳动，崇尚自主创新，在政府主导下联合一切民间力量，坚决抵制盗版行为，坚持正版经营，维护市场秩序，为建设社会主义先进文化贡献力量。"

（资料来源：中国新闻出版报　作者：方　圆）

【标准出版机构自律维权发展联盟第三次理事会探讨多种打盗维权方式】　2010 年 4 月 15 日，标准出版机构自律维权发展联盟在湖南长沙召开第三次理事会。会议全面总结了标发联近年来的打盗维权成果及联盟成员单位间在标准版权方面的合作成果，共同探讨了多种打盗维权方式。来自标发联 14 家联盟成员单位（中国质检出版社、人民交通出版社、石油工业出版社、中国电力出版社有限公司、中国计划出版社、中国建筑工业出版社、中国农业出版社、地震出版社、机械工业出版社、煤炭工业出版社、中国轻工业出版社、中国石化出版社、人民邮电出版社、中国铁道出版社）的主管领导、相关部室负责人及律师共 30 余人参加会议。

（资料来源：中国新闻出版报　作者：邹　韧）

【中国电影著作权协会成立】　2010 年 4 月 16 日，中国电影著作权协会（前身为中国电影版权保护协会，于 2005 年 8 月成立）成立大会暨第一届会员大会在北京举行。新闻出版总署副署长、国家版权局副局长阎晓宏，国家广播电影电视总局副局长张丕民等出席并讲话。

阎晓宏指出，电影著作权协会是著作权集体管理领域继音乐、音像、文字、摄影后成立的第五家协会，它的成立标志着我国涵盖音乐、音像、文字、摄影、电影等领域比较完备的著作权集体管理体系已经初步形成，对维护电影作品权利人的权益、建立和完善电影作品使用和保护的便捷渠道、推进我国电影产业的健康发展具有重要意义。

阎晓宏表示，中央关于深入贯彻落实科学发展观、加快经济发展方式转变的战略举措，对增强自主创新能力、做好版权工作提出了新的更高的要求。著作权集体管理制度是版权保护体系的重要组成部分，是衡量一个国家版权制度是否完善的重要标志，也是国际通行做法。当前，加强电影作品的版权保护在整个版权工作中具有特殊重要的位置，对促进中国电影事业的可持续发展具有十分重要的现实意义。从我国著作权集体管理组织发展现状来看，集体管理的信息优势、协调优势以及节约市场交易成本等功能已经得到初步体现和发挥，也正在得到政府、权利人和社会越来越多的支持与认同。然而，由于我国著作权集体管理制度起步晚、基础差，社会公众的版权意识还很薄弱，各集体管理组织在建立健全过程中面临的问题和困难还很多，发展之路还任重道远。

阎晓宏对中国电影著作权协会做好集体管理工作提出几点要求：一是要处理好协会与权利人之间的关系，逐步完善自我保护、自我约束、自我管理、自我发展的工作机制，建立规范、透明、公正、高效的管理制度，进一步规范管理行为，主动接受会员监督，以实际行动争取权利人的支持和理解。二是处理好协会与使用者之间的关系，在制定收费标准时要公平合理、兼顾权利人和使用者双方利益，坚决杜绝用不正当的方式收费。三是处理好协会与社会公众之间的关系，要通过各种形式的舆论宣传，让社会公众对著作权集体管理的性质、作用和运作模式有一个基本的了解，为我国著作权集体管理制度的健康发展创造一个良好的社会氛围。阎晓宏表示，国家版权局将大力支持著作权集体管理协会依法依章、独立自主地开展集体管理业务，同时对协会的工作要加强管理和监督，保证集体管理活动顺利进行。随着政府职能的进一步转变和社会版权意识的逐步加强，著作权集体管理组织有着广阔、大有作为的发展空间。

大会听取了中国电影著作权协会筹备工作报告，讨论通过了《中国电影著作权协会章程》、《电影作品著作权集体管理使用费收取标准》和《电影作品著作权集体管理使用费转付办法》，签署了《电影作品著作权集体管理授权委托书》，选举产生了协会领导班子，并讨论了其他有关协会建设的重大问题。

大会以无记名投票方式选举产生了协会第一届理事会。朱永德当选理事长，阎晓明、韩三平、明振江、刘丽娟、高峰、王中军、张伟平、于冬、李国民、冯麟当选副理事长，秘书长由李国民兼任。

国家版权局版权管理司司长王自强、新闻出版总署人事司副巡视员王晓平等出席大会。

（资料来源：中国新闻出版报　作者：孙海悦）

【全国版权交易共同市场第一届理事会召开】 2010年4月23日，全国版权交易共同市场召开第一届理事会。中国版权保护中心、国际版权交易中心、上海文化产权交易所、广东省南方文化产权交易所、深圳文化产权交易所等发起方负责人聚首北京，集中探讨了共同市场2010年的主要工作方向。

本次会议讨论了《全国版权交易共同市场章程》，表决通过了第一届理事会成员，推举出第一届理事会理事长，并制定了共同市场2010年工作计划。

（资料来源：中国知识产权报　作者：姚文平）

【上海版权服务中心、上海版权纠纷调解中心挂牌】 2010年5月11日，由上海市新闻出版局、上海市版权局主管的上海版权服务中心、上海版权纠纷调解中心揭牌并正式开始运行。新闻出版总署副署长、国家版权局副局长阎晓宏，上海市副市长赵雯，国家版权局版权管理司司长王自强，上海市委宣传部副部长宋超分别为上海版权服务中心、上海版权纠纷调解中心揭牌。

上海版权服务中心和上海版权纠纷调解中心主要致力服务于张江数字出版基地建设以及数字出版、文化创意产业的发展，全面提升版权的创造、管理、经营及保护水平，打造一流的版权公共服务环境，助推版权产业又好又快发展。

（资料来源：中国新闻出版报　作者：金　鑫）

【首个版权金融俱乐部成立】 2010年5月25日，由中关村科技园区雍和园管委会、北京市东城区金融服务办公室、北京东方雍和国际版权交易中心有限公司共同设立的ICE版权金融俱乐部在北京揭牌。这是我国首个版权金融俱乐部。

来自国家开发银行、中国工商银行、北京银行、浦发银行、北京产权交易所等金融机构，以及中国广播电视协会电视制片委员会、北京影视动画协会、中国作家出版集团等文化产业机构的代表成为ICE版权金融俱乐部的首批会员。

国家版权局版权管理司司长王自强以及文化部、国家广电总局、银监会等有关部门负责领导出席成立仪式并为俱乐部揭牌。

（资料来源：中国新闻出版报　作者：方　圆）

【沈阳文化知识产权交易所成立】 2010年6月2日，辽宁沈阳文化知识产权交易所有限责任公司挂牌成立。该交易所依托于沈阳联合产权交易所，主要功能是：推动各种所有制的文化、知识产权、债权、股权交易；文化类企业投资、咨询、并购重组、融资、产权股权交易；新闻出版发行、广播电视电影、文化艺术、文化创意等领域中与文化有关的产权交易，为各种文化知识产权寻找投资伙伴，通过产权交易、信息披露、投融资服务等方式为各类文化知识产权主体提供定价、资本进出通道，创新文化知识产权资本化的新途径。

这是继上海、深圳、成都之后，全国第四个文化产权交易市场，也是东北、华北地区唯一的文化产权交易市场。

（资料来源：中国新闻出版报　作者：李　彤）

【全国网络视频版权监测及调查取证服务平台启动】 2010年6月8日，由中国版权保护中心主办，国际版权交易中心和杭州阜博通影音传播科技有限公司提供运营技术支持的“全国网络视频版权监测及调查取证服务平台”在国际版权交易中心举行启动发布会。

中国版权保护中心主任段桂鉴介绍，按照新闻出版总署和国家版权局的战略部署，版权保护中心深入研究和探索新媒体领域的版权服务模式。“全国网络视频版权监测及调查取证服务平台”的建立，是创新新媒体版权服务的重要举措之一。该平台借助国际领先的技术，实现对网络视频版权使用进行跟踪监控，为版权的使用提供具有公信力的依据，为反盗版维权提供必要的取证基础，是保护权利人权益，维护版权贸易秩序的重要保障。

（资料来源：http://www.bkpcn.com）

【天津成立全国首家国际知识产权交易平台】 2010年6月10日，国内首家国际知识产权交易平台——天津滨海国际知识产权交易所在天津成立。天津滨海国际知识产权交易所由北方技术交易市场、新加坡知识产权交易所和天津市知识产权服务中心三方共同投资，是国内首家国际化、专业化、市场化的知识产权柜台交易平台。

天津市副市长崔津渡说，中新合资成立的天津滨海国际知识产权交易所是天津市科技金融创新的有益探索，希望交易所为科技金融创新、为加速科技成果转化，在创新知识产权份额化交易模式、建立知识产权柜台交易平台方面进行积极探索，做大做强知识产权交易市场，成为全国科技金融创新的典范。

国家知识产权局管理司巡视员吴宁燕表示，天津滨海国际知识产权交易所的成立，标志着天津市建设国际化的知识产权交易服务体系迈出了重要一步，有利于技术转移工作由过去的纯政府行为向政府搭台、社会广泛参与、市场化运作的方式转变，对加快科技成果转化、提高自主创新能力具有重要意义。

（版权年鉴编辑部）

【安徽省版权交易中心成立】 2010年8月9日，安徽省版权交易中心成立揭牌仪式在合肥举行。安徽省委常委、合肥市委书记孙金龙，省委常委、宣传部长臧世凯等参加揭牌仪式。

安徽省版权交易中心是安徽省版权局和合肥市产权交易中心合作共建的专司版权交易的专业化市场运营平台，主要组织开展文字、美术、摄影、音乐、影视、动漫、游戏、设计、艺术及软件等版权的许可使用和转让，各类出版权使用权、各类著作权益转让以及与版权相关权益的交易等。同时将版权、技术等知识产权交易与为高新技术企业提供配套服务等业务实行嫁接，相互促进、联动发展。

（资料来源：中国新闻出版报　作者：黄海洋）

【苏州首创正版软件在线租赁平台】 2010年9月8日，苏州市软件正版化平台启动仪式暨企业培训班在苏州国际科技园区举行。近年来，苏州市借助国家知识产权战略，积极推进软件正版化进程，确立并实现了每年推进100家企业软件正版化的目标。2009年，苏州市财政拨款建立“苏州市软件正版化推进平台”，该平台创新了政府对企业的服务模式和服务理念，由过去的政府监督企业购买正版软件，转化为政府在正版化平台上在线提供软件团购租赁等正版化服务，减少因使用盗版软件产生的法律风险。国家版权局在对该平台调研时给予了高度评价，表示将在全国推广使用。

（资料来源：中国知识产权报　作者：姚文平）

【中国国际影视动漫版权交易网启动】 2010年9月30日，中国国际影视动漫版权交易网在广东东莞举行挂牌启动仪式。该交易网启动后，动漫原创企业与动漫衍生品企业之间的版权交易及合同签订可以通过该网站进行，为动漫原创企业与动漫衍生品企业对接贸易搭建永久的网上平台。

据相关负责人介绍，该动漫交易网借鉴国际先进电视节网络平台模式，凡是进入网站的企业和个人将会拥有各自的固定编码，使访问者和被访问者都了解对方的授权产品、授权方式、价格和联系方式，使动漫原创企业与动漫衍生品企业在网上就可以实现动漫版权交易及合同签订。

（资料来源：中国新闻网　作者：李映民　李　纯）

【中国作家协会著作权纠纷调解委员会成立】

2010年10月26日，中国作家协会与北京市高级人民法院合作签约暨中国作家协会著作权纠纷调解委员会成立仪式在北京举行。新闻出版总署副署长、国家版权局副局长阎晓宏与中国作家协会副主席陈建功在仪式上为著作权纠纷调解委员会成立揭牌并向到会的委员颁发聘书。中国作协党组成员、书记处书记杨承志和北京高院党组副书记、副院长王振清在仪式上签署合作协议。

中国作协与北京高院签订的全面合作协议内容主要包括四方面：一是建立著作权专业问题咨询机制，中国作协建立著作权咨询专家库，北京市法院在审理涉及文学作品的著作权案件中，可向专家进行咨询，由专家对案件提出专业性意见；二是建立协助调解、有效化解著作权纠纷机制，中国作协成立著作权纠纷调解委员会，北京市法院在审理涉及文学作品的著作权案件中，邀请作协著作权纠纷调解委员会成员共同参与诉讼调解工作；三是建立民主监督机制，北京高院邀请中国作协组织专家对知识产权审判工作进行监督，定期听取专家意见和建议；四是建立法律服务机制，中国作协对文学作品著作权保护中的疑难问题，可向法院咨询，由法官结合法律规定和司法实践进行讲解，双方共同组织开展关于著作权保护的研讨活动。

阎晓宏在成立大会上就此评介说，作为司法程序的一种补充，建立知识产权调解机制是加强著作权保护，化解纠纷和矛盾，构建和谐社会的有效方式。调解案件的过程也是对著作权保护的宣传和教育过程，这种做法非常重要。国家版权局非常赞同和支持行业组织和各级地方机构成立这样的调解委员会。陈建功表示，成立著作权纠纷调解委员会并建立著作权咨询专家库，是中国作协服务作家的一项推进措施。他期待通过与北京高院的合作看到更多著作权纠纷的成功解决，看到著作权人维权意识和水平的不断提高，看到全社会尊重、保护知识产权良好氛围的形成，争取早日实现维护作家合法权益与促进著作权司法保护工作的双赢。王振清就此分析说，这次双方全面合作机制进一步落实了“调解优先、调判结合”的原则，是我国知识产权审判在建立诉讼与非诉讼相衔接的纠纷解决机制中的新实践。

（资料来源：中国新闻出版报　作者：赖名芳）

【首家出版社版权工作站在辽宁成立】 2010年10月28日，辽宁省版权局辽海出版社工作站正式挂牌，这是全国首家出版社版权工作站，是辽宁省为正版图书版权“保驾护航”做出的新举措。

据相关负责人介绍，版权工作站建立后，将依托辽宁省版权局，建设成为一个版权资源使用、管理和保护的平台，通过对出版社作品、版权合同等提供便捷的登记、备案等保护措施，使书稿作者、出版社更大程度上得到版权安全保护和保障。同时，工作站将延伸版权管理与服务的功能，向辽宁省内出版社及全社会进行辐射。

（资料来源：东北新闻网）

【国家版权交易网正式开通】 2010年11月19日，由中国人民大学国家版权贸易基地创办的国家版权交易网（www.copyrightmall.com）正式开通。

国家版权交易网是在国家版权局和海淀区委宣传部的指导和支持下，由中国人民大学国家版权贸易基地创办的，网站作品类型齐全。网站分中、英文两个版本，旨在为优秀作品的创作方与使用方搭建信息平台和沟通桥梁。其核心功能包括两方面：一方面为著作权人或代理宣传推广作品，实现版权价值最大化；另一方面为作品使用或传播者寻求优秀作品，顺利获得版权授权。

当日在开通仪式现场，中视影视制作有限公司与新疆卫视购片方签订了电视播放协议，作家阎连科与北京精典博维文化发展有限公司签订了出版协议。同时，中国人民大学国家版权贸易基地还与央视动画有限公司、国家音乐产业基地（上海）分别签订了大客户合作协议和战略合作协议。

（资料来源：中国新闻出版报　作者：廖小珊）

【全国首家音乐产权交易中心在沪成立】 2010年12月8日，全国首家音乐产权交易中心在上海挂牌成立，中心旨在为音乐产业的发展提供以交易为核心的包含投融资、产权评估、法律服务、版权保护、公关推介、信息咨询等多方面服务。

该音乐产权交易中心由上海文化产权交易所与上海新汇文化娱乐（集团）有限公司共同发起成立，主要有三大功能：一是交易功能，为音乐企业公司股权、产品及创意的份额化交易提供交易平台，通过独特电子交易系统，形成较强的市场定价能力；二是投融资功能，为投资者提供具有较高投资价值的多类音乐文化交易品种，提供畅通便捷的进入与退出通道，为音乐产业中的成长型企业、中小企业、词曲创作者提供快捷、高效、低成本融资；三是估值功能，建立适用于音乐产权交易的信息披露制度和市场信用及评估体系，增加挂牌企业的透明度，提高市场效率，降低市场风险。

（资料来源：中国新闻出版报　作者：有之炘）

【中国人民大学国家版权贸易基地工作受肯定】 2010年12月9日，新闻出版总署副署长、国家版权局副局长阎晓宏就中国人民大学国家版权贸易基地工作做出重要批示。批示指出：中国人民大学国家版权贸易基地成立以来，依托学校资源优势，在版权价值评估、版权交易、版权理论与实践研究等方面，积极开展了一系列很有影响的活动，为版权工作的全局起到了积极的推动作用，工作也很有亮点。

中国人民大学国家版权贸易基地于2007年10月由国家版权局授牌建设，是我国第一家国家版权贸易基地。基地自成立以来，坚持以推进版权“走出去”为目标，建设版权贸易高端服务平台与国家级版权相关产业要素市场。在产业集聚、版权交易平台建设、“版权资产评估准则”研究、《中国版权年鉴》编纂等方面做了大量的工作，得到了社会各界的广泛关注和充分认可。

（版权年鉴编辑部）

【中国文著协与中华语著协签署相互代表协议】 2010年12月26日，中国文字著作权协会与中华语文著作权集体管理协会在北京签署相互代表协议。根据协议，从2011年起，中华语著协将在我国台湾地区首先面向高校和社会复印店收取大陆书刊版权使用费，并有权向拒不支付者展开诉讼。此举意味着大陆作者明年有望收到来自台湾的版权使用费。

中国文著协和中华语著协分别是两岸唯一的文字著作权集体管理组织。双方经过一年多磋商达成的这一协议，是落实海峡两岸知识产权合作的重要步骤。这是中国文著协自2008年成立以来签订的首个相互代表协议，明年还将陆续与有关国家和地区的著作权集体管理组织签约。

新闻出版总署副署长、国家版权局副局长阎晓宏在签约仪式上表示，中国文著协在成立两周年之际签署此项协议很有意义，中华语著协在开展著作权集体管理工作方面的成功做法值得借鉴。他表示，我国的著作权集体管理组织近年来发展很快，取得了重大成果，但同时必须注意依法、透明地开展收费和分配工作，要加强对集体管理工作的宣传力度；国家版权局也将加强针对集体管理组织的监管工作。

中国版权协会理事长沈仁干、国家版权局版权管理司司长王自强等出席签字仪式。

（资料来源：中国新闻出版报　作者：方　圆）

◆ 国际交流与合作

【中日签订关于著作权及著作邻接权战略合作备忘录】 2010 年 3 月 15 日，国家版权局与日本文化厅有关代表在东京签订了关于著作权及著作邻接权的战略合作备忘录。中国国家版权局版权管理司司长王自强与日本文化厅长官玉井日出夫出席了当天的备忘录签订和交换仪式。

备忘录中涉及的著作邻接权，是指与著作权邻近的有关权利，它通常指表演者、录音制作者和广播电视组织对其表演活动、录音制品和广播电视节目享有的一种类似著作权的权利。根据备忘录的内容，中日双方将通过信息和经验交流等构筑有关保护和利用著作权的合作框架，每年举行一次有关著作权的双边会议，适时就双方共同关心的著作权等问题举行有关论坛。此外，双方还将加强相关人才交流和培训活动。

中日两国有关著作权等的谈判始于 2002 年，在此次备忘录签订前，双方已经在北京和东京共举行了 5 轮会谈。

（资料来源：中央政府门户网站　作者：华　义）

【2010 中日版权保护交流活动在北京举行】 2010 年 3 月 19—20 日，由中国音像协会、中国版权协会和日本内容产品海外流通促进机构（CODA）共同发起的 2010 中日版权保护交流活动在北京举行。

在 19 日举行的新闻发布会上，国家版权局版权管理司巡视员许超表示，由于互联网技术的迅速发展，每两三年就会出现新的营业模式，这给侵权盗版提供了可乘之机，也给执法带来了巨大挑战。中国政府支持日本此次在中国举办的版权保护交流活动，并希望在打击侵权盗版方面开展更广泛的国际合作。

日本经济产业省商务情报政策局媒体·内容课课长信谷和重说，在促进网络商务方面，日中两国应当相互配合，创建没有侵权行为的洁净环境。日本唱片协会会长石坂敬一表示，日本内容产品海外流通促进机构与中国国家版权局有着密切的相互信赖关系，对于在中国出现的侵权行为，要坚持互相协商的原则。他认为，要促进内容产品的普及，不仅要杜绝违法网站，还需要制定促进正版内容产品流通的对策。

中国音像协会副会长王炬、日本驻华大使馆公使山田重夫、中国版权协会常务副理事长张秀平，以及北京市版权局相关代表出席了新闻发布会。

（资料来源：中国新闻出版报　作者：方　圆）

【WIPO 落实发展议程地区研讨会在成都举行】 2010 年 3 月 29 日，由世界知识产权组织（WIPO）与国家知识产权局联合举办、成都市人民政府承办的 WIPO 落实发展议程地区研讨会在成都市开幕。WIPO 副总干事杰弗瑞·奥尼亚马、国家知识产权局局长田力普、成都市人民政府市长葛红林出席开幕式并致辞。

田力普在致辞中强调，发展问题是包括中国在内的广大发展中国家所面临的重大问题和挑战，也是当今国际社会普遍关注的重大议题。当前，全球化和科学技术的新发展对知识产权制度提出了很多新课题；全球性重大问题相互交织，也给世界知识产权体系带来挑战。田力普呼吁，各国应该携手并进，共同推动建立一个平衡有效的知识产权制度，使其能够考虑处于不同发展水平的国家的不同需求，并有利于各国应对在发展过程中的重大问题和挑战，有利于促进各国经济社会发展。

杰弗瑞·奥尼亚马表示，中国通过建立有效的司法和行政体系，使中国的知识产权制度得到了有效的运用。此外，中国制定和实施了完善的知识产权战略，这为中国继续顺利地开展知识产权相关行动计划提供了保障。他表示，保护知识产权不是目标而是手段，应当使知识产权成为发展经济的有效工具，使其符合并支持国家制定的发展战略，最终使整个社会获益。

葛红林在致辞中表示，此次研讨会选择在成都举办，是对成都保护知识产权工作的充分肯定，必将给成都知识产权事业和城市发展带来难得机遇。

此次会议是 WIPO 首次在中国举办有关落实 WIPO 发展议程的地区研讨会。来自亚太地区 15 个发展中国家和农业部、国家知识产权局、国家工商总局、国家版权局、国家林业局等部委的专家围绕世界知识产权组织发展议程实施过程中在国际和国家层面所面临的机遇与挑战，知识产权与发展政策，知识产权与国际技术转让，知识产权与竞争政策等发展中国家广泛关注的议题进行了研讨。

（资料来源：中国知识产权报　作者：周渝利　柳　鹏）

【中美专家热议互联网版权保护】 2010年4月21日，中国商务部、中国国家版权局与美国专利商标局、美国版权局联合举行圆桌会议，就互联网服务提供商的共同侵权责任认定等互联网版权保护热点问题进行对话。来自中美版权管理机构、司法机关、境外权利人组织的代表参加了会议。

双方专家专题讨论了中美对互联网深度链接、搜索引擎、流媒体、视频分享网站等商业模式中涉及共同侵权责任认定的法律适用标准，就“技术中立原则”、“避风港原则”、“红旗原则”等交换了意见，双方还结合两国案例，针对服务提供商“明知或应知”侵权行为的认定标准等问题进行了深入探讨。双方代表表示，中美在互联网版权保护上的法律规定与司法实践非常接近，没有根本分歧，由于社会经济背景和产业发展阶段不同，双方在版权保护领域还应更加深入地沟通和交流。

（资料来源：中国知识产权报　作者：姚文平　刘　仁）

【阎晓宏会见环球音乐集团法律总顾问理查德·康斯坦德】 2010年5月25日，新闻出版总署副署长、国家版权局副局长阎晓宏在北京会见来访的环球音乐集团法律总顾问理查德·康斯坦德一行。双方就加强网络环境下音乐版权保护等问题进行了深入探讨。

阎晓宏在谈话中指出，音乐已经成为人们生活的一部分，但在音乐的传播过程中，特别是网络环境下的侵权盗版现象还比较普遍，这是一个全球性问题，中国将以更加开放、积极的心态来看待和解决这一问题。总体来说，随着中国版权保护制度的不断完善，越来越多的网络运营商意识到尊重版权的重要性，总体情况会越来越好。阎晓宏介绍说，中国音乐视频网站正在加速整合，政府支持网站更加规范地使用著作权人作品，中国音乐产业将迎来一个新的发展机遇期。

阎晓宏强调，面对网络环境下的侵权盗版现象，中国政府态度非常明确。一是加大执法力度，继续保持对侵权盗版的高压态势，2010年国家版权局将与公安部等部门合作，开展第六次打击网络侵权盗版专项行动。二是加强国际合作，尤其在信息、技术方面加强国际合作，共同推动这一全球性难题得到更好解决。三是探索建立版权网络信息平台，解决权利人和使用者之间的信息不对称问题，建立有利于平衡权利人和使用者利益的网络环境下使用作品的商业模式。阎晓宏表示，中国欢迎国际知名文化传媒集团来华发展业务，国家版权局愿意在法律框架内对这些业务进行支持、指导。

理查德·康斯坦德表示，中国拥有无比巨大的音乐潜力和音乐市场，环球音乐集团愿意开拓中国市场，在中国发掘、培养和投资更多艺术家及音乐作品。但公司非常关注中国的知识产权保护环境，希望中国的盗版率能降下来。在过去一年中，环球音乐集团的有关侵权投诉得到了国家版权局的及时、有效处理，理查德·康斯坦德代表环球音乐集团对此表示感谢。

双方还就录音制作者的广播权和表演权等问题进行了广泛交流。

新闻出版总署版权管理司司长王自强、对外交流与合作司副司长陈英明、国际唱片业协会中国区首席代表郭彪等参加会见。

（资料来源：中国新闻出版报　作者：王玉梅）

【2010BIBF国际版权贸易研讨班】 2010年5月25—26日，作为第十七届北京国际图书博览会（BIBF）的重要组成部分，由国家版权局主办、中国图书进出口（集团）总公司承办的第十届2010 BIBF北京国际版权贸易研讨班在北京举办。新闻出版总署副署长、国家版权局副局长阎晓宏出席开班仪式并讲话。

本届研讨班的主题为数字时代的版权与贸易。阎晓宏表示，随着信息技术在出版领域的广泛应用，互联网、手机、阅读器等各种新兴数字媒介的出现改变了传统的出版模式，国际出版业正在经历一场前所未有的变革。通过大量下载类业务及多媒体短信服务（MMS）等信息类业务传播的图书、音视频、应用软件、游戏等数字内容越来越多，数字版权业务急剧上升，在这一背景下，版权的作用和价值正日益凸显。

阎晓宏指出，版权贸易是通过对已有版权作品的使用而产生贸易的行为，是一种无形财产贸易。虽然不同于一般实物贸易，但也必须遵循贸易的基本规则，使买卖双方都受益，使版权得到尊重。在数字环境下，如何在尊重版权的基础上找到合理的盈利模式，如何整合运营商、平台商、技术开发商、内容提供商这几个层面的资源，值得我们共同思考。

本次研讨班邀请了科学出版集团、安徽出版集团、威科集团（CCH）、法国打开版权代理公司（Dakai Literary Agency）等国内外出版单位的高层管理者，以及北京大学数字版权研究基地、中国移动手机阅读基地、盛大文学、中文在线、超星数字图书馆等机构的业界人士，通过探讨数字版权现状、数字版权中的版权保护与开发、数字版权运作案例分析等议题，帮助与会人员了解数字时代的版权贸易现状、发展趋势、问题难点与解决方案。来自各省（区、市）新闻出版（版权）局、集团、总社以及北京地区和地方出版社的代表参会并就以上热点问题进行了研讨。

（资料来源：中国新闻出版报　作者：方　圆）

【第六届中韩版权研讨会在首尔举办】 2010年6月10日，第六届中韩版权研讨会在首尔COEX会议中心举办，本次活动是受中国国家版权局和韩国文化观光部的委托，由中国版权保护中心和韩国著作权委员会主办，北京东方雍和国际版权交易中心承办的。该项活动每年在中韩两地轮流主办，之前已经连续举办了五届，本届的主题是"数字化信息时代，中韩版权产业实质性合作的模式探索"。

中韩两国政府机构、行业协会、学术机构以及音乐、电影、电视、动漫、网络游戏等领域的专家、学者及企业高管近百人出席了会议。会议就两国著作权法研究、中韩版权交易与纠纷调解机制以及动漫网游、影视、新媒体版权等话题进行了交流和探讨。

（资料来源：新浪产权）

【柳斌杰会见世界知识产权组织助理总干事克拉克】 2010年7月9日，新闻出版总署署长、国家版权局局长柳斌杰在北京会见了世界知识产权组织（WIPO）助理总干事特雷沃尔·C·克拉克一行。

柳斌杰在会谈中说，由WIPO与国家版权局共同开展的南通家纺业版权保护优秀案例示范点调研表明，南通市为保护企业在花布花型等方面的版权，建立起中国第一个镇村级版权管理机构，并形成了一整套打击盗版、保护创新的工作机制，引导企业自主创新，率先走出了一条利用版权保护促进家纺产业发展的新路。这有力地说明版权保护可以很好地促进区域经济文化的发展，为版权产业发展树立了好的典型，南通经验，世界共享。

柳斌杰还对双方自2007年起合作开展的为期3年的中国版权产业经济贡献率调研项目进行了评价。他分析说，在WIPO专家组的指导下，中方工作组开展了大量的调研统计工作，2009年，该项目已顺利结题。统计数据显示，2006年，中国版权产业占全国GDP的6.4%，就业率占全国总就业人口的5.8%；版权产品出口值占全国出口总值的14.4%。这说明知识创造财富，版权保护可以促进经济文化的发展。

柳斌杰还表示，中国政府把大力推进知识产权战略，作为长期坚持的国家战略，并高度关注国际社会对知识产权问题的认识。国家版权局愿与WIPO继续保持真诚、务实、富有成效的合作。中方希望将南通经验逐步扩大延伸到出版、软件、游戏等其他产业门类，在中国其他地区进一步提高对知识创造物质财富重要作用的认识。他同时建议WIPO在培训、立法等方面继续给予国家版权局支持和帮助。

克拉克在会见时表示，通过对南通家纺业版权保护做法的3天实地考察，他认为中国政府一直是以积极的姿态来开展版权保护工作的。南通经验表明，私营企业在政府司法、行政强有力的支持下，形成了自下而上的打击盗版、保护创新的思想理念，提升了南通整个家纺业的产业规模、品牌和国际竞争力。南通经验证明，版权保护可以促进经济发展，这不仅可以让中国其他广大地区借鉴，也可以令全球其他发展中国家受益。同时他指出，中国是WIPO最重要的成员国之一，WIPO将努力致力于与中国开展更广泛的多项合作。他相信，在中国国家版权局的领导下，中国版权产业将会对中国经济作出更大贡献。

柳斌杰和克拉克共同表示，双方将进一步加强交流与合作，共同关注和研究国际社会面临的版权保护新问题，为继续构建公正、合理的版权保护国际新秩序作出新努力。柳斌杰还向克拉克赠送了竹简书工艺品。

新闻出版总署副署长、国家版权局副局长阎晓宏，江苏省副省长曹卫星，国家版权局版权管理司司长王自强，江苏省版权局局长徐毅英，江苏省南通市委书记罗一民等，以及WIPO亚太区高级顾问刘杰，WIPO版权法部顾问科洛拉等陪同会见。

（资料来源：中国新闻出版报　作者：赖名芳）

【阎晓宏会见韩国文化体育观光部金映灿】 2010年8月26日，新闻出版总署副署长、国家版权局副局长阎晓宏在北京会见韩国文化体育观光部著作权政策官金映灿一行。双方就进一步加强中韩文化和版权领域的交流合作进行了深入探讨。

阎晓宏在会谈时强调，中国和韩国同属亚洲国家，有着共同的文化和相似的历史背景，加强在上述领域的合作符合两国共同利益，下一步要加强沟通，在多层面开展交流合作。

就韩方关心的在华版权认证、加强政府联系等问题，阎晓宏说，包括韩国著作权委员会在华认证机构、美国电影协会等在内，目前共有5家国际机构在华获准进行版权认证。国家版权局认可其认证结果。他强调，这些机构进行版权认证的前提是必须获得作品权利主体的授权；随着版权认证宣传的进一步深入和版权使用者版权意识的进一步增强，发展中遇到的问题都会逐步得到解决，国家版权局愿意协助韩国有关机构解决韩国作品在华遇到的著作权问题，也希望韩国文化体育观光部对中国作品在韩遇到版权纠纷时给予支持和帮助。双方达成共识，两国版权行政部门将建立政府间的热线联系，国家版权局与韩国文化体育观光部将在近期指定专门人员进行及时互动。

双方还就版权执法、著作权纠纷解决机制等内容进行交流。据金映灿介绍，韩国文化体育观光部专门设立了特别司法警察队伍，赋予公务员以警察权限，承担对实体、线上和线下著作权侵权事务的审查、取证、抓捕等工作。韩国著作权委员会还专门设立了著作权纠纷调解机构进行非公开调解，调解结果具有法律效力，每年成功解决约100件纠纷。阎晓宏说，版权调解节省成本、时间，江苏南通家纺版权工作站每年解决几百件纠纷，取得了很好的经验。2010年，北京、上海也建立了一些版权调解机构，未来会进一步推广建立版权调解机制。

（资料来源：中国新闻出版报　作者：王玉梅）

【中英签署版权战略合作协议】　英国当地时间2010年9月3日，正在英国出访的新闻出版总署署长、国家版权局局长柳斌杰与英国知识产权大臣朱迪斯·威尔考克斯男爵在伦敦签署了《中华人民共和国国家版权局和英国知识产权局版权战略合作协议》（以下简称《协议》）。

《协议》强调，双方认识到知识产权对促进国内经济与全球经济发展、鼓励继续支持创意产业的价值和重要性，承认促进、完善和强化国家版权体系的重要性，期望进一步促进双边合作并增进双边商业贸易。双方约定，定期举行正式会晤，在讨论版权重大议题、交流版权相关信息、分享版权立法和执法最佳实践、研究版权保护规律、相互提供培训机会、有关国际重大版权事务协商、促进和鼓励对与版权相关的知识产权体系的运用和理解等方面进行合作，加强版权战略伙伴关系。

柳斌杰在签字仪式上表示，中英两国在版权保护方面有着优良的传统，对世界版权保护制度的产生和建立作出过重大历史贡献。他指出，改革开放以来，特别是进入新世纪以来，中国政府高度重视版权保护工作，版权法律制度不断完善，执法体系不断健全，市场机制不断成熟，版权产业不断发展，公众意识不断提高，国际合作不断加强，为提高民族自主创新能力，保护创造、鼓励运用，促进经济发展、文化繁荣、科技进步提供了制度保障。

柳斌杰说，中国正在深入贯彻落实科学发展观，积极建设创新型国家。中国政府将以更加开放的心态、更加开阔的视野、更加积极的姿态，不断推动广泛的国际版权合作。《协议》的签署，不仅对促进两国的版权保护制度意义重大，而且还将对推动国际版权事务作出积极贡献。

威尔考克斯表示，面对数字和网络技术对版权保护制度的冲击和挑战，中英两国签署版权战略合作协议不仅有利于两国在版权方面的合作，而且对两国在更宽领域的合作也会产生积极影响。加强版权保护合作、对话，不仅能增强双方的理解和信任，分享彼此的成功经验，更有利于两国的经贸发展和文化交流，具有里程碑式的作用。

签字仪式后，中国版权代表团与英国知识产权局就如何进一步落实协议，以及音乐版权保护问题、数字网络版权保护问题，特别是奥运会版权保护问题交换了意见，并形成了基本共识。

新闻出版总署出版管理司司长吴尚之、版权管理司司长王自强、对外交流与合作司司长张福海，英国知识产权局行政长官约翰·阿尔特、知识产权局版权及执行董事部部长埃德蒙·奎蒂参加签字仪式。

（资料来源：中国新闻出版报　作者：赵海云　王　梅）

【世界知识产权组织调研福建版权产业发展状况】　2010年10月11—13日，世界知识产权组织（WIPO）创意产业司代司长迪米特·根切夫、美国经济学家联合会首席经济师史蒂夫·斯维克及商务部、国家版权局有关领导、国内部分高校知识产权专家一行8人到福建省厦门、德化调研福建版权产业发展状况。

德化是福建省泉州的一个山区小县，陶瓷产业发展迅速。到2009年，全县共有陶瓷企业1 100多家，陶瓷产值71.3亿元，占全县工业总产值的65.2%，成为该县的支柱产业。2004年，全国版权工作会议在泉州召开，并在德化举行了现场办公会议，总结了德化加强版权保护、促进陶瓷产业发展的经验；2005年，德化被国家版权局授予全国版权保护示范单位称号，这是全国第一家县级版权保护单位，“德化经验”自此在全国推广。

调研组一行听取了德化县政府关于开展版权保护、促进陶瓷业发展的工作汇报，走访了德化版权登记中心和几家陶瓷企业，对德化的版权保护给予了高度的评价。

此外，调研组一行还对厦门的动漫企业进行实地考察，对厦门市的版权保护工作给予了充分肯定。

（资料来源：中国新闻出版报　作者：张福财）

【阎晓宏会见维多利亚·埃斯皮内尔】 2010年10月21日，受新闻出版总署署长、国家版权局局长柳斌杰委托，新闻出版总署副署长、国家版权局副局长阎晓宏在北京会见了来华访问的美国总统奥巴马的知识产权执法高级协调员维多利亚·埃斯皮内尔女士一行。双方就中美两国在版权领域的交流合作等有关问题交换了意见。

阎晓宏首先介绍了中国版权保护状况。他指出，中国已经建立了一套既符合中国国情又与国际规则相衔接的版权法律体系，确立了司法与行政并行的版权双重保护制度，基本确立了版权社会服务体系，版权国际合作与交流不断加强，同时社会公众的版权意识明显提高。在软件版权保护方面，中国在完成政府软件正版化后，大力推进企业软件正版化工作，计算机操作系统软件正版预装率大幅提高，软件正版化工作已经取得了一定成果。当然，中国在版权保护方面还存在很多不足，这是中国从封闭走向开放不可避免的社会阶段，中国将努力缩短这一过程。

对于美国较为关注的中国《著作权法》修订问题，阎晓宏表示，国家版权局已经针对修法进行了较为全面的调研，目前正在多方面积极推进修法进程。在版权执法方面，阎晓宏表示，中国政府高度重视，国务院已经决定于本月底在全国范围内开展为期半年的打击侵犯知识产权专项行动。此次活动由二十多个部门共同参与，新闻出版总署（国家版权局）在打击网络和印刷复制等领域侵权盗版、开展软件正版化、图书馆知识产权保护等方面负有重要职责，目前正在制定具体实施方案，组织力量，确保各项工作目标按期完成。阎晓宏说，这次专项行动将使中国知识产权保护水平提高一大步。他表示，希望美国在充分了解中国国情的基础上，以务实的态度，共同推进两国的知识产权保护进程。

维多利亚介绍了2010年6月底美国政府刚刚出台的知识产权执法战略。这一战略中有四个方面与著作权法相关，其中包括知识产权立法、在政府和企业中开展知识产权保护工作、打击互联网盗版以及与其他国家特别是贸易伙伴进行知识产权合作等。

双方一致认为，互联网的发展对传统版权保护提出了挑战，网络盗版已成为全球性问题，需要各国之间协同合作，分享经验。双方愿意在技术层面交换意见，在双方共同努力下推动知识产权保护取得更多实质性成果。

新闻出版总署版权管理司司长王自强、对外交流与合作司司长张福海参加会见。

（资料来源：中国新闻出版报　作者：方　圆）

【阎晓宏出席美国大使知识产权对话活动】 2010年11月10日，新闻出版总署副署长、国家版权局副局长阎晓宏在北京出席美国大使知识产权对话活动。

阎晓宏在对话活动中发表了题为《加强合作、共同应对互联网版权保护挑战》的演讲。他指出，中国政府高度重视互联网版权法律制度建设和保护工作。目前中国在数字网络领域的版权立法已经基本成型，而且是符合国际规则的。在打击网络环境下侵权盗版方面，从2005年起，国家版权局联合工信部、公安部连续6年开展了打击网络侵权盗版专项行动，取得了重要进展。

就中国版权立法、执法方面仍然存在的一些突出矛盾与压力问题，阎晓宏分析说，在技术迅猛发展的背景下，修订著作权有关法律、有关制度是必然的，但是也要看到修订法律的复杂性、艰巨性。在著作权制度的基本原则基础上，要有所突破、有所创新。在现行版权制度框架内，互联网的作品授权与使用问题仍有积极可为之处，如倡导集体谈判、自助协议模式解决授权等，要勇于思考和实践，空洞的争论和无所作为解决不了问题。

就互联网版权保护的国际合作问题，阎晓宏强调，中美在互联网版权保护上的法律规定与司法实践接近，有很多共同的话题和关注点，不存在根本分歧。由于社会经济背景和产业发展阶段不同，双方在网络版权保护方面也呈现出不同的特点和情况，需要进一步加强理解、交流与合作。中美双方已达成共识，于2011年4月前共同举办更高层次中美网络版权保护研讨会，就一系列共同关注的问题进行深入研讨和磋商。中国愿意加强与国内外互联网企业、权利人组织，特别是国际组织和世界各国、各地区政府部门的合作，共同探讨解决互联网版权保护问题的最佳方案。

（资料来源：中国新闻出版报　作者：赖名芳）

【王岐山会见世界知识产权组织总干事加利和商业软件联盟总裁霍利曼】　2010年11月18日，国务院副总理王岐山在中南海分别会见世界知识产权组织（WIPO）总干事弗朗西斯·加利和商业软件联盟（BSA）总裁罗伯特·霍利曼。新闻出版总署署长、国家版权局局长柳斌杰，新闻出版总署副署长、国家版权局副局长阎晓宏分别陪同会见。

王岐山说，中国政府高度重视保护知识产权。当前，中国正在开展打击侵犯知识产权和制售假冒伪劣商品专项行动，要求政府机关带头使用正版软件。知识产权保护的规则和标准要充分考虑各国国情，特别是发展中国家的发展阶段、历史文化和可承受能力。中国政府保护知识产权的决心是坚定不移的，我们将不断完善法律法规，建立知识产权保护长效机制。

加利和霍利曼高度评价中国在保护知识产权方面取得的巨大进步，表示愿与中国加强合作，共同推进知识产权保护事业发展。

（资料来源：中国新闻出版报）

【刘淇会见世界知识产权组织总干事加利】　2010年11月18日，中共中央政治局委员、北京市委书记刘淇在北京会见了世界知识产权组织总干事弗朗西斯·加利一行。新闻出版总署署长、国家版权局局长柳斌杰，北京市委常委、宣传部长、副市长蔡赴朝陪同会见。

刘淇向加利一行介绍了北京市知识产权保护工作和文化创意产业发展情况。他说，北京市高度重视知识产权保护工作，将其提升到落实科学发展观、建设创新型城市、推进北京产业结构升级和经济增长方式转变的战略高度。近年来，北京市采取了一系列加强知识产权保护的具体措施，取得了显著成效，希望与包括世界知识产权组织在内的国际组织加强合作与交流，共同促进知识产权的保护工作。

加利表示，2010年是中国加入世界知识产权组织30周年。30年来，中国知识产权保护工作取得了显著成绩，为世界各国作出了榜样，也与世界知识产权组织建立了良好的合作关系。

世界知识产权组织副总干事王彬颖、助理总干事特雷沃尔·C·克拉克，新闻出版总署版权管理司司长王自强、北京市版权局副局长王野霏参加会见。

（资料来源：中国新闻出版报　作者：方　圆）

【第三届中国国际版权博览会举办】　2010年11月18—21日，第三届中国国际版权博览会在北京国家会议中心隆重举办。本届博览会由新闻出版总署、国家版权局、国家广播电视总局、国家工业与信息化部、文化部、共青团中央、中国国际贸易促进会及北京市人民政府主办，北京市版权局、中国国际贸易促进会北京市分会、北京市朝阳区人民政府承办，北京国际版权交易中心组织执行。全国人大常委会副委员长陈至立，新闻出版总署署长、国家版权局局长柳斌杰，世界知识产权组织总干事弗朗西斯·加利等出席18日举行的开幕式。

柳斌杰在开幕式上致辞时表示，中国国际版权博览会是中国版权产业唯一的常态化、高层次国家级专业展会，更是国际版权业的一次盛会。本届博览会将继续秉承“交流、合作、创新、发展”的宗旨，为全球版权贸易交流合作搭建高层次的服务平台。

弗朗西斯·加利在致辞中表示，此次国际版权论坛的举办提供了一个很好的机会来设想音乐的经济结构和社会组织的未来。他建议成立全球曲目数据库，在此基础上进行授权交易，为管理和开发权利建立起新的商业模式。

世界知识产权组织副总干事王彬颖，助理总干事特雷沃尔·C·克拉克，新闻出版总署副署长、国家版权局副局长阎晓宏，工信部副部长杨学山，文化部副部长赵少华，国家广电总局副局长赵实等一同出席了开幕式。北京市委常委、宣传部长、副市长蔡赴朝及主宾国代表日本文化厅厅长近藤诚一分别致辞。

为期4天的博览会以丰富多彩的形式向国内外来宾展示了中国文化创意产业的最新成果，来自50多个国家和地区的业界专家将针对中国版权与世界版权的持续发展展开研讨和交流。作为本届博览会主宾国，日本专门设置了包括漫画、电影、电视节目、游戏等大众流行文化和原汁原味传统文化在内的特色展区。

（资料来源：中国新闻出版报　作者：方　圆）

【中日著作权研讨会倡议合作开拓市场】　2010年11月19日，第三届中国国际版权博览会中日著作权研讨会在国家会议中心举行，双方倡议合作开拓市场。

研讨会上，多家日本文化产业最前线的著名企业介绍了它们在视频和音乐及出版等领域的最新策略和尝试。如日本龙头民营电视台——富士电视台介绍了与中方共同制作电影和电视节目的成功案例。

（资料来源：中国新闻出版报　作者：王佳欣）

【2010（第四届）国际版权论坛举办】 2010年11月18—19日，由世界知识产权组织（WIPO）与国家版权局共同主办的2010国际版权论坛在北京国家会议中心举行。本届论坛以“音乐畅想未来”为主题，分为18日的主题演讲与19日的专题讨论。

18日上午的演讲主题为“音乐和版权：从法律到市场”。会场由世界知识产权组织副总干事克拉克主持，新闻出版总署副署长、国家版权局副局长阎晓宏，华纳音乐主席兼总裁戴夫·约翰逊，国际音乐家协会秘书长贝努瓦·马绪尔，澳大利亚表演权协会国际部主任斯科特·莫里斯，中国音像协会副会长王炬，国际唱片业协会主席弗朗西斯·摩尔等探讨了法制环境对音乐创造力的促进作用以及艺术家和产业界在利用数字音乐环境中所面临的挑战。

阎晓宏在演讲中说，音乐已经成为人们重要的文化消费，最广泛的音乐消费群体赋予了音乐产业巨大的市场和增长的空间。在音乐产业发展过程中，挑战与机遇并存。挑战主要表现为数字音乐产品展示出强劲的增长势头；版权问题成为音乐产业发展的制约瓶颈；目前中国正版消费的商业模式仍比较单一。机遇是中国音乐用户的数量庞大，具有巨大的市场发展空间；版权保护环境也在不断地改善和优化，政府产业政策扶持力度不断加大。他表示，中国将进一步完善著作权法律体系，继续加大打击侵权盗版的力度，大力促进版权的市场化，推动原创音乐的创作，加强法律政策的宣传普及，推动建立多元化的正版使用商业模式，以推动音乐产业的发展。

下午的演讲主题为“音乐和发展”。会场由国家版权局版权管理司巡视员许超主持，国际音乐经理人论坛名誉主席彼得·鲁纳、中国音乐家协会副主席孟卫东、科恩律师事务所总经理菲力浦·科恩、伦敦国际政策广播网项目主管亚力克·范·吉尔德、太平洋艺术联盟执行董事麦艾维、印度大信赖娱乐公司副总裁桑杰·坦登、肯尼亚版权委员会执行理事玛丽萨拉·欧玛、澳大利亚司法部（总检察长部）首席助理秘书长詹尼特·戴茜斯等探讨了版权制度在激励艺术家和制作者，支持和推动音乐产业发展方面的潜力，以及发展中国家如何创建音乐项目，如何根据发展中国家的实际情况调整价值链和许可模式。

在19日的专题讨论中，Because Edition 首席执行官米歇尔·杜瓦尔、日本唱片业协会主席石板敬一、国际作者作曲协会联合会拉美地区主任圣地亚哥·斯库斯特、中国音乐著作权协会总干事屈景明就“实现音乐的经济价值”这一主题进行了探讨；诺基亚（中国）投资公司副主席大卫·唐，上海新汇文化娱乐集团公司副总裁臧彦彬，HRO 合伙人、数字媒体律师尼克·加内特讨论了“数字推动新商业模式的发展”；腾讯数字多媒体产品中心市场拓展总监熊立培、Intertrust 科技公司高级副总裁杰克·拉斯、音乐事务（Music Matters）总裁加斯帕·多纳特、国际音乐经理人论坛主席布赖恩·麦斯基围绕“在线音乐市场：使用指南”的主题进行了讨论；北京市高级人民法院知识产权庭庭长陈锦川、华东政法大学教授王迁、美国电影协会亚太地区总裁迈克尔·埃里斯、北京大学管理科学与工程博士生导师蔡剑讨论了“‘互联网中间商’：一个扩展的想法”这一主题。《视野》主编菲尔·哈迪，北京市版权局副局长王野霏，HRO 合伙人、数字媒体律师尼克·加内特分别担任了各专题讨论会的主持人。

（版权年鉴编辑部）

版权相关产业与贸易

BAN QUAN XIANG GUAN CHAN YE YU MAO YI

2010 年中国出版产业发展报告

徐升国

2010 年是“十一五”规划的收官之年，也是中国出版产业步入“十二五”规划承上启下的关键一年。在本年度，新闻出版业提前完成了新闻出版业“十一五”规划的各项目标，产业规模快速提升，据新闻出版总署产业发展司发布的《2010 年新闻出版产业分析报告》，到 2010 年新闻出版业总产出就达到 12 698 亿元，较 2009 年增长 19.0%；实现增加值 3 503 亿元，增长 13.0%，占同期国内生产总值(GDP) 的 0.9%；营业收入 12 375 亿元，增长 19.7%；利润总额 1 075.9 亿元，增长 20.4%。不包括数字出版的新闻出版业资产总额为 12 737.4 亿元，较 2009 年增长 7.5%。图书出版总印数居世界第一位，电子出版物出版总量居世界第二位，日报出版规模居世界第一位，印刷业产值居世界第三位，我国已成为名副其实的出版大国。改革开放全面推进，经营性出版单位改革工作基本完成，现代企业制度开始建立，投融资渠道不断拓宽。新闻出版领域更加开放，非公资本以各种形式广泛参与政策允许的新闻出版领域经营活动。在产业转型中，新闻出版业保持着健康快速发展的势头。

一、2010 年出版业发展状况

2010 年以来，虽然全球仍然未能摆脱经济危机的困扰，但我国出版业却继续保持快速发展。

从 2010 年产业发展数据看，据新闻出版总署统计，在图书出版方面，2010 年，全国共出版图书 32.8 万种，较 2009 年增长 8.8%；其中，新版图书 18.9 万种，增长 12.5%；重版、重印图书 13.9 万种，增长 4.5%；总印数 71.4 亿册（张），增长 1.4%；总印张 604.7 亿印张，增长 6.9%；定价总金额 930.9 亿元，增长 9.8%。图书出版实现总产出 561.9 亿元，较 2009 年增长 17.6%；增加值 215.1 亿元，增长 14.1%；营业收入 537.9 亿元，增长 16.2%；利润总额 77.2 亿元，增长 3.1%。图书业主要方面都出现了较明显的增长，特别是图书总印数实物扭转了近年来不断下降的趋势，显示出图书出版业在 2010 年出现较为明显的增长势头。

从销售环节看，2010 年，全国新华书店系统和出版社自办发行单位实现出版物总销售额 1 728.5 亿元，比 2009 年增长 11.0%；全国共有出版物发行网点 16.8 万个，增长 4.6%。出版物发行总产出 1 923.9 亿元，较 2009 年增长 6.0%；增加值 470.99 亿元，增长 6.7%；营业收入 1 898.5 亿元，增长 8.0%；利润总额 206.8 亿元，增长 2.7%。

在报纸出版方面，2010 年，全国共出版报纸 1 939 种，较 2009 年增长 0.1%；总印数 452.1 亿份，增长 3.0%；总印张 2 148.0 亿印张，增长 9.1%；定价总金额 367.7 亿元，增长 4.5%。报纸出版实现总产出 734.9 亿元，较 2009 年增长 13.8%；增加值 317.2 亿元，增长 13.1%；营业收入 729.4 亿元，增长 16.2%；利润总额 100.8 亿元，增长 43.2%。

在期刊出版方面，2010 年全国共出版期刊 9 884 种，较 2009 年增长 0.3%；总印数 32.2 亿册，增长 2.0%；总印张 181.1 亿印张，增长 8.9%；定价总金额 217.7 亿元，增长 7.6%。期刊出版实现总产出 156.5 亿元，较 2009 年增长 4.1%；增加值 71.2 亿元，增长 1.4%；营业收入 150.6 亿元，增长 3.1%；利润总额 18.5 亿元，增长 49.4%。

在音像制品出版方面，2010 年，全国共出版音像制品 21 552 种，较 2009 年下降 15.1%；出版数量 4.2 亿盒（张），增加 7.9%；发行数量 3.8 亿盒（张），下降 2.1%；发行总金额 20.1 亿元，增长 0.7%。音像制品出版实现总产出 21.4 亿元，较 2009 年增长 7.0%；增加值 7.3 亿元，下降 4.9%；营业收入 20.2 亿元，增长 4.0%；利润总额 2.4 亿元，增长 3.5%。

在电子出版方面，2010 年，全国共出版电子出版物 11 175 种，较 2009 年增长 4.4%；出版数量 2.6 亿张，增长 13.1%。电子出版物出版实现总产出 7.5 亿元，较 2009 年增长 15.7%；实现增加值 2.9 亿元，增长 42.5%；营业收入 7.4 亿元，增长

16.7%；利润总额1.0亿元，增长66.7%。

在数字出版方面，2010年数字出版实现总产出1 051.8亿元，较2009年增长31.6%；增加值290.2亿元，增长23.7%；营业收入1 051.8亿元，增长31.6%；利润总额89.1亿元，增长39.5%。数字出版总产出和增加值超过全行业增长速度，在各产业类别中名列前茅。

在印刷产业方面，印刷复制业仍是新闻出版业中的支柱产业。2010年，全国包括出版物印刷、包装装潢印刷复制在内，共实现总产出8 178.2亿元，较2009年增长22.3%；增加值2 120.6亿元，增长13.7%；营业收入7 918.1亿元，增长22.6%；利润总额578.4亿元，增长24.7%。印刷复制业总产出占新闻出版业总产出的64.4%、增加值的60.5%、营业收入的64.0%，远远超过新闻出版其他产业类别，在全行业中居于主要地位。从发展速度看，印刷复制的增长速度虽低于数字出版，但同样高于全行业增速。

在出版物进出口方面，2010年，全国出版物进出口经营单位累计出口图书、报纸、期刊、音像制品、电子出版物96.5万种次，较2009年增长4.9%；数量1 047.5万册（份、盒、张），增长17.0%；金额3 758.2万美元，增长7.4%。累计进口图书、报纸、期刊、音像制品、电子出版物90.5万种，较2009年增长10.3%；数量2 944.8万册（份、盒、张），增长4.8%；金额37 391.3万美元，增长20.5%。进出口总额41 149.5万美元，较2009年增长19.2%。出版物进出口实现总产出62.1亿元，较2009年增长15.8%；增加值8.1亿元，增长22.0%；营业收入61.4亿元，增长15.4%；利润总额1.7亿元，下降37.9%。全国出版物进出口经营单位图书、报纸、期刊、音像制品和电子出版物的出口继续保持增长，尤其是图书出口数量扭转了自2006年以来的下滑态势，增长13.2%，不过全国出版物进出口经营单位各类出版物贸易逆差仍较大。累计出口金额仅相当于累计进口金额的10.1%，尚需进一步改善。

在版权贸易方面，2010年，全国共引进出版物版权16 602种（其中，图书13 724种，录音制品439种，录像制品356种，电子出版物49种，软件304种，电影284种，电视节目1 446种），较2009年增长20.4%；共输出出版物版权5 691种（其中，图书3 880种，录音制品36种，录像制品8种，电子出版物187种，电视节目1 561种，其他19种），较2009年增长35.3%；版权贸易输出品种与引进品种比例由2009年的1∶3.3提高到1∶2.9，全国版权贸易逆差比例进一步缩小。

在出版物消费方面，2010年，全国每百万人均拥有图书245种，较2009年增长8.4%；人均年拥有图书5.3册，增长1.0%；人均年拥有期刊2.4册，增长1.6%；每千人日均拥有报纸92.5份，增长2.6%；报纸普及率每户0.3份，增长3.3%；人均书报刊用纸219.0印张，增长8.2%；千人拥有出版物发行网点数量0.1个，增长4.4%。

二、2010—2011年出版业主要特征

（一）“强国战略”号角吹响，产业化政策强力推动

2010年1月，新闻出版总署署长柳斌杰在全国新闻出版工作会议上表示，我国已进入世界出版大国行列，提出力争在“2020年成为出版强国”的主攻方向，目标是到2020年，新闻出版产业总产值占当年全国GDP的5%左右，基本实现年人均消费图书6册、期刊3.2册，报纸每千人每日130份以上。强国任务的提出，吹响了我国从出版大国向出版强国进发的号角。为了实现这一愿景，新闻出版总署2010年出台一系列政策文件，紧紧围绕强国战略，进行着眼长远的战略布局。

2010年1月1日，新闻出版总署出台《关于进一步推动新闻出版产业发展的指导意见》。被称为新闻出版业2010年“一号文件”，为总署继2009年出台《关于进一步推进新闻出版体制改革的指导意见》后，为进一步推动新闻出版产业发展制定的又一个纲领性文件。“一号文件”的出台，再次彰显了行政主管部门力推新闻出版产业发展的决心和力度，引起了行业内外的高度关注。

《意见》提出了新闻出版产业发展的“五大目标”和“六大措施”。“五大目标”为：到“十二五”末，实现新闻出版产业增加值比2006年翻两番；形成一批有国际竞争力的骨干企业；数字、网络、手机等出版水平世界一流；建立现代出版物市场体系和现代传播体系；扭转新闻出版产品和服务的出口逆差状况。“六大措施”将为“五大目标”保驾护航。其一，拓宽非公有资本参与渠道，鼓励和支持非公有制文化企业从事印刷、发行等有关经营活动。其二，鼓励和支持新闻出版骨干企业跨媒体、跨行业、跨地区、跨国界和跨所有制重组，3～5年内，重点培育六七家资产超过百亿元、销售超过百亿元的大型新闻出版企业，支持各种所有制的新闻出版企业，通过新设、收购、合作等方式，到境外建社、

办厂、开店，实现新闻出版企业在境外的落地和本土化。其三，多渠道构建融资环境。充分利用发行企业债券、引进境内外战略投资、上市融资等多种渠道为企业融资，开展与国有银行及相关金融机构的战略合作，加快建立和发展中小新闻出版企业信用担保机制，允许投资人以知识产权等无形资产评估作价出资组建新闻出版企业。其四，运用高新技术，促进新闻出版产业发展方式转变和结构调整。其五，实施重大项目建设。其六，建设新闻出版产业带、产业园区和产业基地，发挥产业集群优势。主管部门的意图相当明显，出版业全体转企改制，成为独立市场主体后，大规模兼并重组联营，造出版航母，剑指国际市场。

（二）产业基地成为集约化发展的重要助力

推动形成一批具有全国影响力、特色鲜明的文化产业集聚基地，是优化产业布局，提高产业集中度，进一步推进文化产业向规模化、集约化、专业化转变的必由之路。

2010年4月，西部首个国家级数字出版基地在重庆北部新区挂牌，该基地力争在10年内成为国内一流、西部领先的数字出版基地；8月，湖南被批准成为继上海、重庆、杭州之后第4个国家级数字出版基地。9月，位于武汉的华中国家数字出版基地获得新闻出版总署批准。2011年1月，新闻出版总署批准成立天津数字出版基地。5月，广东数字出版产业基地在天河软件园揭幕。同月，新闻出版总署批准成立西安数字出版基地。7月，江苏数字出版产业基地正式挂牌。至此，新闻出版总署批复的国家数字出版基地已达到9家——上海张江、重庆北部新区、浙江杭州、湖南中南、湖北华中、陕西浐灞、广东广州、天津空港、南京雨花。多家数字出版基地纷纷明确定位细密布局，利用现有基础及优势资源打造数字出版产业高地。有了“根据地”、有了政策倾斜、有了资金扶持，数字出版产业链得到了前所未有的推力。

根据新闻出版总署《关于促进我国音像业健康有序发展的若干意见》精神，决定在北京、上海和广东建立3个国家级音乐产业基地（园区）。2010年5月，国家音乐创意产业基地深圳园区正式揭牌；7月，上海新汇文化娱乐集团在上海举行上海国家音乐产业基地音乐制作中心开启仪式；12月，广州国家音乐产业基地揭牌。

（三）改制上市重组全面加速，资本改写出版版图

转企改制是近年来出版业改革的主要内容。经过几年的努力，到2010年底，现有580家图书出版社中，526家已转变成为经营性出版社，496家已完成转企改制；18万家印刷复制单位、30个省级国有新华书店全面完成转制；1 069家非时政类报刊出版单位转制或登记成为企业法人，49家党报党刊集团实现采编和经营业务分离。已组建出版集团30家、报业集团39家、期刊集团5家，国有发行集团27家。

联合重组是出版企业加快发展，出版资源进一步从分散走向集约化经营的重要手段，是打造中国出版发行业“航空母舰”的主要路径之一。2010年以来，出版资源的整合愈加频繁，出版企业之间的联合重组动作进一步加快。2010年2月，中国出版集团公司重组全国人大办公厅所属中国民主法制出版社；3月，安徽新华发行集团与中国外文局所属新世界出版社的合作意向签约，北京师范大学出版集团跨地域重组安徽大学出版社；5月，中央统战部所属的华文出版社加入中国出版集团；6月，辽宁北方联合出版传媒（集团）股份有限公司成功实现重组并控股民建中央所属的民主与建设出版社，求是杂志社和浙江日报报业集团合作重组红旗出版社；7月，安徽时代出版与黑龙江出版集团决定共同出资设立时代新华出版物连锁经营总公司；11月，北方联合出版传媒（集团）股份有限公司分别与天津出版传媒集团有限公司、内蒙古新华发行集团股份有限公司签署股权合作协议；12月18日，由人民教育出版社、高等教育出版社、语文出版社、中国教学仪器设备总公司、中国教育图书进出口总公司五家单位整合而成的中国教育出版传媒集团有限公司“横空出世”，囊括中国教育出版历史最悠久的金字招牌。出版企业之间联合重组，产业集中度将逐年提升，出版资源越来越多地向少数优质企业聚集。

在文化产业振兴的大背景下，出版行业资本运作风起云涌。出版大鳄冲刺上市，已登陆资本市场的出版巨头外延式扩张的意愿强烈。在此过程中，九部门在2010年4月联合下发新中国第一个金融全面支持文化产业的文件——《关于金融支持文化产业振兴和发展繁荣的指导意见》，在《意见》推动下，资本加快改写中国出版版图，对优势出版资源的争夺日趋激烈。

2010年1月18日，皖新传媒挂牌上市完成IPO新股发行，募集资金人民币12.98亿元。6月22日，四川新华文轩连锁股份有限公司发布公告，以总价人民币12.55亿元重组四川出版集团出版业务，获得其旗下 15 家全资子公司全部股权。重组完成后，新华文轩以较低成本大规模介入了上游出版业务领域，实现了出版发行一体化经营格局。10 月 28 日，“中南传媒”成功登陆 A 股主板市场，一跃成为出版传媒板块的新龙头。中南传媒拥有从印刷、出版到发行以及报纸、网络、互动框架媒体等新媒体的相当完整的产业链，其多介质、全流程的独特业态有助于放大其影响力。12 月 8 日，当当网在美国纽约纽交所挂牌上市，发行价 16 美元，融资 2.72 亿美元，成为中国出版业第一个登陆美国股市的上市公司。12 月 15 日，湖南天舟科教文化股份有限公司首次公开发行 A 股在深交所创业板成功挂牌交易。天舟文化主要从事青少年图书的策划、设计、制作与发行业务，被称为“中国图书出版发行行业民企第一股”。2011 年 1 月 24 日，江西出版集团重组＊ST 鑫新实业，更名为中文天地出版传媒，并正式挂牌上市。3 月 15 日，长江出版传媒集团也宣布重组＊ST 源发，启动借壳上市。截至 2010 年 12 月 31 日，新闻出版业共有 44 家上市公司，其中在上海证券交易所挂牌交易的 12 家、深圳证券交易所 11 家、香港联合证券交易所 8 家、美国纽约证券交易所 1 家、美国纳斯达克 12 家，以当日收盘价计算，44 家新闻出版业上市公司总市值达到 5 010.9 亿元人民币。

（四）数字出版产业新格局曙光初现

2010 年新闻出版业最耀眼的还是数字出版的突破性发展。在本年度，各出版单位积极向数字出版领域开拓，取得了突破性成果，数字出版产业规模不断壮大，2010 年总产值一举超过 1 000 亿元大关。对推动我国传统出版业向数字化转型具有极强的示范作用和重要意义。

电子书产业政策出台，加快数字化进程。2010 年 10 月 11 日，新闻出版总署发布了《新闻出版总署关于发展电子书产业的意见》，对于发展电子书产业的意义、原则、重点任务、保证措施等作了详细的解释。这一政策的出台，引起传统出版业和电子书行业的极大反响。

2010 年，电子书市场风起云涌，传统出版商、技术商，包括运营商竞逐电子书市场。2010 年中国电子阅读器销量累计达到 100 万台。国内最大的电子阅读器终端制造商汉王科技也宣布，汉王电纸书的累计总销量已超过 100 万台。3 月 30 日，世纪出版集团发布首款由传统出版企业自主研发和设计的电子阅读器——辞海悦读器；4 月 24 日，在成都第二十届全国图书交易博览会上，中国出版集团公司推出其自主品牌移动阅读器大佳阅读器；同期，重庆出版集团与汉王合作推出“读点经典”阅读器；5 月，《读者》电纸书首度正式亮相深圳文博会。此外，凤凰出版传媒集团联手元太科技推出“凤凰电子书包”，上海新华传媒的“亦墨电子阅读器”打出“世博牌”。此外，3 月，国内最大的网络原创文学平台盛大文学高调推出“一人一书”计划，发布电子书战略，10 月，盛大电子书 Bambook 正式上市；5 月，拥有 5.6 亿用户的中国移动正式推出手机阅读业务，包括 403 款手机和 8 款电子阅读器，强势介入电子阅读市场。据称，2010 年已有接近 400 家公司进入电子阅读器行业。

2010 年，在电子阅读器方面影响和冲击最大的莫过于美国苹果公司 iPad 的推出。在 4 月 iPad 推出以后，短短数月，销售量即超过 1 400 万台，远远超过电纸书阅读器的销售速度，并由此催生出一套数字出版新的产品形态和商业模式，形成数字阅读新潮流，对电子书产业产生了巨大的冲击，电子书第一股汉王因此而陷入亏损的境地。目前，在阅读终端方面，电纸书与 iPad 类产品的竞争十分激烈，在这个多元化的阅读器市场中谁将胜出，还是个未知数。

（五）民营书业企业，定位新兴文化生产力

非公有出版工作室具有创新能力强、适应市场快等优势，引导和规范非公有资本有序进入新闻出版产业，是进一步深化改革的要求，也是进一步发展产业的需要。2010 年 1 月，新闻出版总署发布《关于进一步推动新闻出版产业发展的指导意见》，肯定非公有出版工作室是一种新兴文化生产力；鼓励和支持它们以多种形式进入政策许可领域；将它们作为新闻出版产业的重要组成部分，纳入行业规划和管理，引导和规范其经营行为；为非公有出版工作室在图书策划、组稿、编辑等方面提供服务；鼓励国有出版企业在确保导向正确和国有资本主导地位的前提下，与非公有出版工作室进行资本、项目等多种方式的合作；鼓励和支持非公有文化机构积极开拓海外新闻出版市场。在政策、市场、产业发展几方带动下，2010 年民营书业发展耀眼，上市、融资、重组，风起云涌。

2010 年是中国民营书业企业公开上市的“元年”。3 月 3 日，以生产电纸书阅读器为主要卖点的汉王科技在深交所中小板公开上市，募集资金 11.3 亿元。12 月 8 日，当当网登陆美国纽约证交所，共发行 1 700 万股，募集资金约 2.72 亿美元，根据当日收盘价，公司市值达 19.08 亿美元。12 月 15 日，湖南天舟科教文化股份有限公司在深圳证券交易所正式挂牌上市，成为中国民营出版传媒行业第一股。

民营书业发展面临的历史性机遇，也使风险投资商们闻风而动，并形成一股投资民营书业的热潮，而且手笔也越来越大。2010年8月，鼎晖投资注资磨铁图书，与第一轮的风险投资商共同注资1亿多元人民币，成为风险投资砸向中国民营出版业的一笔巨额投资。2010年9月28日，雄牛资本、复聚卿云联合注资世纪金榜书业有限公司，首期投资达1亿元，总承诺注资数亿元，并将推动世纪金榜公开上市。

11月1日，国内大型网上商城之一京东商城“图书频道”正式上线，图书业务成为京东商城主流产品线之一。京东进入图书业，将导致网络书店格局的重新洗牌，形成与当当、卓越网络书店三国演义的局面。

三、存在的问题与思考

（一）价格竞争愈演愈烈，产业生态令人担忧

2010年1月8日，中国出版工作者协会、中国书刊发行业协会和中国新华书店协会联合发布了酝酿两年之久的《图书公平交易规则》。其中，“出版一年内的新书（以版权页出版时间为准），进入零售市场时不得打折”以及“新书网售和会员制销售不得低于8.5折”两条，激起舆论哗然。图书“限折令”惹来口诛笔伐，主持制定《图书公平交易规则》的三大出版行业协会也成为众矢之的，被律师和消协一纸诉状告至发改委，称涉嫌违反《反垄断法》。9月1日，三大出版行业协会重新发布《图书交易规则》，原规则中“新书一年内不得打折”等规定在国家发改委反垄断部门的干预下被废止。

“限折令”的夭折，使制止行业价格恶性竞争的努力再一次受挫，价格竞争的火把被一再点燃。京东商城进入图书领域以后，很快就对卓越亚马逊和当当发起了价格战。他们提出，自2010年12月14日起，每本书都要比竞争对手便宜20%。同样，卓越亚马逊也加入了价格战团，卓越亚马逊宣布将对数十万种畅销书在全网络最低价的基础上再降20%，并保持全场免运费。此后，价格战愈演愈烈，2011年5月16日，京东商城打出促销广告，宣称对商城5万种少儿图书进行四折封顶销售。另外两家中国著名的网络书店随即跟进。卓越亚马逊宣布“15万种畅销童书四折疯抢，少儿图书全场五五折封顶”，当当网也将折扣降至三九折。

对此，出版单位迅速做出反应——5月17日，以中国少年儿童出版总社、接力出版社为首的24家少儿社集体向京东商城发出律师函，并于5月18日在媒体发表声明，要求京东商城立即停止不正当竞争行为。

出版行业已经深受网络书店恶性价格战之害。网店通过快速打折，形成规模经济后，它向上游出版商压价，在压价过程中形成恶性循环，上游的利润变低，失去再生产的能力。同时，大多数网店不仅仅拥有图书业务，他们更多把标准化的图书作为吸引流量的手段，通过其他盈利空间大的产品的销售，实现盈利。然而，一旦价格体系使行业难以生存的时候，整个行业的混乱甚至崩溃也就是可见的事情。日本和我国台湾地区书业的困局一再警示了这一点。

受价格战影响最直接的是独立书店。2010年7月31日，经营16年之久的广州第一家香港三联书店倒闭，实体书店批量死亡现象再次映入公众眼帘。此前的1月20日，已经迁址的第三极书局因持续亏损，关门停业；年初，重庆经典概念书城关门；更早一些，明君书店、思考乐书局这些曾在京沪名噪一时的连锁书局，纷纷因欠款、欠薪相继关门。到了2011年，中小书店关门的消息越来越多，北京风入松书店、成都大印象书店等相继关门。书业微薄的利润空间，高企的地租，网店的低折扣恶性价格战，是压倒实体书店的“三座大山”。一般来说，出版社给批发商的进货折扣为6.2折左右，零售书店进价为7折左右，而网店凭借庞大的进货量，图书销售折扣有些已经打到了6折，这也是让诸多有特色的小书店关门退市、无以为继的原因之一。

作为文化窗口的书店，能给城市带来文化风景的面貌，文化价值的坚守。一些有特色的人文书店，已经成为了城市的文化地标。城中无书店将是文化的灾难、读书人的苦痛、普通大众远离图书的祸首。有出版人断言，渠道的衰落将整垮传统书业。因此，如何在推进出版业市场化的进程中，又能保护和促进市场健康、合理地发展，是我们全行业必须面对的一个全新课题，对此，行业需要高度重视和理性对待。

（二）电子书困局与百度文库事件再度敲响版权保护警钟

2010年在电子书大发展中，存在的一个重要困扰是版权问题。一些终端厂商奉行“拿来主义”，大肆下载网络免费资源，或肆意侵权盗版，长此以往，将危害电子书产业本身。同时，掌握了优势内容资源的传统出版商，出于对这个定价权尚未掌握在自

己手中的新兴市场的警惕，不会将最新的、优势的内容资源出售给技术商们。由此，关键的问题在于，电子书产业尚未建立清晰的盈利模式和分账模式。对于传统出版商，每年从电子书中获得的盈利几乎可以忽略不计；其次，电子书产业链中，究竟谁主导定价？如何定价？现在看来，国内电子书的定价权，基本在运营商手中，传统出版商没有话语权。没有基本的利益保证，没有向作者保证基本的收入，产业链条里面没有合理的分配体系，掌握版权的传统出版机构就不愿意拿出版权，整个产业就很难取得良性的发展。

2010 年 10 月 10 日，新闻出版总署出台了电子书产业发展意见，建立电子书行业准入制度，搭建国家级电子书内容资源投送平台，研究制定电子书格式、质量、平台、版权等方面的行业及国家标准，助力电子书产业发展。

2009 年 11 月 12 日，百度知道文档分享平台测试版上线，此为百度文库的前身。与中国视频网站的前期运营模式类似，百度文库向用户提供了一个平台，鼓励上传各类文字内容，供其他用户免费阅读；上传者与阅读者间可使用虚拟积分偿付，百度通过广告营利。目前的百度文库已经建成涵盖教育、外语、考试、专业文献、生活娱乐等近十个分类，其中，教育类相关文档资源超过 800 万份，有关文学的文档约有 80 万份。

百度这种以用户上传而不对内容进行监管的操作方式，不可避免地会带来版权纠纷。2010 年 1 月，文著协与盛大文学召开联合发布会，指责百度及百度文库侵权。同时，盛大文学宣布，就旗下五部网络小说，向百度进行维权诉讼。12 月 9 日，文著协、盛大文学与磨铁图书公司共同发布了《针对百度文库侵权盗版的联合声明》。文著协还向国家版权局、北京市版权局，对百度文库进行行政投诉。就此，百度辩称，百度文库是供网友在线分享文档的开放平台，所有的文稿、档案等资料均来自网友上传。百度本身并不上传侵权的书籍和作品，因此百度并没有侵害作家和出版机构的权益。百度的解释其实就是互联网行业所谓的“避风港原则”，即当网络平台提供者不制作内容时，如果被诉侵权，有删除义务。如果侵权内容未在其服务器上储存又没有被告知哪些内容应该被删除，则被告不承担侵权责任。盛大方面强调的是“红旗原则”。当侵权行为明显到如同鲜艳的红旗一样，连普通人也一眼能够看出时，网络服务商就不能够再视而不见，应该主动负起监测、删除、排除的义务，以对抗避风港原则的滥用。文著协方面也认定百度属于百分之百侵权。

受网络下载摧残而倾覆的唱片业，会不会成为出版业的明天？主管部门的管理态度将是整个行业生态的关键。可以借鉴的管理案例是，2009 年年底，广电总局对网络视频市场进行空前的整肃，强调所有在网上提供视频服务的公司，都必须取得信息网络传播视听节目许可证。不然工信部会因此删除备案号，直接关站。其间，数千家传播盗版视频的小网站被关闭，正版内容商的运营价值得到了体现。版权问题已经成为数字出版业发展中的关键因素，对此如何有效、科学地处理，既考验产业生态，又有赖于主管部门的积极、主动、适当的前瞻性制度安排、设计和有力的执行。

（作者单位：中国新闻出版研究院）

2010年中国广播影视产业发展报告

国家广播电影电视总局发展研究中心

在《文化产业振兴规划》将包括影视制作、数字内容和动漫在内的九大产业列为国家重点推进的文化产业之后，国家不断加大文化产业发展的政策支持力度。2010年4月，中宣部、中国人民银行等九部委联合发布《关于金融支持文化产业振兴和发展繁荣的指导意见》，这是近年来首个金融支持影视等文化产业发展繁荣的宏观金融政策指导文件。党的十七届五中全会从加快经济发展方式转变的高度，作出推动文化产业成为国民经济的支柱性产业的重要部署。一系列国家大政方针的颁布表明，包括广播影视产业在内的整个文化产业的地位已提升至国家战略层面。

2010年是中国广播影视迈入变革与转型的关键时期。中央针对经济社会发展大局，作出了加快经济发展方式转变和加快文化产业发展的重大战略部署。随着文化体制改革的深入、国际传媒竞争的加剧和三网融合进程的加快，中国的广播影视产业进入了一个充满挑战和机遇的发展阶段。

一、广播影视产业发展状况

（一）广播影视产业总体情况

2010年，中国广播影视产业竞争实力大幅提升，保持了蓬勃发展的良好态势。全年全国广播电影电视总收入（含财政补助收入）达到2 459.08亿元，比上一年增长25.5%，增幅为“十一五”以来最高，总收入是2006年的两倍多（见图1）。其中，电影综合收益达到157.21亿元，同比增长47.41%，增幅和总量均再创新高（见图2）。

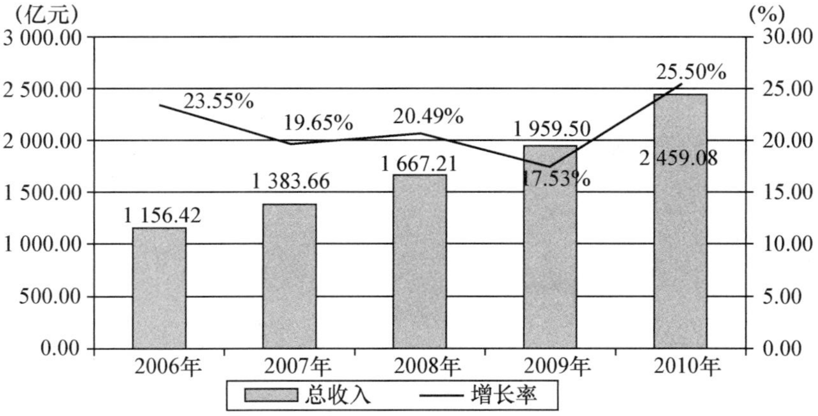

图1 2006—2010年全国广播电影电视总收入增长情况

资料来源：国家广电总局规划财务司。

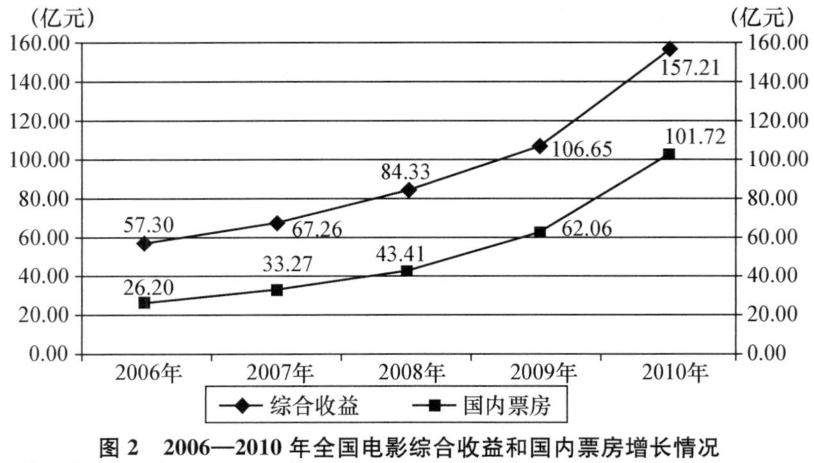

图2 2006—2010年全国电影综合收益和国内票房增长情况

资料来源：国家广电总局电影局。

2010年，全国广播电视总收入为2 301.87亿元，比2009年增长24.23%（见图3）。其中财政补助收入274.75亿元，占总收入的11.93%；广告收入939.97亿元，占比40.84%；网络收入487.44亿元，占比21.18%；其他收入599.71亿元，占比26.05%（见图4）。

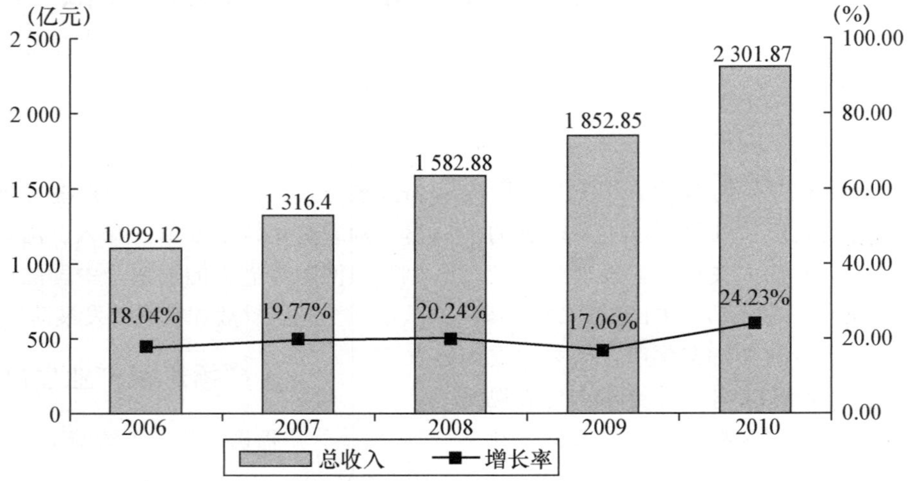

图3　2006—2010年全国广播电视总收入及增幅走势

资料来源：国家广电总局规划财务司。

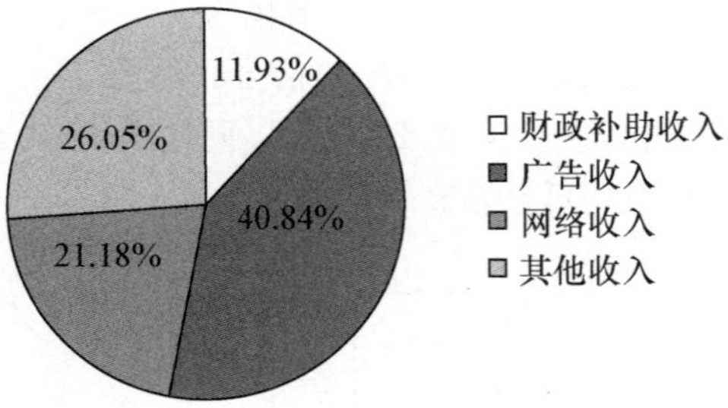

图4　2010年全国广播电视总收入情况

按照地区划分，中央直属广播电视机构收入425.55亿元，占总收入的18.49%；东部地区收入1 134.11亿元，占比49.27%；中部地区收入423.79亿元，占比18.41%；西部地区收入318.42亿元，占比13.83%（见图5）。

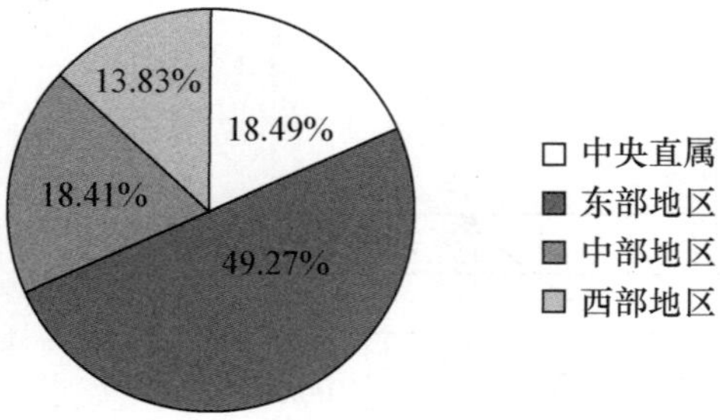

图5　2010年全国广播电视收入区域分布

按行政区划划分，中央直属广播电视机构收入425.55亿元，占总收入的比重为18.49%；省级广播电视机构收入1 135.86亿元，占比49.35%；地市级广播电视机构收入441.80亿元，占比19.19%；县级广播电视收入298.66亿元，占比12.97%（见图6）。

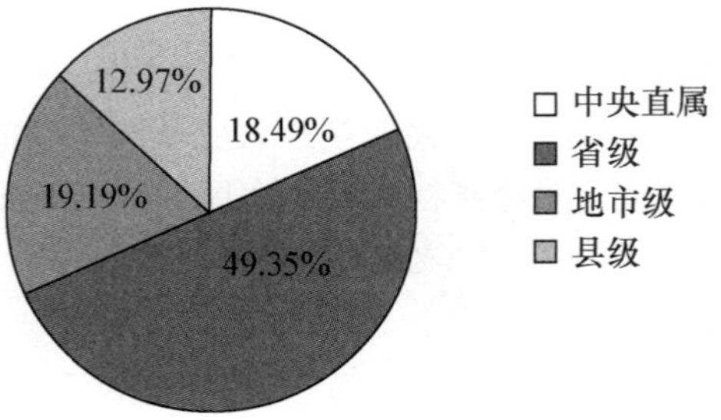

图6　2010年全国广播电视收入行政区划分布

（二）电影产业

政策助推电影产业繁荣发展　2010年1月21日，国务院办公厅发布《关于促进电影产业繁荣发展的指导意见》（国办发［2010］9号），标志着电影产业上升为国家战略性产业。2010年3月1日，国务院召开全国电影工作电视电话会议，李长春同志强调要加快实现我国由电影生产大国向电影生产强国转变。2010年3月，中宣部和国家广电总局联合发布《关于推进国有电影院线深化改革加快发展的意见》（中宣发［2010］6号），进一步推动电影院线制改革，促进电影放映市场繁荣。2010年4月，中宣部、中国人民银行等九部委联合发布《关于金融支持文化产业振兴和发展繁荣的指导意见》（银发［2010］94号）。2010年9月，中宣部和国家广电总局召开"全国影视创作座谈会"，刘云山同志指出，推动影视业繁荣发展，关键是要不断提高影视创作的质量和水平。在以上政策的推动和指导下，我国电影产业获得了非常有利的发展环境。

电影产业投融资日益活跃 在产业政策的推动下，“十一五”期间特别是2010年，电影产业成为一个社会性投资话题，更多的资金涌入电影领域。2010年4月，北京市广电局与北京银行正式签署《支持北京市广播电影电视产业发展全面战略合作协议》，根据协议，北京银行将在未来三年为北京以电影为代表的文化创意企业提供意向性100亿元专项授信额度；7月，中国银行浙江分行联合横店影视产业实验区推出影视产业信贷产品——“影视通宝”，突破了影视企业抵押物不足的局限；11月，北京银行与博纳影业、小马奔腾等四家影视企业签订全面战略合作协议，授信总规模达2.6亿元。行业外资本也积极介入电影业，上海东方传媒、湖南电广传媒、江苏广电总台、浙江广电集团等广播电视机构积极参与电影制作；乐视网、优酷网、土豆网等视频网站直接介入电影制作环节，投资拍摄《决战刹马镇》等影片。此外，电影企业的上市融资步伐加快，其中国有电影企业中影集团联合中国国际电视总公司等七家战略投资者成立中国电影股份有限公司；民营影视公司华策影视于2010年10月在深圳创业板挂牌上市，博纳影业于12月在美国纳斯达克上市。

故事片产量再创新高，电影类型多样化 2010年全年故事片产量达到526部，较2009年增长70部（见图7），产量约为国际电影总产量的十分之一，仅次于印度和美国。根据地区产量统计，北京出品的电影占总产量的绝大部分，形成了以北京为中心的电影创作生产格局。2010年全国还生产动画影片16部、科教影片54部、特种影片[①]9部（见图8）。电影频道节目中心（CCTV-6）出品数字电影100部，其中《海上传奇》、《永恒之火》等纪录影片在海外电影节赢得荣誉。此外，适合互联网、手机等新媒体播映的电影制作在2010年迈出新步伐。中影集团与视频网站优酷网共同推出“11度青春电影行动”，围绕“我奋斗、我表现”的主题，打造具有互联网特色的新媒体电影。

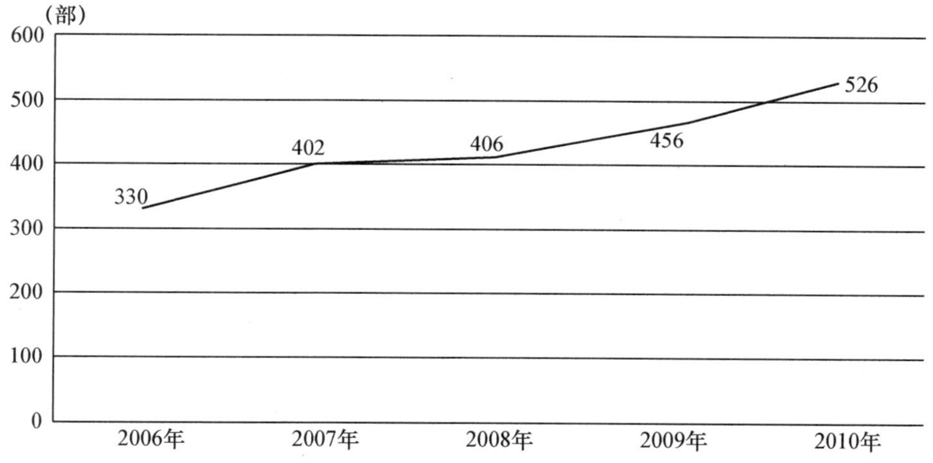

图7 “十一五”时期中国电影故事片产量情况

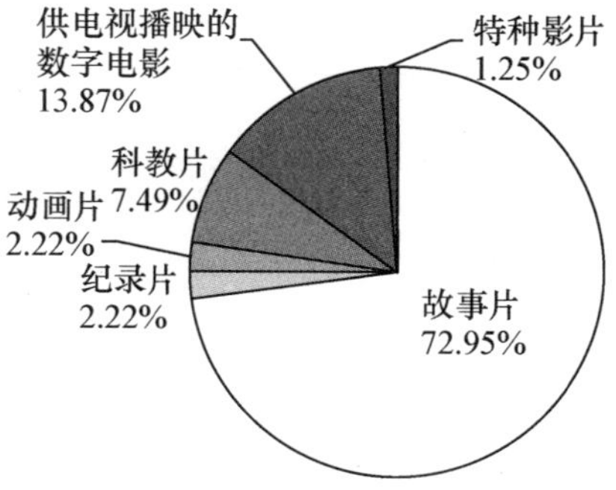

图8 2010年全国电影生产情况图

电影票房增长迅猛 2010年，全国电影票房收入达到101.72亿元，同比增幅达到62.9%，占全球电影市场份额的5.0%。电影产业化改革8年以来，全国城市票房增长11倍，年均增幅超过35%。其中，电影票房超过亿元的院线达到19条，占注册院线的50%。城市电影票房的增长主要得益于观影人次的增长，根据中国电影发行放映协会的数据，中国城市观影人次从2006年的0.99亿增长到2010年的2.81亿。此外，票价的提高也带动了票房总量的增加，2010年全国电影平均票价约为34.69元，

① 特种影片是指以非常规电影摄制手段制作，采用非常规电影放映系统放映的影片。主要包括立体电影、巨幕电影、环幕电影、球幕电影、水幕电影、动感电影等多种形式，主要应用于电影院、科技馆、博物馆、游乐场等场合。

比 2009 年有所提高，《阿凡达》等 3D、IMAX 电影的火热，一定程度上推高了票价。2010 年国产电影票房总额为 57.34 亿元，占全年票房总额的 56.4%。

电影基础设施建设取得重要进展 2010 年，全国全年新增影院 313 家，新增银幕 1 533 块，平均每天新增 4 块银幕。截止到 2010 年年底，全国城市已建有 37 条电影院线，涵盖影院 1 993 家，银幕超过 6 200 块（见表 1），银幕数量比“十五”末增长了 150%。其中西部地区和中小城市影院建设明显加快，其全年新增影厅数量占到全国新增影厅数的 40%以上。随着电影数字化发行和放映逐渐成为主流，城市数字影院建设和改造速度加快，全国 2K 高档数字银幕数量超过 4 300 块，在商业银幕中的比例已经超过 50%，其中具有立体电影播放功能的有 2 400 块，1.3K 中档数字银幕数超过 600 块，0.8K 流动数字放映系统超过 4.2 万套。农村电影放映也基本实现数字化。

表 1 “十一五”时期中国电影市场影院和银幕增长表

年份	院线数	影院数	银幕数	新增影院	新增银幕
2006	33	1 325	3 034	82	366
2007	34	1 427	3 527	102	493
2008	34	1 545	4 097	118	570
2009	37	1 687	4 723	142	626
2010	37	1 993	6 256	313	1 533

资料来源：国家广电总局电影管理局。

电影数字化进程加快 2010 年，数字技术在电影制作、存储、发行、放映领域的应用得到全面推进。越来越多的国产影片开始运用数字制作技术，对特效特技等高新技术的使用渐趋成熟，质量也有明显的提升。其中，《唐山大地震》、《狄仁杰之通天帝国》、《剑雨》、《西风烈》等一大批国产影片对特效特技等高新技术的运用已经达到国际水准，为观众呈现了身临其境的视听效果。2010 年，中国电影界对 3D 电影拍摄技术的探索和实践正式起步，《魔侠传之唐吉可德》等影片对 3D 制作技术进行了更加符合中国电影产业状况的探索和尝试。与此同时，数字电影技术服务能力也有了明显提升。2010 年，国家中影数字制作基地进一步完善，中国天津 3D 影视创意园、江苏无锡数字电影产业园等相继落成，国际国内一流数字影视制作公司逐渐入驻，为进一步促进电影数字化发展提供了有利条件。

（三）电视剧产业

2010 年全年全国生产完成并获得《国产电视剧发行许可证》的电视剧部数与 2009 年基本持平，但集数增幅较大，达 436 部 14 685 集（见图 9）。其中现实题材 271 部 8 457 集，历史题材 158 部 5 983 集，重大题材 7 部 245 集。电视台播出的电视剧类型总共有 20 余种，题材丰富、风格多样，满足了观众的多种收视需要，从播出比重上看，家庭伦理、战争、谍战、传奇四大类型占据超过 60%的份额。

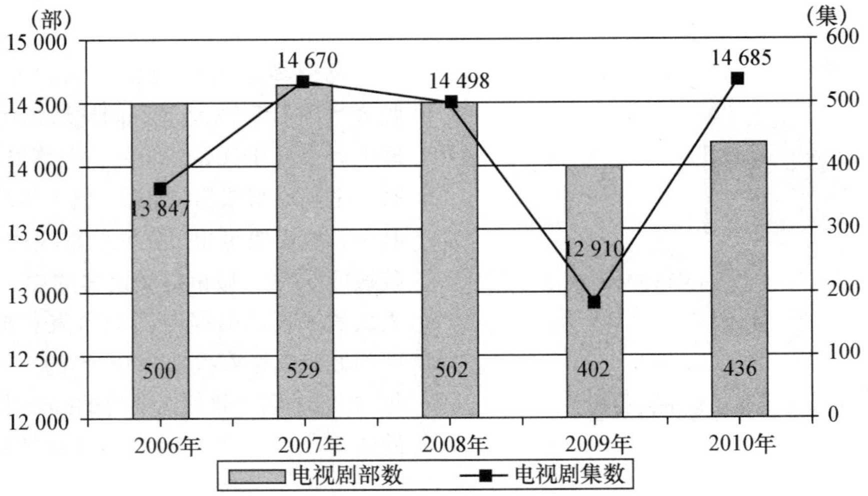

图 9 2006—2010 年生产完成并获发行许可的电视剧数量

资料来源：国家广电总局电视剧管理司。

卫视电视剧播出阵营初步形成 省级卫视在2010年的电视剧播出领域表现优异，市场份额快速增长，在35个中心城市晚间所有频道累计收视排名前10位的电视剧中，有9部在省级卫视平台播出。随着电视剧市场竞争的白热化，省级卫视的竞争从优质电视剧为核心的资源竞争转向了以播出平台为基础的全方位竞争，由此形成了播出领域的几个阵营。其中，江苏卫视、安徽卫视、北京卫视、浙江卫视处于领先地位，形成第一阵营。据合力传美的数据显示，在2010年晚间黄金档收视排名前五十位的电视剧中，上述四家卫视播出的高达46部，占92%。天津卫视、重庆卫视、贵州卫视等形成第二阵营。

制播关联度增强，定制、自制电视剧比例增大 2010年，自制剧、定制剧的播出比例明显加大。这种制播关联度的增强一方面由于2010年购剧成本大幅上升，另一方面是播出平台更加看重通过自制和定制整合台内资源扩大播出平台的品牌影响力，并取得电视剧版权。此外，电视台制作中心的转企改制也是推动这种变化的原因之一。2010年，湖南卫视自制剧、定制剧生产形成了较为完备的商业生产流水线，《一起又看流星雨》、《丝丝心动》、《佳期如梦》等剧成为湖南卫视收视率的保证；浙江卫视的《爱上女主播》、《歌舞青春》、《我的野蛮女友》亦成绩不俗；江苏卫视重拍海岩三部曲《永不瞑目》、《玉观音》、《拿什么拯救你，我的爱人》；安徽卫视则以《幸福一定强》、《就想爱着你》占有一席之地；贵州卫视投资2 000万元全程自制拍摄了战争剧《女子拆弹部队》。中国电视剧在经历过制播合一、制播分离的阶段后，其制作和播出正在重新走向融合。未来一段时间内，电视剧制作模式将会是公司制作、电视台（台属节目制作公司）制作、公司和电视台联合制作三者并存的格局。

独播模式受青睐，台网联播成亮点 2010年，实力雄厚的强势卫视不断加强电视剧资源特别是晚间黄金档电视剧资源的控制力，从四家首播、两家首播的“资源共享”向独播模式的“资源独享”转变。在卫视黄金档前50部优秀剧目中，采用首轮两家播出的有9部，占比20%左右；首轮独家播出的达到12部，占比24%，比2009年50部黄金档优秀剧首轮独播数量翻了一番。在30部非黄金档优秀国产新剧和多轮剧中，独播剧目占比50%以上。在30部优秀非黄金档引进剧中，24部为独播，占比80%。

随着网络视频的发展，越来越多的观众选择在互联网上看电视剧，互联网成为继电视之后的电视剧重要播出平台。台网联播模式结合了电视媒体的高覆盖率和互联网的灵活与互动，使电视剧的生命周期和关注度得到提升，并可为广告客户提供更加完善的整合营销解决方案。

营销聚合意识增强，营销方式发生变革 2010年，电视剧的聚合营销意识增强，营销方式发生了重大变革。如安徽卫视在新《三国》播出时期大量增加有关“三国”的专题节目。在电视剧整合互动营销中，“首播庆典”成为新的亮点和盈利点；重庆卫视、安徽卫视与天津卫视均推出新《三国》首播庆典；北京卫视和东方卫视，为《手机》制作了首播庆典；北京卫视为轻喜剧《媳妇的美好时代》的播出举行了盛大首播庆典；很多网站专门为购入的热播剧发布新闻稿、制作专题页面、开设线上节目和活动。

期货式购销成常态，版权交易趋规范 2010年，影视剧制作公司寻求与买方电视台的深度合作，不少制作公司还与电视台签订了长期合作协议。华策影视与湖南广电影视集团、安徽卫视、浙江广播电视集团签订了《战略合作协议》，就电视剧的制作和发行进行长期合作；慈文影视与重庆、东方、安徽、天津、浙江等卫视频道已达成战略合作协议，每年向这些合作卫视提供200～300集电视剧，此外，慈文影视还与四川广电集团、南京广电集团签订长期战略合作协议，后者将购买慈文影视出品的所有电视剧；水木影视等几家影视公司与天津电视台建立了长期合作关系。2010年出现了全国首家电视剧版权交易中心——西安电视剧版权交易中心。专业版权交易中心的出现有助于建设透明、开放、安全、高效的电视剧版权交易市场，有助于完善电视剧的产业价值链。

网络剧集版权价格大幅提升 从2008年起，电视剧网络版权费实现跳跃式增长，单集价格迈过万元大关，屡屡出现十万元以上的价格。2010年电视剧《金婚2》的网络版权卖到每集2万元，而2009年《金婚》的网络版权仅为每集3 000元。《婚姻保卫战》与新《三国》的网络版权同为15万元/集，新《红楼梦》的网络版权高达20万元/集，即将在2011年播出的新《西游记》的网络版权为28万元/集。而在2006年，风靡大街小巷的81集古装喜剧《武林外传》的网络版权仅卖出10万元。

（四）影视动画产业

“十一五”期间，中国影视动画产量以20%以上的速度逐年递增，产量已居世界第一。2010年，中国动画制作机构自主生产的动画片数量大幅提高，全年经各电视动画片审查机构审查的国产电视动画片达到 385 部，22.05 万分钟，比 2009 年增长 28%，比 2006 年的 8.23 万分钟增长了两倍多（见图 10）。此外，中国还制作生产了 16 部动画电影，全国共有 20 个省份以及中央电视台生产制作了国产电视动画片。其中，产量排在前五位的是江苏省、浙江省、广东省、辽宁省、中央电视台及所属机构。电视动画片产量增幅较大的省份是内蒙古、四川、河南、山东、辽宁。2010 年影视动画的制作强调精品意识，国家广电总局向全国电视播出机构推荐播出 81 部优秀国产动画片，是 2006 年的 2.5 倍多（见图 11）。中国动画片影响力逐渐扩大，2010 年，《浩昊文字国历险记》荣获美国举行的第十五届国家家庭电影节“外国电影最佳教育片奖”；动画电影《梦回金山城》进入第 83 届奥斯卡最佳动画片候选名单；动画短片《打，打个大西瓜》获得第 26 届德国柏林国际短片电影节国际竞赛单元评委会特别奖；《这个念头是爱》获得加拿大渥太华国际动画节的最佳叙事类短片奖。

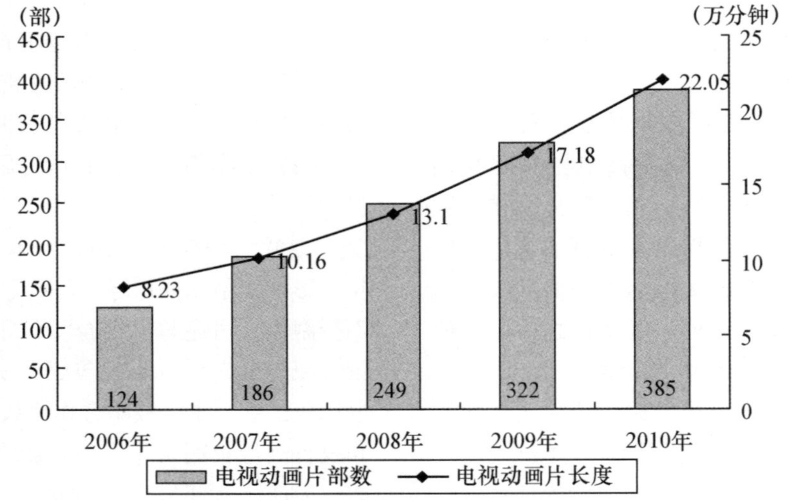

图 10　2006—2010 年全国制作完成电视动画片数量及长度

资料来源：国家广电总局宣传管理司。

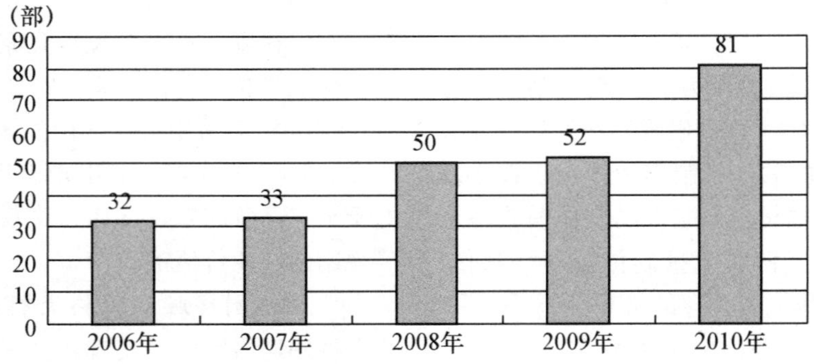

图 11　2006—2010 年国家广电总局推荐优秀动画片数量

国产动画片的播出与收视继续提升　“十一五”期间，中国影视动画播映体系建设日趋完善。在播出政策的支持下，国产动画播出时间显著增加，播出数量逐年上升，收视份额不断增加。全国除 33 家少儿频道和 5 家动画频道外，其他电视频道也开设了少儿栏目。中央电视台每天播出动画片约 12 个小时，5 家动画频道平均每天播出动画片都超过了 12 个小时。全国共有 300 多家电视台具有固定时间播出动画片。动画频道、少儿频道的收视份额逐步上升，以中央电视台少儿频道为例，2010 年少儿频道创造了频道开播以来的最好收视成绩，年平均收视份额达 2.77%，比 2009 年提升 0.18%，列全台各频道第四位，列全国上星频道第五位，是频道开播以来的最高年终排名。其他动画频道在经过多年的覆盖积累和节目创新之后，收视份额也不断攀升，如 2010 年北京卡酷的全龄收视份额稳居全国 40 余家省级卫视 16 强，收视份额全国第八。

动漫基地发展形成品牌　“十一五”期间，国家广电总局、文化部、新闻出版总署等部门将加快动漫产业基地发展作为支持动画产业发展的重要方式之一。据统计，目前由国家广电总局、文化部、新闻出版总署授权建立的动漫基地（含教学基地）分别为32家、5家和13家，另外工信部还授权建设了1个国家动漫游戏原创产业基地。中国目前有18个省（自治区、直辖市）拥有动漫产业基地。动漫基地的产业集群效应明显，增强了区域动漫企业间的信息沟通与共享，有效降低了动漫产业链上下游企业的交易成本。2010年，国家动画产业基地的建设得到了各地党委和政府的高度重视，并采取了政策扶持、财税支持、土地优惠和行业指导等有效措施，影视动画基地产业集群作用不断增强。2010年，国家动画产业基地自主制作完成国产动画片269部，17.27万分钟，约占全国总产量的78.3%。

动漫节成为影视动画重要展示和购销平台 2010年，在经过各种动漫节展的争相开办和激烈竞争后，一些动漫节展影响力进一步扩大，形成了响亮的品牌，成为中国影视动画作品进行集中展示、推广和交流的重要平台。由国家广电总局参与主办的三个动漫节展差异化发展，各具特色，取得了良好的社会效益和经济效益。在杭州举办的中国国际动漫节起步早，规模大，已经发展成为国内最重要的动漫节，成为国内动漫产业集中展示和交流的平台，也成为国外同行了解中国动漫产业最主要的窗口；在东莞举办的中国国际影视动漫版权保护和贸易博览会（以下简称“漫博会”）则专注于影视动漫作品的版权保护和交易，搭建起影视动漫作品与衍生品开发生产之间的桥梁，在延伸和扩展国际动画产业链上发挥了巨大作用；而在重庆举办的中国西部动漫节则注重动漫文化和动漫市场的培养，展示作品、加强交流，聚拢人气，成为西部地区动漫从业者和爱好者的节日。

动漫产业多元化运营模式逐渐成熟 通过“十一五”期间的探索，中国影视动画产业链的多元化盈利模式逐渐形成。如北京卡酷卫视立足全国落地平台，向商标形象保护、版权经营、总代理、衍生产品开发、全国卖场终端全网建设、玩具销售、动漫新媒体、儿童艺术培训、主题公园等动漫产业纵深开拓，多元化的盈利模式逐步优化，上下游衍生业务所占比重逐年提高。近年来，许多玩具企业涉足影视动画的制作，自主开发动漫作品带动产品销售，如奥迪的《铠甲勇士》和《战龙四驱》、灵动的《爆丸小子》、星杰的《百变机兽》和《星原战记》等，通过动漫作品的广泛传播带动相关玩具的销售。其中奥迪最为突出，2010年，奥迪持续强化“动漫＋玩具”的商业模式，提高动漫项目盈利能力。

“走出去”成绩斐然，国际市场的销售量增加 2010年10月，广东原创动力传播公司与迪士尼电影发行授权商——博伟国际公司签订了为期三年的电视播映授权合同，将100集《喜羊羊与灰太狼之喜羊羊快乐的一年》动画片，通过迪士尼拥有的播放渠道，在印度、澳大利亚、新西兰等52个亚太国家和地区播映。借助迪士尼覆盖面广的国际播放渠道，《喜羊羊与灰太狼》大大缩短了进入国际市场的时间。据不完全统计，2010年全国电视剧动画片产品和服务出口超过8亿元。另外，通过一系列中国优秀动画片在国际上的展览、展播等活动，中国动画片的品牌影响力明显增强。11月，由上海第六届中国国际动漫游戏博览会暨2010卡通总动员评选出的中国精品动漫作品在美国华人最大的电视媒体——美国国际卫视/ICN电视联播网的各地频道展播，这是中国原创动漫精品第一次在海外电视媒体上集中展映。

（五）广播电视节目产业

1. 广播节目制作、播出与购买交换情况

2010年，广播节目生产制作数量呈现上升趋势，生产规模加大，全年共生产681.42万小时，其中，综艺广播节目、专题服务类广播节目、新闻资讯类广播节目的制作时间分别为194.28万小时、195.52万小时、121.66万小时，分别占全年制作广播节目时间比重的28.51%、28.69%、17.85%。此外，制作广播剧类节目8.02万小时，占比1.18%；广告类广播节目77.59万小时，占比11.39%；其他类广播节目84.35万小时，占比12.38%（见图12）。

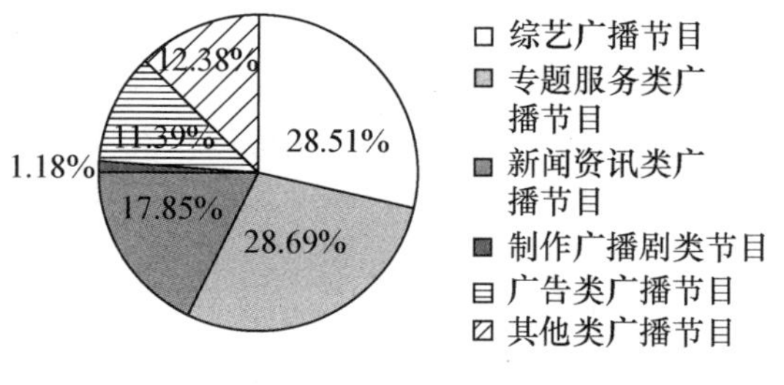

图12　2010年全国广播节目制作情况

2010年，在广播节目播出方面，全国共播出公共广播节目1 266.03万小时。其中综艺益智类节目、专题服务类节目和新闻资讯类节目的播出时间最长，分别为358.22万小时、286.49万小时和253.89万小时，占比分别为28.30%、22.63%和20.05%。此外，播出广播剧类节目57.48万小时，占比 4.54%；播出广告类节目 118.66 万小时，占比 9.37%；播出其他类节目 191.30 万小时，占比 15.11%（见图 13）。

2010 年，全年制作广播节目时间为 681.42 万小时，购买、交换广播节目时间为 105.45 万小时，分别比 2009 年增加了 9.77 万小时、4.95 万小时（见图 14）。

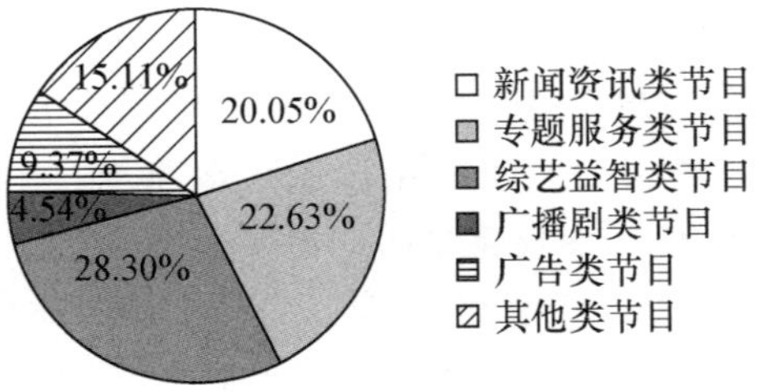

图 13 2010 年全国广播节目播出情况

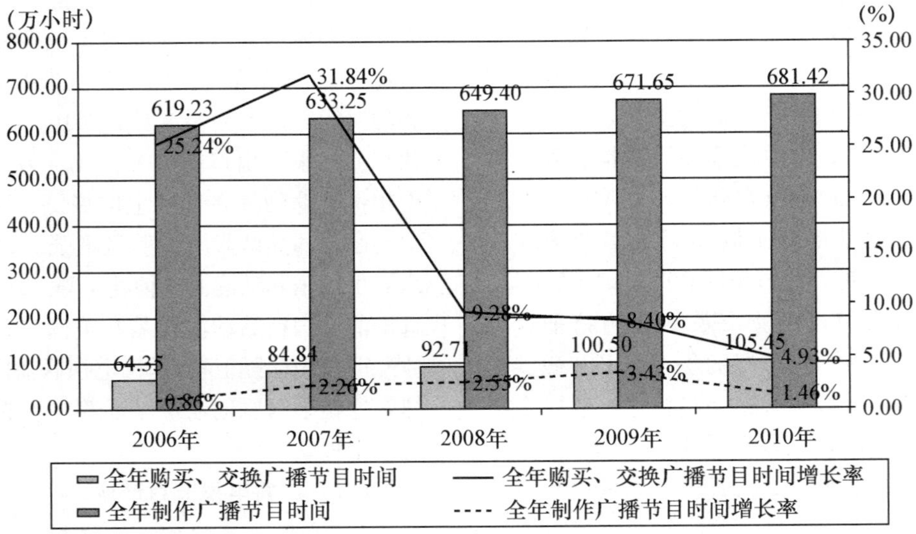

图 14 “十一五”期间广播节目制作及购买、交换时间和增长趋势

资料来源：国家广电总局规划财务司。

新闻节目在广播中的重要地位凸显，品牌栏目引领收听高峰。2010 年，中央人民广播电台第一套新闻综合频率“中国之声”的品牌栏目《新闻和报纸摘要》与《新闻纵横》的平均收听率为 2.32%，平均市场份额达到 16.34%，同比分别上升 0.03 个百分点和 1.13 个百分点。“中国之声”早间收听率仅次于北京人民广播电台交通台，位居北京市场第二位。延长至 9 点的《新闻纵横》开辟了“特别声音”、“新闻纵横‘最’新闻”、“主持人追感受”、“中国之声此时此刻”等小版块。调查显示，2010 年“中国之声”早间节目的好评度高于 2009 年。

广播节目的区域化、本土化特点日趋明显。广播节目向本土化回归，如潮州电台的《潮人潮腔唱潮剧》，以潮州话播音，吸引了大批粤东地区的潮剧爱好者；青海人民广播电台方言民生新闻《故事铛铛》坚持走民生新闻的路子，关注百姓市井生活，形成了鲜明的特点，节目影响力和知名度迅速攀升。

2. 电视节目制作、播出及购买交换情况

2010 年，电视节目生产制作数量保持增长，全年共生产电视节目 274.29 万小时，其中新闻资讯类电视节目、专题服务类电视节目与综艺类电视节目占据最大份额，分别为 71.97 万小时、64.09 万小时、40.78 万小时，分别占比 26.24%、23.36%、14.87%。此外，全年制作影视剧类电视节目 9.35 万小时，占比 3.41%；广告类电视节目 52.68 万小时，占比 19.21%；其他类电视节目 35.42 万小时，占比 12.91%（见图 15）。

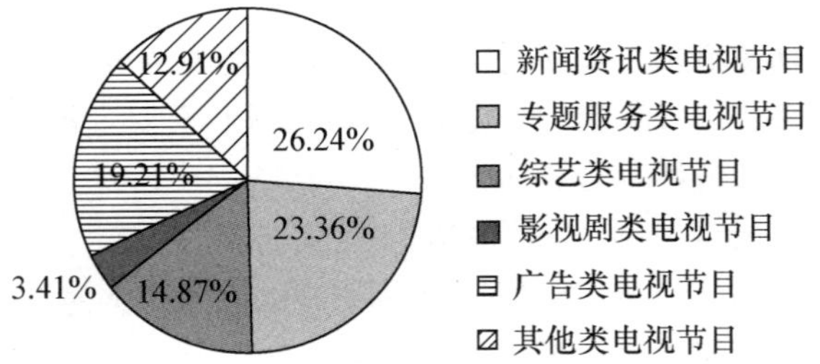

图 15 2010 年全国电视节目制作情况

电视节目播出方面，2010 年全国共播出公共电视节目 1 635.50 万小时，其中影视剧类、新闻资讯类、广告类占前三位，播出时间分别为 727.49 万小时、207.03 万小时、204.71 万小时，分别占比 44.48%、12.66%、12.52%。另外专题服务类节目播出 179.74 万小时，占比 10.99%；综艺益智类节目播出 139.67 万小时，占比 8.54%；其他类节目播出 176.86 万小时，占比 10.81%（见图 16）。

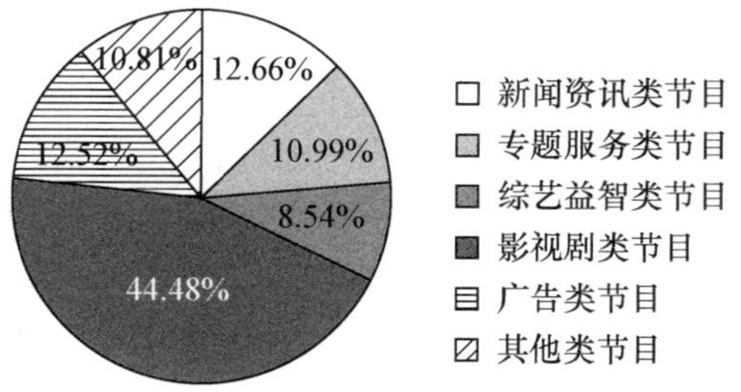

图16　2010年全国电视节目播出情况

2010年全年电视节目制作时间和购买、交换时间分别为274.29万小时、523.96万小时，分别比2009年增加了8.93万小时、51.71万小时（见图17）。全年电视节目国内销售额达50.22亿元，比2009年增加了18.52亿元（见图18）。

2010年，相亲、达人、婚姻类节目成为电视荧屏上的热点与亮点。自2010年年初湖南卫视推出《我们约会吧》、江苏卫视推出《非诚勿扰》后，山东卫视的《爱情来敲门》、安徽卫视的《缘来是你》、东方卫视的《百里挑一》、浙江卫视的《为爱向前冲》纷纷登场。6月，国家广电总局下发《关于进一步规范婚恋交友类电视节目的管理通知》及《关于加强情感故事类电视节目管理的通知》，着手整顿相亲类节目，婚恋交友节目走向规范。另外，在选秀节目热潮渐冷时，东方卫视推出《中国达人秀》，这一草根阶层“零门槛”参与的选秀节目创造了较高的收视率，首播当晚取得全国1.37%的收视成绩，全国总决赛取得了上海地区34.88%、全国5.70%的收视新高。

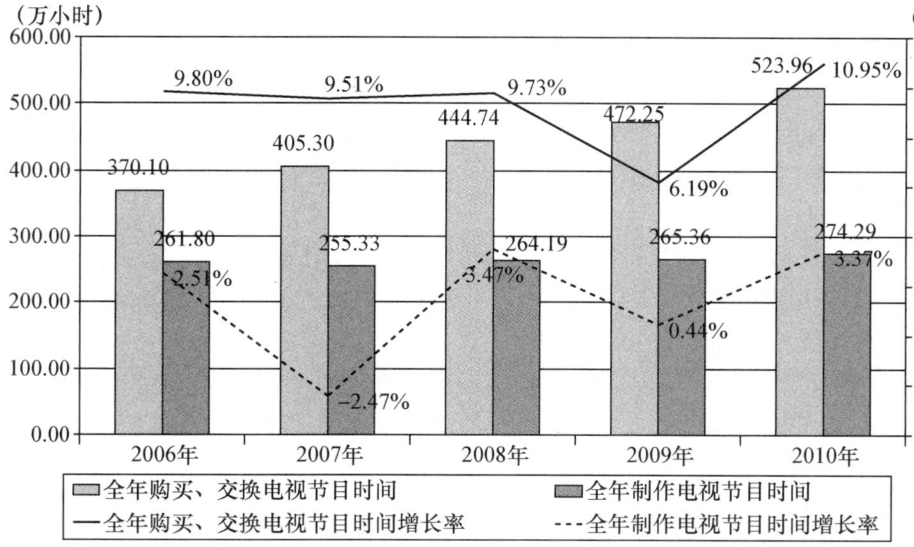

图17　“十一五”期间电视节目生产、购买交换时间及增长趋势

资料来源：国家广电总局规划财务司。

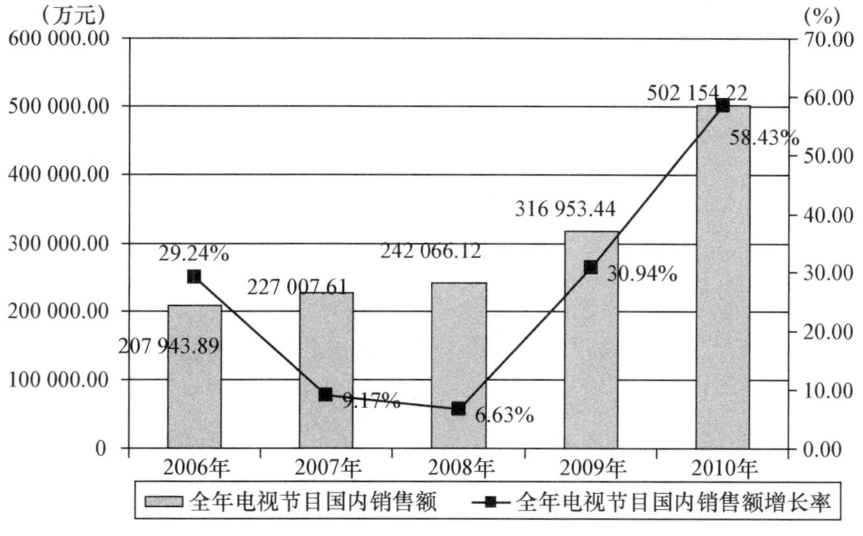

图18　“十一五”期间电视节目销售额及增长趋势

（数据来源：国家广电总局规划财务司）

3. 广播电视节目产业的发展特点

2010年广播电视节目生产和交易的特点表现为三个方面。第一，节目生产更加适应传播渠道的融合化，新媒体的互动传播优势越来越多地融入节目创意和生产中。2010年3月，东方卫视联手天涯社区推出时事辩论、民意调查类节目——《东方直播室》，将电视直播、网络、短信相结合，让处于不同空间的网友、观众同时参与节目录制，现场进行互动沟通。4月，杭州电视台影视频道的大型直播新闻评论栏目《有话大家说》实现了多种媒介的互动，观众可以通过3G手机连线主持人，用机顶盒、遥控器投票。

第二，节目模式引进更加规范，选择趋于理性。2010年，电视荧屏上最为热门的相亲、婚姻、达人选秀类节目均取材于海外节目模式。湖南卫视的《我们约会吧》是与英国 Frementle Media 公司进行模式版权合作，正式引进其国际经典电视交友节目 Take Me Out 中国地区的独家专有权；东方卫视的《中国达人秀》引进英国《达人秀》的节目模式；江苏卫视的《老公看你的》、《欢喜冤家》分别是与德国、荷兰电视公司版权合作的节目。2010年，节目模式引进开始严格实行国际节目版权引进和开发模式，更为理性和系统，引进或合作开发的节目模式更加符合播出平台的定位。

第三，纪录片创作生产日趋活跃，创作理念与手法逐渐与国际接轨。2010年是中国纪录片发展的转折点，国家广电总局出台了《关于加快纪录片产业发展的若干意见》，出现了一批具有重大社会影响的作品，如《外滩铁事》、《海上传奇》、《公司的力量》、《复兴之路》等。2011年1月1日，中央电视台纪录频道正式开播，进一步促进了中国纪录片的创作生产。

（六）广播电视广告产业

1. 广告产业总体情况

“十一五”期间，全国广播电视广告产业总体平稳增长。2010年随着国内经济增速由下行转回稳，加上国家广电总局61号令助推电台、电视台通过一系列措施提升广告品质、优化媒体价值，这一年广播电视行业的广告收入实现大幅增长，增幅达20.23%，为近五年来最高，全年广告收入达939.97亿元。

从全国广电行业广告收入构成来看，长期以来，电视广告收入占据绝大部分份额，约占广电行业广告收入的86%，广播广告占广电行业广告收入约11%的份额。2010年电视广告收入的比重略有下降，占到84.75%。其他广告收入包括广电系统的广播电视报刊、网络视频、车载移动电视、商业楼宇电视、户外大屏幕等的广告收入占总比重逐渐增加，2010年已占到4.66%（见表2）。

表2　2006—2010年全国广播电视广告收入分媒介构成

年份	广播广告收入（亿元）	占总比重（%）	电视广告收入（亿元）	占总比重（%）	其他广告收入（亿元）	占总比重（%）
2006	59.01	11.19	453.33	85.96	15.01	2.85
2007	65.39	10.89	519.21	86.45	15.96	2.66
2008	72.57	10.34	609.16	86.81	20.02	2.85
2009	81.46	10.42	675.82	86.45	24.50	3.13
2010	99.58	10.59	796.59	84.75	43.80	4.66

资料来源：国家广电总局规划财务司。

就广告收入的地区分布而言，中央直属广播电视机构广告收入227.38亿元，占广告总收入比重为24.19%；东部地区为422.60亿元，占比44.96%；中部地区为197.52亿元，占比21.01%；西部地区为92.48亿元，占比9.84%（见图19）。

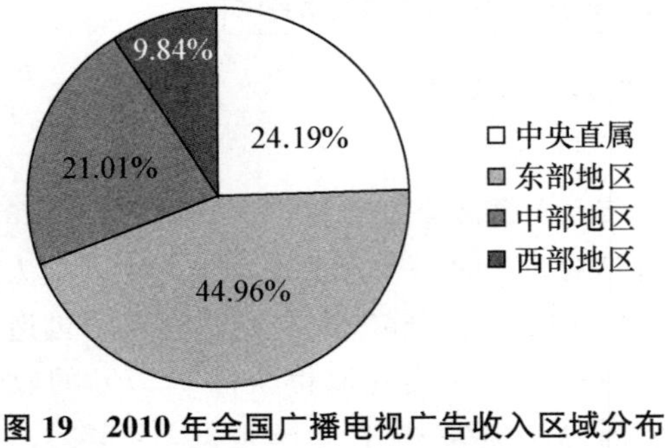

图19　2010年全国广播电视广告收入区域分布

就广告收入的行政区划来看，中央直属广播电视机构广告收入227.38亿元，占广告总收入的24.19%；省级广播电视机构广告收入460.17亿元，占广告总收入的48.95%；地市级广播电视机构广告收入199.43亿元，占比21.22%；县级广播电视机构广告收入53亿元，占比5.64%（见图20）。

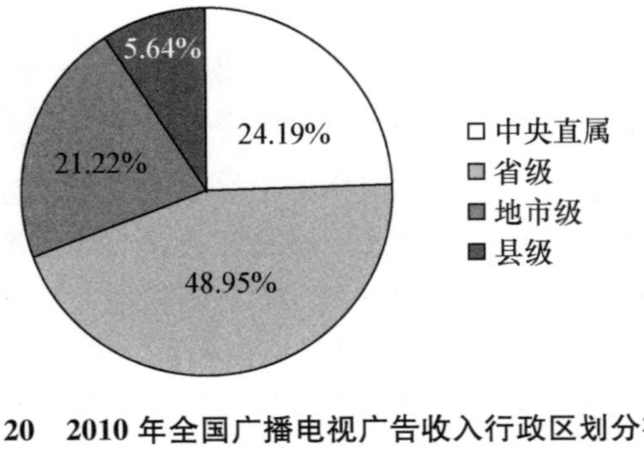

图20　2010年全国广播电视广告收入行政区划分布

2. 广播广告产业

2010年广播媒体的广告投放虽然总量较少，但是逐年增长的势头依然强劲，是电视媒体广告增幅的3倍，达到了33%。由于中国私家车及出租车行业的发展，车载广播的广泛使用带来了交通频率和音乐频率的大量增长与覆盖拓展，吸引了广告主们更多的投放，广播广告产业出现了新的生机。

2010年全国广播广告收入为99.58亿元，比上年增加18.12亿元，增长率为22.24%，同比上升近10个百分点，增长幅度较大。与2006年相比，增长了68.75%。

2010年以来，随着国家广电总局61号令的实行，广播以其低成本和高性价比的特点，成为宏观政策受益最大的媒体。同时，“家电下乡”、“汽车下乡”等拉动内需政策在一定程度上对农村覆盖广泛的广播广告投放量起到拉动作用。央视市场研究（CTR）发布的广告监测数据表明，2010年前三季度电台广告增幅达33%，领跑其他媒体，而广告资源使用量也比2009年同期增长了19%。

3. 电视广告产业

电视媒体依然是广告媒体投放的主导力量，但其投放增幅逐年减缓。2010年，电视广告播出时间尽管缩短，但经济效益却保持增长态势。2010年全国电视广告收入达到796.59亿元，比2009年增长了120.77亿元，增幅为17.87%，同比增长近7个百分点，实现快速增长。与2006年相比，增长了75.72%。

2010年在业内被称为“广告新政元年”。国家广电总局和各级广电行政部门对广播电视广告播出时间偏长、电视剧插播广告次数过多、电视购物短片虚假宣传和挂角广告泛滥等问题加大了监管力度。全年共清理违规广告2 200多条（次），警告百余套广告违规的频道频率，撤销2个严重违规播出广告的有线数字付费频道，暂停8家播出机构的广告播出。CTR的数据表明，国家广电总局61号令对电视广告市场的规范作用显著，卫视、省级地面频道、地市台的超标广告占商业广告的比重分别从2009年的25%、26%、20%降至2010年的2%、8%、15%。电视剧中插播广告都严格遵循了政策的要求，禁播广告逐渐得到控制。

广告招标逐渐成为一种常规营销方式。中央电视台通过招标竞购、签约认购、网上招标等一系列创新模式，再度刷新招标纪录，2011年广告招标总额126.687亿元，比2010年增加17亿元，同比增幅15.5%，总额度创17年来新高。

（七）传输网络产业

2010年，有线广播电视网络在数字化转换、三网融合、高清互动、双向网改造等方面都取得了较大突破，用户规模持续增长，产业收益继续攀升。截至2010年年底，全国有线广播电视用户数达1.89亿户，全年有线广播电视网络总收入达到487.44亿元，比2009年增长16.38%，比2006年增长93.81%（见图21、图22）。

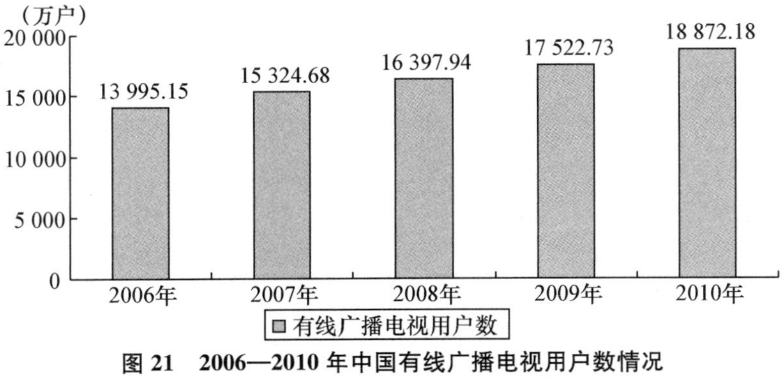

图21　2006—2010年中国有线广播电视用户数情况

资料来源：国家广电总局规划财务司。

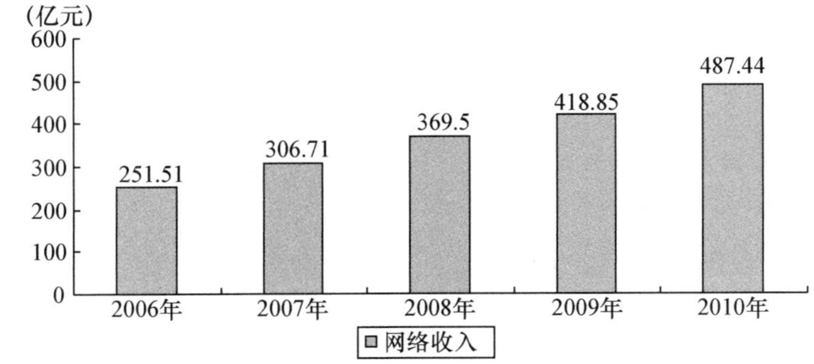

图22　2006—2010年中国有线广播电视网络总收入情况

资料来源：国家广电总局规划财务司。

1. 传输网络产业发展特点

第一，数字化整体转换加快，网络整合加速。2010年，按照“小网变大网、模拟变数字、单向变双向、标清变高清、用户看电视变用户用电视”的总体要求，各级有线网络机构加快推进有线电视数字化整体转换和网络双向化改造，积极发展各种业务应用，不断提高服务质量。截至2010年年底，全国有180个城市（含县级、地级及以上城市）完成或基本完成有线数字化的整体转换工作，有线数字用户数达到8 870.25万户，双向网络覆盖用户约5 000万户，为三网融合奠定了良好基础。省级有线广播电视网络整合步伐加快，向着“一省一网”的目标加速推进，截至2010年年底，全国31个省（自治区、直辖市）中，已有北京、天津、河北、内蒙古、辽宁、吉林、上海、江苏、安徽、江西、山东、河南、湖南、广西、海南、重庆、四川、贵州、云南、陕西、青海、宁夏、新疆等23个省（自治区、直辖市）完成或基本完成省内网络整合，占总数的74.2%。

第二，高清电视市场进一步培育。2010年9月，国家广电总局下发了《关于进一步促进和规范高清电视发展的通知》，目的在于进一步培育高清电视市场，促进高清电视节目和影视剧制作，带动高清电视设备的研发和生产，提高高清频道入网传输率和入户率。目前，各省级以上电台、电视台制播系统数字化、网络化改造基本完成，省级电视台基本具备了制作高清电视频道的能力。截至2010年年底，全国共播出11套高标清同播频道和5套高清频道。其中，北京高清交互数字电视用户已达到130多万户，双向化改造覆盖用户达到224万户，高清交互数字电视小区达到1 300多个，成为全国高清交互数字电视用户拥有量最多的城市。

第三，有线网络增值业务不断成长。随着有线电视数字化的深入，有线电视的服务内容不断丰富，服务水平不断提高。北京、上海、杭州、深圳等很多城市为有线电视用户提供了互动电视和综合信息服务，有线数字电视正逐步成为城市信息化重要的支撑平台。2010年，歌华有线完成推广100万高清交互机顶盒用户。北京、上海、重庆、广西、杭州、深圳等地正在积极推广高清业务并取得新进展。视频点播（VOD）业务目前已成为有线电视网络运营商广泛开展的互动增值业务。截至2010年年底，中国有线电视网络运营商已经累计建设并发流数量超过100个，开通视频点播（VOD）业务的数字电视用户超过260万户。

第四，三网融合试点地区积极推动试点业务。2010年，中国的三网融合正式启程。国务院出台一系列文件和措施，确定试点，大力推进三网融合。2010年7月之后，各试点地区相继推进三网融合工作。2010年9月30日，三网融合IP电视集成播控北京分平台率先与中央总平台顺利对接成功，实现了节目内容统一集成和播出控制、电子节目指南（EPG）的管理、用户管理、鉴权认证计费等主要业务功能；上海全面启动三网融合试点工作；山东省电视台IP电视集成控播平台初步建成并已开通试点城市青岛地区业务；湖南省长沙、株洲、湘潭三市成为全国三网融合唯一的试点城市群；广东省广电局于2010年7月成立了三网融合工作领导小组，积极推进深圳“三网融合”试点工作。

2. 付费频率频道产业发展情况

自有线广播电视数字化推进以来，付费频率频道业务经过8年多的探索，目前已初步建立包括付费频率频道内容制作、频道集成、网络传输、数据监管等在内的付费频率频道业务体系，初步形成付费频率频道业务产业链，但产业整体发展还是比较缓慢。

截至2010年年底，国家广电总局共批准开办付费频率频道174个，包括付费电视频道135个，付费广播频率39个；批准中数传媒、上海文广互动、华诚影视和鼎视传媒4家机构从事付费频率频道集成播控业务。截至2010年年底，4家集成平台共集成113个频率频道。国家广电总局规划财务司提供的数据显示，截至2010年年底，全国拥有付费数字电视用户1 105万户，付费数字电视收入25.29亿元，比2009年增长39.19%，比2006年增长383.56%（见图23）。

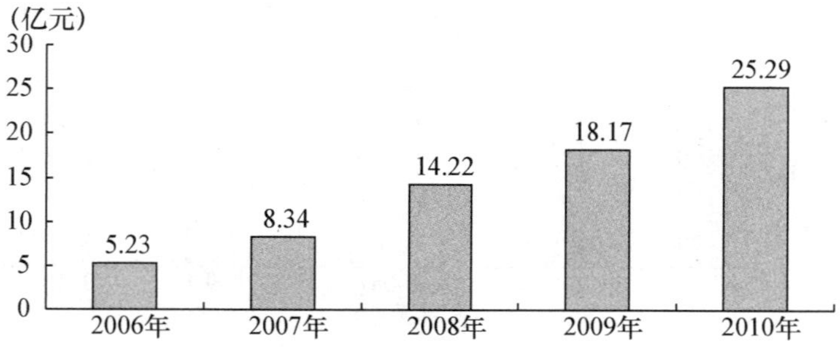

图23　2006—2010年中国付费数字电视收入情况

个别地区业务发展较快。截至2010年年底，中数传媒占据了全国数字付费电视市场55%以上的份额，继续保持了“频道集成数第一、签约网络公司数第一、中数平台系列产品在线用户数第一”的市场领先地位。目前中数平台节目在317个城市落地，实现了全国范围覆盖。辽宁电视台北斗传媒付费电视业务实现收入2 564万元，同比2009年增长42%；四川省付费数字电视收入1.59亿元，比2009年增长54.29%。

（八）视听新媒体产业

1. 网络广播影视发展情况

中国互联网络信息中心2011年1月发布的《中国互联网络发展状况统计报告》显示，截至2010年年底，网络音乐用户达3.62亿户，网络视频用户达2.84亿户，网络音乐与网络视频分列网络应用的第二位和第七位，使用率分别达到79.2%和62.1%。易观国际数据显示，2010年网络视频市场收入规模达到21.75亿元，比2009年增长157.7%。截至2010年年底，中央人民广播电台、中国国际广播电台、全国省级电台、超过110家地市级电台、部分商业机构和社会团体都提供网络广播服务，规模最大的仍是中国广播网和国际在线。截至2010年年底，共有594家机构获国家广电总局发放的《信息网络传播视听节目许可证》。

中国网络电视台（CNTV）已成为国内规模最大的正版网络视频传播机构，逐步向全球化、多语种、多终端的世界级新媒体运营商迈进。2010年，CNTV月总独立访问者达8 425万人，是开播初期的3.9倍，并创556万人同时在线观看视频直播的纪录。CNTV已建成亚洲规模最大的网络视频数据库，包括直播频道100个，节目存储总量近50万条，约合24万小时，日均节目制作量超过500小时，各终端日均视频发布量5 000余条；已建成国际国内镜像站点30个，出口带宽200G，服务器扩容到5 000台。地方广电媒体也积极开展网络影视服务。2010年，安徽广播电视台、黑龙江电视台、辽宁广播电视台、江苏广播电视总台、湖北广播电视总台、深圳广播电影电视集团相继获准开办网络广播电视台或网络电视台。部分商业视频网站加大投入，快速发展。搜狐宽频成为网络高清视频的主要提供商；优酷、土豆、酷6等视频分享网站脱颖而出；PPTV、腾讯宽频和PPS成为中国用户覆盖数最多的P2P视听流媒体客户端软件。商业网站的资本运作进入新的发展阶段。2010年乐视网、酷6网、优酷网分别成功上市。

2. IP电视发展情况

截至2010年年底，上海广播电视台的IP电视试点范围已经涵盖上海、哈尔滨、厦门等多个地区，总用户规模突破300万户；中国网络电视台在部分试点城市发展了IP电视测试用户。

2010年7月，国家广电总局下发了《关于试点地区IP电视集成播控平台建设有关问题的通知》，对IP电视集成播控平台的规划、建设、进度和服务规范等提出了具体要求——要求三网融合试点地区IP电视集成播控平台由中央电视台（具体由中国网络电视台）会同地方广播电视台，按照全国“统一规划、统一标准、统一组织、统一管理”的原则，联合建设，与负责IP电视传输业务的电信企业统一洽谈签约，采用统一的播出呼号“中国广电IP电视”，分级运营管理IP电视集成播控总平台和分平台。截至2010年年底，中央电视台负责承建的IP电视集成播控总平台已经完成；北京、湖北、四川、江苏、深圳等地的集成播控分平台已与中央电视台总平台实现对接；其他城市的分平台也在规划建设中。

3. 手机电视发展情况

中国互联网络信息中心数据显示：在公共互联网上，截至2010年12月，中国手机网民规模达到3.03亿户，其中使用手机视频的网民占总网民的比例达21.9%（约6 636万户），比2009年底的16.8%（约3 844万户）有较大幅度提高，观看手机视频的网民整体呈现加速增长态势。

按照三网融合的政策要求，国家广电总局相继批复中央电视台、中央人民广播电台、中国国际广播电台、上海广播电视台、杭州广电集团、辽宁广播电视台等单位开展基于3G网络的手机电视内容集成播控服务。

CCTV手机电视已拥有WAP产品和iPhone客户端、iPad客户端产品，用户通过下载、在线（直播和点播）、客户端观看等方式可收看CCTV-1、CCTV-2、CCTV-3、CCTV-5、第十放映室、体育公园等16路直播节目和新闻、电影、电视剧等上万条点播节目。央广视讯手机电视在中国移动、中国联通、中国电信三大运营商的多个全国基地同时推进：截至2010年年底，在中国移动网络上建立了18个WAP频道和12个客户端频道，并独家运营搞笑垂直频道；在中国联通网络上建立了30个WAP点播专区、40个iPhone点播专区，每天上传80条内容；与中国电信上海视讯中心共同打造了央广视讯品牌包并独家运营其娱乐垂直频道。同时，央广视讯与优酷网、土豆网、光线传媒、华谊兄弟等机构合作，获取了大量手机电视内容。中国国际广播电台的手机电视服务在中国移动网络上设有“CRI手机电视”专区，在中国联通和中国电信网络上设有“CRI手机广播电视”专区，提供影视、新闻、访谈、原创剧、音乐、综艺、时尚、气象等内容。

4. *互联网电视发展情况*

2010年，中央电视台、上海广播电视台、杭州市广播电视台、广东南方广播影视传媒集团等单位获国家广电总局批准，建立互联网电视集成服务平台和内容服务平台。

2010年5月31日，中央电视台与清华同方携手推出了首款内置“CNTV集成播控平台”的互联网电视机。随后，内容集成播控平台与互联网电视机厂商之间的深度合作逐步开展。中央电视台集成播控平台已与清华同方、海尔、海信、康佳、创维等厂商合作；上海广播电视台播控集成平台已与海尔、海信、康佳、创维等厂商合作；杭州广播电视台集成播控平台已与海信、TCL、长虹等厂商合作。

5. *移动多媒体广播电视发展情况*

2010年，移动多媒体广播电视（CMMB）全国统一运营体制进一步完善。截至2010年年底，按照“统一管理、统一标准、统一建设、统一运营”的基本原则，中广传播集团与全国31个省（自治区、直辖市）广电单位均签订了合作框架协议，组建了省级运营主体，并按照现代企业制度要求，完善内部法人治理结构，全国统一的运营体制基本建立。

产业发展的技术环境也得到显著改善。截至2010年年底，全国331个地级市的基础覆盖网络初步建成，城区室外覆盖率达到90%以上。其中，210个城市实现深度覆盖，城区室外覆盖率达到95%以上，重点场所室内覆盖率达90%以上。全国已建成大功率站点886个，初步形成了移动多媒体广播电视网络全国覆盖体系。全国31个省（自治区、直辖市）都已完成业务运营支撑系统建设，用户可通过短信、呼叫中心、网上营业厅等多种便捷方式办理业务；31个省（自治区、直辖市）全部完成“TD+CMMB”双密钥管理系统的上线工作。

商业模式初步确定。2010年，中广传播集团推出“睛彩中国”运营模式，采用终端与资费捆绑的营销策略，用户购买内置“睛彩中国”模块的终端，开机即可免费收看6套电视节目，收听2套广播节目。在增值业务方面，制定了包月、包年、按次按比例收费等模式。上述商业模式，受到消费者的欢迎，用户发展势头良好。中广传播集团的数据显示，截至2010年12月，CMMB可控终端用户规模已达到1 000万户。

6. *公共视听载体发展情况*

易观国际数据显示：2010年中国公共视听载体（包括仅播放广告的公共视听载体）的广告收入约为74.1亿元，比2009年的57.4亿元增长29.09%。以CCTV移动传媒为代表的公共视听载体经营机构明确了把公共视听载体当作电视媒体而非广告发布平台的发展思路，利用自身丰富的资源，开发多种节目类型，为营造积极健康、丰富多彩的公共视听环境作出了重要贡献。截至2010年年底，CCTV移动传媒的公交频道覆盖24个城市，4.7万余辆公交车，安装近7万块播出终端，覆盖人群达5 000万人次/日。2010年12月28日，中国网络电视台开通“CCTV移动传媒—民航频道”，该频道将依托航美传媒覆盖中国37家机场的航空电视播出网络，打造面向4亿人次/年的新传播渠道，公众通过该频道可收看到资讯、体育、娱乐、影视等内容。

地方广电在公共视听载体发展方面也取得一定进展。2010年，北京公交移动电视全年新装车辆200多辆、新增终端屏幕400多块，终端总量达2.4万块；城市电视全年新增800多块屏幕，终端总量达1.2万个；地铁电视在已开通的7条地铁线路安装电视终端1.18万个；户外大屏幕达8块。黑龙江移动电视覆盖哈尔滨市2 500多辆公交车。江苏广电移动新媒体有限公司收购南京广电移动公司60%的股权，实现了南京公交、地铁全覆盖，公交移动电视安装车辆近4 500辆，地铁一号线南延线、二号线列车总量超过50辆，地铁终端数达2 400块以上。

二、中国广播影视产业发展趋势

（一）加快实现影视节目发展由数量增长向品质提升的战略转变

当前，国产影视节目在国内占据了主导地位，但不应盲目乐观，国外影视剧进入中国市场的势头强劲，必将削弱国产影视节目的影响力。从行业竞争看，内容产业竞争日益激烈，特别是新媒体新业态新兴视听产品迅猛发展，方兴未艾，影视产业将以提升品质为突破口，加快由粗放经营向集约发展的战略转型。具体而言，一是在影视节目创作生产过程中，坚决遏制低俗之风和过度娱乐化现象；二是深化内容产业分工，优化品种结构，延伸节目产业链条；三是加强创作生产引导，创新管理观念，改进管理方式，改革管理机制，实现管理和引导水平的全面提升。

(二)促进改制后国有影视企业成为真正市场主体

推动转企改制单位建立现代企业制度和现代产权制度，进一步培育和壮大市场主体，提高改革实效，打造龙头企业。财政除了在弥补转制成本、减免营业税和所得税方面提供支持外，还应争取政府出台财政补贴、免除营业税所得税、国有资产划转与土地管理以及银行信贷等方面的优惠政策，帮助影视剧制作机构解决资产匮乏、资本薄弱、资金紧缺的问题。继续保持并进一步加强宣传文化发展专项资金和文化产业发展专项资金对影视制作的扶持。创造条件在国家层面建立影视剧产业发展基金，对转企改制后的影视剧制作机构进行资本注入，对无形资产采用溢价方式进行评估，利用民营资本看好影视行业的机会，允许将一部分股权溢价转让给民营企业。争取中央和省两级财政加大用于影视剧制作机构信贷担保和贷款贴息的资金投入。

(三)支持和规范广电系统领先企业“三跨”发展

鼓励广电媒体借鉴跨国传媒集团产业链整合经验，将广播电视台(集团、总台)的经营性资产、业务，通过重组、并购、参股、控股、租赁等方式途径优化资源配置，整合上下游和周围产业，拓宽和延长产业链条。利用市场和政策双重杠杆，支持中央广播影视企业以及上海、湖南、江苏等区域性广电骨干企业，打破条块、行业分割和体制限制，以资本、业务、市场为纽带，按照优势互补、自愿结合的原则，跨地区、跨行业、跨媒体组建具有较强竞争力和较大资产规模的广电产业集团，增强竞争优势，探索集团化、规模化、集约化、专业化发展，培育具有跨国发展能力的传媒机构。

(四)大力发展新媒体业态

融合已经成为广播影视业发展的时代主题和必然趋势。今后将逐步改变目前传统广播电视与新媒体分体制运营的模式，按照特殊产业框架构建广播电视传统媒体与新媒体新业务的运营体制，促进传统广播电视与网络广播电视、手机广播电视、互联网电视、IP 电视、移动多媒体广播电视等所有新媒体新业务共同发展、融合发展。

为了进一步适应三网融合的要求，首先，在三网融合试点地区加快电台电视台数字化，加快有线网络大容量、双向交互升级改造和网络整合，并扩大下一代广播电视网试点。其次，要把内容创新与业务开发放到更加突出的位置。有线网络公司一方面要通过技术改造形成广播电视互联网，另一方面要积极拓展与广播电视互联网适配的新型业务。物联网支撑的家庭智能化应成为有限网络新业务的重要选择，有线网络应加快成为云计算服务的基础性平台。

(五)进一步加强整合力度

目前广电网络推进“一省一网”进而实现全国一网的任务十分紧迫，而组建中国广播电视网络公司是这一进程的关键。2011 年，网络整合力度将进一步加强，中国广播电视网络公司的组建工作将取得重要进展。今后，要通过有线网络整合和数字化、双向化改造，加快形成参与三网融合的市场主体，大力推进网络互联互通，真正形成全国有线网络统一规划、统一建设、统一运营、统一管理、联合发展的新格局。

2010 年中国软件产业发展报告

工业和信息化部电子知识产权中心

软件产业是信息产业的核心，是经济社会发展的基础性、先导性、战略性产业，在推进信息化与工业化融合、转变经济发展方式、维护国家安全等方面发挥着越来越重要的作用。加快发展软件服务业，能够提升信息网络等战略性新兴产业核心竞争力，加速走中国特色新型工业化道路的进程，为国家信息安全保障和经济社会持续健康发展提供支撑。

一、2010 年中国软件产业发展的宏观环境

近年来，中国软件产业已形成一定规模，并保持平稳快速发展态势。目前软件产业正处在产业转型的关键时期，软件产业形态发生了巨大变化，呈现由硬件和制造主导，向软件和服务主导转变的发展趋势。软件日益成为联系硬件制造、网络运营和服务创新的重要纽带。

2010 年，随着后金融危机时期的到来，中国软件产业在产业政策的刺激下持续复苏，表现出更加强劲的增长态势，产业增速稳步回升，业务结构调整加快，企业发展和区域布局出现新的特点，在国民经济中的地位不断提升。

为适应新形势的要求，进一步优化软件产业发展环境，国务院组织制定了《进一步鼓励软件产业和集成电路产业发展若干政策》，以推动促进软件产业快速发展，为中国软件产业迎来新的发展机遇，该文件于 2011 年 2 月正式发布实施。

二、2010 年中国软件产业发展态势

（一）收入规模突破万亿，产业地位稳步提升

2010 年，中国实现软件业务收入 13 364 亿元，占电子信息产业的比重由 2001 年的 6%上升到 18%（见图 1）。在全球软件与信息服务业中，所占份额由不足 5%，上升到超过 15%。软件业增加值占 GDP 的比重由 2001 年不足 0.3%上升到超过 1%，软件业从业人数由不足 30 万人提高到超过 200 万人，对社会生活和生产各个领域的渗透和带动力不断增强。

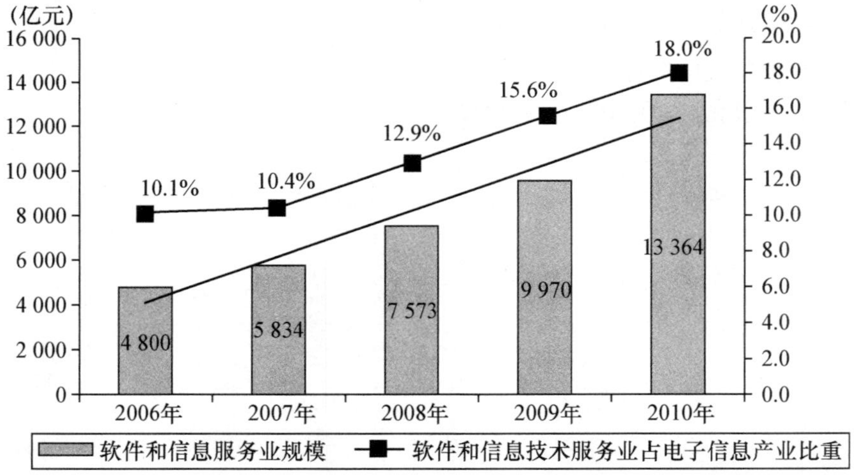

图 1 “十一五”期间我国软件产业规模及占电子信息产业比重图

（二）业务结构调整加快，服务化趋势更加突出

服务收入增长带动软件业务调整，特别是与网络相关的信息服务发展迅速。2010 年，信息技术咨询服务和信息技术增值服务收入分别为 1 233 亿元和 2 178 亿元，同比增长 37.2%和 44.6%，高于全行业 5.9 个和 13.3 个百分点，两者收入占全行业比重达 25.5%，比 2001 年提高 18.9 个百分点。软件产品收入 4 208 亿元，同比增长 28.6%；嵌入式系

统软件受通信类产品增长放缓影响，完成收入 2 242 亿元，同比增长 15.1%。受集成电路行业复苏和软件外包市场增长带动，设计开发实现收入 593 亿元，同比增长 73.1%；系统集成和支持服务实现收入 2 910 亿元，同比增长 31.8%（见图 2）。

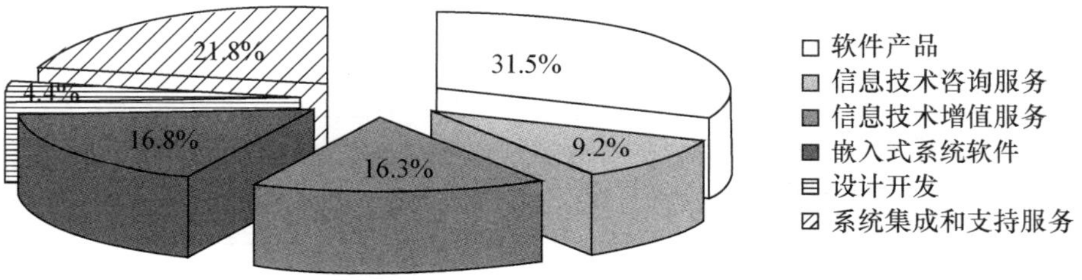

图 2　2010 年度我国软件产业收入构成情况

（三）软件与服务外包产业发展迅速，出口规模不断扩大

2010 年我国软件与外包服务出口总额达到 267 亿美元，同比增长 44.3%，其中软件外包服务出口 53.5 亿美元，同比增长 36%（见图 3）。据商务部统计，2010 年，我国新增服务业外包企业 3 756 家，新增从业人员 78.1 万人，其中新增大学毕业生就业 48.6 万人，占新增从业人员的 62.2%。全国服务外包企业承接服务外包合同金额 274.0 亿美元，合同执行金额 198.0 亿美元，同比分别增长 37.0%和 43.1%。

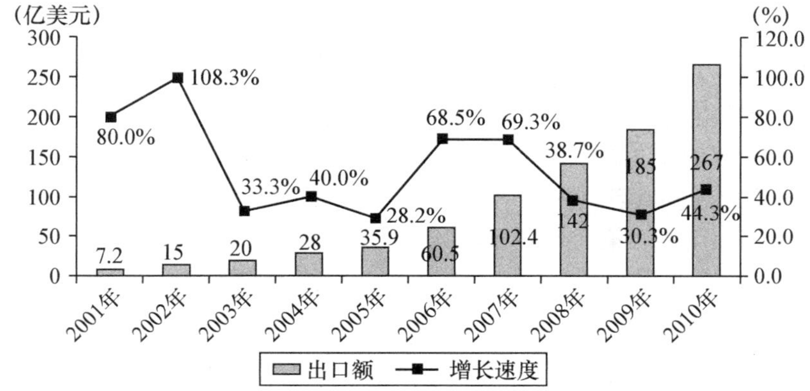

图 3　2001—2010 年中国软件出口增长情况图

（四）区域分布呈现分散集中格局，中心城市成为行业发展聚集点

软件产业发展聚集趋势从过去主要集中在京粤地区转向沿海地区。2010 年，东部地区完成软件业务收入 11 449 亿元，同比增长 31.8%，除京粤两地外，沿海多个省市均呈现快速发展势头，江苏、辽宁、福建、山东四省软件收入增长超过 35%，占全国比重比 2001 年提高了 13.4、3.8、3.1 和 1.5 个百分点，合计占比达 35%，逐步打破过去京粤两地占全国一半以上的集中局面（两地占比下降为 35.5%）。中心城市成为软件产业发展的主要聚集地，2010 年全国 4 个直辖市和 15 个副省级城市软件收入 10 643 亿元，同比增长 32%，占全国的比重为 80%，增长快于全国平均水平 1 个百分点。在中西部地区中心城市地位更为突出，成都、西安、重庆三个城市占西部地区的 90%，武汉、长春两个城市占中部地区 30%以上。

（五）软件企业规模不断扩大，实力明显增强

2010 年，我国软件产业前百家企业累计完成软件业务收入 2 900 亿元，同比增长 21%，占全国收入的 21.7%；实现利润 553 亿元，同比增长 13%。其中，软件业务收入超 50 亿元的企业达到 6 家。华为以 725.68 亿元居首，中兴与神州数码分列 2、3 名，软件收入分别为 270.66 亿元及 130.4 亿元，排在 4～10 名的企业分别是海尔集团公司、北京北大方正集团公司、熊猫电子集团有限公司、浙大网新科技股份有限公司、浪潮集团有限公司、东软集团股份有限公司、同方股份有限公司（见图 4）。

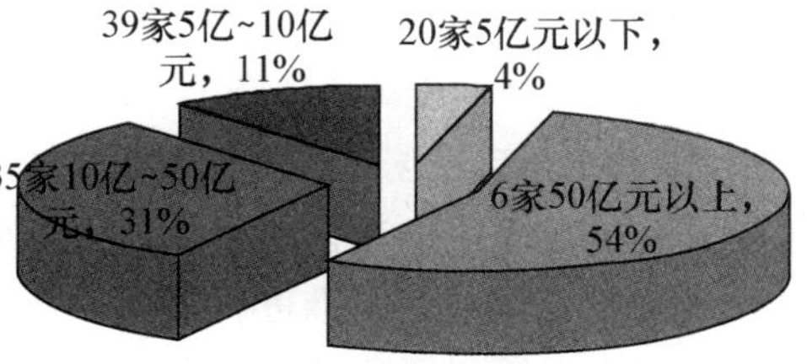

图 4　2010 年软件百强企业收入占比图

三、2010 年中国软件产业发展特点

（一）产业政策体系不断完善

在影响软件产业发展的环境中，列在首位的是政策环境。这是政府根据产业发展的需要，通过制定和实施政策及各项措施，直接或间接地在行业内和社会中形成引导产业发展，以及规范产业行为的环境。政策的导向作用是十分重要的，将导致产业发展环境的整体改善。

在“十二五”规划中，“新一代信息技术”作为新兴产业的重要一环，成为发展重点。“新一代信息技术”特别强调了提高自主创新能力，以高新技术改造提升传统产业，推进信息化和工业化融合。软件产业作为国家战略新兴产业的重要组成部分，在推动经济转型中发挥着巨大的作用。国家对软件产业的优惠政策将得到延续，新政有望在细分领域上给予重点支持，引导产业结构持续优化。软件业也有望在新政策的推动下迎来新的增长期。

为进一步推动我国软件及集成电路产业向纵深方向发展，国务院组织相关部委制定进一步鼓励软件产业和集成电路产业发展的相关政策，着重从财税政策、投融资政策、研究开发政策、进出口政策、人才政策、知识产权政策、市场政策七个方面，加大对软件和集成电路产业的扶持力度。

（二）软件技术和产业格局呈现新趋势

“十二五”期间，中国软件技术和产业格局孕育着新一轮重大调整，网络化、服务化、智能化、平台化、融合化趋势明显。网络技术日益普及，基础硬件水平快速提升，应用需求持续深化，商业模式不断革新，软件和信息技术服务业逐渐进入了产业转型期。

随着云计算、虚拟技术、移动互联网等新技术、新模式的层出不穷以及相互叠加，以移动终端为典型代表的信息载体，朝着多样化、便携化、智能化、个性化、多模化等方向不断发展。计算机技术的中心正在从计算机转向互联网，互联网成为软件开发、部署与运行的平台，将推动整个产业全面转型。软件企业在市场各领域的竞争已经不局限于技术本身的突破，而是聚焦于新兴技术的产业化和大规模商用，内容服务、商业模式、服务模式、营销渠道的拓展，以及建立优质的生态价值链等方面。

（三）软件企业自主创新能力显著增强

我国软件企业规模迅速扩大，综合实力和竞争力逐步增强，结构调整不断推进，尤其是创新能力持续提升，有力引领和带动了软件产业发展及结构调整的方向。据中国版权保护中心数据显示，2010 年全国计算机软件著作权登记量为 81 966 件，“十一五”期间登记量翻了两番，平均增速达 37%，华为、中兴等企业名列前位（见图 5）。

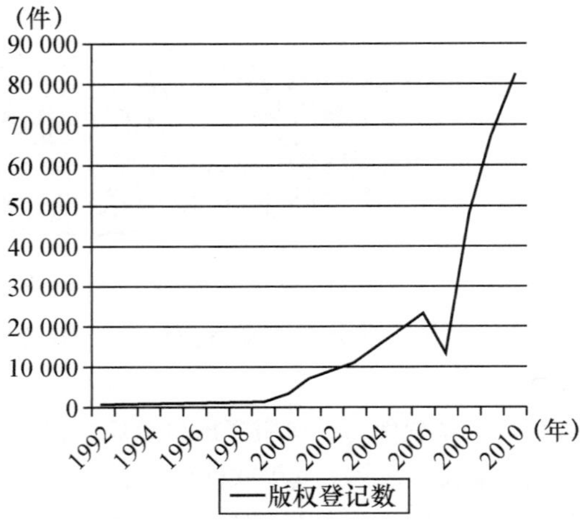

图 5　1992—2010 年中国软件著作权登记情况

（四）产业集聚效应开始显现

为继续促进产业集聚发展，国家制定了中国软件名城指标体系、管理办法和评估体系等，形成软件名城创建工作系列规范，并且加强软件名城、园区和软件产业生产基地的建设和管理，发挥软件名城示范带动作用，促进软件和信息技术服务业在主要城市集聚发展和提升，在软件企业之间相互结成网络化关系。目前，已有北京、上海、大连、济南等 11 个国家级软件产业基地，北京、上海、深圳、天津等 11 个国家软件出口基地，设立南京为中国软件名城，创建了成都、济南、广州和深圳四座试点城市。

四、2010 年中国软件正版化工作开展情况

在中国的软件知识产权保护及反盗版工作中，软件正版化工作是其中的重要组成部分。从 2002 年起，中国在中央、省、地市三级政府中推进软件正版化，到 2005 年底，实现了通用软件正版化的目标。2006 年 4 月，国家版权局、信息产业部、商务部、财政部等 9 部门联合发布了《关于印发〈关于推进企业使用正版软件工作的实施方案〉的通知》，企业软件正版化工作全面启动。

为积极引导计算机生产者和软件企业做好计算机预装正版操作系统软件工作，从源头上防止盗版软件的泛滥，2006 年信息产业部、国家版权局、商务部等联合发布了《关于计算机预装正版操作系统软件有关问题的通知》（信部联产［2006］199 号），该通知明确要求，在中国境内生产、销售的计算机，

出厂时、销售前应当预装正版操作系统软件。2007年起，信息产业部开始在每年年初发文要求国内部分较大品牌计算机生产者和操作系统软件提供者报送上年度计算机销售数量和操作系统软件的预装数量。经统计，2007年预装率为87.75%，2008年增长到93.52%，2009年预装率达到98.02%，三年提高了10.27个百分点，预装工作成效显著，有力地推动了我国软件正版化工作的深入开展。

2010年10月，国务院办公厅先后下发《国务院办公厅关于进一步做好政府部门使用正版软件工作的通知》（国办发［2010］47号）和《国务院办公厅关于印发打击侵犯知识产权和制售假冒伪劣商品专项行动方案的通知》（国办发［2010］50号），部署打击侵犯知识产权和制售假冒伪劣商品专项行动，旨在加大打击侵犯知识产权和制售假冒伪劣商品力度，维护我国正常市场经济秩序。监督管理计算机预装正版操作系统软件工作是专项行动的重要工作之一，工业和信息化部、商务部和国家版权局三部委成立联合检查工作组，对预装工作进行联合检查，并组织计算机厂商、操作系统软件提供商、行业协会等机构座谈，严格落实预装工作。

同时，为配合打击侵犯知识产权和制售假冒伪劣商品专项行动，国务院机关事务管理局专门下发了《关于进一步加强中央行政事业单位软件资产管理工作的通知》，要求中央国家机关各部门、各单位要加强软件资产管理，规范使用正版软件。截至2011年5月31日，135家中央国家机关按时、保质、全面完成软件正版化检查整改工作，共采购正版软件176 763套、采购金额14 091万元，其中采购国产软件66 511套、采购金额2 488万元，采购国外软件110 252套、采购金额11 603万元。初步建立了软件资产管理制度，并逐步形成软件正版化工作长效机制。此外，相关机构正在探索开展企业软件资产管理试点工作，希望通过加强企业管理，建立软件资产管理制度，充分发挥企业主动性，拉动对正版的使用及需求以完善反盗版体制。

2010 年中国动漫产业发展报告

牛兴侦

进入 21 世纪以来，动漫产业的发展得到了国家和地方各级政府的高度重视和大力扶持。2006 年 4 月，国务院办公厅转发了财政部等十部委《关于推动我国动漫产业发展的若干意见》，明确了发展动漫产业的指导思想、基本思路和发展目标。《国家“十一五”时期文化发展规划纲要》和《文化产业振兴规划》都把动漫产业列为重点发展门类，《我国国民经济和社会发展“十二五”规划纲要》也指出，要“大力发展文化创意、影视制作、出版发行、印刷复制、演艺娱乐、数字内容和动漫等重点文化产业”，并首次将动漫产业提升到国民经济和社会发展的高度。当前动漫产业受到社会各界前所未有的关注，面临着十分有利的机遇和条件，也正在进行突飞猛进的快速发展和脱胎换骨的质量转变，日益成为我国经济增长和文化产业发展的新亮点。

2010 年，我国动漫产业继续保持着迅猛发展的良好势头，国产动漫数量大幅增长，质量进一步提升，一批优秀动漫企业和品牌崭露头角；原创动漫精品力作不断涌现，影响日益扩大，优秀漫画刊物月发行量上百万册；电视动画播映体系日益完善，年产量达到 22 万分钟；投资主体日益多元化、社会化、市场化，民营企业成为动漫产业的主力军；动画电影投资升温，全年完成 16 部动漫电影作品，票房收入再创新高；网络动漫、手机动漫、动漫演出蓬勃发展，充满活力；动漫衍生产业发展迅猛，与动画、漫画互动发展，相得益彰，动漫的产业化发展初露端倪。

一、我国影视动画生产播映整体状况

近几年来，国产电视动画片制作发行突飞猛进，2010 年国产动画片保持了快速发展的势头，产量达到 22 万分钟，质量得到进一步提高，品牌影响力日益扩大，在版权输出、品牌授权和衍生产品开发方面取得一定突破。

（一）电视动画产量快速增长，质量有所提高

2010 年，全国国产电视动画片产量达到 385 部、220 530 分钟，相比 2009 年的 322 部、171 816 分钟，增长 28.4%，增幅比上一年回落 2.9 个百分点（见图 1）。在产量迅猛增长的同时，国产动画片的创作水平和艺术质量也有所提高，一些优秀国产动画片受到观众欢迎，陆续出现了如《孔子》、《秦时明月之诸子百家》等富有中国特色和中国风格的动画作品。2010 年共有 81 部优秀国产动画片被广电总局推荐播出，共计 4 810 集、51 842 分钟，约占产出总体的 23.5%（见图 2）。

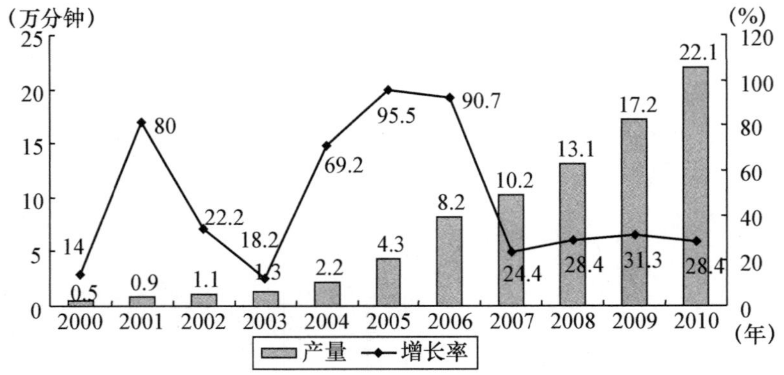

图 1　2000—2010 年国产电视动画片产量及增长率

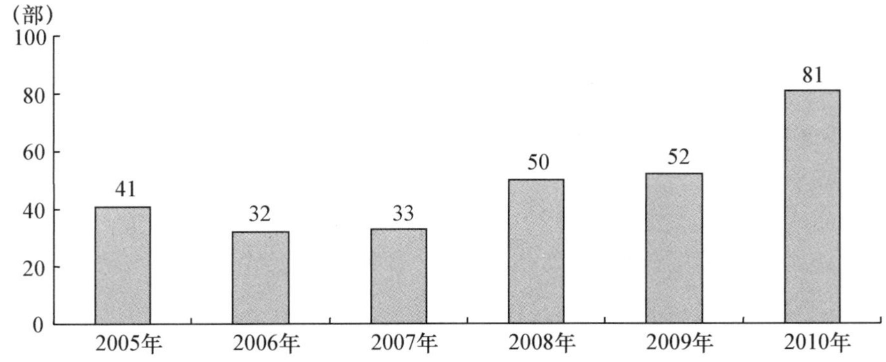

图 2　广电总局推荐优秀国产动画片数量

（二）电视动画制作备案数量增长较快，题材较为集中

2010 年，全国国产电视动画片累计备案公示剧目数量达到 601 部、595 299 分钟，平均每月备案 50 部、49 608 分钟，同比增长 30.7%和 38.8%。按所占比例大小排名，备案公示的国产电视动画片题材依次为：童话（212 部、209 429 分钟）、教育（142 部、125 694 分钟）、历史（54 部、88 751 分钟）、科幻（72 部、72 186 分钟）、其他（51 部、39 078 分钟）、神话（33 部、32 143 分钟）和现实题材（37 部、28 018 分钟），题材选择仍然主要集中在童话、教育方面，这两类题材占了总体的 56.3%（见图 3）。

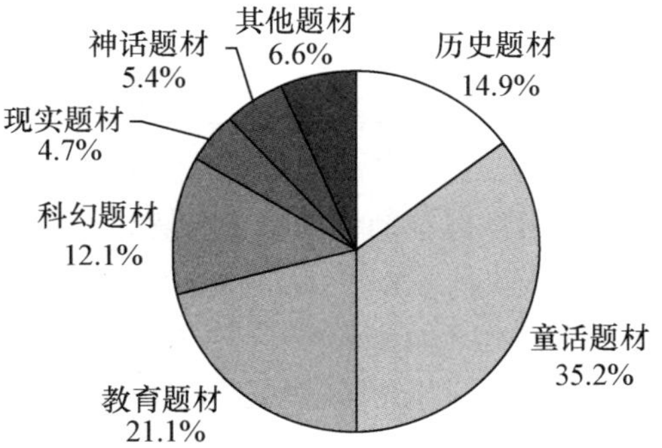

图 3　2010 年国产电视动画片制作备案剧目题材类型（按分钟数）

（三）全国各地群雄逐鹿，马太效应初步彰显

2010 年，共有 20 个省份以及中央电视台生产制作了国产电视动画完成片，比 2009 年减少了一个省市。创作生产数量排在前五位的是江苏省、浙江省、广东省、辽宁省、中央电视台及所属机构（见表 1）。生产数量较 2009 年增幅较大的省份分别是：内蒙古、四川、河南、山东、辽宁。全国原创电视动画片生产十大城市依次为：杭州、无锡、沈阳、深圳、广州、苏州、宁波、北京、郑州、合肥。

按国产动画片生产数量，我国原创动画片制作生产十大机构为：无锡亿唐动画设计有限公司、深圳华强数字动漫有限公司、杭州漫齐妙动漫制作有限公司、沈阳非凡创意动画制作有限公司、央视动画有限公司、浙江中南集团卡通影视有限公司、沈阳哈派动漫有限公司、宁波水木动画设计有限公司、杭州时空影视文化传播有限公司、杭州宏梦卡通发展有限公司。

（四）动画电影制作火热，优秀影片票房飘红

2010 年我国生产动画影片 16 部，国产动画电影票房合计约为 1.72 亿元，占全国城市影院总票房（101.72 亿元）的 1.69%，与 2009 年相比有所下降。

表 1　2010 年各省份国产电视动画片生产情况

排序	省份	部数	分钟数	排序	省份	部数	分钟数
1	江苏	88	52 309	12	山东	10	4 395
2	浙江	60	45 075	13	天津	7	3 338
3	广东	54	30 660	14	内蒙古	3	2 893
4	辽宁	29	25 707	15	黑龙江	4	2 687
5	中央电视台及所属机构	22	10 015	16	湖北	6	2 216
6	北京	17	8 699	17	上海	5	1 269
7	福建	20	7 632	18	四川	2	858
8	河南	13	6 280	19	河北	2	628
9	安徽	17	6 237	20	吉林	1	143
10	重庆	12	4 805	21	云南	1	140
11	湖南	12	4 543				

全年引进动画电影票房合计约为 3.655 亿元，国产动画电影在动画电影票房收入中约占 32%。2010 年，广电总局电影局批准同意备案制作动画电影 85 部，与上一年的 61 部相比增长 39.3%。票房收入较高的国产动画电影包括《喜羊羊与灰太狼 2》、《长江 7 号爱地球》、《黑猫警长》、《超蛙战士之初露锋芒》、《虎王归来》等，此外，获准发行的国产动画电影还有：《铠甲勇士之帝皇侠》、《虹猫蓝兔火凤凰》、《西域传奇》、《夺标》、《熊俑传奇》、《犹太女孩在上海》、《梦回金沙城》、《喜乐会》、《恐龙宝贝》、《星系宝贝》、《浩昊文字国历险记：大闹无字城》、《世博总动员》（又名《世博冠军——湖丝仔》）、《西游新传》、《熊猫欢欢与箭竹仙子传奇》等，但票房大都不尽如人意，有的甚至无缘影院上映（见表 2）。

表 2　　2010 年国内动画电影票房排行榜 TOP15

名次	片名	票房收入（万元）	产地	上映时间
1	《喜羊羊与灰太狼 2》	12 700	国产	1 月 29 日
2	《玩具总动员 3》	11 920	美国	6 月 16 日
3	《驯龙高手》	9 192	美国	5 月 14 日
4	《怪物史瑞克 4》	8 923	美国	8 月 16 日
5	《猫头鹰王国：守卫者传奇》	3 100	美国	11 月 12 日
6	《长江 7 号爱地球》	1 620	国产	7 月 9 日
7	《塔拉星球之战》	1 340	美国	10 月 26 日
8	《黑猫警长》	1 130	国产	4 月 23 日
9	《鼠来宝 2 明星俱乐部》	820	美国	2 月 5 日
10	《名侦探柯南》	810	日本	1 月 14 日
11	《超蛙战士之初露锋芒》	730	国产	6 月 1 日
12	《虎王归来》	495	国产	9 月 22 日
13	《亚瑟和他的迷你王国 2》	445	法国	2 月 16 日
14	《铠甲勇士之帝皇侠》	340	国产	1 月 22 日
15	《虹猫蓝兔火凤凰》	150	国产	2 月 5 日

（五）强势国产动漫品牌影响力有所提升

动漫产业的核心是原创，最大的利润却来自衍生品。在成功创作出知名动画片后，可以通过生产和销售动画片音像、图书和带有动画形象的游戏、玩具、服装、文具、工艺品等衍生品获取更大利润。根据百度提供的统计数据，截止到 2010 年 12 月 31 日，在搜索风云榜·动漫排行榜 TOP50 中有 6 个国产动漫品牌。《喜羊羊与灰太狼》和《铠甲勇士之帝皇侠》两个国产原创动漫跻身前十强，《隋唐英雄传》、《我叫 MT》、《秦时明月》持续在榜，《偷星九月天》异军突起。但与 2008 年年末有 12 个、2009 年年末有 10 个国产动漫品牌上榜相比，国产动漫整体影响力反倒有所下降，这可能与目前国产动漫品种数量激增导致单品关注度被稀释有关（见图 4）。

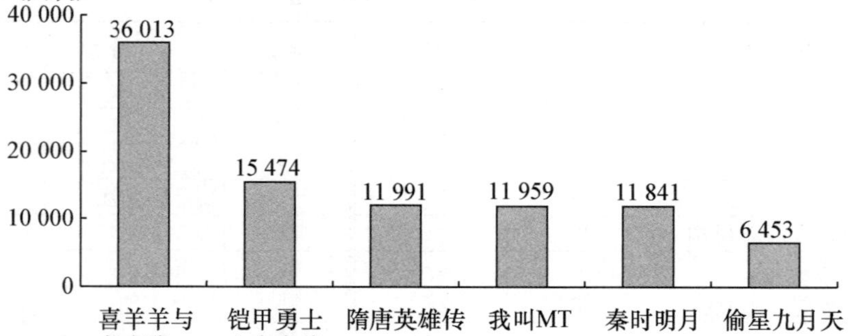

图 4　动漫排行榜 TOP50（国产动漫部分）单日搜索量

说明：数据截至 2010 年 12 月 31 日。
资料来源：百度搜索风云榜。

（六）动画产业运营能力增强，品牌授权大幅提升产业效益

《葫芦兄弟》、《喜羊羊与灰太狼》、《圣石奇兵》、《哈皮父子与水金刚》、《郑和下西洋》、《羊羊运动会》等国产动画片在电视台播出获得了良好的收视效果，图书、音像、玩具、文具、服饰等衍生产品市场出现了大量的国产动画品牌，彻底改变了多年来境外动画片完全占据我国动漫衍生产品市场的局面。《喜羊羊与灰太狼》借助电影创造的票房奇迹和知名影响，将其品牌渗透到各个领域。《喜羊羊与灰太狼》的衍生品授权合作商达 250 家，产品门类达到 1 000 多种，涵盖食品饮料、玩具精品、服装、包袋、文具、鞋类、出版刊物、游戏及游戏机、一般商品、家用品及家电等类别，合作品牌中包括肯德基、世嘉（Sega)、万代（Bandai）等一系列知名品牌。负责内容制作的广东原创动力文化传播有限公司 2009 年净利润 582 万元，专门负责品牌授权的广州新原动力动漫形象管理有限公司 2010 年收入8 577 万港元，净利润为 2 912 万港元。广东缤果动漫连锁管理有限公司和北京卡酷全卡通动漫文化有限公司跻身“2009 中国特许经营连锁百强”企业。

（七）海外市场青睐中国动画，“走出去”工作获得重要突破

浙江中南集团卡通公司作品进入 63 个国家和地区，海外销售额达到 500 多万美元；湖南山猫动画有限公司的山猫吉咪品牌系列衍生产品出口到美国、日本、韩国、俄罗斯等 50 多个国家和地区，累计出口创汇超过 2 000 多万美元；三辰卡通公司的蓝猫系列已出口美国、韩国、中东等 20 多个国家及地区，版权收入超过 300 万美元（见表 3)。

表 3　　2007—2009 年全国电视动画片进出口情况

年度项目		合计	欧洲	美国	日本	韩国	非洲	其他
动画电视进口总额（万元）	2007 年	981	614	300				67
	2008 年	878.26	403	334.25	45.01			96
	2009 年	127.50	34	74	19.50			
动画电视进口量（部/集）	2007 年	9/594	5/262	3/301				1/31
	2008 年	13/734	4/233	3/207	5/254			1/40
	2009 年	5/421	1/209	3/160	1/52			
动画电视出口总额（万元）	2007 年	7 354.30	4 550	1 080		6		1 718.30
	2008 年	2 947.79	64				80	2 803.79
	2009 年	4 455.99	520.03	800.90		7	350	2 778.06
动画电视出口量（部/集）	2007 年	30/2 244	7/345	3/125		1/30		19/1 744
	2008 年	38/1 877	3/124				4/165	31/1 588
	2009 年	55/3 191	6/156	3/3		1/50	2/44	43/2 938

资料来源：国家统计局：《中国统计年鉴》，历年。

二、全国电视台动画片播出和收视情况

（一）全国电视动画片整体播出数量

截至 2010 年年末，全国共有电视台 247 家，广播电视台 2 120 家，教育电视台 44 家；开办播出广播电视节目 4 025 套（广播频率 2 704 套，电视频道 1 321 套），还有付费数字电视频道 140 套，付费广播频率 39 套。其中，包括 33 套少儿频道、5 套动画上星频道和 3 套付费数字电视动画频道。根据国家统计局《中国统计年鉴》信息，2009 年全国电视台共播出电视动画片 17 544 部、60.18 万集，其中国产动画 16 458 部、56.07 万集，分别占 93.8%和 93.2%，相比 2006 年的 88.2%和 86.9%，均有较大幅度的增长（见表 4)。

表 4　　2006—2009 年全国电视动画片播出数量

统计指标	2006 年	2007 年	2008 年	2009 年
全年动画电视播出数（部）	15 743	14 015	15 447	17 544
全年动画电视播出数（万集）	46.212 1	51.343 7	51.848 1	60.18

续前表

统计指标	2006年	2007年	2008年	2009年
进口动画电视播出数（部）	1 865	1 551	1 419	1 086
进口动画电视播出数（万集）	6.037 5	5.967	4.564 1	4.11
国产动画电视播出数（部）	13 878	12 464	14 028	16 458
国产动画电视播出数（万集）	40.174 6	45.376 7	47.284	56.07

资料来源：国家统计局：《中国统计年鉴》，历年。

地市级和县级电视台、电视频道由于数量较多，播出数量所占比例也较大。以2007年为例，总局直属电视台共播出动画片173部、5 074集，分别占总体的1.2%和1.0%；省级电视台共播出动画片2 047部、123 998集，分别占总体的14.6%和24.2%；地市级电视台共播出5 098部、177 293集，分别占总体的36.4%和34.5%；县级电视台共播出6 697部、207 072集，分别占总体的47.8%和40.3%（见表5）。

虽然播出动画片的电视台数量众多，但动画片播出权交易额却一直较低，直接反映为电视台购片价格普遍偏低，制播价格的倒挂矛盾严重影响了动画企业的盈利水平。据了解，目前省级电视台购片价格大多在几十元每分钟，市县级电视台基本上属于免费送播。根据国家统计局网站信息，2007年全国电视台购买电视动画片交易额仅为2.37亿元（见表6）。

表5　　2007年全国各级电视动画片播出数量

类别＼指标	全年动画电视播出数		进口动画电视播出数		国产动画电视播出数	
	（部）	（集）	（部）	（集）	（部）	（集）
总局直属	173	5 074	11	358	162	4 716
省级	2 047	123 998	485	29 496	1 562	94 502
地市级	5 098	177 293	468	14 084	4 630	163 209
县级	6 697	207 072	587	15 732	6 110	191 340
全国合计	14 015	513 437	1 551	59 670	12 464	453 767

资料来源：国家统计局网站。

表6　　2007年全国电视动画片国内交易情况　　单位：万元

序号	地区	交易额	序号	地区	交易额	序号	地区	交易额
1	总局直属	7 452	5	浙江	2 068	9	江苏	1 070
2	广东	3 271	6	北京	1 839	10	福建	97
3	湖北	2 918	7	湖南	1 336	11	安徽	90
4	重庆	2 363	8	上海	1 207	12	吉林	28
	全国合计	23 740						
其中	计划单列市	2 229	1	深圳	2 213	2	厦门	15

资料来源：国家统计局网站。

（二）国产动画收视率和收视份额情况

目前，全国共有33家少儿频道和5家动画频道，电视媒体已成为推动国产动画健康发展的重要平台。地面频道和上星频道两级市场的效应开始显现，有一大批省级电视台上星频道开始开设国产动画片栏目，受到观众的普遍好评。同时，我国动画的播映体系日益完善，动画频道、少儿频道不断加强自身建设，积累了大量频道运营经验，收视份额逐年提升，并获得了良好的市场回报。随着中国动画产业的迅猛发展，动画频道、少儿频道的品质、效益发生了巨大的变化。

此外，动画节目的总体播出、收视时间呈现出逐年递增趋势。根据央视索福瑞媒介研究中心（CSM）对全国电视节目的播出监测数据，在少儿节目大类中，动画类节目播出量处于第一的位置，占据近六成的播出份额。显然，动画节目是少儿节目播放的主导节目类型。因此，国内少儿频道的发展离不开对动画节目的需求，同时，少儿频道、少儿节目的发展，又会推动动画节目播出比重的进一步增加。根据CSM收视监测报告，2006年共播出43 667小时，2007年共播出50 014小时，2008年共播出58 021小时，2009年共播出67 335小时，2010年共播出87 339小时，比2006年翻了一番（见图5）。

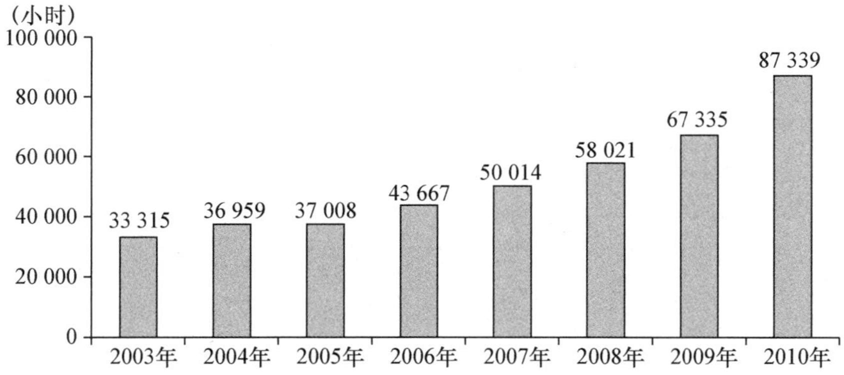

图5　2003—2010年电视动画片播出总时长

资料来源：由央视索福瑞媒介研究中心（CSM）根据《中国动画产业年报》综合整理。

根据央视索福瑞媒介研究（CSM）对北京、广州、上海、长沙、成都、西安等全国主要城市电视节目收视监测数据，广州、深圳、长沙等地的动画节目占本地各类电视节目的收视比重相对最高，长沙在2006年最高时占到5.77%，广州和深圳历年平均收视比重都在3%以上。从中可以看出，电视媒体和经济发达的地区动漫文化和消费氛围较为浓厚，动画节目的收视比重较高，而欠发达地区则相对较低。从某种意义上说，动画节目在不同城市的收视比重是反映这个城市动画接受程度和发展情况的一项重要指标。从历史发展过程来看，现今各地动画节目的收视比重与2004年相比，总体上均有一定幅度的增长。结合国际经济来看，总体上动画节目所占全部电视节目的收视比重都比较低，不到一成的比例，这一方面说明动画节目受制于其节目定位而导致收视情况还不甚理想，另一方面也说明动画节目的收视市场还有很大的挖掘潜力（见图6）。

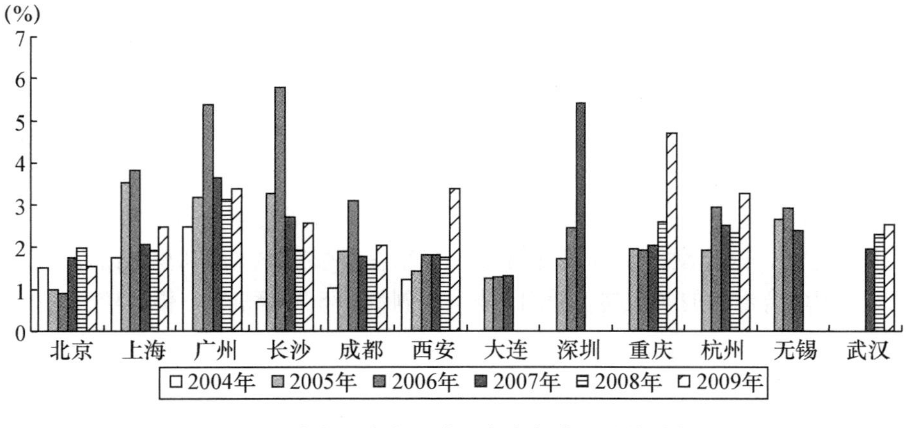

图6　十二大城市（青少）动画在全部节目中的收视比重

资料来源：由央视索福瑞媒介研究中心（CSM）根据《中国动画产业年报》综合整理。

根据央视索福瑞媒介研究（CSM）的收视监测数据，2009年中央级频道所播动画片的收视份额占全国各级电视频道的30.21%，相比2008年的44.21%，下降了14个百分点；省级上星频道收视份额占总体的42.88%，相比2008年的24.94%，增加了将近18个百分点；省级非上星频道占总体的18.99%，相比2008年的19.54%，略有下降；市（县）级频道和其他频道分别占5.79%和2.14%，也都有一定幅度的下降（见图7）。市（县）级频道之所以在总体中所占份额较低，一方面说明了媒体业“强者愈强、弱者愈弱”和“赢家通吃”的通行法则，另一方面也与央视索福瑞媒介研究（CSM）抽样调查的手段和范围有关。目前，央视索福瑞媒介研究（CSM）仅覆盖155个城市网的5.6万余户样本家庭及超过 18.5 万样本人口，重点监测全国 1 239 个主要电视频道。这也就意味着，其对市（县）级频道的监测力度较弱，监测数据有一定的缺失，也在一定程度上低估了市（县）级频道实际所占的收视份额。

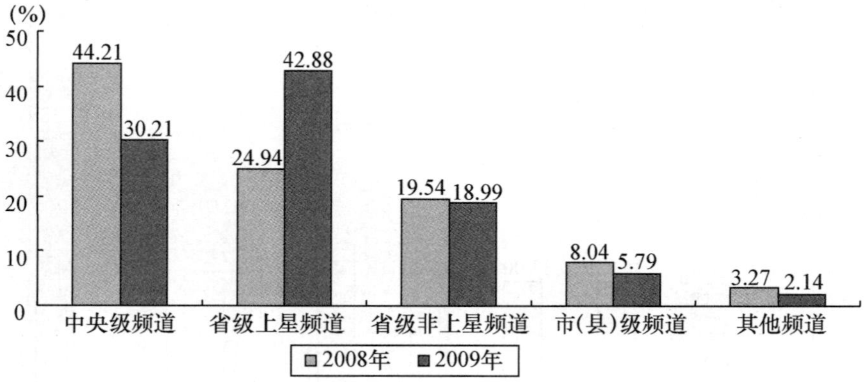

图 7　全国主要城市不同级别频道动画片收视份额

资料来源：央视索福瑞媒介研究中心（CSM），转引自《中国动画产业年报 2008—2009》。

三、我国动漫杂志出版整体概况

近年来，我国动漫出版业坚持自主创新，动漫出版产品日益丰富，产业自主良性发展的能力显著提高，逐步形成了具有民族特色、时代特色的发展观念，步入了健康有序、可持续发展的产业化发展道路。在经过多年的积累发展，动漫出版已经成为我国文化产业的重要增长点。

（一）动漫期刊阵营日益强大，杂志品种明显增多

在优秀动漫期刊品牌的带动之下，动漫杂志数量激增，发行量一路走高，当然其中也不乏跟风之作。根据全国动漫期刊批发零售市场调查情况，各地涌现出来的各类动漫期刊（其中不少是以图书形态出现，即 Mook）达到 50 余种。2010 年，动漫期刊阵营再添新军，以有妖气网站（u17.com）为稿件征选平台的《Hi！漫画》创刊，由人民邮电出版社主办的少年杂志《尚漫》试刊发行，由学友园教育集团与优扬传媒集团联合出品的《优趣动漫周刊》突破校网渠道在全国上市，《最漫画》脱离《最小说》开始独立发售。

（二）动漫期刊整体市场规模有所扩大

据北京开元策略信息咨询有限公司《2009 年市场化报刊零售发行调查报告》显示，在以发行为主要收入的杂志类别中，北京、上海、广州、深圳、南京、杭州、青岛、沈阳、武汉、成都全国十大城市杂志零售市场单期发行量前 30 强中，共有 9 种动漫杂志，相比 2008 年减少了 3 种。这 9 种期刊在北京、上海、广州、深圳四大城市的销售指数占市场化杂志整体销售指数的 5.6%，相比 2008 年的调查增加了 1 个百分点（见图 8）。不仅动漫期刊整体市场规模明显放大，知名动漫期刊发行量也在大幅递增，目前我国已经有两本“百万级”动漫大刊。根据刊社提供的数字，《漫画世界》和《知音漫客》都声称，月发行量（每月至少四期）高达 260 万册。但两刊每期实际发行量为 30 万～40 万册，与日本第一漫画杂志《周刊少年跳跃》2010 年平均每期印刷量 288 万册相比，仍有较大的差距。

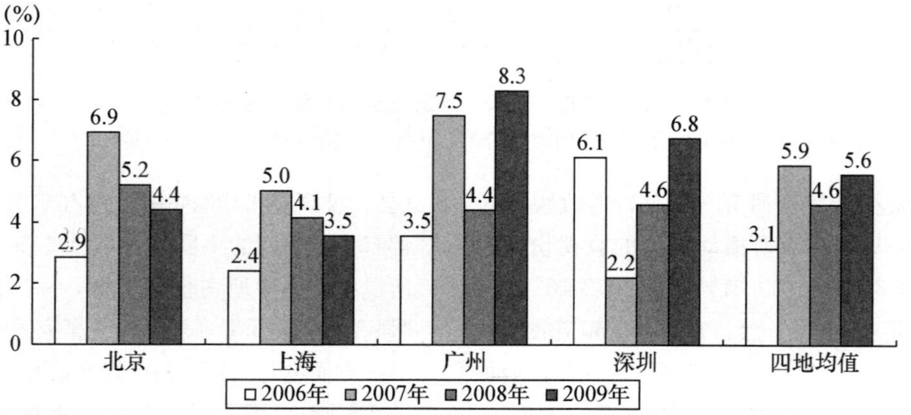

图 8　四大城市漫画杂志在总体杂志零售量中所占比例

资料来源：北京开元策略信息咨询有限公司。

（三）优秀动漫期刊实力日益增强

动漫杂志的市场价值指数取决于杂志的期发量、刊期密度和定价，期发量越高、刊期越密集、定价越高，杂志的市场价值就越大。《幽默大师》、《漫画世界》、《知音漫客》、《小公主》、《漫画派对》、《米老鼠》、《漫友》、《乌龙院》和《吉美漫画》等 9 种动漫杂志，在四地合计杂志零售市场中依次排列，以《幽默大师》单期销售指数最高。从月度销售指数来说，漫画杂志前五强依次为《漫画世界》、《知音漫客》、《幽默大师》、《米老鼠》和《漫友》，月度市场价值指数的前三强依次为《漫画世界》、《米老鼠》和《知音漫客》。对比往年数据，《漫友》和《幽默大师》的名次有所下降，而《知音漫客》则上升较快（见图 9）。综合来看，在近年来动漫产业利好政策的推动下，我国动漫杂志消费市场持续上扬，不仅整体销量突飞猛进，而且在整体市场化报刊的大盘中所占比例也在不断加重。

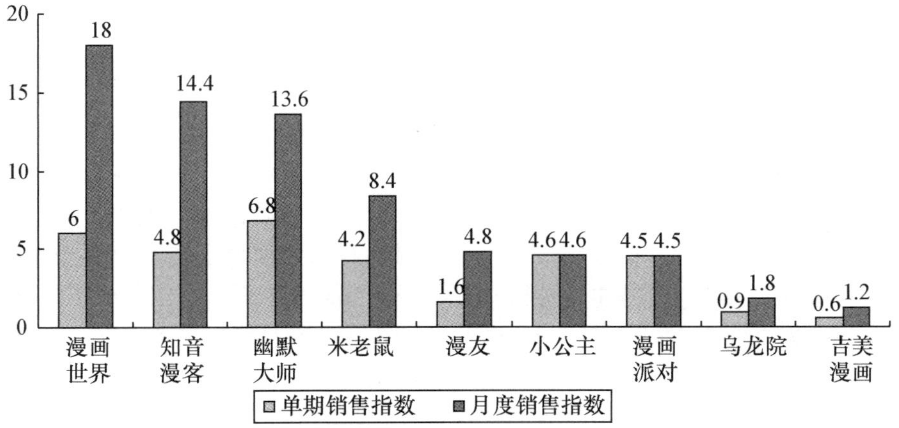

图 9　四大城市漫画杂志销售指数对比

资料来源：北京开元策略信息咨询有限公司。

（四）期刊与图书形成出版联动，贯通内容产业链

动漫期刊是动漫行业先锋，引领形成了以期刊带动图书的运作模式。在此模式下，《漫画世界》成功策划出品了《乌龙院》、《爆笑校园》、《兔子帮》、《泡面超人》、《手机少年》等上百部脍炙人口的原创漫画单行本，其中《爆笑校园》销量超过 800 万册，《兔子帮》销量超过 150 万册。《兔子帮》不仅衍生产品在市场长期热销，更由上海东方传媒集团（SMG）投入巨资制作电视动画片。《知音漫客》策划推出了《神精榜》、《偷星九月天》、《1 区 212》、《酷头哈妹》、《逍遥奇侠》、《烈火街球》、《高考 2 进 1》、《幻之国度》等漫画单行本，总销量达到 300 余万册。《知音漫客》以漫画杂志为中心，已经初步形成了动、漫、游和动漫周边、动漫教育等全方位发展的产业链条。动漫期刊在以漫画创意、形象和故事内容为核心，横跨期刊、图书、网络和手机等多种媒体传播，以及改编动画、开发衍生产品方面做了非常积极的产业化探索。

四、我国动漫图书出版整体概况

（一）动漫图书创作出版踊跃，销售火爆

由于目前尚无专门的动漫图书出版统计资料，我们只能从局部对动漫图书市场进行窥探。当当网是全球最大的综合性中文网上购物商城，其基于真实销售数据（推测以销售收入进行排序）形成的畅销图书排行榜是中文出版界的风向标。截至 2010 年年底，当当网共有在销动漫/幽默图书 9 147 种，占图书总量（1 255 922 种）的 0.73%，在销品种相比上一年增长 20.2%，所占比例下降了 0.12 个百分点。在 2010 年图书畅销榜前 200 位中有 2 本动漫图书，分别为《我的错都是大人的错》和《一个人住第 9 年》。

（二）重点作者和出版机构表现不俗，渐成规模

当当网数据显示：前 100 个畅销品种归 34 家出版社所有，拥有最多畅销作品的出版社是现代出版社，有 17 个品种入选，陕西师范大学出版社、南海出版社、人民文学出版社、长江文艺出版社和新世纪出版社分别排在第二至第五位，其中，长江文艺出版社和新世纪出版社并列排第五位。前三强合计所占份额为 35%，前五强合计所占份额为 47%，说明了市场集中度较高（见表 7）。拥有最多畅销作品的作者是幾米（亦写作几米），有 20 个品种入选，高木直子、夏达、黑背和莫莉蓟野分别排在第二至第五位，前三强合计所占份额为 39%，前五强合计

所占份额为47%。从作者国籍情况来看，大陆作者最多，有37个品种，其次是中国台湾和日本作者，各有25个品种，德国、美国、英国、中国香港、韩国、阿根廷作者共计拥有13个品种。

表7　　当当网2010年动漫图书畅销榜（前100位）出版社构成

序号	出版社	品种数量	序号	出版社	品种数量
1	现代出版社	17	7	当代世界出版社	4
2	陕西师范大学出版社	9	8	上海锦绣文章出版社	4
3	南海出版社	9	9	上海人民出版社	4
4	人民文学出版社	7	10	江西科学技术出版社	3
5	长江文艺出版社	5	11	其他出版社（24家）	33
6	新世纪出版社	5			

资料来源：当当网图书畅销榜。

（三）动画抓帧图书明显降温，销量一般

2010年，动画抓帧图书相对往年减少了许多，新出品的抓帧图书项目有：《喜羊羊与灰太狼电影连环画·虎虎生威》、《海宝来了》、《美猴王：孙悟空篇》等，出版单位主要为少儿类和美术类出版社。童趣出版有限公司除了《喜羊羊与灰太狼》电视动画系列丛书、迪士尼经典总动员系列和经典故事丛书之外，还推出了《托马斯和朋友动画故事乐园》等畅销图书。此外，与网游动画相关的图书项目开始升温，主要包括：《赛尔号秘密图鉴》、《赛尔号精灵传说》、《赛尔号冒险王》等。

五、我国动画音像出版整体概况

我国动画音像出版产品正呈现出日益多元化的发展态势。根据近几年当当网卡通影视畅销榜情况来分析，我国动画音像出版产品日益多元化（见表8）。

（一）国产动画市场占有率略有提高

在2007年当当网卡通影视畅销榜前100位中动画音像制品有18种，2008年增长到26种；2009年畅销榜前200位中动画音像制品有31种，市场占有率为15.5%，2010年下降为13.5%。除了上海美术电影制片厂的经典动画之外，《小鲤鱼历险记》、《虹猫蓝兔七侠传》、《福娃奥运漫游记》、《西游记》、《五子说》、《哪吒传奇》、《秦时明月》、《神兵小将》、《喜羊羊与灰太狼》、《三国演义》、《麦兜》、《围棋少年》、《战龙四驱》、《铠甲勇士之帝皇侠》、《圣石奇兵》等一大批新时代优秀动画也纷纷上榜。

（二）美国动画占据半壁江山，但市场占有率逐步减少

2007年，以迪士尼为代表的美国动画产品占当当网卡通影视畅销榜的61%，此后持续下降，2008年和2009年分别为56%和51%，2010年更是大幅下滑至45%。这主要是因为美国动画多以经典动画为主，新品较少，导致持续销售量逐步减少。近年上榜的动画新品主要有：《美食总动员》、《功夫熊猫》、《闪电狗》、《鲨鱼故事》、《爱探险的朵拉》、《飞屋环游记》、《冰川时代3》、《豚鼠特攻队》、《霍顿奇遇记》、《大战外星人》等。

（三）日本动画市场占有率较为稳定，占一成左右

日本动画同样以《聪明的一休》、《哆啦A梦》、《花仙子》、《名侦探柯南》、《宫崎骏作品集》等经典动画为主，鲜有新作推出。值得一提的是，《可爱巧虎岛》、《巧虎亲子乐园》、《巧虎小天地》、《益智巧虎岛》等系列作品自2009年起至今销售持续火爆。

表8　　当当网动画音像畅销榜产品国别构成（%）

年份	国产	美国	日本	英国	其他国家	合计
2007年	18	61	17	0	4	100
2008年	26	56	12	2	4	100
2009年	15.5	51	5.5	23	5	100
2010年	13.5	45	9.5	23.5	8.5	100

资料来源：当当网影视畅销榜。

（四）英国动画异军突起，动画音像产品日益多元化

自2008年以来，英国动画音像产品开始崭露头角，2009年市场占有率猛增至23%，2010年更是达到了23.5%，《建筑师巴布》、《粉红猪小妹》、《花园宝宝》、《托马斯和朋友们》、《天线宝宝》、《查理与劳拉》、《工程车汤姆》、《小羊肖恩》、《邮递员派特叔叔》等音像产品在国内持续畅销。2010年，除了美国、日本、英国动画音像在国内畅销之外，加拿大、韩国、捷克、荷兰、法国、丹麦、瑞士、德国等国动画音像也均有上榜，市场占有率已从2007年的4%提升到2010年的8.5%。

近几年来，动漫期刊、图书逐步走上复兴之路，在书刊整体市场中所占的份额越来越大，逐步形成集群效应，正成为带动中国动漫产业崛起的先锋力量。日益强盛的动漫出版阵营正在成为中国出版业乃至文化产业的一支不可忽视的新锐力量。

六、我国动漫产业总体发展态势

笔者认为，从总体来看，"十一五"期间我国动漫产业实现了迅猛发展。

（一）产业属性逐步明晰，扶持机制进一步完善

各级政府出台了一系列文件，从政策上明确了动漫的产业属性。动漫产业的发展目标、发展思路、管理职能、扶持机制和优惠政策得以完善，为力争在5～10年内使我国动漫产业创作开发和生产能力跻身世界动漫大国和强国行列扫清了体制机制障碍。

（二）动漫产业市场规模逐步扩大，市场主体稳定成长

从2002年到2008年，我国动漫生产制作企业从120多家迅速增加到6 463家。动漫产业核心产品直接年产值从"十五"期末不足20亿元，增加到2009年的64.3亿元，2010年预计将突破80亿元。2009年，年产值在3 000万元以上的动漫企业已有24家，年产值超过1亿元的企业有13家，涌现出湖南拓维、广东奥飞、中南卡通等一批骨干龙头企业。另据艺恩咨询《2010年中国动漫产业投资研究报告》显示，2009年中国动漫产业市场规模达到170亿元，其中，播映市场（包括电视动画、动画电影、网络动漫、手机动漫、动漫广告等）规模为41亿元，衍生品市场（动漫出版物、动漫音像制品、动漫玩具、动漫服饰、其他衍生产品）规模为129亿元。

（三）原创动漫快速发展，动漫品牌进一步凸显

截止到2010年年底，全国漫画期刊达到50余种，《知音漫客》和《漫画世界》两大漫画周刊月度发行总量均超过200万册。在全国十大城市杂志零售市场单期发行量前30强中，共有9种漫画期刊。国产电视动画片从2004年的年产量2.18万分钟增长到2010年的22.18万分钟，动画电影从2004年的4部增长到2010年的16部，2009年全年电视动画片播出总量17 544部、691 776集，国产片和进口片比重分别为93.8∶6.2和93.2∶6.8。《漫友》等7种优秀动漫期刊获评为新闻出版总署2009年向全国少年儿童推荐的优秀少儿报刊，2010年共有《孔子》等81部优秀国产动画片被广电总局推荐播出。

（四）资本运作逐步成熟，盈利模式进一步完善

在政府对动漫产业投融资大力支持的背景下，我国动漫产业目前已经形成了政府投资、播出机构投资、产业外投资、风险投资等多种投融资方式。中卡世纪、宏梦卡通等动漫企业获得了风险投资，拓维信息、奥飞动漫等成功上市，银行等金融机构对动漫产业的资金支持力度正在加大。

（五）产业基地发展迅速，产业格局初步形成

在政策扶持引导下，我国动漫产业的区域发展格局初步形成。截至2007年年底，我国已建成72家动漫基地，分布在全国25个城市，带动形成了京津冀、长三角、珠三角、中部、东北、西南等六大区域发展的产业格局。同时，动漫产业基地在企业聚集、公共服务、中小企业孵化、推动地方经济产业调整和升级等方面起了积极的作用，以动漫基地及园区为主体的区域发展格局初步形成，在资源配置、市场细分、产业整合等方面较好地实现了预期目标。

（六）动漫出口持续增长，国际影响力进一步扩大

近年来，在"走出去"战略推动下，我国动漫产业在对外合作交流和版权贸易中得到了长足进步。2009年，全国影视动画片出口79部、1 490小时，占全国影视节目出口总时长的14%；出口额3 056.6万美元，比2008年增长了150%，占出口总金额的51.9%。在2009—2010年度评选出的211个文化出口重点企业和225个文化出口重点项目中，动漫类企业有36家、动漫类项目40个。"蓝猫"、"天眼"、"喜羊羊"、"炮炮兵"等一批民族动漫品牌成为弘扬中华民族传统文化、提升我国国际文化软实力的重要载体。

我国动漫产业在实现跨越式发展的同时，也暴露出不少新的问题。首先，产业结构性矛盾突出，影视动画投资较热，漫画、新媒体动漫、应用动画等方面偏冷；针对低幼群体作品较多，面向成年人作品较少；生产制作环节较强，创意策划和营销推广能力较弱。其次，影视动画产量有很大提高，但主要依靠投资拉动，粗放式发展特征明显，高质量原创作品不多。第三，动画播出平台大量增加，但制播矛盾一直比较突出，制作机构难以从播出环节获得合理的成本回收，主要依赖地方政府的播出补贴生存。第四，动漫企业大量增加，但小、散、弱问题比较严重，上规模、上水平的产业链完整的龙头企业较少，企业核心竞争力不足，效益普遍较差。第五，动漫教育培训发展迅猛，但是绝大多数学校缺少师资且教材质量偏低，以致大量学生面临就业难题，同时企业仍难以招到适用人才，特别是严重缺乏创意策划、营销型高端人才。

可以说，现阶段，我国动漫产业仍面临着不少挑战。

（一）从国际竞争角度而言，面临着产业发展相对滞后的挑战

刚刚起步的中国动漫产业基础相对薄弱，产业发展相对滞后。一方面，动漫产业发达国家的动漫产品及其衍生品一直长期占据我国市场，虽然国产动漫在出版发行和影视播映市场已经收复失地，但国外动漫产品在网络等新媒体市场和衍生品市场仍旧风靡，以《火影忍者》为代表的国外动漫在百度搜索动漫排行榜上一直占据不低于 80％的关注份额。另一方面，美日动漫经过长期的产业经营，已经在国际市场上形成优势，其优秀的技术实力、经营水准与制作水平不容低估。中国动漫产业规模目前约为 170 亿元，仅仅相当于迪士尼公司 2010 财年收入 381 亿美元的 7％。

（二）从国内环境角度而言，面临着非理性盲目发展的挑战

一方面，部分地方政府不顾当地经济和文化产业现状，将发展动漫产业简单化、模式化、表面化，过多的政府干预行为可能起到相反的作用；另一方面，动漫企业数量突飞猛进，盲目投资生产，甚至带有很浓厚的投机冲动，难以形成有效的商业模式。相对产业实践而言，产业政策和理论研究相对滞后，未能起到必要的指引作用，无论是政府还是企业都对动漫产业发展的基本规律、国外经验、基础条件和风险认知估算不足。

（三）从产业链的角度而言，存在着产业模式不够成熟的挑战

产业链开发是国际成熟动漫产业的重要发展内容。从内部产业链的角度分析，动漫产业有着“创意研发——生产制作——播出发行——衍生品开发”的内生型结构；从外部产业链来说，动漫作为一个完整的产业体系，漫画创作是产业的基础，影视动画是产业的主体，动漫舞台剧是产业的延展和提升，新媒体动漫是产业的前锋，此外，还有游戏、玩具等周边产品开发，各个环节相互依存、互为拉动。目前，国内产业链经营还处于初步摸索阶段，许多经营模式都不够成熟。一些动漫企业单纯依靠播出费与政府扶持资金来维系成本。许多企业把过多的精力放在创作与制作方面，在宣传推广、项目包装及衍生品经营与开发方面还缺少足够的认识。此外，我国动漫产业还存在着“重动轻漫”的问题，对漫画的忽视导致整个产业缺少稳定而良好的创意基础。

（四）从产业格局角度来说，存在着产业基地过热的挑战

与美国、日本等国家以一个城市/区域为动漫产业中心向周边辐射的发展模式相比，我国动漫产业却是“遍地开花”，且大多是采取依托原有的科技园与软件园兴建动漫基地的做法。目前业界普遍认为，动漫基地、园区过多过滥，一哄而上、重复建设、资源浪费等问题比较突出。一些动漫基地、园区没有发挥企业示范作用或产业集聚作用，名不副实，大量浪费土地资源和资金，直接影响和妨碍了动漫产业的健康发展、科学发展。因此，迫切需要政府部门加强规范和引导，真正实现科学发展。

（五）从人才培养的角度而言，存在着教育体系不完备的挑战

创新型动漫人才是动漫产业实现可持续发展的关键性因素。从量的角度来说，目前全国已有 447 所大学设立动画专业，1 234 所大学开办涉及动漫专业的院系，动漫相关专业的大学毕业生达 6.4 万人，动漫人才需求旺盛，教育培训市场被普遍看好，动漫教育培训机构数量也显现了快速增长的趋势。然而，人才结构与人才质量的情况却不容乐观：动漫产业发展上游缺少高端的创意、编导、项目管理方面的人才，下游缺乏市场营销、国际授权和代理等方面的人才；与动漫相关的专业和院系发展速度过快，但部分动漫教育机构师资水平和硬件水平都较低，造成毕业生数量剧增，但符合企业需要的人才却相对缺乏的现象，大部分毕业生形象设计、编创能力较低，多处于模仿阶段，缺乏创意。在开设动漫相关专业的千余所院校（包括中专及中专以上）中，多数仍在培育制作人员，导致制作类人员过剩、创意及管理类人才缺乏的矛盾更加突出，人才整体结构失衡以及教育体系不完备的问题值得关注。

总之，发展我国动漫产业机遇与挑战并存。近几年来，我国动漫产业持续快速发展，产业实力与市场规模迅速壮大，产品数量大幅增长，质量有所提高，企业实力不断增强，产业链日益完善，我国正从动漫大国向动漫强国目标迈进。同时，也要清醒地看到，我国动漫产业仍处在初级发展阶段，整体发展水平还不高，与人民群众日益增长的精神文化需求还不相适应，与日趋完善的社会主义市场经济体制还不相适应，与现代科学技术迅猛发展及广泛应用还不相适应，与我国对外开放不断扩大的新形势还不相适应，与动漫产业发达国家相比也还有较大差距，跻身世界动漫强国行列仍然任重道远。因而，我们要冷静对待产业发展中凸显的问题，切实采取有效对策加以解决。

面对未来，在实现从动画大国到动漫强国的跨越式发展阶段，必须要有新的发展思路。2011 年是“十二五”时期的开局之年，各级政府已在酝酿调整动漫产业发展政策。2005 年就已出台首轮扶持政策的无锡和杭州等地，在 2010 年已经推出了新的后续政策。新政策除了增加动漫产业发展专项资金之外，还着重加大对应用动画、漫画、游戏、卡通形象推广及其衍生产业的扶持力度，重点支持动漫原创作品、动漫产业研究以及对动漫企业和各类动漫平台建设的资助、奖励、贴息等，并把扶持资金与作品质量、企业效益相挂钩，充分发挥专项资金的作用，力促原创精品。冀望以动漫形象为核心，强化动漫产业各环节的内在联系和互动关系，构建相互支撑的动漫产业链，完善自我良性发展的内生机制，实现动漫产业的全面协调可持续发展。

（作者单位：青岛市动漫创意产业协会研究室）

2010 年中国网络游戏产业发展报告

易观国际

一、2010 年中国网络游戏产业发展基本状况

1. 网络游戏产业规模持续增长

在 2010 年度中国游戏产业年会上，中国游戏出版物工作委员会发布的《2010 年中国游戏产业调查报告》显示：2010 年，中国网络游戏产业所产生的经济总量为 945 亿元。实际销售收入（2010 年网络游戏市场实际销售收入包括了社交游戏及小游戏平台市场销售额）为 323.7 亿元，比 2009 年增长了 26.3%。其中：

自主研发网络游戏实际销售收入达 193 亿元，比 2009 年增长了 16.8%，占中国网络游戏市场实际销售收入的 59.6%。

大型角色扮演类网络游戏的实际销售收入为 203 亿元，比 2009 年增长了 10.2%。

休闲类网络游戏的实际销售收入为 78.5 亿元，比 2009 年增长了 31.1%。

手机网络游戏市场运营收入达 9.1 亿元，比 2009 年增长了 42%。

根据易观智库的研究成果，2010 年，网络游戏带动相关产业增加收入，电信业务受网络游戏带动产生的直接收入达 405.2 亿元人民币，比 2009 年增长了 10%，为网络游戏市场实际销售收入的 1.25 倍；IT 行业由此产生的直接收入达 140 亿元人民币，比 2009 年增长了 10%，为网络游戏市场实际销售收入的 43%，此项收入的主要来源是 PC、网络游戏服务器、网络及存储产品、软件及服务等；出版和媒体行业产生的直接收入达到 86 亿元人民币，比 2009 年增长了 47.7%，其主要来源是相关网络媒体与杂志书籍的广告销售收入（见图 1）。

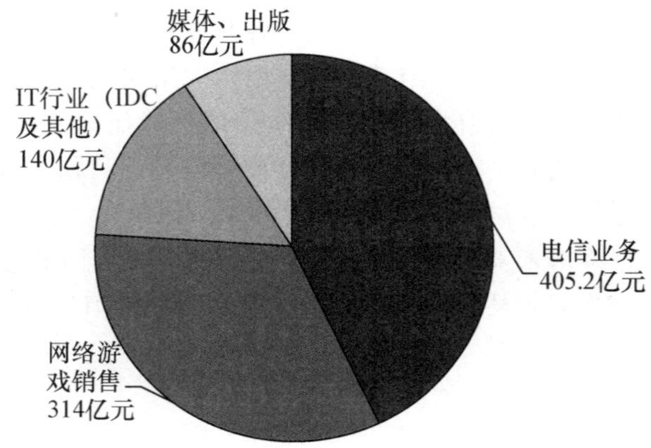

图 1　2010 年中国网络游戏产业经济总量

资料来源：易观智库。

2. 开发商数量小幅收缩，从业者规模继续扩大，自主研发产品量质齐升

2010 年中国网络游戏研发公司共 154 家，与 2009 年 161 家相比减少了 7 家，出现小幅下跌。新闻出版总署收录的 154 家网络游戏研发企业中，北京、上海、广东三地的研发企业数量依旧占据前三甲的位置，其数量占据全国研发团队数量的比例分别为：北京地区 26.62%、上海地区 23.38%，广东地区 17.54%。其他地区的比例分别为：江浙地区 6.49%、川渝地区 11.69%、福建地区 5.84%、武汉和西安 8.44%。2010 年川渝已经成为了网游研发的一股重要力量，研发团队数量出现了小幅增长。

在中国网络游戏研发力量调查中，统计的从业人数数量达到 30 533 人，较 2009 年的 27 899 人增长 9.44%，低于 2008—2009 年 12.68% 的增长幅度。

此外，中国网络游戏研发公司自主研发网络游戏产品总数超过 356 款，相比去年增长 35 款，与 2009 年的增长基本持平。

3. 客户端网络游戏市场规模小幅增长

易观智库数据显示，2010 年全年，客户端网络游戏市场规模达 313.7 亿元，低于易观 317 亿元的预期，中国有端网游市场从 2009 年 3 季度开始，经历了一年半的盘整（见图 2）。产业阻碍因素在于网络游戏产品的趋同、娱乐性降低、用户付费需求被透支、网页游戏及其他游戏的冲击。而经历了一年的盘整，中国网游曲折地完成了产品升级，在调低 ARPU、提升 APA 的指导思想下，逐渐回暖。

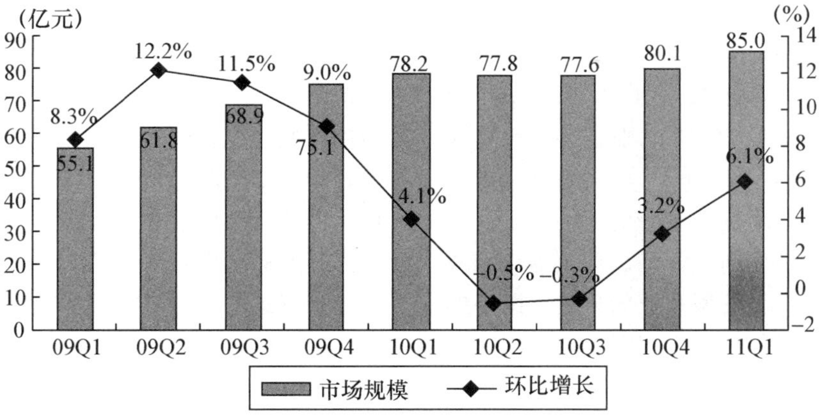

图 2　2009 年第 1 季度—2011 年第 1 季度中国客户端网络游戏市场收入规模

资料来源：易观智库。

在 2010 年，中国客户端网络游戏市场市场 TOP5 的企业所占市场份额从第一季度的 76.2%增至第四季度的 77.9%；TOP3 的企业所占市场份额从第一季度的 61.8%增至第四季度的 62.9%，市场集中度进一步提升。腾讯、盛大、网易、搜狐畅游、完美世界位列市场前五，并形成了各自独特的商业模式。

在 2010 年的竞合之中，腾讯的市场份额保持稳定增长，主要动力在于《穿越火线》等游戏的商业化程度加深；网易与盛大之间的差距逐渐缩小，主要动力在于《魔兽世界》的迁移并逐渐稳定；搜狐畅游在第三季度以微弱优势超越了完美世界，主要动力在于《天龙八部》的稳定运营及商业化程度加深（见图 3）。

4. 网络游戏对外出口贸易额实现翻倍增长

国家新闻出版总署在 2010 年陆续启动实施“中国绿色网络游戏出版工程”和“中国民族原创网络游戏海外推广计划”。新闻出版总署副署长孙寿山表示，版署将会同发改委、财政部、商务部、税务总局等部门，制订更加有利于中国网络游戏产业发展的政策，继续加大扶持力度，积极引导有条件的网络游戏企业加快海外推广的步伐（见图 4）。而“绿

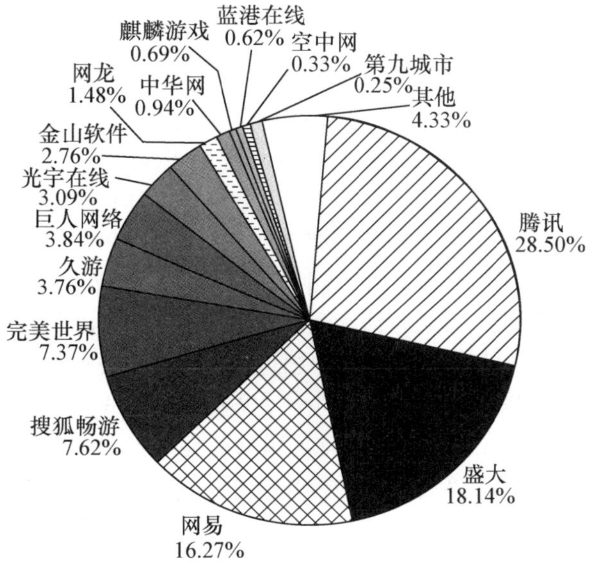

图 3　2010 年第四季度中国网络游戏市场主要厂商市场份额

资料来源：易观智库。

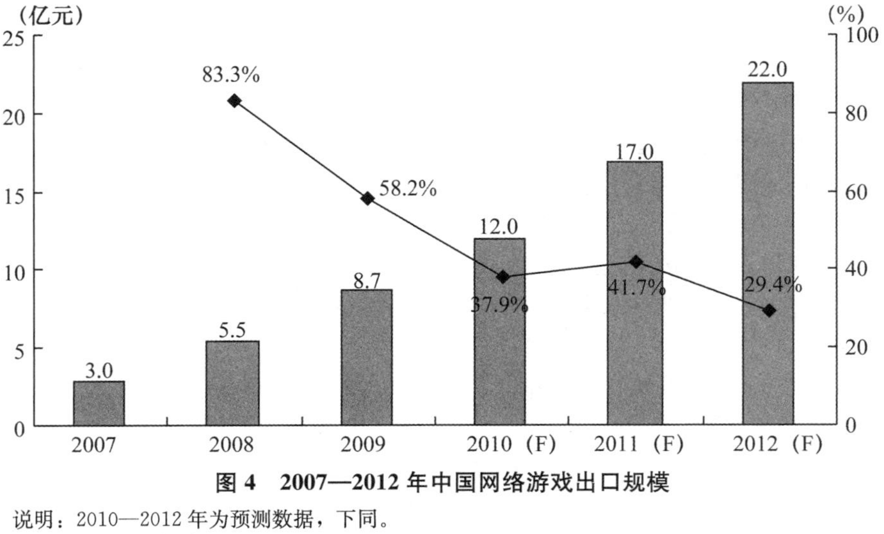

图 4　2007—2012 年中国网络游戏出口规模

说明：2010—2012 年为预测数据，下同。

资料来源：易观智库。

色网游出版工程”将在很大程度上提高绿色网游在市场上的占有率，为净化网络环境起到一定的助推作用。

在这些利好政策的推动下，2010年，总计有34家中国网络游戏企业自主研发的82款游戏产品进入海外40多个国家和地区的市场。实现销售收入为2.3亿美元，比2009年增长了111%。

此外，2010年，俄罗斯、欧洲、巴西等市场成为增量市场，受到诸多研发型企业的青睐，网游的出口以低授权金、合理分成为主。而上市公司之中盛大、腾讯、完美世界、搜狐畅游等公司也开始在新兴市场以资本整合运营平台。

二、2010年中国网络游戏产业发展的宏观环境

1. 政治环境

首部网游管理办法——《网络游戏管理暂行办法》落地。 2010年8月1日，文化部《网络游戏管理暂行办法》（以下简称《办法》）正式实施。《办法》的出台，是对2009年《关于加强网络游戏虚拟货币管理工作的通知》的落实，同时《办法》也是我国首部网络游戏管理办法。

《办法》对网络游戏的研发、推广、运营、消费、终止等全流程经营活动进行了制度规范，并出台了相应的罚则以落实执行，罚则包括：没收违法所得、处1万元以上3万元以下罚金、停业整顿、吊销《网络文化经营许可证》，构成犯罪的追究刑事责任。《办法》的出台使得网游监管有法可依、执法有据。

未成年人保护进一步加强。 《办法》第二十一条规定，网络游戏运营企业应当要求网络游戏用户使用有效身份证件进行实名注册。并保证用户在接受网络游戏虚拟货币交易服务时，使用有效身份证件进行注册并绑定与该用户注册信息相一致的银行账户。《办法》对实名制的要求，在保护未成年人，保护消费者合法权益，打击网络游戏不法行为等方面，均起到了积极的作用。

《办法》进一步强调了针对未成年人的内容监管、引导警示说明，以及防沉迷系统的技术措施提供，均为网络游戏经营单位需履行的责任。上述条款明确了文化部在《白皮书》中提到的“优化网络游戏产品结构”的工作方向，也从侧面反映出，中国网游的分级虽尚需时日，但以未成年为分水岭的内容管控已经提升到了实践阶段。同时《办法》禁止其向未成年人提供虚拟货币交易服务，根据“虚拟货币交易服务”的详细定义及范畴，这将对市场产生较大影响。

行业标准化稳步推进。 在产品内容监管上，直至2010年年底才有政策动向：全国信息技术标准化技术委员会于11月22日宣布，我国工信部与文化部将于12月联合批准成立游戏标准工作组，以便有序组织制定我国与游戏产业相关的国家、行业标准，重点研究制定游戏机国家、行业标准，并开展网络游戏、手机游戏、网页游戏和动漫等领域的国家、行业标准化研究工作。

金融政策利好不断。 中央宣传部、中国人民银行、财政部、文化部、广电总局、新闻出版总署、银监会、证监会、保监会发布《关于金融支持文化产业振兴和发展繁荣的指导意见》（以下简称《意见》）。《意见》意在进一步改进和提升对我国文化产业的金融服务，支持文化产业振兴和发展繁荣。《意见》倡导积极开发适合文化产业的信贷产品，加强和改进文化产业的金融服务；鼓励发展多层次资本市场，扩大企业的直接融资规模；积极培育和发展文化产业保险市场。

2. 经济环境

根据国际统计局数据，2010年中国国内生产总值397 983亿元，按可比价格计算，比上年增长10.3%，增速比上年加快1.1个百分点。第一产业增加值40 497亿元，增长4.3%；第二产业增加值186 481亿元，增长12.2%；第三产业增加值171 005亿元，增长9.5%。

全年城镇居民家庭人均总收入21 033元，比上年增长11.5%。其中，城镇居民人均可支配收入19 109元，增长11.3%，扣除价格因素，实际增长7.8%。在城镇居民家庭人均总收入中，工资性收入增长10.7%，转移性收入增长12.8%，经营净收入增长12.1%，财产性收入增长20.5%。农村居民人均纯收入5 919元，增长14.9%，扣除价格因素，实际增长10.9%。其中，工资性收入增长17.9%，家庭经营纯收入增长12.1%，财产性收入增长21.0%，转移性收入增长13.8%。

宏观经济环境显示出我国居民可支配收入排除价格因素仍保持稳定增长，网游的“口红效应”仍将在通货膨胀环境下持续发挥作用。另外从农村居民的纯收入来看，PC及网络的普及尚需时日。该市场主要以网吧作为集中场所，易观智库数据显示中国网络游戏用户中，县级以下用户占比21%。交叉数据显示这一用户群的消费能力受限于可支配收入，其游戏场所以网吧为主。

3. 社会环境

中国经济高速增长，随着可支配收入的增长，文化产业迅猛发展，网络游戏已经“去妖魔化”，在2009年文化部《白皮书》的指导方向下，我国网络

游戏产品结构日渐多元，并涌现出一批内容健康的儿童网游产品。网络游戏内容越发大众化，用户构成向两端延展，这一方面得益于社交网络在轻游戏领域对市场的培养，另一方面得益于网络游戏与影视、文学等多元产业的融合。

从2010年的舆论来看，对“网瘾”的议论仍比较普遍，有网游作为诱因的种种社会事件，被媒体放大，其中也集中出现了大量的“网瘾治疗”医疗中心、培训教育等机构，在市场上寻求商业回馈。

4. 技术环境

大型有端网游在3D技术上达到普及，但质量仍有差异，主要在于对渲染及物理细节的应用，但不容忽视的是，我国与国际技术仍呈阶梯式差异。而高级休闲类游戏、3D动作类网络游戏在2011年将集中进入市场，对我国网络游戏技术将造成较大影响。但同时也要看到，国内游戏在技术上将进行更多应用方面的创新，如电影手法的即时演算动画，以及QTE等新颖游戏体验。

比如，国内2.5D技术已经较为成熟，且应用较为广泛，产品的生产周期可以缩短至半年左右，而2.5D网游在表现力上随其物理引擎的优化而提升，已经能够达到良好的体验。而美术表现力上，贴图技术的完善也使得2.5D的画面能够满足主流用户的需求。

三、2010年中国网络游戏运营商分析

1. 腾讯

腾讯是目前中国最大的互联网综合服务提供商之一。腾讯一直以“为用户提供一站式在线生活服务”作为自己的战略目标，以成为最受尊敬的互联网企业作为自己的愿景。构建了QQ、腾讯网(QQ.com)、QQ游戏以及拍拍网这四大网络平台，形成中国规模最大的网络社区。

2010年，腾讯在网络游戏市场的创新实践及举措包括：

技术：2010年腾讯完成了多次海外注资。在自身技术上并无公开披露，但腾讯已在积极储备技术力量，特别是在“云计算”上。

产品/服务：在ACG类游戏上，腾讯收获颇丰，《QQ炫舞》、《QQ飞车》、《穿越火线》等游戏表现优异，在RPG类游戏上，腾讯主要产品为《QQ幻想世界》、《大明龙权》，在年底公布的《斗神传》则采用了非锁定目标战斗的模式，有一定竞争优势。此外，腾讯游戏还在年底宣布与Crytek GmbH（“Crytek”）的合作，代理FPS网游*Warface*。

市场推广：腾讯自身拥有多个推广平台，以IM为核心。值得关注的是2011年，腾讯将发力网页游戏。在完成了对康盛的并购之后，腾讯将在IM之外的中小网站、论坛平台挖掘长尾市场的价值。

运营：腾讯在游戏运营上较为平稳，2010年营收爆发式增长也得益于成熟产品的商业化程度加深。付费率及ARPU得到稳定提升。

2. 盛大

盛大集团是中国领先的互动娱乐传媒公司，致力于通过互联网为用户提供多元化的娱乐服务。该公司通过SDG（盛大游戏）、SDO（盛大在线）和盛大文学三个业务单元为中国网民提供网络游戏、电子竞技、网络文学等多种在线娱乐服务。

2010年，盛大在网络游戏市场的创新实践及举措包括：

研发创新：盛大外包平台、开放平台、MOCHI平台在3季度配备齐全，成为盛大的主要技术来源。

产品/服务：盛大《龙之谷》作为国内第一款3D-ARPG网游，承担了培育市场的责任，并开始产生稳定的贡献营收。盛大自主研发的《星辰变》有望成为《传奇》接班人。而《泡泡战士》于12月底进行封测，有望推动盛大休闲游戏业务增长。此外，盛大代理的《最终幻想14》在国内有着较好的用户以及品牌影响。

市场推广：盛大重点产品仍以传统互联网推广为主，盛大糖果社区的上线，则有助于增加盛大自身用户黏性，并基于此进行交叉营销。而盛大的逛一逛、格子客等娱乐平台，虽不仅仅服务于网游业务营销，但其在模式创新上，还有较大的发展空间

运营创新：盛大在运营上并没有太多创新，在2010年3～4季度开展了一系列老玩家的召回活动，主要原因也是在于产品生命周期到了成熟阶段。

3. 网易

网易公司成立于1997年6月，提供多项互联网服务，包括：网络游戏，新闻门户，邮箱，博客，搜索引擎等。

2010年，网易在网络游戏市场的创新实践及举措包括：

研发：网易《天下贰》上线，表现良好。多款游戏产品经历了4年以上的研发逐渐上市。网易在3D领域的技术积累已到一个新的台阶。

产品/服务：《魔兽世界》逐渐稳定，暴雪战网平台已经接入，并推出战网点数供玩家划拨，这意味着暴雪的《星际二》将以战网作为渠道，并可能拓展增值服务，拓宽营收。

市场推广：网易在2010年加大了推广的力度，一方面建立NIE.以及GAME.两个平台，更好地服务客户并增加自身在业内的话语权。另一方面，陆续邀请周杰伦、甄子丹、韩庚等影视明星为网游产品代言，以拓展自身目标用户群。

运营：《梦幻西游》仍旧保持较高的人气，且《大话西游》在二三线市场依然有不错的业绩。值得注意的是，《梦幻西游》推出了双美术版本，以满足不同年龄及审美偏好用户的需求，在第四季度有效地带动了业绩的增长。

4. 完美世界

完美世界（北京）网络技术有限公司（以下简称“完美世界”）成立于2004年，一直致力于创造优质的互动娱乐产业品牌，倾力打造拥有自主知识产权的高质量网游精品。

2010年，完美世界在网络游戏市场的创新实践及举措包括：

技术：2010年，完美世界在2D、3D的技术上应用较为成熟，新品在年底集中上线。还有一款尚未公布的新网游产品将会应用创新技术“AX”，该技术将为服务器架构层面带来前所未有的创新。

产品/服务：《神鬼世界》、《神魔大陆》、《降龙之剑》在3～4季度集中上线。与此同时，完美世界在年底公布了新游戏《倚天屠龙记》，并且并购了昱泉之后的《笑傲江湖》，这将帮助其在动作性上有较大突破。此外，2010年7月，完美世界宣布已正式签署有关协议，拟将分别以约1.1亿元和8 230万元现金投资和购买北京鑫宝源影视投资有限公司和上海宝宏影视文化传媒有限公司的多数股权，意在影视领域进行部署。

营销/市场推广：完美世界在2010年削减了部分地面推广资源。在异业合作上发力频繁，一方面与周边产业链合作并越发成熟，另一方面在网吧渠道进行创新布局。

运营：2010年年底，完美世界与凡客诚品达成了异业合作，主要在游戏植入式广告（IGA）上进行合作。而在网游产业疲软的状态下，完美世界对商业模式的探索值得关注。

5. 搜狐畅游

畅游有限公司是搜狐旗下在线游戏开发和运营商，于2007年12月分拆成为一家独立运营公司。在此之前畅游作为搜狐集团的游戏事业部从2003年起开始运营大型多人在线角色扮演游戏（MMORPG）业务，随后于2009年4月在纳斯达克全球精选市场上市。

2010年，搜狐畅游在网络游戏市场的创新实践及举措包括：

技术：《鹿鼎记》、《剑仙》、《刀剑英雄2》作为畅游的后续作品，在市场上形成了一定的产品表现力。此外，畅游还在年内收购冰动娱乐，该公司在年末宣布自主研发虚幻即时回合制网游《桃园》。

产品/服务：《天龙八部》在全面升级后更名为《天龙八部2》，在游戏内容中加入了多种休闲元素，满足高级玩家的需求。2D游戏《剑仙》拓展了畅游的产品线，同时，畅游代理的《中华英雄》填补了畅游高质量画面产品的空缺。此外，《鹿鼎记》等多款新游戏在年底进入测试阶段，而来自冰冻娱乐的《三界奇缘》以及吉比特的《霸者无双》也反映出畅游在回合制游戏市场的占位。

营销/市场推广：采取了明星代言推广的方式，《中华英雄》获得了同名电影主演郑伊健代言，人气大升。《剑仙》则由林心如代言。台湾女星安以轩也出任《天龙八部2》代言人，表现出畅游在大互动娱乐产业背景下，开始重视新用户群的导入这一理念。

运营：《天龙八部》是畅游目前主要的营收来源，该游戏在版本更新上较为频繁，各版本之间对用户行为上的季节特征把握较好，强化休闲玩法以及强化PK及成长的交替较为有效地拉动了用户及营收。

6. 巨人网络

上海巨人网络科技有限公司（原上海征途网络科技有限公司，以下简称“巨人网络”）成立于2004年11月，是一家以网络游戏为发展起点，集研发、运营、销售为一体的综合性互动娱乐企业。

2010年，巨人网络在网络游戏市场的创新实践及举措包括：

技术：《万王之王3》体现出巨人网络在3D技术上的积累。2010年底，巨人网络收购了巨轮网络100%股权及《三国战魂online》的研发成果。此外，还在语音领域、安全领域进行部署。

产品/服务：代理《艾尔之光》帮助拓宽了巨人的产品线，帮助其在休闲类游戏上有所作为。而新品《龙魂》已逐渐进入商业化阶段。

市场推广：巨人与华谊兄弟成立合资公司运营《万王之王3》，将使得双方资源更顺畅地进行协同运用，华谊也将从单纯的推广者成为运营者，取得更多收益。易观认为，对比网游业越抬越高的营销成本，长久而深入的合作比起不保未来的一次性代言或推广，更顺应市场发展之趋势。

运营：《征途》推出了账号回购以及领养活动，市场反应较为成功。《绿色征途》是2010年巨人的亮点产品，通过强化交易系统，掘金游戏内虚拟交易市场，为巨人贡献了部分收入。而延续了绿色商业模式的《征途2》，预计也将为巨人网络带来稳固的营收。

7. 金山软件

金山是中国知名的应用软件产品和互联网服务供应商，目前经营软件和网络游戏两大核心业务，创造了 WPS Office、金山词霸、金山毒霸等知名软件，以及《剑侠情缘》、《封神榜》等优秀网游产品。

2010 年，金山软件在网络游戏市场的创新实践及举措包括：

技术：金山在技术上并未有较大突破，在 2.5D 及 3D 技术的应用上有新品储备。而金山的快快平台在 2010 年也加大推广力度，通过相关技术大幅降低了用户获取游戏的成本，并推出大型网游“极速体验版”的客户端版本。

产品/服务：《剑侠情缘》系列网游仍然是金山软件的主要网游产品。《剑网三》、《独孤九剑》及《月影传说》也在 3～4 季度上线并完成测试。

营销/市场推广：2010 年，金山软件对旗下软件及游戏业务进行了多轮整合并且有计划地开展泛娱乐化营销策略。4 月，金山安全子公司成立；5 月，金山游戏“武林大会”数款游戏集体亮相。同时，金山正式宣布拍摄《剑侠情缘——藏剑山庄》电视剧，首度尝试探索互动娱乐营销模式。

运营：与盛大在线合作运营盛大版《剑侠世界盛大版》、《剑网三》的同时，金山游戏在海外市场营销布局也悄然展开，金山软件高级副总裁兼首席财务官（CFO）王东晖在早先时候表示，2011 年，金山将首度在欧洲和北美市场推出两款网络游戏，预计未来两年来自海外市场的收入占金山总营收的比例将提升至 20%。

8. 久游

上海久游网络科技有限公司（以下简称“久游”）是中国最大的 ACG 游戏运营商。

2010 年，久游在网络游戏市场的创新实践及举措包括：

技术：自主研发的《仙之岭》在 2010 年年底公布，基于虚幻 3 引擎自主研发的《流星蝴蝶剑》在第三季度也崭露真容，可以说，久游在新技术的使用上已积累了一定的经验。

产品/服务：《神兵玄奇》、《流星蝴蝶剑》、《侠道金刚》、《蓝海传奇》是久游步入 RPG 市场后，对内容创新的探索。但目前由于产品大多处于研发及测试阶段，尚未贡献营收。2011 年，久游主要值得关注的游戏包括《流星蝴蝶剑》以及《仙之岭》。

运营：久游加强了其娱乐社区概念的打造，针对其核心用户群，引入了 B2C 电子商务、时尚社区以及网页游戏运营平台。

9. 第九城市

第九城市网络有限公司（以下简称“九城”）成立于 1999 年，是中国最大的网络游戏运营商之一。2004 年 12 月，九城正式登陆 NASDAQ 证券交易所（NASDAQ：NCTY）。

2010 年，九城在网络游戏市场的创新实践及举措包括：

技术：培育旗下核心的创新力量——RED5 工作室，目前该工作室正以 FPS 类 RPG 为核心进行研发。

产品/服务：由于《卓越之剑》合约到期，九城面临更大的营收压力。而在 2010 年第三季度上线的《神仙传》，则尚不确定营收能力。而由 RED5 研发的 *Firefall* 预计在 2011 年登陆韩国，在国内的运作方式暂无明确消息。此外，九城计划进军移动互联网，其战略主要围绕美国手机游戏平台 OpenFeint 展开。OpenFeint 主要针对智能手机，提供专门的移动互联网游戏社交平台及应用程序（APP）。OpenFeint 适用于面向 IOS 和 Android 系统的游戏开发者和玩家，通过第三方实现互联、对战和共享等功能。

营销/市场推广：邀请马拉多纳代言 *Winning Goal*，该游戏是一款竞技性足球游戏。九城已在 Facebook 面向全球玩家推出这款游戏的网页版和社交网络版。由于业绩压力，九城在推广上的方式逐渐转为“软广告”形式，大规模的广告投放仅在《名将三国》“Q 币挖用户”上使用。此后的多次营销也采用以神秘营销及微博营销为主的方式进行，并在 2010 年年底推出了“苏宁 20 周年庆”的异业合作推广。

运营：九城在运营上较为稳定。充值返礼、促销等活动较为频繁。而《三国群英 OL》推出了“哈利波特降临”内容，文化的对撞具有一定新意。

10. 网龙

网龙网络有限公司（以下简称“网龙”）成立于 1999 年，是中国领先的网络游戏开发商和运营商。目前其产品线上共有 9 款游戏，海外市场运营 6 款游戏，主要营收来源于国内市场，网龙旗下的《英雄无敌 OL》和《梦幻迪士尼》都是其后续的重点产品。

2010 年，网龙在网络游戏市场的创新实践及举措包括：

技术：一直以来，网龙在 3D 技术的应用上较为成熟。2010 年 10 月，网龙研发基地主楼“天晴楼”奠基，网龙在技术创新上的野心可见一斑。此外，年末，网龙旗下天晴数码一款动作性较强的未命名游戏视频流出，也显示出了网龙在动作类网游上已形成了一定的技术积累。

产品/服务：不论是《长江七号》、《梦幻迪士尼》两款游戏，还是处于研发状态的《变形金刚在线》，均体现出了网龙对6～18岁用户群细分市场的重视。与此同时，网龙将面向海外市场推出自主研发的具有多元化、系统化解决方案的网吧管理软件“91 Cybercafe”，意在部署发展中市场的网吧渠道。此外，网龙还联手IDG资本推出“mFund移动互联网投资基金”，在自身已有一定基础的移动互联网领域构建技术和内容平台。

市场推广：网龙与影视的异业合作，主要体现在对《长江七号》同名电影的改编上，该游戏还邀请周星驰代言；同时，另一款游戏《梦幻迪士尼》则邀请李宇春代言。此外，网龙在年内还宣布与中影合作，携手出品首部“爱情战争片”——《爱情36计》。

运营：网龙在运营上比较稳健，值得关注的是《梦幻迪士尼》，该游戏有着良好的内容资源，游戏围绕季节及迪士尼新上映影片形成了良好的内容跟进。

11. 光宇在线

光宇在线（www.gyyx.cn）是中国十大领先的游戏运营及游戏产品开发商之一，拥有一支500人的运营团队。

2010年，光宇在线在网络游戏市场的创新实践及举措包括：

技术：光宇通过代理国内网游产品积累了相应的经验和资本，2010年开始代理海外网游产品。同时，光宇公开披露，在全国已建立起600余人规模的5个研发中心，预计光宇在2011年将有产品集中问世。

产品/服务：经过改进，《梦幻蜀山》已经可以支持WEB及客户端两种登录方式，体现了网游及网页游戏融合的趋势。而代理的FPS游戏《绝地反击》以及RTS＋RPG类网游《灵魂战神》则显示出光宇拓宽自身产品线、进军ACG游戏方向的决心。

市场推广：推广员系统仍是光宇较为核心的推广方式，而与支付宝的合作则是光宇主要的合作项目，这说明与电子商务网站合作是其异业合作的主要方式，但其在2010年开始涉猎游戏植入式广告（IGA）合作，合作方包括淘宝网、乐淘网、5173、抢鲜网。

运营：光宇在游戏运营方面较为稳健，以充值返礼、抽奖等活动为主。

12. 空中网

空中网成立于2009年，开创了“手机游戏＋互联网游戏”的全新业务模式，其在手机单机、手机网游及网游领域均有良好的产品部署。

2010年，空中网网络游戏市场的创新实践及举措包括：

技术：空中网自主研发引擎的应用已步入成熟阶段。在2010年年底宣布即将推出一款3D-ARPG网游《功夫英雄》，该游戏是继《龙》之后，空中网对其前沿3D技术应用的一款含动作元素RPG游戏，游戏亮点在于丰富的动作元素及引入的QTE系统。以低配高画质理念的《龙》引擎，用于动作元素游戏，将有效占领ARPG类游戏的大众市场。

产品/服务：空中网在2010年陆续上线了3D新游《恶魔法则》、《圣魔之血》，以及2.5D网游《侠客行》，产品线增速较快。另一款游戏《侠客行》融合了手机游戏和网络游戏平台，有所创新。同时，在丰富产品结构上，空中网代理了俄罗斯网游《坦克世界》，该游戏填补了我国坦克战争题材及TPS两个蓝海市场，该游戏在俄罗斯市场赢得了良好的市场反响，预计在2011年，伴随ACG类游戏的爆发，将成为空中网支柱产品之一。在网页游戏领域，空中网已有良好基础，将在2011年推出两款新游戏，其中《恶魔争霸》以小说《恶魔法则》为剧本，发挥了与同名客户端网游的协同营销价值。

市场推广：空中网拥有一定规模的移动互联网用户，同品牌不同平台的产品有助于空中网对用户进行交叉营销。同时，在推广渠道上，空中网选择了部分视频游戏媒体进行推广，以其产品表现力高于整体3D网游为卖点，吸引视频玩家进入网游。

运营：空中网在2010年选择多种运营模式结合的战略，包括接手盛大的《功夫世界》，并联合运营《龙》、《恶魔法则》、《侠客行》三款游戏；在出口方面，空中网在市场覆盖、出口数量上仍然占据优势，海外营收也逐渐跨入市场第一梯队，这得益于空中网海外战略策划之初的全球化思考，游戏《龙》在韩国也获得了骄人的成绩。可以说，空中网采取的以自研独运保持较高回报率，以联运、国内代理的方式分摊分享渠道，以海外出口布局全球市场的营销策略取得相当不错的成绩。

13. 蓝港在线

蓝港在线（北京）科技有限公司（以下简称“蓝港在线”）成立于2007年3月，由软件及网络游戏行业知名人士王峰领衔创办，是专业从事精品网络游戏研发与发行的互动娱乐企业。

2010年，蓝港在线在网络游戏市场的创新实践及举措包括：

技术：蓝港在线主要以2D回合制网游的研发见长。后续产品《佣兵天下》是以国产3D引擎为基础的MMORPG类游戏，说明其在3D技术上积累较为深厚。

产品/服务：《西游记》及《倚天剑与屠龙刀》为蓝港目前的主要产品，作为2D类别网游，这两款游戏均有不少创新之处。后续产品《佣兵天下》取材于优秀网络小说，在题材上值得期待。

市场推广：与盛大在线、百度、迅雷等优势资源平台合作，推广力度较大。

运营：2D回合制网游已相对成熟，加之蓝港与盛大在线的合作，运营状态良好。

四、2010年中国网络游戏产业发展的特点

结合2010年中国网络游戏产业发展数据、市场环境和厂商分析数据，易观认为，纵观2010年的中国网络游戏市场，呈现出三大特点：

1. *产品革新，新老交替断档*

易观在2010年年初预测，2010年将是视频游戏融合进入中国市场的一年。而上半年网游市场增长规模的放缓，也说明了2010年正是产品新老交替的真空期。一方面，融入视频游戏体验的诸多新游戏进入玩家的视野，加速了老游戏的生命周期走向预警阶段。另一方面，创新游戏正在涌入市场，且尚未达到高峰，2010年仍将是其市场培育阶段，在这一阶段，网游市场将逐步回暖，但创新游戏的爆发期至少要等到2011年，其中将不乏暴雪、EA、育碧、索尼等游戏开发商推出新的网游产品。从2011年初的市场动向来看，全球游戏开发商近乎全体观望中国网游市场的发展动向。

而直至2010年第四季度，3D动作类网游《龙之谷》营收出现明显增长、《征途2》决定沿用《绿色征途》商业模式并逐渐步入商业化运作，显示出我国网游终于走出负增长的阴霾。

2. *用户需求不明确，付费被透支*

由于自主研发能力的提升，我国网游产品市场供求失衡，大量新游戏涌入市场。为了在红海中谋求生存，很多厂商采取了出位的营销手段，这使得用户更多的是以好奇心为动机进行游戏，而淡化了真实的娱乐需求，用户难以在游戏中沉淀并产生付费需求。另一方面，游戏的付费价值过于单一，充斥着各类消费陷阱，且虚拟道具贬值之快速，使得较大范围的用户的付费意愿越来越低，核心用户ARPU越发提高，用户的付费被厂商逐利的心态透支。

3. *企业分工细化，代理模式回归*

易观预测，2010年将是运营企业与研发企业分化的一年，《网络游戏管理暂行办法》对运营门槛的提高更明确了这一方向。创新厂商涌入市场，其中不乏大量的游戏外包公司，而运营企业正在加快对国内外优秀研发企业的资本整合，并积极在海外市场布局。同时，网游产品的生产过程越发细化，各环节的专业外包公司逐渐浮出水面，产业链周边环节也相应受益，包括CG制作、游戏配音、玩具周边等。同时，由于国内网游产品策划水平较美国、日本、韩国有一定差距，市场缺乏新类型的网游精品，为了抢占新市场，代理模式将再次回归，其中以《龙之谷》、《战地OL》、《星际争霸2》等为代表。

五、中国网络游戏产业发展趋势

《2010年中国游戏产业调查报告》显示：2010年，中国网络游戏用户数达到7 598.3万，比2009年增长了15.3%，其中付费网络游戏用户数达到4 300.6万，比2009年增加了15.8%。根据既有数据，易观智库对中国有端网络网以市场规模和用户规模作出以下预测（见图5～图8）。

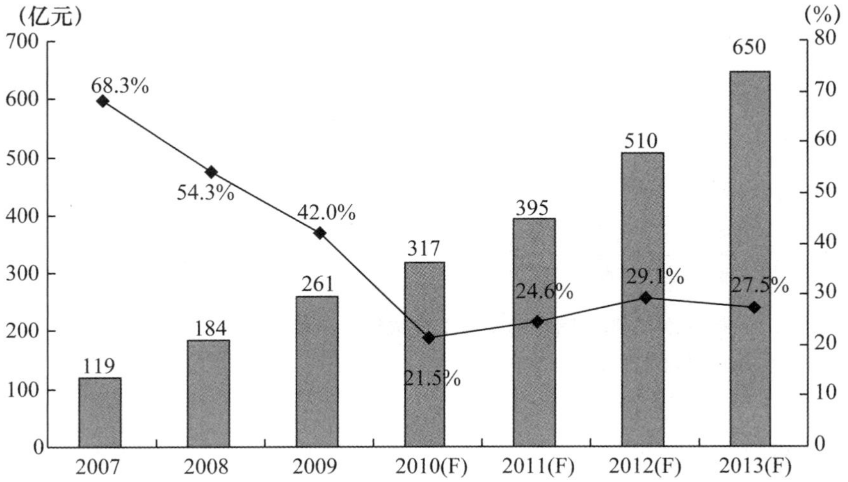

图5　2007—2013年中国有端网络游戏市场规模预测

资料来源：易观智库。

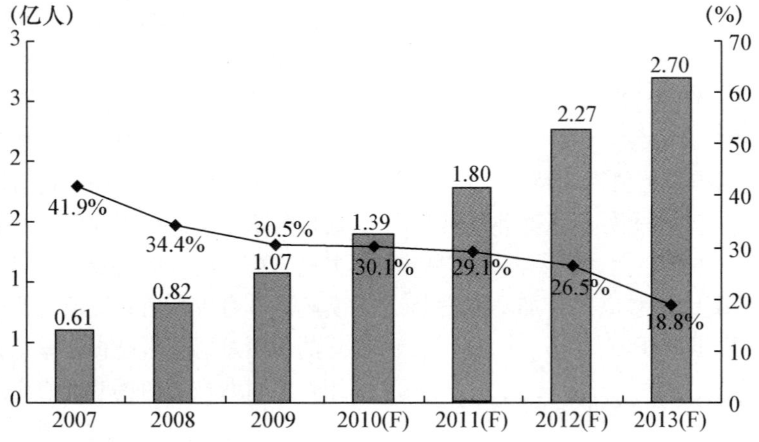

图 6　2007—2013 年中国有端网络游戏市场用户规模预测

资料来源：易观智库。

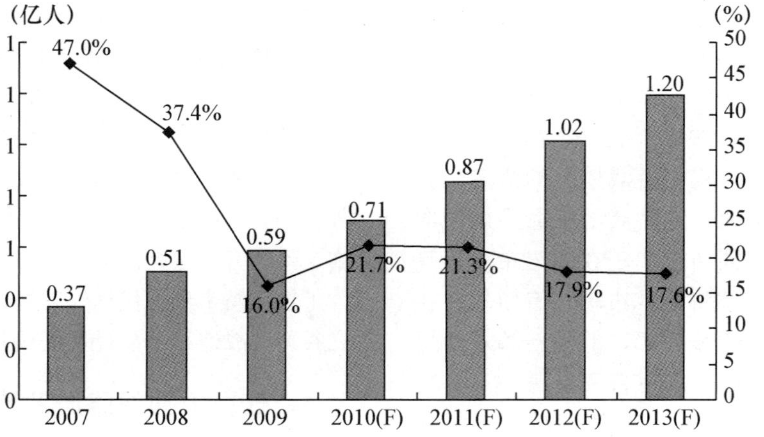

图 7　2007—2013 年中国有端网络游戏活跃付费用户规模预测

资料来源：易观智库。

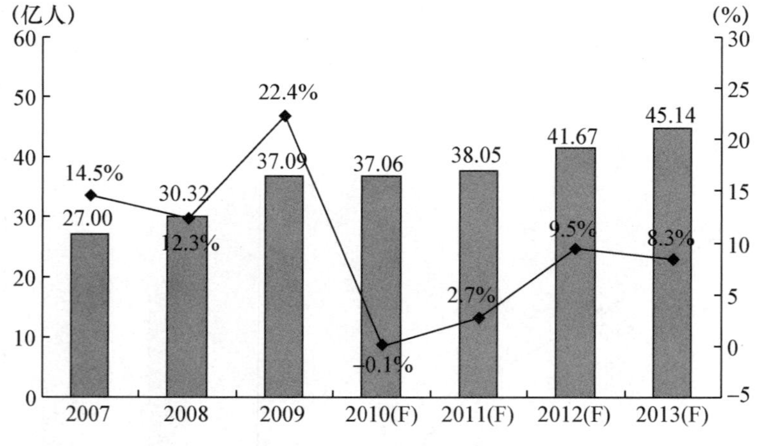

图 8　2007—2013 年中国有端网络游戏市场活跃付费用户月 ARPU 值预测

资料来源：易观智库。

在对中国有端网络网以市场规模和用户规模作出预测的基础上，易观智库对影响中国网络游戏市场的相关因素（促进因素和阻碍因素）及其影响程度作了进一步分析（见表 1～表 4）。

表 1　**2010—2013 年中国网络游戏市场促进因素影响程度分析**

促进因素	2010 年	2011 年	2012 年	2013 年
互联网在二三线市场的渗透	中	中	高	高
游戏多元发展及质量提升	高	高	高	中
传统娱乐业引入用户	低	中	高	中
商业模式的演进	中	高	中	低

资料来源：易观智库。

表 2　**中国网络游戏市场促进因素分析**

促进因素	促进因素分析
互联网在二三线市场的渗透	我国互联网用户规模庞大，但渗透率相对较低，二三线市场仍有广阔空间；一方面，二三线市场经济发展较快，娱乐类消费前景较好，而网游到达此市场的速度最快。另一方面，互联网在二三线市场的带宽也将逐渐增加，逐渐释放高级休闲游戏和新环境下游戏的潜力。
游戏多元发展及质量提升	2010 年，市场验证了易观 2009 年年末的预测：国际视频游戏企业集中进入中国市场。在这样的环境下，动作类游戏、高级休闲类游戏以及视频游戏领域的多元产品都将进入中国市场，高质量的新型游戏将引入大批用户，这部分用户是习惯于单机以及视频游戏的用户，而国内研发企业也会受此影响加速产品的革新。产品趋同的现象将有所缓解。
传统娱乐业引入用户	娱乐产业用户较为宽泛，在游戏和影视之间，用户属性相似，用户群有交集，也有补集。盛大、巨人、完美时空、网龙等在 2010 年都与影视企业展开了深度的合作，而几乎所有的一线厂商都采取了明星代言模式，目前网游与影视的合作以引入新用户为主，随着模式的成熟，受益于此的产品和厂商将越来越多。
商业模式的演进	道具付费模式发展多年，用户消费习惯已经形成，对于付费带来的竞争力已经较为依赖，已影响到低付费玩家的体验。随着产品的丰富，网游计时收费、包月收费仍将回归。同时休闲类游戏的多元发展，也使得游戏中的增值服务多元发展，包括对游戏虚拟交易的商业模式探索。

资料来源：易观智库。

表 3　**2010—2013 年中国网络游戏市场阻碍因素影响程度分析**

阻碍因素	2010 年	2011 年	2012 年	2013 年
互联网接入速度	低	中	高	高
用户安全保障	高	高	中	低
产品和商业模式趋同	高	中	中	高

资料来源：易观智库。

表 4　**中国网络游戏市场阻碍因素分析**

阻碍因素	阻碍因素分析
互联网接入速度	2010 年中国互联网平均速度为 100.9 KB/s，远低于全球平均水平，目前尚能满足主流网游的网速需求，但市场未来两年将是动作元素融入现有游戏类型中，且是高级休闲类游戏快速发展的两年，游戏对网络环境的要求越来越高，但从目前我国运营商格局、国家建设力度上来看，短时期内不会有太快的发展。
用户安全保障	目前，引起我国网络游戏用户流失的最主要原因仍然是外挂及盗号。我国客户端网游的第三方虚拟交易规模早已超过百亿元，虽然游戏安全技术在时刻进步，但缺乏相关法律支持，以及执法部门的监督和管理。2011 年推行实名制之后，预计两年内将逐步落地，届时将出现有迹可循、有效制裁盗号等系列行为。用户利益将得到更好保障。
产品和商业模式趋同	我国网络游戏道具付费模式以提升用户竞争力为核心。增值服务的类型基本已固定，用户付费意愿逐年下降。而 RPG 类网游趋同严重，用户在纷杂的产品竞争之中难以沉淀。仅在 2011 年中期将有产品类型上的进步，但局限于海外代理游戏。在这一批动作性较强的游戏进入市场之后两年左右，市场将再度进入趋同阶段。

资料来源：易观智库。

在综合预测数据和影响因素的基础上，就中国网络游戏产业未来发展趋势，易观认为：

1．国际企业将涌入中国，市场盘整过后将回暖

未来三年，中国网游市场仍将保持稳定的增长，但对于厂商而言，利润率将缓慢且持续地下滑。我国自主研发的 MMORPG 增长已接近天花板，产品革新引发了今年第二季度开始的业绩下滑，以及紧随其后的代理模式的回归，这也验证了易观 2009 年所作出的“海外游戏厂商及产品集中进入中国市场”的预测。而 2011 年及之后的网游体验将越发接近单机以及视频游戏，此类娱乐价值更高的游戏将有效带动用户的增长。

而 ACG 产品的发展将为市场注入新鲜血液，对 ACG 类游戏的快速发展，越发丰富的游戏类型也将带动用户增长，在这一过程中，由于产品的丰富，用户兼顾的游戏产品数量在增长，付费率、ARPU 稳步提升。这也体现了文化部在 2009 年《白皮书》中对“丰富产品结构”的要求。

2．经济、网络发展不均问题仍存在，但市场空间广阔

易观国际 EnfoDesk 易观智库数据显示：2010 年，中国有端网游市场用户规模达 1.39 亿人，至 2013 年，预计用户规模将增至 2.7 亿人。

一方面，由于我国互联网的快速发展，网络游戏在网民中的渗透率较欧美市场仍有很大增长空间。且我国互联网发展呈现区域不对等现象，易观智库网游版数据显示，《梦幻西游》、《问道》等游戏在运营多年后，在西北以及二三线市场仍迎来了第二个春天，我国二三线市场蕴藏着巨大的市场，在高竞争壁垒、规模化的市场背景下，或将涌现出一批专注区域或细分市场的创新企业。

另一方面，我国互联网接入速度在世界范围处于较落后地位，网络带宽的增加，将解放游戏的创造力，更丰富的产品将逐步进入市场以满足更多用户的需求。2010 年以 FPS 类游戏为代表，2011 年将以 3D-ARPG 类游戏为代表。

随着政策的严苛，市场集中度进一步提升，一方面，平台级企业将以异业合作的方式，从影视、文学等多个领域，导入基础属性相似但尚未步入网络游戏的用户。另一方面，腾讯、盛大、网易等企业的开放，将有效增加创新产品进入市场的速度和数量，同时，在推广渠道上各企业开始挖掘长尾市场，以腾讯收购康盛并计划开放为代表。

3．营销方式从野蛮回归理性，ARPU 将回归健康发展

易观国际 EnfoDesk 易观智库数据显示：2010 年，中国有端网络游戏市场拥有活跃付费用户 7 100 万，环比增长 21%，活跃付费用户月度 ARPU 为 37 元，环比下滑 0.1%。至 2013 年，这两组数据将分别达到 1.2 亿活跃付费用户和 45 元的月度 ARPU。

2010 年 ARPU 下滑，是市场盘整的表现，其背后有三重原因：第一，网游企业对核心用户的 ARPU 挖掘过渡，存在核心用户流失以及普通付费用户的 ARPU 下滑。第二，过多地堆砌用户推出成本，赠送虚拟道具引导消费，或大力促销，使得用户对道具付费商业模式疲劳，付费意愿下降（也就此衍生出《绿色征途》等游戏的 C2C 商业模式）。第三，ACG 类游戏快速发展，用户增长快速，稀释了整体 ARPU。

未来三年，活跃付费用户将保持 17%～20%的增长，而活跃付费用户 ARPU 将转暖，以 3%～9%的增长保持平稳。在政策对网游产品及运营活动的政策引导下，游戏中消费的价值观会有所好转，但难以杜绝概率、竞争等此类消费关键词。但整体 ARPU 将从 MMORPG 的顶峰，回归到理性消费的阶段。

2010 年中国有端网游市场环比增长 21%，增长已不再如往日强劲，企业的部署和创新都指向细分，中国网游市场正在理性、健康，而不失创造地蓬勃发展着。但在未来的 3 年中，产品趋同、过剩，外挂、盗号，以及政策紧缩对原有的博彩类消费的遏制，未成年消费的控制，都将对网络游戏市场的增长有所抑制。

2010 年全国图书版权贸易分析报告

张洪波

2010 年是新闻出版业“十一五”发展规划的收官之年。2010 年初，新闻出版总署提出了建设新闻出版强国的目标。在这一方针的指引下，全年全国图书版权贸易获得更快发展，翻译出版了一批精品力作，不但丰富了人民群众的精神文化需求，也为出版单位创造了较好的社会效益和经济效益。

同时，在中央关于中国文化“走出去”的政策引领下，各出版集团、出版社、版权中介服务机构等相关市场主体积极参与，出版“走出去”的呼声更加强烈，一批反映中国优秀文化、经济社会发展、科技进步和当代中国精神风貌的图书通过各种形式走向国际市场。图书出口、印刷外贸加工、版权输出、合作出版、网络出版、数字出版产品出口以及在海外收购、投资设立出版公司、书店、印刷厂等“走出去”的方式纷纷开花结果，产品、版权、技术、资本、人才等环节使“走出去”的内涵更加丰富，各项指标与 2009 年相比均有不同程度增长。中国出版“走出去”逐渐呈现立体化、多样化趋势。

一、2010 年全国图书版权贸易基本情况

（一）图书版权贸易品种数量增长较快

2010 年，全国共引进出版物版权 16 602 种，输出出版物版权 5 691 种，增幅分别为 20.4%（2 809 种）和 35.3%（1 486 种）。出版物版权贸易总量达 22 293 种，比上一年增长 23.9%（4 295 种）。其中，引进图书版权 13 724 种，输出图书版权 3 880 种，增幅分别为 6.2%（810 种）和 25%（777 种）。图书版权贸易总量达 17 604 种，比上一年增长 9.9%（1 587 种）。从整体而言，引进版权增幅较小，而输出版权增幅较大。

（二）图书版权输出与引进比例进一步缩小

2010 年，全国出版物版权贸易输出与引进比例由 2009 年的 1∶3.3 提高到 1∶2.9，出版物版权贸易逆差比例进一步缩小。引进图书版权 13 724 种，输出图书版权 3 880 种。图书版权贸易输出与引进比例由 2009 年的 1∶4.2 提高到 1∶3.5。由于版权输出增幅比引进增幅大，因而版权贸易逆差进一步缩小。

（三）经济发达国家和地区仍是我国图书版权的主要引进地

从图书版权引进地来看，美国以 4 549 种高居榜首，连续两年蝉联第一名，比 2009 年增加 16 种，占引进总数的 33.15%；英国 1 770 种，比 2009 年减少 77 种，占引进总数的 12.9%，居第二位；日本 1 620 种，比 2009 年增加 359 种，占引进总数的 11.8%，居第三位。前三名图书版权引进总数为 7 939 种，占引进总数的 57.9%。而中国台湾为 1 460 种，比 2009 年增长 16 种，占引进总数的 10.64%，由 2009 年的第三位降为第四位。韩国 916 种，比 2009 年增加 117 种。中国香港 424 种，比 2009 年增加 26 种。其他国家依次是：德国 726 种，法国 595 种，新加坡 319 种，加拿大 104 种，俄罗斯 57 种，其他 1 184 种（见图 1）。

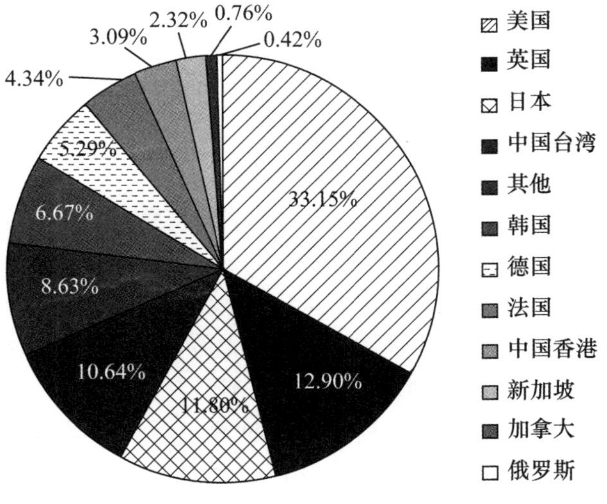

图 1　2010 年全国图书版权引进地分布

（四）输出国家和地区排序体现了中华文化的影响力，符合我国外交整体战略。

2010 年，全国出版物版权输出数量最多的国家和地区依次为：中国台湾 1 395 种、美国 1 147 种、

中国香港 534 种、新加坡 375 种、韩国 360 种、日本 214 种、英国 178 种、法国 121 种、德国 120 种、加拿大 86 种、俄罗斯 11 种、中国澳门 6 种。其中，图书版权输出数量最多的国家和地区依次为：中国台湾 1 236 种、韩国 343 种、中国香港 341 种、新加坡 260 种、美国 244 种、日本 207 种、英国 176 种、法国 120 种、德国 89 种、加拿大 31 种、俄罗斯 11 种、中国澳门 6 种。与 2009 年比，图书版权输出增幅较大的国家和地区是中国台湾、新加坡、法国、日本、韩国、加拿大等，而向美国、英国、德国等输出图书版权数量有较大幅度减少（见图 2）。

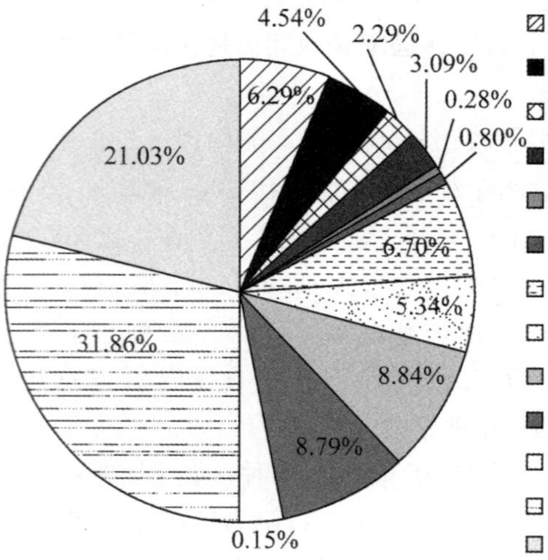

图 2　2010 年全国图书版权输出地分布

总体上看，版权输出地集中度较高，向中国台湾、韩国和中国香港三地图书版权输出之和为 1 920 种，几为输出总数的一半（49.48%）。我国图书版权输出地排名，既体现了国家综合实力逐渐增强的中国对周边国家和地区以及欧美国家的吸引力，也体现了中华文化的国际影响力；从某种程度上说，这种趋势也符合我国外交整体战略。

（五）图书版权引进和输出省份排序，体现了出版体制改革的初步成果

2010 年，图书版权引进超过 300 种的省份共有 7 个，依次为：北京 8 074 种、上海 1 133 种、吉林 654 种、江苏 568 种、辽宁 501 种、广西 370 种、湖南 336 种。引进总数为 11 636 种，占引进总数的 84.8%，其中仅北京地区图书版权引进的数量就占全国的半壁江山（58.83%）（见图 3）。增幅较大的省份有北京（增加 365 种）、吉林（增加 362 种）、湖南（增加 165 种）、辽宁（增加 155 种）等，上海、江苏、浙江等地降幅较大。

2010 年，输出图书版权最多的省份为：北京 2 092 种、上海 263 种、安徽 196 种、湖南 177 种、

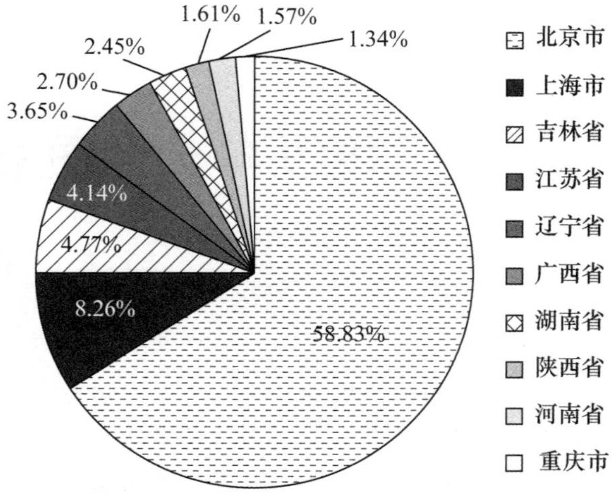

图 3　2010 年全国各省（市、自治区）图书版权引进情况

说明：仅列出了图书版权引进前 10 名的省份。

湖北 145 种、江苏 130 种，以及山东、江西、辽宁、吉林、广东等。全国图书版权输出超过百种的省份从 2008 年的 5 个，2009 年猛增到 9 个，2010 年又下降到 8 个。仅北京地区图书版权输出的数量就占全国的 53.92%（见图 4）。但与 2009 年相比，北京、上海、湖北、湖南、安徽、山东等省份的图书版权输出增幅较大，而江苏、浙江、广西、四川等省份略有下降。

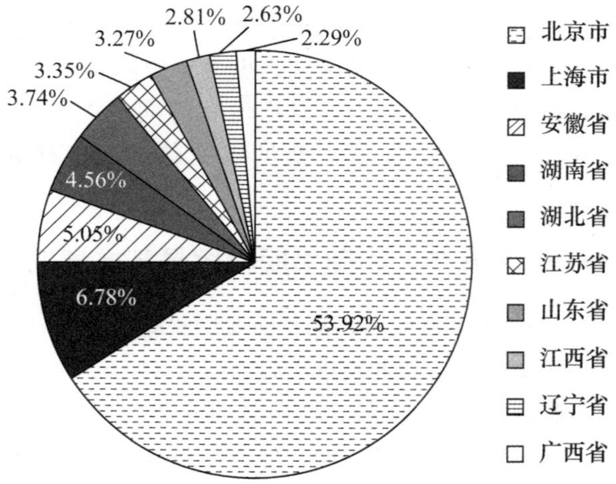

图 4　2010 年全国各省（市、自治区）图书版权输出情况

说明：仅列出了图书版权输出前 10 名的省份。

这一趋势充分体现了全国出版体制改革的初步成果，也可以说是全国出版体制改革的风向标。这些省份在版权贸易方面大都采取集团化战略，都是长期重视版权贸易并且多有建树的省份。但是，西藏、甘肃、青海尚没有图书版权贸易方面的统计数字。

二、2010年全国图书版权贸易的显著特点

（一）引进畅销书层出不穷

从海外引进的人物传记类、时政类、文学类、少儿类、外语教育类、经管类都有很多畅销书。中国少年儿童出版社的《巴布工程师图画书》系列由于中央电视台同步播出动画片，销售码洋过亿元，浙江少儿出版社引进的《升级版冒险小虎队》（13册）销售10万套、销售码洋达2 200多万元，上海外语教育出版社引进的《全新版大学英语试听阅读》（4册）销售28万套、销售码洋超过1 200万元，浙江教育出版社引进的“科学启蒙”丛书（18册）销售码洋也超过1 000万元。

（二）部分输出图书造就国际畅销书神话

据“中国图书对外推广计划”工作小组的统计，《于丹〈论语〉心得》无论是版权签约数，还是实际印刷数，均创造了近年来中文图书海外版权的最高纪录。截至2010年，该书海外版权共签约33个，涉及28个语种、33个版本，目前已经出版的有繁体、韩、日、英、德、意、西、荷、法、葡、希、挪威、芬兰、瑞典、冰岛、印尼、匈等17个语种的22个版本，实际印刷18万册，版权收益到账200多万元人民币，相当于销售中文版64万册的利润。

截至2010年底，苏叔阳的《中国读本》在全球已经出版15个语种，销售超过1 400多万册。2010年7月，联合国副秘书长沙祖康代表联合国向他颁发“联合国艺术特别贡献奖”，他是首位获得该奖项的中国作家。2010年11月，世界知识产权组织总干事加利博士为他亲自颁发“版权创意金奖”。他因此书被中国版权协会评为“2010年版权产业风云人物”。他还因“以一人一书之力推动国际文化交流”，荣获《出版商务周报》和中国书刊发行业协会非国有工作委员会组织的“2010全国民营书业评选”中的“国际交流奖”。2010年，他的《中国读本（青少年版）》、《西藏读本》也在海外获得好评。

此外，《汉语会话301句》在海外已经累计销售80多万册。

（三）政府多项政策鼓励引导“走出去”

财政部、新闻出版总署等有关部门在奖励资金、翻译费资助等方面大力扶持出版“走出去”。

2007年，由商务部、财政部发起，新闻出版总署、国家广电总局和文化部共同参与，旨在重点扶持文化企业“走出去”的“文化出口中央奖励资金”和“文化出口重点企业境外投资项目补助资金”两项目正式实施。2010年度文化产业发展专项资金项下的文化出口中央奖励资金和文化出口重点企业境外投资项目补助资金分配方案确定，新闻出版行业企业共获得3 900万元财政支持。中国青年出版社、高等教育出版社、天津出版对外贸易公司、浙江出版联合集团公司等均为首次获得奖励企业。北京珍本国际贸易有限公司、深圳雅昌彩色印刷有限公司等民营企业再次被列入奖励范围。

自2006年以来，由新闻出版总署和国务院新闻办共同组织实施的“中国图书对外推广计划”，已同美国、英国、法国、德国、荷兰等56个国家和地区的351家出版社签订了资助出版协议，资助出版图书1 690种，涉及34个文版。作为该计划的加强版——“中国文化著作翻译出版工程”2010年共资助24个系列，373种图书。

2010年，新闻出版总署实施了“经典中国国际出版工程”和“中国出版物国际营销渠道拓展工程”。高等教育出版社的《中国审美文化简史》、作家出版社的《湖光山色》等53家出版社的97个项目入选“经典中国国际出版工程”，获得资助。而“中国出版物国际营销渠道拓展工程”将通过实施“借船出海”战略，实现我国新闻出版产品通过跨国分销、零售巨头旗下的配送、销售网络进入使用世界主要语言国家的主流市场的目标。

另外，新闻出版总署还在书展补贴、书展主宾国活动等方面积极支持“走出去”，并且成果显著。北京市推出的“远航工程”、浙江省外宣办和浙江省出版联合集团推出的“外国人写杭州”项目也产生了良好的反响。从政府部门多年来实施“走出去”扶持政策的效果来看，政府部门是否政策引导、是否鼓励扶持，“走出去”的结果有天壤之别。

（四）输出图书版权品种多样化，当代中国题材增多

由中国新闻出版研究院、出版参考杂志社、中国版协国际合作出版工作委员会主办的“2010年度输出版、引进版优秀图书评选”活动结果已于日前揭晓。从全国各出版单位申报和最终获得版权输出奖的80种图书来看，除了中医中药、传统文化、旅游等“老三样”外，反映中国当代文学、社会和经济发展、科技成果和当代中国人精神风貌的图书比重逐渐增加，输出品种更加多样化，外国对当代中国题材的兴趣越来越浓。

出版界国际交往的加强，获得了较好的经济效益，更重要的是向世界逐步展示当代中国的形象，逐渐树立了出版单位的国际品牌。人民出版社的时

政和政治图书、高等教育出版社的汉语教材和高端学术图书、人民卫生出版社的医药图书和教材、外语教学与研究出版社的外语教材、北京语言大学出版社的对外汉语教材和数字多媒体、中国人民大学出版社的学术图书走入国际市场，逐渐形成特色和品牌，获得国际同行的认可。

（五）“走出去”形式多样，逐步由华语圈走向欧美主流社会，呈现“立体化”趋势，整体水平正在提升

图书出口，版权输出，印刷外贸加工，合作出版，网络出版，数字出版产品出口，依靠海外作者策划出版外向型选题，在海外收购、投资设立出版公司、书店、印刷厂等纷纷开花结果，产品、版权、技术、资本、人才等环节使“走出去”内涵更加丰富。

2010 年，浙江教育出版社与罗马尼亚克鲁热大学孔子学院、克鲁热大学出版社达成了系列合作计划，合作出版汉语教学图书和中国传统文化题材图书，推出罗语版《汉罗交际语言基础》、《中国书法艺术和硬笔书法指导》、《中国茶文化》等品种。利用联合国的平台推动中国图书“走出去”，是浙江出版联合集团近年来进行的一项有益尝试。2010 年 11 月，作为联合国首个中文日的主要活动，该集团承办了 2010 纽约联合国总部“中国语言日”的中文图书展，并向联合国中文书会赠书，这是中国图书首次规模走进联合国总部。书展同时还举行浙江风光摄影展，浙江优美的人文景观和自然风光首次亮相联合国总部。同时，新华博库美国公司还与联合国书店签订了常年供货协议，使中文图书能够进入每年有 300 万来自世界游客的联合国书店。

北京语言大学出版社从 2004 年起开始拓展海外市场，“十一五”期间，以“走出去”为突破口实施海外拓展战略，通过广开渠道，多模式、深层次、多层面地开展国际合作与交流，研发出版了满足不同国家、不同层次、不同类型学习者需求的汉语教材。现在，该社已建立覆盖 57 个国家和地区的海外营销渠道，输出版权 900 多种，版税收入近 1 000 万元。该社一直坚持贯彻立体化发展思路：即以纸质图书出版、电子音像出版、网络出版为核心，以传统语言培训和网络培训为手段，构建国内营销、海外营销、网络营销相结合的立体化营销渠道，实现传统出版、网络出版、网络教育一体化发展。

在数字出版产品“走出去”方面，浙江出版联合集团、中国人民大学出版社“小试牛刀”，成绩不俗。浙江出版联合集团与日本最大的移动通信公司 NTT solmare 开展手机漫画业务合作，是国内出版集团与国外通信运营商的首次合作。浙江出版联合集团将旗下出版社的原创漫画资源制作成英、日两种语言的手机漫画，通过 NTT solmare 公司的平台，在日本、美国、新加坡、马来西亚等国上线，供当地手机用户付费阅读。这是中国原创漫画首次以手机漫画的形式走出国门，进入国际市场。

从 2006 年起，中国人民大学出版社就开始销售《21 世纪英汉大词典》的数字版权，并且探索出五年期非独家的授权方式，而其后衍化出来的“打包”（packing）授权、“包月”授权、“网站出租权”等灵活的授权方式带来更大的版税收益。到目前为止，《21 世纪英汉大词典》的数字版权已经销售给美国、韩国、新加坡等多个国家的平台制造商、软件供应商和网络服务商，版税收入近百万元。

2010 年，中国出版集团、中国国际出版集团、安徽出版集团、人民卫生出版社、中国青年出版社等也在“走出去”方面有很多举措，中国出版“走出去”的形式更加多样，逐步由华语圈走向欧美主流社会，产品、版权、技术、资本、人才等使“走出去”呈现“立体化”趋势，“走出去”整体水平正在提升。

三、我国图书版权贸易存在的主要问题

（一）版权贸易逆差将会长期存在

长期以来，政府部门和出版单位都很重视如何缩小版贸逆差，也把缩小版贸逆差作为每年版贸工作的一个考核标准。事实上，具体到一个出版单位，应根据本单位的实际情况（版权人才、图书资源、海外渠道、国际版权贸易经验等）和本地区本部门的政策，来制定版贸战略，是引进和输出并重，齐头并进，还是重点做输出或者引进。实践证明，真正把版权引进和输出都做得好的出版单位不多，一般都是或者引进强一些，或者输出强一些。

版贸逆差实际上应该是一个国家层面的问题，不是企业自身的问题。在一个相当长的历史时期，我国版贸逆差跟货物贸易顺差一样，都具有特殊性，这就是中国特色。随着我国改革开放的逐渐深入，由于中国廉价的劳动力资源和自然资源，货物贸易很快实现顺差，国货很快占领国际市场。但是现在要想变“中国制造”为“中国创造”，提升中国产品的国际竞争力不能单靠廉价劳动力、生产资料和生产工具，还要靠知识产权。知识产权是衡量国家和企业国际竞争力的重要标准，是企业参与市场竞争的核心竞争力。我国文化贸易的发展远远落后于货物贸易，而且扭转文化贸易逆差需要国家综合实力

尤其是“软实力”的提升，需要调整我们的工作方式方法，需要对象国对中国文化的认同。韩国、日本、德国、法国等国在推广本国文化方面都有很多值得借鉴的做法。因此，缩小版贸逆差，应该是国家政策问题，由国家设立相应机构，制定专门政策予以调整。与此同时，政府、非政府组织、基金会、企业、公民应多层次、多角度、多渠道参与“走出去”。版贸逆差不可怕，可怕的是我们国家层面没战略、没计划，没有有效的鼓励扶持机制和政策，国家鼓励扶持政策没落实到位，企业没有积极性。版贸逆差反映的是一种现状或者与国际的差距，说明我们有很多工作要做。

（二）出版界对“走出去”重视程度不够

尽管我们在出版“走出去”方面取得了很多成绩，但是从各种统计数据我们可以发现，某些地区、某些部门、某些领域对出版“走出去”的认识和重视程度依然不够，缺乏主动性和规划性，缺乏大局意识和民族责任感。“走出去”不是政治任务，不是“应景之作”，每个人、每个企业、每个部门都负有向世界介绍中国、传播中国文化的历史责任。“走出去”更应是企业自身发展的需要。这些年的实践证明，出版单位积极主动参与“走出去”，都获得了较好的社会效益和经济效益，在参与国际竞争和出版体制改革过程中，都勇立潮头。如北京语言大学出版社在五六年的时间里，版权输出收益已经成为出版社的主要收入。中国人民大学出版社利用长期的海外客户关系，在引进版权的同时，输出版权，实现了引进和输出齐头并进。

（三）版权贸易人才匮乏

与版权引进比较而言，版权输出、出版“走出去”难度更大。中国出版“走出去”，应该是中国出版内容“走出去”。因此，要求版权经理人、版权经纪人除了具备必要的外语水平、熟悉国际版权贸易规则外，还必须具备过硬的政治素质、综合协调能力和资源整合能力。很多人认为，版权输出要比版权引进付出的多，难度更大，就主观上不愿意做版权输出，甚至竞相抬价，互相指责，缺乏起码的职业道德，让外国人坐收渔利。因此，版权经理人、版权经纪人队伍的整体素质亟待提高，行业管理也亟待加强。

四、加快“走出去”战略实施的有效途径

现阶段，我国图书版权贸易正处在如火如荼的快速发展时期，海外畅销的少儿、经管类图书充斥国内市场，因而显现出原创作品竞争力不足。因此，版权引进的图书结构需要从国家层面和社会层面予以引导和规范。

（一）政府引导机制要规范化、制度化，要公平、公开、高效、透明，制定中国出版“走出去”国家战略

无论是“中国图书对外推广计划”，还是“中国文化著作翻译出版工程”、“经典中国国际出版工程”，都要避免政府委托项目走样、变味，避免成为个别无良机构借此敛财和浪费国家资金的管道。享受国家财政资助的“走出去”项目，应该诚实守信，主动接受国家有关部门和社会的监督，把国家的有限资金花到刀刃上，用在关键环节。最关键的是，如何加强“走出去”项目的最后落实和后续监管。在版权贸易的各种评选活动中，评选引进版时，出版单位常以外方不准泄露商业秘密为由，拒绝提供真实的印数、销量、版税结算情况，但也往往导致外方的不信任；而在输出版权评选时，出版单位往往不了解输出图书的海外销量和影响，难免有故意夸大事实的成分或漏报的情况，输出项目很容易成为“一锤子”买卖。另外，国家有关部门在进行版权贸易统计时，由于统计制度本身存在缺陷与不足，所以，每年的版贸统计数据都存在重复申报、重复统计和漏报的现象。不同部门的版贸统计数字往往有很大出入。

新闻出版总署、财政部等部门专项文化奖励基金现在仅仅针对文化企业，但是很多“走出去”项目是由中介服务机构、社会团体代理完成的，国家仅仅针对出版企业进行奖励，对这些中介机构、社团是不公平的，因为很多“走出去”项目，离开这些中介机构和社团是根本无法成功的。数字产品“走出去”工程、边疆地区新闻出版业扶持计划、重点国际书展扶持项目、主宾国活动、重点新闻出版企业海外扶持计划等计划或项目的实施，在很大程度上能够提升“走出去”的整体水平，但是如果人为地将中介服务机构、社会团体排除在政府扶持政策之外，政府在“走出去”方面的公信力恐怕就会受到影响，出版企业恐怕也不会接受。

（二）“走出去”是企业自我发展的需要

当今世界，出版业作为需要融入国际社会、参与国际竞争与交往的产业，每个出版单位应该根据实际情况，制定发展战略。如何利用实施“走出去”战略，达到提升企业国际竞争力、参与国际竞争的目的，需要每个出版企业认真思考。科学技术飞速发展到今天，要求我们的出版界必须面向世界，走向世界，出版单位应该认识到，“走出去”是企业自身发展的现实需要，是“我要”“走出去”，而不是

“要我”“走出去”，我“被走出去”。

固守田园，可能会小富即安，但是“走出去”，市场更大，眼界更宽，前景更广。事实上，外资也在透过各种渠道、途径和方式进入新闻出版领域，外国资本、内容、渠道等已经到了家门口。与其坐以待毙，不如主动“走出去”。

（三）国际营销能力亟须提升

每年全国581家出版单位出版图书30余万种，新书超过60%，其中有很多图书非常适合“走出去”，但是，实际上很多书却无法“走出去”。主要原因是我们对海外市场的动态需求掌握不佳，没有渠道“走出去”，不知道怎么把这些好书介绍给外国人。因此，出版单位应该做好国际营销，学会如何向外国人介绍好书。实际上，我们在引进海外图书版权时，外方有很多营销手段和宣传方法，我们完全可以依葫芦画瓢，洋为中用。如何将我们出版的图书信息送达对方眼前，并引起对方兴趣，进而展开版贸谈判，确实是一个仁者见仁、智者见智的问题，但这不是永远无解的问题。针对不同图书、不同客户和不同的贸易对象，应采取相应的策略，同时也应注意实施品牌战略。数字网络技术的迅猛发展，为我们参与国际营销创造了很多便利条件。

（四）充分发挥中介服务机构的作用

在“走出去”的过程中，出版单位有很多中介组织和机构可以选择，国内的、国外的，国有的、民营的，版权代理公司、版权集体管理组织均可。按照有关规定，国人从事版权贸易没有任何障碍，但要干好版权贸易，确实需要掌握基本的版权贸易知识、外语能力和广泛的人脉关系，以及谈判能力和综合协调能力。每个中介机构能够生存下来，一定有它生存下来的道理和能力：谁在俄罗斯东欧有绝对优势、谁在港澳台有口碑、谁在日韩有影响、谁在北美有市场……需要我们认真把握和选择。中介机构的专业性可以帮助出版单位节省成本，提高工作效率和有效性。大苹果、博达、安德鲁纽伯格等海外版权代理机构非常活跃，而国内的国有版权代理机构大都经营惨淡，每况愈下。

（五）广交朋友，了解海外需求信息

在版权输出时，最关键的是及时了解海外市场需求信息。不同的国家，可能有不同的市场需求，即使同一个国家，不同出版单位的需求也不尽相同；同一出版单位，不同编辑部门，也可能需求不同。这就需要我们广交朋友，建立广泛的信息来源。西方国家的出版人、版权经理人通过喝咖啡、聚餐、上网聊天、聚会、参加会议、参加书展等各种手段，广交朋友，了解各种信息，并从中发掘出对自己最有价值的信息。有时候，尽管几个人提供的信息支离破碎，但是经过综合分析，可能就是一条有用的信息。据介绍，企鹅中国有限公司总经理周海仑的很多选题信息，都是跟不同的作者、出版社策划编辑、版权经理喝茶、喝咖啡获得的。

（六）发挥海外汉学家、海外机构的作用

近年来，外国人写中国的图书不但在国外广受欢迎，引进国内后也很有市场，比如特里尔的《毛泽东传》、奈斯比特的《中国大趋势》。外国人、外国汉学家写中国，他们了解外国人想要了解中国什么，他们也知道中国、了解中国人、了解中国的实际情况，所以写出来的书容易被市场接受，同时，海外汉学家也是非常好的中文翻译。所以，这些年来，新闻出版总署每年都向海外作家、海外汉学家颁发“中华图书特殊贡献奖”，以表彰他们在向世界介绍中国、传播中国文化方面所作出的突出贡献。

例如每年俄罗斯出版的100多种有关中国的俄语图书，大多数是俄罗斯汉学家自己撰写的，只有很少部分是从中国引进翻译的。企鹅中国有限公司每年挑选5部中国文学图书在全球翻译出版英文版等版本，2010年，已经买下了王刚的《英格力士》、盛可以的《北妹》、王晓方的《公务员笔记》、何家弘的《血罪》等反映中国当代现实的作品的英文版权。在华成立五年来，20多部中国图书通过企鹅中国有限公司陆续推向国际。他们从2008年开始，还联合新闻出版总署、英国文学翻译中心、英国艺术协会等多方力量举办了多次中英文学翻译培训研讨班，培养英语翻译人才。

海外汉学家、在华外国留学生、海外孔子学院、驻外使领馆等都是推动“走出去”的重要力量和渠道。关键在于如何整合这些资源与渠道，发挥他们的作用，更好地为“走出去”服务。

（七）“走出去”需要坚守

“走出去”是一项非常艰难而又非常有成就感的工作。能够从事这项工作的人，必定是有坚定追求和信仰的人，必定要付出常人所不知的辛劳。中国新闻出版研究院、出版参考杂志社和中国版协国际合作出版工作委员会主办的“2010年度输出版、引进版优秀图书评选”活动，评出的13位全国优秀版权经理人大都为长期从事版权贸易的版权经理，如译林出版社、建筑工业出版社、中国大百科全书出版社、浙江少儿出版社、中国财政经济出版社、浙江教育出版社。而获奖的7位推动版权输出引进的典型人物，如华语教学出版社总编韩晖、化工出版社国际图书编辑部主任吴刚等则为长期致力于版权输出和国际组稿工作的职业版权经理人。从与出版社同事共同策划、开发国际选题，到选定海外出版机构、洽谈版权授权、签订授权合同、收取预付版税、监督合同履行等全套业务流程都有他们的身影。这项工作需要知识、需要技巧，更需要坚守，需要有将向世界介绍中国作为自己的工作理念。

（八）数字出版产品“走出去”亟待加强

手机阅读、电子书、数字图书馆、远程教育、在线出版等数字出版形态已呈星火燎原之势，在各地蓬勃发展。中国文化是世界文化的组成部分，世界文化大家庭因为“中国文化”而更加绚烂多彩。近年来，很多国外出版商在采购中国图书海外版权的同时，都要求授权数字版权，试图抢占数字内容资源，建立以“中国内容”为主的数字平台，发展数字出版产业。一些大型国际出版集团利用自己的数字出版产品销售平台，邀请中国出版社在其平台上销售电子期刊等“中国内容”。如培生集团的教学数据库，需要中国企业管理案例图书；麦格劳-希尔的行业教学服务平台需要了解中国、解读中国的学术研究资料；圣智学习集团计划向世界各大图书馆销售中国电子书；俄罗斯科学控股出版集团也需要中国科技期刊中文版和英文版的网络版权。而施普林格、爱思维尔、约翰-威立早在多年前就已经开始跟中国期刊社合作，在自己的期刊平台上销售中国科技期刊中文版和英文版，并且尝到了“中国内容”带来的甜头。

与图书贸易、版权贸易、国际融资相比，数字出版产品“走出去”有其独特的时代魅力，如果实施得当，政策对路，将成为中国出版“走出去”的一支重要生力军。

2010年，中国文字著作权协会在新闻出版总署的统一规划和部署下，也加强了与国外大型电子书销售平台的沟通，探索中国电子书海外推广的有效方式和路径。

因此，出版单位、作家、代理商和著作权集体管理组织应顺应形势，与时俱进，抓住机遇，采取各种切实可行的措施，推动数字出版产品“走出去”，同时推动传统出版企业向数字出版转型升级，向数字出版产品“走出去”要效益。

新闻出版总署署长、国家版权局局长柳斌杰曾经指出，中国出版“走出去”需要充分调研、总体布局、全面推进和科学管理，不但产品要“走出去”，还要实现企业“走出去”、资金“走出去”和品牌“走出去”。中国出版“走出去”是一项长期的系统工程，也是我国新闻出版业由出版大国向出版强国迈进的一项重要战略任务，既需要政府的扶持，更需要企业的主动参与和市场化运作。“走出去”要走数字化、立体化、产业化发展之路。

（作者单位：中国文字著作权协会）

2010年打击侵权假冒专项行动版权执法十大案件

一、安徽滁州"骑士音乐网"侵犯著作权案

凌劢、夏涌清、王中良侵犯著作权案［安徽省滁州市中级人民法院（2011）滁刑终字第45号刑事裁定］

【案情摘要】 2010年11月25日，根据国际唱片业协会的举报，版权部门联合公安机关查获并扣押"骑士音乐网"在南谯区一出租屋内的三台服务器。经查明，从2004年年底开始，凌劢通过建立、运营"骑士音乐网"，未经著作权人许可，擅自为公众提供他人音乐作品的免费试听服务，经鉴定其中1 743首歌曲侵犯了国际唱片业协会会员公司音乐作品的著作权；同时将大量商业广告投放在网站的首页和播放页面等显著位置，通过网民浏览网页强制显示广告或点击广告收取费用，截至2007年9月广告收益达103万余元。期间，凌劢曾多次接到国际唱片业协会的侵权警告信，均未作出有效处理。2007年9月，凌劢以44万元的价格将"骑士音乐网"域名所有权、租赁服务器的使用权、网站程序和全部音乐数据转让给夏涌清、王中良，并继续提供技术指导。在凌劢的指导下，夏涌清、王中良在保留原有音乐数据的基础上，未经著作权人许可，继续采取凌劢的经营方式，自2007年10月至案发，从运营的"骑士音乐网"获取广告费9万余元。南谯区人民法院认定被告人凌劢、夏涌清、王中良构成侵犯著作权罪，鉴于被告人夏涌清、王中良认罪态度较好，以侵犯著作权罪判处凌劢有期徒刑五年，并处罚金150万元；以侵犯著作权罪判处夏涌清有期徒刑三年六个月，并处罚金20万元；以侵犯著作权罪判处王中良有期徒刑三年三个月，并处罚金20万元；三名被告人的违法所得予以追缴，扣押的三台服务器予以没收。凌劢、夏涌清、王中良提起上诉，滁州市中级人民法院经审理维持原判。

【典型意义】 本案是全国"扫黄打非"办、新闻出版总署（国家版权局）、公安部、最高人民法院、最高人民检察院五部门挂牌督办的专项行动重点案件，是近年来对网络音乐侵权案件处罚最重的一起案件，得到IFPI的高度肯定和来信致谢，被美国政府301报告引用作为我加大网络版权执法力度的佐证。

二、江苏9CAX网站非法提供软件案

韦盛宝侵犯著作权案［江苏省昆山市人民法院（2011）昆知刑初字第1号刑事判决］

【案情摘要】 昆山市人民法院经审理查明：2009年4月以来，被告人韦盛宝在其住处，以营利为目的，通过因特网服务器远程管理开设网站，网址为www.9cax.com，在未取得相关著作权人许可的情况下，复制他人商业软件1 300余件以及出版图书590余册等，共发展会员29 000余人，供网站注册会员下载，其中软件供注册会员付费下载4 600余次，图书供注册会员付费下载1 700余次，非法经营数额达人民币104 800元。昆山市人民法院认定被告人韦盛宝构成侵犯著作权罪，鉴于其能够当庭认罪，以侵犯著作权罪判处韦盛宝有期徒刑三年六个月，并处罚金8万元。

【典型意义】 本案是全国"扫黄打非"办、新闻出版总署（国家版权局）、公安部、最高人民法院、最高人民检察院五部门挂牌督办的专项行动重点案件，是近年来打击软件侵权犯罪的典型案件。从网站后台管理页面调取下载次数、注册会员、付费记录等关键证据，对于办理网络购物领域侵权案件具有指导意义。

三、江苏徐州"万松中文网"文字作品侵权案

戴玉辉、喻斌斌侵犯著作权案［江苏省徐州市中级人民法院（2011）徐知刑初字第7号刑事判决］

【案情摘要】 徐州市中级人民法院经审理查明：2009年7月至2010年10月，被告人戴玉辉、喻斌斌等人未经著作权人许可，采集并复制"起点中文网"拥有独家信息网络传播权的5 000余部文字作品并登载在"万松中文网"上提供在线阅读，非法所得达20余万元。2011年5月23日，徐州市中级人民法院认定被告人戴玉辉、喻斌斌构成侵犯著作权罪，鉴于其能够当庭认罪，以侵犯著作权罪判处戴玉辉有期徒刑三年六个月，并处罚金15万元；以侵犯著作权罪判处喻斌斌有期徒刑三年，并处罚金15万元。

【典型意义】 本案是全国"扫黄打非"办、新闻出版总署（国家版权局）、公安部、最高人民法院、最高人民检察院五部门挂牌督办的专项行动重点案件，是近年来网络文学领域处罚最重的案件，

对于严厉打击网络文学侵权活动、净化网络版权保护环境具有重要意义。

四、江苏无锡鞠文明等侵犯著作权案

鞠文明等侵犯著作权案［江苏省无锡市滨湖区人民法院（2011）锡滨知刑初字第2号刑事判决］

【案情摘要】 2010年11月21日，无锡市公安局滨湖分局根据举报，抓获犯罪嫌疑人鞠文明等三人。滨湖区人民法院经审理查明：被告人鞠文明、徐路路、华轶三人分工明确，利用在某公司任职期间窃取的软件源程序，共同仿冒产品对外销售，涉案金额达300余万元。2011年6月7日，滨湖区人民法院以侵犯著作权罪判决被告人鞠文明有期徒刑三年，并处罚金12万元；以侵犯著作权罪判决被告人徐路路有期徒刑三年，并处罚金8万元；以侵犯著作权罪判决被告人华轶有期徒刑一年六个月，并处罚金5万元。

【典型意义】 本案是全国"扫黄打非"办、新闻出版总署（国家版权局）、公安部、最高人民法院、最高人民检察院五部门挂牌督办的专项行动重点案件，明确了计算机软件"同一作品"的判断标准，在版权执法实践中具有借鉴意义。

五、天津何震宇、刘冰销售盗版光盘案

何震宇、刘冰侵犯著作权案［天津市第一中级人民法院（2011）一中刑终字第127号刑事判决］

【案情摘要】 南开区人民法院经审理查明：2010年4月至8月期间，二被告人伙同马勇（现在逃）经预谋后，各自出资，分工合作，多次从广州市及河北省石家庄市购买大量内容为多部影视剧的光盘及各类游戏光盘，并通过货运公司以"文具货品"及收货人"王健"的名字运至天津，并通过二人租赁房屋进行批发、销售。2010年8月26日，公安机关在上述房屋内查获二被告人尚未出售的各类光盘共计44 650张，经鉴定其中1 076张光盘为侵犯59部美国电影协会成员公司著作权影视作品的盗版音像制品；其中7 193张光盘为非法电子出版物（游戏类）、36 381张为非法音像制品。南开区人民法院认定被告人何震宇、刘冰批发销售非法音像制品的行为，应按照侵犯著作权罪定罪处罚，不认定为非法经营罪，鉴于二被告人能够当庭认罪，以侵犯著作权罪判处何震宇有期徒刑五年，并处罚金5万元；以侵犯著作权罪判处刘冰有期徒刑五年，并处罚金5万元；案缴盗版音像制品、非法音像制品、非法电子出版物全部依法没收。何震宇、刘冰提起上诉，天津市第一中级人民法院经审理维持原判。

【典型意义】 本案是全国"扫黄打非"办、新闻出版总署（国家版权局）、公安部、最高人民法院、最高人民检察院五部门挂牌督办的专项行动重点案件。本案中提出的"对批发销售侵权盗版等非法音像制品的行为，应按照侵犯著作权罪定罪处罚，不认定为非法经营罪"等法律适用意见对于《关于办理侵犯知识产权刑事案件适用法律若干问题的意见》（法发［2011］3号）第十二条的适用具有指导意义。

六、上海盛大网络《冒险岛》游戏"外挂"侵权案

张乐、黄谦等五被告侵犯著作权、销售侵权复制品案［上海市浦东区人民法院（2010）浦刑初字第3240号刑事判决］

【案情摘要】 《冒险岛online》（MapleStory）是经文化部、新闻出版总署审批同意引进的互联网游戏出版物，上海盛大网络发展有限公司（下称"盛大公司"）系该游戏出版物中国大陆独家代理运营商。2010年7月，公安机关先后抓获通过淘宝网店铺销售《冒险岛》外挂程序"CS辅助"的梁文宇、阮晓霞，并通过梁文宇的交代抓获研发制作外挂程序的张乐、黄谦。浦东区人民法院经审理查明：自2010年2月起，被告人张乐以月卡、周卡的形式将其与黄谦研发制作的"CS辅助"外挂程序交被告人梁文宇总代理销售，梁文宇明知受托销售的"CS辅助"未经授权，仍对外批发该外挂程序，2010年6月至2010年9月，销售金额为人民币156.58万元。被告人阮晓霞、刘阳明知"CS辅助"系未经授权的外挂程序，仍自梁文宇处购买，并在自己开设的网店中对外销售。其中阮晓霞销售金额为47.88万元；刘阳销售金额为36.45万元。浦东区人民法院认定张乐、黄谦、梁文宇构成侵犯著作权罪，认定阮晓霞、刘阳构成销售侵权复制品罪，鉴于其认罪态度较好，以侵犯著作权罪判处张乐有期徒刑五年，并处罚金130万元；以侵犯著作权罪判处黄谦有期徒刑四年，并处罚金70万元；以侵犯著作权罪判处梁文宇有期徒刑三年六个月，并处罚金60万元；以销售侵权复制品罪判处阮晓霞拘役六个月，并处罚金30万元；以销售侵权复制品罪判处刘阳拘役六个月，并处罚金20万元；各被告人的违法所得及被扣押的电子设备予以没收。

【典型意义】 本案是全国"扫黄打非"办、新闻出版总署（国家版权局）、公安部、最高人民法

院、最高人民检察院五部门挂牌督办的专项行动重点案件。本案中提出的“未经权利人许可，以营利为目的，制作游戏软件的外挂程序，是复制游戏软件客户端程序的行为，应以侵犯著作权罪查处”等法律适用意见，以及本案从淘宝网店铺销售侵权复制品入手对案件的全面深入查处，对于办理网络游戏“外挂”案件、严厉打击通过网络渠道销售侵权复制品等违法案件具有指导意义。

七、山东泰安非法印刷、销售《语文报》案

王道之、王海峰、韩志强侵犯著作权案［山东省泰安市泰安区人民法院（2011）泰山刑初字第44号刑事判决］

【案情摘要】 2010年11月12日，公安机关在鲁泉印刷厂内查获被告人王道之为被告人韩志强、王海峰印刷的盗版《语文报》16.1万份。经查明，2004年11月至2010年11月期间，王道之伙同王海峰、韩志强为非法牟利，在未经语文报社许可的情况下，由王海峰、韩志强提供正版《语文报》样报，王道之利用其所经营的鲁泉印刷厂印刷盗版《语文报》共计176.74万份，其中将93.86万份出售给韩志强进行销售，将82.88万份出售给王海峰进行销售。泰安区人民法院经审理查明：被告人王道之、王海峰、韩志强未经语文报社许可而复制发行盗版《语文报》牟利，认定被告人王道之、王海峰、韩志强构成侵犯著作权罪。鉴于其认罪态度较好，以侵犯著作权罪判处王道之有期徒刑五年，并处罚金20万元；以侵犯著作权罪判处王海峰有期徒刑四年，并处罚金15万元；以侵犯著作权罪判处韩志强有期徒刑三年六个月，并处罚金8万元。

【典型意义】 本案是全国“扫黄打非”办、新闻出版总署（国家版权局）、公安部、最高人民法院、最高人民检察院五部门挂牌督办的专项行动重点案件，是近年来印数最多、涉案数额最大的报刊类侵权案，庞大的销售网络涉及河南、河北、湖北、广东、山西、山东等11省50余个地市。本案的严厉查处对于打击日益增多的非法复制、盗印报刊的违法活动，对于加大对报刊社等出版单位合法权益的保护都具有重要意义。

八、河北廊坊“9·20”批销盗版图书案

郑连海、李永山等五被告侵犯著作权案［河北省廊坊市安次区人民法院（2011）安刑初字第45号刑事判决］

【案情摘要】 2010年9月20日，公安机关在被告人郑连海租赁库房内查获其存放的各类盗版书籍57 108册，经新闻出版部门鉴定全部为非法出版物。安次区人民法院经审理查明：2007年以来，被告人郑连海在廊坊市广阳区、安次区等地，委托被告人胡志山、李永山、牟士泉、马佳文等人为其印刷盗版书籍，或为其印刷盗版书籍提供帮助，并将所引书籍销往北京、石家庄等地予以获利。安次区人民法院认定被告人郑连海、李永山、胡志山、牟士泉、马佳文构成侵犯著作权罪，鉴于其认罪态度较好，以侵犯著作权罪判处郑连海有期徒刑五年，并处罚金10万元；以侵犯著作权罪判处李永山有期徒刑三年，并处罚金6万元；以侵犯著作权罪判处牟士泉有期徒刑六个月，并处罚金1万元；以侵犯著作权罪判处马佳文拘役5个月，并处罚金1万元；以侵犯著作权罪判处胡志山拘役4个月，并处罚金8 000元。

【典型意义】 本案是全国“扫黄打非”办、新闻出版总署（国家版权局）、公安部、最高人民法院、最高人民检察院五部门挂牌督办的专项行动重点案件，案中有案，一抓到底，从库房的盗版图书查起，不仅追究了非法经营盗版图书违法分子的刑事责任，还溯源追究了印刷盗版图书违法分子的刑事责任，对于打击盗印图书等违法活动、维护出版单位合法权益具有重要意义。

九、浙江杭州麦达公司文字作品侵权案［浙江省版权局（2011）第1号行政处罚决定］

【案情摘要】 2008年以来，杭州麦达电子有限公司（简称“麦达公司”）未经权利人授权，利用其创办的“医文网”（www.metamed.cn）与他人合作，有偿向读者提供涉外医学杂志的全文下载业务，收费标准为每篇20元至40元，由麦达公司与两家合作伙伴分成，具体违法所得数额难以确认。2011年1月14日，浙江省版权局依法对“麦达公司侵犯著作权案”作出行政处罚，认定其未经权利人授权、有偿提供涉外医学杂志全文下载，责令麦达公司停止侵权行为并处罚款10万元。

【典型意义】 本案是全国打击侵权假冒专项行动办公室重点督办案件，是美国政府关注的图书馆版权保护领域重点案件，美国相关权利人通过中国商务部进行投诉。本案的依法查处，表明中国政府对图书馆版权保护工作的高度重视，对于净化图书馆版权保护环境、改善中美版权合作关系具有积极意义。

十、北京“悠视网”影视作品侵权案[国家版权局（2011）第1号行政处罚决定]

【案情摘要】 “悠视网”于2009年9月10日到2010年11月8日期间，未经著作权人许可，通过信息网络向公众提供他人享有著作权的影视作品190部，并通过将大量商业广告投放在网站首页等显著位置，通过网民浏览网页强制显示广告或点击广告收取费用。2011年1月28日，国家版权局认定“悠视网”未经著作权人许可，通过信息网络提供他人影视作品并获得经济利益的违法事实成立，非法传播他人影视作品数量达190部，情节严重并损害了公共利益，依法作出行政处罚，责令“悠视网”所有人北京时越网络技术有限公司停止侵权行为并处警告、罚款8万元。

【典型意义】 本案是全国打击侵权假冒专项行动办公室重点督办案件。对未经权利人许可，擅自提供视频网络点播、在线播放等违法行为予以严厉处罚，对于规范网络视频经营秩序具有重要意义。

（注：上述案件由国家版权局于2011年8月31日在新闻通气会上公布。）

2010年地方版权行政执法典型案件

天 津 市

何震宇、刘冰销售盗版光盘案

2010年8月26日，群众匿名举报称，天津市南开区泊江东里6号楼2门102室出售违法光盘，市公安南开分局会同市文化市场执法总队到达现场，将非法经营光盘的嫌疑人何震宇查获。

公安南开分局学府街派出所办案民警当场收缴《反恐24小时（剧集）》等涉案音像制品4 279种、56 000张。经天津市新闻出版（版权）局鉴定，有44 650张光盘为侵犯著作权的非法音像光盘。其中，游戏类非法光盘751种、7 193张，音像类非法光盘3 469种、36 381张，侵权类电影59部、1 076张。

经审讯，何震宇交待的另一涉案犯罪嫌疑人刘冰，于12月31日被抓捕归案。2011年1月17日，由天津市南开区人民检察院提起公诉，南开区人民法院对“何震宇销售盗版光盘案”开庭审理。2011年3月31日，南开区人民法院做出一审判决，被告人何震宇、刘冰犯侵犯著作权罪分别判处有期徒刑五年和六年，并各处罚金5万元整。

（天津市版权局）

河 北 省

一、江城装订厂侵犯著作权案

2010年1月25日，接群众举报，保定市文化市场行政执法大队对保定市新市区江城装订厂进行检查，现场发现装订的《中华人民共和国药典（2010年版·三部）》半成品800册，《中华人民共和国药典（2010年版·二部）》散叶约70令，经计算总价322 500元。经河北省新闻出版局鉴定属非法出版物，此案构成涉嫌侵犯著作权罪。依据《中华人民共和国著作权法》、《最高人民法院、最高人民检察院关于办理侵犯知识产权刑事案件具体应用法律若干问题的解释》和《行政执法机关移送涉嫌犯罪案件的规定》的有关规定，该案件于2010年3月15日移交保定市公安局立案侦查。2011年1月6日，保定市新市区人民法院以侵犯著作权罪作出了判决。

二、晨光书店侵权案

2010年1月25日，任丘市版权局执法人员根据群众提供的线索，对位于华油潜山道的晨光书店进行检查，发现该书店正在销售延边人民出版社出版的《四库全书》。执法人员立即将剩余的260册图书全部暂扣，并将样书及时报送省版权局鉴定。经省局鉴定，晨光书店所销售的《四库全书》为盗版出版物。任丘市版权局依据《中华人民共和国著作权法》的相关规定，于2010年2月13日对晨光书店作出如下处罚：（1）没收全部非法出版物；（2）罚款10 000元。

三、“君子堂”网站侵权案

2010年10月19日，秦皇岛市文化广电新闻出版（版权）局接到省版权局案件移交线索后，立即对涉案网站进行网页取证。同时积极与电信部门取得联系，获取了网站负责人的信息。11月2日，市局执法人员对涉嫌网络侵权盗版的“君子堂”网站负责人进行了询问。经查，“君子堂”网站（www.junzitang.com）IP地址为219.148.111.171，服务器托管于秦皇岛市燕大正洋电子有限公司，该公司租用中国电信秦皇岛分公司的宽带。该网站无法提供《太极经》等19部作品的授权委托书，但负责人及时认识到了网络作品侵权的错误，保证以后不再发生类似侵权行为。根据《中华人民共和国著作权法》第四十八条第一款和《信息网络传播权保护条例》第十八条第一款规定，秦皇岛市文化广电新闻出版（版权）于2010年11月15日对当事人进行了责令停止侵权行为、罚款5 000元、没收涉案服务器一台的行政处罚。

四、“必杀客”网站侵权案

2010年10月下旬，石家庄市版权局接到省版权局转来的案件线索后，立即组织执法人员对“必杀客”网站页面进行下载和先期调查取证，此后，执法人员到河北电信石家庄分公司调查，确定涉案服务器在河北省电信公司机房。该服务器以每年4 000元的价格由河北笑傲网络科技有限公司托管。经对该网站负责人秦雪飞进行询问得知，该网站建于2008年10月，注册法人：秦雪飞，男，藁城市人。主营：软件下载、电子图书、视频播放软件下载等。其网站侵权事实主要有：未经著作权人授权网上非法传播、下载计算机软件、电子图书、视频软件等。其行为违反了《中华人民共和国著作权法》第四十八条第一款、《信息网络传播权保护条例》第十八条第一款。按照《中华人民共和国著作权法实施条例》第三十六条之规定，经研究做出以下处理：（1）关闭非法网站；（2）没收非法所得 3 000 元；（3）没收非法传播工具服务器；（4）处以违法所得三倍罚款 9 000 元。

五、东博书店网上销售盗版图书案

11 月 1 日，石家庄市版权局接到省版权局转来案件线索后，立即组织执法人员对东博书店网店页面进行下载和先期调查取证，之后执法人员对该店负责人东怀岗进行询问，并下载核实了其网店销售记录。经查，东博书店网店建于 2009 年 4 月，注册法人：东怀岗，男。其实体店在石家庄图书市场三楼北头西侧，主要经营图书。该网店主要经营人是店员武波，从建店到现在，销售盗版图书约 5 000 册，其非法收入不清。其行为违反了《中华人民共和国著作权法》第四十八条第一款。按照《中华人民共和国著作权法实施条例》第三十六条之规定，经研究做出以下处理：（1）按其侵权情节处以 15 000 元罚款；（2）停止销售非法出版物行为。

六、读写书店网上销售盗版图书案

2010 年 11 月 1 日，石家庄市版权局接到省版权局转来的案件线索后，立即组织执法人员对读写书店网店页面进行下载和先期调查取证，之后执法人员对该店负责人陈立根进行询问，并下载核实了其网店销售记录及银行对账单。经查，读写书店网店建于 2009 年 5 月，注册法人：陈立根，男。其实体店在石家庄图书市场 126 室（读写书店与汇文书店系一家实体书店，汇文书店注册人樊立欣系陈立根之妻），主要经营图书。从建店到现在，销售盗版图书约 3 000 册，其非法收入不清。其行为违反了《中华人民共和国著作权法》第四十八条第一款。按照《中华人民共和国著作权法实施条例》第三十六条之规定，经研究做出以下处理：（1）按其侵权情节处以 11 000 元罚款；（2）停止销售非法出版物行为。

（河北省版权局）

内蒙古自治区

一、赤峰市系列非法销售盗版教辅图书案

2010 年 3 月，赤峰市文化市场稽查队对被举报的涉嫌销售盗版教辅图书的小小书店进行了检查，经查证，小小书店非法销售盗版仁爱版教辅图书。执法机构作出左文罚字〔2010〕第 3 号《行政处罚决定书》，对小小书店处以行政处罚 1.2 万元，并处没收非法教辅图书。

8 月 30 日，赤峰市文化市场稽查队在检查中发现会友书店存有盗版《公务员考试密卷》180 本。执法机构就此作出赤红文罚字〔2010〕第 103 号《行政处罚决定书》，对会友书店处以行政处罚 1 万元，并没收盗版图书 180 册。

9 月 11 日，赤峰市文化市场稽查队对元宝山区博览书店非法销售盗版教辅图书《英汉互动讲解》进行查处，作出赤新出罚字〔2010〕第 6 号《行政处罚决定书》，对博览书店处以行政处罚 1 万元，同时没收非法所得和侵权盗版教辅图书。

二、通辽市书店销售盗版图书案

2010 年 6 月，通辽市科尔沁区文化稽查支队查办了益志书店出售盗版图书案，查缴非法出版物 125 册。执法机构就此作出科文罚字〔2010〕第 10 号《行政处罚决定书》，对益志书店处以行政处罚 800 元。

2010 年 7 月，通辽市科尔沁区文化稽查支队查办赵丹宇出售盗版图书案，查缴图书 160 册。执法机构就此作出科文罚字〔2010〕第 6 号《行政处罚决定书》，对赵丹宇处以行政处罚 1 000 元。

三、智星书店出售盗版图书案

2010 年 7 月 14 日，自治区版权局在呼伦贝尔市阿荣旗文化体育广播电影电视局文化市场进行执法检查中发现智星书店出售的《凌天传说》、《拳皇异界纵横》为盗版图书，随即对图书进行收缴，并作出阿文罚字〔2010〕第 015 号《行政处罚决定书》，对智星书店处以行政处罚 1 000 元。

四、翰林阁书店非法销售盗版图书案

2010 年 4 月 7 日，包头市文化市场稽查支队收到线索，包头市部分中学使用的语文读本存在侵权嫌疑。稽查支队对部分中学实地抽查，后成功破获青山区翰林阁书店非法销售盗版图书案，查获盗版语文读本 24 664 册，折合人民币 62 730 元，案件已移送公安机关立案调查，追究当事人刑事责任。

（内蒙古版权局）

吉　林　省

一、三家设计院非法安装使用盗版软件案件

为了推进企业软件正版化工作的深入开展，吉林省版权局联合吉林省公安厅继 2009 年开展联合治理行动后，继续开展打击生产经营领域使用盗版计算机软件专项行动。2010 年 3 月，吉林省版权局给各企业、设计院所下发了《关于加强企业软件正版化工作的通知》，并组成检查小组，对省内部分设计院所进行了集中执法检查。版权执法人员实地检查中发现，吉林省公路勘测设计院、吉林省电力勘测设计院和东北电力设计院等单位使用的专业绘图软件CAD及操作系统和办公软件均存在不同程度的盗版现象，严重侵犯了权利人的合法权益。针对吉林省公路勘测设计院、吉林省电力勘测设计院和东北电力设计院三家设计院软件正版化的实际检查情况，吉林省版权局分别给三家设计院下发了《限期整改通知书》。三家设计院接到通知后非常重视，积极主动地进行了自查，上报了正式自查报告，并制定了切实可行的整改措施，在规定时间内购买了正版CAD专业设计软件及操作系统和办公软件，完成了软件正版化工作。

通过此次检查，三家设计院都深刻地认识到了使用盗版软件的严重危害性，表示将在日常工作中加强软件版权管理和软件资产管理，并进一步完善计算机软件的使用管理制度，切实提高软件正版化意识。

二、风华书店贩卖盗版《牛津字典》案

2010年3月15日，吉林省版权局接到长春税务学院信息经济学院学生举报，校内风华书店出售盗版《牛津字典》。接到举报后，吉林省版权局执法人员立即前往查处。

在长春税务学院信息经济学院内，执法人员将风华书店内存有的盗版《牛津字典》及盗版网络小说当场收缴。书店经营者赵某承认所卖字典及网络小说为盗版。据赵某交代，为了贪图便宜，他从长春图书批发大厦颜如玉图书有限公司以低价购进盗版图书，然后再以高出进货价卖出。为了彻查这一侵权盗版行为，吉林省版权局执法人员立即对颜如玉图书发行公司进行了执法检查，当场查缴盗版《牛津字典》、《现代汉语词典》和其他多种盗版小说1 000余册。执法人员对其所有盗版图书进行了收缴，并给予了罚款等行政处罚。

三、鑫鼎轩书店贩卖盗版图书案

有群众举报，长春市图书批发大厦鑫鼎轩书店以经营特价书为幌子，非法销售大量盗版图书。

2010年4月7日，吉林省版权局派执法人员对长春市图书批发大厦鑫鼎轩书店进行了执法检查，在其书架后面及库房中查获盗版图书《把吃出来的病吃回去》等1 800多册。对这些扣押图书，书店经营者无法提供正规合法手续，对贩卖盗版图书一事供认不讳。经执法人员核实确认，查获的1 800多册图书均为盗版图书。省版权局执法人员依法扣押了所有盗版图书，并给予了相应的行政处罚。

四、《劲舞团》私服案件

2010年8月18日，吉林省版权局联合长春市版权局对长春市区内的网吧进行了检查。在检查廉勇网吧时，在网吧后台发现其私自架设《劲舞团》游戏服务器。服务器共有3台，每台价值2万多元，都是属于大型的游戏服务器。该网吧架设游戏私服，目的是为游戏玩家长期提供有偿服务，并以此牟利。该网吧私自架设游戏服务器，严重侵犯了权利人的合法权益，执法人员当场没收了侵权服务器，并给予罚款15 000元的行政处罚。

五、枫情网吧私服案件

2010年8月26日，吉林省版权局联合辽源市版权局对辽源市区内的网吧进行检查。在检查枫情网吧过程中，发现该网吧后台私自架设《呱呱天龙》游戏服务器。服务器共有4台，都属于大型的游戏服务器。该网吧架设游戏私服，目的是为游戏玩家长期提供有偿服务，以此牟利。该网吧私自架设游戏服务器，严重侵犯了权利人的合法权益，执法人员当场没收了侵权服务器4台，并给予罚款2万元的行政处罚。

六、吉速网络电影侵权案件

2010年8月，吉林省版权局在主动监管网站时发现吉速网络涉嫌电影侵权，因此予以立案。执法人员经过调查，吉速网络电影在线网站是吉林市民王某于2009年6月私自设立的，以营利为目的，为网吧提供2 000余部未经授权的中外电影和电视剧作品下载服务。当事人王某对侵权一事供认不讳，版权执法人员依法没收了吉速网络电影在线服务器2台，并给予王某罚款15 000元的行政处罚。

七、“9·30”盗版光碟案件

2010年9月30日，吉林省版权局会同长春市版权局突击清查和平大世界6楼电脑城，在A18室查获淫秽光盘90张，盗版光盘3 000张。根据相关法律规定，该案已构成刑事处罚，应依法追究当事人的刑事责任。长春市版权局已将该案件移交给公安机关立案，目前，该案在进一步侦查中。此外，在A19号大宇影像工作室内，查获大量涉嫌盗版光盘，经清点鉴定，查获光盘均为非法出版物，光盘数量达5 000张。由于涉案盗版光盘数量巨大，根据相关法律规定，长春市版权局已将该案移送至长春市公安局经侦支队进一步审查。目前犯罪嫌疑人台某已被南关检察院正式批捕，案件处于审查起诉阶段。

八、GAYAHA网站音乐作品侵权案件

接到移转的“www.gayaha.net网站音乐作品涉

嫌侵权案”等三起案件后，吉林省版权局高度重视，立即成立了由版权管理处、延边州版权局、延吉市文化新闻出版和体育局、延吉市公安局网监大队组成的专案组，并把此案作为“剑网行动”中的重大案件进行查处。

经过专案组外围调查取证了解到，该网站服务器是佳雅信息科技有限公司托管在中国联合网络通信有限公司延边州分公司的。执法人员利用网上截屏等技术手段对网站进行了取证。2010 年 11 月 3 日，专案组兵分两路，分别对服务器托管单位中国联合网络通信有限公司延边州分公司增值业务中心机房和佳雅信息科技有限公司进行了检查，当场查扣 gayaha 网站服务器 14 台，控制了公司经理金武等工作人员。执法人员依法将该公司内的 14 台电脑主机进行了证据保存和图片证据保存，并对犯罪嫌疑人金武和该公司的工作人员进行了询问。

经查证，gayaha 网站是延吉市佳雅信息科技有限公司开办的，公司法定代表人是吉林省龙井市人尹光震，业务经理是吉林省延吉市人金武，负责网站的日常维护。公司的经营范围是软件开发、企业营销策划、会议及展览服务、国内职业介绍。网站于 2007 年 3 月开始备案运营，影视平台是 2009 年 10 月开始运营的，经营方式是为公众提供在线收看电影、电视剧等视听节目，共有视听节目 398 部，均无正式授权。对该网站涉嫌侵权一事，犯罪嫌疑人供认不讳。专案组给予该网站责令停止一切侵权行为、罚款人民币 2 万元的行政处罚。

九、徐某销售盗版图书案

接群众举报，吉林省新闻出版（版权）局联合长春市新闻出版局稽查队组成专案组，一举查获了一个贩卖大量盗版图书黑窝点，给违法犯罪分子以有力的打击。

根据群众举报提供的线索，位于长春市胜利大街银座某写字间内有销售盗版图书的行为。2010 年 11 月 30 日，在业主徐某提货间隙，执法人员对银座大厦 11 楼的一写字间进行了突击检查。在近百平方米的房间内，执法人员查扣了大量高码洋网络小说等图书。经鉴定，均系盗版和非法出版物。由于该业户没有经营许可证，经营地点位于 11 楼，十分隐蔽，其经营方式也是针对街头零售游商摊贩，通过电话联系定时取货，因此很难被执法部门发现。执法人员对现场所有盗版和非法出版物进行了收缴，共收缴各类非法出版物 4 100 多册，约 400 个品种，码洋约 24 万元。由于该案涉案金额数量巨大，目前正在进一步审理。

（吉林省版权局）

上 海 市

一、某国有金融企业侵犯著作财产权案

2008 年至 2009 年期间，被告某国有金融企业未经授权使用原告微软公司享有著作权的 Microsoft Server 系列软件，后经双方协商未果，原告遂向上海浦东新区人民法院提起诉讼，要求被告停止侵权、赔偿损失并公开赔礼道歉。法院经审理后认为，被告工作场所的计算机由被告提供，且用于被告公司的经营活动，被告有义务为其员工提供合法的正版软件，如果由于被告未能提供正版软件导致侵权行为的产生，其侵权责任应由被告承担。同时，被告在购买计算机时应当知晓计算机中是否有正版操作系统等软件，如果被告明知购买的计算机中装有侵权的计算机软件仍继续使用，则构成对该软件著作权的侵害。法院遂判决被告赔偿原告微软公司经济损失 110 万元，合理费用 47 673 元。

二、某摄影工作室著作权侵权纠纷案

2009 年 1 月，被告上海某摄影工作室未经许可，非法使用“哈哈摄影”图案及“哈哈摄影乐园”字样，侵犯上海广播电视台依法对作品“哈哈大眼睛”享有的著作权。2010 年 1 月，原告对相关侵权行为采取了公证，并向浦东新区人民法院提起诉讼，要求被告停止侵权行为、赔偿损失等。法院经审理后认为：被告“哈哈摄影”系对原告“哈哈大眼睛”美术作品的剽窃。被告在其门店的装潢中使用“哈哈摄影”图形，名片上印制“哈哈摄影”图形，并向顾客提供上述名片，被告的行为侵犯了原告对“哈哈大眼睛”美术作品享有的复制权和发行权。法院遂判决被告立即停止侵权，赔偿原告经济损失 5 万元。

三、许某、某出版社共同侵犯著作人身权、著作财产权纠纷案

2009 年 9 月，原告发现由某出版社出版的《历史的选择》一书中收录的被告许某撰写的《30 年中国新闻文体的变迁》涉嫌抄袭其作品构成侵权，而出版社未尽到合理注意义务出版发行了收录该侵权文章的《历史的选择》。原告遂向上海市杨浦区人民法院提起诉讼，要求被告停止侵权行为、赔偿损失并公开赔礼道歉等。法院经审理后认为，被告许某撰写的《30 年中国新闻文体变迁》一文引用了原告韩某撰写的《新时期报纸新闻文体发展研究》一文中的部分内容，但被告许某对所引用的内容未加注释指明作者姓名、作品名称及其出处，这种不标明作品来源的使用是对原告文章的抄袭，侵犯原告的著作权。被告某出版社对其出版行为的授权、稿件来源和署名、所编辑出版物的内容等尽到了合理注意义务，但是由于该出版社出版的《历史的选择》一书收录了被告许某撰写的侵权文章，所以该出版行为亦构成对原告著作权的侵犯，应当承担相应的民事责任。法院遂判决被告许某在《新闻记者》杂志刊登致歉声明并赔偿原告包括合理费用在内的经济损失 18 000 元；被告某出版社停止侵权，赔偿原告 6 000 元。

四、某公司未经著作权人许可复制和使用著作权人软件案

2010 年 7 月，上海市文化市场行政执法总队依据美国某软件公司授权权利人的投诉材料，决定受理上海某精密模塑有限公司未经著作权人许可、复制和使用著作权人软件一案，并立即组成专案小组开展调查。专案小组首先约谈投诉人，了解其掌握的被侵权情况以及被侵权软件的技术特征，并着手从外围调查被投诉人的经营产品范围，掌握被投诉人使用该软件的情况。同时，专案小组指派技术人员对该软件进行了取证技术研究，掌握了盗版软件的技术辨别特征及参数，制定了现场检查的操作办法。2010 年 7 月，市文化执法总队会同公安机关现场检查了上海某精密模塑有限公司设在徐汇区华泾路的经营场所，现场查获其正在使用侵权软件的计算机 9 台。经查，该单位自 2008 年 6 月 16 日起至 2010 年 9 月 2 日，复制和使用著作权人美国某软件公司开发的计算机软件共计 9 件，用于模具设计、制作经营活动以获取利益，且在收到著作权人要求停止侵权的通知后，仍继续实施侵权行为。市文化执法总队在调查取证后认定当事人的上述行为已侵害了权利人的著作权合法利益，损害了公共利益，违反了《中华人民共和国著作权法》和《计算机软件保护条例》的相关规定，遂依法对当事人作出责令停止侵权、罚款人民币 27 000 元的行政处罚。

五、刘某等人销售侵权复制品案

2010 年 3 月，根据举报，上海市公安局经侦总队与上海市文化市场行政执法总队成立“3·29 联合办案组”，一举侦破刘某等人销售侵权复制品案。经查，刘某等人在无《营业执照》及《音像制品经营许可证》的情况下，从广东省购进大量侵权音像制品，通过在淘宝网上开设的店铺，对外销售、批发侵权音像制品。

2010 年 11 月 17 日上海市浦东新区人民法院受理后，依法组成合议庭，经公开开庭审理此案。法院认为，被告人刘某等人以营利为目的，明知是侵权的音像制品而予以销售，其行为均已构成销售侵权复制品罪。随后，法院依法判决被告人刘某犯销售侵权复制品罪，判处有期徒刑一年二个月，罚金 4 万元；被告人王某犯销售侵权复制品罪，判处有期徒刑一年二个月，缓刑一年六个月，罚金 4 万元；被告人刘某犯销售侵权复制品罪，判处有期徒刑九个月，罚金 3 万元；违法所得予以没收；查获的 70 634 张侵权音像制品予以没收。

六、某分享视频网站非法上传作品侵犯他人著作权案

2009 年 9 月，原告搜狐公司诉某分享视频网站未经许可，擅自上传影视作品《麦兜的故事》。在法院审理中，双方当事人当庭在法院电脑中上网演示，通过在被告网站首页的“视频”搜索栏输入关键字“麦兜故事”，搜索结果仍显示有相关视频 253 个，如由播客“前程似警”上传的“麦兜的故事”视频、播放次数为 17 664 次、上传时间为 2009 年 9 月 6 日。这些视频的时长均在几十秒至几分钟之间。双方当事人一致确认这些视频的内容与搜狐公司主张的电影《麦兜的故事》内容一致。但被告认为，该些视频时长很短，不可能构成完整作品，故在删除电影《麦兜的故事》后，对该些视频予以忽略。法院经审理认为，被告传播涉案电影的完整视频的行为构成帮助侵权，且存在主观过错，应承担停止侵权、赔偿损失的侵权责任；其网络传播涉案电影片段视频的行为则同样侵犯搜狐公司的信息网络传播权，但不具有主观过错，应免除赔偿责任。

七、某出版社、图书发行公司侵犯著作权纠纷案

原告称某出版社、图书发行公司未经许可，擅自出版发行含有侵权内容的《小学英语国际音标起步》，并诉至上海市卢湾区人民法院。被告某出版社辩称涉案书籍是由其出版发行，但其对书籍已经尽到了审查义务，被告某图书发行公司辩称其确实出售过涉案书籍，但该书籍有合法来源，不应该由其承担赔偿责任。法院经审理认为，原告虽将涉案作品的专有出版权授予了海文音像出版社，但仅是许可海文音像出版社在一定期间内独占地、排他地使用涉案作品，并未将其享有的著作权予以转移，因此，当涉案作品著作权受到侵害，原告有权就此提起诉讼，要求停止侵权。同时，原告虽将涉案作品的专有使用权赋予了海文音像出版社，但由于其从海文音像出版社获得的报酬的方式是版税，即以发行量作为获得报酬的基础，被告某出版社的侵权行为，势必给原告造成经济损失，因此，原告可以要求被告某出版社予以经济赔偿。据此，法院判决两被告立即停止侵权、消除影响并公开赔礼道歉；并向原告支付 50 万元，赔偿原告合理费用 1 万元。

八、某视频网络企业侵犯著作财产权纠纷案

原告称被告某视频网络企业未经许可，在其经营的网站上复制、储存、播放涉案电视剧，严重侵害了原告的合法权利，并诉至上海市卢湾区人民法院，要求被告停止侵权、赔偿经济损失等。被告辩称其提供的是搜索引擎服务，原告没有履行通知的义务，被告收到诉状后即断开了相关链接。因此请求驳回原告的诉请。法院经审理认为，从原告所作的公证光碟来看，在被告网站上搜索到涉案影片，并点击搜索到的涉案影片后，就离开了被告网站，涉案影片播放的过程中 IP 地址显示并非被告网站。因此，涉案电视剧系由被告搜索引擎搜索后，通过被告设置的链接跳转到别的网站，并在该网站上进行播放的，被告并未直接实施播放行为。被告符合《信息网络传播权保护条例》第二十三条规定的免责情况，不应承担侵权赔偿责任。据此，依法驳回原告的诉讼请求。

九、张某等人侵犯网络游戏作品著作权案

2008 年间，被告人张某与游某未经《劲舞团》网络游戏在中国大陆地区的合法运营商久游公司的授权，私自从互联网下载《劲舞团》网络游戏程序，并将经修改的《劲舞团》网络游戏存放于租赁的服务器上。之后，两被告人注册 www.35au.com 网络域名，设置 35au《劲舞团》游戏服务器端，向网络游戏玩家提供 35au《劲舞团》游戏。自 2009 年 5 月至 2009 年 11 月 19 日，两被告人通过支付平台共计销售其经营的 35au《劲舞团》游戏虚拟货币达人民币 105 814.15 元。所得款项在扣除开支后，由被告人张某、游某均分。2009 年 11 月 19 日，被告人张某、游某被公安机关抓获。后公诉机关以两被告人以营利为目的，未经著作权人许可，复制发行计算机软件，其行为已构成侵犯著作权罪为由，依法向法院提起公诉。

法院经审理后认为：两被告人以营利为目的，未经著作权人许可，复制发行计算机软件，非法经营额计人民币 10 万余元，情节严重，其行为均已构成侵犯著作权罪，依法应予惩处。遂判决：（1）被告人张某犯侵犯著作权罪，判处有期徒刑一年，并处罚金 6 万元；（2）被告人游某犯侵犯著作权罪，判处有期徒刑十个月，并处罚金 4 万元；（3）违法所得的一切财物予以追缴，并发还被债权单位上海久游网络科技有限公司，不足部分责令退赔；（4）作案工具予以没收。

十、某公司侵犯胡兵、陈好婚纱照著作财产权纠纷案

2009 年 8 月，原告在被告某公司经营的网站上发现有其依法享有著作权的摄影作品。被告还在其网站上设置“明星图片”栏目和站内搜索功能，方便他人浏览、下载，直接或间接地从中赢利。原告遂诉至上海市黄浦区人民法院，要求被告立即停止侵权、赔偿损失并公开赔礼道歉。法院经审理认为，被告应当知道会有侵权作品上载至网站的可能，却疏于管理和监控，导致涉案的侵权作品在被告网站上停留两个多月，被公众浏览、传播，被告主观上具有帮助他人实施侵权行为的过错，不完全具备《信息网络传播权保护条例》所规定之免责条件，被告应当承担相应的民事法律责任。法院判决被告赔偿原告经济损失 17 000 元，合理费用 3 000 元，并在网站上发表声明，消除影响。

（上海市版权局）

江　苏　省

一、淮安陈刚侵犯著作权案

2009 年 5 月至 2010 年 5 月，被告人陈刚未经著作权人许可，擅自从互联网下载上海盛大网络发展有限公司独家运营的《传奇》游戏软件，非法经营“私服”，非法经营额达人民币 849 402.7 元，违法所得人民币 46 万元。淮安市人民检察院于 2010 年 11 月 25 日向淮安市中级人民法院提起公诉。2010 年 12 月 12 日，淮安中级人民法院依照《中华人民共和国刑法》等相关法律，判决如下：（1）被告人陈刚犯侵犯著作权罪，判处有期徒刑八个月，并处罚金人民币 1 万元；（2）被告人陈刚违法所得人民币 46 万元予以追缴，上缴国库。

二、昆山“12·14”侵犯著作权案

2010 年 9 月 10 日，昆山市文化广电新闻出版局接江苏省版权局《关于案件线索转移的通知》，随后按照上级统一部署，联合市公安局网监大队对昆山“12·14”案件进行了立案查处。经查：2009 年 4 月以来，被告人韦盛宝通过因特网服务器远程管理开设网站，在未取得相关著作权权利人许可的情况下，以营利为目的，在网站上复制软件、图书等，供网站注册会员付费下载，非法经营数额达人民币104 800余元。2011年3月4日下午，昆山市人民法院对昆山“韦盛宝侵犯著作权案”进行宣判，判决如下：（1）被告人韦盛宝犯侵犯著作权罪，判处有期徒刑三年六个月，并处罚款8万元；（2）扣押的作案工具电脑、硬盘、服务器，予以没收；（3）继续向被告人韦盛宝追缴违法所得，并予以没收。

三、徐州万松网侵犯著作权案

2010年9月，徐州市版权局接到省版权局批转的国家版权局关于盛大文学有限公司举报“万松中文网”涉嫌侵犯其旗下“起点中文网”文字作品的材料后，立即安排人员对举报反映的“万松中文网”进行浏览，并与著作权人盛大文学有限公司取得了联系，通过多方努力共固定涉嫌侵权的文字作品共5 483篇。2010年11月，徐州市版权局将此案移送给市公安局云龙分局网络警察大队，并成立专案组侦查取证。2010年12月，专案组赴江苏常州、南京，福建厦门等地，抓获五名犯罪嫌疑人，一举破获全国“扫黄打非”办、公安部等五部门联合督办的“徐州万松网侵犯著作权案”。

四、南京李兵侵犯著作权案

2010年5月26日，李兵在下关区和燕路211号苏果超市门口兜售光碟时，被公安机关当场查获并扣押其欲出售的光碟5 419张，后又在李兵的暂住地查获光碟1 589张，经鉴定，被查扣的6 641张光碟为未经著作权人授权及专有出版权人许可、无合法来源、非法复制发行的侵权复制品。李兵于2010年5月27日以非法经营被刑拘，6月20日以侵犯著作权罪被逮捕，2010年11月，被鼓楼区人民法院以侵犯著作权罪判处有期徒刑一年三个月，并处罚金3万元。

五、常熟“去听去听”音乐网网络侵权案

2009年6月，常熟市版权局接国际唱片业协会投诉“去听去听”音乐网（www.7t7t.com）未经授权擅自提供音乐试听，并通过该网站放置手机图铃、艺术签名、植入广告等谋取利益，侵犯了国际唱片业协会会员单位的版权权益。常熟市版权局接报后，立即登录该网站，并通过公证处对该网站涉嫌侵权的677首歌曲进行了下载并公证，与此同时，赴中国电信常熟分公司对该网站的服务器IP地址58.211.236.189进行了查封，并依法对电信公司的员工进行了询问，同时通知犯罪嫌疑人王佳豪到市版权局接受处理。犯罪嫌疑人王佳豪对犯罪事实供认不讳，因该案已涉嫌刑事犯罪，版权局立即将犯罪嫌疑人王佳豪及相关材料移交给常熟市公安局治安大队。2010年8月，常熟市人民法院依法对王佳豪侵犯著作权案进行了公开审理，判处王佳豪有期徒刑六个月，缓刑一年，并处罚金15 000元；追缴犯罪所得12 837.05元。

六、苏州谢瑞利用网络销售侵权复制品案

2009年9月初，苏州市“扫黄打非”办接全国“扫黄打非”办转来的举报后组织苏州市文广新局、公安部门展开侦查，基本掌握了犯罪嫌疑人谢瑞制售非法出版物的违法事实。

2009年10月23日，苏州市文广新局文化综合执法支队对犯罪嫌疑人谢瑞进行检查，当场查获各类非法出版物合计14 567册，货值总计537 977元。10月24日，文广新局将该案移送苏州市公安局相城分局。2010年5月20日，相城区人民法院根据《中华人民共和国刑法》第二百一十八条、第二十三条、第六十四条之规定，以销售侵权复制品罪判处谢瑞有期徒刑九个月，并处罚金人民币27万元，没收涉案出版物及用于犯罪的工具。

七、江都张国祥侵犯著作权案

2010年4月28日，江都市版权局会同扬州市文化综合执法支队对江都市职教集团进行了行政执法检查，发现该校所使用的《思维点拨与能力训练》系列丛书为侵权盗版教辅书。经查，盐城书商张国祥2008年至2009年期间共向该校销售侵权盗版《思维点拨与能力训练》系列丛书共7种、计1 923本。张国祥的行为违反了《中华人民共和国著作权法》第四十七条第一项、《中华人民共和国行政处罚法》第二十二条的规定及2007年《最高人民法院、最高人民检察院关于办理侵犯知识产权刑事案件具体应用法律若干问题的解释（二）》第一条规定。2011年1月20日，江都市人民法院对张国祥案发出《刑事判决书》[（2011）江刑初字第0042号]，认定被告人张国祥侵犯著作权罪成立，判处有期徒刑九个月，缓刑一年，并处罚金13 500元。

八、淮安“3·18”私设服务器非法经营网络游戏案

2010年3月8日，接江苏省版权局案件交办通知，据称淮安市有人盗用福建网龙计算机网络信息技术有限公司生产的网络游戏《魔域》，并架设服务器进行非法经营。2010年3月18日，淮安市文化行政综合执法人员对该非法经营地点进行突击检查，发现现场有两台服务器正在运行网络游戏《魔域》，当事人曹宝华不能提供权利人经营许可授权书，涉嫌侵权违法，扰乱市场经济秩序，侵害公共利益。经调查取证，该当事人的经营行为，违反了《中华人民共和国著作权法》第四十七条第一项、《中华人民共和国著作权法实施条例》第三十六条之规定，江苏省淮安市版权局决定给予当事人没收非法经营使用的两台惠普 580 服务器，11 块服务器硬盘，一台惠普 6510B 手提电脑，非法经营收入 6 300 元的处罚，并处罚款 12 600 元（非法经营额两倍）。

九、连云港华达彩印厂侵犯著作权案

2010 年 3 月 12 日，连云港市版权局接到举报，称灌南县华达彩印厂印刷非法出版物。市版权局和县文广体局执法人员立即赶赴华达彩印厂进行检查，现场发现：该印厂涉嫌盗印苏州大学《初中同步导学》等几种教辅材料成品及半成品共计 1 506 册，无授权包装印刷品 7 000 册。根据《中华人民共和国著作权法》第四十七条第一项和《中华人民共和国著作权法实施条例》第三十六条之规定，决定给予灌南县华达彩印厂罚款 2 万元，并没收盗版出版物的处罚。

十、灌南学子书店侵犯著作权案

2010 年 8 月 10 日，灌南县文化市场管理办公室（县新闻出版管理办公室）接到群众举报，称本县一民营书店从市区批发一批盗版图书，数目很大。根据上述线索，县文广体局根据现场检查、询问调查和鉴定文书、当事人供述等证据材料，认定灌南县学子书店未经著作权人许可，发行其作品，侵犯他人著作权事实清楚，证据确凿，依法应予以处罚。根据《中华人民共和国著作权法》第四十七条第一项和《中华人民共和国著作权法实施条例》第三十六条之规定，决定给予灌南学子书店罚款 2 万元、没收盗版教辅书 2 300 册的处罚。

（江苏省版权局）

浙　江　省

一、杭州世纪联线网络技术有限公司著作权侵权案

浙江省版权局接中国电影著作权协会投诉，称杭州世纪联线网络技术有限公司擅自向网吧提供未经授权的影片进行牟利，涉嫌侵权。经查，在浙江省杭州、宁波、嘉兴等地，杭州世纪联线网络技术有限公司以每年 1 000～2 000 元不等的价格，与多家网吧签订合同，负责这些网吧的影片更新业务。省版权局将该案交由杭州市文化市场行政执法总队负责查处。公安部门也介入该案的查处工作。12 月 30 日，杭州市公安局兵分三路，成功破获杭州世纪联线网络技术有限公司侵犯著作权案，抓获犯罪嫌疑人 2 名，查获涉案服务器 7 台、非法销售合同 1 000 多份，涉及网吧 14 000 余家，涉案金额高达 1 000 余万元。司法机关将依法追究当事人的刑事责任。

二、嘉兴刘小勇侵犯著作权案

嘉兴市文化市场行政执法支队接群众举报，于 8 月 17 日和 12 月 22 日，分别在两个窝点现场收缴非法音像制品 30 750 盒和 34 438 盒。经查，销售非法音像制品的两个窝点均为刘小勇所有。嘉兴市文化广电新闻出版局将此案移送嘉兴市公安局南湖分局后，南湖公安分局以侵犯著作权罪立案侦查，区检察院以侵犯著作权罪对当事人提起公诉，法院将依法作出判决。

三、杭州麦达公司网站著作权侵权案

11 月 10 日，浙江省版权局接国家版权局“重点案件信息表”，称美国相关权利人通过商务部，投诉杭州麦达电子有限公司非法通过网络向医院、医学院校图书馆、医学科研工作者提供涉外医学杂志相关文章电子版，并从中获取利益，要求省局予以查处。经查，杭州麦达电子有限公司创办于 1999 年底，是一家销售高校数字图书馆综合解决方案、高校学位论文提交和管理系统、高校特色资源管理系统等产品的软件开发企业。2007 年底，该公司立项开发“医文网”，2008 年正式投入运行。“医文网”主要业务分为两块：一块为医学方面的元数据检索，免费为读者提供医学杂志的文章检索业务。这块业务不违反著作权法相关法律法规的规定；另一块是该网站与其他机构合作，有偿向读者提供涉外医学杂志的全文下载业务，收费标准每篇 20～40 元，所收费用由杭州麦达电子有限公司与两家合作伙伴分成，具体违法所得数额难以确认。此项业务并未得到权利人的授权，该行为已违反《中华人民共和国著作权法》第四十八条、《信息网络传播权保护条例》第十九条的规定，构成侵权。当事人已经承认侵权事实。浙江省版权局依法对杭州麦达电子有限公司作出如下行政处罚：（1）责令杭州麦达电子有限公司停止侵权行为；（2）罚款 10 万元。

四、武义县力博珐琅厨具厂侵犯著作权案

2010 年 2 月，武义县文化市场行政执法大队接权利人浙江浪达厨具有限公司投诉，称武义县力博珐琅厨具厂未经其同意，擅自使用了其拥有著作权的《香飘万家》等美术作品，请求予以查处。经武义县文化市场行政执法大队查实，武义县力博珐琅厨具厂自 2009 年 8 月创办以来，未经权利人同意，擅自在其生产的厨具上使用了《香飘万家》、《香雪兰》等五个作品，已构成侵权。根据《中华人民共和国著作权法》第四十八条、《中华人民共和国著作权法实施条例》第三十六条的规定，武义县文化广电新闻出版局对武义县力博珐琅厨具厂作出罚款6万元的行政处罚。

五、宁波江东天汇网络服务有限公司侵犯著作权案

2010年10月，宁波市文化市场行政执法总队在检查中发现，宁波江东天汇网络服务有限公司为KTV经营者安装、维护VOD点播系统，并配套提供MTV曲库，但当事人无法提供曲库的合法授权或来源证明，涉嫌构成侵权。经查实，当事人从2007年3月以来，向客户配套提供用于VOD点播的曲库，目前有5万首左右。这些曲库里的歌曲均没有著作权人的许可证明。该行为已构成侵权。根据《中华人民共和国著作权法》第四十八条、《中华人民共和国著作权法实施条例》第三十六条的规定，宁波市文化广电新闻出版局对宁波江东天汇网络服务有限公司作出罚款6万元的行政处罚。

六、"我要听音乐网"侵犯著作权案

根据上级督办通知，2010年12月30日，杭州市文化市场行政执法总队对"我要听音乐网"进行检查，发现该网站上的部分歌曲存在未经著作权人许可，擅自传播的情况，涉嫌侵权。经查实，网站负责人汪锋于2008年开办了"我要听音乐网"，备案号浙ICP备05081013-1号。网站主要靠广告和手机铃声赢利，手机铃声由第三方提供，网站提供链接，通过广告联盟收取分成，但其违法所得难以查实。同时，当事人汪锋也承认网站上的音乐作品没有取得权利人许可且未支付报酬，其行为已构成侵权。根据《信息网络传播权保护条例》第二条、第十八条的规定，杭州市文化广电新闻出版局对汪锋处以罚款3万元的行政处罚。

七、"鹿城影院"网站侵犯著作权案

2010年7月，温州市文化市场行政执法支队根据上级督办要求，对位于温州市新城大道中园大厦A幢1502室的温州市迅驰数码科技有限公司进行检查时，发现该公司运营维护的"鹿城影院"网站上有《唐山大地震》等影片。经调查，该公司无法提供《唐山大地震》等影片著作权人的授权证明，其行为已构成侵权。根据《中华人民共和国著作权法》第四十八条、《中华人民共和国著作权法实施条例》第三十六条、第三十七条的规定，温州市鹿城区文化广电新闻出版局责令该公司立即停止侵权行为，并罚款3万元。

八、宁波唯达计算机网络有限公司侵犯著作权案

2010年9月，宁波市文化市场行政执法总队接权利人投诉，称宁波唯达计算机网络有限公司在承接镇海区政府采购中心台式计算机采购项目中，涉嫌非法预装微软公司的Windows XP软件。经查实，该公司未经权利人许可，擅自通过"GOUST"系统复制微软公司享有著作权的OEM版Windows XP软件460套，其行为已构成侵权。根据《中华人民共和国著作权法》第四十八条、《中华人民共和国著作权法实施条例》第三十六条、《计算机软件保护条例》第二十四条的规定，宁波市文化广电新闻出版局对宁波唯达计算机网络有限公司作出停止侵权行为、销毁侵权复制品并罚款4万元的行政处罚。

九、绍兴好又多百货有限公司侵犯著作权案

2010年1月18日，绍兴市文化市场行政执法支队在日常检查中，发现绍兴好又多百货有限公司销售的《蜗居》等42张（部）音像制品无法提供合法来源。后经鉴定，《蜗居》等42张（部）音像制品为盗版制品，其行为已构成侵权。绍兴市文化广电新闻出版局根据《中华人民共和国著作权法》第四十七条、《中华人民共和国著作权法实施条例》第三十六条的规定，对绍兴好又多百货公司作出停止侵权行为、没收侵权制品、罚款人民币1万元的行政处罚。

十、"鹿城读吧"网站侵犯著作权案

2010年5月12日，温州鹿城区文化市场行政执法大队对位于新城大道发展大厦604室的北京盘古世纪科技发展有限公司温州分公司创办的"鹿城读吧"进行检查时，发现该网站上有大量的小说供网友观看，如《贴身高手》、《盘龙》等。经调查，这些小说都未经著作权人授权，其行为已构成侵权。根据《中华人民共和国著作权法》第四十八条、《中华人民共和国著作权法实施条例》第三十六条、第三十七条的规定，鹿城区文化广电新闻出版局对该公司作出停止侵权行为、罚款人民币2万元的行政处罚。

（浙江省版权局）

安　徽　省

一、"骑士音乐网"侵犯著作权案

2010年10月12日，安徽省版权局接到国际唱片业协会举报，"骑士音乐网"未经国际唱片业协会会员公司授权，擅自向公众提供大量侵权音乐的下载和试听。安徽省版权局将此案作为重点案件，立即着手调查。执法人员对涉案网站进行远程定位，对涉嫌侵权音乐作品进行证据固定，发现涉案网站首页的 IP 地址和音乐来源服务器的 IP 地址均位于滁州市境内，且涉嫌侵权音乐作品数额较大，情节严重。安徽省版权局决定立即将此案移转滁州市版权局查办。2010 年 11 月 23 日，安徽省版权局派员陪同国际唱片业协会两名专员赴滁州，会同滁州市版权局，在某网吧完成对涉案 513 首侵权歌曲的网上下载证据公证保全工作。鉴于调查显示的涉案侵权作品已达刑事立案标准，滁州市版权局将此案移交滁州市公安局。案件侦办过程中，成立了安徽省版权局牵头，省“扫黄打非”办、省高院、省高检、省公安厅、滁州市委宣传部、市文广新局、市中院、市检察院和市公安局参加的案件指导小组。安徽省版权局领导精心组织，周密谋划。办案人员不辞辛苦、兵分多路开展工作，短短两周时间行程近万公里，奔赴北京、广州、杭州、上海、南京、合肥、黄山、芜湖、巢湖等地调查取证，分层划级收集证据，查实了 130 余万元的违法所得，形成了 2 000 余页的卷宗材料。每到一地，省版权局协调当地版权局配合办案人员调查取证。2011 年 1 月 24 日，“骑士音乐网”侵犯著作权案在滁州市南谯区人民法院进行一审宣判：三被告均犯侵犯著作权罪，分别被判处有期徒刑五年、罚金 150 万元，有期徒刑三年六个月、罚金 20 万元和有期徒刑三年三个月、罚金 20 万元的刑罚；三名被告人的违法所得予以追缴，扣押的三台服务器予以没收。2011 年 3 月 24 日，滁州市中级人民法院对“骑士音乐网”侵犯著作权进行二审判决：驳回上诉，依法维持原判。国际唱片业协会为此致函国家版权局、安徽省版权局，对安徽省版权部门在案件办理过程中恪尽职守、严格执法、秉公办事、高效工作的工作作风给予高度评价，对安徽省各部门紧密配合、共同努力表示充分肯定和诚挚的感谢。美国贸易代表办公室 2011 年度“特别 301 报告”援引了安徽省严肃查办“骑士音乐网”案件的事实，来佐证中国加大知识产权保护的力度、严厉查处侵权盗版案件的决心。

二、安徽一电脑学校网络销售盗版光盘案

2009 年 12 月 20 日，群众举报，位于安徽省阜阳市太和县城明智电脑培训学校内有人以办电脑学校培训为掩护，实际从事制作、网上贩卖盗版光盘的违法行为，并公开打出醒目广告进行销售宣传。安徽省版权局和太和县版权局执法人员会同当地公安机关迅速出动，当场查获了 2 900 余张盗版碟片，收缴了刻录光盘的相关设备、裸盘、盘面标签和涉及销售记录的账本。执法人员将本案移交给太和县公安局，追究涉案人员的相关刑事责任。2010 年 3 月 17 日，太和县人民法院根据被查获的盗版出版物、销售账单和安徽省版权局出具的版权鉴定书以及太和县公安局提供的书面材料及证人证言，审理查明：被告人付某某是当地明智电脑学校的创办人，其未经录音录像制作者许可，利用校内电脑刻录机等设备，大量制作并在当地和网络上销售盗版光盘 32 176 张，其中已出售 29 180 张，销售地区远至河南信阳、湖南株洲等地，不但侵害了著作权人的正当权益，而且造成了恶劣的社会影响，已经构成了刑事犯罪。2010 年 6 月 15 日，太和县人民法院作出刑事判决：被告人付某某犯侵犯著作权罪，判处有期徒刑三年，缓刑五年；并处罚金 5 万元。判决后，被告人付某某认罪服判，没有上诉。

三、“爱电子书吧”文字作品侵权案

此案件系国家版权局移转安徽省版权局的案件。北京中文在线文化发展有限公司诉“爱电子书吧”网站提供大量中文在线公司享有权属的温瑞安武侠小说，向网站用户提供内容服务，并进行营利活动。

安徽省版权局进行了远程取证，锁定涉案服务器位置后将该案移转淮北市版权局办理。2010 年 11 月 4 日，淮北市版权局正式立案。2010 年 11 月 30 日，淮北市版权局作出行政处罚决定：立即停止侵权行为，给予 1 万元的罚款。

四、www.ksdvd9.cn 电影作品侵权案

该案由安徽省版权局移转蚌埠市版权局查办，该案系一起未经著作权人许可，擅自上传侵权电影作品的案件。蚌埠市版权局于 2010 年 8 月 27 日立案，执法人员经过调查、取证、问询等系列工作后，于 2010 年 11 月 8 日作出停止侵权、没收涉案服务器、给予 2 万元罚款的行政处罚。

五、“音乐石头网”音乐作品侵权案

该案件系一起未经著作权人授权，擅自向公众提供海量侵权音乐作品的下载和视听服务的案件。安徽省版权局在对案件的基本情况核实，并对相关侵权证据进行固定保全后，将该案移转合肥市版权局查办。办案过程中，涉案当事人将服务器移至蚌埠。安徽省版权局立即协调蚌埠市版权执法部门进行取证。合肥市版权局于 2011 年 3 月 2 日对网站作出没收服务器、给予 1 万元罚款的行政处罚。

六、夏爱侠开设淘宝店涉嫌侵权案

由于涉案两个淘宝网店位于安徽省蚌埠市，安徽省版权局将此案移转蚌埠市版权局处理。蚌埠市版权执法人员会同蚌埠市公安局网监支队和电信部门，利用IP追踪等技术手段，经反复侦查，最终确定涉案人居住地址、工作单位等具体信息。2010年11月，蚌埠市版权执法部门与市公安局治安支队行动大队对涉案地址进行了现场检查，对共计51种、54本图书进行了证据先行登记保存。在当事人的配合下，通过淘宝管理后台对两网店交易情况进行取证。根据相关法律规定，蚌埠市版权局已将该案移送至蚌埠市公安局。

（安徽省版权局）

江　西　省

江西“9·01”侵犯著作权案

为进一步净化市场环境，以服务提升水平，以水平提升发展，江西省版权局把“打击侵犯知识产权和制售假冒伪劣商品专项行动”作为版权执法工作的重中之重，全面部署落实各项工作任务。专项行动期间，江西省版权局接到举报，反映南昌市某教育咨询有限公司使用的教材系盗版。在初步掌握有关情况后，江西省版权局执法人员进行了突击检查，现场查获涉嫌盗版教材共计12 060册，经鉴定均为侵权盗版出版物。因涉案数量较大，江西省版权局迅速与公安机关取得联系，在公安机关的密切配合下，执法人员深挖线索，初步查明该公司成立于2007年，法人代表谭某，但公司幕后实际负责人是林某（系台胞身份）。经深入调查，查明林某于2009年8月擅自委托南昌某彩印有限公司印刷了15 000册盗版美语教材。由于涉案数量较大，该公司的侵权行为已涉嫌触犯刑法，江西省版权局将此案移送南昌市公安局东湖分局经侦大队侦办。南昌市公安局东湖分局经侦大队依法将涉案当事人林某刑事拘留，后经检察机关批准逮捕。

江西南昌“9·01”案是江西省查获的第一起涉台人员侵犯著作权案，新闻出版总署、国家版权局高度重视，被列为新闻出版总署（国家版权局）、全国“扫黄打非”办、公安部、最高人民法院、最高人民检察院五部门联合挂牌督办的重点案件。

经法院审理查明，被告人林某未经著作权人许可，擅自复制发行其文字作品，并将侵权文字作品用于营利性的培训班业务和销售给加盟单位，其行为已构成侵犯著作权罪。2011年1月18日，南昌市中级人民法院依法作出一审判决，林某犯侵犯著作权罪，判处有期徒刑三年，缓刑三年，并处罚金6万元。同时，省新闻出版局已依法对涉案的南昌某彩印有限公司作出吊销印刷许可证的行政处罚，并将涉嫌犯罪人员移送司法机关。这一重大案件的顺利破获，是版权行政执法部门和司法机关密切配合、通力协作的成功案例，有力地表明了政府保护知识产权、打击侵权盗版活动的坚定立场。

（江西省版权局）

山　东　省

一、淘宝网琅琅书屋涉嫌侵权案

根据案件线索，2010年11月23日，聊城市文广新局执法人员对石某开设的琅琅书屋淘宝网店进行执法检查。经查，发现了一批盗版图书和发货的快递单存根以及用于在网上销售图书的3台电脑，在电脑中又发现了石某开设的京津书苑和孙某开设的随便淘书店。据当事人孙某交待，网上的3个书店全部由他个人操控。执法人员当场收缴了孙某家中存放的一批盗版图书，依法扣押了用于作案的3台电脑和发货的快递单存根。聊城市有关部门对石某给予罚款5 000元的行政处罚，并吊销其出版物经营许可证。

二、淘宝网八月雪33书店涉嫌侵权案

根据案件线索，2010年11月23日，聊城市文广新局执法人员对郭某开设的八月雪33书店进行了执法检查。在其家中和地下室未发现盗版图书，但发现了一些发货的快递单存根和用于在网上销售图书的1台电脑，专案组的执法人员依法扣押了用于作案的1台电脑主机和发货的快递单存根。聊城市有关部门对郭某给予罚款3 000元的行政处罚，并吊销其出版物经营许可证。

三、淘宝网读书俱乐部会员店涉嫌侵权案

根据案件线索，2010年11月24日，聊城市文广新局执法人员对程某开设的读书俱乐部会员店进行执法检查。在当事人程某的家中发现了一批盗版图书和发货的快递单存根，以及用于在网上销售图书的2台电脑和1台打印机，执法人员当场收缴了程某家中存放的盗版图书，依法扣押了用于作案的2台电脑主机、1台打印机和发货的快递单存根。

四、泰安市王某某等侵犯《语文报》著作权案

2010年11月12日，山东省泰安市公安局泰山分局经过缜密侦查，快速出击，在泰安市某印刷厂当场查获非法印制的《语文报》16万余份，抓获涉嫌侵犯著作权的犯罪嫌疑人14人。目前，此案已审结。（详情参见“2010年打击侵权假冒专项行动版权执

法十大案件”)

（山东省版权局）

河 南 省

一、“9·03”重大盗印出版物案

2010年9月3日，执法人员在新乡县一村庄内发现一个未经审批的黑印刷厂。现场查扣45种涉案图书共计20 229册、滚筒纸136卷、涉案印刷设备26台以及用于盗印图书的PS版958张。省版权局、省“扫黄打非”办把此案列为联合挂牌督办重点案件。由于该案件情节特别严重，省委卢展工书记对此案作出重要批示，省委常委、宣传部长、副省长孔玉芳就此案多次听取专题汇报并亲自带领专案组深入案发地进行督导，省新闻出版局、省版权局局长詹玉荣多次率工作组赴涉案地协调、指导办案。经各级有关部门共同努力，三名主要涉案人员很快被缉拿归案，两人被依法判处有期徒刑十三年，并分别处以罚金30万元，1人被判处有期徒刑十年，并处罚金10万元。

二、“9·14”重大盗印图书案

2010年9月14日，根据举报线索，河南省、新乡市“扫黄打非”办公室以及公安、版权、文化执法等部门依法对位于新乡市郊的一农家院进行检查，现场查获用于盗印的各类胶片1万余张及部分涉嫌盗版的图书，查扣涉案印刷设备11台、涉案车辆2辆。之后，办案人员又在附近村庄起获被藏匿的涉案图书6.5万册。经调查，自2008年5月开始，涉案人员盗印各类图书、试卷共计392.8万册（份）。6名嫌疑人被分别判处十年至十四年有期徒刑，并处罚金共计2 630万元。国家版权局、公安部等五部门将此案列为挂牌督办重点案件。该案件的成功查处，使盗版盗印行为受到严厉打击，在当地引起了强烈反响。

三、“拥抱明天tb”等淘宝网店销售盗版图书案

2010年11月25日，省版权局执法人员在郑州市区一居民楼内查获一个存有大量涉嫌盗版图书的窝点，现场查缴涉案图书1.8万册，总码洋90.9万元，共有200余个种类，涉及40余家出版单位，现场查扣涉案设备12台。在国家版权局的大力支持和帮助下，经相关出版单位鉴定，涉案图书均为盗版。经调查，2010年以来，涉案人杜某雇用多名工人，通过其利用假信息在淘宝网注册的“拥抱明天tb”等六家网店，大肆销售各类盗版图书牟取暴利。该案被依法移送公安机关。此案是近年来河南省查处的涉案图书数量最多的一起网络销售盗版图书案件，被新闻出版总署（国家版权局）、公安部、全国“扫黄打非”办、最高人民法院、最高人民检察院五部门列为挂牌督办重点案件。

四、开封天晴网络游戏外挂侵权案

2010年4月，根据权利人投诉，开封市版权、公安部门对天晴网络游戏外挂侵权案展开调查。经查，自2006年开始，福建省三明市人张某擅自将福建天晴公司的网络游戏——《征服》相应功能进行技术修改，以提升等级并外挂赢利。2007年，又通过开封市通许县网友马某代理销售游戏外挂牟利。经司法鉴定，张某、马某制售游戏外挂侵犯了著作权人的合法权益，两嫌疑人被开封警方分别从三明、通许抓捕归案，并被依法追究刑事责任。

五、“动漫G料库”网站侵权案

2010年10月，省版权局根据涉案线索，对“动漫G料库”网站涉嫌侵权案件立案调查。经查，“动漫G料库”是郑州万宇在线电子有限公司开办的“万宇在线”网站中的一个频道，该网站没有对他人上传的动漫作品的权属进行审核，擅自将大量未经授权的动漫作品向社会在线传播，严重侵犯了他人的合法权益。省版权局依法没收了涉案服务器，并对网站处以行政罚款6.5万元。

六、“妙计软件工作室”网络销售盗版软件侵权案

驻马店市版权、公安部门联合查处了“妙计软件工作室”通过网络非法销售各类盗版计算机软件案件，查缴盗版软件400套，查扣涉案设备、材料1 000余件。经调查，涉案人未经审批成立“妙计软件工作室”，根据客户需求非法复制各类工程、财务等计算机软件，通过网络进行销售，非法获利1.7万元。当地版权部门依法没收了涉案设备、材料及非法收入，同时对工作室处以行政罚款5万元。

（河南省版权局）

湖 北 省

一、武汉市“11·22”案

2010年11月22日，武汉市江汉区水塔街派出所民警会同新闻出版部门工作人员对前进四路金涛大厦1202房间进行检查，查获大量盗版及淫秽光盘，并将出售光盘的李某、王某抓获。经鉴定，查获盗版光盘76 138张，淫秽影碟2 008张。犯罪嫌疑人李某、王某的行为触犯《中华人民共和国刑法》第二百一十七条和第三百六十三条之规定，涉嫌侵

版权

典型案件选编

DIAN XING AN JIAN XUAN BIAN

2010年中国著作权司法保护典型案件

一、华盖创意（北京）图像技术有限公司诉中国外运重庆有限公司侵犯著作权纠纷再审案［最高人民法院（2010）民提字第199号、重庆市高级人民法院（2010）渝高法民终字第71号、重庆市第一中级人民法院（2009）渝一中法民初字第209号民事判决］

【案情摘要】 华盖公司为美国Getty Images，Inc.（简称Getty公司）在中国的授权代表，Getty公司授权华盖公司在中国境内展示、销售和许可他人使用拥有其著作权的图像资料，并有权在中国境内以华盖公司的名义就任何第三方对Getty公司的知识产权（版权，包括精神权利）的侵犯和未经授权使用Getty公司拥有著作权的图像的行为采取任何形式的法律行为。Getty公司出具的授权书已经美国公证机构公证及中国驻美国旧金山总领事馆认证。依据该授权书，华盖公司作为Getty公司在中国的授权代表，有权在中国境内展示、销售和许可他人使用Getty公司拥有著作权的图片，并有权在中国境内以华盖公司名义就任何侵权行为提起诉讼。华盖公司认为重庆外运公司未经授权，在其企业宣传画册中使用了Getty公司授权其在中国有权展示、销售和许可他人使用的一张图片，图片编号为：aa030148，内容为：仓库。华盖公司遂诉至法院，请求判令重庆外运公司立即停止侵权行为并销毁全部相关制品；在重庆电视台卫视频道公开赔礼道歉；赔偿华盖公司经济损失10 000元；支付华盖公司为维权所支出的成本费用1 100元；本案诉讼费用由重庆外运公司负担。一审庭审中，重庆外运公司提交证据证明涉案宣传画册形成时间在2006年。

【判决结果】 一审法院认为，涉案宣传画册制作形成的时间为2006年，由于华盖公司未能就Getty公司在涉案宣传画册形成之前是否拥有涉案图片著作权提供充分的证据，其不具有根据Getty公司授权提起本案诉讼的权利，判决驳回华盖公司的诉讼请求。二审法院认为，根据华盖公司的著作权登记记载，Getty公司许可其使用涉案图片的期限为2005年8月1日至2010年6月30日止。现有证据不能确定涉案图片的上传时间，故无法确定Getty公司在2005年8月1日前或者是在2006年前，对涉案图片享有著作权。判决维持原判。

最高人民法院再审认为，涉案图片上有“Getty Images®”的水印，即Getty公司的署名，并在其网站标注了“本网站所有图片均由Getty公司授权发布，侵权必究”等字样，根据著作权法的规定，如无相反证明，应认定在作品上的署名者为作者，并享有著作权。本案中，Getty公司出具的授权书已经美国公证机构公证及中国驻美国旧金山总领事馆认证。依据Getty公司的授权，华盖公司有权在中国境内以华盖公司名义就任何侵权行为提起诉讼。其次，本案重庆外运公司使用的涉案图片与Getty公司享有著作权的图片完全相同，但重庆外运公司既未提交证据证明涉案图片的著作权不属于Getty公司，亦未能证明其对涉案作品的使用有合法依据，据此，可以推定涉案图片在重庆外运公司2006年使用之前已经公开发表，至于涉案图片发表的具体时间已不重要。重庆外运公司未经许可，擅自使用涉案图片，并用于企业宣传推广，侵犯了华盖公司依法享有的复制权和发行权，应当承担停止侵害、赔偿损失的民事责任。重庆外运公司以其只是企业宣传册的使用者，不是制作者，没有侵权的故意，不构成侵权的抗辩理由不能成立。对于企业宣传画册制作者的责任，重庆外运公司可以依据其与该制作者签订的合同，另案解决。关于赔偿数额，根据华盖公司相同图片的许可使用费价格及重庆外运公司侵权行为的性质、主观过错等因素，由本院予以酌定。对于华盖公司请求判令重庆外运公司赔礼道歉的问题，因赔礼道歉属于侵犯著作权人人格权利所应承担的民事责任，而华盖公司不是涉案图片的作者，其不享有涉案图片著作权中的人格权利，故对其该项主张不予支持。判决：一、撤销原一审、二审法院判决；二、重庆外运公司停止使用编号为aa030148的摄影图片；三、重庆外运公司赔偿华盖公司经济损失3 000元及合理支出费用1 100元；四、驳回华盖公司其他诉讼请求。

【典型意义】 “谁主张、谁举证”是民事诉讼的基本原则。一般情况下，原告提起侵犯著作权之诉，其不仅应提交其享有涉案作品著作权的事实证据，同时还要提交被告构成侵权的事实证据；被告对原告提交的上述证据予以否认的，同样应就其否认的事实提交证据予以证明，以保证诉讼中当事人诉讼权利义务平等。但在具体案件中，如何适用上述证据规则，正确合理地分配当事人举证责任，不同的法院、不同的法官对此有着不同的认识，故而把握的原则不尽一致。最高人民法院在本案再审判决中对相关证据的认定，体现了对上述证据规则的适用原则，对于类似案件的处理具有指导意义。

【重点评析】

1. 关于华盖公司能否依据Getty公司授权主张权利问题

本案华盖公司是从案外人Getty公司处有偿取得涉案图片在中国境内的专有使用权。但Getty公司是否享有涉案图片的著作权，要由华盖公司提供证据予以证明，这也是华盖公司主张权利的基础。本案中，华盖公司为了证明其享有涉案图片的专有使用权，提交了Getty公司享有涉案图片的著作权及Getty公司出具的授权书等一系列证据，重庆外运公司如否认该等事实，必须提交相关证据，在其没有提供足以推翻华盖公司提交的相关证据的情况下，华盖公司的举证责任已经完成。原审法院认为华盖公司没有完成举证责任，要求华盖公司继续提供证据证明Getty公司取得涉案图片著作权的具体时间，加重了权利人的举证责任的负担，不符合民事诉讼证据规则，不利于权利人合法权利的保护。

2. 关于重庆外运公司是否构成侵权的认定

“接触加实质性相似”是司法实践中被用来判断被告是否构成侵权的一般原则。著作权法保护的是具有独创性的作品，在具体侵权案件中，如被告作品与原告作品相同或者实质性相似，原告主张被告侵权，其除了应提供权属的证据外，还应对被告有可能接触其作品，并构成侵权的事实进行举证。但根据《最高人民法院关于民事诉讼证据的若干规定》第九条之规定：根据法律规定或者已知事实和日常生活经验法则，能推定出的另一事实，当事人无需举证证明。就本案而言，重庆外运公司使用的涉案图片与华盖公司主张权利的图片完全相同，由于重庆外运公司既没有主张涉案图片是自己独创，或是来自公有领域或者来自第三方的证据，也没有提供证据证明其使用行为具有合法性，据此，即可以推定涉案图片在重庆外运公司使用之前已经公开发表，重庆外运公司“接触”并使用了该图片的事实已经存在。至于该图片何时上传至互联网，以及Getty公司何时享有著作权，对认定重庆外运公司是否构成侵权没有关系。

另外，著作权人享有的著作权不以作品是否登记或者是否发表为前提，且发表权一次用尽。本案中，Getty公司将涉案图片上传其网站的时间，可能是首次发表的时间，也可能不是，这都不影响其对该图片依法享有的著作权。在重庆外运公司对其被诉侵权行为没有提供相关证据进行抗辩的情况下，原审法院将涉案图片上传时间作为本案的“核心”事实进行严格的审查，不仅没有必要，且该举证责任的分配对于华盖公司来说有失公允，不利于及时制止侵权行为，保护著作权人的合法权益，再审判决对此予以纠正，并按照华盖公司相同图片的许可使用费价格及重庆外运公司侵权行为的性质、主观过错等因素酌定赔偿数额是正确的。对于重庆外运公司提出的其只是企业宣传册的使用者，不是制作者，没有侵权的故意，不构成侵权的主张，根据《民法通则》及《侵权责任法》的规定：“二人以上共同实施侵权行为，造成他人损害的，应当承担连带责任。”对于承担连带责任的，被侵权人有权请求部分或者全部连带责任人承担责任。本案因“制作者”没有参加诉讼，对于该制作者的责任，重庆外运公司在全额承担相应的连带赔偿责任之后，如认为其承担了超出自己应当承担的责任份额，其可以就超出部分向未承担责任的“制作人”行使追偿权。

二、李长福诉中国文史出版社侵犯著作权纠纷再审案［最高人民法院（2010）民提字第117号、北京市高级人民法院（2006）高民终字第522号、北京市第一中级人民法院（2005）一中民初字第12079号民事判决］

【案情摘要】 2001年4月13日，李长福与文史出版社签订《图书出版合同》，约定：李长福授予文史出版社在中国大陆出版发行《邓小平理论辞典》作品汉字简体字文本的专有使用权；未经双方同意，任何一方不得将第一条约定的权利许可第三方使用，如有违反，另一方有权要求经济赔偿并终止合同；文史出版社尊重李长福确定的署名方式；稿酬计算方式为基本稿酬65元/千字加印数稿酬；出版电子版或者许可第三方出版电子版，须另行取得李长福的书面授权；合同自签字之日起生效，有效期为10年。之后，李长福发现在市场上有以文史出版社名义出版的690×960mm版（简称960版）、787×1092mm（简称1092版）（含配套光盘）两种版本的《邓小平理论辞典》，两版图书均署名主编李长福，在作者名单中亦有李长福署名。960版扉页作品标题下署名“李长福主编”，1092版扉页没有署名；印数均为5 000册，字数均为1 180千字，均为2004年8月第1版。960版定价130元，1092版定价298元，1092版配套光盘的内容与图书内容一致。李长福指出1092版有40余处文字、排版、印刷错误，光盘中同样存在；文史出版社承认该事实，对出版光盘未经许可亦不否认。李长福已获得960版基本稿酬74 100元（含税），另获得书稿删除补偿费8 000元（含税，系对删除的40万字按每千字20元支付），未获得其他报酬。

【判决结果】 一审法院认为，文史出版社同意向李长福支付960版按实际字数118万字计算的印数稿酬7 410元，法院予以支持。由于双方合同中未就具体署名方式加以特别约定，文史出版社只要在署名页为作者署名即可视为署名恰当。文史出版社根据合同取得了在中国大陆以图书形式出版发行《邓小平理论辞典》作品汉字简体字文本的专有使用权，其只要在约定的范围内出版、发行该书即是合法的，版本的决定权在文史出版社，因此其出版1092版并未超出合同约定范围。文史出版社出版1092版应向李长福支付印数稿酬，但由于李长福在本案中主张侵权而未主张该版本印数稿酬，李长福可另行解决。文史出版社在出版1092版的同时出版该作品光盘版，超出合同约定，其行为既属于违约又构成侵权，李长福有权选择提起侵权之诉。文史出版社应承担停止侵权、赔偿损失的民事责任。双方均同意解除《图书出版合同》，法院予以准许。判决：1. 解除李长福与文史出版社的图书出版合同；2. 文史出版社支付李长福960版图书印数稿酬7 410元；3. 文史出版社停止出版发行光盘版《邓小平理论辞典》；4. 文史出版社赔偿李长福因光盘版《邓小平理论辞典》侵权所造成的损失40 000元；5. 文史出版社支付李长福合理支出4 108元；6. 驳回李长福其他诉讼请求。案件受理费14 032元，李长福、文史出版社各负担7 016元。

李长福不服一审判决，向北京市高级人民法院提起上诉。二审法院维持原判后，李长福又向最高人民法院申请再审。

再审期间，最高人民法院根据李长福的申请，从北京市工商行政管理局昌平分局调取了京工商昌处字（2005）105号姚智瑞无照经营行政处罚案的卷宗，其中有文史出版社开具给姚智瑞的两张发票，开票时间分别为2004年6月22日及2004年7月19日，金额合计为8万元。另经再审审理查明，文史出版社在本院再审时认可1092版《邓小平理论辞典》是其当时的社长马威找书商姚智瑞合作出版，是将录有960版内容的未定稿交给书商，由书商自行排版、印刷、发行了1092版；文史出版社向书商收取了8万元管理费。

最高人民法院再审认为，按照文史出版社与李长福签订的《图书出版合同》的规定，文史出版社无许可他人复制发行涉案作品的权利。1092版《邓小平理论辞典》是文史出版社以合作出版为名，向书商姚智瑞收取管理费，给书商办理有关手续，由书商自行排版、印刷、发行的。文史出版社放弃了编辑、校对、印刷、复制、发行等职责，致使书商以文史出版社的名义从事非法出版活动牟利，构成买卖书号行为。1092版图书是书商姚智瑞从事非法出版活动出版的出版物，其复制发行的主体实质上已经不是文史出版社，而是书商姚智瑞。1092版《邓小平理论辞典》版权页标有“含光盘1张”字样，所附光盘为赠品，光盘没有电子出版物书号，也没有单独定价发行，是1092版图书的组成部分，而李长福与文史出版社签订的出版合同明确约定出版电子版应该经过作者书面授权。据此，也应该认定1092版的出版发行侵犯了李长福的著作权。文史出版社将960版未定稿交给书商复制发行1092版的行为，既是违反出版合同的违约行为，也是违反著作权法规定的侵权行为。李长福有权选择提起侵犯著作权的诉讼。文史出版社卖书号给书商出版侵权图书、将960版未定稿交给书商复制发行、出版电子版的行为，均侵犯了李长福对其作品的复制发行权，应当依法承担停止侵权、赔偿损失的民事责任。原审判决认定1092版图书出版未超出合同约定、未侵犯李长福的著作权，认定事实和适用法律均有错误。1092版虽然存在李长福指出的错误，但是均属于没有充分校对及排版印刷方面的问题，并非有意修改或者歪曲篡改作者的作品。由于1092版纸质印刷部分与光盘均为侵权出版物，在确定赔偿额时一并处理。李长福是涉案图书的主编，作为汇编作品的权利人提起本案诉讼，由于该汇编作品中包括作者撰写的辞条作品，故对该汇编作品中使用其他作者的作品的利益亦予以一并考虑。综合考虑李长福主张权利的涉案作品的性质、李长福正常许可文史出版社出版960版图书的稿酬标准，以及文史出版社卖书号并许可书商复制发行涉案作品收取的费用、文史出版社侵权情节、李长福维权支出的合理费用等因素，判决如下：1. 撤销二审判决；2. 维持一审判决的第1、2、6项，撤销该判决的第3、4、5项；3. 文史出版社停止出版发行1092版《邓小平理论辞典》及其配套光盘；4. 文史出版社赔偿李长福损失及维权合理费用15万元。

【典型意义】 “买卖书号”历来属于国家公权力干预的行为，《出版管理条例》第二十二条规定，出版单位不得向任何单位或者个人出售或者以其他形式转让本单位的名称、书号。1997年1月新闻出版署《关于严格禁止买卖书号、刊号、版号等问题的若干规定》中对此也作了明确规定。本案属于侵犯著作权纠纷案件，最高人民法院在审理本案的过程中，充分考虑了被告卖书号并许可书商复制发行涉案作品收取的费用的违法性，并根据被告侵权情节、原告维权支出的合理费用等因素，酌定赔偿数额是适当的。

三、万代株式会社诉汕头市澄海区泓利电子玩具实业有限公司、黄士成侵犯著作权纠纷上诉案［北京市高级人民法院（2010）高民终字第1822号、北京市第一中级人民法院（2010）一中民初字第1147号民事判决］

【案情摘要】 万代株式会社享有“高达”系列拼装玩具外包装及使用手册的著作权。其以汕头市澄海区泓利电子玩具实业有限公司生产、黄士成销售的系列“高达”玩具侵犯了其著作权为由诉至法院。

【判决结果】 一审、二审法院均认为，被诉侵权产品的外包装及使用手册与万代株式会社享有著作权的涉案产品构成实质相似。汕头市澄海区泓利电子玩具实业有限公司未经万代株式会社许可，制造、销售被控侵权产品，侵犯了万代株式会社对涉案作品享有的著作权。黄士成作为被诉侵权产品的销售者，未能提供产品合法来源的证据，亦应承担相应的民事责任。判决：汕头市澄海区泓利电子玩具实业有限公司立即停止生产、销售侵犯万代株式会社享有著作权的产品，刊登致歉声明，向万代株式会社赔礼道歉、消除影响；黄士成立即停止销售侵犯万代株式会社享有著作权的产品；汕头市澄海区泓利电子玩具实业有限公司及黄士成就41起侵权案件，赔偿万代株式会社经济损失及合理支出共计70余万元。

【典型意义】 该41起系列案件是典型的著作权侵权案件。万代株式会社是世界上较大的玩具生产商，其“高达”系列玩具风靡全球。法院在查明事实的基础上，认定41起案件中被告均构成侵权，并在综合考虑各种因素的基础上确定的赔偿数额，体现了法院对于著作权的保护力度。

四、李强诉于芬侵犯著作权纠纷案［北京市海淀区人民法院（2010）海民初字第2197号民事判决］

【案情摘要】 李强著有《西方理念是科学，东方思想是宗教》（简称《西》文）一文，并发表在其博客“西北风的空间——搜狐博客”和“搜狐网梦幻主场——体育大看台”上。后，于芬在其博客“于芬的博客——搜狐博客”上发表了《如何突破难度与稳定的瓶颈，继续领跑世界跳坛》（简称《如》文）一文，《如》文的第六段整段引用了《西》文第五段的内容，但未注明作者和出处。李强以于芬侵犯了其著作权为由诉至法院。

【判决结果】 法院认为，博客通常为个人持续性的日记或评论，因这些日记或评论已通过互联网向不特定的人公开，故个人将自己持续性的日记或评论发布于博客上的行为构成著作权法意义上的发表。依常理，博客上发表的文章应为博客空间所有人所创作，即博客上发表的文章著作权应由博客空间所有人享有。本案中，于芬在使用《西》文时，未指明《西》文的作者姓名和作品名称，侵犯了李强对《西》文享有的署名权；未经李强许可，亦未向其支付报酬，即在互联网博客空间上发表了使用《西》文内容的《如》文，侵犯了李强对《西》文享有的信息网络传播权。从《西》文和《如》文的研讨主旨及于芬在博客上的回复中可知，《如》文对《西》文的使用已构成对《西》文核心内容的使用。于芬辩称的《如》文发表在博客上，对《西》文内容的使用属于合理使用，不符合合理使用的法定事由。判决：于芬立即停止在《如何突破难度与稳定的瓶颈，继续领跑世界跳坛》中使用《西方理念是科学，东方思想是宗教》文章内容；在“于芬的博客——搜狐博客”、“搜狐圈子—体育看台—走进于芬的天空”、“搜狐圈子＞体育看台＞梦幻主场”上登载致歉声明；赔偿李强经济损失和诉讼合理支出共计1 800元。

【典型意义】 本案系我国首例形成判决的博客著作权侵权案件。作品发表包括各种形式，作者通过互联网在博客上发表作品，面向的是不特定的公众，属于将作品公之于众的行为。法院根据查明的事实，认定被告《如》文已构成对原告《西》文核心内容的使用，被告未注明出处在博客上发表《如》文，不属于合理使用行为，侵犯了原告的署名权及信息网络传播权，并判令被告向原告赔礼道歉，承担相应的赔偿责任是正确的。

五、白广成诉北京稻香村食品有限责任公司著作权权属、侵权纠纷案［北京市东城区人民法院（2010）东民初字第02764号民事判决］

【案情摘要】 北京鬃人是北京传统民间工艺，

属于北京市级非物质文化遗产。白广成系鬃人“跑驴”的作者。北京稻香村食品有限责任公司未经许可在其生产的“老北京”广式月饼包装上多处使用了白广成“跑驴”的照片。白广成以北京稻香村食品有限责任公司侵犯其著作权为由，诉至法院。

【判决结果】 法院认为，涉案的鬃人“跑驴”构成著作权法意义上的作品，白广成系该作品的著作权人。北京稻香村公司未经许可在其月饼包装上使用“跑驴”照片的行为侵犯了白广成的著作权。综合考虑涉案作品系非物质文化遗产的性质，以及该作品的知名度、侵权人的使用方式、侵权的主观状态等，判决：北京稻香村食品有限责任公司停止在其生产、销售的“老北京”广式月饼包装盒上使用白广成创作的“跑驴”作品，在《北京晚报》上刊登致歉声明，并赔偿白广成经济损失20 000元。

【典型意义】 本案涉及保护的作品与非物质文化遗产的保护相关。法院在确定侵权民事责任时，除了考量一般性要素，适用著作权法保护涉案作品外，还特别考虑到涉案作品的非物质文化遗产的属性，对于鼓励创作和弘扬传统文化具有积极意义。

六、何瑞东诉李向华、天津理想慧天科技发展有限公司侵犯著作财产权纠纷上诉案［天津市高级人民法院（2009）津高民三终字第29号、天津市第一中级人民法院（2009）一中民五初字第46号民事判决］

【案情摘要】 何瑞东是《股道登峰——股市全胜兵法》一书的作者。2009年2月1日，注册名为“跃马江湖道”的网民在李向华所创建理想论坛上，上载了《股道登峰——股市全胜兵法》的电子文档。何瑞东以李向华及理想论坛网站经营者天津理想慧天科技发展有限公司侵犯何瑞东对该书依法享有的信息网络传播权以及许可使用权和获得报酬权等权利为由诉至法院。

【判决结果】 一审法院认为，李向华系网络服务提供者，其在得知“跃马江湖道”上载的内容系侵犯他人著作权的作品后，及时进行了移除，并在诉讼中提交了“跃马江湖道”的相关信息，已经履行了自己的义务，故驳回了何瑞东的诉讼请求。二审法院认为，李向华是否应就其经营的“理想论坛”网站上登载涉案图书的行为承担侵权责任，应综合考虑其对用户是否履行了适当的提示和告知义务，其是否直接参与了侵权行为，是否知道或应当知道侵权事实的存在，是否履行了移除义务，是否从用户上传作品直接获得经济利益等因素。作为网络存储空间服务提供商，李向华不知道也没有合理的理由应当知道用户上传的涉案图书存在侵权事实，且已履行了合理的移除义务，具备《信息网络传播权保护条例》第二十二条规定的免责条件，不应承担赔偿责任。一审判决驳回何瑞东的诉请并无不当。

【典型意义】 本案涉及对网络存储空间服务提供者法律责任的认定。在现有法律框架内，如何在保护著作权人合法权益和促进网络产业正常发展之间寻求一种利益平衡，是司法实践中面临的难点问题。法院根据当事人提供的证据，认定本案被告不知道也没有合理的理由应当知道网络用户利用其网络服务实施侵权行为，且采取了必要的措施，符合《信息网络传播权保护条例》第二十二条免责条件，进而判决被告不应承担赔偿责任是正确的。

七、保定双狐软件有限公司与三河环波软件有限公司计算机软件著作权权属上诉纠纷案［河北省高级人民法院（2010）冀民三终字第52号、天津市第一中级人民法院（2009）一中民五初字第46号民事判决］

【案情摘要】 2000年9月7日，保定双狐软件有限公司（简称双狐软件公司）法定代表人向国家版权局就“坐标工具及多数据库集成应用系统V2000”、“石油地球物理辅助解释系统V2000”（简称为两款V2000软件）进行著作权登记，著作权人是双狐软件公司、赵殿君，开发时间分别是1999年4月5日、1999年11月1日。后该公司股东经多次变更及股权转让。2006年3月22日，双狐软件公司通过了《第三届股东会决议》（简称“3·22”决议）。该决议第一条约定赵殿君、靳雄、彭海勇向其他股东转股，退出双狐软件公司；第五条约定“老双狐”（即双狐软件公司）和赵殿君共有的知识产权双方共享，对原知识产权技术的改进、发展分别归各自所有。2006年4月7日，赵殿君与其他股东出资在河北省三河市设立三河环波软件有限公司（简称环波公司），并任法定代表人。2008年6月10日，双狐软件公司股东注册成立恒泰艾普公司。8月1日，双狐软件公司股东大会形成《股东会决议》约定恒泰艾普公司将承继公司全部资产，包括知识产权。2009年3月18日，环波公司就“环波变速空校成图系统”、“环波石油地球物理微机深度域解释系统”、“环波数据集成应用系统”、“环波坐标工具软件”四款软件（简称环波公司的四款软件）进行了版权登记。4 月 9 日，赵殿君以其个人名义在国家版权局就“双狐等值线及曲面生成软件”、“双狐逆掩断层图件勾绘软件”、“双狐多维空间数据网格化软件”三款计算机软件（简称赵殿君的三款软件）进行了版权登记。8 月 20 日，双狐软件公司和恒泰艾普公司以对赵殿君和环波公司登记的软件拥有著作权，赵殿君和环波公司构成对双狐软件公司和恒泰艾普公司的不正当竞争为由诉至法院，请求法院：1. 确认原告对被告登记的软件拥有著作权，判令两被告立即停止侵犯原告著作权的行为，判令两被告停止一切针对原告的不正当竞争行为；2. 判令两被告共同赔偿原告经济损失 1 000 万元及因制止被告侵权行为和不正当竞争行为而支出的合理费用；3. 判令两被告在行业报纸上赔礼道歉，并公开声明以消除其涉案侵权行为及不正当行为给原告带来的不利影响；4. 判令本案的诉讼费用由被告承担。

【判决结果】 一审法院认为，以赵殿君名义登记的“双狐等值线及曲面生成软件”、“双狐逆掩断层图件勾绘软件”、“双狐多维空间数据网格化软件”三款软件及以环波公司名义登记的“环波变速空校成图系统”、“环波石油地球物理微机深度域解释系统”、“环波数据集成应用系统”、“环波坐标工具软件”四款软件均是在两款 V2000 软件基础上升级开发完成的，依据双狐软件公司“3・22”决议关于“保定双狐软件有限公司和赵殿君共有的知识产权双方共享，对原知识产权技术的改进、发展分别归各自所有”的决定，“双狐等值线及曲面生成软件”、“双狐逆掩断层图件勾绘软件”、“双狐多维空间数据网格化软件”三款软件的著作权应归赵殿君所有。环波公司在未取得共有著作权人双狐软件公司许可及有法律规定的情形下，使用了“坐标工具及多数据库集成应用系统 V2000”和“石油地球物理辅助解释系统 V2000”两款软件的核心模块，登记了“环波变速空校成图系统”、“环波石油地球物理微机深度域解释系统”、“环波数据集成应用系统”、“环波坐标工具软件”四款软件，侵犯了双狐软件公司的计算机软件著作权，应当承担停止侵权、赔偿损失的民事责任。判决：1. 环波公司立即停止侵害双狐软件公司计算机软件著作权的行为并赔偿双狐软件公司经济损失共计 10 万元；2. 驳回双狐软件公司的其他诉讼请求；3. 驳回恒泰艾普公司的全部诉讼请求。

赵殿君、环波公司、双狐软件公司、恒泰艾普公司均不服一审判决，提出上诉。

二审法院经审理认为，由于赵殿君、环波公司登记的软件均属于“3・22”决议后形成的对原共有软件的改编作品，依据“3・22”决议第五条的约定，恒泰艾普公司、双狐软件公司要求确认其对于赵殿君、环波公司登记的软件享有著作权的依据不足。因此，赵殿君、环波公司的行为并不构成对恒泰艾普公司、双狐软件公司著作权的侵害。判决撤销一审判决；驳回双狐软件有限公司、恒泰艾普公司的诉讼请求。

【典型意义】 本案涉及如何确定诉争计算机软件著作权权属的问题。本案中，合作双方在合作过程中共同向国家版权行政部门进行了相关计算机软件作品的著作权登记，共同经营相关计算机软件产品并签订了明确的协议，约定对原知识产权技术的改进、发展分别归各自所有。双方合作终止后，分别在原计算机软件的基础上进行了开发并进行了相应的著作权登记后，合作的一方当事人及其关联公司（双狐软件有限公司、恒泰艾普公司）以合作的另一方当事人及其关联公司（赵殿君、环波公司）后开发的软件侵犯了其计算机软件著作权为由诉至法院。法院已经查明赵殿君、环波公司后开发的计算机软件系在其与双狐公司合作期间共有的两款 V2000 软件基础上升级完成的，由于根据双方的“3・22”决议，对原知识产权技术的改进、发展分别归各自所有，因此相关 V2000 软件的归属成为本案的焦点问题。二审法院审理后，根据本案的事实并结合双方已共同登记著作权的因素及合作者已投入大量的资金人力及市场销售等情况，认定涉案两款 V2000 软件为双方共有，并在此基础上认定赵殿君、环波公司登记的软件均属于“3・22”决议后形成的对原共有软件的改编作品，其行为并不构成对恒泰艾普公司、双狐软件公司著作权的侵害。该判决主旨在于，在判定此类具有合作经营关系等计算机软件权属纠纷时，应当根据当事人的真实意思表示和合同的实际履行情况确定诉争软件作品的著作权归属。

八、北京世纪飞乐影视传播有限公司与上海掌上灵通公司、中国移动通信集团山西有限公司、上海蔚蓝公司著作权纠纷案［山西省太原市中级人民法院（2008）并民初字第 42 号民事判决］

【案情摘要】 2003 年 7 月 1 日，杨斌创作完成了歌曲《别说我的眼泪你无所谓》，并于 2004 年 6 月 15 日授权给广东大圣文化传播有限公司（简称大圣公司）独家永久性享有、拥有该歌曲的使用权及版权。2005 年 6 月 12 日，大圣公司向无线好公司出具《授权确认书暨权利保证》，授权无线好公司向电信增值服务提供商发放包括《别说我的眼泪你无所谓》在内的歌曲的使用许可。2006年6月8日，无线好公司名称变更为北京源泉知识产权代理有限公司。后北京源泉知识产权代理有限公司授权上海蔚蓝公司在2006年7月1日至2007年6月30日期间使用音乐作品，包括《别说我的眼泪你无所谓》（词作者杨斌、曲作者杨斌、表演者东来东往）的词曲著作权及相应音像制品的录音制作者邻接权和表演者邻接权，开展包括原音铃声下载业务和回铃音业务在内的电信增值服务。2006年10月9日，山西移动通信有限责任公司与上海蔚蓝公司签订了山西彩铃业务合作协议，约定上海蔚蓝公司向山西移动公司的移动客户提供个性化回铃音内容，服务期限为2006年1月1日至2006年12月31日。2006年8月24日，山西移动公司名称变更为中国移动通信集团山西有限公司（简称山西移动公司）。

2007年12月19日，北京世纪飞乐影视传播有限公司（简称世纪飞乐公司）取得了《著作权登记证书》，其称2003年11月8日杨斌将《别说我的眼泪你无所谓》的著作权财产权转让给该公司。

世纪飞乐公司认为上海掌上灵通公司未经其授权许可，擅自制作了表演者署名为“灵通MM\灵通GG\灵通”演唱的歌曲《别说我的眼泪你无所谓》，并通过山西移动公司以及浙江、黑龙江省的移动通信公司的通信运营网络使用该歌曲开展了手机回铃音增值业务，侵害了其对诉争作品的复制权、信息网络传播权以及获得报酬的权利，诉至法院，请求判令：1. 二被告立即停止在手机回铃音增值业务中针对歌曲《别说我的眼泪你无所谓》的侵权行为；2. 判令被告上海掌上灵通公司赔偿原告经济损失15万元。

【判决结果】 一审法院认为，根据本案查明的事实，被告上海掌上灵通公司没有使用和许可使用该歌曲，世纪飞乐公司认为上海掌上灵通公司侵犯其著作权的主张不能成立。大圣公司经杨斌授权后享有该歌曲的相应著作权，上海蔚蓝公司通过大圣公司和无线好公司授权转让拥有了对《别说我的眼泪你无所谓》的词曲著作权及相应音像制品的录音制作者邻接权和表演者邻接权。山西移动公司经上海蔚蓝公司授权后向移动客户提供个性化回铃音业务，不构成对该歌曲的著作权的侵害。本案中，世纪飞乐公司提供的证据不足以证明山西移动公司和上海蔚蓝公司使用该歌曲时自己已合法取得该歌曲的著作权，据此上海蔚蓝公司授权山西移动公司经营包括《别说我的眼泪你无所谓》歌曲的回铃音电信增值服务，不构成对世纪飞乐公司的著作权的侵害。判决驳回世纪飞乐公司的诉讼请求。

【典型意义】 本案涉及词曲作者先后将其著作权转让给不同的权利主体而引发的纠纷。本案的要旨在于审理此类案件时，应当根据当事人提供的证据来审查其是否是合格的权利主体。法院根据查明的事实，认定被告提供的证据足以证明其是经合法授权而使用诉争作品，因此不侵犯原告对诉争作品的著作权。

九、中国音乐著作权协会诉于莹侵犯著作权纠纷案［哈尔滨市中级人民法院（2010）哈知初字第49号民事判决］

【案情摘要】 中国音乐著作权协会（简称音著协）是经国家版权局批准成立的音乐著作权集体管理组织。于莹在其经营场所内公开使用卡拉OK点歌播放系统，未经许可，擅自营业性播放音著协管理的音乐作品《渴望》、《好人一生平安》、《少年壮志不言愁》、《小芳》、《一封家书》、《走四方》、《弯弯的月亮》、《大海啊故乡》、《牧羊曲》、《青藏高原》、《思念》、《女人是老虎》、《十五的月亮》、《回到拉萨》、《赤裸裸》、《灰姑娘》、《在雨中》、《爱是一颗幸福的子弹》、《一无所有》、《假行僧》、《花房姑娘》、《不是我不明白》、《新长征路上的摇滚》等歌曲，音著协以于莹侵犯著作权人的合法权益，应当承担停止侵害、赔偿损失等民事责任为由诉至法院。

【判决结果】 一审法院认为，音著协是依法成立的著作权集体管理组织。根据音著协提供的相关证据，依照法律和合同约定，其有权作为原告对侵犯其所管理权利的行为人提起诉讼。于莹未经许可擅自使用音著协管理的音乐作品，不支付许可使用费，侵犯了著作权人的著作权，应当承担相应的民事责任。判决：1. 于莹停止侵权并删除曲库中的侵权作品；2. 赔偿音著协经济损失3万元、为制止侵权行为所支付的合理开支600元。

【典型意义】 音著协是依法成立的著作权集体管理组织，其依照著作权法的规定及与会员的合同约定，有权作为原告对侵犯其所管理的会员权利的行为人提起诉讼。本案中，被告未经许可使用音著协管理的音乐作品构成侵权。法院在确定赔偿数额时，应当考虑作品类型、合理使用费、侵权行为性质、后果等情节综合确定。

十、微软公司诉大众保险股份有限公司侵犯著作权纠纷案［上海市浦东新区人民法院（2009）浦民三（知）初字第128号民事判决］

【案情摘要】 微软公司享有微软 SQL Server 2000、微软 SQL Server 2005、微软 Windows Server 2003 以及微软 Windows Server 2008 Enterprise 软件的著作权。微软公司发现在用户登记的数据库中，大众保险公司的软件购买记录与其使用软件的实际情况有一定的差距，遂向大众保险公司发出律师函，希望其立即停止使用未经授权的微软软件并进行正版化。此后双方进行协商但最终未能达成一致。微软公司遂提起诉讼。审理中，法院根据微软公司的申请至大众保险公司经营场所对其使用涉案软件的情况进行证据保全，抽查的11台服务器中分别使用了上述涉案软件。

【判决结果】 一审法院认为，微软公司享有涉案软件的著作权，并受我国著作权法的保护。大众保险公司是一家商业保险公司，其在计算机中使用涉案软件的行为属于商业使用行为。大众保险公司未经微软公司许可商业使用涉案软件的行为，侵犯了微软公司对涉案软件依法享有的著作权，应当承担停止侵权、赔偿损失的民事责任。关于赔偿数额，大众保险公司虽然确认其有27台服务器使用了 Windows Server 系列软件，但其实际使用每种涉案软件的数量无法准确确定，且每种软件价格不同，故微软公司的经济损失无法确定。因原告的损失和被告的获利均不能确定，故法院根据大众保险公司的经营规模、涉案软件的价格、其确认的使用涉案软件的数量、证据保全的情况及微软公司的主张，结合涉案作品的类型、被告的侵权手段和情节、侵权时间和范围、侵权人的主观过错程度等予以酌定。判决大众保险公司赔偿微软公司经济损失人民币1 100 000元，合理费用人民币47 673元；驳回微软公司其余诉讼请求。

【典型意义】 本案中侵权行为的确定并非难点，而对于赔偿数额的确定具有典型意义。虽然著作权法规定了在原告的损失及被告的获利均无法确定时适用法定赔偿的最高限额，但是如果有证据证明权利人的损失或侵权人的非法获利已经超过法定赔偿最高限额的，应当综合案件的证据情况，在法定赔偿最高限额以上合理确定赔偿数额。本案即在考虑了原告正版软件的价格、被告的使用情况，可以确定被告使用涉案软件的价值已经远远超过了50万元的法定赔偿数额，并超过了原告主张的110万元，在此基础上法院作出判决。本案判决反映了法院加大保护知识产权的力度，取得了良好的社会效果。原被告双方均未提出上诉，亦反映出判决阐述的理由为当事人所接受。

十一、叶兆言诉北京大学出版社、陈彤、南京先锋图书文化传播有限责任公司侵犯著作权纠纷上诉案［江苏省南京市中级人民法院（2010）宁知民终字第8号、南京市鼓楼区人民法院（2008）鼓知民初字第69号民事判决］

【案情摘要】 叶兆言为中篇小说《马文的战争》的作者。2006年7月21日，叶兆言将该中篇小说的电视改编拍摄权许可给北京玫瑰影视广告有限公司（以下简称玫瑰影视公司），但约定“不承诺乙方（玫瑰影视公司）或乙方聘请的编剧以含电视小说和电视剧本在内的任何文字形式出版根据小说《马文的战争》改编的文字作品”。玫瑰影视公司取得该权利后转让给深广传媒公司。陈彤系电视剧《马文的战争》的编剧，并根据其与玫瑰影视公司及深广传媒公司的约定享有剧本著作权和署名权。其后，陈彤将其根据叶兆言同名小说改编的电视小说许可北京大学出版社（以下简称北大出版社）出版。北大出版社出版的陈彤版《马文的战争》的版权页上载明：“马文的战争/陈彤（春日迟迟）著文学剧本—中国—当代”，封底有“上架建议 畅销小说”或“上架建议 电视小说”字样。2008年10月25日，叶兆言在南京先锋图书文化传播有限责任公司（以下简称先锋书店）购得一本陈彤版《马文的战争》。叶兆言遂向法院起诉，请求判令陈彤、北大出版社、先锋书店立即停止侵权、赔礼道歉，并赔偿经济损失等。

【判决结果】 一审法院认为，叶兆言享有小说《马文的战争》的著作权。陈彤版《马文的战争》属于叶兆言同名小说的改编作品。陈彤与北大出版社未经叶兆言的许可出版改编小说，侵犯了叶兆言的著作权。在相关网站和报纸上连载亦属于侵权行为。判决陈彤、北大出版社、先锋书店立即停止侵权行为，陈彤赔偿叶兆言经济损失143 562元，北大出版社赔偿40万元及负担相应诉讼支出。陈彤及北大出版社提起上诉。二审法院认为，叶兆言通过签订《著作权使用许可合同》的方式，在特定期限内将《马文的战争》小说的电视改编、拍摄和经营权授予玫瑰影视公司，但特别约定了“甲方不承诺乙方或乙方聘请的编剧以含电视小说和电视剧本在内的任何文字形式出版根据小说《马文的战争》改编的文字作品”的条款，对玫瑰影视公司获得的改编权的具体范围、行使方式作了限制，该限制条款并不违反法律法规的禁止性规定，合法有效。陈彤对叶兆言同名小说《马文的战争》的改编权及其行使方式源自其与玫瑰影视公司及深广传媒公司签订的合同，叶兆言对玫瑰影视公司或深广传媒公司改编权及其行使方式的限制当然及于陈彤。因此，陈彤未经叶兆言许可改编并许可出版陈彤版《马文的战争》的行为，北大出版社未经叶兆言许可出版陈彤版《马文的战争》的行为，均违反了我国著作权法规定的法定义务，陈彤和北大出版社两个侵害行为的直接结合，造成同一损害后果的发生，侵犯了叶兆言的署名权、改编权等权利，应当承担停止侵权、赔礼道歉、赔偿损失的民事责任。二审法院在重新认定的陈彤版《马文的战争》一书销售价格及退货数量的基础上，改判陈彤向叶兆言赔偿经济损失10万元及相应合理费用，北大出版社赔偿经济损失20万元和相应的合理费用，其余维持一审判决。

【典型意义】 本案涉及著名作家叶兆言的作品及由该作品改编的热播电视剧、电视小说，引发社会公众及学界的广泛关注。该案的判决明确了以下观点：原著作权人通过合同对改编权的具体权项和行使范围设置的限制条件对改编者应当具有约束力；改编作者行使改编作品著作权应当征得原著作权人的许可。本案涉及演绎作品的版权与原作品版权之间的关系，为探讨演绎作品的版权归属和行使，平衡原著作权人和演绎作品著作权人的利益提供了较好的范例和思路。

十二、湖南快乐阳光互动娱乐传媒有限公司诉舟山市定海博缘网吧侵犯著作权纠纷上诉案［浙江省高级人民法院（2010）浙知终字第107号、舟山市中级人民法院（2010）浙舟知初字第103号民事判决］

【案情摘要】 湖南省快乐阳光互动娱乐传媒有限公司通过授权取得电视连续剧《丑女无敌》的信息网络传播权。在定海博缘网吧任一台计算机桌面上点击“网吧影院”，选择“舟山影院”，点击进入“海天影院”网页，通过搜索“丑女无敌”点击搜索结果可以观看该剧。定海博缘网吧具有舟山市定海区文化新闻出版局核发的《网络文化经营许可证》，其向浙江讯唯网络发展有限公司支付费用，取得账号和密码，成为“海天影院”会员。快乐阳光公司以定海博缘网吧侵权为由诉至法院。

【判决结果】 一审法院认为，定海博缘网吧不是海天影院网站的开办者或者经营者，其仅提供了涉嫌侵权的网站快捷链接方式。定海博缘网吧虽系专门提供互联网上网服务的经营者，但其仅提供上网服务的硬件设备，对海天影院网站具体影视信息是否合法并不具备审查能力。浙江讯唯公司具有在互联网上从事视听节目业务资质，海天影院网站亦是取得了管理部门许可，可以从事互联网信息服务的合法网站。定海博缘网吧尽到了合理注意义务，即使海天影院网站未经许可擅自提供涉案电视剧的在线播放，定海博缘网吧对此并无过错。因此驳回快乐阳光公司的起诉。二审法院认为，浙江讯唯公司合法持有《信息网络传播视听节目许可证》，其所开办的海天影院具有合法资质，定海博缘网吧通过付费取得海天影院的账号和密码，成为海天影院的网吧用户，其与海天影院网站不存在合作关系。定海博缘网吧虽有将涉案网站快捷方式置于计算机桌面的行为，但该行为本身并不指向涉案作品，亦不存在对涉案作品的任何推荐或宣传。涉案作品并非位于网站显著位置，且不易被发现。定海博缘网吧作为互联网上网服务提供者和涉案网站付费注册用户，没有能力也难以对涉案网站所有影视作品是否具有相应著作权权属进行一一审查，也没有对涉案网站进行编辑、修改、控制等能力和技术手段。据此可以认定定海博缘网吧在本案中业已尽到合理的注意义务。况且，定海博缘网吧构成侵权的前提是涉案网站侵犯了涉案作品的信息网络传播权，但本案中尚无法确认该事实。快乐阳光公司完全可以通过直接起诉涉案网站的方式从根本上达到制止侵权的目的，也可避免因侵权所致损失的进一步扩大。综上，维持一审判决。

【典型意义】 近几年来，网吧因播放影视作品而被诉侵犯信息网络传播权的案件呈多发趋势，如何正确界定网吧经营者对影视作品的著作权权属应尽的合理注意义务成为处理此类案件的关键。本案明确了网吧经营者应尽的合理注意义务。具有合法经营资质的网吧经营者能够证明其在提供互联网上网服务过程中所涉及的影视作品来源于具有合法经营资质的第三方网站，且网吧经营者既不具备对该网站的内容进行编辑、修改、控制等能力和技术手段，也未对涉案影视作品进行推荐或宣传，在此情形下，应视为网吧经营者不知道也没有合理理由应当知道涉案影视作品侵犯他人信息网络传播权等权利，即应认定网吧经营者业已尽到合理的注意义务而无须承担侵权的民事责任。本案体现了司法上对于网吧注意义务的合理配置以及引导权利人从源头制止侵权行为的导向。

十三、京滨株式会社诉福建省友力化油器有限公司、重庆凯尔摩托车制造有限公司、李艳超侵犯著作权纠纷上诉案［山东省高级人民法院（2010）鲁民三终字第 47 号、济南市中级人民法院（2009）济民三初字第 91 号民事判决］

【案情摘要】 京滨株式会社成立于 1956 年 12 月 19 日，主要从事发动机电喷装置和化油器的研发生产。该公司设计了“K 星”图案，将该公司英文字号“KEIHIN”首字母“K”设计为在夜空中闪耀的星星，将“K 星”图案作为公司标志和产品的商标使用。福建友力公司受让取得第 910400 号“K 星”图形注册商标，并在摩托车化油器等产品上使用，并将标有该图案的化油器销售给重庆凯尔公司。李艳超销售重庆凯尔公司生产、使用福建友力公司“K 星”图案化油器的摩托车。京滨株式会社以侵犯著作权为由提起诉讼。

【判决结果】 一审法院认为第 910400 号注册商标核定使用商品不包括“化油器”，福建友力公司并非在使用其注册商标。京滨株式会社是“K 星”美术作品的作者，其享有的著作权受到中国法律的保护。福建友力公司使用“K 星”图案构成对京滨株式会社著作权的侵犯，应停止侵权行为并赔偿经济损失 5 万元。福建友力公司提起上诉。二审法院认为，根据北京市高级人民法院（2009）高行终字第 1051 号行政判决书，京滨株式会社就上述注册商标向商标评审委员会提起撤销注册申请时陈述，“K 星”图案是其原总经理官崎本茂先生设计的，自 1957 年 9 月使用于摩托车化油器上。据此，“K 星”图案于 1957 年已经发表，其保护期限应至 2007 年 12 月 31 日。虽然京滨株式会社提交的相关版权登记证书上载明其发表时间为 1961 年，但不能推翻其自认的事实。本案中被控侵权行为发生在 2008 年 12 月，因此京滨株式会社已经丧失了向他人主张著作权的权利基础。因此，撤销一审判决，驳回京滨株式会社的诉讼请求。

【典型意义】 本案体现了对知识产权的衡平保护原则。在知识产权诉讼中，法律提供给权利人多种渠道用以维护自己的合法权益，但不论选择何种方式，权利人在主张权利时均应受到法律的合理规制与约束，以防止不适当扩展权利保护范围，侵害公共权益。如当事人在另案中已对某一事实作出确认，那么该确认应约束其之后对同一事实的相关主张，这种处理方式符合公平和诚实信用的原则。

十四、广州市喀什图制衣有限公司诉广州市杰晖服装有限公司、朱固民侵犯著作权纠纷案［广东省广州市中级人民法院（2010）穗中法民三终字第 106 号、广州市南沙区人民法院（2009）南法民二知初字第 121 号民事判决］

【案情摘要】 原告喀什图公司涉案作品的著作权登记日期为 2008 年 9 月 16 日，该公司公证购买了被告杰晖公司、朱固民生产、销售的被控侵权产品后提起著作权侵权之诉。本案双方当事人均不能证明其作品的完成时间，又对相近似的作品先后进行了著作权登记。然而，被告系在原告起诉之后，在本案诉讼过程中才进行著作权登记，时间在原告著作权登记日期之后。本案应从被告主张其享有被控侵权图案的著作权的权属是否成立、是否存在着实际接触或者有可能接触的情况等方面对被控侵权图案是否剽窃于原告主张权利的美术作品的事实进行审查。

【判决结果】 一审法院认为，杰晖公司和朱固民所提交的证据均无法证明其在本案被控侵权服装上使用的“名娅丽”系列图案的作品完成与发表日期早于喀什图公司，应由杰晖公司和朱固民承担举证不能的法律后果。朱固民直到本案诉讼过程中的 2009 年 6 月 3 日才向著作权登记机关进行“名娅丽”系列图案的著作权登记，而喀什图公司的著作权登记日期为 2008 年 9 月 16 日。喀什图公司虽不能证明作品的完成日期，但能证明著作权登记备案的日期早于杰晖公司和朱固民登记备案的日期。经比对，被控侵权服装上的图案与喀什图公司享有著作权的“09 少女印花图案系列 T 恤（一）”美术作品中编号为 SS090139158S 的图案基本相同，而该被控侵权图案与朱固民进行著作权登记的图案相同。一审法院认定杰晖公司生产销售的涉案 T 恤使用的图案，复制喀什图公司涉案作品图案用于涉案 T 恤装潢，并销售这些侵权产品，侵犯了喀什图公司对该作品的复制权、发行权，应承担停止侵权、赔偿损失的民事责任。一审法院判决：杰晖公司立即停止生产和销售并赔偿喀什图公司经济损失 10 000 元，朱固民承担连带清偿责任。二审法院认为，杰晖公司、朱固民在诉讼中辩称底稿给原设计师离职时带走了，表明被控图案并非由朱固民本人所创作，也没有原设计师出庭作证，与朱固民将被控图案作者登记为朱固民相矛盾。杰晖公司和朱固民不能提交原始手画的纸质底稿、原始扫描的电脑、数码照片的原始数据资料，不能证明朱固民自行创作了被控图案，判决驳回上诉，维持原判。

【典型意义】 著作权侵权纠纷案件中，对于讼争作品的权属争议往往较大，且举证难度亦较大。著作权登记证书往往成为判断权属的关键。本案双方当事人均对相近似的作品进行了登记，且对于作品完成的时间举证均不充分，因此，如何认定作品的完成时间，从而认定权利的归属是本案的难点。对于确定权属后的作品是否存在侵权的问题，即如何认定实际接触或接触的可能性，从而确定是否存在侵权，是本案审理的另一难点。而这一问题，也即著作权侵权纠纷案件中“相似+接触”这一原则如何具体适用的难题之一。本案对上述方面的问题进行了有益的探讨，颇有可借鉴及进一步探讨之处。

十五、北京网尚文化传播有限公司诉海口正合网吧侵犯著作权纠纷案［海南省海口市中级人民法院（2010）海中法民三初字第32号民事判决］

【案情摘要】 电影《江山美人》于2008年3月在香港完成，电影人制作有限公司为该片全球永久的版权及一切知识产权的持有人。2008年2月22日，电影人制作有限公司书面授权保利博纳公司在中国大陆地区独占性即独家拥有《江山美人》国语普通话及简体中文字幕的信息网络传播权，包括不限于发行权益及转授权益，期限为15年，保利博纳公司自行或授权他人对上述该片的盗版行为追究一切相关法律责任并提起诉讼及享有赔偿权益。保利博纳公司2008年3月12日书面授权原告独家使用电影《江山美人》在中国大陆地区的信息网络传播权。被告在其经营的网吧内，利用其系统平台的局域网服务器向不特定的公众提供电影《江山美人》的在线播放服务，未取得原告的许可，亦未向其支付报酬。

【判决结果】 原告对侵害其网络信息传播权等著作财产权的侵权人享有提出要求其承担相应民事责任主张的权利。被告在其经营的网吧内，利用其系统平台的局域网服务器向不特定的公众提供电影《江山美人》的在线播放服务，未取得原告的许可，亦未向其支付报酬，故被告的行为侵犯了原告的信息网络传播权，依法应承担相应的民事责任，原告诉请被告停止侵害、赔偿损失合理合法，应予以支持。法院依法根据被告侵权的具体情节，参考本案涉案电影首次公映的时间、作品及主要演员的知名度和影响力、原告获得授权的期限、被告侵权的主观过错、侵权方式传播的途径和范围等因素，判决被告立即从其服务器中移除电影《江山美人》的播放内容，停止提供《江山美人》的播放服务并赔偿原告经济损失人民币10 000元。

【典型意义】 该案属涉及信息网络传播权的侵犯著作权类案件，所涉及的影片《江山美人》具有一定的知名度，被告的侵权行为在一定范围内给原告的合法权益造成了不良影响和不利后果，具有一定的社会影响力。该案的处理结果对类似的信息网络侵权人将起到一定的教育和警戒的作用。法院在处理该案时给予了高度的重视并对赔偿数额进行了反复的权衡和比较，力求公平合理，也为今后类似案件的处理提供了参考和比照。

十六、陈建诉富顺县万普印务有限公司侵犯著作权纠纷案［四川省高级人民法院（2010）川民终字第334号、自贡市中级人民法院（2010）自民三初字第1号民事判决］

【案情摘要】 陈建长期从事机读卡阅卷和研究工作，逐渐形成了三个主观分答题卡的雏形，最终完成了三个主观分答题卡的设计。陈建于2008年4月9日在四川省版权局对设计的三个主观分答题卡进行了版权登记，登记号为：21-2008-K-（3062）-117，取得三个主观分答题卡著作权登记。万普公司于2008年8月11日成立，经营范围为：其他印刷品印刷；广告制作；销售；文化办公用品、体育器材。万普公司自成立起均在生产销售三个主观分答题卡。陈建认为万普公司生产、复制、销售该三个主观分答题卡的行为侵犯了其对三个主观分答题卡享有的著作权。

【判决结果】 一审法院认为，陈建完成了三个主观分答题卡的设计，于2008年4月9日又在四川省版权局对其设计的三个主观分答题卡进行了版权登记，取得三个主观分答题卡的著作权登记。万普公司复制、销售三个主观分答题卡，其行为明显侵犯了陈建的合法权益，构成侵权，应当承担侵权责任，故判决万普公司停止侵权，不得再复制、销售陈建享有著作权的答题卡并支付陈建律师费3 000元。万普公司提起上诉。二审法院认为，本案三个主观分答题卡是为适应目前考试分数统计形式而在原先的答题卡基础上增加三个主观分分数框的答题卡形式，其上图形主要包括若干题号和代表选项的字母A、B、C、D或数字0～9，以及少量考试信息相关的文字，如姓名、准考证号、科目等。这种图形和文字是针对考题的选项设置和统计信息需要而设的，且图形排布受制于光标阅读机所识别的行列间距等参数，因而答题卡自身并不能表达某种思想和设计，对光标阅读机软件进行不同的参数设置可以得到不同的答题卡样式，但并不能说每个用户进行自定义生成的答题卡样式的过程就是一种图形作品的创作过程。从保护著作权与公众利益平衡的角度来看，各种样式的答题卡在我国各大中小学和社会考试中广泛使用，尽管样式各异，但由于自定义内容的限制，在软件给定的框架下，答题卡的样式仍然是有限的，给予答题卡样式著作权法保护不符合我国著作权保护制度的立法目的。本案的三个主观分答题卡属于通用数表，依照《著作权法》第五条第（三）项之规定，不受保护。陈建对其不享有著作权，由此万普公司的行为也不构成侵犯著作权，不应承担侵权责任。判决：撤销一审判决；驳回陈建全部诉讼请求。

【典型意义】 本案是一起较具代表性的著作权纠纷案件。答题卡的样式有限，通常是子方框的设置位置、选项或文字内容、横竖排列等在二维平面上的有限排布效果，如果将这种自定义答题卡样式的过程视为对图形作品的创作过程，则由于著作权的限制会使答题卡样式为有限的主体所垄断，从而损害公众利益，不符合我国著作权保护制度的立法目的。本案的意义不仅在于个案中维护了当事人的正当权益，更依据著作权相关法律及立法目的，准确界定了著作权法的保护范围，为以后类似纠纷的处理起到了一定的示范作用。这一案件说明新时期知识产权审判工作，不仅要发挥打击侵权，实现“罪与罚”的“惩恶”职能；还要扼制垄断，维护公众利益，充分发挥知识产权的功能，促进经济持续性的发展。

十七、张恒诉陕西攀峰实业有限公司、王建军侵犯著作权纠纷案［陕西省高级人民法院（2010）陕民三终字第 29 号、西安市中级人民法院（2010）西民四初字第 13 号民事判决］

【案情摘要】 2009 年 1 月 18 日，张恒在其电脑上创作完成剧本《父辈的脊梁》，次日，张恒通过互联网 QQ 传送文件，发送给攀峰公司影视部负责人刘晓婉。由于张恒与刘晓婉未就修改该剧本及剧本报酬问题达成一致意见，张恒要求攀峰公司立即退回该剧本。2009 年 2 月 5 日，张恒与盛唐公司签订《剧本购买合同》将《父辈的脊梁》剧本转让给盛唐公司，盛唐公司向张恒支付稿酬 500 元。2009 年 3 月 7 日，盛唐公司完成了该剧本的摄制工作，经报送陕西电视台《百家碎戏》栏目审批，被退回。2009 年 10 月 13 日晚，陕西电视台《百家碎戏》栏目播放了由攀峰公司摄制，署名编剧为王建军的电视片《心愿》，该电视片在题材、人物、结构、情节、语言等方面，与张恒创作的涉案剧本《父辈的脊梁》有明显雷同。

【判决结果】 一审法院认为，《父辈的脊梁》系由张恒在电脑上创作完成，从张恒通过 QQ 发送剧本给攀峰公司的行为，结合攀峰公司工作人员王建军称其不是编剧的声明，在攀峰公司未提供相反证据证明张恒不是争讼的作品著作权人的情形下，应认定涉案作品《父辈的脊梁》的著作权属张恒所有。攀峰公司员工王建军承认《心愿》剧本源自《父辈的脊梁》，而攀峰公司的《心愿》剧本与张恒创作的《父辈的脊梁》剧本在主题、题材、人物、结构、情节、语言等方面基本雷同，加之攀峰公司也未能提供证据证明其使用的《父辈的脊梁》剧本的合法来源，据此认定攀峰公司的《心愿》剧本与张恒的《父辈的脊梁》剧本其主要特征构成实质性相似，构成剽窃。攀峰公司未经张恒许可，也未向张恒支付报酬，以营利为目的，擅自剽窃争讼作品，并更名为《心愿》拍摄成电视片以取得经济利益，已构成对争讼作品著作权的侵犯，判决攀峰公司向张恒赔偿经济损失 1.1 万元。攀峰公司不服提起上诉。二审法院认为，一审判决认定事实清楚，适用法律正确，判决驳回上诉，维持原判。

【典型意义】 在著作权侵权纠纷案件中，电视片剧本侵权的案例不多。判断是否侵权是著作权侵权纠纷的难点，但是该案争议的焦点是剧本的来源问题。剽窃即抄袭，属于侵犯著作权行为的一种形式，是指将他人作品全部或部分作为自己的作品予以发表，包括原封不动的照抄和改头换面的抄袭。根据《中华人民共和国著作权法》第四十七条“剽窃他人作品属侵权行为”之规定，攀峰公司员工王建军承认《心愿》剧本源自《父辈的脊梁》，攀峰公司也未能提供证据证明其使用的《父辈的脊梁》剧本的合法来源，应认定构成剽窃，侵犯了张恒的著作权。

（本栏目由最高人民法院知识产权审判庭于晓白、王艳芳、李嵘、董晓敏、廖继博提供）

2010—2011“剑网行动”十五大典型案件

一、安徽滁州“骑士音乐网”侵犯著作权案

该案系国家版权局移转办理的案件，经调查，犯罪嫌疑人凌劢、王中良和夏涌清通过“骑士音乐网”非法传播歌曲并获利。2011年3月17日，安徽省滁州市中级人民法院二审裁定，以侵犯著作权罪分别判处三人有期徒刑三年三个月等刑罚。（详情参见“2010年打击侵权假冒专项行动版权执法十大案件”）

二、上海盛大网络《冒险岛》游戏外挂案

自2007年起，犯罪嫌疑人张乐等未经许可，非法制作、销售《冒险岛》网络游戏的外挂程序并获利。2011年5月5日，上海市浦东新区人民法院以侵犯著作权罪和销售侵权复制品罪分别判处张乐等五名被告人有期徒刑五年至拘役六个月的刑罚。（详情参见“2010年打击侵权假冒专项行动版权执法十大案件”）

三、江苏9CAX网站侵权盗版案

自2009年以来，犯罪嫌疑人韦盛宝通过www.9cax.com网站，复制他人软件和图书供会员付费下载。2011年2月4日，江苏省昆山市人民法院以侵犯著作权罪判处韦盛宝有期徒刑三年六个月，并处罚金8万元和扣押作案工具。（详情参见“2010年打击侵权假冒专项行动版权执法十大案件”）

四、江苏徐州“万松中文网”文字作品侵权案

“万松中文网”未经许可，侵犯“起点中文网”文字作品版权5 483部。后经中国版权保护中心对涉案作品进行版权鉴定，确认其侵权事实。2011年5月23日，徐州市中级人民法院对此案一审宣判，分别判处三名被告人三年至三年六个月的有期徒刑，并各处罚金15万元。（详情参见“2010年打击侵权假冒专项行动版权执法十大案件”）

五、湖南常德孙斌等私服侵权盗版案

2009年7月至2010年7月，犯罪嫌疑人孙斌等四人私自架设网络游戏平台，非法运营《传奇》游戏并获利数百万元。2011年4月22日，湖南省澧县人民法院以侵犯著作权罪判处孙斌等四人有期徒刑三年（缓刑五年）和单处罚金的刑罚。（详情参见“2010年地方版权行政执法典型案件”）

六、河南开封天晴数码网络游戏外挂案

2007年以来，犯罪嫌疑人张大兴、马金龙未经许可，编写了“征服游戏外挂”软件并非法获利数万元。2011年2月21日，河南省通许县人民法院以非法经营罪分别判处张大兴、马金龙有期徒刑一年和十个月，并处罚金8万元和1万元。（详情参见“2010年地方版权行政执法典型案件”）

七、江苏淮安“中国宽频网”侵权盗版案

犯罪嫌疑人通过购买服务器，经电信运营商托管，在全国各地开设关联网站进行获利。该网站非法上传电影1万余部。该案涉及全国40多个地市，扣押服务器近400台，涉案金额1亿多元，数十人被采取强制措施，目前已移交检察院审查起诉。

八、浙江杭州世纪联线公司侵权案

杭州世纪联线公司擅自向网吧提供未经授权的影片牟利涉嫌侵权。初步调查，该公司以每年2 000～5 000元不等的价格和多家网吧签订合同，负责网吧的影片更新业务。目前，此案已移交检察院审查起诉。（详情参见“2010年地方版权行政执法典型案件”）

九、河南杜新贵通过网络销售盗版图书案

经查，犯罪嫌疑人杜新贵通过淘宝网等电子商务平台销售大量盗版出版物，现场查缴近2万册。目前，此案已移交检察院审查起诉。（详情参见“2010年地方版权行政执法典型案件”）

十、四川“天籁村音乐网”音乐作品侵权案

2007年和2009年，犯罪嫌疑人龚节毅因侵犯著作权被四川省版权局两次行政处罚，其开办的网站传播了大量侵权的音乐作品，并获得了巨额非法收入。目前，此案正在检察院审查起诉。（详情参见“2010年地方版权行政执法典型案件”）

十一、湖北《中华英雄》外挂案

湖北襄阳市版权局和公安局查明，中华英雄173防沉迷软件官方网站非法制作、销售他人享有著作权的《中华英雄》和《鹿鼎记》两款网络游戏的外挂，涉案金额达100余万元，非法获利20余万

元。目前案件已进入起诉阶段。（详情参见“2010年地方版权行政执法典型案件”）

十二、江苏徐州“小说520网”文字作品侵权案

该网站未经权利人许可，提供大量文字作品并谋取非法利益，涉案金额500余万元。目前该案已移交检察院审查起诉。

十三、北京“悠视网”侵犯著作权案

2009年9月10日至2010年11月8日，北京时越网络技术公司未经许可，通过 www. uusee. com 网站和 uusee 网络软件提供影视作品190部。2011年1月28日，国家版权局对该公司给予行政处罚：责令停止侵权、警告并罚款8万元。（详情参见“2010年打击侵权假冒专项行动版权执法十大案件”）

十四、“一听音乐网”侵犯影视作品著作权案

2010年1月18日至2010年10月22日，北京易听信息公司未经许可，通过 www. 1ting. com 网站和 1ting 播放软件非法提供音乐495首。2011年1月28日，国家版权局对该公司给予行政处罚：责令停止侵权、警告并罚款8万元。

十五、杭州麦达公司侵犯信息网络传播权案

自2008年以来，杭州麦达电子有限公司未经许可，利用“医文网”（www. metamed. cn）有偿提供涉外医学杂志的全文下载服务。2011年1月14日，浙江省版权局对该公司给予行政处罚：责令立即停止侵权行为、罚款10万元。

（注：上述案件由国家版权局于2011年6月21日在新闻通气会上公布。）

犯著作权和贩卖淫秽物品罪。根据《中华人民共和国刑事诉讼法》第一百二十九条规定，江汉区公安局已提请区检察院对李某、王某起诉。

二、襄阳“中华英雄173防沉迷软件官方站”从事非法互联网出版案

2010年6月15日，襄阳市版权局接到北京畅游时代数码技术有限公司报案称：该公司发现“中华英雄173防沉迷软件官方站”公开销售《中华英雄》网络游戏的外挂软件——“中华英雄173防沉迷软件”（以下简称“中华173”）牟利，严重侵犯了畅游时代公司的合法利益，请求予以查处。经查，“中华173”外挂制作者通过www.game173.net销售“中华173”外挂收取费用。新闻出版总署认定，“中华173”外挂属于侵权制品，该网站经营活动属于非法互联网出版活动。2010年9月29日，襄阳市版权局将此案移送公安机关。两局办案人员组成办案专班，加大调查力度。2010年12月13日，办案专班在广西防城港警方协助下，捣毁该网络游戏外挂侵权窝点，当场抓获嫌疑人4名，查扣电脑8台。审查后，将游戏工作室负责人邹某刑事拘留。通过技术侦查手段，2010年12月29日，在杭州市公安机关大力协助下，又成功抓获邹某的上线李某。

经查实，2010年4月以来，为牟取非法利益，李某伙同邹某等人，未经著作权人及相关部门许可，利用互联网非法制作、销售他人享有著作权的《中华英雄》和《鹿鼎记》两款网络游戏的外挂。邹某用他人身份证在银行开户、办理网银、注册淘宝、支付宝账号，通过淘宝网、支付宝等第三方网络支付平台，以每个《中华英雄》外挂每月28元至35元、每个《鹿鼎记》外挂50元的价格进行销售。为扩大销售，邹某先后发展了10名淘宝网分销商。李某、邹某制售《中华英雄》外挂的侵权行为严重影响了两款游戏的正常运营，侵犯了玩家公平游戏的权益，扰乱了网络经营秩序。该案涉案金额达100万余元，非法获利20余万元，两犯罪嫌疑人已于2011年1月20日经襄阳市人民检察院批准逮捕，市人民法院即将予以审判。

三、“江湖网”侵权案

国家版权局受理关于“江湖网”传播文字作品涉嫌侵权的投诉后，将此案移转湖北省版权局办理。湖北省版权局于2010年9月21日查询到，该网站存储侵权文字作品信息所用服务器通过IDC服务商托管于中国电信武汉分公司南垸机房内。调查人员随即对涉案服务器采取证据先行登记保存措施。执法人员还进一步查明网站负责人系邓某，主要向网民提供在线文字作品阅读服务，大部分文字作品未取得著作权人的授权。省版权局根据《中华人民共和国著作权法》、《中华人民共和国著作权法实施条例》及《信息网络传播权保护条例》的规定，对该网站作出责令停止侵权行为和罚款6 000元的行政处罚。

四、荆门市某集团公司使用盗版软件案

荆门市版权局查明，该市某上市公司未经著作权人许可使用Windows XP、Microsoft Office和AUTOCAD软件，复制或部分复制著作权人的计算机软件构成侵权。荆门市版权局依据《计算机软件保护条例》的规定，于2010年9月责令该公司停止侵权，罚款7万元。

五、武汉某图文公司软件侵权案

湖北省版权局接到国际知名软件企业科亿尔公司关于武汉某图文公司涉嫌未经授权使用Corel软件的投诉后，派执法人员对该图文有限公司（中南路店）的办公电脑进行了细致检查，共在七台办公电脑中发现装有CorelDRAW9软件，该公司不能提供CorelDRAW9软件的合法授权使用证明。鉴于该图文公司的行为侵犯了著作权人的合法权益，使之遭受经济损失，且拒绝停止侵害、赔偿损失，湖北省版权局根据《计算机软件保护条例》的规定，依法对该公司给予责令停止侵权行为、罚款3万元的行政处罚。

六、黄冈市某印务公司印刷盗版图书案

2010年8月，黄冈市黄州区新闻出版局在检查中发现黄冈市某印务公司违法印刷《大学英语听力》、《全真试题精解》等盗版图书2 000余册。依据相关法律规定，黄州区新闻出版局对该公司作出责令停业整顿15天、罚款2万元的行政处罚。

七、“萝卜软件站”等八网站侵犯微软著作权案

2008年以来，深圳市哦哟网络科技有限公司负责人黄祖耀为了推广该公司网络导航网站（www.2548.cn）谋取商业利益，在未经微软公司许可的情况下，指使路玉龙等人收集Windows和Office系列软件，通过修改代码、捆绑安装等方式，集成2548.cn网站链接及“皮皮影视”等第三方公司插件，同时指使徐飞、代鹏飞等人注册、设计、制作“萝卜软件站”等八个网站，并将上述侵权软件上传至网站供网民免费下载，谋取巨额非法利益。截至2011年1月29日，上述八网站共发布疑似微软公司的产品文件5 021个，下载1 649 901次，非法获利1 800余万元。十堰市公安机关经侦查，逮捕黄祖耀等犯罪嫌疑人四人，依法扣押网站服务器19台、电脑35台，封存小汽车5台，关闭侵权网站8个，搜缴仿真枪支3把，查封房产1套，冻结银行存款37万元。

八、“7·10”游戏私服侵权案

2010年7月以来，天门市公安局网安支队经过近五个月的缜密侦察，成功侦破了一起网络游戏私服侵权案件，关闭涉嫌侵权网站5个。抓获提供《传奇》游戏私服架设、广告、代理等服务的犯罪嫌疑人29人，捣毁犯罪团伙8个，逮捕4人，取保候审23人，另案处理2人，暂扣涉案车辆1台、电脑主机40余台和笔记本电脑20余部，收缴涉案银行卡50余张，挽回权利人经济损失500余万元。

九、钟祥市某中学使用盗版教辅案

根据举报，湖北省钟祥市新闻出版局对钟祥市某中学违规使用《三维设计高三非常听力》教辅书籍情况立案查处，经南方出版社和湖北省荆门市新闻出版局鉴定，该教辅书籍为盗版书籍，涉及违法金额22 680元。依据《中华人民共和国著作权法》第四十七条第一款、《中华人民共和国著作权法实施条例》第三十六条之规定，钟祥市新闻出版局对钟祥市某中学作出以下处罚：(1) 立即停止侵权行为；(2) 没收所有征订发行的《三维设计高三非常听力》盗版书籍；(3) 给予警告，并处罚款1万元。

（湖北省版权局）

湖 南 省

一、孙斌、罗颖等私服侵犯著作权案

2010年7月，澧县公安局根据群众举报，在澧县某宾馆内查获一个私自架设服务器运行《传奇》网络游戏的窝点，抓捕了犯罪嫌疑人孙斌、罗颖。

经法院审理查明，孙斌、罗颖伙同黄彬、朱云于2009年7月至2010年7月间，以非法营利为目的，未经《传奇》游戏著作权人授权，有组织地实施犯罪行为，非法复制、下载、修改权利人游戏软件，租用他人网络服务器，私自架设运营平台，通过发布网络广告、出售虚拟游戏设备的方式牟取非法利益，情节特别严重，均已构成侵犯著作权罪。据此，判处孙斌有期徒刑三年，缓刑五年，并处罚金10万元；罗颖有期徒刑三年，缓刑四年，并处罚金7万元；黄彬有期徒刑一年六个月，缓刑一年六个月，并处罚金2万元；朱云单处罚金1万元。

二、吴飞、罗杰私服侵犯著作权案

2010年7月，澧县公安局根据群众举报，在一出租屋内查获一个私自架设服务器运行《传奇》网络游戏的窝点，抓捕了犯罪嫌疑人吴飞、罗杰。

经法院审理查明，吴飞、罗杰于2009年12月至2010年7月间，以非法营利为目的，未经《传奇》游戏著作权人授权，有组织地实施犯罪行为，非法复制、下载、修改权利人游戏软件，租用他人网络服务器，私自架设运营平台，通过发布网络广告、出售虚拟游戏设备的方式牟取非法利益，情节特别严重，均已构成侵犯著作权罪。据此，判决吴飞有期徒刑三年，缓刑三年，并处罚金5万元；另一被告人罗杰有期徒刑二年，缓刑二年，并处罚金5万元。

三、岳阳市国泰机械有限责任公司非法复制计算机软件案

2010年7月22日，根据群众举报，岳阳市文化市场综合执法局组织行政执法人员对岳阳国泰机械有限公司的计算机软件使用情况进行检查。经查，共有38台计算机未经许可复制使用了Microsoft Office 2003、Microsoft Windows XP等软件。岳阳市文化市场综合执法局于7月26日向其下达了《软件正版化限期整改告知书》，要求其于8月17日以前完成软件正版化工作。2010年9月7日，再次对当事人的计算机软件使用情况进行复查。经查，当事人仍未按要求进行整改，继续非法复制使用Microsoft Office 2003（38套）、Microsoft Windows XP（38套）等计算机软件。针对当事人情况，岳阳市文化市场综合执法局依据《中华人民共和国著作权法》第四十八条、《计算机软件保护条例》第二十四条之规定，作出以下行政处罚：一是责令删除盗版软件，停止侵权行为；二是处以6万元的行政罚款。

四、“魔锐中文网”侵犯文字作品著作权案

2010年9月，盛大文学有限公司投诉：“魔锐中文网”未经盛大文学有限公司许可，通过网络大量传播其享有著作权的《庸医》等文字作品。衡阳市版权局执法人员迅速联合衡阳市公安局网监支队、衡阳电信营运中心等部门，对“魔锐中文网”进行了调查，查明：“魔锐中文网”的负责人李某未经著作权人盛大公司许可，将《庸医》等文字作品上传到网站供用户下载。依据《中华人民共和国著作权法》第四十八条第一款、《中华人民共和国著作权法实施条例》第三十六条、《信息网络传播权保护条例》第十八条规定，于2010年10月16日作出行政处罚决定：一是停止侵权行为，卸载《庸医》等侵权文字作品；二是没收服务器；三是罚款16 000元。

五、海浪网吧侵犯影视作品著作权案

2010年2月13日，怀化市文化市场稽查支队在怀化职业技术学院海浪网吧日常检查时，发现海浪网吧内编号29、30的两台电脑均可点击观看《赌神1》、《断箭》等共计443部影视作品，经执法人员初步调查，海浪网吧内的168台电脑终端链接着机房一台服务器上的电影硬盘，通过网络传播影视作品。执法人员依法取证，现场记录涉嫌侵权影视作品《赌神1》、《断箭》等共计443部目录名称和先行登记保存服务器一台。海浪网吧负责人对未经著作权人许可，复制、传播影视作品的行为供认不讳，执法部门依据《中华人民共和国著作权法》第十条第五项、第十二项，《信息网络传播权保护条例》第十八条规定，作出如下行政处罚：责令停止侵权行为；没收侵权制品服务器电影硬盘一个；罚款8万元。

六、平江网吧联盟网站侵犯影视作品著作权案

2010年5月8日，岳阳市文化市场综合执法局接到群众举报，域名为www.0730.6262110.com的网站涉嫌非法在线传播影视作品。针对此情况，岳阳市文化市场综合执法局执法人员立即会同公安机关和电信部门对此案进行调查。在市电信公司的配合下，迅速锁定其IP地址，其网站位于岳阳市平江县泰宇网吧。5月9日，执法人员迅速赶往泰宇网吧的机房进行检查。经查：泰宇网吧负责人为饶振中，2009年3月，饶振中伙同他人创办平江网吧联盟网站，主要是为平江县网吧提供在线影视服务和广告业务。该网站共上传《神话》、《投名状》等5 000部影片，均无合法授权，并先后为指南针等87家网吧提供了在线影视服务。2010年5月26日，执法部门对当事人作出没收服务器3台和并处3万元罚款的处罚决定。

七、邓志军侵犯影视作品著作权案

2010年8月8日，执法人员在无名高地网吧检查时发现郴州影院网吧频道点播平台为消费者提供影视在线点播服务。经查，郴州影院网吧频道点播平台为邓志军开办，从2006年至2010年间，未经著作权人许可，将61 178部影视作品复制上传到影院网吧频道点播平台的服务器，供郴州市城区、临武县等地36家网吧在线点播，共收取使用费70 560元。据此，临武县版权局于2010年9月25日对其进行了行政处罚，责令立即停止违法经营行为，没收用于非法传播影视作品的设备，罚款2万元。后查明，网站所链接的电影服务器分别在重庆、江苏等地，并严重违反了著作权法。2010年8月31日，执法人员将案件移送到郴州市公安局进行查处。

八、桃江县志合电脑公司侵犯软件、游戏著作权案

2010年3月31日，接群众举报，桃江县版权局行政执法人员在桃江县境内部分网吧内发现，网吧的电脑操作系统Windows XP 2002和《反恐1.5》等186部非网络游戏均由桃江县志合电脑公司吴飞复制安装。桃江县志合电脑公司未经著作权人许可，非法复制电脑操作系统Windows XP 2002和《反恐1.5》等硬盘游戏计算机软件的行为违反了著作权法的规定。依据《中华人民共和国著作权法》第四十八条第一项和《中华人民共和国著作权法实施条例》第三十六条的规定，责令桃江县志合电脑公司停止其侵权行为，罚款2万元。

九、007网吧私服侵犯著作权案

2010年2月，株洲市版权局执法人员在007网吧检查时发现：007网吧未经《传奇》游戏著作权人授权，租用他人网络服务器，私自架设运营《传奇》游戏平台，通过发布网络广告、出售虚拟游戏设备的方式牟取非法利益。网吧业主对私服侵权行为供认不讳。株洲市版权局依法其进行了行政处罚，责令立即停止违法经营行为，没收游戏服务器，罚款1万元。

十、导航书店侵犯图书著作权案

2010年6月11日，邵东县执法人员依法对邵东县两市镇图书城12栋的导航书店进行检查，发现当事人销售侵权复制品《现代汉语词典》共计500本。执法人员当即责令其立即停止违法经营行为，将侵权复制品《现代汉语词典》共计500本予以抽样取证和证据先行登记保存，并获取《抽样取证凭证》、《证据登记保存清单》和《现场检查记录》等有关文书。经调查取证，当事人在明知《现代汉语词典》系侵权盗版制品的情况下，从非法渠道购进并销售。根据《中华人民共和国著作权法》第四十八条第一款第一项的规定，对该书店处以没收侵权复制品《现代汉语词典》500本并处14 000元罚款的行政处罚。

（湖南省版权局）

广　东　省

一、广州市番禺区东环街同乐电子产品厂侵犯著作权案

2010年6月12日，广州市文化市场综合行政执法总队（以下简称总队）根据举报线索，查处了广州市番禺区东环街同乐电子产品厂违规生产组装、发行侵犯著作权产品的行为。执法人员在广州市番禺区东环街同乐电子产品厂现场登记保存涉嫌违规装有的“网鱼达人”、“捕鱼达人”、“捕鱼季第一季”等游戏软件的电脑主机 9 台。经鉴定，上述安装游戏软件的游戏产品均为广州市番禺区东环街同乐电子产品厂生产组装，且未获得著作权人许可。广州市番禺区东环街同乐电子产品厂违反国家规定，以营利为目的，未经著作权人许可，生产组装、发行其游戏软件。2010 年 11 月 18 日，总队根据《中华人民共和国著作权法》第四十八条、《中华人民共和国著作权法实施条例》第三十六条，对广州市番禺区东环街同乐电子产品厂作出如下处罚：(1) 没收装有“网鱼达人”、“捕鱼达人”、“捕鱼季第一季”等游戏软件的电脑主机 9 台；(2) 罚款 3 万元。

二、广州中尧网络科技有限公司未经授权擅自传播互联网视听节目案

2010 年 8 月 27 日，广东省广电局粤广办发社字［2010］35 号来函称，“玩家网”(www.cngba.com) 涉嫌未经授权擅自传播互联网视听节目。广州市文化市场综合行政执法总队（以下简称总队）立即立案调查。经查，该网站提供《劫后天府泪纵横》、《唐山大地震》、《色即是空》等视听节目下载、播放。2010 年 9 月 1 日，执法人员到越秀区水荫路 52-5 号 203 房广州中尧网络科技有限公司检查，确认“玩家网”为该公司开办，网站上的视听节目没有取得任何授权，并且网站也未办理《信息网络传播视听节目许可证》或申请备案。“玩家网”擅自传播互联网视听节目违反了《信息网络传播权保护条例》第二条以及《互联网视听节目服务管理规定》第七条的规定。2010 年 10 月 13 日，依据《信息网络传播权保护条例》第十八条、《互联网视听节目服务管理规定》第二十四条，总队责令当事人停止侵权行为，删除网站上视听节目，并处罚款 1 万元。

三、广州市千钧网络科技有限公司侵犯韩国电视台信息网络传播权案

2010 年 10 月 18 日，广州市文化市场综合行政执法总队（以下简称总队）接到新闻出版总署版权管理司 2010 年“剑网行动”移转案件信息，称韩国 KBS 电视台投诉广州千钧计算机网络有限公司侵犯《蓝色生死恋》等 31 部韩国电视剧的信息网络传播权。总队立即立案调查。总队执法人员对广州千钧计算机网络有限公司经营的“我乐网”进行前期调查取证，发现网站上提供了权利人投诉的 31 部韩国电视剧在线播放及下载，执法人员对此进行了页面截图取证。2010 年 10 月 21 日，总队到该公司现场检查，要求其提供涉侵权的 31 部韩国电视剧授权证明，10 月 22 日，该公司总经理梁升到总队接受调查，提供了其中 8 部电视剧的合法授权证明，并承认其余的 23 部电视剧没有获得权利人授权。广州市千钧网络科技有限公司未经权利人许可，擅自在互联网上提供他人影视作品，侵犯了韩国 KBS 电视台的著作权，根据《信息网络传播权保护条例》有关规定，总队对其处以责令停止侵权行为、罚款 2 万元的行政处罚。

四、广州市海珠区恒俊印刷厂侵犯著作权案

2009 年 8 月 6 日，广州市文化市场综合行政执法总队（以下简称总队）根据南京师范大学出版社的举报线索，查处了广州市海珠区恒俊印刷厂（以下简称“恒俊”）违规承印、发行侵犯著作权图书的行为。执法人员在“恒俊”现场登记保存涉嫌非法图书 533 740 册，散页 496 052 张，涉及南京师范大学出版社、同心出版社、新时代出版社、京华出版社、远方出版社、湖北人民出版社、海天出版社、新世纪出版社、广州出版社 9 家出版单位。上述图书经鉴定均为盗版图书，由于此案侵权图书数量较大，违法所得数额巨大，情节特别严重，涉嫌违法犯罪，根据最高人民法院、最高人民检察院《关于办理侵犯知识产权刑事案件具体应用法律若干问题的解释》的规定，总队依法将案件移送公安机关立案侦查。10 月，总队联同公安人员赴江苏、上海、北京等地的出版社开展调查取证工作；12 月，总队联同公安人员在番禺区旧水坑竹山工业区内将藏匿的犯罪嫌疑人缪伟强、陈彩霞夫妇等四人抓捕归案，同时现场还查获了盗版图书 26 323 册，散页 1 205 500 张和设备印刷 6 台。2010 年 1 月，总队执法人员联同公安人员在韶关抓获另一犯罪嫌疑人朱薜明。2010 年 11 月，总队配合检察机关开展物证确认、鉴定工作。2011 年 3 月 17 日，广州市海珠区人民法院审理认定广州市海珠区恒俊印刷厂违反国家规定，以营利为目的，未经著作权人许可，复制发行其文字作品，侵权图书成品 36.6 万册，半成品 29 万份，散页 143.8 万张，违法所得数额巨大（经法院认定违法所得 443 475 元）且情节特别严重，已构成侵犯著作权罪。缪伟强、陈彩霞、梁英兰、朱薜明、冯菊五人应承担刑事责任，依法判处广州市海珠区恒俊印刷厂罚金 50 万元；被告人缪伟强有期徒刑五年，并处罚金 30 万元；被告人陈彩霞有期徒刑三年六个月，并处罚金 5 万元；被告人梁英兰有期徒刑三年，并处罚金 1 万元；朱薜明、冯菊有期徒刑各一年，罚金各 5 000 元；扣押的图书、散页、PS版、电脑、印刷机等均予以没收。

五、深圳市金文通电子有限公司投诉深圳市易典通教学仪器有限公司侵犯其文字作品、汇编作品及录音制品著作权案

接权利人投诉，深圳市市场监督管理局于2010年3月1日对相关事实正式立案调查。从立案起，深圳市市场监督管理局执法人员进行了大量的调查取证工作。投诉人自行创作、汇编了“学前必备”系列幼儿教材，该教材包括：认知篇、学前300（上、下）等八本材料和与之配套的一支点读笔（录音制品），并于2009年8月通过齐鲁出版社出版发行，书号为ISBN978-7-89462-141-2。投诉人出示了该出版物为著作权权属的初步证据。

深圳市市场监督管理局于2010年3月18日对被投诉人的点读笔生产线和仓库进行了现场检查勘验，对易典通点读笔L28、L29、T29三种型号的笔和配书进行了抽样取证。

2010年8月26日，针对被投诉人申诉提到的广州童年教育科技出版社才是涉案教材的权利人的抗辩理由，深圳市市场监督管理局还请求广州市文化市场综合行政执法总队协助到广州童年教育科技出版社取证调查。2010年9月10日，在广州市文化市场综合执法总队的协助下，广州童年教育科技出版社派员带着与案件有关的教材赴深圳协调调查，经该出版社的员工王寒冰鉴别，涉案教材与该出版社的教材里面的文字内容和声音内容都不一致。

后深圳市市场监督管理局执法人员于2010年12月13日再次前往被投诉人经营场所，对在生产车间发现的涉案图书进行了强制扣押，共扣押290本《幼儿教育宝典》图书，但未见涉案的点读笔。据该公司经理称，点读笔已经销售出去，但该公司未提供销售单据。

该案中，可以认定被投诉人未经许可，复制、发行投诉人的作品，侵犯了投诉人的著作权，且复制数量较多，造成了不良影响，干扰了市场秩序，损害了公共利益，应对其进行行政处罚。

根据《中华人民共和国著作权法》第四十八条、《中华人民共和国著作权法实施条例》第三十六条以及《深圳市市场监督管理局关于〈中华人民共和国著作权法〉行政处罚裁量权实施标准（试行）》的规定，责令被投诉人停止侵权行为，没收侵权复制《幼儿教育宝典》图书290本，并给予罚款2万元的行政处罚。

六、“世纪小说网”文字作品侵权案

广东省版权局于2010年8月25日收到国家版权局版权管理司寄来的《移转函》，称域名为www.2100book.com的“世纪小说网”涉嫌文字作品侵权。经查，该案的涉嫌侵权人及网站位于揭阳市。省版权局立即将该案件相关材料转至揭阳市版权局进行查处。

揭阳市版权局接到案件后迅速行动，经中国电信揭阳分公司查实，确认该网站的IP地址121.11.158.168属于中国电信揭阳分公司磐东IDC机房的网段。在磐东IDC机房负责人的配合下，揭阳市版权局对该IP接入的服务器进行了检查，发现该站存有《修凡记》、《紫炎天帝》、《台北少女成长救赎：那年榕树下》等小说文学作品。执法人员要求电信工作人员协助通知服务器业主一周内到场接受调查处理。经询问该服务器业主陈晨，其承认该服务器为其所有，世纪小说网也由其开办，备案在上海，他是利用自动采集程序自动在网络上采集小说文学作品放在网站上供人阅读，无法提供授权证据。

揭阳市版权局依法对陈晨及该网站作出如下行政处罚：（1）罚款3 000元；（2）没收服务器。

（广东省版权局）

四 川 省

一、“6621原创空间”（天籁村音乐网站）侵犯著作权案

经调查核实，犯罪嫌疑人龚节毅未经国际唱片业协会会员许可，分别于2004年至2007年4月、2008年9月至2009年10月间，通过其开办的“天籁村音乐”网站（现名“6621原创空间”）（http://www.6621.com/）上载、传播国际唱片业协会会员拥有著作权的20 000余首音乐作品，并利用在线试听等方式进行营利。四川省版权局根据《中华人民共和国著作权法》先后两次对其侵权行为进行了行政处罚（川版权行处［2007］第03号、［2009］第03号行政处罚决定书）。犯罪嫌疑人龚节毅受到行政处罚后变换网站名称和技术手段，依然从事侵权活动，其行为已涉嫌犯罪，四川省版权局于2011年1月9日将此案正式移交四川省公安厅，2011年2月23日，四川省成都市公安机关将犯罪嫌疑人龚节毅抓获并刑事拘留，羁押于成都市看守所。2011年3月29日，经成都市人民检察院批准，成都市公安局依法对犯罪嫌疑人龚节毅予以逮捕。

二、“10・19”储存销售侵权盗版音像制品案

2010年10月19日，成都市广播电视和新闻出版局（版权局）、成都市金牛区版权局联合成都市公安局经济犯罪侦查处，在成都市金牛区解放北路一小区内捣毁三处非法光碟窝点，现场查获涉嫌盗版音像制品49万余张，抓获犯罪嫌疑人龚玉彬。

经查实，从2010年9月至案发，龚玉彬未经广州市得金文化传播有限公司、上海美术电影制片厂等影片著作权权利人许可，租用金牛区解放北路1段2号4栋1单元1号、4单元66号、3单元50号三处民房，大肆销售侵权盗版音像制品。

根据《中华人民共和国著作权法》第四十八条第一款第一项的规定，龚玉彬的上述行为构成对广州市得金文化传播有限公司、上海美术电影制片厂等著作权的侵害，且侵权行为严重，已构成犯罪，成都市版权局于2010年10月21日将案件移送成都市公安局侦查。2010年11月25日，经金牛区人民检察院批准，金牛区公安分局对犯罪嫌疑人龚玉彬依法逮捕。2011年3月9日，金牛区人民检察院以侵犯著作权罪向金牛区人民法院提起公诉。

三、成都豪豪电器经营部销售侵权盗版音像制品案

2009年2月19日，成都市版权局在火车北站商场西一厅二楼豪豪电器经营部，查获《金雪莲锅庄》、《金雪莲风暴》两个品种的涉嫌侵权盗版音像制品共计363张。经调查核实，豪豪电器经营部未经成都金雪莲文化艺术有限公司许可，在其经营场所内销售盗版《金雪莲锅庄》、《金雪莲风暴》。

根据《中华人民共和国著作权法》的规定，豪豪电器经营部的上述行为构成对成都金雪莲文化艺术有限公司著作权的侵害，应承担侵权责任。成都市版权局根据《中华人民共和国著作权法》第四十八条第一款第一项、《中华人民共和国著作权法实施条例》第三十六条的规定，对豪豪电器经营部作出下列行政处罚（成权行决字［2010］第1号）：(1) 没收查获的盗版音像制品363张；(2) 罚款8 000元。

四、古蔺县观文中学使用盗版教材案

经调查核实，泸州市古蔺县观文中学（职高部）于2010年1月向二十一世纪网络书局订购使用的300册《计算机应用基础》教材为盗版，其中58册已发放学生使用，其行为侵犯了高等教育出版社的著作权，应承担相应的侵权责任。

根据《中华人民共和国著作权法》第四十八条第一款第一项、《中华人民共和国著作权法实施条例》第三十六条的规定，泸州市文化新闻出版局对古蔺县观文中学作出下列行政处罚（川版权泸罚字［2010］001号）：(1) 责令停止侵权行为；(2) 没收侵权复制品《计算机应用基础》300册；(3) 罚款5 880元。

五、"12·07"销售侵权盗版音像制品案

2010年12月7日，成都市版权局联合成都市公安局、武侯区版权局在成都数码广场A座地下三楼停车场一库房内，查获侵权盗版光碟14 286张，当场抓获正在销售光盘的李崇凯、陈丽夫妇，犯罪嫌疑人不能提供所销售光盘的合法来源。

根据《中华人民共和国刑法》第二百一十七条及公安部、最高人民检察院、最高人民法院《关于办理侵犯知识产权刑事案件适用法律若干问题的意见》，2011年1月13日，经成都市人民检察院批准，成都市公安局对犯罪嫌疑人李崇凯执行逮捕，另一犯罪嫌疑人陈丽被取保候审。2011年3月13日，成都市公安局将该案移交成都市人民检察院，由成都市人民检察院向成都市人民法院提起公诉。

六、成都瑞锦文化传播有限公司销售盗版教材案

经调查核实，2010年，大英育才职业中学从成都瑞锦文化传播有限公司采购十一种教材：《职业生涯规划》、《计算机应用基础综合实训》、《职业道德与法律学习指导》、《数学基础版》（第二册）、《英语基础模块练习册》、《中国旅游地理》、《中国地理练习册》、《猪的生产与经营》、《禽的生产与经营》、《农作物生产技术》、《农业经营与管理》，共计1 815册，总码洋32 407.20元，并提供给学生使用。经高等教育出版社鉴定，该十一种教材均为盗印高等教育出版社的非法出版物。

根据《中华人民共和国著作权法》第四十七条第一款之规定，成都瑞锦文化传播有限公司的行为构成对高等教育出版社著作权的侵害，应承担相应的侵权责任。大英县新闻出版（版权）局对成都瑞锦文化传播有限公司作出下列行政处罚（大新出罚字［2010］01号）：(1) 责令停止侵权行为；(2) 没收全部非法出版物；(3) 罚款人民币6 000元整。

七、"7·18"批销盗版音像制品案

2008年7月18日，在四川省版权局、省"扫黄打非"办的组织协调下，省出版物市场稽查总队在成都市金牛区城隍庙信立大厦地下二楼房间内，查获侵权盗版光碟30 320张。犯罪嫌疑人贺中林、王春兰因涉嫌侵犯著作权罪被成都市金牛区公安分局刑事拘留，同年8月24日被成都市金牛区人民检察院以涉嫌侵犯著作权罪依法批准逮捕。2010年11月12日，此案经成都市金牛区人民法院审结宣判：

被告人贺中林因犯侵犯著作权罪和贩卖淫秽物品牟利罪，判处有期徒刑五年，并处罚金人民币3.2万元；被告人王春兰因犯侵犯著作权罪和贩卖淫秽物品牟利罪，被判处有期徒刑二年，并处罚金人民币1.1万元；扣押在案的侵权盗版光碟予以没收。

八、“12·15”批销盗版音像制品案

2010年12月15日，在四川省“扫黄打非”办、省版权局的组织协调下，省出版物市场稽查总队在成都市公安机关的密切配合下，捣毁了位于成都市张家巷工人村26幢居民楼两套出租房内的涉嫌侵权盗版音像制品批销窝点，查获涉嫌侵权盗版光盘近10万张，抓获涉案人员苏佳燕、苏丽如、苏桂吟三名。从2008年起，三人租赁居民出租房从事涉嫌盗版音像制品批销活动。因三名涉案人员涉嫌犯罪，当日即被青羊公安分局刑事拘留，羁押于成都市看守所（苏桂吟因有身孕取保候审）。2011年1月，经成都市人民检察院批准，成都市公安局依法对该案犯罪嫌疑人苏佳燕执行逮捕。目前，成都市人民检察院对犯罪嫌疑人苏佳燕以侵犯著作权罪向成都市人民法院正式提起公诉。

（四川省版权局）

版权

法律法规及规章文件

FA LV FA GUI JI GUI ZHANG WEN JIAN

中华人民共和国著作权法

（1990年9月7日第七届全国人民代表大会常务委员会第十五次会议通过　根据2001年10月27日第九届全国人民代表大会常务委员会第二十四次会议《关于修改〈中华人民共和国著作权法〉的决定》第一次修正　根据2010年2月26日第十一届全国人民代表大会常务委员会第十三次会议《关于修改〈中华人民共和国著作权法〉的决定》第二次修正）

目　录

第一章　总则
第二章　著作权
第一节　著作权人及其权利
第二节　著作权归属
第三节　权利的保护期
第四节　权利的限制
第三章　著作权许可使用和转让合同
第四章　出版、表演、录音录像、播放
第一节　图书、报刊的出版
第二节　表　演
第三节　录音录像
第四节　广播电台、电视台播放
第五章　法律责任和执法措施
第六章　附　则

第一章　总　则

第一条　为保护文学、艺术和科学作品作者的著作权，以及与著作权有关的权益，鼓励有益于社会主义精神文明、物质文明建设的作品的创作和传播，促进社会主义文化和科学事业的发展与繁荣，根据宪法制定本法。

第二条　中国公民、法人或者其他组织的作品，不论是否发表，依照本法享有著作权。

外国人、无国籍人的作品根据其作者所属国或者经常居住地国同中国签订的协议或者共同参加的国际条约享有的著作权，受本法保护。

外国人、无国籍人的作品首先在中国境内出版的，依照本法享有著作权。

未与中国签订协议或者共同参加国际条约的国家的作者以及无国籍人的作品首次在中国参加的国际条约的成员国出版的，或者在成员国和非成员国同时出版的，受本法保护。

第三条　本法所称的作品，包括以下列形式创作的文学、艺术和自然科学、社会科学、工程技术等作品：

（一）文字作品；

（二）口述作品；

（三）音乐、戏剧、曲艺、舞蹈、杂技艺术作品；

（四）美术、建筑作品；

（五）摄影作品；

（六）电影作品和以类似摄制电影的方法创作的作品；

（七）工程设计图、产品设计图、地图、示意图等图形作品和模型作品；

（八）计算机软件；

（九）法律、行政法规规定的其他作品。

第四条　著作权人行使著作权，不得违反宪法和法律，不得损害公共利益。国家对作品的出版、传播依法进行监督管理。

第五条　本法不适用于：

（一）法律、法规，国家机关的决议、决定、命令和其他具有立法、行政、司法性质的文件，及其官方正式译文；

（二）时事新闻；

（三）历法、通用数表、通用表格和公式。

第六条　民间文学艺术作品的著作权保护办法

由国务院另行规定。

第七条 国务院著作权行政管理部门主管全国的著作权管理工作；各省、自治区、直辖市人民政府的著作权行政管理部门主管本行政区域的著作权管理工作。

第八条 著作权人和与著作权有关的权利人可以授权著作权集体管理组织行使著作权或者与著作权有关的权利。著作权集体管理组织被授权后，可以以自己的名义为著作权人和与著作权有关的权利人主张权利，并可以作为当事人进行涉及著作权或者与著作权有关的权利的诉讼、仲裁活动。

著作权集体管理组织是非营利性组织，其设立方式、权利义务、著作权许可使用费的收取和分配，以及对其监督和管理等由国务院另行规定。

第二章 著作权

第一节 著作权人及其权利

第九条 著作权人包括：

（一）作者；

（二）其他依照本法享有著作权的公民、法人或者其他组织。

第十条 著作权包括下列人身权和财产权：

（一）发表权，即决定作品是否公之于众的权利；

（二）署名权，即表明作者身份，在作品上署名的权利；

（三）修改权，即修改或者授权他人修改作品的权利；

（四）保护作品完整权，即保护作品不受歪曲、篡改的权利；

（五）复制权，即以印刷、复印、拓印、录音、录像、翻录、翻拍等方式将作品制作一份或者多份的权利；

（六）发行权，即以出售或者赠与方式向公众提供作品的原件或者复制件的权利；

（七）出租权，即有偿许可他人临时使用电影作品和以类似摄制电影的方法创作的作品、计算机软件的权利，计算机软件不是出租的主要标的的除外；

（八）展览权，即公开陈列美术作品、摄影作品的原件或者复制件的权利；

（九）表演权，即公开表演作品，以及用各种手段公开播送作品的表演的权利；

（十）放映权，即通过放映机、幻灯机等技术设备公开再现美术、摄影、电影和以类似摄制电影的方法创作的作品等的权利；

（十一）广播权，即以无线方式公开广播或者传播作品，以有线传播或者转播的方式向公众传播广播的作品，以及通过扩音器或者其他传送符号、声音、图像的类似工具向公众传播广播的作品的权利；

（十二）信息网络传播权，即以有线或者无线方式向公众提供作品，使公众可以在其个人选定的时间和地点获得作品的权利；

（十三）摄制权，即以摄制电影或者以类似摄制电影的方法将作品固定在载体上的权利；

（十四）改编权，即改变作品，创作出具有独创性的新作品的权利；

（十五）翻译权，即将作品从一种语言文字转换成另一种语言文字的权利；

（十六）汇编权，即将作品或者作品的片段通过选择或者编排，汇集成新作品的权利；

（十七）应当由著作权人享有的其他权利。

著作权人可以许可他人行使前款第（五）项至第（十七）项规定的权利，并依照约定或者本法有关规定获得报酬。

著作权人可以全部或者部分转让本条第一款第（五）项至第（十七）项规定的权利，并依照约定或者本法有关规定获得报酬。

第二节 著作权归属

第十一条 著作权属于作者，本法另有规定的除外。

创作作品的公民是作者。

由法人或者其他组织主持，代表法人或者其他组织意志创作，并由法人或者其他组织承担责任的作品，法人或者其他组织视为作者。

如无相反证明，在作品上署名的公民、法人或者其他组织为作者。

第十二条 改编、翻译、注释、整理已有作品而产生的作品，其著作权由改编、翻译、注释、整理人享有，但行使著作权时不得侵犯原作品的著作权。

第十三条 两人以上合作创作的作品，著作权由合作作者共同享有。没有参加创作的人，不能成为合作作者。

合作作品可以分割使用的，作者对各自创作的部分可以单独享有著作权，但行使著作权时不得侵犯合作作品整体的著作权。

第十四条 汇编若干作品、作品的片段或者不构成作品的数据或者其他材料，对其内容的选择或者编排体现独创性的作品，为汇编作品，其著作权由汇编人享有，但行使著作权时，不得侵犯原作品的著作权。

第十五条 电影作品和以类似摄制电影的方法创作的作品的著作权由制片者享有，但编剧、导演、摄影、作词、作曲等作者享有署名权，并有权按照与制片者签订的合同获得报酬。

电影作品和以类似摄制电影的方法创作的作品中的剧本、音乐等可以单独使用的作品的作者有权单独行使其著作权。

第十六条 公民为完成法人或者其他组织工作任务所创作的作品是职务作品，除本条第二款的规定以外，著作权由作者享有，但法人或者其他组织有权在其业务范围内优先使用。作品完成两年内，未经单位同意，作者不得许可第三人以与单位使用的相同方式使用该作品。

有下列情形之一的职务作品，作者享有署名权，著作权的其他权利由法人或者其他组织享有，法人或者其他组织可以给予作者奖励：

（一）主要是利用法人或者其他组织的物质技术条件创作，并由法人或者其他组织承担责任的工程设计图、产品设计图、地图、计算机软件等职务作品；

（二）法律、行政法规规定或者合同约定著作权由法人或者其他组织享有的职务作品。

第十七条 受委托创作的作品，著作权的归属由委托人和受托人通过合同约定。合同未作明确约定或者没有订立合同的，著作权属于受托人。

第十八条 美术等作品原件所有权的转移，不视为作品著作权的转移，但美术作品原件的展览权由原件所有人享有。

第十九条 著作权属于公民的，公民死亡后，其本法第十条第一款第（五）项至第（十七）项规定的权利在本法规定的保护期内，依照继承法的规定转移。

著作权属于法人或者其他组织的，法人或者其他组织变更、终止后，其本法第十条第一款第（五）项至第（十七）项规定的权利在本法规定的保护期内，由承受其权利义务的法人或者其他组织享有；没有承受其权利义务的法人或者其他组织的，由国家享有。

第三节　权利的保护期

第二十条 作者的署名权、修改权、保护作品完整权的保护期不受限制。

第二十一条 公民的作品，其发表权、本法第十条第一款第（五）项至第（十七）项规定的权利的保护期为作者终生及其死亡后五十年，截止于作者死亡后第五十年的12月31日；如果是合作作品，截止于最后死亡的作者死亡后第五十年的12月31日。

法人或者其他组织的作品、著作权（署名权除外）由法人或者其他组织享有的职务作品，其发表权、本法第十条第一款第（五）项至第（十七）项规定的权利的保护期为五十年，截止于作品首次发表后第五十年的12月31日，但作品自创作完成后五十年内未发表的，本法不再保护。

电影作品和以类似摄制电影的方法创作的作品、摄影作品，其发表权、本法第十条第一款第（五）项至第（十七）项规定的权利的保护期为五十年，截止于作品首次发表后第五十年的12月31日，但作品自创作完成后五十年内未发表的，本法不再保护。

第四节　权利的限制

第二十二条 在下列情况下使用作品，可以不经著作权人许可，不向其支付报酬，但应当指明作者姓名、作品名称，并且不得侵犯著作权人依照本法享有的其他权利：

（一）为个人学习、研究或者欣赏，使用他人已经发表的作品；

（二）为介绍、评论某一作品或者说明某一问题，在作品中适当引用他人已经发表的作品；

（三）为报道时事新闻，在报纸、期刊、广播电台、电视台等媒体中不可避免地再现或者引用已经发表的作品；

（四）报纸、期刊、广播电台、电视台等媒体刊登或者播放其他报纸、期刊、广播电台、电视台等媒体已经发表的关于政治、经济、宗教问题的时事性文章，但作者声明不许刊登、播放的除外；

（五）报纸、期刊、广播电台、电视台等媒体刊登或者播放在公众集会上发表的讲话，但作者声明不许刊登、播放的除外；

（六）为学校课堂教学或者科学研究，翻译或者少量复制已经发表的作品，供教学或者科研人员使用，但不得出版发行；

（七）国家机关为执行公务在合理范围内使用已经发表的作品；

（八）图书馆、档案馆、纪念馆、博物馆、美术馆等为陈列或者保存版本的需要，复制本馆收藏的作品；

（九）免费表演已经发表的作品，该表演未向公众收取费用，也未向表演者支付报酬；

（十）对设置或者陈列在室外公共场所的艺术作品进行临摹、绘画、摄影、录像；

（十一）将中国公民、法人或者其他组织已经发表的以汉语言文字创作的作品翻译成少数民族语言文字作品在国内出版发行；

（十二）将已经发表的作品改成盲文出版。

前款规定适用于对出版者、表演者、录音录像制作者、广播电台、电视台的权利的限制。

第二十三条　为实施九年制义务教育和国家教育规划而编写出版教科书，除作者事先声明不许使用的外，可以不经著作权人许可，在教科书中汇编已经发表的作品片段或者短小的文字作品、音乐作品或者单幅的美术作品、摄影作品，但应当按照规定支付报酬，指明作者姓名、作品名称，并且不得侵犯著作权人依照本法享有的其他权利。

前款规定适用于对出版者、表演者、录音录像制作者、广播电台、电视台的权利的限制。

第三章　著作权许可使用和转让合同

第二十四条　使用他人作品应当同著作权人订立许可使用合同，本法规定可以不经许可的除外。

许可使用合同包括下列主要内容：

（一）许可使用的权利种类；

（二）许可使用的权利是专有使用权或者非专有使用权；

（三）许可使用的地域范围、期间；

（四）付酬标准和办法；

（五）违约责任；

（六）双方认为需要约定的其他内容。

第二十五条　转让本法第十条第一款第（五）项至第（十七）项规定的权利，应当订立书面合同。

权利转让合同包括下列主要内容：

（一）作品的名称；

（二）转让的权利种类、地域范围；

（三）转让价金；

（四）交付转让价金的日期和方式；

（五）违约责任；

（六）双方认为需要约定的其他内容。

第二十六条　以著作权出质的，由出质人和质权人向国务院著作权行政管理部门办理出质登记。

第二十七条　许可使用合同和转让合同中著作权人未明确许可、转让的权利，未经著作权人同意，另一方当事人不得行使。

第二十八条　使用作品的付酬标准可以由当事人约定，也可以按照国务院著作权行政管理部门会同有关部门制定的付酬标准支付报酬。当事人约定不明确的，按照国务院著作权行政管理部门会同有关部门制定的付酬标准支付报酬。

第二十九条　出版者、表演者、录音录像制作者、广播电台、电视台等依照本法有关规定使用他人作品的，不得侵犯作者的署名权、修改权、保护作品完整权和获得报酬的权利。

第四章　出版、表演、录音录像、播放

第一节　图书、报刊的出版

第三十条　图书出版者出版图书应当和著作权人订立出版合同，并支付报酬。

第三十一条　图书出版者对著作权人交付出版的作品，按照合同约定享有的专有出版权受法律保护，他人不得出版该作品。

第三十二条　著作权人应当按照合同约定期限交付作品。图书出版者应当按照合同约定的出版质量、期限出版图书。

图书出版者不按照合同约定期限出版，应当依照本法第五十四条的规定承担民事责任。

图书出版者重印、再版作品的，应当通知著作权人，并支付报酬。图书脱销后，图书出版者拒绝重印、再版的，著作权人有权终止合同。

第三十三条　著作权人向报社、期刊社投稿的，自稿件发出之日起十五日内未收到报社通知决定刊登的，或者自稿件发出之日起三十日内未收到期刊社通知决定刊登的，可以将同一作品向其他报社、期刊社投稿。双方另有约定的除外。

作品刊登后，除著作权人声明不得转载、摘编的外，其他报刊可以转载或者作为文摘、资料刊登，但应当按照规定向著作权人支付报酬。

第三十四条　图书出版者经作者许可，可以对作品修改、删节。

报社、期刊社可以对作品作文字性修改、删节。对内容的修改，应当经作者许可。

第三十五条　出版改编、翻译、注释、整理、汇编已有作品而产生的作品，应当取得改编、翻译、注释、整理、汇编作品的著作权人和原作品的著作权人许可，并支付报酬。

第三十六条　出版者有权许可或者禁止他人使

用其出版的图书、期刊的版式设计。

前款规定的权利的保护期为十年，截止于使用该版式设计的图书、期刊首次出版后第十年的12月31日。

第二节 表 演

第三十七条 使用他人作品演出，表演者（演员、演出单位）应当取得著作权人许可，并支付报酬。演出组织者组织演出，由该组织者取得著作权人许可，并支付报酬。

使用改编、翻译、注释、整理已有作品而产生的作品进行演出，应当取得改编、翻译、注释、整理作品的著作权人和原作品的著作权人许可，并支付报酬。

第三十八条 表演者对其表演享有下列权利：

（一）表明表演者身份；

（二）保护表演形象不受歪曲；

（三）许可他人从现场直播和公开传送其现场表演，并获得报酬；

（四）许可他人录音录像，并获得报酬；

（五）许可他人复制、发行录有其表演的录音录像制品，并获得报酬；

（六）许可他人通过信息网络向公众传播其表演，并获得报酬。

被许可人以前款第（三）项至第（六）项规定的方式使用作品，还应当取得著作权人许可，并支付报酬。

第三十九条 本法第三十八条第一款第（一）项、第（二）项规定的权利的保护期不受限制。

本法第三十八条第一款第（三）项至第（六）项规定的权利的保护期为五十年，截止于该表演发生后第五十年的12月31日。

第三节 录音录像

第四十条 录音录像制作者使用他人作品制作录音录像制品，应当取得著作权人许可，并支付报酬。

录音录像制作者使用改编、翻译、注释、整理已有作品而产生的作品，应当取得改编、翻译、注释、整理作品的著作权人和原作品著作权人许可，并支付报酬。

录音制作者使用他人已经合法录制为录音制品的音乐作品制作录音制品，可以不经著作权人许可，但应当按照规定支付报酬；著作权人声明不许使用的不得使用。

第四十一条 录音录像制作者制作录音录像制品，应当同表演者订立合同，并支付报酬。

第四十二条 录音录像制作者对其制作的录音录像制品，享有许可他人复制、发行、出租、通过信息网络向公众传播并获得报酬的权利；权利的保护期为五十年，截止于该制品首次制作完成后第五十年的12月31日。

被许可人复制、发行、通过信息网络向公众传播录音录像制品，还应当取得著作权人、表演者许可，并支付报酬。

第四节 广播电台、电视台播放

第四十三条 广播电台、电视台播放他人未发表的作品，应当取得著作权人许可，并支付报酬。

广播电台、电视台播放他人已发表的作品，可以不经著作权人许可，但应当支付报酬。

第四十四条 广播电台、电视台播放已经出版的录音制品，可以不经著作权人许可，但应当支付报酬。当事人另有约定的除外。具体办法由国务院规定。

第四十五条 广播电台、电视台有权禁止未经其许可的下列行为：

（一）将其播放的广播、电视转播；

（二）将其播放的广播、电视录制在音像载体上以及复制音像载体。

前款规定的权利的保护期为五十年，截止于该广播、电视首次播放后第五十年的12月31日。

第四十六条 电视台播放他人的电影作品和以类似摄制电影的方法创作的作品、录像制品，应当取得制片者或者录像制作者许可，并支付报酬；播放他人的录像制品，还应当取得著作权人许可，并支付报酬。

第五章 法律责任和执法措施

第四十七条 有下列侵权行为的，应当根据情况，承担停止侵害、消除影响、赔礼道歉、赔偿损失等民事责任：

（一）未经著作权人许可，发表其作品的；

（二）未经合作作者许可，将与他人合作创作的作品当作自己单独创作的作品发表的；

（三）没有参加创作，为谋取个人名利，在他人作品上署名的；

（四）歪曲、篡改他人作品的；

（五）剽窃他人作品的；

（六）未经著作权人许可，以展览、摄制电影和以类似摄制电影的方法使用作品，或者以改编、翻译、注释等方式使用作品的，本法另有规定的除外；

（七）使用他人作品，应当支付报酬而未支付的；

（八）未经电影作品和以类似摄制电影的方法创作的作品、计算机软件、录音录像制品的著作权人或者与著作权有关的权利人许可，出租其作品或者录音录像制品的，本法另有规定的除外；

（九）未经出版者许可，使用其出版的图书、期刊的版式设计的；

（十）未经表演者许可，从现场直播或者公开传送其现场表演，或者录制其表演的；

（十一）其他侵犯著作权以及与著作权有关的权益的行为。

第四十八条 有下列侵权行为的，应当根据情况，承担停止侵害、消除影响、赔礼道歉、赔偿损失等民事责任；同时损害公共利益的，可以由著作权行政管理部门责令停止侵权行为，没收违法所得，没收、销毁侵权复制品，并可处以罚款；情节严重的，著作权行政管理部门还可以没收主要用于制作侵权复制品的材料、工具、设备等；构成犯罪的，依法追究刑事责任：

（一）未经著作权人许可，复制、发行、表演、放映、广播、汇编、通过信息网络向公众传播其作品的，本法另有规定的除外；

（二）出版他人享有专有出版权的图书的；

（三）未经表演者许可，复制、发行录有其表演的录音录像制品，或者通过信息网络向公众传播其表演的，本法另有规定的除外；

（四）未经录音录像制作者许可，复制、发行、通过信息网络向公众传播其制作的录音录像制品的，本法另有规定的除外；

（五）未经许可，播放或者复制广播、电视的，本法另有规定的除外；

（六）未经著作权人或者与著作权有关的权利人许可，故意避开或者破坏权利人为其作品、录音录像制品等采取的保护著作权或者与著作权有关的权利的技术措施的，法律、行政法规另有规定的除外；

（七）未经著作权人或者与著作权有关的权利人许可，故意删除或者改变作品、录音录像制品等的权利管理电子信息的，法律、行政法规另有规定的除外；

（八）制作、出售假冒他人署名的作品的。

第四十九条 侵犯著作权或者与著作权有关的权利的，侵权人应当按照权利人的实际损失给予赔偿；实际损失难以计算的，可以按照侵权人的违法所得给予赔偿。赔偿数额还应当包括权利人为制止侵权行为所支付的合理开支。

权利人的实际损失或者侵权人的违法所得不能确定的，由人民法院根据侵权行为的情节，判决给予五十万元以下的赔偿。

第五十条 著作权人或者与著作权有关的权利人有证据证明他人正在实施或者即将实施侵犯其权利的行为，如不及时制止将会使其合法权益受到难以弥补的损害的，可以在起诉前向人民法院申请采取责令停止有关行为和财产保全的措施。

人民法院处理前款申请，适用《中华人民共和国民事诉讼法》第九十三条至第九十六条和第九十九条的规定。

第五十一条 为制止侵权行为，在证据可能灭失或者以后难以取得的情况下，著作权人或者与著作权有关的权利人可以在起诉前向人民法院申请保全证据。

人民法院接受申请后，必须在四十八小时内作出裁定；裁定采取保全措施的，应当立即开始执行。

人民法院可以责令申请人提供担保，申请人不提供担保的，驳回申请。

申请人在人民法院采取保全措施后十五日内不起诉的，人民法院应当解除保全措施。

第五十二条 人民法院审理案件，对于侵犯著作权或者与著作权有关的权利的，可以没收违法所得、侵权复制品以及进行违法活动的财物。

第五十三条 复制品的出版者、制作者不能证明其出版、制作有合法授权的，复制品的发行者或者电影作品或者以类似摄制电影的方法创作的作品、计算机软件、录音录像制品的复制品的出租者不能证明其发行、出租的复制品有合法来源的，应当承担法律责任。

第五十四条 当事人不履行合同义务或者履行合同义务不符合约定条件的，应当依照《中华人民共和国民法通则》、《中华人民共和国合同法》等有关法律规定承担民事责任。

第五十五条 著作权纠纷可以调解，也可以根据当事人达成的书面仲裁协议或者著作权合同中的仲裁条款，向仲裁机构申请仲裁。

当事人没有书面仲裁协议，也没有在著作权合同中订立仲裁条款的，可以直接向人民法院起诉。

第五十六条 当事人对行政处罚不服的，可以自收到行政处罚决定书之日起三个月内向人民法院起诉，期满不起诉又不履行的，著作权行政管理部门可以申请人民法院执行。

第六章　附　则

第五十七条　本法所称的著作权即版权。

第五十八条　本法第二条所称的出版，指作品的复制、发行。

第五十九条　计算机软件、信息网络传播权的保护办法由国务院另行规定。

第六十条　本法规定的著作权人和出版者、表演者、录音录像制作者、广播电台、电视台的权利，在本法施行之日尚未超过本法规定的保护期的，依照本法予以保护。

本法施行前发生的侵权或者违约行为，依照侵权或者违约行为发生时的有关规定和政策处理。

第六十一条　本法自 1991 年 6 月 1 日起施行。

著作权质权登记办法

第一条 为规范著作权出质行为，保护债权人合法权益，维护著作权交易秩序，根据《中华人民共和国物权法》、《中华人民共和国担保法》和《中华人民共和国著作权法》的有关规定，制定本办法。

第二条 国家版权局负责著作权质权登记工作。

第三条 《中华人民共和国著作权法》规定的著作权以及与著作权有关权利（以下统称“著作权”）中的财产权可以出质。

以共有的著作权出质的，除另有约定外，应当取得全体共有人的同意。

第四条 以著作权出质的，出质人和质权人应当订立书面质权合同，并由双方共同向登记机构办理著作权质权登记。

出质人和质权人可以自行办理，也可以委托代理人办理。

第五条 著作权质权的设立、变更、转让和消灭，自记载于《著作权质权登记簿》时发生效力。

第六条 申请著作权质权登记的，应提交下列文件：

（一）著作权质权登记申请表；

（二）出质人和质权人的身份证明；

（三）主合同和著作权质权合同；

（四）委托代理人办理的，提交委托书和受托人的身份证明；

（五）以共有的著作权出质的，提交共有人同意出质的书面文件；

（六）出质前授权他人使用的，提交授权合同；

（七）出质的著作权经过价值评估的、质权人要求价值评估的或相关法律法规要求价值评估的，提交有效的价值评估报告；

（八）其他需要提供的材料。

提交的文件是外文的，需同时附送中文译本。

第七条 著作权质权合同一般包括以下内容：

（一）出质人和质权人的基本信息；

（二）被担保债权的种类和数额；

（三）债务人履行债务的期限；

（四）出质著作权的内容和保护期；

（五）质权担保的范围和期限；

（六）当事人约定的其他事项。

第八条 申请人提交材料齐全的，登记机构应当予以受理。提交的材料不齐全的，登记机构不予受理。

第九条 经审查符合要求的，登记机构应当自受理之日起10日内予以登记，并向出质人和质权人发放《著作权质权登记证书》。

第十条 经审查不符合要求的，登记机构应当自受理之日起10日内通知申请人补正。补正通知书应载明补正事项和合理的补正期限。无正当理由逾期不补正的，视为撤回申请。

第十一条 《著作权质权登记证书》的内容包括：

（一）出质人和质权人的基本信息；

（二）出质著作权的基本信息；

（三）著作权质权登记号；

（四）登记日期。

《著作权质权登记证书》应当标明：著作权质权自登记之日起设立。

第十二条 有下列情形之一的，登记机构不予登记：

（一）出质人不是著作权人的；

（二）合同违反法律法规强制性规定的；

（三）出质著作权的保护期届满的；

（四）债务人履行债务的期限超过著作权保护期的；

（五）出质著作权存在权属争议的；

（六）其他不符合出质条件的。

第十三条 登记机构办理著作权质权登记前，申请人可以撤回登记申请。

第十四条 著作权出质期间，未经质权人同意，出质人不得转让或者许可他人使用已经出质的权利。

出质人转让或者许可他人使用出质的权利所得的价款，应当向质权人提前清偿债务或者提存。

第十五条 有下列情形之一的，登记机构应当撤销质权登记：

（一）登记后发现有第十二条所列情形的；

（二）根据司法机关、仲裁机关或行政管理机关作出的影响质权效力的生效裁决或行政处罚决定书应当撤销的；

（三）著作权质权合同无效或者被撤销的；

（四）申请人提供虚假文件或者以其他手段骗取著作权质权登记的；

（五）其他应当撤销的。

第十六条 著作权出质期间，申请人的基本信息、著作权的基本信息、担保的债权种类及数额、或者担保的范围等事项发生变更的，申请人持变更协议、原《著作权质权登记证书》和其他相关材料向登记机构申请变更登记。

第十七条 申请变更登记的，登记机构自受理之日起10日内完成审查。经审查符合要求的，对变更事项予以登记。

变更事项涉及证书内容变更的，应交回原登记证书，由登记机构发放新的证书。

第十八条 有下列情形之一的，申请人应当申请注销质权登记：

（一）出质人和质权人协商一致同意注销的；

（二）主合同履行完毕的；

（三）质权实现的；

（四）质权人放弃质权的；

（五）其他导致质权消灭的。

第十九条 申请注销质权登记的，应当提交注销登记申请书、注销登记证明、申请人身份证明等材料，并交回原《著作权质权登记证书》。

登记机构应当自受理之日起10日内办理完毕，并发放注销登记通知书。

第二十条 登记机构应当设立《著作权质权登记簿》，记载著作权质权登记的相关信息，供社会公众查询。

《著作权质权登记证书》的内容应当与《著作权质权登记簿》的内容一致。记载不一致的，除有证据证明《著作权质权登记簿》确有错误外，以《著作权质权登记簿》为准。

第二十一条 《著作权质权登记簿》应当包括以下内容：

（一）出质人和质权人的基本信息；

（二）著作权质权合同的主要内容；

（三）著作权质权登记号；

（四）登记日期；

（五）登记撤销情况；

（六）登记变更情况；

（七）登记注销情况；

（八）其他需要记载的内容。

第二十二条 《著作权质权登记证书》灭失或者毁损的，可以向登记机构申请补发或换发。登记机构应自收到申请之日起5日内予以补发或换发。

第二十三条 登记机构应当通过国家版权局官方网站公布著作权质权登记的基本信息。

第二十四条 本办法由国家版权局负责解释。

第二十五条 本办法自2011年1月1日起施行。1996年9月23日国家版权局发布的《著作权质押合同登记办法》同时废止。

中华人民共和国国家版权局公告

（2010 年第 1 号）（节选）

根据《中华人民共和国著作权法》和《著作权集体管理条例》的规定，国家版权局现将中国电影著作权协会上报的《社会团体法人登记证书》（副本）、《中国电影著作权协会章程》、《电影作品著作权集体管理使用费收取标准》和《电影作品著作权集体管理使用费转付办法》予以公告。

国家版权局

二〇一〇年九月十四日

电影作品著作权集体管理使用费收取标准

根据《中华人民共和国著作权法》、《著作权集体管理条例》等法律法规的有关规定，借鉴国内外著作权集体管理组织的价格尺度，结合目前中国电影版权交易的实际情况，经过广泛深入地调查研究，并充分听取权利人和使用者的意见，就电影作品在大众传媒领域内的使用，制定本电影作品著作权集体管理使用费收取标准。

鉴于电影作品的可看性、受众面以及成本差异较大，为尽量准确计算使用费，以国内票房和影片成本的高低为标准将影片分为六类（其中国内票房所占比重为 65%，影片成本所占比重为 35%。设定 N＝国内票房×65%＋影片成本×35%）：

第一类，N≥2 亿元人民币的影片。

第二类，1 亿元人民币≤N＜2 亿元人民币的影片。

第三类，5 000 万元人民币≤N＜1 亿元人民币的影片。

第四类，1 000 万元人民币≤N＜5 000 万元人民币的影片。

第五类，N＜1 000 万元人民币的影片。

第六类，未进院线上映的影片。

收取著作权使用费的电影作品包括：所有取得政府主管部门颁发的《电影片公映许可证》、且在《著作权法》规定的保护期内的影片。其中，美术片长度超过 110 分钟的，按 110%计算，长度等于、少于 85 分钟的，按 85%计算；科教片、（新闻）纪录片大于、等于或少于 60 分钟的，分别以 100%、90%及 80%计算。

一、网络

通过有线或无线网络提供用户在线观看或下载影片，使用的是电影作品的信息网络传播权。根据影片类别的不同，其使用费分别按以下两类办法结算：

（一）第一、二、三、四类影片的著作权使用费按用户点击次数×每次点击费用×35%计算，但是使用者应在取得使用许可时支付基本使用费：

第一类影片，距首映两年内的，基本使用费下限为 10 万元/部年，其后每年递减 20%，至 12 000 元/部年不再递减；

第二类影片，距首映两年内的，基本使用费为 8～10 万元/部年，其后每年递减 20%，至 10 000 元/部年不再递减；

第三类影片，距首映两年内的，基本使用费为 6～8 万元/部年，其后每年递减 20%，至 8 000 元/部年不再递减；

第四类影片，距首映两年内的，基本使用费为 4～6 万元/部年，其后每年递减 20%，至 6 000 元/部年不再递减。

用户点击次数×每次点击费用×35%＞基本使用费的，超过基本使用费之后的每一次点击，按 20%～25%追加支付；

用户点击次数×每次点击费用×35%≤基本使用费的，则不再追加支付，但基本使用费不减。

（二）一次性结算

第五、第六类影片实行打包收费办法结算，根据打包数量以及影片种类、长度，距首映时间的长短等因素计算，确定为 2 000～40 000 元/部年。

二、网吧

网吧使用电影作品一般是通过服务器下载建立

数据库提供的。网吧播映影片使用的是电影作品的复制权和放映权（或区别于互联网的局域网内使用的信息网络传播权）。其每天的使用费为：电脑总量×网吧每小时收费标准×7.5%。

三、视频点播（VOD）

由VOD运营商向用户（包括宾馆饭店）提供电影作品，使用的是电影作品的复制权和局域网信息网络传播权。

使用第一、二、三、四类影片在按点击次数收费时，应先缴纳基本使用费，再结算使用费：

（一）每年每部影片的基本使用费：由VOD运营商确定的该部影片每次点击的单价×33.3%×终端用户数×10%。

（二）年度使用费的计算方式是按VOD运营商确定的每次点击该影片的单价×30%×年点击次数，即为每部影片每年的使用费。

基本使用费必须预付，次年结算。年度使用费少于基本使用费的，基本使用费不退；多于基本使用费的则须补足。

使用第五、六类影片或第一、二、三、四类影片点播下线后纳入打包收费的，每部影片的使用费根据用户数量、距首映时间的长短及影片本身的可看性确定为5 000～50 000元/年。

四、交通工具

飞机、火车、轮船、长途汽车等交通工具目前一般都是通过各自公司或中介公司提供并建立的数据库播映影片，使用的是电影作品的复制权和放映权。其使用费标准如下：

（一）飞机和火车：

在影片首映两年内，其覆盖范围超过10 000架次（列次）/年的，每年每部影片的使用费为：

第一类影片，2.5～5万元；

第二类影片，1.8～2.5万元；

第三类影片，1.6～1.8万元；

第四类影片，1.4～1.6万元；

第五、六类影片，2 500～14 000元。

覆盖范围在10 000架次（列次）/年以下的，使用费减半。

影片首映两年后，使用费可酌减。

（二）轮船：

影片首映两年内，其覆盖范围超过5 000航次/年的，每年每部影片使用费为：

第一类影片，10 000～11 000元；

第二类影片，9 000～10 000元；

第三类影片，8 000～9 000元；

第四类影片，7 000～8 000元；

其余影片因类别和长度不同，800～6 000元。

覆盖范围少于5 000航次/年的，使用费减半。

影片首映两年后，使用费可酌减。

（三）长途汽车：

凡播映电影作品的长途汽车，不分使用影片的数量及类别，一律实行统收，每辆车每年收取著作权使用费365～500元。

五、非营利性局域网

社区、机关、企事业单位的非营利性局域网播映电影，使用的是电影作品的信息网络传播权，按每500户终端为一个计算单位，每个计算单位每年每部影片的著作权使用费为100元。一年内使用满50部影片的按九折计算，一年内使用满100部的按八折计算。

六、音像制品出租

经营影片音像制品出租业务，使用的是电影作品的出租权。每年每个出租点统收电影作品出租权使用费200元。

七、其他

在广播、电视、网络、手机等领域通过剪辑、汇编电影作品传播的，使用的是电影作品的汇编权。使用电影作品的汇编权必须事先（或通过著作权集体管理组织）得到权利人的许可。汇编后的作品应得到权利人的认可。其使用费可根据选用量的多少等因素另行商定。

本使用费收取标准为基准价。在实施过程中根据实际情况可作适当浮动，但浮动幅度由协会理事会讨论决定。

电影作品著作权集体管理使用费转付办法

根据《中华人民共和国著作权法》、《著作权集体管理条例》和《中国电影著作权协会章程》，制定向权利人转付电影作品著作权使用费办法。

第一章　适用范围和转付类型

第一条　适用范围

（1）本办法适用于中国电影著作权协会（以下简称“协会”）按《电影作品著作权集体管理使用费收取标准》收取的电影作品著作权使用费向电影作品权利人的转付。

（2）本办法还适用于由协会按与境外相关著作权协会订立的“相互代表协议”委托收取的电影作品著作权使用费的转付。

第二条　转付类型

本办法规定的转付类型包括：常规转付（首次转付和最终转付）、境外著作权集体管理组织收取的使用费转付和其他转付。

第二章　转付原则和方式

第三条　转付原则

（1）收取的使用费在扣除第三章规定的费用后，其余必须及时足额向作品权利人转付，不得无故拖延，不得挪作他用。

（2）同一作品向不同使用者因不同使用方式收取的使用费，实行按日历年度汇集后一次转付。

（3）权利人向协会授权、登记并经核实其所提供的信息准确无误后，可以获得转付的使用费。

（4）转付使用费必须编制使用费转付记录，载明使用费总额、管理费总额、权利人名称、作品名称、有关使用情况、向权利人转付使用费数额等事项。转付记录保存期不低于十年。

第四条　转付方式

（1）使用费的收取和转付必须使用协会指定的账户。

（2）根据作品使用的实际情况及能掌握的信息详尽程度，实行下列三种转付方式：

精确转付。在使用者能按许可合同提供详尽的作品使用信息，或通过具有权威性的第三方能获得作品使用的详尽信息的情况下，应严格依据这些信息精确地向作品权利人转付使用费；

抽样转付。在使用面较广而使用者又无法提供作品使用的详尽信息的情况下，可按抽样调查的信息实行抽样转付；

平均转付。在作品使用面广、使用单价低而又难以实行精确转付或抽样转付的情况下，可对相关作品的使用费实行平均分配。

（3）同一作品有多个权利人时，应按向协会登记并核实无误的各方分享比例，将使用费转付给各权利人；如各权利人一致同意其中一个权利人代表各方收取使用费，则使用费转付给该权利人。

第三章　管理费、版权保护基金和准备金

第五条　管理费

（1）会员电影作品的著作权的使用费，协会按实收使用费提取10%作为管理费，这一比例应当随着使用费收入的增加而逐步降低。

（2）非会员电影作品的著作权的使用费，协会按实收使用费提取15%作为管理费。

（3）按与境外相关著作权协会订立的“相互代表协议”委托收取的著作权使用费，协会从实收使用费中提取8%作为管理费，非会员电影作品从实收使用费中提取12%作为管理费。

（4）管理费的使用应严格遵照会员大会表决通过的“管理费使用办法”执行，并每年向会员大会通报，接受会员监督。

第六条　版权保护基金和准备金

（1）从收到使用费至向权利人实行转付期间，使用费产生的利息纳入版权保护基金。

（2）版权保护基金及其使用办法由协会理事会决定。因确有实际需要而版权保护基金又数额不足时，理事会可提议从使用费结余或转付款项中提取适当比例注入版权保护基金，但必须经会员大会表决通过。

（3）如因无现行法律、法规和司法解释的明确依据或对作品权利登记有争议，致使其使用费无法转付时，该应转付款项留作准备金。

第四章　常规转付

第七条　首次转付

（1）已按第六章规定登记的电影作品，每年收取的使用费扣除第三章规定的费用后的金额为使用费首次转付总额。

（2）在日历年度使用费收取工作完成后一个月内开始实行首次转付。

第八条　最终转付

（1）未按第六章规定登记的电影作品，如使用者合法使用并主动交纳使用费，该项使用费列入准备金。权利人两年内作补充登记的，在登记日后一个月内可获得最终转付；逾期两年不作登记的，该项使用费纳入版权保护基金。

（2）按第三章第六条（3）留取的准备金，在确定法律依据或权利登记争议解决后一个月内，实行最终转付。

第五章　境外著作权集体管理组织收取的使用费转付和其他转付

第九条　境外著作权集体管理组织收取的使用费转付

（1）境外著作权集体管理组织收取的使用费是指境外著作权集体管理组织与协会订立相互代表协议并按协议收取的使用费。

（2）境外著作权集体管理组织收取的使用费实行单项结算并在收到使用费一个月内向权利人转付。

（3）境外收取的使用费一律按兑换日牌价向作品权利人转付人民币。

第十条　其他转付

在特殊情况下，可以根据协会理事会的决定，对某些作品实行其他转付。

第六章　附则

第十一条　作品登记

（1）纳入著作权集体管理的电影作品必须由权利人向协会登记，并与协会订立著作权集体管理合同。

（2）作品登记必须载明作品名称、权利人姓名或名称、著作权转让情况（已转让的应注明年限及受让方姓名或名称）、出品和首映（首播）日期等详细信息。

（3）从作品登记的日历年度开始，权利人可以获得转付的使用费。

第十二条　协会作品库

（1）协会作品库包括协会会员授权协会管理的所有电影作品。

（2）协会作品库还包括权利人自己独立授权的电影作品和境外同类组织与协会签订相互代表协议所授权的电影作品。

第十三条　办法的实行和修改

（1）本办法经会员大会讨论通过并经国务院著作权管理部门公告后实行。

（2）本办法的修改必须经理事会提请会员大会通过并报请国务院著作权管理部门批准。

第十四条　本办法解释权

本办法解释权属协会理事会。

中华人民共和国国家版权局公告

（2010 年第 2 号）

为全面推进依法行政工作，根据《国务院办公厅关于做好规章清理工作有关问题的通知》（国办发［2010］28 号）要求，国家版权局对著作权部门规章进行了全面集中清理。截至二〇一〇年十二月一日，国家版权局负责实施的现行有效的规章共 9 件，现将规章目录公布。

特此公告。

国家版权局

二〇一〇年十二月三日

国家版权局现行有效规章目录

2010 年 12 月

序号	规章名称	发布文号	发布日期	施行日期
1	报刊转载、摘编法定许可付酬标准暂行规定	国权［1993］41 号	1993-08-01	1993-08-01
2	录音法定许可付酬标准暂行规定	国权［1993］41 号	1993-08-01	1993-08-01
3	作品自愿登记试行办法	国权［1994］78 号	1994-12-31	1995-01-01
4	国外著作权认证机构在中国设立常驻代表机构管理办法	（96）国权联 35 号	1996-12-31	1996-12-31
5	出版文字作品报酬规定	国权［1999］8 号	1999-04-05	1999-06-01
6	计算机软件著作权登记办法	国家版权局令第 1 号	2002-02-20	2002-02-20
7	互联网著作权行政保护办法	国家版权局令第 5 号	2005-04-29	2005-05-30
8	著作权行政处罚实施办法	国家版权局令第 6 号	2009-05-07	2009-06-15
9	著作权质权登记办法	国家版权局令第 8 号	2010-11-25	2011-01-01

中华人民共和国国家版权局公告

（2010 年第 3 号）

为规范著作权质权登记行为，根据《著作权质权登记办法》（国家版权局令第 8 号，2010 年 11 月 25 日公布，2011 年 1 月 1 日施行）第二条规定，国家版权局决定委托中国版权保护中心办理著作权质权登记工作。中国版权保护中心地址：北京市东城区安定门东大街 28 号雍和大厦西楼三层。邮政编码：100007。

特此公告。

国家版权局

二〇一〇年十二月十三日

关于印发 2010 年全国版权工作会议报告和 2010 年版权工作要点的通知

国版发［2010］1 号

各省、自治区、直辖市版权局，新疆生产建设兵团版权局，解放军总政治部宣传部版权局，北京、天津、上海、重庆、宁夏文化市场行政执法总队，中国版权保护中心，中国版权协会、中国音乐著作权协会、中国音像著作权协会、中国文字著作权协会、中国摄影著作权协会、中国电影著作权协会：

现将柳斌杰同志在 2010 年全国版权工作会议上题为《适应新形势　力争新突破　推动我国版权产业又好又快发展》和《2010 年全国版权工作要点》印发给你们，请结合本地区、本部门实际，认真学习领会，切实抓好贯彻落实。

二〇一〇年二月四日

适应新形势　力争新突破
推动我国版权产业又好又快发展

——在 2010 年全国版权工作会议上的报告

柳斌杰

（2010 年 1 月 14 日）

一、2009 年版权工作回顾

2009 年，版权工作以邓小平理论、“三个代表”重要思想为指导，深入贯彻落实科学发展观，高举旗帜、围绕大局、服务人民、改革创新，按照“提高自主创新能力，建设创新型国家”的要求，以贯彻落实《国家知识产权战略纲要》为动力，以提高版权工作水平为目标，以推动版权工作六大体系建设为抓手，创新工作方式、突出工作重点，提高服务管理水平，紧紧围绕促进经济发展和文化繁荣，在新的历史起点上推动版权工作向纵深发展。

（一）推进制度创新，版权战略制定和法律体系建设有新进展

印发《国家版权局关于贯彻国家知识产权战略纲要的实施意见》，对贯彻《国家知识产权战略纲要》和今后 10 年的版权工作进行了整体规划。湖北、福建、广东、四川、云南、甘肃等地结合版权工作实际积极出台了区域版权战略。颁布《广播电台电视台播放录音制品支付报酬暂行办法》，兼顾了权利人与使用者等各方利益，解决了长期以来广播电视组织使用录音制品缺乏付酬标准依据的问题，标志着广播电视组织使用录音制品不付酬的历史终结。《著作权法》等法律、法规、规章修订起草工作有新进展。为执行国务院关于 WTO 应诉工作方案，启动了《著作权法》有关条文的修订工作；修订颁发了《著作权行政处罚实施办法》；积极推动《教材法定许可付酬标准》、《著作权质押合同登记办法》、《著作权合同登记和备案管理办法》等行政规章和规范性文件的起草工作。浙江省颁布施行了地方性著作权管理办法，江苏、安徽等地地方性著作权法规规章的制订工作取得新进展。

（二）大力强化监管，版权监管执法水平有新提高

严厉打击网络侵权盗版活动。按照中央领导同志关于加强网络版权保护、维护国家文化安全的重要批示，进一步明确以版权手段加强网络内容管理的工作思路，运用版权、公安、电信三部门网络专项治理协作机制，针对网络影视、网络文学、网络游戏等重点领域，开展第五次全国范围的打击网络侵权盗版专项治理行动。各地共查办网络侵权案件541件，关闭非法网站362个，罚款128万余元，没收服务器154台，并向司法机关移送24起涉嫌构成刑事犯罪的重大案件。在专项行动中，各地重点打击存在淫秽色情、非法违禁内容的侵权盗版网站，查处40多个侵权内容与淫秽色情、非法违禁内容并存的非法网站，占到关闭网站总量的12%。由版权行政管理部门立案查处并移送司法机关依法审判的全国第一起打击大规模网络软件盗版行为成功刑事案例“番茄花园软件盗版案”在国内外引起积极反响，对网络侵权盗版行为产生了巨大的震慑作用。

以网站、图书馆、出版单位为重点，加强版权日常监管工作。各级版权管理部门通过约谈、网络实时监控、实地检查、签订责任书等多种形式，加大对在各地区有影响的互联网企业和网站的主动监管，有效规范网络版权秩序，监管网站达到3 029家，包括搜狐、淘宝网、百度、优酷等知名网站。联合全国“扫黄打非”办公室、文化部和教育部出台《关于加强图书馆著作权保护工作的通知》，切实加强图书馆著作权保护工作，提高了我国图书馆的版权管理和版权保护水平，将版权保护向社会更深层次延伸。北京、上海、山西、吉林等地积极探索建立版权调解制度，成效明显。上海市抓住举办世博会的战略机遇，开展“迎世博版权净化”工程，推进长三角区域版权保护和版权服务协作机制建设。广东省利用《珠江三角洲地区改革发展规划纲要》颁布的有利契机，建立了珠江三角洲地区版权协作框架，整合了地区版权行政管理资源，提高了版权保护和公共服务水平。河北、江苏、江西、四川、陕西等地通过检查出版合同、监管出版单位版权自律守法情况、开展警示教育、评选年度版权行政执法典型案例、召开维权座谈会等多种形式，加强日常监管和指导帮助，进一步强化了版权经营企业的版权意识、规范了版权经营秩序。完成了国家版权监管平台一期工程建设，建立了与香港海关打击侵权盗版合作互助机制。

积极推进企业软件正版化工作。充分发挥部际联席会议制度作用，针对全球金融危机和国内外市场受冲击的实际，认真筹划，创新工作方式，积极稳妥地推进软件正版化工作。一是大型企业的正版软件使用率明显提高，目前已有两批共10 399家企业列入年度完成使用正版软件的阶段性目标，其中，9 254家企业完成自查自纠，受检企业均已基本完成使用正版软件工作目标。完成了第二批“全国软件正版化工作示范单位”评选工作，评选出254家示范单位，较第一批示范单位同比增加52%。二是激发了国家软件生产企业的创新能力，推动了民族软件产业的健康发展。软件登记数量从2006年的23 000余件快速增长到2009年的67 912件，软件销售收入从2006年的4 800亿元增长到2009年11月的8 701.6亿元。以金山公司为例，在软件正版化工作的直接推动下，金山公司走出了受国外软件产品和盗版冲击、经营困难濒于破产的困境，一跃发展成为在国内外具有较大影响的办公软件企业，软件开发和销售取得重大突破，销售收入连续几年保持100%增长。软件正版化工作强力推进，促进了软件产业的发展，充分显示了中国政府加强知识产权保护的态度和决心。

（三）坚持服务大局，促进版权产业发展有新举措

探索建立版权要素市场。一是积极提供平台服务，加强版权贸易的基础性建设，支持北京、上海等有条件地区建立了以版权评估、投融资、交易为一体的常态性版权贸易平台。以北京雍合园国际版权交易中心为例，截止到2009年10月，该中心已实现版权交易总额8 350万元，初显常态化版权交易平台的集聚效应。二是积极做好渠道服务，促进版权作品的传播和版权产业的发展。国家版权局支持版权相关企业参加与版权有关的书博会、软博会和游戏动漫博览会。与中国国际贸易促进委员会、北京市政府共同举办第二届国际版权博览会，来自不同国家和地区的几十家行业机构，8个城市展团，近300家国际、国内中小型企业和机构参加了此次展会。展馆面积近2.2万平方米，比第一届扩大了近5倍，影视、动漫、民间文学艺术及实用设计等150多个交易项目签约，签约金额达10多亿元。浙江开展的“扶持版权精品项目”、福建举办的“首届福建版权创意精品展”，对进一步提升版权创意精品的附加值、提高企业的创造力和竞争力发挥了积极作用。

发挥示范单位引导作用。国家版权局颁布了《全国版权示范城市、示范单位、示范园区（基地）管理办法》，批准创建杭州、青岛、成都等版权示范城市，授予中国人民大学科技文化园区、中关村科技园区雍和园、北京国际版权交易中心等为版权示范单位、示范园区（基地），为推进版权保护示范工作、促进版权产业发展打下坚实基础。成都、青岛等城市，通过开展创建活动，全面实施版权战略，出台了一系列激励作品创作和运用的产业、科技、贸易政策，极大地提升了社会公众的版权意识，营造了良好的城市版权氛围。河北、辽宁、江苏、湖南、福建、广东、江西、四川等地加大对本地优势版权资源的扶持力度，特别是以家纺为主要产业的江苏南通，通过作品设计不断创新产品，同时注重对产品设计的版权保护，大大提高了家纺产品的附加值，1999 年到 2008 年的 10 年间，其家纺产品出口从 9 875 万美元增长到 100 700 万美元，年均增长 26.14%。南通经验已作为世界知识产权组织（WIPO）向全球推广的版权保护促进产业发展优秀示范点。广东、四川等省在条件相对成熟的版权产业集群、产业园区试点建设“版权基层工作站”，有效整合政府、企业、行业协会和社会中介服务机构等各方力量为企业提供版权服务。

完成版权相关产业经济贡献率调研，更好地为版权产业发展提供服务。国家版权局与 WIPO 为期三年的“中国版权相关产业的经济贡献”调研项目结题，统计结果表明 2006 年版权在我国经济和社会发展的贡献率达到 6.4%。上海、湖北、湖南、四川等地也积极开展版权相关产业经济贡献率调研，数据显示以版权为生产要素和战略资源的版权相关产业已经成为推动国民经济又好又快发展的重要力量。

（四）密切联系实际，公共服务和社会参与体系有新突破

集体管理工作取得突破性进展。2009 年国家版权局批准成立了中国电影著作权协会。至此，我国包括音乐、音像、文字、摄影、电影等比较完备的著作权集体管理组织体系基本形成，并开始在维护作者权益、促进作品传播方面发挥积极作用。广播电视使用录音制品支付报酬取得实质性突破，卡拉 OK 版权许可与报酬收取分配取得新进展，中国文字著作权协会在“谷歌版权门”事件中主动联系广大中国著作权人，积极开展维权活动，取得良好成效，受到国内外普遍关注。抓紧修订作品登记办法，进一步促进作品的创造和使用。支持中国版权保护中心完成版权登记受理大厅建设，提高了版权登记服务水平和工作效率。全国 32 家作品登记主体积极开展作品登记工作，软件著作权登记、作品著作权登记、合同备案数量稳步增长。版权质押融资取得新突破。上海产权交易所组建了版权产权交易中心，建立完善版权质押融资制度，推动以版权为主要资产的债权、股权交易，以及版权融资和与版权有关权利的交易，为企业拓宽了融资渠道、提供了资本运作平台。

（五）创新工作思路，版权社会影响有新力度

妥善处理突发事件，提高版权管理工作水平。针对广播组织付酬、卡拉 OK 收费及“谷歌版权门”等热点事件，快速反应、积极引导，成功化解乌鲁木齐市网吧业主上访矛盾；针对个别地区指定采购国外单一产品引起的社会反响，及时向有关部门沟通并提出咨询意见，消除了不良影响；针对美欧特克软件公司大幅降价打压国内软件企业的不正当竞争行为，及时组织研究对策，维护并支持民族软件产业健康发展。突发事件的积极应对和妥善处置，避免了矛盾冲突，保证了版权管理工作的平稳推进，赢得了业内和社会公众的充分肯定。开展版权宣传，面向社会公众、面向青少年取得显著成效。围绕“4·26 知识产权宣传周”，与中央电视台合作举办主题为“版权在我身边，版权创造财富”的大型文艺晚会，联合全国“扫黄打非”办公室、中央电视台共同启动了“绿书签行动 2009——拒绝盗版，从我做起”活动，顺利举办“全国青少年版权保护读书活动暨版权保护知识竞赛”，提高青少年自觉抵制侵权盗版的法律意识，在社会公众中进一步扩大了版权工作的影响力。利用“建国 60 周年大型展览”、“中国知识产权保护状况新闻发布会”、法兰克福国际书展、国际版权博览会等版权宣传平台，集中展示新中国成立 60 年特别是改革开放 30 年来版权保护事业取得的巨大成就，树立我保护知识产权良好形象。首次编辑出版《中国版权年鉴》，系统介绍了我国现代版权制度的发展历程。在针对党政领导干部、针对版权管理执法人员、针对企事业管理人员版权培训上取得新突破。首次将版权培训专题列入中央组织部的培训抽调计划，与中央组织部联合举办“国家版权工作专题研究班”，对来自全国各地主管版权工作的副市长和中央相关部委司局长进行培训。四川成都启动实施了“版权干部工程”，将版权知识纳入各级党委、政府学习计划，有效提升了各级干部的版权意识。针对基层版权执法人员，在山东、江西、内蒙等地举办了三期全国基层版权执法培训班，增强了基层执法人员做好工作的信心和能力。安徽省版权局与中国科学技术大学共建安徽省版权教育示范基地，依托和整合高校丰富的教育资源，开办首届版权法律硕士研究生班，构建版权人才教育培养的长效机制。

（六）维护国家利益，版权国际交流合作呈现新局面

妥善应对WTO有关版权问题。配合有关部门做好WTO美诉我知识产权争端案应对工作，并在内容审查制度、刑事责任门槛等实质性问题上维护了核心利益；圆满完成了WTO对我第8次过渡性审议工作，以及两年一次的政策性审议的准备工作，积极地维护了我负责任的大国形象。加强多边体制下的合作与应对，妥善处理与发达国家的版权双边关系。积极参与WIPO有关民间文艺、发展与知识产权、版权与相关权等议题的相关工作，反映中国政府的有关立场，维护发展中国家利益；积极应对亚太经合组织（APEC）框架下有关版权问题的挑战，在APEC第29次专家组会议上，争取俄罗斯等更多同盟，有力地抵制了美国利用APEC推行知识产权强保护的图谋，改变了我在APEC知识产权问题上孤军作战的不利局面，切实维护国家利益。积极参与中美战略与经济对话和中欧知识产权对话，加强沟通、协调，妥善处理中美、中欧、中日等重要版权双边关系。加强与其他国家和地区的版权交流与合作，争取有利的版权国际环境。积极参与中挪、中哥自由贸易区谈判和中巴、中俄经贸分委会知识产权工作组会议工作，积极争取支持、维护国家利益。加强与东盟国家在版权领域的合作，为在国际版权事务中争取更广泛的发展中国家支持奠定良好基础。

在看到成绩的同时，也要清醒地认识到，版权工作与中央的要求和社会的期待还有不小差距，发展中还面临不少困难和问题，突出的是：版权执法体系不健全，版权执法力量还较薄弱，全民版权意识亟待提高，侵权盗版严重影响版权相关产业的发展；版权市场化的机制还不成熟，版权服务于经济发展和文化繁荣的作用还未充分发挥；版权六大体系建设的推进力度还不够。我们要高度重视这些问题，继续认真加以解决。

总的看，2009年版权工作按照中央的要求和国务院关于知识产权的战略部署，围绕版权法制体系、政府行政管理体系、公共服务体系、社会参与体系、内部工作体系和国际应对体系，抓住了重点，形成了亮点，攻克了难点，减少了盲点，较好地促进了版权事业的繁荣和版权产业的发展，为2010年创新版权工作打下良好的基础。

二、认清形势，增强做好版权工作的主动性

2010年，是新中国第一部著作权法律颁布20周年。20年来，我国版权制度不断完善，版权对促进经济、文化和科学事业发展的作用不断显现。回顾我国版权制度20年的发展历程，可以归纳为三个发展阶段。第一是版权法律制度建立阶段。我们用不到20年的时间，先后颁布实施了《著作权法》、《著作权法实施条例》、《计算机软件保护条例》、《著作权集体管理条例》、《信息网络传播权保护条例》和《广播电台电视台播放录音制品支付报酬暂行办法》，加入了《伯尔尼公约》、《世界版权公约》、《录音制品公约》、《与贸易有关的知识产权协议》、《世界知识产权组织版权条约》和《世界知识产权组织表演和录音制品条约》，形成了较为完备的版权法律体系，为我国版权事业奠定了坚实的法律基础。第二是版权法律实施阶段。在我国版权法律制度基本形成的基础上，从上世纪90年代中期起，我国版权工作的重点逐渐从法律制定转移到法律执行上来。在我国，版权保护实行司法与行政并行的双轨制，《著作权法》的颁布实施进一步促进了版权司法与行政组织体系建设，打击版权违法和犯罪行为的力度不断加大。以版权行政执法为例，1995年至2006年期间，各级版权行政管理部门共受理著作权案件71 571件，结案69 647件，收缴各类侵权盗版制品530 624 685件，有效打击了各种损害公共利益的侵权盗版行为，维护了著作权人的合法权益和版权市场秩序。第三是版权制度全面推进阶段。进入新世纪以来，随着知识经济的来临、科学技术的迅猛发展以及经济全球化的不断深入，包括版权在内的知识产权制度在促进经济发展、文化繁荣、科技进步，提高民族自主创新能力，提升国家核心竞争力等方面的作用日益突出。《国家知识产权战略纲要》明确了包括版权在内的知识产权“鼓励创造、有效运用、依法保护、科学管理”的基本方针，总署党组提出了全面推进版权工作六大体系建设的战略任务，版权工作整体上进入了以促进经济、文化发展为重点，“鼓励智力创造、提高创新能力，提供公共服务、促进有效运用，打击侵权盗版、维护市场秩序，完善市场机制、促进产业发展”的新阶段。可以说，从新中国第一部《著作权法》诞生起，在党中央、国务院的领导下，经过20年的努力，我国版权事业不断进步，版权创造、运用、保护和管理的社会环境极大改善，版权工作面临着难得的发展机遇。

（一）党中央、国务院高度重视知识产权工作，要求版权在创新型国家建设中发挥积极的作用

提高自主创新能力、建设创新型国家，是国家发展战略的核心，是提高综合国力的关键。胡锦涛总书记指出："建设创新型国家，核心是把增强自主创新能力作为发展科学技术的战略基点，走中国特色自主创新道路，把增强自主创新能力作为国家战略，贯穿到现代化建设各个方面。"随着经济全球化的不断深入和高新技术的快速发展，知识产权作为鼓励和保护创新、促进经济社会发展的基本法律制度，日益成为国家发展的战略性资源和国际竞争力的核心要素。2008年国务院颁布的《国家知识产权战略纲要》，为增强我国的自主创新能力、建设创新型国家提供了制度保障和政策基础，知识产权战略与科教兴国战略、人才强国战略并称为推动中国建立创新型国家的三大战略，知识产权在建设创新型国家中的地位越来越重要，作用越来越突出。

版权作为知识产权的主要组成部分，是公民、法人和其他组织因创作文学、艺术与科学作品享有的专有权利，是新闻出版、广播影视、文学艺术、文化娱乐、广告设计、计算机软件、信息网络等版权相关产业赖以生存和发展的基本资源，在建设创新型国家过程中发挥着十分重要的作用。版权等知识创新成果的运用，不仅可以推动文化创新、满足文化需求，而且也带来了巨大的社会财富，推动了产业发展。国家创新体系的建设、创新能力的提高、创新型国家目标的实现，都离不开版权的创造、运用、保护和管理。能否发挥包括版权在内的各种知识产权在推进经济社会发展中的重要作用，直接关系到能否实现建立创新型国家的宏伟目标。

（二）促进国民经济又好又快发展，要求版权制度为调整产业结构、转变经济发展方式做出新贡献

党的十七大报告强调，实现未来经济发展目标，关键要转变经济发展方式，大力推进经济结构的战略性调整。大力发展以版权为基本资源的新闻出版、广播影视、文学艺术、文化娱乐、计算机软件和信息网络等版权产业，符合资源节约型、环境友好型、知识密集型产业发展方向，是坚持科学发展、推进经济结构调整、转变经济发展方式的基本要求，也是推进经济又好又快发展的必然选择。

当前，应对国际金融危机的经验和启示，使社会各界对版权在推动经济发展方式转变、调整经济结构中的作用有了更深刻的认识，对版权作为智力成果权所具有的独特价值有了更透彻的了解。胡锦涛总书记在2010年元旦的新年贺词中再次强调，根据新形势新情况着力提高政策的针对性和灵活性，更加注重提高经济增长质量和效益，更加注重推动经济发展方式转变和经济结构调整，更加注重推进改革开放和自主创新、增强经济增长活力和动力。胡锦涛总书记的重要讲话，对版权工作提出了新的更高的要求。版权工作说到底，就是要紧紧围绕提高民族创新能力这条主线，加大版权保护力度，大力发展版权产业，推动经济发展方式转变和经济结构调整，完善版权市场机制，加大版权公共服务力度，促进版权运用，为国民经济又好又快发展做出积极贡献。

（三）发展和繁荣社会主义先进文化，要求版权保护为文化产业发展做出更大的贡献

党的十七大报告指出："当今时代，文化越来越成为民族凝聚力和创造力的重要源泉、越来越成为综合国力竞争的重要因素，丰富精神文化生活越来越成为我国人民的热切愿望。"2009年，国家发布《文化产业振兴规划》，明确了振兴文化产业对促进国民经济快速发展、不断满足人民群众精神文化需求的重要性。版权制度作为文化产业发展繁荣的基本保障，既为文化产业发展提供基本资源，又为文化产业发展营造良好的市场环境。因此，要坚持社会主义先进文化前进方向，兴起社会主义文化建设新高潮，激发全民族文化创造活力，提高国家文化软实力，使人民基本文化权益得到更好保障，使社会文化生活更加丰富多彩，使人民精神风貌更加昂扬向上，就必须加强版权保护，为文化产业的发展营造良好的社会环境。

20世纪70年代以来，随着新的传播方式发生革命性变化，催生了以智力成果为资源，以知识创新为动力，以受版权保护作品的创新、生产、传播、使用和消费为基础的全新产业形态。这一产业形态，主要体现在文学艺术、新闻出版、广播影视、文化娱乐业等文化产业，以及与现代科技紧密相连的信息网络、计算机软件等行业，并且发展迅猛，其发展速度远远超出了传统制造业。特别是面对全球金融危机的巨大冲击，文化产业表现出了逆势而上的良好势头，据有关统计显示，2009年我国的新闻出版业产值超万亿元、比上年增长20%，电影票房收

入60亿元、比上年增长40%，数字出版预计将达到750亿元左右、比上年增长40%左右。新兴文化产业的兴起，不但形成了一定规模的产业群，而且带动了传统产业的改造与升级，大大促进了生产力的快速发展，对经济增长的贡献越来越大。文化的大发展大繁荣要求版权保护不能孤立于文化产业之外，必须服务于文化产业的发展，积极协调版权保护与文化娱乐、新闻出版、广播影视等产业部门的关系，通过版权的创造、运用、保护、管理，加强服务，打通版权保护与各产业之间的关系，更好地促进版权产业尤其是文化产业的大发展、大繁荣。

党中央、国务院的高度重视，以及建设创新型国家、推动国民经济又好又快发展和社会主义文化大发展大繁荣的现实需要，极大提升了版权工作的地位和作用，也为版权事业的长足发展创造了良好的机遇。但是我们也应该清醒地认识到当前版权工作面临的困难和挑战。一是随着经济全球化不断深化，知识产权已经成为世界各国抢占经贸发展制高点和提高国家核心竞争力的重要手段，特别是当前由国际金融危机引发的全球经济危机，使以美国为首的西方发达国家为保持其经济优势，加大了对我国知识产权保护的压力，它们在处理对华经贸关系问题上大打知识产权牌，动辄以经济制裁相威胁，我国与发达国家在知识产权领域特别在版权问题上的冲突与斗争越来越激烈，我们的国际应对能力还适应不了形势发展的需要。二是网络和数字技术环境下的版权保护问题更加突出：第一，科学技术迅猛发展的动态性与法律制度的相对稳定性的矛盾突出，在数字网络环境下版权法律规范明显落后于快速多变的社会实践，大量现实问题处于无章可循状态，版权保护的基本原则、保护机制、权利结构等面临新的挑战；第二，互联网产业的综合功能与传统版权产业的单一功能的矛盾逐渐显现，数字网络技术的发展，使所有的传统版权生产、传播形式都能在互联网上实现，如何破解合理配置版权资源、促进数字网络新兴业态与版权传统产业同步发展的难题迫在眉睫；第三，网络数字环境下复制更容易、成本更低廉，高额利润使盗版者铤而走险，侵权盗版行为已经严重威胁到传统版权产业的生存与发展。如何进一步完善版权法律体系、创新执法手段、加大监管力度，已经成为维护良好的网络市场秩序、保障传统版权产业健康发展的重要问题。三是由于我国建立现代版权制度的历史较短，版权制度建设和管理水平总体上仍处于初级阶段，版权创造、版权交易、版权执法等方面都还存在很多问题，全社会的版权意识还有待提高，版权保护的社会环境还未达到理想状态。我国的版权工作每前进一步都还很艰难，我们必须对版权工作的长期性、艰巨性和复杂性保持清醒的认识与充分的思想准备。

总体上讲，目前我国的版权工作是挑战与机遇并存、困难与希望并存、压力与动力并存，但是发展机遇要大于困难和挑战。我们要认清当前版权工作面临的基本形势，充分认识版权保护对提高民族自主创新能力、建设创新型国家的重要意义，化压力为动力，抓住机遇、迎接挑战，认真履行职责，增强做好版权工作的自觉性，紧紧围绕经济发展和文化繁荣这一工作大局，扎实推进版权工作六大体系建设不断取得新进展。

三、振奋精神，开创版权工作新局面

2010年是总结“十一五”规划、制订“十二五”规划的转折性一年，版权工作要坚持以邓小平理论和“三个代表”重要思想为指导，深入贯彻落实科学发展观，坚持用党的十七大、十七届四中全会、中央经济工作会议精神指导实践，按照激励创造、有效运用、依法保护、科学管理的方针，不断推进版权工作六大体系建设，进一步完善版权法律制度，加大版权保护力度，提升版权公共服务水平，营造良好发展环境，促进版权产业又好又快发展，推动经济、文化、科技事业的发展与繁荣，为建设创新型国家和全面建设小康社会服务。

（一）鼓励创造，提高版权的创新能力

一是主动服务，支持创新。按照《国家知识产权战略纲要》“扶持新闻出版、广播影视、文学艺术、文化娱乐、广告设计、计算机软件、信息网络等版权相关产业发展，支持具有鲜明民族特色、时代特点作品创作”的要求，积极配合国家有关产业主管部门推进数字出版、动漫游戏、电影电视、计算机软件等文化、科技产业基地建设，努力实现版权创造、运用、保护、管理与产业政策、区域政策、科技政策、贸易政策的有效衔接，鼓励各类版权部门和机构在与版权相关产业基地建设中引入版权保护机制，设立版权工作站，帮助创新主体解决有关法律与政策问题，不断提高市场主体的创新能力和版权创造的整体水平。

二是发挥先进典型的引领示范效应。贯彻落实《全国版权示范城市、示范单位、示范园区（基地）管理办法》，对已批准和创建的示范点进行梳理与规范，认真总结经验，充分发挥示范点在版权工作中的示范作用。扶持北京、上海、福建、广东、浙江、江苏、四川等符合条件的地区建设国家版权贸易基地、版权产业发展基地，增强我国版权产业的自主创新和市场竞争能力。推广南通经验，鼓励区域合作。改进并完善与世界知识产权组织在中国联合开展的版权创意奖励推荐评选工作机制，评选“版权作品金奖”，推动建立“最具有价值版权作品”等版权激励制度。

（二）有效运用，促进版权产业繁荣发展

一是完善版权市场机制。综合运用经济、法律、政策和市场等手段，加快推进版权贸易、版权质押、作品登记、合同备案和法定许可付酬标准等制度，为各类作品的创作、运用、保护和管理提供完善的政策与制度保障。鼓励和支持各类市场主体、民营资本和社会力量参与版权贸易与版权代理，推动著作权人以及权利人组织积极开展授权与维权活动，促进各类作品版权的商品化、市场化、产业化，引导市场主体采取版权转让、许可、质押等方式实现版权的市场价值。继续开展版权相关产业经济贡献率调研，更好地为版权产业发展提供服务。

二是构建综合性版权要素市场。加强版权贸易的基础建设，在继续支持有条件的地区建设综合性的版权交易平台的同时，总结经验，引导新建版权贸易基地、版权交易平台面向市场，规范运作，发挥其应有作用；把版权评估、版权质押、版权投资和版权融资等市场要素引入版权交易的全过程，发挥版权评估和投融资作用，鼓励和支持资产评估、投融资机构参与到版权运用中来，促进版权作品的交易和版权作品到版权产品的转换，不断提高版权成果的运用能力，提高版权产业特别是中小企业的版权运用能力。充分利用国内外重大图书、影视、软件博览会等交易平台开展版权交易活动，认真办好第三届北京国际版权博览会。

三是重点做好作品登记和质押评估工作。出台《作品自愿登记管理办法》，各级版权部门要高度重视作品登记工作，将作品登记工作列入版权工作的核心业务，完善中央、地方各级作品登记工作体系和统计体系，支持有条件的省会和中心城市开展作品登记业务，鼓励权利人积极进行作品登记。重点做好软件登记工作，进一步完善软件登记程序，鼓励权利人进行软件登记，做好软件登记后续服务工作。充分发挥软件产业推动地方经济、城市发展的重要作用，将软件登记和其他作品登记数量与质量列入创建版权示范城市的重要指标。出台《著作权质押合同登记办法》、《著作权合同登记和备案管理办法》，做好版权质押和评估工作，引导、鼓励社会力量，建立完善版权评估机制、体系、机构和操作办法，做好版权质押的基础性工作，通过版权质押促进版权交易和版权资本运作。

（三）依法保护，净化版权市场运行环境

一是完善版权行政执法体制。认真贯彻落实中央宣传部等五部门《关于加快推进文化市场综合执法改革工作的意见》，在文化市场综合执法改革进程中，省级以上版权行政管理部门要加强版权执法的宏观协调、工作部署和指导监督；明确副省级以下城市版权行政执法的责任主体、基本职责和工作任务，充实版权执法力量，强化版权执法地位，增强版权执法能力，将版权行政执法和市场监管落到实处。

二是突出工作重点，整合行政资源。坚持日常监管与专项治理相结合，突出网络、软件两个重点领域和重点环节，坚持版权（新闻出版）、公安、工商、文化、海关等部门联合执法优势和“扫黄打非”综合协调能力，加强日常监管；坚持版权（新闻出版）、公安、工信部门联合协作，继续开展 2010 年打击网络侵权盗版专项行动；坚持版权、文化、教育、“扫黄打非”共同行动，继续做好图书馆版权保护工作；完善版权行政执法机关向刑事司法机关移送版权刑事案件的机制；建立版权保护预警应急机制，妥善应对和积极处理重大版权纠纷和突发事件。

三是加强版权行政监管和执法力度。在总结五年来治理网络侵权盗版专项行动成功经验的基础上，制定网络版权行政执法工作指导性意见，规范网络版权行政执法行为，提高执法效能；继续深入开展网络专项行动，对重点作品、重点网站的传播行为进行重点监控，提高对网络侵权案件的主动发现能力，增强网络版权执法的主动性和有效性；切实解决非法网站变换服务器逃避处罚、反复侵权的问题，进一步加大刑事打击力度。加强长江三角洲、珠江三角洲等区域合作，形成跨地区执法联动机制。坚持九部门部际联席会议制度，积极稳妥推进企业软件正版化工作，做好第二批“国家软件正版化示范单位”表彰工作，推行软件资产管理试点，探索企业软件正版化工作长效机制。加快实施版权保护技术“研发工程”，充分发挥技术手段在版权监管和执法中的作用。加快启动国家版权监管平台二期工程建设，引导地方版权行政管理部门建设符合当地实际需要的数字网络版权监管平台。完善版权行政执法证管理制度，明确版权执法主体，为中央、省级及省以下综合执法机构更好地行使版权行政执法职能服务。进一步完善举报、查处侵权盗版行为的奖励制度，支持和鼓励著作权人及权利人组织开展维权和打击侵权盗版行为，充分调动社会力量参与版权保护工作。

（四）科学管理，提升版权行业管理水平

一是推动《著作权法》等有关法律的修订、起草工作。针对数字技术和互联网发展给版权保护带来的新问题，按照国务院批准的工作方案，做好《著作权法》的修订。争取年内出台《教科书使用作品付酬办法》。充分发挥我国在民间文学艺术方面的资源优势，积极推进《民间文学艺术著作权保护条例》的立法工作。大力支持各地制订促进当地经济社会文化发展的地方性法规和政府规章。

二是认真借鉴内容管理的成功经验，加强版权管理。一方面要将新闻出版、文化、广电等内容管理的成功经验引入版权管理，特别是对数字网络领域的管理，另一方面要善于用版权手段解决内容管理问题，要加强对版权产品的生产、制作、销售和传播大型企业的监督管理，帮助其建立版权内部管理制度，增强守法、自律意识。推进大型企业侵权盗版苗头诫勉谈话制度，探索建立侵权盗版行为预警及公示披露机制，把生产、制作、销售和传播版权产品的大型企业的侵权盗版风险降到最低限度，培养大型企业良好的版权保护意识。支持中国版权协会和百家互联网企业围绕“行业自律”开展专题活动，发布自律宣言，通过行业自律进一步规范互联网企业的经营行为。

三是充分发挥版权行业协会和著作权集体管理组织的作用，加强社会管理。鼓励与支持有条件的省、自治区、直辖市和个别协会建立版权纠纷调解机构，及时化解权利人和使用者之间的版权纠纷，缓解司法和政府版权行政部门的压力。建立并完善版权鉴定、版权认证等管理机制，指导和帮助版权行业协会、权利人组织提高版权管理和服务水平。加强对各集体管理组织的监督和管理，推动建立规范、透明、公正、高效的集体管理制度。进一步提高版权中介组织的社会管理水平，有效维护著作权人的合法权益，促进作品版权保护和合法传播。

2010年的版权工作，要紧紧抓住激励创造、有效运用、依法保护、科学管理四个核心环节，扎实推进版权工作。

要进一步加大版权宣传教育力度，认真做好版权重大信息新闻发布工作，围绕“4·26知识产权宣传周”、大型书展、版权博览会等各种活动平台，以纪念中国建立现代版权制度100周年、《著作权法》颁布20年为契机，创新宣传形式、丰富宣传手段，注重宣传效果。各级版权行政管理部门要在版权宣传、教育、培训中发挥主导作用，争取将版权宣传教育纳入国民教育体系、精神文明创建活动和国家普法教育活动，培养青少年尤其是在校学生的版权保护意识，力争在全社会形成“尊重知识、尊重劳动、尊重创作、尊重版权”的良好氛围。

要进一步加强对外合作和应对工作，加强与世界知识产权组织、世界贸易组织的交流与合作，建立固定、畅通的多双边版权交流渠道，进一步完善涉外版权工作应对机制和涉外版权信息沟通交流机制，积极做好国内版权工作为国际应对提供支持和保障。

要认真贯彻党的十七届四中全会精神，不断提高版权行政能力，加强版权人才队伍建设，建设版权人才培训基地和版权人才库、专家库，以版权人才能力建设为核心，加强对各级版权行政管理部门的管理和执法人员的培训工作，更新知识，拓宽视野，不断提高版权行政管理、执法队伍的综合素质，提升行政执法水平。加强版权贸易、市场运用和涉外版权人才队伍建设，造就一批具有世界眼光和现代版权理论的高层次人才队伍。

2010年版权工作面临的形势更加复杂，任务更加繁重，机遇更加难得，我们一定要以科学发展观为统领，振奋精神、求真务实，勇于创新、力争突破，高质量完成2010年各项工作，全面推进版权工作六大体系建设，为促进经济发展和文化繁荣做出新的更大的贡献。

2010年全国版权工作要点

2010年是总结“十一五”规划、制订“十二五”规划的转折性一年，版权工作要坚持以邓小平理论和“三个代表”重要思想为指导，深入贯彻落实科学发展观，坚持用党的十七大、十七届四中全会、中央经济工作会议精神指导实践，按照激励创造、有效运用、依法保护、科学管理的方针，不断推进版权工作六大体系建设，进一步完善版权法律制度，加大版权保护力度，提升版权公共服务水平，营造良好发展环境，促进版权产业又好又快发展，推动经济、文化、科技事业的发展与繁荣，为建设创新型国家和全面建设小康社会服务。

一、以科学发展观为指导，认真贯彻落实党的十七届四中全会精神，扎实推进版权战略

1. 根据《国家知识产权战略纲要》总体要求，明确版权战略的各项任务，完善版权法律体系、促进版权创造运用、加大版权执法力度、构建版权服务体系、加强版权宣传教育、推进版权交流合作，全面提升我国版权创造、运用、保护、管理能力。

2. 进一步完善版权法律制度体系，认真做好《著作权法》修订工作，加快《民间文学艺术作品著作权保护条例》的立法进程，支持和鼓励地方性版权立法工作。

3. 进一步完善版权贸易、版权质押、版权评估、作品登记和法定许可付酬标准等制度，拓展版权利用方式，降低版权交易风险，为各类作品的创作、运用、保护和管理提供政策支持和制度保证。

二、加强版权行政执法和市场监管，维护良好的版权市场秩序

4. 进一步完善版权行政执法体制，在文化市场综合执法改革进程中，明确副省级以下城市版权行政执法的主体、职能和责任，充实版权执法力量，强化版权执法地位，加强版权执法能力建设，将版权行政执法和市场监管任务落到实处。

5. 创新版权行政管理手段和行政执法模式，不断加大打击侵权盗版工作力度。继续开展网络专项行动，加强统筹、协调和指导，完善横向联合执法机制，建立与权利人及权利人组织的信息沟通机制，推动刑事打击相关版权司法解释，增强版权执法的实效性。

6. 加强展会版权保护工作力度。以上海世博会、广交会等大型展会为重点，引入版权保护工作机制，坚决打击展会侵权盗版违法行为，着力维护中外参展商的合法权益，大力彰显中国政府保护知识产权的态度和决心。

7. 加强对版权产品生产、制作、销售和传播大型企业的监督管理，帮助其建设版权内部管理制度，增强自律意识。对有侵权盗版苗头的大型企业实行诫勉谈话制度，对有明显侵权盗版行为的大型企业实行公示披露制度，把生产、制作、销售和传播版权产品的大型企业的侵权盗版风险降到最低限度，培养大型企业良好的版权意识。

8. 加强对著作权集体管理组织的监督管理，规范其集体管理活动，建立规范、透明，著作权人满意，作品使用者配合，广大消费者理解支持的著作权集体管理制度，促进作品的合法传播。

9. 扎实推进企业软件正版化工作，积极开展企业软件资产管理试点工作，巩固企业软件正版化成果。表彰第二批企业使用正版软件示范单位，启动第三批示范单位评选工作，充分发挥企业软件示范单位的引导作用。

10. 加强对基层版权执法部门的业务指导和基层执法人员的业务培训，提高基层执法人员在新形势下的版权执法能力。

11. 鼓励社会力量参与版权保护工作，进一步完善举报、查处侵权盗版工作机制，做好表彰2009年查处侵权盗版案件有功单位和有功个人的评选工作。

12. 加快国家版权监管平台建设，增强版权管理和打击侵权盗版的主动性和有效性。扩大国家版权局与香港海关打击侵权盗版的合作范围，加强双方业务培训和人员交流，总结推广双方的执法经验。

三、进一步完善版权市场机制和版权服务体系，大力促进版权创造与运用

13. 坚持政府引导和市场机制相结合，引导和支持市场主体创造和运用版权，促进版权市场化，通过作品的商品化、市场化、产业化，引导市场主体采取版权转让、许可、质押等方式实现版权的市场价值，促进版权产业的发展。

14. 加强版权贸易基础性建设，支持有条件的地区建设综合性的版权交易市场，为作品的传播和运用提供条件，促进版权要素的市场流动。鼓励民营资本和社会力量参与版权贸易，支持版权代理、版权评估、版权投融资活动，逐步完善版权交易市场机制。

15. 完善版权公共服务体系建设，加强版权公共服务机构建设，强化版权公共服务职能、规范版权公共服务行为，提高版权公共服务队伍素质，不断开发和扩充版权公共服务项目，切实提高版权公共服务水平。

16. 大力发展版权社会服务，推进版权社会服务相关机构建设，构建统一、规范的版权社会服务运行机制。大力扶持著作权集体管理组织，充分发挥版权代理和版权中介机构的市场作用，为版权保护和版权产业发展提供有效服务。

17. 贯彻落实《全国版权示范城市、示范单位、示范园区（基地）管理办法》，充分发挥版权示范城市、示范单位和示范园区（基地）自主创新能力，提升城市和单位创新能力对促进版权产业发展的引导作用。

18. 大力支持积极参与第三届国际版权博览会、中国·福州海峡版权（创意）产业精品博览交易会等重大版权交易活动，全面提升版权交易能力，促进版权产业健康发展。

四、进一步做好版权宣传培训工作，大力营造良好的版权舆论环境

19. 以纪念中国第一部《著作权法》颁布100

周年及新中国《著作权法》颁布20周年为契机，以“4·26知识产权宣传周”为平台，充分利用各种媒介，采取多种形式，集中开展系列活动，大力宣传改革开放以来版权保护工作取得的伟大成绩，不断提高全社会的版权保护意识。

20. 与世界知识产权组织合作，办好2010年国际版权论坛。认真推荐评选世界知识产权组织版权创意金奖中国“版权作品金奖”，加大宣传力度，提升世界知识产权组织版权创意金奖的社会影响力和知名度。

21. 继续开展版权培训工作。加强对社会各界版权知识的培训，提高版权代理人、作者、作品使用者、新闻工作者，特别是版权工作的领导者对版权保护工作的了解，不断增强全社会对版权保护工作重要意义的认识。

22. 认真做好2008年至2009年度全国版权工作先进集体和先进个人的评选表彰工作。

五、加强版权对外交流，促进互利双赢

23. 积极推进国际版权多边合作，继续发展与世界知识产权组织的良好关系，主动参加国际版权重大事项的讨论，反映中国的利益诉求；妥善处理有关WTO事务，认真做好WTO对我政策性审议相关版权工作；积极参加APEC知识产权问题讨论，在国际公约的范围内加强与各经济体的磋商，维护国家的基本利益。

24. 认真处理好中美、中欧、中日等重要的版权双边关系，在相互平等、尊重原则的基础上，有理、有节地进行磋商，加强沟通、增进了解、消除分歧、形成共识，实现互利共赢目标。

25. 进一步加强与发展中国家的合作，在国际版权新规则的制订过程中相互支持，争取有利于发展中国家的版权保护国际新规则。

关于印发《2010年上海世界博览会版权保护工作方案》、《2010年上海世界博览会反盗版快速反应机制》的通知

新出字［2010］97号

各省、自治区、直辖市新闻出版局（版权局），新疆建设兵团新闻出版局（版权局），北京市、上海市、天津市、重庆市、宁夏回族自治区文化市场行政执法总队：

2010年上海世博会召开在即，为进一步做好版权保护工作，为上海世博会的成功举办营造良好的版权保护环境，现将《2010年上海世界博览会版权保护工作方案》及《2010年上海世界博览会反盗版快速反应机制》印发给你们，请结合本地实际，制定具体计划，落实责任，切实做好世博会版权保护工作。

请将你单位具体实施方案、人员通讯名单（1名局级负责同志和1名处级联络员，提供电话、手机、传真、电子邮件）于4月10日前报送国家版权局版权管理司。

联系人：张德军，张文锦

电　话：010-83138746、13911127851，
010-83138747、13810282374

传　真：010-83138743

邮　箱：zhangdejun@ncac.gov.cn

附件：1. 2010年上海世界博览会版权保护工作方案
2. 2010年上海世界博览会反盗版快速反应机制

新闻出版总署（国家版权局）

二〇一〇年三月二十九日

附件1

2010年上海世界博览会版权保护工作方案

为进一步加大版权保护工作力度，认真做好2010年上海世界博览会（以下简称“世博会”）版权保护各项工作，切实维护上海世博会期间的版权保护环境，制定以下方案：

一、指导思想

以党的十七大、十七届四中全会精神为指导，深入贯彻落实科学发展观，转变经济发展方式，通过加强区域协作、密切部门配合、强化快速反应、注重宣传引导，充分发挥版权保护对净化社会和城市环境的作用，进一步树立中国政府保护知识产权良好形象，为举办一届成功、精彩、难忘的世博会营造良好的版权保护环境。

二、总体目标

通过工作方案的实施，进一步加大对世博会版权保护的力度，加强跨地区、跨部门的工作联动，确保与世博会有关的版权能得到及时有效的保护，为成功举办世博会营造良好的版权保护环境；提高世博版权公共服务水平，为世博会有关各方提供高效便捷的版权服务；开展世博版权主题宣传活动，增强社会公众对世博版权保护的法律意识，普及世博会版权知识；通过奖励举报形成全社会共同参与的世博会版权保护良好氛围。

三、重点工作

（一）注重服务，构建世博会版权服务平台

1. 国家版权局联合世博局设立世博会版权工作服务站，组织做好对世博会参展者的版权法律咨询、受理投诉举报、版权使用授权、调解纠纷等版权服务，上海版权部门负责世博会版权工作服务站的基础支撑工作。

2. 由国家版权局与世博局共同建立世博会相关作品信息库，通过国家版权局网站及世博会官方网站将作品信息进行公开并不断更新。

3. 中国版权保护中心联合世博会版权工作服务站为世博会相关作品登记提供高效便捷服务。各地登记机构要将已登记作品信息及时汇总到中国版权保护中心。

4. 国家版权局组织国内版权业界专家，成立世博会版权专家顾问组，为世博会组织者提供版权业务指导等服务。由上海牵头，以上海、江苏、浙江为主，联合其他地区版权部门组建法律咨询组，为世博会举办地和分论坛所在地提供有关版权法律咨询。

5. 国家版权局协调各著作权集体管理机构和中外权利人组织建立版权使用授权绿色通道，支持世博会版权工作服务站统一对世博会相关版权使用者提供版权使用授权服务。

（二）强化监管，净化世博会版权保护环境

6. 为世博会参展者提供有效版权保护。根据世博会作品信息名录，加大对世博会会旗、会歌、会标、吉祥物、展馆建筑设计、演出表演等重点作品的版权保护力度，降低侵权风险、提高执法效率。

7. 上海及世博会分论坛举办城市要建立日常执法联动机制。版权部门要协调本地公安、文化执法部门建立日常执法协作机制，设立版权侵权投诉专线，接受有关权利人投诉，安排执法人员定期进行现场执法，依法及时查处各类世博版权侵权行为；由上海牵头，形成上海、江苏、浙江世博会区域执法联动，切实加强版权执法区域合作，强化上海及世博会分论坛举办城市的版权执法力度。

8. 国家版权局和各地版权部门建立世博会反盗版快速反应机制。及时收集世博会版权案件线索，采取高效便捷程序进行快速查处，对重大案件查处实行全程跟踪和重点督办，从严、从快打击各类世博会版权违法活动，确保重点区域、重点部位、重点时段发生的侵权盗版案件得到快速有效处理。

9. 各地版权部门要在加强日常监管和市场清理的基础上，集中做好打击盗版图书音像制品电子出版物、打击网络侵权盗版、打击非法预装计算机软件等专项治理工作，切实维护版权市场秩序，有效净化版权保护环境。

10. 发挥国家版权局反盗版举报中心、各地版权部门举报平台的职能作用，动员广大社会积极举报各种侵犯世博会版权违法活动，实现对世博会重点区域、重点部位、重点时段侵权盗版活动的群防群治。

（三）集中宣传，营造世博会良好社会氛围

11. 各地版权部门要围绕“4·26知识产权宣传周”等活动平台，发挥世博会版权工作服务站的窗口作用，创新宣传形式、丰富宣传手段，集中宣传中国版权保护的举措和成绩，为世博会的成功举办营造良好的版权保护氛围。

12. 国家版权局建立版权重大信息新闻发布制度，集中发布世博会版权保护中的重点工作、重大案件和重要事件，及时反映世博会版权保护各项政策和积极成果，有效应对各类版权突发事件，为世博会的成功举办营造良好的版权保护氛围。

（四）总结表彰，形成世博会生动工作局面

13. 国家版权局组织做好总结表彰工作，针对世博会版权保护重点工作和查处的重大案件，及时采取情况通报、召开现场表彰大会等多种新式进行总结表彰，促进经验总结交流，发挥示范引导作用；做好世博会版权案件举报奖励工作，明确举报奖励标准，加快举报奖励速度，加大举报奖励力度，调动广大社会举报世博会版权案件的积极性和主动性；将世博会反盗版案件列为“2010年度打击侵权盗版案件有功单位及个人”的评选重点，调动相关部门和执法人员的工作热情，形成积极生动的工作局面。

四、工作要求

（一）加强组织领导

国家版权局联合世博局成立世博会版权保护工作组，办公室设在上海市版权局；各地版权部门要明确1名局级负责同志和1名处级联络员，确保领导到位、专人负责；各地要将做好世博会版权保护工作作为今年的重点工作，结合本地实际制定具体实施方案，完成好世博会版权保护各项工作任务。

（二）加强部门协作

各地版权部门要按照《关于在打击侵犯著作权违法犯罪工作中加强衔接配合的暂行规定》，加强与公安部门的执法合作，进一步巩固完善版权行政执法与刑事打击的衔接机制；要借鉴奥运反盗版成功经验，加强与通信管理部门的执法合作，认真做好世博会反盗版快速执法工作。

（三）加强信息交流

各地版权部门要认真做好工作简报编发工作，加强信息交流和沟通。国家版权局将编发《版权工作信息（世博会版权信息专刊）》，及时反映世博会版权保护的重点工作、重点案件和重点事件，对各地工作形成有效指导和深入交流。

（四）加强督导检查

国家版权局将会同公安、通信管理等部门对侵犯世博会版权的重大案件进行挂牌督办，限时办结；采取暗访、听取汇报、信息上报、实地检查等形式对各地开展情况加强督导检查，确保世博会版权保护工作各项任务的有效落实。

附件2

2010年上海世界博览会反盗版快速反应机制

一、为加大打击侵权盗版工作力度，提高版权执法快速反应能力和应对能力，切实维护2010年上海世界博览会（以下简称世博会）及其参展者的版权权益，为世博会的成功举办营造良好版权保护环境，依据《著作权行政处罚实施办法》制定本快速反应机制。

二、自2010年5月1日至10月31日世博会召开期间，侵犯世博会相关作品著作权的案件，侵犯音像制品、软件著作权以及网络侵权盗版案件适用本机制。

三、世博会期间，国家版权局负责组织、协调、指导全国的执法工作，日常工作由版权管理司、上海市版权局共同承担。

四、发挥国家版权局反盗版举报中心、各地版权部门举报平台的职能作用，动员广大社会积极举报各种侵犯世博会版权违法行为。各地版权执法部门和世博会版权工作服务站应将本地、本站收集到的案件线索及时报送到国家版权局，突发事件或紧急事态立即报送。国家版权局对案件线索进行分析研判，部署各地版权部门快速查处。

五、各地版权执法机构对国家版权局移送的和本地收集到的案件线索要及时采取紧急执法措施予以有效制止或纠正，避免事态扩大或成为社会热点。根据快速反应机制采取紧急执法措施后，不影响版权执法部门根据侵权情况依法采取常规程序对其给予没收违法所得、罚款、没收主要用于侵权的材料、工具、设备等其他行政处罚。版权执法部门作出行政处罚后，应及时向国家版权局报送。

六、国家版权局在全面掌握各地案件的基础上，要对重点案件进行连续跟踪、重点督办。各地版权部门对办案中遇到的紧急事态、重大阻碍应即时报告。

七、对于情节严重、涉嫌构成犯罪的侵权盗版案件，各地版权部门应及时向公安机关移送案件，加大刑事打击力度。

八、本机制涉及的简便快速办案形式包括口头说明、电话、传真、电子邮件等一切有利于案件快速处理的简化形式。

九、各地版权部门应明确1名局级负责同志和1名处级联络员，提供电话、手机、传真、电子邮件等联系方式，确保24小时联系畅通。

十、版权执法人员要严格保守国家秘密和工作秘密，未经授权，不得擅自对外披露各类案件信息。

国务院办公厅关于印发打击侵犯知识产权和制售假冒伪劣商品专项行动方案的通知

国办发〔2010〕50号

各省、自治区、直辖市人民政府，国务院各部委、各直属机构：

《打击侵犯知识产权和制售假冒伪劣商品专项行动方案》已经国务院同意，现印发给你们，请认真贯彻执行。

中华人民共和国国务院办公厅

二〇一〇年十月二十七日

打击侵犯知识产权和制售假冒伪劣商品专项行动方案

近年来，在党中央、国务院的高度重视和各地区各部门的共同努力下，我国知识产权保护工作取得积极成效。但受多方面因素的影响，侵犯知识产权、制售假冒伪劣商品的现象仍时有发生，在一些地区和领域还比较严重。这不仅影响正常的市场经济秩序，妨害企业竞争力和创新积极性，也损害了我国的国际形象。为加大知识产权保护力度，维护公平有序的市场环境，经国务院同意，2010年10月至2011年3月，在全国集中开展打击侵犯知识产权和制售假冒伪劣商品专项行动。具体方案如下：

一、工作目标和重点

通过开展打击侵犯知识产权和制售假冒伪劣商品专项行动，严肃查处一批国内外重点关注的侵犯知识产权大案要案，曝光一批违法违规企业，形成打击侵犯知识产权行为的高压态势；增强企业诚信守法意识，提高消费者识假辨假能力，形成自觉抵制假冒伪劣商品、重视知识产权保护的社会氛围，营造知识产权保护的良好环境；加强执法协作，提升执法效能，加大执法力度，充分发挥知识产权行政保护和司法保护的作用，全面提高各地区、各部门保护知识产权和规范市场秩序的水平。

开展专项行动要坚持整体推进、突出重点、打防结合、务求实效。以保护著作权、商标权以及专利权和植物新品种权等为重点内容，以产品制造集中地、商品集散地、侵犯知识产权和制售假冒伪劣商品案件高发地为重点整治地区，以新闻出版业、文化娱乐业、高新技术产业、农业为重点整治领域，以图书、音像、软件、大宗出口商品、汽车配件、手机、药品、种子等为重点查处产品，遏制规模性侵犯知识产权行为，大力净化市场环境。

二、工作任务和分工

（一）加大生产源头治理力度

新闻出版（版权）、公安、工商、质检等部门要密切配合，加强对印刷复制各类出版物、印刷品、光盘、计算机软件及包装装潢、商标标识标签企业的监管，严厉查处非法印刷复制和非法加印、出售标识标签等印刷品的行为，情节严重的吊销印刷经营许可证。取缔无证照经营地下印刷复制窝点。工业和信息化、新闻出版（版权）、商务部门要加大对新出厂计算机预装正版操作系统软件的监督力度。质检、工业和信息化部门要加强产品质量监管，严格审查生产企业资质。坚决取缔无证生产，依法查处以假充真、冒用地理标志名称和专用标志的行为，依法查处伪造或冒用厂名、厂址、认证标志等质量标志行为。农业部门要强化从种子生产源头治理侵权假冒行为，在粮食主产区，针对玉米、水稻等重点品种，加强品种真实性鉴定，重点打击无证和“套牌”生产、销售授权品种的行为。依法查处滥用、冒用、伪造农产品地理标志登记证书、产品名称、专用标志的行为。

（二）加强市场监督管理

工商部门要加大市场巡查力度，严厉打击仿冒知名商品特有的名称、包装、装潢等行为；严厉查处侵犯注册商标和地理标志商标专用权的违法行为，制止恶意商标抢注行为；加强市场监管，明确市场开办者、经营者及经营管理者责任，加强监督和检查。新闻出版（版权）部门要会同有关部门深入开展版权执法专项行动，加强对图书、软件、音像制品的市场巡查，严厉打击侵权盗版行为。知识产权部门要加大对专利领域反复、群体、恶意侵权及假冒专利行为的打击力度。商务部门要加强商贸流通企业的管理和规范，要求企业加强配送商品管理，防止侵权商品进入流通领域。价格主管部门要加强市场价格监管，规范经营者价格行为。严肃查处价格欺诈等违法行为。食品药品监管部门要加大对制售假冒伪劣药品、扰乱药品生产经营秩序行为的打击力度。工业和信息化部门要为专项行动提供必要的技术支持，积极配合有关执法部门开展市场检查工作。

（三）强化进出口环节和互联网等领域的知识产权保护

海关要根据进出口环节知识产权侵权案件的构成和区域分布，在重点口岸依法加大对进出口侵犯知识产权货物的查处力度。质检部门要加大对假冒伪劣进出口商品的查处力度。商务、知识产权部门要加强涉外知识产权保护，加大对查实的进出口侵犯知识产权企业的处罚力度。严格执行展会知识产权保护办法，做好重要展会知识产权保护工作。工商、新闻出版（版权）部门要会同有关部门加强网络知识产权保护，严厉打击互联网侵权盗版，重点打击影视剧作品侵权盗版行为。加强网络购物、电话购物和电视购物活动监管，重点打击利用互联网、通信网络和电视网络销售侵犯知识产权和假冒伪劣商品的欺诈行为。广电部门要加强对视听节目服务网站播放正版节目的监督工作。

（四）加大刑事司法打击力度

公安机关对侵犯知识产权和制售假冒伪劣商品犯罪及相关商业贿赂犯罪活动要及时立案侦查，重点查办情节严重、影响恶劣的侵犯知识产权犯罪案件。要加强行政执法和刑事司法的有效衔接，防止有案不送、以罚代刑，坚决追究侵犯知识产权犯罪分子的刑事责任。知识产权、工商、新闻出版（版权）、商务、税务、质检、农林等部门在行政执法过程中，对符合刑事立案追诉标准、涉嫌犯罪的，要及时移送公安机关；对现场查获、行为人可能逃匿或销毁证据的，要立即商请公安机关提前介入调查。公安机关要对行政执法部门移送的涉嫌犯罪案件或线索及时审查。对涉嫌犯罪的抓紧依法立案侦查。监察部门要加强对行政执法机关移送涉嫌犯罪案件的监督。司法行政部门要指导律师依法做好侵犯知识产权和制售假冒伪劣商品犯罪案件的辩护代理工作。有关部门要主动支持配合检察机关履行审查批捕、审查起诉、诉讼监督和立案监督职责；支持配合法院做好侵犯知识产权和制售假冒伪劣商品案件的审理工作。

（五）在政府机关全面使用正版软件

各级政府机关要对使用计算机软件情况开展自查自纠，新闻出版（版权）、机关事务管理部门会同有关部门进行重点检查，进一步加大软件正版化工作力度。对需要采购的正版软件，财政部门给予必要资金保障。

（六）加强知识产权保护宣传

各有关部门要大力宣传我国深入实施国家知识产权战略、加强知识产权保护的措施和成效，及时报道专项行动的进展和成果。针对群众反映强烈的侵权问题，曝光典型案例，震慑违法犯罪分子。开展多种形式的知识产权宣传教育，普及知识产权保护知识，提高全社会的知识产权意识，全面宣传我国知识产权事业取得的显著成绩，报道尊重知识产权、重视创新、自觉守法的典型，营造保护知识产权、自觉抵制侵犯知识产权和假冒伪劣商品的良好社会氛围。引导企业履行社会责任。大力推动诚信体系建设。加强舆情分析研判，密切关注网络舆情动向，针对社会关注的知识产权热点问题，主动组织新闻发布、访谈报道，及时解疑释惑，回应社会关切，增强舆论引导的针对性、实效性。

三、工作要求

（一）加强组织领导，落实工作责任

为加强对专项行动的组织领导，保证各项任务落到实处，国务院决定成立全国打击侵犯知识产权和制售假冒伪劣商品专项行动领导小组（以下简称全国专项行动领导小组），负责统一领导专项行动，督促检查工作进展，督办重大案件。全国专项行动领导小组办公室设在商务部，承担日常工作。各省、自治区、直辖市也要成立打击侵犯知识产权和制售假冒伪劣商品专项行动领导小组。地方各级人民政府要制定专项行动实施方案，明确目标任务，落实责任分工，抓好组织实施，并建立健全知识产权工作的监督考核体系。要增强大局意识，克服地方保护主义倾向。地方各级商务部门、知识产权部门要会同有关部门尽快建立完善整顿规范市场经济秩序工作机制及知识产权保护统筹协调机制。

（二）加强工作配合，形成监管合力

各有关部门要密切配合，形成合力，将本次专项行动与各部门日常开展的保护知识产权工作相衔接，确保专项行动取得实效。全国专项行动领导小组办公室要会同有关部门建立执法协作特别是重大案件沟通协调机制，及时研究解决有关重大问题。

（三）加强督导检查，狠抓工作落实

各地区、各有关部门要切实落实专项行动的各项任务，加大执法力度、提高执法的严肃性和有效性。有关部门要组织联合检查组，适时对各地专项行动进行督导检查。地方各级人民政府要将整治工作进展情况、阶段性效果以及案件查处情况及时上报。全国专项行动领导小组办公室要会同各部门做好专项行动信息统计和进展情况通报，抓好信息交流，指导各地开展工作。

（四）畅通举报渠道，加强社会监督

各有关部门要充分发挥现有举报投诉机制的作用，调动社会力量参与监督。各知识产权维权援助中心要积极参与专项行动，通过“12330”知识产权维权援助与举报投诉电话接受公众和权利人的知识产权举报投诉. 有关部门要认真接收、快速处理。发挥“12312”商务举报投诉电话、“12315”消费者投诉举报电话、“12390”侵权盗版举报电话和“12365”产品质量投诉举报电话等其他相关举报电话作用，提供快速、便捷的举报、投诉、申诉和咨询渠道，及时发现违法犯罪行为线索。

四、时间安排

专项行动分三个阶段进行：

（一）动员部署阶段（2010 年 10 月）。各地区、各有关部门按照本方案制订具体实施方案，全面动员部署专项行动。各省、自治区、直辖市人民政府和中央国家机关有关部门实施方案在 11 月 10 日前报全国专项行动领导小组办公室。

（二）组织实施阶段（2010 年 11 月—2011 年 2 月）。各地区、各有关部门按照专项行动方案和具体实施方案组织开展专项行动。全国专项行动领导小组办公室会同有关部门对各地开展专项行动情况进行重点检查，各省（区、市）对本地区工作情况进行抽查。

（三）总结验收阶段（2011 年 3 月）。各地区、各有关部门对专项行动进行总结。全国专项行动领导小组开展督查，对表现突出的地方和部门给予通报表彰和适当奖励，并将有关情况汇总上报国务院。

关于报送《新闻出版总署、国家版权局、全国“扫黄打非”工作小组办公室关于打击侵犯知识产权和制售假冒伪劣商品专项行动实施方案》的函

新出字［2010］465 号

全国打击侵犯知识产权和制售假冒伪劣商品专项行动领导小组办公室：

为贯彻《国务院办公厅关于印发打击侵犯知识产权和制售假冒伪劣商品专项行动方案的通知》精神，根据国务院办公厅要求，现将《新闻出版总署、国家版权局、全国“扫黄打非”工作小组办公室关于打击侵犯知识产权和制售假冒伪劣商品专项行动的实施方案》和《新闻出版总署、国家版权局、全国“扫黄打非”工作小组办公室打击侵犯知识产权和制售假冒伪劣商品专项行动领导小组及办公室成员名单》送上。

联系人：王自强（83138026，版权管理司司长）

附件：1. 新闻出版总署、国家版权局、全国“扫黄打非”工作小组办公室关于打击侵犯知识产权和制售假冒伪劣商品专项行动的实施方案

2. 新闻出版总署、国家版权局、全国“扫黄打非”工作小组办公室打击侵犯知识产权和制售假冒伪劣商品专项行动领导小组及办公室成员名单

中华人民共和国新闻出版总署

二〇一〇年十一月五日

附件 1

新闻出版总署、国家版权局、全国“扫黄打非”工作小组办公室关于打击侵犯知识产权和制售假冒伪劣商品专项行动的实施方案

为完善社会主义市场经济体制，加快发展方式

转变和经济结构调整，加快创新型国家建设进程，同时向国际社会彰显我国保护知识产权、打击假冒伪劣商品的坚定决心，减轻国际社会对我国的压力，进一步营造良好的对外开放氛围，经国务院同意，国务院办公厅近日发出《关于印发打击侵犯知识产权和制售假冒伪劣商品专项行动方案的通知》和《关于进一步做好政府机关使用正版软件工作的通知》。为认真贯彻落实好国办两个通知精神，切实在新闻出版（版权）领域抓出明显成效，结合新闻出版、版权、“扫黄打非”工作实际，制定以下实施方案：

一、工作目标和重点

通过加大对印刷复制、计算机预装等活动的日常监管和专项检查，从源头上减少图书、软件、音像制品的侵权盗版行为；加大对图书、软件、音像制品的市场巡查，形成打击销售、运输侵权出版物活动的高压态势；加大对视频、电子商务等网站的主动监管，严厉打击网络侵权盗版行为，切实维护网络作品传播秩序；加强部门配合、形成工作合力，分阶段、按时限完成推进政府机关（包括各级党委、政府、人民团体，人大、政协、法院、检察院，民主党派）使用正版软件工作，继续做好推进企业使用正版软件工作。通过严肃查处一批国内外重点关注的侵犯著作权大案要案，曝光一批违法违规印刷复制企业和图书、软件、音像制品、互联网经营企业，并加大对侵犯著作权行为的刑事打击力度，使著作权市场秩序有明显改观，全面提高著作权保护水平。

二、工作任务和分工

（一）加大对印刷复制、计算机生产企业的源头治理。

1. 加大对印刷复制企业的源头监管。新闻出版（版权）部门要会同“扫黄打非”、文化执法、公安、工商、质检等部门，结合正在开展的印刷业专项整治行动，于2010年11月至2011年1月，对印刷复制各类出版物、印刷品、光盘、计算机软件及包装装潢、商标标识标签的企业进行专项检查，严厉查处非法印刷复制和非法加印、出售标识标签等印刷品的行为，对北京、广东、浙江、河南、河北等14个地区和有违法违规记录的企业、违法违规行为多发地区的企业、举报线索指向较多的企业、承接境外印刷复制业务的企业等4类企业要重点检查。通过检查制度执行情况和印刷（复制）委托书、版权授权证明等重点文件，要及时发现并处理一批违法违规印刷复制企业，情节严重的依法吊销印刷复制经营许可证；严厉打击地下印刷复制窝点，大力铲除盗版出版物和假冒伪劣包装产品制作源头。（印刷发行管理司牵头）

2. 加大对计算机生产企业源头监管。要配合工业和信息化、商务部门督促计算机生产厂商对新出厂计算机预装正版操作系统软件，加大监督力度，从源头上防止使用盗版软件。会同工商、商务部门，严厉打击销售盗版软件、通过信息网络传播盗版软件等行为，维护好软件市场秩序，为推进使用正版软件工作营造公平竞争的市场环境。

（二）加大对图书、软件、音像制品的市场监管。

“扫黄打非”办公室组织协调新闻出版、版权、文化执法、公安、工商、城管、交通运输等部门，结合已开展的保世博、迎亚运等专项行动，从2010年11月至2011年1月集中开展对图书、软件、音像制品市场的巡查工作：

1. 严查正规出版物批销场所。通过现场检查正规出版物批销场所的教材教辅、计算机软件、影视音像制品等出版物销售情况和该场所出版物销售监督举报制度的执行情况，及时发现并从严处理一批违法违规的出版物批销企业，由新闻出版部门依法吊销其许可证，由工商部门依法予以停业整顿、情节严重的依法吊销其营业执照，严厉打击出版物批销企业销售侵权盗版出版物行为。（反非法和违禁出版物司牵头）

2. 坚决取缔游商地摊。重点清查繁华街区、旅游景点、交通枢纽、学校周边等部位并定时巡查，加大对节假日、夜晚等游商地摊活跃时段的巡查和打击力度，实现游商地摊明显减少、整体状况明显改观。（反非法和违禁出版物司牵头）

3. 严管交通运输渠道。坚决打击利用交通运输渠道贩运侵权盗版出版物活动，要确定一批重点物流企业和托运站，重点地区特别要加强凌晨时段货运站的检查，坚决切断侵权盗版出版物流通渠道。（反非法和违禁出版物司牵头）

（三）强化互联网著作权保护。

1. 继续做好网络侵权盗版专项治理工作。将国家版权局、工业和信息化部、公安部于7月下旬联合启动的2010年打击网络侵权盗版专项治理“剑网行动”延长至2011年2月，继续做好对视频网站和电子商务网站的主动监管工作，进一步强化对影视作品侵权盗版，利用互联网、通信网络和电视网络销售侵权盗版商品行为的打击力度，使网络版权保护环境有明显改善。（版权管理司牵头）

2. 严厉打击通过网络、电话、电视销售侵犯著作权出版物的行为。加强对出版物网络交易行为的监管，于2010年11月制定《关于促进出版物网络发行健康发展的通知》，明确资格条件，严把准入关，坚持互联网发行单位实名注册和证照公示制度，督促互联网交易平台建立证照审查制度，强化电子商务网站的经营责任，严禁向无证无照、证照不全和被行政处罚、刑事打击的经营者提供电子商务服务。推动出版单位等权利人与电子商务网站建立反盗版快速处理机制，会同工业和信息化部、商务部、工商总局，集中查处一批通过电子商务网站和电话、电视渠道销售侵犯著作权出版物的案件。（印刷发行管理司牵头）

（四）加大刑事打击力度。

1. 加大行政执法与刑事司法的衔接配合。“扫黄打非”办公室协调新闻出版（版权）、公安、检察等部门，严格执行《关于在打击侵犯著作权违法犯罪工作中加强衔接配合的暂行规定》，做好及时立案、提前介入、证据转换等关键环节的衔接配合工作，切实加大对侵犯著作权违法行为的刑事打击力度。（反非法和违禁出版物司牵头）

2. 挂牌督办、限时办结一批大案要案。“扫黄打非”办公室要协调公安、检察、法院建立完善侵犯著作权重大案件协调机制，依法及时侦查、起诉、审判一批侵犯著作权大案要案。全国“扫黄打非”办公室、新闻出版总署、国家版权局将联合挂牌督办一批涉案标的大、犯罪情节严重、社会影响恶劣的侵权盗版大案要案，限时于2011年2月底前办结；各地“扫黄打非”、新闻出版、版权部门也要挂牌督办一批重点案件，及时结案。（反非法和违禁出版物司牵头）

（五）全面做好使用正版软件工作。

1. 巩固和扩大软件正版化工作成果。在巩固2005年以前国务院、省、市（地）三级政府软件正版化成果的基础上，将推进范围扩大到各级党政机关，各人民团体，人大、政协、法院、检察院、民主党派等机关，确保于2011年5月底前、2011年10月底前分别完成中央国家机关和省、市（地）、县级政府机关软件正版化专项检查和整改工作。在巩固大型企业软件正版化工作成果的基础上，逐步推进中小型企业使用正版软件工作。（版权管理司牵头）

2. 新闻出版总署率先完成软件正版化专项检查和整改工作。印发《关于进一步推进总署机关使用正版软件工作的通知》，按照集中清查、软件盘存、明确需求、集中采购、更换软件、资产管理的程序，在2010年11月31日前全面完成总署机关软件正版化专项检查和整改工作，12月31日前建立完成软件资产管理制度和使用正版软件长效机制。（办公厅牵头）

3. 对地方政府机关使用正版软件工作做出部署指导。2010年11月初，根据新闻出版总署、国家版权局、全国“扫黄打非”工作小组办公室印发的通知和专题会议部署，指导各地新闻出版（版权）部门，认真履行职责，制定工作方案，分解工作任务，开展监督检查，确保于2011年10月底前完成省、市（地）、县三级政府机关软件正版化专项检查和整改工作。（版权管理司牵头）

4. 商请中央有关部门提前完成软件正版化专项检查和整改工作。加强与“推进企业使用正版软件工作部际联席会议”成员单位（9部委）、“全国打击侵犯知识产权和制售假冒伪劣商品专项行动领导小组”成员单位（24部委）的沟通和协调，商请其发挥中央政府机关在使用正版软件方面的引导示范作用，争取于2010年12月底前带头提前完成软件正版化专项检查和整改工作。（版权管理司牵头）

5. 做好对中央政府机关、各地方政府机关使用正版软件自查及完成情况的抽查工作。拟于11月底前提请全国专项行动领导小组办公室向中央、地方政府机关发出通知。按照职责分工，会同工信、财政、商务、工商、国知、机关事务管理等部门，分别于2011年2月下旬、7月下旬，按照“先通知督促、后实地抽查”的程序，做好对中央政府机关和各省（区、市）及以下政府机关使用正版软件自查和完成情况的抽查，对存在问题的提出整改意见。及时向国务院报告有关抽查情况。（版权管理司牵头）

6. 认真做好政府机关使用正版软件情况的常态性督促检查工作。会同工信、财政、商务、工商、国知、机关事务管理等部门，每年对中央政府机关和各地方政府机关使用正版软件情况进行集中检查，维护软件市场秩序、促进公平竞争，加强对软件资产管理工作的指导。对检查中发现的问题和有关情况，及时向国务院报告。（版权管理司牵头）

7. 继续做好推进企业使用正版软件工作。将推进企业使用正版软件工作部际联席会议成员变动情况报告国务院。按照《2010年推进企业使用正版软件工作计划》，继续做好企业培训、软件资产管理试点等工作，对近五年推进企业使用正版软件工作进行认真总结，对2011年及下一阶段的工作进行规划。于2010年12月召开推进企业使用正版软件工

作部际联席会议第五次全体会议，研究讨论近五年的工作总结和2011年及以下阶段的工作规划。（版权管理司牵头）

（六）加强知识产权保护宣传。

1. 做好信息发布工作。及时报道专项行动的进展和成果，曝光一批典型案例，组织新闻发布、访谈报道，扩大专项行动的社会影响。（办公厅牵头）

2. 提请国务院发布《推进使用正版软件工作白皮书》。2010年11月启动《白皮书》专题项目，2011年10月正式发布，展示中国政府推进使用正版软件取得的显著成效，维护中国政府保护知识产权良好形象。（版权管理司牵头）

三、工作措施和要求

（一）加强组织领导。成立由新闻出版总署主要负责同志担任组长，办公厅、财务司、法规司、印刷发行司、反非司、版权司、人事司、纪检监察局等司局领导参加的专项行动领导小组，负责统一领导专项行动，督促检查工作进展，督办重大案件。办公室设在版权司，承担日常工作。各地相应成立工作小组，主要负责同志亲自抓，确保专项行动顺利开展。（版权管理司牵头）

（二）做好部署协调。新闻出版总署、国家版权局、全国“扫黄打非”工作小组办公室联合印发《关于开展打击侵犯知识产权和制售假冒伪劣商品专项行动及进一步做好使用正版软件工作的通知》，做好专项部署，组织督导检查，将本次专项行动与已开展的版权保护工作相衔接，确保专项行动取得实效。（版权管理司牵头）

（三）加强信息报送。各地领导小组办公室要做好专项行动信息统计和进展情况汇总，向新闻出版总署领导小组办公室及时报送情况。总署领导小组办公室汇总各地情况后，向全国专项行动领导小组报送情况。（版权管理司牵头）

（四）做好举报奖励。用好“12390”侵权盗版举报电话，完善举报受理制度，认真核实举报内容，及时发现并快速处理违法犯罪行为线索。加大举报侵权盗版案件的奖励力度，及时公布奖励办法和结果，调动社会公众特别是权利人举报投诉的积极性。做好对大案要案的个案表彰工作，将专项行动案件作为2010年度、2011年度版权有功单位及个人和“扫黄打非”先进集体与先进个人评选的重要依据。（版权管理司牵头）

（五）加强工作保障。各级新闻出版、版权、“扫黄打非”部门要切实保障本单位开展专项行动的工作经费，安排好购置所需正版软件的经费。要配好工作人员、工作场所和必要的工作设施，保证专项行动的顺利开展。（财务司牵头）

四、时间安排

（一）动员部署阶段（2010年11月）。贯彻国务院文件精神，新闻出版总署、国家版权局、全国“扫黄打非”工作办公室及时印发通知，全面动员部署专项行动。各地新闻出版、版权、“扫黄打非”部门要结合地方实际，联合制订具体实施方案，于11月20日前报新闻出版总署专项行动领导小组办公室。（版权管理司牵头）

（二）组织实施阶段（2010年11月至2011年2月）。各地新闻出版、版权、“扫黄打非”部门按照专项行动方案和具体实施方案组织开展专项行动。2011年2月，新闻出版总署专项行动领导小组办公室将对各地开展专项行动情况进行督查。（版权管理司牵头）

（三）总结验收阶段（2011年3月上旬）。于3月10日前完成对各地专项行动情况的汇总工作，认真梳理总结，于3月底前报国务院办公厅并抄送全国专项行动领导小组办公室。2011年6月初、11月初分别完成国务院各部门和各地方政府使用正版软件工作的总结验收，对表现突出的地方和部门给予通报表彰和适当奖励，并向国务院报送有关情况。（版权管理司牵头）

附件2

新闻出版总署、国家版权局、全国“扫黄打非”工作小组办公室打击侵犯知识产权和制售假冒伪劣商品专项行动领导小组及办公室成员名单

组　长

柳斌杰（新闻出版总署署长、国家版权局局长、全国“扫黄打非”工作小组副组长）

副组长

蒋建国（新闻出版总署副署长，全国“扫黄打非”工作小组副组长、办公室主任）

阎晓宏（新闻出版总署副署长、国家版权局副局长）

领导小组成员

刘建国（办公厅主任）

孙　明（财务司司长）

于慈珂（法规司司长）

王岩镔（印刷发行管理司司长）
周慧琳（反非法和违禁出版物司司长、全国“扫黄打非”工作小组办公室专职副主任）
王自强（版权管理司司长）
余昌祥（人事司司长）
陈毓江（纪检组监察局正局级纪律检查员、监察专员兼监察局副局长）

领导小组办公室设在版权司，王自强兼办公室主任。

领导小组办公室成员

蒋茂凝（办公厅副主任）
王　泉（财务司副巡视员）
于慈珂（法规司司长）
曹宏遂（印刷发行管理司副司长）
毛小茂（反非法和违禁出版物司副司长）
王志成（版权管理司副司长）
王晓平（人事司副巡视员）
习　骅（纪检组监察局纪检监察室主任）

领导小组办公室联络员

刘　娟（办公厅文秘处处长）
杨晓梅（财务司预算审计处处长）
高　思（法规司法制处处长）
路　洲（印刷发行管理司印刷复制处副处长）
王　松（反非法和违禁出版物司协调监管处副处长）
张德军（版权管理司执法处主任科员）
王　彤（人事司综合劳资处处长）
孙　潇（纪检组监察局纪检监察室副主任科员）

关于开展“世界知识产权组织创意金奖（中国）”评选推荐活动的通知

国版办字［2010］43 号

各省、自治区、直辖市新闻出版（版权）局，中国文联办公厅、中国作家协会办公室、中国音像协会、中国软件联盟、中国互联网协会、中国版权协会、中国出版工作者协会、中国版权保护中心，中国音乐著作权协会、中国音像著作权集体管理协会、中国文字著作权协会、中国摄影著作权协会、中国电影著作权协会：

为提高我国的版权创新能力，促进版权产业繁荣发展，推动创新型国家的建设，在版权的创造、运用、保护和管理各个环节发掘树立先进典型，并充分发挥先进典型的引领示范效应，形成激励版权创造和运用的长效机制，以进一步贯彻落实《国家知识产权战略纲要》，促进经济发展和文化繁荣，我局于 2008 年起，将世界知识产权组织（WIPO）版权领域的全球表彰机制引入中国，与 WIPO 合作开展了“世界知识产权组织创意金奖（中国）”（以下简称“创意金奖”）推荐表彰活动。创意金奖是 WIPO 设立并进行表彰的国际奖项，也是我国版权领域的最高奖项，创意金奖的推荐表彰活动每两年举办一届。

今年，我局将继续与 WIPO 合作，开展创意金奖的推荐表彰活动，现就推荐工作通知如下：

一、奖项数额设置

本次活动拟设“作品奖/创作奖”、“推广运用奖”和“保护奖”三个奖项 12 个受奖对象，其中“作品奖/创作奖”6 个，“推广运用奖”4 个，“保护奖”2 个。

二、评选范围

符合评选标准的各种类别的作品或创作主体，以及在版权推广、运用和保护方面做出突出贡献的个人和单位。

三、评选标准

（一）作品奖/创作奖

具有自主创新精神，创作方式和内容形式富有创新性，思想内容积极向上，经济价值高，传播范围广，社会认知度高，具有显著经济效益和社会效益，有一定市场占有率，对经济发展贡献比较明显的作品或创作主体。作品奖/创作奖分为文学艺术、电影电视、音乐戏剧、计算机软件、动漫游戏、美术摄影等门类。

（二）推广运用奖

积极开发和利用版权资源，运用各种手段，特别是在网络和数字环境下，大力促进版权作品的创作与传播，在将版权资源转化为社会财富、实现版权作品市场价值方面做出突出贡献，促进版权产业链形成和版权产业发展，并在国内外产生较大经济效益和广泛社会效益的个人或单位。

（三）保护奖

积极为权利人主张权益，在版权保护方面具有创新精神，探索运用创新方式，创造性地解决了版权保护长期面临的问题，为净化版权市场运行环境、规范市场秩序和促进版权产业的发展做出突出贡献，在全国范围产生重大影响、引起社会广泛关注和良好反响的个人或单位。

四、推荐名额

此次推荐活动不设定名额限制，各地、各部门、各单位可按照“严格挑选，优中选精”的标准做好推荐工作。

五、推荐办法和要求

各地、各部门、各单位推荐本辖区或所涉及行业的候选对象，需撰写推荐材料（不超过 1 500 字）并以电子版形式和挂号信形式同时报送国家版权局。推荐材料的内容应包括：

1. 推荐单位的推荐函（加盖公章）；
2. 推荐的奖项名称；
3. 推荐理由；
4. 推荐对象的详细背景材料。

六、推荐和表彰方式

国家版权局会同有关部门成立创意金奖推荐委员会开展推荐评选工作。委员会根据各地、各部门、各单位报送的推荐名单进行评审，评选出表彰对象并面向社会公示后报送 WIPO，以 WIPO 名义进行表彰，并于 11 月 18 日第三届中国国际版权博览会期间举行表彰颁奖仪式，WIPO 和国家版权局的领导将为获得表彰的代表颁发奖牌。

七、材料上报时间

请各地、各部门、各单位按照通知的要求，认真组织评选推荐活动，并于 2010 年 8 月 15 日前将推荐材料报送国家版权局，超过期限的推荐材料不再受理。

联系人：段玉萍、郑向荣

电话：010-83138738，83138739

传真：010-83138740

电子邮箱：duanyuping@ncac. gov. cn

zhengxiangrong@ncac. gov. cn

地址：北京市宣武区宣武门外大街 40 号国家版权局版权管理司版权处（邮编：100052）

国家版权局办公厅

二〇一〇年七月十二日

关于开展 2010（第三届）全国大学生版权征文活动的通知

国版办字［2010］44 号

各有关高等院校：

自 2008 年国家版权局举办首届“全国大学生版权征文活动”以来，得到各高校的积极响应，广大高校学生参与版权学术研究、关注版权事业的热情迅速提升，涌现出一批有价值的版权保护理论文章，在社会产生了积极影响。为深入贯彻落实科学发展观，推进《国家知识产权战略纲要》、《文化产业振兴规划》的实施，不断提高我国版权保护水平，促进版权产业发展，拓展版权研究领域，普及版权法律知识，提升大学生版权保护意识，国家版权局将继续开展“第三届全国大学生版权征文活动”，现将活动的具体要求通知如下：

一、征文活动组织机构

本次征文活动由国家版权局主办，中国版权协会（《中国版权》杂志社）承办。

“全国大学生版权征文活动组委会”办公室设在《中国版权》杂志编辑部。

二、征文活动的主题、宗旨

本届征文活动主题为：“创新·发展·未来”。

本次征文活动旨在关注版权产业发展、完善版权法治建设、繁荣版权学术交流、普及版权知识，鼓励学术创新、推进理论为实践服务，展示当代大学生版权学术研究的成果。

三、征文要求

（一）作者应保证所投稿件为原创，作者对所投稿件的著作权及名誉权等相关法律责任负责。

（二）每位作者限投稿一篇文章，稿件不退，请自留底稿。

（三）稿件无论是否已发表，均可参加评选。已经发表过的论文可作修改，但首次发表时间不得早于2009年10月31日，并须注明原发表报刊或图书名称、刊期或版次、日期等信息。

（四）投稿人自拟论文题目，来稿字数控制在5 000字以内（凡不符合字数要求的，一律取消参赛资格），正文不署名；正文左前方标注“本科生组”或“研究生组”，正文最后须另页书写作者姓名（参赛作品须独著，合作作品不在参赛范围内）、所在学校、通讯地址、邮编、手机号码、电子邮箱、MSN或QQ号；获奖作品将出版论文集，请手书《授权书》随纸介质稿件一并寄出。

（五）来稿需同时递交内容一致的纸介质稿件和电子文本。纸介质稿件6份，宋体4号字、A4纸打印，每份单独装订；手书《授权书》1份。电子文本为Word格式。

纸介质稿件寄至：北京市东城区安定门东大街28号雍和大厦西楼3层大学生征文办公室（邮政编码100007）

电子文本发至：qing5100@sina. com

（六）此次征文不限题目，仅提供选题指南，以供参考。选题指南内容如下：

1.《著作权法》基本理论研究

如我国版权制度的功能和作用，著作权的权利体系，版权保护中的利益平衡，著作权权利限制制度的完善，权利保护与权利滥用，著作权内容的完善，作品独创性的认定，著作权侵权理论与民事侵权的研究、剽窃他人作品的认定等，邻接权的特殊保护，法定许可中的版税分配制度研究等。

2. 对现行《著作权法》的评论

如我国《著作权法》颁发20年的回顾与展望，我国著作权法律制度的不足与完善，技术革新与《著作权法》的发展，经营模式创新与《著作权法》的发展，提升我国文化软实力的建言，著作权客体制度的完善，著作权权利归属制度的完善，著作权集体管理制度的完善，著作权交易制度的完善，著作权登记制度的完善，著作权合同制度的完善，邻接权制度的完善，著作权权利保护制度的完善等。

3.《著作权法》执法现状研究

如著作权执法制度的完善，对版权行政执法的建议和思考，如何从法律层面构建著作权侵权的预警机制，如何有效规制著作权滥用行为等。

4.《著作权法》司法实践研究

如著作权侵权的判定标准，案件的管辖问题，责任的过错判定问题，赔偿的标准和范围问题，国内外典型案例的分析，版权纠纷的调解、仲裁等非诉解决机制研究，版权侵权中的专家证人制度，音乐作品的司法保护（针对音乐专辑的版权诉讼被要求分拆的案件）等。

5. 版权与创意产业的关系

如创意的版权保护问题研究，创意产业、版权产业与版权法律制度关系问题，版权法的文化功能，文化产业发展的构想等。

6. 国际版权制度发展研究

如著作权的国际保护的新动态，各国著作权法修改的内容、目的和意义，国际著作权法律制度发展的趋势，法律移植过程中我国版权制度的文化失真，经济危机下版权产业如何应对等问题。

7. 版权战略问题研究

如我国版权战略与中国文化竞争力的提高，我国版权战略与我国文化产业的发展，实施我国版权战略的构想等。

8. 网络环境下版权问题研究

如网络环境下的著作权问题（涉及游戏、动漫、mp3，p2p等），博客作品的法律保护问题，作品数字化带来的法律问题，数字时代版权制度的未来模式（主要包括版权制度当前面临的困境；实践中正在出现的一些替代或者补充版权制度的一些制度，如iTunes网上音乐商店、开放存取运动、创作共用等；学术界提出的一些新的模式，如新的补偿金制度等等）网络环境下数字版权及版权产业化等。

9. 实践中的其他热点问题

如展览会参展作品的版权保护，民间文学艺术作品的保护，文化传统与版权保护，版权文化问题，版权价值评估问题，具体作品领域的问题（如电影作品、音乐作品），版权保护与版权产业发展的问题、版权制度教育在高校中的普及情况调查，版权与校园，版权保护与教育资源的获取等。

四、征文活动参与范围及参与方式

（一）此次征文将分设本科生组（包括本科生和专科生）和研究生组（包括硕士研究生和博士研究生），专业不限。

（二）论文可由所在院校汇总后，统一报送至“全国大学生版权征文活动组委会”办公室，建议将初审后的推荐名单和全部文章（包括初审文章）提交评委会；应征作者也可以直接投稿。

（三）来稿需于信封注明“大学生版权征文”字样，并标明“本科生组”或“研究生组”。征文截稿日期为2010年10月15日。

五、评选及奖励说明

征文评选专家组将邀请国内立法、司法、行政部门及高等院校和科研机构的专家学者组成。为保证公正性，征文评选工作将采取匿名评审方式。

征文活动组委会将从来稿中评选出“本科生组”和“研究生组”一等奖、二等奖、三等奖、优秀作品奖、组织奖若干名，凡参与者均可获得参与纪念奖。组委会将向获奖者颁发证书、奖金或奖品，一、二、三等奖及组织奖获奖名单将在国家版权局网站、《中国版权》杂志等媒体公布。颁奖会拟在中国版权协会举办的中国版权年会上举行，征文活动结束后，优秀论文将结集出版，不同意出版的请在来稿时说明。

六、“全国大学生版权征文活动组委会”办公室（《中国版权》杂志编辑部）联系方式

邮政编码：100007

通信地址：北京市东城区安定门东大街28号雍和大厦西楼3层

联系电话：010-68003904

望各高校认真准备，组织好本校学生积极参与本次版权论文征文活动。

附件：《授权书》

国家版权局办公厅

二〇一〇年七月十二日

关于印发《2010年打击网络侵权盗版专项治理“剑网行动”方案》的通知

［2010］新出明电22号

各省、自治区、直辖市版权局、公安厅（局）、通信管理局，新疆生产建设兵团版权局、公安局，北京市、天津市、上海市、重庆市、宁夏回族自治区文化市场行政执法总队：

为认真贯彻落实党的十七大精神，积极推进《国家知识产权战略纲要》的实施，加强网络环境下的版权行政执法和监管工作，保护权利人合法权益，打击网络环境下的各类侵权盗版行为，净化网络版权环境，促进互联网产业的健康发展，根据《2010年中国保护知识产权行动计划》的部署，国家版权局、公安部、工业和信息化部定于2010年7月下旬至10月底开展打击网络侵权盗版专项治理“剑网行动”。现将《2010年打击网络侵权盗版专项治理“剑网行动”方案》印发给你们，请结合本地实际，周密部署、认真落实，并及时上报有关工作进展情况。

国家版权局

公安部

工业和信息化部

二〇一〇年七月十九日

2010年打击网络侵权盗版专项治理“剑网行动”方案

为加强网络环境下的版权行政执法和监管工作，保护权利人合法权益，打击网络环境下的各类侵权盗版行为，净化网络版权环境，促进互联网产业的健康发展，根据《2010年中国保护知识产权行动计划》的部署，国家版权局、公安部、工业和信息化部制定《2010年打击网络侵权盗版专项治理“剑网行动”方案》如下：

一、指导思想

以《中华人民共和国著作权法》、《著作权法实施条例》、《信息网络传播权保护条例》、《互联网著作权行政保护办法》等法律法规规章为依据，完善多部门联合执法机制，采取教育和打击相结合、自查自纠与抽查督查相结合、主动监管和集中执法相结合的综合治理方式，严厉打击各类网络侵权盗版行为，加强制度建设，建立长效监管机制，确保专项治理和产业发展相互促进、相互提高，不断净化网络版权保护社会环境，规范网络版权传播秩序，推动互联网产业健康发展。

二、工作目标

本次专项治理行动要围绕网络音频视频及文学网站，网络游戏、动漫、软件以及上海世博会、广州亚运会相关作品等重点领域，以国家版权监管平台为依托，加强对重点网站的主动监管力度，以查破办结一批大案要案为目标，查处一批网络侵权盗版案件、关闭一批侵权网站、处理一批违法犯罪人员，有力维护健康、规范的网络传播秩序，探索建立互联网版权保护长效工作机制，进一步促进互联网产业繁荣发展。

三、主要任务

（一）狠抓大案要案，完善督办协调机制

各地版权部门、公安机关要确定一批重点案件，重点突破。版权部门要注意收集、整理权利人举报、投诉信息，发现案件线索及时办案，对涉嫌犯罪的要及时移送公安机关。公安机关要发挥“主动侦查”的优势，及时发现和受理侵权盗版刑事案件；对于版权部门移送的案件线索，要依照《关于在打击侵犯著作权违法犯罪工作中加强衔接配合的暂行规定》的要求，积极受理。国家版权局将会同公安部联合挂牌督办一批重点案件，对列入督办范围的案件采取派员参加专案组、巡视督促、跨区域协调等方式，形成便捷高效的办理机制。

（二）突出重点领域，做到精确打击

“剑网行动”期间，各地版权部门要重点加强对音频视频和文学网站、网游动漫网站以及网络电子商务平台的监控力度，重点围绕热播影视剧、新近出版的图书、网游动漫、音乐作品、软件等，严厉打击未经许可非法上载、传播他人作品以及通过电子商务平台兜售盗版音像、软件制品等的违法犯罪活动；严厉打击为侵权盗版分子提供搜索链接、信息存储空间以及服务器托管、网络接入等服务的违法行为；严厉打击非法传播上海世博会、广州亚运会相关作品的网络侵权盗版活动；严厉打击利用手机等移动媒体侵权盗版的违法犯罪活动。

（三）加强主动监管，规范版权授权秩序

各级版权部门要对在本地有影响的互联网、手机移动互联网企业和网站进行主动监管，引导开展自查自纠工作，对其中的重点企业和网站进行现场检查，规范其网络使用作品的行为，并根据检查情况查处违法行为或对违规行为责令限期整改，从源头上防范侵权盗版行为的发生。要充分利用网络技术监控的手段，对重点作品、重点网站进行实时监控，加强网络取证工作。要依托版权协会、网络行业协会、著作权集体管理组织等社会组织，积极引导互联网企业开展自查自纠，加强抽查和督查工作，规范网络经营行为。鼓励相关网络企业和著作权人加强合作，逐步建立网站版权信息库、著作权人维权绿色通道，著作权集体管理组织及相关权利人加强对作品权利信息的收集、认证等基础工作，主动向社会公开作品权利信息等，方便使用者查询作品权利归属状况，避免侵权纠纷，形成“先授权、后传播”的版权传播秩序。

（四）加强宣传教育，提高企业和公众的版权法律意识

加大网络版权法律宣传教育力度，曝光典型案件，开展警示教育，对检查、督查中发现的违法企业进行法律教育，提高企业和社会公众“先授权、后使用”的法律意识，自觉遵守相关法律法规。

四、职责分工

为加强对专项治理行动的组织与领导，国家版权局、公安部、工业和信息化部联合成立“全国打击网络侵权盗版专项治理工作领导小组”，统一部署涉及全局的主要任务，协调解决专项治理行动中的重大问题，指导各地开展相关工作，对重大案件联合督办。领导小组成员单位有国家版权局版权管理司，公安部治安管理局、网络安全保卫局，工业和信息化部科技司、电信管理局，办公室设在国家版权局版权管理司。各地要相应成立工作领导小组，协调指导本地区工作的开展，组成情况于 7 月 30 日前报国家版权局版权管理司。

版权管理部门负责专项治理行动的牵头工作，协调公安、通信管理部门开展工作，负责组织清理网上侵权信息，组织案件线索的收集、查处、涉嫌犯罪案件的移送工作，加强主动监管，开展专项治理行动的宣传和奖励工作。版权管理部门同时要做好对承担版权行政执法工作的文化市场综合执法机构的协调与指导。

公安机关要加大对网络环境下侵权盗版犯罪案件的线索收集、立案查处工作，强化打击侵权盗版犯罪的主体地位和阵地意识，加大主动侦查工作力度。依法参加侵权盗版案件联合执法，依法受理版权部门移送的涉嫌侵权盗版犯罪案件及相关线索并加大查处力度。

通信管理部门配合版权、公安部门开展打击网络侵权盗版工作，协助开展网络侵权盗版案件调查取证工作，协助提供查处网络侵权盗版案件涉及网站的备案信息，对经版权、公安部门查处且侵权盗版情节严重的网站依法吊销经营许可证或者注销备案，同时责令关闭网站，并通知相关网站接入服务

商停止为其提供互联网接入服务。组织开展行业自律活动。

五、工作要求

（一）要充分发挥社会各界和有关权利人组织的积极性

要发布举报奖励公告，鼓励社会各界积极提供案件线索，尤其是大案要案的重要线索，做好充分的准备工作，集中查处一批有影响的大案要案。

（二）要加大对网络侵权盗版案件的处罚力度

要充分发挥网络专项治理的体制机制优势，积极主动办案。对于顶风作案、多次实施侵权盗版活动或者有其他严重情节的网站，要一律从严查处，特别要加大网络刑事案件的移送力度，确保在办理大案要案方面取得新的突破。

（三）要建立和完善打击网络侵权盗版行为的快速执法机制

对于未取得网络出版许可证、信息网络传播视听节目许可证等经营资质、未履行登记备案手续、专门从事侵权盗版活动或者有其他严重情节的非法网站，版权部门要在调查收集证据后先行制止侵权活动，及时提请通信管理部门予以暂停网络接入或者关闭网站。通信管理部门应当依照相关法律法规采取措施及时暂停网络接入或者关闭网站。

（四）要严厉打击侵权盗版网站背后的非法利益链

对于违反法律规定，明知是侵权盗版网站或者行为人利用网站从事侵权盗版违法活动，仍为其提供网络信息存储空间、搜索链接服务、网络接入、服务器托管、资金、账号、广告代理、代收费等服务的单位和个人要依法追究其共同侵权的法律责任，情节严重、构成犯罪的，依法追究刑事责任。

（五）要加大版权执法威慑，定期公布查处或移送的违法违规网站名单

版权部门在办理或协调办理侵犯著作权违法案件时，发现涉案网络服务提供者还存在未经登记、备案、擅自提供网络接入服务以及传播淫秽色情、低俗信息等违法违规活动的，要及时制作法律文书，连同相关证据移送相关主管部门处理并报上级版权机关备案。版权部门应定期公布查处或移送的违法违规网站名单，加大版权执法威慑。

（六）要加强制度建设，完善网络版权行政执法工作流程

为了进一步提高网络版权监管水平和执法工作效率，加强和改善网络版权保护工作，各省级版权部门要在总结历次专项行动的成功经验的基础上，对有效的监管举措和执法经验进一步归纳、整理，形成统一、规范的执法监管工作流程。国家版权局将适时总结各地情况，制定全国性的工作指导意见，供版权管理部门在日常执法、监管工作中采用。

（七）加强和完善执法信息基础建设工作和沟通机制，及时通报有关执法信息

各地版权管理部门要根据本地情况，协调公安、通信管理部门制定具体的工作安排，并于7月30日前上报国家版权局版权管理司。各级版权部门要高度重视执法信息基础建设，切实做好执法信息的备案、汇总和上报工作。各地版权部门应将案件的受理、立案、查处情况以及处罚决定书（纸质版和电子版）通过国家版权局版权监管平台及时报国家版权局备案。各省级版权管理部门、文化综合执法部门要认真整理、汇总案件查处情况，对于正在查处的重点案件和查处结果，要根据具体情况，及时上报国家版权局。各地公安机关要根据本地查处涉嫌侵权盗版案件的情况上报公安部。各地通信管理部门要根据本省查处涉嫌侵权盗版网站及配合相关部门执法的情况上报工业和信息化部。各地、各部门上报的执法情况材料将同时作为对各地、各部门执法工作评价以及对查处侵权盗版有功单位和个人进行奖励的重要依据。

六、实施步骤

2010年打击网络侵权盗版专项治理行动分四个阶段进行。

（一）工作部署阶段（7月21日—7月30日）

1. 召开工作会议。三部门共同召开工作会议，全面动员部署专项治理工作。

2. 各地落实会议精神。上报专项治理工作领导小组办公室组成情况和具体工作安排，以及各地举报电话。各地确定主动监管的网站名单。

3. 宣传专项行动方案。制定整个专项行动期间宣传方案，按计划组织媒体宣传相关法律法规与政策，宣传打击网络侵权盗版典型案例。

（二）自查自纠与收集案源阶段（7月21日—8月10日）

1. 进行自查自纠。组织引导合法经营的互联网企业和重点网站开展“先授权、后传播”自查自纠活动，查找侵权盗版隐患。

2. 收集案件线索。组织动员国内外权利人组织和社会公众投诉举报网络侵权盗版行为，充分利用12390反盗版举报电话等途径以及各地的投诉举报平台，收集案件线索。

3. 开展执法培训。组织各有关部门行政执法人员的培训工作。编辑印发专项治理行动法律政策、业务指南和案例汇编。

（三）集中治理阶段（7 月 30 日—10 月 20 日）

1. 限期整改。各地有关部门要责令本地确定为主动监管的互联网企业和网站对自查出来的问题进行限期整改，对未按期完成整改的要依法查处。

2. 集中执法。三部门确定一批重点案件进行挂牌督办。各级版权、公安、通信管理部门要根据上级移交和自行收集到的案件线索开展打击行动，特别是对专门从事侵权盗版的非法网站，要充分发挥联合执法机制，加大行政处罚力度，加强刑事移送工作，集中办理一批大案要案，始终保持集中打击的高压态势。

（四）督查总结阶段（9 月 30 日—10 月 30 日）

1. 各地汇总专项治理工作情况，填写统计表。

2. 开展督查。三部门组成督查组，对重点地区、重点企业进行督导检查，调研专项治理行动情况。

3. 新闻通报。三部门联合召开新闻发布会，对外宣传我国政府为打击网络侵权盗版所做的努力和取得的成绩；通报专项治理行动中的典型经验和典型案例。

4. 总结表彰。三部门召开工作会议，讨论专项治理行动总结报告；依据《举报、查处侵权盗版行为奖励暂行办法》对专项治理行动中工作突出的单位和个人予以表彰；研究 2011 年打击网络侵权盗版专项治理行动方案。

新闻出版总署、国家版权局、全国“扫黄打非”工作小组办公室关于开展打击侵犯知识产权和制售假冒伪劣商品专项行动及进一步做好使用正版软件工作的通知

［2010］新出明电 39 号

各省、自治区、直辖市新闻出版（版权）局、“扫黄打非”工作领导小组办公室，新疆生产建设兵团新闻出版（版权）局、“扫黄打非”工作领导小组办公室，北京、上海、天津、重庆、宁夏文化市场行政执法总队：

为认真贯彻落实全国知识产权保护与执法工作电视电话会议和国务院办公厅《关于印发打击侵犯知识产权和制售假冒伪劣商品专项行动方案的通知》（国办发［2010］50 号）和《关于进一步做好政府机关使用正版软件工作的通知》（国办发［2010］47 号）精神，切实在新闻出版（版权）领域抓出明显成效，结合新闻出版、版权、“扫黄打非”工作实际，通知如下：

一、加大对印刷复制企业的源头监管

新闻出版（版权）部门要会同“扫黄打非”、文化执法、公安、工商、质检等部门，结合正在开展的印刷业专项整治行动，于 2010 年 11 月至 2011 年 1 月，对印刷复制各类出版物、印刷品、光盘、计算机软件及包装装潢、商标标识标签的企业进行专项检查，严厉查处非法印刷复制和非法加印、出售标识标签等印刷品的行为。

（一）检查重点

将北京、广东、浙江、河南、河北、江苏、福建、山东、上海、甘肃、广西、新疆、辽宁、江西等 14 个省（区、市）作为重点地区，将有违法违规记录的企业、违法违规行为多发地区的企业、举报线索指向较多的企业、承接境外印刷复制业务的企业作为重点类型，采取明查与暗访相结合、白天日常巡查与夜间突击检查相结合、督促检查与行政执法相结合的方式，深入细致开展核查。

（二）检查内容

检查印刷企业承印验证、承印登记（特别是印刷包装装潢、商标标识标签的登记）、印刷品保管、印刷品交付、印刷活动残次品销毁等五项制度的执

行情况，检查出版物（包括期刊、报纸和内部资料性出版物）印刷企业执行出版单位印刷委托书情况和接受委托印刷境外出版物的证明文件等。检查光盘复制企业的复制委托书情况（特别是接受委托复制计算机软件、影视音像制品的情况），接受委托复制版权授权情况，执行蚀刻光盘来源识别码（SID码）情况，向公安部光盘生产源鉴定中心报送样盘情况。印刷、复制涉及重大选题范围的出版物需检查相关手续或交由有关部门进行核查。

（三）检查处理

对检查中发现的问题要果断采取措施，防止问题蔓延扩散。对非法印刷复制和非法加印、出售标识标签等印刷品的，非法复制计算机软件和影视音像制品的，各地要依法严厉查处，情节严重的吊销印刷复制经营许可证；严厉打击地下印刷复制窝点，大力铲除盗版出版物和假冒伪劣包装产品制作源头。

（四）检查结果

各地每个月汇总报送一次检查结果。对检查中发现的违法经营额3万元以上的、涉案省份3个以上或者涉案印刷复制企业5家以上的印刷复制案件，在立案后两个工作日内报送案件情况。检查结果和案件情况报新闻出版总署专项行动领导小组办公室。

二、加大对图书、软件、音像制品的市场监管

“扫黄打非”办公室组织协调新闻出版、版权、文化执法、公安、工商、城管、交通运输等部门，结合已开展的保世博、迎亚运等专项行动，从2010年11月至2011年1月集中开展对图书、软件、音像制品市场的巡查工作。

（一）严查正规出版物批销场所

通过现场检查正规出版物批销场所的教材教辅、计算机软件、影视音像制品等出版物销售情况和该场所出版物销售监督举报制度的执行情况，及时发现并从严处理一批违法违规的出版物批销企业。对一次经营盗版图书、软件、音像制品数量不足100册（张）的经营单位，由新闻出版（版权）执法部门没收违法制品和违法所得，并处以1万元以上5万元以下罚款；对一次经营盗版制品数量100册（张）以上或者两次因经营盗版制品受到行政处罚的单位，由新闻出版部门依法吊销其许可证，由工商部门依法予以停业整顿、情节严重的依法吊销其营业执照。

（二）坚决取缔游商地摊

重点清查繁华街区、旅游景点、交通枢纽、学校周边等部位并定时巡查，加大对节假日、夜晚等游商地摊活跃时段的巡查和打击力度，实现游商地摊明显减少、整体状况明显改观。

（三）严管交通运输渠道

重点清查一批违法违规记录的、违法违规行为多发地区的、举报线索指向较多的、承接境外业务的物流企业，特别要加强对物流集散地等重点地区的凌晨时段货运检查，坚决打击利用飞机、火车、汽车、轮船等交通运输工具贩运侵权盗版出版物活动，切断侵权盗版出版物流通渠道。

三、强化打击网络侵权盗版工作力度

（一）继续开展2010剑网行动

1. 进一步加大网络专项治理力度。版权部门要协调公安、工信部门继续开展好2010年打击网络侵权盗版专项治理“剑网行动”，维护好互联网版权环境。将2010剑网行动时间延长至2011年2月，在认真总结前一阶段工作的基础上，进一步加大对视频网站和电子商务网站的治理力度，严厉打击通过网络传播侵犯著作权影视作品，通过互联网、通信网络和电视网络销售侵犯著作权商品等行为，集中办理大案要案、确保工作取得实效。

2. 继续做好主动监管工作。督促网站做好自查自纠和整改工作，加大对重要视频网站、重点影视作品传播的主动监管力度，严厉查处无视监管、顶风作案的违法网站，建立主动监管的长效机制。继续运用反盗版快速反应机制，做好广州亚运会等重大活动版权保护工作。

3. 确保2010剑网行动取得实效。将限时办结大案要案作为专项行动是否取得实效的检查标准，将版权、公安部门督办的重点案件作为优先完成工作，集中精力、加强保障、形成合力，确保于2011年2月底前办结一批网络侵权大案要案。

（二）严厉打击通过网络、电话、电视销售侵犯著作权出版物的行为

加强对出版物网络交易行为的监管，出台《关于促进出版物网络发行健康发展的通知》，明确资格条件，严把准入关，坚持互联网发行单位实名注册和证照公示制度，督促互联网交易平台建立证照审查制度，强化电子商务网站的经营责任，严禁向无证无照、证照不全和被行政处罚、刑事打击的经营者提供电子商务服务。推动出版单位等权利人与电子商务网站建立反盗版快速处理机制，新闻出版（版权）要会同工信、商务、工商部门，集中查处一批通过电子商务网站和电话、电视渠道销售侵犯著作权出版物的案件。

四、全面做好政府机关和企业使用正版软件工作

（一）明确“巩固成果、扩大范围”的目标任务

在巩固国务院、省、市（地）政府已基本实现

软件正版化工作目标的基础上，将推进范围扩大到各级党政机关，各人民团体，人大、政协、法院、检察院、民主党派等机关，确保于 2011 年 5 月底前、2011 年 10 月底前分别完成中央国家机关和省、市（地）、县级政府机关软件正版化专项检查和整改工作。在巩固大型企业软件正版化成果的基础上，逐步推进中小型企业使用正版软件工作。

（二）认真履行职责

各级新闻出版（版权）部门要根据国办发〔2010〕47 号通知要求，在明确各级政府主要负责同志作为政府机关使用正版软件的第一责任人的前提下，发挥版权部门职能作用，做好参谋助手，结合实际制定本行政区政府机关使用正版软件工作方案，协助本级政府扎实推进使用正版软件工作。要根据职责分工，会同工信、财政、商务、工商、机关事务管理等部门做好对政府机关使用正版软件情况的督促检查工作，维护好软件市场秩序、促进公平竞争，建立完善软件资产管理制度。

（三）做好监督检查

各级新闻出版（版权）部门要会同工信、财政、商务、工商、机关事务管理等部门，对各级政府机关使用正版软件自查和完成情况进行抽查，督促其加快工作进度，及时将完成情况报告本级政府，以省政府名义报新闻出版总署（国家版权局）。2011 年以后，要认真做好政府机关使用正版软件情况的常态性督促检查工作。每年对地方政府机关使用正版软件情况进行集中检查，对检查中发现的问题和有关情况，及时向新闻出版总署（国家版权局）报告。

（四）加强部门保障

各级新闻出版（版权）部门要力争将使用正版软件工作列入本级政府重要工作议程、进入年度工作报告和年度工作要点。积极争取政府支持，充实新闻出版（版权）部门工作力量，做到使用正版软件工作有专人负责。将推进使用正版软件工作经费列入本级政府的年度预算，做到使用正版软件工作有专项经费。

（五）确保按时完成

各级新闻出版（版权）部门作为使用正版软件工作的主要职能部门，要主动协调工信、财政、商务、工商、机关事务管理等部门，整合行政资源、形成工作合力，确保 2011 年 10 月底前完成省、市（地）、县三级政府机关软件正版化专项检查和整改工作。

（六）扎实推进企业使用正版软件工作

各级新闻出版（版权）部门要按照《2010 年推进企业使用正版软件工作计划》，继续做好企业培训、软件资产管理试点等工作，对近五年推进企业使用正版软件工作进行认真总结，对 2011 年及下一阶段的工作进行规划，于 12 月 15 日前将近五年的工作总结和 2011 及下一阶段的工作规划报新闻出版总署（国家版权局）。

（七）营造良好环境

各级新闻出版（版权）部门要配合工信、商务部门督促计算机生产厂商对新出厂计算机预装正版操作系统软件，加大监督力度，从源头上防止使用盗版软件。会同工商、商务部门，严厉打击销售盗版软件、通过信息网络传播盗版软件等行为，维护好软件市场秩序，为推进使用正版软件工作营造公平竞争的市场环境。

五、加大刑事打击力度、督办一批大案要案

（一）加大行政执法与刑事司法的衔接配合

“扫黄打非”办公室协调新闻出版（版权）、公安、检察等部门，严格执行《关于在打击侵犯著作权违法犯罪工作中加强衔接配合的暂行规定》，做好及时立案、提前介入、证据转换等关键环节的衔接配合工作，切实加大对侵犯著作权违法行为的刑事打击力度。协调公安部门依据《刑法》第 217 条、218 条等规定及相关司法解释，准确适用刑事案件追诉标准，推动行政执法与刑事司法的衔接配合。

（二）挂牌督办、限时办结一批大案要案

“扫黄打非”办公室要协调公安、检察、法院建立完善侵犯著作权重大案件协调机制，依法及时侦查、起诉、审判一批侵犯著作权大案要案。全国“扫黄打非”办公室、新闻出版总署、国家版权局将联合挂牌督办一批涉案标的大、犯罪情节严重、社会影响恶劣的侵权盗版大案要案，限时于 2011 年 2 月底前办结；各地“扫黄打非”、新闻出版、版权部门也要挂牌督办一批重点案件，及时结案。

六、工作措施和要求

（一）加强领导、重点保障

各地新闻出版（版权局）要成立由主要负责人担任组长，办公室、财务处、印刷发行处、反非处、版权处、人事处、纪检监察处室等处级领导为成员的专项行动领导小组，负责集中部署专项行动，督促检查工作进展，督办重大案件。办公室设在版权处，负责日常工作。

（二）明确责任、密切配合

新闻出版、版权、“扫黄打非”部门要按照以下分工开展工作：办公室牵头负责本部门使用正版软件、信息宣传和后勤保障工作，财务处牵头负责工作经费保障、软件资产管理工作，法规处牵头负责案件查处、行政处罚等法律适用工作，印刷发行处牵头负责印刷复制企业源头治理和出版物网络发行企业的监管工作，反非处牵头负责图书、软件、音像制品市场巡查和大案要案协调督办工作，版权处牵头负责网络专项治理、推进使用正版软件、表彰奖励和专项行动小组办公室的日常工作，人事处牵头负责专项行动人员保障工作，纪检监察处室牵头负责督促各部门履行职责、密切配合。

（三）督导检查、确保实效

新闻出版总署、国家版权局、全国“扫黄打非”办公室将在2011年2月下旬联合组织督查组，抽调部分地区有关负责人参加，对各地专项行动开展情况进行督导检查。各省级新闻出版、版权、“扫黄打非”部门，要组织联合检查组，于2011年2月15日前完成对各市（地）、县专项行动开展的督导检查工作，对工作开展不力的单位要予以通报，限期整改；对反复出现盗版盗印源头的地区和部门，要通过纪检监察部门及时严厉追究有关负责人的责任。

（四）报送信息、扩大宣传

各地领导小组办公室要做好专项行动信息统计和进展情况汇总，向新闻出版总署专项行动领导小组办公室及时报送情况。要做好信息发布工作，及时报道专项行动的进展和成果，曝光一批典型案例，组织新闻发布、访谈报道，扩大专项行动的社会影响。

（五）加强举报、表彰奖励

用好“12390”侵权盗版举报电话，完善举报受理制度，认真核实举报内容，及时发现并快速处理违法犯罪行为线索。加大举报侵权盗版案件的奖励力度，及时公布奖励办法和结果，调动社会公众特别是权利人举报投诉的积极性。做好对大案要案的个案表彰工作，将专项行动案件作为2010年度、2011年度版权有功单位及个人和“扫黄打非”先进集体与先进个人评选的重要依据。对表现突出的地方和部门给予通报表彰和适当奖励。

（六）分段实施、及时总结

各地要根据《通知》精神和本级政府工作方案的部署，按照规定的各项任务和时间要求，突出阶段性工作重点，制订具体实施方案，切实做到整体推进、突出重点、务求实效。具体实施方案要于11月20日之前报总署专项行动领导小组办公室。专项行动期间重大案件的查处进度和重大工作进展情况要在2个工作日内报告新闻出版总署专项行动领导小组。各地专项行动部署实施情况要采取月报，工作总结要在2011年3月10日前报总署专项行动领导小组办公室。2011年10月底前要协助各省（区、市）政府完成软件正版化专项检查和整改工作的总结验收，并向总署专项行动领导小组报送工作情况。

新闻出版总署

国家版权局

全国“扫黄打非”工作小组办公室

二〇一〇年十一月五日

关于开展政府机关软件正版化督导检查工作的通知

商秩电［2010］2908号

各省、自治区、直辖市、计划单列市人民政府，国务院各部门（自发）、各直属机构（自发）：

根据《国务院办公厅关于进一步做好政府机关使用正版软件工作的通知》（国办发［2010］47号）及《国务院办公厅关于印发打击侵犯知识产权和制售假冒伪劣商品专项行动方案的通知》（国办发［2010］50号）要求，为确保中央和地方政府机关软件正版化专项检查和整改工作按期完成，全国打击侵犯知识产权和制售假冒伪劣商品专项行动领导小组办公室决定对中央和地方政府机关软件正版化工作开展督导检查。现将有关事项通知如下：

一、检查内容

（一）管理监督责任落实情况

1. 一把手责任落实情况。根据国务院要求，各级人民政府、各部门主要负责同志作为第一责任人的情况。各地各部门向主要负责同志汇报以及相关组织领导情况。

2. 部门工作责任落实情况。各地、各部门将软件正版化工作责任分解到具体部门、具体人员的情况。

（二）工作整体部署情况

1. 文件部署情况。各级人民政府、各部门贯彻落实国办发［2010］47 号文件精神，及时印发或转发工作文件，对本地区、本部门软件正版化工作进行组织部署的情况。

2. 工作部署情况。国办发［2010］47 号文件下发以来各级人民政府、各部门工作开展情况，已采取的工作措施和进展情况。

（三）软件采购、经费保障及资产管理情况

1. 梳理软件使用需求。参照单位人员情况（总人数、实际人数、使用计算机人数）、计算机数量、已使用正版软件和未授权软件的数量、品种的数据，对软件使用需求的统计情况。

2. 软件采购工作安排。各地、各部门指定相关职能部门负责软件采购工作情况，汇总下属各单位软件采购需求情况，对需要购置的纳入政府集中采购目录的正版通用软件，按照政府采购有关规定实行政府集中采购情况。

3. 软件采购经费落实情况。各地、各部门通过公用经费、部门机动费、部门预算结余结转资金、信息化建设专项经费等渠道落实软件采购经费情况。

4. 软件资产管理情况。将软件作为资产纳入部门资产管理体系，制定软件资产管理制度，对软件购买、安装、更换、使用、报废管理的工作情况。机关工作人员增强知识产权意识，按照谁使用、谁负责的原则管好用好自己使用的软件资产，不随意下载、安装、更换软件的落实情况。

（四）年度报告制度

按照国办发［2010］47 号文件精神，新闻出版总署（国家版权局）每年将会同有关部门组织检查，并向国务院报告检查情况，各单位拟建立年度报告制度，以及将于每年 11 月 30 日前报送新闻出版总署（国家版权局）的工作安排情况。

二、检查形式、步骤和时间安排

（一）检查形式

1. 以各单位自查自纠整改为主。各地、各部门要严格按照国办发［2010］47 号文件精神，对使用正版软件情况认真开展自查自纠整改工作。期间，新闻出版总署（国家版权局）会同工业和信息化、财政、商务、工商、知识产权、机关事务管理等有关部门，审核各单位上报材料，对存在的问题提出整改建议。

2. 中央工作组进行抽查。在各地、各部门自查自纠的基础上，新闻出版总署（国家版权局）会同工业和信息化、财政、商务、工商、知识产权、机关事务管理等有关部门，适时对有关单位软件正版化工作情况组织抽查。检查重点为办公软件、杀毒软件和操作系统软件。拟于 2011 年 1 月至 2 月对中央国家机关及其直属单位软件正版化工作情况开展督导检查，2011 年 5 月至 6 月对地方政府机关软件正版化工作情况开展督导检查。

（二）检查步骤和时间安排

1. 自查自纠整改阶段。各地、各部门自接到通知之日起应立即根据检查内容的要求，对本单位工作情况进行对照检查，形成阶段性报告，以进一步强化组织领导，有效推进软件正版化工作；同时，组织有关工作人员对本单位的软件使用情况进行清查、核对，并逐一登记备案，填报《软件正版化检查整改工作统计表》（见附件）。中央国家机关请将《软件正版化检查整改工作统计表（中央国家机关本级）》和《软件正版化检查整改工作报告》于 2010 年 12 月 31 日前，将《软件正版化检查整改工作统计表（中央国家机关直属单位）》于 2011 年 1 月 31 日前反馈新闻出版总署（国家版权局）。各省（区、市）政府机关请将《软件正版化检查整改工作报告》及《软件正版化检查整改工作统计表（地方政府机关）》于 2011 年 3 月 31 前反馈新闻出版总署（国家版权局）。之后，每月底前将完成情况按统计表要求报送至新闻出版总署（国家版权局）。新闻出版总署（国家版权局）将适时向全国通报各机关工作进展情况。

2. 督促整改阶段（中央国家机关 2011 年 1 月 20 日前，地方政府机关 2011 年 4 月底前）。新闻出版总署（国家版权局）会同工业和信息化、财政、商务、工商、知识产权、机关事务管理等有关部门对各地、各部门上报材料进行审核，对确实存在的问题提出整改要求。

3. 抽查检查阶段（中央国家机关 2011 年 1 月下旬开始，地方政府机关 2011 年 5 月开始）。根据各地、各部门上报自查自纠整改情况，国家版权局会同工业和信息化、财政、商务、工商、知识产权、机关事务管理等有关部门组成若干督导工作组，对部分中央国家机关和省（区、市）各级人民政府进行抽查。听取软件正版化工作落实情况汇报，查阅相关文件、软件授权协议、合同文本等资料，现场抽查部分单位或部门的软件使用情况。督导工作组将认真分析检查中发现的问题和有关情况，由新闻出版总署（国家版权局）汇总并向国务院提交工作报告。

各地、各部门要及时汇总研究本单位软件正版化工作中出现的问题和困难，及时向本单位第一责任人进行汇报，争取工作支持。对于具有普遍性的问题，可向新闻出版总署（国家版权局）及时汇报。其他国家机关使用正版软件的检查和整改工作，参照上述要求执行。请各地、各部门积极做好软件正版化检查整改工作，对检查组的工作予以协助。

全国打击侵犯知识产权和制售假冒伪劣商品
专项行动领导小组办公室
二〇一〇年十二月二十四日

版权

表彰评奖

BIAO ZHANG PING JIANG

世界知识产权组织版权金奖（中国）

【作品奖/创作奖】

1. **《建国大业》**：中国电影集团公司于 2009 年打造的国庆献礼片《建国大业》，不仅集结了大陆和港澳台地区的 170 多位明星，还创造了超过 4.5 亿元人民币的票房纪录，实现了社会和经济效益的双赢。《建国大业》一改主旋律电影叫好不叫座的尴尬局面，其低成本、大制作真正诠释了创新实践收益、向市场要效益的运营理念。

2. **《喜羊羊与灰太狼》**：广东原创动力文化传播有限公司用小成本制作的动画系列片《喜羊羊与灰太狼》，取得了巨大的市场成就，品牌价值超 10 亿元，成为带动图书、音像、玩具、手机游戏、家居服装、食品饮料、人偶剧、礼品等类版权衍生产品开发的新引擎，实现了版权产品多元化开发、多元化收益、多元化发展的新模式，全面印证了我国原创动漫产业的复苏和崛起。

3. **QQ 软件**：深圳市腾讯计算机系统有限公司（以下简称腾讯）以发展 QQ 系列软件为主导，建立了 QQ 即时通讯平台和中国流量第一的 QQ.COM（腾讯网），以及 QQ 空间、QQ 游戏等，创新出一系列基于 QQ 卡通形象和自主知识产权软件的互联网运营平台。在 QQ 软件的开发过程中，腾讯强大的创新研发能力和完善的知识产权管理制度体系为其快速发展与迅速占领市场提供了有力的保障。

4. **《俏花旦·集体空竹》**：中国杂技团有限公司积极发掘传统民间技艺的艺术特点，改革作品创作思路，成功将空竹这一传统民间技法与国粹京剧有机结合，并配以独立创作的音乐配乐，形成了经典杂技作品《俏花旦·集体空竹》。该节目也是在我国 2001 年修改《著作权法》，将杂技作品明确列入保护范畴后，创新思路，提升杂技作品艺术和市场价值的典型案例。

5. **“汶川大地震”系列摄影作品**：中国摄影著作权协会推荐了《敬礼娃娃》、《众志成城　托举生命》、《你是我的好兄弟，我不想你死》、《5·12 难忘的瞬间记忆》、《手术中默哀》5 张“汶川大地震”系列摄影作品。摄影家在汶川特大地震发生后的第一时间里，冒着生命危险抵达灾区，用他们自己的方式为我们再现了事实，如实记录了受灾状况。该系列摄影作品反映了救灾进展情况，让我们看到了中国人民抗震救灾、众志成城的伟大精神。

6. **《中国读本》**：《中国读本》由作家苏叔阳创作，于 1998 年出版。《中国读本》开创了“读本体”的文学先河。并以中文简体、中文繁体、英、德、俄、蒙古、藏、维吾尔、哈萨克、韩等十几种语言文字在海内外出版，国内国外累计创下了发行 1 400 万册的出版奇迹，在 10 余年间成为名副其实的畅销书和常销书，被海外业界誉为“了解中国、认识中国的金钥匙”。

【推广运用奖】

1. **金盾出版社**：金盾出版社秉承“服务农村、服务农民”的宗旨，每年出版的新书中约有 1/3 是适合农村需要的科技类图书，其中有百余种图书被评为“受农民欢迎的图书”或获得“全国科技图书奖”。截至目前，该社累计发行农业养种殖类图书 1 亿多册，这些图书在帮助农民脱贫致富中发挥了重要作用，受到广大农民的称赞，被称为“金盾现象”。

2. **苏州浩辰软件股份有限公司**：苏州浩辰软件股份有限公司成功研发完成了拥有核心技术和自主知识产权的浩辰 CAD 平台，成为中国专业的 CAD 平台及专业软件供应商，使我国用户能够以相对较低的成本实现 CAD 正版化，彻底打破了以 AutoCAD 为代表的外国跨国公司产品对该领域的垄断，并走出国门，成功打入国际软件市场，标志着国产 CAD 软件竞争力得到了质的提高。

3. **深圳华强文化科技集团股份有限公司**：华强集团坚持以自主创新、自主知识产权为理念，以数字影视、数字游戏、文化产品等为核心内容，以文化产业主题公园、数字 4D 影院、网络、电视、出版物为市场平台，努力打造集创意、设计、生产、研发、销售、人才培养于一体的产业链，并通过建设文化科技产业园，充分发挥了产业链的集聚效应。此外，华强集结原创精品动画，打造出的芜湖方特欢乐世界，是可与迪士尼乐园媲美的文化主题公园。

4. **中国工商银行股份有限公司**：中国工商银

行高度重视信息化建设，在国内大型商业银行中首家完成数据大集中，首家研发投产具有自主知识产权、全行统一的大型核心业务系统，并坚持贯彻落实国家有关软件正版化的政策和规定，在信息化建设过程中，坚持采取与正版软件供应商签订合作协议等措施，合法使用其软件产品和技术服务，尊重软件著作权人的正当权益。

【保护奖】

1. **北京市高级法院知识产权庭**：是我国最早成立的知识产权专业审判庭，也是我国审理知识产权案件最多的高级法院知识产权审判庭。多年来，该庭审理的著作权案件涉及文学、摄影、美术、电影等众多文艺门类，其中许多案件在国内外产生了较大反响。该庭通过不断加大司法保护力度、规范著作权秩序，激发了著作权人的创作热情、促进了作品的传播和文化市场的繁荣。

2. **上海市文化市场行政执法总队**：自上海市文化市场行政执法总队成立以来，始终把知识产权保护作为文化市场行政执法的重中之重。特别是近年来，上海市文化市场行政执法总队进一步创新工作方式、强化日常监管，先后查处多起大案要案，并将多名重大知识产权侵权案件犯罪嫌疑人移送公安和司法机关处以刑事处罚，有效净化了版权市场环境，在全国范围内产生重大影响。

3. **北大方正集团有限公司**：北大方正集团有限公司长期致力于对自主创新产品和作品的版权保护，对多家国内外公司侵犯方正著作权的行为提起侵权诉讼并获得胜诉，积极维护其自主开发的高科技产品的知识产权。北大方正集团有限公司开展的维权活动，极大打击和震慑了市场上长期泛滥的侵犯方正产品知识产权的侵权行为，保障了企业的核心竞争力，也为我国企业自主维权树立了典范。

4. **江苏省苏州市公安局**：在2008年国家版权局开展的打击网络侵权盗版专项行动中，国内最大的破解微软 Windows 操作系统案件——番茄花园案被列为重点案件，最终由苏州市公安局信息网络安全监察处成功查办。番茄花园案是我国第一起打击通过网络盗版软件行为的成功刑事案件，给网络版权保护带来了深远的影响。该案表明了中国严格履行国际公约的义务，对国内外著作权人给予平等保护的坚定态度，也体现了我国高度重视知识产权保护的执法精神。

2009 年度查处侵权盗版案件有功单位及个人

国家版权局关于表彰奖励
2009 年度查处侵权盗版案件有功单位及个人的决定

国版发［2010］3 号

各省、自治区、直辖市版权局，解放军总政治部宣传部版权局，北京市、天津市、上海市、重庆市、宁夏回族自治区文化市场行政执法总队：

为进一步调动相关执法部门和执法人员查处侵权盗版案件的积极性与主动性，为建设创新型国家营造激励创造、有效运用、依法保护、科学管理的良好氛围，根据《举报、查处侵权盗版行为奖励暂行办法》的规定，国家版权局决定对在2009年查处侵权盗版案件工作中作出突出贡献的安徽省合肥市公安局治安支队等169家有功单位、王敬浩等173名有功个人给予表彰和奖励（名单见附件）。

希望获得表彰和奖励的有功单位和有功个人珍惜荣誉继续努力，再创佳绩。希望全国版权执法部门及相关部门、广大执法人员以受表彰的有功单位和有功个人为榜样，高举保护知识产权旗帜，开拓进取、与时俱进，创新工作方法、完善工作机制，坚持专项治理与日常监管相结合，以良好的工作作风和昂扬的精神状态，扎实推进查处侵权盗版案件工作，切实提高我国的版权保护水平。

附件：1. 2009年度查处侵权盗版案件有功单位获奖名单

2. 2009年度查处侵权盗版案件有功个人获奖名单

中华人民共和国国家版权局

二〇一〇年五月二十六日

2009年度查处侵权盗版案件有功单位获奖名单

【一等奖】

1. 安徽省合肥市公安局治安支队
2. 北京市公安局治安管理总队行动支队
3. 江苏省“扫黄打非”办公室
4. 上海市文化市场行政执法总队稽查三处
5. 公安部治安管理局一处
6. 吉林省长春市版权局
7. 广西壮族自治区版权局
8. 山东省青岛市文化市场行政执法局
9. 河南省“扫黄打非”工作领导小组办公室
10. 江西省赣州市公安局治安支队
11. 河北省邯郸市公安局治安支队

【二等奖】

1. 安徽省“一点智慧”盗版软件专案组
2. 湖北省版权局版权管理处
3. 湖北省武汉市公安局治安管理处一大队、湖北省武汉市版权局
4. 湖北省利川市公安局经侦大队
5. 湖北省黄石市公安局网监支队
6. 四川省成都市公安局高新技术产业开发区分局政经文保署经侦大队
7. 四川省“8·19”销售侵权音像制品案专案组
8. 四川省凉山州新闻出版（版权）局
9. 四川省南充市新闻出版版权局
10. 四川省“6·11”销售侵权音像制品案专案组
11. 上海市普陀区文化执法大队、上海市公安局普陀分局经侦支队
12. 上海市公安局经侦总队四支队
13. 上海市公安局文化保卫分局刑侦大队
14. 上海市版权局版权管理执法处
15. 江苏省南通市崇川区文化市场稽查队
16. 江苏省南京市公安局治安支队
17. 人民音乐出版社
18. 人民卫生出版社
19. 人民教育出版社
20. 高等教育出版社
21. 人民出版社
22. 上海译文出版社
23. 中国新闻出版报社
24. 中国建筑工业出版社
25. 公安部网络安全保卫局案件侦查处
26. 公安部经济犯罪侦查局知识产权处
27. 河北省石家庄市版权局
28. 辽宁省“扫黄打非”工作领导小组办公室
29. 辽宁省丹东市文化市场稽查支队
30. 山东省李沧区“扫黄打非”工作领导小组办公室
31. 山东省济宁市“扫黄打非”工作领导小组办公室
32. 广东省惠州市文化市场综合执法大队
33. 广东省惠州市公安局治安支队
34. 河南省郑州市文化市场综合执法支队
35. 河南省郑州市“1·10”侵权盗版案件专案组
36. 湖南省郴州市文化市场稽查支队
37. 湖南省邵阳市新闻出版局
38. 宁夏回族自治区新闻出版局版权管理处
39. 北京市西城区文化委员会
40. 重庆市文化市场行政执法总队执法二处
41. 山西省吕梁市文化广电新闻出版局版权科
42. 吉林省延吉市O2SKY、IMDJ网站侵权案件专案组
43. 黑龙江省双鸭山市文化市场稽查支队
44. 浙江省湖州市文化市场行政执法支队
45. 福建省版权局版权管理处
46. 广西壮族自治区桂林市公安局经侦支队、广西壮族自治区桂林市版权局
47. 云南省出版物市场稽查总队、云南省“扫黄打非”工作领导小组办公室
48. 甘肃省兰州市文化市场行政执法支队
49. 内蒙古自治区版权局

【三等奖】

1. 湖北省武汉市江汉公安分局经侦大队、湖北省武汉市江汉区文体和旅游局
2. 湖北省襄樊市版权局
3. 湖北省襄樊市公安局治安支队行动大队
4. 湖北省武汉市公安局民意街派出所
5. 湖北省武汉市洪山区文体局
6. 湖北省潜江市文化市场稽查大队
7. 湖北省大悟县公安局治安大队
8. 湖北省天门市文化市场执法局
9. 湖北省恩施州公安局治安支队
10. 江苏省海安县版权局

11. 江苏省苏州市文化广电新闻出版局
12. 江苏省版权局版权管理处
13. 江苏省通信管理局互联网管理处
14. 江苏省文化厅
15. 江苏省常熟市文化稽查队
16. 江苏省淮安市版权局、江苏省淮安市公安局
17. 江苏省扬州市文化综合执法支队
18. 江苏省南京海关法规处
19. 江苏省连云区文化局文化市场稽查队
20. 吉林省“扫黄打非”工作领导小组办公室
21. 吉林省扶余县非法经营盗版教辅读物案件专案组
22. 吉林省吉林市天成公司非法复制、发行盗版音像制品案件专案组
23. 吉林省长春市舒野公司制卖盗版书籍案件专案组
24. 吉林省吉大燕子 BT 网站侵权案件专案组
25. 吉林省长春市“征战天龙”私服案件专案组
26. 吉林省镇赉县文化市场稽查大队
27. 吉林省四平市文化新闻出版局新闻出版科
28. 吉林省洮北区文化出版市场稽查大队
29. 山西省运城市文化广电新闻出版局新闻出版科
30. 山西省查处诈骗销售盗版图书案专案组
31. 山西省临汾市文化广电新闻出版局新闻出版科
32. 山西省版权局版权管理处
33. 山西省太原市版权局版权管理处
34. 山西省长治市“扫黄打非”稽查队
35. 山西省版权局打击网络侵权盗版专项行动专案组
36. 山西省晋中市文化广电新闻出版局版权科
37. 山东省济南市新闻出版局（版权局）
38. 山东省潍坊市文化市场综合执法局
39. 山东省莱芜市文化市场稽查队
40. 山东省淄博市文化市场执法局
41. 山东省东营市版权局
42. 四川省版权局
43. 四川省成都市版权局
44. 四川省出版物市场稽查总队
45. 四川省新津县新闻出版局
46. 四川省绵阳市新闻出版局
47. 四川省彭州市文体广电新闻出版局
48. 河北省版权局版权管理处
49. 河北省承德市版权局
50. 河北省唐山市版权局新闻出版处
51. 河北省邢台市文化市场稽查队
52. 河北省保定市文化市场稽查队
53. 河南省郑州市“扫黄打非”工作领导小组办公室
54. 河南省周口市新闻出版局
55. 河南省漯河市公安局治安支队
56. 河南省濮阳市文化广电新闻出版局
57. 河南省平顶山市文化市场新闻出版管理办公室
58. 黑龙江省版权局版权管理处
59. 黑龙江省哈尔滨市“4·08”销售侵权盗版图书专案组
60. 黑龙江省齐齐哈尔市文化市场管理处
61. 黑龙江省佳木斯市文化稽查支队
62. 黑龙江省鹤岗市文化市场管理处
63. 浙江省温州市文化市场行政执法支队
64. 浙江省绍兴市文化市场行政执法支队
65. 浙江省宁波市文化市场行政执法总队
66. 浙江省义乌市文化市场行政执法大队
67. 辽宁省鞍山市文化市场综合行政执法队
68. 辽宁省大连市新闻出版局（版权局）
69. 辽宁省沈阳市文化市场行政执法总队直属执法四大队
70. 辽宁省沈阳市文化市场行政执法总队直属执法二大队
71. 湖南省岳阳市版权局
72. 湖南省株洲市版权局
73. 湖南省娄底市版权局
74. 湖南省永州市版权局
75. 福建省厦门市公安局治安支队
76. 福建省文化稽查总队
77. 福建省福清市文化市场稽查队
78. 内蒙古自治区呼和浩特市文化市场管理办公室
79. 内蒙古自治区红山区文化市场管理办公室
80. 内蒙古自治区巴彦淖尔市文化体育稽查队
81. 江西省版权局版权管理处
82. 江西省上饶市版权局
83. 江西省鹰潭市版权局
84. 江西省赣州市版权局
85. 云南省版权局版权管理处
86. 云南省楚雄彝族自治州“扫黄打非”工作领导小组办公室
87. 云南省玉溪市文化市场（新闻出版）管理稽

查支队
88. 安徽省蚌埠市文化广电新闻出版局
89. 安徽省太和县版权局
90. 安徽省安庆市文化广电新闻出版局
91. 陕西省铜川市新闻出版局
92. 陕西省宝鸡市新闻出版局
93. 陕西省西安市文化市场行政执法总队
94. 广东省肇庆市文化市场综合执法大队
95. 广东省汕头市文化市场综合执法大队
96. 北京市文化市场行政执法总队执法三队
97. 北京市文化市场行政执法总队执法二队
98. 重庆市璧山县文化市场行政执法大队
99. 重庆市沙坪坝区文化广电新闻出版局
100. 广西壮族自治区钦州市版权局
101. 广西壮族自治区南宁市公安局治安管理支队
102. 上海市嘉定区文化执法大队
103. 上海海关法规处、上海海关驻邮局办事处
104. 广西壮族自治区柳州市版权局
105. 贵州省贵阳市文化市场稽查支队
106. 甘肃省武威市文化新闻出版局新闻出版科
107. 宁夏回族自治区银川市新闻出版局
108. 法律出版社
109. 河北教育出版社

2009年度查处侵权盗版案件有功个人获奖名单

【一等奖】

姓　名	所在单位
1. 王敬浩	安徽省公安厅治安总队行动队
2. 林明富	上海市文化市场行政执法总队
3. 孙宗超	山东省青岛市文化市场行政执法局稽查队
4. 石卫平	北京市公安局治安总队行动支队
5. 陈朝明	广西壮族自治区版权局版权管理处
6. 刘国强	河北省邯郸市版权局
7. 侯钧雷	公安部网络安全保卫局案件侦查处
8. 郭桂红	山西省太原市版权局
9. 王广祥	南通日报社

【二等奖】

姓　名	所在单位
1. 王志广	公安部经济犯罪侦查局知识产权处
王　飞	公安部经济犯罪侦查局知识产权处
2. 张　钧	公安部治安管理局一处
3. 王　磊	公安部网络安全保卫局案件侦查处
4. 孙晓慧	公安部治安管理局一处
5. 李春亮	福建省福州市公安局网安支队网络侦察队
6. 卢　宏	四川省成都市公安局金牛分局
7. 杨大伟	四川省成都市公安局金牛分局
8. 杜　林	四川省成都市版权局稽查大队
9. 田晋宝	四川省成都市版权局稽查大队
10. 胡　杨	四川省成都市公安局经侦处五大队
11. 侯志伟	北京市西城区文化委员会
12. 陈京东	北京市公安局治安总队行动支队
13. 马　将	北京市公安局朝阳分局八里庄派出所
14. 田　源	重庆市文化市场行政执法总队执法二处
15. 张　涛	重庆市文化市场行政执法总队执法一处
16. 王　凯	重庆市文化市场行政执法总队执法一处
17. 刘　涛	黑龙江省新闻出版局反非法和违禁出版物处
18. 谷晓龙	黑龙江省鹤岗市文化市场管理处
19. 何东春	黑龙江省双鸭山市文化市场稽查支队
20. 王　伟	广东省惠州市文化市场综合执法大队
21. 陈阮荣	广东省惠州市公安局治安支队
22. 苏棣芳	广东省茂名市文化市场综合执法大队
23. 韩　鹏	河南省开封市文化广电新闻出版局
24. 魏国铭	河南省“扫黄打非”工作领导小组办公室
25. 黄卫忠	河南省郑州市文化市场综合执法支队
26. 刘文岑	湖北省襄樊市版权局
27. 魏　涛	湖北省武汉市公安局江汉分局经侦大队
28. 王　琳	湖北省黄石市公安局网监支队
29. 唐尚明	广西壮族自治区钦州市版权局
30. 石定波	广西壮族自治区北海市版权局

31. 廖　斌　广西壮族自治区南宁市“扫黄打非”工作领导小组办公室
32. 毛金涛　江苏省南通市崇川区文化局
33. 蒋　宏　江苏省“扫黄打非”工作领导小组办公室
34. 尚玉祥　文化部文化市场司执法指导监督处
35. 俞　瑾　文化部文化市场司执法指导监督处
36. 沈泽斌　上海市文化市场行政执法总队
37. 王　健　上海市公安局经侦总队四支队
38. 李冰锐　吉林省版权局版权管理处
39. 宋爱平　吉林省扶余县文化新闻出版和体育局
40. 季　梅　安徽省版权局版权管理处
41. 张露娜　天津市版权局版权管理处
42. 夏　刚　湖南省郴州市文化市场稽查支队
43. 侯广林　山西省版权局版权管理处
44. 杨　彬　河北省邯郸市公安局治安支队
45. 王智慧　内蒙古自治区巴彦淖尔市文化体育稽查队
46. 翟　青　山东省四方区文化局文化稽查队
47. 王晓红　浙江省杭州市文化市场行政执法总队一处
48. 雷振宇　陕西省渭南市文化局
49. 赖名芳　中国新闻出版报社
50. 韩立华　人民卫生出版社
51. 田　军　人民出版社

【三等奖】

姓　名　所在单位

1. 张　珂　河南省郑州市“扫黄打非”工作领导小组办公室
2. 路虎山　河南省安阳市版权局
3. 肖继周　河南省濮阳市文化广电新闻出版局
4. 陈万进　河南省郑州市文化广电新闻出版局
5. 王泽平　河南省版权局版权管理处
6. 陈宜冬　河南省平顶山市新闻出版局
7. 张　凯　河南省洛阳市版权局
8. 魏　建　河南省洛阳市版权局
9. 顾建伟　河南省漯河市文化新闻出版局
10. 潘　峰　湖北省黄石市版权局
11. 袁美容　湖北省黄石市版权局
12. 徐利刚　湖北省大冶市新闻出版局
13. 朱俊峰　湖北省黄石市版权局
14. 屈　华　湖北省十堰市版权局
15. 爨江峰　湖北省十堰市版权局
16. 王孝清　湖北省咸宁市版权局
17. 甘大国　湖北省咸安区新闻出版局
18. 黄小兵　四川省公安厅治安管理总队治安行动支队
19. 罗　健　四川省成都市公安局治安处
20. 蒋　轩　四川省成都市公安局治安处
21. 陈嵩嵩　四川省成都市公安局经侦处五大队
22. 于　跃　四川省版权局版权管理处
23. 刘胜德　四川省绵阳市新闻出版局新闻出版科
24. 向　鸿　四川省泸州新闻出版局稽查支队
25. 张国栋　吉林省延吉市文化市场稽查大队
26. 李国荣　吉林省集安市文化市场管理办公室
27. 苑大光　吉林省吉林市版权局
28. 江　静　吉林省辽源市文化市场稽查支队
29. 郭　政　吉林省梅河口市文化新闻出版和体育局
30. 孙　宇　吉林省“扫黄打非”工作领导小组办公室
31. 金永浩　吉林省和龙市文化市场管理办公室
32. 秦必信　江苏省南京市白下区人民检察院
33. 刘明芳　江苏省通信管理局网络信息安全处
34. 袁学术　江苏省版权局版权管理处
35. 朱亚平　江苏省扬州市版权局
36. 胡　晟　江苏省公安厅
37. 石志伟　江苏省苏州市公安局网络支队
38. 许喜辰　河北省邢台市版权局出版科
39. 金文生　河北省邯郸市版权局出版科
40. 蒋绮芳　河北省版权局版权管理处
41. 俞　龙　河北省承德市版权局出版科
42. 张秀芳　河北省石家庄市版权局
43. 罗向军　河北省唐山市版权局
44. 黄　镇　浙江省湖州市文华市场行政执法支队
45. 廖　昕　浙江省衢州市文化市场行政执法支队
46. 邵炎炎　浙江省绍兴市文化市场行政执法支队
47. 林书奖　浙江省苍南县文化市场行政执法支队
48. 曹　剑　浙江省宁波市文化市场行政执法总队
49. 徐虎彪　湖南省邵东县公安局

50. 陈胜根　湖南省岳阳市版权局
51. 郭正光　湖南省株洲市版权局
52. 邓　静　湖南省郴州市文化市场稽查支队
53. 唐泰华　湖南省永州市版权局
54. 阳一明　湖南省娄底市版权局版权科
55. 宋金荣　北京市公安局治安总队行动支队
56. 康小松　北京市公安局治安总队行动支队
57. 于　虹　北京市公安局治安总队行动支队
58. 梅春生　北京市丰台区文化委员会
59. 李钦俭　北京市文化市场行政执法总队
60. 高迎新　山西省吕梁市文化广电新闻出版局
61. 任永善　山西省临汾市文化广电新闻出版局
62. 任烈英　山西省晋中市文化广电新闻出版局
63. 杨彬义　山西省忻州市文化市场稽查大队
64. 谢惠生　山西省临汾市文化广电新闻出版局
65. 由奎东　辽宁省鞍山市新闻出版局新闻出版处
66. 田大鹏　辽宁省版权局版权处
67. 任东晖　辽宁省沈阳市文化市场行政执法总队
68. 戴阿明　辽宁省沈阳市文化市场行政执法总队
69. 刘佳麟　辽宁省丹东市文化市场稽查支队
70. 刘春生　黑龙江省哈尔滨市公安局治安支队案件大队
71. 周美胜　黑龙江省新闻出版局版权处
72. 董德军　黑龙江省齐齐哈尔市文化市场监管处
73. 薛　秋　黑龙江省绥化市新闻出版版权局出版科
74. 黄赤忱　广西壮族自治区桂林市公安局经侦支队一大队
75. 王　忠　广西壮族自治区桂林市版权局
76. 郭喜庆　广西壮族自治区南宁市公安局治安支队
77. 黄荣庆　广西壮族自治区贵港市版权局
78. 瞿太和　上海市版权局版权管理处
79. 王　骞　上海市版权局版权管理处
80. 蒋晓官　上海海关法规处
81. 郑志和　上海海关驻邮局办事处
82. 张金洲　陕西省铜川市新闻出版局
83. 董岳成　陕西省宝鸡市新闻出版局
84. 于赵磊　陕西省西安市文化市场行政执法总队
85. 楚　源　陕西省西安市文化市场行政执法总队
86. 肖九元　云南省版权局版权管理处
87. 陈祝国　云南省楚雄彝族自治州新闻出版局
88. 孙小梅　云南省昆明海关
89. 唐泽民　广东省肇庆市文化市场综合执法大队
90. 汤利华　广东省广州市文化市场综合行政执法总队
91. 杨云才　广东省通信管理局网络与信息安全处
92. 刘　伟　文化部文化市场司
93. 马晓琛　文化部文化市场司
94. 陈江丽　安徽省合肥市文化广电新闻出版局
95. 朱　冬　安徽省蚌埠市文化市场管理局业务科
96. 尹思放　安徽省安庆市文化广电新闻出版局
97. 赵永平　内蒙古自治区呼和浩特市文化市场管理办公室
98. 蒋剑钧　内蒙古自治区包头市文化市场稽查支队
99. 李寿山　内蒙古自治区包头市文化市场稽查支队
100. 张型华　山东省济宁市公安局治安支队
101. 高增光　山东省潍坊市文化市场综合执法局
102. 韩　峰　山东省日照市文化市场稽查支队
103. 李丽华　福建省福州海关驻邮局办事处
104. 门军华　宁夏回族自治区版权局版权管理处
105. 杨津秋　宁夏回族自治区文化市场行政执法总队
106. 牟　标　重庆市璧山县文化市场行政执法大队
107. 戢洪波　江西省鹰潭市版权局
108. 蒋　平　贵州省贵阳市文化市场稽查队
109. 邹岩军　甘肃省兰州市文化市场行政执法支队
110. 李海峰　甘肃省武威市文化新闻出版局新闻出版科
111. 帕拉沙提·比哈孜　新疆维吾尔自治区吉木乃县新闻出版版权局
112. 王　芳　外语教学与研究出版社
113. 任海涛　中华书局

2010 年“全国软件正版化工作示范单位”

关于授予大庆油田有限责任公司等 257 家企业“全国软件正版化工作示范单位”称号的决定

2007 年以来，推进企业使用正版软件工作部际联席会议各成员单位和各省（区、市）推进企业使用正版软件工作领导小组，高度重视企业软件正版化工作，认真履行职责，密切分工协作，开展了大量卓有成效的工作，国有、外商投资和民营等大型企业的软件正版化工作成效显著，金融、煤炭、印刷、旅游饭店、网吧、勘察设计等重点行业的软件正版化工作取得重大进展，企业软件正版化工作取得重大阶段性成效，涌现出一批使用正版软件的先进企业。为进一步发挥使用正版软件先进企业的示范作用，将企业软件正版化工作向纵深推进，经推进企业使用正版软件工作部际联席会议研究决定，授予大庆油田有限责任公司等 257 家企业“全国软件正版化工作示范单位”称号。

希望受到表彰的企业切实发挥示范作用，巩固软件正版化工作成果，为推动软件正版化工作作出新的更大的贡献。各有关企业要以受表彰的示范单位为榜样，进一步增强诚信守法、公平竞争的市场意识，增强使用正版软件的积极性和主动性，在全社会形成使用正版产品、抵制盗版软件、保护知识产权的良好氛围，为软件产业发展提供良好的市场环境和创新动力，为加强自主创新、建设创新型国家作出积极贡献。

国家版权局
工业和信息化部
财政部
商务部
国资委
银监会
证监会
保监会
全国工商联
二〇一〇年三月十日

行业/地区　企业名称

1. 央企　大庆油田有限责任公司
2. 央企　中国电力工程顾问集团公司
3. 央企　东风汽车有限公司
4. 央企　天津电力公司
5. 央企　上海贝尔股份有限公司
6. 央企　中石化股份有限公司北京燕山分公司
7. 央企　神华能源股份有限公司国华电力分公司
8. 央企　中国海洋石油有限公司
9. 央企　中国电信股份有限公司宁夏分公司
10. 央企　中国第一重型机械集团公司
11. 央企　烽火通信科技股份有限公司
12. 央企　中国长江电力股份有限公司
13. 央企　上海核工程研究设计院
14. 央企　中国成达工程有限公司
15. 央企　中国水电顾问集团西北勘测设计研究院
16. 央企　中核集团秦山第三核电有限公司
17. 央企　中国大唐集团公司广西分公司
18. 央企　中国兵器工业集团公司北方工业公司
19. 央企　华能国际电力股份有限公司
20. 央企　中邮普泰通信服务股份有限公司
21. 央企　沪东重机
22. 央企　华润（集团）有限公司
23. 央企　中国普天信息产业股份有限公司
24. 央企　中国储备棉管理总公司
25. 央企　中国轻工业品进出口总公司
26. 央企　国家开发投资公司
27. 央企　新时代健康产业（集团）有限公司
28. 央企　中国长江航运（集团）总公司
29. 央企　中国精密机械进出口总公司
30. 央企　中国华电集团财务有限公司
31. 央企　中航工业集团财务有限责任公司
32. 央企　华商储备商品管理中心
33. 央企　中国航油（新加坡）股份有限公司

34. 央企 中盐宏博集团有限公司
35. 央企 中服嘉运国际贸易公司
36. 央企/甘肃 中国市政工程西北设计研究院有限公司
37. 央企/云南 云南铜业集团有限公司
38. 银行 中国建设银行股份有限公司
39. 银行 中国农业银行股份有限公司
40. 银行 中国银行股份有限公司
41. 银行 中国民生银行
42. 银行 上海浦东发展银行
43. 银行 中国邮政储蓄银行
44. 银行 云南省农村信用社
45. 银行 浙商银行
46. 银行 北京农村商业银行
47. 银行 中国华融资产管理公司
48. 银行 中国光大银行
49. 银行 渤海银行
50. 银行 重庆银行
51. 银行 杭州银行
52. 银行 广西壮族自治区农村信用社联合社
53. 银行 宁夏银行
54. 银行 盛京银行
55. 银行 乌鲁木齐市商业银行
56. 银行 郑州市商业银行
57. 银行 衡阳市商业银行股份有限公司
58. 银行 张家口市商业银行
59. 银行 湖北省农村信用社联合社
60. 银行 曲靖市商业银行
61. 银行 太原市清徐县农村信用合作社联社
62. 银行 晋中市商业银行股份有限公司
63. 银行 枣庄市商业银行
64. 银行 上饶市商业银行
65. 银行/内蒙古 包商银行股份有限公司
66. 银行/山东 威海市商业银行
67. 银行/贵州 贵州省农村信用社联合社
68. 银行/陕西 西安市商业银行
69. 保险 中国太平洋人寿保险股份有限公司
70. 保险 中国太平洋财产保险股份有限公司
71. 保险 中国平安人寿保险股份有限公司
72. 保险 中国平安财产保险股份有限公司
73. 保险 太平人寿保险有限公司
74. 保险 信诚人寿保险有限公司
75. 保险 海康人寿保险有限公司
76. 保险 中国财产再保险股份有限公司
77. 民企 新华联集团（总部）
78. 民企 宁波南洋酒店用品制造有限公司
79. 外企 通用电气（中国）有限公司
80. 北京 北京圣彩虹制版印刷技术有限公司
81. 北京 北京英策长远电子科技有限公司
82. 上海 花旗软件技术服务（上海）有限公司
83. 上海 上海宝信软件股份有限公司
84. 上海 上海微电子装备有限公司
85. 上海 上海造币有限公司
86. 上海 微创医疗器械（上海）有限公司
87. 上海 上海贝岭股份有限公司
88. 上海 上海化工研究院
89. 上海 上海新国际博览中心有限公司
90. 上海 上海良友（集团）有限公司
91. 上海 上海闵行联合发展有限公司
92. 天津 天津市建筑设计院
93. 天津 中交第一航务工程勘察设计院有限公司
94. 天津 天津医药集团有限公司
95. 天津 天津大学建筑设计研究院
96. 天津 天津中怡建筑设计有限公司
97. 重庆 中国人寿保险股份有限公司重庆市分公司
98. 重庆 重庆秋田齿轮有限责任公司
99. 河北 华北制药集团有限责任公司
100. 山西 山西省交通规划勘察设计院
101. 山西 太原市建筑设计研究院
102. 内蒙古 内蒙古蒙泰煤电集团有限公司
103. 辽宁 沈阳木本实业有限公司
104. 吉林 中国人寿保险股份有限公司吉林省分公司
105. 吉林 中国人民财产保险股份有限公司吉林省分公司
106. 吉林 中国太平洋财产保险股份有限公司吉林省分公司
107. 吉林 中国平安人寿保险股份有限公司吉林省分公司
108. 吉林 中国太平洋人寿保险股份有限公司吉林省分公司
109. 黑龙江 中国农业银行黑龙江省分行
110. 黑龙江 交通银行哈尔滨分行
111. 黑龙江 中国工商银行黑龙江省分行
112. 黑龙江 齐重数控装备股份有限公司

113. 黑龙江　黑河辰能西沟水电有限责任公司
114. 江苏　华泰证券股份有限公司
115. 江苏　大屯煤电（集团）有限责任公司
116. 江苏　国联证券股份有限公司
117. 江苏　川奇光电科技（扬州）有限公司
118. 江苏　远东控股集团有限公司
119. 江苏　华能淮阴电厂
120. 江苏　国华徐州发电有限公司
121. 江苏　南通中远川崎船舶工程有限公司
122. 江苏　江苏省井神盐业有限公司（淮安）
123. 江苏　南京新街口百货商店股份有限公司
124. 江苏　光大永明人寿保险有限公司南京分公司
125. 浙江　盛宇集团有限公司
126. 浙江　浙江嘉化集团股份有限公司
127. 浙江　中利达集团控股有限公司
128. 浙江　浙江鸿翔建设集团有限公司
129. 浙江　上虞市越州纸品有限公司
130. 浙江　浙江中控技术股份有限公司
131. 浙江　浙江东南网架股份有限公司
132. 安徽　马鞍山钢铁股份有限公司
133. 安徽　淮南矿业（集团）有限责任公司
134. 安徽　中国移动通信集团设计院有限公司安徽分公司
135. 安徽　安庆帝伯格茨活塞环有限公司
136. 安徽　铜陵市建筑设计院
137. 安徽　徽商银行
138. 福建　龙岩烟草工业有限责任公司
139. 福建　厦门松下电子信息有限公司
140. 福建　福建省交通规划设计院
141. 福建　福建省建筑设计研究院
142. 福建　福州市规划设计研究院
143. 福建　福建嘉达纺织股份有限公司
144. 福建　漳州片仔癀药业股份有限公司
145. 福建　三协精机（福州）有限公司
146. 福建　永安林业（集团）股份有限公司
147. 福建　福州港务集团有限公司
148. 福建　福建福日电子股份有限公司
149. 福建　福建省漳州发展股份有限公司
150. 福建　福建省立丰印染股份有限公司
151. 江西　国盛证券有限责任公司
152. 江西　江西省招标咨询集团有限公司
153. 山东　兖矿集团有限公司
154. 山东　济钢集团有限公司
155. 山东　山东省商业集团总公司
156. 山东　临沂矿业集团有限责任公司
157. 山东　肥城矿业集团有限责任公司
158. 山东　歌尔声学股份有限公司
159. 山东　山东高速集团有限公司
160. 山东　山东省水利勘测设计院
161. 山东　济南水业集团有限公司
162. 山东　山东东阿阿胶股份有限公司
163. 山东　济南金钟电子衡器股份有限公司
164. 山东　山东省机械设计研究院
165. 山东　淄博工陶耐火材料有限公司
166. 山东　山东省威海市新华书店
167. 河南　中信重工机械股份有限公司
168. 河南　中国工商银行股份有限公司安阳分行
169. 河南　中国工商银行股份有限公司周口分行
170. 河南　中国移动通信有限责任公司开封分公司
171. 河南　中国银行股份有限公司安阳分行
172. 河南　中国联合网络通信有限公司周口市分公司
173. 河南　中国工商银行股份有限公司濮阳分公司
174. 河南　河南平高电气股份有限公司
175. 河南　中国银行股份有限公司周口分行
176. 河南　中国工商银行股份有限公司鹤壁分行
177. 河南　中国建设银行股份有限公司安阳分行
178. 河南　中国人寿保险股份有限公司濮阳分公司
179. 河南　神马实业股份有限公司
180. 河南　三门峡华阳发电有限公司
181. 河南　中国人民财产保险股份有限公司信阳分公司
182. 河南　中国人民财产保险股份有限公司濮阳市分公司
183. 河南　河南中烟工业公司驻马店卷烟厂
184. 河南　三门峡天元铝业股份有限公司
185. 河南　驻马店中集华骏车辆有限公司
186. 河南　中国电信集团公司河南省三门峡市电信公司
187. 河南　南阳市水务（集团）有限公司
188. 湖北　名幸电子（武汉）有限公司

189. 湖北　江通动画股份有限公司
190. 湖北　湖北省工程咨询公司
191. 湖南　株洲南车时代电气股份有限公司
192. 湖南　湖南省湘维有限公司
193. 湖南　湖南省株洲市规划设计院
194. 湖南　华润电力湖南有限公司
195. 湖南　株洲南方普惠航空发动机有限公司
196. 湖南　岳阳中石化壳牌煤气化有限公司
197. 湖南　岳阳鲁良新元粮油工业有限公司
198. 湖南　湖南燕京啤酒有限公司
199. 湖南　衡阳雁能建筑设计研究有限公司
200. 广东　广东省广业资产经营有限公司
201. 广东　广东省粤电集团有限公司
202. 广东　安利（中国）日用品有限公司
203. 广东　广东省广新外贸集团有限公司
204. 广东　深圳能源集团股份有限公司
205. 广东　广东省广弘资产经营有限公司
206. 广东　广东联合电子收费股份有限公司
207. 广东　丽珠医药集团股份有限公司
208. 广东　广东中烟工业有限公司广州卷烟二厂生产二部
209. 广东　摩比天线技术（深圳）有限公司
210. 广东　广东省汕头市华莎驰家具家饰有限公司
211. 广东　东方电气（广州）重型机器有限公司
212. 广东　广州友谊集团股份有限公司
213. 广东　广州康耐登家居用品有限公司
214. 广东　广东省交通集团有限公司
215. 广东　广东天亿马信息产业有限公司
216. 广东　南方联合产权交易中心有限责任公司
217. 广东　广州市科教电脑网络有限公司
218. 广西　南宁糖业股份有限公司
219. 广西　南宁化工股份有限公司
220. 广西　桂林市商业银行股份有限公司
221. 广西　中电广西防城港电力有限公司
222. 广西　国投钦州发电有限公司
223. 广西　桂林三金药业有限公司
224. 广西　柳州发电有限责任公司
225. 广西　广西百色银海铝业有限责任公司
226. 广西　广西博华食品有限公司
227. 广西　南宁化工集团有限公司
228. 广西　广西钦州大洋粮油有限公司
229. 广西　贺州市城市建设投资有限公司
230. 广西　南宁国际会议展览有限公司
231. 广西　广西贵港动力有限公司
232. 广西　南宁市国立房地产开发有限公司
233. 海南　海南产权交易所
234. 四川　中国石油四川销售分公司
235. 四川　可口可乐（四川）饮料有限公司
236. 四川　成都吉胜科技有限责任公司
237. 四川　泸州老窖股份公司
238. 四川　华西能源工业股份有限公司
239. 四川　达州商业集团
240. 四川　四川川润股份有限公司
241. 四川　豪特容积热水器（成都）有限责任公司
242. 四川　成都银行郫县支行
243. 云南　云天化集团有限责任公司
244. 云南　昆明星耀集团实业有限公司
245. 陕西　西安高新医院
246. 青海　中国石油青海油田公司
247. 青海　中国移动通信集团青海有限公司
248. 青海　西部矿业股份有限公司
249. 宁夏　宁夏电力公司
250. 宁夏　宁夏共享集团有限责任公司
251. 宁夏　银川卧龙变压器有限公司
252. 新疆　新疆电力公司
253. 新疆　宏源证券股份有限公司
254. 新疆　新疆农村信用社联合社
255. 新疆　新疆新华书店
256. 新疆　新疆教育出版社
257. 新疆　乌鲁木齐有色冶金设计研究院

2010CPCC 十大中国著作权人

1. 人民网股份有限公司

人民网，是世界十大报纸之一《人民日报》建设的以新闻为主的大型网上信息发布平台，也是互联网上最大的中文和多语种新闻网站之一。“权威性、大众化、公信力”是人民网的办网宗旨。多年来，人民网以新闻报道的权威性、及时性、多样性和评论性为特色，在国内外网民中树立起了“权威媒体、大众网站”的形象。

人民网高度重视媒体技术的自主研发能力和版权保护，成为国内众多网络媒体中运用知识产权形成核心竞争力的典范。2005 年起，人民网开始着力培养自主研发团队，大力开展网络媒体技术自主研发，开发出一系列适于网络媒体自身特点的软件系统，同时有效运用知识产权保护机制，及时进行软件著作权登记，率先将自主知识产权成果高效推入互联网主流应用行列。其中，“人民网微博客系统”完全由人民网的研发力量自主开发，并于 2010 年 6 月获得了中国版权保护中心颁发的计算机软件著作权登记证书，并对此软件享有全部权利。该系统是国内首家新闻网站推出的微博客产品，在同类产品中也较早推出移动平台客户端产品版本，上线伊始即引起网民和业界的广泛关注。

2010 年 9 月，同样由人民网自主研发的，基于苹果 iPhone 手机的微博客户端软件正式发行。至此，人民网形成了主站—wap 网站—手机客户端这一完整的产品线。

人民网将其自主创新研发的互联网应用系统纳入版权保护机制，并取得了国家软件著作权登记证书，这是国内大型网络媒体的首创之举，更有利于其运用版权制度对其创新性的网络技术研发成果进行开发、利用和保护，打造其版权内容资源外又一核心竞争力。

2. 北京网元圣唐娱乐科技有限公司

北京网元圣唐娱乐科技有限公司（以下简称“网元圣唐”）成立于 2009 年。拥有多支汇集了国内顶尖技术型人才的自主研发团队，研发内容包括社区平台、网页游戏、大型 MMORPG 以及全时 3D 效果 RPG 单机游戏。

网元圣唐秉承“我们只做好游戏”的精神，致力民族原创健康游戏的自主研发，让人们在娱乐中体验中国传统文化的精神与魅力，提升国产游戏的竞争力。他们全新打造的国内首款数字化大型全时 3D 效果 RPG 单机游戏《古剑奇谭》上市仅一个月，销量就突破了 40 万套，成为 2010 年我国游戏市场销售最火的一款游戏。

在技术储备方面，网元圣唐拥有多款自主研发的引擎，同时斥巨资引进业界先进的 3D 游戏开发引擎，并已应用于单机游戏的研发，力求打造出首款真正意义上中国本土创造的、具有世界一流品质的单机游戏。

网元圣唐为保护品牌，促进本土原创游戏的发展，高度重视知识产权保护和研发成果的产权化，将其纳入公司战略发展的重要层面，一方面发挥自身优势采用高新技术手段建立保护屏障；一方面积极进行著作权登记，明确权属关系，为以后维权打牢基础。网元圣唐通过与全员、受托人、代理商和分销商之间签署协议，携手新浪、腾讯等数十家网络公司建立销售保护联盟，既达到了产业链上企业间的利益平衡，又依靠行业力量，形成了层层保护、逐步深入的复合型知识产权保护体系，有效保护了公司的知识产权，为网络游戏的版权保护与开发迈出了坚实的步伐。

3. 南方分级阅读文化传媒有限公司

南方分级阅读文化传媒有限公司（以下简称“南方分级阅读”）是南方报业传媒集团旗下专门从事阅读研发推广的文化传播机构，也是中国第一家青少年儿童阅读研究机构。南方分级阅读聚集海内外上百位专家、学者、作家、权威人士为分级阅读提供强大的理论支持和实践指导，组建了专门的研发推广团队，以儿童阅读为突破口，围绕“什么年级读什么书，什么年龄读什么书”的科学理念，率先自主研发出中国第一个儿童分级阅读标准，被 1 800 万中小学生和 13 000 所学校广泛使用，在全国起到引领示范作用，构建起集科研、出版、营销、媒体、教育、版权保护于一体的“分级阅读”推广模式。

南方分级阅读被中宣部、中央文明办、国家新闻出版总署授予新中国成立六十年首批“全国读书活动先进单位”；被《中国新闻出版报》评为2009年度“中国十大促读力量”；并被纳入广东2010—2020文化强省规划纲要，《南方分级阅读：广东全民读书的有效抓手》一文载入中国出版科学研究所《中国全民阅读蓝皮书》。

为满足少年儿童多元阅读需求，让全国少年儿童分享阅读新理念，南方分级阅读通过版权合作，与近百家出版社、发行商等相关机构建立了合作关系，通过出品优质读物，建立畅通渠道，开拓媒体资源，搭建起一个阅读推广的网络体系。目前南方分级阅读在全国已拥有数百家专属柜台，设立了近万个校园图书角，与上百家少年宫、图书馆建立了工作关系，拥有自有版权作品近500册，相继推出了两套精美的儿童分级阅读丛书，受到孩子和家长的喜爱。

4. 海润影视制作有限公司

海润影视制作有限公司（以下简称“海润影视”）是目前国内最大的民营影视制作公司，年平均生产电视剧600多部。2003年，海润影视获得由国家广播电影电视总局颁发的《电视剧制作许可证》（甲种）证书，奠定了其在电视剧制作业全面发展的基础。《永不瞑目》、《重案六组》、《玉观音》、《亮剑》、《震撼世界的七日》、《沧海》等一批作品走进千家万户，受到亿万观众的追捧，先后获得中宣部“五个一工程奖”、国家广电总局“飞天奖”、全军电视剧“金星奖”及“金鹰奖”、“春燕奖”、2005中国娇子年度新锐榜年度创意中国TOP“海润牌”电视剧奖、康氏杯“观众最喜爱春节电视节目奖”等国内权威奖100多项，在中国电视剧制作业激烈竞争格局中树立起“海润”的金字招牌。

海润影视在锐意将影视业做大做强的发展中，非常重视对版权制度的有效运用，在影视创作前期，积极购买热销作品的摄制权，确保手中掌握优势创作资源。在后期发行阶段，除传统的电视台播映、音像出版外，海润影视顺应数字网络环境下观众欣赏作品方式的改变，与酷6、新浪等多家网络平台签约，开拓作品的信息网络传播新渠道。版权保护方面，公司培养了一支熟悉影视创作和著作权法律知识的专业队伍，从电视剧剧本的编写、人物外形设计、编导演摄像以及演员合同的订立、后期对剧本的改编，都由专门的法律人士负责，保证每一个环节都不涉及任何版权纠纷。同时，公司每年有计划地将拍摄完成的电视剧分批次地进行著作权登记，明确权利主体，为后期利用影视版权进行投融资奠定了良好基础。

在加强版权管理的同时，海润影视积极通过自主影视版权的买卖，以作品版权和应收账款为质押，从银行等金融机构获得大额贷款，有效地保障了影视创作和投资。

5. 华谊兄弟传媒股份有限公司

华谊兄弟传媒股份有限公司（以下简称“华谊兄弟”）是中国最知名的综合性娱乐军团之一，由王中军、王中磊兄弟创立于1994年。目前，华谊兄弟已形成了包括电影策划、投资制作、营销、发行的完整电影运营阵容，是少有的具备完整产业链的电影企业。2009年，华谊兄弟上市，成为中国娱乐影视业“第一股”。其拍摄的《唐山大地震》、《士兵突击》、《天下无贼》、《非诚勿扰》、《风声》等众多影视作品贴近生活、贴近实际、贴近群众，不仅获得了市场的高额回报，而且受到中宣部、广电总局的好评，为中国影视娱乐业的发展做出了重要贡献。

华谊兄弟在文化产业的发展竞争中，越来越重视影视版权的保护、运用和管理，视其为公司的核心资源。公司将版权保护工作贯穿影视作品的制作、宣传、发行全过程。同时，公司还积极参与和配合政府部门、行业协会等有关单位组织的打击盗版活动，参与拍摄打击盗版的宣传片，教育和引导广大消费者树立正确的版权观念。通过这些制度和措施，华谊兄弟形成了一套较为完整且有效的知识产权保护防范体系。

在完善版权管理体系的同时，华谊兄弟积极进行版权资产的管理和开发，以作品版权和应收账款为质押，从银行等金融机构获得大额贷款。同时，华谊兄弟积极开拓版权预售，加快回笼资金，通过向海内外的发行公司和放映公司预售发行权、放映权，收取定金或“保底发行金”来支持影片的制作。

华谊兄弟成功运用版权管理，从单纯的制片商转型为资金管理和版权管理的平台，以5%的投资额撬动了净利润20%以上的电影制作“大雪球”，并通过加快资金周转撬动“更大的雪球”，为我国影视产业的快速创新发展树立了典范。

6. 广州华多网络科技有限公司

广州华多网络科技有限公司（以下简称“广州

华多”）是国内最专业、最具成长性的互联网企业之一，拥有国内最大、最具影响力的游戏门户网站多玩游戏网，自主研发了拥有国内用户数量最多的团队语音工具 YY 软件，用户总数已超过 1 亿，走出了一条依靠创新促进企业发展的特色之路。

广州华多以用户需求为导向，推出的一系列创新产品都取得了较大的商业成功，尤其是 YY 语音技术平台更是走在了互联网语音通信技术发展的前沿，以创新的姿态为互联网从业企业树立起了积极的形象。YY 语音平台已经成长为国内最大的综合性公众文化娱乐语音平台，人们可以利用它开展聊天、开课、练习口语、K 歌、心理咨询等系列交互式学习、交流和创意活动。YY 语音软件已经成为国内第一大游戏语音通信软件，在国际上也产生了一定的影响力。针对社会需求，广州华多相继自主研发了公会系统、发布系统、质量统计服务器系统、广告管理系统、DKP 系统等关键技术。在这些技术支撑下，多玩游戏网已经成为了游戏玩家首要选择的资讯专业门户之一。

广州华多创始之初，就特别重视在自主知识产权技术上的投入，以满足不断增长的用户需求，给用户不断带来更多、更新的特色体验，使得公司业务迅速壮大，保持了年均 10 倍的增长，成为行业内具有重要影响力的企业。

7. 北京世纪彩蝶动画制作有限公司

北京世纪彩蝶动画制作有限公司（以下简称“世纪彩蝶”）是一家集策划、创作、制作为一体，主营动画设计、动画制作、专业培训等业务的民营动画专业公司，北京影视动画协会常务理事单位。世纪彩蝶以原创开发为根本，致力于中国民族原创动画影视片的开发制作，依托高校专业人才资源，集聚了一批具有十年以上卡通动画创作经验的专业人才，立志将公司建立成为一个具有完整产业链的大型原创动画生产企业。在配合北京电影学院动画学院产学研的合作教育中，联合出品了不少家喻户晓的动画影视片与系列片如《丛林小宝贝》、《四辈儿》、《王家四宝》、《翠星草》、《四个超级插班生》、《蝴蝶与百蔬仙子》等，被国家广电总局推荐为优秀国产动画片，深受广大观众的喜爱。

为打造世界级精品国产动画片，面向未来国内外两个市场的发展趋势，世纪彩蝶开始转变方式，向大制作进军，制定了运用数字技术，挖掘民族传统文字资源，建立新型商业合作模式的高端战略。以版权要素为核心，带动品牌价值延伸，开发技术含量高、民族原创性强的精品动画片。

8. 佛山市顺德区孔雀廊娱乐唱片有限公司

佛山市顺德区孔雀廊娱乐唱片有限公司（以下简称“孔雀廊”）是一家从事音像行业较早的民营企业。在音像产业结构调整中，孔雀廊抓住机遇，秉承“内容为王”的理念，转型投入到原创音乐的开发中，发展成为集音乐创作、歌曲录制、音像发行销售、艺人包装推广、新媒体网络数字音乐开发、大型活动策划、各类演出承办于一体的综合型文化创意产业。先后获得中宣部“五个一工程奖”、中国金唱片奖、文化部颁发的“出口优秀企业奖”等，荣获了文化部授予的首批“国家文化出口重点企业”、“国家文化产业示范基地”的称号。

孔雀廊公司特别重视自主创新，2004 年开始投入大量资金创作大批原创金曲，从引进开发到自主原创，转型成为国内具备实力的演艺经纪和原创音乐制作公司，拥有自主版权节目 5 000 多个，积聚了大量原创音乐作品，先后推出了凤凰传奇、郑源、欢子、阿宝、TRY 组合等当红歌星。同时，推动民族音乐作品走出国门，依靠多年积累的自主版权节目，将广东戏曲和原创音乐节目远销到美国、加拿大、马来西亚等国家以及港台地区，成功实现了有华人的地方就有孔雀廊产品的战略目标。

随着互联网规模的日益扩张，公司利用自身音乐资源，积极开拓数字新媒体网络增值业务，公司打造的《一万个理由》、《难道爱一个人有错吗》、《月亮之上》、《自由飞翔》、《吉祥如意》等脍炙人口的歌曲创造了惊人的下载量。同时，孔雀廊积极将原创歌曲版权授权到海外新媒体网络公司传播，加快了增值业务市场的开发，为公司的多元化持续发展创造了有利条件。

9. 小柯（柯肇雷）

小柯，本名柯肇雷，著名词曲作者和音乐制作人，中国流行音乐的标志性人物。先后被授予过中宣部“五个一工程奖”最佳作曲奖，CCTV-MTV 音乐盛典“音乐特殊贡献奖”，“中国流行歌坛十年成就奖”，东方音乐榜“中国十大金曲奖”、“最佳金曲奖”和“最佳作曲奖”，箫牌中国原创歌曲总评榜季选“十大金曲、歌曲作者奖”，“中国歌曲排行榜”十大金曲演唱、歌、词创作三项大奖，等等。

小柯集作词、作曲、演唱、音乐制作于一身，从 20 世纪 90 年代开始从事流行音乐的创作，他的《遥望》、《归去来》、《等你爱我》、《生命之风》、《永远有多远》、《我还能做什么》等歌曲被人们广为传唱，常年雄踞各地流行音乐排行榜冠军宝座，网上的点击率也居高不下。2008年，他谱曲创作了《北京欢迎你》，让北京随奥运的旋律唱响全世界。

哪里有需要，小柯的音乐就在哪里响起。他为“神舟七号”创作了主题曲《飞》、为北京电视台大型纪录片《北京记忆》创作了主题曲《藤》；汶川发生地震，他为灾区儿童送去45分钟的心理疏导疗伤音乐，创作了赈灾歌曲《相信》；海峡两岸要通直航，他与别人合作献上歌曲《爱的直航》。为了培育更多的音乐新人，他创办了“小柯音乐学校”，成立了北京乐之昂文化传媒有限公司，为创作传播音乐不断延伸产品链。

10. 许斐

许斐，艺术家，著名文化营销专家，梦公园文化艺术创始人。他致力于把中华各民族传统文化包装成国际名牌，走向世界，孜孜不倦25年从事舞台艺术创作、品牌文化营销、文化产业模式研究与实践，编创了舞台剧《长城》、《牡丹》、《水》、《云南映像》，西藏乐舞《珠穆朗玛》，蒙古史诗《成吉思汗》，大型中国实景景观剧《天坛乐舞大典》和《十方》等。

中国原创民族舞台剧《十方》由许斐斥资千万元创作完成，是许斐创意提出要在北京市打造“中央文化圈”，建造中国国际演艺产业聚集核心区后，完成的第一个舞台艺术产业示范项目。《十方》2010年6月10日在北京人民大会堂举行盛大公演，并在2010年10月8日受邀到上海世博会进行展演，赢得了世界赞誉。

许斐还为中国移动、国酒茅台、蒙牛乳业、康师傅等策划了品牌营销活动，帮助海南国际旅游岛文化旅游综合产业进行概念规划，为昆明市规划的“湄公河家园——东盟文化旅游集聚区”，将无形的智慧演绎成绿色的财富，被誉为是“最小的成本，最好的创意”。

2010中国版权产业风云人物

1. 陈建功

中国作协第七届副主席，中国作家协会著作权纠纷调解委员会主任，中国版权协会副理事长，中国文字著作权协会会长。著有长篇小说《皇城根》（合作），作品集《建功小说精选》、《建功散文精选》，短篇小说集《迷乱的星空》，中短篇小说集《陈建功小说选》，中篇小说《鬈毛》，中篇小说集《前科》，随笔集《从实招来》、《北京滋味》等。

陈建功担任中国版权协会副理事长多年，积极参与版权事业。作为中国文字著作权协会会长，领导中国文字著作权协会于2009—2010年与谷歌谈判。参与组建中国作家协会著作权纠纷调解委员会，并任该委员会主任。作为全国政协委员，多次提交有关版权保护的提案。

2. 陈锦川

北京市高级人民法院知识产权庭庭长。从1993年开始从事知识产权审判工作，历任北京市高级人民法院助理审判员、审判员，北京市高级人民法院知识产权庭副庭长，2007年10月起任代庭长、庭长。长期在司法审判第一线从事知识产权审判工作，审理了《我的前半生》、《现代汉语词典》、《乌苏里船歌》等一大批颇有影响的版权纠纷案件。

陈锦川总结审判实践经验，在《人民司法》、《知识产权》、《法律适用》、《中国版权》等刊物上发表了大量文章，并与他人合作编写了《著作权审判实务与案例》、《知识产权诉讼研究》等数万字的著作，其中他参与完成的《关于网络著作权纠纷案件若干问题的指导意见（一）（试行）》在版权界、互联网行业中引起极大反响。

3. 焦扬

现任上海市新闻出版局、上海市版权局局长。她坚持“一手抓版权保护，一手抓为版权产业服务”的“两手抓”工作方针，不断创新版权管理和执法机制，努力探索为版权产业发展服务的新举措。

近年来，上海在版权保护和版权产业方面做了大量工作：组建了版权专业化市场平台——上海版权贸易中心，制定了《上海市版权公开交易管理方法》等规范文件；组建了版权纠纷调解中心，并与全市法院系统实现对接；在全国率先编制完成并发布上海版权产业报告；推进版权质押评估管理制度和技术规范建设，完善版权产业金融服务；筹建数字版权监管保护平台；创建了第一个国家级数字出版基地及延伸园区、第一个国家音乐创意园区、第一个国家级绿色印刷园区，使上海版权产业的集聚态势进一步显现。2010 年，上海市版权局围绕世博会版权保护，组织开展“反盗版护城工程”、“打击盗版音像制品专项行动”等一系列专项市场整治和执法行动，维护了我国尊重版权、尊重创造的国际形象。

4. 黎瑞刚

上海广播电视台总裁，上海东方传媒集团有限公司（SMG，原上海文广新闻传媒集团）总裁。他力主资源整合、品牌运营、产品链接、市场内驱、组织再造、合作共赢的战略思想，倡导旗下的广播电视媒体全面介入市场竞争，建立现代企业制度。他关注数字新媒体技术与传统内容生产的嫁接，成功推出“东方宽频”，数字付费电视业务规模在国内名列前茅，手机移动内容服务的商业运行也已启动，同时成立上海东方龙移动多媒体有限公司，开拓移动流媒体业务。

黎瑞刚同时担任华人文化产业投资基金董事长。华人文化产业投资基金（CMC）是中国第一家专注于媒体产业的另类投资基金管理公司，致力于国内外媒体行业的投资。2010 年华人文化产业投资基金投资控股原属新闻集团全资拥有的星空卫视普通话频道、星空国际频道、Channel［V］音乐频道，以及星空华语电影片库（Fortune Star）业务。

2010 年 10 月，黎瑞刚成为全球最大的广告与传播服务集团之一的 WPP 集团非执行董事，他是该公司历史上首位来自中国的董事。

5. 李朋义

中国教育出版传媒集团有限公司党委书记、总经理。历任外语教学与研究出版社社长、北京外国语大学副校长、中国出版集团党组书记兼副总裁、高等教育出版社社长。2006 年被英国牛津布鲁克斯大学授予荣誉博士学位。2008 年受邀成为中国首位法兰克福书展国际顾问委员会委员。2010 年当选“中国教育出版行业年度人物”。

2010 年 12 月 18 日，中国教育出版传媒集团有限公司成立，李朋义出任党委书记、总经理，成为中国出版巨舰的掌舵人。中国教育出版传媒集团由人民教育出版社、高等教育出版社、语文出版社、中国教学仪器设备总公司、中国教育图书进出口公司等单位组成，以图书、期刊、音像制品、电子出版物、数字出版物出版和销售为主业，属中央国有大型文化企业。集团成员机构总资产高达 100 多亿元，净资产 80 多亿元，年销售收入 60 亿元。该集团被业内称为“中国教育出版航母”。

6. 刘扳盛（刘板盛）

广东省版权保护联合会会长，中国作家协会著作权纠纷调解委员会委员。1982 年转业到广东人民出版社，历任编辑、编辑部主任、社务委员、副总编辑、代总编辑。1991 年 6 月，调广东省新闻出版局（版权局）任版权法规处处长；1998 年 5 月轮岗转任报纸期刊管理处任处长；2001 年 4 月任副巡视员。2004 年 12 月退休，继续承担省市出版行政管理部门出版物鉴定和报刊审读等工作，并被聘为广州市人大常委会立法咨询顾问、广东省高级人民法院知识产权法律顾问、广东省“五五”普法高级讲师团成员。2005 年 4 月，经选举担任广东省版权保护联合会会长。2010 年 10 月被聘为中国作家协会著作权纠纷调解委员会委员。

7. 聂震宁

中国出版集团公司总裁、党组副书记，全国政协委员，北京印刷学院新闻出版学院院长。系中国出版工作者协会副主席、中国版权协会副会长、中国期刊协会副会长、中国作家协会全国委员会委员。曾任漓江出版社社长、人民文学出版社社长，发表过大量关于出版编辑专业方面的文章，个人出版文集《我的出版思维》、《我们的出版文化观》、《书林漫步——聂震宁序跋随笔集》，在出版界颇具影响力。2010 年提出把孔子诞辰日设为“全国读书节”的政协提案，受到广泛关注和好评。他被评为“新中国 60 年百名优秀出版人物”和“新中国 60 年百名优秀出版企业家”，享受国务院特殊津贴。曾出版过小说集《去温泉之路》、《暗河》、《长乐》等，获得中国作家协会颁发的首届庄重文文学奖、中国出版工作者协会颁发的第十届“韬奋出版奖”等多项国家级出版奖。

8. 苏叔阳

中国当代著名剧作家、作家、诗人，中国国际交流协会理事、中国田汉基金会理事长、中国作家协会荣誉委员、中国电影家协会顾问、中国人民大学董事会董事、中国现代文学馆艺术总监。苏叔阳涉猎诸多文化领域，话剧《丹心谱》、《左邻右舍》，电影作品《春雨潇潇》、《夕照街》，长篇小说《故土》等，都是中国新时期文学的开山和扛鼎之作。

他撰写的《中国读本》一书，形成了独有的苏叔阳读本散文体样式，为开创“中国读本体文学”创作样式作出了杰出的贡献，在国际上以 15 种文字出版发行，在全世界发行 1 400 多万册，成为中国图书“走出去”的范例，是目前在国际市场上影响力和发行量最大的中国图书。近作《西藏读本》也被译成多种文字广泛发行。曾获得中国国家图书奖、中国图书奖、文华奖、金鸡奖、华表奖、优秀短篇小说奖、散文奖等中国文学艺术国家大奖，并享受中国政府专家终身津贴待遇。

2010 年 7 月，苏叔阳荣获联合国副秘书长沙祖康代表联合国颁发的“联合国艺术特别贡献奖”，他是首位获得该奖项的中国作家。2010 年 11 月，苏叔阳因为《中国读本》荣获世界知识产权组织总干事加利博士亲自颁发的“版权创意金奖”。

9. 吴海民

现任《京华时报》社长兼总编辑，京华文化传播有限公司董事长，人民日报高级记者，中华全国新闻工作者协会理事，中国都市报研究会副会长。他是中国最早确立版权意识的作家之一。1995 年 1 月，他出版《审判海盗》等系列纪实文学丛书 5 部长篇，主动到北京版权行政管理机关进行登记，在全国著作权自愿登记的作品中分别排在 00001～00005 号。新华社为此发出通告，称其为“中国版权第一号”。2008 年、2009 年吴海民陆续出版了《中国版权备忘录》、《大国的较量》两部著作，在中国知识界引起了极大反响。

他先后在 2001 年、2005 年、2006 年被评为“中国传媒十大人物”，2007 年、2008 年被评为“中国报业十大领军人物”，2010 年被评为“中国品牌领军人物”。

10. 周莉

国家一级艺术监督，十一届全国人大代表。自 2003 年 4 月起，任江苏广电总台（集团）台长、总经理，2009 年 12 月起任江苏广电总台（集团）党委书记、台长、董事长。兼任中国电视艺术家协会副主席、江苏省文联副主席、江苏电视艺术家协会主席。2010 年，江苏广电旗下的江苏卫视主打“幸福中国”的概念，推出《非诚勿扰》、《人间》等节目，收视率名列前茅，在社会上引起了巨大反响。

周莉先后荣获第五届全国“德艺双馨电视艺术工作者”、“《综艺 Variety》年度人物”、“中国十大广电创新领军人物”、“《新周刊》时代骑士”等荣誉称号。

11. 周锡生

现任新华社副社长兼常务副总编辑，新华网总裁兼总编辑。兼任中国互联网协会副理事长，中国政府网负责人，中国文明网总编辑。多次担任中国领导人出访主要随团记者，曾获新华社首届“十佳国际编辑”、“全国百佳新闻工作者”称号，享受国务院特殊津贴，中国首批“国际项目管理”A 级资质证书获得者。长期从事国际战略、世界经济、国际金融、国际项目管理和网络等新媒体研究，具体负责多个大型政府网站、新闻网站和国际会议官方网站的创意、架构、设计、改版等创办工作与日常运作管理。获得“2001—2010 中国传媒领军人物”荣誉称号。

12. 朱永德

现任中国电影著作权协会理事长、中国版权协会副理事长。中国电影版权保护的先进人士。早在 1996 年，朱永德就组织中国电影权利人集体利用法律武器维权，此案对提高权利人和使用者的版权意识，遏制猖獗的盗版行为，产生了广泛而深远的影响。在朱永德理事长的带领下，中国电影版权保护协会为电影权利人提供法律咨询，电视台盗版率下降 42%。其分管的协会宣传信息部被评为“全国版权工作先进集体”。于 2009 年成功将中国电影版权保护协会转变为著作权集体管理组织，开创了中国电影版权保护的新阶段。

2010 中国版权产业最具影响力企业

1. 北京当当网信息技术有限公司

北京当当网信息技术有限公司（以下简称“当当网”）是全球最大的综合性中文网上购物商城，由国内著名出版机构科文公司、美国老虎基金、美国

IDG 集团、卢森堡剑桥集团、亚洲创业投资基金共同投资成立。

1999 年 11 月，当当网正式开通。当当网在线销售的商品包括了家居百货、化妆品、数码、家电、图书、音像、服装及母婴等几十个大类，逾百万种商品，在库图书达到 60 万种。目前每年有近千万顾客成为当当网新增注册用户，遍及全国 32 个省、自治区和直辖市。每天有上万人在当当网买东西，每月有 3 000 万人在当当网浏览各类信息，当当网每月销售商品超过 2 000 万件。

2010 年当当网在纽约证券交易所成功上市，成为中国网上商城第一股。

2. 北京完美时空网络技术有限公司

北京完美时空网络技术有限公司（以下简称“完美时空”）是中国领先的网络游戏开发商和运营商之一。公司成立于 2004 年，一直致力于创造优质的互动娱乐产业品牌，打造拥有自主知识产权的高质量网游精品。完美时空现主要基于自主研发的 Angelica 3D 游戏引擎、Cube 引擎以及 EPARCH 2D 引擎为平台开发各类网络游戏，陆续推出了《完美世界》、《武林外传》、《完美世界国际版》、《诛仙》、《赤壁》、《热舞派对》、《口袋西游》、《神鬼传奇》、《梦幻诛仙》、《神魔大陆》、《降龙之剑》等网络游戏产品，从一个单纯开发网络游戏产品的软件企业，成长为集研发、运营、销售、服务于一体的网络游戏平台服务提供商。

作为网络游戏产品提供商，完美时空正面向全球开展业务，全面拓展海外市场。目前，已经成功将旗下部分产品出口到了海外 60 多个国家和地区。同时，完美时空还投资成立完美时空文化传播有限公司，借此发掘文化创意源头，在更广阔的娱乐行业把握发展机遇。

2007 年 7 月 26 日，完美时空成功登陆美国纳斯达克股票交易市场，并于 2009 年 1 月 2 日登陆纳斯达克全球精选市场挂牌交易，成为中国最出色的网络游戏企业之一。

3. 北京中科红旗软件技术有限公司

北京中科红旗软件技术有限公司（以下简称“红旗软件”）成立于 2000 年 6 月，主要投资方是中国科学院和信息产业部。红旗软件是面向个人用户、大中小型企业与政府机构的 Linux 操作系统产品和服务提供商。它提供的产品涵盖了高端 Linux 服务器操作系统、集群系统、桌面版操作系统以及技术支持服务和培训等领域，是亚洲规模最大、发展最迅速的 Linux 产品发行商。

在红旗软件的倡导下，由亚洲最强的 Linux 厂商共同推举出企业级操作系统品牌——Asianux。基于这个全球技术领先的平台，红旗软件将 Linux 的稳定性、安全性和易用性推向前进，带来符合中国以至亚洲市场需求的产品，让更多的用户受益于开放系统的强大性能。同时，作为 Asianux 的领导者，红旗软件的优势技术通过这个平台贡献于开源社区和中国软件企业。

红旗软件拥有亚洲最专业的 Linux 技术支持中心以及覆盖面最广的全国性服务培训网络，为中国用户提供全面的本土化 Linux 技术支持服务和培训。此外，红旗软件的培训体系已经培养出数千名认证工程师和产品应用专家，他们不断推动着产业价值的发展。

4. 广州精彩企业集团有限公司

FAB 精彩企业集团有限公司（以下简称“精彩集团”）是一家拥有 22 年发展历史的国际化多元文化产业集团，至今已拥有 30 多家子公司，遍布全国各地及海外。

精彩集团积极探索正版音像的发展模式，创下了多项行业之最：中国第一家与外资合作的娱乐音像企业、中国最具规模的娱乐文化连锁企业、中国最具影响力的明星签售活动基地、中国政府最先扶植的正版音像企业、中国最庞大的音像会员阵容等等。

精彩集团在“运用高新技术创新文化生产方式，培育 5C 娱乐这一新的文化业态，加快建构传输快捷、覆盖广泛的 5C 娱乐文化传播体系”方面大胆实践，倾力打造贯穿 5C 娱乐到连锁加盟、原创内容制作和集成、娱乐门户网营建、传媒资源整合、演艺推广服务、传世典藏品开发、文化产业园区建设等产业链条的娱乐航母。

2010 年 2 月 5 日至 4 月 26 日，精彩集团发起了“百家音像企业反盗版大行动”，并发起成立国内第一家经常性民间反盗版联合组织“抵制盗版联合体”。在全国百个城市发起“以盗版换正版、以低价买正版”行动，引导消费者购买正版，抵制盗版。“抵制盗版联合体”整合民间抵制盗版的资源，以共同拥有的网站为平台，以联合低价销售正版产品为营销策略，以歌手、影视制作者等权利人的签售活动为促销手段，推动正版企业生存发展利益机制的尽快完善。

5. 广东中山市古镇镇生产力促进中心

古镇镇是闻名国内外的“中国灯饰之都”，位于广东省中山市。灯饰业是古镇的龙头行业，从20世纪80年代发展至今，古镇灯饰已成为世界几大灯饰专业市场之一，是国内最大的灯饰专业生产基地和批发市场，占全国灯饰市场份额的60%以上。

古镇镇非常重视灯饰版权保护工作，一直致力于探索有效的灯饰外观设计保护方法。为了切实解决灯饰行业外观抄袭侵权问题，鼓励企业积极自主研发和创新，促进灯饰产业优化升级，2009年6月古镇镇成立了广东省首个版权基层工作站，积极推进灯饰外观设计版权保护工作，获得了“广东省版权示范基地”荣誉称号。

工作站成立至今，已经为企业申请了42款灯饰款式版权登记，其中3款还获得“广东省最具版权价值产品”的荣誉，引导了50多家企业使用时间戳进行版权保护，为300多家企业免费提供了版权咨询服务，成功调解版权纠纷案件5件，为企业挽回了300多万元的经济损失，取得了较好的版权工作开局，为规范和推动灯饰行业发展发挥了积极的作用。

6. 广州中望龙腾软件股份有限公司

广州中望龙腾软件股份有限公司（以下简称“中望龙腾”）成立于1998年，是一家专注于CAD设计软件研发与推广的国家高新技术企业，国际CAD联盟ITC在中国大陆的首位核心成员。公司总部位于广州，在北京、上海、武汉以及美国佛罗里达州设立了分支机构。经过十多年的发展，目前公司已发展成为中国最大、最专业的2D&3D设计软件供应商。

2001年，中望龙腾震撼推出主打产品、具有完全自主知识产权的“中望CAD”平台软件。中望CAD兼容目前普遍使用的AutoCAD，功能和操作习惯与之基本一致，但具有更高的性价比和更贴心的本土化服务，深受用户欢迎，被广泛应用于通信、建筑、煤炭、水利水电、电子、机械、模具等勘察设计和制造业领域，成为企业CAD正版化的最佳解决方案。

在成功为全球超过18万用户提供二维CAD解决方案的同时，中望公司于2010年7月全资收购了国际知名三维CAD/CAM软件厂商美国VX Corporation公司的全部知识产权和研发团队，正式向全球用户推出中国第一款也是唯一一款具有全球完全自主知识产权的高端三维CAD/CAM软件——中望3D。

中望3D打破了国际CAD软件巨头对中国乃至全球3D市场的垄断，为中国制造业带来一个面向未来的支持A级曲面、拥有独特混合建模技术、支持2～5轴加工的CAD/CAM一体化解决方案，切实助力企业提升设计创新效率，推动两化融合和产业升级。

7. 河北省吴桥县杂技团

吴桥县杂技团，建立于1955年，是吴桥县规模最大、实力最雄厚的国有专业演出团体，汇集了杂技之乡最著名的杂技艺术家100余人。该团经常演出的40余个节目构思新颖，技艺纯熟，表演惊险、奇特、幽默、滑稽，具有鲜明的中华民族的传统风格。吴桥县杂技团多年来数次应邀出国演出，曾先后到过二十几个国家，受到了世界各国人民的高度赞扬和热烈欢迎，促进了中外杂技艺术的交流与发展。

吴桥县杂技团不断创新杂技作品，《节日——女子造型》和《同一个梦想——绳技》于2005、2007年在中国吴桥国际杂技节两次获得金狮奖。创作的作品《单车》于2008年3月在西班牙马德里的国际马戏节获得国际银奖第一名。2010年初创新节目《单车》和《集体绳技》在俄罗斯第三届国际马戏节荣获银奖第一和特别奖两项大奖。

8. 湖北知音期刊出版实业集团有限责任公司

湖北知音期刊出版实业集团公司（以下简称“知音集团”）前身是知音杂志社，1985年1月创办。2006年8月组建湖北知音期刊出版实业集团公司。

知音集团靠3万元起家，现总资产7.94亿元、净资产6.32亿元，年创利税1.47亿元。集团下属9刊2报，刊报月发行总量1 000余万份，核心产业《知音》杂志现月发行量达600余万份，居世界综合性期刊排名第五位、全国各类杂志排名第二位，多次被评为全国读者最喜爱的十大名刊、双十佳期刊、中国期刊方阵“双高期刊”，三次荣获中国期刊最高奖——全国优秀社科期刊奖和国家期刊奖。同时，湖北知音期刊出版实业集团公司另有两份百万大刊——《知音漫客》和《新周报》月发行量均超过240万份。

集团还下属印务公司、网络公司、影视公司、动漫公司、文化公司、物业公司、木兰花家政服务公司、知音加拿大出版公司、知音书局及武汉信息传播职业技术学院等10余个子公司和单位，形成了以《知音》杂志为核心的期刊出版、广告经营、书刊发行、网络媒体、印刷制版、物业开发、影视制作、家政服务、高等职业教育等多元产业构成的产业格局，经济规模和综合实力在全国期刊行业居首位。2008年，集团荣获首届中国出版政府奖先进单位奖；2009年，集团被评为全国文化体制改革先进企业。

9. 南方报业传媒集团

南方报业传媒集团，前身是南方日报报业集团，于1998年5月18日成立。2005年7月18日，南方日报报业集团更名为南方报业传媒集团。更名后的南方报业传媒集团，一方面强化了“南方”以文化为脉络，由报刊向多媒体发展，形成品牌集群和人才集群，在创业中持续创新的传统；另一方面确立了“南方”以资产为纽带，组建传媒集团公司，形成规范的公司治理结构，在改革中加速发展现代企业制度。

集团现拥有“十一报八刊四网一社”的媒体阵容，被学界权威誉为中国“定位最清晰、结构最合理、综合运营能力最强”的报业传媒集团，已三次荣获“中国最受尊敬企业”称号，2008、2009年连续获得全国文化体制改革优秀企业称号。2010年“中国500最具价值品牌”排行榜上，在未计入“南方报业”总品牌价值的情况下，集团旗下仅《南方日报》、《南方都市报》、《南方周末》、《21世纪经济报道》四家报纸品牌价值已达173.91亿元，位居中国传媒业界品牌价值前三之列。2010年9月世界品牌实验室和世界经理人集团共同发布2010“亚洲品牌500强”排行榜，《南方日报》、《南方周末》和《南方都市报》跻身其中，分别位列第218位、第165位、第186位。

南方报业传媒集团在深耕传统平面媒体的同时，致力于实施新媒体挺进战略，加快网络媒体和手机媒体的发展速度，致力于开拓可发展媒体优势的相关产业，实现跨媒体、跨地区、跨行业经营。目前，集团成功构筑报纸、期刊和出版社、网络三大平台的立体化组合，逐渐往传媒业品牌集团的方向延伸，沿着打造国际文化传播业品牌的战略目标，以“品牌媒体创新力量”为轴，以平面媒体、网络媒体、移动媒体、图书出版、文化会展、文化实业和传媒的社会公益活动为“七大舰队”，使南方报业传媒集团呈现出更加丰富的品牌群体架构。

10. 深圳市腾讯计算机系统有限公司

腾讯公司成立于1998年11月，是目前中国最大的互联网综合服务提供商之一，也是中国服务用户最多的互联网企业之一。成立十多年以来，腾讯一直秉承“一切以用户价值为依归”的经营理念，始终处于稳健发展的状态。2004年6月16日，腾讯公司在香港联交所主板公开上市（股票代号700）。

目前，腾讯把为用户提供“一站式在线生活服务”作为战略目标，提供互联网增值服务、移动及电信增值服务和网络广告服务。通过即时通信QQ、腾讯网（QQ.com）、腾讯游戏、QQ空间、无线门户、搜搜、拍拍、财付通等中国领先的网络平台，腾讯打造了中国最大的网络社区，满足互联网用户沟通、资讯、娱乐和电子商务等方面的需求。截至2010年9月30日，QQ即时通信的活跃账户数达到6.366亿，最高同时在线账户数达到1.187亿。腾讯的发展深刻地影响和改变了数以亿计网民的沟通方式和生活习惯，并为中国互联网行业开创了更加广阔的应用前景。

11. 深圳雅昌（企业）集团有限公司

雅昌集团创建于1993年，总部位于深圳，以此为核心向全国辐射，拥有北京、深圳、上海三大运营基地，产品和服务遍及中国大陆、港澳台地区及美国、日本、欧洲、东南亚等海外市场。

公司将全心全意“为人民艺术服务”确定为企业宗旨，将成为全球最优秀的艺术服务机构作为企业愿景，通过建设《中国艺术品数据库》核心平台和雅昌艺术网，向客户提供高端艺术印刷服务、互联网资讯、艺术品市场信息、电子商务和广告服务、艺术家综合服务，同时提供高仿真艺术品复制产品，满足艺术家、艺术机构、艺术品投资者、艺术爱好者、高档商业品牌客户的多样化需求。

雅昌独创的“印刷＋IT技术＋文化艺术”崭新的商业模式，将为艺术家、艺术机构的服务与为大众提供艺术教育、艺术普及紧密结合起来，将企业经营战略和实现社会责任紧密结合起来，2006年入选专业机构评出的“中国最佳商业模式”。

在高端艺术印刷领域，雅昌多次承担国家重大印制项目，成功印制《北京2008年奥运会申办报告》、《上海2010年世界博览会申办报告》、北京奥运会、残奥会开闭幕式印品及国家领导人新年贺卡，并连续荣获美国、德国、香港等国际大奖160余项。截止2010年底，雅昌以精美绝伦的《梅兰芳藏戏曲史料图书集》、《西夏文物》和《中国文化遗产——贵州省》以及《摄影集》、《奥运开幕式节目单》等五度摘取印刷界“奥斯卡”——Benny Award（班尼）金奖，其中《梅兰芳藏戏曲史料图书集》和《中国记忆》更被评选为2004年和2008年“世界最美丽的书”，此奖项是56个参评国家唯一一项金奖。

12. 中国人民大学出版社

中国人民大学出版社成立于1955年，是新中国建立之后成立的第一家大学出版社。1982年人大出版社被教育部确定为全国高校文科教材出版中心，是中国高校教材、学术著作出版最重要的基地之一。

中国人民大学出版社依托中国人民大学的综合优势，高扬人文社会科学的旗帜，大力实施精品战略，以优秀的出版物传播先进文化。建社50多年来，累计出版图书一万余种，出版了一大批具有文化积累与文化传播价值的优秀教材和学术著作，涵盖了社会科学和人文科学各学科。其中许多教材多次再版，一些教材发行数量高达数十万册以至数百万册。

中国人民大学出版社不断强化选题策划意识、市场意识，着力培育核心竞争力。把出版工作同我国教育、文化事业的发展，同我国经济、社会的进步紧密结合，形成了人大出版社鲜明的出版特色和巨大的品牌价值，成为我国人文社会科学出版领域的排头兵。

13. 中南出版传媒集团股份有限公司

中南出版传媒集团股份有限公司（以下简称"中南传媒"）成立于2008年12月25日，由湖南出版投资控股集团有限公司整体改制而来，注入全部出版传媒主营业务和资产。2010年10月28日在上海证券交易所挂牌上市，是目前业务最全、规模最大的出版传媒类上市公司，是出版传媒板块的龙头股。

中南传媒经营业务涵盖图书、报纸、期刊、音像、电子、网络、动漫、手机报、数字报、框架媒体等多种媒介，拥有出版、印刷、发行、印刷物资供应等一套完整的出版产业链，是典型的"多介质、全流程"大型综合性出版传媒产业集团。

中南传媒以多媒介产品，锁定以学生为主体的青少年受众群、以离退休人员为主体的中老龄受众群、以白领金领和公务员为主体的城市动力受众群、以城镇居民为主体的湖南受众群，形成对目标人群的全媒介覆盖。中南传媒的目标是成为国内领先、世界知名的华文全媒介内容运营商、现代综合传播平台、高成长性旗舰出版传媒企业和重要的战略投资者。

第三届全国大学生版权征文获奖名单

（排名不分先后）

研究生组

一等奖

王玉凯　中国人民大学
严国琼　香港城市大学
张少帅　西北政法大学
肖　维　中南大学
陈秀云　重庆理工大学
周　强　中科院研究生院
金　耀　西南政法大学
高　逸　中国政法大学
程　艳　北京大学
谢　波　中南财经政法大学

二等奖

刘　琳　南开大学
吕炳斌　复旦大学
何伟龙　西北政法大学
张正怡　华东政法大学
张焱彬　西北政法大学
邵　星　上海大学
陈惠敏　西南政法大学
林　蕾　中南民族大学
赵丽莉　西安交通大学
郝　喜　中国政法大学
徐　凯　华东政法大学
郭　威　中南财经政法大学
曹　博　西南政法大学
黄海玲　中国政法大学
彭宏洁　中南财经政法大学
蒋瑞雪　西安交通大学
谢国敏　中国政法大学
熊　星　中南财经政法大学
蔡立猛　西南政法大学
谭乃文　中国政法大学

三等奖

丁　亮　中南财经政法大学

马　利　中国人民大学
王　伟　沈阳师范大学
刘　莎　中国政法大学
孙玉芸　中南财经政法大学
孙道苹　北京师范大学
朱原心　西南政法大学
朱海娇　中国政法大学
许　芮　重庆理工大学
吴玲丽　华中师范大学
张　敏　复旦大学
张　婷　武汉大学
李　圆　华东政法大学
李静怡　中南民族大学
杨林侠　安徽师范大学
连　锟　厦门大学
陈文娴　北京大学
陈吉灿　湖南师范大学
陈　倩　华东政法大学
周婧媛　中国政法大学
周　楠　中国政法大学
欧阳智鑫　中国政法大学
保　红　中南民族大学
徐雅楠　西南政法大学
晏亮敏　中南大学
常军帅　中南财经政法大学
彭　辉　同济大学
程　舟　中国政法大学
谢牧真　中国政法大学
魏小荃　西南政法大学

鼓励奖

刘雄飞　华东政法大学
毛洁莹　华东政法大学
陈绍玲　华东政法大学
祁　遥　华东政法大学
陈　亮　华中师范大学
伍　雯　武汉大学
熊文聪　中国人民大学
于　婷　中国政法大学
李华伟　北京大学
简　全　中南财经政法大学
严　林　上海大学
姚　芸　西南政法大学
苗　雨　西南政法大学
杨　婷　西北政法大学
邓　洁　华中科技大学
罗晓晶　云南大学
朱华顺　中山大学
王　臣　云南大学
徐小铂　中南民族大学
杨复卫　中南民族大学
李　梅　中南民族大学
王文强　中国政法大学
范芷瑜　北京理工大学
沈　勇　湘潭大学
潘永波　西南政法大学
郭　威　中南财经政法大学
赵　栋　中国人民大学
孙　琳　河北经贸大学
施小雪　中国政法大学
刘　新　中南民族大学

本科生组

一等奖

王　旭　中国政法大学
申耘宇　对外经济贸易大学
任　丽　中国政法大学
庄小茜　北京师范大学
许健聪　华南理工大学
冷玲霞　中南民族大学
张　龙　华东政法大学
张　莹　湘潭大学
陈　娟　江苏省南京审计学院
翁　婕　华东政法大学

二等奖

丁文妃　中南民族大学
王　帆　兰州大学
史鸿鹏　东北财经大学
叶优子　武汉大学
叶　雯　北京理工大学
田　丽　重庆理工大学
刘　晗　中国政法大学
孙祺舒　北京理工大学
闫筱婷　西北政法大学
阮开欣　华东政法大学
余菁华　对外经济贸易大学
宋慧婷　华南理工大学
张　亮　西北政法大学
张晓宇　华东政法大学
范庆荣　武汉大学
柳卓利　中国政法大学

倪俊豪　华东政法大学
柴耀田　南开大学
曹丹婷　华东政法大学
蔡臣臣　浙江工商大学

三等奖

邓珏星　暨南大学
伍丽梅　北京印刷学院
伍静文　华南理工大学
刘文慧　武汉大学
朱楷东　中山大学新华学院
何　适　华南理工大学
吴海谧　浙江工商大学
吴　婷　中南民族大学
宋国向　中国政法大学
宋　雨　安徽大学
张可人　上海商学院
李　兰　西南政法大学
李玲坤　华南理工大学
李静恬　中南财经政法大学
沈　馨　对外经济贸易大学
辛　鑫　西北政法大学
练彬彬　华东政法大学
陈思敏　华南理工大学
房桂屹　北京理工大学
杭　莉　华东政法大学
郁明明　河南科技大学
姚　航　北京理工大学
胡荫月　重庆理工大学
钱　昀　西北政法大学
高海燕　华南理工大学
崔玉翠　北京航空航天大学
梁贝贝　浙江工商大学
黄秋爽　河南科技大学
曾　佳　北京师范大学
蒋凤鸣　河南科技大学

鼓励奖

白　龙　北京印刷学院
叶　玉　北京印刷学院
朱　辉　北京印刷学院
肖亚雄　武汉大学
陈卓敏　广东商学院华商学院
任雨凡　中南财经政法大学
张　阳　中南财经政法大学
翁旭波　西北政法大学
胡　立　重庆理工大学
陈龙源　上海商学院
刘　力　重庆理工大学
方海燕　安徽师范大学
江　涛　重庆理工大学
张可佳　北京理工大学
张梦迪　华北煤炭医学院
鲁　虎　中南民族大学
黎　璇　北京理工大学
王双印　河南科技大学
吴美萱　北京理工大学
闫幕华　河南科技大学
安　琪　中南民族大学
林　颖　中山大学新华学院
吕金融　中南民族大学
卢莎莎　浙江工商大学
索丹丹　河南科技大学
徐建东　华中农业大学
余婉雯　中山大学新华学院
张君伟　襄樊学院
张晓霞　浙江工商大学
马小媛　浙江工商大学

组织奖

中南财经政法大学
北京理工大学
河南科技大学
中南民族大学
中国政法大学
华东政法大学
北京印刷学院
西北政法大学
重庆理工大学
西南政法大学
上海商学院
武汉大学
华南理工大学
中山大学
上海大学
暨南大学
浙江工商大学
襄樊学院
中国人民大学
北京师范大学

版权

理论研究

LI LUN YAN JIU

追问百年

——2010年著作权法研究综述

余　俊

一、追问百年

如果将历史倒溯100年，我们将回到中国著作权法制的原点。

1910年（宣统二年）12月，清政府资政院将表决通过、谕旨准行的《大清著作权律》① 及原奏、谕旨一并转咨民政部，并由其公布实施②，这是中国历史上第一部成文著作权法③，其颁布标志着中国著作权法制的正式建立，也标志着中国知识产权法制主体的基本健全④。《大清著作权律》不仅奠定了中国著作权法的理论基础和文本范例⑤，而且在国际上引起了很大的反响⑥。时值此法颁布百年之际，学界开展了一系列纪念性学术活动⑦，2010年10月14—15日，“中国著作权法律百年国际论坛”⑧在中国人民大学召开；2010年11月5—6日，第二届内容产业与知识产权国际研讨会暨第二届中澳知识产权论坛⑨在上海举行。本年度的其他著作权法活动还有：2010年4月17日，中南财经政法大学知识产权研究中心主办的知识产权南湖论坛“经济全

① 《大清著作权律》全文可参见中国人民大学知识产权学院编：《中国百年著作权法律集成》，5～8页，北京，中国人民大学出版社，2010。

② “资政院为恭录咨行事。所有会奏议决著作权律一案，于宣统二年十一月十六日军机大臣钦奉谕旨：资政院议决著作权律，会同民政部具奏，缮单呈览，请旨裁夺一折，著依议。钦此。相应恭录谕旨，抄粘原奏清单，咨行贵部钦遵办理可也。须至咨者。右咨民政部。”丁进军编选，中国第一历史档案馆馆藏：《清末修订著作权律史料选载・资政院为著作权律奉谕准行事致民政部咨文》，载《历史档案》，1989（4）。

③ 当时的学者指出，“著作权律之见于我中国法令，自宣统二年资政院之议决案为始。前此历数千年，著作多矣，固未有特认为权利，而由国家订专律以保护之者也。”秦瑞玠：《著作权律释义》，见周林、李明山主编：《中国版权史研究文献》，98页，北京，中国方正出版社，1999。

④ 中国第一部专利法是1898年颁布的《振兴工艺给奖章程》，第一部商标法是1904年颁布的《商标注册试办章程》，《大清著作权律》的颁布意味着中国知识产权法律体系基本健全。

⑤ 随后各个时期、不同版本的著作权法无不受其影响。

⑥ 1911年中国驻奥大臣沈瑞麟应瑞士万国文艺美术公会办事处总理之请，致函清政府民政部索取《大清著作权律》文本，以便将之译成德文或英法文，“堪入彼公报”。参见清宣统二年民政部档案1103号。后世美国学者在评价《大清著作权律》时说：“1910年《大清著作权律》就有效地将普通法与大陆法有关保护文学和艺术作品的理论融为一体；事实上，在著作人身权方面，特别是在署名权与保护作品完整权上，中国的立法超过了包括美国在内的普通法国家。”［美］保罗・戈斯汀：《著作权之道：从古登堡到数字点播机》，金海军译，中文版序，北京，北京大学出版社，2008。

⑦ 实际上，学界对《大清著作权律》的研究早已开展，相关研究成果可参见杨维新：《〈大清著作权律〉探源》，见中国版权研究会编：《版权研究文选》，北京，商务印书馆，1995；语和：《我国历史上的第一部著作权法：〈大清著作权律〉简论》，载《历史教学》，1995（6）；李明山主编：《中国近代版权史》，开封，河南大学出版社，2003；张小莉：《〈大清著作权律〉述论》，载《学术研究》，2005（9）；王兰萍：《近代中国著作权法的成长（1903～1910年）》，北京，北京大学出版社，2006；赵丽萍：《〈大清著作权律〉研究》，山东大学2007届硕士论文；陈福初：《〈大清著作权律〉的立法背景及历史意义》，载《江汉大学学报》（社会科学版），2008（1）；薛汇丰：《〈大清著作权律〉述论》，苏州大学2008届硕士论文；张小林：《〈大清著作权律〉研究》，中国政法大学2008届硕士论文；马晓莉：《近代中国著作权立法的困境与抉择》，武汉，华中科技大学出版社，2011；等等。

⑧ 该论坛由中国人民大学与中国法学会，中国版权协会共同主办，中国人民大学法学院、知识产权学院、律师学院，中国人民大学国家版权贸易基地，中国版权协会教育委员会共同承办。国家新闻出版总署、国家版权局给予了指导和大力支持。来自亚洲、欧洲、北美洲、大洋洲的十多个国家以及两岸四地的百余所高等院校和研究机构的200多位教授和研究员，美国、欧盟以及亚洲部分国家的驻华使馆知识产权官员、美国全国商会代表团、跨国公司驻华机构知识产权总监，我国知识产权立法、行政、司法机关以及知识产权协会和出版、网络、新闻等单位的400多名代表出席了本次论坛。论坛组委会共收到论文近100篇，总计100万余字。

⑨ 由华东政法大学、澳大利亚昆士兰科技大学、国家数字版权研究基地主办，华东政法大学知识产权学院和北京大学知识产权学院承办，会议主题为“版权法三百周年：从1710年英国安娜法到2010年世界数字版权法”。

球化背景下知识产权制度完善与战略推进”国际研讨会；2010年6月12日，在北京举行的“网络著作权保护论坛”[①]；2010年6月29日，在重庆签订的《海峡两岸知识产权保护合作协议》[②]；2010年8月29日，在北京举行的“国际出版论坛”[③]；2010年11月3—5日，在上海召开的“TRIPs十五周年国际研讨会”[④]。

2010年也恰逢世界第一部著作权法《安妮女王法》（Statute of Anne）[⑤] 生效300周年，世界各地的纪念活动也十分隆重：2009年6月14—16日，由国际文学和艺术协会（ALAI）主办、英国文学和艺术版权协会（BLACA）承办的“从1710到网络空间：庆祝版权300周年并展望未来”论坛在伦敦召开[⑥]；2010年3月25日，美国卡多佐法学院举办了“安妮法300周岁生日庆典”；2010年4月9—10日，美国伯克利法律与科技中心、圣克拉拉大学法学院高科技法研究所、伯克利科技法期刊社在伯克利联合举办了“著作权@ 300”会议。

除此之外，国际范围的其他动态还包括：2010年1月1日，日本新著作权法开始施行[⑦]；2010年4月8日，英国国会下议院通过了《数字经济法案》(Digital Economy Bill)[⑧]；2010年4月30日，美国贸易代表办公室（USTR）公布了美国贸易伙伴充分及有效保护知识产权的年度《特别301》报告[⑨]；2010年5月31日、6月2日，世界知识产权组织对中国展开了第三次贸易政策评审（TPR）[⑩]；2010年7月26日，美国版权局完成了《数字千年法案》（DMCA）的修订工作[⑪]；2010年7月29日，英国知识产权局发布《年度知识产权犯罪报告》（*IP Crime Annual Report 2009—2010*）[⑫]；2010年10月，法国HADOPI法[⑬]生效后的第一批警告通知由行政主管机构HADOPI发出[⑭]；2010年11月4日，英国首相大卫·卡梅伦宣布对英国知识产权法律体系启动独立评审[⑮]；2010年11月15日《反假冒贸易协定》（ACTA）[⑯] 最终文本公布[⑰]；2010年12月13日，美国联邦最高法院就 *Costco Wholesale Corp v. Omega SA* 案[⑱]

---

① 由北京市高级人民法院知识产权庭主办。

② 由海峡两岸关系协会会长陈云林与台湾海峡交流基金会董事长江丙坤在重庆签署，协议全文可参见：http://news.xinhuanet.com/2010-06/29/c_12277392.htm。

③ 由新闻出版总署、国务院新闻办公室和中国民主促进会中央委员会主办、中国图书进出口（集团）总公司承办，本届论坛的主题是“全球出版合作与中国市场机遇”。

④ 由商务部主办、上海WTO事务咨询中心承办。

⑤ 全名为“An Act for the Encouragement of Learning, by Vesting the Copies of Printed Books in the Authors or Purchasers of Such Copies, during the Times Therein Mentioned”，于1710年4月10日生效。

⑥ 本次论坛的论文集《全球版权：安妮女王法300年，从1709到网络空间》（*Global Copyright: Three Hundred Years Since the Statute of Anne, from 1709 to Cyberspace*）由剑桥大学Lionel Bently教授、伦敦玛丽女王大学Uma Suthersanen教授、诺丁汉大学Paul Torremans教授共同主编，已于2010年10月由Edward Elgar出版社出版。

⑦ 根据日本新著作权法规定，虽然是为了私人目的，但如果明知某个网站提供的彩铃音乐、动漫等下载属于侵害他人著作权（自动公众传播权）的彩铃音乐、动漫而通过数字化方式下载的，其行为构成侵权。参见《日本著作权法》第三十条。

⑧ 2010年6月8日生效，法案允许版权所有人要求对非法盗版下载用户实施“警告——断网”惩罚，也属于“三振”法案。

⑨ 该报告下载地址：http://www.ustr.gov/about-us/press-office/reports-and-publications/2010-3。

⑩ 相关报告参见世界贸易组织网站：http://www.wto.org/english/tratop_e/tpr_e/tp330_e.htm。

⑪ 本次修订主要包括三项免责措施：重新恢复关于手机解锁的免责条款，新增关于智能手机越狱的免责规定，以及新增关于在转换型、非商业作品中使用视频片段的免责条款。有关修订的详细情况及条文，参见美国版权局网站：http://www.copyright.gov/1201/。

⑫ 该报告下载地址：http://www.ipo.gov.uk/ipcreport09.pdf。

⑬ “HADOPI”是该法行政主管机构法语名称“Haute Autorité pour la diffusion des uvres et la protection des droits sur internet”的简写，于2009年10月22日生效。根据该法，在收到两封警告电子邮件之后，第三次侵犯著作权的互联网用户将被禁止上网一年，更进一步的惩罚将是最高30万欧元的罚款和为期3年的徒刑。俗称法国版“三振法”（three strikes）。所谓“三振”，是指应版权人或政府的要求，宽带运营商应当对有盗版下载行为的用户进行警告，多次警告无效后则会对这些用户实施一定时间或永久的断网惩罚。

⑭ 有关法国“三振法案”的学术探讨，可参见宋廷徽：《“三振出局”法案全球化路径之探讨》，载《知识产权》，2010（2）；彭桂兵：《法国著作权法修正案争论的背后》，载《中国出版》，2010（8）上。

⑮ 2010年11月4日，英国首相大卫·卡梅伦在伦敦索迪治（Shoreditch）地区宣布这一决定。该评审工作由英国卡迪夫大学的伊恩·哈格里夫斯（Ian Hargreaves）教授主持，历时约半年，于2011年5月18日公布了评审报告，报告下载地址：http://www.ipo.gov.uk/ipreview。

⑯ 下载地址：http://www.ustr.gov/webfm_send/2379。

⑰ 对该协定的学术探讨，可参见陈福利：《〈反假冒贸易协定〉述评》，载《知识产权》，2010（5）。

⑱ 本案大致情况如下：原告瑞士手表制造商Omega通过授权的经销商进行手表销售，被告Costco通过灰色市场获得手表：Omega将手表销售给授权的经销商，第三方购买后再转售给一家名为ENE Limited的纽约经销商，该纽约经销商又将手表卖给Costco。但是，Omega并没有授权在美国进口或转售。于是认为Costco销售的带有Omega标志的纹饰侵犯其版权。一审加利福尼亚州中区地方法院认为，一旦Omega首次授权销售给外国经销商，就是正式放弃了其独家版权，理由是适用“首次销售原则”。在2008年，二审的第九巡回上诉法院推翻了一审判决，认为这些手表在国外制造并且制造商没有授权销售给美国境内的Costco或者手表进口商，因此不能适用“首次销售原则”。

作出判决[①]，对“首次销售原则”进行了司法解读。

二、研究的基本特征

据不完全统计，截至2010年底，我国全年共出版著作权法相关著作30余部，公开发表论文1 000余篇[②]，其中博士学位论文约14篇[③]、硕士学位论文150余篇[④]。经过分析，本文认为，2010年的著作权法研究总体上呈现为以下基本特征。

（一）研究议题：访史与知新

访问历史，可以“积昔哲遗产，启后学智慧”[⑤]。近年来，知识产权学界对法律史的研究渐成气候，新的成果不断涌现，新的史料不断发掘，新的论点不断提出。特别是2010年恰逢《大清著作权律》颁布100周年，一大批成果在本年度问世。例如，中国人民大学举办的“中国著作权法律百年国际论坛”不仅推出了百万余字的论文集，同时还向与会代表免费提供了新鲜出炉的《中国百年著作权法律集成》[⑥]，此书收集整理了上起1898年光绪帝批准颁行的《振兴工艺给奖章程》，下迄2010年中国两岸四地出现过的全部著作权法律文件，向世人展示了尘封已久的百年中国著作权法制之路的历史画卷，也为学习研究著作权法提供了一把“利器”。

上个世纪90年代，美国哈佛大学学者安守廉（William P. Alford）教授出版了一本有关中国知识产权史的专著 *To Steal a Book Is an Elegant Offense: Intellectual Property Law in Chinese Civilization*[⑦]，书中提出，中国古代不存在知识产权制度，即便存在有关出版的法令，也只不过反映了“帝国控制思想传播的努力”[⑧]。此观点甫一问世，便在国内引起巨大反响。[⑨] 此书已于今年由李琛教授译成中文在国内出版。[⑩] 知识产权作为民事权利之一种，知识产权法作为民法之一部分，在国内已基本形成共识，似无需质疑，但新近有学者却不入俗流，创造性地提出，“如果不从传统民法的角度，而改从贸易规制法的角度看待知识产权法，则更为符合知识产权法的历史与现实，亦即凸显知识产权法的商法功能。”这正是《知识产权的话语与现实——版权、专利与商标史论》[⑪] 一书的核心观点，它为国人研习知识产权法律史打开了一扇新窗。《历史视野中的著作权模式确立——权利文化与作者主体》[⑫] 一书指出，传统的著作权历史研究往往着眼于作品等客体要素，却忽略了主体要素这一制度价

---

① 由于Elena Kagan法官未参与投票，其余8位法官的投票结果又恰好是4∶4，因而只能维持美国第九巡回上诉法院作出的二审判决。最高法院的判决书全文参见：http://www.justice.gov/osg/briefs/2010/3mer/1ami/2008-1423.mer.ami.pdf。

② 此数据来源于中国知识资源总库的检索。

③ 本文收集的2010年度博士学位论文目录如下：杨德齐：《我国知识产权优先权制度研究》，中国政法大学；骆电：《作品传播者论》，中国政法大学；宋鱼水：《商业化进程中著作权纠纷之司法裁判》，中国政法大学；莫洲：《民间文学艺术社会保护机制研究》，中国政法大学；严城：《论人格权的衍生利益》，黑龙江大学；马宁：《著作权制度与作者历史地位的变迁》，中国人民大学；宋廷徽：《对版权保护扩张趋势的反思》，中国人民大学；史学清：《论著作权制度中的三步检验标准》，中国人民大学；袁同成：《量化考评制度与学术人的著作权习惯》，上海大学；刘非非：《电影产业版权制度比较研究》，武汉大学；杨鸿：《民间文艺特别知识产权保护的国际立法实践研究》，华东政法大学；朱启莉：《我国知识产权法定赔偿制度研究》，吉林大学；李正生：《中国版权制度与版权经济发展关系研究》，华中科技大学；赵书波：《美术作品作者财产权益保护研究》，中国艺术研究院。

④ 此数据来源于中国知识资源总库的检索。

⑤ 杜维运：《史学方法论》，2页，北京，北京大学出版社，2006。

⑥ 参见中国人民大学知识产权教学与研究中心、中国人民大学知识产权学院编：《中国百年著作权法律集成》，北京，中国人民大学出版社，2010。

⑦ William P. Alford, *To Steal a Book Is an Elegant Offense: Intellectual Property Law in Chinese Civilization*, Stanford University Press (January 1, 1997).

⑧ Imperial Efforts to Control the Dissemination of Ideas.

⑨ 国内学者纷纷撰文，或赞成，或反对。例如已故郑成思教授即认为宋代以来的事例证伪了这一主张。参见郑成思：《知识产权论》（第三版），14～21页，北京，法律出版社，2003。新近也有学者指出，“安守廉教授说中国古代政府对于思想控制非常残酷，他没有去考察宏观的背景，没有进行中欧历史的比较研究，也没有进行跨学科的研究”。参见邵科先生在2011年“知识产权南湖论坛”上的发言，http://iprcn22.bjsx17.host.35.com/I_Z_Show.aspx?News_PI=4131。也有学者所持见解与安教授相近，参见曲三强：《窃书就是偷——论中国传统文化与知识产权》，1～32页，北京，知识产权出版社，2006。还有学者对郑教授与安教授的观点之争作了专章评析，参见邓建鹏：《财产权利的贫困：中国传统民事法研究》，238～254页，北京，法律出版社，2006；马晓莉：《近代中国著作权立法的困境与抉择》，21～25页，武汉，华中科技大学出版社，2011；李雨峰：《枪口下的法律：中国版权史研究》，北京，知识产权出版社，2006。李琛教授最近提出，“中国古代因何无版权”是一个伪问题，版权属于近代范畴。参见李琛：《关于“中国古代因何无版权”研究的几点反思》，载《法学家》，2010（1）。

⑩ 参见［美］安守廉：《窃书为雅罪：中华文化中的知识产权法》，李琛译，北京，法律出版社，2010。

⑪ 参见黄海峰：《知识产权的话语与现实——版权、专利与商标史论》，武汉，华中科技大学出版社，2011。

⑫ 参见肖尤丹：《历史视野中的著作权模式确立——权利文化与作者主体》，武汉，华中科技大学出版社，2011。

值的核心，应当予以纠正。《近代中国著作权立法的困境与抉择》① 一书提出，由于国内外双重因素，中国著作权立法的近代化始终处于两难困境，唯有立足于中国社会圆通和包容的文化传统，才是正道②。《知识产权与民法关系之研究》③ 则敏锐地观察了两百多年以来，知识产权法和民法在制度上的融合以及理念上的分裂这一历史图景。此外，本年度还发表了与知识产权法律史相关的学术论文10余篇④。

在对历史研究投入巨大热情的同时，学界也未忽视对一些新技术、新问题、新热点的关注。例如发轫于2007年的中美知识产权争端虽然在世界贸易组织的层面已经尘埃落定，但学界对此仍饶有兴趣，不少学者或出版专著，例如《中美知识产权WTO争端研究》⑤、《与贸易有关的知识产权成案研究》⑥，或发表论文⑦。此外，Google数字图书馆、电视节目模板、P2P、博客、技术标准、云计算、数字出版、电子书等新技术问题也愈来愈引起学界的关注。

（二）研究倾向：论理与践行

法律的工具性，决定了法学研究必须回到实践。无论什么方法、理论和制度，只有“被实际运用，并被实际用于解决具体的法律问题时，才能被更好地理解和吸收”⑧。中国的知识产权研究所缺少的，是从经验到理论，能将两条路径连接起来，形成从实践到经验，再从经验升华为理论，又服务于实践的逻辑链条的成果。这是更接近事物发展的客观规律的知识。知识产权理论，源自社会实践，源自对实践的经验总结⑨。因而，知识产权研究必须是回到实践的研究。回到实践的研究，要求我们应当从对实践的认识出发，进而提升至理论和制度，然后再验之于实践。人的认识只有经过实践、认识、再实践、再认识的过程，循环往复以至无穷，才能在此过程中不断提高实践和认识。

本年度的著作权法学研究正体现了这一特色。前述所举历史文献，可谓理论研究的典型代表。除此之外，《版权客体论》⑩ 一书从理论与实践两个视角，深入研究了版权客体范围的界定和客体可版权性要件的确定两个密不可分的问题。《伦理视野中的知识产权》⑪ 坚持从理论到实践、抽象到具体的基本思路出发，认为知识产权保护中的伦理冲突只有以中庸之道才能较为完善地解决。《作品传播者论》⑫ 提出以作品传播者权概念取代邻接权概念，并建议在对作品传播者提供著作权法保护时不考虑创造性要求，而以其传播对作品社会价值的实现作为主要的考量因素。《著作权的边界——信息社会著作权的限制与例外研究》⑬ 则从弹性和刚性两个角度分析了著作权边界的法律特征。知识产权是知识与资本结合的产物。知识与资本结合而成的知识产权又可以复为资本，进入生产，转化为生产力。这也正是知识产权的魅力和魔力。本年度有两本专著专门探讨了知识产权资本化的理论与实践问题，且不约而同地取了一个同样的名字，均为《知识产权资本化研究》⑭。系列丛书《知识产权判解研究》则在本年度出版了创刊以来的第二卷⑮。此外，本年度发表的学术论文基本上都体现了“论理”与“践行”的紧密结合。

（三）研究视野：省内与鉴外

历史已经昭示，中国法律的近代化和现代化进程是以西方法为参照标准和效仿对象的，法律移植是中国法律近代化和现代化的基本途径。“19世纪以来，中华文明与西方文明的接触和碰撞，使国人逐渐了解到如要挽救中华民族亡国的厄运，就必须让中华文明脱胎换骨地重生。中华文明要向西方学

① 参见马晓莉：《近代中国著作权立法的困境与抉择》，武汉，华中科技大学出版社，2011。
② 以上三书均为中国人民大学知识产权学院院长刘春田教授主编的“中国知识产权文库”的系列作品。
③ 参见蒋万来：《知识产权与民法关系之研究》，北京，中国社会科学出版社，2010。
④ 详见下文第三部分（一）中有关“著作权历史”的综述。
⑤ 参见陈福利：《中美知识产权WTO争端研究》，北京，知识产权出版社，2010。
⑥ 参见张桂红：《与贸易有关的知识产权成案研究》，北京，中国人民大学出版社，2010。
⑦ 至少有5篇相关论文发表，详见下文第三部分（二）中有关“著作权对象”的综述。
⑧ Phillip E. Areeda, The Socratic Method, 109 *Harv. L. Rev.* 911 (1995～1996).
⑨ 参见刘春田：《从经验到理论》，见《中国知识产权文库》，总序，武汉，华中科技大学出版社，2011。
⑩ 参见卢海君：《版权客体论》，北京，知识产权出版社，2011。
⑪ 参见彭立静：《伦理视野中的知识产权》，北京，知识产权出版社，2010。
⑫ 参见骆电：《作品传播者论》，北京，法律出版社，2010。
⑬ 参见朱理：《著作权的边界——信息社会著作权的限制与例外研究》，北京，北京大学出版社，2011。
⑭ 参见刘春霖：《知识产权资本化研究》，北京，法律出版社，2010；王吉法等：《知识产权资本化研究》，济南，山东大学出版社，2010。
⑮ 参见刘春田主编：《知识产权判解研究》（2009年第二卷第一期），北京，法律出版社，2010。

习，不只是因为西方的船坚炮利，也是因为与西方的政治、经济和法律体制相比较，中国传统的体制相形见绌。在法制的范畴，中国法制现代化注定被西化，大幅度'移植'西方的法律概念、原则和规范，不只是因国人渴望丧权辱国的领事裁判权得以早日废除，更是因为西方现代法律的相对优越性和进步性。"[①] 非中华固有之制的知识产权制度的初创与变革尤为如此。百年中国知识产权法制的形成与发展，就其内容而言，不外乎通过法律移植，吸收西方法律原则，效仿西方法律制度，进而建立一套以西方法律学说为内核，以西方法律框架为模板的知识产权法律体系。即便是二十一世纪的今天，中国知识产权法制与西方发达国家相比，仍有不小的差距。因此，国人在反省国内法律规范的同时，仍有必要吸收外来的先进的知识产权法律文明。

本年度的著作权法学研究，一方面，大量笔墨挥洒于我国知识产权制度本身的建构与完善，例如既有不少学者从"立法论"的视角分析了《著作权法》、《侵权责任法》、《信息网络传播权条例》等法律法规的漏洞与补救[②]，也有众多学者从"解释论"的角度对相关法律条文在司法实践中的具体适用各抒己见。另一方面，学界也不忘引荐、研究国外的最新政策、立法、判例、学说等，如法国的"三振法案"，美国的版权滥用、间接责任，韩国的知识产权战略，日本的间接侵害著作权等。例如，《欧盟知识产权法》[③] 一书非常详尽地介绍了欧盟层面上有关知识产权的指令、条例和判例。《论剽窃》[④] 则是多产的波斯纳法官献给中国读者的又一份厚礼。《日本现代知识产权法理论》[⑤] 一书中译本的问世，使不擅日文的国人得以一窥日本学者对知识产权制度的理解。《普通法视角下的知识产权》[⑥] 则介绍了普通法系（尤其是香港）知识产权法的发展和现状。

当然，在注重法律移植的同时，我们也不能忽视法律的本土化。先人早已告诫："形而上者中国也，以道胜；形而下者西人也，以器胜"，"器则取诸西国，道则备自当躬"[⑦]。"中学其体也，西学其末也；主以中学，辅以西学"[⑧]。

（四）研究方法：守一与趋多

"道生一，一生二，二生三，三生万物。"[⑨] 著作权制度亦是如此。著作权之道，即一，它是制度的本体、本根。一可以生多，具体体现为个体的概念、形式抑或法律关系。从一到多，离不开方法的运用。方法是中介，是主体与对象发生具体联系的桥梁，它既是主客体相互作用相互影响的产物，也贯穿于主客互动的全部过程。一而能多，多为守一。著作权之道是一元的，方法则是多元的。

知识产权领域也许是方法论最多的一个领域，本年度的著作权法学研究再次反映了这一特色。除史学方法在本年度大放异彩外，经济学方法的运用也比较突出[⑩]。例如，《知识产权法经济学导论》[⑪] 一书提出了"知识产权法经济学"的概念，并把它视为知识产权法学与知识产权经济学相融合的边缘性学科。《知识产权制度的经济绩效》[⑫] 一书基于产权理论，运用产权分析的方法，分析了知识产权制度的经济绩效。《发展中国家知识产权保护与经济增长》[⑬] 一书在内生增长理论和南北贸易的动态一般均衡分析框架下考察了知识产权保护对发展中国家技术供给与经济增长的效应。《知识产权制度对城市竞争力的影响》[⑭] 一书则从管理学的视角阐释了知识产权制度对城市竞争力的影响机理。此外，还有不少学者从政治学、政策学、社会学等视角对著作权问题进行了分析，详见下文综述。

---

① 陈弘毅：《中国法制现代化的历史哲学反思》，见张晋藩主编：《20世纪中国法制的回顾与前瞻》，16页，北京，中国政法大学出版社，2002。

② 详见下文第三部分的综述。

③ 参见李明德、闫文军、黄晖、郃中林：《欧盟知识产权法》，北京，法律出版社，2010。

④ 参见［美］理查德·波斯纳：《论剽窃》，沈明译，北京，北京大学出版社，2010。

⑤ 参见［日］田村善之编：《日本现代知识产权法理论》，李扬等译，白巴根、铃木敬夫审校，北京，法律出版社，2010。

⑥ 参见［澳］彭道敦、李雪菁：《普通法视角下的知识产权》，谢琳译，北京，法律出版社，2010。

⑦ 王韬：《弢园文录外编》，321～323页，北京，中华书局，1958。

⑧ 《郑观应集·西学》（上册），276页，上海，上海人民出版社，1982。

⑨ 《道德经》第四十二章。

⑩ 详见下文第三部分（一）有关"著作权方法论"的综述。

⑪ 参见南振兴、温芽清：《知识产权法经济学论》，北京，中国社会科学出版社，2010。

⑫ 参见张璟平：《知识产权制度的经济绩效》，北京，经济科学出版社，2010。

⑬ 参见余长林：《发展中国家知识产权保护与经济增长》，北京，经济科学出版社，2010。

⑭ 参见蒋玉宏：《知识产权制度对城市竞争力的影响》，北京，知识产权出版社，2010。

三、问题点的分布

(一) 著作权之一般的研究

1. 著作权历史。有学者回顾了新中国知识产权法学科的建立[①]；有学者总结了中国知识产权法学研究30年的历程[②]；有学者指出，“中国古代因何无版权”是一个伪问题，版权属于近代范畴[③]；有学者认为，《大清著作权律》的制定和实施过程既是移植法律的过程，也是创造传统的过程[④]；有学者回顾了知识产权(IP)这一概念在域外产生和使用的经过以及引入中国后在理解、翻译和定义方面存在的差异，为更准确反映本质目的就IP的中文译法做出了尝试[⑤]；有学者从时空维度和群体立场对中国知识产权法学的诞生进行了解读[⑥]；有学者分析了近代中国的知识产权制度安排[⑦]；有学者纵横历史300年，认为国际版权制度经过不断演进和完善，其发展呈现出六大趋向：技术上的现代化、价值上的多元化、规则上的趋同化、利益上的本土化、政策上的战略化、经济上的产业化[⑧]。中国加入世界贸易组织(WTO)已进入第十个年头，有学者梳理了入世十年来中国包括知识产权法在内的法制变革[⑨]；有学者全面总结了改革开放以来知识产权立法的“中国奇迹”[⑩]；有学者回顾了中国计算机软件的著作权保护历程[⑪]；有学者分析了中国明代的版权意识[⑫]；有学者提出，将著作权发展史划分为三个发展阶段：尊重“文学产权”的习惯时期、版权保护时期以及著作权保护时期[⑬]。

2. 著作权正当性。有学者提出，创造不同于劳动。创造的独立性是个重大的问题，既是个逻辑问题，更是个事实问题，还可能成为回答知识产权正当性问题的基础[⑭]；有学者认为，“知识产权法的制定者既应当考虑影响知识产权法制定的实际因素，比如制定过程中经常出现的利益不均衡现象，也应当考虑其应用和实际的效果。”[⑮] 有学者指出，公共领域是人类自由文化创造的源泉，为使版权法公共领域重获兴起，除了需要展开理念上的转型而推行“义务公共领域”的理论学说外，我们还需要展开一系列的制度创新[⑯]，在未来我国版权立法时应注意在版权授权与公共领域的保留之间坚守适度的平衡[⑰]；有学者分析了后现代主义视角下的著作权的正当性[⑱]；有学者则对版权扩张的趋势[⑲]、劳动财产权说[⑳]、信息共享与版权保护的利益平衡[㉑]、知识产权保护水平[㉒]、知识产权的民法传统和现代性[㉓]、自主创新与自主知识产权[㉔]、政治学理论中的隐喻在知识产权制度调适中的运用[㉕]等问题进行了反思。有学者认为，知识产权的哲学基础主要在于知识产

---

① 参见刘春田：《新中国知识产权法学学科的开拓者》，载《法学家》，2010(4)。

② 参见吴汉东、李瑞登：《中国知识产权法学研究30年》，载《法商研究》，2010(3)。

③ 参见李琛：《关于“中国古代因何无版权”研究的几点反思》，载《法学家》，2010(1)。

④ 参见李宗辉：《夹缝中的法律移植与传统创造——〈大清著作权律〉述评》，载《西南政法大学学报》，2010(5)。

⑤ 参见裘安曼：《从IP的中文翻译说开去》，载《知识产权》，2010(5)。

⑥ 参见康添雄、毛永强：《法律移植的第二次降临——中国知识产权法学何以产生之辨析》，载《法学杂志》，2010(11)。

⑦ 参见赵娟霞：《近代中国的知识产权制度安排》，载《江西财经大学学报》，2010(1)。

⑧ 参见丛立先：《国际版权制度发展趋向探论》，载《国外社会科学》，2010(2)。

⑨ 参见张乃根：《论WTO法下的中国法制变化》，载《法学家》，2011(1)。

⑩ 参见谢晓尧、陈贤凯：《知识的产权革命——知识产权立法的“中国奇迹”》，载《法学评论》，2010(3)。

⑪ 参见寿步：《中国计算机软件著作权保护的回顾与展望》，载《暨南学报》(哲学社会科学版)，2010(6)。

⑫ 参见李曙豪：《中国明代的版权意识》，载《出版史料》，2010(2)。

⑬ 参见魏文超、魏汉涛：《中西著作权演进路径比较与省思——以宋代版权分析为中心》，载《河南大学学报》(社会科学版)，2010(4)。

⑭ 参见刘春田：《知识产权制度是创造者获取经济独立的权利宪章》，载《知识产权》，2010(6)。

⑮ [日]田村善之：《“知识创作物未保护领域”之思维模式的陷阱》，载《法学家》，2010(4)。

⑯ 参见黄汇：《版权法上公共领域的衰落与兴起》，载《现代法学》，2010(4)。

⑰ 参见黄汇：《论版权、公共领域与文化多样性的关系》，载《知识产权》，2010(6)。

⑱ 参见熊文聪：《后现代主义视角下的著作权的正当性及其边界》，载《政治与法律》，2010(6)；熊文聪：《版权制度的后现代反思》，载《电子知识产权》，2010(4)。

⑲ 参见宋廷徽：《对版权保护扩张趋势的反思》，载《法学家》，2010(6)。

⑳ 参见孙山：《对作为知识产权正当性基础的劳动财产权说之检讨》，载《求索》，2010(7)。

㉑ 参见孙肖冀：《论信息共享与版权保护的利益平衡》，载《河北法学》，2010(1)。

㉒ 参见齐爱民：《论知识产权保护水平》，载《苏州大学学报》(哲学社会科学版)，2010(2)。

㉓ 参见康添雄：《论知识产权的民法传统和现代性》，载《知识产权》，2010(5)。

㉔ 参见张勤：《论自主创新与自主知识产权》，载《知识产权》，2010(6)；王勉青、黄若该：《自主创新与知识产权制度选择》，载《法学杂志》，2010(11)。

㉕ 参见梁志文：《政治学理论中的隐喻在知识产权制度调适中的运用》，载《政治与法律》，2010(7)。

权客体的哲学基础，而知识产权客体的哲学基础又主要在于这个客体的上位事物的哲学基础①；有学者提出，在著作权利益集团主导的著作权体制下，著作权成为直接控制消费者的工具以及创作自由与网络技术发展的障碍，从而造成著作权侵权成为一种常态社会现象的危机。只有坚持每一种新生的著作权客体与权利都经过充分的正当性论证、构建以维护创作自由与网络技术发展以及不以消费者为直接控制对象的权利与权利限制制度，才能使已经发生或正在发生的对著作权正当性的偏离得到回归②。

3. 著作权性质。有学者认为，知识产权具有私法本质但具备公法属性③；有学者则对知识产权的特征做出了新的理解④。

4. 著作权战略。有学者提出，国家软实力建设离不开知识产权保护，文化风险则表现为知识产权与文化主权、文化权利的冲突，尤显我国文化产业发展存在的知识产权问题。提升我国软实力需要充分实施知识产权创造、管理、运用和保护战略⑤。有学者指出，版权战略对传统文化发展持支持立场主要基于对其精神价值和经济价值的考量。改变旧的著作权保护模式、扶持难以参与市场竞争的优秀文化作品的创作、鼓励创新成为版权战略促进传统文化发展的新措施⑥；有学者分析研究了韩国知识产权战略的最新动向及对我国的启示⑦；有学者从系统论的角度详细分析了自主创新、合作创新、技术引进三种技术创新模式下基于知识产权战略的企业R&D过程机制⑧、基于知识产权战略的企业技术创新扩散机制⑨；有学者建议从立法、司法、守法诸要素上完善知识产权战略实施的刑事法治环境⑩。

5. 著作权方法论。有学者从经济学的角度出发，分析了知识产权之财产权的经济学基础⑪，山寨“恶搞电影”的法律边界⑫，著作权制度对市场供需的调节、制度性成本转嫁、生产性成本转嫁以及著作权制度的执行效率⑬，互联网版权制度的形成与变迁⑭，贸易地理集中度与我国版权贸易的不均衡性⑮，知识产权保护与国际贸易和FDI技术溢出效应⑯，知识产权保护与经济增长的关系⑰，软件产业创新能力与版权保护的关联度⑱；有学者建议构建二元知识产权体系，并认为从方法论上看，区分完全知识产权和定限知识产权应是构建知识产权体系的基础⑲。

（二）著作权之具体的研究

1. 著作权对象。有学者认为，知识产权的对象属于客观知识的范畴，具有观念性、符号性和客观性等特征⑳；有学者提出，从符号学、信息学和系统论的视角上看，作品是一种具有精神功能的符号组合，也是各种存量知识要素和增量知识要素有机构成的系统㉑；有学者认为，版权法保护的表达是形诸于一定符号的表达。不过，在“表达的形式”出现之前，“表达的实质”已经存在于人的思维之中。前者是版权保护的对象，后者是版权保护的实质㉒，并

① 参见张勤：《知识产权客体之哲学基础》，载《知识产权》，2010（2）。
② 参见刘铁光：《著作权正当性的危机与出路》，载《法制与社会发展》，2010（2）。
③ 参见邹波：《知识产权公权属性简探》，载《河南社会科学》，2010（3）。
④ 参见温芽清、南振兴：《知识产权特性新探》，载《河北法学》，2010（7）。
⑤ 参见吴汉东：《国家软实力建设中的知识产权问题研究》，载《知识产权》，2011（1）。
⑥ 参见黎六娅、汪虹：《版权战略与中国传统文化产业的发展》，载《经济研究导刊》，2010（10）。
⑦ 参见付明星：《韩国知识产权政策及管理新动向研究》，载《知识产权》，2010（2）。
⑧ 参见宋新华：《基于知识产权战略的企业R&D过程机制研究》，载《科技进步与对策》，2010（23）。
⑨ 参见申韬、王慧娟、岳桂宁：《基于知识产权战略的企业技术创新扩散机制》，载《科技管理研究》，2010（22）。
⑩ 参见冯振强：《论我国知识产权战略实施的刑事法治环境》，载《广西社会科学》，2010（6）。
⑪ 参见张勤：《论知识产权之财产权的经济学基础》，载《知识产权》，2010（4）。
⑫ 参见马一：《“恶搞电影”的法律边界》，载《山东社会科学》，2010（8）。
⑬ 参见李正生：《版权的产权制度对经济行为的调节探讨》，载《中国出版》，2010（10）下。
⑭ 参见吕宇翔、石冉：《互联网版权制度的演化博弈分析》，载《出版发行研究》，2010（8）。
⑮ 参见陈珊：《基于地理集中度的中国版权贸易不均衡分析》，载《山东社会科学》，2010（5）。
⑯ 参见苏为华、孔伟杰：《基于知识产权保护的国际贸易和FDI技术溢出效应研究》，载《统计研究》，2010（2）。
⑰ 参见严成樑、张丽华：《内生的知识产权保护与长期经济增长》，载《浙江社会科学》，2010（6）。
⑱ 参见李婉红、毕克新：《我国软件产业创新能力与版权保护的关联度研究》，载《中国科技论坛》，2010（6）。
⑲ 参见齐爱民：《论二元知识产权体系》，载《法商研究》，2010（2）。
⑳ 参见向波：《知识、信息与知识产权的对象》，载《知识产权》，2011（1）。
㉑ 参见王坤：《作品概念的科学建构及其在著作权法上的意义》，载《知识产权》，2010（6）。
㉒ 参见卢海君：《表达的实质与表达的形式——对版权客体的重新解读》，载《知识产权》，2010（4）。

分析了“思想表达二分法”的成文化①；有学者对作品的创造性②抑或原创性③以及汇编作品的创造性④进行了分析。中美知识产权争端虽已在官方的层面结束，但学界对此仍饶有兴致，不少学者为此撰文抒见、一吐为快，例如有学者建议我国采用国际通行做法，限制违禁作品的出版、传播，但不排除权利人享有的消极权利⑤；有学者认为作者对违法作品是否享有著作权，还取决于违法作品的性质⑥；有学者指出，违禁作品享有一定的著作权，但其著作权的行使应受到严格限制⑦、我国对境外作品实行行政审批制度，但不应影响未经批准的境外作品在中国的保护水平⑧；有学者则从国际贸易的视角对涉案条款进行了分析⑨。民间文艺抑或非物质文化遗产，又抑或传统知识是学界近年念念不忘的一个话题，即便大量相关研究成果的问世已让读者有点“审美疲劳”，但对此问题的研究始终未见“涨停”⑩，学者们多从立法论⑪或正当性⑫各抒己见；也有学者认为，对非物质文化遗产的知识产权保护应当多层次⑬；有学者则主张将“非物质文化遗产权”界定为一种新型的独立权利⑭；还有学者探讨了非物质文化遗产的传承人⑮。此外，还有学者分析了保险产品⑯、博客⑰、唱腔设计⑱、导航电子地图⑲、电视节目模板⑳、山寨明星㉑、高考作文㉒、古代壁画的数字衍生品㉓、广告地图作品㉔、技术标准㉕、数据库㉖、教学课件㉗、“春晚”㉘、电子书㉙、古典名著㉚、国家精品课程数字化资源㉛、景

---

① 参见卢海君：《论思想表达两分法的“成文”化》，载《中国出版》，2010（11）上；林良倩：《我国著作权法立法应引入二分法原则与合并原则》，载《政法学刊》，2010（1）。

② 参见骆电：《传统著作权法上创造性要求面临的挑战与回应》，载《法律适用》，2010（5）。

③ 参见卢海君：《论作品的原创性》，载《法制与社会发展》，2010（2）。

④ 参见陶舒亚：《汇编作品著作权相关问题探析》，载《中国政法大学学报》，2010（5）；黄振中：《使用汇编作品的内容是否构成对汇编作品著作权的侵犯》，载《知识产权》，2010（5）。

⑤ 参见梁志文：《TRIPs争端解决机制下违禁作品的版权保护——以我国〈版权法〉第4条为中心》，载《法治研究》，2010（3）。

⑥ 参见杨延超：《违法作品之著作权探究》，载《法学论坛》，2010（3）。

⑦ 参见丛立先：《违禁作品著作权问题辨析》，载《法学》，2011（2）。

⑧ 参见李雨峰：《未经批准的境外作品的保护》，载《电子知识产权》2010（1）。

⑨ 参见苏如飞：《国际贸易视角下的著作权法第四条第一款》，载《世界贸易组织动态与研究》，2010（1）。

⑩ 不过，也有学者发出了反对的声音，参见周婧：《质疑民间文学艺术著作权保护的合理性》，载《知识产权》，2010（1）。

⑪ 参见杨鸿：《民间文艺的特别知识产权保护：国际立法例及其启示》，北京，法律出版社，2011；李秀娜：《非物质文化遗产的知识产权保护》，北京，法律出版社，2010；管育鹰：《〈著作权法〉在调整民间文艺相关利益关系方面的缺漏》，载《北方法学》，2010（4）；苏喆、王丽婧、黄忠：《论民族民间文学艺术的商品化权保护模式》，载《扬州大学学报》（人文社会科学版），2010（1）；郑颖捷、王瑞龙：《论少数民族传统知识的知识产权法保护》，载《中南民族大学学报》（人文社会科学版），2010（3）；肖少启：《民间文学艺术著作权保护路径分析》，载《河北法学》，2010（4）；严永和：《民族民间文艺知识产权保护的制度设计：评价与反思》，载《民族研究》，2010（3）；严永和：《我国民族自治地方制定非物质文化遗产知识产权保护法令的几个问题》，载《中央民族大学学报》（哲学社会科学版），2010（6）。

⑫ 参见叶盛荣：《民族民间传统文化知识产权保护的正当性——以人权理论为基点》，载《湖南社会科学》，2010（3）。

⑬ 参见冯晓青：《非物质文化遗产与知识产权保护》，载《知识产权》，2010（3）。

⑭ 参见韩小兵：《非物质文化遗产权——一种超越知识产权的新型民事权利》，载《法学杂志》，2011（1）。

⑮ 参见周安平、龙冠中：《我国非物质文化遗产传承人的认定探究》，载《知识产权》，2010（5）。

⑯ 参见张俊岩：《保险产品的知识产权属性及其保护》，载《法学家》，2010（2）。

⑰ 参见赵宾：《博客的著作权冲突及其思考》，载《中国出版》，2010（7）下。

⑱ 参见祝建军：《唱腔设计的著作权保护》，载《人民司法》，2010（20）。

⑲ 参见侯仰坤、税成疆：《导航电子地图的著作权保护》，载《人民司法》，2010（3）。

⑳ 参见吴京、韩笑梅：《电视节目模板的著作权法保护困境及出路》，载《黑龙江省政法管理干部学院学报》，2010（2）。

㉑ 参见彭学龙：《法律语境下的“山寨明星”现象》，载《知识产权》，2011（1）。

㉒ 参见谢承国：《高考作文著作权初探》，载《学术交流》，2010（11）。

㉓ 参见李永明、兰田：《古代壁画数字化版权问题初探》，载《浙江大学学报》（人文社会科学版），2011（1）。

㉔ 参见付广庆：《广告地图作品的著作权保护初探》，载《电子知识产权》，2010（3）。

㉕ 参见周应江、谢冠斌：《技术标准的著作权问题辨析》，载《知识产权》，2010（2）。

㉖ 参见卢海君：《简论数据库版权保护的理论基础》，载《出版发行研究》，2010（5）；孔德周：《论数据库专门立法保护的必要性》，载《法学杂志》，2011（1）。

㉗ 参见衣庆云：《教学课件著作权法律问题探讨》，载《行政与法》，2010（5）。

㉘ 参见王迁：《论“春晚”在著作权法中的定性》，载《知识产权》，2010（4）。

㉙ 参见龚倍伦：《论电子书之版权保护与限制》，载《电子知识产权》，2010（1）。

㉚ 参见胡辉：《论古典名著的著作权保护》，载《河北法学》，2010（9）。

㉛ 参见古祖雪、罗施福：《论国家精品课程数字化资源著作权的行使》，载《河北法学》，2010（7）。

区景点[①]、文学角色[②]、戏仿作品[③]、书名[④]、音效[⑤]等具体对象的著作权保护。

2. 著作权归属。有学者总结了著作权归属中存在的问题[⑥]；有学者分析了法人与作者[⑦]、职务作品[⑧]、合作摄影作品[⑨]、影视作品[⑩]、委托作品[⑪]的法律关系；有学者则对著作权的变动做了探讨[⑫]；也有学者以高校为切入点，分析了高校科技创新知识产权法律制度[⑬]、高校著作权归属[⑭]等问题；有学者探讨了无主知识产权的归属[⑮]、著作权法中投资者视为作者的制度安排[⑯]。

3. 著作权权能。有学者提出，将著作人格权界定为专属于作者的各种辅助性权能，重新建构作者专属辅助权制度体系[⑰]；有学者对著作财产权的权利束体系及其与作品的对应关系进行了解读[⑱]；有学者对发表权的性质、内涵进行了分析[⑲]；有学者从维护保护作品完整权的目的出发，认为侵犯保护作品完整权须有歪曲篡改之行为，并且该歪曲篡改足以造成公众对该作品的误解，但无须有损于作者的名誉和声望[⑳]；有学者提出，只有建立和完善著作权登记制度，充实现有的著作权法规，增加作者或著作权人署名的特定附随义务，才能有效保护署名权[㉑]；有学者分析了著作权语境下的获取权[㉒]、修改权[㉓]、信息网络传播权[㉔]、信息网络传播权与发行权的冲突[㉕]；有学者建议建立一个统一的整合了信息网络传播、广播、公开表演等权利的"向公众传播权"[㉖]。

4. 邻接权。有学者认为，为保持我国著作权制度的完整性，应对邻接权进行全新审视，在著作权和邻接权之间建立分工与协作机制，扩充邻接权的客体，使邻接权和著作权能相互衔接并协调发展[㉗]；有学者建议，在修订《著作权法》时为表演者增加"因广播和向公众传播获得报酬的权利"[㉘]；有学者对出版者权进行了思考[㉙]；有学者分析了专有出版权的性质[㉚]、

---

① 参见苏喆：《论景区景点的著作商品化权保护》，载《河北法学》，2010（3）。

② 参见黄斯蓓：《论文学角色的版权保护》，载《广西政法管理干部学院学报》，2010（3）；张丹丹：《著作权法在保护虚构角色形象方面的局限及对策》，载《法学》，2010（4）。

③ 参见吴高臣：《论戏仿作品的法律保护》，载《法学杂志》，2010（10）。

④ 参见尹腊梅：《书名法律保护的基础和模式》，载《学术论坛》，2010（6）。

⑤ 参见王勉青、徐恩惠：《音效的版权保护研析》，载《知识产权》，2011（1）。

⑥ 参见侯仰坤：《著作权归属中存在的问题》，载《知识产权》，2010（1）。

⑦ 参见曹书瑜、倪勤：《法人与作者之间的法律关系》，载《人民司法》，2010（7）。

⑧ 参见亓蕾：《单位可免费对职务作品优先使用》，载《人民司法》，2010（10）；郑其斌：《论我国职务作品利益分享机制研究》，载《暨南学报》（哲学社会科学版），2010（5）；邹晓红、许辉猛：《智力投入者和财力投入者分离下的著作权归属研究》，载《湖南大学学报》（社会科学版），2010（2）。

⑨ 参见张广良：《合作摄影作品著作权问题研究》，载《电子知识产权》，2010（2）。

⑩ 参见曲三强：《论影视作品的法律关系》，载《知识产权》，2010（2）。

⑪ 参见许辉猛：《委托人取得委托作品著作权问题研究》，载《法学杂志》，2010（7）。

⑫ 参见赵克：《非创作人合同约定取得著作权的效力》，载《电子知识产权》，2010（2）。

⑬ 参见杨淑霞：《高校科技创新知识产权法律制度的完善》，载《湖南社会科学》，2010（5）。

⑭ 参见高松元：《高校著作权争议及其解决》，载《河北法学》，2010（5）。

⑮ 参见刘春霖：《无主知识产权范畴的理论构造》，载《法律科学》，2011（1）。

⑯ 参见熊琦：《著作权法中投资者视为作者的制度安排》，载《法学》，2010（9）。

⑰ 参见王坤：《著作人格权制度的反思与重构》，载《法律科学》，2010（6）。

⑱ 参见余俊：《著作财产权的权利束体系及与作品的对应关系》，载《知识产权》，2011（1）。

⑲ 参见衣庆云：《对发表权诸问题的再认识》，载《知识产权》，2010（4）。

⑳ 参见刘有东：《论侵犯保护作品完整权之行为》，载《西南民族大学学报》（人文社会科学版），2010（4）。

㉑ 参见杨志祥：《论文字作品的冒名侵权》，载《法学论坛》，2011（1）。

㉒ 参见彭学龙：《论著作权语境下的获取权》，载《法商研究》，2010（4）。

㉓ 参见刘有东：《论作品修改权》，载《现代法学》，2010（3）。

㉔ 参见胡云红：《试论我国著作权法中信息网络传播权之界定》，载《科技与法律》，2010（3）。

㉕ 参见焦和平、马治国：《信息网络传播权与发行权的冲突与协调》，载《法学杂志》，2010（9）。

㉖ 陈明涛：《网络广播服务提供商的版权责任》，载《法学》，2010（8）；梅术文：《我国著作权法上的传播权整合》，载《法学》，2010（9）。

㉗ 参见李小侠：《邻接权和著作权的衔接与协调发展》，载《科技与法律》，2010（3）。

㉘ 李菊丹：《表演者权保护研究》，载《知识产权》，2010（2）。

㉙ 参见袁秀挺：《出版者权的司法省视》，载《出版发行研究》，2010（3）；周玉林：《略论互联网环境下出版者权的保护》，载《社会科学家》，2010（12）。

㉚ 参见李芬莲：《专有出版权的属性界定及修法建议》，载《中国出版》，2010（9）下；汪张林：《论专有出版权的法律性质及其立法体例》，载《中国出版》，2011（2）上。

表演者权利的概念与性质①、广播组织权的法律保护②。

5. 著作权利用。有学者提出，可以将对各类知识产品他人用益的理论概括为知识产权用益法律关系，它包括法定和意定两类③；有学者分析了著作权法上的"个人使用"，认为在对"个人使用"进行著作权法定位及政策选择时，既应为创造力的生长和发展寻找适合的环境，也应留意行为对环境可能造成的影响④；有学者建议引入版权补偿金制度，以矫正私人复制作为"合理使用"的偏差⑤；有学者对"版权产业"的概念⑥、版权与电视产业的发展⑦做了系统论述。借两岸合作深化的契机，有学者提出，在国际作者和作曲者协会联合会(CISAC)的组织框架下，根据《相互代表合同》，两岸通过著作权集体管理组织的相互代表关系进行合作管理是较经济、务实的选择⑧；也有学者系统分析了我国著作权集体管理制度⑨；有学者探讨了版权评估问题⑩、著作权质押⑪；有学者对德国法中的报酬请求权制度⑫、翻译稿酬判例⑬等问题做了介绍。

6. 著作权保护。有学者建议，知识产权的保护应当采用法典化的模式⑭；近两年来，"三振法案"成为世界各国立法的热点⑮，有学者分析了该法案的全球化路径，认为我国在"三振出局"制度的立法选择上应当慎重⑯；有学者解析了《侵权责任法》第三十六条⑰、《信息网络传播权保护条例》中"避风港"规则的效力⑱；有学者分析了技术提供商的责任问题⑲，间接侵权⑳及其与直接侵权的关系㉑，侵犯著作权案件的法律适用㉒，知识产权侵权促成性事由㉓，搜索、链接服务提供行为的侵权问题㉔，著

① 参见原晓爽：《表演者权利研究》，北京，法律出版社，2010。

② 参见胡开忠：《网络环境下广播组织权的法律保护》，载《当代法学》，2010 (5)。

③ 参见隋彭生：《知识产权用益法律关系分析》，载《知识产权》，2011 (1)。

④ 参见张玉敏、李杨：《"个人使用"的著作权法定位及政策选择》，载《西南民族大学学报》(人文社会科学版)，2011 (1)。

⑤ 参见张今：《数字环境下的版权补偿金制度》，载《政法论坛》，2010 (1)。

⑥ 参见周艳敏：《"版权产业"：版权名义下的产业集合?》，载《中国出版》，2010 (3) 上。

⑦ 参见邹举：《版权：电视产业发展的新引擎》，载《江苏社会科学》，2010 (6)。

⑧ 参见陈志强：《CISAC 框架下海峡两岸音乐著作权的管理与诉讼》，载《时代法学》，2010 (3)。

⑨ 参见代水平：《试论中国著作权集体管理模式的选择》，载《西北大学学报》(哲学社会科学版)，2010 (1)；周福希、万睿：《从"卡拉 OK 版权收费"透视我国的著作权集体管理制度》，载《广西政法管理干部学院学报》，2010 (1)。

⑩ 参见刘晓西、来小鹏：《论文化创意产业版权评估中存在的法律问题》，载《江西财经大学学报》，2010 (6)；杨雄文：《知识产权评估基础理论解析》，载《知识产权》，2010 (1)。

⑪ 参见谢黎伟：《著作权质押的困境和出路》，载《现代法学》，2010 (6)；高圣平：《著作权出质登记制度若干问题》，载《法学》，2010 (6)；尹锋林：《著作权出质登记及其法律意义》，载《电子知识产权》，2010 (4)。

⑫ 参见冯晓青、李薇：《德国〈著作权法〉中报酬请求权制度及其启示》，载《河北法学》，2010 (12)。

⑬ 参见郑冲：《德国联邦最高法院翻译稿酬判例》，载《比较法研究》，2010 (4)。

⑭ 参见毛金生：《论"统一知识产权法典"的编撰》，载《知识产权》，2010 (3)。

⑮ 详见上文第一部分的相关介绍。

⑯ 参见宋廷徽：《"三振出局"法案全球化路径之探讨》，载《知识产权》，2010 (2)。

⑰ 参见杨明：《〈侵权责任法〉第36条释义及其展开》，载《华东政法大学学报》，2010 (3)；司晓、范露琼：《评我国〈侵权责任法〉互联网专条——以版权侵权制度为视角》，载《知识产权》，2011 (1)；姚建军：《网络服务提供者侵犯著作权的新探讨——兼议〈侵权责任法〉第36条的辨析及其延伸》，载《法律适用》，2011 (2)；梅夏英、刘明：《网络服务提供者侵权中的提示规则》，载《法学杂志》，2010 (6)；孔乐乐：《网络侵权责任认定的若干问题——〈侵权责任法〉第36条理解和适用的思考》，载《法律适用》，2010 (8)。

⑱ 参见王迁：《〈信息网络传播权保护条例〉中"避风港"规则的效力》，载《法学》，2010 (6)。

⑲ 参见陈明涛：《技术提供商的版权责任分析及立法建议》，载《电子知识产权》，2010 (1)；陈明涛、汪涌：《论网络交易平台服务提供商的版权责任》，载《知识产权》，2010 (4)；何卿源：《搜索引擎服务商著作权侵权纠纷研究》，载《中南财经政法大学研究生学报》，2010 (2)。

⑳ 参见李扬：《日本著作权间接侵害的典型案例、学说及其评析》，载《法学家》，2010 (6)；叶若思、祝建军：《视频分享网站帮助侵犯著作权的认定》，载《科技与法律》，2010 (2)；王迁：《视频分享网站著作权侵权问题再研究》，载《法商研究》，2010 (1)；[美] 安德鲁·弗雷：《诉或不诉——视频分享型网站、版权侵权与共同控制的不可避免性》，载《研究生法学》，2010 (3)。

㉑ 参见刘家瑞：《论版权间接责任与直接侵权的关系》，载《电子知识产权》，2010 (1)。

㉒ 参见刘静、周颖：《侵犯著作权案件法律适用浅析》，载《山西省政法管理干部学院学报》，2010 (3)；丛立先：《论涉外网络版权侵权案件的法律适用》，载《东北大学学报》(社会科学版)，2010 (2)；姜茹娇：《论知识产权在网络环境中的法律适用》，载《法学杂志》，2010 (2)。

㉓ 参见何培育：《知识产权侵权促成性事由探究》，载《法商研究》，2011 (1)。

㉔ 参见芮松艳：《论搜索、链接服务提供行为的侵权构成要件》，载《知识产权》，2011 (1)；王迁：《搜索引擎提供"快照"服务的著作权侵权问题研究》，载《东方法学》，2010 (3)；阮开欣：《网页快照著作权问题探究》，载《电子知识产权》，2010 (6)。

作权侵权损害赔偿制度[①]，著作权侵权的归责原则[②]，涉网知识产权案件管辖权的确定[③]；有学者认为，酒店视频点播系统中提供作品的行为属于信息网络传播行为[④]；有学者从刑事法学的视角对侵犯知识产权犯罪立法的完善提出了建议[⑤]；有学者对《反假冒贸易协定》进行了深入分析，并建议我国应做好适当的相关应对[⑥]；2010年是TRIPs协定生效十五周年，有学者就中国更好地实施该协定提出了一些建议[⑦]；有学者从个案出发，探讨了“接触加实质性相似”规则[⑧]、剽窃的判断[⑨]；有学者分析了建筑作品的保护问题[⑩]；有学者则观察到了著作权案件中的“诉拆拆”现象[⑪]；有学者分析了重叠保护[⑫]、海关保护[⑬]、行政保护[⑭]、边境保护[⑮]、行政处罚与刑事处罚的衔接[⑯]、确权纠纷的法律性质[⑰]；有学者分析了美国学者关于中国知识产权执法的解释进路[⑱]。

7. 著作权限制。有不少学者分析了合理使用的性质或范围[⑲]、强制许可制度的范围或条件[⑳]；有学者认为，对于具有市场支配地位的著作权人非正当行使著作权而拒绝许可著作权的行为应适用反垄断法[㉑]；有学者探讨了国际贸易中知识产权滥用的法律规制[㉒]；有学者则分析了网络环境中的著作权权利限制[㉓]、广播组织权的权利限制[㉔]；有学者认为，知识产权穷竭原则的实质在于维护自由竞争，防止知识产权所有者的垄断，反映了物权对知识产权的限制，体现了权利滥用之禁止的法律精神，是效益

① 参见杨涛：《完善我国著作权侵权损害赔偿的计算方法》，载《时代法学》，2010（1）；刘满达、刘海林：《论网上著作权侵权损害中的法定赔偿制度》，载《学习与探索》，2010（1）；韩成军：《网络环境下著作权侵权行为的判定及损害赔偿研究》，载《郑州大学学报》（哲学社会科学版），2010（2）。

② 参见许楚旭、卢梅丽：《略论我国著作权侵权的归责原则》，载《科技与法律》，2010（4）。

③ 参见孙尚鸿：《涉网知识产权案件管辖权的确定》，载《法律科学》，2010（1）。

④ 参见亓蕾：《酒店视频点播系统与信息网络传播权》，载《科技与法律》，2010（4）。

⑤ 参见田宏杰：《侵犯知识产权犯罪的几个疑难问题探究》，载《法商研究》，2010（2）；刘科：《TRIPs协定中的刑罚措施研究——兼论中国侵犯知识产权犯罪刑罚措施的立法完善》，载《知识产权》，2010（6）；袁力：《关于著作权犯罪立法完善的构想》，载《法学杂志》，2010（1）；鲁力、潘永涓：《论侵犯计算机软件著作权犯罪中的“以营利为目的”》，载《湖南社会科学》，2010（6）；元明：《论侵犯著作权犯罪法律的完善》，载《知识产权》，2011（1）；杜芳：《论网络信息著作权的刑法保护》，载《中国人民公安大学学报》（自然科学版），2010（1）；雷山漫：《网络环境下著作权刑法保护研究》，载《法学评论》，2010（6）；张心向：《我国知识产权刑事保护现象反思》，载《南开学报》（哲学社会科学版），2010（4）；刘科、高雪梅：《刑法谦抑视野下的侵犯知识产权犯罪》，载《法学杂志》，2011（1）。

⑥ 参见陈福利：《〈反假冒贸易协定〉述评》，载《知识产权》，2010（5）。

⑦ 参见黄瑶、李燕妙：《TRIPs协议的实施与我国知识产权司法保护》，载《河北法学》，2010（6）。

⑧ 参见秦小双：《成套教材类文字作品抄袭侵权的认定》，载《科技与法律》，2010（5）。

⑨ 参见杨巧：《美术作品相似是否构成“剽窃”的认定》，载《知识产权》，2010（4）；杨利华、冯晓青：《学术不端与知识产权——以学术剽窃及其治理为视角》，载《重庆大学学报》（社会科学版），2010（6）。

⑩ 参见朱理：《建筑作品著作权的侵权判定》，载《法律适用》，2010（7）；康佑发：《建筑作品版权保护法律适用探究》，载《科技管理研究》，2010（12）；卢海君：《美国的建筑作品版权制度及对我国的启示》，载《北方法学》，2010（2）。

⑪ 参见刘友华：《从诉拆拆事件看我国版权的司法保护》，载《电子知识产权》，2010（3）。

⑫ 参见刘平：《知识产权的重叠保护与侵权责任》，载《政法论坛》，2010（3）。

⑬ 参见孙建：《对完善我国知识产权海关保护法的探讨》，载《南开学报》（哲学社会科学版），2010（5）；周阳：《试论美国海关对版权的保护及其特点》，载《世界贸易组织动态与研究》，2010（5）；张红：《知识产权海关保护的私权性及利益平衡要求》，载《政法论坛》，2010（5）。

⑭ 参见徐铭勋：《论我国著作权行政保护的特点》，载《法学杂志》，2010（2）。

⑮ 参见余敏友、廖丽、褚童：《知识产权边境保护》，载《法学评论》，2010（1）。

⑯ 参见张智辉、王锐：《行政处罚与刑事处罚的衔接——以知识产权侵权行为处罚标准为视角》，载《人民检察》，2010（9）。

⑰ 参见徐新忠：《论知识产权确权纠纷的法律性质》，载《法律适用》，2010（9）。

⑱ 参见王玫黎：《文化、机构竞争与国家能力——美国学者关于中国知识产权执法的解释进路》，载《知识产权》，2010（6）。

⑲ 参见熊琦：《论著作权合理使用制度的适用范围》，载《法学家》，2011（1）；朱理：《合理使用的法律属性》，载《电子知识产权》，2010（3）；徐惠敏：《论“模仿讽刺”作品的法律性质及合理使用原则》，载《南昌大学学报》（人文社会科学版），2010（4）；马海群、王英：《面向数字图书馆的合理使用制度改进研究》，载《法治研究》，2010（4）；刘建新：《如何破解著作权纠纷案中合理使用难题》，载《科技与法律》，2010（1）；孙山：《未上升为权利的法益——合理使用的性质界定及立法建议》，载《知识产权》，2010（3）。

⑳ 参见黄丽萍：《论著作权强制许可的适用范围和条件》，载《华南师范大学学报》（社会科学版），2010（2）；黄丽萍：《论我国著作权强制许可制度之构建》，载《广东外语外贸大学学报》，2010（4）。

㉑ 参见郭德忠：《拒绝许可著作权的反垄断法规制》，载《云南行政学院学报》，2010（3）。

㉒ 参见武长海：《论国际贸易中知识产权滥用的法律规制》，载《河北法学》，2010（2）。

㉓ 参见胡云红：《论网络环境中的著作权权利限制》，载《河北法学》，2010（1）；董慧娟：《搜索引擎商的屏蔽行为构成垄断吗?》，载《知识产权》，2010（1）。

㉔ 参见相靖：《广播组织权利限制制度探讨》，载《知识产权》，2010（3）。

原则和公平原则在知识产权法律领域具体应用的体现①；有学者梳理了美国版权滥用原则的演进②；有学者分析了知识产权请求权的限制③。

8. 新技术。不少学者都深深地关切数字时代对著作权制度的影响及应对④。Google 数字图书馆计划在国内外引起了巨大争议，有学者借机深入分析了数字图书馆⑤和“Google 侵权门”所涉及的版权问题⑥；有学者则着眼于 Google 计划的“选择退出”程序⑦及其对版权作品利益格局⑧、版权制度理念⑨的影响以及由此引出的孤儿作品的利用⑩问题展开探讨。伴随着 P2P 技术的不断发展和普及，给著作权的利用和保护提出了挑战，有学者分析了 P2P 环境下的美国版权间接责任制度⑪、P2P 网络服务的刑法规制问题⑫。“云计算”已逐渐成为当下与未来任何个人、公司或是单位信息处理的主要方式，而应运而生的新的运营模式，则对既有的著作权法体系形成了极大挑战，有学者从著作权法的视角对此进行了分析⑬；有学者则专门就著作权法上的“技术困难”⑭、技术措施⑮、技术提供者的著作权警示义务⑯、计算机软件交易引发的合同规则与版权法的冲突⑰等问题作了精深论述；亦有不少学者分析了数字出版的法律问题⑱。

9. 其他。有学者通过对版权登记行为的法理分析，研究了版权登记行为的法律属性⑲；有学者建议我国建立重大经济活动的知识产权审议机制⑳；有学者分析了我国知识产权纠纷诉讼解决的现状㉑、中国—东盟知识产权争端解决机制㉒。

四、结语

从历史实际的视野来看，中国法律史在近百年中所经历的是一再的巨变和不停的反复。从以德国（经日本）为模范的晚清和中华民国开始，到毛泽东主席时代的“反封建、反资产阶级的法律”，继而改革开放再度模仿西方的经历，确实是一个巨变的、断裂的过程，也就由此决定了中国今天的法律明显有三大历史传统，即古代的、现代革命的和西方移植的。三者在中国近、现代史中是实际存在的、不可分割的现实㉓。就包括著作权制度在内的整个知识产权制度而言，其在中国形成和发展的阶段，恰

① 参见马强、王燕：《论知识产权穷竭原则的正当性基础》，载《知识产权》，2011（1）。

② 参见林欧：《美国版权滥用原则的演进与反思》，载《科技与法律》，2010（3）。

③ 参见李扬：《知识产权请求权的限制》，载《法商研究》，2010（4）。

④ 参见刘祥国、李正生：《数字化时代中国版权制度的现状及挑战》，载《社会科学家》，2010（10）；王晶：《数字环境下版权技术保护的法律问题》，载《中国出版》，2010（11）下；熊文聪：《数字技术与版权制度的未来》，载《东方法学》，2010（1）；李瑞登：《网络版权制度功效缺失的文化因素解析》，载《知识产权》，2010（5）；徐彦冰、周玉：《新媒体版权相关法律问题初探》，载《福建论坛·人文社会科学版》，2010（8）。

⑤ 参见张平：《数字图书馆版权纠纷及授权模式探讨》，载《法律适用》，2010（1）；王兴：《论数字图书馆中的知识产权保护》，载《河北法学》，2010（6）；章晴霞：《数字图书馆著作权问题研究》，载《人民论坛》，2010（7）；陈明涛：《知识自由与信息传播：数字图书馆版权责任的反思与重构》，载《法学杂志》，2010（7）。

⑥ 参见唐仙丽：《“Google 侵权门”引发的数字图书馆版权问题思考》，载《中国出版》，2010（6）下。

⑦ 参见梁志文：《版权法上的“选择退出”制度及其合法性问题》，载《法学》，2010（6）。

⑧ 参见李静：《从“Google 数字图书馆案”谈版权作品利益格局的变化与对策》，载《广东社会科学》，2010（5）。

⑨ 参见吴玲丽：《从 Google 数字图书馆版权纠纷看网络时代版权制度的理念变革》，载《华中师范大学研究生学报》，2010（2）。

⑩ 参见董慧娟：《孤儿作品的利用困境与现行规则评析》，载《中国出版》，2010 年 9 月下。

⑪ 参见张金恩：《P2P 环境下的美国版权间接责任制度》，载《网络法律评论》，2010（1）。

⑫ 参见王锐、刘磊：《P2P 网络服务中的知识产权刑事责任问题研究》，载《知识产权》，2010（3）；郑磊：《P2P 用户侵权行为的刑事责任认定》，载《人民司法》，2010（13）。

⑬ 参见孙远钊：《初探“云计算”的著作权问题》，载《科技与法律》，2010（5）。

⑭ 参见邓峰：《从版权上的技术困难谈起》，载《网络法律评论》，2010（1）。

⑮ 参见熊琦：《论著作权技术措施的例外》，载《知识产权》，2010（6）；祝建军：《对我国技术保护措施立法的反思》，载《电子知识产权》，2010（6）；杜灵燕：《破解技术保护措施后使用软件构成侵权》，载《人民司法》，2010（2）；孙雷：《由 Real DVD 案谈技术措施保护若干问题》，载《知识产权》，2010（1）。

⑯ 参见马治国、焦和平：《复制传播技术提供者的著作权警示义务》，载《知识产权》，2010（2）。

⑰ 参见卢春荣：《计算机软件交易规则与版权法的冲突和协调》，载《暨南学报》（哲学社会科学版），2010（1）。

⑱ 参见李孝霖：《数字出版产业版权困境解析》，载《电子知识产权》，2010（1）；王青林：《数字出版物转载、摘编的法律权利探析》，载《出版发行研究》，2010（4）；王勉青：《网络出版的版权问题研究》，载《法学杂志》，2011（2）。

⑲ 参见沈世娟、戈琳：《版权登记的法律属性及其完善》，载《知识产权》，2010（5）。

⑳ 参见何炼红：《论我国重大经济活动知识产权审议机制的建构》，载《知识产权》，2010（1）。

㉑ 参见刘友华：《我国知识产权纠纷诉讼解决的现状及评析》，载《知识产权》，2010（1）。

㉒ 参见廖柏明：《中国——东盟知识产权争端解决机制探析》，载《知识产权》，2010（5）。

㉓ 参见黄宗智：《过去和现在：中国民事法律实践的探索》，北京，法律出版社，2009。

恰处在这种巨变和反复的过程之中。中国知识产权法制的百年之路，展现在世人面前的是一幅“无—有—无—有”的若隐若现、支离破碎的历史画卷。这幅画卷既从一个侧面记述了维系专制统治两千余年的中国宗法社会形态的解构过程；又从另一侧面提醒世人，用以保障中国走向现代国家之路的、新的社会体系的重构工程，将是何等的宏大、繁复，民主与法治建设的过程，又是何等的漫长、艰辛。①

遥望未来，身处这“数千年未有之变局”的国人，孜孜以求的应当是构建一个和谐的社会。而构建和谐社会的一项重要内涵就是建立法治的社会。因为没有民主就没有法治，没有民主和法治就没有社会主义，也就谈不到和谐的社会。要构建法治大厦就必须拥有雄厚的法律资源，其中包括思想理论、人才、物质等软件和硬件。② 中国的知识产权研究，应当潜心向学、永不止步，不断地向实践索取经验，从经验走向理论，以理论指导实践。只有回归实践的知识产权研究，才能从实践之思走向理论之省，从而赋予研究以政策之义。只有回归实践的知识产权研究，才能从实践之释走向理论之构，从而赋予研究以理念之光。

（作者单位：北京化工大学文法学院）

① 参见刘春田：《知识产权制度是创造者获取经济独立的权利宪章》，载《知识产权》，2010（6）。

② 参见熊先觉：《废除〈六法全书〉的缘由及影响》，载《炎黄春秋》，2007（3）。

2010年版权（著作权）论文摘编

［编者按］　本论文摘编根据2010年全国公开出版的报刊上登载的论文编辑而成，资料来源于“中国知识资源总库”。论文摘编根据论文主题分成七部分：一是著作权史；二是著作权法概述（包括知识产权法哲学）；三是著作权的对象（客体）；四是著作权的归属；五是著作权的内容（包括邻接权）；六是著作权的利用和限制；七是著作权的救济。

◆ 著作权史

关于“中国古代因何无版权”研究的几点反思

李　琛

一、研究回顾

在“中国古代因何无版权”的研究中，引入文化解释是方法上的一大特点。但是，西方汉学家基于文化隔膜对中国传统所作的一些不精确的论断也同时被承袭。而且在文化解释的过程中，以经典引证代替社会现实分析的现象比较突出，对经典的理解本身也存在断章取义的问题。

二、“中国古代因何无版权”是伪问题

通说认为，知识产权法的主要功能是鼓励创造，这个论断导致人们不关心知识产权所属的历史范畴，“鼓励创造说”的前提假定是“创造需要利益的刺激”，这是对经济学中“理性人”假设的简单平移，却忽略了“理性人”假设的有效范围。纯粹的创造是一种非理性的行为，它是人的本能，是人的生命力的组成成分。从法律技术的角度分析，如果一种社会需要的行为可以自然地产生，法律不会为其设置权利，因为权利的设置与保护需要社会成本。本能，显然是一种巨大的动力来源。因此，知识产权制度的功能从鼓励创造的角度无法得到解释。知识产权法的产生，一定是因为在创造之外别有一种需求的推动。

古代社会也被称为“传统社会”，它以农业经济、专制等级政治、简单技术、神祇崇拜、集体主义取向为一般特征，而近代社会则以市场经济、民主制度、科学进步、理性崇尚、个人主义取向为一般特征。近代的生产方式与古代最大的不同，在于前者是扩大再生产，而后者是重复的单纯再生产。为了扩大再生产，就必须有意识地在生产过程中引入新技术，因此需要有意识地刺激知识创造。随着技术的发展，发明与作品已经实际地在工业和出版业中成为产业要素，必须在这些要素上界定产权。检视现有的对“古代因何无版权”的解答，主要包括：商业不发达；中央集权；私权观念淡薄；重刑轻民；作者缺乏权利意识等。不难发现，这些总结实际上是对古代社会一般特征的描述。用古代社会的特点来解释版权不能产生的原因，等于说“因为是古代，所以不可能有近代制度”，那么这就是正常现象，而不是“问题”。

在知识产权法中，作者的利益附属于产业利益。他们提供了原料（作品），也充当着权利的起点，起点的意义主要是为了权利交易的便利（所以著作权人和作者是两个不同的概念）。法律不可能绕过作者而直接保护出版商，因为作品的提供乃是出版产业的起始环节。与产业发生关联之后的创造演变成“制造”，“制造”是经济学研究的对象，“不获利则不创造”的经济学假设只适用于“制造”。经济学者如是解释知识产权制度的必要性：“任何创新都意味成本太大便不可能发生，直到私人收益率增长到足以使冒险活动值得一试为止。”很明显，这里的“创新”就是一种产业活动，因为要考虑“成本”，这不再是纯粹的人类天性所趋的非理性的创造活动，而是理性的经济活动。这句话恰恰推翻了鼓励创造说。

三、对文化解释的几点批评

批评如下：（1）文化解释虽有其学术价值，但绝不可夸大其解释力。忽略对产业利益的分析，把作者观念称为“我国古代未能产生著作权制度的直接和主要的原因”，就是一种过分的夸大。（2）不少法学研究者在文化解释中把儒家文化作为中国文化的典型，这一点无可厚非，因为儒家在中国确实影响深远。但对于版权史研究而言，儒家在多大程度上会影响版权调整的社会关系才是重点。（3）在法制史研究中，经典论述绝不可以作为"孤证"。

四、结论

把"中国古代无版权"当作一个问题、并侧重从文化角度给出答案，是欠缺说服力的。版权制度的真正功能是维系作品与资本的结合，后者属于近代的产业结构。"中国古代因何无版权"是一个伪问题。

（摘自《法学家》，2010（1））

知识产权制度是创造者获取经济独立的权利宪章

刘春田

论文从哈佛大学安守廉教授的《窃书是雅罪》出发，分析和思考了中国知识产权界应当长期思考和认真研究的四大问题，提出了中国知识产权界学者应有的使命，如下：

一、四大发明的故乡中国为什么没最早出现知识产权制度

古代中国，既没有形成工业化的生产体系，也未出现与之相适应的生产关系和上层建筑，更不曾形成有独立经济地位和诉求的创造者阶层。"虽然中国很早就发明了活字印刷术，但始终未能脱离手工劳动方式，近代铅活字机器印刷技术是从西方输入中国的。"中国发明的以胶泥等材质为活字构成的手工印刷术与西方铅字平板机器印刷技术，分属不同的生产方式。这种生产方式能否催生出市场社会中出版商、工人和作者这三个独立的经济主体，令人存疑。所以，要为中国是否在唐宋时代就存在过著作权制度作出理性、科学、令人信服的说明，乃至于解释生产能力曾长期领先于世界的中国何以没有首先出现知识产权制度，都是一项艰巨、长期的任务。

二、恰当处理意识形态与发展文化产业的关系

恰当处理二者的关系，为知识产权制度开辟合理的发挥空间，才能促进社会物质生产与文化生产的平衡发展。改革开放的核心任务是解放生产力。未来的竞争是技术、文化创新能力的竞争，为此，必须调整与生产力发展不相适应的制度与观念。此外，立法技术的瑕疵也会破坏法律的系统性，成为影响文化产业发展的原因。

三、创造与劳动的关系

初步研究认为：创造既不属于剥削，也不隶属于劳动。创造是一个与二者并列的，或许是更为重要的概念。按照马克思的观点，就劳动成果而言，无论劳动方式的差别大小，劳动的技术含量高低，劳动复杂程度如何，在质上，无一例外是人类无差别的智力与体力的综合支出的凝结；在量上，是劳动产品所需要的社会必要劳动时间。反观创造，截然不同。创造与劳动之间，不同的创造之间，都是异质的，不具可比性。在经济价值上，相互之间没有可以交换的共同基础，不可通融。创造成果是唯一的，创造不可再现。创造不是一种技艺，无法再现。创造成果本身无价值，却有使用价值。

四、中国知识产权学者的遗憾

知识产权与工业文明一样，都不是中国的固有文化，却与后发的中国工业文明历史形影相随，相继发生，这是不可抗拒的历史逻辑。令人尴尬的是，帮助中国人厘清知识产权制度历史脉络的第一部有影响的学术著作，却出自哈佛学者之手。反观中国，读者若想对知识产权问题借鉴本土的著作，却不见端倪。历史研究的目的，在于借古省今，为未来指明方向。为无憾于当代，不愧对后人，希望看到中国人自己书写的中国知识产权法律史。这是学者的使命。

（摘自《知识产权》，2010（6））

《大清著作权律》关键词辨析

韦　之

《大清著作权律》制定于清朝末期宣统二年（1910年）11月，颁布满三个月起施行，辛亥革命之后仍沿用数年。该法作为中国历史上第一部成文的现代著作权法，也是第一部单行的知识产权法，在法制史上占据特殊的地位。下文试对《大清著作权律》中的若干关键术语进行分析。

一、著作权

《大清著作权律》名称中即用"著作权"一词，原因是该法制定时以1899年的《日本著作权法》为蓝本。该用法对后世影响深远，无论民国或新中国的法律都用"著作权"一语。《大清著作权律》对"著作权"的定义，"凡称著作物而专有重制之利益者，曰著作权。"（第一条）意即专有复制的权利。《大清著作权律》所谓"著作权"仅仅是财产权利而未包括人格权利；不仅如此，即使是财产权，也仅指其中的复制权而已。

二、著作物

《大清著作权律》第一条第二句规定："称著作

物者，文艺、图画、帖本、照片、雕刻、模型等是。”严格地说，这并不是定义，而只是一种未穷尽的举例。若依字面含义，著作物当指著作与物体之结合，前者为精神成果，后者为其承载物，缺一不可。

三、注册

注册即将著作物样本呈交管辖官府（具体而言即民政部）登记备案（第二、三条）。“著作物经注册给照者，受本律保护”（第四条）。即注册是权利受保护的必要条件（又见第三十、三十三条）。

四、权利期间

权利期间是《大清著作权律》第二章的标题，该词并未出现在条文中。除了权利期间法典还使用“著作权期限”（第二十二条）和“年限”（第二章第一节标题，第一十一条等）表达相同含义，即权利存续的时间限度。依第五条，“著作权归著作者终身有之；又著作者身故，得由其继承人继续至三十年。”也就是著作者有生之年加死后三十年。

五、署名

如前所述，《大清著作权律》并不明文保护著作人格权，其中也无署名一词。《大清著作权律》关于署名的具体内容包括如下诸项：（1）著作者（无论为组织或自然人）均得决定署名或不署名发行著作；（2）数人合作著作的也不能强求某一著作者署名；（3）禁止变更、隐匿他人著作上之署名，“但经原文作者允许者不在此限”等等。

六、假冒

“假冒”一词在法典后半部分（具体而言从第三十三条至第五十四条之间）反复出现，但却没有关于它的具体内涵的定义。若仔细推敲，可以感到《大清著作权律》的立法者是将“假冒”作十分广义的理解的，实际上已经相当于“侵权”一词。“假冒”一词在后世的著作权法中逐渐消失，更多地被用在专利与商标领域了。

七、共同著作

《大清著作权律》第六条规定了共同著作的权利归属，即著作者共同所有；著作者死后由其继承人分别继承。共同著作在法典中又被称为“数人合成之著作”，第二十四条规定，如有某著作者不愿发行，则分如下情形处理：著作可以分别利用的，便将该作者完成的那一部分排除；若著作不能分别利用，则由其余作者给该作者相应报酬，从而共同取得他那一部分著作权。另外，第四十五条规定，共同著作之权利受侵害时，权利人之一即可径自呈诉，请求赔偿自己所受损失，而不必等候全体权利人达成共识。

八、新著作

如前所述“著作”一词屡见不鲜，而“新著作”仅在《大清著作权律》中出现一次而已。第二十九条规定：“就他人著作阐发新理，足以视为新著作者，其著作权归阐发新理者有之。”该条的价值在于无形中明确了演绎创作的一个边界，即当被采用的他人著作仅仅在很有限的程度上被使用时，加工者完成的成果就不再是演绎著作，而应被视为一项完全独立的成果，产生完整的著作权。

（摘自《电子知识产权》，2010（11））

◆ 著作权法概述（包括知识产权法哲学）

论民法基本原则在知识产权法上的应用

齐爱民

一、平等原则及其应用

所谓平等原则，也称为法律地位平等原则，是指当事人在民事活动中的地位平等。平等原则是私法根本特征的集中反映，知识产权法应贯彻平等原则。首先，从客体角度看，就是对“知识财产”和“物”等财产在法律上平等对待。所有财产同等保护原则是财产法的基本原则。其次，在知识产权主体方面，法律对待知识产权人的相对人及侵权人之间的关系上，也坚持了平等原则，即无论是知识产权人，还是相对人，还是侵权人，其法律地位一律平等。第三，在权利保护方面，尤其是保护在先权利等方面，也坚持了平等原则。

二、自愿原则及其应用

自愿原则，是指民事活动应当遵循自愿的原则。自愿原则是以平等原则为前提的，是当事人内心意愿在法律上的确认。自愿原则在知识产权法上的应用主要表现在：第一，从知识产权的获得角度看，知识产权的获得和享有贯彻了自愿原则，如商标注册（以自愿原则为主）和专利权申请、作品是否发表等方面均贯彻了自愿原则。第二，在知识产权行使上贯彻了自愿原则。知识权人如何行使知识产权，选择出资、融资和许可、转让等何种方式，都出于权利人的自愿，任何个人和单位均不得干涉。

三、公平原则及其应用

公平原则，是指民事活动应当遵循公平的原则。公平原则是正义和衡平理念在私法领域的体现。在知识产权实践中，公平正义价值取向也具有重要意义。公平原则在知识产权法上的应用主要表现在：

知识产权法赋予所有人对其创造的知识财产享有知识产权的均等机会以及行使知识产权的机会。

四、诚实信用原则及其应用

民事活动应当遵循诚实信用原则。在民法上，诚实信用原则是指民事主体进行民事活动应诚实、守诺、善意、不侵害他人与社会的利益。我国现有知识产权立法均未明确规定诚实信用原则，但是在具体制度的设计上对该原则均有体现。

五、合法原则及其应用

私法中的合法性原则主要是指遵守强制性法律规范的原则。民事活动必须遵守法律，法律没有规定的，应当遵守国家政策。私法贯彻自治原则，当事人可以通过协商的方式改变法律规范的内容和效力。但是，当事人对私法规范的改变仅限于私法中的任意性规范，私法中的强制性规范（包括禁止性规范）不允许当事人变更。合法原则在知识产权法中的应用主要体现在以下三个方面：首先，知识产权确权。其次，法律规范的属性。最后，合法原则与知识产权行使。

六、公序良俗原则及其应用

公序良俗可以分为“公共秩序”与“善良风俗”两个方面。所谓“公共秩序”是指国家社会的存在及其发展所必需的一般秩序；“善良风俗”是指国家社会的存在及其发展所必需的一般道德。在我国，许多学者看到公序良俗原则在知识产权法领域的重要作用。知识产权的行使，除法律规范和政策规定以外，必须尊重公序良俗。

（摘自《电子知识产权》，2010（1））

论二元知识产权体系

齐爱民

一、我国现行法确立的知识产权体系及其缺陷

知识产权是人们在发现著作权、商标权与专利权这三种表面看似互不相关但却有着某种共同属性的现象后，抽象而成的一个法律概念。知识产权这个到了现代社会才被立法承认的概念与历经数百年的物权制度无法匹敌。迄今为止，世界各国都在使用知识产权这个概念，但都没有认真对这个概念做出起码的立法界定，更谈不上自觉建立知识产权的权利体系。《中华人民共和国民法通则》确立的“一元知识产权体系”和《中华人民共和国物权法》（以下简称《物权法》）确立的“知识产权＋担保物权”体系都有比较明显的弊端。

二、“二元知识产权体系”理论之提出

《物权法》把知识产权与物权同视，却未建立“权利用益权”和完善的“知识产权担保权”制度，这实际上等于描述了知识产权体系的光明前景，但却未建立体系化的具有可操作性的制度。借鉴《物权法》上“完全物权—定限物权”二元结构划分机理，构建“二元知识产权体系”。所谓“二元知识产权体系”是指立法确立的由完全知识产权和定限知识产权构成的知识产权体系。以公式表示，二元知识产权体系＝完全知识产权＋定限知识产权。这种体系划分的实质是以客体归属为标准对知识产权进行分类，将知识产权划分为完全知识产权和定限知识产权两大类。完全知识产权是指对自己的知识财产享有的知识产权，定限知识产权是指对他人的知识财产享有的知识产权。从设立目的的角度对定限知识产权可进行进一步分类，定限知识产权又被分为用益知识产权和担保知识产权。完全知识产权和定限知识产权的关系如下：首先，从派生关系看，完全知识产权派生定限知识产权，即无完全知识产权则无定限知识产权。其次，从效力关系上看，定限知识产权是对完全知识产权的限制，这种限制体现了定限知识产权存在之制度价值。定限知识产权，无论是用益知识产权还是担保知识产权，其权利人行使权利必然限制完全知识产权人的权利，而定限知识产权人行使权利并不受完全知识产权的限制，只需在法律规范的授权范围之内进行即可。

三、“二元知识产权体系”之比较优势

相较于“一元知识产权体系”和“知识产权＋担保物权”体系而言，“二元知识产权体系”具有以下比较优势：（1）构建科学的知识产权权利体系，统摄和规范具体知识产权；（2）为知识产权法定原则的贯彻奠定制度基础；（3）平衡许可人和被许可人之间的利益关系；（4）为制定知识产权法典奠定理论基础。

四、“二元知识产权体系”的基本内容

“二元知识产权体系”的基本内容，即知识产权权利体系由完全知识产权和定限知识产权构成。

（摘自《法商研究》，2010（2））

知识产权请求权的限制

李　扬

一、问题的提出

根据美国“易趣（eBay）案”的判决，可以认为当英美法系中所讲的权利人的永久性禁令请求，亦即大陆法系国家所讲的停止侵害请求，会侵害公共利益或给被告造成重大损失时，其请求不能得到支持，而应当以使用费替代。我国亦有类似判决。由此而引出本文。

二、平衡知识产权保护与利用的方法

知识产权立法目的有二：一为足够多的知识被生产出来；二为促进知识的利用。为实现第一目的，必须在知识上设立具有排他性的权利。但此种设权将会对实现第二个目的带来不利影响。为了解决权利保护与知识利用之间的两难问题，立法者不得不选择相对缓和的所有权方法。所谓相对缓和的所有权方法，即法律首先肯定知识产权的排他性，让知识使用行为受制于权利人的排他权，然后规定一些限制排他权的例外情形。

三、知识产权请求权限制的一般方法

就目前世界各国知识产权法的规定来看，这些方法主要包括：合理使用、强制实施许可、法定实施。

四、知识产权请求权限制的新方法

在单个知识产权效率难以确定、知识产权对他人自由的妨碍非常明显且确定，而沉没成本理性又迫使立法者或司法者应当正视公平追求的情况下，可以得出的一个结论是：立法者和司法者没有理由在任何情况下，都绝对维持知识产权的排他性。至少在下述特别情形下，立法者应当明确规定在上述合理使用等现有方法之外，对知识产权人停止侵害的请求权作出特别限制。这些特别情形包括：(1) 公共利益受损害的情形；(2) 利用者主观上没有过错且停止利用将遭受重大损失，而知识产权人没有损失或损失很小的情形；(3) 利用者虽然有过错但过错程度较小，停止使用知识产权人权利控制的知识将使其遭受重大损失，而知识产权人也有过错，利用者不停止使用不会使其遭受重大损失或损失较小的情形。

五、知识产权请求权限制新方法的立法选择

我国《计算机软件保护条例》第三十条规定："软件的复制品持有人不知道也没有合理理由应当知道该软件是侵权复制品的，不承担赔偿责任；但是，应当停止使用、销毁该侵权复制品。如果停止使用并销毁该侵权复制品将给复制品使用人造成重大损失的，复制品使用人可以在向软件著作权人支付合理费用后继续使用。"该规定可以借鉴到知识产权法整个领域之中。在各个知识产权特别法有关停止侵害请求权的条款中，通过"但书"的形式规定："……但是，侵权行为人停止使用侵权产品损害公共利益，或者侵权行为人停止使用侵权产品将遭受重大损失，权利人没有损失或者损失很小，而且侵权行为人没有主观过错或者权利人也有过错的，侵权行为人可以在支付合理的使用费后继续使用。"

（摘自《法商研究》，2010 (4)）

著作权正当性的危机与出路

刘铁光

一、著作权正当性的养成

我国对权利正当性研究的学者认为权利的正当性来源于社会的普遍认同。只有权利人的著作权能与其他所有人的自由并存的时候，才符合"权利人的著作权必须与社会公众的言论与创作自由并存的"基本法则。只有立法对著作权的保护范围作出清晰的界定，使其能与其他所有人的言论与创作自由和谐共处，其才能获得社会的普遍认同。在著作权诞生过程中，经过思想与表达的区分、合理使用与期限等制度的洗礼，"权利人的著作权与所有他人的自由获得了并存"，从而使著作权的正当性逐渐养成。公众的言论、接触作品与创作的自由、不直接针对消费者构成著作权正当性的应有内涵。

二、著作权正当性危机及其表现

当对一种权利的侵犯不再受到来自侵权者自身与其道德共同体谴责的时候，该权利的正当性本身应该受到质疑。随着网络数字技术的广泛应用，作品使用方式发生了颠覆性的变革，著作权已经失去或正在失去这种社会普遍认同的正当性，从而遭遇正当性危机。在当今著作权框架下，著作权成为控制消费者的工具，同时也限制了创作自由与网络技术的进步，乃至无关作品传播的加密科研成果的发布，这完全脱离了复制时代著作权所具有的社会认同的正当性基础，使著作权陷入了正当性危机。

三、著作权正当性危机的根源

著作权正当性危机的根源有二。(1) 新生的著作权与正当性论证理论的不匹配。现代著作权法学者对著作权正当性的论证，依然采用 17—18 世纪经典著作中所提供的人格理论、劳动理论与功利主义论证当今完全扩张了的著作权的正当性。然而，时过境迁之后，依然用这些理论支持早已"从一个小树苗长成参天大树"的当代著作权已不再适用。(2) 利益集团主导著作权国际、国内立法。当今著作权正当性论证理论陈旧只是说明当今所新生出的著作权权利没有得到充分的理论论证。而之所以没有得到充分的理论论证，根源于全球范围内，利益集团主导的著作权立法与修法，使如此迅速扩张的权利都来不及经过正当性论证，就已经赫然在法定权利之列了。

四、著作权正当性的出路

我们应该在《著作权法》第二次修订到来之前，完成应具有正当性的著作权体制的构建。具体包括：以充分的正当性论证作为将新的客体与权利纳入著作权保护的前提；构建以维护创作自由、网络数字技术的发展以及不以消费者为直接控制对象的著作权及其权利限制制度。公众的创作自由与网络技术的发展都不是著作权应该打击的对象。著作权每新加一项权利或受保护的客体，都应该仔细斟酌这种增加对公众创作自由的影响，如何对新增加的权利进行限制而不致阻碍公众的创作自由和网络技术的发展，这是著作权法应该坚持的一项原则。无论是数字盗版问题，还是音乐公开播放的收费问题，著作权都不能直接控制消费者。只有这样，才能维持公众对著作权的情感，才能使公众保持对著作权的尊重。

五、结语

伴随着利益集团的权利主张与利益诉求，著作权偏离其正当性而成为控制消费者的工具与创作自由、网络技术发展的障碍，使公众对著作权侵权行为心安理得或漠然视之，使著作权已经或至少正在步入正当性危机。因此，应该坚持著作权必须符合康德的“权利的普遍法则”原则，著作权应该与其他所有人的自由并存；应该坚持著作权每新增一个客体与权利，都应该进行充分的正当性论证；应该坚持权利的确立与限制并行，坚持权利不直接控制消费者、不阻碍创作自由与网络技术的发展。

（摘自《法制与社会发展》，2010（2））

版权制度的后现代反思

熊文聪

有关版权的正当性争议，本文无意一一介绍，而仅以后现代主义为视角，对此作一番探讨。

一、对“进步”的再认识

可以说，促进社会进步是版权法乃至整个知识产权制度的价值核心。但在后现代主义学者看来，人类社会并非直线向前发展，而是迂回往复、循环渐进。同时，在后现代语境下，知识是不确定的、非连续的。知识不是静止的物，而是以创造—利用—再创造为循环的动态过程。如果版权法的目的在于鼓励创造，而不是单纯鼓励积累的话，就应该赋予创造者更多的自由，特别是获取和利用已有知识的自由。知识的获取与利用是一种基本人权，比激励知识积累及财富增长更为重要。以往我们过于看重版权法的经济价值，却淡忘了更为基本的宪政目标——通过促进知识共享实现人类的幸福。

二、言论自由对版权的限制

将作品视为作者的独立创作物，进而获得财产权的保护，与欧洲文艺复兴时期的私权神圣观念及个人自由主义紧密相关。现代主义把自由看成做自己喜欢的事的能力，而后现代思想家则认为这种大写的“自由”是一种幻觉。为实现集体协同，就必须保证平等、多元的对话机制，这无疑依赖于言论自由。然而，言论表达难免不涉及他人享有版权的作品，这就在版权与言论自由之间形成一种微妙的张力。美国法院通过一系列判例形成了一条裁判原则：出于公益考量，必须限制版权以维护言论自由。

三、基于共识的正当性

在后现代学者看来，正当性不是来自某种特定的原则，而是来自作出原则决定的程序。如果每个人的评价都能够通过一定程序平等地表达出来，所有的意见能够在同一平面上相互协调而构成最终的判断和决策，这种结果就是可接受的、正当的。如此看来，人们之所以接受某种法律，并把它看做是正当的，是因为该法律是在人们相互商讨中产生的，是由他们自己参与和制定的。作为利益相关者，读者应享有与出版商等利益集团平等协商的机会和资格，并且各种民间组织的存在为此提供了可能。

四、结语

从现代主义到后现代主义表征了一场广泛的文化和观念变迁，而法律的一个主要功能就是保持“与建立在其中的社会文化与基本公规的一致”。版权制度要想获得公众的理解和尊重，就必须回归共同体的生活实践，而当前最缺乏的就是人们普遍遵循的作品使用自治规范及由此建立起来的公共伦理，一些民间组织正在积极地朝这个方向努力。正如学者所云，“法律制定者如果对那些会促进非正式合作的社会条件缺乏眼力，他们就可能造就一个法律更多但秩序更少的世界”。

（摘自《电子知识产权》，2010（4））

“知识创作物未保护领域”之思维模式的陷阱

［日］田村善之

一、前言

“知识创作物未保护领域”之类的说法背后大致预设了下列三个前提：一是存在知识创作物这种“物”；二是这种知识创作物本来就是创作者创作的“物”，如果不加以保护的话，就会出现所谓未保护的知识创作物的问题；三是进行保护的话，必须采用保护知识创作物的法律形式。本文将对这三个前提提出质疑。

二、寻求“知识创作物保护”的新理论

（一）存在作为知识创作物这种“物”吗

所有权虽然是对有体物的权利，但实际上仍然是对于人们利用行为的权利。从规制特定有体物利用行为的权利这点上来看，所有权和知识产权并没有什么不同。只不过正如 Peter Drahos 先生指出的那样，最大的不同在于，在所有权的情况下，人们考虑所有权的问题时，特定的有体物和物理性接触的利用行为是权利的内容，由于具有这种概念上物理性存在的有体物作为中心的焦点，所有权就不会超越此限被无限扩大。当有扩大的倾向时，就会有诸如“被质疑这样会不会不再是所有权了呢”这样的概念上的限制。也就是说，此时对他人行为进行广泛制约的情形会受到来自概念上的抑制。另一方面，知识产权并没有上述类似于物理性刹车器的焦点。即在权利的设定方式上没有限定，能够人为地创设广泛制约他人行为的权利。因此，虽然对有体物的所有权也同样是对人们行为的制约，但在知识产权的情况下，相对于有体物来说必须更加注意的原因就在这里。

（二）是否存在知识创作物未保护的情形

对“是否存在知识创作物未保护的情形”这一命题笔者做出的回答是，不会存在知识创作物未保护的情形，即使不保护也没关系。假使因为某种理由——比如以激励理论上存在问题等理由——需要对于知识创作物进行法律保护，这种情况是否必须以知识创作物的法律保护的形式进行规制呢？下面将对该问题进行讨论。

（三）存在除法律以外的保护知识创作物的方法吗

首先，通常并非必须对知识创作物的利用行为进行规制。如前文所述，知识创作物本来只是在观念中存在的东西。这也与 Nari Lee 先生揭示的问题相关。即使是希望对存在于观念中的东西进行直接规制，最终也只会落空，因此规制的时候必须在与有体物质世界相联系的点上，寻找被称为连结点（connecting point）的地方，在这个地方进行法律规制。其次，规制手段非常多样化。一般说到知识创作物的未保护问题时，关于其解决方式似乎都只会想到法律的保护。但是作为规制的手法，应该有市场、立法、行政、司法多种选择途径，因此应该依照各自的特质进行选择。

三、具体法制度设计的方向

（一）市场的活用

不应该突然在立法上进行跨越，而应该活用市场。关于市场活用的方法，也存在着不介入类型的活用方法，即使在做出了不得不介入的判断的情况下，也可以选择不将创作物的利用行为作为连结点来进行规制。

（二）司法的活用

首先，从程序正统化的观点看待司法的意义。其次，怎样的情况下才允许司法介入，这将根据裁判所进行解释的方向性不同而有所差异，笔者认为应该可以依两种标准进行考虑：第一重标准是向限制知识产权的方向解释。当分散的个别的利用行为者的利益保护存在问题时，由于这是法政策形成过程中难以体现在立法中的利益，因此期待通过司法将这类利益纳入到保护范围。第二重标准是向强化知识产权的方向解释。当相对少数者集中的利益保护存在问题时，该利益如果是必要的话迟早会通过法政策形成过程被纳入到保护范围，因此委任给法政策形成过程即可。

（摘自《法学家》，2010（4））

◆ 著作权的对象（客体）

表达的实质与表达的形式

——对版权客体的重新解读

卢海君

一、“表达的实质”与“表达的形式”的概念的提出

思想的“表达”可以分为两个层面：其一，是“表达的实质”（“思想中的表达”）；其二，是“表达的形式”（“符号化的表达”）。前者是版权保护的

“实质”，后者是版权保护的“对象”。具体包括以下两点：作品的创作过程反映了“表达的实质”与“表达的形式”的区分；作品的固定性要件表明了“表达的实质”独立于“表达的形式”的存在。

二、“表达的实质 vs. 表达的形式”两分法与“思想 vs. 表达”两分法之间的关系

“表达的实质 vs. 表达的形式”两分法不同于“思想 vs. 表达”两分法。首先，“表达的实质”不是“思想”，而是“表达”的一种客观存在形式；其次，区分“表达的实质”与“表达的形式”，不是为了区分“版权法不予保护的客体”与“版权法予以保护的客体”，而是对版权法予以保护的客体“表达”作出更进一步清晰的认识，在“符号化的表达”之背后指出有“实质性的表达”的存在。

三、“表达的实质 vs. 表达的形式”

通常意义上的受版权保护的“作品”指的是“表达的形式”，而作品的“载体”指的是承载这些“表达的形式”的介质；“作品”是版权法的客体，“载体”是所有权的客体。“表达的实质”经过“符号化”成为“表达的形式”，“表达的形式”往往借助一定的“载体”或“介质”成就一种可以识别的状态，不管人们识别该作品的方式是什么。也即不论是通过听觉还是视觉，只要“表达的形式”成为一种“可以被识别”的状态，其就可以成为一种适格的财产，就可以获得著作权的保护。

四、“表达的实质 vs. 表达的形式”两分法提出的理论意义与现实意义

意义如下：(1) “表达的形式”与“表达的实质”的区分有利于论证演绎权的合理性；(2)“表达的实质”与“表达的形式”的区分有利于正确认识软件作品的实质；(3)“表达的实质”与“表达的形式”的区分有利于正确认识建筑作品的实质。

五、结论

虽然版权法只保护固定在有形表达载体上的表达，但表达在思维中已经存在，只不过版权法为了兼顾各方面的利益，也是基于法律技术的考虑，规定仅仅处于思维层次的表达并不能受版权保护。“表达的实质”与“表达的形式”这一组概念的提出，有利于更加清晰地认识版权的客体。这种新的认识并不是要颠覆现行版权法制度，要求版权法将保护的触角延伸到“思想中的表达”，即在“表达的实质”还没有上升为“表达的形式”的时候就受到版权保护。这一理论概念提出的意义重在对作品进行更为清晰的认识，确定两部作品或多部作品之间是否具有“同一性”，从而在作品版权保护范围及作品与作品之间关系的界定方面得出更为正确的结论。

（摘自《知识产权》，2010 (4)）

作品概念的科学建构及其在著作权法上的意义

王　坤

一、科学建构作品概念

作品是一种具有精神功能的符号组合，也是一种由各种存量知识要素和增量知识要素有机构成的系统。与之相对应，商标是一种具有实用销售功能的符号组合，发明等则为具有实用技术功能的符号组合。这三种知识产权对象的上位概念均为符号组合，区别仅仅在于其发挥的功能不同。因此，我们可以通过属加种差的方式对各种具体的知识产权对象进行界定，建构一以贯之的知识产权法学概念体系。另外，同商标、发明等知识产权对象一样，作品是一种由各种存量知识要素和增量知识要素有机构成的系统，这就使得我们可以从作品的内在构成要素上研究著作权法上的其他概念和制度，凸显作品概念的科学建构在著作权法上的意义。

二、作品概念的科学建构在著作权法上的意义

作品概念的科学建构可以有如下意义：(1) 有助于分析作品的独创性；(2) 有助于确定作品著作权的保护范围；(3) 有助于界定表演者权的性质；(4) 有助于确定邻接权与著作权之间的关系；(5) 有助于确定作品之间的关系。

三、结语

本文基于符号学、信息学和系统论的视角，认为作品是一种发挥精神功能的符号组合，也是各种存量知识要素和增量知识要素构成的系统。这样的建构使得作品概念有着一定的支撑理论，也有着实在的内容，有助于我们分析著作权法上的其他概念和制度，探讨作品与商标、发明等知识产权对象之间的关系，从而推动知识产权法体系化进程。

（摘自《知识产权》，2010 (6)）

浅议民间文学艺术作品的著作权保护

郭　禾

所谓民间文学作品，曾经被联合国世界知识产权组织界定为：由身份不明但被推定为某特定国家国民的，从该国族群的特有传统形式演变而来的文学或艺术作品；该作品世世代代为该土著族群中的身份不明者创造、传承、发展。本文认为，以著作权法保护民间文艺表现形式或民间文学艺术作品的模式是一种舍本逐末、急功近利的方式，不利于我国的长远利益的实现。理由如下：

一、社会缺乏采用著作权制度保护民间文学艺术作品的迫切性

1990年我国《著作权法》由全国人大常委会通过。二十年过去了，时至今日国务院仍然没有按照《著作权法》的规定另行颁布关于保护民间文学艺术作品著作权的行政法规。长达二十年的时间里一直没有制定出相关规定，但社会生活居然相安无事。这从一个侧面反映出采用著作权制度保护民间文学作品的需求并不迫切。据不完全统计，在最近二十年的时间里，我国司法实践中真正意义上的关于民间文学作品的著作权纠纷仅有《乌苏里船歌》一例。

二、以著作权法保护民间文学艺术作品不利于中国传统文化的传播

中国要提高在国际社会中的地位，除了发展本国经济，更为基础的做法就是广泛地传播中国传统文化或思想。这对我国乃至世界整体利益是有益的。国家投入巨资在世界各地创办了数百所孔子学院，其目的之一就是要传播我国的传统文化思想。若采用著作权这种私权保护模式来保护民间文学作品，势必会在一定程度上妨碍中国传统文化的传播。

三、保护民间文学的做法与知识产权制度的目的相悖

著作权制度作为知识产权制度的一种，其目的在于鼓励创新。但保护民间文学作品的做法显然是在鼓励人们躺在先人的身上吃祖宗饭。若对民间文艺作品给予著作权保护，则是将已经进入公有领域的作品又拉回到专有领域中来。这种做法不仅不符合人们的正当性观念，而且完全违背了设立知识产权制度的目的。

四、采用著作权法保护民间文艺不利于解决民间文艺失传的问题

从我国国内有关民间文学作品保护的调研情况看，我们所面临的主要问题并不是反映在民间文学艺术的著作权保护上，而是面临失传的威胁。而著作权乃至整个知识产权所保护的对象，应当是在市场中能够给使用人带来利益的技术或作品。这种保护方式显然与面临失传的民间文学艺术格格不入，即民间文学作品的传承要求更多的人了解并能使用它，而知识产权制度则是禁止他人随意使用。

综上所述，以著作权模式保护民间文学艺术作品的做法与我国的长期利益不符，且在制度设计上缺乏正当性，也不符合解决目前民间文学传承问题的需求，故国家没有必要专门制定以著作权法保护民间文学艺术作品的行政法规。

（摘自《国际商报》，2010年7月21日）

论影视作品的法律关系

曲三强

影视作品是电影和电视类作品的统称，是指摄制在一定介质上，由一系列有伴音或无伴音的画面组成，而且这些画面的衔接与声音的衔接必须表达出一定的思想内容，并且借助适当装置放映或者以其他方式传播的作品。

一、影视作品作者与著作权人的法律关系

影视作品作者与影视作品著作权人分属不同的法律概念，影视作品作者是实际参与创作活动的自然人；影视作品的著作权人由法律推定而来。在如何对待影视作品著作权归属的问题上，现行法律制度的倾向性是非常明显的：一是在没有对影视作品著作权作出保留约定的情况下，推定由影视制片人享受制度上谋取利益的权利；二是以影视作品著作权归属电影制片人为前提，通过契约的形式解决影视作品著作权的归属和使用。从制度设计的角度将影视作品的经济权利统一划归给制片人所有，这样的原则符合世界各国的立法现状，而且，在这样的制度前提下，影视创作者还完全可以借助合同方式来谋求自己经济利益的保障。

二、影视作品与基础作品的法律关系

影视作品是特殊的演绎作品，它相对独立于基础作品。在2001年《著作权法》的框架之下，虽然影视作品仍旧被视为是一类演绎作品（或衍生作品），但是，其相对独立于基础作品（原作品），不能完全同其他一般演绎作品等量齐观。

三、整体影视作品与可以单独使用的作品的法律关系

作为整体的影视作品，与其相应的著作权经由立法推定直接授予给影视作品的制片者，采取这样一种制度性安排的目的是充分考虑到影视作品的自身特点以及影视作品的传播和市场化利用的需要；但是，考虑到精神权利不允许转让的特点，2001年《著作权法》对影视作品的署名权还是作出了原则性规定，即编剧、导演、摄影、作词、作曲等作者享有署名权，并且要求影视创作者在行使署名权时应当遵守诚实信用原则。

四、影视作品与后续演绎作品的法律

影视作品不仅来源于原始作品，而且还相对独立于原始作品，属于著作权法意义上的独立作品。虽然影视作品是在原始作品的基础上衍生的，但是，同原始作品一样，其拥有独立的著作权或邻接权。在这种前提下，后续演绎者把影视作品作为一个整体作品进行再演绎时，只需要征得影视作品著作权人的同意，而不必再征得原始作品著作权人的许可，除非这种演绎并非是针对影视作品而是针对原始作品而进行的。

（摘自《知识产权》，2010（3））

论“春晚”在著作权法中的定性

王　迁

一、“春晚”不是“电影作品或以类似摄制电影的方法创作的作品”

“春晚”是由若干个独立节目组合而成的，这些节目的内容（包括音乐的词与曲、小品的对白和舞蹈的动作设计等）和现场表演的视听效果（包括歌星的演唱、小品演员的动作和声音、舞蹈演员的舞姿等），在入选“春晚”之前就已基本确定了。在这一过程中，央视对每一个节目在内容和表演视听效果上所起的作用是有限的。尽管在直播单独的节目时，会有摄像机机位的选择和镜头的切换，但这种选择和判断难以达到大陆法系国家对独创性的要求。因此，如果将“春晚”以节目为单位进行切割，针对每一个节目的个别录影不可能构成影视作品，而是比较典型的录像制品。

二、将“春晚”定为影视作品将严重影响各节目权利人的利益

如果将“春晚”定为影视作品，即使他人对组成“春晚”的各个节目进行了分别使用，这些节目的权利人也无法获得任何许可费，这对各节目的权利人显然是不公平的。所以，不应当将“春晚”定为影视作品。

三、“春晚”应被认定为汇编作品

“春晚”由几十个节目组合而成，每年希望入选“春晚”的节目不计其数，而“春晚”的导演必须从其中精选出最优节目，这一过程一方面涉及对节目独创性的选择，因为不同的人面对同样的备选节目会作出不同的选择，其类似于杂志社的编辑在来稿中进行的独创性选择。另一方面，“春晚”导演还要精心安排节目的先后顺序，而不同的人在对相同数量和内容的节目安排先后顺序时，得到的结果也有所差异，说明这一编排过程也能体现个性，具有独创性。此外，导演还要安排在节目之间穿插“外景”等内容。故可以将“春晚”认定为汇编作品，这样不仅符合《著作权法》对汇编作品的界定，也能有效地保护各个节目涉及的著作权人的利益，并且上文所述的将“春晚”定为影视作品所造成的弊端就可以被有效地克服。

（摘自《知识产权》，2010（4））

论古典名著的著作权保护

胡　辉

一、《西游记》和《红楼梦》的尴尬

2007年的戛纳电影节展示了日本拍摄的一部言情版的电影《西游记》。日版的《西游记》里，孙悟空与白骨精谈恋爱，出口成脏。日商开发的流行成人网络游戏《红楼馆奴隶》角色均取自《红楼梦》，主角林黛玉被描述成风尘女子。从上面的例子可以看到，我们的传统文化遭到践踏，祖先留给我们的宝贵文化遗产没有得到应有的尊重和重视。从知识产权法尤其是现行著作权法制度寻求对古典名著的系统保护不失为一个不错的突破口。

二、保护古典名著的必要性

本文所主张保护的古典名著应满足如下三个条件：（1）经过了历史的检验；（2）具有重要的文化价值；（3）符合正统的价值观。现代社会中保存的古典名著的价值突出地表现在其文化价值和商业价值上。文化价值体现在，名著彰显了一国的传统价值，构成民族文化的重要载体和组成部分，对一国传统的保持和传承有不可替代的作用。许多文化的精髓都是通过名著来表现，并通过古典名著这一特殊载体的保存和传播而得以流传，成为后来社会的文化主干。商业价值则在于，经济和科学技术的发展、商业技术的前进使得人们可以很方便地利用名著的作者、名著的经典人物形象、名著中描述的特殊地点和行为方式等，以进行商业化炒作，赚取商业利润。

三、著作权法律制度下保护古典名著的路径

就古典名著而言，被当作全社会全人类的公共资源时，便有人在个人利益的驱使下过分利用名著而破坏名著的固有价值，最终可能会导致古典名著地位的沦丧，而目前的制度则无法改变名著的这种遭遇。一是因为古典名著已经“沦为”全社会全人类的公共财产，任何人均可得而用之，没有限制。二是因为《著作权法实施条例》的规定没有落到实处，没有具体操作性的规定，文化行政管理部门没有压力和动力。三是因为，大多数人都认为，根据现行著作权制度，古典名著已经进入公有领域，自由使用古典名著是不能受到干涉的，进而将这种自由过度放大。解决这种矛盾的办法就在于，在现行知识产权制度的框架下，健全、修正著作权制度，实行古典名著著作权行使主体的转移、成立古典名著保护机构、建立古典名著名册制度、完善名著使用和纠纷解决程序。

为了改变古典名著遭受“蹂躏”、保护不力的现状，笔者建议在古典名著的保护上，采用德国的“一元论”，由国家及其专门机构来行使其著作权，更能实现保护经典、传承文明的目的。将古典名著著作权的行使主体变更为国家，并成立专门的古典名著保护机构，代表国家全面负责古典名著的保护工作。

古典名著是中国文化的载体和传承工具，保护古典名著根本的出发点是保护民族文化的良性利用和传播，更多的是一项文化工程。因此，可以考虑参照国家保护非物质文化遗产，设立非物质文化遗产司的做法，将古典名著保护机构作为文化部的下属部门，可用“古典名著保护司”之名，由文化部统一协调。因古典名著与非物质文化遗产尤其是民间文学性质上十分近似，因此也可以联合保护，合设机构。

四、结语

我们主张设立规范的制度和严密的法律体系规制古典名著的使用，并不是为了限制人们使用名著，也不是要遏制人们的创造力或者实行文化专制，其最终目的在于通过对祖先遗产的合理利用发挥其价值，促进优秀文化的正常传播。本文主要是建议通过成立古典名著保护机构，建立古典名著名册制度来保护古典名著，侧重于著作权保护，当条件成熟时应制定相应的古典名著保护法，真正纳入法律的体系中来。

（摘自《河北法学》，2010（9））

◆ 著作权的归属

著作权归属中存在的问题

侯仰坤

一、我国著作权归属的基本类型

我国现有的著作权法律中规定了 13 种基本的著作权归属类型，具体包括著作权属于作者的情况，委托作品，职务作品，合作作品，汇编作品，电影作品，改编、翻译、注释、整理已有作品而产生的作品，传记作品，讲话稿类作品，作者身份不明的作品，相同题材作品著作权的归属；以及美术作品展览权的归属，著作权人死亡后的著作权归属的情况。在具体的著作权归属原则上，目前我国采用的基本原则有三条，第一是直接规定某种类型作品的著作权归属于某一主体；第二是要求当事人之间通过合同约定著作权的归属；第三是对那些应当由合同约定而没有约定，或者约定不明的情况再直接做出补充性规定。

二、我国著作权归属的基本规定及其存在的问题

（一）著作权属于作者的类型

在一般情况下，创作完成作品的作者就是该作品的著作权人，这是现实生活中最常见的一种现象，也是最基本的著作权归属原则。用一个公式来表示就是：作者到作品到著作权人。它的解释是，当某一个自然人创作完成了一部作品之后，如果这一作品的作者在我国能够被法律认可享有著作权，这个人就是这一作品的著作权人。这一逻辑关系本身是比较简单明了的，但是在这一问题上，我国的立法却使问题复杂了许多，问题就出在对“作者”的特别规定上，我国法律规定，除了自然人以外，单位（包括法人单位和非法人单位）也都可以被视为作者，而且规定了两种情况，即职务作品的单位应当被视为作者；在作品上署名的单位也为作者。这样一来，作者就不仅仅是实际创作完成作品的自然人了，还包括相关的单位。从逻辑上来说，甚至从立法的技巧上来说，这种做法都是不科学的，只能使简单的问题复杂化。

（二）委托作品的著作权归属

对于委托作品的著作权归属，我国现有的法律中以合同约定为主，以法律指定为辅。我国的上述规定总的来说是比较合理的，但是对于什么情况属于法定的“约定不明确”没有界定，给实际操作留下难点。另外应当明确规定，在委托作品中，作者只能是受委托人中实际完成创作活动的自然人。

（三）职务作品的著作权归属

概括地说，职务作品就是单位工作人员（员工）在完成单位安排的工作中所创作完成的作品。我国现有的法律中对职务作品的著作权归属规定了两种情况，第一种情况是著作权只能归属于单位所有；第二种是著作权只能归属于作为自然人的作者所有。应当明确的是，这两种情况都是法律的强制性规定，单位不能以任何理由把法律规定应当属于作者的著作权归为自己所有。在现实中，单位和作者之间可以再通过合同转让的方式对著作权中的经济权利进行转让，从而改变著作权的权利人。

（四）合作作品的著作权归属

应当说，我国法律中对合作作品的归属原则的规定是比较明确和全面的，但仍存在以下问题没有做出规定：第一，合作作品是否完全以作者的人数来确定？第二，合作创作的人员中，有的成员完成的那部分作品最后没有被列入到合作作品中去，此时他还是不是这一合作作品的合作作者？第三，现行法律中规定的“可以分割使用与不可以分割使用”的标准是什么？第四，“不得侵犯合作作品整体的著作权”又该如何理解？第五，“任何一方不能擅自对合作作品行使转让权”，那么能否擅自行使专有许可权？第六，当死亡者的署名权、修改权和保护作品完整权需要由政府著作权行政管理部门保护时，是否应当规定其他合作者必须首先向政府著作权行政管理部门进行登记？这些问题都应当加以研究，并在立法中予以明确和完善。

（五）在已有作品基础上创作完成的新作品的著作权归属

在我国法律中，这类作品主要包括汇编作品，以及改编、翻译、注释、整理已有作品而产生的作品。对于这类作品，我国现有的法律中都明确规定创作完成的新作品的著作权属于新的创作者，但是在行使新作品的著作权时不能侵犯原作品的著作权。问题在于对“不能侵犯原作品的著作权”应当如何理解和把握。新作品的著作权与原作品的著作权在法律地位上是否平等？如果是，其中的一个权利又凭借什么依据来限制另一个权利的行使？如果允许让原作品的著作权来限制新作品的著作权，那么限制的程度、范围和具体方式又应当是哪些？划分和规定这些内容的合理依据又是哪些？这些内容法律中都没有做出规定，这样必然会使得现有的法律条款缺乏可操作性，也经不起推敲和论证。

（六）几类特殊作品的著作权归属

我国法律还针对美术作品原件的展览权、传记性作品、讲话稿类作品、作者身份不明的作品等几类特殊作品的著作权归属问题做了特别的规定。遗憾的是，这些规定的许多内容都比较简单，有些规定也不够科学。

总之，在有关著作权归属的范畴内还有许多问题值得探讨和研究，有些是细节性的问题，有些则是原则性的问题，对这些问题的研究和科学阐释无疑将推动著作权法律制度的进步和发展，因此是很有价值的。

（摘自《知识产权》，2010（1））

著作权法中投资者视为作者的制度安排

熊　琦

一、引言

在作者这一概念下隐藏着多元化的主体类型，即使作者与公众之间实现了合理的权利配置，作者内部权利配置的差异，同样会影响作品利用的效率。所以，必须首先明晰作者的范畴，并将其涵盖的所有主体都纳入到权利配置的考量中，才能最终顺利实现著作权法的立法目标。

二、作者范畴的演变与扩张

在著作权制度的萌芽阶段，著作权法中作者的身份相对简单，作者与创作者具有同一性。这一方面是因为当时的作品类型与创作程序单一，创作者个人能独立完成作品；另一方面是由于当时的社会条件和理论基础薄弱，著作权的正当性需要屈尊于更为“友善”的劳动财产权学说与人格利益学说之下。但是，作者即创作者只是问题的表面，投资者的利益需求才是著作权立法的原始动力。虽然在劳动财产权学说的笼罩下，作者的范畴限制在了创作者上，但《安妮法案》将作者与购买者并列，使投资者能够以购买者的身份实质上控制作品。当著作权产业进入繁荣阶段，随着著作权产业内部分工的日益完善，投资者在争取以自己的意愿修改著作权法时，不再躲在创作者身后，而是更多以实用主义态度来构建著作权的主体制度。创作者与投资者被视为在著作权产业链中具有平等地位，著作权法在表达上突出鼓励创作，并不意味着创作行为的地位高于著作权产业的其他分工。作者范畴的扩张，投资者以各种身份成为作者中的一员，反映了著作权产业投资者的利益需求，说明著作权法中的权利配置向投资者倾斜，著作权法更多地是激励对作品创作与传播的投资，而非激励创作行为本身。

三、将投资者视为作者与著作权配置的效益最大化

尽管存在批评的声音，但笔者认为，在产业模式下，作品创作必须符合市场的供求关系才能消化巨大的创作与传播成本，以额外收益实现对创作的激励。将著作权归于投资者，极大地降低了作品创作分工中的交易成本，符合提高信息资源利用效率

的立法原则。虽然从主观上来看，投资者并不关心创作者的收益，但客观上两者却是一荣俱荣、一损俱损的关系，交易成本的降低，最终增加的是创作者与投资者双方的收益。因此，鉴于投资者在著作权市场中的地位及其身份，将权利配置给投资者并将其视为著作权人，是实现著作权激励机制的有效途径。正是基于上述认识，笔者提出我国《著作权法》应放弃对两大法系立法传统的兼顾，回归该法第十一条视投资者为作者的英美法系著作权主体制度。

四、结论

在著作权法中，作者是法律直接配置权利的对象，而在作者这一概念下，投资者在现实中往往优位于创作者，成为权利的事实拥有者。然而，投资者的优位并未导致非正义的结果，相反，投资者作为作者享有著作权，是对著作权产业投资的保护与激励，也正是这种对投资的激励，拉近了著作权与传统财产权的距离。

（摘自《法学》，2010（9））

◆ 著作权的内容（包括邻接权）

著作人格权制度的反思与重构

王　坤

一、著作人格权制度的反思

在著作人格权制度架构下，经验与逻辑、生活和理论之间总是处于紧张关系之中：凡是严格遵从人格权理论逻辑的，就需要以保护作者人格为己任，就需要否认著作人格权的特殊性，这样做的后果必然是不利于保护作者私益和社会文化发展利益；凡是基于有效保护作者私益和社会文化发展利益之考量，就需要承认著作人格权的特殊性，不以保护作者人格为己任，就必然破坏民法人格权制度的统一性。最终，著作人格权制度既不能彻底坚持著作人格权的特殊性，摆脱人格权制度的约束；也不能完全服从人格权理论的逻辑，融入到人格权制度之中，总是在经验与逻辑、生活和理论之间摇摆不定。

二、建构作者专属辅助权制度

通常所谓的著作人格权，除了发表权以外，包括署名权、完整权以及少数国家著作权法中所规定的接触权、收回权在内。这些权利或是为著作使用权能的行使创造条件，或为其提供保障，本质上都是一种辅助性的权能。这种辅助性权能是一种专属权，其作用在于实现作者的私益。其中，署名权和完整权还攸关公益，而接触权和收回权仅仅服务于作者的私益。因此，作者专属辅助权可以分为两种：公益辅助权和私益辅助权。公益辅助权包括署名权和完整权。私益性辅助权主要包括接触权和收回权。关于作者专属辅助权和民法人格权的关系，作者专属辅助权在不可转让、不能继承等方面与人格权的特征是一样的，这也是很多人将辅助权视为人格权的重要原因。不过，民法人格权之不可转让原因在于民法人格权对自然人来说特别重要，须臾不可缺少。而辅助权本身是著作权的权能，自然是不可转让。

三、结语：相关观点评析及立法建议

著作人格权是著作权制度与民法人格权制度错误联姻的产物：它们本不是人格权，却被冠以人格权之名；它们本是有时而尽，却被认为永世长存；它们本是著作权中的一些具体权能，却往往被视为一项项独立的民事权利；它们中的一些本具有公益性质，却往往被视为作者及其继承人的私事。针对这一现状，笔者提出，在我国著作权立法中，对于作者专属辅助权部分可以设立以下几个条款：

第××条　作者享有署名权、保持作品原状权等辅助权，社会公众应当遵守对他人作品的善用义务。

第××条　辅助权不能转让、设定、继承，但可以放弃或授权他人行使。

第××条　辅助权的存续期间为自然人作者有生之年或为法人的存续期间，作者死后或法人发生解散、撤销、分立、合并等情形之后，其继承人、继受人或国家指定机构有权要求社会公众继续遵守对作品的善用义务，正确地署名并保持作品的原状。

（摘自《法律科学》，2010（6））

对发表权诸问题的再认识

衣庆云

一、发表权的定义及性质

在著作权的各项具体权利中，发表权的性质最具争议性。纵观各种关于发表权的定义和理论观点，发表权一词实际上是在三种含义上被使用：(1)“决定作品是否公之于众的权利”。作品体现了作者的思想或情感，决定作品是否公之于众，即是决定是否将作者的思想或情感向世人公开。在这一意义上的发表权，具有强烈的精神性、隐私性色彩，无疑应当属于著作人身权的范畴。(2)“将作品公之于众的权利”。将作品公之于众，就是以发行、表演、展览或播放等方式传播作品，发行、表演、展览或播放的形式与过程，同时就是发表的形式与过程。进而言之，行使发行权、表演权、展览权或播放权等权利同时就是行使发表权，发表权可以被认为是这些权利的总称，是这些具体权利的上位概念。这种意义的发表权，在性质上应属著作财产权。(3)上述两种含义的叠加。显然，后两种意义上的发表权，其实不是纯粹的发表权，是在发表权上叠加了财产权或者直接就是财产权。发表权应当是狭义上的，即“决定作品是否公之于众的权利”。这是一种单纯的人身权，是专属于作者而不可转让的权利。

作者在决定将作品公之于众之后，必须通过某种形式才能实际使作品置于可以为公众知悉的状态，作者发表作品的目的也才能得以实现，而这“某种形式”，就是著作财产权领域的问题了。正是基于发表权与著作财产权的密切关系，产生了关于发表权的一个被广泛接受的论断——发表权不能单独行使。该论断的含义是，在行使发表权时，必须同时行使发行权、表演权、展览权或播放权等著作财产权，发表权才能实现，发表权不具有单独行使的意义。但是，这一论断同时也是片面的：该论断仅仅是从发表权积极行使的角度立论，不能适用发表权消极行使的情形。

二、关于发表权一次用尽理论

发表权一次用尽理论是指，作品一旦以某种符合法律规定的方式被发表，以后就不存在再次甚至反复发表的可能，发表权只能行使一次。这一原理在理论上被广泛认同，对实务也具有直接的指导意义：如果作品处于已发表状态，作者再主张发表权就不会得到支持，只能主张某种或某几种著作财产权受到了侵害。但是，本文认为，所谓发表权一次穷尽理论不能成立。发表权一次用尽原理的理论依据是，作品一旦以某种形式发表，即处于为公众知悉的状态，而这种状态是一种事实状态，作品已不可能再回复到公众“不知”的秘密状态，发表权因而不可能被再度行使。在概念上，发表是将作品公之于众的事实行为，发表行为的后果是使作品处于为公众所知的事实状态，即“已发表”的状态。发表行为是否行使、以何种方式行使，决定了发表状态的情况。但是，发表状态的情况却无法制约发表行为的行使。状态无法恢复，但行为是可以反复进行的。“公众知悉”的状态对发表或发表权的限制只是一个虚构，无论是在著作权法理论上还是在各国的实际立法中，均没有赋予“公众知悉”状态的这种功能，也没有将秘密性作为作品可以发表的前提条件。实际上，发表权穷尽原理的支持者也承认：公众是否实际接触或知悉作品，无关紧要。发表权穷尽理论的关键错误就是混淆了“公之于众”的行为和“公众知悉”的状态，以状态的不可重复推导出行为的不可重复，将本来与发表权无关的作品状态问题，解释成了发表权的构成要件。

三、关于“已经发表的作品”

“已经发表的作品”这一概念在著作权法中具有重要的意义。尽管著作权与作品创作完成同时产生，但只有作品发表，著作财产权才能得以行使和实现；同时，只有已经发表的作品，才产生关于作品利用的法定许可和合理使用问题。前文我们着力澄清发表或发表权与作品的状态无关，但此处的“已经发表”却明明白白就是一个状态。作品的状态也只在这一问题上才有意义。《著作权法实施条例》第二十条解释说：“著作权法所称已经发表的作品，是指著作权人自行或者许可他人公之于众的作品”。这一解释是从发表行为的主体的角度进行的界定，实际上没有说明什么是作品的“已经发表”的状态。但是，我们由《著作权法》“决定作品是否公之于众的权利”的发表权的定义，可以推知“已经发表”的含义即是作品已经公之于众。

作品的公开，指作品处于可以为公众所知的状态。这里强调的是“可以”，即作品只要具备了被不特定的公众接触、知悉的可能就达到了公开的条件，并不要求有一定数量的社会公众实际接触、知悉了作品。关于“公之于众”一词中“众”的理解，也是判断作品是否已经发表的一个重要因素。最高人民法院《关于审理著作权民事纠纷案件适用法律若干问题的解释》将其解释为“不特定的人”，还是比较妥当的。作者将作品向不特定的人公开，指作者没有对公开的人员范围加以限定，随机的任何一个人均有可能接触、知晓作品的内容。如果作品公开的范围被限定，即使是限定的人数比较多，也不能认为是已公之于众。为判断人数较多的群体是否构成“公众”，德国在法律实务中抽象出“较为紧密的人格联系”的标准。

《著作权法实施条例》第二十条规定，“著作权法所称已经发表的作品，是指著作权人自行或者许可他人公之于众的作品。”这一规定的立法用意是可以理解的，如果将违背作者意愿而公之于众的作品定性为“已经发表的作品”，将会使作者对作品的权利受到不公正的限制；依据发表权一次行使穷尽原理，甚至可能导致作者丧失发表权的后果。因此，有必要在立法上做出明确的排除性规定。但问题是，“已经发表”是作品被公之于众的客观事实状态，违背作者意愿公之于众也是“公之于众”，也是作品“已经发表”。实际上，我们完全可以换一个思路来实现上述立法用意：不必生硬地去否认侵权发表的作品属于已经发表的作品的客观事实，而是不赋予其相应的法律效果。

（摘自《知识产权》，2010（4））

论作品修改权

刘有东

一、修改权价值探析

我国通说认为，保护作品完整权和改编权可以涵盖修改权的内容。但笔者认为，上述观点混淆了这两项权利的功能。实际上，保护作品完整权侧重保护作者的思想和观点与其作品所表达出来的思想和观点的同一性，作者将其思想和观点通过作品呈现在人们面前，他人不得进行歪曲和篡改从而导致公众对于作者的思想和观点产生误解；而修改权则侧重保护作者的创作自由，当作者的思想或者观点发生变化时，应当允许作者自行或者授权他人对其作品进行改动以维持作品与作者思想、观点的一致性。

作者对其创作的作品所具有的修改利益、保持作品完整性利益和改编利益是不同的，同一个修改行为可能同时侵犯了修改权和保护作品完整权或者改编权，这是因为行为人所侵犯的利益是不同的，出于对作者利益的全方位保护考量，修改权有其独立存在的价值。

二、修改权内涵构建

根据修改权的定义，修改权可以包括修改决定权和修改禁止权。前者是指作者有权自行或者授权他人修改其作品；后者是指基于修改权，作者有权禁止他人违背其意志地对其作品而为修改。

三、修改权行使探讨

对修改权的行使应有诸多条件。行使的主体限于作者，此外，不论是将修改权法定化的国家，还是对出版者权利予以限制以维护作者修改利益的国家，均设定了行使该权利的条件，只有在作者补偿了合法的作品使用者因为其修改作品而导致的损失之后方可行使修改权。作者行使修改权时由于可能涉及到其他人的权利，为了平衡各方的利益关系，除了要补偿他人因为作者行使修改权而受到的损失之外，这项权利还要受到诸多的制约。

四、小结

修改权有独立存在的必要，它最大的价值在于当作者思想和观点变化时可根据此项权利来维护作品与其思想、观点的一致性。这与保护作品完整权和改编权的立法目的迥异，不能被这二者所包含。基于修改权，作者在补偿因其修改作品而给他人造成损失的情况下，能够对抗他人的合法权利，这体现了对作者和创作的尊重。也正因为可能涉及到他人的合法权利，故应对于修改权的行使设定一定的条件并作一定的限制，以合理地平衡各方的利益关系。

（摘自《现代法学》，2010（3））

网络环境下广播组织权的法律保护

胡开忠

一、网络环境下的转播问题

广播组织是广播电台、电视台的总称。依据《罗马公约》，转播指一个广播组织的广播节目被另一个广播组织同时广播。值得注意的是，《罗马公约》制定时广播技术采用的是无线广播技术，传播过程易受干扰，信息播放的效果和质量不太好。有线广播、网络广播的出现，对我国现行的著作权法产生了冲击。有线转播是否构成侵权行为，我国现行《著作权法》未对转播的含义予以明确。因此，今后在完善著作权法时，应当在立法中明确转播的含义，将无线转播、有线转播、网络转播、手机转播等新的转播方式都定性为转播行为，授权广播组织对此予以控制，以保护广播组织的正当利益。

二、网络环境下的重播问题

所谓重播，是指广播电台、电视台再次播出已播放的节目。重播行为不仅会损害著作权人的利益，而且也会损害播出该节目的广播组织的利益，只有赋予广播组织单独的对重播进行控制的权利，广播组织才能单独提起诉讼来保护其合法权益。所以，要想彻底解决该问题，应当明确增加广播组织的录制后播送的权利，以便使广播组织能对节目的重播进行控制。

三、网络环境下的交互式广播问题

“点对点”表现为一种交互式广播，即公众可以根据需要在个人选定的时间和地点向广播组织发出广播某一节目的请求，广播组织则根据请求向该用户提供节目。一些广播组织或网站未经许可而以交互式广播使用其他广播组织的节目的行为是对他人劳动成果的一种无偿占有，这不符合著作权法所规定的公平精神。为了解决该问题，我国应当在《著作权法》中增加广播组织的提供已录制的广播节目的权利，以保护广播组织的合法利益。

四、向公众传播广播节目的问题

所谓向公众传播广播节目，是指影院、歌厅、餐厅等营利性场所播放广播、电视节目的行为。对此，我国著作权法并无规定。从公平的角度来讲，广播组织的广播节目是其劳动成果，酒店、餐厅等经营性场所营利性使用他人的劳动成果应当向广播组织支付一定的报酬。因此，我国在《著作权法》修改时，有必要增加广播组织的向公众传播权。

五、发行已录制的节目的复制品问题

我国著作权法也未规定广播组织的对于已录制的节目的复制品予以发行的权利，因此，如果有人销售非法录制的广播节目的光盘，广播组织很难从现行法律中寻求到保护。所以，要想使广播组织的利益得到保护，必须对著作权法进行适当的修改，允许广播组织享有通过销售、赠与或其他方式向公众提供广播节目的录制品的原件或复制件的权利。

（摘自《当代法学》，2010（5））

我国著作权法上的传播权整合

梅术文

一、我国传播权分散立法的不足

从理论上看，著作权的权能可概括为复制权、传播权和演绎权三种类型。在我国现行的著作权法中，不存在统一的传播权，而是以一系列权利即“权利束”或“权利群”的形式将其表现出来。按照理论上的界定，传播权控制的是以不转移作品有形载体所有权或占有的方式向公众传播作品，使公众得以欣赏或使用作品内容的行为。我国《著作权法》第十条所列举的著作财产权中，传播权“子权利”包含表演权、放映权、展览权、广播权和信息网络传播权。这种根据传播技术特征和作品类型细化传播权构造的模式，可被称为“分散式”立法。“分散式”立法固然有其优点，但也存在一些问题。具体到我国，这些缺陷集中体现在以下方面：（1）表演权的界定存在不足；（2）新增设立的信息网络传播权存有缺陷；（3）网络广播的性质界定引发争议。

二、传播权整合的理论基础

虽然传播权的分散性是在历史中形成并且被国际公约所认可，但不容否认的是，即便在前数字时代，传播权的整合也发生于几乎所有的传播权“子权利”之间。在理论上和立法中，“现场表演权”、“机械表演权”、“朗诵权”、“放映权”、“无线广播权”、“有线广播权”等权利之间似乎在历史上形成了一定的调整区域和界限，但是这些界限却无法经受住传播技术的持续冲击，并且在实践中造成了认识上的困难，导致部分立法例对各个“子权利”之边界进行了重新划定，形成了内涵和外延较为宽泛的传播权类型。其中包括朗诵权、现场表演权与机械表演权的整合；无线广播权与有线广播权的整合；放映权与表演权的整合；广播权与表演权的整合。

三、数字传播与传播权的整合

传播权的整合受到技术固有特质的限制。进入数字时代后，由于所有类型的作品均可经由数字化或者直接以数字形式表现，打破了各种客体在传播方式上的“技术壁垒”，传播权的整合才成为技术推动下的必然要求。从20世纪90年代初期开始，对于控制交互式网络传播行为之权能的性质，学术上和立法中存在诸多不同的认识。有独立权能类型说、发行权说、机械表演权说、广播权说、新增权利说等。信息网络传播权在本质上仍属于传播权，只不过它所控制的行为具有“异地异时”无形再现作品的特点。从这个意义上看，信息网络传播权不同于传统意义上的表演权和广播权。

公共传播权立法体现了数字时代传播权整合的初步尝试，具有重大的理论和实践价值。这种模式不仅将某些界限并不分明的传播权类型，例如广播权和信息网络传播权整合在一起，而且有助于解决数字环境下某些新的传播问题，例如网络广播等。但是，该权利设计同样存在一些缺陷：公共传播权需要整合广播、有线广播和信息网络传播等行为，涉及利益主体过多，会滞延立法修改的步伐。在传播权的制度调整中，各国一般总是倾向于解决最为棘手的问题，以化解当前技术所引发的危机，而不去考虑对整个传播权制度进行重新规划。对于长期采取“分散式”立法的国家和地区而言，建构公共传播权会让更多利益主体受到影响，打破传统框架的固有平衡，因此对于急需立法调整的时代而言，不具有迅速变革的可行性。

现行法规定的广播权不能涵盖网络广播，这是立法的缺陷造成的。可行的做法也是借鉴当前大多数国家的经验，修改《著作权法》中关于广播权的界定，用以控制网络广播行为。理由在于，网络广播虽然借助于网络电缆，但不是信息网络传播权控制的行为，因为它并未采用“交互式”手段。网络广播像普通无线广播一样，用户在登录后只能在线收听或收看到网络广播电台按照预定节目表在这一时刻正在播出的节目，而无法自行选择节目。从技术属性看，网络广播依然是通过“异地同时”方式，以“点到面”的方法，让听众获得定时播放的信息，所以应该属于广播权控制。

四、传播权整合的立法路径建议

首先，在传播权的立法模式上，应采取总分式立法：(1) 将著作权人的财产权划分为复制权、传播权和演绎权，其中，传播权的具体类型包括表演权、广播权和信息网络传播权；(2) 重新界定广播权，使之能够涵摄“异地同时”的有线或者无线传播方式，当然也应该包括“网络广播”；(3) 厘清表演权的含义，使之能够控制所有类型作品的“同时同地”进行的“公开表演行为”，取消放映权和展览权的规定；(4) 继续坚持信息网络传播权的概念，由其控制“异地异时”的交互式传播行为。

其次，继续维持信息网络传播权和广播权分立的立法样态。相应规则目前还不成熟，需要有单独的权利和制度规则进行调整。取消信息网络传播权，无疑将会阻碍数字时代新型传播权规则的探索和构建。因此，我国立法还是应该采取表演权、广播权和信息网络传播权这三种权利并立的模式。

最后，应修订我国《著作权法》，对传播权的权利定位以及类型界定作出规定。关于传播权的权利定位，可规定“著作权人的财产权包括复制权、传播权和演绎权”，“传播权包括表演权、广播权和信息网络传播权等权利。”关于传播权的类型界定，可规定“表演权是现场或者以有线、无线、其他各种手段公开传播作品，使公众可以直接获得作品的权利”；“广播权是以有线、无线或其他各种手段公开传播作品，使公众可以根据其播放获得作品的权利”；“信息网络传播权是以有线、无线或其他各种手段公开传播作品，使公众可以在其选定的时间和地点获得作品的权利。”

（摘自《法学》，2010（9））

著作权抑或邻接权

——综艺晚会网络直播版权的法理探析

刘春田　熊文聪

2009 年除夕夜，优搜网络公司通过技术手段，截取中央电视台 2009 年《春节联欢晚会》节目信号，在其网站上同步直播。争议点主要集中在将“春晚”归于著作权保护抑或邻接权保护上。

依照通说，邻接权的对象虽不是作品，却与作品相关，通常是在传播作品的过程中形成的产物，如作品的表演、作品的录制品、使用作品制作的节目，因此被视为“与著作权相邻或相关的权利”。从邻接权形成的历史来看，独立于著作权体系之外的邻接权制度，其产生受偏见的影响，更是利益博弈与妥协的产物，实属历史偶然。客观地说，对原作的演绎必然会添加新的创造，故邻接权与著作权的质的规定性是一致的，即都是具有独创性的表达。因此，经过精心编排、设计而制成的“春晚”是享有著作权抑或邻接权，单就本案原告所能获得的救济而言没有差别，因为在认定被告的行为上，现有法律规范下的著作权抑或邻接权都提供了充足保护。但就制度的整体运行而言，采邻接权为宜。因为现行著作权法对作品与制品的保护范围及效力毕竟不同，如果将电视节目定性为作品，那么其他邻接权对象（如 CD 唱片、MTV 等音像制品）也会以此类推成为著作权的对象，这种影响是超越个案的，正如李琛教授所言：“在不会引起重大不公平的前提下，应该以法的安定性为上。”

现场的“春晚”也是法律意义上的作品，且是一个整体，不是作品的集合或所谓“汇编作品”。探讨法律意义上的作品不能离开社会常识。无论是在现场的观众眼里还是在电视屏幕前的观众眼里，“春晚”都是一台戏，不会刻意把它切割成若干个作品来看待。为整台晚会而选取的舞台背景、服装道具、音乐声响、绘画影像，也包括小品、歌舞、曲艺、杂技等单个节目本身，都应视为一部作品的构成元素或片段。同时，“春晚”也不是“合作作品”。依照法律规定，合作作品由多个作者对一部共同创作的作品享有著作权，其最大的弊端就是权利人可能相互掣肘，阻滞权利之行使。为此，著作权法将大部分事实上由多人共同创作的作品拟制为法人作品，将著作权归为单个主体享有（最典型的就是电影作品和以类似摄制电影的方法创作的作品），以降低交易成本，促进作品的传播与利用，满足社会福利之需。可见，法律是对生活世界的剪裁，它按照自身的逻辑和目的构造了一个相对独立的世界，但同时又不能违背最基本的社会观念与常识，这便是法的第二性原理的真义所在。

（摘自《电视研究》，2010（4））

广播组织权利限制制度探讨

相　靖

权利的行使应受一定程度的限制，这是现代民法的基本原则之一。著作权，包括邻接权在内，从权利设立之初就开始讨论如何对这些权利进行限制。广播组织权利是邻接权的一种，也是广义著作权内容的一部分，因此对广播组织权利的限制与对一般著作权权利的限制是一脉相承的。

一、广播组织权利限制制度的理论基础

首先是人权方面。《世界人权宣言》第 27 条第 2 款规定了作者对其创作而产生的精神和物质权利享有受保护的权利。该条规定经常被用作著作权保护的理论支撑。但是该宣言的第 26 条也规定了："人人都有受教育的权利，教育应当免费，至少在初级和基本阶段应当如此……"并且第 27 条第 1 款规定："人人有权自由参加社会的文化生活，享受艺术，并分享科学进步及其产生的福利。"这些规定中所包含的逻辑表明了对权利均衡状态的追求。事实上，传统的著作权法和邻接权法中，通过授予权利人以专有权并对其规定某些限制与例外，就内在地存在着对权利均衡的考虑。

其次是公共利益。总体上，著作权法中的公共利益表现为确保公众对智力作品的获得与分享。以著作权而论，公共利益是政府为促进整体文明进步而确定的著作权公共政策的基本目标，主要包括鼓励作者的文学艺术创作力和言论自由，鼓励相关企业对作品的传播进行投资，以及为公众提供自由选择文化产品的机会。

二、广播组织权利的具体限制制度及两种立法模式

（一）具体限制制度

任何权利都需要一定的限制，没有限制的权利难免会被滥用，乃至形成垄断，从而影响到他人权利的实现，进而损害公共利益。广播组织权利也不例外。国家在保护广播组织权利的同时，应当对其加以必要的限制，以维护公共利益，这是权利平衡的需要。研究对广播组织权利的限制离不开对著作权限制的研究。通常认为，对著作权的限制与例外也应该适用于邻接权，因为连作者也不能对其作品实施垄断的部分当然也没有道理让邻接权人享有。尤其是，讨论中的广播组织条约赋予了广播组织大量类似著作权的权利，因此对广播组织权利限制的规定就要比照著作权限制的有关规定。笔者认为，在数字网络环境下，广播组织权利的限制制度应该包括合理使用（私人使用，引用，为了教学目的的使用、报刊和广播组织可以免费使用报纸上登载的以及广播电视节目中播放的有关当前经济、政治或宗教问题的文章，公开播送的广播节目中不受著作权和邻接权保护的节目）和非自愿许可制度。

（二）立法模式

一般而言，对著作权和邻接权权利限制的立法模式主要有两种：（1）开放式，英美法系国家多采用此种方式；（2）封闭式，大陆法系国家多采用这种方式。这两种立法模式各有其利弊。《美国版权法》第 107 条是关于合理使用的规定，采用了开放式的立法模式。它最大的优点是具有高度的灵活性。但是这种原则的灵活性也有其不利的一面，就是"不确定性"。大陆法系国家对例外制度通常采用封闭的立法模式，也就是说对权利的例外被详细地罗列出来，这样权利人和使用者就可以对照法律规定比较确定地预测某种使用行为的结果。优缺点反之。

三、三步检验法对广播组织权利限制制度的适用

三步检验法最初设计的目的是为了限制作者的复制权，由《伯尔尼公约》第 9 条第 2 款加以规定。TRIPs 协议首次把三步检验法确立为著作权限制制度的一个普遍适用原则。后来 WCT 和 WPPT 也分别把三步检验法作为衡量限制制度的标准或原则。这样，三步检验法的适用范围就逐渐从著作权领域扩大到邻接权的领域。在 WIPO 广播组织条约谈判中，各国也同意把三步检验法适用于广播组织权利的限制制度。

四、对我国广播组织权利立法的建议

我国《著作权法》及相关法律对广播组织权利的立法表现出的特点是笼统、含糊和滞后的。针对这种情况，笔者认为，我国在修订《著作权法》时，就广播组织权利这部分内容应注意以下几点：第一，应当明确广播组织权利体系的相关概念的定义，尤其是"广播"、"广播组织"和"广播信号"等概念。对有关定义，既可以在《著作权法》中做出，也可以在《著作权法实施条例》中做出。第二，应该在《著作权法》中以授权的方式明确广播组织的权利内容。具体授予哪些权利，可以根据《罗马公约》、《WIPO 广播组织权利条约》谈判迄今所取得的共识，并结合我国国情加以规定，无论如何都应该包括对"广播前信号"的保护。第三，给广播组织规定各项权利的同时，还应该对这些权利有所限制。

笔者建议在广播组织权利之后增加一个条款，专门规定对广播组织权利的限制。根据我国的法律传统，具体方式可以采纳“封闭式”的立法模式，同时赋予法官一定程度的自由裁量权，以应对各种可能出现的新情况。第四，在国际层面对网播及网播组织讨论成果的基础上，对网播组织，尤其是传统广播组织在网络上扩展的形式做一些原则性的规定。

（摘自《知识产权》，2010（3））

论著作权语境下的获取权

彭学龙

一、问题的提出

对于不同时代、不同技术条件下的不同种类的作品，就著作权人而言，只存在作品传播方式亦即控制作品获取模式上的区别；对于社会公众来说，只存在作品获取具体途径和对价支付方式上的差异；而著作权人为获得对价而控制作品“获取”、社会公众为“获取”作品而支付对价的本质则没有任何变化。总的来说，著作权的历史演进可以概括为从以复制权为基础间接控制作品获取转变为基于技术措施、凭借信息网络传播权直接控制作品获取。当然，在模拟环境下，基于复制权的控制模式依然占有重要地位。美国学者将这一发展趋势总结为从“拥有作品硬拷贝”向“直接体验作品”转变。实际上，“体验”才是“获取”作品的本质所在。吴汉东教授在论及知识产权客体时曾经精辟指出：“由于知识产品不具有物质形态，不占有一定的空间，人们对它的占有不是一种实在而具体的占据，而是表现为对某种知识、经验的认识与感受。”这一论断完全适用于作品，亦即只有通过“认识与感受”，人们才能真正获取作品。这样看来，“获取”和“获取权”理当成为著作权法的重要范畴，而实际情形却并非如此。在传统著作权体系中，作为使用者权利内容的获取权只是出于学者的理论构想。在数字时代，著作权人享有的获取权主要还是基于对《世界知识产权组织版权条约》和《世界知识产权组织表演与录音制品条约》有关“公众传播权”和技术措施保护条款的法理解释，并无直接的实证法依据。

二、作为使用者权的获取权

著作权人虽然享有复制权（发行权）和表演权，却并不能绝对控制社会公众获取和阅读作品。《美国宪法》第1条第8款（“知识产权条款”）明确规定：“为了促进科学……的发展”，国会有权“保障作者……在一定期限内就其作品……享有的专有权利”。上述条款被概括为著作权保护的三项政策：（1）促进知识传播的政策，即著作权的首要目的在于促进知识传播和文化发展；（2）公共领域保留的政策，即著作权被限制在一定的时间和范围之内；（3）保护作者的政策，即宪法赋予作者对其作品的专有权。美国学者认为，上述三项政策中隐含着第四项政策——“进入权”（获取权）政策，即个人有权使用著作权作品。基于授予著作权的直接目的，作者出版作品的专有权不应排斥此类使用。进言之，思想是信息，信息是知识，而知识是文化的一部分。“从更广泛的意义上讲，著作权法涉及社会、政治、经济、教育和艺术各个方面。它不能专注于作者权利的保护，而应顾及广大使用者的利益。”正因如此，美国学者指出，著作权体系由三项权利组成，即作者权、传播者权和使用者权。《美国宪法》出于促进知识传播的需要授予作者出版作品的专有权，这一规定为社会公众预设了使用作品的权利，即使用者权。而传播者权既是实现作者权的手段，也是使用者权得以实现的前提条件，因而是连接作者权与使用者权的纽带。在这三种权利中，使用者权是人们了解最少因而常常被忽视的权利。事实上，著作权法并非仅仅出于保证作者和传播者获得利益的目的而存在，根据著作权法，作品的使用者也享有权利。使用者权既可以理解为获取权，也可以表现为学习权、受教育权或获取特定信息的知情权。“否认个人的使用权将会导致以著作权控制社会公众的行为，从而出现为少数人谋取所谓经济利益的结果……著作权法若要服务于公共利益，必须包容两种时常冲突的私人权利——创作者向公众传播其作品的经济回报权与使用者因利用著作权作品而提高其知识水平的学习权。”

三、作为数字著作权重要内容的获取权

在新技术条件下，以获取权为基础的数字作品市场和传统图书市场并行不悖，既可以确保不同需求的社会公众都能以自己“满意”的价格获取作品，又能实现作品效益的最大化，法律所追求的效率和公平两项价值都得到彰显。因此，对技术措施和获取权正当性的质疑是不能成立的。

四、获取权与合理使用

从整体上说，合理使用分为消费性合理使用和转换性合理使用两种情形。（1）消费性合理使用。消费性合理使用是指出于使用、欣赏等消费目的，少量复制作品，在私人范围内表演、播放作品。对于模拟作品，尽管有些国家建立了补偿金制度，但

至少在我国，这一领域的合理使用与前数字时代相比，并没有发生实质性变化。实际上，这种私人复制已经对作品市场造成相当大的影响，难以构成严格意义上的合理使用；（2）转换性合理使用。转换性合理使用是指出于再创作目的而使用他人作品，具体表现为适当引用、少量摘录他人作品或作品片段以便进行评述或论证。应该说，这类合理使用主要关涉在先作者与在后作者在创作上的关系，而非作品的市场价值和经济利益。因此，即便对于那些处于公共领域的作品，后续作者的引用、摘录也应控制在“合理”范围内。换言之，转换性合理使用的结果和目的必须是创作新的作品，新作品应满足独创性要求，而非抄袭、剽窃他人作品而成。总之，在数字环境下，适用合理使用的新规则尚待进一步探索和完善。然而，至少有一点是肯定的，简单照搬传统规则指责技术措施和获取权妨碍了合理使用的观点是站不住脚的。

五、结论

表面看来，著作权一直保持着扩张的态势，实际上，这种“扩张”不过是著作权法因应市场变化而进行制度变革的必然结果。每一新型权利既代表着著作权人获取收益的新市场，又意味着社会公众获取作品的新渠道。就促进作品获取而言，著作权人和社会公众有着共同的利益。作为作品使用者权的获取权与作为著作权重要内容的获取权既矛盾又统一，共同构成著作权制度不可分割的两个方面。建立在技术措施基础上的获取权不过是广义获取权在数字领域的反映，它既能有效保障著作权人在数字市场上的利益，又可切实满足社会公众获取作品的需求，充分体现了著作权法一贯追求的平衡精神。

（摘自《法商研究》，2010（4））

◆ 著作权的利用和限制

美国合理使用制度立法模式成因评析

——以美国宪法为研究路径

马　宁

合理使用是著作权限制的一种方式，是指在法律规定的条件下，他人使用作品可以不经著作权人的许可，也不向其支付报酬。美国著作权法是在继受英国著作权法的传统上发展而成的，几乎所有的具体制度中都可见上述承继关系，单单在著作权合理使用制度上，美国在列举之后规定了统一的合理使用判断的四项标准，从而形成了开放的、自成一体（suigeneris）的美国模式。合理使用制度在判例法领域历经了漫长的发展过程。早在1839年Story法官就对有关“公有素材进行编纂的保护范围”在Gray v. Russell一案中加以了阐述，进而将讨论扩展到善意节略。两年之后，Story法官在Folsom v. Marsh一案中首次使用了美国法上的合理使用制度这一概念，即Fair Use，并适用了著名的判断合理使用的四项标准。自1955年起，美国的多项立法研究报告都将合理使用制度的成文法化列为研究议题。也曾对是否将合理使用成文法化、是否给出合理使用的定义、是否列举出合理使用的各种情况等问题进行探讨，最后形成了比较一致的看法：“经由判例法发展起来的合理使用制度应当得到成文法的承认（men-tion）；成文法上的合理使用制度不需要一个统一的定义。合理使用和过失、善良管理人这些法律概念一样，虽然没有数学公式似的确定含义，但却可以成为司法实践中运行良好的法律制度。”1976年《美国著作权法》终于在成文法中对该制度做出了规定，在第107条首先规定“以批评、评论、新闻报道或者研究为目的的使用构成合理使用”，继而给出判断合理使用的四项标准，即（1）使用的目的和性质；（2）被使用的作品的性质；（3）使用的数量比例及其实质内容；（4）使用对于作品潜在的市场和价值的影响。美国模式的合理使用制度（Fair Use）由此正式形成。

美国宪法与美国著作权法之间的关系应当是形成美国合理使用特有制度的重要因素之一，也是研究中容易忽略的一个因素。1787年《美国宪法》第1条第8款规定：“授权国会制定法律，对作者或发明人就其个人作品或发明的专有权利赋予一定期限的保护以促进科学和实用技艺的发展。”通过宪法这一基本大法的形式来明确国家基本政策并非美国的特别之举。美国宪法的上述规定之所以能对其著作权法产生非同寻常的意义，并构成美国著作权法的特点之一，是出于以下原因：

首先，从第8款的规定来看，它以授权的形式罗列了赋予国会的基本立法权力，所涵盖的内容多种多样，但是绝大多数款项都是授权国会通过立法为一定的行为，所采用的立法语言模式是对行为的描述。这种目的性的立法语言，决定了美国著作权法的实用主义风格。著作权法只是实现“促进科学和实用技艺的发展”所采取的一种手段而已。就合理使用制度而言，由于借助法律规范制度，在立法中不可避免地会使用财产权的概念。美国法的实用主义态度恰好能使其在立法中不为财产权概念所限制。在美国著作权法中，所有由英国法中继受的理念和立法技术都服务于宪法中这一目的性规定，而这些规则性的条款（rules）作为立法者的手段，较少地受到传统财产观念的束缚。因此，在合理使用制度的构建中，立法避开了创作者为天然的权利人这种表达——合理使用不是对权利的限制，而是实现著作权法立法目的（purpose）所必要的手段。

其次，从美国的宪法传统来看。对宪政政府的信仰是美国传统的核心，而1787年宪法既是美国人民宪政的象征，也是宪政的工具。宪法中所明确的立法目的具有最高立法旨意的地位，国会在立法中权利义务的设定都是围绕上述目的而进行的。美国法不为传统的财产法领域的法律理念所困，而是以务实的态度，在宪法这一最高级的法中设立一个目标，在立法技术上采取拿来主义的态度，为我所用。也正是因为这样，美国著作权法肩负较少的负担，更容易贯彻政策性规定，使得制度的发展空间更为宽广。

（摘自《人文杂志》，2010（2））

合理使用的法律属性

——使用者的权利、著作权的限制还是其他

朱　理

一、使用者权利说和著作权限制说的缺陷

对于合理使用的法律属性，形成了两种对立的观点：使用者权利说和著作权限制说。由于分析工具的缺陷，再加上视野的限制，没有注意到有些国家或地区立法上已经出现的新现象——禁止通过合同排除合理使用的效力。因而，对这些规定能否给合理使用的法律属性造成影响也没有进行分析。

二、主观权利与客观权利两分法下合理使用

在大陆法系的私法上，向来有主观权利和客观权利的划分，它们分别用来保护权利资源和法益资源。客观权利与主观权利的主要区别在于：利益归属的主体、负担承受者是否对利益享有者负有义务不同，是否赋予个人以救济请求权，利益的直接与否。以此检验合理使用，可以得出：虽然著作权的合理使用例外对使用者有利，但是尚不足以确立一种主观权利，它们实际上仅仅是著作权人承受法律负担的一个反射效果。在这里，合理使用的规定并非直接针对使用者的利益，而是限制著作权人的权利，从而给使用者造就了一种客观权利。

三、霍菲尔德权利分析框架下合理使用的法律属性

以霍菲尔德的权利理论为工具，我们对合理使用的法律属性可以获得更清晰的认识。仍然以“为私人目的复制例外”为例。无论是“使用者为私人目的复制不构成侵权”，还是“使用者可以为私人目的使用复制作品”，转换成霍菲尔德的分析模式可以表述为“使用者没有为私人目的不得复制作品的义务”，它丝毫不涉及使用者是否有使用作品的（狭义）权利；此外，上述表述还可以转换为“著作权人没有要求使用者不得为私人目的复制作品的权利”，但无法得出著作权人负有协助使用者实现为私人目的的复制的义务。

（一）强行法和任意法分析框架下的合理使用性质定位

法律规范依效力强度可区分为强行性规范和任意性规范。前者不能依约定而变更，后者只有在当事人无相反之约定时才适用。著作权法传统上的合理使用规范属于任意法的范畴。在具体情况下，限制或例外由任意法转变为强行法，意味着相应利益保护的强度有了提高，但不足以使得该限制和例外上升为一种法律权利。

（二）合理使用的正当化根据不同是否会影响其特权属性

作为使用者特权或客观权利的合理使用如果要被提升为权利，法律必须设定著作权人不得妨碍或者积极协助使用者实现合理使用的义务。合理使用的正当性根据本身无法直接为当事人个人设定义务，当然也不能为使用者直接设定权利。所以，合理使用的正当化根据的强弱不会改变其特权或客观权利属性。

（摘自《电子知识产权》，2010（3））

著作权出质登记制度若干问题研究

高圣平

一、问题的提出

著作权的客体不具有物质形态，不占有一定的空间，人们对它的占有不是一种实在而具体的占据，公示著作权质权仅能依登记而完成。《物权法》第二百二十七条明确规定了著作权质权未经登记不生效，登记即为著作权质权设定的生效要件。如何在《物

权法》和《著作权法》之下，重新设计著作权出质登记制度，是著作权得以在融资实践中充分发挥作用的重要一环。

二、邻接权是否可以出质

无论采取广义还是狭义的著作权观念，邻接权中的财产权均能出质。依《物权法》第二百二十七条第一款之规定，邻接权质权也是“自有关主管部门办理出质登记时设立”，这里，“有关主管部门”也是“国务院著作权行政管理部门”。《著作权质押合同登记办法》对邻接权质权问题未置明文，此次修改，可以直接对之加以规定，而无须规定“参照著作权质押进行登记”等准用性条款。

三、著作权是否可以重复出质

所谓重复出质，是指出质人将其同一著作权中的同一项或多项财产权出质给两个以上的债权人。应当允许著作权重复出质，其理由在于：第一，从出质人的视角，著作权出质后，出质人仍然保有著作权，出质人自然有权对出质权利为法律上之处分，出质人在出质著作权之上再设定质权应为有效。第二，从先顺位质权人的视角，重复出质并不影响其在先权利。第三，从后顺位质权人的视角，著作权之上存在在先质权，可以通过查阅著作权质权登记簿而得知。第四，从物尽其用的经济视角，重复出质充分利用著作权的交换价值以为融资。

四、是否有必要增设异议登记制度

虽然在立法论上，著作权质权的相关规则应准用动产担保权的规定，即登记在著作权质权中应具有对抗效力，但我国法上的著作权质权采登记生效主义，反而与不动产登记的效力相当。本着“相同事项作同一处理”的法治原则，著作权质权登记中亦应增设异议登记制度来暂时中断公信力，排除第三人善意取得，维护真正权利人的利益。

五、著作权出质登记、著作权登记证书的交付、著作权质权登记公告之间的关系

这几者的关系应当注意如下几点：权利质权在《物权法》中的体系地位尚不足以说明著作权质权的设定还要以移转著作权登记证书的占有为要件；著作权登记证书只是对登记事项的初步证明；要求著作权出质登记的申请材料中包括著作权登记证书，无异于强制出质著作权先行登记，与著作权自愿登记制度有悖；《著作权法》及其实施条例之中并无著作权公告制度。

（摘自《法学》，2010（6））

著作权质押的困境和出路

谢黎伟

一、著作权质押面临的困境：权利冲突与规范缺失

我国著作权法继受了法国的“二元说”，将著作权区分为著作人身权和著作财产权，其中著作人身权包括署名权、发表权、修改权和保护作品完整权。我国在著作权理论和立法上均否定著作人身权的可质押性，将著作人身权排除在质权标的之外。然而，著作财产权在设立质押后，如果债务人未按约定履行债务，质权人行使质权时，却会遇到著作人身权和财产权的冲突问题。

在我国的担保法和物权法体系中，著作权质押属于权利质押，除了适用有关权利质权的规定外，还可以准用动产质权的规定。但是著作权作为无形财产权毕竟不同于有形动产，著作权质押会产生与动产质押不同的新问题，故而有关动产质权的规定实际上难以适用，并造成权利冲突。

二、著作权质押困境的成因分析：权利异化与定位困扰

我国的著作权立法，除了对电影作品和计算机软件的修改权有所限制外，没有对著作人身权进行其他的限制。所以至少从立法上看，我国对著作人身权实行的是高度保护。这就为著作权质押中的精神权利和经济权利之争埋下了伏笔。此外，我国的担保物权体系以德国法为蓝本。德国民法典将质权分为动产质权和权利质权，权利质权的标的包括债权、股权、证券等无形财产权利；并规定权利质权可以准用动产质权的规定。我国担保法和物权法沿袭了德国法的立法体系，将著作权等知识产权担保纳入权利质权之中。但是知识产权作为无形财产质押与有形动产质押具有本质的区别。

三、解决困境的思路：理论更新与规则完善

适当弱化精神权利，建立新的保护模式。“许可使用——默示推定”模式可解决精神权利的保护问题。在“许可使用——默示推定”模式下，首先，当事人可以通过著作权质押合同约定，债务人到期不履行债务，质权人处分出质的著作财产权时，受让人可以被授权许可使用与之相关的精神权利。其次，在合同未明确约定的情况下，法律规定在合同的目的范围内，推定出质人默示许可受让人行使其精神权利。

以抵押观念改造著作权质押，同时完善相关规则。在立法体例上，有两个方案可供选择：方案一，将著作权等知识产权担保移到《物权法》“抵押权”章中，使其适用关于抵押权的规定。此方案虽然简便，但会对传统的担保物权体系造成较大冲击，使担保物权划分的理论依据和标准更加混乱。当下担保物权划分的基本标准有二，一是标的是动产还是不动产，二是标的是否转移占有。以目前的标准解释权利质权的划分依据已是勉为其难，倘若将著作权等知识产权担保归入抵押之中，而债权、股权、证券等其他财产权利担保仍保留在质押之内，将会使财产权利担保体系割裂，理论上更加难以自圆其说。方案二，著作权等知识产权担保仍然保留在《物权法》“质权”章中，但以抵押的观念改造之。除了在《物权法》中保留对著作权等知识产权质押的一般规定外，为保持权利质权体系内部的协调，宜考虑借鉴抵押权优先顺位的确定规则、抵押关系中当事人权利义务规则等规范，在《著作权法》中增加有关规定。此方案虽然较繁琐，但制度转换成本较低，笔者倾向于此方案。

（摘自《现代法学》，2010（6））

德国《著作权法》中报酬请求权制度及其启示

冯晓青　李　薇

一、德国《著作权法》上的报酬请求权

德国《著作权法》第 11 条规定，著作权保障作者对他人使用自己作品的行为收取适当的报酬，并将这种收取适当报酬的权利归入著作权的内容。为确保作者报酬请求权的实现，德国《著作权法》在其后的条文中又对报酬请求权适用的情况和规则进行了规定。虽然有关报酬请求权的具体规定散见于德国《著作权法》的条文中，但总的来说，德国《著作权法》中的报酬请求权可以分为以下两类：约定报酬请求权和法定报酬请求权。

二、德国《著作权法》上报酬请求权的制度特点分析

该制度主要包括约定报酬请求权、基于法定许可的法定报酬请求权和基于提供复制机会的法定报酬请求权三个部分。基于提供复制机会的法定报酬请求权，是德国《著作权法》上一个颇具特色的制度。基于提供复制机会的法定报酬请求权分为两种，一种是提供录音录像的复制机会而产生的法定报酬请求权，另一种是提供扫描的复制机会而产生的法定报酬请求权。这两种法定报酬请求权中提供复制机会的介质不同，其制度的本质却是一致的，具有共同的制度特点。笔者认为，该种法定报酬请求权的制度特点主要表现为：（1）法定报酬请求权的直接相对人是提供复制机会设备或物品的制造商和一定范围的销售商、经营者；（2）该种法定报酬请求权的实际义务人是不特定的社会公众；（3）该种法定报酬请求权是一种不可预先放弃的法定请求权，其直接行使人是著作权集体管理组织。

三、德国《著作权法》基于提供复制机会的法定报酬请求权与我国《著作权法》获得报酬权的比较

我国《著作权法》也规定了作者获得报酬的权利，并将这种权利直接称为“获得报酬权”，主要包括三种，一种是基于著作权许可使用的获得报酬权，一种是基于著作权转让的获得报酬权，一种是基于法定许可的获得报酬权。其与德国《著作权法》上基于提供复制机会的法定报酬请求权是两种完全不同的权利，二者的制度特点存在较大差别。

四、德国《著作权法》报酬请求权对于我国《著作权法》改革的借鉴

德国《著作权法》上的报酬请求权有其自身的制度特点，在德国的著作权法实践中也发挥了重要作用，尤其是其基于提供复制机会的法定报酬请求权的规定更是适应了数字化时代著作权法平衡作者和社会公众利益的要求，其对于我国《著作权法》的改革具有可资借鉴的作用。首先，我国《著作权法》可以参照德国《著作权法》规定基于提供复制机会的法定报酬请求权。其次，我国《著作权法》可以引入相应的版权补偿金制度。第三，我国《著作权法》还应当完善相应的著作权集体管理组织制度。

（摘自《河北法学》，2010（12））

数字环境下的版权补偿金制度

张　今

一、补偿金制度的产生及发展

德国《著作权法》引入补偿金制度并非一蹴而就，它发端于德国最高法院的两个判决。版权补偿金制度由德国率先施行之后，欧洲大多数国家将其引入本国法律，现在除了英国、爱尔兰及卢森堡版权法无此制度外，欧洲其他国家均建立起补偿金制

度。以上各国版权补偿金制度在收费范围、费率上有所差异，但在制度构成、运作机制上有基本的共同点。具体而言，版权补偿金制度由权利人、义务人、费用的收取和分配、例外等几个方面组成。

二、补偿金的法理分析

补偿金的基本理念是，版权人不得以复制权反对为个人使用目的而进行的复制，但是可以得到经济补偿。在技术水平不够发达的时期，为个人使用而复制作品对版权市场的影响微不足道，因此私人复制是合理使用的一部分。但历史推进到电子时代，消费者个人掌握了复制和传播的工具，私人复制的能力大幅提升，成为不合理地损害版权人利益的一种来源。复制权和个人使用权产生的冲突，破坏了著作权法原有的利益平衡。补偿金为解决这一失衡重新配置权利，使版权人和作品使用人的利益在新的基础上得到平衡。由于补偿金并非复制权使用费，因此也不可能达到“权利与义务相适应”的实质公平。

三、补偿金制度的经济分析

在著作权法中，既然外部性的消除往往无法以私人方式解决，就需要公共政策的介入。政府应对公共产品外部性的政策可以是征收税收或者是给予补贴。作为一种经济手段，版权补偿金和税收确实有着相似之处：一是集中处理；二是强制性。集中处理、强制性收费的社会效果是，作品使用所产生的外部性得以克服，版权交易的成本减少，版权领域消费效率和生产效率之间的平衡，社会总收益大于成本有了实现的可能性。

四、补偿金在不同法系之间的比较

在作者权体系的国家，版权补偿金制度的创建是为了解决一个法的基本问题：协调使用者个人的私生活所受到的宪法保护和作者对其作品享有著作权的权益之间的冲突。在版权体系中，更为关注通过版权市场的正常运作来保证版权人的经济利益，较为偏袒版权利用行业市场主体的利益。故其在版权体系中较为罕见。

五、数字技术对版权补偿金的挑战

从理论上讲，数字权利管理系统确实有诸多优于补偿金之处，特别是对防止盗版和实行个别授权来说是必不可少的手段。但在短时期内数字权利管理对于补偿金不会是取代，而应是此消彼长互补长短，这是今后一段时间两者发展与互动的基本方向。

六、补偿金在我国的运用

就我国目前情况而言，全面建立补偿金制度的条件尚不成熟，但可以从两个方面着手准备：一是加快基础制度建设，建立健全各类集体管理组织以及其他代表各方利益的行业协会及中介组织。二是作品的网络传播可先行采用类似补偿金的收费机制。

（摘自《政法论坛》，2010（1））

◆ 著作权的救济

日本著作权间接侵害的典型案例、学说及其评析

李　扬

一、典型案例介绍

自上个世纪80年代起到2009年1月之间发生的、被日本知识产权法学者乃至民法学者反复研讨的有关著作权间接侵害的几个典型案例。包括：（1）猫眼俱乐部案（クラブキャッツアイ）；（2）晚吧G7案（ナイトパブG7）；（3）通信卡拉OK案（ヒットワン）；（4）选撮见录案（よりどりみどり）；（5）ファイルログ案（file rogue）；（6）录画ネット案；（7）まねきTV案；（8）MYUTA案；（9）ロクラク案。

二、日本学界关于著作权间接侵害行为的类型化及相关法理

（一）日本学界关于著作权间接侵害行为的类型化

根据上述典型案例，日本学者对著作权间接侵害行为进行了类型化。其中吉田克己教授和田村善之教授的分类最具有代表性。总的来看，上述两位学者的分类虽然说法不同，但实质上大同小异，即将著作权间接侵害行为分为对直接利用作品行为进行管理乃至支配的行为、为直接侵害他人著作权行为提供工具的行为、为直接利用作品行为提供自己可以进行管理乃至支配的复制系统的行为。

（二）日本学界关于处理著作权间接侵害行为的相关法理

上述案件中的被告或被判决承担停止侵害的责任，或被判决承担赔偿损失的责任，或被判决同时承担停止侵害和赔偿损失的责任，为了从理论上解释没有直接利用他人作品的被告承担著作权侵害责任的依据，日本学界在上述案例的基础上，总结出了以下两种追究被告责任的法理：（1）卡拉OK法理，又称为扩张直接利用他人作品行为主体的手法。最初是指将管理和支配直接利用他人作品行为的场所和机会提供者作为直接利用他人作品行为主体，

后来是指将管理和支配复制他人作品的系统提供者作为直接利用他人作品行为主体的法理。要求管理性、支配性和利益性。(2) 帮助侵权法理。帮助侵权法理是民法中共同侵权行为理论在知识产权领域中的应用，因此并没有什么新意。按照《日本民法典》第 719 条第 2 款的规定，教唆或者帮助不法行为人实施不法行为的，视为共同不法行为人，由此给他人造成损害的，承担连带责任。

三、检讨

日本关于著作权间接侵害主要涉及两个问题：一是没有直接利用他人作品的场所等提供者是否能够成为侵害著作权的主体？二是如果这些提供者能够成为侵害著作权的主体，著作权人能否主张差止请求权？主要存在以下三个方面的原因：(1) 和日本著作权法关于著作权侵害行为的立法模式相关。(2) 和日本学者对教唆、帮助行为是否可以追究差止责任（包括停止侵害、废弃侵权结果物和侵权工具）的理解有关。(3) 和著作权间接侵害责任的作用有关。追究非直接利用者的著作权间接侵害责任，可以达到三重效果。

虽然上述日本著作权间接侵害的判例、学说存在种种问题，但对我国仍然具有以下启示：(1) 立法论和解释论的区别。(2) 司法机关的角色定位问题。(3) 直接侵害与间接侵害本身的区别问题。在立法论上的启示如下：场所等提供者的著作权侵权责任问题，应当放在共同侵权的框架内进行讨论，即使需要通过法律进行特别规定，也只能将具有唯一侵权作用的场所等提供行为视为侵害著作权的直接侵权行为。一句话，应当抛弃所谓著作权间接侵害行为，以及专利法所讲的专利权间接侵害行为和商标法中所讲的商标权间接侵害行为的似是而非的、含混不清的说法。

（摘自《法学家》，2010 (6)）

知识产权的重叠保护与侵权责任

刘　平

一、知识产权重叠保护产生的原因

知识产权之所以会产生重叠保护，是因为：一方面，不同类型的知识产权客体之间存在同一或者形式上的同一关系，以致法律难以将一种类型的知识产权客体绝对排除在另一种类型的知识产权保护范围之外；另一方面，为数不少的权利人积极谋求获得多种知识产权来保护同一或者形式上的同一客体。

二、知识产权重叠保护类型

知识产权重叠保护的类型，可以根据不同的标准进行分类。例如，根据相互重叠的权利之间的包容程度，可以将知识产权的重叠保护划分为包容型重叠保护与交叉型重叠保护；根据不同种类的知识产权的客体之间的重叠关系，可以将知识产权的重叠保护划分为著作权与商标权的重叠保护、著作权与专利权的重叠保护等多种类型。

三、知识产权重叠保护的合理性分析

在我国现行的制度框架内，法律原则上不禁止知识产权的重叠保护，因此，对同一知识产品享有多种知识产权的权利人可以顺理成章地获得知识产权的重叠保护。然而，知识产权的重叠保护，特别是因重叠保护而发生的转化保护，在给知识产权权利人带来更多利益的同时，也可能会给他人带来不利，因此，有必要讨论重叠保护的合理性问题。

其一，知识产权大体上可以分为创作性智力成果权和识别性标记权两类。其二，对于著作权与其他知识产权的重叠保护，如果最终转化为著作权保护，一般不会产生上述负面效应。其三，对于商标权与创作性智力成果权的重叠保护，如果最终转化为商标权的保护，而这种保护又会使本应进入公有领域的知识产品继续为权利人所垄断的话，那么，这样的保护就会产生上述负面效应。

四、知识产权重叠保护状态下的侵权责任

在知识产权重叠保护状态下，当一个侵权行为同时侵犯了两种或两种以上的知识产权时，对该侵权行为，权利人可以选择对自己有利的保护方式，但不能同时主张两种或两种以上的保护，亦即在侵权人的民事责任范围内，不能要求侵权人承担侵犯两种或者两种以上的知识产权的侵权责任。值得注意的是，现行的著作权法和商标法对侵权行为规定了较为严厉的行政处罚措施。此外，根据刑法的规定，侵犯著作权或者商标权的行为有可能构成侵犯著作权罪或者假冒注册商标罪，而未经专利权人许可实施其专利的侵权行为则不构成犯罪，并且根据《专利法》第六十条的规定，行政执法机关对专利侵权行为的处罚措施仅限于“责令侵权人立即停止侵权行为”。那么，在同一侵权行为既侵犯专利权，又侵犯著作权或者商标权的情况下，就产生了法律适用的冲突，对此，应根据侵权行为客观上所起的主要作用予以确定。

（摘自《政法论坛》，2010 (3)）

违法作品之著作权探究

——兼论我国《著作权法》第四条之修改

杨延超

一、问题的提出

《全国人民代表大会常务委员会关于修改〈中华人民共和国著作权法〉的决定》（以下简称《决定》）已由中华人民共和国第十一届全国人民代表大会常务委员会第十三次会议于2010年2月26日通过（自2010年4月1日起施行），该《决定》对我国《著作权法》第四条“有关违法作品的著作权问题”进行了修改。按照旧规定，违法的作品将不受著作权法保护，这实质上否认了违法作品的著作权。修改后的《著作权法》第四条并未直接规定作者对违法作品享有著作权，但删除了旧规定中“违法的作品将不受著作权法保护”内容，从立法本意上不难看出，它变相承认了作者对违法作品是享有著作权的，只是“著作权人行使著作权，不得违反宪法和法律，不得损害公共利益”，并且“国家对作品的出版、传播依法进行监督管理”。

二、回到起点——著作权因何而生

纵观世界各国的立法，作品著作权产生的原因无外乎有二种：第一，国家授权产生著作权；第二，创作产生著作权。“国家授权产生著作权”是指，作品创作完成后，作者申请著作权登记，国家审查后给予著作权登记，并同时获得授权；“创作产生著作权”是指，作品创作完成后即享有著作权，它是基于“创作”这一法律事实产生，而不需要经过任何国家的授权。著作权是因“授权”产生，还是因“创作”产生，这最终决定了在看待违法作品著作权问题上有不同视角。在著作权因“授权”产生的情况下，违法作品是否享有著作权，则完全取决于国家审查的要求；在著作权因“创作”产生的情况下，违法作品是否享有著作权，国家并不会主动干涉，只是在涉及到权益纠纷时，国家才会出面干涉并作出裁判。我国与世界上绝大多数国家一样，都奉行著作权因“创作”而产生，是否登记并不影响作者享有著作权。

三、“违法”PK“著作权”——以公法、私法分立为视角

不同的违法行为会产生不同的法律后果，根据作品违法种类的不同，违法作品分为以下几种：（1）仅违反私法的作品。基于对原创作者著作权的保护，侵权作品可能会发生阻却著作权权利归属和行使、阻却著作权权利流转和赔偿责任等民事责任。根据侵权性质的不同，侵权作品所发生的法律效果也有差别：剽窃作品、侵犯修改权的作品，会发生阻却权利归属和行使的法律后果，即作者不能据此享有违法作品的著作权；而侵权的演绎作品，以及侵犯他人民事权利的作品都只会发生赔偿责任以及其他非财产性民事责任，却不会发生阻却权利归属的法律后果，即作者仍对作品享有著作权。（2）仅违反公法的作品，是指作品内容宣扬色情、封建迷信、反动言论等。此类作品，虽不侵犯私人利益，但却违反公法所保护的公共利益。我国著作权法已经承认了作者对此类作品仍然享有著作权。当然，此类作品违反公益，作者在享有著作权的同时，也必须接受国家基于公共利益之维护而采取的惩罚措施。（3）既违反公法又违反私法的作品。由于作品存在双重违法，既违反了公法同时又违反了私法，因此会受到公法和私法的双重否定性评价。在作品双重违法时，判断作者对作品是否享有著作权，完全取决于作品违反私法的情形。在既违反公法又违反私法的作品中，如果有剽窃和侵犯修改权行为，作者将不享有著作权；如果仅仅侵犯演绎权以及侵犯他人民事权利的，作者依然对作品享有著作权。

四、结语

作者对违法作品是否享有著作权，这并非是一个简单的“YES”或“NO”的问题，基于违法行为的不同性质，会产生不同的结论。我国《著作权法》第四条的修改，是著作权立法上的一次重要进步，以第四条修改为契机，本文对各类违法作品予以梳理并分析不同情况下的著作权问题，既要保护受害人的合法权益，同时也要保护作者的创造性和著作权益。尤其需要指出，著作权不能因为作品违反公法而被随意剥夺，公法也不能超越界限干预私法；著作权与作者的创造性理应得到最大程度的尊重，私权神圣理念也将在这一过程中得到最充分的彰显。

（摘自《法学论坛》，2010（5））

论著作权技术措施的例外

熊　琦

一、导论

著作权法中的技术措施，是指著作权人以有效技术控制对作品接触、复制或传输的保护手段。技术措施的存在，旨在回应传统著作财产权类型化在网络环境下所出现的困境，并弥补著作权制度与信息时代之间的“代沟”。由于技术措施相对独立于传统的著作权法，因此，如何设定技术措施例外，如何将其与传统著作权限制制度相衔接，都是立法与司法实践中需要注意的问题。

二、技术措施及其例外的法律构造与争议

我国技术措施条款的法律构造借鉴了美国法，规避行为同样被分为直接与间接规避两类，技术措施的类型也可概括为“控制接触”和“控制利用”两种。同时，“条例”第十二条对直接规避行为列举了四项例外，但未规定间接规避行为的例外。

现阶段技术措施例外的制度设计面临如下问题：如何确定技术措施例外的设立标准；如何界分技术措施例外与合理使用；如何看待技术措施例外与权利滥用。技术措施例外在诸多领域都存在值得商榷的地方，对于一项相对独立于传统著作权法的条款，应重新检视其对社会的影响。

三、技术措施例外的立法选择

从技术措施例外的立法史上看，其与当初合理使用制度类似，即以市场失灵作为技术措施例外的设立标准。在设计技术措施例外时，我们仍然可以沿用市场失灵理论，将技术措施例外建立在：(1) 著作权市场无法发挥作用的领域；(2) 以著作权人经济收益不会遭受重大损失为前提。从市场失灵理论出发，技术措施例外可在两种情形下适用：第一，因“交易不能”产生的市场失灵；第二，因“正外部性”产生的市场失灵。

“权利效力扩张”或“公共利益”并不能作为适用“合理接触”的借口，这一方面是由于著作权人会因此遭致重大损失，另一方面则是因为使用者并未陷入无任何接触渠道的地步。既然技术措施对接触行为的限制并未造成市场失灵，合理使用就不应扩张至合理接触，前者的不确定性容易对技术措施造成不利影响，对技术措施的免责仍然适合以法定例外的形式存在。此外，还需针对限制竞争问题引入权利滥用条款。

四、我国技术条款的完善

我国技术条款有如下需要完善：虽然“条例”已在技术措施的定义中明确了“控制接触”与“控制利用”两种类型，但在例外条款中应当予以区分；关于技术措施的定义，还有进一步修正的必要；我国不应全盘借鉴美国著作权法中的所有例外条款，因为任何技术措施例外的设定，都需要基于本国特殊的产业发展阶段与其他配套制度。

（摘自《知识产权》，2010 (6)）

（本专栏论文由陈杰摘编）

2010年版权（著作权）论文索引

［编者按］ 本索引根据2010年全国公开出版的报刊上登载的论文选编而成，资料来源于“中国知识资源总库”。每个专题的论文，报纸按发表时间的先后为序，期刊按句首第一个字的汉语拼音为序；每篇论文按标题、作者、报名（刊名）、日期（期号）排列。

·报　　纸·

一、著作权立法及理论研究

建筑作品著作权保护的经典案例/周林/人民法院报，2010-01-07

如何保护建筑作品的著作权/陈锦川/人民法院报，2010-01-07

如何适用停止侵权的责任方式/张冬梅/人民法院报，2010-01-07

如何确定建筑作品的独创性、保护范围及侵权责任方式/人民法院报，2010-01-07

我国录音制品著作权制度进一步完善/刘珊/中国知识产权报，2010-01-15

民间文学艺术衍生作品著作权保护及惠益分享/刘拥建、廖冰冰、吴汉东/人民法院报，2010-02-25

全国人大常委会关于修改《中华人民共和国著作权法》的决定/人民日报，2010-02-27

加强我国著作权立法/言恭达/团结报，2010-03-09

著作权最新修改明确出质登记制度/尹锋林/中国社会科学报，2010-03-23

网络环境下的著作权保护/张绍忠/中国艺术报，2010-03-26

著作权“合理使用”制度浅析/曹琦/芜湖日报，2010-03-30

加快《著作权法》实质性修订进程/郭寿康/中国新闻出版报，2010-05-27

数字化时代著作权保护的两个问题/袁剑湘、廖梅/检察日报，2010-06-07

著作权案中权利审查阻断原则的合理运用/叶海涛/人民法院报，2010-06-10

电视访谈节目著作权的性质和归属/徐卓斌/人民法院报，2010-06-23

电影作品著作权特殊规则的法律适用/祝建军、叶艳/人民法院报，2010-07-01

表演者权：著作权还是邻接权/金海军/中国艺术报，2010-07-20

浅议民间文学艺术作品的著作权保护/郭禾/国际商报，2010-07-21

信息网络传播行为的构成要件/姚建军/人民法院报，2010-08-05

再谈卡拉OK涉及的著作权法律问题/索来军/中国新闻出版报，2010-08-05

试论商标权与著作权的冲突及对策/刘树中/中国知识产权报，2010-08-06

作品“创意”保护的误区及同一题材不同作品之间侵权判定难点分析/傅剑清/人民法院报，2010-08-12

常用名称不具备著作权法的独创性/吴名/人民法院报，2010-08-19

网络环境下的版权执法问题研究/白俊勇/中国知识产权报，2010-08-20

买卖作品不可不知的著作权问题/杨德嘉/经济参考报，2010-09-14

应避免“著作权”和“版权”的混用/索来军/中国新闻出版报，2010-09-16

博客著作权：免费午餐时代的结束？/吴园妹/中国艺术报，2010-09-17

实施版权战略 加大著作权保护力度/柳斌杰/中国新闻出版报，2010-10-15

依法禁止出版传播的作品不受著作权法保护的由来与归宿/宋木文/中国新闻出版报，2010-10-29

委托作品著作权法律属性解析/杨力/中国知识产权报，2010-10-29

网络著作权审判中的若干法律问题/张冬梅/人民法院报，2010-11-24

网络作品与著作权的纠结/杨年熙/东方早报，2010-11-25

韩国修订著作权法加强网络监管/魏红/中国知识产权报，2010-11-26

中国著作权法的双重维度/陈庆/检察日报，2010-12-16

浅析著作权法合理使用与抄袭的区别/孙祺舒/天津政法报，2010-12-21

调解机制 促进著作权法有效实施/王野霏/中国知识产权报，2010-12-24

二、著作权保护及纠纷

影视作品网络著作权维权方式的选择/戚广银/江苏法制报，2010-01-05

为他人修改施工图纸是否侵犯著作权/戴涛/江苏经济报，2010-01-06

“圆明园生肖兽首”著作权纠纷尘埃落定/李骏、建伟/中国知识产权报，2010-01-08

金像奖涉假照片著作权存疑/洪丹/南方日报，2010-01-08

音乐产业著作权保护国际发展趋势探讨/彼得·修宁·安德森/中国新闻出版报，2010-02-25

学位论文答辩不属于行使发表权/姚建军/人民法院报，2010-03-18

未经进口审批的境外影视作品的著作权法保护/祝建军/人民法院报，2010-04-22

五大知识产权案例出炉/刘俊、兆明、荣斌/扬州日报，2010-04-27

《2010 等你来》著作权惹纷争/音乐生活报，2010-05-03

侵犯著作权罪中“发行行为”宜分解认定/朱华/检察日报，2010-06-09

全国首例博客文章著作权案宣判/闫肃、刁云芸/北京日报，2010-06-13

内蒙古的哥状告跳水教练于芬侵权/闫肃、刁云芸/人民法院报，2010-06-13

《溥仪日记》著作权再起纷争/民主与法制时报，2010-07-12

我市积极开展著作权登记保护工作/秦旭光/鄂尔多斯日报，2010-08-04

规避侵犯著作权刻不容缓/李晓秋/中国新闻出版报，2010-08-19

视频分享网站服务商帮助侵犯著作权的认定/祝建军/人民法院报，2010-10-13

擅自引用他人博客也侵犯著作权/刘文基/检察日报，2010-10-16

只拍不买“拍书族”或侵权/马兰/滨海时报，2010-10-27

司法如何认定“未经著作权人许可”/王野霏、赵红仕/中国新闻出版报，2010-10-28

网游私服很过瘾，却有侵犯著作权之虞/孟慧敏、蒋东纯、孙莹娜/检察日报，2010-11-13

《梁祝》剧本惹纠纷 作者后人要著作权/顾颖/人民法院报，2010-11-28

齐白石后人追索著作权/柳剑诏/中国文化报，2010-12-21

三、著作权利用、管理、产业及贸易

浅谈著作权集体管理组织的委托管理行为/尚立娜/人民法院报，2010-01-06

广州政府对成功登记著作权者进行资助/李晓瑛/中国新闻出版报，2010-01-28

美术作品著作权行使中的几点问题/杨德嘉/中国艺术报，2010-06-08

著作权人授权集体管理作品后的权利取决于双方约定/孙海龙、姚建军/人民法院报，2010-06-17

集体管理为电影版权交易搭台/褚立丽/中国知识产权报，2010-06-25

浙江一院一成果获国家计算机软件著作权/杨彬镛、訾建华/中国测绘报，2010-11-16

·期　　刊·

一、著作权法概述

包装世界的保护神——纪念世界第一个版权法诞生300周年暨第10个世界知识产权日/韩虞梅/包装世界，2010（2）

编辑工作中的若干著作权问题研究/董娅/电子知识产权，2010（3）

从澳大利亚图书馆使用著作权规则谈我国相关立法/李江丽/情报科学，2010（7）

《大清著作权律》关键词辨析/韦之/电子知识产权，2010（11）

德国知识产权法的演进/郑友德/电子知识产权，2010（10）

发展困局：我国网络著作权制度的嬗变及转型/肖尤丹/图书情报知识，2010（2）

法国著作权法修正案争论的背后/彭桂兵/中国出版，

2010（15）
高校图书馆信息资源建设与咨询服务中的著作权问题/王代礼/内蒙古科技与经济，2010（17）
高校学报编辑工作中的版权保护/王桂珍/韶关学院学报，2010（7）
给智慧插上法律的翅膀——《中华人民共和国著作权法》立法历程/周鑫/法治与社会，2010（10）
公益型数字图书馆建设中的知识产权保护原则/刘盈/中国电力教育，2010（18）
关于数字图书馆知识产权中几个问题的简要综述/杨晓云/兰台世界，2010（2）
关于数字图书馆中的著作权问题及对策思考/宋晓路/东方企业文化，2010（14）
海峡两岸著作权法词语的差异比较及原因分析/杨平/辽宁教育行政学院学报，2010（1）
后现代主义视角下的著作权的正当性及其边界——从个体权利到基于商谈的共识/熊文聪/政治与法律，2010（6）
呼唤网上著作权保护立法/孙瑞灼/中外企业文化，2010（2）
互联网科普之惑：原创与著作权——关于互联网科普的若干问题之三/张小林/科普研究，2010（5）
互联网视听服务整治引发的法律思考/罗钰、赵占领/信息网络安全，2010（2）
环境科学数字图书馆信息资源建设中的著作权问题/张军亮、于成杰、李晓伟、陈立学/中国环境管理干部学院学报，2010（1）
基于数字图书馆知识产权问题的探讨/刘光华/科技信息，2010（1）
加快《著作权法》实质性修订的进程/郭寿康/今日财富（中国知识产权），2010（8）
夹缝中的法律移植与传统创造——《大清著作权律》述评/李宗辉/西南政法大学学报，2010（5）
近年来图书馆相关的知识产权案例观察/汤罡辉、韦景竹/国家图书馆学刊，2010（2）
惊异于历史的力量——读《现代知识产权法的演进：英国的历程（1760～1911）》一书/朱理/网络法律评论，2010（1）
拒绝许可著作权的反垄断法规制/郭德忠/云南行政学院学报，2010（3）
旅游知识产权法律保护问题研究/刘刚/青岛酒店管理职业技术学院学报，2010（4）
论版权保护中的利益平衡/徐素萍/经济与社会发展，2010（7）
论福柯的作者观——兼谈著作权的纯粹财产权属性/刘洁/理论界，2010（4）
论建筑物上的知识产权/左金风/信阳师范学院学报（哲学社会科学版），2010（6）
论民法基本原则在知识产权法上的应用/齐爱民/电子知识产权，2010（1）
论期刊编辑的著作权法意识/张雁影/新闻知识，2010（10）
论企业内部宣传者面临的著作权问题/付宇骄/中国商界（下半月），2010（7）
论TRIPs协议背景下我国的著作权保护法制建设/谢明俊/玉林师范学院学报，2010（3）
论TRIPs协议与中国知识产权法的发展与完善/陈晓宇/辽宁师范大学学报（社会科学版），2010（1）
论网络环境中BT下载技术的法律责任主体的认定——兼谈BT侵权预防的经济学分析/邹肖/特区经济，2010（1）
论知识产权制度的正当性与适当性/谢可训/商业时代，2010（17）
破解技术保护措施的认定/祝建军/人民司法，2010（6）
浅析图书馆文献数字化的法律保护——以著作权法为视角/王淑云/中国科技信息，2010（20）
浅析网络知识产权法律保护/展云/常州大学学报（社会科学版），2010（4）
浅析我国知识产权法对公共利益保护的现状及完善/马伟哲/经营管理者，2010（21）
日本著作权法律的新变化及其特征/杨和义/海峡法学，2010（1）
山寨产品、山寨文化的知识产权考量/秦莉莉、杨盛达/行政与法，2010（3）
“山寨机”与知识产权/王雪/前沿，2010（1）
试论我国企业知识产权战略——以《专利法》、《著作权法》修订为背景/郑丹/中国商界（下半月），2010（3）
视频网站的法律问题分析/张丽娜/北京邮电大学学报（社会科学版），2010（1）
数字化时代中国版权制度的现状及挑战/刘祥国、李正生/社会科学家，2010（10）
数字化时代中国版权制度改革的路径思考/刘祥国、周玉林/广西社会科学，2010（11）
数字图书馆版权问题解决模式分析/姜友好、吕婷、朱凤/图书与情报，2010（3）
数字图书馆建设过程中的知识产权问题/杜鹃、张雪清、张妤/农业与技术，2010（3）

数字图书馆信息服务过程中知识产权问题研究/郝天侠/图书情报工作，2010（7）

数字图书馆信息资源共享中的著作权问题研究/王政、洪伟达/情报资料工作，2010（4）

数字图书馆著作权问题研究/章晴霞/人民论坛，2010（20）

图书馆平衡著作权私权利益与公共利益的职能审视/吉宇宽/图书馆学研究，2010（3）

WTO裁决与我国《著作权法》的修改/苏如飞/中南林业科技大学学报（社会科学版），2010（1）

网络版权立法趋势简述/许超/北京邮电大学学报（社会科学版），2010（1）

网络版权制度功效缺失的文化因素解析/李瑞登/知识产权，2010（5）

网络环境下著作权保护与公共利益的平衡/崔艳峰/重庆邮电大学学报（社会科学版），2010（5）

网络知识产权的伦理危机与对策/王玉娥、卢娟/辽宁行政学院学报，2010（1）

网络著作权应弱化/王婉/新西部（下半月），2010（2）

为完善与图书馆活动相关的著作权制度积累事实依据/李国新/图书馆工作与研究，2010（5）

新著作权法下图书馆的数字资源建设与传播/王文华/现代情报，2010（6）

修改后的著作权法将于4月1日起施行/北京印刷学院学报，2010（1）

学术归誉的缝隙——谈著作权的日常化延伸/郑小枚/中国出版，2010（9）

以经济法为视角：论激励制度全面全过程进入知识产权法——对实施知识产权战略如何取得实效的一点思考/陈乃新、丁滢/南华大学学报（社会科学版），2010（6）

意义与缺憾：《著作权法》二修之管见/宋慧献/电子知识产权，2010（4）

在先著作权与商标权冲突案件若干问题探析——湖北汉光公司诉浙江湖电公司等侵犯著作权纠纷案评析/陈辉/科技与法律，2010（4）

知识产权的权利冲突及其处理原则/母佳、王晓/今日南国（理论创新版），2010（1）

知识产权制度是创造者获取经济独立的权利宪章/刘春田/知识产权，2010（6）

知识产权制度与非物质文化遗产法律保护的冲突与契合/赵方/西安财经学院学报，2010（2）

中国著作权法律百年国际论坛/金海军/学术界，2010（11）

中国著作权法律百年国际论坛在京举行/李芬莲/知识产权，2010（6）

中西著作权演进路径比较与省思——以宋代版权分析为中心/魏文超、魏汉涛/河南大学学报（社会科学版），2010（4）

著作权法视野下的图书馆/张今/图书馆建设，2010（10）

《著作权法》视域下数字图书馆知识产权问题研究/田利/农业图书情报学刊，2010（1）

著作权、信息公共权与图书馆/荣宪民/兰台世界，2010（24）

著作权与商标冲突判例检讨/高荣林/北京政法职业学院学报，2010（4）

著作权正当性的危机与出路/刘铁光/法制与社会发展，2010（2）

著作权制度的动与静/武汉/电子知识产权，2010（1）

专家解读《著作权法》修正案/聂士海/今日财富（中国知识产权），2010（3）

作者著作财产权形成的反思——对作者法律地位演变的一种历史性解读/马宁/理论界，2010（5）

二、著作权的对象

博客的著作权问题探讨/李静/图书馆建设，2010（2）

博客著作权：免费午餐时代结束了吗/吴园妹/法庭内外，2010（10）

不可让渡的荣耀——作品署名权异化的法律思考/孙琳/南华大学学报（社会科学版），2010（2）

长途客车放电影要交版权费/郑满宁/商用汽车新闻，2010（20）

初探“云计算”的著作权问题/孙远钊/科技与法律，2010（5）

传统著作权法上创造性要求面临的挑战与回应/骆电/法律适用，2010（5）

从属专利与演绎作品的比较研究/姚维红/中国发明与专利，2010（11）

导航电子地图的著作权保护/侯仰坤、税成疆/人民司法，2010（3）

德国关于电影作品权利归属与行使的规定/施理、王增岩/重庆科技学院学报（社会科学版），2010（7）

地方志书著作权纠纷初探/张军/黑龙江史志，2010（4）

电视节目模板的著作权法保护困境及出路/吴京、韩笑梅/黑龙江省政法管理干部学院学报，2010（2）
动画作品中民间文学艺术的知识产权保护/彭举/益阳职业技术学院学报，2010（1）
动漫角色法律保护之探讨/程艳/时代法学，2010（5）
动漫角色商品化权的法律保护/严梅香/湖北经济学院学报（人文社会科学版），2010（7）
动漫角色商品化权的著作权法保护/何艳华/安徽警官职业学院学报，2010（1）
动漫形象侵权问题探析/杨异、王馨、王刚义/人力资源管理，2010（5）
独创性观念对著作权理论的渗透及其存在问题/刘汉波、肖爱华/赣南师范学院学报，2010（1）
对博客版权之相关问题的探讨/艾鸿凯/佳木斯大学社会科学学报，2010（3）
对贯彻落实《关于加强图书馆著作权保护工作的通知》精神的思考/秦珂/图书馆学研究，2010（7）
对教案归属权问题的思考/周静/武汉职业技术学院学报，2010（6）
对民间文学艺术《著作权法》保护的反思/杨信、司马俊莲/湖北民族学院学报（哲学社会科学版），2010（2）
“非婚生”同步教辅的法律思考——从教材编排体系结构的专有权属性角度分析/周安平、王庆/出版发行研究，2010（3）
非物质文化遗产著作权保护模式探析/赵方/贵州警官职业学院学报，2010（3）
高校教材的著作权问题研究/李杰/湖南人文科技学院学报，2010（3）
高校研究生学位论文著作权问题法律分析/潘菊英/图书馆建设，2010（9）
古代壁画数字化版权问题初探/李永明、兰田/浙江大学学报（人文社会科学版），2010（11）
关于著作权法中建筑作品概念的探讨/郑华聪/福建工程学院学报，2010（5）
广播电视栏目名称的版权保护探析/王辉/中国广播电视学刊，2010（12）
广告地图作品的著作权保护初探/付广庆/电子知识产权，2010（3）
广告片制作中的著作权问题/沈艳阳/电视研究，2010（4）
广告语著作权侵权行为界定研究/朱红彦/贵州警官职业学院学报，2010（4）
国际贸易视角下的著作权法第四条第一款/苏如飞/世界贸易组织动态与研究，2010（1）
河北省民间文学艺术法律保护研究/国慧霞/改革与开放，2010（4）
汇编作品著作权相关问题探析/陶舒亚/中国政法大学学报，2010（5）
计算机软件的法律保护途径/于东红、王忠/安徽科技，2010（5）
计算机软件著作权正当性探讨/马永强/福建电脑，2010（5）
技术标准的著作权问题辨析/周应江、谢冠斌/知识产权，2010（2）
简析毛泽东思想及其著作财产权归属问题/于丹怡/知识经济，2010（11）
建筑装饰设计的知识产权保护路径选择/徐晓雁、张鹏/电子知识产权，2010（3）
建筑作品版权保护法律适用探究/康佑发/科技管理研究，2010（12）
建筑作品的法律特征及其保护条件/朱啸飞/法治研究，2010（6）
建筑作品的特殊性分析/李娟娟/中国商界（上半月），2010（7）
建筑作品是否受著作权法保护/李慧芬/上海房地，2010（6）
建筑作品著作权的侵权判定/朱理/法律适用，2010（7）
教学课件著作权法律问题探讨/衣庆云/行政与法，2010（5）
节庆活动中文化创意的知识产权保护/陈雪娇/五邑大学学报（社会科学版），2010（3）
景德镇陶瓷工艺美术作品的著作权保护法律制度研究/常磊、尚青玉晶、李明文/中国商界（上半月），2010（12）
科技论文网络发表的版权问题/黄先蓉、林姿蓉、黄俊/出版科学，2010（2）
科技期刊出版中的几个著作权关系/赵智岗、郭锐/河北工业大学学报（社会科学版），2010（1）
临摹作品商业化利用中的法律问题/侯雪梅、刘加昶/科技与法律，2010（3）
论博客著作权的侵权行为及保护/连环/电子商务，2010（4）
论“春晚”在著作权法中的定性/王迁/知识产权，2010（4）
论大学生笔记著作权/李晓慧、郝倩/今日南国（理论创新版），2010（3）
论个人数字图书馆的相关版权保护/李静/图书馆学

研究，2010（9）

论古典名著的著作权保护/胡辉/河北法学，2010（9）

论景区景点的著作商品化权保护——兼评《著作权法》第48条之适用/苏喆/河北法学，2010（3）

论民间文学艺术的保护措施/周寒梅/湖北经济学院学报（人文社会科学版），2010（9）

论民族民间文学艺术的商品化权保护模式——从“刀郎”之争看民间文艺的知识产权保护/苏喆、王丽婧、黄忠/扬州大学学报（人文社会科学版），2010（1）

论“模仿讽刺”作品的法律性质及合理使用原则/徐惠敏/南昌大学学报（人文社会科学版），2010（4）

论农村民间美术作品著作权保护机制构建/郑胜利/农业考古，2010（3）

论少数民族传统知识的知识产权法保护/郑颖捷、王瑞龙/中南民族大学学报（人文社会科学版），2010（3）

论思想表达两分法的“成文”化/卢海君/中国出版，2010（21）

论网络作品著作权的保护/李宁/成功（教育），2010（6）

论我国的民间文学艺术作品的法律保护/许晓明/中小企业管理与科技（下旬刊），2010（5）

论我国民间文艺作品的知识产权保护/许虎/西昌学院学报（社会科学版），2010（1）

论戏仿作品的法律保护/吴高臣/法学杂志，2010（10）

论影视作品的法律关系/曲三强/知识产权，2010（2）

论影视作品的网络著作权保护——P2P技术下的著作权冲突及解决方式/崔健/新西部，2010（9）

论作品标题的法律保护/邵培樟/青海社会科学，2010（1）

论作品的社会属性/张岳峰/价值工程，2010（11）

论作品名称权是否要受《著作权法》保护/朱涵、王艺桐/魅力中国，2010（11）

论作品情节的著作权保护要件/郭萌/河北科技大学学报（社会科学版），2010（2）

民间文学艺术著作权保护路径分析/肖少启/河北法学，2010（4）

民间音乐的传承与著作权保护/龙冠中/改革与开放，2010（16）

民族民间文艺知识产权保护的制度设计：评价与反思/严永和/民族研究，2010（3）

浅谈广告语著作权的保护/叶鸿/知识经济，2010（12）

浅谈受《著作权法》保护的档案范围/罗滦/四川档案，2010（5）

浅谈作品独创性的构成标准/田园/科教导刊（中旬刊），2010（2）

浅析地图著作权保护/张世刚、李莉/科技与出版，2010（9）

浅析民间文艺作品的法律保护/张博文/经营管理者，2010（16）

浅析实用艺术品著作权与外观设计专利权冲突与解决/高翔/科技风，2010（20）

浅析我国计算机软件的法律保护/张照枫、赵尔丹、梁晓晖/河北软件职业技术学院学报，2010（1）

浅析我国计算机软件著作权保护/严倩/经济与社会发展，2010（9）

浅析影视剧名称的知识产权法保护/杨丽华/新疆新闻出版，2010（6）

浅议博客著作权的归属与保护措施/赵宾/出版发行研究，2010（10）

强制性标准的版权问题探析/张文兰/标准科学，2010（7）

软件著作权保护中的源代码：开源软件运动的启示/刘晓春/网络法律评论，2010（1）

摄影作品著作权与肖像权的冲突探析/张静/产业与科技论坛，2010（8）

实用艺术作品的法律保护/张慧春、郭小华/知识经济，2010（23）

使用汇编作品的内容是否构成对汇编作品著作权的侵犯——对一起侵犯汇编作品著作权案的思考/黄振中/知识产权，2010（5）

视频分享网站著作权侵权问题探析/赵溪/知识经济，2010（15）

试论博硕士论文资源建设中的知识产权问题/姚蓉、方怡/现代情报，2010（7）

试论创意的知识产权保护/马荣、杜伟/沙洋师范高等专科学校学报，2010（2）

试论计算机软件的知识产权保护/李红兰/魅力中国，2010（12）

试论学位论文知识产权的侵权和保护/钱立群/浙江工贸职业技术学院学报，2010（3）

书名法律保护的基础和模式/尹腊梅/学术论坛，2010（6）

数字出版物转载、摘编的法律权利探析/王青林/出

版发行研究，2010（4）
数字时代音乐作品著作权的保护与限制制度/南振兴、吴杰宇/知识经济，2010（2）
数字图书馆的著作权保护分析/张玉荣/科技信息，2010（17）
数字图书馆建设的著作权冲突与协调/何红英/西南农业大学学报（社会科学版），2010（4）
数字图书馆信息集成服务的知识产权问题研究/刘培兰/图书馆学刊，2010（1）
搜索引擎提供“快照”服务的著作权侵权问题研究/王迁/东方法学，2010（3）
他山之石：视频版权的博弈之道/张文/互联网天地，2010（2）
探究新闻照片的著作权问题/刘海燕、袁海英/新闻爱好者，2010（10）
图书馆口述历史工作著作权保护初探/郑松辉/中国图书馆学报，2010（1）
完善我国《著作权法》对教材著作权的保护/唐平、张兵/南昌教育学院学报，2010（3）
网吧传播影视作品之行为定性和责任分析/冯海波、赵克/电子知识产权，2010（6）
网页快照著作权问题探究——美国的司法实践及借鉴/阮开欣/电子知识产权，2010（6）
违法作品的著作权研究/周多/今日财富（中国知识产权），2010（4）
违法作品之著作权探究——兼论我国《著作权法》第4条之修改/杨延超/法学论坛，2010（3）
未经进口审批的境外影视作品的著作权保护/祝建军/人民司法，2010（12）
未经批准的境外作品的保护——兼评我国《著作权法》第4条第1款/李雨峰/电子知识产权，2010（1）
我国传统手工艺技能采著作权法保护模式初探/张良华/景德镇高专学报，2010（3）
我国现行版权法规对文献数字化和网络传播的影响/潘杏梅、张培锋/科技情报开发与经济，2010（14）
我国著作权法立法应引入二分法原则与合并原则/林良倩/政法学刊，2010（1）
戏曲电影中唱腔设计著作权的保护——评黄梅戏电影《天仙配》案/叶若思、祝建军/电子知识产权，2010（3）
下载影视作品的著作权问题/马卫平、张艾莉/网络财富，2010（8）
学位论文著作权归属问题研究/张小勇、吴用/中国高教研究，2010（5）
研究生学位论文开发利用中的著作权归属问题研究/杨莉/情报理论与实践，2010（1）
议作品之独创性/钦国巍/长沙大学学报，2010（1）
音乐改编作品的著作权探讨/倪进/南京艺术学院学报（音乐与表演版），2010（4）
音乐作品著作权保护研究/施益波/杭州科技，2010（5）
再论书信作品中的物权、著作权和隐私权/方珂/现代经济信息，2010（1）
怎能取消法律文件的作品资格——与杨振辉先生商榷/杜巧阁/理论月刊，2010（4）
知识产权对魔术的保护/钱璐、张建康/山西省政法管理干部学院学报，2010（4）
质疑民间文学艺术著作权保护的合理性/周婧/知识产权，2010（1）
中国计算机软件著作权保护的回顾与展望/寿步/暨南学报（哲学社会科学版），2010（6）
著作权法不保护时事新闻的原因及意义/刘海燕、袁海英/新闻爱好者，2010（15）
著作权法在保护虚构角色形象方面的局限及对策/张丹丹/法学，2010（4）
《著作权法》在调整民间文艺相关利益关系方面的缺漏/管育鹰/北方法学，2010（4）
著作权模式下的软件知识产权保护/张海兴/伊犁师范学院学报（社会科学版），2010（3）
著作权抑或邻接权——综艺晚会网络直播版权的法理探析/刘春田、熊文聪/电视研究，2010（4）
作品的社会属性是作品的本质属性/张岳峰/河北学刊，2010（5）
作品概念的科学建构及其在著作权法上的意义/王坤/知识产权，2010（6）
作为传统知识的中医药“老字号”的著作权主体/毛毛/广播电视大学学报（哲学社会科学版），2010（1）

三、著作权的主体和归属

单位可免费对职务作品优先使用/亓蕾/人民司法，2010（10）
法人与作者之间的法律关系/曹书瑜、倪勤/人民司法，2010（7）
非创作人合同约定取得著作权的效力——兼议刘某诉罗某、舒某侵犯著作权案/赵克/电子知识产权，2010（2）

高校著作权争议及其解决/高松元/河北法学，2010（5）

孤儿作品的利用困境与现行规则评析/董慧娟/中国出版，2010（18）

合作摄影作品著作权问题研究——从第八届中国摄影金像奖组委会取消桑玉柱获奖资格说起/张广良/电子知识产权，2010（2）

合作作品相关争议问题浅析/陈良/佳木斯大学社会科学学报，2010（3）

论档案工作中法人作品和职务作品的区分/周斌/兰台世界，2010（18）

论合作作品中主编的法律含义/罗艺/消费导刊，2010（2）

论委托作品的法律问题/陈化琴/辽宁行政学院学报，2010（10）

论我国职务作品利益分享机制研究/郑其斌/暨南学报（哲学社会科学版），2010（5）

论在著作权原始归属中引入契约制度/饶文平/湖北师范学院学报（哲学社会科学版），2010（3）

浅析委托作品的著作权归属/徐小铂/佳木斯大学社会科学学报，2010（3）

图书馆工作中职务作品和法人作品的法律适用界定——兼评崔世勋诉辽宁省图书馆等案/秦珂/图书情报工作，2010（19）

推进孤儿作品公共获取的解决之道/金璐、刘青/图书情报工作，2010（9）

网络著作权侵权纠纷中网络作品作者的认定/李昱/黄冈师范学院学报，2010（1）

委托人取得委托作品著作权问题研究——以我国《著作权法》第 17 条为背景/许辉猛/法学杂志，2010（7）

委托作品的验收标准刍议——以若干委托创作合同纠纷为例/梅锋/知识产权，2010（3）

委托作品使用权确定方法之研究——以“委托创作的特定目的”为中心/许辉猛/信阳师范学院学报（哲学社会科学版），2010（2）

委托作品使用权研究/许辉猛/河南商业高等专科学校学报，2010（1）

委托作品著作权归属问题研究/钦国巍/白城师范学院学报，2010（1）

委托作品著作权归属约定的性质研究/许辉猛/广西政法管理干部学院学报，2010（3）

学位论文著作权归属分析/陈希南、王海艳/情报探索，2010（7）

研究生学位论文开发利用中的著作权归属问题研究/杨莉/教书育人，2010（15）

职务作品的价值取向/钟媛/学习月刊，2010（6）

职务作品署名权之争——析“崔世勋诉辽宁、黑龙江、吉林三省图书馆侵犯署名权”一案/王雅男/图书馆工作与研究，2010（7）

智力投入者和财力投入者分离下的著作权归属研究——评我国的委托作品、职务作品和法人作品制度/邹晓红、许辉猛/湖南大学学报（社会科学版），2010（2）

中小学教材著作权主体探析/唐平、张兵/经济研究导刊，2010（14）

著作权法中投资者视为作者的制度安排/熊琦/法学，2010（9）

著作权归属中存在的问题/侯仰坤/知识产权，2010（1）

四、著作权的内容

“百度快照”与信息网络传播权法律问题研究/袁媛/长春理工大学学报，2010（5）

“不要老让法律吃药”——关于完善网络传播权的几点思考/蒋志培/传媒，2010（8）

刍议数字图书馆与信息网络传播权/陈志文/中国城市经济，2010（12）

“点对点”技术最终用户版权问题思考/赵宾/理论探索，2010（5）

对“信息网络传播权”的多维解读/王迁/中国专利与商标，2010（3）

对发表权诸问题的再认识/衣庆云/知识产权，2010（4）

发表权若干问题研究/张旭明、宋毅、李祖军/理论界，2010（3）

反非法署名的思考/蒋万庚/电子知识产权，2010（7）

“非交互式”网络传播行为的法律属性——“圣火耀珠峰”节目网络直播侵权案评析/岳利浩/科技与法律，2010（3）

高校图书馆数据库建设中信息网络传播权探讨/李雪松、张丽萍/情报探索，2010（11）

公共借阅权：概念、特点和立法模式/傅文奇、马小方/图书馆学研究，2010（11）

关于“公共借阅权”讨论的思考/张华/科技信息，2010（12）

关于公共借阅权相关法律问题的思考/陈川、高山行/今传媒，2010（10）

关于作者署名权的思考/郭莉娟/商业文化（学术版），2010（11）
解决期刊网络传播权争议的四种途径/黄澄清、石现升/传媒，2010（8）
论侵犯保护作品完整权之行为/刘有东/西南民族大学学报（人文社科版），2010（4）
论商品化权的法律保护/吴道霞/延边大学学报（社会科学版），2010（5）
论视频网站中影视作品信息网络传播权的保护/刘会民/今日南国（中旬刊），2010（8）
论数字图书馆建立中的信息网络传播权保护——以谷歌“版权门”事件为例/关晋鹏/科教导刊（中旬刊），2010（8）
论网络视频中的网络传播权问题/何茂鑫/贵州警官职业学院学报，2010（2）
论我国网络传播立法的不足与完善/李国泉、孙巾淋/电子知识产权，2010（1）
论著作权语境下的获取权/彭学龙/法商研究，2010（4）
论著作人身权中作者的接触权/栾东福/消费导刊，2010（3）
论作品修改权/刘有东/现代法学，2010（3）
期刊信息网络传播权争议分析与对策建议/石现升/互联网天地，2010（8）
浅谈网络环境下数字图书馆信息网络传播权/武颖方/科学之友，2010（9）
浅谈著作权法中作者的追续权/任雪/东方企业文化，2010（4）
浅析侵犯修改权的“文摘第一案”/贾学蕊、蒋克平/新闻战线，2010（9）
浅析作者收回权的行使条件/栾东福/中国城市经济，2010（6）
如何界定“迅速回复”——评信息网络传播权保护中避风港原则的立法漏洞/张明、陈默、程试捷/今日南国（中旬刊），2010（8）
软件侵权问题中的法与利/孙鹏/中国城市经济，2010（7）
试论我国著作权法中信息网络传播权之界定/胡云红/科技与法律，2010（3）
署名权若干问题浅析/修扬/鲁东大学学报（哲学社会科学版），2010（2）
数字图书馆的著作权精神权利保护研究/王洋/图书馆学研究，2010（17）
数字图书馆和网络信息传播权——以价值分析为中心/韩一静/大家，2010（15）
数字信息获取中临时复制的著作权问题/易斌/图书馆建设，2010（3）
谈著作人格权与著作权的应然分离/刘洁/黑龙江社会科学，2010（1）
探究著作追续权制度/钦国巍/湖州师范学院学报，2010（6）
图书馆数字化建设与复制权/沈丽红/安徽警官职业学院学报，2010（3）
图书馆特色数据库建设的著作权分析/金涛、张强/图书馆理论与实践，2010（9）
网络信息传播维权关键法律问题——查询权的研究/许震/大家，2010（2）
文献资源共建共享中的信息网络传播权/刘开国/图书馆学刊，2010（7）
我国公共借阅权之制度设计/张磊/图书馆工作与研究，2010（7）
我国关于公共借阅权研究综述/桑丹、崔旭/新世纪图书馆，2010（2）
我国著作权法上的传播权整合/梅术文/法学，2010（9）
信息网络传播权侵权问题探究/陈敏/法学与实践，2010（2）
信息网络传播权与发行权的冲突与协调/焦和平、马治国/法学杂志，2010（9）
信息网络传播权与链接的关系/陈加胜/电子知识产权，2010（2）
学位论文数据库建设的信息网络传播权问题/李雪松、张丽萍/图书馆学研究，2010（11）
一稿多投是著作权人依法享有的合法权利——兼论一稿多发后果的规制/詹启智/出版发行研究，2010（2）
一稿多投与作品发表权/李卫华/桂林航天工业高等专科学校学报，2010（3）
医学论文中对已发表资料进行再次发表的合理途径/刘玮、张菊、陈姜、孔朝霞/中国肿瘤，2010（12）
医药信息导航服务的信息网络传播权问题/陈颖瑜、邓小茹、朱培毅/图书馆论坛，2010（1）
艺术作品追续权合理性探析/刘彦博/新余高专学报，2010（4）
英国早期司法判例中的作者权利/肖尤丹/中国政法大学学报，2010（1）
知识产权中商品化权的保护/李艾蔚/太原城市职业技术学院学报，2010（6）
著作人格权制度的反思与重构/王坤/法律科学（西

北政法大学学报），2010（6）
作者收回权浅析/栾东福/湖北经济学院学报（人文社会科学版），2010（6）

五、邻接权

表演者发行权之立法比较刍议/郑智武/大连大学学报，2010（2）
表演者权保护研究/李菊丹/知识产权，2010（2）
出版者权的司法省视/袁秀挺/出版发行研究，2010（3）
档案数据库的知识产权问题/傅少玲/兰台世界，2010（2）
电视台避免版权纠纷的思考/严波、许涛、陈丽梅/电视研究，2010（4）
对广播节目版权管理的几点认识/石村/中国广播，2010（2）
对广播组织信息网络传播权主体地位的再思考/张宇庆/科技与法律，2010（5）
非独创性数据库法律保护方式探析/吴晓明/商业时代，2010（12）
付费播放录音制品，广电媒体如何积极应对/石月平/视听界，2010（1）
关于信息网络传播权的立法保护/梁懿、赵肖筠/理论探索，2010（5）
广播产业发展与知识产权/许秀中/中国广播，2010（2）
《广播电台电视台播放录音制品支付报酬暂行办法》解读/本刊编辑部/标准生活，2010（1）
利益平衡视角下广播组织邻接权制度的完善/李小侠/新闻界，2010（1）
邻接权和著作权的衔接与协调发展——以独创性为视角/李小侠/科技与法律，2010（3）
录音制品二次使用规整之检讨/殷志刚/江南大学学报（人文社会科学版），2010（1）
略论互联网环境下出版者权的保护/周玉林/社会科学家，2010（12）
论表演者权体系/郑智武/中北大学学报（社会科学版），2010（2）
论民间表演艺术集体表演者追索权/郑智武/北方民族大学学报（哲学社会科学版），2010（3）
论民间表演艺术集体表演者追索权立法保护/郑智武/重庆邮电大学学报（社会科学版），2010（6）
魔术师的表演者权问题初探/张绍忠/杂技与魔术，2010（4）
魔术师的表演者权问题初探/张绍忠/杂技与魔术，2010（5）
试论图书馆数据库建设中的著作权保护/周进/农业图书情报学刊，2010（4）
试析数据库的邻接权保护/李小侠/北京邮电大学学报（社会科学版），2010（2）
数据库保护探析/高音/内蒙古科技与经济，2010（9）
体育竞赛表演权法律保护的“必要性”与“可行性”分析/马小华/泰山学院学报，2010（3）
图书馆讲座录像产品的著作权分析/王丹/图书馆学刊，2010（12）
图书馆自建数据库著作权保护限制缘由透析/吉宇宽/图书馆论坛，2010（1）
图书馆自建音视频数据库的著作权问题刍议/胡洁、司铁英/图书馆建设，2010（6）
网络广播服务提供商的版权责任/陈明涛/法学，2010（8）
网络环境下广播组织权的法律保护/胡开忠/当代法学，2010（5）
我国数据库法律保护探析/常青/山西高等学校社会科学学报，2010（12）
我国数据库法律保护制度及其司法实践述评/孙洁、徐庆宁/图书情报工作，2010（15）
小议数字图书馆和有关著作权问题/丁金艺/黑龙江科技信息，2010（12）
中国如何应对体育赛事转播的网络盗版问题/宋海燕/中国专利与商标，2010（3）
专有出版权的属性界定及修法建议/李芬莲/中国出版，2010（18）

六、著作权的登记、利用和变动

版权登记的法律属性及其完善/沈世娟、戈琳/知识产权，2010（5）
版权转让是否可以附期限/詹启智/科技与出版，2010（9）
博客服务商与博主著作权法律关系探究/丁琳、陈雨、苏喆/行政与法，2010（11）
出版合同签订过程中应该注意的几个问题/蚁燕芬/经营管理者，2010（18）
德国《著作权法》中报酬请求权制度及其启示/冯晓青、李薇/河北法学，2010（12）
电视剧版权的经营现状与对策/高福安、张君娜/中国广播电视学刊，2010（9）

电视剧著作权资产评估研究/刘伍堂/中国资产评估，2010（9）
《电视剧著作权资产评估研究》一文点评/纪益成/中国资产评估，2010（9）
高校科技论文网络发表与共享的版权问题探讨/陈井爱、董雄报/经济研究导刊，2010（4）
个人授权模式与档案馆使用数字著作权的关系研究/秦珂、戴定丽/兰台世界，2010（12）
机构知识库收录期刊论文涉及著作权问题的解决途径探讨/李晨英、杨国栋、臧琳、韩明杰/大学图书馆学报，2010（1）
基于开放获取的数字图书馆著作权授权模式优化/周丽霞、王萍、王强/情报科学，2010（4）
论高考作文的著作权利用问题/谢承国/法治研究，2010（12）
论国家精品课程数字化资源著作权的行使/古祖雪、罗施福/河北法学，2010（7）
论建立我国的著作权转让登记制度/李冠正/商业文化（学术版），2010（11）
论著作权收益在离婚诉讼中的分割/马良/佳木斯大学社会科学学报，2010（3）
论作品转载者的付酬义务/刘明江/电子知识产权，2010（10）
美术作品著作权行使知多少/杨德嘉/法庭内外，2010（11）
民国文献数字化利用及其著作权问题——以国家图书馆馆藏为例/李华伟/图书馆建设，2010（10）
期刊征稿简则中常见的著作权问题/刘明江/科技与出版，2010（9）
期刊著作权的许可使用问题/王飒/东方企业文化，2010（18）
签订图书出版合同的五个问题/梁文/编辑学刊，2010（5）
浅析自由软件新型许可证对传统版权的挑战/肖丽丽/中国商界（下半月），2010（12）
数字出版产业发展视野下著作权授权模式的完善/康建辉、马宁/科技管理研究，2010（9）
数字图书馆版权纠纷及授权模式探讨/张平/法律适用，2010（1）
数字图书馆版权授权面临的挑战与对策/王斌/情报探索，2010（3）
数字图书馆的版权许可问题及对策/蒙柳/当代经济，2010（17）
数字图书馆著作权授权模式研究/王玉君/农业图书情报学刊，2010（12）
谈学术期刊论文的著作权合同/刘晓鸥/科技与出版，2010（4）
图书馆联盟著作权侵权风险分析与控制/吉宇宽/图书与情报，2010（3）
图书馆使用网络作品的著作权许可模式研究/吉宇宽/情报科学，2010（11）
图书馆在信息资源网络传播过程中的版权策略/沈丽红/理论学习与探索，2010（1）
文化共享工程资源建设中版权作品的利用模式/许俊松/图书馆学刊，2010（1）
我国企业知识产权法律风险防范研究/蒋志宏/科技管理研究，2010（12）
学位论文著作权集体管理模式初探/熊咏梅、程结晶/新世纪图书馆，2010（3）
引入版权补偿金制度解决数字图书馆版权问题的研究/卢国强、刘芳/农业图书情报学刊，2010（6）
影视作品著作权担保融资的法律问题研究/王立武/山东社会科学，2010（8）
知识产权担保法律规定及其完善——以收益控制权为视角/李鹃/理论探索，2010（3）
知识产权担保融资的可行性探讨/李鹃/山西警官高等专科学校学报，2010（3）
知识产权质押法律风险初探/陈月红/重庆科技学院学报（社会科学版），2010（8）
著作权出质登记及其法律意义/尹锋林/电子知识产权，2010（4）
著作权出质登记制度若干问题/高圣平/法学，2010（6）
著作权法视野下的Google图书和解协议解读——兼论网络环境下著作权授权模式的理性选择/李宇/图书馆杂志，2010（6）
著作权质押的困境和出路/谢黎伟/现代法学，2010（6）
作品如何“使用”才算合理/吴园妹/法庭内外，2010（9）

七、著作权的限制

澳大利亚图书馆合理使用著作权的规则及其演进趋势分析/马玉红/河南图书馆学刊，2010（4）
报刊转载、摘编要遵循法定规则——“罗铭与株洲日报社著作权纠纷案”简评/秦珂/科技与出版，2010（9）
不能排斥他人使用来源于公知领域的设计元素/李骏/人民司法，2010（8）

对网络著作权的合理使用制度的思考/张樱桃/合肥学院学报（社会科学版），2010（4）
对于我国著作权合理使用制度的反思/张淑亚/太原师范学院学报（社会科学版），2010（6）
法定许可制度下图书馆开展数字信息扶贫服务的著作权使用规则/李丹/河南图书馆学刊，2010（3）
构建我国著作权强制许可使用制度/钦国巍/郑州轻工业学院学报（社会科学版），2010（5）
广播组织权利限制制度探讨/相靖/知识产权，2010（3）
合理使用的法律属性——使用者的权利、著作权的限制还是其他/朱理/电子知识产权，2010（3）
“合理使用”范畴内的表达自由——论《一个馒头引发的血案》之合法性/黄清/东南传播，2010（7）
合理使用原则在我国立法中的实践运用及发展趋势/周玲玲/科技与法律，2010（4）
计算机软件最终用户的合理使用制度探析——兼评《计算机软件保护条例》第 17 条/郑净方/福建论坛（社科教育版），2010（2）
近十年国内图书馆著作权合理使用研究/周安/东莞理工学院学报，2010（4）
可适用于图书馆的著作权例外的国际发展动态研究/黄国彬/图书情报知识，2010（6）
课堂教学中的著作权合理使用问题检视/罗向阳/福建广播电视大学学报，2010（1）
论试卷的合理使用/杨爱葵、叶云兰/科技传播，2010（3）
论网络环境下版权的合理使用制度/陈晓峰/农业图书情报学刊，2010（5）
论网络环境下合理使用制度存在的必要性/黄小栩/科学咨询（科技管理），2010（8）
论网络环境下著作权保护与公共利益平衡——以网络环境下著作权权利的扩张与限制为视角/崔艳峰/云南农业大学学报（社会科学版），2010（4）
论网络环境中的著作权权利限制/胡云红/河北法学，2010（1）
论我国著作权强制许可制度之构建/黄丽萍/广东外语外贸大学学报，2010（4）
论新模式下的合理使用——以博客网站采用信息聚合器（aggregator）为例/郭玉栋/经营管理者，2010（4）
论著作权强制许可的适用范围和条件/黄丽萍/华南师范大学学报（社会科学版），2010（2）
美国合理使用制度立法模式成因评析——以美国宪法为研究路径/马宁/人文杂志，2010（2）
面向数字图书馆的合理使用制度改进研究——以美国版权法及其变革为视角/马海群、王英/法治研究，2010（4）
浅论我国著作权法中的合理使用/马亚利/经营管理者，2010（17）
浅论著作权的合理使用/杨爱仙/新闻爱好者，2010（6）
浅谈网络著作权的合理使用/陶海燕/大众商务，2010（16）
浅析私人服务器法律规制问题/吕凯、刘洁/商业文化（学术版），2010（6）
浅析网络著作权及其限制/赵力/知识窗（教师版），2010（4）
浅议网络环境下著作权的合理使用/王定宇/中共四川省委省级机关党校学报，2010（1）
浅议网络环境下著作权的合理使用制度/王伟博、张超/赤峰学院学报（汉文哲学社会科学版），2010（8）
侵权还是合理使用——雕塑复制图画问题的法律分析/赵书波/装饰，2010（2）
山寨电视剧涉及的法律问题——从著作权合理使用的角度出发/李宗桂/商业文化（学术版），2010（9）
试论复制权中的合理使用问题研究/蔡静仪/佳木斯教育学院学报，2010（6）
试论数字时代图书馆对著作权权利限制制度的有效运用/吴慰慈、李华伟/图书情报研究，2010（1）
试论网络环境下的私人复制/安辉/北京邮电大学学报（社会科学版），2010（4）
适用于图书馆的著作权例外的世界立法现状及特点剖析/黄国彬/中国图书馆学报，2010（5）
适用于图书馆的著作权例外及其立法趋势/黄国彬/图书馆杂志，2010（4）
数字档案馆信息服务合理使用问题研究/袁红军/兰台世界，2010（2）
数字环境下的版权补偿金制度/张今/政法论坛，2010（1）
数字环境下“合理使用”的挑战——浅议图书馆著作权的“合理使用”/黄兵/才智，2010（19）
数字环境下图书馆合理使用的制度创新/郭海明/图书馆理论与实践，2010（8）
数字技术对版权合理使用制度的冲突与平衡/金正宇/现代商业，2010（20）
数字图书馆信息服务合理使用机制构建/田利/科技管理研究，2010（6）
数字图书馆信息网络传播的法定许可制度研究/马海群、王英、刘琤斐/情报资料工作，2010（4）

图书馆复制与著作权合理使用问题研究/陈希南、修永辉/情报杂志，2010（3）
图书馆合理使用著作权作品的经济价值分析/吉宇宽/图书馆，2010（2）
图书馆数字信息合理使用制度重构/刘桂珍/情报科学，2010（3）
网络传播中著作权的保护与合理使用论析/张强、金涛、曲哲、葛俊忠/图书馆理论与实践，2010（8）
网络环境下的图书馆合理使用实践/杨槐、王继良/情报科学，2010（7）
网络环境下图书馆合理使用的法律实践分析/高青/图书馆学研究，2010（11）
网络环境下我国版权合理使用的利益平衡/张海鸥/图书馆学刊，2010（2）
网络环境下著作权合理使用制度的价值分析/曹书、曲艳红/大众文艺，2010（24）
我国知识产权合理使用制度的比较与完善——以著作权、专利权和商标权为例/解岳中/长江大学学报（社会科学版），2010（3）
析文字作品法定许可使用人付酬制度中的三个问题/杨小兰/牡丹江大学学报，2010（2）
信息网络传播权与图书馆合理使用制度研究/曾凡丽/图书馆，2010（4）
著作财产权体系与个人使用管探/李杨、魏雄/新闻界，2010（5）
著作权保护与图书馆的合理使用制度——以《著作权法》第22条第8项的规定为视角/马蓉/科教文汇（中旬刊），2010（1）
著作权的限制与反限制/赵思婷/今日南国（理论创新版），2010（3）
著作权法意义上的“个人使用”界定/李杨/电子知识产权，2010（7）
著作权合理使用的法理再探析/刘道云/今日南国（理论创新版），2010（3）
著作权合理使用的法益性质与法律保障——兼论技术措施背景下实现合理使用的新模式/黄骥/三峡论坛（三峡文学·理论版），2010（4）
转载摘编法定许可制度的困境与出路/丛立先/法学，2010（1）

八、著作权的集体管理

CISAC框架下海峡两岸音乐著作权的管理与诉讼/陈志强/时代法学，2010（3）
刍议我国著作权集体管理制度的完善/任燕/天中学刊，2010（6）
从“卡拉OK版权收费”透视我国的著作权集体管理制度/周福希、万睿/广西政法管理干部学院学报，2010（1）
从数字图书馆侵权风波看著作权集体管理制度的完善/程静怡/企业导报，2010（8）
电影著作权集体管理艰难上路——专访中国电影著作权协会理事长朱永德/聂士海/今日财富（中国知识产权），2010（2）
对我国著作权集体管理现状的法学分析/耿鸿雁、王亮/商业经济，2010（21）
对我国著作权集体管理组织的考察与探究/吕睿/新疆财经大学学报，2010（4）
哪里来的“影著协”/舒圣祥/廉政瞭望，2010（11）
“三网融合”下内容版权管理新问题刍议/梁首钢、陈燕/南方电视学刊，2010（2）
试论中国著作权集体管理模式的选择/代水平/西北大学学报（哲学社会科学版），2010（1）
文著协：建立数字版权认证机制/聂士海/今日财富（中国知识产权），2010（4）
我国著作权集体管理瑕疵及完善——以KTV版权利益分配方案为视角/钟媛/淮海工学院学报（社会科学版），2010（7）
我国著作权集体管理组织的自治路径——从诉讼、收费和管理职能的变迁出发/唐晋伟/科技与法律，2010（4）
信息时代中著作权集体管理之透视/冯骥/中外企业家，2010（4）
学位论文著作权集体管理模式分析/熊咏梅、程结晶/图书情报工作，2010（11）
影著协高调收费惹争议 版权代理方拍案说不/廖榛/IT时代周刊，2010（22）
《著作权集体管理条例》对数字图书馆的影响/卢国强、刘芳/现代情报，2010（4）

九、著作权的保护及司法实践

Android开源手机与知识产权保护浅析/王希贝/中国发明与专利，2010（11）
BT技术的网络侵权问题探析/杨帅/现代商贸工业，2010（12）
版权保护将根植人心——访新闻出版总署副署长、国家版权局副局长阎晓宏/古芳/今日中国论坛，2010（11）
版权保护下的中国网络服务提供者的法律责任/宋海

燕/中国专利与商标，2010（4）
避免图书版权纠纷 合理注意外还应注意些什么/孟颖/科技与出版，2010（2）
拨开视频分享网站著作权纠纷迷雾/左玉茹、刘敏/电子知识产权，2010（8）
博客侵权主体的责任认定/林凌/当代传播，2010（3）
“畅游起诉麒麟网侵犯知识产权”之我见/郭代宏/魅力中国，2010（6）
成套教材类文字作品抄袭侵权的认定——北大青鸟著作权纠纷案评析/秦小双/科技与法律，2010（5）
从“BTChina”看网络著作权保护“双赢”原则/王欣/信息网络安全，2010（9）
从“Google 数字图书馆案”谈版权作品利益格局的变化与对策/李静/广东社会科学，2010（5）
从《梅兰芳》纸枷锁情节的侵权纷争谈作品剽窃行为的认定/顾晓琼/经营管理者，2010（6）
从百度与谷歌的博弈看中国网络音乐的版权进展/侯琳琦/人民音乐，2010（9）
从著作权法考察学术抄袭及其治理/傅亚卓、李化树/煤炭高等教育，2010（1）
档案数字化中的版权问题及对策/李慧/兰台世界，2010（18）
动漫形象使用行为的侵权认定及法律保护/杨异、王馨/赤峰学院学报（汉文哲学社会科学版），2010（6）
对《北京市高级人民法院关于审理网络著作权纠纷案件若干问题的指导意见（一）》的几点说明/张冬梅/中国专利与商标，2010（4）
对我国技术保护措施立法的反思——以文泰刻绘软件著作权案一审判决为例/祝建军/电子知识产权，2010（6）
对学术期刊社著作权使用与保护的再思考/谭笑珉/中国出版，2010（7）
对在先“著作权”的理解和适用——第 1461891 号“科凯”争议案件评析/孙红晓/中华商标，2010（4）
2009 年涉及公司企业典型知识产权案件回顾/本刊编辑部、明文、海言、赵静/法庭内外，2010（1）
方正诉暴雪、九城软件著作权纠纷案损害赔偿计算分析/何怀文/网络法律评论，2010（1）
方正诉暴雪案件及其要点的初步分析/孟兆平/网络法律评论，2010（1）
复制传播技术提供者的著作权警示义务/马治国、焦和平/知识产权，2010（2）
高校图书馆知识产权管理问题与对策/刘爱玲/中小企业管理与科技（下旬刊），2010（10）
谷歌“侵权门”事件解析/赵怀忠/当代传播，2010（5）
谷歌“数字图书馆”背后的著作权保护难题/叶再春/东南传播，2010（5）
谷歌版权门事件引发的思考/孙瑞尊/经营管理者，2010（23）
谷歌数字图书馆引发版权纠纷 网络时代如何保护著作权/赵爱玲/中国对外贸易，2010（1）
谷歌图书搜索计划与版权人利益之争/马远超/中国发明与专利，2010（11）
广电媒体如何规避因著作权来源不清而引发的侵权/石月平/视听纵横，2010（1）
滚石诉一听音乐网侵权遭遇“诉拆拆” 一个侵权案变身 600 多场官司/彭滔、罗雨静、谭祖发/中国质量万里行，2010（1）
何为“明知或应知”——评环球唱片诉阿里巴巴一审判决书/刘晓春/网络法律评论，2010（1）
近年国内对侵犯网络作品著作权的研究述评/欧阳爱辉、谭泽林/图书与情报，2010（1）
经营场所播放背景音乐侵权案法律要点梳理与分析/张延来/今日财富（中国知识产权），2010（7）
酒店视频点播系统与信息网络传播权——北京宝辰饭店视频点播系统侵犯著作权案评析/亓蕾/科技与法律，2010（4）
科技论文网络共享的版权保护原则/黄先蓉、王志刚、林姿蓉/图书情报知识，2010（3）
科技期刊解决网络版权问题的实践与探索/游苏宁、刘冰/传媒，2010（8）
科技期刊责任编辑著作权的保护/陈敬根/大连民族学院学报，2010（2）
李明德等诉南通市图书馆案的案例分析/李芙蓉、汪洋/图书馆工作与研究，2010（6）
链接难道也侵权？——百度侵犯音乐版权案评析/张晓菁/网络法律评论，2010（1）
链接侵犯著作权归责原则探究/任先国/河南商业高等专科学校学报，2010（4）
两处修改使著作权保护更规范/陈凯/江淮法治，2010（7）
略论我国著作权侵权的归责原则/许楚旭、卢梅丽/科技与法律，2010（4）
论版权的技术措施保护/黄梓洋、黄啸/长沙大学学报，2010（4）
论版权法中的功能原则：以美国的立法和司法实践

为视角/刘银良/电子知识产权，2010（12）
论大众点评网站的著作权保护——大众点评网诉爱帮网侵犯著作权案评析/王建芳/科教导刊（中旬刊），2010（8）
论图片著作权人举证责任/王晨照/知识经济，2010（5）
论网络版权的保护/丁琼/福州党校学报，2010（4）
论网络出版中的常见版权侵权问题及其防范/傅燕萍、余俊峰/湖北经济学院学报（人文社会科学版），2010（8）
论网络服务商的著作权侵权责任/徐楷行/常熟理工学院学报，2010（3）
论网络服务提供者的著作权侵权责任归责原则/王莘子/经营管理者，2010（19）
论网络环境下的版权侵权与保护/王明磊/青年文学家，2010（11）
论网络环境下科技期刊的著作权保护/万志琼/楚雄师范学院学报，2010（7）
论网络环境下著作权的保护/郭百灵/山东人大工作，2010（9）
论网络环境下著作权的保护问题/陈杰、马蜜/中国商界（下半月），2010（4）
论网络音乐作品著作权侵权责任的免责事由/杨异、张铁男、殷健/大连海事大学学报（社会科学版），2010（4）
论网络作品的著作权保护/崔艳峰/晋中学院学报，2010（1）
论网上著作权侵权损害中的法定赔偿制度/刘满达、刘海林/学习与探索，2010（1）
论我国的知识产权行政保护及行政管理机构设置/戴琳/云南大学学报（法学版），2010（6）
论我国知识产权保护的现实调适/刘之秋/中国商界（下半月），2010（6）
论我国著作权行政保护的特点/徐铭勋/法学杂志，2010（2）
论信息共享与版权保护的利益平衡/孙肖冀/河北法学，2010（1）
论著作权技术措施的例外/熊琦/知识产权，2010（6）
论著作权技术措施法律保护制度的完善/朱红英、钱江/电子知识产权，2010（12）
论著作权侵权纠纷案的认定——以庄羽诉郭敬明为例/贾杰/忻州师范学院学报，2010（3）
美术作品相似是否构成“剽窃”的认定——对一起文字画作品侵权案的思考/杨巧/知识产权，2010（4）
P2P技术侵权法律问题研究/朱联赞/山西省政法管理干部学院学报，2010（1）
P2P技术应用中相关主体侵权责任问题研究/韩琪/商场现代化，2010（18）
P2P数字图书馆虚拟联盟著作权侵权风险分析/吉宇宽/图书情报工作，2010（17）
P2P网络服务中的知识产权刑事责任问题研究/王锐、刘磊/知识产权，2010（3）
P2P系统中的著作权侵权责任探析/周剑弘/河北科技师范学院学报（社会科学版），2010（2）
评武汉适普软件有限公司诉武汉地大空间信息有限公司侵犯计算机软件著作权纠纷案——对比北京精雕科技有限公司诉上海奈凯电子科技有限公司著作权侵权纠纷案浅论技术措施的构成要件/陈嘉欣/中国商界（上半月），2010（7）
破解技术保护措施后使用软件构成侵权/杜灵燕/人民司法，2010（2）
浅谈图书馆联盟条件下的数字资源知识产权保护/李铭/学理论，2010（8）
浅谈著作权的侵权行为/周洁、叶飞/湘潮（下半月），2010（10）
浅析网络环境下著作权的保护/范文慧/东方企业文化，2010（18）
浅析网络环境下著作权的法律保护/孙彬生/中国对外贸易（英文版），2010（22）
浅析我国网络作品著作权的法律保护/戎蓉/西昌学院学报（社会科学版），2010（1）
浅析著作权侵权行为/李飞/经营管理者，2010（23）
浅议数字图书馆著作权的法律保护/支小婷、郭步尧/海南广播电视大学学报，2010（4）
浅议网络著作权侵权行为构成要件/苗建涛/湖北经济学院学报（人文社会科学版），2010（5）
侵犯著作权要受重罚/农家致富，2010（19）
人们为什么保护胡戈/刘晓春/网络法律评论，2010（1）
日本著作权间接侵害的典型案例、学说及其评析/李扬/法学家，2010（6）
如何破解著作权纠纷案中合理使用难题——陈少华诉中国音乐著作权协会侵犯信息网络传播权纠纷案评析/刘建新/科技与法律，2010（1）
商业银行著作权纠纷的预防与解决机制/冯刚/电子知识产权，2010（11）
审判实践与理论研究的对话与融合——介评冯晓青主编的《知识产权法专题判解与学理研究丛书》/欧修平/电子知识产权，2010（5）

实质性相似的判断及其存在的问题/刘汉波、钟冬庆/新闻爱好者，2010（22）
视频分享网站帮助侵犯著作权的认定——电视连续剧《宫》著作权侵权纠纷案评析/叶若思、祝建军/科技与法律，2010（2）
视频分享网站著作权侵权问题再研究/王迁/法商研究，2010（1）
试论图书馆保护著作权中的合理注意义务/丁双凤/图书馆学研究，2010（23）
试论图书馆对寄存文献著作权的管理——从一例著作权纠纷案件谈起/秦珂/图书馆学研究，2010（15）
试析网络侵权行为/袁贺然、张文华/商业文化（学术版），2010（5）
试析戏仿作品著作权侵权问题/秦萌/呼伦贝尔学院学报，2010（4）
试析知识产权的侵权损害赔偿的几个问题/柴玮钢/经济研究导刊，2010（2）
手机动漫产业发展中的著作权保护问题研究/康建辉/情报科学，2010（7）
署名权内涵、侵权种类及其赔偿数额/朱留虎/安庆师范学院学报（社会科学版），2010（2）
数字环境下版权技术保护的法律问题/王晶/中国出版，2010（22）
数字困境：网络音乐作品著作权侵权责任探析/杨异、殷建/西安石油大学学报（社会科学版），2010（1）
数字时代版权保护问题探究/景一/图书馆，2010（3）
数字图书馆建设和运行中的知识产权问题及对策研究/王建/情报理论与实践，2010（9）
数字图书馆利用中的知识产权保护/陈颖/网络财富，2010（17）
数字图书馆之价值与权利保护/王蓉光/情报探索，2010（7）
数字图书馆之著作权侵权责任归责原则探析/许乐/当代图书馆，2010（2）
数字信息作品著作权保护中的法律问题探讨/王雅华/图书馆工作与研究，2010（10）
谁来终结教辅出版物的盗版侵权/夏新宇/江苏教育通讯，2010（1）
搜索引擎服务商著作权侵权纠纷研究/何卿源/中南财经政法大学研究生学报，2010（2）
搜索引擎为何频遭起诉/黄良才/网络法律评论，2010（1）
谈音乐艺术作品的侵权与法律保护/吴洋/音乐生活，2010（5）
提供存储空间服务的视频网站共同侵权研究/赵晓鹏/湖北职业技术学院学报，2010（2）
通过局域网擅自传播他人作品构成侵权/孙海龙、姚建军/人民司法，2010（12）
图书馆电子信息资源对外服务中版权问题探讨/陈洁薇、陈锦波/高校图书馆工作，2010（4）
图书馆怎样维权——由殷志强诉金陵图书馆侵权案引发的思考/张丽、李华伟/图书馆工作与研究，2010（5）
图书馆著作权保护工作的思考——基于《关于加强图书馆著作权保护工作的通知》精神/秦珂/情报理论与实践，2010（7）
完善我国著作权侵权损害赔偿的计算方法——基于比较法视野的研究启示/杨涛/时代法学，2010（1）
网吧版权招致“诸神之战”/张兵/今日财富（中国知识产权），2010（5）
网络版权的侵权问题研究/沈斌/商场现代化，2010（19）
网络盗版现象之法律问题思考/左丽敏/经济师，2010（9）
网络服务供应商侵权责任探析/郑国辉/法治论丛，2010（2）
网络服务侵权判断与避风港规则理性回归的开端——简评“土豆网”两起侵权诉讼判决/汪涌、史学清/互联网天地，2010（4）
网络服务商的著作权责任——基于美国经验与中国视角/徐楷行、蔡文明/泉州师范学院学报，2010（1）
网络服务商擅自转播奥运直播节目侵犯著作权/祝建军、王维/人民司法，2010（2）
网络服务提供者版权责任新探/赵浩/电子知识产权，2010（11）
网络服务提供者的版权侵权及法律责任探究/魏颖/四川教育学院学报，2010（1）
网络服务提供者的版权侵权责任界定/刘西平/电子知识产权，2010（8）
网络环境下的数字版权利益保护机制思考/张正禄/情报探索，2010（9）
网络环境下著作权保护面临的新问题/潘峰/重庆科技学院学报（社会科学版），2010（24）
网络环境下著作权侵权行为的判定及损害赔偿研究/韩成军/郑州大学学报（哲学社会科学版），2010（2）
网络交易平台服务提供商的侵权归责原则问题——浙江淘宝网络有限公司与中国友谊出版公司侵犯

著作权纠纷案/冯刚/今日财富（中国知识产权），2010（8）
网络侵犯著作权及其相关权利的应对措施/房婷/科学之友，2010（8）
网络时代著作权的纠纷与维护/张立新/领导之友，2010（2）
网络搜索引擎服务所涉侵犯著作权责任的分析/张克山/现代商业，2010（8）
网络知识产权保护之我见/王经德/中小企业管理与科技（上旬刊），2010（3）
网络知识产权司法保护与研究的方向/蒋志培/今日财富（中国知识产权），2010（1）
网络知识产权司法保护与研究动向/蒋志培/北京邮电大学学报（社会科学版），2010（1）
网络著作权案件综述/芮松艳/电子知识产权，2010（1）
“网络著作权保护论坛”在京举办/科技与法律，2010（4）
网络著作权保护新思维/李旭、高卿/网络法律评论，2010（1）
网络著作权侵权规定的法律规范——以首例视频侵权案“土豆侵权案”为例分析/杨芬霞/今传媒，2010（1）
网络著作权侵权民事责任的认定要件/马其家、刘慧娟/情报科学，2010（9）
网络著作权侵权探析/王天瑞/濮阳职业技术学院学报，2010（3）
网络著作权侵权问题探究/李佳鸿/延边党校学报，2010（4）
网络著作权侵权问题研究/李强/中国司法，2010（3）
网络著作权侵权行为分析/刘文军、吴元国/哈尔滨商业大学学报（社会科学版），2010（1）
网络作品著作权的保护及管理措施/赵姮飞/中国商界，2010（2）
我国技术措施滥用版权法规制存在的问题及完善建议/卢静、刘珉曳/中国城市经济，2010（11）
我国网络著作权侵权责任法的立法设计——兼论《著作权法》的修改与《侵权责任法》的衔接适用/何悦/辽宁大学学报（哲学社会科学版），2010（5）
我国著作权侵权行为立法模式重构/李文、杨涛/理论月刊，2010（10）
戏仿作品的法律保护和限制——从《一个馒头引发的血案》切入/苏力/网络法律评论，2010（1）
戏仿作品著作权的保护/徐翔/天津职业院校联合学报，2010（1）
信息资源共享与知识产权保护现状分析/赵明霞/大学图书情报学刊，2010（2）
《一个馒头引发的血案》引发的疑案/李旭/网络法律评论，2010（1）
议网络服务商的责任——从“反盗版联盟”与“优酷”之间的知识产权战争谈起/张茜/经营管理者，2010（17）
议网络服务商的责任——从“反盗版联盟”与“优酷”之间的知识产权战争谈起/张茜/经营管理者，2010（18）
由一桩音乐著作权侵权案引发的思考/刘诗文/商业文化（学术版），2010（9）
有感于《新京报》与浙江在线的著作权纠纷案/魏永征/新闻记者，2010（8）
与互联网有关的著作权案件审判实务研讨会综述/萧海/中国专利与商标，2010（4）
杂志社的艰难维权路——一起涉及前沿法律问题的著作权侵权纠纷案/羿克/今传媒，2010（9）
在网络环境下加强著作权保护的思考/杨雪瑛/学理论，2010（12）
知识产权纠纷分案处理刍议/张廣良/中国专利与商标，2010（4）
知识产权替代性纠纷解决机制的构建/孙昊亮、张少帅/理论导刊，2010（11）
中国数字版权的困境破解/刘晶/现代视听，2010（10）
中美网络版权侵权法律救济之比较/张静/河南商业高等专科学校学报，2010（3）
著作权间接侵权中无过错者补偿责任探析/潘翠云/佳木斯大学社会科学学报，2010（2）
著作权侵权精神损害赔偿的归责原则/贾静/政法论丛，2010（1）
著作权侵权纠纷中的“有限表达”/刘玥/今日财富（中国知识产权），2010（2）
著作权侵权赔偿数额的计算/孙萌、韩楠/科技与出版，2010（9）
著作权侵权行为/方伟、刘小成/安徽科技，2010（11）
著作权侵权行为的判定/韩成军/河南师范大学学报（哲学社会科学版），2010（1）
著作权行政管理和图书馆著作权保护工作/秦珂/图书馆工作与研究，2010（11）
著作权行政执法与司法保护的衔接之困/聂士海/今日财富（中国知识产权），2010（2）

（陈　杰）

2010年版权相关图书简介

［编者按］ 本栏目的内容是从新闻出版总署信息中心提供的2010年全国正式出版的有关版权方面的书目中，摘录的部分版权或与版权相关的图书，并对其作内容简介（以出版日期为序）。

《网络著作权判例》（务实知识产权判例精选），程永顺著，北京：知识产权出版社，2010。

本书收录了近千个自20世纪90年代以来全国各地各级具有审理知识产权案件管辖权的人民法院审理结案的具有典型性的知识产权案例。

《图书期刊著作权的法律保护》，徐康平等著，北京：学苑出版社，2010。

本书是一本预防著作权纠纷的实用参考书。在编辑图书期刊时，能让广大编辑、作者更多地了解我国《著作权法》对图书期刊著作权的保护内容，力求做到提前预知、提前预防，防患于未然，减少纠纷和损失。达到保护出版社和作者的合法权益，使图书期刊市场健康发展的目的。

《日本知识产权法》（知识产权译丛），［日］田村善之著，北京：知识产权出版社，2010。

本书是日本著名知识产权法学家田村善之先生的力作《知识产权法》的中译本。本书从创设型激奋机制角度详细论述了专利法、实用新型法、外观设计法、半导体集成电路耐力设计法等内容，并深刻全面地分析了知识产权的国际保护制度。

《自主创新与知识产权读本》，赵建军主编，重庆：西南师范大学出版社，2010。

自主创新与知识产权保护是国家发展的重要课题。本书对自主创新与知识产权的相关内容及如何实现并保护二者的良性循环做了全面阐释。

《中外著作权法经典案例》（中外知识产权与竞争法经典案例研究丛书），韩赤风等著，北京：知识产权出版社，2010。

本书精选中外著作权法经典案例进行分析，以期为我国司法部门借鉴国外司法实践经验提供实例。

《中华人民共和国著作权法》，全国人大法工委编，北京：法律出版社，2010。

最新修正法律，对现行著作权法中有关作品出版、传播监督管理的原则规定作出了必要的修改。

《中国知识产权人才培养研究》，陶鑫良、王勉青主编，上海：上海大学出版社，2010。

本书是“上海市高校教育高地建设项目”之一，是中国高校知识产权研究会与各高校参加国家知识产权战略研究课题的部分成果集锦与智慧结晶。

《知识产权法学生常用法律手册》，法律出版社法规中心编，北京：法律出版社，2010。

本书以知识产权法律条文为核心，附加法条注释、考点提示、应试指导、真题自测等内容，全面指导学生应试。同时收录教学中常用的相关司法解释，可方便学生查阅。

《中国知识产权法学名家》，北京法图国际信息咨询有限公司组织编写，北京：法律出版社，2010。

本书集中了近年活跃在知识产权领域的律师的执业经历、经典案例及优秀法律文书，为同行律师提供了交流的平台，也为年轻律师开启智慧之门。

《知识产权评估实务》，王瑜等著，北京：知识产权出版社，2010。

本书以财务和法律两条线索构建知识产权评估的基本框架。财务评估篇涵括知识产权出资、侵权损害赔偿、融资等商誉方面的评估操作。

《日本现代知识产权法理论》，［日］田村善之编，北京：法律出版社，2010。

本书是由12篇论文构成的论文集，包括日本知识产权法总论、专利法、反不正当竞争法、著作权法、商标法、传统文化的保护以及国际知识产权法等内容，覆盖了该领域的核心部分。本书内容的特点是每一篇文章的问题意识非常明了，并对所设定的题目进行了深入的研究。本书的内容不仅对法律解释进行研究，还深入探究知识产权的本质，针对如何平衡社会整体利益与知识产权的保护这一问题提出了独到的见解。

《知识产权与核心竞争力论坛论文集》（知识产权发展前沿探索），鲍红主编，北京：知识产权出版社，2010。

本书在国家知识产权局举办的知识产权与核心竞争力论坛基础上，精选出54篇文章，主要内容涵括学术研究成果和实践中的成功经验，适合广大知识产权业内人士和感兴趣者阅读。

《知识产权研究》，周林主编，北京：知识产权出版社，2010。

本书汇集了国内外知识产权研究领域前沿理论、学术观点、问题探讨、案例分析和实证调研，展示了国内知识产权研究领域的主要问题和研究水平。

《中华人民共和国著作权法》，中国法制出版社编著，北京：中国法制出版社，2010。

本书根据全国人大常委会最新通过的《中华人民共和国著作权法》的修正案，对《著作权法》修订后予以重新出版，以帮助大众学法用法。

《知识产权法》，黄武双主编，北京：法律出版社，2010。

本书是华东政法大学“案图说法”系列教材的组成部分，由精选的典型案例与知识产权法图标表述两部分组成，可以帮助广大学生和法律工作者学习知识产权法。

《知识产权概论》，葛洪义主编，广州：华南理工大学出版社，2010。

本书主要介绍知识产权基础法律制度，阐明知识产权的取得、保护、管理和运用的相关法律问题。本书在阐释基本知识产权概念、知识产权基本法律制度、知识产权基本法律原理的基础上，系统介绍我国和国际知识产权的最新发展动向，并阐明法律制度的最新发展给实践带来的新的挑战及其回应。

《农业知识产权法规普及读本》，王新燕主编，乌鲁木齐：新疆美术摄影出版社，2010。

本书通过典型例子、通俗的语言，向农牧民介绍了农业知识产权的内容。对普及知识产权知识有着积极的作用。

《知识产权法经济学论》，南振兴、温芽清著，北京：中国社会科学出版社，2010。

本书在总结前人成果基础上对知识产权法经济学继续探索，尝试知识产权法的经济分析与知识产权经济的法学分析的双向互动，力图对知识产权法经济学学科建设作出贡献。

《中华人民共和国知识产权海关保护条例》，中国法制出版社编，北京：中国法制出版社，2010。

2010年3月17日召开的国务院常务会议决定对《中华人民共和国知识产权海关保护条例》作出修改，本书针对最新公布的《知识产权海关保护条例》予以出版。

《公民与知识产权法》（法律伴我行公民普法系列丛书），李岳鹏主编，北京：新华出版社，2010。

本书用通俗易懂的语言介绍知识产权法基本知识，配之以实用案例，告诉读者如何掌握和运用侵权法相关条款维护自己的正当权益。

《CEPA下的知识产权法律问题研究》（法学博士文库），杨文升、刘群、高飞著，长春：吉林大学出版社，2010。

本书旨在研究内地与港、澳有关知识产权规定差异的基础上，结合WTO中TRIPs的有关规定以及内地和港、澳贸易的实际情况，论述应该如何从立法上加强保护知识产权。

《WTO框架下的知识产权保护法律问题研究》（法学博士文库），杨文升、王红日、姜凤武著，长春：吉林大学出版社，2010。

本书对我国在WTO框架下的商标权、专利权、版权、商业秘密、中国地理标志权等分别作出论述，并最终提出完善我国知识产权保护的立法建议。

《中华人民共和国著作权法配套规定》（法律及其配套规定丛书），《法律及其配套规定丛书》编写组编，北京：中国法制出版社，2010。

本书对著作权法条例重点条文进行了深度加工与解读，通过注释、函释，帮助读者理解条文涵义，迅速掌握与主法条紧密相关的规定，并加入司法实践中的案例供读者参考。

《学术期刊著作权使用与保护研究》，谭笑珉著，西安：西安地图出版社，2010。

本书详细论述了学术期刊的使用与保护，学术期刊编辑著作权的使用与保护，学术期刊作者著作权的使用与保护等多项内容。

《著作权》，刘斌斌、曹陇华编著，兰州：甘肃人民出版社，2010。

本书将国内外版权关注的理论与实践，通过案例逐一进行探究和分析，不但形成了清晰的体系轮廓，而且从理论和实务两方面提供较好的参考和指导。其特点是：案例体系庞大而且具有归纳性，在具有难度的版权理论问题上不拘泥于国内现有的问题，从国际的角度出发引入大量的国外案例，以提供给读者更多的参考和思索。

《知识产权案例精选》，应新龙主编，北京：知识产权出版社，2010。

本书从上海市三级人民法院 2007—2008 年受理及审结的两千多个知识产权案件中选出具有一定代表性、典型性与指导性的 30 个案例。每个案例在提要部分对案例涉及的主要问题进行归纳，在案情部分介绍基本案情，在审判部分详细介绍了审判理由和判决结果，并评述了案例涉及的法律理论。

《备受争议的知识产权》，许颖辉著，北京：世界知识出版社，2010。

本书对知识产权的基本理论概念和理论框架、该学科的重大理论和实践问题进行了深入细致的分析和探讨，引经据典，并在此基础上提出了自己独到的见解。对于构建我国自身的知识产权理论体系和发展战略，具有重要的现实意义。

《知识产权法》（过关小教材丛书），《过关小教材丛书》编写组编，北京：长征出版社，2010。

本书依据最新版全国高等教育自学考试《知识产权法》教材和考试大纲编写，包括考点精要、习题精选、真题模拟三大板块。

《案说知识产权 ABC》，金民珍主编，北京：知识产权出版社，2010。

本书以上海市黄浦区人民法院知识产权庭近年来作出的民事判决为基础，充分考虑每个案例所涵盖的知识点以及其实践参考价值，选取了 40 个具有代表性的案例，内容涉及著作权、商标权、反不正当竞争、技术合同、特许经营合同等知识产权纠纷。每个案例除了包含当事人、案情及判决结果，还设有法条链接以及相关知识点介绍，通俗易懂，便于读者阅读，是一本很好的知识产权普及用书。

《中华人民共和国国家知识产权局公报》（2010 年第 1 期），国家知识产权局办公室编，北京：知识产权出版社，2010。

《中华人民共和国国家知识产权局公报》是由国家知识产权局办公室编辑出版的面向国内外公开发行的政府出版物。主要刊载内容为：全国人民代表大会及其常务委员会通过的涉及知识产权的法律；国务院发布的涉及知识产权的法规和法规性文件；国家知识产权局发布的规章、公告、重要文件、统计数据以及其他需要公告的事项。

《漫画知识产权》，冯家敏主编，深圳：深圳报业集团出版社，2010。

本书以漫画形式介绍著作权、专利权、商标权等知识产权常识，是一本别具特色的知识产权普及读本。

《知识产权法》，朱榄叶著，北京：北京大学出版社，2010。

本书共分九个单元，基本覆盖了知识产权法的主要内容。本书的主要特点在于，直接用英文介绍知识产权法相关概念及规则，并对相关问题进行阐述；每单元后都附有几个案例，用于教学及延伸阅读，有利于学生运用所学知识实际分析问题和锻炼书面英语能力。

《最新知识产权典型疑难案例判解》，唐善新主编，广州：羊城晚报出版社，2010。

本书收编了有关专利、商标的行政保护及司法保护、著作权司法保护、不正当竞争及商业秘密保护、知识产权保护……共数十宗案例资料。全书共分八个部分，通过对具体案例进行“案情介绍”、“案例分析”、“案件事实认定和法律依据问题”等方面的梳理，让读者了解到在经济快速发展的大环境下，侵权与维权的角逐与较量，以及知法、懂法的重要性和迫切性。

《知识产权年刊》，吴汉东主编，北京：北京大学出版社，2010。

本书刊登了国内外学者关于知识产权制度的理论和实践文章，对知识产权理论中的重要问题和国家知识产权战略中的法律问题进行详细分析。

《大学知识产权基础》，张宗浩编著，成都：西南交通大学出版社，2010。

本书为大学教材，融法律、经济、管理知识于一体，坚持知识产权理论与实务并重，较系统地介绍了知识产权的知识。

《加拿大知识产权》，杨士虎、刘艺工著，北京：中国社会科学出版社，2010。

本书从中国和加拿大的法律传统入手，对中加知识产权法的产生和发展，中加版权法、专利法、商标法和商业秘密保护法进行了比较和探讨。总结了加拿大在知识产权领域的成功经验，以期为中国知识产权法的进一步完善提供借鉴。

《中华人民共和国著作权法律选编》，国家版权局法规司编，北京：商务印书馆，2010。

本书选编我国改革开放以来所制定的有关著作权的法律法规，分法律、行政法规、司法解释、规章、规范性文件以及公告等板块。

《中华人民共和国著作权法规文件选编》，国家版权局法规司编，北京：商务印书馆，2010。

本书选编我国改革开放以来制定的有关著作权的法律法规，分法律、行政法规、司法解释、规章、规范性文件以及公告等板块。

《中华人民共和国著作权法》（法律法规案例注释版系列），《法律法规案例注释版系列》编写组编著，北京：中国法制出版社，2010。

本书以著作权法条为主线，精选现实中具有法律效力的真实案例进行注释。

《网络环境著作权限制的新发展》，全红霞著，长春：吉林大学出版社，2010。

随着信息技术的发展，著作权限制出现新的发展态势。网络环境有必要确立双轨制著作权限制制度，相较传统规则网络著作权限制制度应作具体调整。比如，加强规制个人目的使用，设立公共借阅补偿金制度，提升著作权数字化集体管理水平，增强对著作精神权利的限制等。

《企业知识产权战略指引》，张民元、卢晓春、徐昭编著，北京：知识产权出版社，2010。

本书结合作者近二十年的企业法律顾问工作经验，可以为我国企业建立知识产权战略体系提供指导和帮助。

《欧盟知识产权法》，李明德、黄晖、闫文军著，北京：法律出版社，2010。

本书是一部系统研究和介绍欧盟知识产权法的著作。

《知识产权法》，刘春田主编，北京：高等教育出版社，2010。

知识产权法是法学专业核心课程。本书是第四版，主要依据2008年12月27日通过并自2009年10月1日起生效的《全国人民代表大会常务委员会关于修改〈中华人民共和国专利法〉的决定》，对专利法编中的相关内容进行了大幅修订。总之，本书既保持了注重学科的基础性、科学性、体系性和稳定型的传统，又注意吸收我国近三年来在专利法和知识产权法基础理论方面的最新立法和研究成果。

《最高人民法院知识产权审判案例指导》（第1辑），奚晓明主编，北京：中国法制出版社，2010。

本书以最高人民法院知识产权审判庭审判的2008年的典型案例为基础，为专业人士提供指引。

《最高人民法院知识产权审判案例指导》（第2辑），奚晓明主编，北京：中国法制出版社，2010。

本书以最高人民法院知识产权审判庭审判的2008年的典型案例为基础，为专业人士提供指引。

《知识产权法新解读》（法律法规新解读丛书），中国法制出版社编，北京：中国法制出版社，2010。

本书以我国三大知识产权法律制度即《中华人民共和国著作权法》，《中华人民共和国专利法》、《中华人民共和国商标法》为条文基础进行阐释解读。

《知识产权疑难问题专家论证》，程永顺主编，北京：法律出版社，2010。

本书包括商标权、专利权、著作权、网络知识产权、不正当竞争五部分内容，讨论的是知识产权领域的典型疑难问题，在对背景情况进行详细介绍的基础上，就案件的各争议焦点或涉及的各主要问题进行了法律层面的专业评析。

《知识产权管理教程》，王救文、亏道远、肖剑编，北京：中国铁道出版社，2010。

本书共分五编，分别为总论、专利权管理、商标权管理、著作权管理、商业秘密与反不正当竞争管理，每编先行介绍相关法规的基本知识与概念，然后介绍相关的具体管理原则与方法。

《知识产权法实务》（应用型系列法学教材），李正华主编，武汉：武汉大学出版社，2010。

本书是“应用型系列法学教材”之一。分别阐述了著作权法律制度、专利权法律制度、商标权法律制度、知识产权的反不正当竞争制度和知识产权的国际协调保护制度。

《自主知识产权的创造、运用与法律机制》（知识产权法研究丛书），朱崇实、林秀芹著，厦门：厦门大学出版社，2010。

在建立创新型国家的背景下，如何促进我国拥有自主知识产权的技术成为建设创新型国家的关键，而政府 R&D 投资与法律机制对促进创新的作用不容置疑。本书正是从促进拥有自主知识产权技术创新为视角，构建政府 R&D 投资体制和相关法律机制。

《伦理视野中的知识产权》（优秀博士文库），彭立静著，北京：知识产权出版社，2010。

本书首先梳理、分析了劳动理论、人格理论、功力理论。在阐明诸理论各自特点的基础上力图明晰知识产权的伦理基础，提出在知识产权保护中突破伦理困境的途径和方式。

《上海文艺知识产权年度报告》，上海市文学艺术界联合会编，上海：上海锦绣文章出版社，2010。

本书为上海文艺知识产权 2009 年的年度报告，内容包括上海文艺知识产权的热点事件、信息统计和典型案例等。

《知识产权法学》，王锋主编，郑州：郑州大学出版社，2010。

本教材共 6 编，从知识产权法在国外及国内的发展状况入手，阐述知识产权法学各主要组成部分的内容，较详尽地讲述了著作权法、专利法及商标法的具体规定与当前适用情况，体现了知识产权法作为较为特殊的民事法律关系，与科技进步、文化繁荣及经济发展的重要相关价值。

《深圳市市场监督管理局知识产权年报》，王有明、廖远飞、吴红艳主编，深圳：深圳报业集团出版社，2010。

本年报主要记述深圳市知识产权工作在 2009 年取得的成果，以及相关重要会议、政策法规和科研成果。

《中华人民共和国著作权法》，国务院法制办公室编，北京：中国法制出版社，2010。

本书收录《中华人民共和国著作权法》、《侵权责任法》、《著作权法实施条例》、《著作权集体管理条例》、《计算机软件保护条例》、《最高人民法院关于专利、商标等授权确权类知识产权行政案件审理分工的规定》等内容，以供读者选用。

《道地药材的知识产权保护研究》，李昶等著，上海：上海科学技术出版社，2010。

本书从道地药材的视角对传统知识和遗传资源的知识产权保护议题进行了探讨，论述了知识产权与道地药材保护的相互关系，道地药材知识产权保护的正当性；从国际和国内两个层面对道地药材知识产权保护的法律溯源进行回顾；对道地药材知识产权状况作了实证性分析，提出完善现行知识产权制度保护道地药材的途径；就如何充分利用现行知识产权制度加强道地药材保护给出了具体详尽的政策建议。

《知识产权国际保护》（江苏省知识产权工程师培训系列教材），董新凯、吴玉岭主编，北京：知识产权出版社，2010。

本书是关于知识产权的专业培训教材，既从宏观视角对知识产权国际保护进行了叙述，又从微观视角对专利权、商标权、著作权等其他知识产权国际保护进行了阐述。

《企业知识产权管理实务》（江苏省知识产权工程师培训系列教材），朱显国、杨晨主编，北京：知识产权出版社，2010。

本书站在国家知识产权战略实施的高度，围绕企业知识产权管理涉及的要素，从实际操作的角度出发，系统介绍了与企业知识产权创造、管理、运用相关的知识及法律规定。

《企业知识产权战略》（江苏省知识产权工程师培训系列教材），徐棣枫、沈晖主编，北京：知识产权出版社，2010。

本书以企业创新活动的全过程为研究对象，从企业研发、经营管理、市场开拓和维护等方面，运用法学、经济学、管理学等方法，全面系统地分析研究了企业实施知识产权战略的理论、方法和具体策略。

《知识产权教育读本》（初级版），广东省知识产权局主编，北京：知识产权出版社，2010。

本书根据学生的心理特点和认知水平，安排知识产权教学内容，设计相关教学案例，通过学生的各种自主活动，尤其是通过社会实践活动，达到从小树立尊重知识产权意识的目的。

《知识产权教育读本》（中级版），广东省知识产权局主编，北京：知识产权出版社，2010。

本书根据学生的心理特点和认知水平，安排知识产权教学内容，设计相关教学案例，通过学生的各种自主活动，尤其是通过社会实践活动，达到从小树立尊重知识产权意识的目的。

《知识产权法》（全国高等教育自学考试标准预测试卷），国试书业组织编写，北京：中华工商联合出版社，2010。

本书是根据最新的自学考试大纲编写而成的。试卷在力求全面覆盖考试大纲规定的考核知识点的基础上突出重点。每套试卷的题型、题量均与最新的考试真题一致，便于考生在考试之前进行实战演练、查漏补缺。

《知识产权法》（全国高等教育自学考试同步训练·同步过关），国试书业组织编写，北京：中华工商联合出版社，2010。

本套丛书是与全国高等教育自学考试教材相配套的辅导用书。丛书以考试大纲规定的考核知识点及能力层次为线索，按最新体例分章节进行编写。

《知识产权法》（学生常用法规掌中宝），教学法规中心编，北京：中国法制出版社，2010。

本书兼顾教学要求和司考特点，保持原版体例和特色，侧重于内容上精雕细琢、吐故纳新。

《上海知识产权论坛》，陶鑫良主编，上海：上海大学出版社，2010。

本书是“上海高校教育高地建设项目”之一，书中收录了上海大学知识产权学院教师为本科生和研究生所作的专业讲座的讲稿。

《知识产权资本化研究》，刘春霖著，北京：法律出版社，2010。

本书的研究分为三个部分：一是知识产权资本化的理论基础；二是知识产权资本化可能出现的弊端和风险分析；三是知识产权资本化风险防范体系的建构。

《中华人民共和国国家知识产权局公报》（2010年第2期），国家知识产权局办公室编，北京：知识产权出版社，2010。

本书是由国家知识产权局办公室编辑出版的面向国内外公开发行的政府出版物。主要内容为全国人民代表大会及其常务委员会通过的涉及知识产权的法律；国务院发布的涉及知识产权的法规和法规性文件；国家知识产权局发布的规章、公告、重要文件、统计数据以及其他需要公告的事项。

《中美知识产权WTO争端研究》，陈福利著，北京：知识产权出版社，2010。

本书选取中美知识产权历次争端为研究对象，通过对其分析，特别是聚焦中美知识产权WTO争端案的法律研究，探讨和解释知识产权强势保护趋势这一本质规律在争端下的存在和发展。

《知识产权教育读本》（高级版），广东省知识产权局主编，北京：知识产权出版社，2010。

本书根据学生的心理特点和认知水平，安排知识产权教学内容，设计相关教学案例，通过学生的各种自主活动，尤其是通过社会实践活动，达到从小树立尊重知识产权意识的目的。

《发展经济学的知识产权保护与经济增长》（厦

门大学宏观经济研究丛书），余长林著，北京：经济科学出版社，2010。

本书主要基于发展中国家技术供给的视角，在内生增长理论和南北贸易的动态一般均衡分析框架下，考察了知识产权保护对发展中国家技术供给与经济增长的效应，并对知识产权保护影响发展中国家经济增长的作用机制展开了深入研究。

《创新与知识产权制度》，陶凯元、马宪民主编，广州：广东经济出版社，2010。

本书围绕自主创新是加快转变经济发展方式的核心推动力，知识产权制度是自主创新的持久保障的这一理念展开，论述了知识产权制度对于推动转变经济发展方式的重要作用，并通过对案例的解析，简要介绍了各类知识产权相关知识。

《知识产权战略研究》（科技法学文丛），张志成著，北京：科学出版社，2010。

本书从四个方面对知识产权战略进行研究和思考。一是从知识产权战略的缘起，考察知识产权成为一种战略的背景及与法律意义上的知识产权的关系；二是从各国知识产权战略的宏观考察；三是分析知识产权战略于法治上的必要性、可能性；四是研究我国的知识产权困境以及缓解困难的思路。

《知识产权判解研究》，刘春田主编，北京：法律出版社，2010。

本书为知识产权判解研究 2009 年第二卷第一期，包括本期专论、司解评析、案例讨论、专题调研、学位论文选、域外裁判等栏目。本期专论部分探讨了非典型知识财产的法律保护，司解评析对新专利法司法解释草案进行点评，案例讨论对最新的典型知识产权案例进行评析，专题调研收录了知识产权领域的相关调研课题，学位论文选收录了有突破意义的学位论文，域外裁判则对国外相关裁判案例进行评析。

《知识产权优先权制度研究》，杨德齐著，北京：知识产权出版社，2010。

本书认为知识产权优先权应指所有与知识产权有关的具备优先行使或优先实现效力的权利。

《著作权合同判例》（务实知识产权判例精选），程永顺主编，北京：知识产权出版社，2010。

本丛书收录了近千个自 2000 年以来全国各地具有审理知识产权案件管辖权的人民法院审理结案的具有典型性的知识产权案例。本书是著作权合同判例卷。

《软件著作权判例》（务实知识产权判例精选），程永顺主编，北京：知识产权出版社，2010。

本丛书收录了近千个自 2000 年以来全国各地具有审理知识产权案件管辖权的人民法院审理结案的具有典型性的知识产权案例。本书是软件著作权判例卷。

《著作权集体管理》（知识产权新领域实务与法理专题系列），杨东锴、朱严政著，北京：北京师范大学出版社，2010。

本书结合实践分别论述了著作权集体管理制度的产生及其发展现状，著作权集体管理组织会员实务工作，著作权使用费分配的若干问题以及制定收费标准的相关问题。

《著作权法》，冯晓青著，北京：法律出版社，2010。

本书是一部最新的著作权法教科书。本书立足于我国著作权法律制度，以我国《著作权法》、《著作权法实施条例》等著作权法律法规为主线，对我国著作权法律制度的基本概念原理、知识和相关理论作了全面系统的介绍分析和研究。

《国家知识产权战略与知识产权保护》，中国社会科学院知识产权中心、中国知识产权培训中心编，北京：知识产权出版社，2010。

本书汇集了国内学者在“中国法学会知识产权法研究会 2008—2009 年会”上发表的关于国家知识产权战略与知识产权保护问题的论文。

《中药知识产权保护研究》，田晓玲著，重庆：重庆出版社，2010。

本书探索了符合中医药特点和发展规律的中药知识产权保护措施，对中药知识产权的保护提出了有益、可行的措施。

《知识产权司法前沿》，潘福仁主编，北京：知识产权出版社，2010。

本书是对上海市第一中级人民法院 2009 年知识产权司法保护工作的回顾与总结，内容包括司法概况、专利研讨、理论研究、案例精选、裁判文书五个部分。

《中小企业知识产权管理》，洪小鹏著，北京：知识产权出版社，2010。

本书从企业管理角度出发，对中国的中小企业如何开展知识产权工作进行了思想上的研究和实务上的探讨。

《农业知识产权》，宋敏主编，北京：中国农业出版社，2010。

本书共分为三大部分、十五章。其中，第一、二章，主要介绍农业知识产权与农业知识产权制度；第三章到十一章是分论部分，分别介绍各种类型的农业知识产权，包括基本概念、国内外保护制度、授权条件和程序，以及维权保护等；第十二章到第十五章主要介绍了农业知识产权中介服务、信息分析、文化培育以及保护救济等内容。

《外向型经济视角下的知识产权》，程德理、戴欣、严灿编，上海：复旦大学出版社，2010。

本书以我国的外向型经济发展为背景，针对我国对外经济与贸易领域相关的知识产权法律问题，进行了实务型的研究。

《知识产权法》，王岩、王松编著，北京：经济科学出版社，2010。

本教材包括以下四方面的内容：第一编为知识产权法总论；第二编为商标法；第三编为专利法；第四编为著作权法。

《企业知识产权工作实务》，中国航空工业知识产权管理办公室编著，北京：航空工业出版社，2010。

本书对知识产权基础知识、企业知识产权战略规划、企业知识产权管理与运营、企业创新成果保护等方面进行了系统的研究和全面的总结，并结合航空工业的实际情况和行业特点，给出了大量生动详实的案例介绍。

《知识产权法基本理论》，李扬著，北京：中国社会科学出版社，2010。

本书是作者研究知识产权法16年以来的结晶。

《普通法视角下的知识产权》，[澳] 彭道敦、李雪菁著，北京：法律出版社，2010。

本书比较系统地讲解了香港现行的知识产权法的理论及实务。且本书内容不仅仅涉及香港，还涵盖所有的普通法系国家。

《知识产权法学》，曾文革主编，重庆：重庆大学出版社，2010。

全书系统介绍了知识产权的基本法律体系，如著作权法、专利法、商标权法，以及国际上通行的知识产权的各种公约。本书对于新修订的《专利法》和《专利法实施细则》等作了详细解读，并根据最高人民法院新近颁布的司法解释，对“侵犯专利权的判断”等内容进行了补充和更新。

《广东省知识产权年鉴》，广东省知识产权局编，广州：广东人民出版社，2010。

本书是广东省知识产权局编制的年鉴，完整地叙述了广东省2009年知识产权工作情况，包括法规摘要、领导讲话、职能部门工作等8个方面，共80万字。

《知识产权法》，冯晓青主编，北京：中国政法大学出版社，2010。

本书以“总论—著作权、专利权、商标权—其他知识产权—知识产权国际保护”为体系。在此框架下，全书以现行知识产权法和相关国际公约为基线，既有知识产权法基本理论、基本范畴和基本概念的阐述，又有各知识产权制度的专题介绍。

《非物质文化遗产的知识产权保护》，李秀娜著，北京：法律出版社，2010。

非物质文化遗产保护已经成为全球和我国相关研究领域的热点。本书共分七章，对我国非物质文化遗产的知识产权保护进行了深入探讨，提出建立独立于现行知识产权体系的非物质文化遗产特殊保护制度，以实现非物质文化遗产的文化价值和经济价值，平衡非物质文化遗产生产性保护中的各方利益。

《知识产权判解研究》，刘春田主编，北京：法律出版社，2010。

本书为知识产权判解研究2009年第二卷第二期，包括本期专论、司解评析、案例讨论、专题调研、学位论文选、域外裁判等栏目。

《知识产权诠释与应用》，叶晓辉、沈凌、薛亚君、顾晓燕编著，北京：知识产权出版社，2010。

本书试图从知识产权的创造、运用、管理和保护实务入手，突出知识产权法学理论与科技创新实践相结合的知识点，引导读者树立知识产权的法治意识、了解知识产权最新战略与发展，使知识产权真正成为生产力。

《图书馆著作权管理问题研究》，秦珂、豆敏、李姝娟著，北京：知识产权出版社，2010。

本书对《关于加强图书馆著作权保护工作的通知》进行探讨，就当前图书馆著作权保护实践中的著作权政策建设等问题进行分析。

《知识产权概论》，曾培芳、王鸿主编，北京：知识产权出版社，2010。

本书是关于知识产权的专业培训教材，书中既有宏观视角的知识产权总论，又从微观视角分别详细论述了专利权、商标权、著作权等相关知识产权方面的知识。

《知识产权保护战略研究》，曹新明、梅术文著，北京：知识产权出版社，2010。

本书结合《国家知识产权战略纲要》的要求和实施规划，全面阐述了知识产权保护的重点与难点问题，包括知识产权保护制度、法律建设、审判体制、行政执法等内容。

《西南知识产权评论》，张玉敏主编，北京：知识产权出版社，2010。

本书收录了法律界有关知识产权的前沿论文，极具理论价值。

《法官评述 100 个影响中国的知识产权经典案例》，奚晓明主编，北京：知识产权出版社，2010。

本书以案例评析方式，收录 100 个推动中国知识产权法制建设进程的知识产权经典案例。不仅全面完整地反映了当事人的诉讼请求、争议焦点，法院审理查明的事实、裁判理由和裁判结果等内容，而且充分展现了法官在裁判具体案件过程中对法律适用、裁判方法、司法理念等案件焦点问题的简要判断。

《知识产权概论》，焦泉、王进编著，北京：人民邮电出版社，2010。

本书内容包括：知识产权法的基本概念、基本理论和基本知识。

《知识产权服务与科技经济发展》，杨铁军主编，北京：知识产权出版社，2010。

本书收录了关于“知识产权服务与科技经济发展”的 60 多篇学术论文，涵盖理论研究、政策规划、实务研究、案例分析等方面。

《2009 年苏州市知识产权发展与保护状况》，苏州市人民政府知识产权联席会议办公室编著，苏州：苏州大学出版社，2010。

本书以中英文两种语言全面论述、介绍了苏州市 2009 年知识产权的发展与保护措施，为苏州地方经济发展提供了机制保障。

《中国知识产权边境保护》（知识产权新领域实务与法理专题系列），王殊著，北京：北京师范大学出版社，2010。

本书结合实践，论述了著作权集体管理制度的产生及其发展现状、著作权集体管理组织会员实务工作以及司法实践对著作权集体管理工作影响的分析等问题。

《企业自主知识产权名牌成长机理与路径的研究》，黄永春、杨晨著，北京：北京交通大学出版社，2010。

本书以制造业企业为研究对象，以自主创新能力为切入点揭示自主知识产权名牌内涵，解析自主知识产权名牌成长的内涵、阶段及特征；探讨企业自主知识产权名牌成长的内隐能力与外显优势的互动转化机理，并从动态升级转型角度探究企业自主知识产权名牌成长路径的生成机理，进而对企业自主知识产权名牌成长路径的类型进行划分。

《知识产权法》，吴汉东主编，北京：北京大学出版社，2010。

本书是高等教育自学考试法律专业指定教材，全面系统地介绍了知识产权法的相关知识，是参加自学考试的考生必读的图书。

《企业知识产权战略指南》，毛金生主编，北京：知识产权出版社，2010。

本书旨在帮助企业建立和完善知识产权管理制度，进行正确的知识产权战略部署，掌握利用知识产权进行市场竞争的技巧。

《知识产权法（案例）专业英语》，郑小军、王雪松编著，哈尔滨：哈尔滨工业大学出版社，2010。

本书共17章，包括专利、商标、版权等知识产权法涉及的相关内容。

《知识产权审判指导》（中国审判指导丛书），奚晓明主编，北京：人民法院出版社，2010。

本书是最高人民法院知识产权审判庭编辑的审判业务用书，收录了近期有关知识产权审判方面的法律文件、理解与适用、理论与实务问题研究、典型案例、政策与精神、裁判文书等文章，对各级人民法院从事知识产权审判业务的人员具有指导与参考作用。

《知识产权法要论》，金春阳著，北京：清华大学出版社，2010。

本书核心观点是：知识产权法学具有政策性强、实用性高、国际性广的特点，应当顺应经济发展的需要，积极调整知识产权的创造机制、利用机制和保护机制，促进经济社会和谐发展。

《中国知识产权指数报告》，王正志主编，北京：知识产权出版社，2010。

本书以全球知识产权发展态势为背景，通过文献梳理、实地调研、案例剖析等方式对中国31个省、市、自治区的知识产权发展状况和差异进行定性和定量分析。

《知识产权经典判例》，北京市高级人民法院知识产权庭编，北京：知识产权出版社，2010。

本书中的61个案例是从2007年北京市法院审结的各类知识产权纠纷案件中精选出来的，涵盖了该年度全部新类型、疑难复杂和具有广泛社会影响的案件。

《知识产权律师实务与法律服务技能》，马东晓、李德成主编，北京：法律出版社，2010。

本书内容包括：知识产权法律服务研究与实务工作中的热点问题，知识产权法律服务现状与发展战略，代理知识产权案件的法律策略与技巧，知识产权法律风险防范等。

《中华人民共和国国家知识产权局公报》（2010年第3期），国家知识产权局办公室编，北京：知识产权出版社，2010。

《中华人民共和国国家知识产权局公报》是由国家知识产权局办公室编辑出版的面向国内外公开发行的政府出版物。主要刊载内容为：全国人民代表大会及其常务委员会通过的涉及知识产权的法律；国务院发布的涉及知识产权的法规和法规性文件；国家知识产权局发布的规章、公告、重要文件、统计数据以及其他需要公告的事项。

《知识产权的魅力》，陈美章著，北京：知识产权出版社，2010。

本书收集了作者在不同时期撰写的论文和研究课题的主题报告，从中选择了有代表性的部分篇章，分为八篇：人才篇、制度篇、创新篇、战略篇、保护篇、运营篇、管理篇、交流篇。

《知识产权冲突法论》（西藏民族学院法学文库），杨长海著，厦门：厦门大学出版社，2010。

本书试从理论与实证的层面对知识产权冲突法若干问题进行研究，探讨作为调整国际民商事法律关系的冲突法制度，如何在知识产权领域，特别是在网络技术如此发达的国际环境下知识产权的国际实施中发挥作用。全书由导论、总论、分论和尾论四大部分组成。

《经济法·知识产权法》（2011年国家司法考试一本通），刘东根、尹正友主编，北京：法律出版社，2010。

本书收录国家司法考试指定的所有法律，并把相关司法解释分拆到相关的基本法中，对重点法条有命题题眼分析，并有历年真题和练习题。

《中国知识产权统计年报》，国家知识产权局编，北京：知识产权出版社，2010。

本年报由国家知识产权局汇编，汇集了我国知识产权领域的年度统计数据，全面反映了我国知识产权领域2009年的发展状况。

《知识产权基础与实务教程》，杨志军、邢良选编著，北京：国家行政学院出版社，2010。

本书深入系统地讨论了知识产权的概念、特点、种类和知识产权法律制度的功能等。

《侵犯著作权判例》（务实知识产权判例精选），程永顺主编，北京：知识产权出版社，2010。

本丛书收录了近千个自2000年以来全国各地具有审理知识产权案件管辖权的人民法院审理结案的

具有典型性的知识产权案例。本书是侵犯著作权判例卷。

《著作权的边界》（民商法论丛），朱理著，北京：北京大学出版社，2010。

本书以著作权的权利限制和例外为主线，根据著作权的“传统界线—界线冲击—界线调整”的逻辑组织研究内容。通过阅读和分析大量原始资料，笔者在国内首次深入分析了著作权边界的基准界标——三步检验法的含义，添补了国内对这一研究领域的空白。

《知识产权案例读本》，田力普主编，北京：知识产权出版社，2010。

本书在收集、整理近几年发生的、较有影响且涉及知识产权不同领域的案例基础上，择选出其中的数十个典型改编而成。

《知识产权制度国际化问题研究》（知识产权制度变革与发展丛书），吴汉东、郭寿康主编，北京：北京大学出版社，2010。

本书研究和分析以 TRIPs 协定为代表、以 WTO 为载体的新的知识产权国际体制的形成和发展的动力学原理，探讨该体制对目前知识产权制度国际化（包括知识产权管理的国际合作化和知识产权具体法律制度的趋同化）带来的深远影响，阐述国际知识产权保护体制运行的外部环境和内部机制、体制设计和运作中引发的南北矛盾和解决矛盾的方法以及该体制对未来知识产权制度变革和发展的可能影响及相关对策。

《知识产权制度战略化问题研究》（知识产权制度变革与发展丛书），朱雪忠、张勤主编，北京：北京大学出版社，2010。

本书研究和探讨知识产权战略化所面临的主要问题，以及在知识产权制度变革与发展过程中世界各国所采取的应对战略。在此基础上，分析国家、地区、行业和企业知识产权战略的基本理论和实践应对方案。

《知识产权制度法典化问题研究》（知识产权制度变革与发展丛书），曹新明、张建华主编，北京：北京大学出版社，2010。

本书研究和探析知识产权法典化的基本问题，同时对各国知识产权法典结构和内容上的基本特点及其形成原因进行研究。在借鉴境外经验和梳理国内法制建设现状的基础上，对中国知识产权法典化的必要性、目标、绩效、基本结构等进行分析。

《知识产权法》，刘银良著，北京：高等教育出版社，2010。

本书从历史、比较和国际化诸视角，全方位阐释知识产权制度的发展与现状，帮助读者沿着知识产权制度发展的阶梯，全面理解知识产权法知识，掌握知识产权实践技能。

《知识产权与农业现代化》（农家书屋文库），李晓玲编著，兰州：甘肃文化出版社，2010。

本书是知识产权方面的普及读本，共分为四大部分：知识产权法一般原理、著作权法、专利法、商标法。

《中国知识产权年鉴》，国家知识产权局著，北京：知识产权出版社，2010。

本书全面反映了 2009 年我国知识产权领域的发展状况。

《知识产权审判精要》，沈志先主编，北京：法律出版社，2010。

本书是上海法院从事知识产权审判工作的法官多年来从事知识产权审判机制建设与知识产权案件审理积累的经验的总结，介绍了一些知识产权审判的共性问题和各类知识产权案件中的前沿问题、热点问题与难点问题。

《中药知识产权法律制度的反思与构建》，袁红梅著，北京：北京师范大学出版社，2010。

本书对中药知识产权法律体系进行梳理与反思，以知识产权法律制度的合理性、非合理性作为研究的切入点。在法理及实践层面对中药知识产权法律制度本土化、国际化提出建议。

《知识产权法典化基本问题研究》，何华著，长春：吉林出版集团有限责任公司，2010。

本书结合法国、斯里兰卡、菲律宾、越南等国的知识产权法典，综合运用了比较法、历史研究方法、哲学研究方法及经济学研究方法等对知识产权法典化的基本问题作全面深入的论述。

《中国知识产权审判研究》（中国审判理论研究

丛书)，钱锋主编，北京：人民法院出版社，2010。

本书是中国审判理论研究系列丛书之一，由重庆高级人民法院知识产权研究分会编辑。内容分为审判动态、审判研究、案例研究、调研与指导等部分，概括了知识产权近年来工作的重点、调研的情况、疑难案件的审判思路以及裁判方法等。

《技术创新与知识产权保护研究》，张文春著，北京：中国矿业大学出版社，2010。

本书主要研究技术创新与知识产权保护的相互关系，使企业在了解技术创新、知识产权内涵特征的基础上认识技术创新与知识产权保护的互动规律，研究企业知识产权如何取得、运用及维护，通过发挥知识产权的作用，不断增强企业技术创新能力和竞争能力。

《企业知识产权能力与竞争优势》，萧延高著，北京：知识产权出版社，2010。

本书立足中国情境，植根企业实践，试图在理论上建立起知识产权、知识产权能力和企业竞争优势的逻辑关系模型，探讨知识产权能力与竞争优势的相关关系及其主要影响因素，并采用规范的问卷调查法和案例研究方法对相应的理论演绎结论予以验证。

《知识产权制度现代化问题研究》(知识产权变革与发展丛书)，王景川、胡开忠主编，北京：北京大学出版社，2010。

本书研究和描述人类历史上三次技术革命对知识产权制度变革与发展的影响，探讨现代社会网络技术、生物技术、集成电路技术、新材料技术等高新技术对知识产权制度的影响，归纳出制度创新的原因与趋势。

《知识产权法》(一考通题库)，一考通自考命题研究中心编，北京：国家行政学院出版社，2010。

本书是全国高等教育自学考试的辅助教材，分为历年考点、分项突破、高分冲刺模拟试卷、命题破译预测试卷、掌中宝五部分。

《世界知识产权组织著作权及相关许可指南》，世界知识产权组织编著，北京：中国广播电视出版社，2010。

本书是世界知识产权组织的专家在各自的专业领域，对于著作权及邻接权的许可制度的研究成果，是对著作权及邻接权法律、合同法和行业习惯的著作权许可的规范与完善。

《历史视野中的著作权模式确立》(中国知识产权文库)，肖尤丹著，武汉：华中科技大学出版社，2010。

本书是一部探讨著作权确立模式的专著，作者通过对西方著作权古典史的研究，以权力模式的建构为核心，沿着著作权模式发展的基本脉络，从著作权的观念化、制度化、私法化、类型化的完整历史过程，论述分析了著作权模式的确立过程及其制度选择。

《近代中国著作权立法的困境与抉择》(中国知识产权文库)，马晓莉著，武汉：华中科技大学出版社，2010。

本书主要对近代中国著作权立法的两难困境及其选择进行相关研究。

《知识产权法律·法规·规章·司法解释·裁判要旨》(法律工具箱系列)，北京：中国法制出版社编，中国法制出版社，2010。

本书收录了知识产权方面最新的法律、法规、司法解释和裁判要旨，采用了科学的分类方法，并提供了全面迅速的检索途径。

《知识产权国际纠纷的非诉讼解决研究》(华东政法大学国际法学文库)，刘晓红、李晓玲主编，北京：法律出版社，2010。

本书内容包括：第一章，知识产权非诉讼争端解决机制研究；第二章，知识产权争议的仲裁解决；第三章，WIPO体制下知识产权争议的解决机制；第四章，WTO体制下知识产权争端的解决机制；第五章，域名争议非诉讼解决机制研究；第六章，我国涉外知识产权纠纷非诉讼解决机制的现状及其发展和完善。

《知识产权法学》，郑国辉主编，北京：中国政法大学出版社，2010。

本书从内容上对知识产权法相关法律法规和国际公约进行了解析与完善，全面阐释了著作权法、专利法、商标法、其他知识产权法与主要国际公约的国际知识产权保护原则和内容。

《知识产权犯罪疑难问题解析》，陈辐宽主编，北京：中国检察出版社，2010。

本书通过大量真实案例，对知识产权犯罪案件的事实认定、证据采用、性质确定方式和思路等做了较为深入的剖析。

《知识产权与转变经济发展方式论坛论文集》（知识产权发展前沿探索），鲍红主编，北京：知识产权出版社，2010。

本书在国家知识产权局举办的“知识产权与转变经济发展方式论坛”基础上，精选出46篇文章，包括商标、版权、司法领域的专家专题论述，地方、企业、服务组织的经验总结以及相关学者的学术探索。

《法官告诉您怎样打知识产权官司》（法官说法丛书），张丽佳主编，长春：吉林人民出版社，2010。

本套丛书由资深的在职法官主编，向读者介绍了进行知识产权诉讼的正确途径和程序，以及一些知识产权法律的基本常识。为广大读者学习知识产权法律知识、运用知识产权法律维护自己的合法权益提供了有力的理论支持。

《知识产权的话语与现实》（中国知识产权文库），刘春田主编，武汉：华中科技大学出版社，2010。

本书重点介绍了版权、专利、商标三大制度在西方国家产生与发展的进程，侧重分析了推动三大制度产生与发展的政治、经济、社会因素，并探讨其中国家、商人、创造者以及社会公众之间的关系。

《现代科技概论与知识产权》，程道来主编，北京：中国矿业大学出版社，2010。

全书共十二章，分别是：科学与技术概论，古代、近代和现代科学技术主要成就，高新技术概论，现代生物技术，现代信息与计算机通信技术，激光技术，新材料技术，海洋与空间技术，新能源技术，环境保护技术，知识产权概论，提高自主创新能力、建设创新型国家。

《知识产权法基本理论》，夏良田著，成都：四川人民出版社，2010。

本书为社科院研究生教材，共六编：知识产权法概论、专利法基本理论、商标法基本理论、著作权法基本理论、其他知识产权法律制度、知识产权的国际保护。

《品牌创新与企业知识产权协同战略》，李明星、台新民著，北京：知识产权出版社，2010。

本书以品牌创新为切入点，以市场占有为归宿点，研究了我国品牌创新与企业知识产权的协同战略。

《知识产权诉讼及管理中经济分析的运用》，诺恒经济咨询编译，北京：法律出版社，2010。

本书是专题文章结集而成的知识产权经济分析著作，有三大特点：一是经济分析的视角。本书的撰写者多是经济学家，对知识产权法的经济分析既为知识产权制度提供了新的理论视角，又为知识产权法律的发展开辟了新领域和新前景。二是实证分析。本书作者多具有深厚的实务背景，本书内容多涉及对于知识产权诉讼和管理中的损害赔偿、价值评估等实务问题的实证分析，尤其是研究了大量的司法判例。以经济方法研究实务问题，可以使知识产权领域的大量实务问题数量化、精确化和科学化。三是针对性强。本书涉及的大多是当前知识产权政策、诉讼和管理中的热点问题，如专利政策的经济学、损害赔偿的经济分析和确定、知识产权与反垄断等。

《知识产权与公平竞争的博弈》，郑友德著，北京：法律出版社，2010。

本书从多角度探讨知识产权保护与公平竞争之间的协调和创新问题，内容覆盖知识产权各个领域，兼具深度和广度，对相关领域具有借鉴和参考价值。

《知识产权融资的风险、估价与对策》（三友会计论丛），苑泽明、张嘉兴、陈柳钦著，大连：东北财经大学出版社，2010。

本书在吸收国内外相关研究成果的基础上，对国家级高新区——滨海高新技术产业园区内的重点企业进行访谈、问卷调查和数据挖掘，依据产业经济理论、金融理论、财务估价（特别是无形资产评估）理论、担保物权理论等对知识产权融资模式、估价和风险等相关问题进行研究。

《中国西部民族民间知识产权保护研究》（一鸣学术文丛），索晓霞等著，北京：中国书籍出版社，2010。

本书是课题组集体完成的国家社会科学基金项目的研究成果。该调研报告以贵州为例，对经济全球化和文化产业迅猛发展背景下中国西部民族民间文化知识产权保护面临的困难和问题进行了分析研究，并在借鉴国外做法和研究成果的基础上，提出了行政、教育、法律三大战略并举的建议。

《知识产权法制与战略关键词详解》，吴树山、曾培芳编著，北京：知识产权出版社，2010。

本书以我国知识产权法律和国家知识产权战略纲要为依据，以详解我国知识产权法制与知识产权战略的关键词为手段，着重阐述在实施知识产权法制与知识产权战略中的重点、难点和学科前沿问题。

《民间文艺的特别知识产权保护》（华东政法大学国际法学文库），杨鸿著，北京：法律出版社，2010。

本书旨在有针对性地研究国际社会中以特别知识产权方式保护民间文艺的立法例，探讨相关立法面临的共性问题，并分析它们应对此类问题的解决方式，并予以评估，从而最终为考虑进行民间文艺知识产权保护的国家，尤其是我国提供具有实践意义与可操作性的参考。

《知识产权基本问题研究》（华东政法大学科学研究院社科文库），何敏著，北京：法律出版社，2010。

本书认为，知识产权作为一种权利形态，体现了深刻的财产性，具有明显的私权特征，借此，人们会认为知识产权属于民事权利范畴；但是，当把知识产权作为一种权利制度来看待时，它又具有一定的公权特征，体现了国家及其政府对知识产权的一种制度安排，这种安排不仅涉及到私权领域之中政府以国家名义赋予知识产权权利人对知识产权客体的支配能力，也涉及到公权领域中知识产权行政管理者对知识产权权利人权利的取得、利用、处分，以及争议解决方面的行政权力。因此，人们又会基于权利制度方面的考虑，认为知识产权属于行政法律的范畴。

《中华人民共和国著作权法》，人民出版社法律编辑室编，北京：人民出版社，2010。

本书为新修改的著作权法单行本。书中附《全国人民代表大会常务委员会关于修改〈中华人民共和国著作权法〉的决定》和《中华人民共和国著作权法实施条例》、《著作权集体管理条例》等与著作权法相关的行政法规 。

《中国百年著作权法律集成》，《中国百年著作权法律集成》汇编组编，北京：中国人民大学出版社，2010。

本书系统搜集整理了从清末以来我国著作权相关的各类法律法规，具有重要的学术价值。从《振兴工艺给奖章程》（节录）、《中美续议通商行船条约》（节录）到《信息网络传播权保护条例》（2006年）、《著作权行政处罚实施办法》（2009年），本书都做了系统收录，另外，我国港澳台地区的相关规定也予以收录。

《知识产权基础教程》，王兵等著，北京：清华大学出版社，2010。

本教材深入系统地讨论了知识产权的概念、特点、种类和知识产权法律制度的功能，知识产权对象的范围和特点，知识产权的归属，知识产权权利内容及其限制等。

《与贸易有关的知识产权成案研究》（法学理念·实践·创新丛书），张桂红著，北京：中国人民大学出版社，2010。

本书阐述了世界贸易组织知识产权争端解决机制的理论，对世界贸易组织成立以来解决的25个知识产权成案进行了系统研究，从而得出启示。

《企业知识产权战略管理》，安雪梅、朱雪忠著，北京：人民出版社，2010。

本书系统地对企业知识产权战略管理的基本原理以及各种战略措施的具体运用作了深入浅出的剖析。全书以不同类型企业常用的知识产权战略为主线，针对不同企业的具体情况，分类介绍了适用于各类企业的常用战略措施，并辅以生动的案例分析。同时，本书还介绍了与企业知识产权战略密切相关的其他问题，如企业知识产权的价值评估和常见知识产权侵权行为的表现形态，为企业及时判断自己自己的商业生产行为是否合法提供参考依据。

《知识产权法》，郭禾主编，北京：中国人民大学出版社，2010。

本书根据专利法和著作权法修订后的最新内容，对知识产权法的内容进行了完善和更新。

《知识产权政策评估》，郭俊华著，上海：上海人民出版社，2010。

本书立足于我国知识产权事业快速发展的新形势，针对知识产权政策不断出台而政策评估严重滞后的客观现实，从理论与实证两个维度，综合运用知识产权、公共政策评估、绩效管理、系统科学等多领域的知识，系统探讨知识产权政策评估的问题，构建兼具科学性与可操作性的知识产权政策评估体系。

2010年版权相关图书索引

书　　名	第一著作责任者	出版者	定价（元）
网络著作权判例	程永顺主编	知识产权出版社	45
图书期刊著作权的法律保护	徐康平等著	学苑出版社	35
日本知识产权法	［日］田村善之著	知识产权出版社	66
自主创新与知识产权读本	赵建军主编	西南师范大学出版社	20
中外著作权法经典案例	韩赤风等著	知识产权出版社	20
中华人民共和国著作权法	全国人大法工委编	法律出版社	4
中国知识产权人才培养研究	陶鑫良、王勉青主编	上海大学出版社	50
知识产权法学生常用法律手册	法律出版社法规中心编	法律出版社	10
中国知识产权法学名家	北京法图国际信息咨询有限公司组织编写	法律出版社	100
商法·经济法·知识产权法	魏敬淼、席志国著	九州出版社	298
知识产权评估实务	王瑜等著	知识产权出版社	28
日本现代知识产权法理论	［日］田村善之编	法律出版社	30
知识产权与核心竞争力论坛论文集	鲍红主编	知识产权出版社	58
知识产权研究	周林主编	知识产权出版社	30
中华人民共和国著作权法	中国法制出版社编著	中国法制出版社	3
中华人民共和国著作权法（全国人大常委会公报版）	全国人大常委会办公厅	中国民主法制出版社	3
著作权案例评析	朱昌平主编	宁夏人民出版社	28
知识产权资本化研究	王吉法等著	山东大学出版社	35
知识产权法	黄武双主编	法律出版社	36
知识产权概论	葛洪义主编	华南理工大学出版社	26
农业知识产权法规普及读本	王新燕主编	新疆美术摄影出版社	16
知识产权法经济学论	南振兴、温芽清著	中国社会科学出版社	32
中华人民共和国知识产权海关保护条例	中国法制出版社编	中国法制出版社	4
公民与知识产权法	李岳鹏主编	新华出版社	25
CEPA下的知识产权法律问题研究	杨文升、刘群、高飞著	吉林大学出版社	22
WTO框架下的知识产权保护法律问题研究	杨文升、王红日、姜凤武著	吉林大学出版社	22
中华人民共和国著作权法配套规定	《法律及其配套规定丛书》编写组编	中国法制出版社	15
学术期刊著作权使用与保护研究	谭笑珉著	西安地图出版社	27.8
著作权	刘斌斌、曹陇华编著	甘肃人民出版社	30
知识产权案例精选	应新龙主编	知识产权出版社	30
备受争议的知识产权	许颖辉著	世界知识出版社	38

续前表

书　　名	第一著作责任者	出版者	定价（元）
知识产权法	《过关小教材丛书》编写组编	长征出版社	210
案说知识产权 ABC	金民珍主编	知识产权出版社	20
中华人民共和国国家知识产权局公报（2010年第1期）	国家知识产权局办公室编	知识产权出版社	5
中华人民共和国国家知识产权局公报（2010年第2期）	国家知识产权局办公室编	知识产权出版社	5
中华人民共和国国家知识产权局公报（2010年第3期）	国家知识产权局办公室编	知识产权出版社	5
中华人民共和国国家知识产权局公报（2010年第4期）	国家知识产权局办公室编	知识产权出版社	5
漫画知识产权	冯家敏主编	深圳报业集团出版社	20
知识产权法	朱榄叶著	北京大学出版社	30
最新知识产权典型疑难案例判解	唐善新主编	羊城晚报出版社	50
知识产权年刊	吴汉东主编	北京大学出版社	32
法官告诉您怎样打知识产权官司	张丽佳主编	吉林人民出版社	22
大学知识产权基础	张宗浩编著	西南交通大学出版社	28
加拿大知识产权	杨士虎、刘艺工著	中国社会科学出版社	32
中华人民共和国著作权法律选编	国家版权局法规司编	商务印书馆	25
中华人民共和国著作权法规文件选编	国家版权局法规司编	商务印书馆	25
中华人民共和国著作权法	中国民族语文翻译中心译	民族出版社	3.3
中华人民共和国著作权法	《法律法规案例注释版系列》编写组编著	中国法制出版社	15
网络环境著作权限制的新发展	全红霞著	吉林大学出版社	22
企业知识产权战略指引	张民元、卢晓春、徐昭编著	知识产权出版社	20
欧盟知识产权法	李明德、黄晖、闫文军著	法律出版社	85
知识产权法	刘春田主编	高等教育出版社	27
最高人民法院知识产权审判案例指导（第1辑）	奚晓明主编	中国法制出版社	30
最高人民法院知识产权审判案例指导（第2辑）	奚晓明主编	中国法制出版社	30
知识产权法律法规手册	法律法规编辑组编	中国民主法制出版社	28
知识产权法新解读	中国法制出版社编	中国法制出版社	40
知识产权疑难问题专家论证	程永顺主编	法律出版社	128
知识产权管理教程	王救文、亐道远、肖剑编	中国铁道出版社	45
知识产权法实务	李正华主编	武汉大学出版社	38
自主知识产权的创造、运用与法律机制	朱崇实、林秀芹著	厦门大学出版社	20
中华人民共和国著作权法（民族文版权法书系）	中国民族语文翻译中心译	民族出版社	4.5
伦理视野中的知识产权	彭立静著	知识产权出版社	25

续前表

书　　名	第一著作责任者	出版者	定价（元）
知识产权与中医药	[美] 白瑞（Bachner，B.）著，张美成译	法律出版社	38
上海文艺知识产权年度报告	上海市文学艺术界联合会编	上海锦绣文章出版社	30
知识产权法学	王锋主编	郑州大学出版社	48
深圳市市场监督管理局知识产权年报	王有明、廖远飞、吴红艳主编	深圳报业集团出版社	118
中华人民共和国著作权法（实用版）	国务院法制办公室编	中国法制出版社	12
道地药材的知识产权保护研究	李昶等著	上海科学技术出版社	40
知识产权国际保护	董新凯、吴玉岭主编	知识产权出版社	34
企业知识产权管理实务	朱显国、杨晨主编	知识产权出版社	34
企业知识产权战略	徐棣枫、沈晖主编	知识产权出版社	34
知识产权教育读本（高级版）	广东省知识产权局主编	知识产权出版社	6.5
知识产权教育读本（初级版）	广东省知识产权局主编	知识产权出版社	6.8
知识产权法（全国高等教育自学考试标准预测试卷）	国试书业组织编写	中华工商联合出版社	12
知识产权法（全国高等教育自学考试同步训练·同步过关）	国试书业组织编写	中华工商联合出版社	35
知识产权法	教学法规中心编	中国法制出版社	10
上海知识产权论坛	陶鑫良主编	上海大学出版社	45
知识产权资本化研究	刘春霖著	法律出版社	28
中华人民共和国国家知识产权局公报	国家知识产权局办公室编	知识产权出版社	5
中美知识产权 WTO 争端研究	陈福利著	知识产权出版社	48
知识产权教育读本（中级版）	广东省知识产权局主编	知识产权出版社	6.5
发展经济学的知识产权保护与经济增长	余长林著	经济科学出版社	30
创新与知识产权制度	陶凯元、马宪民主编	广东经济出版社	32
知识产权战略研究	张志成著	科学出版社	35
知识产权判解研究	刘春田主编	法律出版社	48
知识产权优先权制度研究	杨德齐著	知识产权出版社	32
著作权合同判例	程永顺主编	知识产权出版社	42
软件著作权判例	程永顺主编	知识产权出版社	48
著作权集体管理	杨东锴、朱严政著	北京师范大学出版社	22
中华人民共和国著作权法	中国民族语文翻译中心译	民族出版社	3.3
著作权法	冯晓青著	法律出版社	34
国家知识产权战略与知识产权保护	中国社会科学院知识产权中心、中国知识产权培训中心编	知识产权出版社	60
中药知识产权保护研究	田晓玲著	重庆出版社	38
知识产权司法前沿	潘福仁主编	知识产权出版社	35
中小企业知识产权管理	洪小鹏著	知识产权出版社	29
农业知识产权	宋敏主编	中国农业出版社	30
外向型经济视角下的知识产权	程德理、戴欣、严灿编	复旦大学出版社	22

续前表

书　　名	第一著作责任者	出版者	定价（元）
知识产权案件裁判依据与规则适用	中国法制出版社编	中国法制出版社	40
知识产权法	王岩、王松编著	经济科学出版社	30
企业知识产权工作实务	中国航空工业知识产权管理办公室编著	航空工业出版社	80
知识产权法基本理论	李扬著	中国社会科学出版社	32
普通法视角下的知识产权	［澳］彭道敦、李雪菁著	法律出版社	35
知识产权法学	曾文革主编	重庆大学出版社	28
广东省知识产权年鉴	广东省知识产权局编	广东人民出版社	180
知识产权法	冯晓青主编	中国政法大学出版社	42
非物质文化遗产的知识产权保护	李秀娜著	法律出版社	25
知识产权判解研究	刘春田主编	法律出版社	48
知识产权诠释与应用	叶晓辉、沈凌、薛亚君、顾晓燕编著	知识产权出版社	38
图书馆著作权管理问题研究	秦珂、豆敏、李姝娟著	知识产权出版社	28
知识产权概论	曾培芳、王鸿主编	知识产权出版社	34
知识产权保护战略研究	曹新明、梅术文著	知识产权出版社	30
西南知识产权评论	张玉敏主编	知识产权出版社	38
法官评述100个影响中国的知识产权经典案例	奚晓明主编	知识产权出版社	108
知识产权概论	焦泉、王进编著	人民邮电出版社	35
知识产权服务与科技经济发展	杨铁军主编	知识产权出版社	68
2009年苏州市知识产权发展与保护状况	苏州市人民政府知识产权联席会议办公室编著	苏州大学出版社	8
中国知识产权边境保护	王殊著	北京师范大学出版社	22
企业自主知识产权名牌成长机理与路径的研究	黄永春、杨晨著	北京交通大学出版社	36
知识产权法	吴汉东主编	北京大学出版社	24
企业知识产权战略指南	毛金生主编	知识产权出版社	38
知识产权法（案例）专业英语	郑小军、王雪松编著	哈尔滨工业大学出版社	36
教您打赢知识产权官司	朱晓娟、唐红新、王跃主编	沈阳出版社	134
知识产权审判指导	奚晓明主编	人民法院出版社	38
知识产权法要论	金春阳著	清华大学出版社	26
中国知识产权指数报告	王正志主编	知识产权出版社	39
知识产权经典判例	北京市高级人民法院知识产权庭编	知识产权出版社	58
知识产权律师实务与法律服务技能	马东晓、李德成主编	法律出版社	50
中华人民共和国国家知识产权局公报	国家知识产权局办公室编	知识产权出版社	5
知识产权的魅力	陈美章著	知识产权出版社	58
知识产权冲突法论	杨长海著	厦门大学出版社	30

续前表

书　　名	第一著作责任者	出版者	定价（元）
经济法·知识产权法	刘东根、尹正友主编	法律出版社	40
中国知识产权统计年报	国家知识产权局编	知识产权出版社	60
知识产权基础与实务教程	杨志军、邢良选编著	国家行政学院出版社	25
侵犯著作权判例	程永顺主编	知识产权出版社	42
著作权的边界	朱理著	北京大学出版社	28
知识产权案例读本	田力普主编	知识产权出版社	35
知识产权制度国际化问题研究	吴汉东、郭寿康主编	北京大学出版社	42
知识产权制度战略化问题研究	朱雪忠、张勤主编	北京大学出版社	46
知识产权制度法典化问题研究	曹新明、张建华主编	北京大学出版社	46
知识产权法	刘银良著	高等教育出版社	19.9
知识产权与农业现代化	李晓玲编著	甘肃文化出版社	22
中国知识产权年鉴	国家知识产权局著	知识产权出版社	160
知识产权审判精要	沈志先主编	法律出版社	56
中药知识产权法律制度的反思与构建	袁红梅著	北京师范大学出版社	23
知识产权法典化基本问题研究	何华著	吉林出版集团有限责任公司	28
中国知识产权审判研究	钱锋主编	人民法院出版社	76
技术创新与知识产权保护研究	张文春著	中国矿业大学出版社	28
企业知识产权能力与竞争优势	萧延高著	知识产权出版社	38
知识产权制度现代化问题研究	王景川、胡开忠主编	北京大学出版社	46
知识产权法（一考通题库）	一考通自考命题研究中心编	国家行政学院出版社	43.8
世界知识产权组织著作权及相关许可指南	世界知识产权组织编著	中国广播电视出版社	98
历史视野中的著作权模式确立	肖尤丹著	华中科技大学出版社	26
近代中国著作权立法的困境与抉择	马晓莉著	华中科技大学出版社	20
知识产权法律·法规·规章·司法解释·裁判要旨	中国法制出版社编	中国法制出版社	45
知识产权国际纠纷的非诉讼解决研究	刘晓红、李晓玲主编	法律出版社	27
知识产权法学	郑国辉主编	中国政法大学出版社	33
知识产权犯罪疑难问题解析	陈辐宽主编	中国检察出版社	38
知识产权与转变经济发展方式论坛论文集	鲍红主编	知识产权出版社	58
知识产权法	《知识产权法》编写组编	中国言实出版社	210
法官告诉您怎样打知识产权官司	张丽佳主编	吉林人民出版社	17
知识产权的话语与现实	刘春田主编	华中科技大学出版社	20
现代科技概论与知识产权	程道来主编	中国矿业大学出版社	32

续前表

书　　名	第一著作责任者	出版者	定价（元）
知识产权法基本理论	夏良田著	四川人民出版社	50
品牌创新与企业知识产权协同战略	李明星、台新民著	知识产权出版社	28
知识产权诉讼及管理中经济分析的运用	诺恒经济咨询编译	法律出版社	65
知识产权与公平竞争的博弈	郑友德著	法律出版社	38
知识产权融资的风险、估价与对策	苑泽明、张嘉兴、陈柳钦著	东北财经大学出版社	25
中国西部民族民间知识产权保护研究	索晓霞等著	中国书籍出版社	280
知识产权法制与战略关键词详解	吴树山、曾培芳编著	知识产权出版社	48
民间文艺的特别知识产权保护	杨鸿著	法律出版社	40
知识产权基本问题研究	何敏著	法律出版社	30
中华人民共和国著作权法	人民出版社法律编辑室编	人民出版社	5
中国百年著作权法律集成	《中国百年著作权法律集成》汇编组编	中国人民大学出版社	50
中小企业创新基金项目申报资料撰写实务及知识产权保护指引	李永松、程涛、万洋编著	云南大学出版社	30
知识产权基础教程	王兵等著	清华大学出版社	50
与贸易有关的知识产权成案研究	张桂红著	中国人民大学出版社	40
企业知识产权战略管理	安雪梅、朱雪忠著	人民出版社	48
知识产权法	郭禾主编	中国人民大学出版社	29
知识产权政策评估	郭俊华著	上海人民出版社	48

版权

统计资料

TONG JI ZI LIAO

2010年全国版权合同登记情况统计

（单位：份）

	合　计	图　书	期　刊	音像制品	电子出版物	软　件	电　影	电视节目	其　他
合　计	**15 160**	**13 303**	**234**	**306**	**418**	**453**	**2**	**1**	**443**
北京市	**8 631**	8 074	228	0	37	292	0	0	0
天津市	**184**	159	0	0	1	10	0	0	14
河北省	**24**	24	0	0	0	0	0	0	0
山西省	**37**	37	0	0	0	0	0	0	0
内蒙古区	**0**	0	0	0	0	0	0	0	0
辽宁省	**519**	501	0	7	4	4	2	1	0
吉林省	**654**	654	0	0	0	0	0	0	0
黑龙江省	**45**	45	0	0	0	0	0	0	0
上海市	**1 192**	795	0	206	191	0	0	0	0
江苏省	**852**	568	0	0	8	127	0	0	149
浙江省	**684**	154	0	81	167	2	0	0	280
安徽省	**136**	132	0	0	0	4	0	0	0
福建省	**47**	27	0	10	10	0	0	0	0
江西省	**535**	535	0	0	0	0	0	0	0
山东省	**175**	175	0	0	0	0	0	0	0
河南省	**216**	216	0	0	0	0	0	0	0
湖北省	**134**	134	0	0	0	0	0	0	0
湖南省	**337**	334	2	1	0	0	0	0	0
广东省	**0**	0	0	0	0	0	0	0	0
广西区	**37**	37	0	0	0	0	0	0	0
海南省	**0**	0	0	0	0	0	0	0	0
重庆市	**243**	231	0	0	0	12	0	0	0
四川省	**150**	148	0	0	0	2	0	0	0
贵州省	**29**	29	0	0	0	0	0	0	0
云南省	**16**	15	0	1	0	0	0	0	0
西藏区	**0**	0	0	0	0	0	0	0	0
陕西省	**221**	221	0	0	0	0	0	0	0
甘肃省	**2**	2	0	0	0	0	0	0	0
青海省	**0**	0	0	0	0	0	0	0	0
宁夏区	**4**	0	4	0	0	0	0	0	0
新疆区	**56**	56	0	0	0	0	0	0	0

2010 年全国作品自愿登记情况统计

（单位：件）

	合计	文字	口述	音乐	曲艺	舞蹈	杂技	美术	摄影	建筑	影视	设计图	地图	模型	其他
合　计	**359 871**	**6 294**	**0**	**1 425**	**112**	**18**	**4**	**37 607**	**311 897**	**62**	**1 243**	**559**	**44**	**2**	**604**
北京市	**313 110**	272	0	216	1	0	0	1 383	311 156	0	11	10	0	0	61
天津市	**0**	0	0	0	0	0	0	0	0	0	0	0	0	0	0
河北省	**165**	54	0	19	0	0	0	88	0	0	3	1	0	0	0
山西省	**205**	21	0	47	0	0	0	117	0	0	10	9	0	0	1
内蒙古区	**325**	33	0	67	1	0	0	216	1	0	3	3	0	0	1
辽宁省	**4 418**	3 123	0	120	85	15	0	420	0	0	550	21	0	0	84
吉林省	**247**	108	0	34	0	0	0	13	2	0	0	0	0	0	90
黑龙江省	**205**	82	0	69	0	0	0	46	0	0	2	3	0	0	3
上海市	**2 636**	289	0	71	0	0	0	2 077	72	0	48	47	0	0	32
江苏省	**7 591**	405	0	94	3	0	0	6 319	497	0	70	183	8	0	12
浙江省	**11 051**	98	0	29	0	0	0	10 789	3	0	19	65	0	0	48
安徽省	**127**	27	0	10	0	0	0	67	4	0	16	1	0	0	2
福建省	**10 385**	154	0	72	0	0	0	10 042	6	0	60	46	0	0	5
江西省	**306**	78	0	39	0	0	0	189	0	0	0	0	0	0	0
山东省	**1 592**	126	0	27	0	0	0	1 397	0	0	18	0	24	0	0
河南省	**267**	68	0	19	0	0	2	133	1	0	39	3	0	0	2
湖北省	**650**	425	0	6	0	0	0	198	9	0	5	5	0	2	0
湖南省	**327**	72	0	24	14	0	0	16	25	0	50	114	0	0	12
广东省	**3 482**	154	0	62	3	0	0	2 903	15	0	118	8	12	0	207
广西区	**117**	38	0	14	0	0	0	18	0	44	0	3	0	0	0
海南省	**0**	0	0	0	0	0	0	0	0	0	0	0	0	0	0
重庆市	**456**	64	0	18	0	0	0	334	0	0	0	0	0	0	40
四川省	**829**	317	0	30	0	0	1	427	13	17	8	15	0	0	1
贵州省	**118**	28	0	1	0	1	0	63	1	1	3	20	0	0	0
云南省	**341**	79	0	101	0	1	0	157	0	0	0	1	0	0	2
西藏区	**7**	1	0	0	0	0	0	4	0	0	2	0	0	0	0
陕西省	**125**	55	0	2	0	0	0	59	1	0	7	1	0	0	0
甘肃省	**226**	22	0	4	0	0	0	4	0	0	196	0	0	0	0
青海省	**23**	16	0	0	4	1	1	0	1	0	0	0	0	0	0
宁夏区	**40**	13	0	4	0	0	0	22	0	0	0	0	0	0	1
新疆区	**500**	72	0	226	1	0	0	106	90	0	5	0	0	0	0

2010 年全国输出版权汇总表

计量单位（册、盒、张、部、集）

	合计	图书	录音制品	录像制品	电子出版物	软件	电影	电视节目	其他
输出版权总数（项）	**5 691**	**3 880**	**36**	**8**	**187**	**0**	**0**	**1 561**	**19**
版权购买者所在国家或地区名称									
美国	**1 147**	244	0	5	139	0	0	759	0
英国	**178**	176	0	0	0	0	0	2	0
德国	**120**	89	14	0	0	0	0	0	17
法国	**121**	120	0	0	0	0	0	1	0
俄罗斯	**11**	11	0	0	0	0	0	0	0
加拿大	**86**	31	0	1	0	0	0	54	0
新加坡	**375**	260	0	0	0	0	0	115	0
日本	**214**	207	0	0	0	0	0	6	1
韩国	**360**	343	14	0	3	0	0	0	0
香港地区	**534**	341	0	0	35	0	0	158	0
澳门地区	**6**	6	0	0	0	0	0	0	0
台湾地区	**1 395**	1 236	0	0	10	0	0	148	1
其他	**1 144**	816	8	2	0	0	0	318	0
合同约定出版数量（册、盒、张、部、集）	**6 615 361**	6 494 590	105 000	4 000	5 021	0	0	0	6 750
本年度收入码洋（人民币元）	**46 988 377**	45 906 325	1 078 590	3 185	200.339 9	0	0	0	76.89

2010 年全国引进版权汇总表

计量单位（册、盒、张、部、集）

	合计	图书	录音制品	录像制品	电子出版物	软件	电影	电视节目	其他
引进版权总数（项）	**16 602**	**13 724**	**439**	**356**	**49**	**304**	**284**	**1 446**	**0**
原版权所在国家或地区名称	**0**	0	0	0	0	0	0	0	0
美国	**5 284**	4 549	22	284	9	40	95	285	0
英国	**2 429**	1 770	26	35	3	10	0	585	0
德国	**739**	726	2	1	2	8	0	0	0
法国	**737**	595	0	13	0	4	0	125	0
俄罗斯	**58**	57	0	1	0	0	0	0	0
加拿大	**111**	104	7	0	0	0	0	0	0
新加坡	**335**	319	0	1	0	0	0	15	0
日本	**1 766**	1 620	53	4	3	23	1	62	0
韩国	**1 027**	916	2	1	20	23	0	65	0
香港地区	**877**	424	127	4	1	156	142	23	0
澳门地区	**24**	0	0	0	0	0	0	24	0
台湾地区	**1 747**	1 460	172	1	7	4	1	102	0
其他	**1 468**	1 184	28	11	4	36	45	160	0
合同约定出版数量（册、盒、张、部、集）	**31 727 755**	25 889 800	687 000	5 047 955	3 000	100 000	0	0	0
本年度收入码洋（人民币元）	**380 804 985.7**	304 499 485.7	18 320 000	57 113 500	72 000	800 000	0	0	0

2010 年全国版权输出情况统计

（单位：种）

	合计	图书	录音制品	录像制品	电子出版物	软件	电影	电视节目	其他
合　计	**16 602**	**13 724**	**439**	**356**	**49**	**304**	**284**	**1 446**	**0**
北京市	**8 403**	8 074	0	0	37	292	0	0	0
天津市	**143**	140	0	0	3	0	0	0	0
河北省	**24**	24	0	0	0	0	0	0	0
山西省	**22**	22	0	0	0	0	0	0	0
内蒙古区	**15**	15	0	0	0	0	0	0	0
辽宁省	**519**	501	0	0	8	10	0	0	0
吉林省	**654**	654	0	0	0	0	0	0	0
黑龙江省	**31**	31	0	0	0	0	0	0	0
上海市	**3 193**	1 133	325	4	1	0	284	1 446	0
江苏省	**568**	568	0	0	0	0	0	0	0
浙江省	**152**	129	23	0	0	0	0	0	0
安徽省	**132**	132	0	0	0	0	0	0	0
福建省	**52**	52	0	0	0	0	0	0	0
江西省	**157**	157	0	0	0	0	0	0	0
山东省	**175**	175	0	0	0	0	0	0	0
河南省	**216**	216	0	0	0	0	0	0	0
湖北省	**129**	129	0	0	0	0	0	0	0
湖南省	**337**	336	0	1	0	0	0	0	0
广东省	**511**	69	91	351	0	0	0	0	0
广西区	**370**	370	0	0	0	0	0	0	0
海南省	**178**	178	0	0	0	0	0	0	0
重庆市	**184**	184	0	0	0	0	0	0	0
四川省	**77**	75	0	0	0	2	0	0	0
贵州省	**40**	40	0	0	0	0	0	0	0
云南省	**39**	39	0	0	0	0	0	0	0
西藏区	**0**	0	0	0	0	0	0	0	0
陕西省	**221**	221	0	0	0	0	0	0	0
甘肃省	**0**	0	0	0	0	0	0	0	0
青海省	**0**	0	0	0	0	0	0	0	0
宁夏区	**4**	4	0	0	0	0	0	0	0
新疆区	**56**	56	0	0	0	0	0	0	0

2010 年全国版权引进情况统计

（单位：种）

	合计	图书	录音制品	录像制品	电子出版物	软件	电影	电视节目	其他
合　计	**5 691**	**3 880**	**36**	**8**	**187**	**0**	**0**	**1 561**	**19**
北京市	**2 316**	2 092	19	0	186	0	0	0	19
天津市	**16**	16	0	0	0	0	0	0	0
河北省	**22**	22	0	0	0	0	0	0	0
山西省	**40**	40	0	0	0	0	0	0	0
内蒙古区	**0**	0	0	0	0	0	0	0	0
辽宁省	**102**	102	0	0	0	0	0	0	0
吉林省	**66**	66	0	0	0	0	0	0	0
黑龙江省	**25**	25	0	0	0	0	0	0	0
上海市	**1 826**	263	0	2	0	0	0	1 561	0
江苏省	**130**	130	0	0	0	0	0	0	0
浙江省	**40**	40	0	0	0	0	0	0	0
安徽省	**196**	196	0	0	0	0	0	0	0
福建省	**13**	13	0	0	0	0	0	0	0
江西省	**109**	109	0	0	0	0	0	0	0
山东省	**127**	127	0	0	0	0	0	0	0
河南省	**13**	13	0	0	0	0	0	0	0
湖北省	**145**	145	0	0	0	0	0	0	0
湖南省	**192**	177	15	0	0	0	0	0	0
广东省	**95**	86	2	6	1	0	0	0	0
广西区	**89**	89	0	0	0	0	0	0	0
海南省	**0**	0	0	0	0	0	0	0	0
重庆市	**40**	40	0	0	0	0	0	0	0
四川省	**73**	73	0	0	0	0	0	0	0
贵州省	**0**	0	0	0	0	0	0	0	0
云南省	**12**	12	0	0	0	0	0	0	0
西藏区	**0**	0	0	0	0	0	0	0	0
陕西省	**4**	4	0	0	0	0	0	0	0
甘肃省	**0**	0	0	0	0	0	0	0	0
青海省	**0**	0	0	0	0	0	0	0	0
宁夏区	**0**	0	0	0	0	0	0	0	0
新疆区	**0**	0	0	0	0	0	0	0	0

2010年全国图书版权输出地情况统计

（单位：种）

	合计	美国	英国	德国	法国	俄罗斯	加拿大	新加坡	日本	韩国	香港地区	澳门地区	台湾地区	其他
合　计	**5 691**	**1 147**	**178**	**120**	**121**	**11**	**86**	**375**	**214**	**360**	**534**	**6**	**1 395**	**1 144**
北京市	**2 316**	253	167	64	85	11	27	186	172	180	251	3	645	272
天津市	**16**	4	0	0	0	0	0	0	0	3	2	0	3	4
河北省	**22**	0	0	0	0	0	0	0	0	0	0	0	22	0
山西省	**40**	0	1	0	0	0	0	0	0	1	0	0	38	0
内蒙古区	**0**	0	0	0	0	0	0	0	0	0	0	0	0	0
辽宁省	**102**	2	3	1	16	0	0	32	2	2	2	0	18	24
吉林省	**66**	0	0	0	0	0	0	0	1	9	1	0	45	10
黑龙江省	**25**	0	0	0	0	0	0	0	0	0	0	0	0	25
上海市	**1 826**	803	2	0	1	0	55	146	15	11	191	3	257	342
江苏省	**130**	27	2	0	0	0	0	1	2	55	14	0	13	16
浙江省	**40**	0	0	10	0	0	0	1	0	1	6	0	12	10
安徽省	**196**	0	0	0	0	0	3	1	0	16	19	0	66	91
福建省	**13**	0	0	0	0	0	0	0	0	2	10	0	1	0
江西省	**109**	1	0	0	6	0	0	0	5	1	1	0	54	41
山东省	**127**	24	2	0	0	0	0	0	14	3	0	0	66	18
河南省	**13**	0	0	0	0	0	0	0	0	3	0	0	10	0
湖北省	**145**	1	0	0	0	0	0	0	2	10	12	0	87	33
湖南省	**192**	0	1	43	13	0	0	0	0	46	0	0	0	89
广东省	**95**	32	0	2	0	0	0	7	0	1	1	0	4	48
广西区	**89**	0	0	0	0	0	1	0	0	6	6	0	19	57
海南省	**0**	0	0	0	0	0	0	0	0	0	0	0	0	0
重庆市	**40**	0	0	0	0	0	0	0	0	3	1	0	20	16
四川省	**73**	0	0	0	0	0	0	1	1	2	10	0	11	48
贵州省	**0**	0	0	0	0	0	0	0	0	0	0	0	0	0
云南省	**12**	0	0	0	0	0	0	0	0	5	7	0	0	0
西藏区	**0**	0	0	0	0	0	0	0	0	0	0	0	0	0
陕西省	**4**	0	0	0	0	0	0	0	0	0	0	0	4	0
甘肃省	**0**	0	0	0	0	0	0	0	0	0	0	0	0	0
青海省	**0**	0	0	0	0	0	0	0	0	0	0	0	0	0
宁夏区	**0**	0	0	0	0	0	0	0	0	0	0	0	0	0
新疆区	**0**	0	0	0	0	0	0	0	0	0	0	0	0	0

2010年全国图书版权引进地情况统计

（单位：种）

	合计	美国	英国	德国	法国	俄罗斯	加拿大	新加坡	日本	韩国	香港地区	澳门地区	台湾地区	其他
合　计	**16 602**	**5 284**	**2 429**	**739**	**737**	**58**	**111**	**335**	**1 766**	**1 027**	**877**	**24**	**1 747**	**1 468**
北京市	**8 403**	3 089	1 131	414	241	35	60	290	732	641	460	0	778	532
天津市	**143**	41	13	10	23	0	1	2	7	11	0	0	8	27
河北省	**24**	1	0	0	0	0	1	0	3	1	0	0	18	0
山西省	**22**	8	1	4	1	0	1	0	0	2	1	0	0	4
内蒙古区	**15**	0	0	0	15	0	0	0	0	0	0	0	0	0
辽宁省	**519**	86	42	7	0	0	0	1	98	34	5	0	65	181
吉林省	**654**	142	18	53	17	0	1	0	203	66	6	0	59	89
黑龙江省	**31**	0	0	0	0	0	0	0	4	0	0	0	27	0
上海市	**3 193**	878	770	54	221	11	12	25	258	78	271	24	318	273
江苏省	**568**	199	94	45	49	7	11	10	62	5	10	0	41	35
浙江省	**152**	45	7	14	2	0	4	0	11	14	20	0	20	15
安徽省	**132**	40	14	7	11	0	0	0	1	7	5	0	23	24
福建省	**52**	0	1	0	0	0	0	0	16	0	0	0	33	2
江西省	**157**	30	17	6	9	0	1	0	28	26	0	0	20	20
山东省	**175**	29	15	14	0	0	0	2	36	4	3	0	40	32
河南省	**216**	5	45	6	4	0	0	0	59	19	3	0	63	12
湖北省	**129**	26	19	7	2	1	0	0	14	3	1	0	38	18
湖南省	**337**	55	19	61	17	1	2	0	95	39	0	0	24	24
广东省	**511**	293	60	2	16	1	1	1	11	2	45	0	23	56
广西区	**370**	63	24	23	21	2	2	0	41	43	40	0	90	21
海南省	**178**	71	13	5	3		2	0	59	3	1	0	12	9
重庆市	**184**	53	35	2	19	0	0	2	16	10	2	0	34	11
四川省	**77**	12	31		18	0	3	1	1	0	2	0	0	9
贵州省	**40**	19	4	2	0	0	7	0	3	0	0	0	3	2
云南省	**39**	1	7	2	13	0	0	0	0	16	0	0	0	0
西藏区	**0**	0	0	0	0	0	0	0	0	0	0	0	0	0
陕西省	**221**	42	49	1	35	0	2	1	5	3	1	0	10	72
甘肃省	**0**	0	0	0	0	0	0	0	0	0	0	0	0	0
青海省	**0**	0	0	0	0	0	0	0	0	0	0	0	0	0
宁夏区	**4**	0	0	0	0	0	0	0	3	0	1	0	0	0
新疆区	**56**	56	0	0	0	0	0	0	0	0	0	0	0	0

（注：本栏目所有数据由中国新闻出版研究院统计处提供。）

版权名录

MING LU

版权行政管理部门

国家版权局

局　长：柳斌杰

副局长：阎晓宏

地　址：北京市宣武区宣武门外大街 40 号

邮　编：100052

电　话：010-83138740

传　真：010-83138740

邮　箱：copyright@ncac.gov.cn

网　址：www.ncac.gov.cn

北京市版权局

局　长：冯俊科

副局长：王野霏

版权处处长：冯献省

地　址：北京市东城区朝内大街 55 号

邮　编：100010

电　话：010-64081100 / 64081992

邮　箱：webmaster@bjcab.gov.cn

天津市版权局

局　长：荣新海

副局长：肖占鹏

地　址：天津市河西区尖山路 82 号

邮　编：300211

电　话：022-28335745

传　真：022-28331888

河北省版权局

局　长：李晓明

地　址：石家庄市和平西路新文里 8 号

邮　编：050071

电　话：0311-67561071

传　真：0311-67561039

山西省版权局

局　长：林玉平

副局长：王吉敏

版权处处长：吉　平

地　址：太原市建设南路 21 号

邮　编：030012

电　话：0351-4922148

传　真：0351-4922148

邮　箱：sxsbqj@163.com

内蒙古自治区版权局

局　长：杨红岩

副局长：王东生

版权处处长：牛焕炜

地　址：呼和浩特市如意开发区四纬路 9 号

邮　编：010010

电　话：0471-4167300 / 4167344

传　真：0471-4167125

辽宁省版权局

局　长：马述君

副局长：李世俊

版权处处长：杨波久

地　址：沈阳市和平区北一马路 108 号

邮　编：110001

电　话：024-23261003

传　真：024-23255549

邮　箱：TDP6666@163.com

吉林省版权局

局　长：胡宪武

副局长：董维仁

版权处处长：薛亚清

地　址：长春市人民大街 4646 号

邮　编：130021

电　话：0431-85644760

传　真：0431-85644760

黑龙江省版权局

局　长：赵勤义

副局长：张雨虹

版权处处长：周美胜

地　址：哈尔滨市道里区森林街 68 号

邮　编：150010

电　话：0451-84615103 / 84616590

传　真：0451-84614852

邮　箱：hljbanquanju@163.com

上海市版权局
局　长：焦　扬
副局长：蔡纪万
版权管理执法处处长：薛彬
地　址：上海市绍兴路 5 号
邮　编：200020
电　话：021-64370176 / 64378309
传　真：021-64332452
邮　箱：bqj01@shanghai. gov. cn

江苏省版权局
局　长：徐毅英
副局长：傅杰三
版权处处长：徐　海
地　址：南京市高云岭 56 号
邮　编：210009
电　话：025-83364921 / 83359836
传　真：025-83364921 / 83359836
邮　箱：jscopyright@yahoo. com. cn/jscopyright@163. com

浙江省版权局
局　长：陈昆忠
副局长：单　烈
版权处处长：王少杰
地　址：杭州市庆春路 225 号
邮　编：310006
电　话：0571-87163132
传　真：0571-87163133
邮　箱：bqc _ scbj@zj. gov. cn

安徽省版权局
局　长：郭永年
副局长：刘飞跃
版权处处长：吴安宁
地　址：合肥市廻龙桥路 1 号安徽新闻出版大厦
邮　编：230063
电　话：0551-2826650
传　真：0551-2822677 / 2850733
邮　箱：wuann@ahpress. gov. cn

福建省版权局
局　长：郭振家
书　记：李闽榕
地　址：福州市东水路 76 号
邮　编：350001
电　话：0591-87532711
传　真：0591-87532711

江西省版权局
局　长：黄　鹤
副局长：白文松
版权处处长：王晓燕
地　址：南昌市阳明路 310 号
邮　编：330006
电　话：0791-6894610
传　真：0791-6894610

山东省版权局
局　长：宿　华
副局长：郭爱玲
版权处处长：于晓林
地　址：济南市省府前街 1 号
邮　编：250011
电　话：0531-86061783
传　真：0531-86061795
邮　箱：bqc@sdxwcb. gov. cn

河南省版权局
局　长：詹玉荣
副局长：来有功
版权处处长：王晓军
地　址：郑州市农业路 3 号
邮　编：450002
电　话：0371-69129689
传　真：0371-69129689
邮　箱：hnsbqj@163. com

湖北省版权局
局　长：张良城
副局长：陈　锋
版权处处长：卢文俊
地　址：武汉市武昌黄鹂路 39 号
邮　编：430077
电　话：027-68892430 / 68892409
传　真：027-68892409
邮　箱：666zhlh@163. com

湖南省版权局
局　长：朱建纲

副局长：黄赞佳
版权处处长：谭　昕
地　址：长沙市营盘东路38号
邮　编：410005
电　话：0731-84302558
传　真：0731-84302558

广东省版权局
局　长：朱仲南
副局长：钱永红
版权处处长：张同英
地　址：广州市环市东路水荫路11号
邮　编：510075
电　话：020-37592388 / 37592356
传　真：020-37604405 / 37607671
邮　箱：gdsbqj@21cn.com

广西壮族自治区版权局
局　长：邓纯东
副局长：龙　毅
版权处处长：石　卫
地　址：南宁市金湖路53号
邮　编：530028
电　话：0771-5516006 / 5516083
传　真：0771-5516083

海南省版权局
局　长：范晓军
版权处处长：陈一新
地　址：海口市海府路59号
邮　编：570204
电　话：0898-65399213
传　真：0898-65337894
邮　箱：wtt.tuyin@hainan.gov.cn

重庆市版权局
局　长：杨恩芳
副局长：吴绍阶
版权处处长：左图强
地　址：重庆市渝北区金山路8号科创楼
邮　编：401147
电　话：023-67502723
传　真：023-67502722
邮　箱：cbjxw@163.com

四川省版权局
局　长：周国良
副局长：段建玲
版权处处长：张万富
地　址：成都市桂花巷21号
邮　编：610015
电　话：028-86697076 / 86697083 / 86697093
传　真：028-86697076 / 86697083 / 86697093
邮　箱：wzj711225@163.com

贵州省版权局
局　长：刘援朝
副局长：耿　杰
版权处处长：王丽莎
地　址：贵阳市延安中路5-9号
邮　编：550001
电　话：0851-5813428 / 5827842
传　真：0851-5813428

云南省版权局
局　长：杨文虎
副局长：李菊芳
版权处处长：马云虹
地　址：昆明市环城西路609号
邮　编：650034
电　话：0871-4196648 / 4110371
传　真：0871-4110371

西藏自治区版权局
局　长：索　林
副局长：次仁央金
版权处处长：张百忍
地　址：拉萨市林廓北路23号
邮　编：850000
电　话：0891-6826844
传　真：0891-6833531

陕西省版权局
局　长：薛保勤
副局长：吴丰宽
版权处处长：沙庆超
地　址：西安市北大街147号
邮　编：710003
电　话：029-87205031 / 87205022
传　真：029-87205022

邮　箱：sxsxwcbj@163. com

甘肃省版权局

局　长：张余胜

副局长：袁爱华

版权处处长：夏　玲

地　址：兰州市庆阳路 292 号

邮　编：730030

电　话：0931-8455793 / 8464480

传　真：0931-8464480

邮　箱：gsbqj@163. com

青海省版权局

局　长：曹　萍

副局长：司才仁

版权处处长：杨如龙

地　址：西宁市同仁路 10 号

邮　编：810001

电　话：0971-6143650

传　真：0971-6141890

宁夏回族自治区版权局

局　长：朱昌平

副局长：黄洪乾

版权处处长：何红庆

地　址：宁夏银川市北京东路 139 号

邮　编：750001

电　话：0951-5014264 / 5052642

传　真：0951-5046836

新疆维吾尔自治区版权局

局　长：古力先·吐拉洪

版权处处长：施晓娟

地　址：乌鲁木齐市光明路 121 号建设广场 15 楼

邮　编：830002

电　话：0991-8842809

传　真：0991-8841822

邮　箱：xjbqj@sina. cn

版权社会管理和社会服务机构

中国版权保护中心

主　任：段桂鉴

副主任：邹建华　索来军　魏　红

地　址：北京市东城区安定门东大街 28 号雍和大厦西楼三层

邮　编：100007

电　话：010-68003887

网　址：www. ccopyright. com

中国软件联盟

负责人：邹　忭

地　址：北京市海淀区学院南路 55 号中软大厦 A 座 4 层 403 室

邮　编：100081

电　话：010-62187306 / 51527173 / 51527172

传　真：010-62187306

邮　箱：csachina@csachina. org

中国互联网协会网络版权工作委员会

主　任：高卢麟

秘书长：石现升

地　址：北京市朝阳区光华路 2 号阳光 100A 座 1610

邮　编：100020

电　话：010-51003146

传　真：010-51003149

北京版权保护中心

主　任：薛　峰

地　址：北京市东城区朝阳门内大街 55 号新闻出版大厦

邮　编：100010

电　话：010-64081206 / 64081320

传　真：010-64081900

邮　箱：bcpc@bjcab. gov. cn

网　址：www. bjcopyright. org. cn

北京计算机软件登记中心

主　任：崔玉军

地　址：北京市东城区朝阳门内大街 55 号新闻出

版大厦
邮　编：100010
电　话：010-64081391
传　真：010-64081204
邮　箱：bcpc@bjcab.gov.cn

河北省版权保护中心
主　任：张国岚
地　址：石家庄市和平西路新文里8号
邮　编：050071
电　话：0311-67561177
传　真：0311-67561176

江西省版权保护中心
调研员：聂文星
地　址：南昌市阳明路310号
邮　编：330006
电　话：0791-6894615
传　真：0791-6894652

湖北省版权保护中心
主　任：李晓平
地　址：武汉市武昌黄鹂路39号
邮　编：430077
电　话：027-68892463
传　真：027-68892463 / 68892462

重庆市版权保护中心
主　任：王　京
地　址：重庆市江北区洋河一村78号国际商会大厦10楼
邮　编：400020
电　话：023-67708231
传　真：023-67856872
邮　箱：cpc1604@yahoo.com.cn

著作权集体管理组织

中国音乐著作权协会
主　席：王立平
总干事：屈景明
地　址：北京东单三条33号京纺大厦五层
邮　编：100005
电　话：010-65232656
传　真：010-65232657

中国音像著作权集体管理协会
理事长：张振华
总干事：王化鹏
地　址：北京朝阳区呼家楼京广中心商务楼401
邮　编：100020
电　话：010-66086649
传　真：010-66086475
邮　箱：cavca@cavca.org

中国文字著作权协会
会　长：陈建功
总干事：张洪波
地　址：北京市朝阳区京广中心商务楼四层403室
邮　编：100020
电　话：010-65978905 / 06 / 16 / 17
传　真：010-65978926
邮　箱：chinacopyright@yahoo.cn

中国电影著作权协会
理事长：朱永德
秘书长：李国民
地　址：北京市西城区北展北街5号楼5层
邮　编：100044
电　话：010-62364640 / 62368086 / 62364675
传　真：010-62369799

中国摄影著作权协会
会　长：李仁臣
总干事：解海龙
地　址：北京朝阳区呼家楼京广中心商务楼411
邮　编：100020
电　话：010-65978100
传　真：010-65595720

版 权 协 会

中国版权协会
理事长：沈仁干
地　址：北京市西城区车公庄大街甲 4 号物华大厦五层
邮　编：100044
电　话：010-68003910
传　真：010-68003910

中国音像协会
会　长：于永湛
秘书长：王　炬（兼）
地　址：北京市西城区莲花池东路 102 号天莲大厦 10 层
邮　编：100055
电　话：010-65122882 / 65125853 / 65125524（总机）
传　真：010-65127030
邮　箱：cava2008@163. com

北京市版权保护协会
会　长：孙安民
地　址：北京市东城区朝内大街 55 号 1006 室
邮　编：100010
电　话：010-64081076 / 64081075

天津市版权保护协会
会　长：李树仁
秘书长：陈燕丽
地　址：天津市河西区卫津路 241 号金桥国际宾馆
邮　编：300074
电　话：022-23377538
传　真：022-23377538
邮　箱：tca2011@126. com

河北省版权协会
会　长：李晓明
秘书长：张国岚
地　址：河北省石家庄市和平西路新文里 8 号
邮　编：050071
电　话：0311-67561177
传　真：0311-67561176

山西省版权协会
会　长：李锐锋
秘书长：王葆柯
地　址：太原市建设南路 21 号
邮　编：030012
电　话：0351-4922148
传　真：0351-4922148
邮　箱：sxsbqj@163. com

内蒙古自治区版权保护协会
会　长：王东生
秘书长：牛焕炜
地　址：呼和浩特市如意开发区四纬路 9 号
邮　编：010010
电　话：0471-4167335
传　真：0471-4167117

辽宁省版权保护协会
会　长：瞿　勇
秘书长：杨波久
地　址：沈阳市和平区北一马路 108 号
邮　编：110001
电　话：024-23261003
传　真：024-23255549
邮　箱：TDP6666@163. com

吉林省版权保护协会
会　长：董维仁
秘书长：李长江
地　址：长春市人民大街 4646 号
邮　编：130021
电　话：0431-85644760 / 86037735
传　真：0431-85644760

黑龙江省版权保护协会
理事长：马学良
地　址：哈尔滨市道里区森林街 68 号
邮　编：150010
电　话：0451-84615103
传　真：0451-84614852
邮　箱：hljbanquanju@163. com

黑龙江省反盗版联合会
理事长：陈景文

地　址：哈尔滨市道里区森林街 68 号
邮　编：150010
电　话：0451-84654520
传　真：0451-84614852
邮　箱：hljbanquanju@163. com

上海版权保护协会
会　长：胡大卫
地　址：上海市绍兴路 5 号
邮　编：200020
电　话：021-64370176
传　真：021-64332452

江苏省版权协会
会　长：傅杰三
常务副会长：华颂瑞
地　址：南京市高云岭 56 号
邮　编：210009
电　话：025-83207838
传　真：025-83207838
邮　箱：jsbq2009@163. com

浙江省版权协会
会　长：单　烈
秘书长：吾晓红
地　址：杭州市武林路 357 号
邮　编：310006
电　话：0571-85155336
传　真：0571-85062879
邮　箱：bqc _ scbj@zj. gov. cn

安徽省版权保护协会
理事长：徐发成
常务副秘书长：吴安宁
地　址：合肥市廻龙桥路 1 号安徽新闻出版大厦
邮　编：230063
电　话：0551-2846150 / 2850733
传　真：0551-2850733 / 2822677
邮　箱：wuann@ahpress. gov. cn

山东省版权协会
会　长：孙友海
秘书长：陈　钟
地　址：济南市省府前街 1 号
邮　编：250011
电　话：0531-86061783
传　真：0531-86061795
邮　箱：bqc@sdxwcb. gov. cn

河南省版权学会
会　长：刘海程
地　址：郑州市农业路 3 号
邮　编：450002
电　话：0371-69129689
传　真：0371-69129689
邮　箱：hnsbqj@sohu. com

湖北省版权保护协会
会　长：吴汉东
秘书长：刘传生
地　址：武汉市武昌黄鹂路 39 号
邮　编：430077
电　话：027-68892463
传　真：027-68892462 / 68892463

湖南省版权保护协会（湖南省反盗版联盟）
会　长：张树青
秘书长：张树青
地　址：长沙市展览馆路 66 号新闻出版大厦 2005
邮　编：410005
电　话：0731-84302572
传　真：0731-84302572

广东省版权保护联合会（广东省版权事务所）
负责人：刘扳盛
地　址：广州市环市东水荫路 44 号 2 楼
邮　编：510075
电　话：020-37667333 / 37638239
传　真：020-37638192
邮　箱：gdcopyright@gdpg. com. cn

广西壮族自治区版权保护协会
会　长：于开金
秘书长：石　卫
地　址：南宁市金湖路 53 号
邮　编：530028
电　话：0771-5516071 / 5516083
传　真：0771-5516071
邮　箱：gxbqbhxh@163. com

海南省版权协会
会　长：柳松华
秘书长：吕　军
地　址：海口市海府路 59 号
邮　编：570204
电　话：0898-65399213
传　真：0898-65337894
邮　箱：1975berlin@163.com

四川省版权协会
理事长：李正培
秘书长：张万富
地　址：成都市大石西路 36 号东楼 3 单元 4 楼 5 号
邮　编：610071
电　话：028-87041970
传　真：028-87041970

贵州省版权保护协会
会　长：吴家萃
秘书长：姚云贵
地　址：贵阳市延安中路 5-9 号
邮　编：550002
电　话：0851-5813428

云南省著作权保护协会
会　长：艾罕炳
秘书长：马云虹
地　址：昆明市环城西路 609 号
邮　编：650034
电　话：0871-4110371
传　真：0871-4110371

陕西省版权保护协会
会　长：冀东山
秘书长：张　静
地　址：西安市北大街 147 号
邮　编：710003
电　话：029-87205031
传　真：029-87205031

新疆维吾尔自治区版权协会
会　长：古力先·吐拉洪
秘书长：施晓娟
地　址：乌鲁木齐市光明路 121 号
邮　编：830002
电　话：0991-2811832
传　真：0991-8841822
邮　箱：xj30993@163.com

版权代理公司

中华版权代理总公司
总经理：段桂鉴
地　址：北京市东城区安定门东大街 28 号雍和大厦西楼三层
邮　编：100007
电　话：010-68003908
传　真：010-68003541

中国图书进出口（集团）总公司版权部
主　任：李迎庆
地　址：北京市朝阳区工体东路 16 号
邮　编：100020
电　话：010-65086949 / 65866992
传　真：010-65866992
邮　箱：copyright@cnpiec.com.cn

中国出版对外贸易总公司版权事务部
地　址：北京市安定门外安华里 504 号
邮　编：100011
电　话：010-64210403
传　真：010-64214540

中国国际电视总公司
地　址：北京市海淀区羊坊店路 9 号 京门大厦
邮　编：100038
电　话：010-63955778
传　真：010-63955916

九洲音像出版公司版权贸易部
负责人：王渊海
地　址：北京市朝阳区外馆斜街甲 1 号泰利明苑 A 座 510
邮　编：100011
电　话：010-85285399

北京版权代理公司
负责人：刘志伟

地　址：北京市海淀区知春路23号量子银座1403
邮　编：100191
电　话：010-82357059 / 82357056

邮　编：410005
电　话：0731-82231655
传　真：0731-82231655

山西省版权事务所
所　长：吉　平
地　址：太原市建设南路21号C区1804
邮　编：030012
电　话：0351-4922117

上海版权代理公司
负责人：王　艳
地　址：上海市张江路69号6楼
邮　编：201203
电　话：021-50278100
传　真：021-50278101
邮　箱：awang@shcopyright. com

湖北长江崇文国际文化交流股份有限公司
地　址：武汉市洪山区雄楚大道268号
邮　编：430070
电　话：027-87679235 / 87387872

湖南省版权代理公司
负责人：刘跃伟
地　址：长沙市展览馆路66号新闻出版大厦

广西万达版权代理中心
地　址：南宁市金湖路53号
邮　编：530028
电　话：0771-5516127 / 5516044

重庆市版权代理有限公司
负责人：王　京
地　址：重庆市江北区洋河一村78号国际商会大厦10楼
邮　编：400020
电　话：023-67708231
传　真：023-67708230
邮　箱：cpc1604@yahoo. com. cn

陕西省版权事务中心（陕西版权代理公司）
负责人：沙庆超
地　址：西安市北大街147号
邮　编：710003
电　话：029-87205009
传　真：029-87205009
邮　箱：achao969@163. com

国家版权贸易基地

中国人民大学国家版权贸易基地
主　任：彭　翊
地　址：北京市海淀区中关村大街59号人民大学文化大厦2104室
邮　编：100872
电　话：010-62514333
传　真：010-82509959
邮　箱：intctc@ruc. edu. cn
网　址：www. intctc. com

北京国际版权交易中心
董事长：李蘅
地　址：北京市朝阳区京广中心商务楼501室
邮　编：100020
电　话：010-65974890（总机）
传　真：010-65978017
邮　箱：banquan@e-bq. com
网　址：www. e-bq. com

国际版权交易中心
总经理：殷秩松
地　址：北京市东城区安定门东大街28号雍和大厦西楼1-2层
邮　编：100007
电　话：010-64097700
传　真：010-84195406
邮　箱：public@cbice. com
网　址：www. cbice. com

附录一：港澳台版权信息

FU LU YI GANG AO TAI BAN QUAN XIN XI

◆香　港

【五家银行联同香港知识产权署推广知识资本管理】

2010年3月2日，中国银行（香港）有限公司、创兴银行有限公司、花旗集团商业银行、恒生银行有限公司及东亚银行有限公司5家本地银行参与了“知识资本管理顾问服务计划”第二阶段，与香港知识产权署携手推广知识资本管理。

参与计划的银行会向成功申请商务贷款而又能提交知识资本报告的申请人，提供更优越的财务或其他服务优惠。知识资本报告载有公司的重要非财务资料，有助财务机构辨识良好客户，从而使规模较小的公司在寻求财务支持上更具竞争力，创造双赢局面。

香港特区商务及经济发展局副局长苏锦梁在计划启动仪式上致辞：“政府近年来一直通过安排推广活动，支持并协助中小企业了解妥善运用知识资本的重要性。知识资本属于企业的宝贵资产，有助提升业务的潜力。”香港工业总会主席孙启烈说：“要推动知识型经济发展，必须以知识产权及知识资本管理为基础。本会希望更多香港中小型企业能受惠于政府的知识资本管理计划。”

第二阶段计划由2010年3月2日开始至2010年年底止。期间，企业（尤其是中小企业）可获免费顾问服务，以发掘及管理无形资本，从而获得商机和降低业务风险，并加强知识产权保护。

2009年，有超过320家企业参加了计划的第一阶段，其中14家企业已发布了公司的知识资本报告。苏锦梁及孙启烈分别向这些企业颁发了“知识资本管理卓越成就”奖，以表扬它们履行对知识资本管理的承诺。

“知识资本管理顾问服务计划”由香港知识产权署主办，创新科技署及工业贸易署协办，并得到香港工业总会、香港工商品牌保护阵线、香港数码港管理有限公司、香港总商会、香港生产力促进局、香港科技园公司、香港中小型企业联合会、香港贸易发展局、制造业创汇商会、香港中华总商会、香港中华厂商联合会、香港中小型企业商会、香港中华出入口商会及香港社会服务联会等机构的支持。

（信息搜集、编译：郝卓然、王玉凯、郝翎伊。

资料来源：http://www.hkprinters.org/article.asp? sub_id=2909）

【香港版权法最新修订研讨会协助机构了解使用版权的责任】

香港知识产权署于2010年3月11日举办了“与业务最终使用者息息相关的香港版权法之最新修订”研讨会，吸引了约三百名来自不同行业的人士参加。研讨会旨在加强机构的问责性和鼓励负责任的业务管治，以符合版权法的要求。

知识产权署署长谢肃方在开幕典礼上说：“《版权（修订）条例》中有关复制及分发罪行的新条文，将于2010年下半年生效。机构须了解新条文，并加强业务管治及问责，以符合法例的要求。”

知识产权署、香港律师会、香港海关版权及商标调查科、香港复印授权协会及香港版权影印授权协会的代表，向与会者介绍在2007年及2009年通过的《版权（修订）条例》中有关复制及分发罪行的新条文，并向与会者讲解商业机构应如何遵守版权条例的相关规定。

新罪行针对在任何业务的过程中，定期或频密复制及分发四类出版物（报章、杂志、书本及期刊）内版权作品的侵权复制品。此罪行不适用于对刊印作品作少量复制，政府已为不同的情况明确了界线指引。

（信息搜集、编译：郝卓然、王玉凯、郝翎伊。

资料来源：http://sc.isd.gov.hk/gb/www.info.gov.hk/gia/…/P201003110162.htm）

【香港海关与国家版权局首次就打击网络盗版签订合作互助安排】

香港特区海关于2010年3月19日与国家版权局首次就打击网络盗版行为签订《合作互助安排》，加强在网络环境中的版权保护。香港特区海关助理关长谭耀强代表香港海关、国家版权局版权管理司司长王自强代表国家版权局在香港签订《合作互助安排》。

在《合作互助安排》下，国家版权局与香港海关同意在各自的法律、权限、能力和资源范围内，在打击网络盗版方面紧密合作，并提供行政互助，以保护网络环境中版权拥有人的权益。

双方代表亦会安排定期会晤，商讨打击网络盗版的合作及互助细节，并就有关事宜交换意见。该《合作互助安排》有利于加强国家版权局与香港海关在版权保护上的合作及建立打击网络盗版的合作基础。双方期望在版权保护工作上有更紧密的合作。

谭耀强感谢国家版权局在跟进网络盗版活动方面对香港海关给予的支持和协助。在港期间，国家版权局代表团亦访问了香港海关版权及商标调查科、知识产权署，并与国际唱片业协会（香港会）、国际唱片业协会亚太区总部、香港影业协会及香港动漫画联会代表会面，以了解各机构在保护网络版权方面的工作。

（信息搜集、编译：郝卓然、王玉凯、郝翎伊。

资料来源：http://sc. isd. gov. hk/gb/www. info. gov. hk/gia/…/P201003190246. htm）

【香港庆祝世界知识产权日】

香港特区于 2010 年 4 月 26 日庆祝世界知识产权日十周年，并举行世界知识产权日庆祝酒会。2010 年世界知识产权日的主题为“创新——将全世界联系在一起”。知识产权署署长谢肃方、香港中文大学候任校长沈祖尧教授等出席会议。

沈祖尧教授主持酒会时表示，有“光纤之父”之称的前香港中文大学校长高锟教授，凭着创新意念发明光纤电缆，将全世界联系在一起，他的贡献值得表扬。他说：“高教授十分看重保护知识产权，在担任香港知识产权会董事会成员期间积极参与该会工作。而作为一位学者，我绝对认同尊重和重视知识产权的重要性。学术上的诚信远比学术成就重要。”“就保护知识产权而言，今年对香港来说亦是重要的一年。香港政府于二十年前成立知识产权署，负责知识产权注册服务、举办公民教育活动，以及就制定保护知识产权政策和法例的技术事宜向政府提供意见。”为此，知识产权署一向致力通过创新的宣传活动，宣扬及提高社会尊重知识产权的意识。知识产权署于 2009 年三月，与商界团体合作开展一项崭新的项目——“知识资本管理顾问服务计划”。

谢肃方说：“知识产权是巩固创作成果的重要元素。我期望香港企业能利用知识产权发挥它们的业务潜能，以及在知识型经济下增强竞争力。”

出席庆祝酒会的嘉宾约 150 人，包括来自法律界和知识产权业界人士、学者、内地官员、领事及其他公共机构及商界代表。

除了庆祝酒会外，知识产权署亦通过其他活动宣传世界知识产权日，包括在两份本地报纸刊登特刊，以阐释知识产权的重要性和实际使用，并于 4 月 19—26 日在本地电台播放宣传保护知识产权的节目。知识产权署亦与国际版权保护协会（大中华区）及香港版权影印授权协会合作，举办以青少年为对象的短片制作比赛及电影播放活动。

（信息搜集、编译：郝卓然、王玉凯、郝翎伊。

资料来源：http://www. ipd. gov. hk/chi/pub_press/press…/IPD_world_Press_Release_tc. pdf）

【粤港举行研讨会加强知识产权事务交流】

“2010 粤港知识产权与中小企业发展（广州）研讨会”于 6 月 25 日在广州市举行。该研讨会特别为广东省内的香港中小企业和内地企业举办，以加强企业保护知识产权的意识和提高它们的竞争力。本次研讨会吸引了约 250 名粤港中小企业代表和政府官员参与。

香港知识产权署署长谢肃方说：“我们很荣幸得到国家知识产权局国际合作司司长吕国良作专题演讲，足见国家知识产权局十分重视粤港两地在知识产权方面的合作。”“我们希望通过今日的研讨会，向区内的中小企业展示如何以知识产权促进企业转型升级。我们会介绍香港的知识产权专业服务如何协助企业发展业务和面向世界，并就企业如何在香港和内地的不同法制下保护其知识产权交换意见。”

谢肃方表示，广州市是广东省省会，地理上不但邻近香港，在商业贸易、科学研究和艺术文化等活动上亦与香港有频繁的交流，两地在发展创意企业和知识产权交易方面有很大潜力达致协同效应。他说：“如区内企业能加强保护及应用知识产权，例如分别在两地注册知识产权及利用品牌推广商品，便可更有效地建立企业形象，提高竞争优势和开拓更多商机。”

“2010 粤港知识产权与中小企业发展（广州）研讨会”是 2010 年粤港知识产权合作项目之一，由香港特别行政区政府知识产权署、香港贸易发展局、广东省知识产权局及广州市人民政府主办，由广州市知识产权局承办、香港特别行政区政府驻粤经济贸易办事处协办，并得到“粤港保护知识产权合作专责小组”其他成员单位支持。自 2004 年起，粤港两地便开始合办研讨会，向中小企业推广知识产权的保护。至 2010 年已分别于东莞、韶关、顺德、惠州、江门、湛江、珠海、汕头及中山等城市成功举行同类型研讨会。

（信息搜集、编译：郝卓然、王玉凯、郝翎伊。

资料来源：http://www. ipd. gov. hk/chi/pub_press/press…/press_release_03042007_sc. pdf）

【“我承诺”行动之《叶问前传》电影放映会举行】

“我承诺”行动会员于 2010 年 7 月 10 日参加了《叶问前传》电影放映会，以示他们对保护知识产权的决心。放映会是香港知识产权署宣传活动的一部分，旨在唤起市民保护知识产权的意识，及宣扬尊重他人权利的重要性。香港知识产权署署长谢肃方主持电影放映礼时表示："大家应该尊重他人的创意和保护知识产权，不要购买盗版电影光盘、观看盗版电影或于网上非法上下载电影。"

知识产权署邀请《叶问前传》的男主角杜宇航及女主角陈嘉桓任放映礼的特别嘉宾，协助宣扬保护知识产权的意识。他们在仪式中加入成为"我承诺"行动的会员，并在谢肃方颁发的参加证明上签字。

杜宇航说："我身为电影演员，深深体会电影工作人员在拍摄过程中的艰辛及遇到的挑战。我希望大家可以尊重我们的创作成果，并以合法途径欣赏我们的作品。"陈嘉桓说："我会参与反网上侵权、反盗版及反冒牌的活动，以作支持。"

"我承诺"行动自 1999 年开始推行，现以拥有一万多名会员。会员承诺拒绝购买或使用盗版货及冒牌货，并尊重他人的知识产权。香港知识产权署于 2006 年 4 月修订了"我承诺"行动的约章内容，加入了反互联网侵权行为的内容。

（信息搜集、编译：郝卓然、王玉凯、郝翎伊。资料来源：http://sc.isd.gov.hk/gb/www.info.gov.hk/gia/…/P201007090218.htm）

【香港"复制及分发罪行"条文生效】

香港 2007 年及 2009 年《版权（修订）条例》有关"复制及分发罪行"规定于 2010 年 7 月 16 日生效。

根据主要条文，若机构在未经版权拥有人授权情况下，为贸易业务目的或在贸易业务过程中，频密或定期地为分发而制作或分发刊印书本（包括连环图册）、报章、杂志或期刊内版权作品之侵权复制品，而其制作或分发的程度超逾法定数字界限并导致版权拥有人蒙受经济损失，则该机构及负责其内部管理的董事、合伙人及相关人员可能须负刑责。

为协助机构更清楚明白此罪行，从而制定良好的作业模式以妥善管理版权资产及防止不慎作出盗版行为，香港政府发布了《有关防止业务最终使用者盗版行为的指引》（2010 年修订版）及有关此罪行的常见问题。

（信息搜集、编译：郝卓然、王玉凯、郝翎伊。资料来源：http://www.ipd.gov.hk/sc/pub_press/press_releases/2010/copyright%26distribution_offence_sc.pdf）

【粤港保护知识产权合作专责小组召开第九次会议】

2010 年 7 月 30 日，粤港保护知识产权合作专责小组在香港举行第九次会议。专责小组决定加强合作，进一步提高两地公众和企业对知识产权的保护意识。

专责小组 2010 至 2011 年度合作计划包括：鼓励有产品内销的在粤港资企业申请广东省著名商标；为两地企业举办知识产权研讨会、培训班和交流活动；为两地执法人员举办知识产权专题培训活动。

香港知识产权署署长谢肃方在记者会上表示："双方将合办知识资本管理培训课程，建立一支由政府官员、知识产权学界和中介机构组成的培训人员团队，协助广东省企业和在粤港资企业全面加强其管理和运用知识产权的能力。"

广东省知识产权局局长陶凯元表示，经过双方共同努力，粤港知识产权合作作为一项合作内容已纳入《粤港合作框架协议》，足见两地政府对知识产权保护的高度重视，亦标志着粤港知识产权合作进入崭新的历史发展时期。

专责小组于 2003 年 8 月第六次粤港合作联席会议后成立，旨在加强粤港两地在知识产权不同范畴的交流和合作，包括推广和教育、培训、执法、调查研究，以及信息发布。

广东省代表团由广东省知识产权局局长率领，成员包括广东省公安厅、广东省对外贸易经济合作厅、广东省工商行政管理局、广东省版权局、海关总署广东分署，以及广东省人民政府港澳事务办公室的官员。香港代表团则由知识产权署署长带领，成员包括商务及经济发展局和香港海关的官员。

（信息搜集、编译：郝卓然、王玉凯、郝翎伊。资料来源：http://www.ipd.gov.hk/chi/ip_co-operation_corner/meeting.htm）

【2010 年度国际知识产权执法会议在香港举行】

2010 年度国际知识产权执法会议于 10 月19 日—21 日在香港举行。此次会议由国际刑警组织及香港海关联合主办。国际知识产权执法会议每年举行，2010 年是其第四次会议，并且首度在亚洲地区举办。2010 年会议主题为"同心协力打击有组织罪行"，约 400 名来自世界各地与保护知识产权工作相关的人士与会。

会议举办了一系列活动探讨有关海关、警方、检控人员以及版权拥有人在打击日益严重、有组织及跨国的侵犯知识产权活动方面可以采取的最有效方法。

会议期间举办了专题演讲、小组讨论及工作坊，内容包括本世纪环球及跨机构合作打击有组织犯罪活动、如何在口岸堵截侵权物品入口，以及打击日益受关注的在互联网上进行的侵权活动。

工作坊的目的在于让与会者互相交流，探讨在国际层面打击有组织侵犯知识产权活动的最新策略和技巧，以及如何增进区域间的紧密合作。工作坊同时也为与会者提供一个平台交流培训方面的需求、如何集合资源共享，以及在打击侵权活动时所面对的挑战。

香港海关助理关长谭耀强在 10 月 7 日表示："香港海关十分荣幸可以作为这个重要的国际性会议的主办者之一，会议亦标志着香港海关首度与国际刑警组织合作推广保护知识产权。通过这次会议，与会者不但可了解世界各地的执法人员在保护知识产权方面的贡献，同时亦可互相交流，为日后合作以应付新挑战奠定良好的基础。"

（信息搜集、编译：郝卓然、王玉凯、郝翎伊。

资料来源：http://www.customs.gov.hk/sc/publication_press/press/index_id_753.html）

◆ 澳　门

【澳门讨论《修改著作权及有关权利的法律制度》】

中国澳门特区行政会于 2010 年 8 月 19 日表示，已完成对《修改著作权及有关权利的法律制度》法律草案的讨论，草案建议将传统著作权及相关权利的保护延伸至互联网以及数字领域。

草案建议，加强对著作权权利人各项权利的保护，并作出明确规定，尤其延伸著作权的保护范围，使其适用于计算机程序和数据库或其他数据汇编，以及在互联网领域上更好地保护表演者和录音制品制作人的权利，并适当调整某些犯罪的刑罚幅度、犯罪界定标准和涵盖范围。根据这项法律草案，任何人未经著作权人的许可均不得通过互联网向公众提供有关作品并进行复制，否则将可能面临刑事处罚。

据了解，澳门现行著作权法律制度的主体是 1999 年通过的第 43/99/M 号法令（《核准著作权及有关权利的制度》），此法令为澳门加入 WTO 后所核准，此前澳门一直适用 1972 年从葡萄牙延伸至澳门的著作权法。此外，还有其他适用澳门特别行政区的有关著作权法例，其中与本次修订相关的法例是第 51/99/M 号法令《规范有关计算机程序、录音制品及录像制品的商业及工业活动》。

在数据库和数据汇编的保护方面，现行的 51/99/M 号法令规定任何在文学、科学或艺术领域内的原创作品都受其保护，其中包括"在资料编排的准则上或在内容选择方面属原创的资讯数据库及其他汇编"，并同时规定"对资讯数据库及其他资料汇编给予的保护不包括经汇编的资料或内容，但不影响对经汇编的资料或内容所拥有的任何权利"。故 51/99/M 号法令只对其编排达到原创性要求的数据库提供著作权保护。但在现代社会中有大量的数据库仅仅是集合了大量资料、事实或数据以便于人们查询，并无独创性，这样的集合体不管是经过多少时间、金钱与精力积累完成，仍不适用于现行的著作权法令保护，但如果不对其加以保护的话，对于对其投入大量资金的投资人而言显然有失公正。如何对其进行保护？是降低著作权法"独创性"的标准还是专门立法加以保护？

对计算机程序的保护方面，51/99/M 号法令主要在第六章第十节"各种作品与使用——电脑程序"中加以规定。该节中规定：（1）对电脑程序所给予的保护系针对电脑程序的表达，而该保护并不对在电脑程序的任何元素基础中运用意念及原则的自由造成妨碍；电脑程序的元素包括逻辑、算法或编写电脑程序时所使用的语言。为加强保护的效力，用作进行初步构思的有关材料及相应记录等同于电脑程序。（2）电脑程序的著作人身权不包括第 7 条第三款 c 项所指的权利，即不享有随时收回在市面流通的电脑程序的权利。（3）出租权的规定：电脑软件的著作权人享有出租权，但非以计算机程序为合同主要标的的商业租赁，无需经著作权人许可。

51/99/M 号法令第三编第 178 条、185 条、191 条、194 条分别规定了关于表演者、唱片及录音制品的制作者、广播组织及表演承办人的邻接权的内容：

（1）艺术工作者（表演者）享有以下权利：须经艺术工作者的许可，方得进行下列事宜：a）以任何方式将艺术工作者的演出进行无线电广播或向公众广播，但属使用曾被无线电广播或固定的演出者除外；b）将艺术工作者的从未被固定的演出进行固定；c）将艺术工作者曾被固定的演出进行复制，而有关固定属未经许可者；在已取得进行复制的同意下，为异于同意中所指的目的进行复制；在按照第 173 条的规定进行固定的情况下，为异于该规定所指的目的进行复制。

（2）录音及录像制品的制作者享有以下权利：须经制作人的许可，方得进行下列事宜：a）直接或间接复制录音制品或录像制品；b）公开发行原制品或复制品；此公开发行亦包括商业租赁，但使用借贷则不包括在内；c）进口及出口未经制作人许可而制成的复制品。

（3）广播组织享有以下权利：转播无线电广播机构的广播，必须经该机构的许可。无线电广播机构在他人作出下列行为时，尚有权收取一项按衡平原则定出的报酬：a）将机构的广播固定；b）在未经许可而进行固定的情况下，或在有关固定属临时性、且复制的目的异于进行固定的目的的情况下，将经固定的机构广播复制；c）在非免费入场的公众地方将机构的广播向公众传播。从上述规定可以看出，51/99/M号法令并未像大陆著作权法一样明确规定邻接权人享有“信息网络传播权”，因此如何在互联网领域更好地保护邻接权人的权利成为这次著作权法修改的一个重要议题。

由于存在大量非法复制电脑程序、录音录像制品以及将其用于交易的情况，因此通过第51/99/M号法令（《规范有关计算机程序、录音制品及录像制品的商业及工业活动》）对之前的法令进行修订，用以对计算机程序和录音录像制品的大量复制和市场交易进行行政规制和监管。

在对侵犯著作权行为的处罚方面，澳门刑法典未在保护著作权方面作出任何规定，而将侵犯著作权的犯罪全部规定在43/99/M号法令第五编第一章至第三章中。其中规定了对于实施侵犯著作权的犯罪所处的五种附加刑：a）良好行为的担保；b）暂时禁止从事某些业务或职业；c）场所的暂时关闭；d）场所的永久关闭；e）有罪裁判的公开。各附加刑罚可一并科处。不履行附加刑，即导致违法者触犯《刑法典》第317条所指的犯罪，即使该不履行系通过他人而造成者亦然。其他犯罪行为有：僭越受保护作品；侵犯未发表的作品；假造受保护作品；非法复制品的交易；使保护装置失去效用；删除或更改资料。

（信息搜集、编译：张静、冯靓。

资料来源：http://www.safp.gov.mo/legismac-orgtxt/1999_BO/S1/1999_33/PDF/DL43AA99M.pdf http://legismac.safp.gov.mo/legismac/main/main.jsf;jsessionid=dc095159f91d00096653c506f827）

【内地与港澳知识产权研讨会在澳门举行】

“2010年内地与香港、澳门特别行政区知识产权研讨会”于2010年10月27日在澳门美高梅酒店举行，这是由澳门特别行政区政府经济局、国家知识产权局及香港特别行政区政府知识产权署联合举办的。

本届研讨会分别就“三地知识产权的最新发展”、“环保产业中的知识产权保护问题”及“创新改变世界·知识产权引领经济发展”三个主题展开讨论。来自内地、香港和澳门的知识产权界专家、学者以及企业家聚首一堂，就共同关心的问题分享彼此在知识产权保护工作中的经验，为推动三地知识产权事业的发展提出具有前瞻性及创造性的意见。

国家知识产权局副局长鲍红指出，世界经济虽然步入缓慢复苏阶段，但前景仍有很大的不确定性，掌握科技创新的优势及关键技术的知识产权，对掌握发展权、形成三地经济共同发展具有重要意义。

澳门特别行政区政府经济局局长苏添平表示，2010年1—9月澳门申请知识产权个案同比有轻微增长，主要是服务业。他认为，保护知识产权已成为未来竞争的主要手段。

研讨会每年举办一次，2010年已是第十一届，研讨会的举办，为三地知识产权界人士打造了一个开展交流和加强沟通的平台，对深化三地在知识产权领域的合作与交流发挥了积极的推动作用。

（信息搜集、编译：郝卓然、王玉凯。

资料来源：http://news.163.com/10/1028/03/6K274LI900014JB6.html）

◆台　湾

【台湾地区“立法院”通过“学习障碍”等视、听觉认知障碍者合理使用著作规定】

我国台湾地区“立法院”于2010年1月5日三读通过了“著作权法”第53条修正草案。

该“著作权法”第53条规定：“已公开发表之著作，得为视觉障碍者、学习障碍者、听觉机能障碍者或其他视、听觉认知有障碍者以点字、附加手语翻译或文字重制之。

以增进视觉障碍者、学习障碍者、听觉机能障碍者或其他视、听觉认知有障碍者福利为目的，经依法立案之非营利机构或团体，得以录音、计算机、口述影像、附加手语翻译或其他方式利用已公开发表之著作，专供视觉障碍者、学习障碍者、听觉机能障碍者或其他视、听觉认知有障碍者使用。”

（信息搜集、编译：郝卓然、玉凯、郝翎伊。

资料来源：http://www.longriver.com.tw/show_lrnews.php?lr_id=52）

【台湾地区“立法院”通过“文化创意产业发展法草案”】

台湾地区“立法院”于2010年1月7日审查通过“行政院”送审的“文化创意产业发展法草案”，该“草案”第23条规定，文化创意产业得以该产业产生之著作财产权为标的之质权，向著作权专责机关为质权之设定、让与、变更、消灭或处分之限制等登记。

此外，该“草案”第24条又规定，如利用人为制作文化创意产品，已尽一切努力，就已公开发表之著作，因著作财产权人不明或其所在不明致无法取得授权时，经向著作权专责机关释明无法取得授权之情形，且经著作权专责机关再查证后，经许可授权并提存使用报酬后者，得于许可之范围内利用该著作。在立法过程中最受争议之处在于如何证明利用人已尽一切努力找寻著作权人及“智慧财产局”授权许可时如何决定其使用报酬，台湾地区“智慧财产局”表示，未来在订定相关实施办法时，将会汲取各国经验，建立完整的查询途径，务必在确保利用人确实在找不到权利人取得授权的情况下，才可适用上述制度，使“孤儿著作”不再孤单。

2009年4月13日，台湾地区为强化以知识为基础的产业竞争力，培植文化创意产业，“行政院”致函“立法院”请求审查“文化创意产业发展法草案”。上述第23条有关“著作财产权设质登记”的规定，可促进文化创意产业产生的著作财产权设质融资，并保障交易安全。而第24条“著作权人不明强制授权”的规定，可对于因年代久远或其他原因以至于著作财产权人不明或其所在不明的特殊情况，提供利用人合法利用著作的渠道，促进著作权利用及相关文化创意产业的发展。

（信息搜集、编译：郝卓然、王玉凯、郝翎伊。

资料来源：http://cdnet.stpi.org.tw/techroom/policy/2010/policy_10_006.htm。

http://www.tipo.gov.tw/ch/News_NewsContent.aspx?NewsID=4330）

【台湾地区“立法院”通过有关“二次公播”、“广告音乐”及著作权中介团体相关授权争议的“法案”】

台湾地区“立法院”于2010年1月12日通过了“著作权法部分条文修正草案”及“著作权中介团体条例修正草案”。

在台湾地区，旅馆、医疗院所、餐厅、咖啡店、百货公司、卖场、便利商店、客运车、游览车等营业场所播放电视、广播供客人观赏，是常见的利用行为，而由于无法事先得知及控制播放的内容，不易取得完全的授权，上述行为人随时可能面临刑事诉追风险；此外，广告中所用到的音乐系广告制作公司所选择，电台、电视台无法决定，以至于广告在电视台播出时，电视台与个别权利人洽商授权时常面临刑事诉追的风险。针对上述问题，台湾地区本次“修法”增订“著作权法”第37条第6项第2款、第3款及第4款，就未加入集体管理团体，权利人个别行使权利的情形，将营业场所公开播送的二次利用著作行为，以及著作经个别权利人授权重制于广告后，后续公开播送或同步公开传输行为，免除利用人刑事责任。

本“草案”通过后，前述利用人不必再担心遭受个别权利人刑事诉追，但仍有依法支付使用报酬的义务，不支付者，则仍须负担民事侵权法律责任。至于集体管理团体管理的著作部分不受本次“修法”的影响。

（信息搜集、编译：郝卓然、王玉凯、郝翎伊。

资料来源：http://www.taiwanradio.org.tw/modules/tadnews/index.php?nsn=29）

【台湾举办“海峡两岸知识产权保护合作协议”倡导说明会】

《海峡两岸知识产权保护合作协议》已于2010年6月29日下午在重庆举行的第五次陈江会中完成签署。台湾“经济部智慧财产局”为使社会各界了解该协议的相关内容，于7月1日上午10时在台湾大学法律学院霖泽馆举办了《海峡两岸知识产权保护合作协议》倡导说明会，台湾“经济部政务次长”林圣忠与会致辞，之后由担任协商团队主谈人的“智慧财产局局长”王美花对该协议的成果、重点内容、效益及后续执行做了说明。共有来自台湾各工商团体、企业、专利及商标事务所、相关行政单位等250人参加。

台湾“经济部政务次长”林圣忠致辞表示，第五次“江陈会谈”所签署的《海峡两岸经济合作架构协议》（ECFA）以及《海峡两岸知识产权保护合作协议》，对台湾的经济发展非常重要，也是未来发展黄金十年的重要基础。在这次完成签署的“海峡两岸知识产权保护合作协议”中，两岸相互承认专利、商标及植物品种的优先权；相互保护品种权；到大陆出版的影音著作认证，由台湾指定机构办理；建立协调及通报机制，以打击仿冒盗版、防止著名商标恶意抢注及取缔“山寨”台湾水果等，都会为两岸人民及企业的知识产权权益，提供更具体的保障；另外，通过两岸知识产权主管机关所建立的直接沟通平台，也将为两岸知识产权的保护及交流，开启新的里程碑。希望通过该协议的运作，能够更直接、有效及快速地协助台湾民众解决在中国大陆面临的知识产权的问题，并提升知识产权的创新、应用、管理及保护。

（信息搜集、编译：郝卓然、王玉凯、郝翎伊。

资料来源：http://www.asialiuh.com/Archive/_tw/news_dl/2010.08.pdf）

附录二：国际版权动态

FU LU ER GUO JI BAN QUAN DONG TAI

2010年国际著作权法制发展综述

郭禾

2010年，全球性经济危机的影响正逐渐消退，包括版权产业在内的世界经济正逐渐走出阴霾，开始恢复到相对平稳和健康发展的轨道。世界各国、各地区的著作权法制在这一年里也取得了新的进展。各国、各地区都在努力以立法、司法、行政以及行业自律等方式探索在信息经济时代著作权保护的有效手段。纵观全年，相关国家和地区在著作权立法方面至少在以下几个方面值得我们关注。

一、著作权保护水平的不断提高

尽管近年来在欧美出现了一些诸如盗版党之类的反著作权制度的言行，但这种力量无论在理论上还是在现实社会中，都处于非主流、非主导的状态。不论是出于借助高水平保护以促使文化产业提升竞争能力的考虑，还是更直接的基于利益博弈结果的影响，相关利益集团在事实上通过国际组织、国际公约以及国内立法使著作权保护水平不断提高。在2010年里值得我们注意的提高著作权保护水平的事例包括：

2010年3月18日，《2010数字电视广播修正案》在澳大利亚国会进行了一读，法案的重要内容之一即是强化卫星转播权许可。这一法案体现出在著作权保护相对薄弱的卫星转播领域强化版权保护的趋势。在数年前的APEC会议上，有关信号盗版的问题就曾被作为专门议题提出过。这一法案不过是该问题在国家立法中的一个具体的实施例而已，其后续影响不可低估。

2010年4月8日和2010年4月22日，新西兰与英国先后在立法程序上通过了“三振出局”规则。所谓“三振出局”是指当发现某位网络用户存在下载盗版材料行为时，有关机构可以对其进行警告，两次警告后如有再犯，可以采取断网的方式不再允许该用户上网，并同时追究相应法律责任。在韩国、法国和我国台湾地区，“三振出局”的规则都于2009年以法律方式获得通过。相比之下，英国《2010年数字经济法案》对该规则的具体实施则相对谨慎。该法案规定关于在线侵犯版权的条款需要经过政府部门的二级立法才能实施。其中关于告知义务具体的规范以及技术性措施等争议较大的条款还需要国会批准。从该法案出台之后各方反应来看，不同观点分歧尤巨。创意产业为之欢欣鼓舞，但另有部分人士旗帜鲜明地主张在随后的二级立法中继续反对该项措施——由此可见不同利益集团后续博弈的可能性仍旧存在。究其根本，传统版权在新兴媒体上的利益分配应当采取何种模式，即对作者而言是消极的损失补偿抑或积极的利益分享，仍是未知悬案。如何在网络这一无论运行模式还是证据收集等方面都明显异于现实空间的环境中，依据妥当的利益分配原则和均衡的责任分担模式，实现不同主体之间权利与义务的平衡，仍旧是理论与实践层面均待发展深化的问题。

事实上，“三振出局”的规则在实施层面上一直存在各种不同意见。包括德国总理默克尔在内的一些西方政要都曾明确表态反对这一做法。因为这一规则在事实上直接限制了公众的言论自由。当作为私权的著作权与言论自由这类关系到号称西方社会制度基础的基本权利发生冲突时，是否存在优先顺序？何者又应当优先？在当今西方社会，最终决定这一问题的关键因素，恐怕不是学者们挂在嘴边的各种理论，而是产业界背后的资本。资本主义制度自然是由资本决定一切。

2010年4月19日，提交印度联邦上院审议的《版权法修正案》(2010)被进一步提交负责人力资源与发展的议会相关常务委员会审议。印度《版权法修正案》(2010)中诸多条款直接关系到著作权保护水平的提高。该修正案旨在使印度1957年版权法与世界知识产权组织（WIPO）的《世界知识产权组织版权条约》（WCT）和《世界知识产权组织表演和录音制品条约》（WPPT）等已经确立的国际标准一致。虽然印度没有签署这两个条约，但是在数字环境下，尤其是印度作为世界第二软件大国加强国内法对版权的保护也是理所当然之事。印度此番大幅度修改版权法，从表层看是其探索完善本国著作权法制并努力与国际接轨的表现，从更广阔的视野着眼，则无疑与其国家整体发展战略相契合。

众所周知，印度作为新兴发展中国家的典型代表，同中国一样，存在一系列发展中的难题。从印度本国的产业结构来看，版权相关产业在其经济发展中的推动作用不可小觑。近几年印度高速发展的软件、影视等版权产业不仅极大地优化了本国产业结构，而且已在世界舞台上占有重要地位。在产业界的影响下，印度国内修改版权法的呼声素来强烈。印度的此番大动作，无论是修正案的具体内容，还是修正案的社会背景与发展趋向，都值得我们重视和深思，毕竟在前述能够充分体现和增强一国软实力的领域，印度的成就有目共睹。

将目光转向我国的东邻。2010 年 5 月 21 日，日本政府的知识产权战略本部发布了新制定完成的“2010 年知识产权推进计划”，将其列入日本政府经济增长新战略。2010 年 9 月 7 日，日本文化审议会著作权分会法治问题委员会继续对规制访问控制等技术措施的规避行为问题进行讨论，并新设技术保护措施工作组。长期以来，日本在知识产权立法方面付出的努力广受赞誉；与之相适应的是，日本在科技、文化产业领域一直走在世界前列。从近些年日本的版权相关立法来看，日本从未放松对现有法律制度的创新和完善，在如何实现知识产权法制与社会发展状况相契合这一方面，日本为我国树立了榜样。

此外，尤其需要引起关注的是西方各国正在闭门协商的《反假冒贸易协定》（ACTA）。虽然各国目前尚无法就这一协定在具体内容方面达成一致，但毋庸置疑的是，这一协定的条款在根本利益上将会体现美国的意志。这是多年来西方国家间合作的经验之谈，WTO 的形成以及多哈回合谈判的结果就是最好的例证。从这种意义上讲，ACTA 反映了国际著作权制度发展的方向和趋势。

在齐声高唱保护版权的主旋律之下，西方阵营中也还不时能耳闻一些异样的小调。前述盗版党当属“异端邪说”。此外还有一些表面上相对温和，但仔细品味却发现其有着与主旋律内核格格不入的“不和谐”音。2010 年 1 月 15 日，英国政府知识产权战略咨询委员会在其官方网站上发布的一项报告再次表明，非法音乐消费可以使合法的消费更具有吸引力。报告还发现人们很少将侵权产品的非法性作为反对该消费的威慑力量。报告得出的结论是，法律的威慑和日常社会性质的制裁，或者包括加密在内的技术处理，并不能影响到人们的行为。该委员会成员戴姆·利恩·布兰德利评论该报告时说，该报告的整体框架能够使我们对当今人们如何消费创造性内容有一个更好的理解，使我们能够检验产业政策，对我们发展后续的政府战略和政策建议有很大的帮助。报告得出的结论是消费者的行为需要从一个新的角度来看待，即需要涉及到消费者的选择，而不仅仅从侵权犯罪行为的角度来看待。诸如此类的研究也值得我们仔细考量，进而从根本上反思已经稍显臃肿的著作权法制。

二、著作权限制制度的不断完善

著作权限制制度始终伴随着著作权法律制度发展史，既是公众合理诉求的反映，也是不同利益博弈的结果，同时维系着著作权法律制度的内部平衡。然而相较于日益密实的著作权保护网，著作权限制制度的完善空间则很大，平衡作者权益与公众利益的任务尚且艰巨。

以印度《版权法修正案》（2010）为例，其中明确了诸多限制内容，如：对作品的商业使用不包括非营利性图书馆和教育机构对计算机程序、录音、录像、电影等作品的非营利性使用；提出采取措施保护研究人员、学生以及教育机构的利益，以保证技术措施不会形成对技术深入研究的障碍；确保残障人士需要获得使用特殊形态的版权复制品等。

又如，2010 年 7 月 26 日，美国修订《数字千年版权法》（DMCA），规定了一系列弱化“反规避”条款的内容。由于严苛的规定过于倾向版权人，使得版权人对其拥有的技术实现了垄断而阻碍了相关领域的科技进步，进而最终损害了社会公众的利益。DMCA 此次的修改使得利益的天平往公众一方稍微倾斜了一点。这种变化只是前些年美国立法过于倒向权利人的一种反弹而已。应当看到，美国的知识产权立法一向对国际条约和各国法律具有间接的导向作用乃至直接的影响作用，DMCA 影响尤其巨大。美国版权法此番修改对各国重新分配社会公众与版权人利益，应当会产生一定影响。但必须意识到的是，美国的这种反弹仅仅是一种矫枉的惯性所致。随着相关资本或利益集团的持续影响，美国版权法在整体上仍将以权利人为其立法本位。

2010 年 5 月，卢旺达作者协会成立并在卢旺达发展局正式登记，其依据就是最新制定颁布的知识产权保护和有效执法机制法案。同时，卢旺达知识产权新政策也于 2010 年 3 月 24 日获内阁批准。新法律和新政策有效地改变了卢旺达的知识产权法律现状。这些制度在保证卢旺达融入国际知识产权制度体系的同时，保留了足够的自由推进该国的创新体制。这将有助于卢旺达吸引海外投资、建立持久的技术基础以及履行国际条约规定的义务。知识产权新政策指出，对于卢旺达这样一个低收入的国家而言，长期发展的水平取决于如何获取和利用信息、如何引进符合经济发展需要的技术以及如何在卢旺达境内创造出价值。新政策比较重要的变化是明确了版权合理使用的具体规定，涉及图书馆和档案室、教育、计算机程序、视力受损者、技术保护措施、民间文艺等方面。此外，卢旺达计划与其发展伙伴合作以进一步形成一种创造与革新的文化、加速技术转化以及提高本国人力资源在管理和实施知识产权方面的专门技能。

显而易见的是，知识产权在卢旺达未来的发展中将扮演关键角色。从新政策我们可以看出一个传统意义上的发展中国家在以知识产权法制推进本国创新能力，优化本国经济结构，以及借此提升本国竞争实力的发展策略。从这种意义上看，当今时代知识产权法律制度对于发展中国家而言，在其经济发展的重要层面上也有着积极和重大的作用。发展中国家应当以积极的姿态融入世界知识产权法律制度的建设和完善中来。

较之卢旺达，我国的经济状况显然处于优势地位。但在改革开放后三十多年的时间里，我国的知识产权法制在总体上一直处于被动状态，即一直让西方国家逼着走。今天欧洲人称要求比照美国人享有最惠国待遇，于是相关部门便忙于应付这类具体问题；明天美国人称中国的盗版市场严重影响了美国的电影产业，于是又有了各类专项行动，扫荡如中关村等电子市场。难道我泱泱中华竟然不能就当今著作权制度乃至知识产权制度从国家未来发展的战略角度未雨绸缪作一番宏观研究，进而积极影响这一制度的未来发展？

三、著作权执法力度的不断加强

著作权保护水平的提高，在很大程度上依赖于著作权执法力度与司法保护的加强。在各国的执法中也出现了一批典型的著作权法案例。从理论上讲，每个案例都是对空洞抽象的法律条文的解释。反过来，对法律条文的解释也直接影响到法律的实施。

比如，卢旺达知识产权新政策根据《与贸易有关的知识产权（包括假冒商品贸易）协议（草案）》（以下简称 TRIPs 协议）明确提出了三项基本原则：知识产权是私权，故政府没有责任实施，只能通过私营实体来行使该权利；在实施 TRIPs 协议时要考虑国家的不同国情；条约的解释应当符合条约的目标和目的。对于 TRIPs 协议来说，该目标和目的就是“促进技术创新和技术的转移和扩散”。新政策强调，如果知识产权执法能够以合理和平衡的方式执行，则会使国内的创造者受益。这样的解释显然带有极为浓厚的发展中国家的色彩。我国作为全球最大的发展中国家可否在一定程度上吸收其合理成分呢？

另一方面，我们也看到，在过去的一年里，针对如何打击盗版以及打击的效果评价问题，主旋律之外，亦存在各种不同的“杂音”。2010 年 2 月，俄罗斯关闭了该国最大的 BT 网站，理由是该网实施了“非法使用版权和相关权利的行为，以及大规模的获取、储存、运送作品的伪造品或贩卖录音制品的行为”。加拿大、希腊警方也对 BT 网站实行了重罚。另一方面，我们从北欧的一些相关案例中看到，不论当局如何通过正常的司法手段关闭 BT 网站，仍然未能根除这种现象。尤其是站在普通大众的层面上来看，不同意见的分歧则更为明显。由此观之，在北欧这样法制相对发达的福利国家，人们对于知识产权在观念上尚存在不同看法，对于像中国这样期待通过和平方式得以发展的国家，既不可能做到前述卢旺达在新政策中期望的那种“合理与平衡”的方式，亦不可能在短期内达到西方发达国家的著作权保护水平。

2010 年 3 月 4 日，女大学生哈勃被美国联邦第五巡回上诉法院判决赔偿美国唱片工业协会大额赔款，显示出美国坚决的执法力度。2010 年 9 月 10 日，美国第九巡回上诉法院作出判决，软件制造商可以使用拆封合同和点击合同许可的方式，禁止其产品的转让或再出售。上述两案例显然是对所谓的个人使用和首次销售原则提出了重大挑战。尽管我国长期以来一直将个人使用的情形排斥于著作权使用之外，但作品更多地被认为仅仅是为每一个具体的人使用的，在事实上根本不存在法人或其他拟制的人可以直接使用作品。最为重要的是，在当今的互联网时代任何人只要手里有一台能够联网的电脑，便可将作品散播到世界每一个角落。可见，互联网时代的个人使用与印刷时代的个人使用在作品传播的意义上具有截然不同的效果。从这种角度看，个人使用被逐步限制恐怕是难以避免的趋势。而权利用尽或者首次销售原则的受限，则是从约定的角度着手的。但这种约定显然在充分协商方面存在瑕疵。这种通过确认拆封或点击合同效力，进而否定首次销售原则的做法是否能够得到多数国家的认可尚有待观察。

当然，从执法司法来看，各国亦非一味强调版权人的利益。2010 年 6 月 23 日，美国纽约南区联邦法院终于对在业界引起极大轰动的 Viacom 诉 YouTube 案作出一审判决。判决指出，DMCA 规定的“明知或应知”的对象，应当是对特定作品的特定侵权行为。仅仅一般性地知道网站中普遍存在此类侵权行为是不足以认定“明知或应知”的。这一具有广泛影响的案例的判决结果，在美国的法律体制下无疑是对视频网站义务与责任的重新分配与确认，相信该案的影响不会局限于美国境内。总的来说，知识产权执法力度与司法取向一样，都离不开对不同利益群体诉求的吸收与反应。任何偏袒一方的措施最终都难以得到公众认可。只是如何平衡不同利益，确是著作权乃至知识产权理论与实务的一大难题，需假以时日才能找准那个平衡点。

四、著作权国际协调的不断深化

密切的国际协调是包括著作权在内的知识产权法制区别于传统法律制度的重大特征。2010 年，官方与民间国际组织在协调国际著作权法律制度方面都有新的动向，整体上促进了著作权国际协调水平的提高。

如前所述，印度《版权法修正案》(2010) 旨在使印度 1957 年版权法与《世界知识产权组织版权条约》和《世界知识产权组织表演和录音制品条约》等已经确立的国际标准相一致。作为幅员广阔、人口众多的发展中国家代表，印度的此番修法对于推进各国版权立法的一致性、推动国际标准在各国法律框架内的落实，无疑具有重要影响。

2010 年 1 月 25 日，美国国际知识产权联盟向美国贸易代表办公室贸易政策委员会提交了一份评论意见，阐述了美国版权行业对美国政府拟参加泛太平洋伙伴关系协定谈判的支持立场。与其社会环境之整体相一致，美国的知识产权领域自治组织亦很发达，在代表和反映民意方面成绩不俗。

2010 年 4 月，包括美国、澳大利亚、加拿大、欧盟、日本、韩国在内的 37 个国家和地区的代表继续协商规制版权问题的《反假冒贸易协议》。该谈判的目标是要建立一个全新的、合理的打击假冒和盗版的协议。一旦被最终确定，该协议将会为各国政府打击破坏合法贸易秩序和可持续发展的世界经济的假冒和盗版商品提供更有效的帮助。从最新版本来看，该协议旨在减少盗版和商标侵权行为，其相关措施主要包括各缔约国的一般义务、民事执行措施、刑罚措施、边境措施、数字环境下的知识产权执行措施等。从现有资料来看，协议一旦通过，对各国相应知识产权法律制度立法和修改方向应当会产生比较重大的实际影响。

2010 年 6 月 21 日至 24 日，世界知识产权组织版权及相关权常设委员会举行第 20 次会议对著作权的限制和例外、加强对音像和表演的保护以及对于广播组织的保护进行了讨论，尤其是对报告《越权使用广播信号的经济社会影响》进行了审议。报告重点谈到了越权使用的危害。权利人是越权使用最大的受害者，因为他们失去了从其商品中获利的机会。越权使用还会影响到对广播节目的投资。制作广播节目的费用很高，常常由运营者来投资，越权使用的猖獗导致投资者不能收回成本，会影响他们投资的积极性；同时，更会影响到技术的革新；还会导致一系列的连锁反应，比如影响电视产业的就业率等。最重要的是，越权使用还会影响到国家的税收，致使各类税收都有所降低。最后，越权使用会导致集团犯罪和社会动荡，因为相对于其他犯罪，越权使用成本更低，收益更高。代表们呼吁尽快通过一个国际条约来保护广播组织的权利，解决越来越多的技术问题，并保障公众的利益。报告反映的情况在世界各国都有存在，报告的通过有利于我们认识和反思越权使用广播信号的现象，并积极探索解决路径。

2010 年 9 月 20 日至 29 日，WIPO 成员国大会以及各委员会的报告会在日内瓦召开，会议和报告的内容涉及著作权的例外和限制条款、传统知识和民间文学艺术的保护、工业设计法律的协调等几个方面。

五、结语

著作权法制的上述趋势若用一句话来概括，就是著作权利益格局的不断复杂化。不论是英国《2010 年数字经济法案》对“三振出局”规则的设立，还是针对盗版和商标侵权行为的《反假冒贸易协议》，都无一例外地经过了漫长的争议与讨价还价的过程。作者与公众、产业集团与消费者、发达国家与发展中国家，不同群体基于各种考量因素，以著作权法制为平台，围绕法律的修改与实施，各抒己见，莫衷一是。

总体上看，2010 年是世界范围内的著作权法制取得新的进步的一年，围绕著作权相关利益，尤其与新兴科技相关的著作权利益之分配，从立法调整到执法落实，各国努力实现本国著作权法制与其自身发展水平和国际标准的契合。从微观上看，人们的权利意识不断增强是大势，版权在促进一国经济结构调整和经济持续发展的过程中起到的作用越来越大。无论是强化著作权保护水平过程中的反对声，抑或著作权执法过程中发生的一系列抵制，以及在理论上对著作权制度的直接反思，都将使我们更加客观和清醒地认识这一制度。征途漫漫，著作权法律制度依然在路上。

（作者单位：中国人民大学知识产权学院）

2010年国际版权动态

◆ 立法与行政

【澳数字电视广播修正案强化卫星转播版权许可】

2010年3月18日，一项旨在加快数字卫星信号推广的修正案《2010数字电视广播修正案》在澳大利亚国会进行了一读。该修正案对1992年《无线电广播业务法案》和1968年的《版权法案》进行了修改。法案试图建立卫星信号服务的统一许可；规定卫星信号服务的实行条件；规定商业卫星电视的应用条件、授权范围和免责条款；规定与卫星信号服务相关的商业电视转播许可持有人的（本地）义务；规定安装卫星转播服务设备的数字输出和接受的技术标准；规定卫星转播服务的准入条件；变更现存的地上数字电视转播商的许可证，使信号不足地区能享受与大城市商业转播服务相同的服务。

法案指出，本土转播商向卫星转播服务许可持有提供具有版权的节目，卫星转播服务许可持有者须向本土转播商进行补偿，因为获得了他们的智力财产。修正案提出新的卫星服务将依据商业运营许可被分成三个区域：（1）澳大利亚北部：覆盖北部领土和昆士兰州；（2）澳大利亚东南部：南威尔士，南澳大利亚，塔斯马尼亚州和维多利亚州；（3）澳大利亚西部。

该法案的解释性备忘录指出：卫星转播服务许可持有人将与大城市和信号不足地区转播商就转播的节目内容达成商业协议，包括通过卫星转播当地新闻和消息。如果这项协议无法达成，将确立一项法定的许可证制度来为版权持有者提供合理的报酬。根据规定，这项制度以现存的版权法在转播商业收费电视服务方面规定的在VC部分的转播制度为基础。卫星转播服务许可持有人对节目进行再转播并不侵犯版权，如果该转播符合双方的许可协议，而且不违反1992年广播服务法案该持有人和版权人有协议，在没有协议的情况下，可以是有权的版权委员会的决定；如果既没有协议也没有裁决，卫星转播服务许可持有人须给予版权持有者一份书面承诺，按照版权委员会裁决支付款项。

卫星转播服务许可持有者可以给予一项书面报酬通知给相关的版权收费组织为其转播缴纳合理的费用。这项费用具体数额由版权委员会或者卫星转播服务许可持有者与收费组织达成的协议规定。若卫星转播服务许可持有者决定使用上述方法缴费，他有责任保存其转播的节目记录来偿付相应的费用。

法案还规定，任何由商业转播商提供给卫星转播服务许可持有者的节目需要卫星转播服务许可持有者向版权所有者偿付合理的补偿费用。如果卫星转播服务许可持有者和版权所有者没有在补偿费用上达成协议，版权所有者可以向具有管辖权的法院提起诉讼，由法院判决其获得合理补偿。解释性备忘录称这项规定提供了一个宪法性的安全网来防止通过其他渠道获得智力财产。

（信息搜集、编译：于光。

资料来源：http://www.copyright.org.au/news/news _ items/cases-news/2010-cases/new-bill-proposes-amendment-to-the-copyright-act-to-ensure-201cblack-spot201d-areas-receive-digital-tv-via-satellite/

http://parlinfo.aph.gov.au/parlInfo/search/display/display.w3p;adv=;db=;group=;holdingType=;id=;orderBy=customrank;page=0;query=digital%20television;querytype=;rec=3;resCount=Default）

【印度版权法修正案提交联邦上院审议】

2010年4月19日，《版权法修正案》(2010) 提交印度联邦上院负责人力资源与发展的相关常务委员会审议。该修正案旨在使印度1957年版权法与WIPO的《世界知识产权组织版权条约》（WCT）和《世界知识产权组织表演和录音制品条约》（WPPT）已经确立的国际标准一致，虽然印度没有签署这两个条约，但是在数字环境下加强国内法对版权的保护是十分必要的。

为与WCT和WPPT的规定相符，修正案新增一款，建议对规避权利人为保护其权利所采取的有效技术措施的行为，如破解密码等，采取有效的保护措施。新增一款通过引入符合WPPT的排他性权利强化了现有的表演者权利。新增一款引入了表演者的精神权利 。

修正案中明确了对作品的商业使用不包括非营利性图书馆和教育机构对计算机程序、录音、录像、电影等作品的非营利性使用。提出采取措施保护研究人员、学生以及教育机构的利益，以保证技术措施不会形成对技术深入研究的障碍，同时涉及到了对数字环境下信息的获取以及互联网服务提供商的责任。此外，修正案将摄影作品的保护期限从现在的60年延长为作者终生加上死后60年。

修正案积极保护音乐和电影行业并且反映他们密切关心的问题：对版本记录（version recordings）实行法定许可，以确保对任何文学、戏剧或者是音乐作品制作录音制品时版权所有人的利益得到恰当的保护。将制片人和主要导演作为合作者，延长了电影作品的保护期限。如果双方达成协议，主要导演获得的70年版权保护期限将为制片人自动延长10年保护期。

修正案确保残障人士有权获得使用特殊形态的享有版权的素材，比如向有视觉障碍的人提供盲文、语音、电子以及放大印刷等形式的版权作品，或者向有听觉障碍的人提供手语形式的作品。当前这些类形式的作品都比较昂贵，如果加收版税的话将会进一步抬高其价格。为了增进社会公平，新增一款规定允许生产残障人士使用的特殊形式的版权作品复制品。修改的版权法还引入了单独的强制许可条款，适用于普通形式的版权作品，而非残障人士使用的特殊形式的版权作品。但是该修正案31B（1）规定只有合法注册的机构才能向版权董事会（1958年成立的一个准司法机构。该机构负责对版权注册、版权转让、拒绝对公众授予许可、未出版的印度作品、为特别目的翻译作品的复制发行等纠纷进行准司法处理）申请将版权作品转化为特殊形式作品，而事实上大多数转换都是由残障人士的父母或者志愿者进行的，而不是机构，因此该修正案同样引起了争议。

修正案赋予电影中文字作者和音乐作者独立的权利。这些权利到目前为止一直被制片人和音乐公司否认和不当地利用。在此之前电影作品的版权一直由制片人享有，导演只是制片人的雇员。这一对作者权利的修改引起了广泛的争议。

确保作者保留通过集体管理组织获取版税和其他利益的权利。确保电影和录音制品中的歌曲作者因其作品的商业利用而获得版权的权利。

修正案还规定，引入一项法定许可，来确保公众能够使用这些作品并且同时不致损害版权所有人的权利。引入一项强制许可，在作者已经死亡或者作者不明，或者无法联系到作者时通过版权董事会公告向公众公布来颁布作品或者作品的翻译。

由于修正案对所有录音的新版本录制引入法定许可制度，对广播使用文字作品以及音乐作品、录音制品也引入了法定许可，遭到了广播业的抗议。他们认为该修正案将会彻底扭曲电视和广播行业甚至危及到广播业的生存而为垄断性音乐公司和版权协会带来额外收入，要求对版权法修正案举行即时咨商。印度广播基金会（IBF）指出，该修正案实际上是要扼杀“合理使用”条款。在要求即时咨商的同时，广播者要求对音乐领域建立单向调节（single-window regulator），以保证艺术家、词曲作者的权利得到有效的保护，版权协会在运行中应当遵循透明机制，广播者依据WIPO框架下的广播者条约也应获得保护。

此外，修正案还修改了关于版权实施的相关规定，比如说边境措施，对侵权复制件的处理以及在国内法下对作者损害赔偿的推定。

（信息搜集、编译：王敏。

资料来源：http://copyright.gov.in/Documents/CopyrightAmendmentBill2010.pdf；http://www.caclubindia.com/news/amendment-to-the-copyright-act-1957-5245.asp)

【英国《2010年数字经济法案》颁布 谨慎推行“三振出局”规则】

2009年11月19日，英国《2010年数字经济议案》（Digital Economy Bill）在上议院进行了一读，自此拉开了网络环境下的版权立法保护的序幕。历时近4个月的辩论，上议院于2010年3月15日通过了本议案。4月7日，下议院以189票对47票支持该议案。4月8日，上下议院对议案的修改进行了协商，并于当日由女王签署，更名为《2010年数字经济法案》（Digital Economy Act 2010）（以下简称《法案》）予以颁布。该法案进一步确认了“三振出局”规则，但对该规则的具体实施则持谨慎态度：法案规定关于版权在线侵权的条款需要经过政府部门的二级立法（secondary legislation）才能实施，其中关于ISPs告知义务具体的规范以及技术性措施等争议较大的条款还需要国会批准。

《法案》涉及英国通信事业局（Office of Communications，OFCOM）的权责及报告制度、版权许可和在线版权侵权、互联网域名的注册管理，公共和独立电视电台服务的规范以及视频游戏的分级制度等等。该法案确认了“三振出局”规则，版权人可以向互联网业务供应商（ISPs）提交附有证据证明其用户明显侵权的报告（Copyright Infringement Report，CIRs），ISPs有义务在一个月内告知该用户，并随之告知合法获得作品的方式和申诉的相关信息；根据版权人的要求和相关规定，ISPs 负有提供侵权名单的义务，名单上需要列出版权侵权报告中提到的侵权用户但是不能使用户被识别（根据英国有关数字保护和隐私权的相关法律，版权人需要通过法院指令才能获得互联网用户的姓名和网址等资料）；ISPs 不必为用户的侵权行为负责，但是要采取技术性措施，如调低网速、禁止访问特定网站、无法使用网络协议传输数据以及断网等惩罚侵权用户，如果未采取相应措施，可由 OFCOM 处以最高达 25 万英镑的罚款；采取技术性惩罚措施的费用由版权人和 ISPs 共同承担。

该法案还完善了 OFCOM 的报告制度，其中包括定期向政府报告在线版权侵权情况以及 CIRs 的数量等内容；事务大臣（the Secretary of State）有权制定法规，使权利持有人可以向法院申请禁令阻止指定的网址链接以预防在线侵权。

由于《法案》试图采取包括“三振出局”在内的一系列激进措施打击网络盗版，因此在提交至上议院伊始，就引起了社会各界的激烈争论。英国互联网业务提供商协会（ISPA）曾发表公告表示强烈反对，认为该法案不但不会加强基础通讯设施的建设，反而会阻碍互联网产业的发展，从根本上瓦解数字经济的支柱。Google、Facebook、易趣（eBay）和雅虎曾联合声明抨击《法案》中要求运营商屏蔽含有盗版音乐和电影内容的网站的条款，认为这会侵害言论自由，阻碍技术创新，而且会增加不必要的成本。无线局域网及互联网运营商对此也表示了极大关注，他们担心日后将不得不中断对用户的服务以保全自己不受用户行为的牵连。英国部分民众和民间权利组织（比如 Open Rights Group，ORG）也通过在国会大厦前进行抗议、写信给议员等方式抵制该法案。不过英国的创意产业对法案表示了支持，尤其是音乐行业认为，《法案》的保护措施会鼓励音乐作品的创作，并驳斥《法案》威胁言论自由、会大面积中断互联网使用的说法纯粹是危言耸听。

为了尽快使下议院通过《法案》，政府对其中的一些条款做了让步：删除了试图将 OFCOM 的监管范围从之前的电视台电台业务扩展至所有的媒体服务的条款；政府计划对网络使用征收一种固定税额（flat-tax）补偿给著作人；删除了一个有争议性的条款——高级法院可以授权政府关闭包含涉嫌侵权内容的网站，即使侵权内容并非由网站管理者上传，但增加了一项新的修正条款——允许事务大臣向法院申请禁令关闭“正在或可能从事与版权侵权有关活动的站点”，不过这需要另行制定法规予以规范，并且应该经过上下议院的审议才能通过；关于“孤儿”作品的条款——可以使用受版权保护但找不到权利人的作品——在最后被删除了；等等。究其原因，除了相关利益团体的游说影响，也包含一些政治策略。2010 年是英国的大选年，英国时任首相布朗宣布英国大选于 5 月 6 日进行，并向女王申请于 4 月 12 日解散议会。4 月 8 日，英国上下议院议员最后一次审阅是否有可以通过的议案，并在当天下午结束议院活动。因此为了在议会被解散重组前通过该法案，政府做了妥协。

《法案》颁布后，创意产业欢欣鼓舞。国际唱片业协会（IFPI）主席约翰·肯尼迪（John Kennedy）表示，新的英国立法是打击 P2P 等非法传播方式的决定性进步，最重要的是，它承认有效解决盗版问题需要互联网服务提供商的积极合作。删除“孤儿”作品的条款，也得到了摄影师的欢迎。

不过，抗议者并未因法案通过而偃旗息鼓。在议会通过该法案的第二天，Talk Talk（英国的一家 ISP）的战略和管理部主管希尼（Heaney）在其网站上发表博文表示，会在随后的二级立法中继续反对这些压制性的措施，“期望通过合法销售获利的想法是不可能实现的，因为文件共享者很容易就可以利用其他方法获得免费内容，而这些方法根本无从察觉。我们承诺，除非接到法院命令，否则我们不会把客户的详细资料交给权利持有人；如果由于客户涉嫌侵犯版权而被指示断开其网络连接，我们将拒绝这样做，并告诉权利持有人法庭上见。”

（信息搜集：郝卓然、张传京、杜倩；编译：杜倩。

资料来源：http://services.parliament.uk/bills/2009-10/digitaleconomy/stages.html；http://www.opsi.gov.uk/acts/acts2010/ukpga_20100024_en_1#pb1-l1g1；http://interactive.bis.gov.uk/digitalbritain/2010/04/factsheet-digital-economy-act/；http://www.ipworld.com/ipwo/doc/view.htm?id=237375&searchCode=S&searchPage=basic_search&queryString=Digital Economy Act；http://www.ipworld.com/ipwo/doc/view.htm?id=244085&searchCode=S&searchPage=basic_search&queryString=The Digital Economy Bill UK 2010；http://www.ipworld.com/ipwo/doc/view.htm?id=244966&searchCode=S&searchPage=basic_search&queryString=The Digital Economy Bill UK 2010；http://www.12312.gov.cn/bhzscq/zhdt/gj/639313.shtml；http://www.chinaelections.org/NewsInfo.asp?NewsID=174239）

【《新西兰版权法》92a修订后议会一读获全体同意】

2010年2月23日被提交议会讨论的修订后的《新西兰版权法》92条a款引入了“三振出局”规则来减少非法共享，该法案在2010年4月22日的议会一读中获得一致同意。新西兰商务部长西蒙·鲍尔（Simon Power）表示该法案在处理网络版权侵权问题上建立了一套公平、和谐的程序。“三振出局”规则确保了文件共享者得到充分的警示告知其未经授权的共享是非法的，同时为版权所有人实施其权利提供了有效的措施。该法案还扩大了版权法庭的司法裁判权，准许其听取双方的意见并且可处以最高1.5万美元的罚款。版权所有人可能会通过地区法院使终端用户断开网络连接（至多6个月）。

（信息搜集、编译：王敏。

资料来源：Copyright (Infringing File Sharing) Amendment Bill, http://www.parliament.nz/en-NZ/PB/Legislation/Bills/f/8/e/00DBHOH_BILL9773_1-Copyright-Infringing-File-Sharing-Amendment-Bill.htm; Unanimous support for Section 92a first reading, 22 April, 2010, http://www.beehive.govt.nz/release/unanimous+support+section+92a+first+reading; Section 92A bill introduced to Parliament today, 23 February, 2010, http://www.beehive.govt.nz/release/section+92a+bill+introduced+parliament+today）

【卢旺达知识产权新法和新政保障版权合理使用】

2010年5月，卢旺达作者协会成立并在卢旺达发展局正式登记，其依据就是最新制定颁布的知识产权保护和有效执法机制法案。同时，卢旺达知识产权新政策也于2010年3月24日获内阁批准。新法律和新政策有效地改变了卢旺达的知识产权法律现状，在保证卢旺达融入国际知识产权制度体系的同时，保留足够的自由推进该国的创新体制，这有助于卢旺达吸引海外直接投资、建立持久的技术基础以及履行国际条约规定的义务。

新的知识产权法律汇集了有关专利、著作权、商标、地理标志、工业品外观设计、实用新型和不正当竞争的实质性法律。有关传统知识和遗传资源的国家立法也在酝酿之中，这得到了世界知识产权组织和非洲地区知识产权组织的支持，此二者同样为新的知识产权法的制定提供了立法建议。

新颁布的知识产权法律包含促进卢旺达创意产业发展的内容。其中，第253条即为集体管理组织的创设提供了依据。2010年5月，卢旺达作者协会依法成立并在卢旺达发展局正式登记，包括音乐家联盟、电影艺术家联盟、作家和ISOKO艺术家联盟，该协会是卢旺达的第一个集体管理组织。该协会于2010年6月在贸易和工业部举行第一次会议并且吸收了215位成员，包括150位作曲家、45位作者和20位电影导演。

知识产权新政策指出，“对于卢旺达这样一个低收入的国家而言，我们的中长期发展程度如何取决于我们如何获取和利用信息，如何让引进的技术符合我们的经济发展需要以及在卢旺达境内创造出价值。”对卢旺达而言，一个能帮助人们发现自身创造的价值以及方便其利用别人的发明创造的行之有效的知识产权法律体系是至关重要的。

就在6月8日，卢旺达向世贸组织（WTO）提交了技术和金融合作的优先需求。最不发达国家为于2013年实施TRIPs协议而提出其优先需求。而卢旺达知识产权新政策的制定就是在TRIPs协议的指导下进行的，也为其实施TRIPs协议奠定了良好基础。

关于知识产权执法，该新政策根据TRIPs协议明确了三项基本原则：知识产权是私权，政府没有责任实施（而是提供私营实体用来实施该权利的授权）；在实施TRIPs协议时要考虑国家的不同（国情）；条约应当被解释为符合条约的目的和目标。对于TRIPs协议来说，该目的和目标就是“促进技术创新和技术的转移和扩散”。新政策强调，如果知识产权执法能够以合理和平衡的方式进行，则会使国内的创造者受益。

卢旺达版权法律的实施和发展与知识产权新政策的目标一和目标四紧密相关。目标一是提高技术知识和先进的科技技能，反过来会提升创新能力。目标四则提出，要促进创新和创意活动的投资。在前者，集中于如何处理图书馆、教育和教学机构面临的版权问题；视力受损者以及其他残障人士使用作品的问题，以及计算机程序和技术保护措施；民间文艺和公有领域等问题。

新政策明确规定了版权合理使用的具体情形：

——图书馆和档案室：知识产权法律允许为了保存和替换版本的需要复制版权作品，包括在图书馆或档案室永久收藏中更换某副本；从图书馆中复制材料为个人用于学习、学术和研究活动。

——教育：允许通过展示、广播、声音和图像记录等方式将已发表作品用于教学目的。该例外也包括不进行（直接或间接）商业营利的教育机构为教学或考试目的复制杂志、公报、文摘刊登的各种文章和短小的作品。公开表演只能用于教学活动中，而且参加主体限于学校教师、学生或者学生家长以及其他与教学活动有直接联系的人。

——计算机程序：在已获得计算机程序的情况下，为保存档案或更换已经合法拥有的副本，允许复制一个副本。该例外也适用于以类似方式对于计算机程序的改编。允许临时复制，如果该复制是在作品的数字传输中或者数字存储的作品可以识别的情况下，或者这样的使用是由有权主体或者使用个人使用例外做出的，以及临时复制附属于受保护作品的传输或可识别的行为。

——视力受损者：专门针对视力受损者，法律允许以某种可以使他们识别该作品的方式自由复制版权作品。该例外还包括向那些视力受损者发行复制件，包括在卢旺达境外制作的复制件，前提是这些视力受损者不能够合理获得可识别的作品，而且仅限于非营利目的。

——民间文艺：根据卢旺达的知识产权法律，民间文艺表现形式和公有领域的作品被认为是卢旺达国家文化遗产的组成部分。衍生自民间文艺作品的作品作为衍生作品享有版权，但不得损害任何对此类作品所使用的在先作品或民间文艺表现形式的保护。以营利为目的的使用或转移衍生作品的所有权要支付版税。版税的 25% 用于促进作品的创作活动。

——技术保护措施：卢旺达知识产权法律禁止规避技术保护措施或者生产、出口、销售、出租、许诺销售或出租，或者以营利为目的为推动、宣传和交易规避技术措施而持有装置、部件、服务的行为。这些规定在执行时要考虑政策所规定的与获得技术和技能更新以及获得基于知识产权的基本产品的政策目标。

自殖民时代开始，卢旺达已经形成了一定的知识产权法律框架。从 1962 年取得独立开始，卢旺达于 1963 年制定法律来规制专利、商标和工业品外观设计，又于 1983 年制定法律保护版权，反不正当竞争制度则可追溯至殖民时期的若干反不正当竞争规则。随着政策和法律环境的演变，卢旺达的发展其现代国民经济的目标突出要求其全面修改其知识产权法律体系。卢旺达知识产权新政策的起草始于卢旺达贸易和工业部（该部负责起草知识产权法律）向联合国贸发会议和贸易和可持续发展国际中心的技术援助要求。2008 年 9 月，在卢旺达首都基加利举行的会议上，人们清楚认识到传统知识、民间文艺和手工艺被认为是知识产权政策的重要组成部分。到 2009 年 3 月，联合国贸发会议和贸易和国际可持续发展中心和卢旺达政府联合召开了研讨会，对卢旺达的需求进行评估，并致力于知识产权政策草案的拟定。

作为实施该新政策的第一步就是要建立卢旺达发展和知识产权论坛，由政府、大学、研究机构和私营部门以及非政府组织共同参与。此外，卢旺达计划与其发展伙伴合作以进一步形成一种创造与革新的文化、加速技术转化以及提高本国人力资源在管理和实施知识产权方面的专门技能。

（信息搜集、编译：高迎迎、三玉凯。

资料来源：http://www.ip-watch.org/weblog/2010/06/08/information-the-lifeblocd-of-development-flo-ws-in-rwanda/；Rwanda Intellectual Property Policy（2009 年 12 月草案），http://ictsd.org/downloads/2009/03/programme2.pdf；http://www.wipo.int/wipo_magazine/en/2010/04/article_0003.html）

【加拿大版权法新草案再度规定“反规避”条款】

2010 年 6 月 2 日，加拿大联邦政府的工业部部长托尼·克莱门特（Tony Clement）和遗产部部长詹姆斯·摩尔（James Moore）在蒙特利尔的电子艺术视频工作室（the Electronic Arts video game studio）提交了版权法修改议案（即 C-32 法案）。他们由过去在下议院提出标准草案转变为现在向加拿大的文化企业家阐述版权的重要性。

加拿大版权法的上一次修改是在 1997 年，此次版权法修改提案旨在使版权法能够适应现代技术的发展。这是加拿大政府第三次尝试修改版权法。值得注意的是，2005 年和 2008 年的两届政府提出的法案都因包含禁止规避技术措施的条款而饱受批评，后随议会解散而被搁置。

2010 年的这份提案将使成千上万的加拿大人每天从事的活动合法化——比如复制光盘，但是此法案禁止解除加在小型应用程序和媒体上的数字锁。在这之前的 6 月 2 日，摩尔向媒体表示，该提案为加拿大的法律修订提供了一个平衡各方利益的方法，以使该国法律与其他发达国家保持一致。

这份提案（C-32 法案）包含以下新规定：

（1）格式转化或在不同的设备间复制资料，比如把 CD 碟上的内容复制到电脑里或 iPod 上是合法的。

（2）录制电视节目以供日后观看，而不是为了建图书馆之用是合法的。

（3）允许用户制作备份以防数据丢失。

（4）基于非商业目的，人们可以使用类似 YouTube（美国一个著名的提供用户上载观看和分享短片影片的网站）性质的网站。

（5）建立“notice to notice”系统。一旦版权人发现其权利可能被互联网用户所侵害，就可以利用此系统及时通知互联网服务提供商。互联网服务提供商必须通知该用户其可能违法的事实，而且在获得法院命令的情况下，版权人可获得该用户的个人信息。但是，互联网服务提供商和搜索引擎服务商不对其用户的违法行为负责。

（6）区分商业侵权和个人侵权。个人违反版权法将处以 100 美元～5 000 美元的罚金，这个数额低于现行版权法规定的 2 万美元的最高额。

（7）允许以滑稽模仿、讽刺和教育为目的使用版权作品。

但是，此次提案仍然坚持规定了禁止破解数字锁的条款。该法案禁止个人破解置于设备、光碟或者文档上的数字锁。比如，复制受到版权保护的唱片或是数字歌曲的行为是违法的。电视播音员播报的节目中也可能包含一组密码，这组密码可以防止电视节目被他人刻录，或者可以在一定时间之后从 PVR（分组视频协议）中删除这个节目，而消费者企图“绕过”这些密码的行为是违法的。该法案也规定了销售或进口用于破解数字锁的工具是非法的，并且允许版权人对那些鼓励侵权行为和盗版行为的网站予以追究。

上述规定引发了各界的热议。消费者和教育提倡者反对、批判有关数字锁的规定，而娱乐公司则对其热情赞美。

“坦白地说，该法案将使大学老师和学生更难有机会获取、使用受到版权保护的作品用来教学和学习”，加拿大大学教师协会的副主管大卫·罗宾逊认为，“政府通过制定针对所有规避行为的总括性条款来封锁大量的数字材料，它阻止了实验、教育和创新领域使用这些材料，同时对使用权也予以限制。”

每次修订案的提出，批评者都说政府是在迎合加拿大的娱乐业。娱乐业尽力游说，强烈要求出台像美国那样的反规避法案。美国《数字千年版权法》规定：破解在设备和内容上设置的数字锁的行为是违法的，法律另有规定除外；例外的情形如消费者被允许破解手机锁。C-32 法案也规定了类似的例外情形。

正如一则评论对英国《数字经济法案》一针见血指出的，该法案对所有独立专家关于如何促进英国数字经济发展的意见置之不理，而却奖励拒绝适应市场环境变化的、动作缓慢的娱乐公司，通过动用更多的公共执法资源来巩固他们的商业模式。同样的，加拿大的该法案也面临着这样的问题。

批评者之一的查理·安格斯（Charlie Angus）是蒂明斯-詹姆斯湾地区的议员，他曾于 2010 年 3 月向下议院提出一份议案，建议对像 iPods（硬盘式 MP3 播放器）和笔记本电脑这样的数码产品设置附加税（附加税将是私人复制征税制度的延伸。加拿大人购买像 CD 这样的空白媒介时候需要交税，版权人的作品被复制在了空白媒介上，附加税用于补偿版权人）。安格斯认为征税范围延伸到设备的做法既使得复制行为合法化，又补偿了版权人。

在一次访谈中，安格斯对数字锁条款予以批判：“在这一规定之下，以美国为主的娱乐业决定着你将获得什么权利。”安格斯本人也是位音乐家，他认为该法案除了扩大了消费者复制媒体内容的权利，并没有对艺术创作者们的权利做出相应的法律规定。

这得到了加拿大电影电视电台艺术家联盟（ACTRA）的响应。“人们不用支付任何报酬就可以复制我们的作品，怎么能平衡各方的利益呢？法案中缺失了有关尊重艺术创作者和支付给艺术创作者报酬的规定。”该联盟主席 Ferne Downey 说道，“对于消费者和艺术创作家来说，将私人复制税延伸到数码设备是一个实现双赢的方案，好像这连傻瓜都想得到。”

加拿大娱乐软件协会则认为 C-32 修订法案有助于限制盗用包含数字内容的产品的行为，例如视频游戏。“如果不对我们的知识产权加以强有力的保护，那么我们基本上就像在荒蛮的环境里运行法律，”行政主管丹尼尔·派尔（Danielle Parr）这样陈述道，“数以千计的加拿大人将自己的好点子转变为世界一流的娱乐，而打着消费者权利的名义来推行盗版无助于保护他们的生计。”

加拿大电影及电视制作协会（CFTPA）认为，C-32 修订法案有助于保护电影、电视以及在线作品领域的 16 万份工作。“尽管我们还需要对法案的具体问题进行研究，但我们仍认为该提案是加拿大同世界接轨、同各地的竞争者竞争所迈出的第一步，这将使我们的创新产业日益繁荣。”主席兼行政经理 Norm Bolen 说。

自由党的马克·加尔诺（Marc Garneau）认为，提案似乎遗漏了禁止破解数字锁规定的例外情形——如果是私人使用而非商业性使用，那么破解数字锁的行为是合法的。

渥太华大学法学教授米歇尔·盖斯特（Michael Geist）也认为，数字锁合理使用的规定和例外情形需要进一步扩大，消费者应该被允许为了个人使用而破解数字锁。"随着美国和版权游说团体要求数字锁条款被原封不动地保留下来，合理使用改革无疑要受到攻击，并要承受废除改革的施压。"盖斯特说道，"如果加拿大人保持沉默，那么两种可能都会有。如果他们发表看法，或许这个提案能被确定下来。"

背景链接：

该法案经过了最为广泛的公众咨询，共 8 306 名加拿大人提交了意见和建议，其中，8 260 名反对"数字锁"条款，他们几乎一致要求："我们不想要美国那样的版权制度。"只有 46 人支持该条款。

但加拿大人发现，广泛咨询的结果是政府复制了美国对待数字锁的方式，而且甚至更糟的是，美国至少还每三年对该规则进行一次听证、审查，而加拿大政府的该条款却连这么少的可怜的防御措施也省略掉了。

加拿大版权法修订无法回避这样的问题，"该法案同时创设了一些消费者的权利，但如果一个数字锁阻止了该权利的行使，打开该数字锁的行为会是违法的吗？"

正如加拿大前外交部长所说："总理的职责就是快速行动，使美国满意；我们不关心你做什么，只要美国满意。"而美国新上任的美国知识产权执法协调官员维多利亚·艾斯比奈尔（Victoria Espinel）重申了美国利用贸易武器迫使各国采取美国式的版权规则的立场。

（信息搜集：杜倩；编译：薛佳慧、刘畅、杜倩。资料来源：http://www.cbc.ca/canada/story/2010/06/02/con-copyright-advance.html；http://www.cbc.ca/technology/story/2010/06/02/copyright-bill-clement-montreal.html；http://www.pt268.com/a/zhuanlizixun/guojizixun/20100609/4576.html；http://www.guardian.co.uk/technology/2010/jun/29/canada-copyright-digital-economy）

【美国《数字千年版权法》修订 弱化"反规避"条款】

众所周知，在实施信息高速公路战略后，美国一直是网络数字化技术的领头羊。同时美国是知识产权的大国，在网络数字化知识产权立法上也领先于世界。1995 年 9 月美国政府发表《知识产权与国家信息基础设施：知识产权工作组的报告》（Intellectual Property and the National Information Infrastructure：The Report of the Working Group on Intellectual Property Rights1995〉，以下简称《白皮书》），从法律、技术及教育等方向着手就数字时代对现行知识产权法律制度造成的冲击进行探讨，并提出修改著作权法条文并付诸实施的建议。这部《白皮书》是美国网络知识产权法律问题的理论基础，此后的讨论和司法建议都是在此基础上进行的。在版权方面，《白皮书》涉及到作品的临时复制、文件的网络传输、数字出版发行、作品合理使用范围的重新定义、数据库的保护等内容。

1996 年 12 月，世界知识产权组织（WIPO）通过了《世界知识产权组织版权条约》（WCT）、《世界知识产权组织表演和录音制品条约》（WPPT）两项条约，以期解决因国际互联网蓬勃发展而引起的版权问题。美国《数字千年版权法》（以下简称 DMCA）就是在此背景下于 1998 年 10 月诞生。美国国家图书馆每三年就要对 DMCA 进行一次审查，到 2010 年已是第四次。2010 年 7 月 26 日，DMCA 进行了修正并重新公布。

（一）六项修订弱化"反规避"条款

此次 DMAC 的修订围绕与美国版权法第 1201 条的"反规避行为"（anti-circumvention）相关的条文进行了较大幅度的修订。修正案规定：

1. 对合法录制、取得并受内容不规则系统（CSS）保护的 DVD 影片的规避。在此种情况下，当规避人是基于发表评论或者批评的目的将电影片段剪辑成新的作品，并且实施规避的人有合理理由相信，为了实现该目的，这种规避是必要的，则这种规避是合法的。

（1）大学教师、影视传媒专业学生基于教学研究需要的使用；

（2）纪录片的制作；

（3）非商业性影片。

2. 支持在无线手持设备上运行的计算机程序。当这种程序是为了实现计算机和手机间应用程序的互用性，且手机上的计算机程序是合法取得的，则这种规避是合法的。

3. 支持无线手持设备接入无线网络的计算机硬件程序或者软件程序。当这种程序是计算机程序版权人为了接入无线网络和网络运营商授权的其他网络而推出时，则这种规避是合法的。

4. 对个人计算机上可以访问到的并受到合法程序访问控制技术保护的电子游戏的规避。当规避是为基于诚信对游戏软件进行测试、调查或修复安全缺陷和漏洞，则规避是合法的。

（1）安全性测试的信息主要用于提高所有人或操作者个人电脑、电脑系统或电脑网络的安全性；

（2）安全性测试的信息应当以一种不侵犯版权或其他可适用法律的方式使用和维护。

5. 对发生故障、损坏或已被淘汰的软件保护器（通过这种程序才能访问授权软件）的规避。“被淘汰”是指该软件保护器不能再被生产、修理或者更换，在商业市场上已经没有可利用的合理价值。

6. 对电子书形式发布的文学作品的规避。当现存作品的所有电子书版本（包括通过生产商授权而获得的数字文字版本）都通过访问控制技术防止其产生阅读功能，或者防止该文本以其他格式在屏幕阅读器上被阅读时，对这种控制技术的规避是合法的。

美国版权局在2010年对以上6项规避给予了豁免，其中第2条和第4条是新批准的豁免，其他4条都是在2003年和2006年的基础上进行的新的修订。

（二）平衡过于失衡之利益

虽然IT业界和一些学者指责说，此次对DMAC的审核修订中的一些条款是专门针对苹果公司的。但给予“jailbreaking”（手机越狱程序）等以豁免并扩大了对网络版权合理使用的范围，是有其深刻的现实原因的：DMAC给予了“数字锁”近乎全面的保护。

首先，豁免“jailbreaking”等智能手机解锁程序具有其合理的基础。当用户通过“jailbreaking”方式破解智能手机时，可以使智能手机的操作系统与其他独立的应用程序相兼容，这虽然不被手机制造商和操作系统供应商所允许，但其修改很可能仅是消费者个人的合理使用，其目的只是将手机用户与电信网络绑定，而不带有任何商业目的或营利目的，因此不应禁止对智能手机的解锁（unlocking）。

其次，苹果公司仍然可以采取措施应对智能手机解锁程序。苹果公司可以通过采取相应的技术和签订使用合同等多种措施，限制用户的选择自由。而且虽然用户自己的使用是合理使用，但其不能传播，不能允许他人复制相关的软件，否则就违反DMAC的“反规避”条款而可能面临法律的惩罚。

最后，美国版权法第103条关于“禁止破坏版权之保护体系及保护版权管理信息的完整性”（Integrity of copyright management information）的规定饱受诟病。该法条明确规定禁止破坏著作权之保护体系及保护著作权管理信息的完整性，违反者将被追究刑、民事责任。违反以上内容者，除非营利性的图书馆、档案室或者教育机构外，任何人（包括一般人）第一次侵权将被判处5年以下的徒刑、50万美元以下的罚金，这两项处罚可并罚；再犯，则将被判处10年以下的徒刑、100万美元以下的罚金，这两项处罚亦可并罚。但是该规定过于注重保护版权人的利益，而忽视了社会公众的需要，损害了社会公众的利益。第一，版权人对DMCA条款的滥用，限制了数字化技术的科学研究工作，阻碍了科学进步，最典型的就是俄国程序员德米特里·斯克拉雅罗夫（Dmitry Sklyarov）被捕案；第二，DMCA对于数字化作品保护措施的规定过于笼统，使得关于版权保护系统的讨论受到审查，学生、科学家和安全专家由于担心触犯DMCA而不再发表他们在现有安全系统漏洞方面的研究成果。

由于DMCA的严苛规定过于向版权人倾斜，使得版权人对其拥有的技术实现了垄断而阻碍了相关领域的科技进步，从而最终损害了社会公众的利益。DMCA此次的修改使得利益的天平往公众一方倾斜，双方的新一轮博弈又开始了。新DMCA的社会效果如何，其下一轮审查又将有何新的突破，让我们拭目以待。

背景链接：

德米特里·斯克拉雅罗夫案：ElcomSoft公司研制和销售的一种名为“高级电子书籍处理器”的软件，其希望能够让用户拷贝带有保护机制的电子书籍，并将它们传输到笔记本电脑上，使计算机可以为存在视力障碍的用户朗读书籍。德米特里·斯克拉雅罗夫（Dmitry Sklyarov）就是该软件程序的研究者，这套软件由ElcomSoft公司在互联网上发行。由于“高级电子书籍处理器”在使用过程中，可以将著名的软件巨头Adobe Systems Inc. 的Adobe电子书籍格式转化成PDF文件，这一功能的操作将会撤销电子书籍出版商设置在电子书籍中的限制保护措施。于是，在软件巨头Adobe Systems Inc. 的鼓动下，2001年7月美国警方以违反DMCA为由，将在拉斯维加斯出席科技会议的斯克拉雅罗夫拘捕。其后他遭到了几个星期监禁并被扣留在美国长达5个月。斯克拉雅罗夫不得不与美国司法部达成一项协议：他同意出庭代表公司雇主作证情况下，检控方放弃对其起诉。2001年12月，斯克拉雅罗夫才被获准回家。但司法部是以销售和合谋销售盗版程序为由，根据DMCA中的刑事条款继续起诉其雇用单位ElcomSoft公司。

ElcomSoft公司制作的“高级电子书籍处理器”软件不过是帮助那些数字化作品的合法使用权人更

为方便地使用该数字化作品，例如，人们为了旅行方便，可以将电子书籍从台式机拷贝到笔记本电脑上，或将电子图书传输到其他电脑并在电脑上以语音方式读出。但因为这一新技术中的某些功能可能会威胁到著作权人 Adobe Systems Inc. 在电子书籍上设置的保护措施，因此，其试图利用 DMCA 的第 103 条款对 ElcomSoft 公司及其软件研制者采取司法措施。

2002 年 12 月 17 日，硅谷圣荷西联邦陪审团在经过两个礼拜庭审与三天讨论之后，裁定斯克拉雅罗夫的雇主、俄国的 ElcomSoft 公司所面对的 7 项控罪全部不成立，因为陪审团认为控方不能够证明 ElcomSoft 故意违反 DMCA 法案。

（信息搜集、编译：刘礼。

资料来源：http://www.loc.gov/today/pr/2010/10-169.html; http://www.engadget.com/2010/07/26/lib-ra-ry-of-congress-adds-dmca-exception-for-jailbreak-ing-or-root/; http://en.wikipedia.org/wiki/Digital_Millennium_Copyright_Act; http://www.copyright.gov/legislation/dmca.pdf; http://www.hudong.com/wiki/%E3%80%8A%E6%95%B0%E5%AD%97%E5%8D%83%E5%B9%B4%E7%89%88%E6%9D%83%E6%B3%95%E3%80%8B; http://tech.163.com/10/0727/07/6CJ6N6R9000915BE.html; http://wapedia.mobi/en/Digital_Millennium_Copyright_Act)

【日本提出解决访问控制技术措施规避问题】

日本文化审议会著作权分会法治问题委员会第九次会议于 2010 年 9 月 7 日召开，在研究日益恶化的互联网环境下的著作权侵权问题上，就如何规制访问控制这类技术措施的规避行为等问题进行了讨论。委员会新设了技术保护措施工作组，计划在 2010 年 11 月底总结出相关提案，并于 2012 年予以实行。

该会议提到了任天堂对抗烧录卡输入业方面的例子。任天堂 DS 等游戏机中设置了访问控制的技术保护装置，而烧录机等机器正是用于规避该种技术保护措施的。但是，日本现行著作权法并没有对转让烧录机等规避访问控制器以及为该类机器提供相关服务的行为规定相应的刑事处罚和民事救济（停止侵害请求权），只是在反不正当竞争法中有相关停止侵害请求权和损害赔偿请求权的规定。由于反不正当竞争法的立法目的仅限于确保行业之间的公平竞争，因此对于日益广泛化的个人行为（即类似制造这类机械器材、个人使用烧录卡等行为）没有相应的法律进行约束。

访问控制是限制访问的技术，复制控制是限制复制的技术，虽然二者都是用于保护作品权利的技术保护措施，但在日本现行著作权法中并没有规定对规避访问控制行为的规制。现行著作权法第一百二十条规定了对著作权技术措施的保护。根据该条的规定，软件等为了防止被任意复制而安装了技术性防复制装置的，他人不得规避这类防复制措施。销售、出租或以销售、出租为目的而制造规避这些措施的设备，将被追究刑事责任；第三十条第二款规定规避了技术保护措施而进行的复制，即使是个人使用，也不属于权利限制（即合法使用）中“个人使用的复制”的范畴。但此处的技术保护措施指的是防复制的保护措施，而不包括访问控制的保护措施。

在新制定的日本“知识产权推进计划 2010”中，有关访问控制规避的规制也作为课题之一，成为“2010 年立法技术层面上的具体制度改革提案”之一。在以日本、美国和欧盟为主展开谈判的《反假冒盗版产品扩散条约》（ACTA）中，该规制问题也是关注的热点之一。

（信息搜集、编译：杨玥。

资料来源：http://news.braina.com/2010/0908/rule_20100908_001____.html）

【捷克政府拟修订著作权法削弱知识共享行为】

2010 年 8 月下旬，捷克共和国的一家媒体 Piratske Noviny 披露了正在审议过程中的版权法修正案。此次修法是由文化部、OSA 等集体协会以及版权服务企业家联合会联手启动的。由于该修正案草案的内容涉及知识共享和公共许可、孤儿作品的管理以及版税分配等多个方面，因此引起了广泛讨论。

根据泄露的修正案草案可以得知，捷克政府将会设立一套完整的约束措施规范公共许可作品（public licensed materials，包括知识共享许可）。该草案规定，任何人想使用公共许可证必须要向著作权集体管理组织报告，由该管理组织以问询的方式对该作品进行审查，创作者首先必须证明他（她）是该作品的作者才可以合法地使用公共许可证。

这意味着为了非营利（免费）版权作品（copylefted works）的自由流通，其作者将不得不告知集体管理组织并承担举证义务，换句话说，作者必须证明其作品已获得许可；或者使用者须证明集体管理组织发布公告，而这比前者难度更大。相关评论认为，这剥夺了创作者享有的对其作品授予公共许可的选择自由，捷克政府的横加干涉违背了公共许可制度最初设立的原则。

根据这份草案的规定，出借版权作品的图书馆可以代表作者收取版税，不过作者的版税税率将会砍掉近一半。此前，图书馆收取的版税会全额转交给作者，而根据修正案草案，作者将只能收到上述版税的 60%，而剩下 40%将直接拨给出版商。

修正案草案对孤儿作品的使用也做出了规定。根据该草案，孤儿作品的权利由集体管理组织代表行使，收取的版税由集体管理组织保管 3 到 5 年，每年扣除 20%作为管理费，剩余的部分转至国家的文化及电影基金。不过申请使用者需要证明该作品是孤儿作品且已经过努力寻找作者无果。

相关媒体评论认为，该修正案的规定损害了版权作品使用者、图书馆、甚至作者本人的利益，妨害了公共部门预算，该规定表明政府加紧了对互联网的控制，集体管理组织也将会获得人们的注册信息。此次修改将抹杀以往改革的成果，甚至回归到 1989 年共产主义解体时期，因为此次修改要求印刷机的登记，对不予登记者处以罚金。而也有评论指出，对于作者可获得的版税通过合同制度就可以解决，为何非要限定为 60%呢?

有媒体指出，这一做法将会合法地摧毁知识共享协议。有人提出该规定违反了《伯尔尼公约》，该公约承认作品的自动保护原则，作者既不需要申请也不需要注册。除非作者明示放弃该作品，或者该作品超过保护期限，作者才丧失相应的版权权利，而且适用国民待遇原则。知识共享协议的发言人戴安·彼得斯指出，该规定将影响到所有人，而不光是适用共享协议许可的作品。草案授权集体管理组织控制孤儿作品，并抽版税为协会所用，并禁止未经许可发行和复制孤儿作品的行为。它还加强了 OSA 报告任何现场表演的义务。它强化了集体管理组织的垄断地位，废除了这些组织发行对文化有重要意义的作品和表演的义务。

（信息搜集、编译：杜倩。

资料来源：http://www.ceskapiratskastrana.cz/wiki/:en:zo:docs:pn_autz_draft; http://www.zeropaid.com/news/90412/government-drafting-copyright-bill-to-legally-gut-creative-commons-chop-artist-royalties-by-nearly-half/; http://www.zeropaid.com/news/90452/exclusive-creative-commons-carefully-monitoring-czech-copyright-developments/; http://www.ipr.gov.cn/guojiiprarticle/guojiipr/guobiehj/gbhjnews/201008/945718_1.html)

【英国政府知识产权战略咨询委员会一项调查称非法下载不会危害合法销售】

2010 年 1 月 15 日，英国政府知识产权战略咨询委员会（SABIP）在其官方网站上发布的一项报告称，非法音乐消费可以使合法的消费更具有吸引力。该报告深入研究了消费者对知识产权的态度后发现，“不管是在网络上还是在网络之外，有关音乐的国际调查都表明，消费非法文件能够使合法消费更具有吸引力。”

报告还发现人们很少将侵权作品的非法性作为反对该消费的威慑力量。报告称“当侵犯受版权保护的内容时消费者会掂量很多相同的因素，就像他们购买数字文件时一样。”这些因素都基于价格和材料的易于获得性，而不是它们是否合法。报告得出的结论是，法律的威慑和日常社会性质的制裁，或者包括加密在内的技术处理，似乎不能影响到人们的行为。

该报告得出的结论是消费者网上网下的行为需要从一个新的角度来看待，这种新的角度涉及到消费者的选择，而不仅仅从犯罪行为的角度来看待。

英国政府知识产权战略咨询委员会成立于 2008 年 6 月 2 日，是由英国知识产权局设立的一个独立的、非部门公共机构。它由 6 个非执行独立人员组成的委员会组成，每年至少召开 6 次工作会议。会议由秘书处召集，秘书处的人员由英国知识产权局配备。该委员会的主要任务是为英国政府知识产权政策提供战略性的、独立并且有证据支撑的建议。

（信息搜集、编译：张传京。

资料来源：http://www.ipworld.com/ipwo/doc/view.htm? id=239387&searchCode=N; http://www.sabip.org.uk/home/research/research-digitalage.htm)

【俄罗斯警方向 BT 网站和用户宣战】

2010 年 2 月，俄罗斯最大的域名注册和网站空间提供商 RU-Center 被迫关闭了 Torrents.ru。Torrents.ru 是该国最大的 BT 网站，大约有 400 万用户。关闭理由是，该网站实施了俄罗斯刑法第 146 条禁止的行为，即实施了“非法使用版权和相关权利的行为，以及大规模获取、储存、运送作品的伪造品或贩卖录音制品的行为。”

然而，Torrents.ru 很快变身为 RUtracker.org，继续供用户使用。但这种反击却促使俄罗斯当局采取更加积极的行动。俄罗斯内务部经济安全委员会副主任维克多·瓦西里耶夫（Victor Vasilyev）表示：我们的任务就是阻止这些网站所有者的行动，警方也将采取行动，制止类似 torrents. ru 的文件共享网站的运行，并与它们的创建者进行抗争。瓦西里耶夫说，文件共享网站的存在严重地侵害了版权所有人的权利，但警方的打击成效有限，许多网站（包括 RUTracker. org）注册的不是 . ru 域名，这使情况更难处理。“但是，即使他们是在俄罗斯联邦内注册的域名，很多时候也很难确定域名所有者的身份，让其承担责任。”他补充道。

Torrents. ru 的创建者亚历山大·沃尔科夫认为，警察应该去打击交换盗版资料的人，而不是 BT 服务器。他说，打击 BT 网站会限制用户共享信息的能力，这是对公民权利的侵犯。“不过，事实上在限制盗版资料的传播交换方面，政府已经竭尽全力了。”沃尔科夫补充说。

不过，似乎俄罗斯警方已经开始从打击网站和用户这两个方面来研究这个问题了。俄罗斯当局相信，接下来他们要做的就是设法追踪这些网站并使其用户对自己的行为负责。

莫斯科警方经济犯罪部门的负责人尼古拉·纳兹莫科（Nikolay Nazimok）说，由于文件共享网站的用户既可以下载也可以上传，实际上他们已经成为了盗版资料传播的一个环节。“文件共享网站带来的问题日益严重，它们在互联网中形成了一个关系网，通过链接下载电影，用户也会成为盗版品的分发者。”他已经提出建议，将非法共享文件的人视作刑法上的伪造者（criminal counterfeiters）。

（信息搜集：郝卓然；编译：杜倩。

资料来源：http://torrentfreak. com/police-declare-war-on-bittorrent-sites-operators-and-users-100325/；http://www. sinoqc. com/printthread. php? t=164118）

【希腊警方逮捕 6 名 BT 网站管理员】

继 2009 年 12 月搜查了大型文件共享网站 Greek-Fun. com 后，希腊警方又采取行动关闭本国最大的 BT 网站 Gamato. info，同时逮捕网站经营者。到 2010 年 3 月 10 日为止，警方已逮捕了 6 个人，国际刑警组织正在通缉居住在荷兰的另外两个人。

在警方关闭 Greek-Fun 的同时，希腊视听作品保护协会（EPOE）开展了一项调查。拥有 28.5 万名会员的网站 Greek-Fun. com 提供了大约 1.4 万条链接，指向音乐、国内及国外的电影、软件和电脑游戏，其中大约 5 500 条链接被认为指向 EPOE 成员的作品。EPOE 认为网站的财务数据证明其实施了犯罪行为，因为和很多网站一样，用户如果想使用网站的某些功能则必须向网站交费，意味着 Greek-Fun 是营利性网站。最后，至少一名网站管理人员被逮捕，另有多人接受了询问。EPOE 说该网站给其版权人造成了 180 万欧元的损失。

不久，希腊最大的 BT 网站、拥有 89.8 万名会员的 Gamato. info 也出乎意料地关闭了，官方解释说是由于技术问题。不管原因如何，这个结果对希腊网络通信来说都是一个重创。Gamato 持续关闭了几个星期，在 2010 年 2 月的头几天重新开放，然而 3 月 10 日它又重新关闭了，前景不容乐观。

希腊警方（ELAS）已部署围捕 Gamato 的管理者们，并督促国际刑警进一步追捕两位居住在国外的管理员。从 TorrentFreak（一个博客网站）获悉，他们是网站背后的核心人物，现居住在荷兰。Gamato. info 的服务器安装在那里，但不确定目前是否连接得上。“我们服务于很多不同的网站，只要这些网站同意了我们的服务条款，便成为我们的客户。我们并不监视我们的客户，无论它们是否遵守荷兰法律。”Gamato 的经营人在 TorrentFreak 上说。

尽管 Gamato 只是一个私人 BT 网站，但它并不按常规出牌。它并不是“邀请型”的网站，而是任何人都可以注册。尽管它计算分享率，但并没有根据分享数量进行奖励或惩罚。而且不同于 Greek-Fun，Gamato 并不向用户收费。但是据警方透露，希腊 80%的在线侵权都应由 Gamato 的文件共享负责。据 EPOE 计算，Gamato 给它造成的损失高达一亿欧元。

事实上，几乎每个网站都提供用户制作的针对英语影视剧的西班牙语字幕，但从 2008 年起，它们开始面临法律风险，在很短的时间内，包括 greek-tvsubs. gr、subtitles. gr、greeksubs、subs4u. gr 和 apsubs. com 等网站相继关闭或删掉了字幕。

（信息搜集：郝卓然；编译：薛佳慧。

资料来源：http://torrentfreak. com/six-bittorrent-admins-arrested-interpol-chase-two-more-100310/）

【ACTA 泄露，各国热议“三振出局”规则】

2010 年 4 月，美国、澳大利亚、加拿大、欧盟、日本、韩国等 37 个国家和地区代表齐聚威灵顿协商规制版权问题的《反假冒贸易协议》（ACTA agreement）。ACTA 谈判开始于 2008 年 6 月，美国是其倡导者。该谈判的目标是要建立一个全新的、合理的打击假冒和盗版协议。一旦被最终确定，该协议将会为各国政府打击破坏合法贸易秩序和可持续发展的世界经济的假冒和盗版商品提供更有效的帮助，在某些情况下，能够提醒消费者远离危险的假冒商品。

2010年2月23日，ACTA谈判的一份文件遭到泄露，确认了早期官方的说法，即协议不包括对被控侵权人强制切断网络连接的规定。所谓“三振出局”模式（所谓“三振出局”是指当发现某位宽带用户存在下载盗版材料行为时，有关部门可以对其进行多次警告，两次警告过后如有再犯，将被断网或者追究法律责任）在法国、新西兰、韩国和中国台湾地区获得通过。这份文件最初被国际数据集团（IDG）通讯社获悉，据说文本日期是2009年10月并且是最近的一份有效文本。

欧盟

欧盟正在呼吁美国和其他国家公布ACTA协议草案，以让那些担心该协议会建议切断非法下载者网络连接的人安心。欧洲互联网服务提供商在2010年2月份曾表示，他们对新一轮ACTA会谈中泄露的细节很关注，这表明，参加者讨论了对共享版权内容的用户采取的“三振出局”规则。互联网服务提供商还十分关注用户违反版权法时可能承担的法律责任的变化，他们认为这会损害人们的隐私权，扼杀创新和欧洲互联网的竞争力。

2010年2月22日，欧洲数据保护负责人彼得·哈斯汀斯（Peter Hustinx）号召欧盟委员会“就ACTA建立一个公开透明的对话”。哈斯汀斯建议谈判国家寻找“较少的侵害性方式来对抗盗版”而不是“三振出局”政策，并且说，尽管知识产权是重要的，但“不能将其置于高于个人隐私权、资料保护和其他权利（比如无罪推定、有效的司法保护和言论自由）的地位”。

2010年2月24日，自由党（ALDE）、社会党与民主党人协进联盟（S&D）和欧洲人民党议员团（EPP）的成员发表声明，要求欧洲委员会立即将所有与正在进行的ACTA谈判有关的文件公之于众。

议员弗朗索瓦·卡斯特克斯（Françoise Castex）（S&D）、祖扎娜·瑞多凡（Zuzana Roithová）（EPP）、亚历山大·阿尔瓦罗（Alexander Alvaro）（ALDE）和斯塔夫罗斯·兰姆布里尼迪斯（Stavros Lambrinidis）（S&D）也斥责了ACTA中的一些条款，尤其是它“不应当间接地对欧洲的版权、专利和商标法进行强制一体化”。对于切断重复侵权人的网络连接这一条款，议员们认为，要断开网络连接必须经过正当的法律程序。

为了应对各种传言，以及至少在增加透明度问题上向前迈上一步，欧盟委员会于3月22日在布鲁塞尔举办了一次咨询会议。大约150名利益相关者受邀参加了会议，但是他们得到的信息并不多。对于传言，欧盟贸易官员鲁克·德维格勒（Luc Devigne）没有明确作出解释，但是他非常肯定地表示，这项备受争议的协议中并没有对于欧盟法规的实质性改变。德维格勒澄清说，谈判中没有人提出要实施这种措施，哪怕仅仅是作为一种建议。“并且如果这类建议被提交到谈判桌上，我们也会加以拒绝。”此外，未来要在跨越国界时搜查私人笔记本电脑中非法下载文件的说法，也是无稽之谈。

一些与会代表表示，从泄露出来的文件上看“三振出局”法案并非子虚乌有。许多民权组织也向官员施压要求官方澄清有关对侵犯版权的互联网用户处以断网处罚的传言，并且表示互联网接入权是人的基本权利之一，除非持有法院判决，政府不能加以限制。德维格勒同时也否认了ACTA将个人用户作为强制执行的对象。德维格勒不认为ACTA谈判中单独有一项义务是要限制打击假冒产品，并且新规定要为简单的版权侵权留出法律缺口。而在要求进行ACTA规定对欧盟公民基本权利影响的评估问题上，委员会进行该工作的希望也很渺茫，因为ACTA谈判尚未达到一个能让评估结果具有意义的阶段。德维格勒说：“ACTA协议中明确处理的只是如何执行法律，而法律本身并没有本质的变化。”因此，欧洲的互联网服务提供商自身的法律角色与责任并没有改变。只有当侵犯版权形成“商业规模”时，才会受到监控。但被问到怎样才算达到规模时，德维格勒没有给出答案。

有议员还提出，法案不符合欧洲议会的规定，后者于2009年5月初通过一项修正案，旨在为民众的互联网接入权提供更加充分的保护，规定只有根据司法机关的决定才可以中断非法下载用户的互联网连接。

加拿大

加拿大法律专家迈克尔·盖斯特（Michael Geist）在对这份文件的快速分析中也注意到了通知和移除程序（notice and take-down procedures）和反规避条款，它们都是为了防止规避技术保护的措施。盖斯特认为，其中的反规避条款是一种改变世界知识产权组织的互联网条约（《世界知识产权组织版权条约》和《世界知识产权组织表演和录音制品条约》）的企图，其利用ACTA作为“赢回1996年政策战失利的机制”。他们将会强制（欧洲）国家采用美国的更加严厉的法律来对抗规避技术保护的措施，并且降低不同实施行为的灵活度，这些实施行为是明确地包含在上述条约中的。

新西兰

新西兰抗议者提出，ACTA的问题在于秘密而不是公开的协商，新西兰公众无法知晓新西兰在该协商中的立场，而这类国际协议的签订会让一国承担相应的国际义务，该协商应当受到公众的审议，秘密协商侵犯了公众的表达自由权利，是对民主控制的欺骗行为。虽然该协议仍需要各国国内法的协调一致，但是抗议者认为这是美国为了保护本国版权人的利益，输出美国版权观念和制度以及强化对美国作品的保护。

法国

牵动各方神经的“三振出局”规则在打击网络侵权行为上究竟功效如何，法国的一项研究结果十分值得关注。2009年5月12日法国国民议会（议会下院）以296票对233票的表决结果通过了《网络反盗版法》（即“三振出局”法案）。根据该法案，政府将成立一个高级委员会，对网络发行和版权进行管理，并对非法下载行为给予惩罚。根据法国雷恩大学所公布的一项调查结果显示，自议会通过该法案以来，法国的非法下载者不但未加收敛，反而变本加厉，参与非法下载的绝对人数增长了3%。

该法案被视为欧洲最严厉的打击网络版权侵权行为的法律，主要是由于其采用了颇具争议的“三振出局”规则。对于触犯该规则的用户当局会给其断网并处最高30万欧元的罚金，如果不缴纳罚金就将被判入狱最多两年。更严厉的是，那些由于疏忽而无意中为他人盗版提供了网络连接的用户，比如无意中为盗版分子提供无线局域网（WiFi）热点连接的人，触犯“三振出局”规则后也会被断网1个月，或者直接罚款1 500欧元。

这项针对2 000名布列塔尼地区网民的调查也表明，非法下载的绝对人数增长了，而且他们越来越注意在下载时采用法案中没有提及的其他技术手段，来逃避法案的惩罚。自从2009年秋天以来，15%从事分布式对等网络（点对点）方式下载的网民停止了非法下载，将近1/3的人停止了一切形式的非法下载，而其他2/3则转而采用了法案规定之外的其他下载形式。相比之下，使用流媒体技术（允许网络用户在线收听或收看影视音乐作品），或者服务器直接下载（目前Rapidshare和Megaupload网站都使用该项技术提供用户文件保存和下载服务）的网民自2009年秋天以来已经增加了27%。

法国雷恩大学的研究人员也指出，绝大多数的互联网用户都没有网络侵权的行为，此外很多非法下载者同时声明自己也通过合法途径购买喜爱的数字产品。

（信息搜集、编译：李云柯、戚雯、王敏。

资料来源：http://www.ip-watch.org/；http://www.ipworld.com/ipwo/index.htm；http://www.ip-watch.org/weblog/2010/02/25/european-commission-gets-tough-treatment-from-parliament-over-acta/；http://www.ip-watch.org/weblog/2010/02/23/acta-internet-document-leaked-new-transparency-call/；http://www.nzherald.co.nz/nz/news/article.cfm?c_id=1&objectid=10637973）

【美国发布2010年《特别301报告》 中国继续留在优先观察国家名单中】

2010年4月30日，美国贸易代表办公室（USTR）发布了2010年度的《特别301报告》。与往年一样，2010年的《特别301报告》也包括五个部分，即知识产权保护和实施的进展、国别报告、臭名昭著的市场、《特别301报告》的法律背景和加入《WIPO表演和录音制品条约》和《WIPO版权条约》（以下简称“WIPO互联网条约”）的成员列表。

从20世纪80年代开始，USTR每年都会发布《特别301报告》，全面评价与美国贸易伙伴知识产权的保护和实施情况，并视其存在问题的程度，将其分别列入“优先观察国家”（Priority Watch List）、“观察国家”（Watch List）和“306条款监控国家”（Section 306 Monitoring）三种不同级别的名单，作为美国政府决定是否对其进行贸易报复的参考。

USTR制定《特别301报告》时会考虑诸多因素，其中包括：贸易伙伴的发展水平、承担的国际义务和承诺，权利持有人和利害关系人的关切度，美国的贸易和投资政策，以及知识产权保护和实施过程中的热点和发展趋势。但是最重要的考量因素是：对美国某一特定的贸易伙伴而言，形成其知识产权保护和实施制度的富有特色的事实和情况。因此，《特别301报告》是利益相关者、利害关系人、外国政府和美国国会密切协商，以及有关的美国政府内部机构磋商的结果，也是美国利用贸易政策推行其贸易价值观念的一种手段。

在2010年制定《特别301报告》之前，为了确保报告评估内容的准确和均衡，USTR开展了一系列活动以期提高公众的参与度，包括在《联邦纪事》上刊登公告征询意见以及举行公开的听证会。美国的相关行业协会对此极为重视。美国国际知识产权联盟（IIPA）曾于2月18日向USTR提交了一份建议书反映了版权行业关心的各种形式的盗版问题，主要关注39个国家或地区的版权盗版、必须为之努力的法律和执法改革以及其他市场准入壁垒问题。最终，USTR共收到571份书面建议书；来自其他国家、相关行业和非政府组织的23名代表参加了3月3日举行的听证会并发表意见。

在2010年《特别301报告》的审议程序中，USTR共审查了77个贸易伙伴的知识产权保护和实施情况，最后将其中的41个分别列入相应级别名单。优先观察国家名单上有中国、俄罗斯、阿尔及利亚、阿根廷、加拿大、智利、印度、印度尼西亚、巴基斯坦、泰国、委内瑞拉。观察国家名单包括白俄罗斯、巴西、埃及、芬兰、希腊、意大利、马来西亚、墨西哥、挪威、秘鲁、菲律宾、西班牙、越南等29个国家。巴拉圭继续被列入306条款监控名单。同时USTR表示，在2010年会对菲律宾和泰国的知识产权保护实施情况进行不定期审查（Out-of-Cycle Reviews，OCRs），并考虑其在《特别301报告》中的地位。

与2009年度的《特别301报告》相比，在2010年的报告中，USTR将以色列从优先观察国家名单删除，列入了待决状态（Status Pending）；将捷克、波兰、匈牙利和沙特阿拉伯4个国家从观察国家名单中删除；将斐济从《特别301报告》中删除（注：斐济曾于2009年被列入接受不定期审查国家名单中）。这是USTR根据美国在对上述国家2009年的知识产权保护和实施情况的调查以及达成的双边贸易和投资协议做出的调整。具体的情况如下：

以色列——最近，美国与以色列就某些问题达成了共识，主要涉及医药产品知识产权保护机制上的一些长期存在的问题。美国希望以色列对药品知识产权的保护达到与之发展阶段相同的其他发达国家的保护水平。美国与以色列会继续致力于解决知识产权保护和实施上存在的其他突出问题。

捷克——在过去的两年里，捷克对其边境市场进行了有效的控制。此外，2010年1月1日生效的捷克新刑法把知识产权相关犯罪的最高刑期从2年徒刑提至8年徒刑，并将生产、储存伪造产品的行为定为犯罪。美国将继续检测这部新法律是否能够产生处罚威慑作用。

波兰——USTR将波兰从2010年《特别301报告》观察国名单中删除是因为波兰政府采取行动大幅减少了边境市场上的盗版品和假冒商品，不断提高和改善其知识产权的保护工作，以及在版权持有人和执法官员之间开展密切合作，并且波兰政府已经采取了初步措施以期解决互联网环境下的盗版问题。

匈牙利——匈牙利政府采取了积极措施解决日益增长的互联网环境下的盗版问题，海关和警方已经具备了有效识别侵权产品的能力。而且通过有效且持续的执法行动，匈牙利已经关闭了作为非法产品来源地的Verseny市场。另外，匈牙利采取了有效的措施保护知识产权，包括开展提高公众意识的活动，对法官、检察官、警察进行培训和举办教育研讨会。美国对匈牙利在过去一年中取得的巨大进步予以认同，因此将其从2010年《特别301报告》观察国名单中删除。

沙特阿拉伯——在2009年，美国和沙特阿拉伯成功解决了有关知识产权的实施、履行职责和透明度等问题，并且沙特完善了其知识产权保护和实施的法律制度，因此在2010年2月不定期审查结束后，USTR就将其从观察名单上删除了。美国将继续与沙特阿拉伯一起解决遗留问题。

瑞典和欧盟——《特别301报告》也积极评价了瑞典和欧盟在过去的一年里在知识产权保护和实施方面取得的进展。报告指出，瑞典做了很多努力以迫使大量BT站点和DC-hubs（一种点对点协定类型，用户可以从网站上的链接或载有侵权资料的中央服务器下载侵权文件）转移到其他地方，而且，越来越多的瑞典用户选择使用合法网站。报告认为，欧盟在2009年通过“WIPO互联网条约”标志着知识产权保护的国际标准迈出了重要一步，特别是对于主要依靠网络传播的版权作品。

《特别301报告》还介绍了当前盗版和假冒品的发展趋势、知识产权的保护和公共健康、药品和医疗设备市场准入制度的完善、美国政府各机构为保护知识产权所做的工作等多方面的信息。与此同时，报告也指出了一系列的问题，包括互联网环境下的盗版的挑战、很多贸易伙伴在知识产权保护和实施的制度中存在的缺陷以及一些所谓的臭名昭著的市场。具体如下：

中国——USTR将中国继续留在优先观察国家名单中并继续置于306条款监控下。美国仍然着重关注中国的知识产权执法及对TRIPs协议义务的履行情况。

报告指出，中国政府确实采取了积极的措施以加强对知识产权的保护。比如：中国政府部门在2009年开展的一项打击网络侵权盗版活动中，共查办网络侵权案件558件，关闭非法网站375个，这表明中国已经开始利用执法资源解决知识产权侵权问题，并且取得了有效的成果。又如，2009年10月，针对某些国营图书馆以提供未经许可的科学和医学期刊文章的电子版本的方式牟利的行为，中国国家版权局、文化部、教育部、全国“扫黄打非”工作小组办公室联合发布了《关于加强图书馆著作权保护工作的通知》，要求图书馆严格遵循《著作权法》。这确实是令人鼓舞的消息，美国也将会继续关注中国关于此指令的实施情况。

然而，根据版权产业提供的报告，USTR批评了中国的盗版情况，认为中国盗版光盘的贸易仍然蓬勃发展，甚至出口到中国以外的市场，严重影响了正版产品的销量；小型零售商店仍然是盗版电影和音乐的主要销售场所；软件、书籍和期刊的盗版也同样值得关注；尤其是盗版商业软件的使用，不仅减少了软件开发公司的收入，而且降低了该违法企业的运营成本，给其带来不公平的竞争优势。

不过，对零售市场的侵权行为，北京和上海已经采取了司法强制措施进行管理，而且法院可以对批发商处以徒刑，如果零售市场的业主不能采取有效手段防止侵权也要承担责任。但是法院的处罚比较轻微，有的业主无视法院的判决，而且在北京和上海以外的地区，侵权的业主几乎不需要为其行为承担责任。同时，USTR也认为中国对知识产权侵权行为的行政罚款和民事侵权赔偿所定的数额过低，根本起不到威慑作用，侵权者甚至可以将行政查封和处罚等视为一项营业成本。由此，USTR指出控制零售市场的侵权行为还需要中国政府采取进一步的措施，包括更严厉的刑事制裁，而采取有力的执法行动遏制盗版也是中国知识产权保护未来发展的趋势。

在报告中，USTR还分析了中国浙江、江苏等地的知识产权保护情况，认为中国各省区对知识产权的保护和执法措施差别很大。不过业内人士认为上海的知识产权保护在中国是一个亮点，而且期待上海在举办2010年世博会后取得更大的进步。

USTR指责中国实施的“自主创新”政策可能使美国的知识产权持有人处在不利的位置，因为有助于“自主创新”的优先采购和其他措施可能会限制美国技术和产品的市场准入渠道。报告对中国的专利法修改、专利保护、贸易协商等内容也进行了分析和评价。

在报告的第三部分——臭名昭著的市场中，USTR将纵容侵权品的市场分为网络市场和实体市场两个部分，包括中国的Baidu、Taobao、Alibaba等B2B和B2C网站，电视蚂蚁（TV Ants）以及义乌小商品批发市场、深圳罗湖市场、北京秀水市场，其中电视蚂蚁和罗湖市场是2010年新列入的。

俄罗斯——USTR将俄罗斯继续留在优先观察国家名单中。

就积极的层面而言，俄罗斯地区的正版DVD销售额在持续增长，报告认为部分原因是俄罗斯当局加强了执法措施，包括曾在2008年颁布一项禁止在电影院录制电影的禁令；商业软件的盗版率也在下降，报告将这归因于软件立法计划确立、政府参与度和用户受教育程度提高以及执法的加强。

尽管俄罗斯在提高知识产权保护和实施方面确实取得了一些成绩，但是USTR认为主要的问题仍然未解决，尤其是俄罗斯一直没有全面执行美俄两国于2006年11月签署的《知识产权保护双边协议》。USTR说，协议规定全面履行义务的最后期限是2007年6月1日，但俄罗斯的继续拖延令人不安。在这份双边协议中，俄罗斯承诺打击光盘和互联网环境下的盗版，通过提高刑事处罚和严格的边境执法打击盗版产品和假冒制品，而且要修改法律以符合知识产权保护的国际标准。尽管俄罗斯民法和海关法的修正案已经提交给杜马（俄罗斯的议会下议院），但还没有审议通过。

在报告中，美国敦促俄罗斯加强打击盗版和假冒产品，这仍然是USTR关注的重点。由于版权侵权行为，尤其是互联网环境下盗版的影响，美国的版权产业损失惨重，而互联网环境下的盗版却日益猖獗——尽管曾关闭一些提供盗版音乐的网站，但是更多的类似网站却如同雨后春笋般出现。2009年，俄罗斯的执法部门对涉嫌从事盗版生产的光盘制造厂开展了多次突袭检查行动，但是突袭的日期和时间总是被提前泄露，因此取得的效果并不理想。而且尽管俄罗斯的各个机构在打击盗版光盘方面的合作日益密切，但是突袭检查的质量和警察的专业水平在全国范围内是不平衡的。

加拿大——USTR将加拿大继续留在优先观察国家名单中。

《特别301报告》指出，加拿大曾于2010年初重申了加强知识产权保护的承诺，美国对此表示欢迎也期待加拿大政府未来的行动。美国也很重视两国在知识产权事务上的高度合作。

但是，加拿大承诺的版权领域的立法修改还未完成，美国敦促加拿大在短期内修改版权法，解决互联网环境下的盗版问题。USTR认为，加拿大应该全面执行其在1997年加入的“WTPO互联网条约”。

加拿大薄弱的执法同样值得关注，美国希望加拿大改进知识产权保护实施制度，以得到更强有力的执法权力，采取更有威慑力的处罚措施。对于更为薄弱的边境执法，美国鼓励加拿大政府赋予边检部门无须法院指令即可直接扣押涉嫌侵权货物的权力。

印度——USTR将印度继续留在优先观察国家名单中。

《特别301报告》指出，尽管经过持续的努力，印度在知识产权保护的立法、行政和执法方面都取得了很大进步。但是，印度不当的法律框架和薄弱的执法仍然值得关注。盗版和仿冒在印度仍然广泛盛行，而其执法机制根本无力解决这个问题。USTR认为，印度应该根据国际标准对其版权法作出修正，包括“WIPO互联网条约”在其国内的执行。美国希望印度尽快审议通过其已经提出的一项法律草案，这项草案旨在打击非法复制和发行光盘行为。同时，美国鼓励印度改进刑事执法机制，以尽快对知识产权侵权案件作出司法判决，并且加大刑事处罚力度以改变印度民众认为侵犯知识产权只是轻度犯罪的传统观念。

（信息搜集、编译：杜倩。

资料来源：http://www.ag-ip-news.com/GetArticle.asp? Art_ID=8054&lang=en; http://www.iipa.com/2010_SPEC301_TOC.htm; http://www.ustr.gov/webfm_send/1906）

【日本2010年知识产权推进计划强化文化产业增长】

2010年5月21日，日本政府的知识产权战略本部发布了新制定完成的“2010年知识产权推进计划”的主要内容，将其列入日本政府经济增长新战略。

其中，与著作权密切相关的是“以强化文化产业为核心的成长战略推进”计划。计划创设海外文化产品保护资金供给机构、为确保海外流通路径开展文化产业海外支援活动、在海外设工作点、支持对海外的信息发送，以促进日本文化产业在海外的发展；建立官方和民间的联合基金，以支持大学培养动画、音乐等内容产业人才；并提供税收制度方面的支持；促进国际间的共同制作、大型电影的合作拍摄，以引进海外资金、构建协作机制；利用外交加强推动取消海外各国对日本文化产品普及的限制规定，以扩大亚洲市场等；通过信息通讯技术在教育方面的使用（如电子教科书等）推进教育交流活动，形成人才培育机制和海外人才的引进机制。同时以推进文化产品的电子发布，以设立与数字化、网络化时代相适应的著作权制度等为目标，促进电子文化产品和服务的开发与提供，在建立与数字化相匹配的通信播放相关综合性法律体系的同时，于2010年度策划制定电波的有效利用方略；设置调整该特殊领域的、可进行自由创作的新技术和服务的“内容产业特区”；针对网络著作权侵权问题，就网络服务提供者提供访问控制技术回避规制的强化制定改革方案。

（信息搜集、编译：杨玥。

资料来源：①知財推進計画2010、国際標準獲得やコンテンツ強化での成長戦略狙う，http://news.braina.com/2010/0524/move_20100524_001____.html；②平成22年5月21日　知的財産推進計画2010，http://www.kantei.go.jp/jp/singi/titeki2/2010chiz-aisuisin_plan.pdf）

【世界知识产权组织成员国研讨广播信号盗版问题】

2010年6月21日至24日，世界知识产权组织著作权及相关权常设委员会（SCCR）举行第20次会议对三方面的问题进行讨论。此次讨论著作权的限制和例外、加强对音像和表演的保护以及对于广播组织的保护，尤其是对报告《越权使用广播信号的经济社会影响》进行了审议。报告认为，在线侵权无论在亚洲、北美都比较严重，而越权使用广播信号或侵权的动机不外乎经济驱动、黑客的自我证明欲望以及技术手段的日益提升、人们的认识不够甚至无法判断自己的行为是否违法。

代表们审阅了报告《越权使用广播信号的经济社会影响》的第一部分和第二部分。报告的第三部分和对报告结论的分析将放在SCCR的下次会议中讨论。报告第一部分名为《广播电视业的当前市场和技术趋势》，主要介绍了网络电视、数字电视、移动电视、有线电视、卫星电视等的技术发展现状和趋势、市场份额和竞争，并对印度、中国、美国等国家做了具体的案例研究。

报告的第二部分名为《未授权访问广播内容的原因和影响——站在全球视角上的综述》，这部分首先介绍了越权使用广播的类型。一是实体侵权，表现在 DVD、家用录像系统、蓝光光盘等设备上。二是基于硬件的侵权，是指利用一些特殊的设备来规避例如条件接收系统、智能卡这样的安全措施。三是越权重播信号，主要是指没有经过知识产权人的明示同意就重新分配广播信号。四是使用域外电视信号，主要是指卫星电视接收域外的信号损害了本地收费电视运营者的利益。五是在线侵权，主要涉及到 P2P 这种文件共享网站。报告接下来站在地区视角上观察了一些国家越权使用的情况，随后讨论了影响广播使用的因素。包括产业上的因素，比如信号分配技术，竞争方面的因素——运营商之间的激烈竞争会降低用户使用广播需要支付的费用；还有政策和法规方面的因素。

报告重点谈到了越权使用的危害。权利人是越权使用最大的受害者，因为他们失去了从其商品中获利的机会。越权使用还会影响到对广播节目的投资。制作广播节目的费用很高，常常由运营者来投资。越权使用的猖獗导致投资者不能收回成本，会影响他们投资的积极性。同时，更会影响到技术的革新。还会导致一系列的反应，比如影响电视产业的就业率。最重要的是还会影响到国家的税收，使各类税收都有所降低。最后越权使用会导致集团犯罪和社会动荡。因为相对于其他犯罪，越权使用成本更低，收益更高。报告分地区介绍了这种危害。在亚洲，各个国家付费电视普及率差异很大。中国的网民众多，在线侵权问题严重。同时，中国是禁止非法接入卫星信号的国家，但是一些地区存在从香港、台湾等地盗取卫星信号的行为。北美地区拥有最成熟的付费电视市场，大部分居民选择有线电视和卫星电视，但是北美市场缺乏实质竞争，导致电视收费很高，速度又很慢。同时盗取有线电视和卫星电视信号问题在北美很严重，在线侵权的问题也很突出。

最后，报告还分析了越权使用或侵权的原因。这些原因可以分为两大类：促成因素和影响广播使用的因素。促成因素是直接或者间接地促进侵权行为发生的因素，包括下面几种类型：为了获取商业利益或者是一些黑客为了证明自己的破坏能力；人们普遍认为越权使用并不是一种社会危害性很大的犯罪；人们缺乏相应的知识来判断自己的行为是否违法；现代通信技术的日新月异给违法者提供了技术手段。

代表们呼吁尽快通过一个国际条约来保护广播组织的权利，解决越来越多的技术问题，并保障公众的利益。

与会代表在多个问题上均未达成一致意见。

（信息搜集：薛佳慧、杜倩；编译：薛佳慧。

资料来源：http://www.wipo.int/pressroom/en/articles/2010/article_0021.html；http://www.wipo.int/meetings/en/doc_details.jsp?doc_id=130473；http://www.wipo.int/meetings/en/doc_details.jsp?doc_id=132819；http://www.wipo.int/edocs/mdocs/govbody/zh/wo_ga_28/wo_ga_28_5.pdf；http://www.wipo.int/edocs/mdocs/copyright/en/sccr_20/sccr_20_13_prov.doc；http://www.wipo.int/edocs/mdocs/copyright/en/sccr_20/sccr_20_2_rev.doc；http://www.wipo.int/edocs/mdocs/govbody/en/a_36/a_36_9_rev.doc)

【英国“三振出局”法案运行费用 75%由版权人支付】

据 2010 年 9 月 14 日报道，英国政府商务、创新与技能部终于发布了有关如何筹集用于制止非法文件共享的“三振出局”法案系统的资金的报告，和预期的一样，该部分资金的 75%将由使用该系统的版权人支付，剩余部分将由非法进行文件共享的网络服务提供商支付。

就像此前所报道的一样，虽然商务、创新与技能部自从该法案通过就开始考虑该资金的分担问题，但是 75%和 25%的分配比例在 2010 年国会审议《数字权利法案》时就被提出来了。

内容产业正在积极游说，希望降低他们应承担的份额，并且声称真正从文件共享中获益的是网络服务提供商（因为文件共享可以促进网络服务提供商高速宽带的销售，当然，网络服务提供商辩称他们也因文件共享损失巨大，因为文件共享者总是会过多地占用他们付费部分以外的带宽）。然而，几周来已经有消息称商务、创新与技能部很可能会继续采用 75%和 25%的分配比例。

然而，可能更有趣的是，通过“三振出局”法案系统控告文件共享者的证据将不能用来对他们提起上诉要求赔偿。这里也存在这样的担心，如果文件共享者的确应当承担费用，如果他们选择上诉那些将不可避免被错误控告的人，这是很不公正的。

当然，如果没有确切指出运用“三振出局”法案系统的实际花费，这个分配比例对任何人都没有帮助。正如先前报道的，OFCOM（英国通信监管机构）仍在准备他们最新的报告，该报告将会阐明“三振出局”的其他方面在定位文件共享者时的工作原理。

（信息搜集、编译：张传京。

资料来源：http://newsblog.thecmuwebsite.com/post/BIS-confirm-7525-costs-split-for-UK-three-strikes.aspx；http://newsblog.thecmuwebsite.com/?tag=/three-strikes）

【WIPO成员国研讨著作权的限制和例外问题】

2010年9月20—29日，WIPO成员国大会以及各委员会的报告会在日内瓦召开。会议和报告的内容涉及著作权的例外和限制条款、传统知识和民间文学艺术的保护、工业设计法律的协调等几个方面。

（一）传统知识、遗传资源和民间文学艺术的保护

在知识产权与遗传资源、传统知识和民间文艺政府间委员会（IGC）会议上，成员国的核心争议点在于最终达成的有关传统知识和传统文化表达方式保护问题的文件是否应当具有约束力。

欧盟强调，达成的文件应当是“灵活的、清晰的、不具有约束力的”。

美国的关注点仍然是具有约束力的文件对美国创意产业和公共领域产生的不利影响，并呼吁委员会“适当限制保护范围”，并在此基础上商榷“广泛的例外和限制条款”；否则，任何拟议建立的制度都是行不通的。而这与美国对其他作品所主张的加强版权保护的一贯立场是相悖的。

一些发展中国家则强调了达成一份具有法律约束力的协议的重要性。比如，埃及代表认为，任何文件本身就应当具有法律约束力以确保IGC规定的义务之履行。

反对盗用传统知识、遗传资源和传统表达形式行为的倡导者认为，现有的知识产权保护体系无法满足保护这类知识的需要。他们认为，应该达成一份新的知识产权保护文件以防止对土著和当地社区遗传资源的滥用，以及确保遗传资源在其所有者同意的情况下以可持续的方式得以使用。

（二）著作权和邻接权保护

著作权与相关权利常设委员会（SCCR）议程中有三个热点：修订保护视听表演作品的条约，修订保护广播机构权利的条约以及制定关于视障人士、教育使用和图书馆归档的例外和限制规定。

对于视听表演作品的保护和广播机构权利的保护，大多数国家都支持继续讨论有关条款。瑞士表示，通过达成协议来规范传播者面临的技术性难题是必要的。墨西哥认为，对于国家而言，保护传播者的权利是一个非常重要的问题。南非则称，其对传播权问题持开放性态度，但同时也应当考虑社会经济因素。

在有关例外和限制的实质性问题上，巴西和挪威都提出了积极的解决方式。目前为止已有四份有关例外和限制问题的建议：由巴西提出的初始文本，由厄瓜多尔、巴拉圭和世界盲人联合会联合编写的涵盖对残障人士、教育和科研机构、图书馆和档案馆等多方面的限制和例外的广泛条约，由美国提出的多数意见草案，以及由欧盟提出的联合建议草案。为视障人士订立保护条约的积极拥护者（主要是发达国家）表示，为条约附加过多的争议内容将减缓谈判进程；但全面条约的拥护者（主要是由图书馆团体支持的非洲组）则担心，如果仅仅通过一个视障方面的条约，将会使在其他领域也极其重要的例外规定无法通过。

非洲的几个代表国家提出了相关意见。其中，安哥拉称，其已正式提交了一份有关例外和限制的条约（草案）——涉及教育、图书馆、档案分类和残障人士等方面，以满足有书写障碍的人在内的国民的需要。阿尔及利亚认为，一旦采纳为视障人士专门制定国际性法律文件的零碎框架，将会导致法律文件的激增，这与常规实践是相悖的。巴基斯坦则强调须正视视障人士之外的接近十亿的缺乏教育材料的人们的需要。

国际知识生态协会（Knowledge Ecology International，KEI）表示，非洲国家在IGC提出的关于遗传资源、民间文艺和传统知识问题上的分别讨论战略已卓有成效。KEI称其反对“美国和欧盟的误导性建议”，认为这些建议与相关国家的国内立法是不一致的。

跨太平洋消费者对话（the Trans-Atlantic Consumer Dialogue，TACD）指出，WIPO本身的合法性与可行性有赖于SCCR的成功，因为在过去的14年中该组织没有任何建议是最终生效的。TACD同时表示，成立欧盟之后，法国和德国将权利所有人的利益置于全人类利益之上——该两国被认为是在有关视障人士例外规定问题上的有力抵制者。

世界盲人协会（the World Blind Union，WBU）重申，目前，只有5%的图书曾经被制作成视障人士可使用的格式（accessible formats）。将这些图书转换成可用格式的任务落在资源缺乏的专业组织身上。“在自愿机制失灵的多数情况下，我们需要法律的保障，需要一部使有限的资源超越国境的法律，”WBU补充说，“我们必须充分认识到，我们在相关国际文件上越是不能达成一致，就将会有越多的残障人士错过阅读的机会，并被排斥于教育和文化之外。”

（三）执法措施

WIPO 执法咨询委员会（ACE）是一个非谈判性机构，主要讨论和分析知识产权侵权方面的问题。在会议上，大多数国家认为执法是必要的，不过在具体的细节方面有所差别。另外，WIPO 将再次与全球的警察和海关机构联合举办关于打击假冒和盗版行为的全球大会。该会议定于 2011 年 2 月 2—3 日在巴黎举办。

在此次会议中，欧盟强调了执法的重要性，并敦促 ACE 努力达成有关知识产权执法效果和影响的谅解书。巴西将新的工作议程视为执法协商的新机遇。印度、埃及及其他一些发展中国家则致力于呼吁 WIPO 解决此问题时应注重“平衡”，包括为反假冒大会选择发言人时也应考虑该因素。

（信息搜集：高迎迎；编译：王玉凯、杜倩。

资料来源：http://www.ip-watch.org/weblog/2010/09/30/wipo-assembly-considers-paths-for-possible-new-treaties/）

【《反假冒贸易协定》最新文本强化反盗版执法谈判各国均表示反对“三振出局”】

2010 年 10 月 6 日，最新版本的《反假冒贸易协定》（ACTA）公布，该协议旨在减少盗版和商标侵权行为。从最新公布的条约内容来看，该条约规定的相关措施主要包括各缔约国的一般义务、民事执行措施、刑罚措施、边界实施、数字环境下的知识产权执行措施。

两大分歧难以妥协

10 月 4 日，一位日本谈判者向有关媒体表示，最迫切需要解决的是有关范围的问题，尤其是跨界执法问题。从最新公布的文本来看，这位谈判者所指的范围之一即是在协议某些规定所指的相关知识产权中是否包括商标权。

另一位谈判者表示，还有一个问题是关于数字化环境的。他说，这些问题将以斜体和下划线的形式出现在最新文本中。

日本谈判者称，条约文本中的许多领域问题都将包含选项或者指明这些领域对一些国家而言是仍在考虑的，但是“最困难的还是关于范围的问题”。

最新文本设定了一个“明确的原则”，那就是协定的签署国必须保证强制措施机制到位实施，但是又保留了各个成员国单独实施的灵活性。

根据该文本的规定，各国的一般义务是提供有效的执法手段，以采取有效措施防止此条约提出的任何知识产权侵权行为。各缔约方应确保执法程序依照其国内法可用，以允许对任何侵犯知识产权行为采取的有效行动。本协定所涵盖的权利，包括迅速的补救措施，以防止侵权并为遏制进一步侵权采取救济。这些程序应当以避免制造合法贸易障碍并规定滥用措施的保障措施的方式实施。

在民事强制执行部分，协定规定了包括支付损害赔偿金，防止进一步的侵犯，法律以及其他成本回收，毁灭违反规定的货物。

在海关和其他边境实施处理进出口货物部分，规定在与一国国内知识产权保护体制一致和不损害 TRIPs 协议的条件下，要求进行有效的知识产权边境执法，缔约国在采取相应措施时是否应当不区分知识产权种类方面有保留。

在刑罚强制措施上，盗版侵权行为将会被严厉打击。这一条款“基本上是着眼于”将一个对商业侵权案件采取强制措施的有效机制“实施到位”。文本的刑事执法部分的规定包括打击商业规模的盗版活动，整治使用或者进口假冒商品包装标签，承诺没收假冒商品，销毁假冒商品，没收生产假冒商品的设备和材料，以及犯罪所得。

在颇为引人关注的数字环境下的知识产权执法部分，协定内容包括处理规避数字安全功能的法律制度规定。

值得注意的是其中各国有所保留的部分，第 2 条第 18 款规定，每一缔约方的执法程序应适用于数字环境下的商标、版权及相关权利，包括以侵权为目的的使用广泛分布传播的手段。在此规定上一方面各国对商标权是否包含在内有所保留，另一方面各缔约国对于采取的执法措施是否针对“以侵权为目的的使用广泛传播分布的手段”也有较大分歧。此外，该款尤其规定了执法措施应当以不侵犯隐私的方式实施。同时，每一缔约方应努力促进商业团体的合作以有效解决至少但不限于商标、版权或相关权的侵权，同时保留合法的竞争，符合各缔约方的法律，维护如言论自由、公平程序的基本原则以及隐私。

第三方责任——关于既不是电子信息侵权人也不是侵权电子信息产品消费者的一方当事人是否应当为侵权行为负法律责任的问题——现在已经从 ACTA 数字化条款中去掉了，美国官员说道。第三方责任曾经是网络自由倡导者关注的问题，他们担心过于严厉的法律将会使得诸如 YouTube 之类的互联网服务商过快将被控诉侵权的视频删除，无论侵权行为是否正在发生。对于所谓的“三振出局”的立法——网络自由倡导者另一个关注的问题，这种重复的版权侵权将使得他们失去网络接入——缔约各国表现出对此措施的一致反对。

技术保护措施仍然保留在数字化条款中，并且在解决2010年4月官方发布的ACTA文本中仍然存在的分歧方面“有所进展”。

美国官员认为，关于地理标志的问题在边界实施条款下的第一段得到解决。协议的一些缔约国认为地理标志应当包含在内，而另一些则认为《反仿冒贸易协议》应当关注商标、仿冒和盗版的问题。美国属于前一阵营，而欧盟则倾向于后者，同时其他国家在这些问题上还有其他意见。这一问题在新公布的条约中得到反映。

此外，根据相关条款，缔约国将加强对假冒和盗版产品出口环节的检查，简化受害企业损失赔偿手续，加强网络交易的管制。各国还有义务为此强化海关检查，切断相关流通渠道。

协定委员会并非WIPO“对手”

ACTA第五章还设定了一个单独机构——反假冒贸易协定委员会（ACTA Committee），有人担心这会有损世界知识产权组织在这一领域内的声望，尤其是对于ACTA的缔约国以外的国家而言。ACTA是一个由澳大利亚、加拿大、欧盟、日本、韩国、墨西哥、新西兰、新加坡、瑞士和美国组成的小谈判集团，而世界知识产权组织则是联合国组织，拥有更为广泛的成员国基础，尤其是发展中国家。

但是，日本官员表示，反假冒贸易协定委员会将会主要解决知识产权强制措施方面的问题，而世界知识产权组织则会在知识产权权利的实质性问题上发挥更大的作用。所以这个新的组织机构应该是扮演着一个补充的角色。争端解决机制“并没有被预期”会在该委员会中设立。

美国官员明确指出，ACTA的缔约国一开始的意图就不是干预“有着良好工作运行”的国际性组织，诸如世界知识产权组织、世界海关组织和国际刑警组织打击假冒与盗版机构。他认为这将是“适得其反”的。他同时指出该协议“并不是设立一个国际性组织”，而是一个在协议签订方之间的合作机构，“这里毫无设立对手机构的问题”。

（信息搜集、编译：董淼。

资料来源：https://www.ige.ch/fileadmin/user_upload/Juristische_Infos/e/acta_consolidated_text_final.pdf;EU To Request Publication Of ACTA Documents To Stop“Rumours”; Civil Society Meeting Planned;Leaked ACTA Text Shows Possible Contradictions With National Laws;ACTA Negotiators Vow To Mesh With National-Level Rights; Withhold New Text）

◆ 重大案件

【法国版权机构标志构成侵权】

2010年1月13日法国新任命的负责监管网络上文件共享的机构HADOPI，被曝其标志含有侵犯版权的内容而陷入尴尬的境地。该机构将在法国具体执行新的“三振出局”法案，该法案规定，将在网络用户被三次指控侵权后断开其网络连接。

就在法国文化部长密特朗公布该组织的几个小时内，该组织就被迫收回和重新设计其标志，因为该标志被称使用了一种由法国Orange电信公司拥有的字体。该侵权行为首先被该字体的设计者简·弗朗科斯·波切斯（Jean-Francois Porchez）发现，该字体于2000年就已经授权给法国电信公司专门使用。

HADOPI已经就在其标志中使用该侵权字体做出道歉，同时法国Orange电信公司也确认不会就该侵权行为采取法律手段。另一方面，波切斯说他正考虑采取法律手段保护自己的权利。

据了解，法国和联邦德国参加了1973年6月在维也纳签订的《印刷字体保护及其国际保存协定》，保护印刷版面及印刷字体的式样。协定规定，各成员国应该用著作权法或外观设计保护印刷字体，或另行制定专门的注册法。成员国的自然人或法人都可以申请将其印刷字体的式样交世界知识产权组织日内瓦国际局下设的印刷字体国际保存处保存，保存的期限为10年，可以续展5年。在保存期内，未经印刷字体所有人许可，不得采用其印刷字体印刷书籍，不得进口或销售未经许可而采用他人印刷字体所印刷的书籍。

（信息搜集、编译：张传京。

资料来源：http://www.ipworld.com/ipwo/doc/view.htm?id=239075&searchCode=N）

【陪审团认定对Oink网文件共享的刑事指控不成立】

对被控开设非法下载网站Oink的阿兰·埃利斯（Alan Ellis）的审判，于2010年1月13日在英国皇室法院开庭。26岁的被告阿兰·埃利斯声称他创建该网站只是想提高自己的编程技巧。2010年1月22日，英国皇室法院的陪审团宣告，所有的控告均不成立。

2004 年当阿兰·埃利斯还在提塞得大学学习期间就已经创建了该网站，他向法院陈述说他开设 Oink 只是想提高自己的技术，因为他对自己那个“过时的”软件工程师荣誉学位非常不满意。

该网站于 2007 年一项国际调查后被关闭了，该调查涉及到很多行业协会，比如国际唱片业协会和英国音像工业协会。同时，该网站供私人使用的服务器也被警察查封，此时只有极少的 5 个用户通过该网站下载过音乐。然而，警察花了 11 个月的时间才将埃利斯作为该网站的主要经营者正式提起诉讼。自从埃利斯被逮捕以后，英国已经开始起草法案，计划直接解决在线文件共享中的版权问题。在目前已经通过的《英国数字经济法案》中，网络服务提供商可能会被要求切断用户非法下载大量侵权文件的网络连接。

在访问量最多的时候，Oink 有将近 20 万名用户，网友们十分便利地分享了数千张唱片，这些唱片中很多在官方正式发布以前就可下载得到，这是通过多点共享协议软件（BT）技术实现的。虽然 Oink 本身没有直接包含这些侵权文件，但是它帮助了这些实施侵权行为的个人进行了网络连接。警察逮捕埃利斯的时候，发现他的账户上有将近 30 万美元，据他自己说这些钱都是用户的捐款，打算用来租赁一个服务器。

庭审时，公诉人皮特·马克匹斯（Peter Makepeace）向法院陈述说：“这不是对一些某晚翻录了一盘磁带并在朋友间传播的穷弱的小角色的公诉，这是一起涉案金额巨大，犯罪分子非常专业，非常聪明，利用技术来敲竹杠的案件。”

埃利斯否认了对他阴谋获取唱片业利益的指控，他向法院陈述说：“我没有触犯法律，如果那些人选择下载音乐并因该行为而触犯法律，那么这是他们自己的责任，而不应当由我来承担。”“我认为我的网站的运作模式和谷歌很相似，它只是一个能够使不同用户的计算机直接连接，用来分享被授权音乐的‘网关’。”

法庭查明，埃利斯早在 2007 年就被逮捕了，那时他还是个学生，租住在英国北部的克利夫兰地区。该网站的每个用户均被要求介绍自己的朋友加入该网站，网站上本身并没有音乐文件，但是它却帮助其他准备共享音乐文件的人，以使人们免费获得音乐文件。

对埃利斯提起诉讼的英国唱片业协会表示，这是“一个让人非常失望的裁定，它与世界上其他相似案件的判决不符，比如海盗湾案”。唱片业宣誓在本案中要战斗到底。国际唱片业协会（IFPI）主席约翰·肯尼迪（John Kennedy）说，唱片业正考虑对埃利斯提起民事诉讼。在发布 IFPI 2010 年度数字音乐报告记者招待会上，肯尼迪说该裁决暗示“英国立法和现实生活的脱节”，并且强调“我们将寻找其他的方式来解决此事”。

2009 年 4 月，由 IFPI 主导，包括多家新闻媒体、电影和音乐公司在内联合提起的对瑞典 BT 网站“海盗湾”的民事和商事联合诉讼中，该网站创始者被判一年监禁，并且被命令关停该网站。此案目前还在上诉当中。

（信息搜集、编译：张传京。

资料来源：http://www.ipworld.com/ipwo/doc/view.htm? id = 239076&searchCode = N；http://www.ipworld.com/ipwo/doc/view.htm? id=239759&searchCode=N）

【“海盗湾”无视荷兰法院判决】

2009 年，荷兰的一个反盗版组织——版权娱乐组织（Bescherming Rechten Entertainment Industrie Nederland，BREIN）将“海盗湾”网站的三位创建者推上了阿姆斯特丹法庭，并且最终赢得了这起诉讼，判决执行的最后期限是 2010 年 3 月 1 日。但 2010 年 3 月 1 日之后，“海盗湾”网站仍然在荷兰运行。

在判决中，法院认为，尽管被告没有实施直接侵害版权的行为，但是“海盗湾”网站允许并鼓励其用户上传文件使他人可以共享，为侵害版权的行为提供了帮助。法院列出了一份可以链接至版权作品的“侵权种子”清单，要求被告在 2010 年 3 月 1 日以前将“海盗湾”网站上的这些侵权种子删除，并且屏蔽荷兰地区的用户。如果三位被告在限期内没有执行法庭的判决，那么法院将向其处以每人每天 3 000 欧元的罚款。

法院规定的限期已过，海盗湾的管理者却没有采取任何行动。荷兰地区的用户仍然可以自由访问“海盗湾”网站，而且法院清单中所列的种子也未被删除。此前，三名被告表示“海盗湾”网站的控制权已经不在他们手上了。这起案件的被告之一，“海盗湾”网站前任发言人彼得·桑德（Peter Sunde）在限期届满前的一周就曾表示，他认为“海盗湾”网站根本不会采取行动。同时，他一再强调称他们的律师在庭审时就已经向法官说明由于三人已经不再管理“海盗湾”网站，即使他们有心为之，也无法按照法庭的要求对“海盗湾”网站进行整改。

在判决作出时，案件的原告BREIN将其视为巨大的胜利。但是“海盗湾”网站在荷兰继续运营，对BREIN可谓一个打击，以至其未发表任何评论。

至2010年3月，“海盗湾”网站仍然是荷兰最流行的BT网站，列于荷兰地区访客最多的50个网站之中。

（信息搜集：郝卓然；编译：杜倩。

资料来源：http://torrentfreak.com/the-pirate-bay-torrents-remain-online-despite-court-order-100301/）

【澳联邦法院认为白页和黄页不享有版权】

澳洲电信公司是一家凭借固定和移动电话网络营利的通讯公司，澳洲电信公司和森塞斯公司经营着电话号码簿（白页和黄页）的出版发行业务，每年在澳大利亚境内发行黄页和白页是森塞斯公司的主要业务。2007年，澳洲电信诉电话号码簿有限公司（Phone Directories Company Pty Ltd）等三家公司侵犯了其电话簿的版权。2010年2月8日，位于墨尔本的澳大利亚联邦法院就该案作出判决认为，澳洲电信有限公司和森塞斯有限公司出版的白页和黄页不享有版权。

联邦法院法官戈登（Gordon J）认为，根据版权法，作品必须有作者，这些作者必须能够指出他们对作品所做出的独立的知识贡献或充分的文学贡献。戈登法官认为黄页和白页不具有版权的理由主要体现在作者身份不明以及不具备独创性。

关于作者身份，法官认为，两大公司无法确认对白页和黄页做出贡献的作者的身份。有许多人加入了整理黄页和白页的工作，但他们并不是两大公司的雇员，有些无法确认身份。

即使能够按照要求确认作者，这些人也不足以被认为是版权法意义上的对作品做出了独立的智力贡献或充分的文学性质的贡献。这些作品绝大部分都是电脑生成的，而非作者的创作。有些部分即使有编者也无法确认其身份，比如那些不断更新的部分，这种例子比比皆是。被认为是作品作者的人的贡献要早于作品表现出来的形式。另外，几乎没有人参与黄页和白页的最后表现形式或者具体形式的制作。

关于独创性，法官认为，这些作品都不具有创造性，这些编者没有对它们做出独立的智力贡献或者充分的文学贡献。另外，这些创造过程没有创造性的火花或必要的技巧和见解产生，而且人的干预是受到各种形式的计算机系统的调整和控制的，大量的劳动和费用支出不足以证实其独创性。

据悉，该案援引的判例包括2009年艾斯公司（IceTV Pty Limited）与第九网络（Nine Network Australia Pty Limited）案和2002年的澳洲电信公司与桌面营销系统有限公司（Desktop Marketing Systems Pty Ltd.）案。

在艾斯公司诉第九网络案中，第九网络辩称艾斯公司的电子节目导视（Ice Guides）使用了其节目单（周节目单）的主要部分，侵犯了其电视节目单（周节目单）的著作权一案中，初审法官和联邦法院的合议庭都承认在周节目单编写过程中的技术和劳力付出，初审法官认为艾斯公司没有复制周节目单的主要部分，不构成侵权。但第九网络上诉中，联邦法院合议庭支持第九网络公司。而高等法院最终作出判决，认为艾斯导视对节目时间和标题信息的复制行为并没有复制第九网络公司的周节目单主要部分。高等法院的三位法官弗兰克（French CJ）、科林南（Crennan）和基菲尔（Kiefel）认为尽管第九网络公司的电视周节目单的编排花费了时间和劳力，但周节目单的时间和标题信息的表达不具有任何原创性，所以不认为艾斯公司侵权。在另一次审判中另外三位法官古墨（Gummow）、海恩（Hayne）与海顿（Heydon JJ）支持初审的独任法官的判决，认为第九网络公司周节目单具有原创性，但艾斯公司没有复制周节目单的主要部分，他们只复制了其中一小部分，这部分也并不是周节目单的核心部分。

而早在2002年，在澳洲电信公司诉桌面营销系统有限公司案中，联邦法院合议庭认为黄页和白页享有版权，符合1968年版权法所保护的“编辑物”。

（信息搜集、编译：于光。

资料来源：Federal Court finds white and yellow pages not subject to copyright,2010-02-13,04:05,http://www.copyright.org.au/news/news_items/cases-news/2010-cases/federal-court-finds-white-and-yellow-pages-not-subject-to-copyright/;http://www.austlii.edu.au/au/cases/cth/HCA/2009/14.html;http://www.copyright.org.au/news/news_items/cases-news/2009-cases/u29768;http://www.copyright.asn.au/events/f09n01.htm;http://www.mallesons.com/publications/2009/Apr/9881724w.htm）

【美一大学生因分享37首歌曲被判2.775万美元赔偿】

因在高中时期曾分享37首歌曲，女大学生哈勃（Whitney Harper）于2010年3月4日被美国联邦第五巡回上诉法院判决赔偿美国唱片工业协会（RIAA）共计 2.775 万美元，每首达 750 美元。

在初审中，得克萨斯州联邦法院法官判决被告赔偿 7 400 美元，即每首赔偿 200 美元。第五巡回上诉法院的裁决推翻了这一判决。尽管文件共享和网络音频流类似，但被告说她并不知道自己侵犯了著作权。由此得州联邦法院认定她是一个“无知侵权人”（innocent infringer），对她并没有适用美国版权法中规定的每首歌曲最低 750 美元的处罚。

然而第五巡回上诉法院认为被告的抗辩并不成立，尽管被告在 Limewire（一种点对点文件分享客户端）上实施侵权行为时只有 14～16 岁。法院解释说如果合法出版的音乐 CD 做了版权声明，版权法就排除了这种抗辩。“哈勃不能靠她所声称的法律上的无知来逃脱罪责……不支持无知侵权人的抗辩理由”，第五巡回上诉法院的法官以 3 比 0 全体一致的意见作出判决。

哈勃的代理律师斯科特·麦肯齐在 3 月 5 日透露说，哈勃极有可能在毕业时得到一个不利的联邦法院判决。RIAA 曾以侵权为由起诉过许多人，但现在它给哈勃贴上了一个“胡搅蛮缠”的标签，因为她拒绝进行和解。麦肯齐说他正在考虑是否上诉到美国联邦最高法院。

在数千件 RIAA 提起诉讼的有关文件共享的案件中，大部分都以几千美元的赔偿金达成了庭外和解。RIAA 正放缓六年来针对个人文件共享的诉讼活动，转而和网络服务商合作，意图采取措施来切断或阻止著作权侵权者进入网络。

截至 2010 年 3 月，只有两起 RIAA 诉个人的案件进行了开庭审理（本案不包括在内）。这两起案件中，被控侵权人均被判高额赔偿。第一起在法庭受审的 RIAA 起诉个人案是杰米·托马斯案。明尼苏达州的陪审团判令被告为共享 24 首歌曲支付 192 万美元，最后法官将赔偿金额减少到了 5.4 万美元，即每首 2 250 美元。第二起案件涉及乔尔·泰拉贝尔，一位波士顿大学的毕业生，陪审团判令其为 2009 年共享 30 首歌曲共支付 67.5 万美元。泰拉贝尔请求主审法官降低赔偿金额。

2010 年，明尼苏达州地区法院首席法官迈克尔·戴维斯（Michael Davis）大幅削减赔偿金额至 5.4 万美元，即每首歌曲赔偿 2 250 美元。他认为，“以取得免费音乐为唯一目的，而非法下载并传播 24 首歌曲，对于这种行为，若仅仅出于威慑的需要而对其做出赔偿近 200 万美元的判决，显然是不合理的。”

戴维斯在其决定中告知 RIAA 必须在七天内决定是接受低额赔偿还是针对赔偿额请求再次审判。著名版权律师和记者 Ben Sheffner 表示，无论音乐产业做出什么决定，都将会对版权所有者产生巨大影响。

尽管 RIAA 并未做出最终决定，但音乐产业有关人员表示，四大唱片公司的高层领导并未对戴维斯法官的判决表示不满。首先，他们从未期待从托马斯那里拿到近 200 万美元的赔偿。其次，他们此前从未想过要将托马斯告上法庭，只是当她一再拒绝解决此事时，音乐产业才不得不通过法院来认定这种不付费的下载行为是违法的。

值得注意的是，戴维斯法官认为，尽管减少赔偿额意义重大，但他同时责令托马斯从此不得再侵犯他人音乐版权，并删除那些她非法获得的音乐。

（信息搜集：郝卓然；编译：薛佳慧。

资料来源：http://www.wired.com/threatlevel/2010/02/former-teen-cheerleader-dinged-27750-for-infringing-37-songs/；http://securitythreat.info/online-security/supreme-court-gets-riaa-copyright-case/；http://www.ip-watch.org/weblog/2010/03/09/electronics-manufacturers-use-us-legal-system-to-thwart-hardware-hacks/）

【加拿大盗版电影网站“maVen”成员被判入狱两个半月】

2010 年 3 月 7 日，电影发布组织“maVen”的一名成员格雷米·亚当被判入狱两个半月。格雷米·亚当 27 岁，居住在加拿大蒙特利尔市。他被美国联邦调查局（FBI）移送给加拿大警方。他已对散布两部电影的指控表示认罪。5 年前，“maVen”是互联网上最活跃的电影发布组织之一，它以发布热门电影的高质量抢先版而著称。

FBI 深入调查“maVen”已经有一段时间，2006 年 4 月由加拿大警方接手。几个月后，格雷米·亚当被捕，据说他在蒙特利尔市的一家影院内偷录《炸虫总动员》和《万夫莫敌》两部电影。警方查封了他的笔记本电脑和其他设备，稍后释放了他。一个月后，他又在另一个影院内被捕。据警方透露，亚当曾在网上以“maVen”的化名出售电影拷贝，这些拷贝稍后又在网上和街上再次销售。

亚当被捕后被关押了 14 个月，其间警方搜寻了电脑系统和设备，以期找到证据来起诉他。FBI 给他贴上了网络侵权界“世界领袖”的标签，他的案子几个月后才移送至法院，检察官 Josée Bélanger 向法官请求判处他4个月监禁。

2010年3月7日，法院作出了判决，判他两个半月的监禁。其辩护律师以亚当患有抑郁症，并且童年不幸为由要求以社区服务性劳役代替，但法院还是选择了监禁。判决下达后，BT上仍然有很多maVen发布的资源，尽管大部分的文件都不能再正常下载。

（信息搜集：郝卓然；编译：薛佳慧。

资料来源：http://torrentfreak.com/canadian-movie-piracy-maven-sent-to-jail-100317/；http://www.nowpublic.com/culture/montrealer-geremi-adam-maven-faces-4-months-pirating-movies）

【西班牙法院宣布文件共享和链接网站合法】

2010年3月15日，巴塞罗那的商业法庭驳回了西班牙作家和出版商协会（SGAE）对电驴链接网站elrincondejesus.com网站提起的诉讼。法官宣布非商业性的文件共享链接网站和非营利性的利用P2P技术的网站在西班牙都是合法的。

尽管此前很多判决都已经认定如果文件共享网站没有直接从版权侵权行为中获利的话，它们便是合法的。但近些年来，在没有经过充分的听证以评估这些网站的合法性之前，一些西班牙音乐组织便试图申请法院关闭网站的做法已很常见。

2009年5月，elrincondejesus.com网站老板杰西·格拉收到了SGAE的投诉，声称该网站滥用了其成员的版权。2009年7月出庭时，SGAE希望得到一个在即将举行的听证会之前立即关闭该网站的临时禁令。格拉抗议，他认为他的网站是合法的，此网站并没有做广告而只是像其他搜索引擎一样提供链接服务。巴塞罗那商业法庭的法官劳尔驳回了7月份立即关闭网站的请求，他认为："P2P网站仅仅在互联网用户之间传输数据，原则上并不会侵犯知识产权法所保护的权利。"所以，个人以非营利为目的，利用像电驴、BT这样的P2P技术来获取版权作品的行为是完全合法的。

为了评价这种行为是否违反知识产权法案，法院必须判断以下这两种行为是否相同：单纯地提供指向受版权保护作品的链接和使公众可以利用这些作品。劳尔法官认为提供链接索引或链接到版权作品不同于发行，他也注意到现行法律并没有禁止此类网站运营。做出此判决时，劳尔法官也查看了网站的资金状况。他说Elrincondejesus.com并不是一个商业网站，因为它的经营者并没有从运营中获得直接或间接的利润。

对于SGAE来说，这个案件的判决结果是如此之坏，预计他们将会提出上诉，或促使修改法律，或两者兼有。

（信息搜集：郝卓然；编译：薛佳慧。

资料来源：http://torrentfreak.com/file-sharing-and-link-sites-declared-legal-in-spain-100315/；http://thenextweb.com/eu/2010/03/15/file-sharing-torrenting-now-legal-spain/；http://www.ipr.gov.cn/xwdt/gjxw/qy/626570.shtml）

【立陶宛一名BT用户被法院宣判无罪】

2009年，LANVA（立陶宛的一个反盗版组织）曾向警方提交了一份名单，上面列有LinkoManija（立陶宛最大的BT网站）的106个用户的IP地址，称这些用户分享使用Windows 7 Ultimate操作系统的复制版。LANVA提供的资料是由通过uTorrent下载的一系列截图构成的，由其和一个当地警察共同搜集而来，但是他们的调查行为并未获得授权。

尽管如此，LANVA还是将其中一个用户别尔诺塔斯（Sergej Bernotas）起诉至法院，希望借此树立一个良好的先例，使他们可以打击其他涉嫌版权侵权者。但法院的判决却与他们期望的不同。

2010年3月15日，地区法院作出判决，宣告被告无罪。法官认为LANVA无权搜集和使用他们掌握的信息，类似这种搜集证据的方法应该事先获得批准。目前，包括uTorrent在内的所有BT客户端都无法作为适当的搜集证据工具。如果需要以搜集证据的方式使用这些软件，必须得到其开发者的许可，很显然，在这个案件中并没有许可。法庭举行的听证会显示，与本案相关的警察没有从事IT技术的经验，他只是根据LANVA的说明进行了简单操作。

立陶宛地区法院所做的这个判决表明，起诉BT网站的用户是不可能胜诉的。当然，LANVA也可以选择上诉，但是这要经历一个漫长的过程。

此外，LANVA和微软共同对LinkoManija网站的运营商采取了法律行动。2010年1月底，微软起诉了网站的运营商，称其对非法传播Office 2003/2007提供了帮助，要求被告和其公司赔偿4 300万美元。根据微软公司的要求，法院关闭了LinkoManija网站，运营商厄尔玛纳斯（Kestas Ermanas）的银行账户也被暂时冻结。厄尔玛纳斯和他的律师团随即对这两项裁定提起上诉。2010年5月，上诉法院作出裁定，撤销关于关闭网站和冻结账户的决定。

（信息搜集：郝卓然、杜倩；编译：杜倩。

资料来源：http://torrentfreak.com/court-acquits-bittorrent-user-citing-faulty-evidence-100315/；http://torrentfreak.com/microsoft-fails-to-close-major-bittorrent-tracker-100521/）

【日本法院判决更换佛像头部侵害著作权】

东京都文京区光源寺内观音像制作者的遗属，以擅自更换观音像头部、侵害其著作权为由，起诉光源寺和更换观音像头部的工匠。日本知识产权高院于2010年3月25日作出二审判决，认定被告构成著作权侵权，要求被告方将替换头像事宜以通告形式登载在报纸上。但是，高院改判了一审要求恢复原状的判决，对损害赔偿请求依然不予支持。

该案的争议点主要集中在以下几点：原告所主张的自己和已逝的制作者是原观音像的共同著作权人是否成立；原告作为原观音像著作权人的遗属，是否有权要求被告方恢复原状并在恢复原状期间停止该观音像对公众开放；原告是否有权要求被告方登载道歉声明以恢复著作权人的名誉和声望。

对于第一个争议点，原告是观音像制作者的弟弟，其唯一遗属。他认为佛像上有自己的署名，根据《日本著作权法》第14条的规定，可推定原告对该佛像享有著作权，原告与制作者为该佛像的共同著作权人。对此，判决认为：作品上虽然有原告的署名，但被告提出的人证物证足以反证原告对该作品不享有著作权。

判决认为，被告替换作品头像的行为，侵害了著作权人人格权中的保护作品完整性权利（《日本著作权法》第20条）、“会影响社会对著作权人的评价”，构成《日本著作权法》第113条第6项规定的以侵害著作权人名誉声望的方法利用其作品的行为，所以，原告作为著作权人的遗属，有权依据第116条第1项的内容，要求被告进行一定的措施以挽回著作权人的名誉和声望。

被告辩称其并未侵害著作权人权利的主要理由有两点：第一，头部的更换没有违反原著作权人的本意。对此，判决认为，观音头部是该观音像中表现思想和情感具有创造性的一部分，“即使目的是修改它的眼神，替换头部也是修改原创作的行为”，所以判决认定“对头部的替换违反了著作权人的本意”。

第二，被告辩称其所为目的是把观音像的恐怖眼神变得满怀慈悲，使得其符合人们心目中的佛教形象，属于《日本著作权法》第20条第2项第4号的规定“不得不对原作品进行更改的情形”。对此，判决认为：即使将观音像的眼神变得慈悲是为了符合观音形象的需要，但是，为达到这样的目的，方法有很多（比如，将寺庙内的佛像整个换成另一尊佛像制品），仅仅更换佛像头部并不属于“不得不对原作品进行更改的情形”。

虽然判决认定原告作为著作权人的遗属，有权要求被告进行一定的措施以挽回著作权人的名誉声望，但对于该原告要求恢复观音像头部的诉求，判决认为，“观音像原本就是光源寺以供大家膜拜而向著作权人订做的，替换头部的行为被认为是修复佛像的一个环节，所以，考虑到原观音像制作的目的、替换佛像的动机以及佛像是宗教信仰的对象等因素，判决认为不适合责令其恢复原状”，最终，判决认为登载道歉声明就足以达到恢复著作权人名誉声望的目的，从而改判了一审要求恢复原状的判决。一审判决认为，被告侵犯著作权人（已逝）人格权（保护作品完整性权利）的行为存在着故意或过失；将佛像头部替换后的观音像置于庙中供公众参拜的行为是明显违反著作权人本意的；替换下的原观音像的头部由被告保管并一直保持着原状，有恢复原状的可能性。综上，判决认为，对该佛像有恢复原状的必要性和可能实现性。

大野律师事务所的小林英了律师认为该判例的意义在于：首先，《日本著作权法》第14条规定，在作品上有署名则推定该人为该作品的著作权人，该规定是因为著作权产生不需要登记而为了减轻著作权人证明其权利的举证责任而设立的。根据该规定署名者即推定为著作权人，对此有异议者需提供反证，一般反证的提供十分困难。而这个案件是根据人证物证而反证成功的案例，作为推翻推定著作权人的案例具有参考价值。另外，以《日本著作权法》第115条为依据，通过登载道歉声明来恢复著作权人名誉声望的诉求曾多数得到支持，但是自从1986年5月30日日本最高法院的判例认定该请求必须以名誉和声望下降为要件以来，该类诉求就难以得到支持。而本案件并未以名誉和声望下降为要件，该判决有可能为该类诉求得到支持提供判例。

（信息搜集、编译：杨玥。

资料来源：http://www.courts.go.jp/hanrei/pdf/20100325161816.pdf，二审判决书原文（平成21年（ネ）第10047号）著作権侵害差止等請求控訴事件；http://news.braina.com/2010/0326/judge_20100326_001______.html；http://www.oslaw.org/publication/others/img/20090812.pdf；http://tyosaku.hanrei.jp/hanrei/cr/8184.html，一审判决书原文（平成19年（ワ）23883号）著作権侵害差止等請求事件）

【Viacom诉YouTube案：对《数字千年版权法案》"明知或应知"作宽松解释】

2010年6月23日，在长达3年的审理之后，美国纽约南区联邦法院终于对在业界引起极大轰动的Viacom诉YouTube案下达了一审判决。判决指出，《数字千年版权法案》（DMCA）规定的"明知或应知"的对象，应当是对特定作品的特定侵权行为。仅仅一般性地知道网站中普遍存在此类侵权行为是不足以认定"明知或应知"的。

YouTube是美国著名的视频分享网站，提供信息存储空间供用户上传视频，但将时间限于10分钟内。有许多用户未经许可，将受版权保护的影视剧或音乐电视（MV）片断上传到该网站。视频传媒公司Viacom及其4家附属公司于2007年起诉YouTube侵犯版权。原告在起诉书中指称，在YouTube上有15万部其享有版权的视频片断，已被观看了15亿次。这些视频片断吸引了用户，使YouTube从中获得了直接的广告收入。原告认为，侵权内容即使对于随意浏览该网站的普通用户而言也是非常明显的，因此YouTube对此是明知的。同时，网站中也充斥着足以使YouTube意识到侵权内容的"红旗"，因为上传者描述视频的语句和为视频制作的"标签"中都含有原告的知名商标和其他指示作品名称的词汇。但YouTube却故意不采取合理措施以实质性地减少或消除侵权内容，而是主要依靠"通知与移除"程序来定位和删除侵权内容，从而将监视侵权的责任和成本完全转嫁给了版权人。因此，原告起诉YouTube构成直接侵权、引诱侵权、帮助侵权，要求承担替代责任。

法院认为，本案争议的焦点在于，YouTube作为信息存储空间服务提供者，能否根据DMCA第512条规定的"避风港"免责。而判断其能够免责的关键，又在于对第512条中有关过错规定的理解。即信息存储空间服务提供者的"明知或应知"（在DMCA中，相应的用语是"实际知晓其系统或网络中存在侵权行为"，以及"意识到了能够从中明显发现侵权行为的事实或情况"）究竟是指知道对特定作品的特定侵权行为，还是指一般性地知道其网站中普遍存在侵权内容。

法院在回顾了DMCA的立法过程后认为，"明知或应知"的对象，应当是对特定作品的特定侵权行为。仅仅一般性地知道网站中普遍存在此类侵权行为是不足以认定"明知或应知"的。如果网站只要知道此类侵权行为已成常态，或者用户习惯于上传侵权内容，就可以认定其有义务查找用户上传的哪一个文件侵权，将会与DMCA的规定相冲突。因为DMCA并未将"网络服务提供者监视其服务或积极查找能够指明侵权行为的事实"作为其进入"避风港"的条件。

在本案中，原告发送了附有侵权视频网址的大量通知（约10万个），而YouTube对其都及时进行了删除。但原告指称YouTube只删除了通知中指明的特定视频片断，而没有将侵犯同一部作品版权的其他所有视频片断都进行删除。对此，法院认为：在一个网站中存在多部侵权作品时，虽然DMCA允许版权人在通知中只列出具有代表性的目录，但必须提供"足以合理地使网络服务提供者定位侵权内容的信息"，而不能仅仅通知"所有某某创作的作品"，因为这种一般性的描述将使网络服务提供者不得不主动地去查找侵权内容，而这是违反DMCA规定的。由于法院认定YouTube并不明知或应知那些侵犯原告版权的行为，法院驳回了原告要求的诉讼请求。

无独有偶，同在2007年的英超联赛等对YouTube发起的集团诉讼中，一审法院同样驳回原告的诉讼请求，认为：DMCA的"避风港"条款对YouTube提供了安全港式保护，使其对原告的指控免除相应的责任。主要体现在：A.被告符合DMCA的"避风港"条款的使用条件；B.原告的控告还涉及到网站用户的储存器；C.YouTube对英超联赛发出的通知所涉及的潜在侵权行为一无所知，并且YouTube已经迅速采取了相应的措施，将这些剪辑片断从网站上删除；D.YouTube无法控制这些即将发生的潜在侵权行为；E.YouTube并没有基于这些侵权行为而获得经济利益。

此外，法院认为，撇开DMCA不说，依照相关的法律，原告的损害赔偿请求也不成立。因为根据美国版权法，只有在美国注册了的版权才能申请法定损害赔偿。这意味着美国以外国家的作品作者就算能够在美国的法院提起版权诉讼，也不能选择计算相对容易的赔偿方案。英超联赛的辩护律师认为，这种区分方法违反了《伯尔尼公约》关于享有和行使版权时"不得受到任何手续限制"的规定。但是美国地方法院法官路易斯·斯坦顿没有接受这种观点。在Out-Law网站上，这位法官解释说，美国国会的立法者们已经认为美国版权法的解释与公约是一致的，“就算版权法第 412 条与伯尔尼公约相冲突，版权法第 412 条也是有拘束力的”。

（信息搜集、编译：李鲁静。

资料来源：http://www.douban.com/group/topic/13861845/；http://dockets.justia.com/docket/new-york/nysdce/12007cv03582/305574/；http://www.out-law.com/page-10844；http://www.epltalk.com/what-the-premier-league-vs-youtube-court-document-reveals/16911）

【首次销售原则受到重大挑战】

美国第九巡回上诉法院于 2010 年 9 月 10 日做出判决，软件制造商可以使用拆封合同和点击合同许可的方式，禁止其产品的转让或再出售，而这显然是对所谓的首次销售原则的重大挑战。

2008 年，蒂莫西·弗诺（Timothy Vernor）在旧货市场上从一个建筑事务所（Cardwell/Thomas & Associates，Inc.，以下简称 CTA 公司）处购买了几盒 AutoCAD 软件，安装后通过 eBay 在网上对其进行拍卖。当 AutoCAD 所属公司 Autodesk 得知这一消息后，立即与 eBay 联系暂停了这一网上拍卖。随后蒂莫西·弗诺与该公司进行交涉，但从没得到公司的回应。随后他继续把这一拍卖消息发布在 eBay 上，不久 eBay 干脆将他的账号禁止掉。这引起了弗诺的强烈不满，将 Autodesk 告上了法庭，并声称自己对购买的东西有权再出售。而公司认为用户购买的不是软件的版权，而且按照合同规定，用户享有的只是对该软件的使用，因此只有使用权，没有取得软件的所有权。

据了解，在每份 AutoCAD R14 的包装中都有一个光盘盒，上面封着警示标签规定根据包装中的或安装时出现的许可协议该软件是属于许可使用，消费者如果不愿意接受合同条款可以返还该复制件。CTA 公司在将软件拷贝到电脑硬盘驱动上的时候，再次通过点击链接点击栏上的同意选项同意了软件许可协议中的条件。

在初审中法庭判定弗诺胜诉，否定了 Autodesk 的这一行为。而上诉法院推翻了初审的判决。上诉法院认为，软件制造商可以使用拆封合同和点击合同许可的方式，禁止其产品的转让或再出售，而这显然是对所谓的首次销售原则的重大挑战。该判决结果也引发了美国多方利益团体的关注和讨论。

上诉法院判决认为本案中软件的所有权并未转移，而只是进行了软件的使用许可，被告的复制行为构成侵权，弗诺不仅侵犯了 Autodesk 公司的发行权，更侵犯了其复制权。

按照上诉法院的判决，版权所有者可以通过销售合同的相关条款来禁止商品购买者再次出售。Autodesk 公司推行了一系列限制条件：在没有 Autodesk 书面同意的情况下，任何人不允许转让或租赁软件；范围只限定在西半球。所以法庭判决：“1909 年的首次销售原则，即拥有版权的作品的复制件的所有者在未取得版权者授权的情况下可以销售或抛弃该复制件。但是该原则并不适用于未取得复制件所有权的人，比如该案中，根据 Autodesk 公司规定的限制条款，它与弗诺之间的交易是一种许可而不是出售，所以弗诺只是享有对软件的使用权。”可见，法庭对于交易行为性质的理解发生了变化。首先，软件许可使用合同明确规定 Autodesk 保留权利及其提供给 CTA 的 AutoCAD 软件及复制件的所有权，而且 Autodesk 和 CTA 之间是许可人与被许可人的关系。其次，软件使用许可合同禁止 CTA 公司未经同意转让软件的复制件。第三，该合同还对软件复制件的使用进行了严格的限制。另外，合同还规定未经授权复制软件或文件，或者违反上述限定条件，将导致许可合同的自动终止。如果被许可人的使用超出许可范围，即构成对所有权人版权的侵害。所有这些限制都说明 Autodesk 公司与 CTA 之间并未转让软件的所有权，而是许可使用关系。既然 CTA 享有的只是排他性使用软件的权利，那么其无权许可第三人使用，弗诺并未取得软件复制品的所有权。

首次销售原则（the first sale doctrine），又称权利穷竭原则或发行权一次用尽原则，是传统版权法中一条限制版权人专有权利的重要原则。它是指虽然版权人享有将作品原件或复制件投放市场的发行权，但合法制作的作品复制件经版权人许可首次向公众销售或以其他方式转移所有权后，版权人就无权控制该特定复制件的再次流转了。合法获得该作品复制件所有权者有权不经版权人同意将其转售、出租或以其他方式进行处分。换言之，版权人控制作品复制件流转的排他性权利在该特定复制件首次被合法销售后即穷竭或用尽了。

美国 1909 年版权法第 29 条规定了版权的首次销售原则。现行美国版权法第 202 条规定：“版权或者基于版权产生的任何其他排他性权利的所有不同于任何承载作品的实物的所有。实物所有权的转移，包括作品最先附着的复制件或唱片，并不自动地导致实物中包含的作品中的任何权利的转移；反之，在未经同意的情况下，实物中包含的作品的版权或其他排他性权利也不转移。”

在该案中，上诉巡回法院援引了 *United States v. Wise* 案，在该案中，法院认为一个成功的首次销售辩护要求权利转移发生在首次销售行为前，版权所有人即使没有明确保留版权作品复制件中的权利，也不会自动导致该复制件是销售而非许可的认定。*Hampton v. Paramount Pictures Corp.* 案得出结论销售的认定取决于版权所有人是否享有展览权。此外，*MAI Sys. Corp. v. Peak Computer, Inc.*，*Triad Sys. Corp. v. Southeastern Express Co.*，及 *Wall Data Inc. v. Los Angeles County Sheriff's Dep't* 案的判决一致认为首次销售中版权所有人如果保留所有权并限制权利的使用和转移，该转让行为并不构成销售而是许可。

该判决得到了美国软件和信息工业协会（SIIA）（其成员包括谷歌、奥多比（Adobe）、迈克菲（McAfee）、甲骨文（Oracle）等）的支持，并敦促法庭如它判决的那样去规范类似行为。此外，美国电影协会也支持 Autodesk 公司。

美国图书馆协会和 eBay 反对法庭的判决。美国图书馆协会担心这种许可合同会被版权的其他所有者，如图书出版商、唱片公司以及电影制片人采用。而该案中 eBay 公司的代理律师说：“该销售合同中的条款与其他软件销售合同并没有什么不同。可以说，大部分购买者不拥有所购软件的版权，这是显而易见的。但是没有理由禁止购买者转让。”此外，他还表示，将请求第九巡回上诉法院重审此案。

（信息搜集：周文婷；编译：肖娅妮、张静。

资料来源：http://english.e-bq.com/news/NorthAmerica/2010/0911/204363.html；http://www.jdsupra.com/post/documentViewer.aspx? fid = 4a42317c-5473-4df3-9c53-955279e8210e；http://www.osnews.com/story/22270/Judge_Sides_with_Vernor_Slams_Autodesk；http://english.e-bq.com/news/NorthAmerica/ 2010/0911/204363.html；http://www.jdsupra.com/post/documentViewer.aspx? fid = 4a42317c-5473-4df3-9c53-955279e8210e；http://www.docin.com/p-15642888.html）

【美国法院判定竞选中借用他人作品用于讽刺不构成合理使用】

2010 年 8 月，美国著名乡村乐团老鹰（Eagles）乐队的灵魂人物唐·亨利（Don Henley）等控告美国共和党候选人查尔斯·德沃尔（Charles DeVore）侵犯版权一案达成庭外和解。法官判决认为，对他人版权作品的借用如果意在评论该版权作品而非改变该作品，常常能够以合理使用作为抗辩。但是在该案中，由于被告使用版权作品的相关材料并不是为了评论或批评亨利的原作品，因此他并不能使用该抗辩理由。

亨利称，参议院候选人德沃尔未经允许擅自在其竞选视频中使用了他《夏天的男孩》（“The Boys of Summer”）和《舞舞舞》（“All She Wants To Do Is Dance”）两首歌曲，违法了版权法。同时，他表示德沃尔还擅自篡改歌词来攻击其竞争对手。亨利主张，只要表演者与某一首知名歌曲相关联，那么即使该表演者不是该作品的版权人，他仍然应该享有法律赋予的对于该作品的使用控制权。

而早在 2009 年歌手杰克逊·布朗诉参议员约翰·麦凯恩的案件中，由于麦凯恩在其竞选视频中未经授权而使用了布朗的流行乐《天马行空》（“Running On Empty”），布朗同样获得了来自被告方麦凯恩的赔偿金和公开道歉。这似乎意味着，竞选中借用他人作品用于讽刺不构成合理使用。

有文章指出，在衡量合理使用时，一些法院在判断“戏仿”与“讽刺”的问题上出现了偏差。“戏仿”，在版权中意味着使用作品是为了评论作品本身（或它的作者）。这种模仿在合理使用的情况下得到广泛的许可和使用。例如，美国联邦最高法院允许 2 Live Crew 乐队创作歌曲讽刺 Roy Orbison's 创作的歌曲《漂亮女人》。按照美国最高法院的意见，戏仿是“使用原作品中的一些元素来创作出一个新的作品，且该作品必须至少有一部分是对原作品的评论”，亦即戏仿，必须是以原作品为对象的批评或者评论，而非是使用原作品对其他的对象进行批评或评论，如果被控侵权的人仅仅是为了获得社会关注或是免除自己去创新的苦差而使用他人作品，那么该使用的合理性就会因此而减少。最高法院在这里明确指出了戏仿的本质是针对原作品的批评或评论，而不是利用原作品来达到其他的目的。而“讽刺”则涉及使用一个作品去评价该作品之外的事物。

从美国宪法第一修正案的角度来看，在该案中，法院的判决对政治言论进行了奇特的解读。法院认为基于政治目的的使用可以作为合理使用来进行抗辩，但是德沃尔的视频其实是用于商业目的，追求的是“宣传和竞选捐款”。而联邦最高法院也已经承认，“第一修正案针对政治竞选中的演讲做出了最充分和最关键的要求”。版权法以外的任何法律，在禁止此类演讲时必须满足第一修正案中最严格的审议条件。

关于第一修正案关注的合理使用问题，法院似乎将其可能给市场带来的危害误解为关键部分。判决应通过告知版权法的目的和第一修正案的重要性，确保创作者有足够的诱因进行创作。

但是，根据这种观点，很少有讽刺能通过合理使用的“检验”。而这对未来的作者的损害将远远大于德沃尔对亨利的作品权利的侵害。如果可以充分借鉴社会共有的经验、采用共同的文化参照，讽刺是吸引广泛受众的最有效方式。它可以使用熟知的人或事，并增加新的含义和信息，这正是合理使用的典型特征。

幸运的是，法院已开始越来越多地了解，合理使用可以而且应该适用于变形的讽刺。因此，在亨利诉德沃尔案中的失误，将成为其他法院认识讽刺和合理使用价值的契机。

（信息搜集、编译：周文婷、戴蕾。

资料来源：http://blog.washingtonpost.com/sleuth/2009/07/john_mccain_really_running_on.html? hpid=news-col-blog; http://tpmdc.talkingpointsmemo.com/2010/06/all-he-wants-to-do-is-sue-judge-rules-chuck-devore-unlawfully-adapted-don-henley-songs.php; http://www.spinner.com/2010/06/02/don-henley-copyright-lawsuit-california-politician/? utm_source=fee-dburner&utm_medium=feed&utm_campaign=Feed% 3A+Spinner+(Spinner.com); http://stlaw.pku.edu.cn/Shownews.asp? id=1177; http://www.eff.org/deeplinks/2010/06/henley-v-devore-second-class-citizenship-satire; http://cache.baidu.com/c? m=9f65cb4a8c8507ed4fece763105392230e54f7326d8c8e463ac3933fc23846125a2db8e772634a5f989e202d5afc1509f7f03471350123b490d58b40d6ac925f75ce786a6459db0144dc0edeca5154c337e051fedb6af0bb8025e3acc5a4db4322c044767097f1fb4d7011dd1cfa033093b1e83c022f15ad9d35728e59&p=8b2a95199cdd05be03bd9b780856&user=baidu)

◆ 业界动态

【美国国际知识产权联盟支持政府参加泛太平洋伙伴关系协定谈判】

2010年1月25日，美国国际知识产权联盟（IIPA）向美国贸易代表办公室贸易政策委员会（the Trade Policy Staff Committee of USTR）提交了一份评论意见，阐述了美国版权行业对美国政府拟参加泛太平洋伙伴关系协定谈判（Trans-Pacific Strategic Economic Partnership Free Trade Agreement，TPP-FTA）的支持立场。

TPP-FTA是新加坡、智利、文莱和新西兰于2006年倡议缔结的。此后，美国、秘鲁、澳大利亚和越南相继表示愿意加入该协定，因此上述八国计划在2010年进行四轮谈判，以期达成一致性意见。谈判的议题将涉及自由贸易、非关税贸易壁垒、电子商务、服务业，以及知识产权保护等内容。2009年12月16日，美国《联邦纪事》上曾刊登公告，征询公众对美国政府拟参加TPP-FTA谈判的意见。IIPA的评论即是美国版权行业对政府这一举措的反馈。

IIPA指出，根据USTR网站上公布的数据可以看到美国经济和就业率受其对亚洲出口的影响很大，版权行业尤为显著，并且在美国已经签署的自由贸易协定（Free Trade Agreements，FTAs）中加强版权保护的规定已使其经济大大获益。而TPP-FTA中不但有关于版权保护的规定，还提高了版权标准并对执法做了一致性的规定，IIPA认为这将有利于美国经济，尤其是创意产业和商业的发展。

而且，FTAs中所规定的版权标准不仅有利于受版权保护的实体产品自由公平地交易，还为这些作品在网络环境中的保护提供了法律基础。如此一来，TPP-FTA知识产权条款规定的义务和标准有利于在TPP成员国之间建立知识产权贸易框架，这会使各方都获利。

IIPA认为，TPP-FTA中规定的知识产权保护水平应该与FTAs中的相关规定一致。TPP的一半成员国对美国承担高标准FTA义务，这样根据国民待遇原则将这种高标准义务扩展至那些还未与美国签署FTA的TPP成员国就不会很困难。建议书列举了当前FTAs中与版权产业相关的一些重要措施，包括：

第一，考虑到技术进步的高保护标准，有关于此的最低保护标准已经在全球范围内达成了共识，并在国际版权条约中有所体现，如“WIPO互联网条约”。但是，新西兰、文莱和越南还没有加入此类国际条约，因此未能承担相应的义务，但通过TPP-FTA的签署可以将这些知识产权条款规定的义务和标准扩展至上述国家。而且TPP-FTA对TRIPs协定中的保护条款予以明确和延伸。

第二，在目前的FTAs中，有关版权执法的责任和刑事处罚及民事赔偿的范围不断扩大，这有助于降低盗版率。比如：在刑事犯罪和海关事务这两个领域，必须采取强制执法的职权主义；增加推定制度以加快版权侵权的诉讼程序；在民事案件中，各方有义务建立法定赔偿制度；刑事和民事补救扩大至规避和违背权利管理信息的行为以及未经授权使用有线电视、卫星信号的行为。

第三，为了防止计算机软件和其他受版权保护的资料免受非法使用，各国政府必须制定相应的法律、法规或者行政命令。而非法使用正是很多国家商业软件行业亏损的重要原因。

第四，建立了解决网络侵权的执法措施。如：鼓励在线服务提供商与版权所有人合作；规定侵权赔偿金额度限制，适用于网络服务商尽快删除侵权资料或者采取了其他合理措施的情况。

最后，IIPA 总结道，TPP 未来的谈判会提高成员国贸易市场中知识产权保护的程度，并有希望将自由贸易协定参与的范围扩至亚洲其他国家以及拉丁美洲。

（信息搜集、编译：杜倩。

资料来源：http://www.iipa.com/pdf/IIPAWrittenStatementonProposedTransPacFTA 012510.pdf）

【欧洲广播联盟呼吁简化在线内容版权许可】

2010 年 3 月 17 日，欧洲广播联盟（EBU，世界上最大的专业广播电视联盟，其成员来自欧洲本土及周边的 56 个国家，旨在促进欧洲的公共广播服务）发表声明，认为应该修改欧盟的著作权法，以简化在线内容的版权许可制度，并提交给欧洲议会一份分析报告。

EBU 的报告以“数字媒体的现代版权：法律分析和 EBU 提议”为题，宣称 EBU 完全赞同对著作权及相关权利提供保护，但是需要修改欧盟关于权利许可的规定，通过视听媒体推动欧盟范围内的版权在线许可，而且对任何一种平台均授予转播许可权，以使欧洲的媒体服务得到改善。该报告的修改提议主要集中于视听媒体部分，并不是对欧洲版权规则做完全的调整，也不是要从根本上挑战现行的做法。

该报告建议，避免同一作品权利分离（separate rights for the same activity），也就是说通过合同或者是法律所获得的向公众传播的权利应该覆盖该许可所必须附带的复制品，并建议采用延伸的集体许可模式以明确视听媒体的权利。

EBU 报告阐述了集体管理模式的拟议方案。报告指出，在使用人需要大量的版权作品的许可，而这些作品的著作权属于不同作者的情况下，要确保合法使用，集体许可是不可或缺的。在集体许可的自愿体制下，著作权所有人原则上可以决定选择集体许可或各自行使其全部或部分权利，因此，权利所有人给予集体管理组织的许可可能会由于交流平台或传播模式的不同而受到限制。报告认为，北欧延伸的集体管理模式可以适用于这种情况。报告指出北欧模式包含的几个基本点：（1）存在一个有代表性的集体管理组织，所谓代表性是指基于法律规定代表绝大多数的权利所有人。（2）使用人和权利管理组织或集体团体经过自由协商达成了协议，协议中必须包含使用方式和法律规定范围内的权利类型。（3）协议的约束力可以延伸至非集体管理组织成员的作品，但限于协议规定的权利类型。无论是不是本国人，无论是不是集体管理组织成员，权利所有人都有获得同样报酬的权利。（4）使用人是基于法律和合同的授权，按协议使用作品，不必承担侵害著作权或相关权利的风险。（5）法律应该授予非成员的权利所有人在一定条件下拒绝授权使用或要求额外报酬的权利。

关于集体管理的监督和纠纷解决，报告也提出了相应的建议。报告认为在上述模式中，无论权利所有人是作者还是相关权利人，集体管理组织扮演的都是权利人的受托人的角色。若要确保集体管理组织扮演好其应有的角色，就必须建立透明的监督机制。在欧洲，对集体组织的监督仅是建立在反垄断法律的基础之上。报告建议设立专门的监督机制，可以设立一个仲裁委员会作为永久性机构或者只是在各方无法达成一致时做临时性的调停，或者由著作权主管部门或其他知识产权管理部门来行使监督职能。报告认为，在集体管理组织、权利所有人和使用人之间产生的各种纠纷，普通法院只要配有专门法庭（specialized chambers）就完全可以解决。

丹麦广播公司（DR）的发言人介绍说，自 20 世纪 60 年代采取延伸的集体许可模式以来，丹麦已经取得了令人满意的效果。在这种模式下，DR 与具有代表性的集体管理组织签订协议，协议对不属于该组织的作者也具有约束力，集体管理组织向其支付同样的报酬。根据这项协议，DR 可以获得经过数字化的所有档案和广播资料，包括小说、戏剧和新闻，提供给丹麦的民众。DR 的发言人说，这是一个双赢的局面，作者有了新的收入渠道，公众得到了所有的信息。而且，如果作者不希望他的作品被广播报道，他可以退出该协议。不过，DR 与集体管理组织签署的协议只适用于非商业用途，这位发言人最后强调。

而欧盟也对这种已经实行了半个世纪的北欧模

式感兴趣。欧洲议会议员、法律委员会副主席路易·贝林格（Luigi Berlinguer）说，北欧模式就是一个例子，既然可以在北欧适用，那在欧盟也不是不可以。

（信息搜集、编译：杜倩。

资料来源：http://www.ip-watch.org/weblog/2010/03/17/european-broadcasters-call-for-easier-copyright-clearance-for-online-content/；http://www.ebu.ch/registration/policy2010/images/EBU%20Copyright%20WHITE%20Paper_EN_FINAL.pdf）

【美国新兴网络电视网站面临法律风险】

2010年2月初受到媒体广泛关注后，一个全新的网络电视网站开始面临法律风险。这一网站提供包括《英雄》、《迷失》、《CSI犯罪现场调查》、《实习医生格雷》等超过120部影视剧的在线观看，并且没有地域限制。很多评论家在对该网站做出好评的同时也对其节目合法性表示关注。

2010年2月初，关于全新的网络电视网站TVGorge.com的评论开始出现。“如果你不居住在美国，同时讨厌不能很好地在线观看电视或者仅仅厌倦了等待hulu网（美国一家视频网站）播放你喜欢的节目，你将想查看一下TVGorge和它大量的影视剧资源。”评论家说。

TVGorge只提供索引服务，它自己的服务器中并没有任何影视资源。网站的引擎能够找到存储在其他网站上的更新的电视剧资源，然后嵌入或链接至找到的视频文件中。用户们只用记住链接指向的网址，也可以自己去原始网站上观看。

通过TVGorge找到的可用视频资源没有访问限制，意味着世界各地的任何人都能享用这些资源，而不会被类似“此视频在您所在的地区无法观看”之类的信息所烦扰。TVGorge一共链接了大约5 500集影视剧，1万个嵌入式视频文件，并且它还提供了6万个外部链接，每月影响300万人。

2010年3月9日，TorrentFreak（一个博客网站）收到消息称TVGorge有被卷入诉讼的危险。那时TVGorge仍在全面运行，可是局势很快就改变了。现在能肯定的是美国电影协会（MPAA）向TVGorge施压迫使其关闭。

“最近有人建议TVGorge移除所有编入索引的内容，”网站的经营者在一项声明中说，“我们理解影视资料的所有者有必要保护他们的资源，我们只是希望他们能带头提供国际层面上便捷地访问这些资源的途径。我们已经向他们表明人们是多么迫切希望找到一个观看自己喜欢的节目的网站。”

尽管网站的经营者们较为乐观，并说他们会继续为网站节目单上的影视剧制作流媒体资源索引，不过，TVGorge将采取一种新的形式，成为一个以新闻、剧集指南、电视时刻表、表演及剧集评论为特色的电视指南网站，同时链接或嵌入到世界各地经过授权的资源中。

（信息搜集：郝卓然；编译：薛佳慧。

资料来源：http://torrentfreak.com/exciting-new-tv-streaming-site-wiped-out-by-legal-threats-100316/）

【RealNetworks与电影公司和解并停售DVD复制品】

2010年3月4日，RealNetworks宣布将停止出售DVD复制产品，以便与6家好莱坞电影公司达成庭外和解。

根据达成的和解协议，RealNetworks将不再出售RealDVD产品或其他类似的技术。此外，该公司还将向6家好莱坞电影公司赔偿450万美元的诉讼费，并向大约2 700名已购买其产品的用户予以退货。

华特·迪士尼旗下的迪士尼影业、索尼旗下索尼影业及其他数家好莱坞电影公司于2008年把RealNetworks告上法庭，指控后者的RealDVD为非法盗版工具。由于有了这款产品，消费者便不再购买电影DVD，而是首先低价租借DVD，然后再用RealDVD将其复制到电脑上。RealNetworks的律师此前曾辩解称，RealDVD已经提供了版权保护，只允许DVD所有者复制一次，而且RealDVD的主要目的是为用户提供一种方案，帮助其备份合法购买的电影DVD。

RealNetworks此前一直对禁售令提起上诉，而作为和解协议的一部分，该公司将撤销上诉。RealNetworks总裁兼代理首席执行官鲍勃·金博尔（Bob Kimball）在声明中表示，该公司希望找到互惠方式，使其技术能够帮助用户分享电影。美国电影协会总法律顾问兼首席内容保护官丹尼尔·曼迪尔（Daniel Mandil）在声明中则表示，美国电影协会对法庭裁决非常满意。他说，“霍尔·潘泰尔法官的裁决，以及该案的最终和解结果，证实了我们最初的观点，即绕过DVD内置的版权保护系统属于非法行为。”

（信息搜集、编译：周文婷。

资料来源：Associated Press Online March 4, 2010 Thursday 12: 35 AM GMT; http://it.cctv.

com/20100304/103646.shtml；http://www.informationweek.com/news/storage/portable/showArticle.jhtml? articleID = 223101488&queryText = copyright）

【国际唱片业协会放弃封锁“海盗湾”】

早在2009年3月份，国际唱片业协会（IFPI）和挪威本国的一些电影制作公司曾威胁挪威最大的互联网业务提供商Telenor，要求其阻止用户访问“海盗湾”网站，否则将采取法律措施，提起诉讼。Telenor拒绝其要求后被推上了法庭。2009年11月，法院作出判决，认为Telenor只是给予链接“海盗湾”的渠道，并没有助长版权侵权，迫使其封锁“海盗湾”网站没有法律依据。IFPI和TONO（一家音乐表演权利团体）随即提起了上诉。2010年2月初，挪威奥斯陆市Borgarting上诉法院裁定驳回上诉，认为根据挪威的法律，IFPI和TONO的诉求缺乏依据。

3月12日，IFPI与TONO宣布不再将案件诉至最高法院。TONO表示，他们提起诉讼是想知道，根据挪威的法律，是否可以要求互联网服务提供商封锁“海盗湾”网站，“现在，我们已经得到了两份判决，很清楚地表明，这样的封锁要求在挪威是不受法律支持的。”“我们认为，挪威的法律是否充分执行了《欧盟版权指令》在两份判决已经提出。”因此，他们转向希望将来颁布的新立法能够改变目前的现状。

IFPI的马尔特·索斯比（Marte Thorsby）认为继续采取法律措施只是在浪费时间和金钱，同时与TONO一起呼吁更明确的立法。“在上诉法院的判决中，法官认为共谋责任（complicit liability）的界定是不明确的。我们希望版权法的修订可以弥补这些法律漏洞。”

（信息搜集：郝卓然；编译：杜倩。

资料来源：http://torrentfreak.com/ifpi-gives-up-trying-to-force-isp-to-block-the-pirate-bay-100313/）

【俄罗斯出版商被罚2.5亿美元】

莫斯科某法庭责令某出版社在一起侵权诉讼中向竞争对手支付史无前例的76亿卢布（约2.496亿美元）的赔偿，有律师说这暴露了俄罗斯知识产权法的缺点，即在侵权损害赔偿方面的不合理规定。

莫斯科仲裁法庭于2010年7月20日裁定AST的子公司Astrel由于出版著名科幻小说作家亚历山大·别利亚耶夫（Alexander Belyayev，1884—1942）所著小说而侵犯了Terra出版公司持有的版权，他的小说《两栖动物人》和《陶维尔教授的头颅》在苏联时代极受欢迎并且仍然有大量追随者。

76亿卢布赔偿金相当于AST一年的营业额——是根据AST公司出版的别利亚耶夫小说的数量与Terra公司在意大利出版的豪华版的别利亚耶夫小说的价格相乘而得出的。AST的小说每本售价是160卢布（约5.20美元），而豪华套装的售价是114 650卢布（约3 760美元）。该豪华套装已经出版了620多套。

Terra公司称赞该裁决为俄罗斯将保护作家权利的信号。“一个音乐家制作一张唱片售价为100美元，但是其盗版只卖2美元。实际损失还是100美元。”Terra律师维克托·阿卜杜拉赫马诺夫（Viktor Abdurakhmanov）告诉莫斯科时报说。

但是AST律师Oleg Bartenyev表示该裁决不公平，他说Terra也出版过普通版本的别利亚耶夫小说，其售价远低于豪华版的。AST新闻发言人表示该出版商将上诉但拒绝透露详细内容，他表示必须先准备上诉书。

Terra是否对别利亚耶夫作品有权提出权利主张或许又是另一个诉讼的问题。该公司表示他们于2001年与作者的女儿斯维特拉娜（Svetlana）签订了一份合约而获得了版权。但是AST表示这些著作从1992年开始，也就是别利亚耶夫去世50年后就逐渐进入公共领域。

俄罗斯一位知识产权律师认为，该案一定程度上折射出俄罗斯知识产权法在损害赔偿方面的不足，她说，索赔应当合理，并且在实践中，大部分版权案件最高裁定赔偿为500万卢布（约16.4万美元）。

（信息搜集、编译：戚雯。

资料来源：http://www.ipr.gov.cn/guojiiprarticle/guojiipr/guobiehj/gbhjnews/201007/940640_1.html http://www.themoscowtimes.com/news/articl-e/publisher-fined-record-250m-in-copyright-case/410830.html）

【美国唱片业协会批评美国版权法“根本不起作用”】

2010年8月25日美国唱片业协会主席卡里·谢尔曼在出席科技政策研究所举办的研讨会上表示，1998年通过的《数字千年版权法案》（DMAC）存在诸多漏洞，导致互联网服务提供商（ISP）和网络公司对用户的非法行为视而不见而不用承担法律责任。

根据此前的报道，根据《数字千年版权法案》的规定，网络服务提供商以及网络公司对于网络侵权行为不必负责，只需要在他们知道或应当知道网上内容存在侵权行为时采取必要措施予以删除或屏蔽，避免损害结果的扩大。

谢尔曼表示："《数字千年版权法案》根本不起作用，你没有办法也不可能监控互联网上的所有侵权行为。我们无法检索到全部的侵权内容发生地，诸如 Rapid Share（文件托管公司）等网络硬盘。"

尽管如此，谢尔曼也表示美国唱片业协会将更倾向于与中间商签订非正式的协议，"我们正努力与宽带供应商进行商讨，我们希望扩展这类关系——不只是与互联网服务提供商，还有搜索引擎、付款处理商以及广告商。"不过，"如果能通过立法途径促进此类合作的话，那就更好了。"

不过 YouTube 的产品顾问兰斯·卡瓦劳格则持不同看法："我们认为《数字千年版权法案》正以国会所预期的方式发挥其功能，该法案能够促进中小企业的创新活动，只要他们能够遵守一定规则就不用担心会遭遇诉讼问题。他们打破了应有的平衡。"

当然，YouTube 肯定会支持美国法院作出的对《数字千年版权法案》的相关解释。正是由于该解释使得 YouTube 在对维亚康姆公司的诉讼中取得了胜利。维亚康姆公司曾指责 YouTube 未经其允许而在网上提供维亚康姆公司的有关视频节目，事后 YouTube 也没有采取任何措施将节目删除。

美国唱片业协会和多家音乐产业团体发函要求谷歌（Google，YouTube 母公司）和威瑞森（Verizon）打击盗版，并在信函中说道："当前的法律制度对美国的创造者而言不起作用。"谢尔曼承认 YouTube 在过滤并删除版权侵权视频方面发挥了不错的作用，但是，谷歌可以停止进行过滤并且不承担任何责任，只要 YouTube 立即对通知函做出回复。

谢尔曼称 YouTube 可以做得更多，"如果输入'Beyonce MP3'，首先看到的应该是违法的网站。"

（信息搜集：戚雯；编译：李云柯。

资料来源：http://newsblog.thecmuwebsite.com/post/RIAA-says-US-copyright-law-isnt-working.aspx）

【巴西民间组织联合呼吁政府规范文件共享】

2010 年 9 月初，巴西的学术、教育、消费者、数字文化等领域的 28 个组织联合起来呼吁政府通过"一揽子许可制度"以规范文件共享行为。

大体上来说，民间组织此次联合行动的目标是希望可以构建一种非商业模式（即支付给网络供应商一小笔费用）使文件共享行为合法化。这样的提议将会促使权利持有人与其客户之间超过 10 年之久的斗争迅速结束。巴西并不是第一个提出这种建议的国家。在加拿大早些时候举行的版权协商会议上，很多与会者提出了对网络供应商实施一揽子征税的建议，不过加拿大政府更加关注来自国外工业代表的需求——一部可以推翻合理使用的反规避法案，因而使此提议被束之高阁。同样，美国电子前沿基金会（EFF）也曾提出一个类似的建议，此提议的实施遇到美国唱片工业协会（RIAA）和美国电影协会（MPAA）方面的阻力，实施困难。

Techdirt 和 Slashdot（两家网站名称）曾发表文章认为巴西对文件共享的宽容态度已经取得了一些成就：巴西的一些艺术家通过共享文件的方式推出了一种新的音乐类型——Tecno-brega，而这个创意已经成功地促进了此音乐流派的繁荣。有趣的是，这种宽松的态度正是对美国所宣称的"弱版权法"的回应，迫使美国对那些认为版权是贸易壁垒的国家进行贸易制裁，或至少在这些国家发起一场相关的公共运动。

不过，如果巴西政府确实考虑实行一些诸如使文件共享合法化的行动，那么美国极有可能做的是将其列入《特别 301 报告》的监管国家名单而评头论足，从而使得两国之间的贸易关系变得更糟糕。同时，这个国家也可以从版权的角度出发，观察如果互联网被像 CD 那样对待会发生什么？

（信息搜集：杜倩；编译：杜倩、薛佳慧。

资料来源：http://www.zeropaid.com/news/90541/major-coalition-pushes-to-legalize-file-sharing-in-brazilian-copyright-consultation/）

【谷歌首席经济学家建言：高成本导致版权交易"摩擦"】

在 2010 年 9 月 14 日召开的世界知识产权组织关于知识经济的研讨会上，来自谷歌的首席经济学家提到，版权法的强化以及信息爆炸这两股力量的结合，使得管理版权的交易成本变得异常巨大。

"这些成本是指阻止交易发生的摩擦力。"谷歌首席经济专家霍尔·瓦里安（Hal Varian）说道，他是以加利福尼亚大学前任教授的身份做出这番结论的。

瓦里安作为世界知识产权组织研讨小组的一员，在 9 月 14 日就知识产权经济作了报告。随着世界知识产权组织2009年任命卡斯滕·凡可（Carsten Fink）作为首席经济顾问以来，在知识产权机构中，以经济学分析方法和以实证分析方法为支撑的决策方式已经成为大势所趋。

瓦里安事后接受采访时说道，对于交易成本和版权问题，经济学分析在这两个方面是很有益处的。“首先是观念上的益处，这个通过提供诸如‘怎样看待问题、怎样分析交易成本问题、以及怎样建构处理问题的激励机制’等问题的分析解决方法。”

经济学分析促进决策形成的另一种方式是通过数据分析，瓦里安告诉《知识产权观察》的记者：“应当努力建立一套统计法原则，这对于数据分析有很大的益处。”有了这样一套方法，就可以“运行实验、分析数据、达成共识、执行决策，最后检验决策”。

瓦里安通过剖析孤儿作品（即权利人未知或者不明确，因而难以判断如何合法地行使作品的许可使用权的作品）中的问题，阐释了如何运用经济学分析方法。

过去的几个世纪里，美国版权保护期限一直在延长，从1790年规定的可选择延长一次的14年，到1909年的可选择延长一次的28年，到1976年的作者终身加上死后50年，再到1998年的作者终身加上死后70年。这意味着许多作品可能已经绝版多年但仍然受版权法的保护。

瓦里安告诉听众们，这些孤儿作品的寻找并不是在社会学意义上可以完成的。在这里，经济学家们可以帮忙解释原因：寻找的成本太高，可能会形成一种荒唐的激励作用（比如在潜水艇专利案中，权利人可以从侵权行为中获取的利益是如此巨大，以至于侵权行为成为一种被鼓励的行为）。而且还有可能形成一种价格僵持，即，如果许可价格没有事先明确或协商好的话，寻找权利所有人可能是一项不值得的花费。这是因为如果权利人和潜在的买家不能就价格达成一致的话，寻找权利人的成本也将无法得到补偿。

瓦里安后来告诉《知识产权观察》，价格僵持问题也是网络中立原则中存在的一个问题。他解释道，如果以互联网为支撑的创新成果在到达潜在的客户之前就极有可能会被过滤掉，那么创新这些内容的热情将被减弱。这是一个“守门人”的问题，他说，假设我研发了一项充满创意的新技术，我来到守门人面前说，我急需把这些新技术传达给客户，而守门人却告诉我这将要花费多少钱。如果这项花费要超出创意人将要从创新中得到的收益，创新者就没有了继续从事创新活动的积极性。

如果只有一个守门人，而不像移动电话公司那样的话，当你拥有足够的竞争力时，那么这就不成问题了。在最近谷歌与威瑞森（Verizon）的案子中，之所以要区别是只有一个供应商还是多个供应商的情况，就是出于这个原因。

对于由孤儿作品引起的处理成本问题，最好的解决方法是设立一个票据交换所，由它记载所有潜在的权利人，同时标出不同的出卖人对作品的定价。瓦里安随后对此解释道，“构建一个核心体系，在那里，潜在的客户可以检验材料、自我决策然后执行交易”。

（信息搜集：高迎迎；编译：黄明霞。

资料来源：http://www.ip-watch.org/weblog/2010/09/16/high-copyright-transaction-costs-cause-%e2%80%9cfriction%e2%80%9d-google-economist-tells-wipo/；http://vip.chinalawinfo.com/newlaw2002/slc/SLC.asp?Db=art&Gid=335577304；http://copyright.cornell.edu/resources/publicdomain.cfm；http://baike.baidu.com/view/259707.htm；http://www.guao.hk/posts/google-verizon-and-net-neutrality.html）

附录三：全国知识产权学院简介

FU LU SAN QUAN GUO ZHI SHI CHAN QUAN XUE YUAN JIAN JIE

北京大学知识产权学院

1986年12月，北京大学成立跨学科的知识产权教学与研究中心，直属学校领导，成为国内第一批从事知识产权领域教学研究工作的专门机构，这个中心为北京大学知识产权人才的培养奠定了良好的基础。

为适应知识产权专业人才的规模化需求，北京大学知识产权学院于1993年成立，这是中国高校中第一家专门的知识产权学院。学院实行董事会制度，由北京大学领导，挂靠在法学院，并由董事会监督管理。董事会由17人组成，董事长为黄金富博士；副董事长三人，由时任最高人民法院副院长罗豪才教授、中国专利局局长高卢麟先生、北京大学副校长何芳川教授担任。知识产权学院院长由时任法学院院长吴志攀教授担任；秘书长为郑胜利教授，主持日常工作。

2009年10月，原北京大学知识产权学院董事会决议改董事会为理事会，实行理事会管理、院长执行制。知识产权学院院长由法学院院长兼任，现任为朱苏力教授；常务副院长为法学院张平教授，主持日常工作。

学院在十几年的人才培养和科研活动中始终得到海内外社会各界的广泛支持，为中国知识产权教育与研究做出了突出贡献。

重庆知识产权学院

重庆知识产权学院于2007年12月经重庆市教委批准成立，是重庆理工大学下属的二级学院，也是我国西南地区第一家知识产权学院。它是重庆市知识产权局等政府主管部门和部分重点企业创新官产学研联盟新机制的成果。学院成立之初，与人文社会科学学院合署办公。2009年11月，重庆理工大学为了更好地发展知识产权学科，在西部战略性布局而独立设置重庆知识产权学院，培养和培训知识产权专门人才。

重庆知识产权学院拥有一支充满朝气与活力，敢于开拓和创新，具备理工科、法学、管理学专业知识背景的教师队伍，目前有专职教师20余人，全部具有硕士及以上学位，其中博士和博士后（含在读博士生）8人，教授2人，副教授8人。学院有兼职教授15名，来自于知识产权领域的国家机关、大型企业及相关的科研院所、高等院校。学院知识产权本科专业2005年由国家教育部批准设置，并于2006年首次招收本科生，是国家教育部在中西部地区唯一布点设置的知识产权本科专业。

学院定位为努力建设成为一所特色鲜明、具有示范效应、与国际接轨的官产学研相结合的知识产权学院，使其成为重要的知识产权人才教育基地、知识产权研究基地、知识产权服务中心，为重庆市乃至全国知识产权事业的建设和发展提供智力支撑。

学院人才培养的总体目标是培养既具备理工科基础知识和法学、管理学知识，同时又具有深厚的知识产权专业知识，能在企、事业单位及政府部门从事知识产权工作的高素质复合性应用型专门人才。其具体包括：（1）商标和版权代理与贸易人才。培养具有一定理工科基础知识和深厚的商标与版权专业知识，能够在商标事务所和版权代理机构从事商标和版权代理与贸易业务的专门人才。（2）专利代理人才。以“3＋2”专转本培养模式，借助3年制理工科专业学习的背景优势，通过2年知识产权专业训练，培养具有专利知识并熟悉专利代理业务的专利代理人才。（3）知识产权管理人才。培养既具有管理学知识又具备知识产权专业知识，能够在企、事业单位及政府部门从事知识产权管理工作的高层次人才。

复旦大学知识产权研究中心

复旦知识产权研究中心于 1995 年 12 月 5 日成立，主任是张乃根教授。

复旦知识产权研究中心自成立以来，吸引了大量学者、政府官员、法官、律师、专利代理人等参与活动。中心每年都举办大型学术年会并汇编学术论文集，邀请国内外知识产权专家参与研讨。十年来，中心多次组织研究课题，包括世界银行贷款资助项目和国家人类基因组上海研究中心研究项目。中心曾出版《知识经济与知识产权法》和《中国知识产权法》。中心还积极开展对外联络和学术交流。

华东政法大学知识产权学院

华东政法大学知识产权学院成立于 2003 年 11 月，定位于知识产权法律和管理的教学与研究，培养知识产权管理和保护复合型人才。学院建设的方针是立足知识产权专业特点，遵循教育规律，走人才培养、科学研究与社会服务三位一体、相互促进的办学道路，坚持知识、能力和综合素质三位一体人才培养方针。

华东政法大学是我国最早设立知识产权本科专业，并具有知识产权本科、硕士、博士和博士后教育体系的学院。知识产权学院自建院以来，依托华东政法大学的法学优势，独立建设和发展知识产权二级学科，形成了独特的知识产权学科和专业定位，将知识产权学科定位于以理工为背景、以法律和管理为支撑、以知识产权为内核的复合型学科，建设知识产权专业。学院自主按照专业需要配备和培育师资，拥有一支具有法学、理工和管理三个背景的教师队伍。学院现有专职教师 14 名，其中教授 6 名、副教授 2 名，博士生导师 5 名、硕士生导师 9 名，所有专职教师均具有博士学位。

学院现有知识产权法与知识产权管理两个研究团队，设有版权法、专利法、商标法、知识产权管理四个教研室。学院历来重视推动知识产权研究工作，知识产权研究中心聚集国内一大批知识产权专家学者，每年出版两卷《知识产权研究》刊物，在国内已经有较大影响。

知识产权学院坚持教学、科研与社会实践相结合的方针，积极组织教师从事科研活动。学院已经出版了《专利法》、《商标法》、《版权法》、《电子商务法》等“知识产权专业核心课程系列教材”，已出版学术专著和专业丛书 16 部；在《法学研究》等各种专业期刊上发表学术论文 250 余篇；承接国家、地方各级研究课题 30 余项；主办了“首届内容产业与知识产权国际研讨会”和“技术壁垒与企业知识产权海外战略高层论坛”等国际、国内高层次学术研讨会；与澳大利亚昆士兰科技大学、美国多所大学、台湾政治大学等建立了广泛的联系。教学方面，充分利用地缘优势与学生英语基础较强的优势，与国际知识产权研究的最新前沿相接轨，坚持走教学与研究国际化的道路。学院重视学生研究能力和基本素质的培养，组织本科生与研究生参加各种研究项目，连续两年参加国家版权局组织的全国大学生版权论文竞赛取得优异成绩。

学院现有上海市教委高水平学科建设项目、特色专业建设项目和中央与地方共建知识产权实验室项目。2009 年，知识产权学科成为上海市教委重点学科，华东政法大学知识产权学院正在茁壮成长和发展。学院设有一个官方网站和两个学术网站，用以展示学院教师科研成果，扩大学院社会影响，搭建师生沟通平台。学院与上海市版权局、上海知识产权园、上海硅知识产权交易中心等单位签署了合作协议，建立教育基地，促进产学研结合。

华南理工大学知识产权学院

华南理工大学知识产权学院与华南理工大学法学院属于“两块牌子，一套人马”，成立于2004年11月17日，由华南理工大学与广东省知识产权局合作创办。知识产权学院与法学院合署办公，法学院党政机构兼为知识产权学院党政机构。学院2008年开始招收知识产权专业本科生，2005年开始在民商法专业招收知识产权方向硕士研究生。首任院长为中国法理学研究会副会长、西北政法学院法学研究所原所长、中国政法大学法学理论专业博士生导师葛洪义教授，首任党委书记为广东省财税法学研究会会长张富强教授。

华南理工大学知识产权学院依托理工院校的科技优势，在法学专业的基础上创办。现有专职教师7人、外聘教师5人，还聘请了4位国内外著名专家学者任兼职教授。华南理工大学知识产权学院下设一个知识产权研究所，知识产权研究所下设三个研究中心——知识产权战略研究中心、企业知识产权保护研究中心、网络空间知识产权研究中心。

2005年教育部批准华南理工大学知识产权学院可以招收知识产权专业（试办）本科生。2005年学院招收了80名知识产权法方向本科生、6名知识产权法研究方向硕士研究生。学院已经制订了完整的本科生和研究生培养计划，并正在积极组织实施。

华中科技大学知识产权系

华中科技大学知识产权系成立于1995年，前身是1985年成立的知识产权教研室和1993年成立的知识产权教学与研究中心，是我国高校中最早成立的知识产权系，是华中科技大学知识产权战略研究院的主体。设有“知识产权法”双学士学位法学本科专业和“经济法学”专业硕士点，并挂靠“技术经济及管理”专业博士点招收知识产权研究方向的博士生，形成了双学士、硕士和博士等层次的知识产权人才培养体系。现任系主任为朱雪忠教授。

一、师资队伍

知识产权系现有专职教师9人，其中教授、博士生导师2人，研究员1人，副教授3人。教师中具有博士学位的有4人，在职攻读博士学位的有2人。教师中具有律师资格的5人，具有专利代理人资格的5人。

二、学术研究

自1991年以来，该系先后承担了国家自然科学基金资助的研究课题8项（其中重点项目1项），国家社会科学基金资助的项目1项，教育部资助的项目5项，科技部资助项目3项，国家知识产权局资助的项目5项，省、市级及企业资助项目10多项，获教育部提名国家科技进步奖二等奖一项。在*European Intellectual Property Review*、*Gewerblicher Rechtsschutz und Urheberrecht*、*International Review of Industrial Property and Copyright Law*、*The Journal of World Intellectual Property*、《科研管理》、《研究发展与管理》、《知识产权》、《中国法学》、《国际贸易》等国内外权威、重要学术刊物上发表了200多篇学术论文，其中被SSCI收录一篇，出版了《市场竞争与专利战略》等专著和教材多部。

三、学术交流

近年来，该系积极发展对外交流与合作，与德国、法国、日本、美国、英国等国家的高校和研究机构建立了学术交流与合作关系，尤其是近三年来，每年赴国外进行合作研究和学术交流的人员均在3人次以上，并安排博士生到国外有关研究机构撰写博士学位论文，与国内有关大学、研究机构、知识产权主管部门等也建立了密切的联系。

四、人才培养

该系一直坚持厚基础、重运用，密切注意国内外知识产权研究的最新动态，注重法学与管理学的交叉和融合。学生的知识面广、适应性强、综合素质高，为行政管理机关、大型国企、外资企业、中介机构和高等院校输送了大批急需的既懂技术又懂知识产权的复合型人才，受到用人单位的好评，曾分别为东风汽车公司、国家知识产权局、国防专利局等用人单位专门开设研究生班等高层次知识产权人才班。

暨南大学知识产权学院

暨南大学知识产权学院成立于 2004 年 9 月 11 日。该学院是广东省首家集教学和科研为一体的知识产权学院，也是华南地区第一家知识产权学院。暨南大学知识产权学院下设知识产权系和知识产权研究中心，形成系所合一、教学与科研合一的体制。暨南大学知识产权学院与暨南大学法学院合署办公，共享法律资源和共用师资队伍。现有知识产权专门教学和科研人员 5 人，其他法律教师队伍近 40 人，其中，法学教授 6 人，副教授 14 人，拥有法学博士学位的教授、副教授 16 人。暨南大学知识产权学院具备较充足的师资储备。

暨南大学知识产权学院的前身是暨南大学知识产权研究中心，成立于 2003 年 3 月。自中心成立以来，先后承担了多项重大研究课题，取得重大的科研成果，并于 2003 年 10 月与中国社会科学杂志社共同主办召开了“全国知识产权理论问题研讨会”，邀请了国内著名的法学家及知识产权领域的专家 30 多人到会，在全国法学界产生了一定的影响。暨南大学知识产权研究中心为暨南大学设立知识产权学院奠定了基础。

2005 年，经教育部批准，学院率先在国内试办“知识产权”本科专业，并于 2005 年开始招生，其中在校全日制本科生 101 人；境外就读（澳门班）63 人。自 2004 年起挂靠法学院民商法专业招收知识产权方向研究生，其中在校全日制研究生 23 人。2009 年 7 月，首届知识产权本科专业学生毕业，其中内招生 7 名，外招生 7 名，就业率 100%。

上海大学知识产权学院

创建于 1994 年秋季的上海大学知识产权学院是我国最早建立的两所知识产权学院之一（另一所是北京大学知识产权学院），其前身是始建于 1988 年的“上海工业大学知识产权教学与研究中心”。1998 年，上海大学知识产权学院与 1980 年就已建立的“上海大学文学院涉外经济法系”合并，建立了新的上海大学知识产权学院。2005 年 4 月，原上海大学法学院即上海政法干部管理学院脱离上海大学，独立建制成立上海政法学院。上海大学在知识产权学院基础上成立新的上海大学法学院，同时决定将其中的知识产权学科团队增强扩建为法学院架构中的计划单立、重点建设的“特区型”知识产权学院，继承和增强上海大学熔知识产权法律、管理、经济于一炉的教学与科研特色。

上海大学知识产权学院下设上海大学知识产权研究所和知识产权信息检索与分析中心。2005 年，知识产权学科被批准为上海市高校教育高地建设项目，《知识产权法》课程被批准为上海市重点课程。学院专业教师十余人（其中教授、副教授 5 人），形成了一个团结合作的知识产权教学与研究团体。还聘任了国内外一批知识产权专家、学者为兼职教授。

学院历经十几年酝酿、试验及改进，已经基本形成了本科生、双学科生、硕士研究生、本硕连读生、研究生班、各类进修班等六大类型的六套课程设置及实施的课程体系，积累了相当的经验，已出版和正在出版一系列相应教材。上海大学知识产权教育的做法及经验引起了国内外有关方面的重视与借鉴。

上海大学知识产权学院自 1994 年开始招收法学专业（知识产权法方向）本科生，强化其知识产权法板块课程而全面讲授知识产权法、专利法、商标法、著作权法、商业秘密法、技术贸易法、计算机知识产权法、网络知识产权法等知识产权法各单行课程，并且适当增加其“无形资产评估”、“知识产权实务”等知识产权管理课程，先后已经毕业十多届学生，均授予法学学士学位。从 1994 年至 2005 年，上海大学知识产权学院采用“法学专业（知识产权法方向）”这种教学模式长达十二年之久，但是近年来上海大学因校内原因已经淡化这一教学模式，2005 年起上海大学法学本科专业招生不再冠以“知识产权方向”。

在上海市政府和学校的支持下，上海大学知识产权学院2004年推出“理工本科/法学双学科/知识产权法硕士”的“2+2+3”的本硕连读知识产权人才培养模式。上海大学知识产权学院每年招收20名左右知识产权“本硕连读”硕士研究生。截至2010年，上海大学知识产权学院已经累计招收100多名具有理工本科背景的知识产权“本硕连读”硕士研究生。

2003年起上海大学在“社会学”博士学位授予点之下招收知识产权研究方向的博士研究生。2006年经国务院学位委员会批准备案，在“管理科学与工程”一级学科及其博士学位授予点之下自设了“知识产权管理”博士学位授予点。

同济大学知识产权学院

同济大学知识产权学院是同济大学于2003年3月新成立的一所独立建制的学院，它依托同济大学已经形成的理工科的学科和对德（欧）交往的窗口优势，密切跟踪国际知识产权发展的最新动态，以培养社会所需的高层次、复合型的知识产权法律和管理人才为己任。2009年3月，知识产权学院与法律系合并为法学院。学院引进陶鑫良教授为知识产权学院院长。知识产权学院教师11人，其中教授5人、副教授2人、讲师4人，博士8人、博士在读3人。

同济大学知识产权学院聘请了德国马克斯-普朗克知识产权法、竞争法和税法研究所所长、国际著名的知识产权专家约瑟夫·施特劳斯教授（Prof. Dr. Dres. h. c. Joseph Straus）为顾问院长；国家知识产权局局长、著名的知识产权专家田力普教授为名誉院长。全国人大法律委员会委员、中国社会科学院知识产权中心主任郑成思教授也曾任学院名誉院长。2009年6月5日，聘请美国联邦巡回上诉法院法官 Randall R. Rader 先生为客座教授。

同济大学知识产权学院与德国马克斯-普朗克知识产权法、竞争法和税法研究所等国外知识产权教学研究机构建立了稳定的交流合作关系，在学者互访、合作研究、交换图书资料和信息等方面，取得了可喜的成果。知识产权学院还与国家、上海市知识产权管理部门和国内的兄弟院校建立了持续稳定的合作关系。

2009年6月，国家知识产权局批准同济大学知识产权学院为首批专利保护重点联系基地。重点联系基地主要职责是向知识产权局系统提供有关专利执法的咨询意见和信息，参与重要执法问题和疑难案件的研讨论证，促进全国执法人员业务素质的提高，积极传播通过专利保护促进创新发展的经验，共同促进我国专利执法水平的提高。

学院设有“知识产权与知识管理”专业博士点，负责经济法硕士点学科建设，并在全校开设公共选修课“知识产权法”、“专利法”、“科技法”、“知识产权国际保护”；为全校工程硕士开设“知识产权”课程。

武汉大学知识产权高级研究中心

武汉大学知识产权高级研究中心2003年3月27日在武汉大学挂牌成立。

武汉大学知识产权高级研究中心是在其法学、经济学、信息管理等学科的知识产权研究力量的基础上建立的，中心已与我国知识产权主管部门、司法机关和美、英等国的多家一流知识产权研究机构达成合作意向。中心教学和科研力量由多名具有法学、管理学等博士学位的中青年研究人员组成，英国伦敦大学知识产权研究所所长米歇尔·布雷坎教授等多位国内外知名专家应邀担任客座教授。

据中心主任陈传夫教授介绍，中心具备研究与人才培养的双重功能，将围绕科技创新和提高国家竞争力进行多学科合作与交流，针对我国立法与司法实践中亟待解决的问题开展对策性研究，培养和造就一批跨学科的知识产权复合型高级管理人才。

根据计划，中心将在数字时代知识产权制度创新与理论发展、电子商务与政务、国家科技基础平台与国家信息化、知识产权方面重点展开工作。

西安交通大学知识产权研究中心

西安交通大学知识产权研究中心是陕西省教育厅首次批准建立的高校哲学社会科学重点研究基地，依托于西安交通大学。

本研究中心共有专兼职研究人员 34 人，其中教授 6 人、副教授 12 人，具有博士学位的 6 人。研究领域涉及知识产权领域的诸方面。主要研究方向为：知识产权战略与应用，科技创新与专利法，知识产权的经济学分析，网络知识产权，知识产权与信息安全等。近 3 年从事国家级、省部级研究项目 22 项，发表学术论文 163 篇，出版学术专著 45 部。

中心主任为马治国教授，重要学术带头人包括田文英教授、马民虎教授、高山行教授。

西北大学知识产权学院

西北大学是陕西省较早开展知识产权教学与研究的单位之一，在知识产权人才培养方面积累了丰富的经验。2005 年 11 月 29 日，依托西北大学法学院和西北大学知识产权保护中心，整合校内相关专业的师资科研力量，西北大学知识产权学院正式挂牌成立，这是西北大学适应社会需求在高校知识产权人才培养方面做出的重大举措，同时也填补了陕西省乃至整个西北地区在知识产权专门学院方面设置的空白。西北大学知识产权学院不仅是西北地区首家知识产权学院，也是陕西省高级知识产权人才培养基地。

西北大学知识产权学院是一所以法学院为依托，以知识产权与知识产权法的教学、研究为特色，并与知识产权实践紧密相连的专业学院。学院现设有两个研究中心，即知识产权保护中心和知识产权案例研究中心以及 10 余个职能部门，现有专职教师 40 余人，硕士导师达 20 余人，其中有博士学位者占 85%，同时还聘请了 40 余位知名学者作为兼职教授。近五年来，共培养研究生近 500 人次，发表论文 300 余篇 ，出版专著 22 部，获省部级奖励 2 项，科研项目经费达 285.3 万元。

学院另设办公室、培训部、教学部、专利部、版权部、商标部、国际部等 10 个职能部门。学院还聘请了一批国内外著名专家学者为兼职教授，不定期地来院举办各种学术讲座。

学院 2009 年开始招收知识产权专业本科生，培养知识产权法律复合型人才。除了承担知识产权学院本科教学之外，还承担着全校学生的知识产权通识课程、第二学位知识产权课程以及国家法学专业硕士学位授权点国际知识产权法研究方向和民商法学专业硕士学位授权点、中国知识产权研究方向硕士研究生的培养任务。在科研方面，学院教师先后主持并承担了“陕西文化产业发展中的知识产权保护”等 16 项研究课题，其中省部级项目 9 项，厅局级项目 7 项；在《中国法学》、《知识产权》、《法商研究》等权威及核心期刊发表《论非物质文化遗产中的传统文化表达》等学术论文 30 篇；主办或参与举办“国有企业知识产权保护论坛”、“数字化时代的知识产权保护论坛”等 10 余次大型学术研讨会，邀请了多位国内著名的法学家及知识产权领域的专家到会，在全国法学界产生了较为广泛的影响。

知识产权学院根据西北大学的整体定位和整体战略目标，根据陕西省的经济社会文化发展规划，根据学院的现状和可能发展条件，提出的发展目标是：坚持教学、研究两个中心，坚持与实践紧密结合，形成自己的科研和学科特色，进一步提升师资队伍的水平，培养全面发展，具有创新精神的知识产权复合人才，巩固学院在陕西省内的知识产权教学科研方面的地位，争取在全国更好的发展平台。

厦门大学知识产权研究院

厦门大学知识产权研究院是根据 2008 年 5 月国家知识产权局与福建省人民政府签订的《共同推进海峡西岸经济区知识产权发展合作议定书》和省部会商要点的精神，由厦门大学与福建省知识产权局共建成立的集科研、教学、国际交流与社会服务于一身的多功能、高层次的知识产权研究平台和人才培养基地。

厦门大学知识产权研究院自 2008 年 7 月 30 日成立以来，秉承厦门大学“自强不息、止于至善”的校训，充分发挥厦门大学作为综合性大学的学科交叉优势，依托厦门大学法学院、管理学院、经济学院和公共事务学院的科研力量，同时通过自主引进专门的高层次知识产权科研人才，已经初步形成学科优势明显、布局合理且具有较大发展潜力的知识产权人才队伍。

厦门大学知识产权研究院目前有专职和兼职研究人员 13 人，其中教授 8 人（含博士生导师 4 人），并聘请德国马克斯-普朗克学会知识产权法、竞争法和税法研究所所长 Reto Hilty 教授、慕尼黑知识产权法中心 Joseph Straus 教授、台湾政治大学智慧财产研究所所长及科技政策与法律研究中心主任刘江彬教授等国际著名学者担任客座或者名誉教授。同时，林秀芹、丁丽瑛、郭懿美等教授在知识产权基础理论、知识产权国际条约、知识产权法律制度、知识产权战略和企业知识产权管理方面取得了丰硕的研究成果，在《新华文摘》、《法学研究》、《现代法学》等重要期刊上发表论文 100 多篇，出版教材和专著 10 多部。承担了教育部、商务部、司法部、国家知识产权局 20 多项国家级和省部级课题研究项目，承担了《福建省知识产权战略纲要》起草工作，并为福建省、厦门市等地区知识产权法规建设和司法工作提供了重要的理论支持。

研究院自成立以来，已经分别设立了知识产权法专业和知识产权管理专业的硕士点、博士点，并建立了全方位、多层次的知识产权人才培养体系，包括知识产权法第二学士学位本科教育、知识产权法和知识产权管理专业的硕士教育与博士培养。此外，研究院积极开展知识产权工程师和管理师的培训工作，承担了福建省、江西省、厦门市、赣州市等地区政府和企业的知识产权培训。

湘潭大学知识产权学院

湘潭大学知识产权学院成立于 2008 年 11 月，为湖南省首家知识产权学院，是中部地区继中南财经政法大学知识产权学院之后的第二家知识产权学院。学院依托湘潭大学的综合性大学性质和法学院较为强大的师资力量，以促进法学院和学校学科建设、培养社会急需的复合型知识产权人才为目标，立足于服务湖南省和长株潭“两型”社会实验区建设，力争建成在湖南省有一定优势、在全国有一定影响的知识产权学院。

湘潭大学知识产权学院在湘潭大学法学院民商法学科组和经济法学科组基础上组建。学院现有专职教师 15 人，其中教授 4 人，副教授 7 人，讲师 4 人，有 8 人具有博士学位，4 人为在读博士。另有兼职教师 22 人，分别来自湘潭大学法学院、公共管理学院、商学院、化工学院、机械工程学院、科技处和社科处等院系处室。

湘潭大学知识产权学院教师具有良好的学缘结构，与国内重点知识产权教学和研究机构具有紧密的联系。

中国人民大学知识产权学院

中国人民大学知识产权学院成立于 2009 年 11 月 26 日，成立当天世界知识产权组织总干事亲致贺电，并派副总干事到会祝贺。该院创始院长为我国知识产权法领域权威学者刘春田教授。

中国人民大学知识产权学院是在中国人民大学知识产权教学与研究中心的基础上成立的。该中心创建于 1986 年，是根据世界知识产权组织（WIPO）总干事鲍格胥的倡导，由原国家教委决定设立的我国最早的知识产权教学和研究机构，是我国高等知识产权教育的开拓者和工作母机。在世界知识产权组织和教育部的支持下，经过二十余年努力，中国人民大学知识产权教学与研究中心已成为我国知识产权高等教育中层次与结构最为完整的教学与研究中心和工作基地，涵盖了博士后研究、博士研究生、硕士研究生、法律硕士、第二学士学位生等具有不同培养目标、不同层级的指导研究和学生培养模式。学院精英荟萃，其中郭寿康教授是我国知识产权界的元老，精通六门外语，是学贯中西、蜚声国际的著名知识产权法专家，早在 20 世纪 70 年代就从事知识产权的研究与法制建设，是我国知识产权法制建设的奠基人之一。郭寿康教授、刘春田教授参加了我国专利法、商标法、著作权法、反不正当竞争法等知识产权法律的起草与修改。郭寿康教授、刘春田教授还多次代表中国政府出席知识产权国际会议，作为专家顾问参加国际知识产权谈判，为 WTO 中美知识产权争端中方工作组提供咨询服务，为我国知识产权的法制建设发挥了重大作用。郭寿康教授、刘春田教授也是我国知识产权法高等教育的奠基人、开拓者。1985 年，刘春田教授在我国第一个开设系统知识产权法课程，并列入本科教学培养计划；1986 年，在原国家教委高等教育专业目录制定工作会议上，刘春田教授作为法学学科组的召集人，在与高铭暄教授的共同努力下，促使国家教委将知识产权法列为法学本科专业，招收第二学士学位生，在我国高等教育体系中正式建立了知识产权法专业；刘春田教授与社科院郑成思教授、北京大学陈美章教授等一起，合作出版了我国第一部高等学校统编教材《知识产权法》，该教材的内容与结构，奠定了我国知识产权法系统研究与教育的基础。

中国人民大学知识产权学院也是我国高校中唯一参加著作权法起草与修改全过程的单位。联合国教科文组织亚太区版权与邻接权教席设于学院，郭寿康教授即为教席主持人。学院与我国知识产权立法、司法与行政职能部门和国内外学术机构建立了广泛的联系，聘任了德国、美国、日本、新加坡等国家的国际知识产权著名专家和国家知识产权局、商标局、版权局、贸促会、最高人民法院、最高人民检察院的专家担任兼职或客座教授。学院出版有系列刊物《中国知识产权评论》和《知识产权判解研究》，出版专著、教材 30 余部，在《中国社会科学》、《中国法学》等学术刊物发表论文 300 余篇。学院的不少学术研究成果被立法机关采纳，反映在法律文件和其他规范性文件中。学院多年来还为人民法院以及相关政府管理部门提供专家意见，主持或参与多项国家和部委研究项目，参加并主持了国家知识产权战略重大课题，获得国务院领导好评。

受教育部委托，从 2000 年起，学院先后与欧盟、世界知识产权组织多次举办全国高等院校知识产权骨干教师高级研修班；多次举办大型国际研讨会；学院出版的知识产权法教材被用作教育部全国法学专业核心课程教材，并获教育部普通高等学校优秀教材一等奖，被高等教育出版社评为百门精品教材之一，为我国法学教育界普遍采用。刘春田教授连续两届被聘为教育部全国高等学校法学学科教学指导委员会委员，并担任教育部“面向 21 世纪全国高等学校法学专业核心教程教材”《知识产权法教学指导纲要》和《知识产权法》的主编。学院广泛建立和参与了与国内外学术团体的学术交流活动，与世界知识产权组织、联合国教科文组织以及哈佛大学、马普学会、剑桥大学、爱知大学等海外著名研究机构有着密切的人员与学术交流。

为表彰人大知识产权教学与研究中心为中国知识产权研究、教育和法治建设所取得的突出成就，2008 年 10 月，世界知识产权组织将唯一的一项“WIPO 创意金奖”颁发给该学院。

学院现有研究人员 21 人，其中专职教学与研究人员 9 人，教授 4 人，博士生导师 3 人，副教授 5 人。

中国社会科学院知识产权中心

中国社会科学院知识产权中心是中国高层次的知识产权研究机构，其宗旨是团结和组织我国在知识产权法律领域内的最优秀的专业人员，造就一批能与世界各国知识产权法律同行对话的第一流人才，对实践中的知识产权法律问题及时作出正确回答，并针对我国立法与司法实践中亟待解决的知识产权问题进行对策性研究，对整个知识产权法律制度的建立和完善施加积极影响。

中国社会科学院知识产权中心担负着如下研究任务：首先，结合我国在知识产权领域的立法、司法实践，并比较国外有关经验，正确阐述知识产权保护的有关基本概念和基本原理，深入研究各种新情况与新问题，为有关法律的制定、修订和完善提供充分可靠的理论依据。

其次，承接全国人大法工委、国务院法制办、最高人民法院、国家科委、国务院知识产权办公室、中国知识产权局、国家版权局、国家工商行政管理局等机关或部门有关法律起草的工作和有关的课题研究；承接有关国际组织和有关团体、机构资助的有关对策性研究。

再次，收集、整理有关立法、司法与学术信息，组织全国性的专题研究，评选优秀研究成果，争取尽快推出一批在国内外有影响的对策性研究报告及知识产权系列专著，加强与国内外有关组织、团体和个人的联系。

最后，为中国社会科学院乃至全国培养一批在知识产权领域内有影响的硕士、博士及博士后专业人才，广泛开展国际学术交流活动。

中国政法大学民商经济法学院知识产权法研究所

中国政法大学民商经济法学院知识产权法研究所（以下简称中国政法大学知识产权法研究所）是国内专门从事知识产权法教学与研究、具有较高学术影响和水平的教学与研究机构。目前全所共有专职教师 16 人，其中教授 4 人、副教授 9 人、讲师 3 人，教师中具有法学博士学位的 12 人，博士生导师 1 人，硕士生导师 12 人。

该所是一个教学科研一体化的机构。除了承担学校知识产权法本科课程教学任务外，还承担了民商法专业博士、硕士生以及法律硕士班知识产权法研究方向硕士生的教学任务。

该所在知识产权法研究方面进行了卓有成效的探索。其中关于知识产权法哲学（知识产权基础理论）、企业知识产权战略与管理、生物技术法律保护研究、版权交易制度研究等研究领域处国内研究前沿。近些年来，该所教师在美国、英国、澳大利亚、瑞士等国家的法律专业刊物上发表了 10 余篇论文，有些被国际权威的 SSCI 收录；在国内的《中国社会科学》、《中国法学》、《政法论坛》、《法律科学》、《法学》、《法商研究》等重要专业刊物上发表知识产权法及相关方面的论文 200 余篇，其中被《新华文摘》、《人大复印报刊资料》、《中国社会科学文摘》等转载（摘）的达数十篇；出版了《知识产权法哲学》、《知识产权新视野》、《知识产权法利益平衡理论》、《互联网上的版权与限制》、《企业知识产权战略》等专著近 20 部，其中《企业知识产权战略》被纳入“十一五”国家级教材规划。

该所教师主持与承担了国家社会科学基金、教育部重大课题攻关项目、教育部人文社会科学重点研究基地重大项目、国家知识产权战略专题、国家知识产权局软科学项目等多项省部级以上项目，产生了广泛的社会影响。

该所还积极主动地与国内外建立了广泛的学术联系，不断扩大在知识产权法方面的影响。

中南财经政法大学知识产权研究中心

中南财经政法大学知识产权研究中心的前身是1988年成立的中南政法学院知识产权教学与研究中心，2000年正式更名为“中南财经政法大学知识产权研究中心”，是国内最早从事知识产权教学与研究的机构之一。2004年11月26日，中心跻身于教育部人文社会科学重点研究基地行列。2005年，由中心研究人员承担的《知识产权法学》课程被评为国家级精品课程。2006年5月13日，国家保护知识产权工作组决定依托本中心，成立国家保护知识产权工作研究基地，为国家提供知识产权保护的对策研究和咨询服务。2007年，武汉仲裁委员会知识产权仲裁院依托本中心成立。同年，知识产权所隶属的民商法学科被批准为国家重点学科。2008年9月，中心“知识产权教学团队”入选国家级教学团队。同年，知识产权司法鉴定所正式挂牌成立。

中心实行主任负责制，中心主任由著名知识产权学者吴汉东教授担任。中心现有专职研究员（教师）22人，其中教授13人（含博士生导师8人），具有博士学位的20人。中心聘有84位来自德国慕尼黑马克斯-普朗克知识产权法、竞争法和税法研究所，日本北海道大学，美国德雷克大学，以及北京大学、中国人民大学、中国社会科学院法学研究所、台湾政治大学、东吴大学等国内外著名高等院校和国家机关等实务部门的知识产权学者担任本中心的学术顾问、专兼职研究人员。

中心注重培养复合型、交叉型知识产权专门人才，目前已初步搭建了具有鲜明特色的知识产权法学硕士、管理学硕士、法律硕士以及法学博士、管理学博士、博士后的国家级知识产权人才培养平台。

自成立以来，中心已承担国家社科基金重点项目、国家自然科学基金项目、教育部哲学社会科学研究重大课题攻关项目以及国务院法制办、国家知识产权局、国家版权局、司法部等国家级、省部级重大研究课题80余项，出版专著30余部。在《中国社会科学》、《中国法学》、《法学研究》等学术刊物发表论文600多篇，编著“十五”、“十一五”国家规划教材、高等院校法学教材、研究生教材、现代法学教材、非法学类高等教育通识教材及全国自学考试、全国领导干部培训和中央党校培训教材、保护知识产权培训教材共计30余部。研究成果曾获全国首届优秀博士论文奖、首届中国法学成果奖二等奖、首届中国出版政府奖图书奖、中国法学教育教学改革实施工程奖一等奖、中国法学教育研究成果二等奖、司法部法学教材与法学优秀科研成果一等奖、教育部人文社会科学研究优秀成果二等奖、全国法学教材与科研成果奖二等奖等奖励30余次。此外，中心还参与了我国《民法典》、《著作权法》、《商标法》、《专利法》以及《信息网络传播权保护条例》等法律、法规草案的起草或咨询论证工作，参加了国家知识产权战略的制定工作。

中心至少每年举办一次“知识产权南湖论坛”，目前已举办七届。中心秉承国际化发展战略，与美国、英国、德国、法国、比利时、韩国、日本、印度、泰国等国的高等院校及学术科研机构保持着密切的联系。中心专职研究员多次出访美国、德国、法国、英国、日本、韩国、瑞士、乌克兰等国，参加各种国际学术会议并发表主题演讲80多次。

中山大学知识产权学院

中山大学知识产权学院于2005年11月13日正式成立。学院集教学与科研为一体，以培养知识产权方向的高级专门人才和提高知识产权的研究水平为主要目的。中山大学知识产权学院与法学院合署办公，共享教学资源与师资队伍。知识产权学院院长由法学院院长刘恒教授兼任，中南财经政法大学校长、著名知识产权学者吴汉东教授受聘为名誉院长，学院另有兼职、客座教授等十多名。

学院一方面致力于培养知识产权领域的高层次人才，主要包括博士生、知识产权方向的法学硕士研究生和法律硕士研究生以及本科阶段的知识产权双学位、双专业的学生。在未来的发展中，知识产权学院还计划开展知识产权培训课程、知识产权教育的国际交流与合作。目前，知识产权学院已经与美国伊利诺伊大学和澳大利亚昆士兰大学建立了合作关系，双方将就彼此感兴趣的知识产权课题和知识产权国际培训项目进一步开展交流与合作。

另一方面，学院注重知识产权研究。学院将与广东省知识产权局紧密合作，逐步建立起广东省知识产权专家人才库，开展知识产权系列讲座和软科学研究，为社会提供知识产权服务。

知识产权学作为一个新兴的边缘学科，涉及法学、经济学、管理学、信息学等不同的学科领域，与其他学科存在交叉和重叠。知识产权学院将整合不同专业的资源优势，进行多学科交叉教学与研究，形成新的知识增长点，发展独特的应用性学科，培养知识经济和信息化时代下能独立从事知识产权研究、教育和实务的高层次人才。

学院现有教授 16 人，副教授 24 人，其中博士生导师 5 人。

索引

SUO YIN

本卷年鉴所载内容的主题索引

使用说明

一、本索引采用内容分析索引法编制。除按“纪事”条文形式编排的内容外，年鉴中有实质检索意义的内容均予以标引，以供检索使用。

二、本索引基本上按汉语拼音音序排列。具体排列规则如下：以数字开头的标目排在最前面，汉字标目则按首字的音序、音调依次排列；首字相同时，则以第二个字排序，并依此类推。

三、索引标目后的数字，表示检索内容所在的正文页码。年鉴中以表格、图形反映的内容，则在索引标目后用括号注明（表）、（图）字样，以区别于文字标目。

0～9

007 网吧私服侵犯著作权案 257b
“10·19”储存销售侵权盗版音像制品案 259b
“12·07”销售侵权盗版音像制品案 260b
“12·15”批销盗版音像制品案 261a
1992—2010 年中国软件著作权登记情况（图） 190b
2000—2010 年国产电视动画片产量及增长率（图） 192
2001—2010 年中国软件出口增长情况图 189
2003—2010 年电视动画片播出总时长（图） 197
2006—2009 年全国电视动画片播出数量（表） 195
2006—2010 年国家广电总局推荐优秀动画片数量（图） 178
2006—2010 年全国电影综合收益和国内票房增长情况（图） 173
2006—2010 年全国广播电视广告收入分媒介构成（表） 182
2006—2010 年全国广播电视总收入及增幅走势（图） 174
2006—2010 年全国广播电影电视总收入增长情况（图） 173
2006—2010 年全国制作完成电视动画片数量及长度（图） 178
2006—2010 年生产完成并获发行许可的电视剧数量（图） 176
2006—2010 年中国付费数字电视收入情况（图） 184
2006—2010 年中国有线广播电视网络总收入情况（图） 183
2006—2010 年中国有线广播电视用户数情况（图） 183
2007—2009 年全国电视动画片进出口情况（表） 195
2007—2012 年中国网络游戏出口规模（图） 205
2007—2013 年中国有端网络游戏活跃付费用户规模预测（图） 212
2007—2013 年中国有端网络游戏市场规模预测（图） 211
2007—2013 年中国有端网络游戏市场活跃付费用户月 ARPU 值预测（图） 212
2007—2013 年中国有端网络游戏市场用户规模预测（图） 212
2007 年全国电视动画片国内交易情况（表） 196
2007 年全国各级电视动画片播出数量（表） 196
2009—2010 摄影版权年会举行 153b
2009 年第 1 季度—2011 年第 1 季度中国客户端网络游戏市场收入规模（图） 205
2009 年度查处侵权盗版案件有功单位获奖名单 313
2009 年度查处侵权盗版案件有功单位及个人 312
2009 年度查处侵权盗版案件有功个人

获奖名单 315
2010—2013 年中国网络游戏市场促进因素影响程度分析（表） 213
2010—2013 年中国网络游戏市场阻碍因素影响程度分析（表） 213
2010BIBF 国际版权贸易研讨班 159b
2010CPCC 十大中国著作权人 322
2010 打击网络侵权盗版“剑网行动”启动 135b
2010 大陆、香港、澳门和台湾反盗版经验交流研讨会 151a
2010（第四届）国际版权论坛举办 164a
2010 互联网知识产权保护论坛举行 147b
2010 年版权社会服务组织工作 92
2010 年版权相关图书简介 394
2010 年版权相关图书索引 408
2010 年版权（著作权）论文索引 377
2010 年地方版权工作 35
2010 年第四季度中国网络游戏市场主要厂商市场份额（图） 205b
2010 年度国际知识产权执法会议在香港举行 441b
2010 年度我国软件产业收入构成情况（图） 189
2010 年各省份国产电视动画片生产情况（表） 193
2010 年国产电视动画片制作备案剧目题材类型（按分钟数）（图） 193a
2010 年国际著作权法制发展综述 449
2010 年国内动画电影票房排行榜 TOP15（表） 194
2010 年全国版权工作会议召开 129b
2010 年全国版权合同登记情况统计（表） 417
2010 年全国版权输出情况统计（表） 420
2010 年全国版权行政管理工作 29
2010 年全国版权引进情况统计（表） 421
2010 年全国电视节目播出情况（图） 181a
2010 年全国电视节目制作情况（图） 180b
2010 年全国电影生产情况图 175a
2010 年全国各省（市、自治区）图书版权输出情况（图） 216b
2010 年全国各省（市、自治区）图书版权引进情况（图） 216b
2010 年全国广播电视广告收入区域分布（图） 182a
2010 年全国广播电视广告收入行政区划分布（图） 182b
2010 年全国广播电视收入区域分布（图） 174a
2010 年全国广播电视收入行政区划分布（图） 174b
2010 年全国广播电视总收入情况（图） 174a
2010 年全国广播节目播出情况（图） 180b
2010 年全国广播节目制作情况（图） 179b
2010 年“全国软件正版化工作示范单位” 318
2010 年全国输出版权汇总表 419
2010 年全国图书版权贸易分析报告 215
2010 年全国图书版权输出地分布（图） 216a
2010 年全国图书版权输出地情况统计（表） 422
2010 年全国图书版权引进地分布（图） 215b
2010 年全国图书版权引进地情况统计（表） 423
2010 年全国引进版权汇总表 419
2010 年全国作品自愿登记情况统计（表） 418
2010 年软件百强企业收入占比图 189b
2010 年世界知识产权组织版权金奖（中国）颁出 144b
2010 年图像行业版权保护论坛举行 149a
2010 年知识产权宣传周活动启动 142a
2010 年中国版权司法保护工作 32
2010 年中国出版产业发展报告 167
2010 年中国动漫产业发展报告 192
2010 年中国广播影视产业发展报告 173
2010 年中国软件产业发展报告 188
2010 年中国网络游戏产业发展报告 204
2010 年中国网络游戏产业经济总量（图） 204b
2010 数字环境下新媒体版权保护与合作研讨会召开 150a
2010 新文化·新媒体·新版权峰会举行 148b
2010 知识产权南湖论坛举办 146b
2010 中国版权产业风云人物 325
2010 中国版权产业风云人物与最具影响力企业评选活动举行 145a
2010 中国版权产业最具影响力企业 327
2010 中国版权年会举行 152b
2010 中国软件信息服务业知识产权论坛举行 143a
2010 中国知识产权高层论坛举行 147a
2010 中日版权保护交流活动在北京举行 158a
“6621 原创空间”（天籁村音乐网站）侵犯著作权案 259b
“7·10”游戏私服侵权案 256a
“7·18”批销盗版音像制品案 260b
“9·03”重大盗印出版物案 254a
“9·14”重大盗印图书案 254a
“9·30”盗版光碟案件 245b

A

ACTA 泄露，各国热议“三振出局”规则 464b
“爱电子书吧”文字作品侵权案 252b

爱普生与北京大学联办媒体知识产权研修班 139b
安徽滁州“骑士音乐网”侵犯著作权案 239a
安徽省（版权工作概览） 57a
安徽省版权保护协会（名录） 433a
安徽省版权交易中心成立 156a
安徽省版权局（名录） 428a
安徽一电脑学校网络销售盗版光盘案 252a
澳联邦法院认为白页和黄页不享有版权 475a
澳门讨论《修改著作权及有关权利的法律制度》442a
澳数字电视广播修正案强化卫星转播版权许可 454a

B

巴西民间组织联合呼吁政府规范文件共享 486a
白广成诉北京稻香村食品有限责任公司著作权权属、侵权纠纷案 228b
版权工作“十二五”规划 3
版权纪事 113
版权制度的后现代反思 355a
保定双狐软件有限公司与三河环波软件有限公司计算机软件著作权权属上诉纠纷案 229b
保护知识产权公益宣传活动在长城举办 144a
北大方正集团有限公司 312b
北京版权保护中心（名录） 430b
北京版权代理公司（名录） 434b
北京部署推进企业软件正版化工作 135b
北京大学知识产权学院 491
北京当当网信息技术有限公司 327a
北京第一中级人民法院5年受理涉外知产案件2 691件 129b
北京国际版权交易中心（名录） 435a
北京计算机软件登记中心（名录） 430b
北京确立首批正版音像产品销售示范单位 134a
北京世纪飞乐影视传播有限公司与上海掌上灵通公司、中国移动通信集团山西有限公司、上海蔚蓝公司著作权纠纷案 230b
北京市（版权工作概览） 35a
北京市版权保护协会（名录） 432a
北京市版权局（名录） 427a
北京市高级法院知识产权庭 312a
北京市高级人民法院公布北京2009年知识产权诉讼十大案例 127b
北京市高级人民法院印发《关于审理涉及网络环境下著作权纠纷案件若干问题的指导意见》 128b
北京市举行“迎世博反盗版专项行动”动员大会 140a
北京世纪彩蝶动画制作有限公司 324a
北京市召开政府机关软件正版化专项检查和整改工作动员大会 139b
北京完美时空网络技术有限公司 328a
北京网尚文化传播有限公司诉海口正合网吧侵犯著作权纠纷案 235a
北京网元圣唐娱乐科技有限公司 322a
北京“悠视网”影视作品侵权案 242a
北京召开刑事打击网络侵权盗版专题研讨会 149b
北京中科红旗软件技术有限公司 328a
“必杀客”网站侵权案 243b
标准出版机构自律维权发展联盟第三次理事会探讨多种打盗维权方式 154a
表达的实质与表达的形式——对版权客体的重新解读 356b

C

CPCC“2010十大中国著作权人”评选活动举行 145b
长沙成立音乐音像著作权保护协会 153a
常熟“去听去听”音乐网网络侵权案 249a
陈建功 325a
陈建诉富顺县万普印务有限公司侵犯著作权纠纷案 235b
陈锦川 325a
晨光书店侵权案 243a
成都豪豪电器经营部销售侵权盗版音像制品案 260a
成都瑞锦文化传播有限公司销售盗版教材案 260b
成都市版权局与电视台共同策划版权知识节目 139b
赤峰市系列非法销售盗版教辅图书案 244a
重庆市（版权工作概览） 75b
重庆举办首期版权贸易培训班 140a
重庆市版权保护中心（名录） 431b
重庆市版权代理有限公司（名录） 435b
重庆市版权局（名录） 429a
重庆知识产权学院 491

D

《大清著作权律》关键词辨析 351b
当当网2010年动漫图书畅销榜（前100位）出版社构成（表） 200
当当网动画音像畅销榜产品国别构成（表） 200

导航书店侵犯图书著作权案 257b
德国《著作权法》中报酬请求权制度及其启示 372a
邓志军侵犯影视作品著作权案 257a
第二批“全国软件正版化工作示范单位”受表彰 132a
第二期版权相关热点问题媒体研讨班举办 150a
第六届中韩版权研讨会在首尔举办 160a
第三次海峡两岸版权保护研讨会举行 152a
第三届全国大学生版权征文获奖名单 331
第三届中国国际版权博览会举办 163b
第五届全国作品版权交易会举办 153a
东博书店网上销售盗版图书案 244a
“动漫G料库”网站侵权案 254b
动漫排行榜TOP50（国产动漫部分）单日搜索量（图） 194
读写书店网上销售盗版图书案 244a
对发表权诸问题的再认识 362b

E

俄罗斯出版商被罚2.5亿美元 485a
俄罗斯警方向BT网站和用户宣战 463b

F

法国版权机构标志构成侵权 473b
《反假冒贸易协定》最新文本强化反盗版执法谈判各国均表示反对“三振出局” 472a
风华书店贩卖盗版《牛津字典》案 245a
枫情网吧私服案件 245b
佛山市顺德区孔雀廊娱乐唱片有限公司 324b
福建省（版权工作概览） 59a
福建省版权局（名录） 428a
复旦大学知识产权研究中心 492

G

GAYAHA网站音乐作品侵权案件 245b
甘肃省（版权工作概览） 86a
甘肃省版权局（名录） 430a
古蔺县观文中学使用盗版教材案 260a
谷歌首席经济学家建言：高成本导致版权交易“摩擦” 486b
关于报送《新闻出版总署、国家版权局、全国“扫黄打非”工作小组办公室关于打击侵犯知识产权和制售假冒伪劣商品专项行动实施方案》的函 292
关于金融支持文化产业振兴和发展繁荣的指导意见 9
关于开展2010（第三届）全国大学生版权征文活动的通知 297
关于开展“世界知识产权组织创意金奖（中国）”评选推荐活动的通知 296
关于开展政府机关软件正版化督导检查工作的通知 305
关于授予大庆油田有限责任公司等257家企业“全国软件正版化工作示范单位”称号的决定 318
《关于为加快经济发展方式转变提供司法保障和服务的若干意见》发布 129a
关于印发《2010年打击网络侵权盗版专项治理“剑网行动”方案》的通知 299
关于印发2010年全国版权工作会议报告和2010年版权工作要点的通知 278
关于印发《2010年上海世界博览会版权保护工作方案》、《2010年上海世界博览会反盗版快速反应机制》的通知 287
关于“中国古代因何无版权”研究的几点反思 350a
灌南学子书店侵犯著作权案 250a
广播组织权利限制制度探讨 367a
广电总局推荐优秀国产动画片数量（图） 193
广东省（版权工作概览） 70b
广东省版权保护联合会（广东省版权事务所）（名录） 433b
广东省版权局（名录） 429a
广东省第二届珠三角地区版权工作联席会议召开 151b
广东中山市古镇镇生产力促进中心 329a
广西万达版权代理中心（名录） 435b
广西壮族自治区（版权工作概览） 73a
广西壮族自治区版权保护协会（名录） 433b
广西壮族自治区版权局（名录） 429a
广州华多网络科技有限公司 323b
广州精彩企业集团有限公司 328b
广州市番禺区东环街同乐电子产品厂侵犯著作权案 257b
广州市海珠区恒俊印刷厂侵犯著作权案 258b
广州市喀什图制衣有限公司诉广州市杰晖服装有限公司、朱固民侵犯著作权纠纷案 234b
广州市千钧网络科技有限公司侵犯韩国电视台信息网络传播权案 258a
广州中尧网络科技有限公司未经授权擅自传播

互联网视听节目案 258a
广州中望龙腾软件股份有限公司 329a
广州组织召开亚运会版权保护工作会议 138a
贵州省（版权工作概览） 78b
贵州省版权保护协会（名录） 434a
贵州省版权局（名录） 429b
国际版权交易中心（名录） 435b
国际唱片业协会放弃封锁“海盗湾” 485a
国家版权交易网正式开通 157a
国家版权局493万元重奖反侵权盗版有功单位和个人 135a
国家版权局颁布《著作权质权登记办法》 127a
国家版权局部署上海世博会版权保护工作 131b
国家版权局关于表彰奖励2009年度查处侵权盗版案件有功单位及个人的决定 312
国家版权局举办民间文艺保护国际研讨会 146a
国家版权局举办世博会版权保护工作有关情况通报会 134a
国家版权局（名录） 427a
国家版权局首次召开著作权集体管理工作会议 130b
国家版权局通报第五次打击网络侵权盗版专项行动情况 130b
国家版权局印发《2010年上海世界博览会版权保护工作方案》 133a
国家版权局与香港海关签订《打击网络盗版合作互助安排》 132b
国家版权局召开2010年版权重点工作专题会议 133b
国家知识产权战略实施工作部际联席会议第二次会议召开 131b
国务院办公厅关于印发打击侵犯知识产权和制售假冒伪劣商品专项行动方案的通知 290
国务院决定开展打击侵犯知识产权专项行动 137a
国务院印发《国务院办公厅关于进一步做好政府机关使用正版软件工作的通知》 137a

H

“海盗湾”无视荷兰法院判决 474b
海淀区法院对百度MP3歌词搜索侵权案作出一审判决 127b
海浪网吧侵犯影视作品著作权案 256b
海南省（版权工作概览） 74b
海南省版权局（名录） 429a
海南省版权协会（名录） 434a
海润影视制作有限公司 323a
海峡两岸签署知识产权保护合作协议 148a
翰林阁书店非法销售盗版图书案 244b
杭州麦达公司网站著作权侵权案 250b
杭州世纪联线网络技术有限公司著作权侵权案 250a
合理使用的法律属性——使用者的权利、著作权的限制还是其他 370a
何瑞东诉李向华、天津理想慧天科技发展有限公司侵犯著作财产权纠纷上诉案 229a
何震宇、刘冰销售盗版光盘案 243a
河北廊坊“9·20”批销盗版图书案 241a
河北省（版权工作概览） 39a
河北省版权保护中心（名录） 431a
河北省版权局（名录） 427a
河北省版权协会（名录） 432a
河北省吴桥县杂技团 329b
河北石家庄举办软件正版化培训 144b
河南杜新贵通过网络销售盗版图书案 237b
河南开封天晴数码网络游戏外挂案 237b
河南省（版权工作概览） 64a
河南省版权局（名录） 428b
河南省版权学会（名录） 433b
黑龙江省（版权工作概览） 48b
黑龙江省版权保护协会（名录） 432b
黑龙江省版权局（名录） 427b
黑龙江省反盗版联合会（名录） 432b
湖北长江崇文国际文化交流股份有限公司（名录） 435a
湖北省（版权工作概览） 66b
湖北省版权保护协会（名录） 433b
湖北省版权保护中心（名录） 431b
湖北省版权局（名录） 428b
湖北知音期刊出版实业集团有限责任公司 329b
湖南就版权登记与相关企业座谈 134b
湖南快乐阳光互动娱乐传媒有限公司诉舟山市定海博缘网吧侵犯著作权纠纷上诉案 233a
湖南省（版权工作概览） 68b
湖南省版权保护协会（湖南省反盗版联盟）（名录） 433b
湖南省版权代理公司（名录） 435a
湖南省版权局（名录） 428b
华东政法大学知识产权学院 492
华盖创意（北京）图像技术有限公司诉中国外运重庆有限公司侵犯著作权纠纷再审案 225a
华南理工大学知识产权学院 493
华谊兄弟传媒股份有限公司 323b

华中科技大学知识产权系 493
淮安“3·18”私设服务器非法经营网络游戏案 249b
淮安陈刚侵犯著作权案 248b
黄冈市某印务公司印刷盗版图书案 255b

J

吉林省（版权工作概览） 46a
吉林省版权保护协会（名录） 432b
吉林省版权局（名录） 427b
吉林省建版权保护教育基地 142a
吉速网络电影侵权案件 245b
暨南大学知识产权学院 494
加拿大版权法新草案再度规定“反规避”条款 458b
加拿大盗版电影网站“maVen”成员被判入狱两个半月 476b
嘉兴刘小勇侵犯著作权案 250b
《建国大业》 311a
江城装订厂侵犯著作权案 243a
江都张国祥侵犯著作权案 249b
“江湖网”侵权案 255a
江苏 9CAX 网站非法提供软件案 239b
江苏表彰软件正版化及执法先进 136b
江苏淮安“中国宽频网”侵权盗版案 237b
江苏昆山举办版权保护专题讲座 141a
江苏昆山推进旅游饭店行业软件正版化 136a
江苏省（版权工作概览） 52a
江苏省版权局（名录） 428a
江苏省版权协会（名录） 433a
江苏省苏州市公安局 312b
江苏无锡鞠文明等侵犯著作权案 240a
江苏徐州“小说 520 网”文字作品侵权案 238a
江苏徐州“万松中文网”文字作品侵权案 239b
江西“9·01”侵犯著作权案 253a
江西省（版权工作概览） 61b
江西省版权保护中心（名录） 431a
江西省版权局（名录） 428b
焦扬 325b
捷克政府拟修订著作权法削弱知识共享行为 462b
金盾出版社 311b
《劲舞团》私服案件 245b
京滨株式会社诉福建省友力化油器有限公司、重庆凯尔摩托车制造有限公司、李艳超侵犯著作权纠纷上诉案 234a
荆门市某集团公司使用盗版软件案 255b
九洲音像出版公司版权贸易部（名录） 434b
“君子堂”网站侵权案 243b

K

开封天晴网络游戏外挂侵权案 254b
昆山“12·14”侵犯著作权案 248b

L

黎瑞刚 326a
李长福诉中国文史出版社侵犯著作权纠纷再审案 226b
李朋义 326a
李强诉于芬侵犯著作权纠纷案 228a
立陶宛一名 BT 用户被法院宣判无罪 477b
连云港华达彩印厂侵犯著作权案 250a
辽宁省（版权工作概览） 44a
辽宁省版权保护协会（名录） 432b
辽宁省版权局（名录） 427b
刘扳盛（刘板盛） 326b
刘某等人销售侵权复制品案 247a
刘淇会见世界知识产权组织总干事加利 163a
柳斌杰会见世界知识产权组织助理总干事克拉克 160a
卢旺达知识产权新法和新政保障版权合理使用 457a
“鹿城读吧”网站侵犯著作权案 251b
“鹿城影院”网站侵犯著作权案 251a
论“春晚”在著作权法中的定性 359a
论二元知识产权体系 353a
论古典名著的著作权保护 359b
论民法基本原则在知识产权法上的应用 352b
论影视作品的法律关系 358b
论著作权技术措施的例外 375b
论著作权语境下的获取权 368a
论作品修改权 364a
“萝卜软件站”等八网站侵犯微软著作权案 255b

M

美国唱片业协会批评美国版权法“根本不起作用” 485b
美国发布 2010 年《特别 301 报告》 中国继续留在优先观察国家名单中 466b
美国法院判定竞选中借用他人作品用于讽刺不构成合理使用 481a
美国国际知识产权联盟支持政府参加泛太平洋

伙伴关系协定谈判 482a
美国合理使用制度立法模式成因评析 369a
美国《数字千年版权法》修订 弱化“反规避”条款 460a
美国新兴网络电视网站面临法律风险 484a
美一大学生因分享 37 首歌曲被判 2.775 万美元赔偿 475b
“妙计软件工作室”网络销售盗版软件侵权案 254b
“魔锐中文网”侵犯文字作品著作权案 256b
某出版社、图书发行公司侵犯著作权纠纷案 247b
某分享视频网站非法上传作品侵犯他人著作权案 247b
某公司侵犯胡兵、陈好婚纱照著作财产权纠纷案 248b
某公司未经著作权人许可复制和使用著作权人软件案 247a
某国有金融企业侵犯著作财产权案 246b
某摄影工作室著作权侵权纠纷案 246b
某视频网络企业侵犯著作财产权纠纷案 248a

N

南方报业传媒集团 330a
南方分级阅读文化传媒有限公司 322b
南京李兵侵犯著作权案 249a
南通家纺版权保护调研报告新闻发布会 143b
内蒙古自治区（版权工作概览） 43a
内蒙古自治区版权保护协会（名录） 432b
内蒙古自治区版权局（名录） 427b
聂震宁 326b
宁波江东天汇网络服务有限公司侵犯著作权案 251a
宁波唯达计算机网络有限公司侵犯著作权案 251b
宁夏回族自治区（版权工作概览） 88b
宁夏回族自治区版权局（名录） 430b

O

欧洲广播联盟呼吁简化在线内容版权许可 483a

P

陪审团认定对 Oink 网文件共享的刑事指控不成立 473b
平江网吧联盟网站侵犯影视作品著作权案 257a

Q

QQ 软件 311a
“骑士音乐网”侵犯著作权案 251b
浅议民间文学艺术作品的著作权保护 357b
《俏花旦·集体空竹》 311a
青海省（版权工作概览） 87b
青海省版权局（名录） 430a
全国版权交易共同市场第一届理事会召开 155a
全国打击侵犯知识产权和制售假冒伪劣商品专项行动领导小组全体会议召开 138a
全国打击侵犯知识产权和制售假冒伪劣商品专项行动新闻发布会召开 138b
《全国卡拉 OK 著作权使用费分配方案》获通过 153b
全国青少年版权保护知识竞赛落幕 141b
全国首家音乐产权交易中心在沪成立 157a
全国图书馆版权保护工作会议 136b
全国网络视频版权监测及调查取证服务平台启动 155b
全国主要城市不同级别频道动画片收视份额（图） 198

R

RealNetworks 与电影公司和解并停售 DVD 复制品 484b
人民网股份有限公司 322a
日本 2010 年知识产权推进计划强化文化产业增长 469a
日本法院判决更换佛像头部侵害著作权 478a
日本提出解决访问控制技术措施规避问题 462a
日本著作权间接侵害的典型案例、学说及其评析 373b

S

三部门部署打击侵犯知识产权和制售假冒伪劣商品专项行动 138b
三部委联合发布 2009 年中国知识产权发展状况 134a
三家设计院非法安装使用盗版软件案件 244b
山东省（版权工作概览） 62b
山东省版权局（名录） 428b
山东省版权协会（名录） 433a
山东泰安非法印刷、销售《语文报》案 241a
山东召开“剑网行动”工作会议 136a
山西省（版权工作概览） 41a
山西省版权局（名录） 427a
山西省版权事务所（名录） 435a
山西省版权协会（名录） 432b
陕西省（版权工作概览） 84b

陕西省版权保护协会（名录） 434b
陕西省版权局（名录） 429b
陕西省版权事务中心（陕西版权代理公司）（名录） 435b
上海版权保护协会（名录） 433a
上海版权代理公司（名录） 435a
上海版权服务中心、上海版权纠纷调解中心挂牌 155a
上海大学知识产权学院 494
上海发布全国首份版权产业报告 141a
上海盛大网络《冒险岛》游戏“外挂”侵权案 240b
上海市（版权工作概览） 49b
上海市版权局（名录） 428a
上海市文化市场行政执法总队 312a
绍兴好又多百货有限公司侵犯著作权案 251b
深圳华强文化科技集团股份有限公司 311b
深圳市金文通电子有限公司投诉深圳市易典通教学仪器有限公司侵犯其文字作品、汇编作品及录音制品著作权案 259a
深圳市腾讯计算机系统有限公司 330a
深圳文博会版权贸易发展高峰论坛举行 143a
深圳雅昌（企业）集团有限公司 330b
沈阳文化知识产权交易所成立 155a
十二大城市（青少）动画在全部节目中的收视比重（图） 197
“十一五”期间电视节目生产、购买交换时间及增长趋势（图） 181
“十一五”期间电视节目销售额及增长趋势（图） 181
“十一五”期间广播节目制作及购买、交换时间和增长趋势（图） 180
“十一五”期间我国软件产业规模及占电子信息产业比重图 188
“十一五”时期中国电影故事片产量情况（图） 175
“十一五”时期中国电影市场影院和银幕增长表 176
实用设计版权展举行 142b
世博会反盗版快速反应机制建立 132b
“世纪小说网”文字作品侵权案 259a
世界知识产权组织版权金奖（中国） 311
世界知识产权组织成员国研讨广播信号盗版问题 469b
世界知识产权组织调研福建版权产业发展状况 161b
收取著作权使用费情况（图） 98b
首次销售原则受到重大挑战 480a
首个版权金融俱乐部成立 155a
首家出版社版权工作站在辽宁成立 157a
首届数字出版与版权管理培训班举办 144a
首届中国国际影视动漫版权保护和贸易博览会举行 146a
首期版权相关热点问题媒体研讨班开班 149b
数字环境下的版权补偿金制度 372b
司法部出台《关于贯彻落实〈国家知识产权战略纲要〉的意见》 131a
四川省（版权工作概览） 77a
四川省版权局（名录） 429b
四川省版权协会（名录） 434a
四大城市漫画杂志销售指数对比（图） 199
四大城市漫画杂志在总体杂志零售量中所占比例（图） 198
苏叔阳 326b
苏州浩辰软件股份有限公司 311b
苏州首创正版软件在线租赁平台 156a
苏州谢瑞利用网络销售侵权复制品案 249b
孙斌、罗颖等私服侵犯著作权案 256a

T

台湾地区“立法院”通过“文化创意产业发展法草案” 444a
台湾地区“立法院”通过“学习障碍”等视、听觉认知障碍者合理使用著作规定 443b
台湾地区“立法院”通过有关“二次公播”、“广告音乐”及著作权中介团体相关授权争议的“法案” 444a
台湾举办“海峡两岸知识产权保护合作协议”倡导说明会 444b
桃江县志合电脑公司侵犯软件、游戏著作权案 257b
淘宝网八月雪 33 书店涉嫌侵权案 253b
淘宝网读书俱乐部会员店涉嫌侵权案 253b
淘宝网琅琅书屋涉嫌侵权案 253b
天津成立全国首家国际知识产权交易平台 155b
天津市（版权工作概览） 37a
天津市版权保护协会（名录） 432a
天津市版权局（名录） 427a
通辽市书店销售盗版图书案 244b
同济大学知识产权学院 495

V

Viacom 诉 YouTube 案：对《数字千年版权法案》“明知或应知”作宽松解释 479a

W

WIPO 成员国研讨著作权的限制和例外问题　471a
WIPO 落实发展议程地区研讨会在成都举行　158b
www. ksdvd9. cn 电影作品侵权案　252b
万代株式会社诉汕头市澄海区泓利电子玩具实业有限公司、黄士成侵犯著作权纠纷上诉案　228a
王岐山会见世界知识产权组织总干事加利和商业软件联盟总裁霍利曼　163a
网络环境下广播组织权的法律保护　364b
微软公司诉大众保险股份有限公司侵犯著作权纠纷案　232a
违法作品之著作权探究——兼论我国《著作权法》第四条之修改　375a
温家宝要求坚定不移地实施国家知识产权战略　140b
文化部发布关于清理整治违规网络音乐网站的通知　139a
“汶川大地震”系列摄影作品　311a
“我承诺”行动之《叶问前传》电影放映会举行　440b
我国著作权法上的传播权整合　365a
“我要听音乐网”侵犯著作权案　251a
吴飞、罗杰私服侵犯著作权案　256a
吴海民　327a
五家银行联同香港知识产权署推广知识资本管理　439a
武汉大学知识产权高级研究中心　495
武汉某图文公司软件侵权案　255b
武汉市“11·22”案　254b
武义县力博珐琅厨具厂侵犯著作权案　250b

X

西安交通大学知识产权研究中心　496
西班牙法院宣布文件共享和链接网站合法　477a
西北大学知识产权学院　496
西藏自治区（版权工作概览）　82b
西藏自治区版权局（名录）　429b
希腊警方逮捕 6 名 BT 网站管理员　464a
《喜羊羊与灰太狼》　311a
夏爱侠开设淘宝店涉嫌侵权案　252b
厦门大学知识产权研究院　497
香港版权法最新修订研讨会协助机构了解使用版权的责任　439b
香港“复制及分发罪行”条文生效　441a
香港海关与国家版权局首次就打击网络盗版签订合作互助安排　439b
香港庆祝世界知识产权日　440a
湘潭大学知识产权学院　497
襄阳“中华英雄 173 防沉迷软件官方站”从事非法互联网出版案　255a
小柯（柯肇雷）　324b
新版国家知识产权战略网正式上线运行　143b
新疆维吾尔自治区（版权工作概览）　90a
新疆维吾尔自治区版权局（名录）　430b
新疆维吾尔自治区版权协会（名录）　434b
新闻出版总署、国家版权局、全国“扫黄打非”工作小组办公室关于开展打击侵犯知识产权和制售假冒伪劣商品专项行动及进一步做好使用正版软件工作的通知　302
《新西兰版权法》92a 修订后议会一读获全体同意　457a
鑫鼎轩书店贩卖盗版图书案　245a
徐某销售盗版图书案　246a
许斐　325a
许某、某出版社共同侵犯著作人身权、著作财产权纠纷案　246b

Y

阎晓宏出席美国大使知识产权对话活动　162b
阎晓宏会见海基会知识产权交流参访团　148b
阎晓宏会见韩国文化体育观光部金映灿　160b
阎晓宏会见环球音乐集团法律总顾问理查德·康斯坦德　159a
阎晓宏会见维多利亚·埃斯皮内尔　162a
叶兆言诉北京大学出版社、陈彤、南京先锋图书文化传播有限责任公司侵犯著作权纠纷上诉案　232b
“一听音乐网”侵犯影视作品著作权案　238b
“音乐石头网”音乐作品侵权案　252b
音著协会员发展统计图　97
银行业软件正版化经验交流会召开　147b
印度版权法修正案提交联邦上院审议　454b
英国《2010 年数字经济法案》颁布 谨慎推行“三振出局”规则　455b
英国“三振出局”法案运行费用 75％由版权人支付　470b
英国政府知识产权战略咨询委员会一项调查称非法下载不会危害合法销售　463b
“拥抱明天 tb”等淘宝网店销售盗版图书案　254a

岳阳市国泰机械有限责任公司非法复制计算机软件案 256b
粤港保护知识产权合作专责小组召开第九次会议 441b
粤港举行研讨会加强知识产权事务交流 440b
云南省（版权工作概览） 79b
云南省版权局（名录） 429b
云南省著作权保护协会（名录） 434b

Z

张恒诉陕西攀峰实业有限公司、王建军侵犯著作权纠纷案 236a
张某等人侵犯网络游戏作品著作权案 248a
浙江省（版权工作概览） 54a
浙江省版权局（名录） 428a
浙江省版权协会（名录） 433a
知识产权的重叠保护与侵权责任 374a
《知识产权法专题判解与学理研究丛书》出版 140a
知识产权请求权的限制 353b
知识产权制度是创造者获取经济独立的权利宪章 351a
“知识创作物未保护领域”之思维模式的陷阱 356a
智星书店出售盗版图书案 244b
中国百家音像企业举行反盗版大行动启动仪式 153b
中国版权保护中心 92a
中国版权保护中心（名录） 430a
中国版权维权高峰论坛举办 152b
中国版权协会 94b
中国版权协会（名录） 432a
中国版权制度的实施与展望 23
中国出版对外贸易总公司版权事务部（名录） 434a
中国电影著作权协会 105a
中国电影著作权协会成立 154a
中国电影著作权协会（名录） 431b
《中国读本》 311b
《中国法院知识产权司法保护状况（2009 年）》白皮书发布 128a
中国工商银行股份有限公司 311b
中国国际电视总公司（名录） 434b
中国国际影视动漫版权交易网启动 156a
中国互联网协会网络版权工作委员会（名录） 430a
中国互联网协会网络版权联盟 108a
中国人民大学出版社 331a
中国人民大学国家版权贸易基地（名录） 435a
中国人民大学国家版权贸易基地工作受肯定 157b
中国人民大学知识产权学院 498
中国软件联盟 109b
中国软件联盟（名录） 430a
中国社会科学院知识产权中心 499
中国摄影著作权协会 103b
中国摄影著作权协会（名录） 431b
中国首家知识产权司法保护官方网站开通 142b
中国图书进出口（集团）总公司版权部（名录） 434a
中国网络游戏市场促进因素分析（表） 213
中国网络游戏市场阻碍因素分析（表） 213
中国文著协与中华语著协签署相互代表协议 157b
中国文字著作权协会 100b
中国文字著作权协会（名录） 431a
中国音像协会（名录） 432a
中国音像著作权集体管理协会 99a
中国音像著作权集体管理协会（名录） 431a
中国音乐著作权协会（名录） 431a
中国音乐著作权协会诉于莹侵犯著作权纠纷案 231b
中国政法大学民商经济法学院知识产权法研究所 499
中国著作权法律百年国际论坛举行 151b
中国作家协会著作权纠纷调解委员会成立 156b
中华版权代理总公司（名录） 434a
中华人民共和国国家版权局公告（2010 年第 1 号） 274
中华人民共和国国家版权局公告（2010 年第 2 号） 277
中华人民共和国国家版权局公告（2010 年第 3 号） 278
中华人民共和国著作权法 265
《中华人民共和国著作权法》修改决定通过 127a
中美专家热议互联网版权保护 159a
中南财经政法大学知识产权研究中心 500
中南出版传媒集团股份有限公司 331a
中日签订关于著作权及著作邻接权战略合作备忘录 158a
中日著作权研讨会倡议合作开拓市场 163b
中山大学知识产权学院 500
中央国家机关青年知识产权论坛举办 150b
中英签署版权战略合作协议 161a
钟祥市某中学使用盗版教辅案 256a
周莉 327a
周锡生 327b

朱永德　327b
著作权出质登记制度若干问题研究　370b
著作权法中投资者视为作者的制度安排　361b
著作权归属中存在的问题　360a
著作权抑或邻接权——综艺晚会网络直播版权的法理探析　366a
著作权正当性的危机与出路　354b
著作权质权登记办法　272
著作权质押的困境和出路　371b
著作人格权制度的反思与重构　362a
抓住机遇　开拓创新　全面开创版权“十二五”工作新局面　15
追问百年——2010 年著作权法研究综述　337
最高人民法院发布侵犯知识产权和制售假冒伪劣商品典型案例　129a
最高人民法院公布 2009 年中国法院知识产权司法保护十大案件　128a
作品概念的科学建构及其在著作权法上的意义　357b

中国人民大学出版社简介

中国人民大学出版社成立于 1955 年，是中华人民共和国成立后的第一家大学出版社。1982 年被教育部确定为全国高等学校文科教材出版中心，2008 年获首届中国出版政府奖先进出版单位奖，2009 年获首届全国百佳图书出版单位荣誉称号，是中国最重要的高校教材和学术著作出版基地之一。

人大出版社依托中国人民大学的综合优势，始终高扬人文社会科学的旗帜，秉承“出教材学术精品，育人文社科英才”的出版理念，实施精品战略，以优秀的出版物传播先进文化，目前年出书 2 700 余种，发行码洋 7 亿多元。建社 55 年来，人大出版社已累计出书万余种，出版了一大批具有文化传播、文化累积价值的优秀教材和学术著作。

新世纪以来，人大出版社继续实施新的发展战略，以体制改革为契机，把出版工作同我国教育事业、文化事业的发展，同我国经济、社会的发展紧密结合，不断创新机制，着力培养核心竞争力，形成了鲜明的出版特色，成为图书、音像、电子、网络和数字出版物等多种媒体兼营的大型综合性出版社。

中国文学、中国哲学、中国思想史等方面的代表性作品
学识渊博，涉猎广泛，融通中西文化，视野开阔，见解超卓

谢无量文集（共九卷）

“谢无量文集”本着全面精的原则，收录和出版国学大师谢无量先生的多种著作，其中既有文学、哲学类，也有其他类。本文集所收录的著作以国家图书馆影印版为底本，全部书稿改为简体横排后，请中国人民大学文学院的教师做了点校和繁简校对工作。并改正了影印版存在的错漏之处。

第一卷《孔子》《韩非》
第二卷《中国哲学史》
第三卷《朱子学派》《阳明学派》《王充哲学》
第四卷《佛学大纲》
第五卷《中国妇女文学史》
第六卷《中国六大文豪》《罗贯中与马致远》
第七卷《诗学指南》《词学指南》《骈文指南》《诗经研究》《楚辞新论》
第八卷《实用文章义法》《中国古田制考》《古代政治思想研究》
第九卷《中国大文学史》

第二届中国出版政府奖图书奖获奖作品

郑成思版权文集（三卷本）

■沈仁干　主编　198.00元（平）298.00元（精）

文集精心收录了郑成思教授的《版权法》(修订版)、《计算机、软件与数据的法律保护》、《信息、新型技术与知识产权》三本著作和68篇论文。文集系统反映了郑成思教授的理论贡献，展现了他将国际上公认的版权理论与中国实际相结合的治学之道。读者阅读后，将对郑成思教授的知识产权法学思想，特别是版权法学思想有一个清晰的把握。

首届中国出版政府奖图书奖获奖作品新修版

知识产权基本问题研究（第二版）（总论、分论）

■吴汉东　等著　118.00元

本书此次修订，分为总论与分论两卷，反映了作者的最新研究成果。总论部分补充了“知识产权制度的文化解释”、“知识产权制度的政策科学分析”、“知识产权制度与反垄断法律”、“《生物多样性公约》与知识产权保护”、“《文化多样性公约》与知识产权保护”等问题。分论部分主要考虑网络技术、基因技术、集成电路技术等当代高新技术的影响，着力阐述科技创新与制度创新的关系，对各知识产权制度的最新变革作了内容补充和观点修正。

社址：北京中关村大街31号 邮编：100080
电话：010-82501766 62515351(邮购部) 010-62515195 62511173(销售部)
人大社网：www.crup.com.cn 人大社教研网：www.ttrnet.com 网上书店：club.crup.cn
中国人民大学出版社

当代西方社会心理学名著译丛

■方文 主编

本译丛纵览当代西方社会心理学各主导范式，博采海内外众多社会心理学名家意见，精选十部，蔚为可观。超越局部经验研究，直指整体理论格局。各书作者或筚路蓝缕，奠立崭新范式；或推陈出新，赓续煌煌学统。各书编选移译，经年有成，值此中国转型大时代，惟望借取新知，拓展视野，增进中国社会心理学之“文化自觉”。丛书共十部，已经出齐。

社会表征	[法]塞尔日·莫斯科维奇
社会支配论	[美]吉姆·斯达纽斯等
自我归类论	[澳]约翰·特纳
精英话语与种族歧视	[荷]范·戴克
社会心理学的解释水平	[比利时]威廉·杜瓦斯
文化社会心理学	[美]赵志裕等
欲望的演化（修订版）	[美]戴维·M·巴斯
社会认同过程	[澳]迈克尔·A·豪格等
论辩与思考（新版）	[英]迈克尔·毕利希等
语境中的社会建构	[美]肯尼斯·J·格根

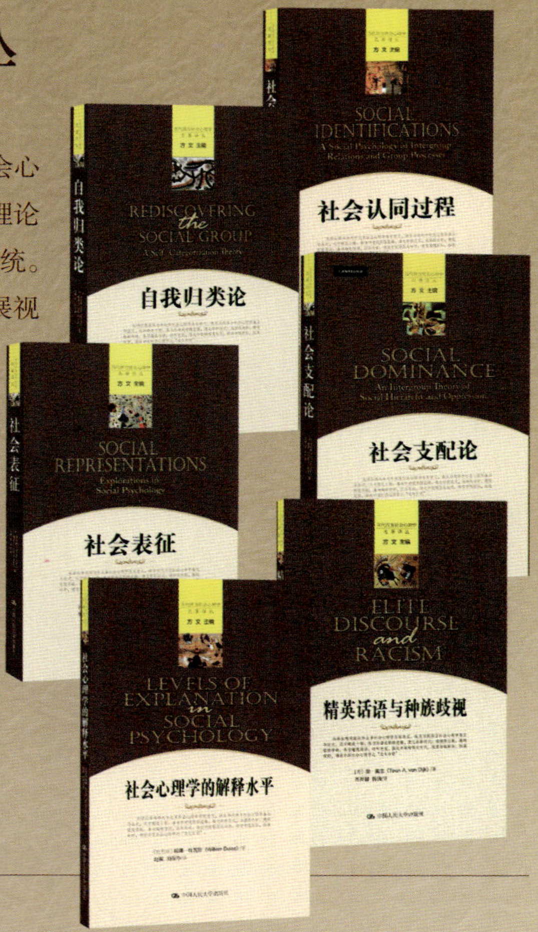

当代世界学术名著

法国近代早期的社会与文化

■娜塔莉·泽蒙·戴维斯 著 65.00元

本书收录作者1960年代至1970年代前期的八篇代表性论文，不少人将此书的出版作为新文化史的肇始，作者也由此奠定了其作为新文化史领军人物的国际地位。本书以16世纪里昂地区新教徒的精神世界和社会生活为视角，对当地印刷工新教徒的罢工、城市妇女、“嘉年华”民众聚会、知识阶层的文化认同等重要问题作了深描，期待深刻反映这一时期整个法国社会的历史风貌。作者犀利独特的学术眼光、超乎寻常的选择问题的角度、出人意料又出神入化的切入主题的方式、极具想象力的历史叙述，都有助于读者读懂何为社会文化史，并了解其中史学研究范式演变的轨迹。

历史学家的技艺

■马克·布洛克 著 28.00元

本书台湾和大陆分别在1989年和1992年推出中文本，在中国史学界有着广泛的影响。1993年，法国出版了由布洛克的长子根据奇迹般新发现的原稿重新整理的文本，对吕西安·费弗尔在整理中所做的许多改写、移动、删削和增补，一一做了订正，使该书面貌有非常大的改观。作为史学大师治史经验的结晶，本书从历史审美的角度，为历史研究的合法性进行辩护，提醒世人要警惕不要让历史学失去诗意，在注重求真的同时，也要悉心保存历史的诗意；在对历史进行体悟的同时，要善于从历史遗迹找寻历史的脉络，注重培养历史学家的反思能力，由古知今，由今知古，力求通古今之变，提升历史研究的境界。

中国人民大學文化科技园

RENMIN UNIVERSITY OF CHINA CULTURE AND SCIENCE PARK

2003年，中国人民大学开风气之先，建设文化科技园，率先展开了人文社会科学成果转化的体制机制创新，率先展开了文科为主的高校建设大学科技园的探索，率先展开了文化创意特色园区建设的探索。

2004年11月，中国人民大学文化科技园正式成立，开启了面向文化创意企业提供创业孵化服务的体制机制创新，启动了科技与文化融合发展的创新实践。

七年来，园区始终坚持“科技创造财富，文化拓展视界”的理念，构建文化创意特色精品园区体系，现已建设成为全国第一家国家版权贸易基地、全国第一家以文化创意产业为特色的国家级大学科技园、全国唯一依托大学建立的国家级文化产业示范基地。

科技创造财富　文化拓展视界

人文社会科学成果转化的先行者

为创造文化创意产业相关成果产业化的良好条件，中国人民大学文化科技园搭建了教师学术成果转化平台和学生创业孵化平台。其中包括，以文化创意企业为服务对象的留学生创业园和学生创业园，以及教师成果转化实体——创意及创意技术转移中心和创意产业技术研究院。

文化创意特色大学科技园的拓荒者

中国人民大学文化科技园以“企业集聚+企业投资+企业服务”为运作体系，通过精准把握产业集聚的普遍规律、建立强有力的公共服务支撑体系，不断推进文化创意产业集聚。目前，园区企业涵盖出版发行与版权贸易、文化艺术、广播、电视、电影、软件、网络及计算机服务、广告会展等文化创意产业的全部业态。2010年，人大文化科技园集聚企业170余家，吸纳从业人员4 100余人，园区企业年收入总额223亿元，实现地区增加值超过30亿元。

科技与文化融合发展创新的引领者

2010年，中国人民大学文化科技园成为全国第一家入选国家文化产业示范基地的大学科技园，科技与文化融合发展的产学研合作模式得到肯定。同年11月，以数字出版等科技文化融合创新企业为主要服务对象的国家版权交易网正式上线，挂牌交易额现已超过15亿元。2011年，园区承担科技部《现代服务业科技发展规划》“数字文化”专项的编制组织工作，将科技文化融合创新的实践和理论研究成果集成服务于国家科技政策制定。

人大文化科技园在孵企业行业分布

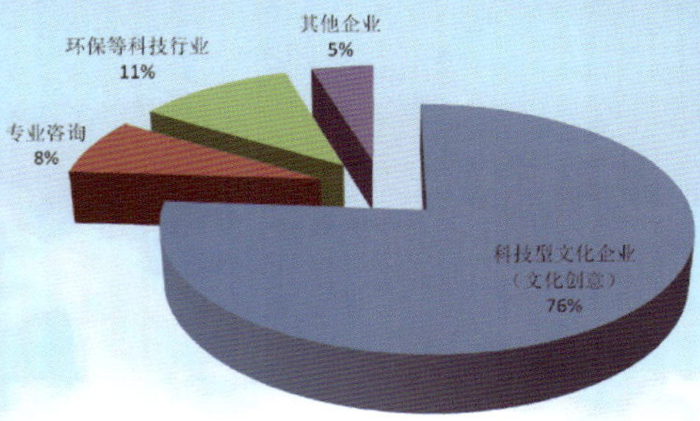

自中国人民大学文化科技园运营以来，教育部、科技部、文化部、国家版权局等部委的领导，北京市、中关村管委会、海淀区委区政府主要领导，先后多次前来园区考察、调研，并对园区建设给予了高度评价。中央电视台、新华社、《人民日报》、《光明日报》、《科技日报》、中央人民广播电台等近百家媒体，先后报道了文化科技园的发展业绩和创新实践。

联系我们
地 址：北京市海淀区中关村大街甲59号文化大厦2104室
邮 编：100872
电 话：办公室010–82503001　文化大厦010–62517777
兴发大厦010–62517788
传 真：010–82509959
网 址：www.cspruc.com
E–mail：cspruc@ruc.edu.cn

NCTC
国家版权贸易基地
NATIONAL COPYRIGHT TRADE CENTER

中国人民大学国家版权贸易基地

国家级版权相关产业要素市场
版权贸易高端服务平台

中国人民大学国家版权贸易基地于2007年8月由国家版权局批复建设，2007年10月正式挂牌成立，是中国第一家国家版权贸易公共服务基地。基地以推进国内版权交易与国际版权贸易为目的，提供版权相关产业与版权贸易专业服务，建设国家级版权相关产业要素市场与版权贸易高端服务平台。

基地业务主要包括：1.产业集聚；2.版权贸易服务；3.版权资产评估；4.投融资服务；5.信息咨询；6.行业交流；7.人才培养。

地址：北京市海淀区中关村大街甲59号文化大厦2104室
邮编：100872
电话：010-62516333　62519147　62514334
网址：www.inctc.com　www.copyrightmall.com

产业集聚平台

国家版权贸易基地坐落于中关村国家自主创新示范区核心区，背依中国人民大学，紧邻地铁四号线、十号线，周边地区文化底蕴深厚、出版及版权资源丰富、著名高校云集，将逐步形成版权相关产业的完整产业链。

PEARSON Education　Taylor & Francis Taylor & Francis Group　中国人民大学出版社 China Renmin University Press
中国人民大学书报资料中心　英国安德鲁·纳伯格联合国际有限公司 ANDREW NURNBERG ASSOCIATES INTERNATIONAL LTD.　读览天下 www.dooland.com
踏歌秀 TARGSHOW.COM　创业家 The Founder　天窗传景（北京）ENRICH CULTURE

行业交流平台

中关村版权联盟 成立于2009年12月11日，是由版权相关企业及其他相关组织自愿组成的非营利性组织。

版权人沙龙 于2008年6月首次举办，定期探讨版权相关产业界的热点话题。

文字｜音乐｜影视｜动漫｜设计｜……买卖版权，就上copyrightmall.com

版权交易平台

国家版权交易网(www.copyrightmall.com)于2010年8月创建，由中国人民大学国家版权贸易基地主办，旨在为优秀作品的创作方与使用方搭建信息平台和沟通桥梁，促进版权交易与版权相关产业的发展，是国内外作品类型最齐全的版权交易网上平台。

中国人民大學 留学人员创业园

RENMIN UNIVERSITY OF CHINA RETURNED STUDENT PIONEER PARK

中国人民大学留学人员创业园是全国第一家专门服务文化创意企业的留学人员创业园。园区依托中关村科技园区的政策优势，依托中国人民大学在人文社会科学方面的资源优势，逐步建立了以科技及文化创意相关产业为主导方向，以“创业服务 + 创业导师 + 创业投资”为核心的综合孵化服务体系。针对电子信息、计算机软件、新闻出版、广播影视、游戏动漫、广告设计、文学艺术及文化娱乐等科技及文化创意相关领域，提供创业孵化服务。

截至 2011 年 10 月，人大留学人员创业园吸引了上述相关领域的科技及文化创意类在园创业项目 40 余家。

目前园区拥有 18 600 平方米的孵化面积，为初创企业提供 30~300 平米不同户型的孵化场地。园区提供部分租金减免、种子资金投资、国际合作补贴、企业上市补贴等优惠政策，对园区处于各产业链环节的企业进行针对性的孵化服务支持，助推企业成功创业、快速成长。

（更多信息及优惠政策请关注园区网站）

联系方式：
地址：北京市海淀区中关村大街甲 59 号文化大厦 2104 室
邮编：100872
电话：010-82509532 010-82500120 邮箱：cspruc@ruc.edu.cn
传真：010-82509959 网址：www.ospruc.com

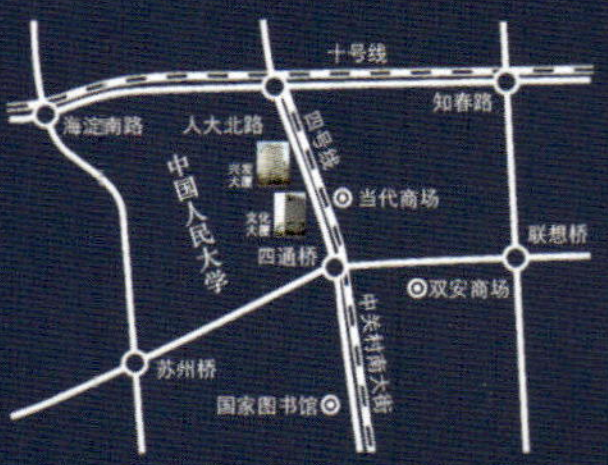

中国人民大学
文化创意产业研究中心

中国人民大学文化创意产业研究中心是中国人民大学校级文化创意产业研究机构，中心以全国第一家大学文化科技园为依托，整合来自中国人民大学及相关科研院所的优秀资源，开展以文化创意产业为主题的学术研究、决策咨询、人才培训、品牌推广、投资促进等系列活动。

- 文化创意产业政府决策研究
- 文化创意产业企业发展研究
- 文化创意产业园区规划建设研究
- 文化创意产业投融资研究与服务
- 文化创意产业指数研究
- 文化创意产业市场发展研究
- 文化创意产业人才研究与培训
- 文化创意产业品牌战略服务

承担主要项目（部分）

（1）国家社科基金项目

《文化产业公共服务平台建设标准与服务规范》

《文化产业振兴规划实施效果评价体系及测度研究》

（2）国家部委课题

《“全国文化产业信息统计平台”建设及咨询业务》

《文化产业公共服务平台功能需求研究》

《国家级文化产业园区（基地）建设情况调研》

《文化产业保险险种设计与投保补贴机制》

《“十二五”时期新闻出版产业园区规划、建设与管理研究》

《版权资产价值评估体系》

《西部文化产业特色园区发展战略研究》

（3）地方政府课题

《科技促进北京文化创意产业发展研究》

《中关村中长期人才发展规划》

《青岛市文化产业发展水平评价与分析研究》

《南安市文化产业发展规划（2010-2020）》

《多伦旅游宣传品设计》

（4）企业咨询项目

《“中国文化产品出口指数”体系构建研究》

《“派乐达”动漫产业园规划研究》

（5）其他主要项目

《中国省市文化产业发展指数》

“文化创意产业与品牌城市”国际论坛

品牌战略研究与策划推广

城市形象策划与媒体公关宣传

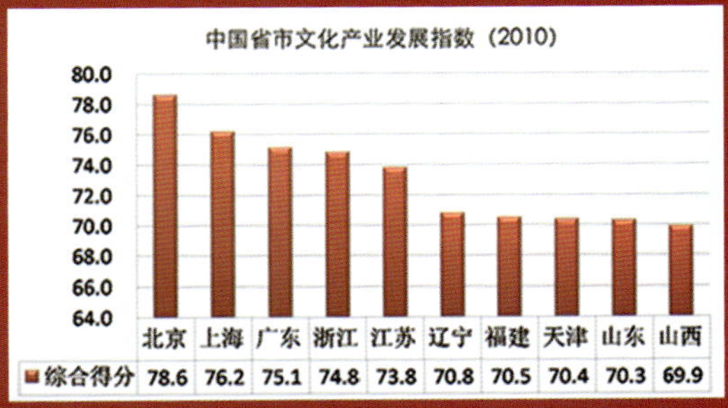

联系我们：

地址：北京市海淀区中关村大街甲59号文化大厦2104室（100872）

电话：010-82509536　传真：010-82509959

邮箱：rucсncci@gmail.com

网址：www.cncci.org

中国人民大学
文化创意产业人才培训基地

培训基地专业从事文化创意产业领域内政府公务人员和高级企业管理人员培训。基地依托中国人民大学雄厚的教育资源、先进的教学设施和强大的学科优势，充分整合国内外优秀名师、行业管理部门专家以及业界实践精英，为政府、企业、社会提供高质量的文化创意产业高端培训。

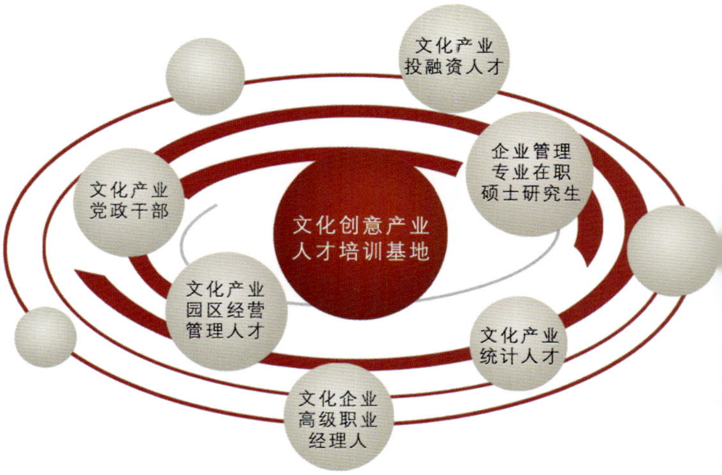

培训服务：

需求调查：专业、科学的培训需求调查与分析，准确把握培训目标

课程设计：根据培训需求量身设计课程，以最有效的手段达到培训目的

教材编制：整合中国人民大学文化产业领域专家资源为基地编制培训教材

师资组织：组织权威师资力量，包括名校大师、文化名家、主管部门专家、业界精英等

教学资源：依托学校丰富的教育教学资源，以及文化大厦6万平方米教学实践场地

学习配套：

参观学习：理论与实践相结合，组织参观学习北京文化创意产业典型集聚区发展经验

沙龙交流：为学员定期组织交流平台——文化创意产业特色沙龙、中国人民大学文化创意产业讲坛

学术探讨：组织学员与专家共同探讨热点话题，优秀学术成果可发表在中国人民大学文化创意产业研究中心网站上

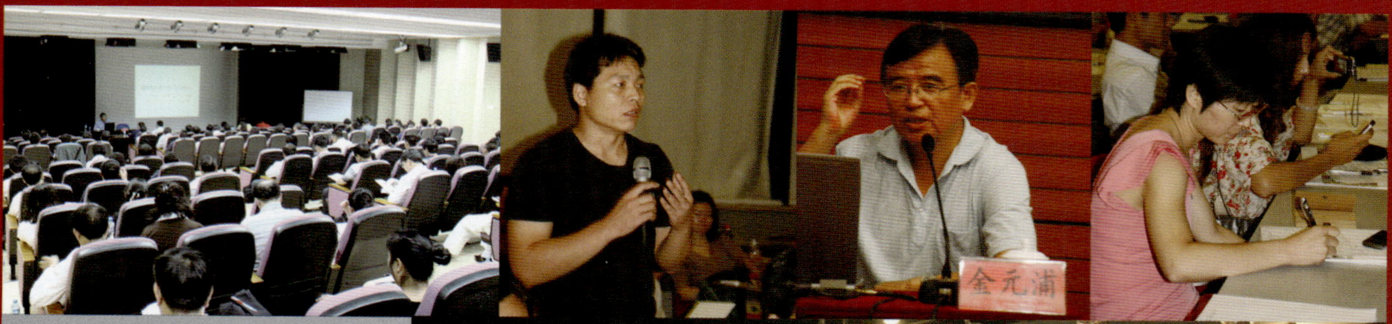

联系我们：
网址：www.cncci.org
电话：010-62516289
传真：010-62516289
地址：北京市海淀区中关村大街甲59号文化大厦1107（2）室（100872）
E-mail:cciptc@126.com
微博：
http://weibo.com/cciptc

走数字化之路　　靠数字化腾飞

INFORMATION CENTER FOR SOCIAL SCIENCES, RUC
中国人民大学
书报资料中心
1958

中国人民大学书报资料中心成立于1958年，是新中国最早从事人文社会科学文献搜集、整理、编辑、集成、发布的信息资料提供机构。经过50余年的发展，书报资料中心现已成为兼营期刊出版、网络电子出版、信息咨询、广告等业务的综合性、跨媒体的现代出版机构和信息资源服务机构。

半个世纪以来，书报资料中心坚持以繁荣我国哲学社会科学为己任，始终遵循“学术为本，为教学科研服务”的宗旨，“精选千家报刊，荟萃中华学术”，编辑出版了大量享誉海内外的高质量、高水平的学术信息资料，被誉为“中华学术的窗口”、“中外文化交流的桥梁”。

近年来，以中心品牌影响力和期刊出版业务为坚实基础，书报资料中心的咨询、广告、教育培训等业务也在不断取得新进展，成为中心未来事业发展的重要增长点。

今天的书报资料中心正以科学发展观为指导，强化“质量意识、市场意识、国际化意识、集团化意识、效益意识”，坚持特色办刊，走内涵式发展之路，向集团化、数字化、企业化、国际化方向发展，力争再创新的辉煌！

书报资料中心主要产品和服务项目

- **期刊出版**
  - “复印报刊资料”系列期刊（118种）
  - 人文社科文摘系列期刊（14种）
  - 报刊资料索引系列期刊（8种）
  - 原发期刊系列（8种）
- **数字出版**
  - “复印报刊资料”全文数据库
  - “复印报刊资料”专题目录索引数据库
  - 中文报刊资料索引数据库
  - 中文报刊资料摘要数据库
  - 专题研究数据库
  - 数字期刊
- **信息咨询**
  - 中国人民大学书报资料中心咨询部是国内最早从事情报信息咨询服务的部门，拥有广泛而全面的资料源和专业的编辑顾问，以科学严谨的方法、客观公正的态度、先进有效的手段，为党政机关、科研机构、国内外企业、社会团体提供专业的舆情监测、情报收集及学术调研、市场调查、行业研究、商业分析等。
    咨询部电话：010-62511945　010-64039458　010-84043003
- **广告业务**
  - 中国人民大学书报资料中心作为国内规模最大的社科期刊出版机构，拥有经济管理类、教育类、时政类、哲学类、法律类、文史类、大众类等148种刊物，月发行量100余万册，年销售量达1200万册，每种期刊在国内外大学图书馆阅览室的年度借阅率平均在10次以上，拥有无与伦比的广告传播优势，是独一无二的品牌推广平台。
    广告部电话：010-62514919　010-82504550转2505/2506
- **学术评价**
  - 2008年11月1日，“中国人民大学人文社会科学学术成果评价研究中心”正式成立，受到社会各界的广泛关注和支持。“评价研究中心”坚持“强化定性评价，定性与定量并重”的原则，通过对人文社会科学学术成果特别是“复印报刊资料”所转载的论文进行主观指标评价、客观指标评价，发布有关期刊评价、科研院所学术影响力评估、学科发展趋势分析等研究报告，为我国期刊管理、科研管理及教学与研究服务，为繁荣和发展人文社会科学服务。
- **教育培训**
  - 2009年起，中心对下属的“中国人民大学书报资料中心人才培训学校”进行了股份制改造，并更名为“中国人民大学书资教育培训中心”，力争调动各有关方面的积极性，大力拓展多种培训业务，把培训工作与书报资料中心现有的期刊发行、数字出版、学者服务等传统业务和新兴业务有效整合，开创“多赢”的局面。

办公室：010-62515819
总编室：010-62516972
市场部：010-62512171　010-82503438
网　址：www.zlzx.org

“复印报刊资料”系列期刊及数据库

海量冗余信息的解决方案

书报资料中心是国内拥有最多刊号的法人单位，现出版有148种期刊，包括“复印报刊资料”、“人文社科文摘”、“报刊资料索引”和“原发期刊”等四大系列。书报资料中心“复印报刊资料”的转载量（率）被学界和期刊界普遍视为人文社科期刊领域中一个客观公正的评价标准。

书报资料中心是传统学术期刊出版行业中数字化起步最早的单位之一。目前编辑出版有“复印报刊资料”全文数据库、“复印报刊资料”专题目录索引数据库、中文报刊资料摘要数据库、中文报刊资料索引数据库、专题研究数据库和数字期刊库等六大系列数据库产品。中心的系列数据库在新闻出版总署主办的第二届中国数字出版博览会上荣获“2006-2007年度数字出版推荐品牌”称号，在第三届中国数字出版博览会上再获“2008-2009年度数字出版知名品牌”称号。中心研发的“精选人文社科学术文献数据库”于2008年入选《“十一五”国家重点电子出版物出版规划》选题。“复印报刊资料”系列数据库于2011年初荣获“第二届中国出版政府奖”。中心申报的“国家学术数字出版平台——学者在线”于2011年5月正式获准入选新闻出版总署“新闻出版改革发展项目库”。

数字期刊

← “复印报刊资料”系列期刊（118种）→ “复印报刊资料”全文数据库 / “复印报刊资料”专题目录索引数据库

← 报刊资料索引系列期刊（8种）→ 中文报刊资料索引数据库

← 人文社科文摘系列期刊（14种）→ 中文报刊资料专题摘要数据库

← 原发期刊（8种）　专题研究数据库

安徽省版权教育基地

安徽省版权教育基地成立于2009年7月，由中国科学技术大学和安徽省版权局共同组建。版权教育基地所依托的中国科大公共事务学院建有公共管理一级学科博士点，法学一级学科硕士点，拥有知识产权研究中心等专业研究机构和法律硕士、MPA等多个教育中心，为基地提供了充分的教学和科研保障。

版权教育基地成立以来，在人才培养、学术交流、社会宣传等方面开展了大量的工作，充分发挥了基地的教育职能。基地的建设得到中国科学院、国家版权局等各级领导的关心和指导。基地在国内外的影响力逐渐扩大，2011年被国家版权局评为“全国版权教育示范基地”。成绩属于过去，未来任重道远。版权教育基地将继续努力，为我国版权事业做出更大贡献。

国家版权局王自强司长和安徽省版权局郭永年局长来基地指导工作。

安徽省人民政府副秘书长张武扬和中国科学技术大学副校长张淑林共同为教育基地揭牌。

版权教育基地举办世界版权日系列活动开幕仪式。发言者为版权教育基地主任、中国科大公共事务学院院长宋伟教授。

版权教育基地举办“知识产权进高校、万人签名反盗版”活动。

版权教育基地举办知识产权学术论坛活动启动仪式。签名者为中国科技法学会会长段瑞春教授。

成都高新 CDHT

成都高新技术产业开发区

成都高新区版权工作以成都市创建全国版权示范城市为契机，大力推进版权创造、运用、保护和管理，较好地发挥了版权对区域经济结构、产业结构调整的推动作用。经过2年多的努力，国家版权局于2011年9月正式授予成都高新区全国版权示范园区称号。

2009年，成都高新区提出创建全国版权示范园区工作目标，并迅速形成了自上而下、横向联动、高度统一的工作态势，成立了专项工作领导小组，建立专项目标考核体系并设立专项创建经费，把版权示范园区创建和高新区中心工作紧密结合。2009年2月，全国首个中华版权代理中心异地工作站成功落址天府软件园。国家新闻出版总署副署长、国家版权局副局长阎晓宏和成都市市长助理、高新区管委会主任韩春林共同为工作站揭牌。工作站的建立，更好地带动了成都高新区搭建版权综合服务体系，较好地引导了企业著作权登记、版权维权等工作健康、顺利地开展。近3年，成都高新区软件著作权登记逾800件。随着版权事业的发展，专业化版权社会服务机构的出现，为成都高新区破冰企业融资难题提供了可能。通过与企业和社会服务机构共同探索利用版权、专利等知识产权质押贷款的融资方式，解决了企业融资渠道，为企业发展壮大提供了保障，有效促进了产业发展。同时，强化宣传，全面增强全社会版权意识，为版权工作和产业发展营造了良好的社会环境。三年来，共举办各类培训30次，大型公益宣传活动6次，覆盖人群近万人。在创建过程中，成都高新区通过完善版权保护机制，强化版权市场管理，不断提高版权保护水平，充分发挥政府主导作用，采取政企联动模式，培育和扶持了一批版权示范企业，帮助企业逐步完成软件正版化。目前，成都高新区已有育碧、精锐动画、精英设计、斯普软件、吉胜科技、杰华科技、大东网络、海辉科技等近百家企业建立了版权保护运

行机制。其中，吉胜科技被评为全国软件正版化工作示范单位，斯普软件被评为省级示范单位。成都高新区也在全省率先完成了区、街两级党政机关的软件正版化工作。

创建期间，成都高新区更邀请到世界知识产权组织创意产业司司长根切夫、国家版权局版权管理司司长王自强等专家、领导进行实地考察。他们对成都高新区版权工作给出了建设性的指导意见，希望高新区进一步总结和完善版权工作经验，努力成为“世界知识产权组织版权保护优秀案例示范点”。

成都高新区将以荣获“全国版权示范园区”为新的起点，继续探索和完善版权工作长效机制，充分发挥版权示范园区的示范和引导作用，切实促进区域经济、文化、科技和社会事业全面发展。

①国家版权局阎晓宏副署长为天府软件园版权工作站揭牌。

②成都天府软件园版权工作站。

③国家版权局领导一行参观天府软件园版权工作站。

④世界知识产权组织创意产业司司长根切夫寄语高新区版权工作。

⑤成都高新举办校园版权知识竞赛活动。

⑥高新区政府创新方式，携手动漫企业共宣传。

⑦成都高新区开展“打击盗版、保护创新”进园区活动。

⑧成都高新区各类版权宣传资料。

张江文化控股有限公司

张江文化控股有限公司

张江国家数字出版基地

张江动漫博物馆外景

为进一步推动张江文化产业的发展，2008年6月，上海张江（集团）有限公司在原有的张江文化科技创意产业发展有限公司、张江数字出版产业发展有限公司、东方惠金文化产业投资有限公司、张江动漫科技有限公司、张江文化传媒有限公司和浦东电子出版社的基础上，投资3亿元人民币成立了上海张江文化控股有限公司。

作为张江园区文化产业的环境运营商、服务集成商和产业发展商，张江文化控股有限公司采取集团化运作模式，通过统一的战略策划和战略实施，实行政策聚焦、服务聚焦、产业聚焦和人才聚焦，重点发展数字出版、网络游戏、动漫科技、新媒体等产业，始终围绕相关科技产业集成的基础，坚持以数字出版、动漫、网络游戏、新媒体产业为核心，引导、鼓励上下游企业跨领域、跨业态合作，并通过构建服务平台、技术平台、投资平台和运营平台等产业服务链，打造科技、文化、创意相融合的文化产业中心，促进文化产业进一步发展。

张江文化控股有限公司将以张江国家数字出版基地和张江动漫谷为重点发展项目，通过资源整合，协调发展，进一步强化文化产业园区的“试验田”功能，打造平台、改进服务、促进发展，在数字出版、网络游戏、动漫和新媒体等领域不断做大做强，并努力打造从内容生产、技术研发集成、系统服务到终端制造的完整产业链。

张江文化产业已成为张江高科技园区继集成电路、生物医药之后产业发展的“第三极”，更将成为上海文化产业发展的新高地！

中国中山（灯饰）知识产权快速维权中心

维权中心前台

国家版权保护促进产业发展联合调研组与市部门及古镇党政领导举行座谈

调研组一行到华艺灯饰门市部进行参观

古镇镇灯饰业享誉国内外，产品占据国内灯饰专业市场60%以上的市场份额，是中山市产业集群化发展最具影响力的代表之一。为推动“版权兴业”战略的实施，2009年初，由镇政府牵头决定成立版权推动工作小组，并通过授权的方式，把“版权基层工作站”的建设工作委托给中山照明电器行业协会（古镇商会）负责。版权基层工作站下设版权登记部、咨询服务部、纠纷调解部三大部门，主要开展版权登记代理、推广时间戳应用、提供版权咨询、受理版权投诉、调解版权纠纷等业务。自建站以来，已为灯饰企业的90多件灯饰设计做了版权保护登记，引导了50多家企业为新研制产品保护使用时间戳，为500多家企业免费提供了版权咨询服务。

为进一步完善古镇知识产权保护体系，2010年11月，国家知识产权局批准中山成立中国中山（灯饰）知识产权快速维权中心。通过整合中山照明灯饰产业知识产权联盟、版权基层工作站、中山法院知识产权巡回审判庭、世界灯具专利数据库等资源，全面开展知识产权申请、快速维权、专家咨询等工作，同时组建古镇知识产权维权援助专家库、知识产权工作联席会议等工作机制，初步构建了集灯饰版权登记、专利快速授权、知识产权维权、管理、信息运用、专家咨询援助等于一体的一站式服务工作平台。

青岛创意100文化产业园

青岛创意100文化产业园是山东省首家利用老厂房改建而成的文化创意产业示范园区，园区总面积2.3万平方米，入驻企业中文化创意类企业占93%。园区特别注重驻园企业版权的登记与保护，并在日常建设与运营中做了大量工作：

山东省委、省政府授予山东文化企业30强

一、建章立制

成立版权咨询管理办公室，出台了《园区版权管理办法》、《园区版权联络员制度》，设专人专管，以规章强化维权，为招商引资创造了良好环境。

国家版权主管部门领导参观创意100

二、开展培训

长年坚持宣讲版权知识，提高业户法规意识。2006年以来累计实施培训16次，受众达500余人，在园区内树立了良好的风气。

欧盟版权培训活动

三、智力引进

2009年引进“邦正达版权代理服务事务所”，为业户版权事务提供咨询帮助，同时定期接受市版权局领导的检查指导，促进了版权工作的持续开展。

由于工作开展到位，自2006年以来，园区先后荣获“国家重点版权示范园区”、“青岛市版权保护重点服务单位”、“青岛市知识产权重点保护单位”等多项荣誉，受到了社会各界的一致肯定。

园区loft空间办公环境

南通家纺城版权事务服务有限公司

中国南通家纺城版权事务服务有限公司成立于1997年，十几年来，在各级领导的关心和大力支持下，努力工作，开拓创新，知识产权管理工作取得了骄人的成绩。共协助上级管理部门登记作品累计22 763件，申请专利976件，已通过724件，授权专利528件，其中发明专利2件，外观设计专利600多件，款式专利300多件。累计接受投诉1 805起，调解案件1 644起，查封侵权面料357.2万米，权利方获得经济赔偿949.3万元，挽回经济损失12.8亿元，切实地维护了著作权人的合法权益。版权工作有效地促进了市场的发展，市场成交额由2006年的50亿元，上升为2010年的280亿元。

版权服务公司的工作得到了世界知识产权组织、国家、省、市、区各级领导的充分肯定。先后获得“江苏省知识产权工作先进集体”、“全国版权保护示范单位”、“世界知识产权创意金奖”、“江苏省知识产权工作示范区”、“江苏省‘正版正货’示范街区”、“江苏省知识产权重点联络点”等荣誉；2010年7月，世界知识产权组织总干事克拉克莅临南通家纺城考察版权保护工作，在北京向全球首发《加强版权保护对中国南通家纺产业发展的影响》调研报告，将南通家纺城版权保护经验向世界推广。

地址：南通家纺城华润路21号　　电话：0513-86808388　　0513-86348971

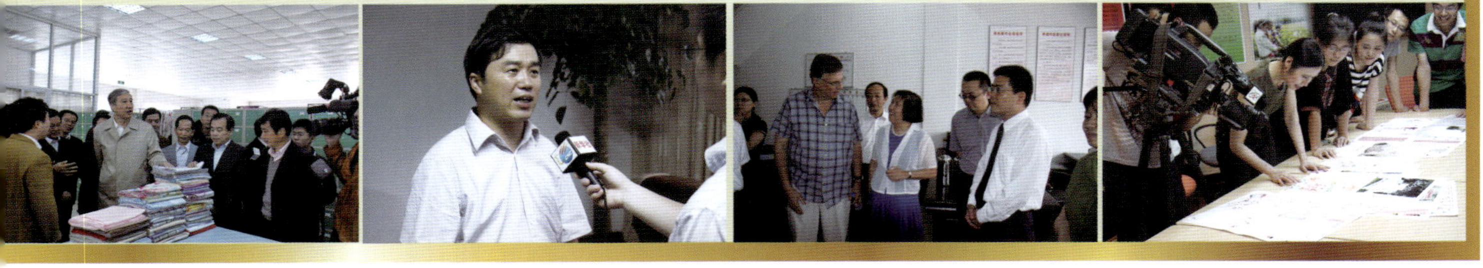

ZAKER

iPhone/iPad 必备
最酷最好用的阅读软件

App Store
搜索“ZAKER”免费下载

国家新闻出版主管领导出席中国科技出版传媒集团成立大会，并参观书展。

白春礼院长（右一）出席中国科技出版传媒集团成立大会，并参观中国科学院书展。

集团与施普林格公司合作出版的《创新2050：科技革命与中国的未来》（英文版）在法兰克福书展首发。

集团柳建尧总裁（左二）获评“2011年度版权产业风云人物”。

中国科技出版传媒集团有限公司

中国科技出版传媒集团有限公司是在中央领导的亲切关怀下，在中央宣传部门和政府出版主管部门及中科院的领导和支持下，以中国科学出版集团为主体组建成立的，是三大中央国有出版传媒集团之一。

集团高度重视版权工作，认真贯彻实施著作权法、保护著作权人合法权利、促进作品的创作与传播，在版权输出和版权保护方面取得了良好成绩。集团总裁柳建尧获评“2011年度版权产业风云人物”。

2010年，集团输出图书版权190项，其中英语版权177项，《亚洲可持续发展》、《碳收支研究》、《数学专著》等系列产品受到外商青睐。期刊版权收入稳步提升。数字出版成果显现，在东京书展上，数字产品“科学e书房”和在线产品“科学文库”引起热烈反响，《中国植物志》、《中国出土考古系列》等数字产品已开始在海外销售。

为了进一步提升中国科技出版“走出去”的层次和水平，集团加快了海外基地建设。2010年，东京公司先后推出了《中国野生兰花图鉴》、《中国出土壁画全集》、《中国传世玉器全集》及《曹操墓真相》等反映中国文化的图书精品，在日本图书市场获得良好反响；纽约公司的出版培训业务和中文图书销售业务稳步发展，作者资源和销售渠道本地化建设加快推进。

地址：北京市东黄城根北街16号 邮编：100717 电话：010-64002238

湖南出版投资控股集团组建以来，秉承中央文化体制改革精神，主动改革改制，奋力创新创业，取得了跨越式的发展业绩，主营业务保持年均近20%的增长率，资产和销售双过100亿元。特别是承接传媒主业的中南出版传媒集团股份有限公司在上交所挂牌上市后，跃居市值过200亿元的中国出版传媒龙头股。

近3年来，集团获“五个一工程”奖、中国出版政府奖、中华优秀出版物奖、中国新闻奖等奖项40余项，30余种图书登上畅销书排行榜，版权输出500余项，5家单位荣获“全国百佳图书出版单位”。连续两年被评为全国文化体制改革先进企业、连续三次获评全国文化出口重点单位、连续三次入围“全国文化企业30强”位居前三，创造的改革发展经验多次在全国会上典型推荐。2010年中南传媒荣获中国版权产业影响力企业奖。

面向未来，集团以传承文明、创造价值、产业报国为己任，以文化和资本同步增值为目标，重点发展传统出版、新传媒业务、文化地产和金融投资四大板块，把集团打造成为世界知名的华文全媒介内容运营商、信息服务和传播解决方案提供商、重要的文化产业战略投资者。

地址：长沙市营盘东路38号　邮编：410005　电话：0731—84302515　传真：0731—84302518

湖南出版投资控股集团有限公司

中南出版传媒集团股份有限公司

黄河出版传媒集团有限公司于2009年8月成立。它是以图书、期刊、音像、数字、影视、互联网等出版物的策划、编辑、制作、印制、复制、出版、发行、传媒为主业，兼营出版物资供应、职业人才培训、广告设计制作、网络数字传媒，并向其他产业延伸的现代综合性文化产业集团。2009年12月31日，宁夏回族自治区人民政府主管部门与中国出版集团签订联合重组协议，黄河出版传媒集团有限公司加盟中国出版集团。

按照现代企业制度的规范，目前黄河出版传媒集团有限公司在母子公司构架内，有10家全资子公司：宁夏人民出版社有限公司、阳光出版社有限公司、宁夏人民教育出版社有限公司、宁夏黄河电子音像出版社有限公司、宁夏黄河期刊传媒有限公司、宁夏黄河数字出版传媒有限公司、宁夏新华书店集团有限公司、宁夏黄河书刊发行有限公司、宁夏黄河艺术广告装饰有限公司、宁夏教育书刊发行有限公司；2家控股（51%）公司：宁夏画报实业有限公司、宁夏黄河文化实业有限公司；1家参股公司：宁夏博誉印刷物资有限公司（20%）。集团公司拥有各类出版社4家，期刊4种，书店29家。现有在职员工1 404人。

集团公司的战略目标是：以出版资源和无形资产为基础，以出版相关产业和经营项目为纽带，积极向影视传媒、网络信息、电子出版和其他第三产业辐射，建成跨地区、跨行业、跨所有制、跨媒体的大型出版文化产业集团。

商務印書館
创于1897
The Commercial Press

国家出版基金项目

中华现代学术名著丛书

“中华现代学术名著丛书”收录上自晚清下至20世纪80年代末中国大陆及港澳台地区、海外华人学者的原创学术名著，以人文社会科学为主体兼及其他，涵盖文学、历史、哲学、政治、经济、法律和社会学等众多学科。

辨章学术
呈现中华学术之演进脉络
考镜源流
厘清中国模式之思想资源

地址：北京王府井大街36号 邮编：100710 电话：010-65258899（总机）010-65126429 65278537（发行部）传真：010-65249763 邮购：010-65258899－543 网址：www.cp.com.cn

人民出版社

1 《中国为什么要改革——思忆父亲胡耀邦》

内容简介：胡耀邦（1915－1989）原中国共产党中央委员会总书记，中央委员会主席。被誉为“中国共产党内最无私的人”，是一位中国改革道路上铺路石式的人物。

中国为什么要改革？改革的初衷是怎样的？中国人民对改革事业的真切感受究竟如何？中国群众中的整体利益和局部利益应该如何区分？在党中央岗位上工作的干部对改革事业的根本思考是什么？本书从胡耀邦同志的直接史料出发，探讨与分析了胡耀邦关于中国改革问题的理论思考和实践探索，真实再现了胡耀邦在上世纪60年代至80年代中国三个关键性历史时期——“文化大革命”中、中国共产党十一届三中全会前后以及改革开放初期的思想、精神世界，解读了他的心路历程，全书资料丰富、真实，对中国建国后的政经分析非常有见解，其中不乏首次披露的内容，如：“文革”期间胡耀邦写给毛泽东的建言信等。

作为胡耀邦的长子，作者的身份特殊，视角独特。中国国务院总理温家宝及前国家副主席曾庆红为本书代序。

作者简介：胡德平，原中共中央总书记胡耀邦长子，毕业于北京大学历史系，曾任中共中央统战部副部长，中华全国工商业联合会第一副主席、党委书记，十届全国人大常委、内务司法委员会委员，十一届全国政协常委、经济委员会副主任委员。

2 《亲历中国共产党的90年》

内容简介：本书选取中国共产党历史上的若干重大事件，以亲历者的回忆为线索，全景式地展示中国共产党90年的辉煌历程。作者回顾了从民主革命时期到社会主义革命和建设时期我党所经历的风风雨雨，以及30多年改革发展给中国带来的沧桑巨变。

作者简介：丁晨，中央党史研究室研究员，多年从事党史研究，以及党史类书刊的审读工作，出版《在“五七干校”的日子》、《亲历共和国60年——历史进程中的重大事件与决策》等著作，近年来发表相关论文30余篇。

3 《共产党通史》（全三卷六册）

内容简介：本书根据时代的需要和社会发展的需要，对共产党发展的历史、党的基本理论和成功经验与失败教训，以及中国共产党发展的特色和基本成就等重大党建理论问题进行系统的梳理和总结，深入探讨共产党执政规律和社会主义建设规律，使读者对共产党（不仅是中国共产党，同时包括世界其他国家的共产党）的历史和理论有一个更为全面深刻的认识了解。

作者简介：张全景，中组部原部长，全国党建研究会原会长；沈云锁，中国人民大学原党委副书记，科学社会主义与国际共产主义运动专业博士生导师，主编和参编数十部著作，多部著作获国家级奖项；秦宣，中国人民大学马克思主义学院院长、教授、博士生导师，主编参编著作、教材十余部，发表学术论文80余篇。

4 《促进人的发展的中国新型城市化战略》

内容简介：本书以中国当前的城市化发展情况为主，兼顾国际经验比较分析和发展趋势预测，提出了中国未来城市化发展需要实施的政策。内容涉及中国城市化进程中的产业和就业，农民工市民化的路径等，通过大量客观的数据和调查研究对当前中国城镇化发展状况作出评价，指出问题，并构建未来发展框架。

作者简介：杨伟民，国家发展和改革委员会副秘书长；蔡昉，中国社会科学院人口和劳动经济研究所所长；韩俊，国务院发展研究中心农村经济研究部部长；陈淮，城乡建设部政策研究中心主任；李善同，国务院发展研究中心研究员；王延中，中国社会科学院劳动与社会保障研究中心主任；顾朝林，清华大学城市规划学院教授；潘家华，中国社科院城市发展与环境研究中心研究员；刘克生，中国国际金融公司中国国际金融有限公司投资银行部董事总经理；刘守英，国务院发展研究中心农村经济研究部研究员；刘民权，北京大学经济学院教授；叶霞飞，同济大学教授。

《朱镕基讲话实录》（1—4 卷）

人民出版社 2011 年 9 月出版

朱镕基讲话实录（第一卷）（平）定价：49.00

朱镕基讲话实录（第二卷）（平）定价：49.00

朱镕基讲话实录（第三卷）（平）定价：49.00

朱镕基讲话实录（第四卷）（平）定价：49.00

朱镕基讲话实录（第一卷）（精）定价：82.00

朱镕基讲话实录（第二卷）（精）定价：82.00

朱镕基讲话实录（第三卷）（精）定价：82.00

朱镕基讲话实录（第四卷）（精）定价：82.00

《中国红色记者》（上下册）

柳斌杰主编 李东东副主编

定价：98.00 元 / 上下册

本书选择了中国近现代新闻史上八十位著名记者，每一名记者分为评传、代表作品、作品赏析三部，文笔生动、资料准确、评价到位。本书的一大特点是图文并茂，书中收集了八十位记者的图片，以及新闻史上诸多著名的报刊杂志的珍贵图片，填补了新闻史学的一个空白。《中国红色记者》一书是新闻出版总署向建党九十周年献礼的重点项目。

中国共产党简史（1921-2011）

黄修荣 黄黎著

定价：49.00 元

本书简明、全面、准确、生动地反映中国共产党 90 年的光辉历程。2011 年是中国共产党诞生 90 周年。中国共产党的 90 年，是把马克思主义与中国实际相结合、探索救国图强真理、开辟民族振兴道路的 90 年，是带领人民艰苦奋斗、创造辉煌业绩的 90 年，是历经千锤百炼、深受人民拥护的 90 年。历史证明，没有共产党就没有新中国，没有共产党就不能建设新中国。

《聚焦中南海——关重要若干问题解

李

定价

本书选择了高层领导至关重要的问题。每个问的阐释，并提出一些极具各级党员干部深刻理解中想和行动统一到中央上来政本领以更好地为人民服央在思考什么，在做什么的理解和支持。

人民文库

《人民·联盟文库》

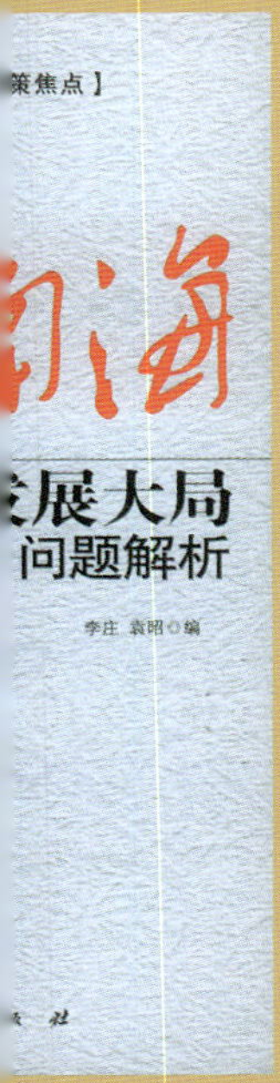

家发展大局至

个党和国家发展大局
个热点话题进行详细
考和意见，旨在帮助
略决策，把自己的思
自己的理论思维和执
又让普通民众知道中
民众对党和国家政策

《毛泽东粟裕与淮海决战》

张雄文 著

定价：48.00 元

本书是迄今为止第一部不重战役过程而重战略、战役谋划，完整再现毛泽东、粟裕等风云人物高超军事智慧与谋略的信史。全书以鲜为人知的翔实原始文电，正本清源，客观展现了国共双方争夺中原以至生死对决的筹划全过程，时间跨度为起源阶段到战役结束共8个月，还原了一个以毛泽东和粟裕为主角的真实的淮海战役，也还原了华东野战军代司令员兼代政委粟裕“第一功臣”、“主要指挥员”的本来面目。

《做不完的美国梦——六任美国总统顾问传奇生涯》

吴黎耀华 著

定价：38.00 元

本书是六任美国总统顾问吴黎耀华女士的回忆录。她在华人社会是一面成功从政的旗帜。在中美建交后，她多次回到祖国内地，讲学、访问，为中美两国的教育交流作出了很大贡献。她的回忆录使读者看到了奋斗的精神、爱国的责任以及中美教育制度的巨大区别。

教育科学出版社：全国百佳图书出版单位　国家一级出版单位

热烈庆祝中国共产党成立90周年，纪念辛亥革命100周年

守望者的凝思 | 读懂学校 读懂校长 系列论丛

哲学社会科学领域重大课题攻关项目“我国学校教育创新研究”成果

□□知名专家领衔，百所名校校长亲自执笔，全景展现独具一格的学校教育创新之路。论丛作为原创性强且极具中国本土气息的智慧创造，蕴含着无限的生命力和学术价值。

真诚回应 人民群众教育疑问 教育科学出版社

《对话教育热点2010》

——人民群众对教育的关切是教育发展的强大动力。虚心听取和真诚回应人民群众的意见和疑问，会让教育的未来之路越走越宽广。

重装上阵

教育科学出版社 ESPH Educational Science Publishing House

地　址：北京市朝阳区安慧北里安园甲9号　邮　编：100101
电　话：(86)-(010)-64989501　64989009　传　真：(86)-(010)-64891796　64989080
网　址：http://www.esph.com.cn

外语教学与研究出版社
FOREIGN LANGUAGE TEACHING AND RESEARCH PRESS
综合性教育服务提供商
記載人類文明 溝通世界文化
教材出版
全国50%以上的大学生和超过2 300万中小学生正在使用
培训系统教育服务
精品教材高级定制，专业师训服务教育
一般图书
品种多样，外语类图书市场占有率排名全国第一
公益教育服务
大型免费师训已累计超过50万人参加，
十余种品牌赛事普及外语教育，积极承办国际学术会议
数字出版
蓝海中千帆竞发
悠游网
苹果应用软件
新标准英语网
iTEST 大学英语测试与训练系统
外研通点读笔
北外在线(北京)教育科技有限公司
1979-2011
The 32nd Anniversary
外研社

中信出版股份有限公司

CITIC PRESS CORPORATION

版权道路上的领跑者

中信出版社成立于1988年，隶属于中国中信集团公司，是全国中央级出版社。2008年改制为中信出版股份有限公司。

2001年以来，中信出版股份有限公司发展迅猛，以“采集全球资源，提供知识、技能，应对变化的世界”为理念，大量引进、出版国际版权图书，赢得了市场的认可，从一家名不见经传的小型出版社一跃成为年出版规模6亿元以上的商业出版社，倾力打造出了一个先进的企业平台和一个卓越的出版品牌。

版权图书的引进、出版和发行，不但带来了国外先进的知识、理念，还丰富了国内图书的产品种类，满足了读者的不同需求，填补了国内图书出版领域的空白；同时，版权图书也为国内作者开阔了眼界，刺激并开拓了国内作者的创作思路和创作质量。如早期，中信出版股份有限公司成功推出了《谁动了我的奶酪?》、《杰克·韦尔奇自传》、《赢》、《基业长青》、《从优秀到卓越》、《滚雪球》等大量优秀的国外版权图书，随后又成功地挖掘本土作者的创作资源，相继推出了广受市场好评的本土作者的作品，如《水煮三国》、《激荡三十年》（上、下卷）、《道路与梦想》、《野蛮生长》、《货币战争》等，初步达成了出版公司预定的以版权图书为先导，占领市场，带动本土创作图书的繁荣的战略目标，从而真正形成了国际、国内创作资源的两翼齐飞。

随着国内图书作品的丰富，中信出版股份有限公司还积极响应国家“走出去”的战略，充分利用版权领域丰富的渠道资源，积极对外推荐、输出本土优秀的图书作品。每年都有20多个图书品种输出到韩国、日本、台湾地区、美国、欧洲等发达的市场，真正促进了文化的双向交流，并起到了让海外了解日益发展、变化、壮大的中国的作用。

同时，中信出版股份有限公司还以版权为窗口，与国际上领先的出版机构建立了长期业务联系，不断学习、借鉴国际出版公司的先进管理经验、行业惯例、策划营销手段，建立了国际视野，从而使自身的综合经营管理水平得到了大幅提升，并赢得了国际出版公司的认可与推崇。

从图书版权的引进到输出，从让中国了解世界到让世界感受中国，图书版权领域不仅仅是一个国际贸易窗口，更是各地区文化交流的纽带。它不仅仅推动了行业发展，而且还让不同文化背景的人民得以相互了解、学习，多一分理解，少一分隔阂。在全球化的今天，中信出版股份有限公司正是利用版权贸易伴随着中国经济的发展而不断自我提升，成长为市场领先的出版机构。未来，中信出版股份有限公司还将利用在图书版权贸易中积累的经验，逐步开拓音像视听产品、杂志期刊、会务营销、专业培训、咨询等多媒体业务，努力成长为具有市场影响力的出版传媒机构，传递思想，传播理念。

biographies 人物传记 | pro·training 职场励志 | economics 经济读物 | science+humanities 社科文化 | young readers 少儿
investment 金融投资理财 | lifestyle 时尚生活 | business 企业管理 | literature 文学 | art 艺术

专业出版 专业品质

人民邮电出版社
POSTS & TELECOM PRESS

人民邮电出版社是国家工业和信息化主管部门主管的大型专业出版社，成立于1953年10月1日。2003年被确定为文化体制改革试点单位。2010年5月，人民邮电出版社转企改制工作全面完成。

50多年来，人民邮电出版社坚持“立足信息产业、面向现代社会、传播科学知识、服务科教兴国”的出版宗旨，锐意改革探索，不断发展壮大，已经成为集图书、期刊、音像电子出版物和网络出版为一体的，在国内外有专业特色和品牌影响的综合性科技出版大社。

建社以来，人民邮电出版社累计出版图书2.5万种、3.3亿册，期刊26种、6亿册。目前，人民邮电出版社年出版通信、计算机、电子技术、教材、少儿、经管、摄影、集邮、旅游、心理学十类图书5 000余种；出版《通信世界》、《电信技术》、《新风范》、《互联网天地》、《无线电》、《集邮》、《摩托车》、《高保真音响》、《现代通信》、《米老鼠》、《童趣》、《尚漫》、《通信学报》、《电信科学》、《喜羊羊与灰太狼》15种期刊，年总发行量近1 300万册；年出版音像电子出版物600余种，网络出版物1 000余种；2010年的出版物销售码洋达到9亿元。其中，通信、电子图书、计算机图书在国内同行业中保持领先地位，少儿图书已在国内少儿读物中形成质优物美的品牌特色。

人民邮电出版社在国内外出版业中享有盛誉，曾被政府主管部门授予“中国出版政府奖先进出版单位”、“全国百佳图书出版单位”、“全国优秀出版社”、“全国新闻出版行业文明单位”、全国“讲信誉、重服务”出版单位、“全国图书对外版权贸易先进单位”、“诚信经营 优质服务”出版单位等一系列荣誉称号。历年来，有300余种图书、期刊和音像电子出版物获得省、部级以上奖项，经过长期的积累，人民邮电出版社拥有了一支素质高、能力强、善于创新的员工队伍，拥有了遍及全国四通八达的发行渠道，也拥有了遍及国内外的众多合作伙伴。

近十多年来，人民邮电出版社累计引进优秀外版图书3 500余种，内容涉及计算机、通信电子、经济管理、心理学、英语学习和少儿等多个领域，输出图书280多种。

目前，人民邮电出版社本着“以出版为核心，以专业和专业教育为主要出版领域，以数字出版为未来发展方向，成为专业特色明显的，集图书、期刊、数字出版等多媒体、多元化出版业务为一体的，国内著名、国际知名的出版集团”的发展战略，正朝着经营多元化、出版立体化、管理现代化、专业特色鲜明的现代传媒集团阔步前进！

地址：北京市崇文区夕照寺街14号A座
邮政编码：100061
电话：010-67132840（社长办公室）　67132825（总编室）
67132807（发行经营部）　67129213（邮购）
网址：http://www.ptpress.com.cn
邮箱：315@ptpress.com.cn

PEOPLE'S EDUCATION PRESS 人民教育出版社

2011年是人民教育出版社转企改制后的第一年，人教社的版权工作也按照现代企业制度的要求以及人教社版权工作的“十二五”规划，有条不紊、按部就班地有序开展，出现了不同于以往的新气象和新亮点。

一、版权贸易

1.国内版权贸易（著作权许可使用）

人教社的国内版权贸易，主要是指许可他人使用人教版教科书组织编写、出版配人教版教科书的各类教学辅助资源，包括中小学同步练习类出版物，中小学生暑假、寒假作业类出版物，中小学习题、试卷类出版物等，其介质形态包括图书、报纸、期刊、音像制品、电子出版物等。该项工作在2006年起步，最近五年得到长足发展。以纸质教辅图书的许可使用为例，到目前为止已向20个省的30多家出版单位授权。2011年，人教社将加强许可使用工作的制度化和规范化管理。为了加强人教社内容资源的保护和管理，合理开发并统筹使用人教社内容资源，防止内容资源的不当流失，2011年人教社成立了人民教育出版社版权合作项目管理委员会，确立了教辅授权及合作出版必须要经过版权合作项目管理委员会开会论证的制度，从而使人教社授权工作的重要性和严谨性得到提升。

由于行业内就教辅和教科书的著作权关系说法不一，导致人教社的授权和维权工作遇到很多阻力，人教社长期以来通过在媒体上发表学术文章、发表维权声明、向使用者宣传《著作权法》相关规定等方式说明二者的关系，说明人教社授权和维权的合法性。鉴于教辅出版行业的混乱与无序已到了必须整治的地步，新闻出版总署新近颁发《新闻出版总署关于进一步加强中小学教辅材料出版发行管理的通知》（新出政发〔2011〕12号）明确规定：根据他人享有著作权的教材编写出版中小学教辅材料，必须依法取得著作权人的授权。困扰人教社及全国教科书出版社多年的老大难问题最终得到了解决。《著作权法》和《新闻出版总署关于进一步加强中小学教辅材料出版发行管理的通知》是人教社进一步开展授权与维权工作的法律依据。

2.国际版权贸易

在人教社2011年的国际版权贸易业务中，“数字化”是其中突出的亮点。在已签署的版权输出合同中，授权境外机构制作出版人教社图书产品的数字化产品的合作占了绝大多数。其中，与圣智学习出版集团有关人教社《汉语图画字典》数字化版权输出的合作，涉及中、泰、日、英、韩、马来、印尼、越、泰米尔、西班牙、法、德、意、俄等14个语种，产生了广泛的影响力。人教社与新加坡教育部合作编写的新加坡《小学华文》教科书，在图书产品广受好评的基础上，双方又合作开发了《小学华文》教科书配套的数字化教学辅助资源，共涉及38个品种。合作编写这一人教社传统的版权

维权是我们义不容辞的社会责任

输出形式，在2011年又有了新的发展。人教社与香港现代教育研究社有限公司合作编写、出版香港《小学常识科》（一年级至六年级）教科书及其配套教学辅助产品的协议书已经签署，合作编写工作已经开始启动。

二、维权工作

从2011年开始，维权工作的重点逐步由打击盗版向追究教辅侵权转移,根据不同情况，人教社通过发函、发律师函、申请行政执法、民事诉讼、提交刑事诉讼等方式追究侵权行为。今年提交民事诉讼的案件数量较之往年将会有明显增加。

2011年，人教社开展了“合作共赢，建立教辅市场合法秩序”的系列维权宣传活动，已于2011年5月和6月分 别在兰州、合肥举办了座谈会，邀请省新闻出版部门、教育部门、出版集团、发行集团等相关部门参加座谈会，对于宣传法律，了解教辅市场的实际情况，共同建立教辅市场的合法秩序奠定了基础。人教社还将在年内继续开展相关活动。

针对通过网络销售盗版图书日益泛滥的情形，人教社联合“京版十五社反盗版联盟”各成员单位，向国家相关单位署名呼吁，请求治理网络销售盗版图书的乱象。经领导批示，国家版权局执法处领导带领“京版十五社反盗版联盟”成员单位的代表与淘宝网进行接洽，初步达成三项意愿，为治理网络销售人教版盗版图书打下了良好的基础。

三、内部版权管理

自2009年起，人教社与中国摄影著作权协会商洽，酝酿解决人教版教科书法定许可使用摄影作品的付酬问题。近期，双方就使用费收转工作的主要条款达成了共识，计划在2011年北京国际图书博览会期间举行隆重的签约仪式。2009年12月，人教社在国内教科书出版单位中率先与中国文字著作权协会签署文字报酬收转协议，本次签约在国内教科书出版单位中再做表率。两次签约标志着人教社在严格执行《著作权法》，切实尊重著作权人利益方面，走在了行业的前列。

为了加强内部管理，避免在修订教材中存在侵权隐患，人教社版权部协同人力资源部在社内举办了针对全体编辑人员的版权知识培训，取得了良好效果。

地址：北京市海淀区中关村南大街17号院1号楼　　100081
电话：010-58758866　　400-810-5788　　传真：010-58758877
网址：www.pep.com.cn

中国石化出版社

CHINA PETROCHEMICAL PRESS

中国石化出版社成立于1984年，是世界500强企业中国石油化工集团公司直属的中央级科技出版社。2010年12月，中国石化出版社转制为中国石化出版社有限公司。

中国石化出版社主要出版石油炼制、石油化工、精细化工、油气田勘探开发、石油化工产品、化工机械与设备、安全生产、环境保护、企业经营管理等领域的科技图书、高等院校教材、职工培训读物和行业标准规范等。

地址：北京市东城区安定门外大街58号　　邮编：100011
电话：010-84271850　　传真：010-84289982
网址：www.sinopec-press.com　　邮箱：press@sinopec.com

浩天信和律师事务所

浩天信和律师事务所是中国颇具规模的优秀综合性律师事务所之一，其中知识产权业务很有特色。

浩天信和总部设于北京CBD核心区，并在上海、广州、南京、香港设立分所。浩天信和现有40余位合伙人和逾300多名执业律师、律师助理及其他专业人员。

浩天信和凭借专业的团队、优良的服务，在业内外赢得了广泛的赞誉和认可，已经成为中国律师业中的一股代表力量。特别在知识产权、国际贸易、公司证券、金融资产、涉外投资、诉讼仲裁、反倾销、房地产等业务领域，浩天信和已成为行业的翘楚。

浩天信和是中国版权协会法律事务委员会常设办公地点，是中国人民大学知识产权学院教学实践基地，是中国政法大学教学实践基地。

浩天信和知识产权部主要业务范围包括但不限于：著作权及邻接权、专利权、商标权、反不正当竞争、商业秘密、网络域名、连锁特许、海关保护、文化传媒等各种法律事务。

浩天信和在知识产权领域获得了众多荣誉：被*China Legal&Pratice*授予2010年度律师事务所大奖；被*Managing Intellectual Property*评为“中国优秀知识产权事务所”；被*Managing Intellectual Property*评为“亚太地区最大的20家知识产权事务所”；被*Asialaw*评为“中国优秀知识产权事务所”；被*Asian Legal Business*评为“中国十大优秀知识产权事务所”；被*Chambers Asia*评为“亚洲优秀知识产权事务所”。

文化娱乐、传媒业务是浩天信和知识产权业务衍生出的较有特色的业务领域之一，浩天信和在文化传媒领域中积累了丰厚的经验，已成为这一领域中的领先专业法律团队。

浩天信和娱乐传媒律师凭借自身的专业知识，可以为客户在文化娱乐和传媒产业法律调研分析、文化娱乐和传媒产业投融资、电影电视、演出、网络游戏和动漫、音乐与唱片、出版发行、互联网和新媒体、体育、商品化与市场营销、教育培训等业务领域，提供优质的综合法律服务。

浩天信和律师凭借十多年的坚持不懈和执著努力，以其卓越的专业表现、丰富的产业经验，不仅确立了行业先行者的地位，更赢得了业内外的高度评价和客户的赞誉与信赖。

地址：北京市朝阳区光华路7号汉威大厦东区5A　100004
联系人：马晓刚律师、俞蓉律师
联系电话：(8610)52019983　(8610)52019922
传真：(8610)65612322　(8610)65610548
网站：www.hylandslaw.com
邮箱：iplawyer@hylandslaw.com

北京市洪範广住律師事務所
Hongfan Guangzhu Law Firm

出版法律事务中心
——出版法律事务解决方案的提供者

北京市洪范广住律师事务所出版法律事务中心于2004年设立，致力于为以著作权为核心竞争力的出版企业、事业单位、公司及个人提供全方位、优质的法律服务。

出版法律事务中心实行团队配合、集体办案。现担任多家协会、团体、出版社、文化公司的法律顾问，代理了多起在出版界有影响的案件。

出版法律事务中心建有专业的出版法律网。

出版法律事务中心定期为出版界举办出版法律沙龙。

出版法律事务中心全体同仁以全面精湛的专业知识、最佳的精神面貌，竭诚为以著作权为核心竞争力的出版社以及与出版业相关联的企事业单位和个人提供全方位法律服务。

出版法律事务中心主任徐波律师。北京市洪范广住律师事务所高级合伙人。现任北京市律师协会传媒与新闻出版法律专业委员会副主任，首届京城十大版权维权律师。兼任中国政法大学研究生院研究生合作导师、清华大学法学院法律硕士联合导师。

服务领域

★ 常年法律顾问服务
★ 企业法律培训
★ 企业法律风险诊断与分析
★ 侵权调查与行业维权：打击盗版、侵权、不正当竞争；合作模式分为全风险、半风险双赢合作模式；可选择计件和赔偿金分成两种收费方式
★ 数字（互联网）出版运营法律事务：数字出版的版权解决方案、电子书销售发行运行模式法律方案、数据库版权事务、网络出版中的信息网络传播权、数字出版维权
★ 企业知识产权战略规划
★ 信用管理：信用风险防范、商账催收、不良资产处置
★ 出版业公司治理：改制、分立、收购、重组、上市、公司治理等
★ 出版业投融资法律事务
★ 版权贸易法律事务
★ 企业人力资源、劳动合同管理
★ 出版业其他法律事务，出版业相关产业法律事务

地址：北京市朝阳区北辰东路8号汇宾大厦A座6层　邮编：100101　邮箱：xubolawyer@gmail.com
联系人：许明明律师、张善威律师、王涛律师　出版法律事务中心网址：www.chubanlaw.cn
电话：010-84991300-8051/52/53　传真：010-84991304　北京市洪范广住律师事务所网址：www.hfgzh.com

Microsoft 微软
系统崩溃，照片丢失！
都是盗版系统的错！
守护快乐记忆，选择安全稳定的
正版 Windows 7！
好气人
人气好
真！就不一样
Windows 7
买电脑，记得问，是否正版 Windows 7！
Win7正版
广告中部分功能仅在 Windows 7 家庭高级版或以上版本中提供

ZWSOFT
广州中望龙腾软件股份有限公司
ZWCAD SOFTWARE CO.,LTD.

广州中望龙腾软件股份有限公司是一家专注于CAD设计软件研发与推广的国际化软件企业，2010年度国家规划布局内重点软件企业，拥有世界领先的中望CAD和中望3D软件的全部知识产权，致力于为广大用户提供高性价比的CAD/CAM一体化解决方案。

咨询热线：4008-800-819　　免费下载试用：www.zwcad.com

GstarCAD 浩辰

专注所以信赖

成就CAD软件世界领先品牌

CAD平台及应用软件全球服务商

专注所以信赖

作为全球少数掌握CAD核心技术的世界领先品牌，浩辰CAD凭借国际领先的产品品质，被业界誉为设计领域的成熟“Office”，荣获2010年世界知识产权组织（WIPO）版权金奖。浩辰CAD拥有13个语言版本，正版用户20多万，遍及全球100多个国家和地区。

GstarCAD 浩辰

专注所以信赖

CAD平台及应用软件全球服务商

苏州浩辰软件股份有限公司

www.gstarcad.com

电话：400 650 9836

地址：苏州工业园区金鸡湖大道1355号国际科技园C204

邮编：215021

Baidu阅读 测试版 | 开放平台

百度阅读开放平台

open.read.baidu.com

正版图书饕餮盛宴

百度阅读开放平台是百度阅读类资源的统一引入平台。版权方可以通过该平台上传、管理、销售自己的版权资源。

海量用户

百度具有庞大的用户群和品牌影响力，并提供多种收益模式供您选择。多终端的覆盖、多样化的宣传，必将为您带来丰厚的收益。

多终端发布

您仅需通过百度阅读开放平台提交您的作品，即可实现作品在多终端、多平台的展现，帮助您获取更大的用户群。

清晰的收益模式

百度阅读开放平台为您提供多种灵活的收益模式，您可以根据需求自主选择一种或几种最适合的收益模式。为用户带来方便的同时也为您创造最佳的收益。

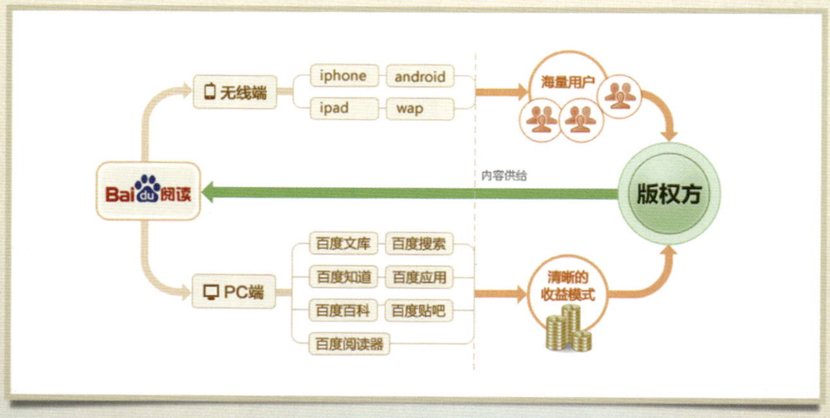

ting
百度旗下音乐平台

百度音乐 领军数字音乐正版化

与全球传统娱乐巨头MTV开展战略合作，探寻国内数字音乐发展模式；
结盟全球四大唱片公司之一百代唱片（EMI Music），达成全面战略合作协议；
与中国音乐著作权协会达成合作，让词曲作者获得版税回报；
正式签约环球音乐、华纳唱片、索尼音乐国际三大唱片公司……
近年来，百度音乐一直在发展中不断探寻数字音乐正版化的可行之路。

2011年5月 百度旗下正版音乐平台 ting!（测试版）正式上线

ting!以全正版曲库为基础，通过媒体化、社会化等多元的发现音乐方式，以“透过技术与艺术并重的服务，使听众随时随性享受音乐，让音乐人找到知音且取得商业成功”为使命，对中国数字音乐发展具有里程碑式的意义。

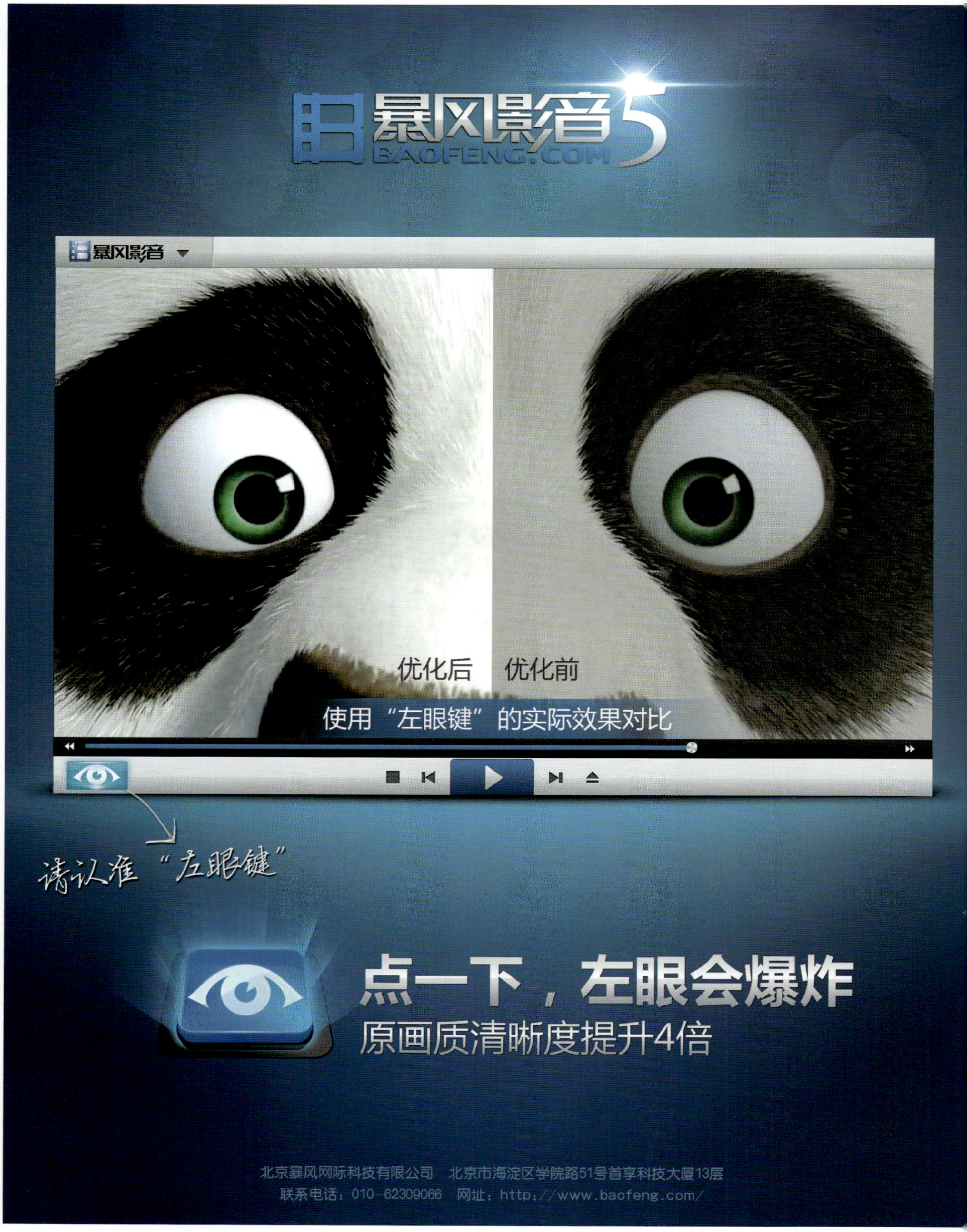
暴风影音5
BAOFENG.COM
暴风影音
优化后
优化前
使用“左眼键”的实际效果对比
请认准“左眼键”
点一下，左眼会爆炸
原画质清晰度提升4倍
北京暴风网际科技有限公司 北京市海淀区学院路51号首享科技大厦13层
联系电话：010-62309066 网址：http://www.baofeng.com/

香港政府支持IFPI（香港会）推动亚洲唱片业

由国际唱片业协会（香港会）主办，香港特别行政区政府主管部门赞助支持的“香港亚洲流行音乐节”于2011年3月23日在香港会议展览中心成功举行。

音乐节之主旨是通过亚洲地区专业唱片歌手的比赛切磋及“亚洲音乐一体化”论坛，引导各地联手共同发展区内唱片业。参加本次第一届亚洲音乐节的艺人有：吴琼（中国）、The Boss（韩国）、郑可为（新加坡）、Bunk Face（马来西亚）、Sigma（中国台湾）及陈伟霆（中国香港）。另外大会更邀请各地区的巨星级艺人演出，为参赛歌手打气，他们包括：周笔畅、AAA、Super Junior M、林俊杰、梁静茹、棒棒堂及容祖儿。结果吴琼夺得“超级新星大奖”及“最佳歌曲演绎奖”，而“最佳舞台表演奖”则由The Boss夺得。大会为达到全方位的覆盖，将整个音乐节录制成电视/电台节目，交由亚洲各地区的传媒机构播出。它们包括M-Net Media、Astro Broadcasting、StarHub Cable Vision、湖南卫视、东方卫视、TVB、ATV、Cable TV、NOW TV、香港电台、商业电台及新城电台。

最后，音乐节在紧张、愉快及热烈的气氛下完满结束，各地区的参赛艺人皆施展浑身解数，尽情表现他们对音乐的热爱及专业精神。

www.ifpihk.org

江通动画

广州金逸珠江电影院线有限公司
北京新影联影业有限责任公司
上海联和电影院线有限责任公司
湖北银兴院线影业有限责任公司
【联合发行】
华夏电影发行有限责任公司
【全国发行】
华夏电影发行有限责任公司
湖北省电影发行放映总公司
湖北省美术院
江通动画股份有限公司
【联合出品】

「画」说辛亥革命，再现百年武昌城

真实记录，揭秘首义第一枪背后的步步惊心！

影片信息

历史纪实动画电影
全景式再现武昌首义第一枪经过

片　　名：《民的1911》
影片时长：90分钟
制作工艺：经典写实二维手绘
编　　剧：方方
总 导 演：鲁艺
国　　家：中国
语　　言：中文
类　　型：历史/纪实/动画/教育

影片概述

江通动画股份有限公司精心制作

本片虚构了一个生于戊戌变法年（1898年）的小孩“民”——武昌城一个剃头匠的儿子，通过他的视角来看辛亥革命期间的风云变幻；同时，“民”也象征着人民期盼通过辛亥革命，将王的国，变为民的国。

著名作家方方担纲影片编剧
汇集国内优秀创作及制作团队

- 方方女士倾力创作剧本，塑造“民”的视角看首义。
- 本土导演鲁艺，倾注对武汉40年情感，全力打造。
- 国内优秀写实二维手绘团队，倾力创作。
- 80后灵魂唱将郁可唯，演绎百年沧桑。
- 国内著名电影配音团队“光合积木”倾情献声。

还原百年武昌城
探查百年城市民风

- 通过动画写实的方式，再现百年前大武汉的城市风貌。
- 原版复刻历史人物的服装、道具，从民俗民风中体现百年武汉的市井百态。

地址：湖北省武汉市江汉经济开发区江兴路16号江通产业园　　电话：027-59731855
网址：www.jtanimation.com　　邮编：430023

cnki中国知网
www.cnki.net
中国知识基础设施工程

CNKI-DRM版权保护系统

云出版模式下数字图书版权保护整体解决方案

系统概述

同方知网DRM数字版权保护系统是以数字加密技术为基础，使用PDF等文件加密格式，将阅读权限与下载、复制、标注、打印等操作权限分离，再结合一系列软硬件技术，对数字出版内容进行保护，防止数字出版内容的非法复制与传播，平衡数字出版价值链中各个角色利益及需求，从而达到在保证信息安全的前提下实现信息充分共享的综合性保护系统，系统主要由DRM服务器、DRM数据库、文件转换器KNBookMaker、文件阅读器CAJViewer几部分组成。

核心功能

- 权限模板
- 加密类型
- 时间限制
- 次数限制
- 复制限制
- 打印限制
- 添加标注限制
- 修改原有标注限制
- IP限制
- 复本设置

典型用户

人民交通出版社　外语教学与研究出版社　深圳出版发行集团公司　北京科学技术出版社

联系电话：010-62969002-8516　邮箱：zyb@cnki.net

全景数字 Digivision technology

上海全景数字技术有限公司

董事长孙宏明

上海全景数字技术有限公司由上海市信息投资股份有限公司（SII）和美国得州仪器公司（TI）于1999年共同投资组建。其后，中宝科技和思科中国（CISCO）先后注资，大力推动其发展。全景数字主营业务包括数字电视中间件、运营支撑系统、互动点播系统、数字电视增值平台、机顶盒、数字媒体推送系统和高清智能视频监控系统等。十年来，全景数字始终保持数字电视行业的领先地位，先后成为东方有线、北京歌华、百胜集团、迪亚中国、国家电网等企业的产品及解决方案提供商，并与国内外多家知名企业建立了长期稳定的战略合作伙伴关系。

十周年庆典之际，全景数字提出“一体两翼”的新发展战略，即以数字技术为体，以有线领域为一翼，以三网融合和数字智能技术为另一翼。未来，全景数字将以发展成为三网融合与智能化应用领域有实力的公司和数字电视系统综合集成领域的一流公司为目标，致力于成为三网融合领域领先的技术服务商。

全景十周年

中间件

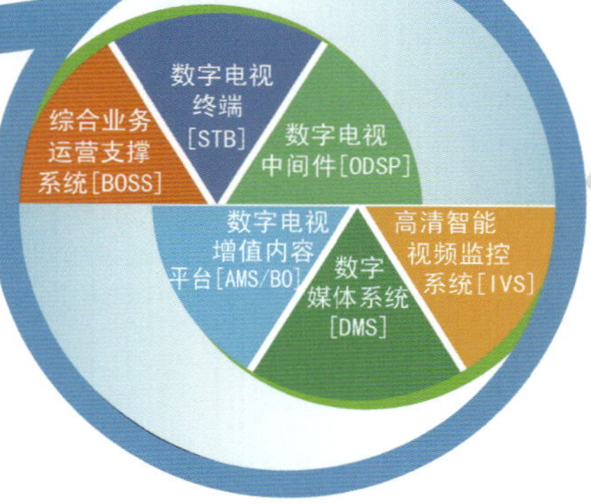

主营业务

数字电视高清交互机顶盒

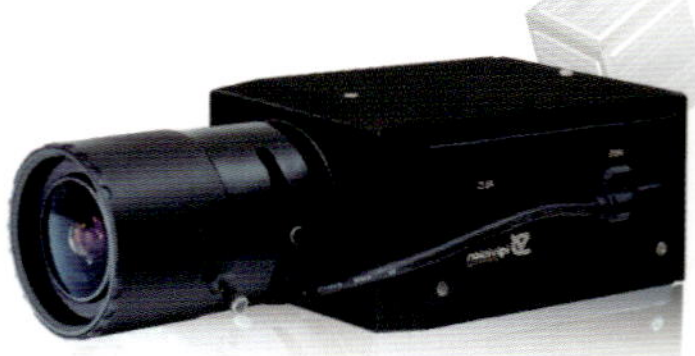
高清智能视频监控系统

地址：上海市广纪路333号 电话：86-21-51675188 传真:86-21-51675120 邮编：200083 网址：www.shdv.com

爱怎么看
就怎么看
爱奇艺 自由看
爱奇艺·正版高清影视门户
WWW.iQIYI.COM
iQIYI 爱奇艺

机型	裸机价
联想 A390e	990
三星 i509	1080
酷派 5860	1290
酷派 5855	1590
中兴 N780	1590
MOTO XT882	4680

温馨提示：参加以上活

用户至上 用心服务 Customer First Service Foremost

优惠购机			0元购机				
荐套餐（元）	预存款（元）	优惠购机价（元）	推荐套餐（元）	预存款（元）	0元购机价（元）	4M宽带优惠	更多优惠
49	490	500 5折	129	1290	0	5折	•办理乐享3G 289元及以上套餐，送4M宽带免费 •办理乐享3G 129元及以上套餐，上网流量自动升级；办理主副卡，共享一个套餐，合账缴费
49	490	590 5折	129	1290	0	5折	
89	890	400 5折	129	1290	0	5折	
89	890	700 5折	159	1590	0	5折	
89	890	700 5折	159	1590	0	5折	
289	2890	2000 5折	489	4890	0	免费	

月，所存话费分月到账。

详情请咨询当地中国电信营业厅或客服热线10000

www.ct10000.com

客户服务热线 Customer Hotline 10000

领航
立足版权 携手产业 共谱辉煌
出版传媒 广告公关 培训会展
KINGBOND
金版国际文化传播(北京)有限公司
联系电话：010-58604520
《中国版权》杂志 《中国版权年鉴》 中国版权产业网 中国版权年会

骐骥游戏
只做大片
陈家洛
无尘道长
赵半山
书剑恩仇录
金庸
金庸武侠·开山巨著
梦幻聊斋
lz.70yx.com
甘婷婷
袁咏仪 饰 林娘子
晋松
康凯
陈龙 饰 武松
熊乃瑾
成吉思汗 II
享受人类历史上
最惨烈的PK乐趣
han2.70yx.com
水浒传
骐骥游戏 sh.70yx.com

更灵活 更高效 低成本

化争议 促合作 保发展

热烈祝贺中关村版权争议调解中心正式成立！

中关村版权争议调解中心由中国人民大学国家版权贸易基地筹建，于2011年10月28日成立，作为公益性机构，开展版权争议调解业务。中心设立调解委员会作为决策机构，委员由国内知名知识产权法专家、行业协会领导、知识产权庭法官组成；同时聘请律师、版权相关产业从业人员、法官、高校教师等人员担任调解员。调解中心将充分利用自身的专家优势、专业优势，积极与国家和地方版权主管部门、各版权领域行业协会、版权相关企业和机构开展沟通、协调工作，努力推进并促成调解成功，最终实现版权权利人与侵权人和解，并促进双方合作。调解中心具有争议解决更灵活、更高效、低成本以及调解与版权价值评估相结合的四大特色优势。

地址：北京市海淀区中关村大街甲59号文化大厦2104室
邮编：100872
电话：010-62516333　62519147　62514334